O MUNDO CRISTÃO
EM TORNO DO
NOVO TESTAMENTO

Dados Internacionais de Catalogação na Publicação (CIP)
(Câmara Brasileira do Livro, SP, Brasil)

Bauckham, Richard
  O mundo cristão em torno do Novo Testamento / Richard Bauckham ; tradução de Júlio Eduardo dos Santos Ribeiro Reis Simões. – Petrópolis, RJ : Vozes, 2022.

  Título original: The christian world around the New Testament

  ISBN 978-65-5713-277-7

  1. Cristianismo 2. Bíblia – Crítica, interpretação, etc. – História – Igreja primitiva, ca. 30-600 3. Bíblia. N. T. – Crítica e interpretação 4. Igreja – História – Igreja primitiva ca. 30-600 5. Literatura apocalíptica I. Título.

21-65623   CDD-225.6

Índices para catálogo sistemático:
1. Novo Testamento : Bíblia : Interpretação e crítica 225.6

Cibele Maria Dias – Bibliotecária – CRB-8/9427

RICHARD BAUCKHAM

O MUNDO CRISTÃO
EM TORNO DO
NOVO
TESTAMENTO

TRADUÇÃO DE
Júlio Eduardo dos Santos Ribeiro Reis Simões

Petrópolis

© 2017 by Mohr Siebeck, Tübingen, Alemanha
www.mohr.de

Tradução realizada a partir do original em inglês intitulado
The Christian World Around the New Testament. [Collected Essays II]

Direitos de publicação em língua portuguesa:
2022, Editora Vozes Ltda.
Rua Frei Luís, 100
25689-900 Petrópolis, RJ
www.vozes.com.br
Brasil

Todos os direitos reservados. Nenhuma parte desta obra poderá ser reproduzida
ou transmitida por qualquer forma e/ou quaisquer meios (eletrônico ou mecânico,
incluindo fotocópia e gravação) ou arquivada em qualquer sistema
ou banco de dados sem permissão escrita da editora.

CONSELHO EDITORIAL

Diretor
Gilberto Gonçalves Garcia

Editores
Aline dos Santos Carneiro
Edrian Josué Pasini
Marilac Loraine Oleniki
Welder Lancieri Marchini

Conselheiros
Francisco Morás
Ludovico Garmus
Teobaldo Heidemann
Volney J. Berkenbrock

Secretário executivo
Leonardo A.R.T. dos Santos

Diagramação: Raquel Nascimento
Revisão gráfica: Nilton Braz da Rocha / Fernando Sergio Olivetti da Rocha
Capa: WM design
Ilustração de capa: Jerusalém, Monte das Oliveiras.

ISBN 978-65-5713-277-7 (Brasil)
ISBN 978-3-16-153305-1 (Alemanha)

Este livro foi composto e impresso pela Editora Vozes Ltda.

Sumário

Lista de abreviações, 9

Introdução, 17

Públicos do Evangelho

Introdução, 21

   1. Para quem os evangelhos foram escritos?, 27

   2. Há uma contraevidência patrística? – Uma resposta a Margaret Mitchell, 70

Tradições do Evangelho

Introdução, 129

   3. A transmissão das tradições do evangelho, 133

   4. Werner Kelber e tradição oral – Uma crítica, 156

   5. O Evangelho de Marcos: Origens e testemunhas oculares, 163

   6. A narrativa da infância em Lucas como história oral em forma escriturística, 192

   7. Pápias escreveu história ou exegese?, 207

   8. O Evangelho de João e o problema sinótico, 237

   9. Resenha de artigo: *Gospel Writing*, por Francis Watson, 276

   10. Resenha de artigo: À procura da identidade de Jesus, 300

Evangelhos e cânon

11. A canonicidade dos quatro evangelhos, 315

Alguns dos primeiros cristãos

12. 2 Coríntios 4,6: A visão de Paulo da face de Jesus Cristo como a face de Deus, 335

13. Barnabé em Gálatas, 351

14. O martírio de Pedro na literatura cristã primitiva, 362

15. Tiago no centro, 440

16. A propriedade de Público em Malta (At 28,7), 457

Igreja primitiva

17. O Dia do Senhor, 479

18. *Sabbath* e domingo na Igreja Pós-apostólica, 517

19. Sumários querigmáticos nos discursos de Atos, 579

20. Reino e Igreja segundo Jesus e Paulo, 611

Literatura cristã apócrifa primitiva

21. As duas parábolas da figueira no *Apocalipse de Pedro*, 639

22. Literatura paulina apócrifa, 663

23. Evangelhos apócrifos, 670

24. Os *Atos de Paulo* como uma sequência a Atos, 685

25. Os *Atos de Paulo*: Substituição ou sequência a Atos?, 736

26. Escritos apócrifos e pseudoepigráficos, 748

27. Apocalipses não canônicos e obras proféticas, 759

28. Inferno na *Visão de Esdras* em latim, 795

29. Apócrifos cristãos primitivos como literatura imaginativa, 818

Patrística primitiva

30. A grande tribulação no *Pastor de Hermas*, 853

31. A queda dos anjos como a fonte filosófica em Hérmias e Clemente de Alexandria, 870

Particulares das primeiras publicações e permissões

Índice de personalidades antigas, 897

Índice de autores citados, 905

Índice de nomes de lugares, 917

Lista de Abreviações

AB	Anchor Bible
ABD	*The Anchor Bible Dictionary*, Editada por David Noel Freedman. 6 volumes. Nova York: Doubleday, 1992
Aev	*Aevum: Rassegna di scienze, storiche, linguistiche, e filologiche*
AGJU	Arbeiten zur Geschichte des antiken Judentums und des Urchristentums
AGLB	Vetus Latina: Aus der Geschichte des lateinischen Bibel
AJP	*American Journal of Philology*
AnBib	Analecta Biblica
AnBoll	*Analecta Bollandiana*
ANQ	*Andover Newton Quarterly*
ANRW	*Aufstieg und Niedergang der römischen Welt: Geschichte und Kultur Roms im Spiegel der neuren Forschung.* Editado por Hildegard Temporini & Wolfgang Haase. Berlim e Nova York: de Gruyter, 1972 p.
Aug	*Augustinianum*
AUSS	*Andrews University Seminary Studies*
BA	*Biblical Archaeologist*
BAC	Biblioteca de Autores Cristianos
BASOR	*Bulletin of the American Schools of Oriental Research*
BDAG	Bauer, Walter; Danker, Frederick W. Arndt, William F. & Gingrich, F. Wilbur. *Greek-English Lexicon of the New Testament and Other Early Christian Literature.* 3ª ed. Chicago: University of Chicago Press, 1999.

BETL	Bibliotheca Ephemeridum Theologicarum Lovaniensium
BG 8502	Codex Berolinensis Gnosticus 8502
Bib	*Biblica*
BIS	Biblical Interpretation Series
BJRL	*Bulletin of the John Rylands Library*
BJS	Brown Judaic Studies
BNTC	Black's New Testament Commentaries
BSOAS	*Bulletin of the School of Oriental and African Studies*
BZ	*Biblische Zeitschrift*
BZNW	Beihefte zur *Zeitschrift für die neutestamentliche Wissenschaft*
CBQ	*Catholic Biblical Quarterly*
CCSA	Corpus Christianorum Series Apocryphorum
CG	Cairensis Gnosticus (= Nag Hammadi Library)
CGTC	Cambridge Greek Testament Commentary
CIL	*Corpus inscriptionum latinarum*
CNS	*Cristianesimo nella storia*
ConBNT	Coniectanea neutestamentica/Coniectania biblica: New Testament Series
CPJ	*Corpus Papyrorum Judaicarum.* Editado por Victor Tcherikover e Alexander Fuks. 3 volumes. Cambridge; Mass.: Harvard University Press, 1957-1964
CQR	*Church Quarterly Review*
CurBR	*Currents in Biblical Research*
DACL	*Dictionnaire d'Archéologie Chrétienne et de Liturgie.* Editado por Fernand Cabrol. 15 volumes. Paris: Letouzey et Ané, 1907-1953
DBSup	*Dictionnaire de la Bible: Supplément.* 1ss. Editado por Louis Pirot e André Robert. Paris: Letouzey et Ané, 1928ff
EBib	Études bibliques

EuroJTh	*European Journal of Theology*
ExpTim	*Expository Times*
FC	Fathers of the Church
FGH	*Die Fragmente der griechischen Historiker.* Editado por Felix Jacoby. Leiden: Brill, 1954-1964
FKDG	Forschungen zur Kirche- und Dogmengeschichte
FoiVie	*Foi et Vie*
FRLANT	Forschungen zur Religion und Literatur des Alten und Neuen Testaments
FS	Festschrift
GCS	Die griechischen christlichen Schriftsteller der ersten (drei) Jahrhunderte
GRBS	*Greek, Roman and Byzantine Studies*
HDR	Harvard Dissertations in Religion
HeyJ	*Heythrop Journal*
HNT	Handbuch zum Neuen Testament
HSCP	*Harvard Studies in Classical Philology*
HTR	*Harvard Theological Review*
HTS	Harvard Theological Studies
HvTSt	*Hervormde teologiese studies*
IBS	*Irish Biblical Studies*
ICC	International Critical Commentary
IEJ	*Israel Exploration Journal*
IG	*Inscriptiones Graecae.* Editio minor. Berlim: Walter de Gruyter, 1924ss.
IGRR	*Inscriptiones Graecae ad res Romanas pertinentes.* Editado por René Cagnac. 4 volumes. Paris: Leroux, 1903-1927
IRT	Issues in Religion and Theology
JAC.E	Jahrbuch für Antike und Christentum. Ergänzungsband

JB	Jerusalem Bible
JBL	*Journal of Biblical Literature*
JETS	*Journal of the Evangelical Theological Society*
JJS	*Journal of Jewish Studies*
JNES	*Journal of Near Eastern Studies*
JR	*Journal of Religion*
JSJ	*Journal for the Study of Judaism*
JSJSup	*Journal for the Study of Judaism.* Supplement Series
JSNT	*Journal for the Study of the New Testament*
JSNTSup	*Journal for the Study of the New Testament.* Supplement Series
JSOT	*Journal for the Study of the Old Testament*
JSOTSup	*Journal for the Study of the Old Testament.* Supplement Series
JSP	*Journal for the Study of the Pseudoepigrapha*
JSPSup	*Journal for the Study of the Pseudepigrapha.* Supplement Series
JTS	*Journal of Theological Studies*
LCL	Loeb Classical Library
LD	Lectio Divina
LNTS	Library of New Testament Studies
LSJ	Lidell, Henry George; Scott, Robert & Jones, Henry Stuart. *A Greek-English Lexicon.* 9ª edição com Suplementos revisados. Oxford: Clarendon, 1996
MM	Moulton, J. H. & Milligan, G. *The Vocabulary of the Greek Testament.* Londres: Hodder & Stoughton, 1930. (Reimpressão – Peabody: Hendrickson, 1997)
MTSR	*Method and Theory in the Study of Religion*
NCB	New Century Bible
NEB	New English Bible
Neot	*Neotestamentica*

NHC	Nag Hammadi Codex
NHS	Nag Hammadi Studies
NIBCNT	New International Biblical Commentary on the New Testament
NICNT	New International Commentary on the New Testament
NIGTC	New International Greek Testament Commentary
NIV	New International Version
NovT	*Novum Testamentum*
NovTSup	Supplements to *Novum Testamentum*
NRSV	New Revised Standard Version
NTL	New Testament Library
NTS	*New Testament Studies*
OLA	Orientalia analecta Lovaniensia
OtSt	*Oudtestamentische Studiën*
QD	Quaestiones disputatae
PG	*Patrologiae cursus completus: Series graeca.* Editado por Jacques-Paul Migne. 162 volumes. Paris: Migne, 1857-1886
PL	*Patrologiae cursus completus: Series latina.* Editado por Jacques-Paul Migne 217 volumes. Paris: Migne, 1844-1864
PVTG	Pseudepigrapha Veteris Testamenti Graece
RB	*Revue biblique*
RBén	*Revue Bénédictine*
REAug	*Revue des Études Augustiniennes*
REB	Revised English Bible
RechBibl	Recherches bibliques
REJ	*Revue des études juives*
RHPR	*Revue d'histoire et de philosophie religieuses*
RHR	*Revue de l'histoire des religions*

RSR	*Recherches de science religieuse*
RSV	Revised Standard Version
SBLDS	Society of Biblical Literature Dissertation Series
SBLECL	Society of Biblical Literature Early Christianity and Its Literature
SBLRBS	Society of Biblical Literature Resources for Biblical Study
SBLSCS	Society of Biblical Literature Septuaginta and Cognate Studies
SBLSP	*Society of Biblical Literature Seminar Papers*
SBLSymS	Society of Biblical Literature Symposium Series
SBLTT	Society of Biblical Literature Texts and Translations
SBS	Stuttgarter Bibelstudien
SBT	Studies in Biblical Theology
SC	Sources Chrétiennes
SD	Studies and Documents
SEÅ	*Svensk Exegetisk Årsbok*
SHR	Studies in the History of Religions
SJT	*Scottish Journal of Theology*
SNTSMS	Society of New Testament Studies Monograph Series
SP	Sacra Pagina
SPAW.PH	Sitzungsberichte der Preußischen Akademie der Wissenschaften: Philosophisch-historische Klasse
STAC	Studien und Texte zu Antike und Christentum/Studies and Texts in Antiquity and Christianity
StPB	Studia Post-Biblica
SUNT	Studien zur Umwelt des Neuen Testaments
SVTP	Studia in veteris Testamenti pseudepigrapha
TDNT	*Theological Dictionary of the New Testament.* Editado por Gerhard Kittel e Gerhard Friedrich. Traduzido por Geoffrey W. Bromiley. 10 volumes. Grand Rapids: Eerdmans, 1993

TNCT	Tyndale New Testament Commentaries
TRSR	Testi e Ricerche di Scienze Religiose
TS	Texts and Studies
TS	*Theological Studies*
TSAJ	Texte und Studien zum antiken Judentum/Texts and Studies in Ancient Judaism
TU	Texte und Untersuchungen
TynBul	*Tyndale Bulletin*
TZ	*Theologische Zeitschrift*
VC	*Vigiliae Christianae*
VD	*Verbum Domini*
WBC	World Biblical Commentary
WUNT	Wissenschaflitche Untersuchungen zum Neuen Testament
ZNW	*Zeitschrift für die neutestamentliche Wissenschaft*
ZPE	*Zeitschrift für Papyrologie und Epigraphik*
ZRGG	*Zeitschrift für Religions- und Geistesgeschichte*
ZWT	*Zeitschrift für wissenschaftliche Theologie*

Introdução

Este volume é uma extensão à minha coletânea anterior de artigos, *O mundo judeu ao redor do Novo Testamento*.[1] Os textos aqui apresentados foram escritos ao longo de quarenta anos (o mais antigo foi publicado em 1974) mas, embora na coletânea anterior eu tenha organizado os artigos em ordem cronológica, neste volume fui capaz de agrupar os trinta e um artigos em sete grandes grupos.

A referência do título ao "mundo cristão em torno do Novo Testamento" tenciona indicar que estes artigos sobre o cristianismo primitivo não estão de nenhuma maneira limitados ao Cânon do Novo Testamento. Poucos deles se ocupam com a exegese do Novo Testamento em um sentido comum. Muitos deles sondam "por trás" destes textos em maneiras que são o padrão nos estudos contemporâneos bíblicos, tentando traçar as tradições e reconstruir a história que produziu os textos que temos. Outros são estudos históricos que encontram no Novo Testamento evidências, ao lado de outras evidências provenientes de textos não canônicos da literatura do cristianismo. Há muitos estudos dos assim chamados textos apócrifos e alguns que lidam com os textos mais antigos da patrística. Estes outros textos do cristianismo primitivo "ao redor" do Novo Testamento têm atraído meu interesse pelo mesmo tempo ao longo do qual tenho estudado o Novo Testamento em si mesmo, e sustento há muito a noção segundo a qual o estudo das origens cristãs deve levar em conta todos estes textos. Sejam quais forem as conclusões às quais cheguemos sobre a cronologia e relações mútuas entre os diversos textos canônicos e não canônicos dos dois primeiros séculos da história do cristianis-

---

1. N.T.: *The Jewish World around the New Testament* (WUNT 233).

mo, deveria ser óbvio que eles são todos relevantes para o estudo deste cristianismo, e o estudo do Novo Testamento nada sofre senão aprimoramento quando examinados segundo um contexto mais amplo.

Agradecimentos especiais a Matthias Müller, que compilou os índices.

PÚBLICOS DO EVANGELHO

Introdução

Os dois ensaios nesta seção são minhas duas maiores contribuições ao debate acerca dos públicos do evangelho que foi iniciado em 1998 pelo volume de ensaios que editei, intitulado *The Gospels for All Christians: Rethinking the Gospel Audiences*. Escrevi o ensaio-guia daquele volume (reimpresso abaixo), o qual foi excerto da tese que eu e outros autores (Michael B. Thompson, Loveday Alexander, Richard Burridge, Stephen Barton e Francis Watson) discutíamos. Propusemos uma mudança de paradigma para a aproximação acadêmica aos evangelhos, posto que ao longo do século XX no paradigma vigente sobrepesou uma visão dominante segundo a qual cada um dos evangelhos foi escrito pela comunidade cristã do autor – as assim chamadas comunidades de Mateus, de Marcos, de Lucas e de João. Propusemos, ao invés disto, que os evangelhos foram escritos desde o princípio com a intenção de que circulassem entre as igrejas (como, de fato, logo certamente fizeram). A "hipótese de autoria comunal dos evangelhos" era um consenso a respeito do qual raramente alguém se dispunha a discutir. Era amplamente tomada como plausível, embora não houvesse alternativa crível. Ao argumentar em favor do "Evangelho para todos os cristãos" como ao menos uma visão alternativa plausível a respeito da autoria dos evangelhos, esperávamos iniciar um debate que nunca ocorrera. A bibliografia abaixo demonstra que o debate se iniciou e que foi bastante extenso, mesmo que também tenha ocorrido fortuitamente. (Há revisões oportunas sobre o debate por Klink[1]

---

1. Klink, Edward W. "The Gospel Community Debate: State of the Question". In: CurBR 3(2004), p. 60-85; id. "Gospel Audience and Origin: The Current Debate". In: Klink, E.W. (ed.). *The Audience of the Gospels: The Origin and Function of the Gospels in Early Christianity*, p. 1-26. Londres: T. & T. Clark International [Continuum], 2010.

e Cirafesi.[2]) O segundo ensaio desta sessão é minha resposta a uma colega de academia, Margaret Mitchell, que argumentou contrariamente à tese do "Evangelho para todos os cristãos" com base em evidências patrísticas.

Enquanto Wally Cirafesi em 2014 chamou *O Evangelho para todos os cristãos* de "uma mudança de paradigma para o estudo acadêmico dos evangelhos" e sugeriu que, ao menos no que diz respeito aos estudos joaninos, "parece representar a direção que boa parte da produção acadêmica em língua inglesa está tomando"[3], a "hipótese comunitária" ainda sobrevive em muitos trabalhos acadêmicos sobre os evangelhos. Um consenso bem entrincheirado não é mudado de maneira rápida ou fácil. Numa visão muito positiva do livro de Edward Klink intitulado *The Sheep of the Fold* (que desenvolve o enfoque do "Evangelho para todos os cristãos" no que diz respeito ao evangelho de João) o acadêmico joanino veterano Robert Kysar escreveu:

> Uma das revelações chocantes do trabalho destes estudiosos que pretendem reestabelecer os evangelhos como documentos que originalmente estavam destinados a circular amplamente entre cristãos é o quão profundamente consolidada a noção de "comunidade" se estabeleceu no meio acadêmico sobre a Bíblia contemporâneo. Parece que quanto maior o tempo ao longo do qual se presume que algo seja verdadeiro, maior resistência se encontra ao tentar reavaliar tais convicções. Após eu e você termos dedicado tanto de nossas vidas ao estudo de documentos supostamente relacionados a alguns grupos de cristãos geograficamente bem delimitados no primeiro e segundo séculos, somos tentados a tornar moucos nossos ouvidos a qualquer coisa que desafie tal convicção. O grupo de estudiosos pelos quais Klink fala procura nos fazer um favor ao tanger-nos noutras direções, e repudiamos nossos próprios *status* como estudiosos se resistimos a tais criativas incitações.[4]

---

2. Cirafesi, Wally V. "The Johannine Community Hypothesis (1968-present): Past and Present Approaches and a New Way Forward". In: CurBR 12 (2014), p. 173-193; id. "The 'Johannine Community' in (More) Current Research: A Critical Appraisal of Recent Methods and Models". In: Neot 48 (2014), p. 341-364. Nestes artigos Cirafesi se preocupa apenas com o evangelho de João.

3. Id., "The Johannine Community Hypothesis", p. 186, 185.

4. Kysar, Robert. Resenha sobre Klink, Edward W. *The Sheep of the Fold*. In: Bib 90 (2009), p. 133-135.

Bibliografia sobre o Debate acerca dos públicos do Evangelho[5]

Alexander, Loveday. "Ancient Book Production and the Circulation of the Gospels." P. 71-111 in Bauckham, ed., *The Gospels for All Christians*.

Allison, Dale C. "Was There a 'Lukan Community'?" *IBS* 10 (1988) 62-70.

Barton, Stephen C. "Can We Identify the Gospel Audiences?" P. 173-194 in Bauckham, ed., *The Gospels for All Christians*.

Bauckham, Richard. "For Whom Were Gospels Written?" P. 9-48 in Bauckham, ed., *The Gospels for All Christians*.

_____. "Response to Philip Esler." *SJT* 51 (1998) 249-253.

_____. "The Audience of the Fourth Gospel." P. 101-111 in *Jesus in the Johannine Tradition*, Eds. Robert T. Fortna & Tom Thatcher. Louisville: Westminster John Knox, 2001. Republicado em Richard Bauckham, *The Testimony of the Beloved Disciple: Narrative, History and Theology in the Gospel of John* (Grand Rapids: Baker Academic, 2007: 113-123).

_____. "Is There Patristic Counter-Evidence? A Response to Margaret Mitchell." P. 68-110 in Klink, ed., *The Audience of the Gospels*. Reimpresso neste volume, como capítulo 2 desta seção.

_____. ed. *The Gospels for All Christians: Rethinking the Gospel Audiences*. Grand Rapids: Eerdmans, 1998.

_____. ed. *La rédaction et la diffusion des Évangiles: Contexte, méthode et lecteurs*. Traduzido por Charles Vanseymortier. Charols: Excelsis, 2014 (Tradução francesa de "*The Gospels for All Christians*").

Bernier, Jonathan. *Aposynagōgos and the Historical Jesus in John: Rethinking the Historicity of the Johannine Expulsion Passages*. BIS 122. Leiden: Brill, 2013.

Bird, Michael F. "The Markan Community, Myth or Maze? Bauckham's *The Gospels for All Christians* Revisited." *JTS* 37 (2006) 474-486.

_____. "Bauckham's *The Gospel* [sic] *For All Christians* Revisited." *EuroJTh* 15 (2006) 5-13.

_____. "Sectarian Gospels for Sectarian Christians? The Non-Canonical Gospels and Bauckham's *The Gospels for All Christians*." P. 27-48 in Klink, ed., *The Audience of the Gospels*.

_____. *The Gospel of The Lord: How the Early Church Wrote the Story of Jesus*. Grand Rapids: Eerdmans, 2014. P. 276-280.

---

5. A Bibliografia aqui apresentada é sem dúvida pouco exaustiva, mas mais abrangente que quaisquer outras que eu já tenha visto.

Blomberg, Craig L. "The Gospels for Specific Communities and All Christians." P. 111-133 in Klink, ed., *The Audience of the Gospels*.

Burridge, Richard A. "About People, by People, for People: Gospel Genre and Audiences." P. 113-145 in Bauckham, ed., *The Gospels for All Christians*.

_____. "Who Writes, Why and for Whom?" P. 99-115 in *The Written Gospel*. Ed. Markus Bockmuehl and Donald A. Hagner. Cambridge: Cambridge Univeristy Press, 2005.

Cirafesi, Wally V. "The Johannine Community Hypothesis (1968-Present): Past and Present Approaches and a New Way Forward." *CBR* 12 (2014) 173-193.

_____. "The 'Johannine Community' in (More) Current Research: A Critical Appraisal of Recent Methods and Models." *Neot* 48 (2014) 341-364.

Du Plessis, Isak J. "The Lukan Audience – Rediscovered? Some Reactions to Bauckham's Theory." *Neot* 34 (2000) 243-261.

Esler, Philip F. "Community and Gospel in Early Christianity: A Response to Richard Bauckham's *Gospels for All Christians*." *SJT* 51 (1998) 235-248.

Hägerland, Tobias. "John's Gospel: A Two-Level Drama?" *JSNT* 25 (2003) 309-322.

Hengel, Martin. *The Four Gospels and the One Gospel of Jesus Christ: An Investigation into the Collection and Origin of the Four Gospels*. Traduzido por John Bowden. Londres: SCM Press, 2000. P. 106-115.

Incigneri, Brian J. *The Gospel to the Romans: The Setting and Rethoric of Mark's Gospel*. BIS 65. Leiden: Brill, 2003. P. 32-34.

Jensen, Alexander S. *John's Gospel as Witness: The Development of the Early Christian Language of Faith*. Aldershot: Ashgate, 2004. P. 56-62.

Kazen, Thomas. "Sectarian Gospels for Some Christians? Intention and Mirror Reading in the Light of Extra-Canonical Texts." *NTS* 51 (2005) 561-578.

Klauck, Hans-Josef. "Community, History and Text(s): A Response to Robert Kysar." P. 82-90 in *Life in Abundance: Studies of John's Gospel in Tribute to Raymond E. Brown*. Ed. John Donahue. Collegeville: Liturgical Press, 2005.

Klink, Edward W. "The Gospel Community Debate: State of the Question." *CBR* 3 (2004), p. 60-85.

_____. *The Sheep of the Fold: The Audience and Origin of the Gospel of John*. SNTSMS 141. Cambridge: Cambridge University Press, 2007.

_____. "Expulsion from the Synagogue? Rethinking a Johannine Anachronism." *TynBul* 59 (2008), p. 99-118.

_____. "The Overrealized Expulsion in the Gospel of John." P. 175-184 in *John, Jesus and History*, v. 1: *Critical Appraisals of Critical Views*. Eds. Paul N. Anderson, Felix Just & Tom Thatcher. Atlanta: SBL, 2009.

_____. "Gospel Audience and Origin: The Current Debate." p. 1-26 in Klink, ed., *The Audience of the Gospels.*

_____. "Conclusion: The Origin and Function of the Gospels in Early Christianity." P. 153-166 in Klink, ed., *The Audience of the Gospels.*

_____. ed. *The Audience of the Gospels: The Origin and Function of the Gospels in Early Christianity.* LTNS 353. Londres: T. & T. Clark International (Continuum), 2010.

Kysar, Robert. "The Whence and Whither of the Johannine Community." P. 65-81 in *Life in Abundance: Studies of John's Gospel in Tribute to Raymond E. Brown.* Ed. John R. Donahue. Collegeville: Liturgical Press, 2005.

Lamb, David A. *Text, Context and the Johannine Community: A Sociolinguistic Analysis of the Johannine Writings.* LNTS 477. Londres: Bloomsbury T. & T. Clark, 2014.

Last, Richard. "Communities That Write: Christ-Groups, Associations, and Gospel Communities." *NTS* 58 (2012) 173-198.

Marcus, Joel. *Mark 1-8.* AB 27. Nova York: Doubleday, 2000. P. 25-28.

Mitchell, Margaret M. "Patristic Counter-Evidence to the Claim that 'The Gospels Were Wrtiten for All Christians." *NTS* 51 (2005) 36-79.

North, Wendy E. Sproston. "John for Readers of Mark? A Response to Richard Bauckham's Proposal." *JSNT* 25 (2003) 449-468. Reimpresso em North, *A Journey Round John: Tradition, Interpretation and Context in the Fourth Gospel.* LNTS 534. Londres: Bloomsbury T. & T. Clark, 2015. P. 94-112.

Peterson, Dwight N. *The Origins of Mark: The Markan Community in Current Debate.* BIS 48. Leiden: Brill, 2000.

Reinhartz, Adele. "Gospel Audiences: Variations on a Theme." P. 134-152 in Klink, ed., *The Audience of the Gospels.*

Roskam, Hendrika N. *The Purpose of the Gospel of Mark in Its Historical and Social Context.* NovTSup 114. Leiden: Brill, 2004. P. 17-22.

Sim, David C. "The Gospels for All Christians: A Response to Richard Bauckham." *JSNT* 84 (2001) 3-27.

_____. "Reconstructing the Social and Religious Milieu of Matthew: Methods, Sources and Possible Results." P. 13-32 in *Matthew, James and the Didache. Three Related Documents in Their Jewish and Christian Settings.* Eds. Jürgen K. Zangenberg and Hubertus W. M. Van de Sandt. Atlanta: SBL, 2008.

Smith, Justin Marc. "About Friends, by Friends, for Others: Author-Subject relationships in Contemporary Greco-Roman Biographies." P. 49-67 in Klink, ed, *The Audience of the Gospels.*

Stowers, Stanley. "The Concept of 'Community' and the History of Early Christianity." *MTSR* 23 (2011) 238-256.

Thompson, Michael B. "The Holy Internet: Communication Between Churches in the First Christian Generation." P. 49-70 in Bauckham, ed., *The Gospels for All Christians*.

Tuckett, Christopher M. "Gospels and Communities: Was Mark Written for a Suffering Community?" P. 377-396 in *Jesus, Paul and Early Christianity: Studies in Honour of Henk Jan de Jonge*. Eds. Reuwerd Buitenwerf, Harm W. Hollander & Joahannes Tromp. NovTSup 130. Leiden: Brill, 2008.

Ullrich, Daniel. W. "The Mission Audience of the Gospel of Matthew." *CBQ* 69 (2007) 64-83.

van Eck, Ernest. "A Sitz for the Gospel of Mark? A Critical Reaction to Bauckham's Theory of the Universality of the Gospels." *HvTSt* 54 (2000) 973-1008.

Vine, Cedric E. W. *The Audience of Matthew: An Appraisal of the Local Audience Thesis*. LNTS, 496, Londres: Bloomsbury T. & T. Clark, 2014.

Watson, Francis. "Toward a Literal Reading of the Gospels." P. 195-217 in Bauckham, ed., *The Gospels for All Christians*.

Yarbro Collins, Adela. *Mark: A Commentary*. Hermeneia. Louisville: Fortress, 2007. Here p. 96-102.

1. Para quem os evangelhos foram escritos?

I.

O título deste artigo poderia ser analisado como gerador de duas questões distintas, apenas uma das quais o mesmo procura compreender. Uma destas questões é: Os evangelhos foram escritos para cristãos ou para não cristãos? Esta questão tem sido discutida algumas vezes, particularmente nos casos dos evangelhos de Lucas e João, uma vez que uma minoria de estudiosos argumenta que estes evangelhos, ou todos os quatro evangelhos, foram escritos como trabalhos apologéticos ou evangelísticos, não para cristãos, mas para forasteiros.[1] Sobre tal questão, este presente capítulo toma por garantido, sem nenhuma possibilidade de discussão sobre o tema, a resposta dada pelo consenso de estudiosos: todos os evangelhos tinham a intenção de alcançar, em primeiro lugar, um público cristão. Para os limites da questão neste capítulo, é necessário apenas observar que, se qualquer dos evangelistas tivesse divisado atingir leitores não cristãos, os mesmos certamente o fariam através de leitores cristãos, que poderiam passar cópias dos evangelhos a fo-

---

1. Sobre esta discussão em referência aos quatro evangelhos, veja C. F. D. Moule, *The Phenomenom of the New Testament*, SBT 2/1 (Londres: SCM Press, 1967), p. 101-114 (113: "todos os quatro evangelhos, de igual maneira, devem ser interpretados antes de qualquer outra coisa como evangelística e apologética em seus propósitos") [tradução livre]; e cf. H. Y. Gamble, *Books and Readers in the Early Church* (New Haven and Londres: Yale University Press, 1995), p. 103 ("aspectos missiológicos e propagandísticos" bem como "funções importantes dentro das comunidades cristãs"). [tradução livre] Para Lucas, veja C. F. Evans, *Saint Luke*, Trinity Press International New Testament Commentaries (Londres: SCM Press; Filadélfia: Trinity Press International. 1990), p. 104-111. Para João, veja D. A. Carson, *The gospel according to John* (Leicester: InterVarsity Press; Grand Rapids: Eerdmans, 1991), p. 87-95. M. A. Tolbert, *Sowing the Gospel: Mark's World in Literary-Historical Perspective* (Mineápolis: Fortress, 1989), p. 304, propõe que Marcos foi escrito para duas categorias (e não grupos) de pessoas: cristãos sofrendo perseguições e simpatizantes de fora do grupo.

rasteiros interessados através de contato pessoal.[2] Portanto, o público cristão seria em qualquer caso o público primário.

A segunda questão, sobre a qual este capítulo se debruça, é: Os evangelhos foram escritos para públicos específicos de cristãos ou para um público cristão geral? P. ex., Mateus teria sido escrito para a Igreja de Mateus, a chamada comunidade mateana, ou foi escrito para uma circulação ampla entre as igrejas cristãs do último quartil do primeiro século? Os evangelhos implicam em determinados grupos de leitores de determinada comunidade cristã (constituída de uma ou muito específicas igrejas locais) ou são eles membros de qualquer uma das comunidades cristãs do século I tardio dentro das quais o evangelho poderia vir a circular? Embora a primeira das nossas duas questões tenha sido discutida amiúde, com alguns substanciosos argumentos como resultado de tais discussões, esta segunda questão é marcante por nunca ter sido, até onde posso perceber, discutida em forma impressa.

O ponto não é, evidentemente, que esta questão não seja relevante no que concerne às atuais ou recentes discussões acadêmicas sobre os evangelhos. É bem o contrário. Um das duas respostas possíveis a esta questão – a opção de que cada um dos evangelhos tenha sido escrito para uma comunidade cristã específica – tem sido tomada como certeza na maior parte da discussão acadêmica nas últimas décadas[3]. Como um pressuposto a partir do qual discussões sobre o evangelho são feitas, tem tomado um papel cada vez mais proeminente na discussão acadêmica sobre os evangelhos, que desde a década de 1960 tem se demonstrado mais e mais interessada em reconstruir as circunstâncias e características da comunidade para a qual, segundo o que se assume, cada evangelho foi escrito. Quase todos os escritos contemporâneos sobre os evangelhos partilham o não desafiado pressuposto segundo o

---

2. Isto é consistente com as evidências do século II de que os evangelhos tenham encontrado alguns leitores não cristãos, mencionado em Gamble, *Books and Readers*, p. 103.

3. Certamente, alguns importantes trabalhos sobre os evangelhos que não demonstram qualquer interesse na questão dos públicos-alvo continuam a ser publicados, como p. ex., H. Koester, *Ancient Christian Gospels.* (Londres: SCM Press; Filadélfia: Trinity Press International, 1990).

qual cada um dos evangelistas, pessoalmente[4], indubitavelmente um mestre em uma igreja particular, escreveu seu evangelho para aquela igreja em especial, com sua situação particular, caráter e necessidades diante de si durante a composição de tais textos. As assim chamadas comunidades mateana, marcana, lucana e joanina (ou, eventualmente, tomasiana[5]) devem ser entendidas individualmente não como uma igreja única, mas um pequeno grupo de igrejas, mas nesse caso toma-se por axioma que este grupo de igrejas era homogêneo na composição e circunstâncias. O pressuposto não desafiado em todo caso é que cada evangelho tem como destinatário uma comunidade local, com contexto e características muito específicas.

Praticamente toda a literatura das últimas décadas toma tal pressuposto como garantido, construindo ao longo do tempo grandes e sofisticados argumentos a partir do mesmo, e parece tomar tal pressuposto como perfeitamente autoevidente, embora nenhuma alternativa possa ter ocorrido a ninguém. Há, certamente, uma alternativa viável e até mesmo óbvia: a de que um evangelista ao escrever um evangelho esperava que seu trabalho circulasse amplamente entre as igrejas, não com algum público-alvo muito específico em mente, mas divisando como público qualquer igreja (ou qualquer igreja na qual a língua grega pudesse ser compreendida) para a qual seu trabalho encontrasse um meio de chegar. Esta é a possibilidade que o presente capítulo considera ser justo que seja considerada com muita seriedade. O propósito do capítulo não é simplesmente desafiar o consenso estabelecido, mas de abrir uma discussão que até então não encontrou seu espaço. Não apenas ninguém, até onde me foi possível descobrir, levantou um posicionamento alternativo, posicionamento este que considero mais plausível. Na verdade, nunca houve qualquer debate.

---

4. Refiro-me a evangelistas no sexo masculino, não por que a possiblidade de autoras femininas de evangelhos possa ser excluída, mas porque o que conhecemos sobre autorias textuais no mundo antigo torna tal figura relativamente improvável.

5. Para compreender várias reconstruções da comunidade tomasiana, veja B. Lincoln, "Thomas-Gospel and Thomas-Community: A New Approach to a Familiar Text", *NovT* 19 (1977), p. 65-76; K. King, "Kingdom in the Gospel of Thomas", *Foundations and Facets Forum* 3, n. 1 (1987), p. 48-97; S. J. Patterson, *The Gospel of Thomas and Jesus* (Sonoma, Calif: Polebridge, 1993), especialmente os capítulos 5 a 7.

Desafiar um consenso de estudiosos inevitavelmente e compreensivelmente é encontrar resistência em meio a leitores imersos em tal consenso. Tais leitores estão naturalmente propensos a pensar que um consenso que seja não somente universalmente aceito, mas também que se tenha provado como força intelectual capaz de provocar o surgimento de tantos empolgantes e interessantes textos sobre os evangelhos, deve estar correto. Qualquer argumento em contrário de tal tipo de consenso delineia-se como tarefa extenuante apenas para chegar ao ponto de ganhar meramente apreciação não preconceituosa, se é que tal coisa existe. Portanto, inicio com um argumento preliminar cuja função é somente lançar uma semente inicial de possibilidade que talvez possa existir algo em favor da abordagem que proporei.

Construo este argumento numa forma que pressupõe a mais aceite perspectiva de relações entre os sinóticos, mas a mesma poderia facilmente ser reformatada de maneira a acomodar qualquer teoria sobre relações sinóticas. (Nenhum dos argumentos deste trabalho depende de nenhuma teoria em particular sobre relações sinóticas.) Uma vez que o presente argumento deva ser apresentado em uma ou outra forma, assumo a prioridade de Marcos. Uma vez que faça esta opção da prioridade marcana, como pôde ser possível que Mateus e Lucas, ambos, tivessem Marcos como um item disponível a si? Ninguém imagina que os três evangelistas tenham pertencido à mesma comunidade cristã local. Assim, a visão que geralmente é tomada como garantida é a de que, na época que Mateus e Lucas escreveram, o Evangelho de Marcos já teria circulado de maneira bastante ampla pelas igrejas e estava sendo lido nas igrejas às quais Mateus e Lucas, respectivamente, pertenciam. Esta é uma perspectiva muito razoável, uma vez que sabemos com suficiente certeza que num tempo perspectivamente pouco posterior ao conhecimento do evangelho de Marcos em sua própria comunidade o mesmo tornou-se conhecido em outras igrejas, quaisquer que fossem. Mateus e Lucas, em outras palavras, conheciam Marcos como um evangelho que de fato havia circulado amplamente entre as igrejas e que se estava provando como útil e valioso em muitas comunidades cristãs. Qualquer que tenha sido a intenção de Marcos quando escreveu seu evangelho, quando Mateus e Lucas o conheceram já havia de fato se tornado útil e valorizado, não como um texto focado em particularidades muito próprias da comunidade marcana, mas como um texto em geral útil para várias igrejas diferentes. O modelo de Mateus e Lucas sobre o que um evangelho devesse ser necessariamente foi Marcos na forma em que de fato circulou e foi usado nas igrejas. Eles devem, certamente, ter esperado que seus próprios evangelhos circulassem pelo menos tão amplamente quanto o de Marcos houvera feito. Eles devem ter tido a percepção de um público ao menos tão amplo quanto Marcos logrou alcançar. É inclusive bastante possível que Mateus e Lucas esperassem que os seus evangelhos viessem a substituir o de Marcos. Supor que Mateus e Lucas, sabendo que o evangelho de Marcos circulou em tantas igrejas, tenham pretendido e endereçado seus evangelhos, no entanto, ao público muito mais restrito de suas próprias comunidades parece ser *prima facie* muito improvável. Tal perspectiva requereria uma argumentação muito mais cuidadosa e certamente não deveria ser tratada como um axioma autoevidente.

II.

O processo pelo qual o consenso corrente a respeito desta questão se construiu, sem que ninguém jamais tenha sequer questionado o tópico a sério, poderia ser um tópico interessante para o estudo da História das abordagens acadêmicas sobre os evangelhos. Certamente o mesmo provocaria reflexões, talvez incisivamente perturbadoras reflexões, sobre a sociologia e psicologia dos estudos neotestamentários enquanto disciplina. Nesta sessão do presente trabalho, eu posso apenas indicar alguns aspectos amplos da história da Academia que fornecem pano de fundo para o engajamento com o consenso atual.

A visão que cada evangelista tenha escrito para sua própria comunidade é uma visão antiga na academia britânica. O exemplo mais antigo de tal, que eu possa apontar, está no comentário de Henry Barclay Swete sobre Marcos (cuja primeira edição se deu em 1888), um extenso comentário em seu tempo. Swete reivindica, de fato, que havia "a prevalência de crença na Igreja antiga" que "São Marcos escreveu seu evangelho em Roma e para a Igreja romana"[6]. A ideia aqui se baseia em evidência patrística, a qual Swete, como muitos de seus contemporâneos, aceita sem muita discussão. Que Marcos tenha escrito não somente em Roma, mas também para a Igreja romana parece de fato de embasar somente no testemunho de Clemente de Alexandria (apud Eusébio, *His. eccl.* 6.14.6-7), o qual aponta não estritamente para tal conclusão.[7] Entretanto, é importante notar que para Swete os leitores pretendidos de Marcos são meramente um aspecto das questões introdutórias a respeito do evangelho; tal dado não tem qualquer consequência direta para a exegese. Não ocorre para ele (Swete) que Marcos adaptou seu detalhado relato histórico sobre Jesus para se endereçar a necessidades ou problemas específicos na Igreja romana. Estamos lidando com uma ideia que à sua época teve uma função muito limitada nos estudos acadêmicos sobre os evangelhos, mas que viria a se tornar uma ideia importante em si mesma quando Marcos passou a ser lido como algo além de um relato estritamente histórico.

Contemporaneamente a Swete, Alfred Plummer em seu "International Critical Commentary on Luke" (primeiramente editado em 1898), toma uma abordagem diferente – ao menos no que diz respeito ao público do evangelho de Lucas. Dispensando a ideia de que Lucas houvesse escrito somente para Teófilo, clama: "É evidente que ele escreve para a instrução e encorajamento de todos os conversos gentios."[8] Que Lucas possa ter escrito a uma igreja específica não ocorre a ele. Mas a visão de que cada evangelho tivesse uma comunidade em particular como público-alvo ganhou força na academia britânica a partir de *The Four Gospels: A Study of Origins*, livro de B. H. Streeter publicado

---

6. H. B. Swete. *The Gospel according to St. Mark*, 3ª edição. (Londres: Macmillan, 1909), p. xxxix; cf. xl. [N.T.: todas as citações de SWETE constantes no idioma original estão aqui em tradução livre.]

7. Segundo Clemente, Marcos escreveu seu evangelho, uma memória da pregação de Pedro, atendendo à solicitação daqueles que ouviram a pregação de Pedro em Roma e distribuiu cópias do mesmo àqueles que o solicitaram. Isto é bastante consistente com a visão de que Marcos esperava que outras cópias fossem passadas a outras igrejas, da maneira habitual que as literaturas circulavam no movimento cristão primitivo. É de se duvidar que Clemente tenha tido alguma outra fonte para seu testemunho que não o testemunho de Pápias sobre a origem do evangelho de Marcos, entretanto o modo pelo qual o mesmo imaginou o início da circulação do evangelho é de especial interesse.

8. A. Plummer, *A Critical and Exegetical Commentary on the Gospel according to S. Luke*, 4ª edição. (Edimburgo: T. & T. Clark, 1901), p. xxxiv. [N.T.: todas as citações de Plummer são livres.]

em 1924, que foi um marco nos estudos acadêmicos sobre os evangelhos em língua inglesa, estabelecendo a dominância da hipótese dos quatro documentos por um longo tempo. Era necessário à argumentação de Streeter a percepção de que cada um dos quatro evangelhos teve sua origem em um grande centro de difusão do cristianismo (de fato, respectivamente Antioquia, Roma, Cesareia e Éfeso). Apenas isto, em sua percepção, valida o prestígio de todos os quatro e suas eventuais canonizações. Os mesmos gozaram de tal prestígio não apenas por terem se originado destas igrejas: "cada um dos evangelhos deve ter ganhado reconhecimento local como um clássico religioso, talvez até mesmo como escritura inspirada, antes que os quatro fossem combinados em uma coleção reconhecida por toda a Igreja"[9]. Marcos em particular sobreviveu à competição com Lucas e Mateus por conta do prestígio que adquirira localmente como o evangelho da Igreja de Roma. A meu ver há sérias falhas neste argumento[10], que não precisam nos deter porque tal argumento raramente é encontrado hoje, mas precisamos apontar que, se for verdade que a ideia dos evangelhos como evangelhos locais (como Streeter propõe) tornou-se popular como resultado do trabalho de Streeter, então ela assim se afirmou com embasamento de apenas um argumento que foi há muito esquecido pela maior parte dos que exploram a ideia para funções desconhecidas a Streeter. De qualquer maneira, Streeter aparentemente foi dos primeiros acadêmicos a impor a ideia de origens locais de cada um dos evangelhos de maneira a fundir em uma única resposta duas questões a respeito dos contextos locais, que são *em qual* comunidade o mesmo foi escrito e *para qual* tal composição aconteceu ou era endereçada.[11] Citando-o diretamente, "Os evangelhos foram

---

9. B. H. Streeter, *The Four Gospels: A Study of Origins* (Londres: Macmillian, 1924), p. 12.

10. Mesmo se os quatro evangelhos originalmente tivessem o prestígio de serem os evangelhos locais de igrejas particulares proeminentes, não há evidência de que este fator foi operativo no segundo século, quando a sobrevivência de todos os quatro para formarem o Cânon dos quatro evangelhos era a ordem do dia. A associação do evangelho de Marcos a Pedro deve ter sido um fator muito mais preponderante para a sobrevivência do mesmo ao lado de Mateus e Lucas.

11. B. W. Bacon, *Is Mark a Roman Gospel?*, HTS 7 (Cambridge, Mass.: Harvard University Press, 1919) também funde as mesmas questões, no que diz respeito a Marcos. Embora seu argumento preocupe-se principalmente com a localidade na qual Marcos foi escrito, ocasionalmente ele revela que para ele esta questão também corresponde àquela sobre os leitores presumidos de Marcos. (68, 85).

escritos em e para igrejas diferentes"[12] – uma afirmação que encapsula o axioma do corrente consenso que desejo questionar.

Um interessantíssimo representante (ainda contado entre os acadêmicos britânicos) do processo através do qual o consenso se consolidou é G. D. Kilpatrick em seu *The Origins of the Gospel According to St. Matthew* (1946). Alguns leitores podem ser surpreendidos ao perceber até esta data uma influência tão grande do *Sitz im Leben* específico no qual o evangelho foi escrito e sua influência formativa na consolidação do evangelho. Kilpatrick já se preocupava, a seu tempo, em discutir as grandes questões que os que hoje escrevem a respeito do contexto no qual o evangelho de Mateus teve sua origem ainda discutem. Um capítulo sobre "O evangelho e o judaísmo" cobre o agora mui familiar terreno da relação entre Mateus e o judaísmo de fins do primeiro século, abrangendo também as relações judaico-cristãs. Num capítulo sobre "A comunidade do evangelho" ele discorre sobre "a igreja mateana" e se utiliza de pistas no evangelho para argumentar em favor de que a igreja na qual Mateus escreveu era próspera, tinha o ministério de professores e profetas, estava sofrendo perseguição, sofria a ameaça de falsos ensinamentos etc. Crucialmente, ele toma por garantido – sem nenhum tipo de discussão – que a igreja na qual Mateus escreveu era a igreja para a qual ele o fez.[13] Tal reconstrução da comunidade mateana e seu contexto de fato depende destas pressuposições, uma vez que também pressupõe-se que tudo o que Mateus propõe a seus leitores seja verdadeiro especificamente em sua própria igreja.

O livro de Kilpatrick é um ancestral direto da maneira pela qual grandes comentários recentes sobre os evangelhos – p. ex., Davies e Allison sobre Mateus[14], Fitzmyer sobre Lucas[15] – discutem questões introdutórias sobre os

---

12. Streeter, *The Four Gospels*, p. 12.

13. G. D. Kilpatrick, *The Origins of the Gospel according to St Matthew* (Oxford: Clarendon, 1946), p. 130.

14. W. D. Davies & D. C. Allison, *A Critical and Exegetical Commentary on the Gospel according to Saint Matthew,* v. I, ICC (Edimburgo: T. & T. Clark, 1988), p. 138-147.

15. J. A. Fitzmeyer, *The Gospel According to Luke I-IX,* AB 28 (Nova York: Doubleday, 1981), p. 57-59. Outros recentes exemplos são D. A. Hagner, *Matthew 1-13,* WBC 33A (Dallas, Word, 1993), p. lxv-lxxi; U. Luz, *Matthew 1-7,* traduzido por W.C. Linss (Edimburgo: T7T Clark, 1989), p. 82-90.

evangelhos, simplesmente assumindo que a questão sobre o contexto no qual um evangelho foi escrito e a questão sobre o público para o qual o mesmo foi escrito são a mesma questão. Tais discussões, portanto, regular e sistematicamente confundem evidências sobre estas duas questões diferentes entre si. Precisamente no contexto onde um poderia esperar encontrar *argumentos* em favor de tal percepção que se tornou o consenso – em discussão da convencional coletânea de questões introdutórias sobre os evangelhos – o leitor encontra apenas a presunção de exatamente o que precisaria ser provado, e uma consequente confusão de problematizações construídas sobre tal consenso improvado.

Era latente no método de Kilpatrick de reconstrução da comunidade mateana em seu caráter e situação a partir do evangelho o potencial de ler o evangelho como endereçado a necessidades e preocupações particulares da comunidade. Embora este potencial não tenha sido totalmente desenvolvido no livro de Kilpatrick, o mesmo demonstra quão bem o terreno já estava preparado, no que diz respeito à academia anglófona, para a aproximação teórica que se desenvolveu no contexto dos estudos redacional-críticos, especialmente de Marcos, nas décadas de 1960 e 1970. Nem todos os adeptos de tal teoria crítica redacional estavam especialmente preocupados com a comunidade do(s) evangelista(s); alguns usaram tal aporte teórico primariamente como meio de destacar a teologia particular de cada evangelista, sem relacionar esta teologia à comunidade específica e seu contexto. Contudo, em fins da década de 1960 e na década de 1970 uma série de livros desenvolveu uma aproximação teórica que buscava reconstruir as características distintivas da comunidade marcana e explicar o evangelho como endereçado a questões específicas em tal comunidade. Dentre os livros de tal pioneirismo, o mais conhecido é *Mark: Traditions in Conflict,* publicado em 1968 por Theodore Weeden, que também demarca o incremento da liderança dos estudos estadunidenses sobre os evangelhos neste campo. O mesmo enfoque também é encontrado, p. ex., no trabalho alemão de K. G. Reploh, *Markus, Lehrer der Gemeinde,* de 1969. É característico de ambos a presunção imediata de que cada um dos evangelhos foi escrito para uma igreja particular. Sequer tratam o assunto como uma hipótese a partir da qual trabalhem para a tornarem plausível. Tratam, outrossim, o assunto como fato autoevidente, sobre o qual o trabalho pode ser desenvolvido. Este é o ponto, crucial na história dos estudos sobre os evangelhos, no qual uma suposição assumida como verdade, previamente confinada a discussões de questões introdutórias, se tornou a base para estratégias interpretativas que encontraram para circunstâncias e necessidades específicas de uma comunidade respostas contidas em algum evangelho.[16]

Os críticos redacionais sempre reclamaram que a crítica formal, a despeito de sua professada ênfase na comunidade cristã como *Sitz im Leben* das tradições evangélicas, sempre delineava a comunidade em linhas amplamente gerais. As únicas distinções entre comunidades que importavam à crítica formal eram as desgastadas categorias de cristianismo judaico-palestinense, cristianismo judaico-helenístico e cristianismo gentílico. Entretanto, quando os grandes críticos formais Martin Dibelius e Rudolf Bultmann discutiram os evangelhos como produtos finais de tradições orais a dimensão comunitária pareceu desaparecer por completo. Os críticos redacionais tentaram estabelecer quanto a isso uma maior especificidade. P. ex., Howard Kee assim escreve em seu *Community of the New Age*:

---

16. Uma ilustração do estádio axiomático tão amplamente atribuído a esta presunção pode ser encontrado em J. R. Donahue, "The Quest for the Community of Mark's Gospel". In: *The Four Gospels 1992*, editado por F. van Segbroek, C. M. Tuckett, G. van Belle e J. Verheyden, prefaciado por F. Neirynck; 3 volumes, BETL 100 (Leuven: Leuven University Press/Peeters, 1992), p. 2.817-2.838. O autor delineia tentativas de localizar a origem do evangelho de Marcos e de identificar a "comunidade marcana" como o destinatário implicado pelo próprio evangelho (tratando, como usual, as duas questões como se fossem a mesma), refere-se à "interessantes questões sobre o esforço de procurar as comunidades por trás dos evangelhos" erguidas por M. A. Tolbert (835), que argumenta que Marcos não foi escrito para uma comunidade específica mas para um público mais amplo, e pontua: "Mesmo se tal completo ceticismo possa ser injustificado..." (836). Enquanto para nós isto possa soar como nos alertando que certas formas de ceticismo possam ser justificadas, Donahue assim procede meramente para lançar dúvida sobre o uso de certas formas de evidência para reconstruir a comunidade de Marcos (836-837). Que o público leitor implícito de Marcos seja sua própria comunidade, que métodos por ele utilizados em seu trabalho serão capazes de reconstruir é algo que ele nunca duvida, sequer por um momento. Que as "questões interessantes" erguidas por Tolbert desafiem tais presunções indubitadas a serem revistas parece ser um pensamento que Donahue é tão incapaz de conceber seriamente que ele falha na capacidade de reconhecer tal limitação, enquanto prossegue afirmando as mesmas coisas.

O que foi o *Sitz im Leben* a partir do qual e para o qual o evangelho de Marcos foi escrito? Para responder a esta questão de maneira responsável não é suficiente propor uma etiqueta generalista a Marcos – alguma como helenístico-judaico-cristão ou palestino-judeu-cristianismo. Através da análise do texto em si mesmo, mas com a ajuda de paradigmas do estudo das escatologias comunitárias e de analogias históricas com comunidades apocalípticas próximas no tempo e espaço ao cristianismo primitivo do primeiro século, é possível traçar os contornos da comunidade marcana.[17]

O estudo de Marcos ao longo de tais linhas liderou o caminho. Estudos de Mateus e Lucas geralmente seguiram as mesmas linhas com algum atraso. É, entretanto, de se notar que os desenvolvimentos nos estudos joaninos andaram sempre no mesmo passo que os marcanos. Uma vez que a crítica da forma e da redação como aplicadas aos sinóticos nem sempre foram reconhecidas como apropriadas para o caso especial do evangelho de João, os estudos joaninos procuraram estabelecer seu próprio caminho, tornando-se gradualmente um campo cada vez mais introvertido na academia. Livros sobre o evangelho de João raramente tocam em temas acadêmicos dos sinóticos, bem como livros sobre os sinóticos raramente o fazem quanto a temas joaninos. Mas a aparição da primeira edição do amplamente influente *History and Theology in the Fourth Gospel*, de J. Louis Martyn, em 1968, dificilmente pode deixar de ser examinada fora da referência de Weeden e outros em seu trabalho sobre Marcos, precisamente na mesma época (e também lugar, a América), embora Martyn não faça nenhuma menção aos mesmos. O livro de Martyn faz por João o que Weeden e outros fizeram por Marcos. John Ashton pontua que é "por virtude de sua concisão... provavelmente o mais importante trabalho sobre os evangelhos desde o comentário de Bultmann"[18],

---

17. H. C. Kee, *Community of the New Age*. Filadélfia: Westminster, 1977, p. 77 [tradução livre].

18. J. Ashton, *Understanding the Fourth Gospel*. Oxford: Clarendon, 1991, p. 107. Conforme D. Moody Smith, "The Contribution of J. Luis Martyn to the Understanding of the Gospel of John". In: *The Conversation Continues: Studies in Paul and John*, editado por R. T. Fortna & B. R. Gaventa, J. L. Martyn Festschift. Nashville: Abingdon, 1990, p. 293, nota 30: "A tese de Martyn tornou-se paradigmática tomando este termo emprestado de Thomas Kuhn. Ela é parte do tipo de texto dos quais estudantes se embebem, como comentários e livros de texto, tomando-o como conhecimento bem assentado e crível." [tradução livre]

uma vez que foi a fonte da obsessão com a comunidade joanina que dominou a maior parte dos trabalhos acadêmicos subsequentes que lidaram com João.[19] Que a comunidade joanina seja o destinatário implícito do evangelho de João e que esta comunidade possa ser, portanto, reconstruída a partir do evangelho, são presunções que começaram a afetar os estudos joaninos largamente a partir da publicação do livro de Martyn. Martyn não é mais eficiente do que os estudiosos sobre os sinóticos em oferecer qualquer argumento em favor da presunção de que João se dirige à sua própria comunidade.

A tentativa que vem sendo sustentada desde o final da década de 1960 de tomar a sério a proposta segundo a qual cada evangelho se dirige a situações específicas de comunidades cristãs em particular tem tido duas grandes características. Uma é o desenvolvimento de leituras mais ou menos alegóricas em serviço da reconstrução não somente do caráter, mas da história da comunidade por trás do evangelho. Personagens e eventos nas histórias do evangelho são tomados para representar grupos da mesma comunidade e experiências da mesma. Os discípulos em Marcos servem como proponentes de uma cristologia *theios-aner* que Marcos estaria combatendo dentro de sua própria comunidade, os parentes de Jesus representam as lideranças da Jerusalém judaico-cristã, Nicodemos representa cristãos cuja cristologia inadequada os impede de romper definitivamente com as sinagogas, e assim por diante. O sucesso da missão de Jesus e seus discípulos entre os samaritanos em João 4 supostamente refletem um estádio na história da comunidade joanina quando a mesma experimentou sucesso em sua missão junto aos samaritanos. Weeden foi pioneiro desta maneira de ler Marcos, e Martyn o foi ao ler João. Houve subsequentes reconstruções da história das comunidades marcana e joanina. As muitas diferentes reconstruções lançam alguma dúvida sobre o método, que a um cético parece como uma espécie de fantasia histórica.[20] É difícil evitar supor

---

19. A "comunidade Joanina" como destinatário textual implícito pelo evangelho de João primeiro entra – inobstruída e momentaneamente – na pesquisa de Ashton sobre a história da academia joanina no ponto em que este discute o trabalho de Martyn. (Ashton, *Understanding*, p. 108)

20. Para uma pesquisa das muitas e variadas tentativas de reconstruir a comunidade joanina e sua história, delineada como uma apropriada conclusão cética, veja T. L. Brodie, *The Quest for the Origin of John's Gospel*. Nova York: Oxford University Press, 1993, p. 15-21.

que estes que não mais pensam a possibilidade de reconstruir a figura de Jesus histórico a partir dos evangelhos substituam o sentimento de perda de tal possibilidade pela empenhada tentativa de reconstruir as comunidades que produziram os evangelhos. Toda a especificidade histórica com que os críticos históricos sonhavam está transferida do Jesus histórico para a comunidade do evangelista. O princípio (herdado da crítica da forma) segundo o qual o evangelho nos informa não sobre Jesus, mas sobre a Igreja, é tomado de maneira tão literal que a narrativa, ostensivamente, a respeito de Jesus, precisa ser entendida como uma alegoria na qual a comunidade na verdade está contando a sua própria história.

A segunda característica do trabalho nesta tradição é o cada vez mais sofisticado uso de métodos sociológicos para a reconstrução da comunidade por trás de cada evangelho. Para Marcos isto começou com o livro autorado por Kee, *Community of the New Age*, e para João provavelmente com o muito influente artigo de 1972 publicado por Wayne Meek a respeito do sectarianismo joanino.[21] Philip Esler foi pioneiro neste campo tratando de Lucas em 1987[22], enquanto Mateus tornou-se recentemente um objeto enfocado, com

---

21. W. A. Meeks, "The Man from Heaven in Johannine Sectarianism", *JBL* 91 (1972), p. 44-72. Reimpressão em *The Interpretation of John*, editado por J. Ashton. Londres: SPCK, 1986), p. 141-173.

22. P. F. Esler, *Community and Gospel in Luke-Acts,* SNTSMS 57 (Cambridge: Cambridge University Press, 1987). Esler é o raro caso de um escritor que percebe alguma necessidade de argumentar em favor da percepção de que um evangelho, neste caso Lucas, tenha sido endereçado a uma comunidade cristão específica ou pelo menos a um grupo de comunidades. Mas seu argumento (nas p. 24 e 25) é alicerçado na pretensa validade da visão comum de que cada um dos três evangelhos canônicos tenha sido endereçado à sua própria comunidade. Esler estava preocupado meramente em rebater as visões daqueles que vêem Lucas-Atos como uma exceção à pretensa regra geral. Entretanto ele dá a impressão de que alguma argumentação é necessária. A evidência que o mesmo oferece é o uso da imagem do rebanho para os discípulos de Jesus (Lc 12,32) e para a Igreja de Éfeso em Atos (20,17-35). A maneira que tal imagem é usada, propõe, evoca as circunstâncias de "uma pequena comunidade cristã assediada por dificuldades de origem interna e externa" (p. 25). A implicação é que, uma vez que toda a igreja não passasse pelo mesmo problema, Lucas-Atos não estaria dirigido a toda a igreja, mas a tal comunidade. Entretanto, se Lucas tiver escrito para uma audiência cristã ampla e geral, isto significa que ele escreveu para todas e quaisquer comunidades que ele esperava que seu texto alcançasse em sua circulação. Em fins do primeiro século, qualquer uma destas comunidade seria uma pequena comunidade assediada por dificuldades de origem interna e externa. Lucas poderia facilmente esperar que qualquer uma das comunidades existentes encontrasse em seu texto um imaginário apropriado a si mesmas. O que é de fato o mesmo impacto pretendido por Paulo ao se endereçar aos anciãos de Éfeso: A linguagem é tão generalizada que a referência a ensinamentos falsos pôde se referir a quaisquer espécies de falsos ensinamentos.

a obra *Matthew's Gospel and Formative Judaism,* publicada por André Overman em 1990[23], bem como muitos outros ensaios presentes no multiautorado volume *Social History of the Matthean Community,* de 1991.[24] Mais uma vez é necessário dizer que virtualmente todos estes trabalhos tomam a usualmente nunca argumentada presunção como garantida. Argumentos inegavelmente válidos para o uso de métodos sociológicos empregáveis no estudo da relação entre um trabalho literário e seu contexto social são simplesmente aplicados à inexaminada premissa de que esta relação significa, no caso de um evangelho, sua relação dual com um contexto único no qual ele foi escrito e para o qual também o foi. É esta suposição, cercada pelo uso de métodos sociológicos desde o princípio, que produz reconstruções de comunidades aparentemente destacadas do restante do movimento cristão, cada qual se tomando como autossuficientemente *o* mundo social cristão. Neste aspecto os estudos sociológicos recentes sobre os evangelhos estão em continuidade com o método da crítica redacional. Embora perguntem questões diferentes sobre a relação entre um evangelho e seu público original, ambos têm tomado sem questionamentos a mesma presunção nunca discutida a respeito do público implícito.

III.

No ponto em que estamos eu preciso propor a seguinte questão: mesmo se eu estiver correto, e esta proposta de que cada evangelho tenha sido escrito para a comunidade de cada um dos evangelistas torne-se amplamente aceita sem nenhum tipo de contra-argumentação, acaso não se poderia supor que tal proposta foi *confirmada pelos resultados* que foram produzidos pelos estudos que a presumiram como correta? Um grande corpo de literatura devotou-se a reconstruir a comunidade de cada um dos evangelhos e iluminar cada um deles com leituras presumidamente segundo tais comunidades re-

---

23. J. A. Overman, *Matthew's Gospel and Formative Judaism: The Social World of the Matthean Community.* Mineápolis: Fortress, 1990.

24. D. L. Balch (ed.), *Social History of the Matthean Community: Cross-Disciplinary Approacher.* Mineápolis: Fortress, 1991.

construídas, com visões teológicas e debates próprios (a maior preocupação da crítica redacional em sua fase inicial), sua particular composição e contexto sociais (a preocupação mais recente, com ingredientes sociológicos), e até mesmo sua própria história (elaboradamente reconstruída sobretudo no caso dos estudos joaninos). Uma argumentação bem construída em favor da percepção que defendo certamente deveria ser feita neste trabalho, mas o trabalho em si mesmo não se constitui nisto. Com apenas exceções ocasionais no que tange a detalhes, este trabalho acadêmico não defende que alguns aspectos de um evangelho sejam apenas explicáveis se compreendidos como endereçados a públicos cristãos específicos, e não a um público geral. Os resultados são resultantes da aplicação ao texto de uma estratégia de leitura particular, não de demonstração de que esta estratégia faça melhor justiça ao texto do que qualquer outra.

O ponto pode ser ilustrado pela observação do que vem em exemplos típicos desta estratégia de leitura. Uma maneira de fazê-lo consiste em aplicar a uma comunidade cristã em específico implicações textuais que poderiam igualmente ser aplicadas a um número muito grande de comunidades cristãs. Tomemos, p. ex., J. Louis Martyn em sua clássica reivindicação de que o capítulo 9 de João deva ser lido, em um nível, como uma narrativa da expulsão da comunidade joanina da sinagoga local.[25] Isto se constitui numa evidência de que o evangelho se destina à situação específica da comunidade do próprio evangelista? Na verdade não, nem mesmo se alguém aceitar completamente o relato de Martyn de como e quando a expulsão dos judeu-cristãos de suas sinagogas ocorreu. Precisamente o argumento do próprio Martyn, de que a introdução do *Birkat ha-Minim* na liturgia das sinagogas em fins do século I tivesse o efeito de forçar os judeu-cristãos para fora das sinagogas[26], é um

---

25. J. L. Martyn. *History and Theology in the Fourth Gospel*. Edição revisada. Nashville: Abingdon, 1979, parte I.

26. Eu aceito a posição de Martyn aqui em virtude do argumento, mas a mesma precisa de um reexame à luz de discussões mais recentes sobre a *Birkat ha-Minim*. Veja P. Schäfer, "Die sogennante Synode von Jabne: Zur Trennung von Juden und Christen im ersten/zweiten Jh. n. Chr." *Judaica* 31 (1975), p. 54-64; R. Kimelman, "*Birkat Ha-Minim* and the Lack of Evidence for an Anti-Christian Jewish Prayer in Late Antiquity". In: *Jewish and Christian Self-Definition*, editado por E. P. Sanders & A. I. Baumgarten, v. 2: *Aspects of Judaism in the Graeco-Roman Period*. Londres: SCM Press, 1981,

argumento em favor de um processo generalizado que, se ele estiver correto, necessariamente ocorreu em muitas cidades diaspóricas nas quais judeu-cristãos anteriormente tenham frequentado a sinagoga. Se Jo 9 trata desta situação, trata não de uma circunstância peculiar da comunidade joanina, mas de uma circunstância que teria sido comum nas igrejas de fins do primeiro século. Apenas por que Martyn parte do pressuposto de que o Quarto Evangelho foi escrito para a comunidade joanina, e por que ele não tem intenção de precisar provar o que pensa, é que seu argumento funciona para ele em favor de caracterizar apenas a comunidade joanina em suas relações com a estrutura sinagogal.

A mesma consideração aplica-se a muitos destes argumentos. Provavelmente a maior parte das comunidades cristãs do período no qual os evangelhos canônicos estavam sendo escritos se localizavam em cidades, contando com membros judeus e gentios, inclusive gentios que haviam se filiado a sinagogas, e inclusive algumas pessoas, se não muitas, oriundas das duas extremidades do espectro socioeconômico.

Se for objetado que tais características, uma vez que não estejam confinadas a uma comunidade específica, poderiam não ser tomadas no entanto como verdadeiras para toda e qualquer comunidade cristã, então é tempo de introduzir o segundo aspecto da estratégia de leitura que observo em tais argumentos. Consiste em supor que todas as indicações textuais do caráter e circunstâncias do público precisam, todas, ser aplicáveis ao todo do público implícito. Então é necessário que se compile todas estas tais indicações em favor de produzir um "identikit" descritivo da comunidade do evangelista. Entretanto, supor que o evangelho tenha sido escrito para circulação geral e portanto mira a variedade de públicos que os autores dos mesmos poderiam

---

p. 226-244; W. Horbury, "The Benediction of the Minim and the Early Jewish-Christian Controversy", *JTS* 33 (1982), p. 19-61; S. T. Katz, "Issues in the Separation of Judaism and Christianity after 70 C.E.: A Reconsideration", *JBL* 103 (1984), p. 43-76; R. A. Pritz, *Nazarene Jewish Christianity*. StPB 37. Jerusalém: Magnes; Leiden: Brill, 1988, p. 102-107; P. S. Alexander, "The Parting of the Ways' from the Perspective of Rabbinic Judaism" in *Jews and Christians: The Parting of the Ways AD 70 to 135*, editado por J. D. Dunn, WUNT 66 (Tubinga:Mohr [Siebeck], 1993, p. 1-25; R. Bauckham, "The *Apocalypse of Peter*: A Jewish Christian Apocalypse from the Time of Bar Kokhba", *Apocrypha* 5 (1994), p. 87-90.

esperar que alcançasse nas igrejas do século I, então não há razão de por que cada um dos aspectos de um evangelho devesse ser igualmente relevante a todos os leitores e ouvintes. Um evangelista poderia muito bem endereçar aspectos da vida cristã e circunstâncias sociais que ele sabia que eram difundidas em seu tempo, sem supor que seu evangelho não teria apelo ou uso nas igrejas nas quais faltassem algumas destas características. Se assim fosse, ele estava certo: os quatro evangelhos canônicos sobreviveram precisamente por que dentro de um espaço de tempo relativamente curto eles provaram ser relevantes o suficiente para a maioria das igrejas ao ponto de serem utilizados muito amplamente.

O argumento de que nem tudo num evangelho precisa estar ali para todos os leitores também se aplica a outros tipos de material. Quando João considera necessário explicar o que as palavras *Rabbi* e *Messiah* significam (explicações que é difícil que judeus, mesmo que diaspóricos, precisariam acessar), isto implica apenas que alguns de seus leitores não precisariam de tais explicações, não que todos ou uma maioria precisariam. Quando Marcos nos conta que Simão de Cirene era pai de Alexandre e Rufo (Mc 15,21), ele precisa apenas supor que tais pessoas seriam conhecidas por um número significante de igrejas, o que é inteiramente possível[27], e não que cada igreja que

---

27. E. Best, "Mark's Readers: A Profile", in *The Four Gospels 1992*, ed. van Segbroek, Tuckett, van Belle & Verheyden, 2:857, rejeita a identificação deste Rufo com o Rufo de Rm 16,13, que costumeiramente tem sido utilizada para localizar o evangelho de Marcos em Roma, baseado no fato de "Rufo não era um nome incomum" (ele deveria ter adicionado que judeus o usavam como o equivalente latino de Rubem), e continua: "não há razão para supor que Rufo e Alexandre de Marcos fossem amplamente conhecidos; se não o fossem isto implica que Marcos estava escrevendo a um grupo muito limitado de pessoas, provavelmente todos vivendo no mesmo local. A despeito de quão amplamente o evangelho seja conhecido hoje o público original era muito limitado e provavelmente confinado a uma área restrita" [N.T.: tradução livre]. Este é, contudo, um argumento muito tendencioso. Se não há razão para supor que Rufus e Alexandre de Marcos fossem amplamente conhecidos, não há nenhuma outra para supor que não o fossem. Em que posição está o ônus da prova? Que apenas Marcos os mencione não é uma razão para supor que não fossem amplamente conhecidos, uma vez que nossas evidencias sobre cristãos individuais no período são extremamente limitadas. P. ex., é claro a partir de Rm 16:7 que os apóstolos Andrônico e Júnia eram muito viajados e amplamente conhecidos, mas não são mencionados em nenhum outro fragmento literário sobrevivente. Que Mateus (27,32) e Lucas (23,26) omitam referências a Simão Cireneu parece ser devido simplesmente ao seu hábito de abreviarem Marcos. Poderia isto indicar no entanto que eles fossem menos confiantes que Marcos que leitores de seus evangelhos conhecessem Alexandre e Rufo, o que seria consistente com a hipótese segundo a qual os mesmos forrem bem conhecidos em algumas, mas não todas, as igrejas nas quais Marcos esperava que seu

seu evangelho viesse a alcançar teria ouvido dos mesmos. Saber tais nomes daria significado extra à narrativa de Marcos para aqueles que já os conhecessem, mas não os conhecer não seria um impedimento para outros leitores compreenderem a narrativa.

Um terceiro aspecto da estratégia de leitura adotada pelo consenso atual é que o forte comprometimento dos intérpretes dos evangelhos no projeto de reconstruir cada uma das comunidades evangélicas a partir do texto os leva a entender como indicações a respeito da natureza de um público implicado pelo evangelho aspectos do texto que não precisam ser necessariamente compreendidos como tal. P. ex., não é óbvio o que o estudo a respeito de *status* sociais de personagens no evangelho de Marcos pode nos dizer a respeito do *status* social da audiência implícita do mesmo evangelho.[28] Supor que um necessariamente corresponde muito proximamente de outro pressupõe de maneira primitiva uma noção da maneira pela qual leitores considerarão tais histórias relevantes para si mesmos. Isto também levanta questões sobre o escopo que Marcos permitiu a si mesmo ao manipular suas próprias tradições. Deveríamos realmente supor que, tendo Marcos escrito para uma igreja composta principalmente de pessoas muito ricas, ele omitiria todas as histórias sobre mendigos paupérrimos que ocorriam nas tradições sobre Jesus que ele conhecia e criasse numerosas histórias sobre pessoas ricas dando boas-vindas e seguindo Jesus? Neste, e em outros aspectos de nosso tópico, um método que pode ser muito debatido é empregado sem que se faça este debate porque o objetivo interpretativo geral requer isto. Um texto evangélico deve ser tratado como transparentemente revelador da comunidade para a qual teria sido escrito porque o objetivo interpretativo de reconstruir tal comunidade estaria fadado ao insucesso por qualquer outro tipo de texto.

---

evangelho circulasse. Finalmente, a diferente entre os evangelistas sinóticos aqui poderia indicar que Alexandre e Rufo estivessem vivos quando Marcos escreveu, mas já tivessem morrido quando Mateus e Lucas o fizeram. À luz de todas estas possibilidades, Mc 15,21 é uma base extremamente insegura para supor que o público implícito de Marcos fosse um círculo limitado de cristãos.

28. Um exemplo desta abordagem é R. Rohrbaugh, "The Social Location of the Markan Audience", *Interpretation* 47 (1993), p. 380-395.

Conclusivamente, portanto, o sucesso relativo de uma estratégia de leitura baseada na presunção de que um evangelho se destina a uma comunidade específica não é prova suficiente de que uma estratégia de leitura baseada em uma presunção em contrário não seria igualmente, ou até mesmo mais, bem sucedida.

IV.

O restante de meu argumento neste capítulo pretende estabelecer a probabilidade de que alguém escrevendo um evangelho no final do primeiro século teria percebido e tentado englobar o tipo de público cristão geral que os evangelhos de fato muito cedo alcançaram pela circulação pelas igrejas.

O primeiro estágio deste argumento consiste em contrastar os evangelhos e epístolas paulinas.[29] Este estágio é importante porque o que o consenso que estou atacando tem com efeito produzido é tentar tratar os evangelhos hermeneuticamente como se fossem epístolas paulinas. Em outras palavras, acadêmicos têm se permitido compreender o público e consequentemente também a mensagem dos evangelhos em termos tão locais e particularizados

---

29. Cf. G. N. Stanton, *A Gospel for a New People: Studies in Matthew* (Edimburgo: T. & T. Clark, 1992), p. 45 ("Mateus escrevia um evangelho, não uma carta"), 50-51. Aqui Stanton aventa a hipótese da comunidade mateana como o público implícito do evangelho e pensa que seria "mais provável que Mateus, como Lucas, vislumbrassem que seu evangelho circularia amplamente" (51). Em outras partes da mesma coletânea de ensaios ele ainda fala bastante da "comunidade mateana". Na introdução (adotando um compromisso?) ele fala "das comunidade para as quais [Mateus] escreveu" como "um agrupamento de igrejas cristãs que estavam se autodefinindo contrariamente a sinagogas locais" (2), "grupos minoritários vivendo na sombra de comunidade judaicas locais ameaçadoras". (3) Mesmo que a posterior descrição do público implícito seja justificável, não é claro para mim porque Stanton ainda se requisita pensar nos leitores implícitos como uma categoria fechada e não aberta. A definição poderia se aplicar a muitas comunidades em diversas cidades do Império Romano, e Mateus poderia facilmente ter suposto que muitas igrejas das quais ele sabia muito pouco ou nada, até as quais o seu evangelho poderia fazer um caminho, estivessem em situação semelhante. A postura de Stanton novamente é sustentada em "Revisiting Matthew's Communities", *SBLSP* (Atlanta: Scholars, 1994), p. 9-23, com mais ênfase no problema de gênero (11: "O *Evangelho* de Mateus não deveria ser lido como uma *carta* de Paulo", cf. 22), mais estritamente contrário à tentativa de derivar "*detalhamento* de informações sobre o arranjo social dos primeiros recipientes" (11), rejeitando assim a visão de que Mateus teria escrito muito cuidadosamente uma *bios* para uma única igreja doméstica que teria não mais que cinquenta pessoas (11-12), e reassegurando a visão de que o público implícito precisa ser "um rol de comunidades frouxamente ligadas entre si em uma área geográfica bastante ampla" (12).

quanto os das cartas paulinas, que certamente são endereçadas a comunidades cristãs específicas. O fato de que nossa leitura de 1 Coríntios, p. ex., é certamente iluminada pelas nossas tentativas de reconstruir a situação específica dos coríntios às quais Paulo se dirige levou acadêmicos a procurarem o mesmo tipo de iluminação dos textos dos evangelhos pela reconstrução de igrejas específicas e seus contextos nos quais se originaram. Entretanto, evangelhos não são cartas, e para apreciarmos a diferença crucial nos é necessário colocar conjuntamente duas considerações.

A primeira é a questão de gênero. É uma qualidade especial do gênero epistolar que permite ao escritor que se dirija a endereços específicos em todas as suas particularidades e circunstâncias.[30] Mesmo que outras pessoas leiam 1 Coríntios (o que realmente rapidamente ocorreu), o gênero os encoraja a lê-la *como* uma carta endereçada aos coríntios. Em alguma extensão todo leitor atento de 1 Coríntios sempre se sentiu obrigado a imaginar a que situação específica entre os coríntios Paulo se endereçava. Este não é o caso dos evangelhos. Do século II a meados do século XX ninguém supôs que situações específicas da comunidade mateana fossem relevantes para se ler o Evangelho de Mateus.

Evidentemente, o gênero dos evangelhos é objeto de debate, mas discussões recentes[31] parecem bem ter fortalecido a percepção – de fato, praticamente estabeleceu tal percepção como conclusiva – que contemporâneos teriam percebido os evangelhos como um tipo especial do gênero greco-romano *bios* (que podemos traduzir como "biografia" se estivermos dispostos a compreender o termo segundo o sentido das biografias antigas, e não as modernas). Embora os leitores presumíveis de tal biografia antiga seja um tópico que necessite de investigações posteriores, parece improvável que alguém esperasse que uma *bios* se dirigisse a circunstâncias muito particulares de uma comuni-

---

30. Claro, o gênero carta *pode* ser utilizado para se dirigir um público muito amplo em temos muito genéricos. É um erro negar a uma carta circular como 1 Pedro uma posição como menos genuinamente uma carta que a carta a Filêmon. Mas o genero carta permite a particularidade de se endereçar a leitores específicos numa extensão que nenhum outro dos gêneros literário antigos o faz.

31. Veja especialmente R. A. Burridge, *What Are the Golpels? A Comparison with Graeco-Roman Biography*, SNTSMS 70 (Cambridge University Press, 1992).

46

dade pequena de pessoas. Uma *bios* certamente se propunha a ser relevante a seus leitores. Seu assunto poderia ser compreendido como inspiração moral ou religiosa para seus leitores. Deveria ser um tipo de literatura notadamente propagandística, recomendando um determinado ponto de vista político, filosófico ou religioso a seus leitores. Mas sua relevância seria ajustada em termos relativamente amplos para qualquer leitor competente.

Entretanto, a força total da diferença de gênero nos vem se adicionamos uma segunda consideração. É necessário indagarmos, tanto a respeito de uma epístola apostólica quanto de um evangelho, a questão: Por que alguém deveria *escrever* tal texto? – e quero dizer: Por que alguém deveria pôr isto *por escrito*? No caso de 1 Coríntios, p. ex., a resposta é clara: Paulo ou não podia ou preferia não visitar Corinto. Paulo parece apenas ter escrito qualquer coisa quando a distância lhe requisitou que se comunicasse por escrito o que ele iria de outra maneira falar oralmente em uma de suas igrejas. Era a distância que requisitava a escrita, quando a oralidade era suficiente no caso da presença. Assim quanto mais parte dos estudos acadêmicos sobre os evangelhos examina os evangelhos em termos aproximados a uma carta paulina, abordando situações específicas de uma comunidade, mais estranho parece que o evangelista esteja supostamente escrevendo *para a comunidade na qual vive*. Um evangelista escrevendo tal evangelho se parece com Paulo escrevendo 1 Coríntios enquanto ainda reside em Corinto. Paulo não fez tal coisa, então por que Mateus ou os outros evangelistas o fariam? Qualquer um que escrevesse um evangelho deve ter tido a oportunidade de ensinar sua comunidade oralmente. De fato, a maior parte dos acadêmicos assume que assim o fizeram frequentemente. Ele poderia recontar e interpretar as tradições evangélicas comunitárias a fim de abordar situações locais através deste uso da palavra falada. Por que deveria ele enfrentar o considerável problema de escrever um evangelho para uma comunidade na qual já estivesse habitualmente pregando? Na verdade, porque ele deveria enfrentar o problema de *congelar* em forma escrita sua resposta à situação local específica que provavelmente mudaria e à qual poderia responder muito mais flexivelmente e, portanto, apropriadamente através de pregação oral?

A função óbvia de escrever era a capacidade de comunicar-se amplamente com leitores incapazes de estarem presentes ao ensinamento oral do
autor.[32] Ensinamentos orais poderiam ser passados adiante, mas muito menos eficientemente do que um livro. Livros, como cartas, foram desenvolvidas para cruzar distâncias que a oralidade não pode cruzar com eficiência.
Mas enquanto cartas geralmente (embora não invariavelmente) parassem em
seus destinatários, qualquer pessoa no primeiro século que escrevesse um
livro como uma *bios* esperava que ele circulasse entre leitores desconhecidos
para tal autor. O pequeno círculo para o qual o autor possa inicialmente ter
lido seu texto ou aqueles amigos a quem ele possa ter inicialmente fornecido
cópias foram somente o primeiro passo da circulação mais ampla. Uma vez
que passou a existir uma cópia fora da posse do autor, ele poderia esperar que
outros fizessem cópias para seu próprio uso e que seu livro tivesse embarcado
em uma jornada para um mundo além de seu controle. Isto era verdadeiro até
mesmo para a literatura religiosa de uma minoria cultural como os judeus,
provavelmente o primeiro modelo mais óbvio para o qual o primeiro evangelista escreveu o primeiro evangelho. Literatura religiosa em grego, onde
quer que fosse escrita, circulava entre as comunidades da diáspora ocidental,
presumivelmente pelos canais normais de contatos pessoais e viagens que
respondem pela circulação da maior parte da literatura daquele período.[33]
Por que deveria Marcos, se Marcos tiver sido o primeiro evangelista, escrever
somente para as poucas centenas de pessoas, no máximo, que compunham
a comunidade cristã de sua própria cidade[34], quando o mero ato de escrever

---

32. Evidências sugerem que no cristianismo primitivo esta função de documentos escritos (comunicação através do espaço) era mais importante que a habilidade de escrever para fixar (comunicação através do tempo). Poucos mestres cristãos do início dos tempos parecem ter sentido a necessidade de fixarem seus ensinamentos permanentemente mediante a escrita deles. Mesmo quando
suspeitamos que este pode ter sido um fator importante, como no caso do Livro do Apocalipse, a
comunicação através do espaço permanece pelo menos como a necessidade ocasional (Apocalipse
foi escrito de Patmos como uma carta circular para as sete igrejas da Ásia). Parece que as tradições
orais do evangelho continuou vigorosamente e gozava de respeito mesmo muito tempo após a
produção dos evangelhos escritos.

33. Sobre a comunicação entre as comunidades da diáspora, veja J. M. G. Barclay, *Jews in the Mediterranean Diaspora from Alexander to Trajan (323 BCE-117 CE)* Edimburgo: T. & T. Clark, 1996,
p. 418-424.

34. Stanton, em "Revisiting Matthew's Communities", calcula (a partir do tamanho de cômodos
de casas grandes) que uma única igreja doméstica poderia abrigar não mais que cinquenta pes-

um livro naturalmente sugere a possibilidade de comunicação com cristãos helenófonos em toda parte?

V.

Para a maior parte do meu argumento em favor de os evangelhos terem sido provavelmente escritos para circulação geral precisamos nos voltar a uma característica crucial do caráter geral do movimento cristão primitivo. O início do movimento cristão não foi uma pulverização de comunidades isoladas e autossuficientes com pouca ou nenhuma comunicação entre si, mas bem ao contrário: uma rede de comunidades com constantes e próximas comunicações entre elas. Em outras palavras, o caráter social do cristianismo primitivo era tal que a ideia de escrever um evangelho puramente para a comunidade de alguém é improvável de ter ocorrido a alguém.

O consenso que estou desafiando parece depender de uma visão de uma comunidade cristã como um grupo estanque, autossuficiente, introvertido, com pouco ou nenhum contato com outras comunidades cristãs e pouco senso de participação em um movimento cristão espalhado pelo mundo então conhecido. Identidade, problemas, e preocupações, parece-se pressupor, eram tremendamente locais. O recente livro de Andrew Overman sobre Mateus, p. ex., não contém qualquer referência a um mundo cristão para além de Mateus e sua comunidade (que consistia em um pequeno grupo de Igrejas). Que Mateus pudesse quiçá saber de outras comunidades cristãs, mesmo que sua comunidade tivesse qualquer tipo de relacionamento com elas, não é su-

---

soas; de modo similar J. Murphy-O'Connor, *St Paul's Corinth* (Collegeville, Minn: The Liturgical Press, 1983), nas p. 166 a 167 apresenta os mesmo números. Mas B. Blue, com "Acts and the House Church" in *The Book of Acts in its Graeco-Roman Setting,* edtado por D. W. J. Gill e C. Gempf (Grand Rapids: Eerdmans; Carlisle:Paternoster, 1994) nas p. 142 a 143 (e de novo em p. 175) argumenta em favor de números maiores (75 num hall grande, com a possibilidade de acomodar mais pessoas em cômodos adjuntos). Uma vez que toda a igreja em Corinto pôde (presumivelmente apenas ocasionalmente) se reunir na casa de Gaio (Rm 16,23), é improvável que contasse mais que apenas uma centena de membros àquela época. Mas em algumas cidades poderiam haver várias igrejas domésticas, que poderiam não ser capazes de ajuntar toda a sua membresia somada em uma única casa.

gerido, apesar do notável impulso universal do evangelho em si mesmo, com suas fortes instigações em favor de uma missão cristã para todo o mundo.[35] Overman discute a autocompreensão social e teológica da comunidade de Mateus como se a mesma fosse a única comunidade em existência. Mesmo o papel de Pedro é discutido como se o mesmo relacionasse-se unicamente com a comunidade mateana[36], apesar do fato de que a passagem petrina--chave (Mt 16,17-19) é notável por usar a palavra ἐκκλησία no singular para referir-se à Igreja universal, ao invés de seu uso mais habitual referir-se a uma comunidade cristã local. Uma tal percepção de paroquialismo isolado e endovisionário ao mesmo tempo é gerada por e serve para reforçar a noção de que um evangelho tem somente uma comunidade particular em vista. Mas está em sério conflito com todas as evidências reais que temos sobre o movimento cristão primitivo. Portanto, nesta seção do artigo, passo a indicar, por mera amostragem, a grande quantidade de evidência relevante que temos nas fontes – informações que merecem precedência sobre inferências tendenciosas derivadas a partir dos textos do evangelho baseados em modelos previamente assumidos.

A primeira coisa que esta informação nos conta é que a modalidade e comunicação no primeiro século, dentro dos limites do Império Romano, eram excepcionalmente altas.[37] Inéditas boas estradas, bem como viagens seguras quer por terra ou mar, fizeram do mundo mediterrâneo daquele tempo mais interconectado do que qualquer outra grande área do mundo antigo pôde ser. As pessoas viajavam a negócios como mercadores, negociantes, e

---

35. É difícil saber exatamente o que a breve discussão sobre Mateus 28:18-20 empreendida por Overman em *Matthew's Gospel*, p. 121-122, realmente deseja inferir. Aparentemente, a comunidade mateana como um todo se compreendia como engajada na missão ao mundo gentio, mas se missionários viajavam a partir da comunidade para evangelizar gentios em outros lugares é incerto. Mas, em todo caso, é tomado por garantido que esta passagem descreva a missão da comunidade mateana isoladamente, não uma missão na qual o cristianismo primitivo como um todo estivesse envolvido. Os leitores implícitos de Mateus, pressupõe-se, seriam convidados a pensar sobre si mesmo e o mundo, mas não a respeito de outras comunidades cristãs nem de si mesmos como parte de um movimento cristo difundido pelo mundo.

36. Overman, *Matthew's Gospel*, p. 136-140.

37. Para este parágrafo, veja especialmente L. Casson, *Travel in the Ancient World* (Londres: Allen & Unwin, 1974).

banqueiros, em peregrinações para festivais religiosos, à procura de saúde e cura nos santuários de cura e spas, para consultar oráculos que floresciam neste período, para assistir aos jogos pan-helênicos e suas muitas versões reduzidas que existiam por todo o império, como soldados nas legiões, como pessoas ligadas ao Estado nas mais diversas figuras e cargos, e até mesmo em férias para apreciar os lugares famosos. No fórum de Roma, muitas cidades mantinham seus próprios escritórios para ajudarem seus cidadãos que estavam fazendo negócios ali ou que estavam visitando a metrópole.[38] Certamente, não somente os ricos viajavam. Pessoas bastante ordinárias viajavam aos santuários de cura, festivais religiosos e jogos. Escravos e servos frequentemente acompanhavam seus mestres em jornadas. Escravos fugitivos, escravos libertos voltando para casa, pessoas à procura de trabalho, soldados e marinheiros, piratas: todos viajavam. Viagens eram feitas habitualmente a pé e portanto eram baratas. Assim, pessoas que eram típicas das igrejas cristãs primitivas habitualmente viajavam. Aqueles que não o faziam, se vivessem nas cidades, estariam constantemente encontrando pessoas que estavam de passagem ou retornando de outros lugares.

Logo, o contexto no qual o movimento cristão primitivo se desenvolveu não era propício ao paroquialismo. Muito ao contrário, contatos frequentes entre as igrejas espalhadas por todo o império eram naturais em tal sociedade, mas em adição à participação cristã na mobilidade ordinária desta sociedade[39], muitas comunicações eram empreendidas entre as igrejas de maneira deliberada, como veremos em breve.

Em segundo lugar, evidências literárias do cristianismo primitivo (e não apenas os evangelhos) demonstram que o mesmo movimento possuía um grande senso de si mesmo como movimento mundial. Para os judeu-cristãos, que eram a maior parte das lideranças cristãs iniciais, tal dado era-lhes natural, uma vez que comunidades da diáspora judia comumente compreendiam a si mesmas em termos de sua pertença comum a um povo espalhado

---

38. Id., ibid., p. 129.

39. P. ex., Febe (Rm 16,1-2) presumivelmente estava viajando a Roma de sua casa em Cencreia para tratar de assuntos privados e por isto se propôs a levar a carta de Paulo aos cristãos romanos; Onésimo, um escravo fugitivo de Colossos, encontrou Paulo em Roma ou Éfeso (cf. Filêmon).

pelo mundo. Mas os conversos gentios foram inculturados como cristãos dentro de uma nova identidade social que certamente não era somente local. As cartas de Paulo, p. ex., estão constantemente relacionando as igrejas das quais são destinatárias a outras igrejas e ao movimento cristão como um todo (cf. 1Cor 1,2), mesmo a igrejas na Judeia (1Ts 2,14; 1Cor 16,3) e a outras igrejas não paulinas (cf. 1Cor 9,5). A linguagem de uma parentela fictícia [N.T.: no sentido de produzida a partir da adesão ao cristianismo] encorajava os neófitos a substituírem seus laços familiares naturais e lealdade com novos laços cristãos que incluíam irmãos e irmãs por todo o mundo. Estes laços podiam ser importantes. Um pequeno grupo minoritário experimentando alienação e oposição em seu contexto social imediato poderia compensar a sua precária posição minoritária local com um senso de solidariedade com companheiros de fé em outras partes e com a percepção de fazerem parte de um movimento mundial destinado a se tornar no Reino de Deus por toda a terra. 1 Pedro, p. ex., encoraja seus leitores ao lhes lembrar que "seus irmãos e irmãs por todo o mundo estão atravessando os mesmos tipos de sofrimentos" (5,9), enquanto o Livro do Apocalipse capacita potenciais mártires a se perceberam como pertencentes a uma inumerável companhia formada a partir de membros de todas as nações da terra (7,9-14). Alguém poderia se perguntar por que o estudo sociológico do Novo Testamento não enfatizou a função que a percepção de pertença a um movimento mundial produziu nos primeiros cristãos ao invés de construir as artificialmente isoladas comunidades como a comunidade mateana de Overman.

Em terceiro lugar, devemos notar que a maioria dos líderes cristãos dos quais temos conhecimento a partir do Novo Testamento e no período de redação do mesmo *se movia*.[40] Claro, Paulo e seus colegas missionários que com ele viajavam ou em estreita conexão com tais viagens (Timóteo, Tito, Tíquico e outros) estavam constantemente se movendo, normalmente permanecendo por algumas semanas ou meses a cada período em cada lugar. Outros podem

---

40. Sobre a mobilidade no cristianismo primitivo e, em relação a isto, a importância da hospitalidade, veja A. J. Malherbe, *Social Aspects of Early Christianity* (Baton Rouge e Londres: Loisiana State University Press, 1977), p. 64 a 68.

não ter sido tão constantemente móveis, mas a maioria podia ser encontrada em diversas localidades distintas em tempos diferentes de suas carreiras. Isto é verdadeiro a respeito de Pedro[41], Barnabé[42], Marcos[43], Silas/Silvano[44], Apolo[45], Filipe o evangelizador[46] e suas filhas profetisas[47], Áquila e Priscila[48], Andrônico e Júnia[49], Ágabo[50], e os irmãos do Senhor.[51] Mesmo o desconhecido autor de Hebreus, escrevendo de alguma localização, espera visitar seus destinatários ulteriormente (13,23). O profeta João, autor do Apocalipse, precisa ter travado relacionamento pessoal com as sete igrejas para as quais escreve. Um considerável número de membros proeminentes da Igreja de Roma os quais Paulo saudou nominalmente em Rm 16[52] eram pessoas que ele com

---

41. Jerusalém (At 1-8; 11-12; 15; Gl 1,18; 2,9); Samaria (At 8,14-25); Lida, Jope, Cesareia (At 8,32-10,48); Antioquia (Gl 2,11); Corinto? (1Cor 1,12); Roma (1Pd 5,13) e cf. 1Cor 9,5.

42. Jerusalém (At 4,36-37; 9,27; 11,22), Antioquia (At 11,22-26); Jerusalém (Gl 2,1-10; At 11,30; 12,25); Antioquia (At 12,25-13,2); com Paulo na "primeira viagem missionária" (At 13-14; cf. 1Cor 9,6); Antioquia (Gl 2,13; At 14,26-15,2); Jerusalém (At 15,4-22); Antioquia (At 15,22.30-39); Chipre (At 15,39).

43. Jerusalém (At 12,12); Antioquia (At 12,25); Chipre (At 13,5); Panfília (At 13,13); Jerusalém (At 13,13); Antioquia (At 15,37-38); Chipre (At 15,39); Roma (1Pd 5,13; ? Fm 24; ? Cl 4,10); Colossos? (Cl 4,10).

44. Jerusalém (At 15,22.33); Antioquia (At 15,30-32.40); viagem com Paulo de Antioquia a Bereia (At 15,40-17,15; 1Ts 2,2); Corinto (At 18,5; 2Cor 1,19; 1Ts 1,1; 2Ts 1,1); Roma (1Pd 5,12).

45. Alexandria (At 18,24); Éfeso (At 18,24-26); Corinto (1Cor 1,12; 3,4-6.22; 4,6; At 18,27-19,1); Éfeso? (1Cor 16,12).

46. Jerusalém (At 6,5); Samaria (At 8,5-13); planície costeira da Palestina (At 8,26-40); Cesareia (At 8,40; 21,8); Hierápolis (Polícrates apud Eusébio, *Hist. eccl.* 5.24.2; Gaio apud Eusébio, ibid., 3.31.4).

47. Cesareia (At 21,9); Hierápolis (Pápias apud Eusébio, ibid., 3.39.9; Polícrates apud Eusébio, ibid. 5.24.2; Gaio apud Eusébio, ibid., 3.31.4) e Éfeso (Polícrates apud Eusébio, ibid. 5.24.2).

48. Roma (At 18,2); Corinto (At 18,2-3); Éfeso (1Cor 16,19; At 18,18-19,26; cf. Rm 16,4; 2Tm 4,19); Roma (Rm 16,3-5).

49. Rm 16,7: Uma vez que estivessem "em Cristo" antes de Paulo eles eram judeu-cristãos palestinos, provavelmente membros da Igreja de Jerusalém; e estavam na ocasião em Roma.

50. Jerusalém (At 11,27; 21,10); Antioquia (At 11,27-28); Cesareia (At 21,10-11).

51. 1Cor 9,5 demonstra que os irmãos do Senhor eram missionários itinerantes. Sobre os parentes de Jesus como missionários itinerantes, veja também R. Bauckham, *Jude and the Relatives of Jesus in the Early Church*. Edimburgo: T. & T. Clark, 1990, p. 57-70.

52. Embora D. Trobisch, *Paul's Letter Collection*. Mineápolis: Fortress, 1994, p. 69-73 ainda mantenha a sugestão de que Rm 16 foi originalmente endereçada a Éfeso (na sua versão de tal sugestão, Rm 16 é uma nota de apresentação adicionada por Paulo quando enviou a cópia de sua carta aos

certeza conheceu no decurso de suas viagens missionárias no leste do Mediterrâneo e que subsequentemente mudaram-se para Roma.[53]

Melhores detalhes de algumas destas pessoas aqui nomeadas reforçarão o ponto. João Marcos, um membro de uma família judia cipriota estabelecida em Jerusalém e membro da Igreja primitiva de Jerusalém, estava em Antioquia, acompanhando o seu primo Barnabé e Paulo em sua viagem missionária até a região da Panfília, e posteriormente acompanhou Barnabé até o Chipre, e finalmente ouve-se falar dele em Roma, se Filêmon foi escrita em Roma, onde 1 Pedro também o coloca. Filipe o evangelizador, membro da Igreja de Jerusalém, sendo à época um pregador missionário itinerante na Palestina, estabeleceu-se por um período em Cesareia Marítima com suas filhas profetisas, e finalmente (de acordo com confiável tradição do século II) em Hierápolis, na Ásia Menor, com duas de suas filhas, enquanto uma terceira terminou seus dias em Éfeso. Áquila e Priscila, judeus que viviam em Roma (embora Áquila fosse originário do Ponto) até que os judeus fossem expulsos por Cláudio quando este governava Roma, aparentemente já eram cristãos quando Paulo os conheceu por primeiro em Corinto, quando então se mudaram para Éfeso, onde a Igreja se reunia em sua casa, mas ulteriormente retornaram a Roma. Não há razão para supor que tais movimentações fossem atípicas aos líderes cristãos da primeira geração.

A importância de tal ponto é que estas eram pessoas que devemos tomar como modelos do tipo de pessoas que poderiam vir a escrever um evangelho. Qual é a razão pela qual alguns acadêmicos supõem imediatamente que o autor de um evangelho seria o tipo de pessoa que passou toda a sua vida cristã ligada a uma mesma comunidade cristã, quando a evidência real que temos sobre as lideranças cristãs de então sugerem que tal pessoa provavelmente seria alguém que passou grande parte de sua vida viajando por várias igrejas ou

---

Romanos para Éfeso), estudos mais recentes aceitam que a Igreja de Roma é o destinatário deste capítulo em questão. Cf. J. D. G. Dunn, *Romans 9-16*, WBC 38 (Dallas: Word, 1988), p. 884-885.

53. Nem todos estas pessoas aqui enumeradas necessariamente travaram conhecimento pessoal com Paulo; alguns poderiam apenas serem reconhecidos por ele por reputação. Mas, em adição a Áquila e Priscila, os seguintes devem estar na categoria de pessoas que Paulo conheceu antes que se mudassem para Roma: Epêneto, Amplíato, Urbano, Estáquis, Pérside, e Rufo e sua mãe.

alguém que passou parte de seu tempo estabelecido como catequista em mais de uma comunidade? Mateus, p. ex., pode ter vivido em diversas e muito distintas e distantes comunidades cristãs durante os anos nos quais compilou seu evangelho. Não há nada que nos permita ignorar esta possibilidade e há muito a sugerir que teorias sobre os evangelhos precisam autorizar a mesma.

Certamente, os líderes acima mencionados todos pertenceram à primeira geração de discípulos cristãos, e informações específicas sobre as enumeradas lideranças cristãs da primeira metade do século I são muito escassas. Mas não há razão para supor que as lideranças cristãs se tornaram mais estáticas à medida que o século em questão transcorreu-se. Pregadores itinerantes viajando entre igrejas ainda eram comuns até o final do século: nós os encontramos no Apocalipse (2,2), nas cartas joaninas (2Jo 10-11; 3Jo 3-8) e na *Didaqué* (11,1-6). Além disso, para completar este quadro dos líderes cristãos mais antigos como pessoas cujas experiências e consequentemente visão de igreja era muito mais do que confinada a suas pequenas paróquias, vale a pena lançar olhares sobre o segundo século porque, se pudermos estabelecer um padrão geral de mobilidade entre os líderes cristãos como contínuo desde nossas evidências mais remotas da mobilidade de Paulo até fins do segundo século, assim abraçando todo o período no qual os evangelhos foram escritos, nossa posição se tornará mais forte. Desde o final do século I em diante as lideranças de missionários itinerantes, professores e profetas provavelmente cederam espaços à liderança dos bispos locais. Mas deve ser apontado que esses bispos, embora seus laços com igrejas locais, mantiveram o hábito de viajar e visitar outras comunidades. P. ex., Policarpo, bispo de Esmirna, visitou Roma[54], e em sua *Carta aos Filipenses* (13,1) divisa a possibilidade de viajar à Antioquía da Síria, assim que lhe fosse possível partir. Abércio, bispo de Hierápolis, que narrou suas viagens em sua lápide, viajou tanto para o oeste, a Roma quanto para o leste, à Síria, e transpôs o Eufrates até Nusayabin [N.T.: o texto inglês lê *Nisibis*, termo usado originalmente por Abércio.], sendo bem-recebido por toda parte por

---

54. Irineu, *Haer.* 3.3.4.

cristãos, assim nos conta (linhas 7-12).[55] Melitão, bispo de Sardes, viajou à Palestina.[56] Outro cristão muito viajado do século II foi Hegesipo, provavelmente nativo da Palestina, e que no meio do século relembra tradições judeu-cristãs palestinenses, e que gozou a hospitalidade da Igreja de Corinto durante o que deve ter sido parte de sua viagem rumo a Roma, onde compilou uma lista de bispos.[57] Outros proeminentes professores do segundo século parece, quase como regra, terem ensinado por um tempo em mais de um grande centro cristão: Justino o Mártir, nativo da Samaria, viveu tanto em Éfeso quanto em Roma; Taciano, que veio da Síria Oriental além do Eufrates, ensinou em Roma e em seguida em Antioquia antes de retornar a seu local de nascimento; o professor gnóstico Valentino ensinou em Alexandria, em seguida em Roma; Basílides veio a Alexandria da Antioquia; Marcião veio para Roma de sua nativa Ponto.[58]

Parece que lideranças que se moviam entre igrejas, em maiores ou menores distâncias, fossem uma característica constante no movimento cristão primitivo nos primeiros 150 anos de sua existência. Devemos portanto trabalhar seriamente com a possibilidade de inferir tal característica a respeito de alguns, senão todos, evangelistas como pessoas cuja experiência estivesse muito além de limitada a uma única comunidade cristã ou até mesmo às igrejas de uma região geográfica em particular. Uma tal pessoa naturalmente não confinaria sua atenção, quando compondo um evangelho, às necessidades locais e problemas de uma única e homogênea comunidade, mas poderia muito bem ter em mente a variedade de diferentes contextos que ela mesma tenha experimentado nas várias igrejas que conhecia bem. Sua própria experiência poderia dar a ela meios de escrever relevantemente para uma ampla variedade de igrejas nas quais tal evangelho pudesse vir a ser lido, se o mesmo pudesse circular amplamente entre as igrejas situadas dentro do Império Romano de fins do século I.

---

55. J. Quasten, *Patrology* (Utrecht e Bruxelas: Spectrum, 1950), 1:172.

56. Eusébio, ibid., 4.26.13-14.

57. Id., ibid., 4,22,2-3.

58. Outros exemplos da mobilidade de bispos e mestres no segundo século e adiante estão em A. Harnack. *The Expansion of Christianity in the First Three Centuries*, traduzido para o inglês por J. Moffatt (Londres: Williams & Norgate, 1904), v. 1, p. 463-466.

Em quarto lugar, outra característica do movimento cristão primitivo que podemos estabelecer como prática contínua dos tempos de Paulo até meados do século II é o envio de cartas de uma igreja a outra.[59] Encontramos, p. ex., a liderança da Igreja de Roma escrevendo uma carta de cunho pastoral a igrejas espalhadas por uma grande área da Ásia Menor (1 Pedro) e outra para a Igreja de Corinto lidando com problemas e disputas daquela igreja (*1 Clemente*). Do início do segundo século temos a carta de Policarpo de Esmirna para a Igreja de Filipos, e as cartas de Inácio de Antioquia a seis diferentes igrejas. Dionísio, bispo de Corinto, em meados do século II escreveu pelo menos sete cartas para várias igrejas, que Eusébio conheceu como uma coletânea[60] mas que não estão mais disponíveis. A obra conhecida como *Martírio de Policarpo* é na verdade uma carta da Igreja de Esmirna para, como depõe a primeira linha, a Igreja de Filomélio na Frígia, a qual havia solicitado o trabalho, embora houvesse a intenção de que a mesma circulasse a outras igrejas. Estas cartas que sobreviveram ou que pelo menos o tenham feito até a época de Eusébio são apenas a ponta de um *iceberg*. Elas são as que se provaram como portadoras de valor duradouro; muitas outras cartas mais efêmeras devem ter existido e perecido, tendo o mesmo destino que sabemos que até mesmo algumas de Paulo tiveram.

Cartas estabeleciam mais do que conexões literárias entre igrejas. Cartas implicavam mensageiros. O mensageiro poderia ou ser um membro da igreja remetente que estava por alguma razão viajando por ou por perto da igreja destinatária, ou um membro da igreja remetente que viajava especificamente para entregar a carta. Mensageiros se hospedavam nas casas de membros da igreja, se encontravam com toda a igreja para o culto, transmitiam notícias orais não incluídas na carta, recebiam notícias para levarem de volta, e certamente forjavam contatos pessoais cheios de calor humano com seus hospedeiros. Por conta do papel dos mensageiros, a carta é meramente o elemento formal, sobrevivente de uma comunicação em duas vias muito mais ampla nas dimen-

---

59. Para exemplos posteriores da troca de correspondências entre igrejas, veja Id., ibid., v. 1, p. 466-467

60. *Hist. eccl.* 4,23.1-13. As coletâneas que Eusébio conhecia também incluíam uma carta a um indivíduo: Crisófora.

sões oral e pessoal.[61] Mensageiros eram um meio nos quais contatos pessoais entre igrejas eram criados, que devem ter dado mesmo ao menos viajado dos cristãos um forte senso de participação em algo muito mais amplo que a igreja local dele ou dela. Mas mensageiros carregando cartas são apenas um exemplo do tipo de contato informal que deve ter sido constantemente criado pelos membros de uma Igreja, viajando por todos os tipos de razões, passando e gozando a hospitalidade e comunhão de outras igrejas. (Claro, eles também se chocavam e discutiam, como notaremos em breve.)

Em quinto lugar, temos evidências concretas de contatos próximos entre igrejas no período no qual os evangelhos estavam sendo escritos, ou imediatamente após tal período. Citarei apenas três exemplos.

(1) O famoso fragmento de Pápias, prólogo de sua obra perdida[62], oferece-nos uma olhadela sobre o que ocorreu. Apesar de estar escrevendo no começo do segundo século, Pápias estava recordando um tempo em fins do primeiro século (precisamente o tempo no qual Mateus, Lucas e João estavam sendo escritos). Como um jovem homem em Hierápolis, ele era um ávido coletor de tradições orais. Ele as coletava não somente através de suas viagens mas também entrevistando qualquer um que eventualmente passasse por Hierápolis e que tenha ouvido os ensinamentos dos discípulos pessoais de Jesus, quer em primeira ou segunda mão.[63] Hierápolis está um pouco fora da muito utilizada rota que corre para o leste a partir de Éfeso e através de Laodiceia, e portanto devemos supor que cristãos viajando naquela rota estivessem em algumas ocasiões por ali apenas para visitar a Igreja de Hierápolis. (Talvez as famosas profetisas, filhas de Filipe o evangelizador, então vivendo em Hierápolis, fossem a atração.[64]) A evidência de Pápias portanto nos mos-

---

61. Sobre o papel dos mensageiros, veja G. R. Llewelyn & R. A. Kearsley. "Letter-Carriers in the Early Church", in *New Documents Illustrating Early Christianity* (Sydney: Ancient History Documentary Research Centre, Macquarie University, 1994), v. 7, p. 50-57. Mensageiros também transportavam informação sem que estivessem carregando cartas: exemplos em id., ibid., p. 55.

62. *Apud* Eusébio, ibid., 3,39.3-4.

63. Sobre o relevante ponto de interpretação de Pápias aqui, veja R. Bauckham, "Papias and Polycrates on the Origin of the Fourth Gospel". *JTS* 44 (1993), p. 60.

64. Pelo menos duas delas estavam vivendo então em Hierápolis: Polícrates *Apud* Eusébio, ibid., 5.24.2.

tra o quanto uma comunidade cristã deslocada de uma rota muito utilizada podia ser visitada por cristãos de outras igrejas e mantinha contato próximo com o movimento cristão como um todo. Uma igreja localizada mais estrategicamente estaria correspondentemente em contato mais frequente com um círculo mais amplo de outras igrejas. Éfeso, p. ex., era uma cidade pela qual se passava com tal frequência que não é surpreendente que Polícrates, bispo de Éfeso no começo do século II, pudesse dizer que estava em contato com cristãos de todas as partes do mundo.[65] Tal reivindicação é perfeitamente crível e poderia igualmente ter sido feita por uma liderança cristã em qualquer uma das várias igrejas maiores de determinadas localidades a qualquer tempo dos dois primeiros séculos de história cristã.

(2) As cartas de Inácio, escritas apenas duas ou três décadas após Mateus, Lucas e João, nos dão um quadro notadamente detalhado de uma rede de comunicação ativa entre as igrejas na área situada da Antioquia da Síria a Filipos, bem como entre estas igrejas e Roma. As mesmas recordam como, no período no qual Inácio estava viajando entre a Antioquia da Síria e a Itália, cartas, delegados e mesmo bispos viajavam adiante e atrás entre estas várias igrejas com uma diversidade de propósitos. Os movimentos podem ser reconstruídos como se segue. Inácio, bispo de Antioquia, estava sendo conduzido a Roma, aprisionado sob escolta, esperando ser martirizado lá. A rota conduzia a ele e seus guardas através da Ásia Menor. Em Esmirna ele foi visitado por emissários das igrejas de Éfeso, Magnésia e Trales, cada qual liderada por seus bispos, e escreveu uma carta para cada uma das delegações para que fossem levadas de volta às suas comunidades de origem (*Ef* 1,3; 2,1. 21,1; *Magn* 2:1; 15:1; *Trall* 1:1; 13:1). De Esmirna Inácio também escreveu para a igreja em Roma, aparentemente respondendo a notícias que já havia recebido da Igreja de Roma, e também se referindo a cristãos sírios que viajavam a Roma adiante de si (*Rm* 10,2), presumivelmente para preparar a Igreja romana para sua chegada.

Em Trôade, aguardando para embarcar na jornada marítima até Neápolis, Inácio escreveu para a Igreja de Esmirna, que acabara de visitar, e à

---

65. Id., ibid., 5.24.7.

Igreja de Filadélfia, que dois de seus companheiros há pouco haviam visitado (*Filad* 11:1). Ele também escreveu uma carta pessoal a Policarpo, bispo de Esmirna. Estas cartas foram confiadas a Burrus, que fora delegado pelas igrejas de Esmirna e Éfeso para acompanhar Inácio. (*Filad* 11:2; *Esmirn* 12:1). Quando em Trôade Inácio recebeu notícias de Antioquia, com efeito de que a Igreja ali, que havia passado por um conturbado período tanto de perseguição ou de disputas internas (não é claro o quê), agora estava em paz. (*Filad* 10:1; *Pol* 7:1). Inácio ficou então ansioso para que todas as igrejas da região pudessem enviar mensageiros com cartas para congratular os cristãos de Antioquia. Sua carta aos cristãos de Filadélfia os instrui a enviar um diácono, pontuando que igrejas mais próximas a Antioquia já haviam enviado bispos ou presbíteros ou diáconos (*Filad* 10:1-2). Sua carta aos cristãos de Esmirna pede-lhes para enviar alguém a Antioquia com uma carta (*Esmirn* 11:2-3). Em sua carta a Policarpo, ele não somente o solicita convocar uma reunião em sua igreja para apontar alguém realmente capaz de empreender tal tarefa (*Pol* 7:2), ele também explica que provavelmente precisará deixar Trôade antes que tenha tempo de escrever às outras igrejas deste lado de Antioquia (significando provavelmente a Ásia Menor). Então Policarpo é nomeado para o fazer, solicitando a todas elas que enviem, se possível, mensageiros a Antioquia, ou ao menos uma carta pelas mãos dos mensageiros vindos de Esmirna (*Pol* 8:1).

Finalmente, quando Inácio passou por Filipos, ele pediu àquela igreja para também se comunicar com Antioquia. Uma vez que Filipos estivesse a uma considerável distância de Antioquia, os filipenses decidiram enviar seu mensageiro somente até Esmirna e confiar sua carta ao mensageiro esmirnense. Policarpo de Esmirna, escrevendo de volta aos filipenses, assegura-lhes que tal tarefa será cumprida, e espera ele mesmo poder ir até Antioquia assim que lhe for possível sair (Policarpo, *Filipenses* 13:1).

Assim, no período que levou para Inácio e seus guardas viajarem de Antioquia até a Itália, duas delegações de cristãos partiram rumo a Roma (uma de Antioquia e outra de Trôade ou Éfeso), maiores delegações viajaram de Éfeso, Magnésia e Trales para Esmirna, alguns cristãos de Éfeso viajaram até

Trôade, mensageiros foram de Trôade a Filadélfia e a Esmirna, e de Filipos até Esmirna, tendo retornado, e muitas destas igrejas enviaram delegações, algumas incluindo seus bispos, para a Antioquia. Provavelmente delegações e cartas tenham chegado a Antioquia com o mesmo propósito desde igrejas ao sul e leste de Antioquia. A rede de comunicação é até mesmo mais vigorosa e complexa que havia sido quando Paulo e seus colegas missionários viajavam pela área.

Uma indicação da forma pela qual esta rede tornou a circulação de literatura fácil e natural é fornecida por tais eventos. Quando os cristãos filipenses enviaram seus mensageiros a Esmirna, eles pediram a Policarpo que os enviasse cópias de quaisquer cartas de Inácio que a Igreja de Esmirna tivesse recebido dele, juntamente com cópias de quaisquer outras cartas de Inácio que a Igreja de Esmirna possuísse. Policarpo fez isto (Policarpo, *Fil* 13:2). Em outras palavras, a Igreja de Esmirna já possuía cópias de cartas de Inácio enviadas a outras igrejas, bem como as a ela enviadas, e já estava fazendo cópias de todas estas cartas para enviar a uma outra igreja, ainda mais distante. Se as cartas de Inácio circularam tão rápido, devemos certamente concluir que os evangelhos escritos há poucas décadas teriam circulado pelas igrejas com a mesma rapidez.

(3) Outra pista sobre como a literatura cristã circulava vem do *Pastor de Hermas*. O profeta cristão romano Hermas em sua visão apocalíptica nos conta como a vidente, uma mulher idosa, que contou a ele as revelações lhe pediu que as escrevesse em um livro, para que ele e os anciãos deveriam ler para a igreja romana. Mas ele também deveria fazer duas cópias. Uma era para Grapte, que a usaria para instruir as viúvas e os órfãos. Evidentemente Grapte estava com a incumbência do serviço caritativo da igreja. A outra cópia era para Clemente, que "a enviará a cidades outras, porque é isto que ele faz" (*Vis* 2:4:3).[66] Clemente era o secretário da Igreja de Roma, responsável pela comu-

---

66. Πέμψει οὖν Κλήμης εἰς τὰς ἔξω πόλεις, ἐκείνῳ γὰρ ἐπιτέτραπται. [N.T.: Bauckham traduz a oração grega "ἐχείνῳ γάρ ἐπιτέτραπται" como "for this is his job", literalmente "pois este é seu trabalho". No entanto, a expressão grega final, lida como "epitetraptai", encontra-se no campo semântico da palavra portuguesa "epíteto", que indica o trabalho *habitual*, quase identitário, e não o *atual*, aquilo que ocasionalmente se faz. Clemente envia cartas para fora de Roma por esta função

nicação com outras igrejas. Isto aparentemente incluía ter múltiplas cópias de peças da literatura cristã produzida em Roma e enviar tais cópias através de mensageiros para outras igrejas. (Se ele fazia envios a igrejas localizadas em centros maiores, estas presumivelmente se encarregariam de distribuições mais localizadas.) Clemente também enviava cartas para igrejas particulares, como sabemos pelo fato de a assim chamada *1 Clemente*, a carta da Igreja de Roma para a Igreja de Corinto, ser a ele atribuída. Evidentemente o papel de Clemente de enviar literaturas a igrejas além Roma já deveria ser seu trabalho no final do século I, quando *1 Clemente* foi escrita. Muito provavelmente portanto as *Visões* de Hermas foram escritas nesse período. Então Hermas nos fornece informação concreta, do período em que Mateus, Lucas e João estavam sendo escritos, sobre como literatura cristã recém-escrita era amplamente e muito deliberadamente distribuída para circulação entre as igrejas.

Finalmente, em sexto lugar a evidência da existência de conflito e diversidade no cristianismo primitivo dá suporta meu quadro do movimento cristão inicial como uma rede de comunidades em constante comunicação. Tal quadro não deve ser mal compreendido como se indicasse a existência de um cristianismo totalmente harmonioso e homogêneo. Ele não requer que a evidência de conflito e diversidade desapareça. Ao contrário, é claro que esta rede de comunicação entre as igrejas cristãs antigas era um veículo para conflito e discordância, bem como companheirismo e apoio mútuo. Toda a evidência que temos de rivalidade entre mestres cristãos ou conflito entre diferentes versões da mensagem cristã, desde as cartas paulinas, passando pelo Apocalipse e chegando às cartas de Inácio, nos demonstram a existência de conflitos acontecendo ao longo da rede de comunicações que proponho. Mestres de uma

---

ser inerente ao cargo que ocupa, *ex-officio*. Por isto aqui optei por "é isto que ele faz". Poder-se-ia traduzir talvez o termo que Bauckham usa para Clemente ("secretary") não como "secretário", mas como "secretário-epistulário", isto é, o que secretaria a comunidade e envia cartas em seu nome. A língua inglesa, contudo, não encontra na palavra "epistolary", existente naquela língua, o mesmo sentido possível que podemos pensar em português, o de ofício. Esta pode ser a razão pela qual para Bauckham Clemente é um "secretary". Na ausência de textos da época citados por Bauckham para justificar sua caracterização de Clemente como secretário, ou justificar a extensão do cargo para o que aqui proponho, no corpo do texto optei por "secretário". Note o leitor em língua portuguesa, contudo, que o "Hermas" testemunha em favor de um tipo de ofício, ocupado por Clemente, que tem o trabalho de enviar cartas a outras comunidades algo que lhe seja intrínseco].

versão do cristianismo não se restringiam a uma pequena porção de igrejas com pensamentos semelhantes. Ao contrário, mestres itinerantes de qualquer inclinação sempre poderiam aparecer em qualquer uma das igrejas existentes. As congregações se dividem. Líderes de outras partes escrevem em suporte de uma ou outra das facções. Uma vez que alguns líderes lutavam para remover mestres dos quais discordavam das igrejas sobre as quais tivessem (estes líderes) alguma influência, isto se dava apenas porque claramente falhassem constantemente. Nenhuma destas evidências demonstradoras de conflito e discordância sugere que alguma forma de cristianismo formasse um pequeno enclave homogêneo de igrejas, fora de comunicação com outras igrejas e renunciando a qualquer tipo de envolvimento com o movimento cristão em toda a sua amplitude. Muito em contrário: todas estas evidências confirmam o quadro por mim desenhado. Igrejas tinham um intenso interesse em conflitos acontecendo em outras partes. Líderes e mestres ativamente promoviam suas versões do Evangelho em qualquer lugar e por toda parte do mundo cristão. Estas não eram comunidades introvertidas com mestres introvertidos que produziam evangelhos escritos somente para seu próprio consumo.

Em vista de todas estas evidências de que o cristianismo primitivo fosse uma rede de comunidades em constante comunicação umas com as outras, através de mensageiros, cartas, e movimentações de lideranças e mestres/ professores – por assim dizer, uma rede na qual a literatura cristã circulava amplamente, facilmente e rapidamente – certamente a ideia de escrever um Evangelho puramente para os membros da comunidade do próprio escritor ou mesmo para algumas poucas igrejas nas vizinhanças é improvável de ter ocorrido a qualquer pessoa. A obrigação de provar que assim o foi deve pesar sobre aqueles que assim o dizem.

VI.

Concluo com uma série de observações hermenêuticas:

Primeiro, a tentativa empreendida pelo atual consenso acadêmico sobre os evangelhos de dar às assim chamadas comunidades mateana, marcana, lucana e joanina um papel hermenêutico-chave na interpretação dos

Evangelhos é por inteiro um grande engano. Se os evangelhos não se endereçarem a estas comunidades em particular, estas comunidades não têm nenhuma relevância hermenêutica. Com efeito, parece muito duvidoso que de fato se saiba alguma coisa realmente importante a respeito delas. Se os evangelhos não tiverem sido escritos para comunidades específicas, então a situação é bastante diferente daquilo que permite-nos saber bastante sobre a igreja paulina de Corinto. Certamente poderia ser argumentado que comunidade na qual o Evangelho foi escrito provavelmente influenciou na escrita do mesmo, ainda que o Evangelho não fosse a ela direcionado. Mas não se pode afirmar a partir disto que tenhamos qualquer chance de reconstruir tal comunidade. Como já indiquei, certamente não podemos afirmar garantidamente que um evangelho tenha sido escrito somente em uma comunidade. É inteiramente possível que um evangelho tenha sido escrito por um período de tempo durante o qual o autor tenha sido residente por intervalos sucessivos em duas ou mais comunidades. Mesmo para além desta possibilidade, não podemos tomar por garantido que o autor de um evangelho fosse influenciado apenas pelo contexto comunitário imediato. Mesmo que seu evangelho tenha sido escrito dentro de uma comunidade cristã em específico, é bastante provável que ele mesmo tenha anteriormente vivido e ensinado em outras comunidades. As influências sobre ele e, portanto, sobre seu texto seriam variadas. Diante da extensão e intensidade da comunicação tão cedo existente no movimento cristão, mesmo um escritor de um evangelho que tivesse vivido toda a sua vida em uma única comunidade cristã estaria bastante a par do movimento cristão como fenômeno mais que apenas local e teria vários tipo de contatos, pessoais e literários, com muitas igrejas além da sua própria. Finalmente, a maneira pela qual um escritor criativo é influenciado por e responde a seu contexto é simplesmente incalculável. As chances de ser capaz de deduzir a partir da obra de um autor quais influências sobre ele incidiram, se tivermos apenas a obra em si como informante sobre o autor, são mínimas. Assim, a tarefa de reconstruir a comunidade de um evangelista é, por uma série concomitante de razões, fadada ao fracasso. Mas, muito mais importante do que isto, é de qualquer maneira nula em valor *hermenêutico*, uma vez que os evangelhos não tenham sido endereçados ou destinados a compreensão por apenas uma tal comunidade. Sejam quais forem as influências que tenham incidido sobre o trabalho de um evangelista, seus *leitores implícitos* não são um público específico, grande ou pequeno, mas um público indefinido: qualquer igreja do final do primeiro século na qual seu evangelho viesse a circular. Assim, qualquer coisa que não possamos ou que possamos inferir sobre a comunidade do evangelista constitui fato hermenêutico relevante. Portanto qualquer leitor que considerar a proposta discutida neste capítulo bastante convincente deveria parar de usar os termos "comunidade mateana", "comunidade marcana", "comunidade lucana" e "comunidade joanina". Tais termos não têm nenhum significado valioso.

Em segundo lugar, a implicação da discussão proposta neste ensaio não é somente que o público implícito pelos evangelhos seja mais amplo do que o consenso corrente permite. Alguns escritores recentes sobre os evangelhos divergiram do filão dominante da Academia na extensão de conseguirem divisar um público mais amplo do que realmente pequeno como implícito.[67] O evangelista pode ter tido em mente uma determinada quantidade de igrejas localizadas em uma área geográfica específica, ou uma rede de igrejas bastante dispersas que ele conhecia. Tal proposta introduz mais diversidade ao público implícito e rejeita a ideia de reconstruções detalhadas de circunstâncias muito específicas que têm sido comuns nas discussões sobre as comunidades dos evangelistas. Entretanto, para modificar o consenso meramente na extensão de ampliar o público para o qual um evangelista alegadamente escreveu não é na verdade a mudança de paradigma proposta neste ensaio. Em tal tipo de mudança ainda é pressuposto que um evangelista tenha tido em mente igrejas específicas para as quais escreveu. Em princípio ele poderia ter listado as grandes igrejas nas quais ele esperava que seu evangelho viesse a circular e que constituíam seus leitores-alvo. O público, ainda que relativamente amplo, ainda é específico. Este ensaio propôs não somente que o público implícito de um evangelho seja maior do que o consenso vigente permite, mas que é *indefinido ao invés de específico.* Este é uma diferença de "o que", e

---

67. Veja especialmente a obra de Stanton citada na nota 29.

65

não apenas de "quanto" em relação ao consenso atual. Os evangelistas, aqui propus, não escreveram para igrejas específicas que conhecessem ou soubessem que existiam, nem mesmo para um número muito grande de tais igrejas. Ao contrário de tal, a partir da experiência e conhecimento que tinham de muitas ou algumas igrejas específicas, eles escreveram *para toda e qualquer igreja* na qual o evangelho viesse a circular. Não mais que qualquer outro autor, no tempo deles e na maioria dos tempos, eles poderiam saber que tipo específico de leitores ou ouvintes suas obras viriam a atingir. Diante de tal, perguntar, p. ex., se Lucas sabia que houvessem quaisquer igrejas cristãs na Gália no tempo em que escrevia, e supondo que houvessem, se ele teria escrito pensando em alcançá-los em seu Evangelho, é fazer o tipo de pergunta errada. Seu público pretendido era uma *categoria em aberto* – toda e qualquer igreja na qual seu Evangelho pudesse vir a circular – e não um público especificado no qual ele poderia ter incluído conscientemente igrejas na Gália ou não.

Em terceiro lugar, a partir do que até aqui foi dito nestas conclusões hermenêuticas, alguns leitores imersos no consenso poderão supor que o efeito do que neste capítulo foi argumentado é descontextualizar os evangelhos e tornar o contexto histórico hermeneuticamente irrelevante. Este não é o caso. Os argumentos não querem apresentar os evangelhos como peças literárias flutuando autônoma e livremente fora de qualquer contexto histórico. Os evangelhos têm um contexto histórico, mas este contexto não é o das comunidades dos evangelistas. É o contexto do movimento cristão primitivo de fins do primeiro século. Podemos trazer para a interpretação do Evangelho tudo o que sabemos sobre o movimento e seus contextos político, social, econômico, religioso e ideológico. Este contexto é muito menos específico do que o consenso atual deseja, mas não é mais generalista do que o contexto da maior parte da literatura daquela época, ou o contexto da maior parte da literatura de qualquer sociedade e em qualquer período. Literatura dirigida a uma comunidade específica em uma localidade específica é algo muito raro, mas ao se reivindicar que a maior parte dos autores se dirigem a contextos mais amplos não se descontextualizam suas obras.

Entretanto, em quarto lugar, certamente é verdadeiro que o argumento deste ensaio aplaina o caminho hermenêutico desde a compreensão da maneira que os evangelhos foram recebidos por seus primeiros leitores – uma categoria aberta de leitores/ouvintes de qualquer igreja cristã dos fins do primeiro século à qual os evangelhos chegassem – até a maneira com que os evangelhos foram lidos desde então. Esta não foi a intenção inicial ao desenvolver este argumento, mas é uma consequência deste próprio desenvolvimento. Conforme demarquei mais cedo no ensaio, nenhum leitor atento pode se dirimir da relevância hermenêutica da Igreja de Corinto para interpretar 1 Coríntios. Mas todos os leitores, sem exceção, antes de meados do século XX dirimiram-se da (alegada) relevância hermenêutica da comunidade mateana para a interpretação de Mateus. As opções do método histórico-crítico em suas dimensões acadêmicas não nos requerem, de maneira inequívoca, a suposição de que estivessem completamente enganados.

O quinto ponto: o argumento deste ensaio não nos requer que subestimemos a diversidade dos evangelhos. Simplesmente, ele nega o que o consenso assume: que esta diversidade requeira uma diversidade de leitores. A alta distinção da natureza do Evangelho de João, p. ex., não implica que os leitores pretendidos do mesmo fossem um ramo altamente distinto do cristianismo primitivo, díspar dos leitores de outros evangelhos. Ela implica somente que o autor (ou autores) do texto em questão desejou propagar sua própria percepção teológica distinta da história por trás dos evangelhos a quem quer que viesse a ler o mesmo. O argumento deste ensaio deixa em aberto muitas questões sobre a diversidade dos evangelhos. Que os evangelistas tivessem diferentes compreensões de Jesus e sua história, e fizessem diferentes julgamentos sobre os problemas, implicações e prioridades do que significasse ser um cristão no mundo dos fins do século primeiro, isto é claro. Se um evangelista posterior a outro(s) que soubesse que seu evangelho seria lido por leitores que já conheciam algum Evangelho alternativo ao seu esperasse que o mesmo suplementasse ou suplantasse o anteriormente conhecido é uma questão que minha discussão deixa em aberto. Que as relações entre os evangelhos tal como primeiro circularam entre as igrejas foram entendidas como pacíficas ou polêmicas, complementares ou competitivas, novamente é algo que permanece totalmente em aberto. O quanto abordagens distintas possam ser de fato complementares ou contraditórias, novamente é algo que permanece em aberto pela discussão deste ensaio e segue como uma chave hermenêutica importante para a interpretação dos evangelhos. A discussão deste ensaio meramente exclui, como fator importante para compreensão da diversidade dos evangelhos, a hipótese segundo a qual cada um deles tenha sido endereçado a uma comunidade distinta. Muitos outros modos de compreender e perceber a diversidade dos evangelhos permanecem de pé.

Sexto, é apropriado concluir apontando que o engano perpetrado pelo consenso que este ensaio ataca deriva de um desejo mal-elaborado por especificidade histórica. Por trás de si ele tem um grande esforço em favor de tal especificidade que alimentou uma considerável parte de todo o desenvolvimento acadêmico bíblico moderno. O desejo é de definir um sentido histórico para o texto tão especificamente quanto possível mediante a definição de seu contexto histórico da maneira mais aproximada possível. Da mesma maneira como sabemos que pudemos entender 1Cor 8–10 melhor na medida em que nos propusemos a estudar refeições sacrificiais pagãs em Corinto, tendemos a pensar que podemos entender mais precisamente Lucas e seu ensinamento sobre riqueza e pobreza somente se pudermos definir exatamente onde uma dúzia de pessoas ricas da comunidade de Lucas se encaixavam na hierarquia social e exatamente como elas realmente tratavam os pobres.

Na verdade isto é um engano hermenêutico, mas o engano não consiste em pensar que o contexto histórico seja relevante. Ele reside em falhar na percepção de que textos variam na extensão de quanto sejam específicos a contextos. Alguns textos, que Umberto Eco chama de "textos fechados", definem seus leitores implícitos muito precisamente e também possuem um determinado sentido que dependem em saber o que o leitor implícito deva saber de antemão. Se alguém não o sabe, compreenderá muito equivocadamente o texto. Se não soubéssemos absolutamente nada a respeito da carne sacrificada aos ídolos em Corinto poderíamos ter uma compreensão muito equivocadamente do que Paulo quis dizer. Mas outros textos, que Eco chama "textos abertos", possuem leitores implícitos como uma categoria mais ampla e consequentemente permitem que seu significado seja mais amplamente alterado pelos próprios leitores.[68] Os evangelhos são textos relativamente mais abertos, embora não tão abertos quanto alguns tipos de texto (um poema lírico, p. ex.). Para várias igrejas do final do século I, ouvir o mandamento presente no evangelho de Mateus, por Jesus, de amar os inimigos teria significados bastante distintos. Não posso pensar que Mateus se importaria em alguma medida com isso. Pensar que não sabemos o que Mateus quis dizer a não ser que pudéssemos enumerar que tipos de inimigos sua comunidade tinha é tentar compreender um texto aberto como um texto fechado.

---

68. Eco, Umberto. *The Role of the Reader.* Londres: Hutchinson, 1981, p. 8-10.

2. Há uma contraevidência patrística?

Uma resposta a Margaret Mitchell

Em 2005 Margaret Mitchell publicou um artigo intitulado "Contraevidência patrística à suposição de que 'Os evangelhos foram escritos para todos os cristãos.'"[1] Foi uma crítica bem dura ao meu ensaio "Para quem os evangelhos foram escritos?",[2] focando em uma área que mal tangenciei no ensaio em questão: as maneiras pelas quais os públicos originários e originais dos evangelhos foram compreendidos na literatura patrística. Eu apontei, no entanto, que nenhum leitor anterior a meados do século XX imaginou que um público original localizado e específico fosse relevante para a interpretação de evangelhos. Mitchell vigorosamente contesta isso com respeito ao período patrístico. Quis, desde há muito tempo, responder à crítica dela. Não o havia feito até então não porque pensasse que tal crítica seja importante, mas porque parecesse a mim que suas colocações mereciam e requeriam uma consideração argumentativa bem acabada e bem feita, para a qual não havia conseguido encontrar tempo até recentemente. Como ficará claro abaixo, penso que este é um aspecto da exegese patrística que precisa de uma investigação muito mais extensa. Não consegui desenvolver alguns dos detalhes ao ponto que gostaria de tê-lo feito, mas o que se segue é uma tentativa de me colocar no desafio que a argumentação detalhada e bem pensada de Mitchell apresenta.

---

1. Margaret Mitchell, "Patristic Counter-Evidence to the Claim that 'The Gospels Were Written for All Christians.'"*NTS* 52 (2005), p. 36-79.

2. Richard Bauckham, "For Whom Were Gospels Written?". In: Richard Bauckham, ed., *The Gospels for All Christians: Rethinking the Gospel Audiences.* Grand Rapids: Eerdmans, 1998, p. 9-48.

Clarificando a questão

É possível encontrar, em alguma medida, a percepção de que os evangelhos tenham sido escritos para públicos específicos e localizados na produção patrística? Para responder a esta questão com precisão é necessário distinguir entre duas formas possíveis desta tal percepção. A primeira é a visão dos críticos redacionais do final do século XX, com a qual o argumento do meu ensaio estava mais comprometido. Esta é a visão de que um evangelho foi desenvolvido para a situação e necessidades específicas de uma comunidade local ou grupo de comunidades, de tal maneira que seria substancialmente menos relevante a outras. A implicação hermenêutica é de que, para uma compreensão adequada de um evangelho, intérpretes devem reconstruir a situação e necessidades específicas daquele público original. A segunda visão é a de que, como fato presumido, um evangelho tenha sido escrito inicialmente para o uso da comunidade específica na qual foi composto, mas não de tal maneira a ser significantemente mais importante a esta comunidade do que a outras. Nesta visão, o público original, específico, localizado, não seria *hermeneuticamente* relevante. Um intérprete não precisaria reconstruir aquele público nem ler o evangelho relacionando-o com o mesmo e suas circunstâncias específicas para atingir uma interpretação suficientemente boa.

Quando propus que a hipótese comunitária era uma invenção moderna, eu muito explicitamente me referi à primeira de tais visões. P. ex., em uma frase que Mitchell anota, disse que "todos os leitores, sem exceção, antes de meados do século XX não perceberam a (alegada) relevância hermenêutica da comunidade mateana para a interpretação de Mateus."[3] Esta foi uma proposta pesada e talvez até bastante incômoda, mas eu não disse que ninguém antes de meados do século XX tenha pensado que o Evangelho de Mateus tenha sido escrito para uma comunidade específica. Eu disse que ninguém pensou que tal comunidade fosse relevante para a maneira segundo a qual se

---

3. Id., ibid., p. 47, cf. id., ibid., p. 28: "Desde o segundo século até a metade do século XX ninguém jamais supôs que a situação específica da comunidade mateana fosse relevante para ler o evangelho de Mateus". Em ambos os casos e em ambas as páginas, aqui citadas, estava me referindo ao caso de Mateus como um exemplo do que poderia ser dito sobre os quatro evangelhos.

devesse ler o Evangelho de Mateus. Eles não pensavam que saber sobre a situação específica e necessidades de tal comunidade poderia auxiliá-los a compreender o evangelho. Mitchell reconhece isto quando propõe que a maior parte de seu argumento é dedicado a "reconsiderar as asserções factuais essenciais sobre a história da interpretação dos evangelhos que subjazem sua (isto é, de Bauckham) proposta – que leituras dos evangelhos tendo por referências essenciais comunidades locais específicas ou leitores pretendidos era algo desconhecido antes de meados do século XX."[4] É importante que ela se refira aqui a "leituras" dos evangelhos, que aqui tomo como referindo-se a interpretações e não apenas a meras afirmações sobre os evangelhos.

Em meu ensaio reconheci que a segunda das duas visões distinguíveis apresentadas acima – aquela de que os evangelhos foram escritos para comunidades específicas, mas não de maneira tal a que isto faça uma diferença significativa para a interpretação dos evangelhos – foi sustentada, antes de meados do século XX, por acadêmicos como H. B. Swete e B. H. Streeter.[5] A despeito da assertiva de Mitchell de que eu trato Swete como "o 'mais antigo' a propagar a origem romana do público de Marcos,"[6] eu disse apenas que o comentário de Swete sobre Marcos (que teve sua primeira edição em 1898) era "o primeiro exemplo por mim conhecido."[7] Até onde sei, a visão de que Marcos tenha sido escrito tanto para quanto na Igreja de Roma pode ser encontrada com bastante frequência em acadêmicos do século XIX. (Não conheço nenhuma pesquisa a partir da qual alguém possa facilmente descobrir que este realmente seja o caso ou não.) Para os meus propósitos no ensaio não era importante a pesquisa sobre este problema, pois não recolho Swete para exemplificar a hipótese comunitária tal como ela se desenvolveu a partir de meados do século XX. Sobre Swete, escrevi: "Os leitores pretendidos por Marcos são meramente um aspecto das questões introdutórias usuais sobre

---

4. Mitchell, op. cit., p. 38.

5. Bauckham, op. cit., p. 13-15.

6. Mitchell, op. cit., p. 48.

7. Bauckham, op. cit., p. 13.

seu evangelho; e não há nenhuma consequência significativa para a exegese."[8] Mitchell contesta isto; "Swete se utiliza dos leitores romanos de Marcos como recurso exegético, p. ex., no que diz respeito aos filhos de Simão de Cirene serem conhecidos em Roma."[9] (Ela não propõe outros exemplos.) Swete de fato diz que, se Marcos 'escreveu para cristãos romanos, e os filhos de Simão eram bem conhecidos em Roma, sua referencia a Alexandre e Rufo é bastante natural,' embora continue: 'De qualquer maneira, isto implica que os filhos se tornaram discípulos com boa reputação cuja identidade seria reconhecível aos leitores originais do evangelho.'[10] Isto muito mal pode ser tomado como um exemplo de 'significativa' consequência da visão de Swete sobre o público de Marcos para sua exegese do evangelho. Certamente não é o tipo de consequência com a qual a hipótese comunitária dos críticos redacionais mais antigos se ocupavam. A possibilidade de que Marcos enumere dois indivíduos porque estes fossem conhecidos na Igreja romana é algo muito diferente de reivindicar que o evangelho de Marcos procurava atender as circunstâncias e necessidades específicas da Igreja romana e tenha sido significantemente formatado segundo este propósito. Um exemplo típico de tal reivindicação é que a comunidade de Marcos estivesse sob perseguição, algo que, segundos os argumentos expostos por Joel Marcus, era incomum àquela época, embora comum a outras comunidades cristãs contemporâneas.[11] A exegese que Swete faz de passagens marcanas que teriam sido originadas por esta necessidade, citadas por Marcus como tal, não fazem referência à experiência da igreja romana. Ao contrário, ele aponta as predições que Jesus houvera feito sobre a futura perseguição aos cristãos como algo comum a Mateus e João, e portanto não exatamente peculiares em Marcos, e trata tais falas como palavras autênticas de Jesus.[12] Swete permanece um bom exemplo do fato de que é possível pensar que um evangelho tenha sido inicialmente escrito para

---

8. Id., ibid., p. 14.

9. Mitchell, op. cit., p. 48, nota 32.

10. Henry Barclay Swete. *The Gospel according to St Mark*. 3ª edição. Londres: Macmillan, 1909, p. 378.

11. Joel Marcus. *Mark 1-8* (AB 27; Nova York: Doubleday, 2000, p. 28-29.

12. Swete, op. cit., p. 232.

uma comunidade específica sem supor que isto tinha quaisquer implicâncias hermenêuticas significativas.

Discuti a posição de Swete aqui na intenção de deixar claro que, se alguém pretendesse encontrar exemplos da mesma posição entre exegetas da patrística (e meu ensaio não negou que talvez isto fosse possível), isto não contradiria minha posição de que até meados do século XX o (alegado) público específico e local de um evangelho foi tomado por hermeneuticamente relevante. Em meu ensaio, eu discuti, de forma bastante breve, apenas uma das testemunhas patrísticas sobre as circunstâncias da origem dos evangelhos, não porque eu não soubesse de muitas delas[13], mas porque meu propósito era meramente explicar por que Swete pensava que o Evangelho de Marcos houvesse sido escrito não somente em Roma, mas também para a Igreja de Roma. A única testemunha patrística, dentre aquelas que Swete cita, que parece a mim fornecer base possível para esta visão, é a de Clemente de Alexandria. Mitchell apresenta forte objeção a isto, recusando esta "tentativa de apresentar o público romano presumido de Marcos como uma ideia raramente aventada na Igreja primitiva".[14] Tendo lido seu artigo e considerado a sua evidência, ainda parece para mim que era "uma ideia raramente aventada na Igreja primitiva". Eu discutirei o tema a seguir. Mas quando Mitchel tambem diz, ainda em referência ao meu ponto de vista sobre a fonte patrística da crença de Swete sobre o público romano, que "devemos dispensar com a colocação de que Clemente foi a única fonte desta tradição",[15] devo insistir que distingamos entre a reivindicação de que Marcos tenha sido escrito em Roma (embora isto não seja explícito em Pápias, nos numerosos fragmentos, ou por Irineu, embora possa estar aí implícito) da que Marcos tenha sido escrito especificamente para os romanos. Nenhum dos textos patrísticos citados por Swete, além do de Clemente de Alexandria, faz tal reivindicação de destinatário único. Talvez Mitchel pense que Swete compartilhava de

---

13. Richard Bauckham. "Papias and Polycrates on the Origin of the Gospel of John". In: Richard Bauckham, *The Testimony of the Beloved Disciple: Narrative, History and Theology in the Gospel of John*. Grand Rapids: Baker, 2007, p. 37-72 (este ensaio foi primeiro publicado em 1993).

14. Mitchell, op. cit., p. 48.

15. Id., ibid., p. 48.

sua própria tendência de supor que referências à composição de Marcos em Roma impliquem que ele destine seu evangelho especificamente para a Igreja de Roma, e se assim for talvez ela esteja certa sobre Swete. Mas tal suposição é precisamente o que precisaria ser demonstrado.

Clemente de Alexandria sobre a origem do Evangelho de Marcos

Permitamo-nos iniciar com Clemente de Alexandria, a quem Eusébio assim cita:

> Novamente, no mesmo livro [o *Hypotyposeis*] Clemente nos passa, da maneira como se segue, a tradição dos mais antigos sobre a ordem dos evangelhos: Clemente disse que aqueles dentre os evangelhos que contêm genealogias foram escritos primeiro, mas que o Evangelho segundo Marcos teve esta *oikonomia*: depois de Pedro ter pregado a palavra publicamente em Roma, e expressado o evangelho pelo espírito, aqueles que estavam presentes, sendo muitos, pediram a Marcos, uma vez que ele houvesse seguido Pedro há muito tempo e lembrava por memória o que havia sido dito [por Pedro], que escrevesse o que tinha sido falado. Depois de fazer isto, Marcos confiou o evangelho àqueles que o estavam pedindo [por ele]. Quando Pedro soube disto, ele não se utilizou de seu poder de persuasão nem para estimular nem em contrário disto.[16]

Juntamente com esta citação de Eusébio, devemos também considerar uma citação (preservada em tradução latina) do *Adumbrationes in epistolas canonicas* de Clemente, na qual o mesmo comenta sobre 1Pd 5,13:

> Marcos, seguidor de Pedro, enquanto Pedro estava publicamente pregando o Evangelho em Roma, na presença de alguns

---

16. Eusébio, *Hist eccl.* 6.14.5-7; esta tradução é de Mitchell, op. cit., p. 49. Eusébio dá outro relato do que Clemente disse sobre este respeito no *Hypotyposeis* em *Hist. eccl.* 2.15.1-2.16.1, mas não uma citação direta e provavelmente não é mais que uma paráfrase tendenciosa (substituindo a não hesitante chancela da parte de Pedro por sua atitude neutra ao evangelho em *Hist. eccl.* 6.14.7) da mesma passagem que Eusébio cita em *Hist. eccl.* 6.14.5-7. Uma vez que Mitchell causa o problema de comentar que "deveríamos esperar que Bauckham invocasse" esta passagem (Mitchell, op. cit., p. 50), talvez eu devesse comentar que Mitchell talvez cause em alguns a ansiedade de que devesse invocar o fragmento latino do *Adumbrationes* de Clemente, que ela não cita em parte alguma.

> cavaleiros de César [equitibus, membros da ordem equestre] e atendendo a muitas testemunhas de Cristo, em seus pedidos para que fornecesse a eles um meio de preservar por escrito as coisas das quais ouviam, escreveu o Evangelho que é chamado de Evangelho de Marcos, a partir das coisas que Pedro dizia.[17]

É importante considerar quais são as preocupações de Clemente nestas passagens. Mais provavelmente, como os autores de outras tradições antigas a respeito das origens do Evangelho (em Pápias, Irineu, o Cânon Muratoriano, e outros), Clemente tinha duas preocupações: validar as origens apostólicas dos evangelhos e explicar como as diferenças entre os evangelhos podem ser reconciliadas com as origens apostólicas de todos os quatro. Enquanto Irineu (*Haer.* 3.1.1) diz que Marcos escreveu seu evangelho após a morte de Pedro, Clemente traz Marcos escrevendo durante o período de vida de Pedro. Isto garante que Marcos tenha escrito a partir de uma memória imediata, e não reconstruída, da pregação de Pedro, mas quanto mais Marcos é trazido para junto de Pedro, mais as diferenças em relação a outros evangélicos "apostólicos" se tornam potencialmente problemáticas. Pápias (cujo trabalho era plausivelmente conhecido por Clemente e ao menos foi uma das fontes de suas percepções sobre os evangelhos) resolvera este problema propondo que Marcos escreveu de forma precisa o que Pedro ensinava, mas "não em ordem". Desta maneira o fato de que a ordem do Evangelho de Marcos difira da ordem dos outros evangelhos (Pápias provavelmente tinha João em mente) poderia ser atribuído a Marcos, ao invés de a Pedro. Isto era bastante plausível porque a pregação de Pedro não teria trazido todas as tradições em uma única ordem sequencial. Mas se o Evangelho de Marcos foi escrito durante a vida de Pedro, o que este poderia dizer sobre o fato de Marcos ajuntar as tradições em uma ordem que não era a ordem real? Isto depõe em favor da, em outro caso, desnecessária afirmação de Clemente de que Pedro não encorajou nem desencorajou o evangelho quando dele soube. Isto cria a

---

17. Tradução de Bernard Orchard e Harold Riley, *The Order of the Synoptics: Why Three Synoptic Gospels?* Macon, Georgia: Mercer University Press, 1987, p. 131. A passagem sobre a origem do Evangelho de Marcos na *Carta a Teodoro*, atribuída a Clemente de Alexandria por Morton Smith, adiciona maiores detalhes, mas sua autenticidade é hoje em dia tão seriamente contestada que tal evidência não pode ser adicionada aqui.

distância necessária entre Pedro e o Evangelho de Marcos para assegurar que Pedro não endossava a ordem na qual Marcos recolheu por escrito seus ensinamentos.

A ideia de que palestras orais pudessem ser colocadas em forma escrita sob a requisição de alguns que ouviam as mesmas parece ter sido algo como uma convenção literária da época. Encontramos muitos exemplos nos trabalhos de Galeno, o prolífico escritor de assuntos médicos do século II.[18] No prefácio ao livro 7 de seu *Sobre o método terapêutico*, ele se refere a Hierão, o amigo ao qual estava dedicando o trabalho:

> Uma vez que você e muitos outros de meus amigos têm me pedido com insistência por um memorando escrito dos tratamentos que têm me visto frequentemente aplicar no cuidado com os doentes, eu devo adicionar o que ainda permanece a este estudo.[19]

Descrevendo as circunstâncias nas quais um de seus livros se originou, Galeno descreve como críticos estavam contestando "a verdade de meus escritos sobre anatomia." Seus amigos lhe incentivaram a refutar os críticos dando-lhes demonstração pública. Primeiramente ele recusou, mas finalmente foi

> compelido por meus amigos a dar uma demonstração pública, quando, por um período de vários dias, eu provei que não estava mentindo, e que havia muitas matérias sobre as quais autoridades prévias eram ignorantes. Sob solicitação de meus amigos, também, escrevi a partir destas demonstrações e discussões; e o livro é intitulado *A ignorância anatômica de Lycus*.[20]

---

18. Devo meu conhecimento sobre este material de Galeno a Loveday Alexander, *The Preface to Luke's Gospel: Literary Convention and Social Context in Luke 1.1-4 and Acts 1.1* (SNTSMS 78). Cambridge: Cambridge University Press, 1993, p. 62-63; Loveday Alexander, "Ancient Book Production and the Circulation of the Gospels". In: Bauckham, ed. *The Gospels*, p. 71-111; aqui utilizadas p. 95-98.

19. Tradução por Alexander, *The Preface*, p. 62.

20. Galeno, *De libris propriis* 21-22: Tradução encontrada em Galeno, *Selected Works*, tradutor [para o inglês] Peter N. Singer (The World's Classics). Oxford: Oxford University Press, 1997, p. 9-10.

Nestes exemplos Galeno escreveu, a pedido de seus amigos, trabalhos que ele intencionava se tornarem de circulação geral. Entretanto, mais cedo em sua carreira, antes que fosse suficientemente erudito, ele teve experiências desafortunadas quando versões escritas de suas aulas, escritas apenas para o benefício de alguns poucos ouvintes ou de um indivíduo que as solicitou para uso privado, circularam mais amplamente do que teria desejado. Em alguns casos, uma vez que ele não lhes deu inscrições de autoria (assinatura e título), outras pessoas passaram adiante textos como se fossem delas mesmas.[21] Outra história, que ele contou mais de uma vez, tem seu contexto na controvérsia com Erasístrato, um autor médico de quem Galeno era um crítico severo:

> Naquele tempo o costume por alguma razão se tornou o de falar em público todos os dias sobre quaisquer questões que nos eram apresentadas, e alguém perguntou se Erasístrato estava certo ao não usar-se de flebotomia. Lidei com a questão detalhadamente, que parecia muito adequada aos ouvintes de então; esta foi a razão por que Teutras [um amigo de Galeno] também me incentivou para ditar o que havia dito para um rapaz que ele enviaria. Ele disse que estava particularmente ansioso para ter o ditado por escrito, uma vez que estivesse planejando visitar a Jônia e estava prestes a sair. Fui assim persuadido por quem me acompanhava e ditei-lhe a palestra. Ocorreu que o livro vazou para muitas pessoas; não tendo sido deliberadamente divulgado por ele. O trabalho era composto de maneira a não ser exatamente um livro mas ao contrário uma palestra em forma escrita, por requisição de meu amigo de que fosse posta em forma escrita [N.T.: Bauckham utiliza-se de "dictated", literalmente "ditada". Traduzo aqui como "posta em forma escrita" por fins interpretativos] da mesma maneira que teria sido falada. Mas mesmo na maneira que se formou, e tendo muitas deficiências se comparado com uma forma ideal, ele de qualquer maneira parece ter alcançado muito mais do que eu esperava. Pois todos aqueles que hoje se nomeia como discípulos de Erasístrato voltaram-se em opinião contrária.[22]

---

21. Galeno, *De libris propriis* 10, 17.

22. Galeno, *De venae sectione adversus Erasistrateos Romae degentes* (K194-195); tradução por Peter Brain, *Galen on Bloodletting*. Cambridge: Cambridge University Press, 1986, p. 41-42. Veja também Galeno, *De libris propriis*, p. 14-15.

O que irritava Galeno quando o mesmo encontrava suas palestras, escritas somente para uso privado, pirateadas e circulando amplamente era, em parte, como a última citação demonstra, que elas eram composições orais, adequadas apenas para uma sala de palestras, e não trabalhos literários realmente bem acabados e polidos. Mas também desgostava a publicação de material que ele pretendesse ter como público-alvo uma audiência de iniciantes no assunto:

> Uma vez que... tenham sido escritos não para publicação, mas para atender audiências particulares e as necessidades daqueles que as requisitaram, naturalmente decorre que muitos deles sejam bastante extensos, enquanto outros bastante comprimidos; e seus estilos, bem como seus conteúdos teóricos particulares, variam em termos de completude. Estes trabalhos que foram escritos para as partes mencionadas acima obviamente não poderiam ser nem perfeitamente precisos nem completos no que ensinam. Isto não era deles requisitado – nem seriam tais indivíduos capazes de apreender o conteúdo básico com precisão até que tivessem atingido um nível mais elementar.[23]

Galeno claramente sofre o tipo de embaraço que a maior parte dos acadêmicos contemporâneos sofreria ao encontrar as suas aulas/palestras dadas aos alunos do primeiro ano sendo vendidas em livrarias! Galeno, quando tais peças amplamente em circulação vinham ao seu conhecimento e tinha a oportunidade de as corrigir, tratava de as intitular "Para iniciantes."[24] Mas eventualmente ele simplesmente parou de fornecer qualquer material escrito para qualquer pessoa puramente para uso pessoal: "sempre que dou um destes trabalhos a qualquer um, eles passaram a ser compostos com um olho em publicação ampla, e não somente para as finalidades de uso individual."[25]

Estes exemplos de Galeno são de grande ajuda para iluminar a situação vislumbrada por Clemente e seu relato sobre a origem do Evangelho de Marcos. Podemos notar que a identidade dos que requisitaram a Marcos que es-

---

23. Galeno, *De libris propriis*, 11-12; tradução de Galeno, *Selected Works*, 4.

24. Id., ibid., p. 23, 54.

25. Id., ibid., p. 35.

crevesse difere nos dois relatos de Clemente: no *Hypotyposeis* eles são "aqueles que estavam presentes, sendo muitos" (τοὺς παρόντας πολλοὺς ὄντας), e no *Adumbrationes* eles são "alguns dos cavaleiros de César" (*quibusdum Caesareanis equitibus*).[26] Parece que no texto anterior Clemente generalizou o grupo que adiante especifica. Poderíamos comparar esta mudança à referência de Galeno a "você e muitos outros de meus amigos" na citação acima de *Sobre o método terapêutico*. Uma tendência de exagerar em tais contextos é natural. Mas se pensarmos, como os paralelos com Galeno nos sugerem que o façamos, em pessoas requisitando versões escritas do que tenham escutado para uso próprio, os únicos ouvintes de Pedro que pudessem ler ou que tivessem escravos capazes de lerem para si fariam tal pedido.

A situação na história de Clemente é bastante diferente daquela nos relatos de Galeno, uma vez que o material oral reproduzido no evangelho era de Pedro, enquanto que Marcos era apenas o tradutor. (Clemente não diz explicitamente que Marcos traduzia a tradução de Pedro, mas é isto que Pápias escreveu e podemos assumir que Clemente o pressupusesse.) Claro, seria natural aos ouvintes que requisitassem que Marcos escrevesse o material porque ele o seria escrito em grego, mas o fato de Pedro ser o real autor do material significaria que teria de partir dele a decisão de circular ou não, para fora do pequeno círculo daqueles que o requisitaram que fosse escrito, o material que Marcos viesse a produzir. Em nossos dois primeiros exemplos de Galeno ele responde a requisições de amigos que o ouviram em suas palestras de colocar as mesmas em forma escrita produzindo um material que também divisava a publicação mais geral. O fato de que ele escreveu sob o clamor de amigos não significou que nesses casos ele tenha escrito apenas para eles. Além disso, sua afirmação a respeito de sua posterior política demonstra que trabalhos que ele escreveu "com um olho em publicação ampla" eram em primeiro lugar não apenas requisitados, mas também dados em mãos de indivíduos específicos.[27] Assim, no relato de Clemente, poderíamos

---

26. Sobre estes veja Orchard e Riley, *The Order*, p. 132-133. Clemente pode ter derivado de Fl 1,13; 3,22 a noção de que haveriam tais pessoas dentre os ouvintes de Pedro.

27. Galeno, ibid., p. 35.

vislumbrar a intenção de Marcos de escrever para circulação geral não apenas no círculo daqueles que ouviram a pregação de Pedro, mas também para além de tal público. Mas, neste caso, Pedro poderia ter entrado em desacordo e proibido tal circulação. Alternativamente, Marcos por si mesmo pode ter pensado somente num texto para uso privado daqueles que o requisitaram a si. Eu duvido que Clemente tivesse qualquer interesse especial nas intenções de Marcos. O que importavam eram as de Pedro.

A seção conclusiva da narrativa de Clemente na *Hypotyposeis* precisa estar relacionada à questão da circulação geral. Não é somente uma questão da opinião de Pedro sobre o trabalho de Marcos, mas do poder de Pedro quer seja para impedir (κωλῦσαι) uma circulação mais ampla seja para incentivar (προτρέψασθαι) a mesma circulação a tomar seu devido caminho. (Assim Mitchell está enganada em dizer que aqui o Evangelho de Marcos "não se move para além dos cristãos romanos que solicitaram que fosse escrito".[28] Clemente e seus leitores com certeza sabiam perfeitamente bem que ele assim circulou, e o comentário sobre Pedro tem este fato em mente.) Segundo Clemente, Pedro não somente estava aparentemente muito feliz pelo evangelho de Marcos circular mais amplamente, como não proibiu que isto ocorresse. Os exemplos de Galeno podem nos ajudar a compreender por que, na concepção de Clemente, Pedro pudesse estar menos entusiasmado sobre a circulação geral do evangelho de Marcos. Para Clemente os outros evangelhos podiam muito bem parecer composições literárias mais bem acabadas que o de Marcos. A maneira com que Marcos escreveu pode ter lhe parecido mais adequada como uma apresentação oral, mas não como composição escrita. Também é possível que Clemente o visse como um material "para iniciantes", adequado para a pregação de Pedro direcionada a pessoas que não tinham nenhuma instrução anterior, mas não para crentes mais maduros.[29]

---

28. Mitchell, op. cit., p. 49-50.

29. Se a *Carta a Teodoro* foi um trabalho autêntico de Clemente, seu relato sobre a origem do "Evangelho Secreto de Marcos" seria relevante neste ponto: "Quanto a Marcos, então, durante a estadia de Pedro em Roma ele escreveu um relato dos atos do Senhor, sem, contudo, declarar todos eles, nem ainda deixando pistas sobre os secretos, mas selecionando os que ele pensava que seriam mais úteis para aumentar a fé daqueles que estavam sendo instruídos. Mas quando Pedro morreu como mártir, Marcos veio para Alexandria, trazendo tanto suas próprias anotações quanto

Seu relato sobre as origens do Evangelho de Marcos em *Hypotyposeis* é seguido imediatamente por sua afirmação de que o Evangelho de João, escrito por último, levou a escrita de um evangelho a um novo nível de entendimento espiritual: João, "ciente de que os fatos materiais (τὰ σωματικά) foram bem explanados nos evangelhos, recebeu insistentes pedidos de pessoas notáveis, e, divinamente inspirado pelo Espírito, compôs um evangelho espiritual."[30]

Que a sentença de Clemente sobre Pedro está relacionada à questão da circulação geral do evangelho é confirmado pelo reconto, em forma de paráfrase, de Eusébio a respeito da passagem de Clemente em períodos de sua obra (*Hist. eccl.* 2.15.1-2). Segundo Eusébio, Pedro "demonstrou-se prazenteiro com o fervente desejo de tais homens, e confirmou os escritos para serem lidos nas igrejas."[31] Eusébio não conseguia entender por que Clemente não concebesse Pedro em outro estado que não muito positivo sobre o assunto. Não deveria haver dúvidas de que "nas igrejas" é do fraseado de *Eusébio*, e portanto não precisamos partilhar da especulação de Mitchell de que tal "poderia de maneira variada se referir (nas distintas camadas desta tradição, de Pápias por Clemente até Eusébio, que poderiam divergir em suas presunções) as 'igrejas de Roma' ou às 'igrejas' (como quaisquer entidades inespecíficas e para além de Roma)." Não existem estas tais "camadas" na tradição: Eusébio explicitamente cita o livro sexto do *Hypotyposeis* de Clemente, mas utiliza "dizem" (φασί) da mesma maneira que ele, como outros historiadores gregos o fazem quando preferem parafrasear ao invés de citar diretamente.[32] Alinhado com sua preocupação geral com a autenticidade e autoridade dos quatro evangelhos, Eusébio quer indicar que Pedro autorizou o Evangelho de Marcos para uso nas igrejas de maneira geral.

---

as de Pedro, das quais ele transferiu para seu antigo livro as coisas aplicáveis a quaisquer meios de progredir rumo ao conhecimento. Assim ele compôs um evangelho mais espiritual para o uso daqueles que estavam sendo aperfeiçoados" (Morton Smith. *Clement of Alexandria and a Secret Gospel of Mark.* Cambridge: Mss.; Harvard University Press, 1973, p. 446-447).

30. Eusébio, *Hist eccl* 6.14.7; tradução de LCL (alterada).

31. Tradução por Mitchell, op. cit., p. 51.

32. Philip Sellew, "Eusebius and the Gospels". In: Harold W. Attridge & Gohei Hata, eds., *Eusebius, Christianity, and Judaism.* (StPB 42) Leiden: Brill, 1992, p. 117.

Para Clemente, cioso do mundo dos livros, o cenário que apresenta deve ter-lhe parecido muito plausível como maneira de contar o que ele acreditava a respeito do Evangelho de Marcos: que, por um lado, derivava diretamente da pregação de Pedro, mas, por outro, que não era o que alguém pudesse esperar de um trabalho literário composto sob a supervisão de Pedro para circulação geral. Esta foi a solução de Clemente para o quebra-cabeças do senso de que tal evangelho fosse apostólico, um quebra-cabeças que Pápias já tentara solucionar. Duvido que Clemente de fato tivesse qualquer informação além daquelas que apreendeu de Pápias[33], mas não estamos neste presente trabalho preocupados com o problema de se os Pais da Igreja compreenderam os fatos sobre a origem dos evangelhos corretamente, mas apens com o que eles pensavam sobre os públicos para os quais os evangelhos foram escritos.

Não podemos saber se, na mente de Clemente, Marcos inicialmente pretendeu seu evangelho apenas para o uso privado daqueles que o solicitaram a si. Mas se, para efeitos de discussão, supusermos que o fez, então devemos ter claro o que isto não significa. A prática de Galeno é o tipo de analogia que Clemente poderia ter em mente. Então ele não diz que Marcos escreveu seu evangelho para uso na *comunidade cristã* à qual pertencia (para ser lido em reuniões de oração, p. ex.), mas que escreveu o mesmo para o uso *privado* daqueles dentre os ouvintes de Pedro que o requisitaram. (No fragmento de *Adumbrationes*, eles são alguns dos *equites* de César, um grupo muito distinto entre a audiência de Pedro aos quais, talvez devêssemos supor, seria muito difícil negar o pedido. Podemos comparar os mesmos ao grupo de "pessoas notáveis" que persuadiram João a escrever seu evangelho, segundo Clemente.) Tampouco Clemente quer dizer que o Evangelho de Marcos seja produzido segundo as circunstâncias e controvérsias de uma comunidade. Se o mesmo era apropriado àqueles que o solicitaram, isto se devia ao fato de serem eles "iniciantes", com não muita instrução no ensino cristão antes de ouvirem a prédica de Pedro. Seria igualmente apropriado presumir que

---

33. Mitchell, op. cit., p. 48. Lê-se: "devemos dispensar a reivindicação de que Clemente era a única fonte desta tradição" e refere-se na nota 33 a Papias. Mas Papias não diz que o Evangelho de Marcos foi escrito para atender um pedido ou que foi dado para aqueles que o requisitaram. É por estas ideias que penso que Clemente pode muito bem ter sido a única fonte.

o mesmo seria também adequado a qualquer grupo de "iniciantes" cristãos onde quer que estes fossem encontrados.

Devemos notar com cuidado o ponto segundo o qual, da maneira que os exemplos de Galeno nos demonstram que uma *performance* oral poderia ser posta em forma escrita para uso privado de um número dentre aqueles que a ouviram e em todo caso não seria intencionado pelo autor que circulasse mais amplamente, o número limitado de leitores pretendidos neste caso não é uma "comunidade" mas simplesmente um número de indivíduos, amigos ou pupilos proeminentes do autor, que queriam um lembrete para uso privado. Isto é muito distante da pretensão da hipótese comunitária do evangelho posta pelos críticos redacionais. Para um paralelo mais próximo deveríamos supor que Lucas escreveu seu evangelho somente para o uso privado de Teófilo.[34]

Evangelhos escritos para atender pedidos

Mitchell denomina o relato de Clemente sobre a origem do Evangelho de Marcos como uma "tradição sobre solicitações de públicos" e considera o que Clemente diz sobre o Evangelho de João, imediatamente posterior, um exemplo disto.[35] Mas Clemente não diz que aqueles que se dirigiram a João solicitando que escrevesse um evangelho tivessem ouvido sua pregação oral e quisessem uma fixação em forma escrita da mesma. Estas "pessoas notáveis" (γνωρίμων também pode significar "conhecidos" ou "estudantes") não "solicitaram" que João escrevesse algo a eles, mas simplesmente "incentivaram" ou "persuadiram" João a escrever um evangelho, indubitavelmente porque acreditavam que isto seria de grande proveito para muitas pessoas.

Esta mesma tradição é encontrada em forma mais elaborada no Cânon Muratoriano:

---

34. Galeno atesta que vários de seus livros foram escritos somente para indivíduos em particular (*De libris propriis* 12-13, 16-17, 31), embora outros fossem dados a indivíduos mas "com um olho na publicação geral" (op. cit. 35). O último caso é provavelmente como devemos entender o papel de Teófilo em relação com o Evangelho de Lucas e os Atos.

35. Mitchell, op. cit., p. 50, nota 42; p. 59.

O Quarto Evangelho é o de João, um dos discípulos. Sob a insistência (*cohortantibus*) de seus codiscípulos e bispos ele disse: Hoje e por três dias jejuem comigo e o que vier a ser revelado a cada um relatemos uns aos outros. Naquela mesma noite foi revelado a André, um dos apóstolos, que o que quer que viesse à mente de todos eles João deveria escrevê-lo em seu próprio nome.[36]

Aqui novamente é certamente claro que os companheiros-discípulos de João e bispos não estavam encorajando João a escrever um evangelho para seu próprio uso, mas para o compor em favor de uma audiência muito mais ampla. A preocupação do autor é provavelmente contra a sugestão de que o evangelho de João era de origem apostólica duvidosa pelo fato de divergir muito dos sinóticos. Contra isto, ele sustenta que todos os discípulos estavam por trás do plano de João de escrever um evangelho e todos concordaram com o que ele escreveu.

A mesma tradição é refletida com variações em escritores posteriores:[37]

Na ocasião em que Valentino, Cerinto e Ebion, e outros da escola de satã estavam espalhados pelo mundo, todos os bispos se achegaram a ele [João] das mais distantes províncias e o compeliram (compulerunt) a escrever um testemunho (Vitorino, *In apoc.* 11.1).[38]

João... mais recentemente que todos, sob os pedidos (*rogatus*) dos bispos da Ásia, escreveu um evangelho contra Cerinto e outros hereges, e especialmente contra a então incipiente doutrina dos Ebionitas, que asseguravam que Cristo não existia antes de Maria (Jerônimo, *Vir. ill.* 9).[39]

---

36. Tradução de Orchard e Riley, op. cit., p. 139. A última oração (*ut recognoscentibus cunctis Johannes suo nomine cuncta describeret*) também pode ser traduzida "para que assim todos pudessem atestar que João escreveu em seu próprio nome". [N.T.: aqui, tradução livre direta do latim, como sugerido pelo autor original (Bauckham)].

37. Discuti estas passagens mais aprofundadamente em Bauckham, *The Testimony (...)*, p. 67-68.

38. Tradução por Albertus Frederik Johannes Klijn & Gerrit J. Reinink. *Patristic Evidence for Jewish-Christian Sects* (NovTSup 36) Leiden: Brill, 1973, p. 137 (levemente adaptada).

39. Tradução por Thomas Halton, *Jerome: On Illustrious Men* (FC 100). Whashington, D.C.: Catholic Univeristy of America Press, 1999, p. 19.

[João] estava na Ásia no tempo em que as sementes heréticas de Cerinto, Ebion e aqueles outros que negam que Cristo veio na carne estavam germinando... Naquele tempo João foi compelido por quase todos os bispos da Ásia e por delegações de muitas igrejas a escrever mais plenamente sobre a divindade do Salvador e a dar maior aprofundamento como fosse, à Palavra de Deus com tal energia que fosse oportuna mas não ofensiva. A história da Igreja (*ecclesiastica historia*) nos conta que, quando ele foi compelido pelos irmãos a escrever, respondeu que assim o faria conquanto que fosse proclamado um jejum e todos em conjunto oferecessem orações a Deus (Jerônimo, *Praef. in Matt.*).[40]

Quando, no entanto, depois da morte de Domiciano, [João] foi libertado e retornou do exílio para Éfeso, e as sementes dos heréticos – de Cerinto, Ebion, e outros que negam que Cristo existiu antes de Maria – já formavam mudas à época, ele foi compelido (*compulsus est*) por quase todos os bispos daquele tempo na Ásia e embaixadores de muitas igrejas de fora dali para escrever sobre a divindade de Cristo em uma maneira mais profunda (*Prólogo monarquianista a João*).[41]

Uma vez que, depois da crucificação de nosso salvador e sua ascensão ao paraíso, alguns falsos pregadores difundiram que a eterna Palavra de Deus fosse primeiro chamada "o ser do pai" no momento de seu nascimento como ser humano pela virgem santa, os mais inteligentes dentre os crentes, depois de se reunirem, se aproximaram do discípulo de nosso Salvador, João, o filho de Zebedeu, e reportavam esta sorte de maledicência. Quando o ouviu, imediatamente ele se apressou em uma composição presentemente conhecida por nós [o Evangelho de João], pretendendo desmentir o falso ensinamento dos falsos pregadores (João Cristóstomo, *Catena in Jo.*).[42]

A ideia de que João tenha escrito seu evangelho para contradizer Cerinto e outros heréticos primitivos é tão antiga quando Irineu, que diz que ele escreveu contra Cerinto e os Nicolaítas (*Haer.* 3.11.1). Isto não deveria ser tomado como restringente do público do evangelho, uma vez que, como

---

40. Tradução modificada daquela de Orchard & Riley, op. cit., p. 207.

41. Tradução de Klijn & Reinink, op. cit., p. 235. Cf. o muito similar texto citado e traduzido por Mitchell, op. cit., p. 59.

42. Tradução por Mitchell, op. cit., p. 74.

o Prólogo Monarquianista deixa claro, estes heréticos eram tomados como influentes por muitas igrejas, não apenas na Ásia. Já em meados do primeiro século, a Epístola dos Apóstolos (7) dizia que Cerinto e Simão (Mago) estavam por toda parte no mundo. A tese do *The Gospels for All Christians*, devemos lembrar, não é que eles não tivessem contexto histórico que fosse relevante para sua exegese, mas que este contexto era o contexto geral do movimento cristão no Império Romano na segunda metade do primeiro século, não circunstâncias específicas de alguma comunidade cristã em particular.

Devemos agora comparar o que Mitchell diz a respeito da história no *Cânon Muratoriano*:

> Embora este destacado conto [N.T.: Mitchell, aqui citada por Bauckham, usa "tale", mesma palavra usada para contos de fadas, os "fairy tales"] se desenrole onde o Professor Bauckham começou – com um evangelho narrativo (João) de, aparentemente, referências universais – é necessário viajar uma distância bem mais longa que a mente ou pena do autor percorreu para chegar até aí. O evangelista João não é apresentado como tendo em sua intenção uma igreja universal à qual ele como autor consciente se decide a dirigir, mas ao contrário... como tendo sido persuadido a fazê-lo – neste caso não por uma igreja local mas pelos mais altos escalões de discípulos do Senhor e bispos. Aqui um modelo de autoridade baseada em coletividade é vislumbrado, com um segundo apóstolo, André, sendo o receptor de uma experiência extática pela qual um pretenso autor individual e seu documento é transformado em um relato divino mais abrangente e universalmente confiável.[43]

Fico confuso ao tentar perceber em que medida Mitchell pensa que este relato do *Cânon Muratoriano* contradiz a tese do *The Gospels for All Christians*. Este é uma tese sobre público alvo intencional, não sobre autoria e circunstâncias de origem. Não importa se a ideia de escrever um evangelho para circulação geral pelas igrejas se originou simplesmente com um único autor ou com outras pessoas que assim o requisitassem, encorajando ou autorizando aquele autor a escrever. A história do *Cânon Muratoriano* simplesmente

---

43. Mitchell, ibid., p. 58.

não termina com um evangelho de "aparente relevância universal". Ela começa aí, uma vez que esteja claro que isto é o que "os bispos e companheiros" de João tinham em mente desde o princípio. Ninguém na história jamais contemplou um evangelho para consumo puramente local. O problema que a história contempla não é que, sem o envolvimento dos demais apóstolos, o Evangelho de João teria tido apenas uma pequena audiência e relevância meramente locais, mas que o evangelho parece tão diferente dos demais que seu autor pode ter sido acusado de afastar-se do conteúdo ensinado comumente pelos apóstolos que os outros três evangelhos englobam.

Há realmente duas versões diferentes de "tradições de solicitação" nos escritos patrísticos. Uma se refere ao Evangelho de Marcos, que acredita-se ter sido requisitado por ouvintes da pregação oral de Pedro para seu próprio uso. (João Cristóstomo aplica a mesma ideia para Mateus.[44]) Outra se refere ao Evangelho de João, que acredita-se ter sido escrito atendendo o pedido ou o encorajamento de outros apóstolos ou bispos para o benefício da Igreja como um todo. Neste segundo caso, uma audiência ou público localizado e restrito nunca parece ter estado em mente. No primeiro caso um grupo imediato de recipientes do evangelho certamente está em mente, mas nós já aprendemos a partir de Galeno que isto não precisa guiar a intenção do autor de escrever também para um público mais amplo. A evidência de Galeno é particularmente relevante para a história de Clemente sobre Marcos porque diz respeito a escrever material primeiro apresentado oralmente para um público, dentre a qual alguns então solicitam uma versão escrita. Mas a ideia geral de que um autor poderia escrever sob a requisição de uma pessoa em particular ou pessoas, que quisessem o escrito para seu próprio uso, enquanto ainda intencionando uma circulação geral, pode ser suportada por outra evidência.

Pelo menos dois dos trabalhos de Cícero foram escritos para amigos que os solicitaram. De fato, ele diz, eles repetidamente fizeram pedidos com tal frequência que ele não mais podia se negar a atendê-los:

---

44. *Hom. in Matt.* 1.7.

> Por um longo tempo debati honestamente comigo mesmo, Brutus, a respeito de que destino seria mais sério ou difícil – negar teu pedido repetido tão frequentemente, ou fazer o que me pedes. Como me pareceu deveras difícil negar o pedido de alguém que eu tão profundamente amo, e que sei que retorna meu afeto, especialmente pelo fato de teu pedido ser razoável e tua curiosidade honrável; e como se empenhar em tarefa tão grande, que parece ser difícil de conseguir quando se tem prática, ou mesmo tocar com a imaginação parecia muito provavelmente ser o ato de um homem que respeita as opiniões dos entendidos e judiciosos... Mas em vista de teus frequentes pedidos, devo me aproximar agora da tarefa, nem tanto com a esperança de obter sucesso quanto com a firme vontade de intentá-lo (Cicero, *Orator* 1.1-2).[45]

> Eu pretendia escrever sobre um assunto mais amplo e mais uma vez manter-me com os livros que certamente publiquei com certezas suficientes no passado recente, quando fui desviado de meu intento pelo seu pedido, meu querido Trebácio. Tu deves te recordar que quando estávamos sentados juntos em minha vila toscana e em estando na biblioteca, cada um de nós concorde em seu esmerado desenrolar dos livros que desejava, tocaste alguns certos Tópicos de Aristóteles, que foram por ele expostos em muitos livros. Empolgado pelo título, imediatamente perguntaste a mim qual era o assunto daquele livro. E quando deixei claro a ti que tais livros continham um sistema desenvolvido por Aristóteles para inventar argumentos..., tu me imploraste que te ensinasse a matéria. ...Nem tanto para evitar trabalho quanto porque pensei que seria para o teu próprio bem, insisti contigo que lesses os livros por tua própria conta. ...Quando repetiste teu pedido novamente e de novo..., eu não pude mais eximir-me de pagar o débito contraído (Cicero, *Topica* 1.1-2,4).[46]

É difícil imaginar que Cícero tenha escrito qualquer um destes livros somente para o uso de um amigo. A ideia que ele tenha escrito somente após ser interpelado frequentemente por repetidos pedidos de amigos permite a ele, com uma demonstração de modéstia, se desculpar por quaisquer defi-

---

45. Tradução por Harry Mortimer Hubbell de Cicero, *Brutus; Orator.* (LCL) Londres: Heinemann/ Cambridge, Mss. Harvard University Press, 1962, p. 307.

46. Id., ibid., p. 383, 385.

ciências no trabalho. Mas, por outro lado, não é provável que os pedidos de seus amigos sejam uma completa ficção, um aparato meramente literário. Parece que Cícero escreveu de fato estes livros por pedidos de amigos, mas ao mesmo tempo ele os engenhou para circulação mais ampla. Passada a seção introdutória, não há nada em qualquer um dos trabalhos que não fosse pertinente para qualquer leitor interessado nos assuntos que Cícero discute.

Embora sejam necessárias mais evidências para se chegar a uma conclusão totalmente segura, parece muito provável que, ao dizer sobre a origem de um livro, a ideia de um autor estar respondendo ao pedido de uma ou mais pessoas, enquanto ao mesmo tempo esteja escrevendo para circulação geral, era bastante conhecida. É correspondentemente provável que as tradições patrísticas sobre os evangelhos de Marcos e João teriam sido compreendidas segundo esta noção. Claro, esta compreensão dependeria de assumir que o que era pertinente de ser transmitido por estas obras aos requisitantes iniciais era igualmente pertinente para outros.

Sobre as origens do Evangelho de Mateus

Em uma passagem cuja interpretação tem sido muito debatida Papias disse que

> Mateus pôs os *logia* (as palavras e feitos de Jesus) em um arranjo ordenado na língua hebraica [διαλέκτῳ Ἑβραΐδι], mas cada pessoa as traduziu [ἡρμήνευσεν] o melhor que pôde.[47]

Esta afirmação é a fonte da crença, compartilhada pela maior parte das afirmações patrísticas sobre a origem do Evangelho de Mateus, que Mateus originalmente escreveu seu evangelho em hebraico. Entretanto, a crença de Papias de que tenha sido traduzido variadamente para o grego não é repetida por nenhum dos Padres posteriores (exceto na citação de Eusébio desta passagem de Papias), sem dúvida porque isto lançaria dúvida sobre a

---

47. Papias apud Eusébio, *Hist. eccl.* 3.39.16: tradução minha. Discuti esta passagem longamente em Bauckham, *Jesus and the Eyewitnessess: The Gospels as Eyewitness Testimony*. Grand Rapids: Eerdmans, 2006, p. 222-230.

precisão ou antenticidade da versão grega do evangelho que estava de fato em uso. Irineu, claramente ecoando Papias ("Mateus publicou [ἐξήνεγκεν] entre os hebreus [Ἑβραίοις] em sua própria língua [διαλέκτῳ] um evangelho escrito"], é o primeiro escritor a tratar o Evangelho de Mateus como o primeiro dentre os quatro,[48] uma visão que inclusive prevaleceu dali em diante.

Em Pápias está implícito e em Irineu muito explícito que o Evangelho de Mateus em hebraico foi publicado para falantes de hebraico ("hebreus"). Muito dificilmente poderia ter ocorrido algo diferente. Então aqui temos uma limitação de público de base puramente linguística. Orígenes segue este esquema:

> O primeiro [evangelho a ser] escrito foi aquele segundo o outrora coletor de impostos mas mais tarde apóstolo de Jesus Cristo, Mateus, que publicou [ἐκδεδωκότα] o mesmo para os crentes do judaísmo, composto em caracteres hebraicos.[49]

Aqui a categoria de falantes de hebraico é afunilada para cristãos judeus do primeiro período (quando todos estes eram convertidos do judaísmo ao cristianismo), embora o mesmo possa ter sido admitido por Irineu. Vale a pena notar que nem Irineu nem Orígenes diz que Mateus *escreveu* o evangelho especificamente para falantes de hebraico, apenas que *publicou* o mesmo em hebraico para estes. A possibilidade permanece em aberto se Mateus como um todo pretendeu seu evangelho para todos os cristãos, escrevendo ele mesmo o texto em hebraico para uso de cristãos judeus falantes de hebraico, mas esperando que fosse traduzido para uso dos cristãos falantes de grego.

Neste ponto precisamos lembrar mais uma vez que o centro de minha reivindicação, à qual o artigo de Mitchell é um desafio, foi: "todos os leitores sem exceção antes de meados do século XX ignoraram a (alegada) *relevân-*

---

48. O texto grego de *Haer.* 3.1.1 (em outras partes disponível apenas em latim) está preservado em Eusébio, *Hist. eccl.* 5.8.2.

49. Orígenes. In: *Matt.* In: Eusébio, *Hist. eccl.* 6.25.4. Tradução por Orchard & Riley. *The Order*, p. 169.

cia hermenêutica da comunidade mateana para a interpretação de Mateus."[50] Concedamos que os judeu-cristãos falantes de hebraico – ou aramaico – do início da história da Igreja possam ser tomados como esta tal "comunidade mateana". Para contradizer minha reivindicação ainda precisamos de evidências de que os Padres da Igreja trataram esta informação da origem hebraica do Evangelho de Mateus como *hermeneuticamente relevante*. No que diz respeito a Orígenes, Robert M. Grant vai direto ao ponto. Notando que Orígenes estava ciente da ideia de que Mateus escreveu em hebraico para judeu-cristãos falantes de hebraico, ele continua:

> Deveríamos esperar que ele fizesse uso [desta ideia] ao explicar as diferenças entre Mateus e outros evangelhos. Ele não o faz. Para ele, esta noção é aparentemente não mais que um dado entre miscelâneas históricas, essencialmente sem significado ou utilidade.[51]

Isto é incisivo, mas não totalmente preciso. Em seu comentário sobre João, Orígenes refere-se ao fato de que o Evangelho de João "começa de onde ele é sem que haja uma genealogia", enquanto Mateus

> Escrevendo para os hebreus que esperavam o filho de Abraão e Davi, diz: "O livro da geração de Jesus, filho de Davi, filho de Abraão" [Matt 1,11].[52]

Infelizmente não temos o início do comentário de Orígenes a Mateus e portanto não podemos observar até onde ele elaborou este ponto. Mas, pelo que conheço do assunto, em nenhuma parte das porções existentes do comentário de Orígenes a Mateus ele se refere à linguagem original ou ao público original de judeu-cristãos de Mateus.

---

50. Bauckham. "For Whom...", p. 47 (itálico adicionado).

51. Robert M. Grant, *The Earliest Lives of Jesus*. Nova York: Harper, 1961, p. 58.

52. Orígenes, *Comm. in Jo.* 1.22-23. Tradução por Ronald E. Heine, *Origen: Commentary on the Gospel according to John, Books 1-10* (FC 80). Washington D.C.: Catholic University of America Press, 1989, p. 37. Veja também 6.162, onde ele novamente recorda que Mateus escreveu em hebraico para judeu-cristãos, mas aparentemente não encontra nenhuma relevância hermenêutica nisto quando então expõe o relato de Mateus sobre João Batista.

Mitchell, embora não faça referência ao comentário de Orígenes a Mateus, admite que "apelos para a significância interpretativa dos públicos originais são raros em Orígenes." Seguindo Grant, ela argumenta que "a raridade do apelo às circunstâncias históricas da composição dos evangelhos depende de um julgamento *teológico* sobre sua limitada relevância para o significado do texto, uma vez que as escrituras são realmente produto do Espírito Santo."[53] Isto é verdade, mas também é uma explicação do fato preciso que Orígenes não considerava a comunidade para a qual o Evangelho de Mateus foi escrito como *hermeneuticamente relevante*. Quando Mitchell então procura recrutar Orígenes para o lado dela em sua discussão comigo, certamente ela está permitindo movimentos exagerados às próprias mãos, e de fato resulta em uma construção malfeita do problema:

> Talvez com mais importância, o que Orígenes procura fazer é precisamente o posto de Bauckham – ao invés de dicotomizar os públicos dos evangelhos (sejam locais ou universais), Orígenes procura unir os dois, mesmo quando isto requer contradição, ou pelo menos paradoxos incomuns.[54]

Este uso de dicotomia local *versus* universal aqui nos guia de maneira errônea. A dicotomia discutida no *The Gospels for All Christians* é entre duas compreensões *históricas* diferentes sobre as origens dos evangelhos. A questão é se os evangelhos foram escritos para as comunidades dos próprios evangelistas ou para circulação geral. A última opinião não ergue os evangelhos para fora de seu contexto histórico até alguma espécie de plano a-histórico de significados divinamente inspirados. Muito ao contrário. Simplesmente ela põe os evangelhos na mesma categoria que grande parte da literatura, antiga e moderna, que não é escrita puramente para um grupo local, rescrito, específico de leitores e ouvintes, mas para circular de maneira geral para e entre leitores apropriados ("cristãos", "pessoas interessadas em história romana", "jardineiros", "aqueles que gostam de novelas românticas", e assim por diante, sem encontrar um fim), quem quer que sejam e onde quer que

---

53. Mitchell, op. cit., p. 66.
54. Id., ibid., p. 67.

estejam. A dicotomia que Grant aplica a Orígenes é bastante diferente: é entre significado histórico, para o qual as circunstâncias históricas de composição seriam relevantes, e um significado trans-histórico, espiritual, simbólico ou alegórico.[55] O que Orígenes mantém em conjunto, na medida em que o faz, não são o local e o universal, mas o histórico-literário e o teológico-simbólico. Mitchell se confunde a respeito disto aparentemente porque ela pensa que somente pela referência direta a um público local restrito o significado histórico pode ser encontrado.

Também é valioso notar que, quando Orígenes discute o significado histórico, o que ele faz de fato, assim como a maioria dos exegetas pré-modernos, é discutir a história relacionada às narrativas do evangelho, a história de Jesus em seu contexto histórico, e não as circunstâncias históricas do evangelista ou dos leitores originais. O que é típico na prática moderna da hermenêutica sobre as comunidades do evangelho é o reverso: o texto é explicado primeiramente a partir da consideração das circunstâncias do evangelista e sua comunidade, enquanto a história de Jesus é algo na qual o texto entra, se é que entra, somente subsequentemente.

As diferenças entre os evangelhos

Quando os Padres da Igreja repetem e de fato o fazem, tomando emprestado uns dos outros uma pequena porção de informação histórica básica sobre os evangelistas e as circunstâncias nas quais eles escreveram seus evangelhos, eles têm em mente duas preocupações. Uma é com a autenticidade apostólica dos evangelhos, ou a reivindicação de que tenham sido escritos ou pelos apóstolos de Jesus ou por seguidores dos apóstolos que estavam em dependência muito clara dos ensinamentos dos apóstolos. A outra preocupação é com as diferenças entre os evangelhos. Esta segunda preocupação se relaciona com a primeira, porque algumas pessoas neste período usavam as diferenças óbvias (especialmente entre João e os sinóticos) para desacreditar um ou mais dos evangelhos. Os Padres se preocupam em demonstrar que as

---

55. Grant, *The Earliest Lives*. Capítulo 3.

diferenças eram explicáveis de maneiras que eram bastante consistentes com a autenticidade apostólica de todos os quatro.

É importante adicionar que frequentemente são as diferenças entre a maneira que os evangelhos se iniciam ou as diferentes sequências de eventos nos primeiros capítulos de João quando comparado aos sinóticos que geralmente estão em observação.[56] Para qualquer pessoa familiar com as maneiras pelas quais os estudiosos modernos categorizam as diferenças entre os evangelhos este enfoque pode parecer estranho, mas presumivelmente eram as diferenças que mais impactavam os primeiros leitores que não tinham meios de se lançar em estudos redacionais-críticos sofisticados, e lhes faltava até mesmo uma ferramenta moderna básica como uma sinopse dos evangelhos.

Nossa questão é sobre como *diferentes públicos locais* agem ao encontrarem tais fatos preocupantes. Consideremos alguns casos nos quais as diferenças entre os quatro são explicitamente discutidas. Primeiro há a passagem de Orígenes da qual já citamos o que ele diz sobre Mateus:

> O primeiro [Evangelho a ser] escrito foi aquele segundo o outrora coletor de impostos mas mais tarde apóstolo de Jesus Cristo, Mateus, que publicou [ἐκδεδωκότα] o mesmo para os crentes do judaísmo, composto em caracteres hebraicos.
>
> E o segundo, aquele segundo Marcos, composto sob a guia de Pedro, que também reivindicou ser seu filho na epístola católica, assim dizendo: "Aquela que está na Babilônia escolhida juntamente [com vocês] os saúda, e meu filho Marcos também" [1Pd 5,13].
>
> Em terceiro, aquele segundo Lucas, o evangelho louvado por Paulo, composto para aqueles dentre os gentios.
>
> Finalmente, aquele segundo João.[57]

Uma vez que conhecemos esta passagem apenas por citações de Eusébio, devemos permitir a possibilidade de que Orígenes disse algo sobre João que Eusébio censurou. Como se apresenta, o texto não se debruça sobre as diferenças entre os evangelhos que muitos notaram e apontaram como pro-

---

56. Os prólogos monarquianistas são um caso extremo disto.

57. Orígenes, *Comm in Matt.* In: Eusébio, *Hist. eccl.* 6.25.4-6. Tradução por Orchard & Riley, op. cit., p. 169.

blemática: a diferença entre João e os outros três. O relato de Orígenes sobre Marcos e Lucas são claramente engenhados para sublinhar as relações entre os evangelhos e apóstolos (respectivamente Pedro e Paulo).[58] Esta é a referência mais antiga à ideia de que Lucas tenha escrito "para aqueles dentre os gentios", sem dúvida com base no fato de que, dos quatro evangelistas, Lucas era considerado como o único gentio. Isto forma um bom paralelo com o que é dito a respeito de Mateus: que ele publicou o seu evangelho em hebraico "para os crentes do judaísmo." Se isto foi composto com a intenção de explicar a diferença entre Mateus e Lucas, funcionaria apenas em termos muito gerais, uma vez que tudo o que todos aqueles leitores ou ouvintes intencionados por Lucas tinham em comum era o fato de serem cristãos gentios. Além disto, para toda a sua retórica de paralelismo, a maneira que os leitores ou ouvintes são primariamente definidos em cada um dos casos é bastante diferente. Os leitores de Mateus são definidos primariamente com base linguística: tal evangelho foi composto para falantes de hebraico, e portanto para os falantes de tal idioma dentre os judeu-cristãos.[59] No caso de Lucas, é tomado como indubitável que todos os cristãos gentios entendiam o grego. Mas tudo o que é dito para definir os leitores presumidos de Lucas é que eles são cristãos que não tinham sido judeus. É preciso sobrestressar que este *não* é o caso de uma audiência local e restrita. Geograficamente esta audiência sequer exclui a Judeia, onde havia alguns cristãos gentios helenófonos. Lucas, segundo este relato, escreveu para cristãos gentios onde quer que estivessem, na maior parte das igrejas ao longo de todo o mundo mediterrâneo. Esta é uma categoria aberta, nem um pouco parecida com a moderna hipótese comunitária, e não poderia sustentar uma estratégia hermenêutica pelo menos parecida com esta. A dificuldade que encara qualquer um tentando tomar estas asserções de Orígenes como guias hermenêuticos para como ler cada um dos evangelhos é particularmente composta pelo fato de que nada é dito

---

58. Acreditava-se que 2Cor 8,18 referia-se a Lucas e seu evangelho.

59. O comentário de Orígenes sobre a tradução do nome de Tomé para o grego, citado por Mitchell (op. cit., p. 66 nota 85), é um exemplo de um exegeta tomando o público de um evangelho somente em um nível linguístico. Orígenes aponta que João traduz o nome, porque o significado do nome era importante para João e este queria que seus leitores helenófonos o soubessem.

sobre a versão grega de Mateus, que é o que Orígenes e todos os seus leitores de fato acessaram. A versão grega foi desenvolvida para judeu-cristãos helenófonos, para gentios ou para ambos?

Em segundo lugar, devemos considerar um texto que Mitchell com certeza deve ser congratulada por o ter descoberto. É de um poema de Gregório de Nazianzo, e aqui dou a tradução dela:

> Mateus escreveu as maravilhas do Cristo para os hebreus (Ἑβραίοις)
> Marcos para a Itália [Ἰταλίη], Lucas para Acaia [Ἀχαίδι],
> mas João, o grande arauto, o visionário do céu, escreveu para todos.[60]

Devemos notar primeiramente, o que Mitchell não faz, a importância do que Gregório diz sobre João. Neste contexto, os escritos de João "para todos" é paralelo com as categorias linguística e geográfica usadas com referência aos outros evangelhos. Não pode ser que no caso de apenas João Gregório deixou de lado as circunstâncias históricas nas quais o evangelho de João se originou a fim de falar do público trans-histórico intencionado pelo Espírito que o inspirou.[61] Portanto é claro que um escritor patrístico poderia pensar em um apóstolo escrevendo "para todos", não somente para uma audiência local ou de alguma outra forma restrita, mas para a circulação geral a qualquer um que pudesse alcançar. Após Irineu era geralmente sabido e aceito que João escreveu seu evangelho em Éfeso na província da Ásia[62], e não é plausível que Gregório discordasse disto. Portanto este caso desaprova Mitchell em suas bastante frequentes asserções de que quando os Padres dizem que um evangelho foi escrito eles também queriam indicar seu público

---

60. Mitchell, op. cit., p. 67. O contexto é um poema sobre os livros da Escritura Canônica e os lista.

61. Com a descrição de João por Gregório aqui, cf. João Crisóstomo, *Hom in Jo* 1: "Ele tem todos os céus como seu palco; como teatro, o mundo; como público, todos os anjos, e também homens que já se tornaram "anjos" ou que desejam de assim se tornarem. Pois apenas estes teriam a habilidade de ouvir esta harmonia corretamente, e mostrar esta compreensão em seus trabalhos, e ser o tipo de ouvintes que a ocasião demanda" (Tradução de *Saint John Chrysostom: Commentary on Saint John the Apostle and Evangelist: Homilies 1-47*, traduzido por Sister Thomas Aquinas Goggin [FC 33]. Washington D.C.: Catholic University of America Press, 1957, p. 5.

62. *Haer* 3.1.1.

pretendido original, que eles não reconheceriam o que eu apontei, em meu ensaio *The Gospels for All Christians*, diante da crucial distinção entre a comunidade *na qual* um evangelho foi escrito e aquela *para a qual* assim o foi. Gregório certamente fez esta distinção no caso de João.

Como Mitchell aponta, os dativos Ἰταλίῃ e Ἀχαΐδι podem ser traduzidos por "na Itália" e "na Acaia" bem como "para a Itália" e "para a Acaia". "Para Gregório", ela comenta, "duvido que fizesse uma diferença real."[63] Eu discordo, porque no caso de João Gregório poderia ter escrito tanto "na Ásia" quando "para todos". Gregório claramente não assume que o local de escrita e o público sejam a mesma coisa. É tentador traduzir "para a Itália" e "para a Acaia", porque neste caso quatro dativos se alinhariam como indicativos de públicos, embora definidos linguisticamente no caso de Mateus, geograficamente em Marcos e Lucas. Mas como veremos, os paralelos próximos aos comentários de Gregório sobre os quatro evangelhos que podem ser encontrados nos Prólogos do "Antimarcionita" fortemente sugerem que deveríamos traduzir "na Itália" e "na Acaia."

Mas, supondo que Gregório tenha querido dizer, em todos os quatro casos, que os ouvintes ou leitores intencionados pelo uso dos dativos utilizados como indicadores de tal, tão logo que tentamos considerar que *relevância hermenêutica* esta informação sobre Marcos e Lucas e seus evangelhos tenha, certamente encontramos dificuldades. Ambas áreas continham numerosas igrejas locais. Que tipo de situação comum poderiam as igrejas da Itália ou as da Acaia terem compartilhado, a tal ponto que se um exegeta tomasse conhecimento disto, a exegese dos evangelhos de Marcos e Lucas poderia ser diferente do que seria se tais restrições geográficas como indicadoras de público fossem ignoradas? Que situação hermenêutica relevante Gregório ou qualquer dos Padres, que leram Atos e as cartas de Paulo a Corinto, poderiam imaginar que as igrejas de Atenas e Corinto partilhassem no tempo de Paulo, enquanto distinção das situações de tais igrejas em relação a outras igrejas em outras partes do mundo mediterrâneo?

---

63. Mitchell, op. cit., p. 67 nota 90.

Em terceiro lugar, consideramos os assim chamados "Prólogos aos evangelhos 'Antimarcionitas'"[64], uma vez que Gregório parece muito próximo ao que eles têm a dizer sobre lugares e públicos dos evangelhos. No Prólogo a Lucas encontramos que Mateus foi escrito "na Judeia" (ἐν τῇ Ἰουδαίᾳ), e Marcos "na Itália" (ἐν τῇ Ἰταλίᾳ), enquanto Lucas escreveu seu evangelho "nas regiões ao redor da Acaia" (ἐν τοῖς περὶ τὴν Ἀχαίαν) para "os crentes dentre os gentios (τοῖς ἐξ ἐθνῶν πιστοῖς).[65] Nenhuma localidade ou público-alvo são dados para o Evangelho de João (ele "escreveu o Apocalipse na Ilha de Patmos, e depois disto o evangelho"). As duas versões latinas do Prólogo a Marcos dizem, respectivamente, que Marcos "pôs por escrito[66] isto [o evangelho] nas regiões da Itália" (*descripsit idem hoc in partibus Italiae)* e que Marcos "tendo recebido a solicitação dos irmãos em Roma, escreveu (*scripsit*) este evangelho curto em regiões da Itália." O curta abordagem do Prólogo a João diz que este evangelho "foi publicado para as igrejas (*manifestatum est ecclesiis)* por João enquanto ainda estava vivo na carne." De acordo com a recensão mais longa[67], o Evangelho de João "foi escrito após o Apocalipse, e também foi dado às igejas da Ásia por João enquanto ainda vivo na carne."

A descrição do público de João na recensão curta ("para as igrejas") corresponde ao trazido por Gregório ("para todos") e deveria portanto ser tomado como mais original que a frase correspondente na recensão mais longa.[68] O autor da última supôs que, uma vez que o Apocalipse tenha sido escrito para as igrejas da Ásia (Ap 1,4), o evangelho, escrito tão logo em seguida, também deveria ter sido enviado a estas igrejas por João, que estava presumivelmente ainda em Patmos. Nos casos de Marcos e Lucas, não podemos supor que as localidades de escrita (Itália, Acaia) também tenham sido os públicos pretendidos, uma vez que no caso de Lucas "os crentes

---

64. Textos latino e grego em Jürgen Regul, *Die antimarcionitischen Evangelienprologe* (AGLB 6) Freiburg: Herder, 1969, p. 15-35. Somente o Prólogo de Lucas foi preservado em Grego e Latim. Nenhum prólogo comparável a Mateus sobreviveu.

65. Que a versão grega deste Prólogo é mais original do que a latina é argumentado por Orchard & Riley, op. cit., p. 144; contra Regul, op. cit., p. 15; que pensa que seja uma tradução do latim.

66. Orchard & Riley, op. cit., p. 148, traduz estranhamente *descripsit* por "publicou."

67. Id., ibid., p. 150-152.

68. As versões curtas destes Prólogos são compreendidas em geral como sendo mais originais.

dentre os gentios" certamente não estavam limitados à Acaia. Assim a recensão curta do Prólogo de João demonstra que um escritor da patrística poderia supor que um evangelho tenha sido escrito para circular entre as igrejas em geral, enquanto o Prólogo de Lucas demonstra que tal escritor podia distinguir entre o local onde um evangelho foi escrito e o público para o qual assim o foi.

A função dos prólogos a evangelhos

A pequena coleção de "fatos" históricos sobre os evangelistas e as circunstâncias nas quais eles escreveram os evangelhos que foi feita na tradição patrística eram valorizadas principalmente, como sugeri, como evidência em favor da autenticidade apostólica dos quatro evangelhos e para demonstrar que algumas diferenças óbvias entre eles não desacreditavam esta autenticidade. Mas as mais completas de tais coleções, especialmente nos Prólogos "Antimarcionitas" e no *Sobre os homens ilustres* de Jerônimo, podem ser tomadas somente segundo tal aspecto. Teriam sido estas informações, como Mitchell sugere[69], sido valorizadas por sua relevância hermenêutica para interpretação do evangelho, enxergando nelas evidências sobre o modo com que os Padres se atinham às particularidades históricas dos evangelhos, bem como os interpretando como portadores, por inspiração divina, de relevância universal? Deveríamos então supor que a identificação de vários locais de origem – Mateus na Judeia, Marcos na Itália, Lucas na Acaia, João na Ásia – serviram como o tipo de função hermenêutica que as especificidades das comunidades evangélicas têm desempenhado no estudo redacional-crítico moderno?

É importante notar que tal interesse nos escritores da literatura, suas vidas e circunstâncias nas quais escreveram é longe de ser peculiar aos interesses cristãos nos autores da literatura do Novo Testamento. Existem muitas minibiografias de figuras literárias, bastante comparáveis com os Prólogos "Antimarcionitas", os quais, em conjunto com o *Sobre os homens ilustres* de

---

69. Mitchell, op. cit., p. 55-56.

Jerônimo, deveriam ser reconhecidas como pertencentes ao gênero literário ancestral denominado *bioi*. Vidas dos poetas[70], como as minibiografias de Homero,[71] algumas das biografias curtas em *Vidas de filósofos eminentes* de Diógenes Laércio, e muitas das anotações curtas sobre escritores no dicionário enciclopédico, o *Suda*, são casos que servem para este ponto. Obviamente os mesmos estavam direcionados a satisfazer a curiosidade de leitores sobre escritores de suas peças preferidas de literatura, mas as mesmas não serviam usualmente para a função de guiar a leitura de tais peças literárias.[72] Como D.A. Russel comenta, anedotas sobre poetas "nos dizem que tal poeta é famoso, não que sua vida auxilia para explicar seus poemas."[73] A informação sobre escritores não era geralmente escrita com a intenção de lançar luz sobre seus escritos, ao mesmo tempo que em alguns casos fazia justamente o contrário: os escritos eram inspecionados e deles eram pinçados, muitas vezes muito artificialmente, fatos que serviam de informação sobre seus autores.

Elementos-padrão neste tipo de *bioi* curtas eram: parentela e local de origem, data, mestres, idade ao falecer ou data de falecimento, e uma lista de escritos (*bioi* mais longas deste tipo adicionavam fatos anedotários e citações.) Aqui há dois exemplos retirados do *Suda:*

> Hipócrates de Cós, médico, filho de Heráclides. ...Ele era um descendente direto de Crisos e seu filho era Elaphus, que também eram médicos. Foi ensinado por seu pai, depois por Heródico de Selímbria e Górgias de Leontinos, orador e filósofo. De acordo com muitos foi aluno do velho Demócrito de Abdera quando jovem, segundo outros também o foi de Pródico. Viveu na Macedônia e foi um amigo próximo do rei Pérdicas. Teve

---

70. Mary R. Lefkowitz, *The Lives of the Greek Poets*. Londres: Duckworth, 1981.

71. Martin L. West (ed.) *Homeric Hymns: Homeric Apocrypha; Lives of Homer* (LCL 496) Cambridge, Mass.; Harvard University Press, 2003, p. 354-439.

72. Mitchell, ibid., p. 55. Nesta, é mantido em contrário que o "propósito essencial" dos Prólogos aos evangelhos fosse de "direcionar e condicionar a leitura."

73. Donald Andrew Russell, *Criticism in Antiquity*. 2ª ed., Londres: Bristol Classical Press, 1995, p. 162.

dois filhos, Téssalo e Drácon, morreu com a idade de 104 anos e está enterrado na Larissa Tessálica.[74]

Frontão de Emesa, retórico, floresceu sob o Imperador Severo em Roma. Ensinou em Atenas em competição com Filóstrato I e Apsines de Gadara. Morreu em Atenas, quando tinha em torno de sessenta anos[,] deixando o Longino Gramático, filho de sua irmã Frontina, como seu herdeiro. Escreveu muitos discursos.[75]

Podemos facilmente perceber como a primeira parte do Prólogo "Antimarcionita" pertence a este mesmo gênero de pequena coleção biográfica sobre um escritor:

São Lucas é um antioqueno, sírio por nascimento, de profissão um médico, que primeiro foi um discípulo dos apóstolos e depois seguidor de Paulo até seu martírio: tendo servido o Senhor sem desvios, sendo celibatário e sem filhos, foi a seu descanso com a idade de oitenta e quatro anos em Tebas, a metrópole da Beócia, cheio do Espírito Santo.[76]

É difícil vislumbrar como a morte de Lucas em Tebas com a idade de oitenta e quatro anos poderia possivelmente ter implicações hermenêuticas para a leitura de seus escritos, mas tal informação pertence ao tipo de detalhe biográfico que escritores das *bioi* curtas de figuras literárias se dispunham a providenciar para seus leitores. Similarmente, o apelido de Marcos, "Dedos Mutilados" (κολοβοδάκτυλος), primeiro surgido em Hipólito (*Haer.* 7.30.1) sem nenhum comentário sobre sua significância, reaparece no Prólogo "Antimarcionita" a Marcos: "ele que era chamado de Dedos Mutilados por ter dedos mais curtos em relação a outras dimensões do corpo". Novamente é difícil perceber como isto poderia ser de relevância hermenêutica. Não antes do Prólogo "Monarquianista" encontramos a explicação de que Marcos era

---

74. *Suda* 564.1-4, traduzido por Jan Radicke em Felix Jacoby, *Die Freagmente der griechischen Historiker Continued.* Editado por Guido Scheppens, V. IV A: *Biography,* Fascicle 7: *Imperial and Undated Authors.* Leiden: Brill, 1999, p. 93.

75. *Suda* φ 735. Traduzido por Jan Radicke, in ibid., p. 327.

76. Traduzido a partir de Orchard and Riley, *The Order,* 144 [N.T.: tradução livre para o português].

um levita que, depois de se tornar cristão, cortou fora um polegar a fim de desqualificar a si mesmo como possível oficiante sacerdotal.

Assim a informação de que Marcos escreveu seu evangelho na Itália (ou Egito), Lucas o fez na Acaia e João em Éfeso ou na Ásia não precisam ter implicações hermenêuticas. Aqueles, como Clemente de Alexandria, que pensava que Marcos houvera escrito seu evangelho em Roma leram o texto diferentemente daqueles, como João Crisóstomo, que acreditavam que o mesmo texto teve sua origem no Egito? Parece mais provável que este não era o objetivo destas informações, e que é por isto que elas raramente aparecem entre os comentários dos Padres aos Evangelhos (acompanhe abaixo).

Exegese patrística dos evangelhos

Como evidência contrária a minha reivindicação de que "todos os leitores sem exceção antes de meados do século XX desconsideravam a (alegada) *relevância hermenêutica* das" assim chamadas comunidades dos evangelhos[77], certamente é necessário olhar para exegeses reais dos evangelhos no período patrístico. Mesmo se houvessem mais evidências que as muitas escassas indicações que exploramos que os Padres pensavam que cada evangelho fora escrito para uma comunidade cristã específica, precisamos de saber ao certo se isto afetou a exegese dos mesmos antes que possamos concluir que eles pensavam que esta informação tinha *relevância hermenêutica*. Embora Mitchell tenha uma longa seção subtitulada "Uso exegético de tradições sobre públicos locais"[78], ela cita apenas um exemplo real de exegese. É uma passagem dos sermões de Crisóstomo sobre Mateus, onde ele oferece uma explanação sobre a diferença entre as duas genealogias de Mateus e Lucas:

> Mateus, por sua parte, em função de estar escrevendo para hebreus, buscou provar nada mais que Cristo veio de Abraão e Davi, enquanto Lucas, em função de estar escrevendo em geral

---

77. Bauckham, "For Whom", p. 47.
78. Mitchell, op. cit., p. 69-75.

para toda sorte de povos (κοινῇ πᾶσι)[79], conta a história indo mais para trás, estendendo até Adão.[80]

Crisóstomo parece ter pego emprestado esta ideia de Orígenes,[81] que explica a genealogia de Mateus a partir do fato de que estivesse escrevendo para hebreus, para os quais a ascendência de Jesus de Davi e de Abraão seria especialmente essencial, embora Orígenes não teça comentários sobre Lucas como Crisóstomo.

Esta citação é de alguma maneira um "gol contra" de Mitchell, uma vez que enquanto ela caracteriza o público alvo de Mateus da maneira que os Padres da Igreja geralmente faziam, ela contrasta o mesmo diretamente com Lucas, que teria escrito "para toda sorte de povos". Mateus escreveu para os falantes de hebraico em hebraico, enquanto Lucas escreveu "para todos" (em Grego, com certeza, a língua comum no mundo Mediterrâneo de então). É bastante verdadeiro, como Mitchell diz, que

> Embora o Evangelho de Lucas seja caracterizado nesta passagem como tendo sido escrito "para todos", Crisóstomo não está fornecendo isto como uma regra generalizável para todos os evangelhos, mas como uma maneira de compreender Lucas como a contraparte a Mateus, assim o fazendo para sustentar um outro ponto exegético específico sobre este trabalho (A genealogia de Cristo desde Adão).[82]

Crisóstomo não está dizendo que todos os evangelhos foram escritos para todos, mas ele está certamente dizendo que o de Lucas foi. Evidentemente ele não teve dificuldade em conceber um evangelho escrito para uma

---

79. Mitchell traduz κοινῇ πᾶσι como "para todos no grego koiné", que é uma tradução tentadora por fornecer um bom paralelo com o que Crisóstomo apenas algumas linhas anteriormente diz sobre Mateus: que ele tenha escrito em hebraico (τῇ τῶν Ἑβραίων φωνῇ). Entretanto, em *Hom. in Jo.* 86,2, Crisóstomo diz que João escreveu "para toda a raça humana de maneira geral" (κοινῇ πρὸς τὴν φὺσιν). Naquela passagem é improvável que haja uma referência ao grego koiné, e o paralelo com *Hom in Matt* 1.3 sugere fortemente que a tradução correta de κοινῇ πᾶσι na passagem aqui implicada seja "em geral para todas as gentes."

80. João Crisóstomo, *Hom. in Matt.* 1.3, translated by Mitchell, "Patristic Counter-Evidence", 71. Modifiquei a tradução respeitosamente como a nota anterior explica.

81. Orígenes, *Comm. in Jo.* 1.4.22, citado em Mitchell, op. cit., nota 102.

82. Mitchell, ibid., p. 72.

categoria de leitores/ouvintes muito aberta e indefinida: todos os falantes de grego. Além disto, ele pensa que Lucas tinha este público-alvo em mente quando compôs sua genealogia e a engendrou de maneira que pudesse ser útil para esta audiência. No caso de Lucas, segundo Crisóstomo, certamente houve uma diferença entre o contexto local no qual Lucas escreveu e o público para o qual escreveu, uma distinção que Mitchell insiste que não teria sido feita pelos Padres.[83] Tal distinção também foi vislumbrada por outros autores da Patrística que diziam que Lucas escreveu seu evangelho "para crentes dentre os gentios" (Orígenes e o Prólogo "Antimarcionita" a Lucas).

A maior parte dos autores não escreve com a expectativa de que seu trabalho venha a ser traduzido em outras linguagens, mesmo quando possam pensar que haja tal possibilidade, e assim uma parte natural de qualquer tentativa de definir o público pretendido de um trabalho é que tal público seja capaz de compreender a linguagem na qual o trabalho foi composto. Mitchell me leva a perguntar, de maneira que preciso dizer que me parece anedótica, pela razão pela qual vario o fraseado pelo qual me refiro ao público dos evangelhos.[84] [N.T.: as mesmas razões que Bauckham em seguida apresentará são as pelas quais também é variada, na tradução em língua portuguesa, a compreensão de termos ambivalentes, como "audience", palavra traduzida quer por "audiência" quer por "público" ou ainda "público-alvo", segundo a semântica original inglesa, numa tentativa de aproximação tradutiva por equivalência dinâmica, e não literal.] (Outros leitores não parecem ter encontrado nesta variedade algum problema.) Algumas vezes eu explicitamente incluí o elemento linguístico (ex.: "cristãos helenófonos de toda parte"). Pareceu-me óbvio que isto seria admitido como igualmente válido por toda a extensão de minha discussão, e que seria muito tedioso recitar estes mesmos termos a todo tempo. Claro, se eu pensasse, como os Padres fizeram, que o texto original do Evangelho de Mateus era em hebraico (ou, como os Padres podem ter querido dizer, aramaico), eu teria de compreender o mesmo como escrito "para cristãos falantes de hebraico (ou aramaico)", da mesma

---

83. Id., ibid., p. 55, 77.
84. Id., ibid., p. 44-45.

maneira que fizeram. Houve pelo menos um evangelho em aramaico, aquele a respeito do qual Jerônimo teve conhecimento mas que não mais existe, que, considero, foi escrito para cristãos falantes de aramaico. Entretanto, tal limite linguístico a uma determinada audiência não impede que tal audiência permaneça como categoria indefinida, ao invés de específica.

Crisóstomo em seu comentário sobre as genealogias dos evangelhos[85] (com seu precedente em Orígenes) é o único exemplo que Mitchell oferece de uma exegese afetada pela ideia de que um evangelho tenha sido originalmente escrito para um público especificamente localizado. Uma vez que ela seja uma acadêmica reconhecida e industriosa na área da patrística, suspeito que ela tenha procurado por outros exemplos. Causa perplexidade que ela não nos ofereça nenhum. Em uma nota de pé de página ela de fato se refere a "centenas de exemplos" na interpretação de Crisóstomo dos evangelhos, da maneira com que ele "continuamente se baliza entre o público original de um texto (como as cartas paulinas) e os leitores de seus próprios dias, encontrando os dois como destinatários." Mas das centenas de exemplos que clama existirem, o único que ela fornece não faz exatamente isto: "os pescadores escreveram para nós também um modo de vida (πολιτείαν)".[86] Isto refere-se aos *autores* humanos dos escritos do Novo Testamento, os pescadores (isto é, Pedro e João), e aos leitores/ouvintes de Crisóstomo em seu tempo, mas não ao *público* original. Mesmo se houvesse uma referência implícita ao público original, não há implicação real de que o público original fosse restrito e localizado. Além disso, isto não é a exegese de um evangelho (a passagem é parte de uma longa introdução ao evangelho de Mateus). Ainda estamos em falta de exemplos reais, para além do comentário sobre as genealogias, de passagens nas quais a audiência original, compreendida como restrita localmente, é um fator na interpretação dos Padres de textos dos evangelhos.

---

85. Note que em *Hom. in Matt.* 4.1 Crisóstomo oferece uma explicação diferente das diferenças entre as duas genealogias, sem referência às audiências originais.

86. Tradução por Mitchell, op. cit., p. 73 nota 105. A passagem é de João Crisóstomo, *Hom. in Matt.* 1.6. O "também" não significa "para nós bem como para a audiência original." Ela significa "a nós bem como àqueles para quem Platão escreveu sua *República* (πολιτεία)" (cf.1.4).

Neste contexto de sua discussão sobre a prática hermenêutica de Crisóstomo Mitchell se refere a "seu treinamento nas ferramentas críticas literárias de seu tempo, que proviam um menu bastante claro de tópicos a partir dos quais era possível determinar ocasiões *específicas* ao invés de indefinidas nas quais um texto fora composto."[87] Para suportar isto, ela cita "a lista de tópicos exegéticos com os quais João inicia sua seleção de homilias na abertura dos Atos dos Apóstolos." Aqui Crisóstomo escreve:

> É necessário investigar quem é a pessoa que escreveu, e quando ela escreveu, e a respeito de que ou quem, e para qual razão foi ordenado que fosse lido nesta festa.[88]

É necessário apontar que na realidade esta lista de tópicos *não* inclui o público original. Em resposta à referência de Mitchell a uma "*específica* ao invés de indefinida ocasião", eu devo esclarecer que nunca sugeri que os evangelhos foram escritos em "uma ocasião indefinida" e fico a imaginar que tipo de ocasião esta poderia ser. Eu uso a palavra "indefinida" somente a respeito da audiência, significando que Marcos, p. ex., esperava que seu evangelho fosse lido amplamente entre as comunidades cristãs de sua época e não teria determinado que tipo de comunidades estas seriam. Ele escreveu para uma categoria indefinida de pessoas ("todos os cristãos helenófonos"), não um grupo específico ("os cristãos de Roma"). Isto é bastante compatível com a existência de uma *ocasião* específica, algo que o impeliu para que escrevesse. Isto pode ter sido a morte de Pedro, o impulsionando a desejar preservar as tradições de Pedro para o benefício das igrejas em geral, ou algumas pessoas o incentivaram para que escrevesse, novamente para o benefício das igrejas em geral. Ele simplesmente pode ter decidido agir por uma convicção crescente de que seria útil para as igrejas terem uma forma escrita destas tradições do evangelho. Todo tipo de ocorrências pode fornecer ocasiões para que alguém se decida a escrever algo, mas elas de nenhuma maneira requerem que o escrito seja para uma audiência específica e restrita. A morte da esposa

---

87. Mitchell, op. cit., p. 73.

88. Id., ibid., p. 73 nota 103. (Mitchell traduz aqui Crisóstomo em *In Princ. Ac.* 1.3.)

de C.S. Lewis, Joy Davidson, e seu subsequente luto o levaram a escrever sua tocante reflexão, *A Grief Observed*, mas ele escreveu este texto para um grupo de leitores indefinido e geral, não (p. ex.) apenas para um grupo de seus amigos.

Vamos retornar à questão sobre se há exemplos de exegese dos evangelhos pelos Padres, nos quais a presunção de um público específico tenha influenciado a interpretação dos mesmos. Mitchell, se tem exemplos, não os compartilhou conosco. Conduzi uma pesquisa muito cuidadosa por mim mesmo. Claro, para atingir conclusões firmes, alguém deve estudar muito cuidadosamente não somente os comentários patrísticos aos evangelhos, mas também toda a exegese dos evangelhos que os Padres incorporaram em seus próprios trabalhos de diversas naturezas. Eu simplesmente escolhi um número de comentários, esperando que tenham uma representatividade suficiente: Orígenes sobre João e Mateus, Jerônimo sobre Mateus, Ambrósio sobre Lucas, Hilário sobre Mateus, e Crisóstomo sobre Mateus e João. Esmiucei-os à procura de exemplos de referências sobre os ouvintes/leitores originais e em particular sobre os públicos como especificamente localizados. Os resultados apontando nesta direção pesquisada são muito insatisfatórios.

Exegese e o público original de Mateus

O Evangelho de Mateus talvez seja o mais promissor, diante da numerosa repetição, na literatura patrística, da informação de que ele foi escrito originalmente em hebraico para os judeu-cristãos falantes de hebraico da Palestina. Já notamos que tanto Orígenes quanto Crisóstomo explicam por que Mateus começa seu evangelho com a genealogia traçada a partir de Abraão e Davi referindo-se aos leitores originais, que eram judeus.[89] Mas este exemplo acaba por ser muito pouco usual, até onde percebi, embora não completamente sem paralelos. Mesmo quando Orígenes refere-se uma vez mais (em seu comentário a João!) à tradição segundo a qual Mateus escreveu para os

---

89. Orígenes faz isso em seu comentário em João. O começo deste comentário em Mateus não sobreviveu.

hebreus, ele não se utiliza de tal informação para expor o texto de Mateus.[90] Nem Hilário nem Jerônimo mencionam a audiência judeu-cristã de Mateus[91] mesmo quando ambos comentam a genealogia (nem Ambrósio quando o mesmo discute as duas genealogias em seu comentário a Lucas[92]). O comentário de Jerônimo a Mateus é, como deveríamos esperar, bem fundamentado. Ele algumas vezes se refere a detalhes geográficos da Palestina ou a costumes regionais,[93] e poderia facilmente ser dito que estas informações eram bem conhecidas dos leitores originais de Mateus, mas ele não o faz. No tempo em que ele escreveu seu comentário, Jerônimo parece ter abandonado sua percepção anterior de que o evangelho hebraico ou aramaico que ele conhecia fosse realmente o Mateus original,[94] mas ainda se refere a várias leituras daquele evangelho. Elas não o impulsionam a mencionar a audiência original de Mateus.

Crisóstomo ocasionalmente se refere aos leitores originais de Mateus. Novamente com referência ao modo pelo qual o evangelho inicia, ele pergunta por que Mateus não inicia do mesmo modo que os profetas do Antigo Testamento faziam, com referência explícita à sua inspiração: algo como "a palavra que veio a mim". A causa disso é que

> Ele estava escrevendo para pessoas que eram razoáveis e bastante atentas a ele. Não somente os milagres que foram realizados eram conhecidos e diziam por si mesmos, como também aqueles que haviam recebido a palavra eram muito fiéis.[95]

No tempo dos profetas não havia muitos milagres e falsas profecias eram um grande problema; então os profetas precisavam deixar explícitas as suas inspirações. O que Crisóstomo diz aqui sobre os leitores originais de Mateus

---

90. Orígenes, *Comm. in Jo.* 6.162-169.

91. Jerônimo dá esta informação no prefácio de seu comentário.

92. Ambrósio, *Comm. in Luc.* 3.1-17.

93. Jerônimo, *Comm. in Matt.* 6.17; 10.12-14; 18.23.

94. Oskar Skarsaune, "Evidence for Jewish Believers in Greek and Latin Patristic Literature". In: Oskar Skarsaune and Reidar Hvalvik (eds.), *Jewish Believers in Jesus: The Early Centuries*. Peabody, Massachusetts: Hendrickson, 2007, p. 505-567. Aqui, p. 542-545 *passim*.

95. João Crisóstomo, *Hom. in Matt.* 4.1 (*PG* 57,40). Tradução minha.

é claramente dito com a intenção de evocar a situação dos cristãos de Jerusalém nos primeiros capítulos de Atos. Entretanto, muito escassamente isto contribui para a interpretação do evangelho. Meramente explica o porquê de Mateus não iniciar seu trabalho de determinada maneira.

Crisóstomo se interessa muito mais pelos públicos originais dos ensinamentos de Jesus no decorrer do evangelho que pelo público original do próprio evangelho. Particularmente instrutiva é a passagem seguinte, sobre as beatitudes:

> Pois era dito a eles [os discípulos], mas era escrito em favor de muitas outras pessoas depois deles. Por esta razão, enquanto em sua pregação pública Ele [Jesus] tinha seus discípulos em mente, Ele não limitou seus ditos somente a eles, mas aplica todas as palavras de bênçãos [as beatitudes] sem restrição. Pois Ele não disse "Bem-aventurados são vocês, se vocês se tornarem pobres", mas "bem-aventurados os pobres" [Mt 5,3]. Além disso, mesmo se Ele estivesse falando deles, os conselhos ainda seriam de aplicação geral. Pois quando Ele diz: "Vejam, eu estou convosco sempre, até o fim dos tempos" [Mt 28,20] Ele se dirige não somente a eles [os discípulos], mas também, através deles, ao mundo inteiro. E quando Ele chama de bem-aventurados os que são perseguidos e expulsos e difamados [Mt 5,10-12], não é somente para eles, mas para todos aqueles que enfrentam as mesmas coisas que Ele reserva em suas mãos a coroa.[96]

Aqui Crisóstomo atribui a Jesus a intenção de falar não somente para sua audiência imediata, os discípulos, mas para todas as gentes que os sucederão. Esta intenção é acessada pela maneira segundo a qual os ditos de Jesus estão escritos no Evangelho de Mateus. Crisóstomo ignora a audiência original do evangelho. Quando mais tarde ele vir a comentar a última beatitude, que se utiliza da segunda pessoa do plural, ele a toma como dirigida tanto aos discípulos quanto a mestres cristãos em geral.[97] Que Crisóstomo pode desta maneira (e regularmente) ignorar a audiência original do evangelho escrito implica que ele não pensava que o que Mateus havia escrito para seus primei-

---

96. João Crisóstomo, *Hom. in Matt.* 15.1 (*PG* 57.223): tradução minha.
97. Id., ibid., 15.5 (*PG* 57.229).

ros leitores e ouvintes fosse menos aplicável a todas as outras audiências. Evidentemente não ocorre a Crisóstomo perguntar-se se algumas das falas sobre perseguição fora especialmente relevante para a audiência escrita para a qual Mateus originalmente escreveu. Parece claro que, enquanto a interpretação não requer atenção ao *Sitz im Leben Jesu* (como o consideraríamos), não há necessidade de notar algo a respeito da audiência original do evangelho.

Margaret Mitchell escreve que a

> hermenêutica contemporânea da exegese patrística, e a suma importância do fato de que muitas das interpretações patrísticas sejam homiléticas, naturalmente inclina Crisóstomo muito mais para o lado do leitor atual do que do leitor "original".[98]

Os tratamentos de Crisóstomo aos evangelhos certamente estão entre os mais homiléticos dentre a exegese patrística, mas não estou certo se isto é suficiente para explicar a raridade de referências à audiência original, com qualquer grau de especificidade, em seus sermões sobre Mateus e João, uma vez que há um claro contraste com suas homilias sobre as Epístolas de Paulo aos Coríntios, que não são menos homiléticas. Para estas ele provê uma longa seção introdutória sobre Corinto e especialmente sobre a condição da Igreja de Corinto. As homilias fazem frequente referência à audiência coríntia de Paulo. P. ex., na homilia sobre 1Cor 8,1 ele começa por explicar cuidadosamente a situação da Igreja de Corinto a que Paulo se dirige naquela passagem. Não há nada parecido com isto nas homilias de Crisóstomo sobre os evangelhos. Embora sua informação de que Mateus escreveu "para os hebreus", a passagem apenas citada (*Hom. in Matt.* 4.1) é a única que eu fui capaz de descobrir na qual Crisóstomo de fato refere-se, mesmo que brevemente, à situação dos judeu-cristãos da Palestina nos primeiros anos do cristianismo, a fim de demonstrar a relevância do Evangelho de Mateus para estes. Crisóstomo está implicitamente fazendo uma distinção hermenêutica: as cartas de Paulo a igrejas específicas dirigem-se a circunstâncias específicas

---

98. Mitchell, op. cit., p. 73.

de tais igrejas, e portanto leitores posteriores precisam ter conhecido algo a respeito de tais circunstâncias, mas os evangelhos não se dirigem a circunstâncias específicas, e assim o contexto específico da audiência (mesmo quando, como no caso de Mateus, os Padres pensavam que havia um) é muito pouco relevante para a interpretação.

O enfoque de Crisóstomo ao interpretar Mateus sugere que ele pensava que, mesmo que, como fato, Mateus houvesse escrito para "os hebreus", seu evangelho não teria sido muito diferente qualquer que fosse o grupo de primeiros cristãos para o qual se dirigisse. Isto também é sugerido pelo fato que nem Crisóstomo nem, até onde fui capaz de descobrir, qualquer dos Padres jamais explicou para quem a tradução grega de Mateus, o evangelho que de fato eles e seus ouvintes/leitores conheceram e leram, era originalmente intencionada. Se a audiência original realmente importasse para a interpretação, eles teriam de considerar esta questão.[99]

As homilias de Crisóstomo sobre João referem-se aos leitores originais somente muito ocasionalmente, como na interessante passagem citada abaixo, que explica por que João, recordando-se do incidente no Getsêmani quando Pedro cortou fora a orelha do servo do sumo sacerdote, dá seu nome (Malco). João assim o nomeia

> para que fosse possível àqueles que liam o texto naquele tempo fizessem investigações e verificassem a veracidade do milagre que realmente ocorrera.[100]

Poderíamos pensar que isto implica que os leitores originais viviam em Jerusalém, onde tais investigações poderiam ser feitas. Entretanto, tendo em vista todos os outros testemunhos patrísticos sobre as origens do Evangelho de João, é inconcebível que Crisóstomo pudesse pensar que João escreveu

---

99. A partir de Pápias, o primeiro autor que realmente se referiu à tradução de Mateus para o grego de fato, que eu saiba, é Jerônimo, que diz que não se conhece quem tenha feito a tradução (*Vir. ill.* 3).

100. João Crisóstomo, *Hom in Jo.* 83; tradução de *Saint John Chrysostom: Commentary on Saint John the Apostle and Evangelist: Homilies 48-88,* traduzido para o inglês por Sister Thomas Aquinas Goggin (FC 41), Nova York: Fathers of the Church, Inc., 1960, p. 403.

112

seu evangelho em Jerusalém antes da queda da cidade em 70 d.C. Mas é difícil imaginar que outras localidades específicas do público original pudessem ser relevantes para o que Crisóstomo propõe. Provavelmente ele não estava pensando em termos locais afinal, e assim, se esta passagem é evidência sobre algo, ela demonstra que Crisóstomo pensava que João escreveu para um público geral, e não um restrito.

Em outros locais ele fala em termos máximos sobre o evangelho como direcionado a toda a humanidade, pela virtude da inspiração pelo Espírito do apóstolo[101], mas parece também ter pensado que a intenção histórica do próprio João não era de escrever apenas para uma audiência restrita. Comentando Jo 20,30-31, ele sustenta que as "muitas outras coisas" que Jesus fez "na presença de seus discípulos" foram milagres após a ressurreição "que aconteceram para benefício apenas dos discípulos", e por esta razão João não os fixa em texto. Mas ao dizer que os sinais que ele *de fato* fixou são "para que acreditando tenhais vida em seu nome", João deixou claro que ele "estava se dirigindo à humanidade em geral" (κοινῇ πρὸς τὴν φύσιν διαλεγόμενος).[102] Esta frase é similar àquela que Crisóstomo usa sobre o Evangelho de Lucas quando explicando por que sua genealogia vai até Adão ("em geral para todos os povos" [κοινῇ πᾶσι]): *Hom. in Matt.* 1.3, citado acima). Em ambos os casos ele parece atribuir ao autor humano a intenção de escrever para uma audiência completamente irrestrita. Margaret Mitchell questiona: "os intérpretes da Igreja antiga traçaram os leitores em potencial universais dos evangelhos de volta a uma intenção explícita *da parte dos evangelistas* de escreverem trabalhos que circulariam para todas as igrejas?"[103] É claro que Crisóstomo, nos casos de Lucas e João, fez exatamente isto.

---

101. Veja especialmente João Crisóstomo, *Hom in Jo* 1.

102. João Crisóstomo. *Hom in Jo* 86.2; tradução de *Saint John Chrysostom...*, p. 462.

103. Mitchell, op. cit., p. 44 (os itálicos ocorrem no original).

Conclusões interinas

A partir de minha discussão sobre a evidência patrística as conclusões postas a seguir emergem:

(1) Os Padres conheciam duas diferentes "tradições de requisição." Segundo a primeira Marcos foi solicitado a escrever seu evangelho por alguns dentre os que ouviram a pregação de Pedro e desejavam uma forma fixada da mesma. Ao menos nas narrativas de Clemente, ele escreveu o evangelho para aqueles que o solicitaram. Mas convenções comuns, como as que vemos em Galeno e Cícero, indicam que esta necessidade não significa que ele tenha escrito somente com estes receptores iniciais em mente. Era normal escrever sob a demanda de um indivíduo ou um grupo e reconhecer isto, e ao mesmo tempo ter em mente uma audiência geral. O que foi escrito para aqueles que solicitaram o texto presumivelmente não seria menos útil para qualquer outros leitores/ouvintes que eventualmente e presumivelmente viessem a ler o trabalho em questão. (Esta tradição sobre Marcos escrevendo sob demanda é também aplicada por Crisóstomo a Mateus.)

(2) De acordo com a segunda tradição de requisição, João foi impelido ou persuadido a escrever seu evangelho pelos outros apóstolos ou por bispos locais ou por embaixadores de igrejas de todo o mundo ou por cristãos inteligentes preocupados com heresias. Em todos estes casos não há sugestão que João escreveu sequer primariamente para estes que o impeliram a fazê-lo. Seu papel foi o de persuadi-lo a escrever um evangelho para a edificação dos cristãos em geral. Em algumas versões desta tradição, hereges ou heresias específicas ocasionaram o pedido, mas estes eram perigos para as igrejas em geral, não restrito a localidade(s).

(3) O Evangelho de Mateus foi compreendido como tendo sido escrito originalmente em hebraico e portanto para falantes de hebraico. Principalmente porque ele também era compreendido como o primeiro evangelho a ser escrito, seu público-alvo naturalmente era suposto como sendo composto pelos primeiros cristãos da região da Judeia. Mas os Padres nunca explicaram para quem a tradução grega de Ma-

teus, a versão que eles mesmos leram e interpretaram, foi feita (para judeu-cristãos helenófonos ou também para gentios?). A ideia de que Mateus escreveu em hebraico para os hebreus foi muito raramente utilizada para fins hermenêuticos para interpretar seu evangelho. Os únicos exemplos que encontrei são a ideia de que a genealogia de Mateus (levando a linha de Jesus até Davi e Abraão) era especialmente útil para uma audiência judia, e a explicação de Crisóstomo para o fato de que Mateus não inicie seu evangelho da mesma maneira que os profetas do Velho Testamento.

(4) O Evangelho de Lucas era compreendido como tendo sido escrito para os cristãos gentios em geral ou mesmo "para todos". Isto é clara evidência de que os Padres não assumiam que a comunidade na qual um evangelho fosse escrito precisa ser a única audiência pretendida para este evangelho. Eles não tinham dificuldade em imaginar um evangelista escrevendo um evangelho para circulação geral entre as igrejas.

(5) As várias tradições que se acumulam na literatura patrística sobre os evangelistas e a escrita de seus evangelhos não foram, em qualquer extensão importante, tomadas como guias hermenêuticas para interpretar os evangelhos. Os mais importantes destes itens de alegada informação histórica eram valorizados porque eram evidências da origem apostólica de todos os quatro evangelhos e porque eles ajudavam a explicar as mais óbvias dentre as diferenças entre os evangelhos. Mas outras informações colhidas nos Prólogos aos evangelhos e no *Vidas de homens ilustres* de Jerônimo eram o tipo de informação geralmente presente em minibiografias de figuras literárias. Breves biografias deste gênero eram amplamente engendradas para satisfazer a curiosidade sobre autores ao invés de ajudar na leitura de seus trabalhos. Então tais informações como a de que Lucas escreveu seu evangelho "na região da Acaia" e Marcos "em regiões da Itália" não precisam ser validadas como de relevância hermenêutica.

(6) No caso de João, os autores da patrística se impressionaram com a natureza elevada deste evangelho em seu discurso subjetivo-material,

segundo a qual o evangelista parece estar olhando a partir de uma perspectiva paradisíaca, e assim focaram-se especialmente na inspiração divina que por si mesma poderia responder por este fato. Mas eles também pensavam que, num nível de intenção humana, João divisou uma audiência geral. Somente a longa recensão do Prólogo "Antimarcionita" pensa em uma audiência inicialmente restrita, supondo que João tenha escrito seu evangelho para as mesmas sete igrejas às quais direciona seu Apocalipse.

(7) Os escritores patrísticos estavam mais interessados na audiência original de Jesus no contexto das narrativas evangélicas e em seus próprios contemporâneos para os quais estavam pregando ou escrevendo do que na audiência original de cada um dos evangelhos. Entretanto, eles algumas vezes referem-se a esta no decurso da exegese. Em minha provisional pesquisa em tais comentários não encontrei exemplos nos quais esta audiência original é divisada como localmente restrita, além dos dois exemplos nos comentários de Orígenes a Mateus e Crisóstomo citados acima em 3. As passagens mais óbvias, como referências a perseguições, que acadêmicos contemporâneos utilizaram para reconstruir "comunidades" dos evangelhos não parecem ter sido lidas neste sentido no período patrístico.

(8) O único evangelho que os Padres pensavam ter sido escrito para uma comunidade específica e localizada foi o evangelho original de Mateus, escrito em hebraico para os hebreus. Mesmo isto não é sequer mencionado nos comentários a Mateus por Jerônimo e Hilário, enquanto que nas extensas homilias de Crisóstomo sobre Mateus encontrei apenas dois exemplos (um deles tomado emprestado de Orígenes) de apelo a esta audiência original como um fato de relevância para interpretar o evangelho. Minha reivindicação original de que ninguém antes de meados do século XX pensou que as (alegadas) audiências locais específicas originais dos evangelhos fossem hermeneuticamente relevantes parece para mim que continua muito bem depois do exame apenas exposto.

A particularidade e universalidade dos evangelhos

Pode valer a pena afirmar aqui que alguns leitores de alguma maneira entenderam mal meu ensaio original na medida em que não perceberam o quão limitada a uma única questão minha argumentação foi construída. Tudo o que me propus a discutir era que os evangelhos não foram originalmente escritos apenas para uma comunidade cristã local, específica (fosse uma igreja ou um agrupamento de igrejas próximas) na qual cada evangelista escreveu, mas de maneira que pudessem circular entre as igrejas de forma geral. O ensaio estava muito longe de ser um relato preciso de por que os evangelhos foram escritos e por que eles são diferentes. Mesmo um breve rascunho de tal relato envolveria um espectro de problemas que eu não tive intenção de abordar naquele ensaio bastante focado.

O argumento do ensaio é consistente com uma variedade de visões sobre outras questões dos evangelhos e eu deliberadamente procurei não o coalhar com outras de minhas visões sobre os evangelhos que não estivessem ligadas aos meus argumentos sobre audiência. É em geral bastante fácil para um argumento em particular ser rejeitado ao ser apresentado juntamente com outras visões que não estão nele engastadas por sua própria lógica interna, mas assim o foram por algum leitor que supõe serem parte e parcela de uma suposta outra e única abordagem. Eu gostaria que o argumento em favor de uma audiência geral dos evangelhos fosse apreciado segundo si mesmo e seus próprios méritos.

Neste sentido até mesmo permiti a visão de que um ou outro dos evangelhos tenha sido concebido vislumbrando leitores não cristãos (uma visão que Crisóstomo parece abraçar no que diz respeito a Lucas e João) ao apontar que tais leitores apenas provavelmente poderiam ser atingidos pela relação com leitores cristãos dos evangelhos, que poderiam passar os mesmos a interessados externos ao grupo por meio de contatos pessoais.[104]

---

104. Bauckham, "For Whom" 10. Em Bauckham, *The Testimony of the Beloved Disciple,* capítulo 5, eu explico por que eu mesmo hoje sou inclinado a acreditar que o Evangelho de João tivesse uma audiência maior do que apenas cristã em vista.

Neste caso, a questão sobre o alcance da audiência cristã vislumbrada ainda permanece a questão prioritária.

Com respeito a distinções de cada um dos evangelhos e consequente às diferenças entre eles, meu argumento (como expus) "apenas nega o que o consenso assume: que esta diversidade requer uma diversidade de leitores."[105] Há muitos outros meios através dos quais a particularidade e diversidade literárias podem ser explicadas, e no caso dos evangelhos não há um grande volume de discussões adicionais a serem feitas além da postulação por alguém de uma audiência específica e local como um fator. Acadêmicos que concordam que todos os evangelhos foram escritos para circulação geral entre as igrejas podem discordar grandemente nestas discussões posteriores.

Mitchell parece pensar que "os evangelhos para todos os cristãos", como hipótese, é incompatível com a ideia de que um evangelista tenha escrito um evangelho em função de outrem ter a ele solicitado que o fizesse por conta de alguma ocasião em particular. Ela chega a afirmar, com referência à passagem de Clemente de Alexandria com a qual iniciamos nossa consideração sobre a evidência patrística: "A ideia de que evangelhos individuais surgiram, não porque um autor tivesse a intenção de dirigir-se a uma audiência universal, mas porque ele foi *solicitado por alguma comunidade local para o fazer*, não é de maneira alguma exclusiva desta passagem."[106] Se "para o fazer" aqui significa "dirigir-se a uma audiência universal", como a sintaxe requer, então eu não posso entender por que diferimos, afinal, em nossas leituras de tais passagens patrísticas. A comunidade local em Roma solicitou a Marcos que escrevesse um evangelho para um público universal: parece que concordamos.[107] Porque ela pensa que excluo possíveis ocasiões particulares para tais escritas? Aparentemente porque elas seriam elementos precisamente de particularidade e ela parece ler a mim mesmo como atribuindo universalidade absoluta aos evangelhos. Tudo o que excluo é a noção de que a particulari-

---

105. Bauckham, "For Whom", p. 47.

106. Mitchell, op. cit., p. 50 (itálicos ocorrem no original).

107. Não penso que esta informação sobre Marcos seja provável ou historicamente confiável, mas esta não é a questão aqui.

dade dos evangelhos é advinda da tentativa de um evangelista de se dirigir às circunstâncias e necessidades específicas de uma comunidade cristã localizada. Este tipo de especificidade diretamente vinculada a um público não é o que habitualmente utilizamos para explicar particularidades da maior parte dos trabalhos literários, e eu não estava, claro, colocando os evangelhos em alguma categoria especial de trabalhos sem quaisquer tipos de particularidades. Ao contrário, eu deixei claro que o ponto central de minha discussão era dizer que os evangelhos eram *exatamente como a maior parte dos trabalhos literários* ao serem escritos para uma audiência geral ou indefinida, e não uma específica.

Pela relevância, em sua opinião, de minha negativa da particularidade dos evangelhos, Mitchell cita a passagem a seguir de meu ensaio:

> Parece que lideranças que se moviam entre igrejas, em maiores ou menores distâncias, fossem uma característica constante no movimento cristão primitivo nos primeiros 150 anos de sua existência. Devemos portanto trabalhar seriamente com a possibilidade de inferir tal característica a respeito de alguns, senão todos, evangelistas como pessoas cuja experiência estivesse muito além de limitada a uma única comunidade cristã ou até mesmo às igrejas de uma região geográfica em particular. Uma tal pessoa naturalmente não confinaria sua atenção, quando compondo um evangelho, às necessidades locais e problemas de uma única e homogênea comunidade mas poderia muito bem ter em mente a variedade de diferentes contextos que ela mesma tenha experimentado nas várias igrejas que conhecia bem. Sua própria experiência poderia dar a ela meios de escrever relevantemente para uma ampla variedade de igrejas nas quais tal evangelho pudesse vir a ser lido, se o mesmo pudesse circular amplamente entre as igrejas situadas dentro do Império Romano de fins do século I.[108]

Mitchell parece particularmente incomodada com este "retrato dos evangelistas" como "pessoas com um *curriculum vitae* em comum que incluía serem muito viajados entre as igrejas"[109], mas eu penso que os Padres

---

108. Bauckham, "For Whom", p. 37-38, apud Mitchell, op. cit., p. 43.

109. Mitchell, op. cit., p. 43.

prontamente o saberiam apreciar. Eles exceptuariam Mateus, que eles pensavam ter escrito seu evangelho na Palestina antes de embarcar em suas viagens missionárias. Mas Lucas, em sua perspectiva, era o companheiro de Paulo que visitou não somente algumas das igrejas que Paulo plantou, mas também Jerusalém e Roma, e que se qualificou para escrever um evangelho "apostólico" mediante ter sido um companheiro muito próximo dos apóstolos. Ele não veio a escrever um evangelho após um longo ministério, que durou toda uma vida, em Tebas. Para a maior parte dos escritores patrísticos,[110] Marcos era o João Marcos dos Atos, das cartas paulinas e de 1 Pedro, uma encarnação verificável de experiência ampla e diversa entre as igrejas de Jerusalém a Roma. João, ao menos para os escritores que vieram após Irineu[111], era um dos Doze, um pilar da Igreja de Jerusalém, mas também viveu mais tarde em Éfeso e foi um pastor e pregador em uma ampla área na Província da Ásia antes de escrever seu evangelho. Tal ampla e diversa experiência entre os evangelistas seria facilmente e provavelmente apreciada por Irineu, ele mesmo um nativo de Esmirna, educado em Roma e bispo de Lião. Seria muito improvável para ele atribuir a particularidade dos evangelhos a paroquialismos localizados de seus autores.

Mitchell parece pensar que audiências específicas e localizadas explicam as particularidades dos evangelhos onde o quadro que forneço de escritores como viajores experimentados nos deixa tentando adivinhar como eles poderiam vir a escrever de maneiras tão diferentes. Penso que isto é extraordinário. Não estive, quando escrevendo aquela passagem no ponto de meu argumento no qual ela ocorre, preocupado com um relato das particularidades dos evangelhos, apenas sugeri que escritores de evangelhos teriam sido provavelmente como algo além de um olhar muito circunscrito. Eles provavelmente tinham isto em comum. Mas esta experiência mais ampla

---

110. No caso de escritores anteriores – Pápias, Irineu e Clemente – que tomaram o autor do evangelho como o Marcos mencionado em 1 Pedro, não é certo que eles também tenham identificado o mesmo com o João Marcos do Atos dos Apóstolos ou o Marcos das cartas paulinas, embora isto seja provável. Cf. C. Clifton Black. *Mark: Images of an Apostolic Interpreter* (Mineápolis: Fortress, 2001). Capítulos 3-6.

111. Faço esta qualificação por conta de meu argumento em *Jesus and the Eyewitnesses*, capítulo 17, e *The Testimony of the Beloved Disciple*, capítulo 2.

ocorreu, claro, de maneira distinta para cada um dos casos – diferentes mestre dos quais eles podem ter ouvido o que repassaram, diferentes colegas com os quais eles podem ter trabalhado, diferentes influências nas várias comunidades nas quais passaram algum tempo, diferentes tradições de evangelho que podem ter ouvido de várias testemunhas oculares ou diferentes tradições orais em várias igrejas. Em tais experiências ricamente diversas há certamente mais que suficientes fatores para apontar diferentes maneiras de se escrever evangelhos, as diferentes abordagens teológicas que demonstram, os diferentes interesses e preocupações que demonstram. Estamos lidando com a rica complexidade de influências e formação que compõem a composição de qualquer literatura significante. Ao contrário das ingênuas construções de comunidades evangélicas a partir dos textos dos evangelhos, tal realidade complexa não é provavelmente algo que possamos reconstruir melhor que tentativa e parcialmente. Mas isto não é uma negação das particularidades dos evangelhos. Ao contrário, isto significa reconhecer a profundidade de tais particularidades no complexo pano de fundo de cada evangelista ao escrever seu evangelho.

Devemos retornar a Irineu porque Mitchell ao discutir Irineu parece a mim a chave de sua construção de particularidade e universalidade dos evangelhos. Ela inicia com uma passagem (*Haer.* 3.5.1) na qual Irineu descreve como certos mestres gnósticos[112] percebiam os evangelhos.[113] Ela lê esta descrição como se significasse que eles "avaliavam negativamente alguns evangelhos como sendo direcionados a audiências delimitadas em sua composição original."[114] Enquanto Irineu, respondendo a este argumento, não parece pretender discutir que de fato os quatro evangelhos que ele deseja defender foram direcionados pelos seus autores a todos os cristãos, mas ao contrário baseia a autoridade universal de tais evangelhos na intenção divina. Se Irineu pudesse fazer um argumento *histórico* de que os autores apostólicos dos quatro evangelhos por si mesmos escreveram para todos os cristãos, certamente,

---

112. Uma vez que estes trabalham com a distinção entre o "Demiurgo" e "o Pai inominável" a escorregadia palavra "Gnóstico" pode ser apropriadamente aplicada aos mesmos.

113. Mitchell, op. cit., p. 61-62.

114. Id., ibid., p. 63.

121

sustenta Mitchell, ele o teria feito, ao invés de remeter, como faz, a uma motivação *teológica*.[115]

Então estariam os mestres a quem Irineu se opõe clamando que alguns evangelhos haviam sido direcionados por seus autores apostólicos a "audiências delimitadas"? Estes mestres estavam dando o ensinamento gnóstico-padrão segundo o qual havia distinção entre a massa de crentes ordinários e a elite iluminada. Os evangelhos que eles depreciavam eram aqueles que não ensinavam a distinção entre o Demiurgo (o criador do mundo material e o Deus dos judeus) e o Pai, mas representavam o Demiurgo como o único Deus. Estes mestres não negavam que estes evangelhos houvessem sido escritos pelos apóstolos, mas argumentavam que os apóstolos adaptaram "seus ensinamentos segundo a capacidade dos ouvintes e davam respostas segundo as limitações dos alunos, falando com os cegos em termos de sua cegueira..." Mas os apóstolos também teriam um ensinamento esotérico, que revelava que o Deus verdadeiro, o Pai, para aqueles que eram capazes de receber tal ensinamento: "para aqueles que aceitavam que o inominável Pai que eles expressavam o mistério inexprimível por parábolas e enigmas."[116] Isto poderia significar que as parábolas e dísticos dentro destes mesmos evangelhos continham a mensagem gnóstica, cifrada de tal maneira do leitor típico, ou talvez em referência a outros evangelhos, que também clamavam origem apostólica e autoridade mas reivindicavam terem sido esteados pelos apóstolos somente para alguns poucos iluminados.

A "audiência delimitada" parece ser qualquer um exceto a elite gnóstica. Estes mestres tinham por garantido que os evangelhos que encarnavam o ensino público dos apóstolos eram escritos para leitores ou ouvintes em geral, por crentes ordinários, mas qualificavam tal visão pela distinção de um grupo especial de pessoas que somente podiam tangenciar o ensinamento esotérico que os apóstolos escondiam da audiência geral. Isto não é sequer a mesma reivindicação que cada evangelista escreveu para uma comunidade

---

115. Id., ibid., p. 63-64.

116. Tradução de Robert M. Grant, *Irenaeus of Lyons*. Londres: Rouledge, 1997, p. 128. (Igualmente citado em Mitchell, op. cit., p. 61-62.)

local e especificamente restrita. Não seria de grande ajuda para o caso de Irineu argumentar que os evangelhos foram escritos para circular entre todas as igrejas, porque este não era o problema.

Irineu defendia que havia quatro "verdadeiros e confiáveis"[117] evangelhos, nem mais nem menos. Eles não se diferenciam entre si nos termos mais essenciais, portanto não seria correto selecionar apenas algum deles como verdade inalterada. Nem poderiam ser eles suplementados por outros evangelhos nos quais o ensinamento esotérico, superior dos apóstolos poderia ser encontrado. O que importa a Irineu, portanto, é (a) que estes quatro evangelhos sejam genuinamente apostólicos, (b) que eles todos contêm a mesma mensagem e (c) que eles são todos divinamente autoritativos, dados à Igreja por Cristo como "um evangelho em quatro formas, encapsulado por um Espírito."[118] O bem conhecido relato de Irineu sobre as origens dos quatro evangelhos (*Haer.* 3.1.1) é desenhado, não para demonstrar que eles foram escritos para audiências diferentes, mas para mostrar que eles são, todos, fixações em escrito diretas do que os apóstolos pregavam desde o início.[119] As referências a locais e audiências são muito incidentais para que o argumento de Irineu dependa de ambos: Mateus publicou seu evangelho em hebraico "entre os hebreus"; que Marcos escreveu em Roma não aparece de forma senão implícita[120] e é dificilmente claro que audiência é intencionada pelo "a nós"; no caso de Lucas Irineu não diz nem onde nem para quem ele escreveu; enquanto que para João Éfeso é o local de escrita, mas a audiência não é especificada.

A passagem final que Mitchell cita de Irineu para estabelecer sua posição é seu (dele) argumento cosmológico:

> Não pode haver nem mais nem menos evangelhos que os que existem. Uma vez que há quatro regiões do mundo nos quais

---

117. *Haer.* 3.11.9.

118. *Haer.* 3.2.8. Tradução de Grant; op. cit., p. 131.

119. Isto é claro a partir da introdução de Irineu à passagem, anteriormente, em 3.1.1.

120. Cf. Black *Mark,*100: "embora alguém possa inferir a partir desta asserção que o Evangelho de Marcos foi escrito em Roma, a cidade na qual Pedro e Paulo cessaram suas atividades, uma inspeção mais cuidadosa deixa claro que Irineu diz apenas do tempo no qual Marcos foi composto, não de seu local de origem"; e cf. tb. id., ibid., p. 137, nota 100.

existimos, e quatro ventos (*spiritus*) principais, e uma vez que a Igreja, espalhada por todo o mundo, tem como coluna e suporte [1Tm 3,15] o Evangelho e o Espírito de vida (*spiritus vitae*), consequentemente ela tem quatro colunas, por todos os lados (*undique*) respirando (*flantes*) imperecibilidade e tornando os homens vivos.[121]

Mitchell oferece uma interessante sugestão interpretativa:

Que Irineu presuma as distintas localidades dos quatro evangelhos parece a precondição necessária para sua famosa argumentação cosmológica pela unidade do evangelho em quatro formas nas quatro regiões do mundo, os quatro ventos, e as quatro colunas dos evangelhos. Não parece que a metáfora dos quatro pilares dependa da distância geográfica entre si mesmos para que possa funcionar?[122]

Isto parece estar certo, mas se assim é tal assertividade termina na implicação total desta maneira de ler a metáfora. Os quatro evangelhos são quatro colunas, mas eles são ao mesmo tempo identificados com os quatro ventos. Os ventos (*spiritus*) sopram das quatro direções por todo o mundo. De maneira semelhante os evangelhos sopram (*flantes)* por todos os lados o hálito divino (*spiritus*) de vida para trazer as pessoas à vida eterna. Se pressionarmos a metáfora ela precisa significar que *de* todas as direções eles sopram *por todo o mundo.* Os evangelhos têm diferentes locais de origem, mas a mesma audiência universal! Mitchell pode protestar dizendo que a audiência universal está na intenção de Deus, e não nas dos evangelistas, mas a passagem certamente não pode ser usada para argumentar que Irineu pensou nas audiências locais pretendidas pelos evangelistas. Se ele não quis apontar que eles pretenderam escrever para todos, então ele não diz absolutamente nada sobre suas intenções.

Concluo que Mitchell está enganada ao tentar enxergar uma audiência localmente restrita como um componente da compreensão de Irineu sobre a par-

---

121. *Haer.* 3.11.8; tradução por Grant, *Irenaeus,* 131 (também citado em Mitchell, op. cit., p. 65).
122. Mitchell, op. cit., p. 64.

ticularidade dos evangelhos. Mas esta discussão também sugere que sua objeção mais profunda ao meu argumento sobre as audiências evangélicas é que eu estou tentando importar para a compreensão histórica dos evangelhos uma universalidade que Irineu e outros escritores patrísticos asseveraram somente como reivindicação teológica. Note os comentários anteriores da mesma:

> Bauckham sobresterçou a interpretação patrística dos evangelhos da autoconsciência e complexidade de apreciação do fulcro entre a universalidade e particularidade dos evangelhos (incluindo às vezes uma insistência a respeito e suas audiências locais originais)... Os evangelhos em última análise eram lidos como direcionados a "todos os cristãos" no que deles era compreendido como comunicante de uma verdade universal divina. ...Mas o reconhecimento de tal leitorado universal não requere concomitantes leitores cristãos (como Bauckham insiste ser necessário) em detrimento de circunstâncias locais em termos originários.[123]

Não posso sobresterçar que meu argumento não foi uma tentativa de des-historicizar os evangelhos ou banir estudos históricos da interpretação dos evangelhos. Em meu ensaio eu antecipei esta má compreensão e enfaticamente me opus a ela:

> [A]lguns leitores... poderão supor que o efeito do que neste capítulo foi argumentado é descontextualizar os evangelhos e tornar o contexto histórico hermeneuticamente irrelevante. Este não é o caso. Os argumentos não querem apresentar os evangelhos como peças literárias [ou, agora poderia eu adicionar, trabalhos teológicos autônomos] flutuando autônoma e livremente fora de qualquer contexto histórico. Os evangelhos têm um contexto histórico, mas este contexto não é o das comunidades dos evangelistas. É o contexto do movimento cristão primitivo de fins do primeiro século. Podemos trazer para a interpretação do evangelho tudo o que sabemos sobre o movimento e seus contextos político, social, econômico, religioso e ideológico. Este contexto é muito menos específico do que o consenso atual deseja, mas não é mais generalista do que o contexto da maior parte da lite-

---

123. Id., ibid., p. 46.

ratura daquela época, ou o contexto da maior parte da literatura de qualquer sociedade e em qualquer período.[124]

Meu argumento foi muito mais ordinário, humano e histórico do que a preocupação dos escritores patrísticos com a verdade universal dos evangelhos. Não estou desinteressado neste último fator, mas não estava em meu horizonte no argumento histórico que buscava construir no ensaio. Sequer me ocorreu a necessidade de distinguir meu argumento deste, porque não me ocorreu que meu argumento pudesse ser confundido com tal. O que antecipei, como a passagem acima citada demonstra, foi que eu poderia sofrer suspeição de des-historicizar os evangelhos da maneira que certas formas de criticismo literário podem de fato fazer.

A discussão sobre audiência que eu construía tem seu lugar inteiramente dentro aquele aspecto dos evangelhos que Mitchell nomeia como suas "particularidades." Ela não faz dos Evangelhos menos "particulares" do que as *Vidas* de Plutarco ou do que as novelas gregas ou, para tais efeitos, *Contra as Heresias* de Irineu. Simplesmente significo que os evangelhos não são o tipo de literatura que lida com situações específicas de audiências localizadas da maneira como, p. ex., 1 Coríntios faz. Os Padres reconheciam a universalidade teológica até mesmo de 1 Coríntios. Eles a liam como escritura cristã universal para a Igreja de todos os tempos. Mas no curso de expor sua mensagem universal eles trataram de expor as circunstâncias e necessidades específicas daqueles cristãos de Corinto a quem Paulo se dirigiu. 1 Coríntios tem o *tipo* de particularidade histórica que requer tal exercício. No caso dos evangelhos os Padres não reconheceram *este* tipo de particularidade histórica. Eles não supuseram que para dar ao contexto histórico dos evangelhos seu local adequado na interpretação eles precisavam supor que os autores dos evangelhos estivessem se dirigindo a problemas específicos locais e necessidades que o intérprete precisasse reconstruir. Em outras palavras, eles não pensavam que uma audiência localmente específica, o tipo de "comunidade" evangélica ao qual a Academia das últimas décadas tem dado tamanha atenção, fosse hermeneuticamente relevante.

---

124. Bauckham, "For Whom", p. 46.

TRADIÇÕES DO EVANGELHO

Introdução

Em meu livro *Jesus e as testemunhas oculares: Os evangelhos como testemunhos oculares [Jesus and the Eyewitnesses: The Gospels as Eyewitness Testimony.* Grand Rapids: Eerdmans, 2006] a questão histórica central que abordei foi: como as tradições sobre ditos e feitos de e por Jesus chegaram até os escritores dos evangelhos? Na maioria dos estudos acadêmicos sobre os evangelhos do século XX, a resposta proposta em trabalhos da "crítica formal" amplamente influentes (Rudolf Bultmann, Martin Dibelius e outros) foi tomada por garantida. Isto envolveu um longo período de transmissão oral compreendido conforme o modelo peculiar de tradição oral com o qual os críticos da forma trabalhavam. Mas o que eu chamo de "paradigma da crítica formal" tem sido crescentemente desacreditado por um número de criticismo que se enfoca mais especialmente na natureza da tradição oral, uma vez que hoje em dia conhecemos melhor numerosos, confiáveis e relevantes estudos de tradição oral que antigamente estiveram disponíveis para os críticos da forma. O modelo da crítica formal de transmissão das tradições evangélicas também repousa por trás dos famosos "critérios de autenticidade" com os quais estudiosos ao tentarem reconstruir "O Jesus histórico" frequentemente trabalharam. Estes eram o tipo de critérios que pareciam necessários se o processo de transmissão de tradições tivesse ocorrido da maneira defendida pelos críticos da forma. Recentemente estes critérios para a distinção entre material autêntico dentre as tradições que temos recolhidas nos evangelhos têm sido também alvo de críticas astutas e convincentes. Assim tanto a maneira pela qual as tradições foram transmitidas e chegaram até os escritores dos evangelhos quanto o modo pelo qual podemos acessar a confiabilidade histórica das tradições, como meios de chegar ao "Jesus histórico" são matérias hoje amplamente debatidas. Tudo o que tem a ver com tradições do Evangelho estão presentemente no cadinho acadêmico.

Em *Jesus e as testemunhas oculares* eu propus um novo paradigma que dá às testemunhas oculares, as pessoas que primeiro formularam tradições sobre Jesus com base em suas próprias experiências de encontrarem-se e acompanharem Jesus, um papel muito mais importante do que o que lhes era permitido nos estudos influenciados pelo paradigma da crítica formal. Argumento em favor de que o testemunho das testemunhas oculares não pode estar muito longe do texto dos evangelhos como se nos apresentam. Claro, isto se parece com uma visão tradicional ("pré-crítica") das fontes evangélicas, que foi amplamente aceita mesmo no período moderno mas parece estar sendo vista como insustentável por conta da visão contraditória a si dada pela crítica formal. Uma vez que esta visão foi, em minha percepção, suficientemente desacreditada, o caminho pode estar aberto para outra vez mais reconhecer um importante papel das testemunhas oculares na transmissão das tradições diretamente para a real escrita dos evangelhos. Mas ao escrever o livro eu reconheci amplamente que para que tal visão seja por sua vez crível não é suficiente apenas o criticismo sobre a crítica formal, sendo argumentos positivos e persuasivos também necessários. No livro, o enfoque especial foi em propor que os evangelhos apresentem a si mesmos como muito proximamente relacionados e embasados por testemunhos oculares.

Discussões deste tipo não nos levam à conclusão de que os evangelhos realmente sejam intimamente baseados em testemunhos oculares, mas eles são um estágio inicial essencial. Eu não sugeri que deveríamos credulamente tratar qualquer reivindicação de testemunho ocular como autêntico e confiável. Eu sugeri algumas razões, incluindo critérios derivados de pesquisa psicológica moderna sobre testemunhas oculares e suas memórias, para considerar os testemunhos acolhidos nos evangelhos como bastante confiáveis. Muito permanece a ser feito a este respeito. O ponto importante, entretanto, é que o novo paradigma sobre a maneira como as tradições chegaram aos escritores dos evangelhos que proponho no livro requer um enfoque bastante diferente para acessar a confiabilidade histórica dos evangelhos em relação ao enfoque dado por aquele requisitado pela crítica formal. Este último tornou relativamente improvável que muitas das tradições que temos nos evangelhos sejam autênticas e elaboradas, e que seriam autênticas apenas se pudessem ser acessadas como unidades isoladas de alguma tradição. Os critérios de autenticidade foram desenhados para acessar o material letra a letra, história a história. Um estudo de caso precisa ser construído para cada uma das unidades individualmente. Se isto é como devemos proceder, não é realmente surpreendente que o desenvolvimento de tal procura tenha falhado. O novo paradigma que proponho em *Jesus e as testemunhas oculares* tanto dá às tradições dos evangelhos melhores chances de serem fiáveis como também nos permite acessar as mesmas pelo muito mais usual método histórico de acessar a confiabilidade geral de uma fonte como um todo.

Os primeiros cinco ensaios nesta seção estão intimamente relacionados com as discussões de *Jesus e as testemunhas oculares*. O capítulo 3 ("A transmissão das tradições dos evangelhos") apresenta um quadro geral do principal argumento do livro, embora com algumas observações adicionais sobre tradição oral e um pouco mais de atenção ao gênero "Evangelho" (um aspecto que reconheço ter negligenciado no livro).

O capítulo 4 ("Werner Kelber e tradição oral: Uma crítica") originou-se a partir de um trabalho curto apresentado em uma sessão sobre o trabalho de Werner Kelber no encontro anual da *Society of Biblical Literature* em 2008.[1] A sessão celebrava o vigésimo quinto aniversário do seminal trabalho de Kelber, *The Oral and the Written Gospel*.[2] Seus estudos sobre tradição oral em relação com os evangelhos têm sido provavelmente dos mais influentes entre acadêmicos que estudam o Novo Testamento desde aqueles da crítica formal. Em minha percepção, enquanto Kelber tornou válido e importante o criticismo à crítica formal, ele não foi crítico o suficiente. Neste ensaio eu lido com uma gama mais ampla de estudos sobre tradição oral por antropologistas do que aquela que me foi possível lidar no livro.

No capítulo 5 ("O Evangelho de Marcos: Origens e testemunhas oculares – Uma discussão sobre o trabalho de Martin Hengel") eu discuto manei-

---

1. Infelizmente, Kelber não estava bem à época e não pôde comparecer em pessoa.
2. Werner H. Kelber. *The Oral and the Written Gospel*. Filadélfia: Fortress, 1983.

ras nas quais o importante trabalho de Hengel sobre o Evangelho de Marcos é coerente com o meu próprio em *Jesus e as testemunhas oculares,* especialmente no que diz respeito à conexão entre Marcos e Pedro. Discuto esta conexão em resposta a visões em contrário, e também tangencio uma questão relacionada que não pude abordar em meu livro: a identidade do autor do evangelho de Marcos. Este ensaio também discute a proeminência especial de palavras em aramaico ditas por Jesus no Evangelho de Marcos, defendendo que este fenômeno pode ser melhor explicado como um aspecto da reivindicação deste evangelho de ter recolhido testemunhos oculares.

Desde a publicação de *Jesus e as testemunhas oculares* eu frequentemente tenho recebido perguntas sobre as narrativas do nascimento e infância nos evangelhos de Mateus e Lucas, especialmente sobre a possibilidade de Lucas apresentar sua narrativa como uma derivação direta do testemunho de Maria. Eu deliberadamente deixei estas partes do evangelho fora da minha discussão no livro, uma vez que de muitas maneiras elas são claramente *sui generis*. Mas no capítulo 6 ("As narrativas sobre a infância em Lucas como história oral em forma escriturística") eu agora sugiro uma maneira de entender como Lucas procedeu nesta parte do evangelho e refuto algumas objeções comuns à visão de que Maria possa ser a origem pelo menos do cerne da narrativa.

Em *Jesus e as testemunhas oculares* eu discuti muitos aspectos do trabalho de Pápias de Hierápolis, incluindo um estudo detalhado de seus comentários sobre Marcos e Mateus, a possibilidade de que ele conhecesse o Evangelho de João e uma reconstrução do que ele disse a respeito dele. No capítulo 7 ("Pápias escreveu história ou exegese?") eu discuto como o trabalho de Pápias está relacionado aos evangelhos escritos que ele conhecia, um ponto muito debatido que eu não fui totalmente capaz de clarificar em *Jesus e as testemunhas oculares*.

3. A transmissão das tradições do evangelho

Como as tradições sobre as palavras de Jesus e os eventos de sua história chegaram até os escritores dos evangelhos? Por quase um século as respostas a esta questão na principal corrente de estudos sobre o evangelho tem sido dominada pelo enfoque conhecido como crítica formal (*Formgeschichte*), cujos pioneiros foram Rudolf Bultmann[1] e Martin Dibelius[2] por volta de 1920. Até aquele ponto, investigações sobre a questão eram amplamente restritas a identificação das fontes escritas dos evangelhos. Os críticos da forma aceitaram a hipótese bidocumental das relações sinóticas, mas sua preocupação era pressionar sua investigação retornando até o período anterior de transmissão oral. Sua visão do processo de tradição oral por trás dos evangelhos tornou-se fundacional para a maioria dos estudos subsequentes dos evangelhos e, além disto, do Jesus histórico. Outras abordagens aos evangelhos se seguiram – crítica redacional e crítica literária – que nos ensinaram a ver os escritores dos evangelhos mais como autores criativos que a crítica formal proporcionava. Os escritores dos evangelhos tinham *designs* literários e agendas teológicas. Mas tais abordagens têm sido habitualmente vistas como construídas por sobre as bases que a crítica da forma lançou como fundações. Os escritores dos evangelhos podem ter moldado seu material mais que os críticos formais supuseram, mas o material que moldaram chegou a eles por um processo de tradição oral contemplado segundo a maneira

---

1. Rudolf Bultmann, *The History of the Synoptic Tradition*. (Tradução por J. Marsh. Oxford: Blackwell, 1963. 2ª edição 1968.) O original alemão, *Dir Geschichte der synoptischen Tradition*, foi primeiro publicado em 1921. FRLANT 29, Göttingen: Vandenhoeck & Ruprecht).

2. Martin Dibelius, *From Tradition to Gospel* (Tradução por B.L. Woolf). Londres: Nicholson and Watson, 1934. O original alemão, *Dir Formgeschichte des Evangeliums*, foi publicado por primeiro em 1919, em Tübingen: Mohr.

que os críticos formais propuseram. Neste interim tem havido muitas críticas destrutivas sobre a abordagem da crítica formal[3], mas o efeito cumulativo de tais não tem sido amplamente notado. Sustento o ponto de que o paradigma da crítica formal foi suficientemente desafiado e desaprovado, e é tempo de adotarmos outro paradigma para compreender como as tradições dos evangelhos foram preservadas no período predominantemente oral anterior aos evangelhos escritos.

O paradigma da crítica formal

Para a crítica formal os evangelhos eram literatura popular, que eles comparavam com o material estudado por folcloristas de seus tempos. Era axiomático para eles que este tipo de tradição oral era formado e transmitido pelo povo, não por indivíduos, e que as comunidades que valorizavam este tipo de folclore não tinham nenhum interesse em história. As tradições de Jesus, sustentavam, por analogia, eram tradições comunitárias anônimas, passadas adiante no cristianismo primitivo dentro das comunidades, não conectadas com indivíduos como aqueles que foram testemunhas oculares da história de Jesus, mas apenas da própria comunidade. Elas foram transmitidas não por pessoas preocupadas em relatar a história passada, mas segundo propósitos orientados somente para a situação então presente das comunidades, e poderiam portanto ser livremente modificadas ou até mesmo recriadas segundo as necessidades que eventualmente surgissem em tais comunidades.

Trabalhando segundo estes pressupostos, a crítica formal tentou classificar as várias formas nas quais unidades individuais da tradição jesuânica foram recolhidas e relacionadas com funções particulares que atenderiam as comunidades primitivas. Intimamente relacionada estava a noção de história tradicional. Utilizando supostas leis da tradição – meios-padrão pelos quais as tradições, sustentava-se, se transmitiam – e a presunção de

---

3. Richard Bauckham, *Jesus and the Eyewitnesses: The Gospels as Eyewitness Testimony.* Grand Rapids: Eerdmans, 2006, p. 246-249; cf. tb. Martin Hengel. "Eye-witness Memory and the Writing of the Gospels". In: Markus Bockmuehl & Donald A. Hagner, eds., *The Written Gospel.* Gragam N. Stanton FS, Cambridge: Cambridge University Press, 2005, p. 70-96, aqui p. 76-88.

que cada tradição originalmente existiu em uma forma pura, a despeito das formas anômalas e plurais que são encontradas nos evangelhos, era suposto como possível traçar a história de uma tradição de volta a partir dos evangelhos até a um original reconstruído ou pelo menos uma forma da tradição anterior àquela preservada em qualquer um dos evangelhos. Desta maneira os textos dos evangelhos eram postos em uma distância considerável das tradições evangélicas iniciais. Desenvolvimentos muito criativos podiam ser postulados.

Entretanto, a história da tradição como tal poderia muito dificilmente ser tomada como ferramenta para acessar o Jesus histórico, uma vez que não poderiam haver garantias que mesmo as versões primitivas reconstruídas das tradições tivessem algo a ver com o Jesus histórico. As comunidades, no fim das contas, não tinham preocupações com autenticidade ou história. Para estudiosos descomprometidos a deixar de lado a busca pelo Jesus histórico, conclui-se, os famosos critérios de autenticidade se tornaram necessários. O fato de que tais critérios sejam usualmente aplicados individualmente a cada uma das unidades das tradições sobre Jesus no contexto de uma visão cética do valor histórico das tradições do evangelho como um todo é consequência direta da apreciação da crítica formal das tradições orais. Uma vez que a busca por material autêntico do Jesus histórico rema contra a natureza das tradições orais em si mesmas, o único modo de proceder era operar com critérios extremamente rigorosos desenhados para resgatar fragmentos isolados de tradições autênticas.

Finalmente, devo adicionar que muitos estudiosos combinaram a forma geral da visão crítica da tradição oral com uma atitude mais conservadora de sua confiabilidade em preservar tradições autênticas sobre Jesus. Mas isto na verdade requer tomar uma visão diferente daquela típica da crítica da forma sobre a natureza das comunidades primitivas e seu interesse nas tradições e sobre a extensão na qual as comunidades possam ter exercido controle sobre as tradições, utilizando de ampla criatividade no processo de transmissão. Em outras palavras, um criticismo muito sério sobre o paradigma da crítica formal está entalhado em sua própria maneira de operar.

Criticismo ao paradigma da crítica formal

Devemos começar com críticas relacionadas à natureza da tradição oral sob a luz de muito mais numerosas evidências que agora temos oriundas do estudo de sociedades orais. A crítica formal mais antiga pode ter usado o melhor modelo disponível para si sobre a natureza das tradições orais, mas era um modelo que não pode mais ser sustentado na atualidade. Um ponto preliminar muito importante a levantar é a grande variedade, encontrada em sociedades orais ou predominantemente orais, de tipos, conteúdos, funções e meios de transmissão de tradições orais.[4] A maior parte das generalizações é deletéria, e portanto devemos suspeitar de argumentos sobre o que pode ter sido verdadeiro a respeito das tradições dos evangelhos com base em como tradições orais funcionam. Muitas características das tradições orais são culturalmente específicas, não podendo ser tomadas como universalmente válidas.

P. ex., não é verdade que tradições orais são invariavelmente comunais, ao invés de serem conectadas com indivíduos em particular que as compõem e ensaiam. Agora sabemos como são importantes os portadores individuais de tradições são importantes em muitas sociedades orais. As tradições são compostas, preservadas ou performadas por indivíduos que, enquanto operam, com certeza, num contexto comunitário, são as autoridades responsáveis pela forma pelas quais as tradições são conhecidas ou repassadas.[5] Outra generalização injustificada é a de que sociedades orais não têm interesse no passado e parecem falar do mesmo somente como uma forma de descrever o presente. Interesse sobre a história varia de uma a outra sociedade oral, e o problema precisa ser considerado em relação com as particularidades de

---

4. Cf. Ruth Finnegan, *Literacy and Orality: Studies in the Technology of Communication*. Oxford: Blackwell, 1988, p. 159, 175-177; Jan Vansina, *Oral Tradition as History*. Madison, Wisconsin: University of Wisconsin Press, 1985, p. 197.

5. P. ex., Finnegan, *Literacy...* p. 72-73; id. "Tradition, but What Tradition and for Whom? The Milman Parry Lecture on Oral Tradition for 1989-1990", *Oral Tradition* 6/1 (1991), p. 103-124, aqui 111; Vansina, *Oral Tradition...* p. 36-39; Isidore Okpewho, *African Oral Literature: Background, Character and Continuity*. Bloomington: Indiana University Press, 1992. Capítulo 2. O ponto já foi desenvolvido, no criticismo à crítica formal, por Thorleif Boman, *Die Jesus-Überlieferung im Lichte der neueren Volkskunde*. Göttingen: Vandenhoeck & Ruprecht, 1967, 10, 29.

cada uma destas culturas.[6] Mas é comum para todas as sociedades orais distinguir contos factuais de contos ficcionais, e transmitir as mesmas distintas categorias de distintos modos, sendo os factuais transmitidos com mais esmero de reprodução fidedigna do conteúdo.[7] Jan Vansina escreve que ele não pode ter certeza se este tipo de distinção identificado seja algo realmente universal, mas ele tem certeza de que é algo bastante comum.[8] Uma observação importante para nossos propósitos é que, pelo menos em sociedades orais da África, o tipo de forma de transmissão oral que é tratado com especial cuidado em favor de sua reprodução fidedigna é aquele que transmite eventos vivenciados no contexto da atualidade.[9]

Tem sido amplamente suposto, parcialmente por conta dos bem conhecidos estudos sobre a prática dos bardos eslávicos meridionais autorados por Milman Parry e Albert Lord[10], que tradições orais são normalmente sujeitas a variação criativa de *performance* a *performance*, e tais variações são esperadas pelo público que as ouve. Mas Ruth Finnegan desafia tal generalização com evidências de outras sociedades demonstrando que "mais ou menos uma exata memorização" de textos orais também são um padrão comum, talvez não através de séculos mas através de "intervalos mais curtos de tempo" e interessantemente para nossos propósitos ela observa que um caso no qual tais memorizações são consideradas particularmente importantes é aquele de "textos que têm um valor ou função religiosos definidos."[11]

Um importante ponto sobre a variação de significados, quando ela ocorre, e com certeza isto ocorre, é que uma *performance* varia em relação a outra, mas não num processo de mudanças de incrementação, de forma que cada estádio de tradição constrói-se sobre o anterior, como um texto literário edi-

---

6. Vansina, *Oral Traditions...*, p. 122, 129-130.

7. Id., ibid., p. 25-26, 53-54.

8. Id., ibid., p. 14.

9. Okpewho, op. cit., p. 183. (Seu uso do termo "lenda" não tem a intenção de lidar com questões de factualidade.)

10. Albert Bates Lord, *The Singer of Tales*. Cambridge, Mass: Harvard University Press, 1960; Id., *The Singer Resumes the Tale*. Ithaca: Cornell University Press, 1995; Adam Parry (ed.), *The Making of Homeric Verse: The Collected Papers of Milman Parry*. Oxford: Clarendon Press, 1971.

11. Finnegan, *Literacy...*, p. 173.

tado muitas vezes. Isto não significa que não pode haver mudanças substanciais ao longo do tempo, mas que é impossível traçar uma história tradicional até a sua forma original depois que esta série de mudanças tenha ocorrido.[12]

Talvez o mais importante ponto geral para nosso propósito seja o de que sociedades orais tratam diferentes tipos de tradições de maneiras diferentes, esperando reprodução fidedigna em alguns casos e variações criativas em outros. Quando reprodução fidedigna é requerida, tais sociedades dispõem de uma variedade de meios para assegurar que tal ocorra. Às vezes há dúvidas de que a exata reprodução verbal possa ser atingida, embora seja significativo que em alguns casos tal repetição seja tentada[13], mas a reprodução substancialmente fidedigna pode ser ou desejada ou alcançada. Métodos de assegurar que tal ocorra incluem tanto confiar as tradições para guardiões autorizados ou mesmo treinados, bem como a checagem com a memória da comunidade, quando é o caso de uma tradição que seja habitualmente ensaiada.[14]

Resulta que, portanto, o estudo de tradições orais em sociedades orais modernas ao redor do mundo pode estabelecer alguns parâmetros segundo os quais podemos esperar que um caso particular, como as tradições sobre Jesus, deva ter sido. Por e para isto temos de considerar o contexto cultural específico no qual a mesma ocorreu e as evidências que estejam disponíveis nos evangelhos.

Antes que passemos a isto, há uma crítica mais radical e ampla que deve ser feita sobre o conceito de tradição oral na crítica da forma em se tratando do cristianismo primitivo: que no melhor dos casos os aderentes a esta escola aplicaram um modelo apropriado a transmissões de tradições ao longo de muitas gerações a um processo que ocorreu em um tempo não superior ao de uma vida relativamente longa. Enquanto a noção de leis sobre tradições

---

12. James D.G. Dunn, "Altering the Dafault Setting: Re-envisaging the Early Transmission of the Jesus Tradition", *NTS* 49 (2003), p. 139-175; aqui p. 144-145, 172; Id, *Jesus Remembered*. Grand Rapids: Eerdmans, 2003, p. 194-195, 248-249; Werner H. Kelber, "The Case of the Gospels: Memory's Desire and the Limits of Historical Criticism", *Oral Tradition* 17/1. (2002), p. 55-86, aqui 64.

13. Bruce A. Rosenberg, "The Complexity of Oral Tradition", *Oral Tradition* 2/1 (1987), p. 73-90, aqui 81-82; Finnegan, *Literacy...* p. 166-167, 174-175, 158, 173-174.

14. Vansina, *Oral Tradition...* p. 41-42; Rosenberg, "The Complexity...", p. 85-86.

e suas mudanças ao longo do tempo seja dúbia em quaisquer casos, certamente não é óbvio que os mesmos processos de mudanças aos quais o folclore transmitido ao longo de gerações esteja submisso estejam provavelmente presentes em períodos muito mais curtos. Já notamos que certas sociedades orais certamente tratam tradições diferentemente se recontam eventos que estejam em memórias vivas, e é de crucial importância que os evangelhos foram escritos dentro e segundo a memória vinda dos eventos ali narrados, mesmo que em alguns casos segundo a data mais antiga disponível para que tal tenha positivamente ocorrido. Isto significa que as relações que os escritores dos evangelhos estabeleceram com as tradições não foi a de memórias e recordações de tradições orais, mas de escritores de história oral.

Escritores modernos, como Jan Vansina, que estão preocupados com a maneira pela qual a história pode ser escrita com base em fontes orais fazem uma clara distinção entre tradição oral e história oral.[15] Tradições formuladas e repetidas por testemunhas oculares ainda pertencem a memórias individuais, que não foram ainda suplantadas pela memória coletiva. Em grande extensão foi o ato de escreverem-se os evangelhos que trouxe as recordações das testemunhas oculares para a memória comum da comunidade. No período oral, uma vez que era o período de memória viva, devemos nos ater às testemunhas, algo que os críticos da forma conspicuamente se negaram a fazer. O fato de os críticos da forma terem negligenciado o fator da memória viva e terem tratado a transmissão das tradições do evangelho como análoga a transmissões ao longo de períodos muito mais longos aponta para a impressão que alguns geralmente têm ao lerem os trabalhos atuais sobre evangelhos que o período entre os eventos e a escrita dos evangelhos teria sido muito mais longo do que realmente foi. De fato, foi o período no qual as testemunhas ainda estavam vivas e disponíveis para contar suas histórias.[16] Devemos retornar às testemunhas oculares o quanto antes.

---

15. Vansina, ibid., p. 12-13, 27-29.

16. Que escritores dos evangelhos escreveram de maneira consciente no período em que alguns estavam vivos, ao menos, dentre as testemunhas oculares é claro a partir de Mt 16,28; 24,34; Mc 9,1; 13,30; Lc 9,27; 21,32; Jo 21,23.

Aspectos da evidência

Já observamos que o quanto uma sociedade oral em particular tem um real senso de história e está preocupada em transmitir tradições históricas com relativa credibilidade é um problema cultural respondido especificamente e que não pode ser previsto segundo nenhum tipo de *a priori*. No caso do cristianismo primitivo tem sido frequentemente demonstrado que os cristãos tinham um claro senso de passado. Não somente os evangelhos em si mesmos mas também as tradições com que estes se relacionam demonstram consciência de uma distinção entre o período do ministério de Jesus e o período após sua ressurreição. Claro, cristãos não estavam interessados no passado meramente no que dizia respeito a si mesmos (poucas populações no mundo antigo estavam), mas no passado religiosamente relevante. Mas sua preocupação, derivada sem dúvida da compreensão fortemente judaica do cristianismo primitivo de história da salvação e escatologia, era precisamente focada no *passado* religiosamente relevante. Eles não colapsaram a história passada de Jesus para dentro de um presente focado em seu senhorio e presença na comunidade.[17]

Isto indica que o movimento cristão primitivo tinha um interesse em preservar as tradições sobre Jesus fidedignamente. Isto, claro, não significa *verbatim*. É bastante consistente com um grau de variabilidade de um reconto a outro. Novamente, isto não pode ser predito *a priori* segundo algum modelo de tradição oral, mas deve ser determinado a partir das evidências que temos sobre as tradições de Jesus. Nossa melhor evidência é o grau de variação que realmente existe em passagens paralelas dos evangelhos, especialmente se pudermos assumir que os escritores dos evangelhos variavam suas fontes da mesma maneira que uma *performance* oral pode variar de outra. Foi notado que, de maneira geral, há mais correspondência verbal de proximidade no caso de ditos de Jesus que há nas narrativas. Seria perfeitamente consistente com o que sabemos de tradições orais se mais ou menos uma exata reprodução era geralmente esperada para tais ditos,

---

17. Para uma discussão mais ampla do tópico deste parágrafo, veja Bauckham, *Jesus,* p. 271-278.

enquanto, no caso das narrativas, o que era esperado que permanecesse constante era a estrutura e os elementos mais centrais, enquanto detalhes não essenciais podiam variar, resultando, entre outras coisas, em versões mais longas ou mais curtas.

Uma vez que abandonamos as pressuposições da crítica formal sobre como as tradições devem ter se desenvolvido, provavelmente não há razão para supor que o grau de variação nas tradições foi algo maior que a variação que podemos observar nos evangelhos que nos chegaram e em outras versões igualmente antigas das tradições evangélicas (como a citada tradição de Paulo da Última Ceia em 1 Coríntios, e talvez alguns materiais evangélicos apócrifos). Não precisamos postular versões originais das tradições variando amplamente das versões que perduraram em forma escrita. Finalmente, uma vez que as evidências demonstram uma preservação amplamente conservadora de tradições, não deveríamos esperar que os ditos de Jesus ou histórias sobre Jesus fossem regularmente, de maneira sistemática, inventadas *de novo* e adicionadas à tradição, como os críticos da forma supunham. Profecia no nome do Exaltado Senhor não tinha o mesmo tratamento ou eram consideradas a mesma coisa que as tradições primitivas de suas palavras.

Estas conclusões não indicam algum tipo de preservação infalível de tradições completamente cristalizadas. A evidência é clara em demonstrar que modificações relativamente pequenas e adições às tradições foram feitas por razões interpretativas, presumivelmente por portadores autorizados destas mesmas tradições, como é o caso dos próprios escritores dos evangelhos.[18] Mas a noção dos críticos da forma de que categorias inteiras de tradição eram definidas segundo a funcionalidade das mesmas em um modo específico de *Sitz im Leben* não encontra suporte nem em nosso conhecimento sobre tradições orais em geral[19] nem em evidências específicas que temos sobre tradições dos evangelhos. Histórias de milagres, p. ex., provavelmente tinham funcionalidades diversas: para fornecer um exemplo de fé, para ilus-

---

18. Bauckham, *Jesus*, p. 286.
19. Vansina, *Oral Tradition...*, p. 100-102.

trar a natureza do Reino de Deus, ou para apontar a autoridade divina de Jesus. A forma básica de um relato de milagre servia a todas estas funções. Pequenas variações poderiam algumas vezes orientar a história mais para alguma destas direções, mas as funções não determinavam a forma, muito menos a origem de tais histórias.

Sumariamente, portanto, as comunidades cristãs primitivas muito provavelmente distinguiam relatos históricos de histórias ficcionais da maneira que sociedades ágrafas geralmente o fazem. Uma *performance* de uma tradição poderia variar de outra, ainda mais no caso de histórias sobre Jesus do que no caso de memórias dos ditos por Jesus. Mas a variação era simplesmente de uma *performance* a outra, não na forma de um desenvolvimento alinhado que nos permitiria reconstruir a história tradicional à maneira do que pretende a crítica da forma. Algumas modificações interpretativas eram feitas algumas vezes, mas nem estas modificações nem as variações performáticas mais habituais precisam ter criado maiores diferenças do que as que podemos observar nos materiais paralelos aos evangelhos. Se tudo isto estiver correto, o fator crucial que nos resta a considerar é como as tradições eram controladas. Os críticos da forma postularam transmissão totalmente descontrolada pela comunidade constituída. Para estabelecer um paradigma alternativo devemos determinar como a preservação suficientemente fidedigna das tradições foi possível de se alcançar.

Um paradigma alternativo: Testemunhas oculares

Um eminente estudioso britânico do Novo Testamento de meados do século XX, Vincent Taylor, que era pessoalmente favorável a uma versão moderada da crítica da forma, certa vez apontou que, se os críticos da forma estavam corretos, as testemunhas oculares da história de Jesus devem ter ascendido aos céus imediatamente após a ressurreição de Jesus. Ele foi além ao apontar que muitas testemunhas oculares que participaram nos eventos narrados pelos evangelhos "não foram imediatamente para o degredo, pois pelo menos uma geração eles se moviam entre as jovens comunidades palestinenses, e por pregações e associações suas memórias estavam à disposição daquele que procuravam informações."[20] O ponto era que, enquanto outros críticos da forma concediam que qualquer tradição deveria originalmente ter derivado de testemunhos oculares, tais testemunhas não desempenhavam nenhum papel adicional na reconstrução da transmissão de tais tradições. Ao retirar as testemunhas de qualquer função de continuidade, os críticos da forma eram capazes de colocar várias décadas de transmissão oral entre as testemunhas e os evangelhos. Os relatos do evangelho deveriam ser compreendidos como tendo apenas uma distante relação com a maneira que as histórias foram primeiro contadas ou os ditos de Jesus reportados por seus discípulos imediatos.

Em meu recente livro *Jesus and the Eyewitnesses: The Gospels as Eyewitness Testimony*[21] tentei trabalhar as implicações da suposição de que as testemunhas oculares não despareceram do movimento cristão primitivo assim que formularam algumas tradições. As testemunhas não apenas ainda estavam vivas ao longo de relevante período, mas também em contato com as comunidades cristãs. As maiores testemunhas, como os doze apóstolos, eram muito bem conhecidas. Elas teriam permanecido pelo resto de suas vidas como fontes acessíveis e garantidoras autorizadas das tradições tal como as formularam inicialmente. Além disso, da mesma maneira que as grandes testemunhas, também haviam testemunhas menores, que contavam talvez do milagre pelo qual elas teriam sido curadas por Jesus ou de algum encontro com Jesus que mudou suas vidas.

Paulo, escrevendo sua Primeira Carta aos Coríntios por volta do ano 50, vinte anos após os eventos, recita um catálogo bem conhecido de pessoas para as quais Jesus apareceu depois da ressurreição. Entre os nomes ele menciona uma estimativa de quinhentos crentes ao mesmo tempo, "muitos dos quais", ele adiciona, "ainda estão vivos" (1Cor 15,6). Este comentário seria sem sentido a não ser que significasse, "se vocês não acreditam em mim, confiram a informação com algumas destas pessoas." Se ele podia dizer que no

---

20. Vincent Taylor, *The Formation of the Gospel Tradition*. 2ª ed. Londres: Macmillan, 1935, p. 41-42.
21. Grand Rapids: Eerdmans, 2006.

que diz respeito a testemunhas menores, pelo menos quinhentas eram conhecidas, quão mais verdadeiro isto seria sobre as testemunhas maiores, pessoas como os doze apóstolos e Tiago irmão de Jesus, que Paulo também incluiu em sua lista. Ele não precisaria dizer que eles ainda estavam vivos e bem no tempo em que escrevia se seus leitores estivessem certos disto. Que muitas testemunhas estivessem não apenas vivas, mas também acessíveis, era algo garantido.

Vimos que em sociedades orais tradições não são de qualquer maneira necessariamente as tradições anônimas comunitárias que os críticos da forma postularam, mas podem estar intimamente relacionadas a indivíduos. Poderia ser o caso que as tradições de Jesus estivessem em muitos casos associadas com os indivíduos ou grupos (como os Doze) nomeados e a partir dos quais se originaram. Veremos brevemente razões para pensar assim. Se as testemunhas continuaram a ser bem conhecidas no movimento cristão primitivo, seria natural elas serem tratadas como as fontes autoritativas e guardiãs de suas tradições. Em última análise eram elas que poderiam garantir a estabilidade das tradições.

Claro, não é provável que testemunhas estivessem constantemente disponíveis em todas as comunidades. Uma vez que sabemos que os líderes cristãos primitivos viajavam bastante,[22] muitas comunidades podem ter sido visitadas por testemunhas oculares de tempos em tempos, e ainda é mais provável que estivessem em contato com pessoas que ouviram as tradições dos evangelhos diretamente das fontes. É improvável que as testemunhas oculares pudessem ser as únicas controladoras da tradição. Sem dúvida haviam mestres nas igrejas responsáveis por esta tarefa. Mas certamente se aproveitariam quaisquer oportunidades de checar as tradições com testemunhas oculares ou receber destas mais tradições. O ponto geral que é de especial interesse a nós é que, se este é um quadro geral plausível, os escritores dos evangelhos teriam, eles mesmos, aproveitado qualquer oportunidade de tocar as tradições em suas fontes, ao invés de simplesmente confiarem nas tradições orais de alguma comunidade cristã em particular, como é habitualmente pretendido.

---

22. Veja Bauckham, "For Whom Were Gospels Written?" [N.T.: neste volume traduzido por "Para quem os evangelhos foram escritos?"].

Já observamos que, porque foram escritos dentro do horizonte de memória viva dos eventos, os escritores dos evangelhos deveriam ser vistos, nem tanto como rememoradores de tradição oral, mas como compositores de história oral.[23] A importância da distinção entre acessar tradições ainda disponíveis em memórias vivas, enquanto as testemunhas oculares ainda estão disponíveis, é comum tanto à história oral moderna quanto à maneira como a história era abordada no contexto literário greco-romano dos evangelhos. Historiadores antigos acreditavam que a história podia ser escrita apropriadamente somente se dentro do limite de vida de testemunhas oculares a quem o historiador pudesse em pessoa entrevistar face a face. Este critério de necessidade de testemunho adequado era, mesmo se nem sempre posto em prática, ao menos era amplamente tomado como o melhor procedimento para a historiografia da época.[24]

Os críticos da forma estavam corretos ao divisar significante continuidade entre os textos do evangelho e as tradições orais como existiam anteriormente aos evangelhos, mas estavam errados ao identificar esta continuidade como o que poder-se-ia esperar de literaturas folclóricas. Os evangelhos, como foi convincentemente argumentado por estudiosos atuais, deve ser genericamente classificado como biografia greco-romana (*bioi*).[25] Da mesma forma que biografias contemporâneas, escritas segundo memórias vivas de seus sujeitos, são o tipo de biografia do qual se poderia esperar que partilhe das melhores práticas da historiografia a si contemporânea no que diz respeito ao cuidado com as fontes. A continuidade, portanto, entre as tradições sobre Jesus em suas formas orais e suas incorporações nos evangelhos deveriam ser vistas como emulações da continuidade entre as fontes de testemunhos oculares e sua incorporação a trabalhos historiográficos, como

---

23. Sobre os evangelhos como história oral, veja Hengel, "Eye-Witness Memory", p. 87; Samuel Byrskog, *Story as History – History as Story: The Gospel Tradition in the Contexto of Ancient Oral History* (WUNT 123, Tübingen: Mohr Siebeck, 2000. Leiden: Brill, 2002.

24. Byrskog, *Story*, p. 48-65, 146-176, 200-223.

25. Isto foi demonstrado especialmente por Richard A. Burridge, *What are the Gospels? A Comparison with Greco-Roman Biography.* (SNTSMS 70), Cambridge: Cambridge University Press, 1992; versão expandida: Grand Rapids: Eerdmans, 2004.

Samuel Byrskok defendeu.[26] É importante notar que, se os primeiros leitores ou ouvintes dos evangelhos identificaram os mesmos genericamente como biografia histórica, eles esperariam que os mesmos fossem bastante próximos e embasados em testemunhas oculares e seus testemunhos, e estariam alertas a indicações dos mesmos sobre quem tais testemunhas seriam.

Os evangelhos são mais próximos a relatos de história oral do que a maioria dos exemplos de literatura grega e romana que sobreviveram até nós. Isto é indubitável porque a sobrevivência de literatura clássica favoreceu fortemente literatura escrita em um nível literário mais elevado do que os evangelhos, que provavelmente lembram mais as muitas biografias populares de seu tempo que não sobreviveram. Mas a incorporação de fontes orais na composição da narrativa certamente não é distintiva dos evangelhos. Ao contrário, como já mencionei, era parte das melhores práticas da historiografia greco-romana. A diferença é que a maioria dos textos mais bem trabalhados literariamente assimilaram suas fontes em uma narrativa, como um todo, mais complexa e sofisticada. Os escritores dos evangelhos, especialmente Marcos, parece terem empregado em seus escritos as habilidades mais próprias dos contadores de histórias.[27]

Este relacionamento próximo entre a oralidade e literatura não é surpreendente. Estudos de tradição oral têm paulatinamente e gradativamente modificado as distinções mais agudas entre oralidade e letramento que teóricos anteriores propunham.[28] No caso dos evangelhos estamos, claro, lidando com uma sociedade predominantemente ágrafa (no sentido de que a maioria da população era analfabeta) na qual, entretanto, a escrita desempenhava um importante papel. Pessoas iletradas ditavam e enviavam cartas, recebiam delas respostas e tinham estas lidas para si. Elas possuíam documentos legais que elas mesmas não podiam ler. Inscrições em suas cidades eram muitas e proeminentes. Eles até mesmo ouviam a leitura de obras literárias, e devemos lembrar que os evangelhos foram escritos primeiramente para funcionar

---

26. Byrskog, *Story...*

27. Bauckham, *Jesus,* p. 231-233.

28. Veja especialmente Finnegan, *Literacy...*

neste contexto de oralidade, lidos em voz alta para ouvintes já familiares com aquelas mesmas tradições em suas formas orais. Além de moldar as tradições em um "todo" narrativo, a mais importante diferença que a escrita dos evangelhos ocasionou foi que preservou o testemunho das testemunhas oculares para além do seu tempo de vida. Esta era uma função natural da escrita, exemplificada pela historiografia greco-romana, em uma sociedade que valorizava memórias precisas do passado e que não considerava que tradições orais movidas para muito longe de suas fontes oculares pudesse ser tomada como confiável para suprir a valorização almejada.

Voltamo-nos agora a algumas razões para supor que os evangelhos são próximos dos testemunhos de testemunhas oculares, e que leitores ou ouvintes contemporâneos eram capazes de identificar ao menos as testemunhas oculares maiores às quais se deviam tais narrativas.

Nomes nos evangelhos

Um ponto de partida para considerar se os evangelhos realmente indicam suas fontes como testemunhas oculares é observar como nomes aparecem nos evangelhos[29], incluindo um fenômeno que não foi adequadamente explicado. Não é surpreendente que as pessoas bem conhecidas pelo público, como o governador romano Pôncio Pilatos ou o sumo sacerdote Caifás, sejam nomeadas nos evangelhos. Nem é surpreendente que discípulos de Jesus que têm grande participação nas histórias – Pedro, Maria Madalena, Tomé e assim por diante – também o sejam. Talvez nem mesmo seja surpreendente que a maioria dos personagens pequenos sejam anônimos. Os evangelhos estão cheios de indivíduos não nomeados que estiveram em contacto com Jesus em apenas uma ocasião. O que é difícil de explicar é por que somente algumas poucas destas personagens sejam nomeadas. Por que é que em Marcos Jairo e Bartimeu são nomeados[30], enquanto todos os outros receptores

---

29. Hengel, "Eye-Witness Memory...", p. 86-87, independentemente demonstra muito brevemente o mesmo argumento que desenvolvo em Bauckham, *Jesus*, capítulo 3.

30. Mc 6,3; 10,46.

das curas de Jesus são anônimos? Por que Lucas, em sua narrativa dos dois discípulos que encontram o Ressuscitado em seu caminho a Emaús, nomeia um dos dois (Cléofas)[31] mas não ao outro? Por que Marcos se dá o trabalho de nomear não somente Simão de Cirene, que carregou a cruz de Jesus até o Calvário, mas também a seus dois filhos, Alexandre e Rufo?[32] Por que Lucas nomeia Zaqueu, o coletor de impostos, ou Simão o fariseu?[33] Uma vez que uma grande maioria das personagens menores em todos os evangelhos são anônimas, por que eles nomeiam especificamente estes poucos?

A única hipótese que eu percebo atender o que se pode derivar destas evidências é a de que estes casos de pessoas nomeadas são em maioria pessoas que se tornaram membras das primeiras comunidades cristãs e elas mesmas contaram as histórias nas quais figuram nos evangelhos. Estas tradições foram transmitidas com os seus nomes. Foi de Bartimeu em pessoa que a narrativa de Marcos de sua cura procedeu, e de Cléofas, mas não de quem o acompanhava, que Lucas derivou a história da caminhada até Emaús.

O princípio dos testemunhos oculares "desde o princípio"[34]

Podemos plausivelmente supor que os evangelhos incorporam algumas histórias individuais que foram contadas pelos indivíduos em questão. Mas se os evangelhos forem baseados em testemunhos oculares a maiores extensões, deve ter havido mais testemunhas cujos relatos cobriam todo ou a maioria do ministério de Jesus. De fato, percebemos esta categoria de testemunha ocular como algo de especial importância no Novo Testamento em si, principalmente por Lucas e João. No primeiro capítulo dos Atos dos Apóstolos, Lucas conta a história de como Judas Iscariotes foi substituído por Matias para que se mantivesse o número de doze apóstolos. A qualificação para ser um dos Doze era de que a pessoa precisava (como Pedro diz) "ter nos acompanhado

---

31. Lc 24,18.
32. Mc 15,21.
33. Lc 19,2; 7,40.
34. Esta seção e a próxima sumarizam meu argumento em Bauckham, *Jesus*, capítulo 6.

durante todo o tempo no qual o Senhor Jesus transitava entre nós, desde o batismo de João até o dia em que Ele ascendeu aos céus."[35] Os doze apóstolos parecem ter sido vistos como o corpo oficial de testemunhas oculares de Jesus, mas a narrativa de Lucas também indica que haviam outros além dos Doze que preenchiam plenamente esta qualificação.[36] Lucas apela para este princípio também no prefácio ao seu evangelho, no qual ele diz ter recolhido tadições conforme elas foram transmitidas por aqueles "que foram testemunhas oculares *desde o princípio*", e, além disto, que ele estava familiarizado pessoalmente com tudo *desde o princípio*.[37] Ele quer dizer que se consultou testemunhas oculares que puderam contar a história desde o princípio.

Encontramos o mesmo princípio no Evangelho de João, no qual Jesus fala a seus discípulos sobre a maneira que eles devem dar testemunho sobre Ele no futuro: "vocês deverão testemunhar porque têm estado comigo *desde o princípio*".[38] Este princípio das testemunhas oculares "desde o princípio" deve ter sido corrente na Igreja primitiva. É precisamente o tipo de qualificação que importava na historiografia antiga, que dependia de testemunhos oculares, e demonstra que os escritores dos evangelhos estavam cientes e dispostos a atender as expectativas de leitores que compreendiam seus trabalhos como biografias históricas e iriam portanto procurar neles indicativos de suas fontes testemunhais.

Se leitores ou ouvintes dos evangelhos imaginavam quem poderia dar testemunho em primeira mão desde o começo até o fim da história, não necessariamente incluindo cada um dos eventos ou discursos dentre cada um dos evangelhos, mas perpassando a maior parte do material, eles provavelmente pensavam naturalmente nos Doze, aquele grupo de discípulos que foram chamados à parte por Jesus para um papel especial em seu movimento, e que exerciam um papel de autoridade no movimento conforme ele se desenvolveu em Jerusalém nos primeiros tempos. De fato, todos os três evangelhos

---

35. At 1,21-22.

36. At 1,23.

37. Lc 1,2-3.

38. Jo 15,27.

sinóticos fornecem uma lista completa dos Doze membros de tal grupo.[39] Nosso conhecimento hoje em dia muito mais desenvolvido das práticas de enumeração da Palestina judia demonstra que estas listas eram cuidadosa e precisamente preservadas, fornecendo não somente os nomes usuais dos envolvidos no grupo dos Doze (Simão, Judas, Tiago e assim por diante) mas também patronímicos ("filhos de Zebedeu" ou Bartolomeu), apelidos (como Pedro) e outros epítetos (como "o Zelota"). As listas preservam a maneira como cada um de fato era conhecido e reconhecido dentro do círculo durante o ministério de Jesus. O cuidado com o qual cada uma das listas é apresentada sugere que elas estivessem assentando credenciais daqueles que eram tomados como o corpo oficial de testemunhas, aqueles que poderiam atestar em favor dos materiais mais importantes por cada um destes três evangelhos.

Se os Doze eram as testemunhas mais qualificadas para a maior parte das tradições que achamos no Evangelho de Marcos e em paralelo em Mateus e Lucas, então devemos também notar que há uma parte-chave da narrativa da qual os Doze estão claramente ausentes e poderiam não terem servido como testemunhas. Esta parte da narrativa, incluindo a história da crucificação e morte de Jesus, seu sepultamento e a descoberta do sepulcro vazio, é tão crucialmente importante no todo da narrativa dos evangelhos que testemunhas oculares certamente são mais importantes aqui do que em qualquer outra parte. Se não os Doze, quem elas são? Os primeiros leitores e ouvintes certamente gostariam de saber. Aqui é onde entram Simão de Cirene, junto com seus filhos, através dos quais, presumivelmente, sua história chegou a Marcos.[40] Mas ainda mais importante são as discípulas, que em Marcos aparecem somente aqui em todo o evangelho. Três delas são cuidadosamente nomeadas (Maria Madalena, Maria mãe de Tiago e Joset, Salomé). Todas as três são colocadas junto à cruz, duas delas no sepultamento, e todas as três no

---

39. Mt 10,2-4; Mc 3,16-19; Lc 6,13-16, cf. tb. At 1,13. Para uma discussão das diferenças entre as listas, que não mostram, como algumas vezes foi pretendido, que o grupo dos Doze não fosse cuidadosamente lembrado, veja Bauckham, *Jesus*, p. 97-101.

40. Mc 15,21; cf. Mt 27,32; Lc 23,26.

sepulcro vazio.[41] Também digno de nota é a maneira que são continuamente o objeto de verbos relacionados à visão ocular: elas "estavam olhando com atenção" quando Jesus foi crucificado e morreu, elas "viram" onde Ele foi depositado na tumba, elas "viram" que a pedra havia sido rolada, elas "viram" o homem jovem sentado ao lado direito, e ele as convida a "verem" o lugar vazio no qual o corpo de Jesus havia sido depositado.[42] Dificilmente seria mais claro que elas ganharam espaço na narrativa a partir de suas posições como testemunhas oculares.

A *inclusio* de testemunhos oculares

Um modo importante pelo qual, defendo em meu livro, os evangelhos de Marcos e Lucas indicam suas mais importantes fontes testemunhais é pelo uso de um aparato literário que denomino como *inclusio* de testemunhos oculares. (Uma *inclusio* é um fenômeno comum em literatura antiga – um tipo de estrutura de composição final de livros, no qual uma passagem, longa ou curta, começa e termina com o material correspondente.) Se olharmos cuidadosamente para a maneira que Marcos em seu evangelho usa os nomes podemos notar que o primeiro dos discípulos de Jesus a ser nomeado no evangelho é também o último: Simão Pedro.[43] Pedro também é o discípulo mais profusamente nomeado no material entre as duas denominações. Além disto, a primeira menção de Pedro é enfatizada pela repetição do nome de uma maneira que não era realmente necessária à narrativa ("Simão e André, irmão de Simão").[44] Pedro portanto é o discípulo que o Evangelho de Marcos destaca como cumpridor da exigência de ter sido testemunha ocular do

---

41. Mc 14,40-41.47; 16,1; cf. Mt 27,55-56.61; 28,1; Lc 24,10.

42. Mc 15,40.47; 16,4.5.6; cf. Mt 27,55; 28,1.6; Lc 23,49.55.

43. Mc 1.16; 16.7. O primeiro a ver isto como uma *inclusio* deliberada, como retórica delineada para demarcar a importância singular de Pedro no evangelho, foi Martin Hengel, *Studies in the Gospel of Mark*. (Tradução de J. Bowden). Londres: SCM Press, 1985, p. 51; Martin Hengel, *The Four Gospels and the One Gospel of Jesus Christ* (Tradução de J. Bowden). Londres: SCM Press, 2000, p. 82.

44. Muitas traduções em língua inglesa atuais [N.T.: bem como em língua portuguesa] traduzem como "Simão e seu irmão André". A repetição de Simão é desnecessária tanto em grego quanto é nas citadas línguas atuais.

princípio ao fim. Marcos em sua *inclusio* de Peter encontra uma maneira de indicar sua maior fonte ocular. (Este ponto não contradiz o que sugeri sobre o papel dos Doze. A versão de Pedro das tradições sobre Jesus teria sido sua própria versão das tradições comuns aos Doze.)

Que Marcos utilize tal aparato literário podemos confirmar a partir do evangelho de Lucas, que é quem delineia o princípio da testemunha ocular "desde o começo" em seu prefácio. Lucas posiciona o nome de Pedro exatamente da mesma maneira que Marcos faz: ele é tanto o primeiro discípulo nomeado (novamente com uma enfática reiteração de seu nome: "Simão... A sogra de Simão") e também o último discípulo a ser nomeado no Evangelho de Lucas.[45] Mas Lucas não somente repetiu as mesmas referências a Pedro da *inclusio* de Marcos. (Se fosse este o caso, o fenômeno poderia ser tomado como acidental em virtude da apropriação por Lucas das narrativas de Marcos.) Lucas criou sua própria *inclusio* na medida em que posiciona referências a Pedro em seu próprio material. Elas não são as mesmas referências de Marcos. Esta é uma boa evidência de que Lucas reconheceu o uso desta convenção literária em Marcos e a copiou. É uma maneira de Lucas reconhecer seu débito ao Evangelho de Marcos, percebido como a fixação escrita do testemunho de Pedro.

Claro, Lucas tem muito material em seu evangelho que não foi retirado de Marcos. Penso que Lucas pode ter indicado a fonte de alguns destes materiais pela utilização de outra *inclusio*, embora não tão claramente demarcada como a *inclusio* petrina. Esta segunda *inclusio* é aquela das discípulas. De maneira original em relação aos outros evangelhos Lucas se refere às discípulas de Jesus, citando nomes, desde um ponto muito inicial do ministério na Galileia, e apenas Lucas indica que estas mulheres estiveram presentes com Jesus e os discípulos masculinos ao longo de pelo menos grande parte do ministério de Jesus como um todo.[46] Os outros evangelhos listam os nomes das mulheres presentes junto à cruz, mas Lucas continua repetindo os nomes

---

45. Lc 4,38; 24,34.
46. Lc 8,2-3; cf. 24,6-8.

das mulheres até depois da história de sua visita ao sepulcro vazio de Jesus.[47] Assim as duas listas de Lucas das mulheres nomeadas formam uma *inclusio* a grande parte de sua narrativa, embora não abarque tudo o que a *inclusio* de Pedro inclui. É inteiramente crível que parte do material específico de Lucas se originou com o testemunho de Joana, Susana e Maria Madalena, talvez mais especialmente de Joana, que é nomeada somente por Lucas e ganha certa proeminência na sua narrativa. Ela pode ter muito bem sido uma importante fonte de testemunhos oculares para Lucas.

Podemos encontrar um uso bastante sutil do mesmo aparato literário de *inclusio* no Evangelho de João.[48] Este evangelho é o que reinvidica ter sido *escrito* por uma testemunha ocular. Seus versos finais atribuem ele àquele discípulo, anônimo no texto, a quem o evangelho chama "o discípulo que Jesus amava."[49] Estudiosos convencionam em chamá-lo de Discípulo Amado. Em minha visão, João, como Lucas, conhecia o Evangelho de Marcos e esperava que seus leitores também o conhecessem, embora ele não se fie, como Lucas, no Evangelho de Marcos como fonte (ou o faça somente raramente). Seu evangelho é escrito para dar sua própria contribuição, demonstrando o testemunho de Jesus que ele considera ser mais perceptivo até que o de Pedro. Então o primeiro discípulo aparece na narrativa de João como ele mesmo, anonimamente[50], e o último a aparecer é o mesmo, agora chamado "o discípulo a quem Jesus amava."[51] Em cada um dos casos Pedro está muito próximo. No começo o Discípulo Amado apenas precede Pedro, enquanto que no fim apenas o segue. Isto corresponde a dizer: "Certamente Pedro se qualifica como testemunha do princípio ao fim, como vocês sabem. Mas na verdade, embora eu não seja um dos famosos discípulos dos quais vocês ouviram falar, eu também me qualifico. Pedro deixou seu testemunho (no Evangelho de Marcos), mas ainda há muito deixado a mim para o dizer."

---

47. Lc 24,10.

48. Para uma discussão mais ampla, veja Bauckham, *Jesus,* p. 127-129, 390-393.

49. Jo 21,20-24.

50. Jo 1,35-40.

51. Jo 21,20-24.

Marcos como o Evangelho de Pedro[52]

Existem outras razões, para além da *inclusio* do testemunho em primeira pessoa, para pensar que o testemunho de Pedro é o que está imediatamente por trás da narrativa de Marcos? Quase todas as introduções a comentários sobre Marcos citam, mesmo que para dispensar sua validade, o bem conhecido fragmento do trabalho de Pápias de Hierápolis sobre a origem do Evangelho de Marcos.[53] Em uma afirmação ecoada por muitos escritores posteriores na Igreja primitiva, Papias reivindicava que Marcos trabalhou como intérprete de Pedro e anotou as tradições do evangelho conforme Pedro as narrou. Houve um tempo no qual a maioria dos estudiosos pensava esta ser uma visão crível e plausível de Marcos e seu evangelho, mas mais recentemente a maioria a dispensa. A principal razão é que a crítica da forma em sua maneira de conceber as origens dos evangelhos não a permite.[54] Agora que o paradigma da crítica da forma pode ser percebido como fundamentalmente equivocado, é tempo de reconsiderar a credibilidade de Pápias.

Papias estava colhendo tradições sobre Jesus originadas de discípulos nomeados de Jesus, alguns dos quais ainda estavam vivos e residentes não tão longe de suas cidades natais, em fins do primeiro século, mais ou menos à época em que os evangelhos de Mateus, Lucas e João estavam sendo escritos. Ele escreveu (ou pelo menos terminou) seu livro alguns anos mais tarde, mas foi em fins do primeiro século que ele reuniu seu material.[55] Então ele estava realmente em uma posição de saber alguma coisa sobre como os evangelhos se originaram, e sua evidência sobre Marcos merece ser tomada mais a sério do que tem sido nos estudos contemporâneos. Mas a plausibilidade do relato de Papias emerge particularmente fortalecida quando correlacionamos ela com as indicações no Evangelho de Marcos em si mesmo de que Pedro era a principal fonte das tradições ali recolhidas. Já percebemos a *inclusio* petrina de testemunho ocular em Marcos, bem como a muito frequente nomeação

---

52. Esta seção sumariza meus argumentos em *Jesus*, capítulos 7 e 9.

53. Texto preservado em Eusébio, *Hist. eccl.* 3.39.14-16.

54. Para discussões sobre outras objeções ao proposto por Pápias, veja Bauckham, *Jesus*, p. 239.

55. Argumentei isto em *Jesus*, p. 12-21.

de Pedro ao longo do evangelho. Adicionalmente, argumentei em meu livro que o Evangelho de Pedro foi escrito de tal maneira que desse a seus leitores ou ouvintes, predominantemente, a perspectiva de Pedro dos eventos à medida em que foram ocorrendo.[56]

Conclusivamente, para entender como os evangelhos se relacionam com a transmissão oral das tradições do evangelho não podemos mais confiar no paradigma da crítica da forma. Especialmente à luz de nosso conhecimento atual da natureza da tradição oral, aquele paradigma precisa ser não somente meramente modificado, mas simplesmente abandonado. Eu sugiro que uma abordagem mais frutuosa a este tópico seja proporcionada pelo paradigma do testemunho ocular, segundo o qual devemos contemplar os evangelhos não como separados de testemunhas oculares por um longo período de tradição comunitária anônima, mas como baseada em testemunhos em primeiras pessoas, muitas vezes diretamente, raramente em mais de dois estádios de transmissão. Os evangelhos são história oral baseada ou até mesmo incorporadores de testemunhos em primeira mão dos eventos.

---

56. Id., ibid., capítulo 7.

4. Werner Kelber e tradição oral

Uma crítica

Um perigo persistente no tratamento de tradições orais por estudiosos do Novo Testamento é que uma teoria geral de oralidade possa operar consideravelmente longe dos campos de estudos dos etnografologistas e antropólogos sociais, dos quais nossa discussão sobre tradições orais precisa depender. Meu próprio conhecimento limitado de tais estudos sugere que tem se tornado mais e mais difícil dizer qualquer coisa sobre tradições orais onde quer que estejam. Precisamos ser mais cuidadosos ao trabalhar com um modelo de oralidade ou tradições orais que supostamente é universalmente válido, e prestar muito mais atenção às especificidades de cada uma das culturas. Esta é a aproximação reivindicada mais e mais por Ruth Finnegan (uma antropóloga que Werner Kelber lista entre aquelas pessoas que mais profundamente influenciaram seu pensamento,[1] embora não parece que ela o tenha feito no que aqui abordamos). Finnegan alerta contra o que ela chama "a generalização composta em escritórios [N.T.: literalmente, "generalização em cadeiras de escrivaninhas"] de autores como Walter Ong, Marshall McLuhan, Eric Havelock e, de maneira bastante redundante, Milman Parry e Albert Lord."[2] Como um resultado do trabalho de Lord, ela nota:

> É agora [em 1988] amplamente suposto de literatura oral que, em contraste com literatura escrita, ela é sempre variável de uma *performance* a outra, nunca caracterizada por *performan-*

---

1. Werner H. Kelber, "The Oral-Scribal-Memorial Arts of Comunication in Early Christianity". In: *Jesus, The Voice, and the Text: Beyond the Oral and the Written Gospel,* ed. Tom Thatcher. Waco: Baylor University Press, 2008, p. 235-262. Aqui, p. 236.

2. Ruth Finnegan, *The Oral and Beyond: Doing Things with Words in Africa.* Orford: James Currey & Chicago: University of Chicago Press & Pietermaritzburg: University of KwaZulu-Natal Press, 2007, p. 220, cf. 148.

ces anteriores ou memorização exata, e não se fia na percepção de uma versão "correta" ou "autêntica". Este modelo é algumas vezes tomado como tão bem estabelecido que se assume que se algum elemento desta síndrome está presente (p. ex., um estilo formular) o restante estaria presente também, independentemente de evidências contra ou a favor desta percepção.

Mas... evidências comparativas recentemente lançaram dúvidas sobre esta ampla aplicação da teoria. Embora a composição oral em *performance* e variabilidade oral sejam encontradas, também o são *outras* formas de composição oral. Em particular, a exata memorização de textos orais, composição oral em separado em relação ao ato da *performance*, e o conceito de uma correção oral do texto (tudo isto supostamente impossível segundo a mais amplamente aceita "teoria oral") têm sido encontrados em um bom número de culturas.[3]

Mais recentemente, a mesma autora escreveu:

> Os anteriormente acalorados debates sobre estas questões agora se assentaram em convergências mútuas entre outrora visões antagonistas, e estudiosos comparativos mais sérios das formas orais reconhecem diversidades bem como similaridades, estressam a importância de estudos de campo detalhados de tradições vivas e são todos precavidos sobre discutir desde exemplos específicos o que seria aplicável em generalizações universalistas.[4]

A lição para os estudos neotestamentários parece para mim ser a de que devemos ser muito mais cautelosos do que muitos estudiosos têm sido sobre como reivindicar que assim ou assado deva ser o caso no que diz respeito às tradições do evangelho *porque é com isso que a tradição oral se parece.*

Nestes breves comentários no seminal e influente trabalho de Werner Kelber, eu devo aplicar tais cuidados à crítica de Werner Kelber sobre a crítica da forma e seu modelo de tradição oral que dominou os estudos sobre os evangelhos por um século. Sua crítica mais importante a Rudolf Bultmann

---

3. Ruth Finnegan, *Literacy and Orality: Studies in the Technology of Communication*. Oxford: Blackwell, 1988, p. 158.

4. Finnegan, *The Oral and Beyond*, p. 148.

e os outros críticos da forma apontava para o modelo evolucionário de tradição que os mesmos admitiam como válido, no qual histórias e palavras de Jesus se desenvolveram ao longo do tempo por processos que poderiam ser identificados, tornando possível projetar uma tradição histórica que poderia levar estudiosos de volta à forma original de qualquer tradição em particular. Kelber acertadamente apontou que este modelo de tradição oral imaginava a mesma em termos literários, como se um texto estivesse sendo copiado e adaptado em um processo acumulativo. Em tradição oral, entretanto, *performances* não provocam uma progressão linear deste tipo. Cada *performance* é única; ela não se constrói sobre uma *performance* anterior. Este ponto tem sido abordado e chancelado por Vernon Robbins[5], James Dunn[6], eu mesmo[7], e outros.[8] Ele significa um forte golpe a todo o esforço de história da tradição e seu lugar na procura pelo Jesus histórico.

Este aspecto do argumento de Kelber ainda contemplo como basicamente válido. Não parece aqui haver evidência da tradição oral operando da mesma maneira que a crítica da forma postulou. Entretanto, penso que o posicionamento de Kelber sobre a unicidade de cada *performance* de tradição como provavelmente exagerado. "Cada *performance* oral é uma criação inequivocamente original."[9] Tom Thatcher reelabora a fala de Kelber da seguinte maneira: "Porque cada *performance* oral recolhe significado e energia de sua peculiar biosfera (um momento e contexto social único), três renderizações muito similares de um dito popular deveriam ser percebidos como três textos completamente autônomos".[10] Esta ênfase praticamente exclusiva na descontinuidade pertence ao modelo de tradições orais criadas por Parry e Lord, mas antropologistas e teóricos da oralidade estão começando a contrabalan-

---

5. Vernon K. Robbins. "Form Criticism" *ABD* 2, p. 841-843. Aqui, p. 842.

6. James D.G. Dunn. *The Oral Gospel Tradition*. Grand Rapids: Eerdmans, 2013, p. 56-57, 244-245; Id. *Jesus Remembered*. Grand Rapids: Eerdmans, 2003, p. 194-195, 248-249.

7. Richard Bauckham, *Jesus and the Eyewitnessess: The Gospels as Eyewitness Testimony*. Grand Rapids: Eerdmans, 2006, p. 248-249.

8. Eric Eye, *Behind the Gospels: Understanding the Oral Tradition*. Londres: SPCK, 2013, p. 64-65.

9. Werner H. Kelber. *The Oral and the Written Gospel*. Filadélfia: Fortress, 1983, p. 30.

10. Tom Thatcher, "Beyond Texts and Traditions: Werner Kelber's Media History of Christian Origins", in *Jesus, the Voice and the Text,* ed Thatcher, p. 1-26; aqui p. 5.

çá-la com o reconhecimento de que *performances* não criam algo como um texto que é retido na mente de forma a poder ser re-renderizado em posteriores *performances*. Uma *performance* não é pura instantaneidade, mas uma *performance de* algo, algo identificável e distinguível das particularidades de uma *performance* em particular. Continuidade entre *performances* não é somente, como Kelber parece pensar, o resultado de circunstâncias similares de *performance*,[11] mas também uma pervade cada uma das *performances*. P. ex., Karin Barber, escrevendo em 2003, observa:

> O estudo das *performances* orais foi tão enfraquecido pelas tentativas mais antigas de compreender gêneros orais segundo equivalências com literaturas textuais escritas que a teoria sobre as *performances* teve de lutar bravamente para liberar-se disto. A instigante descoberta da importância da "composição em *performance*", de improvisação, de interação com o público, de gestuais, tempo, ritmo e expressão corporal, ...significou que a teoria da *performance*, ao menos em seus estádios iniciais, estava rigidamente oposta a qualquer coisa que lembrasse a noção de "texto" no criticismo literário. ... Mas as coisas mudaram... Antropologistas trabalhando com tradições orais começaram a tentar entender como a *performance* evanescente e momentânea não poderia ser compreendida como algo abstraído ou separado do fluxo dos discursos cotidianos. Começamos a vislumbrar como trabalho é aplicado na constituição de gêneros orais como algo capaz de ser repetido, avaliado e interpretado exegeticamente – ou seja, algo que pode ser tratado como o objeto do comentário – pelas comunidades que o produzem, e não somente pelo observador ou etnografologista.

Isto, ela segue, "seria heresia quinze anos atrás."[12] Estudiosos do Novo Testamento têm um hábito desafortunado de utilizarem-se de outras disciplinas em estádios que tais disciplinas já ultrapassaram.

Esta noção de texto mental na qual as *performances* são variantes, algo que transcende a configuração de performer, audiência, ocasião e situação em cada uma das *performances*, significa que as noções de uma *performance*

---

11. Thatcher, "Beyond Texts", p. 6.

12. Karin Barber, "Text and Performance in Africa". *BSOAS* 66 (2003), p. 324-333, aqui p. 325.

confiável de uma tradição, uma que preserva o núcleo da tradição, faz muito sentido. *Performances* podem ser compreendidas mais ou menos como variantes de um texto mental, e sociedades que queiram preservar uma tradição em um formato razoavelmente estável poderiam conseguir isto. A transmissão do conteúdo, em outras palavras, é um aspecto e pode ser um objetivo até mesmo de tradições que são compostas durante a *performance*.[13]

Entretanto, também é importante lembrar, como Ruth Finnegan incisivamente o faz,[14] que a composição na *performance* não é uma regra universal. Também há casos de memorização e reprodução conforme tanta precisão de reprodução quanta seja possível de ser alcançada.

Enquanto Kelber rompeu com um elemento central da crítica formal da maneira que há pouco demonstrei, e com outros aspectos ligados à noção de desenvolvimento evolutivo de tradições[15], parece a mim haver outros aspectos nos quais ele ainda se alinha com Bultmann. Um é que ele recolhe de Bultmann a ideia de que a *performance* das tradições de Jesus nas comunidades primitivas era focada exclusivamente na presença do Senhor redivivo, em cujo nome o evangelho era pronunciado pelos profetas cristãos. Na tradição oral, ele, como Bultmann, reivindica se havia pouco, se algum senso de distinção entre o Jesus terreno do passado e o Senhor exaltado do presente. Esta distinção era parte do impacto revolucionário de se escrever algo, como o Evangelho de Marcos.[16] Ausente qualquer interesse no passado, as tradições orais eram autenticadas, não por confiabilidade histórica, mas pela autoridade do orador e a recepção dos ouvintes.[17]

Em minha percepção não pode ser suficientemente reforçado que muitas sociedades ágrafas distinguem entre contos não históricos (incluindo

---

13. Contraste com Thatcher, "Beyond Texts", p. 5: para Kelber, "o modelo de biosfera também resiste a qualquer noção de 'transmissão', mais ou menos precisa, do contexto de um conjunto de discursos tradicionais ou de histórias."

14. Ruth Finnegan. *Oral Poetry: Its Nature, Significance, and Social Context.* Cambridge: Cambridge University Press, 1977, p. 73-83; id., *The Oral and Beyond*, p. 106-111.

15. Kelber, ibid., p. 8.

16. Kelber, ibid., p. 199-209.

17. Kelber, *The Oral*, p. 71.

o que hoje chamaríamos de ficção histórica) e verdadeiros relatos sobre o passado, e tomam cuidados para garantirem a preservação mais exata destes últimos. A terminologia varia, mas Isidore Okpewho, em seu livro sobre literatura oral africana, distingue dois tipo de "lenda" (usando este termo em seu sentido latino mais básico [algo para ser recontado], e não implicando algo sobre valor histórico). Ele chama os dois tipos de "lendas históricas" e "românticas" ou "míticas":

> A lenda histórica ocorre na maior parte das vezes dentro de um tempo memorável – o presente visível ou o passado mais recente. Mas sua qualidade essencial é que se prende tão perto quanto possível a detalhes da vida real, provavelmente porque muitas pessoas conhecem as pessoas implicadas e podem lembrar-se dos eventos bastante vividamente..., o narrador é cuidadoso em não se envolver em voos descuidados da imaginação, especialmente se ele ou ela medra ser contraditado ou contraditada pelos presentes ouvintes. A lenda romântica, ou mítica, ao contrário, não estão sujeitas a nenhuma destas restrições.[18]

As tradições do evangelho antes de Marcos, devemos lembrar, eram recontadas dentro de um espaço de tempo de memória viva dos eventos e em comunidades nas quais muitas das testemunhas oculares eram pessoas bem conhecidas. A consciência histórica não é determinada pela oralidade ou letramento de uma sociedade, mas por sua cultura específica.

Outro aspecto no qual Kelber concebe a tradição oral similarmente a Bultmann é que ele imagina a mesma como incontrolada. Ele aparentemente assume que, apenas porque é tradição oral, não seja controlado nem por memorização nem por guardiães reconhecidos ou talvez informalmente pela própria comunidade. Mas esta é uma outra injustificada generalização sobre tradição oral, baseada primariamente em universalização do material iugoslavo estudado por Albert Lord. Por outras partes, a memorização ocorre – significando, não necessariamente memória *verbatim* (embora algumas vezes isto seja desejável e tentado e em algumas vezes, em casos bem docu-

---

18. Isidore Okpewho, *African Oral Literature*. Bloomington: Indiana University Press, 1992, p. 183.

mentados, seja realmente alcançado[19]), mas um esforço deliberado para fixar a tradição na memória, por repetição ou outros meios. Jan Vansina reporta vários exemplos da África, Nova Zelândia e Havaí de meios pelos quais "controle sobre a credibilidade da *performance*" foram fixados e exercidos.[20] O ponto-chave, apontado por Vansina e também por Kenneth Bailey[21], é que sociedades orais frequentemente distinguem entre diferentes tipos de tradição, alguns dos quais eles podem se preocupar em preservar com as menores mudanças possíveis, outras para as quais variações e inovações são esperadas. Noções generalizadas de oralidade não podem nos ajudar aqui. As especificidades culturais são provavelmente as chaves mais eficientes.

---

19. Jan Vansina, *Oral Tradition as History.* Madison: University of Wisconsin Press, 1985; Finnegan, *Literacy*, p. 166-167, 172-173.

20. Vansina, *Oral Tradition as History,* p. 41.

21. Kenneth E. Bailey, "Informal Controlled Oral Tradition and the Synoptic Gospels", *Themelios* 20 (1995), p. 4-11, aqui p. 6-7.

5. O Evangelho de Marcos

Origens e testemunhas oculares[1]

Dentre os evangelhos, Martin Hengel dispendeu maior atenção aos de Marcos e João. Hengel nunca teve medo de ter uma abordagem incomum, ou talvez fora de moda (como alguns poderiam perceber), muitas vezes com um certo grau de contenda em relação a tendências recentes nos estudos neo-testamentários. No caso do Evangelho de Marcos e suas origens, Hengel deu muito mais crédito às evidências da Patrística primitiva do que tem sido o usual desde o estabelecimento da crítica formal do início do século XX, mas ele também se atentou a aspectos do evangelho em si mesmo que não gozaram de muita atenção nos estudos marcanos da segunda metade do século. Seu trabalho é em favor de fechamento em torno de essencialmente uma visão tradicional: que o evangelista, que era o João Marcos de Atos[2] e o Marcos do *corpus* paulino[3] bem como de 1 Pedro,[4] escreveu seu evangelho em Roma, após a morte de Pedro, baseado amplamente na pregação missionária de Pedro, a qual Marcos, que era intérprete de Pedro, conhecia bem. O propósito do evangelho era tanto histórico quanto querigmático, no sentido de que Marcos deliberadamente compôs uma narrativa sobre o passado, compreendido como a narrativa da ação salvífica de Deus na história de Jesus, e assim comunicou a boa notícia de Jesus a fim de evocar e sustentar a fé cristã.

No que aqui se segue eu pretendo discutir os elementos centrais dos argumentos de Hengel sobre as origens do Evangelho de Marcos, em cada um dos casos destacando meios pelos quais os estudiosos posteriores de Marcos

---

1. Palestra proferida em 2010 no âmbito da "The Tyndale New Testament Lecture".

2. At 12,12.25; 13,5.13; 15,37.39.

3. Cl 4,10; 2Tim 4,11; Fm 24.

4. 1Pd 5,13.

receberam, discutiram e se comprometeram com o trabalho de Hengel. Em alguns casos eu pretendo oferecer as minhas próprias considerações a críticas direcionadas aos argumentos de Hengel. Por fim, na porção final deste ensaio, pretendo apresentar duas linhas de argumento de minha autoria, que acredito poderem fortalecer e até mesmo estender os de Hengel.

I. Os evangelhos não circulavam como textos anônimos

Num primeiro estudo publicado em 1984 Martin Hengel lançou um forte desafio[5] à visão dominante de que os evangelhos originalmente circularam como textos anônimos e que os títulos que conhecemos foram adicionados tardiamente, muito após suas composições. Ele argumentou que por razões práticas títulos para os evangelhos devem ter sido usados assim que comunidades cristãs locais dispusessem de mais de um evangelho e assim precisassem distinguir um de outro. Este seria o caso especialmente quando um evangelho fosse lido em voz alta durante algum culto (e Hengel pensa que os evangelhos foram escritos primariamente para uso litúrgico), bem como para o propósito de arrumar os livros em uma despenseira de livros comunitária.[6] Se os evangelhos houvessem circulado originalmente sem títulos, uma variedade de títulos teria sido gerada à medida em que as várias comunidades cristãs criassem títulos para seu próprio uso.[7] Mas não temos evidências de que houveram quaisquer outros títulos do que os que hoje conhecemos (seja a forma completa "Evangelho conforme X" ou a forma abreviada "Conforme X"). Ele conclui: "Os títulos dos evangelhos poderiam apenas terem sido dados por aqueles primeiros escribas cristãos que obser-

---

5. Tradução utilizada: "The Titles of the Gospels and the Gospel of Mark". In: Martin Hengel, *Studies in the Gospel of Mark*. Traduzido para o inglês por John Bowden. Londres: SCM Press, 1985, p. 64-84; veja também Martin Hengel, *The Four Gospels and the One Gospel of Jesus Christ,* traduzido para o inglês por John Bowden. Londres: SCM Press, 2000, p. 48-56.

6. Sobre o assunto veja "The 'Cross-Check': The Origin of the Collection of the Four Gospels and the Christian Book Cupboard – An Attempt at a Reconstruction". In: Hengel, The Four..., p. 116-140.

7. Adela Yarbro Collins, *Mark*. Hermeneia: Fortress, 2007, p. 2-3. A evidência é aqui amparada por Galeno.

vavam a disseminação das primeiras formas escritas de evangelhos à medida que as copiavam e enviavam a outras comunidades importantes."[8]

Claro, este argumento não nega o fato de que os autores dos evangelhos não sejam nomeados no corpo do texto, mas delimita que eles nunca intencionaram ser anônimos. Nos lugares onde foram escritos sua autoria teria sido bem conhecida e aqueles escribas que primeiro adicionaram os títulos quase certamente sabiam por quem os textos foram compostos. Em favor da origem primitiva dos títulos dos evangelhos, Hengel insiste não somente em razões de conveniência prática, mas também a necessidade de comunicar que os evangelhos carregavam a autoridade de mestres cristãos bem reconhecidos. A respeito do Evangelho de Marcos em particular, e enfatizando seu caráter inovador, Hengel escreve: "Este texto pouco usual *não pode* ter circulado *anonimamente* desde o princípio, pois isto o teria desqualificado desde o início".[9] Como com os livros proféticos do Antigo Testamento, também lidos nas sinagogas e nos cultos cristãos primitivos, os títulos indicavam a autoridade de seus autores. Hengel assim distingue sua visão sobre a origem dos evangelhos da visão dos críticos da forma de que os evangelhos sejam apenas produtos da "coletividade amorfa de uma comunidade desconhecida."[10]

A força do argumento de Hengel em favor da origem primitiva dos títulos dos evangelhos tem sido notada por muitos estudiosos, mesmo quando não estejam em posição de aceitarem uma origem tão antiga quanto a que Hengel advoga.[11] Helmut Koester se preocupou com a reivindicação de que os títulos

---

8. Hengel, *Studies*, 81.

9. Martin Hengel, "Eye-witness Memory and the Writing of the Gospels". In: Markus Bockmuehl & Donald Hagner (eds.), *The Written Gospel* (G.N. Stanton FS). Cambridge: Cambridge University Press, 2005, p. 70-96. Aqui, 80. Cf. tb. p. 91-92 e Hengel, Studies, 155, nota 71; Martin Hengel & Anna Maria Schwemer, *Jesus und das Judentum* (Geschichte des frühen Christentums 1. Tubinga: Mohr Siebeck, 2007, p. 222 e 252.

10. Hengel, *Studies*, p. xii.

11. Cf. Harry Y. Gamble. *Books and Readers in the Early Church*. New Haven/Londres: Yale University Press, 1995, p. 153-154; Robert H. Gundry. *Mark: A Commentary on his Apology for the Cross*. Grand Rapids: Eerdmans, 1993, p. 1041; Ben Witherington. *The Gospel of Mark: A Socio-Rethorical Commentary*. Grand Rapids: Eerdmans, 2001, p. 21; Richard T. France, *The Gospel of Mark* (NIGTC). Grand Rapids: Eerdmans, 2002, p. 39-40; Yarbro Collins, *Mark*, p. 2 e 129; James G. Crossley, *The Date of Mark's Gospel: Insight from the Law in Earliest Christianity* (JSNTSup 266). Londres: T. & T., 2004, p. 15-17.

conforme conhecemos derivam de uma nomenclatura antiga, uma vez que ele não acredita que o termo "Evangelho" (εὐαγγέλιον) tenha sido utilizado para se referir a um escrito narrativo antes de meados do segundo século.[12] Ele rejeita a reivindicação de Hengel de que Marcos tenha originado tal uso ao designar seu próprio trabalho como "evangelho" (Mc 1,1).[13] Mas, significantemente, Koester concede que Hengel deve estar certo em defender que os evangelhos devem ter circulado sob os nomes de autores específicos desde tempos remotos.[14] A isto Graham Stanton responde que "é quase inconcebível que o nome do autor tenha sido anexado a cópias dos evangelhos sem um título de alguma natureza. Mas que título poderia ser usado, se não τὸ εὐαγγέλιον?"[15] Alguém poderia apontar que um título, ao invés de apenas um nome de um autor, seria necessário para anunciar leituras de um evangelho. James Kelhoffer argumentou, contrariamente a Koester, que a *Didaqué* e *2 Clemente*, bem como Marcião, pressupõem o uso de εὐαγγέλιον para se referir a um texto escrito.[16] Stanton argumentou que foi Mateus quem inventou o uso de εὐαγγέλιον para se referir a uma narrativa escrita,[17] mas um bom número de outros estudiosos concordam com Hengel de que Marcos já

---

12. Helmut Koester, *Ancient Christian Gospels: Their History and Development.* Londres: SCM Press, 1990, p. 26-27.

13. Id., ibid., p. 12-14.

14. Id., ibid., p. 26-27.

15. Graham N. Stanton, *Jesus and Gospel.* Cambridge: Cambridge University Press, 2004, p. 54 e 78-79; C. Clifton Black, *Mark: Images of na Apostolic Interpreter.* Mineápolis: Fortress, 2001, p. 151, parece ter entendido mal uma passagem que ele mesmo cita de Adamâncio, *De recta in Deum fide.*Neste diálogo Megécio, um marcionita, nega que os evangelhos de Marcos e Lucas tenham sido escritos por discípulos de Cristo. "Leia os evangelhos", ele diz, "E você encontrará que estes nomes não estão escritos nos mesmos". No contexto, o que ele quer dizer é que os nomes de Marcos e Lucas não ocorrem nas listas dos doze discípulos nos evangelhos. Ele não está negando que estes evangelhos tenham sido escritos por pessoas chamadas Marcos e Lucas, como seus títulos afirmam, mas que Marcos e Lucas tenham sido discípulos de Cristo. Isto é por que Adamantius, em resposta, afirma que Marcos e Lucas eram membros dos setenta e dois (não nomeados) discípulos em Lc 10,1. Joel Marcus, *Mark 1-8* (AB 27). Nova York: Doubleday, 1999, p. 17 embarca nesta má compreensão quando afirma, referindo-se a Black e sua discussão, que "ao menos até o quarto século... algumas cópias de Marcos parecem ter circulado de forma anônima".

16. James A. Kelhoffer, "'How Soon a Book' Revisited: ΕΥΑΓΓΕΛΙΟΝ as a Reference to 'Gospel' Materials in the First Half of the Second Century". ZNW 95, 2004, p. 1-34.

17. Graham N. Stanton, "Matthew: βίβλος, εὐαγγέλιον or βίος". In: Frans van Segbroeck et al. (eds.), *The Four Gospels 1992 (*Frans Neirynck FS). Leuven: Leuven University Press, 1992. V. 2, p. 1.187-1.202.

se utiliza do título segundo este sentido semântico desde a primeira frase de seu evangelho.[18]

II. Era este autor o João Marcos do Novo Testamento?

Hengel não entra em nenhum problema para provar que o João Marcos de Atos é a mesma pessoa que o Marcos do *corpus* paulino (Fm 24; Cl 4,10; 2Tm 4,11) e o Marcos de 1 Pedro (5,13). Ele meramente afirma que este seja o caso "mais provável."[19] Mas seria este Marcos o Marcos a quem o título do evangelho se refere? Em favor desta identificação está a percepção de Hengel de que o evangelho precisava ser atribuído a uma figura reconhecida de autoridade: "A reivindicação de que o autor fosse um cristão gentio desconhecido, isto é, um anônimo senhor Ninguém sem qualquer autoridade é completamente absurda".[20] Além disso, Mateus e Lucas não teriam feito o extensivo uso que fizeram do Evangelho de Marcos a não ser que o autor fosse uma autoridade reconhecida.[21]

Hengel também argumenta a partir de evidências internas que o evangelho é plausivelmente o trabalho de "um cristão judeu helenófono que também entendia aramaico." O Evangelho de Marcos contém uma abundância de palavras e frases aramaicas corretas em maior quantidade, segundo Hengel, que qualquer outro trabalho em grego que conhece. Isto faz que um autor gentio seja improvável e que um cristão judeu palestino seja mais provável.[22] Uma vez que o João Marcos de Atos vem de Jerusalém, é explicável que o evangelho demonstre "conhecimento deficiente" da geografia da Galileia. Em uma era sem mapas, de um habitante de Jerusalém que não houvesse via-

---

18. Cf. Yarbro Collins, *Mark*, p. 3.

19. Hengel, *Studies*, 155 nota 71. Em Hengel & Schwemer, *Jesus*, p. 217; ele diz que não há razão suficiente para duvidar-se disto.

20. Hengel, "Eye Witness Memory", p. 91-92. Hengel & Schwemer, *Jesus*, p. 219; Martin Hengel, *Saint Peter: The Underestimated Apostle* (tradução inglesa por Thomas H. Trapp). Grand Rapids: Eerdmans, 2010, p. 43. Para o mesmo ponto no que diz respeito aos evangelhos de maneira geral, veja Hengel & Schwemer, *Jesus*, p. 260.

21. Hengel, *The Four Gospels*, p. 80.

22. Hengel, *Studies*, 46; *The Four Gospels*, p. 79 e 260, nota 324.

jado à Galileia não se esperaria que tivesse uma compreensão precisa de sua geografia.[23] Dessa maneira Hengel refuta o uso desta observação como evidência de que o autor desse evangelho não poderia ser um judeu palestino. No que diz respeito às imperfeitas referências a costumes judeus, ele defende que "Marcos não pretendia fazer um relato historicamente preciso segundo uma noção contemporânea, mas apresenta costumes Judeus de forma polêmica e tendenciosa."[24]

A confiança de Hengel que todas as referências do Novo Testamento a Marcos são referências à mesma pessoa não é partilhada por todos os estudiosos. Clifton Black, em particular, considera que isto seja muito incerto,[25] mas em seus comentários mais recentes tanto Joel Marcus[26] quanto Adela Yarbro Collins[27] pensam que todas estas referências sejam provavelmente ao mesmo Marcos. Muitos estudiosos, inclusive Joel Marcus, apontam que o nome latino Marcus era "um dos nomes mais comuns no Império Romano"[28], e que para alguns isto significa que não há como saber se o Marcos a quem o evangelho em seu título atribui autoria é o mesmo Marcos ou os mesmos Marcos a quem textos do Novo Testamento se referem.[29] Joel Marcus pensa que o escriba ou os escribas que primeiro deram a este evangelho seu título teriam pensado ou intencionado que seus leitores identificassem que o João Marcos do Novo Testamento era o autor deste trabalho, pois "se a outro Marcos quisessem atribuir a autoria, os escribas o teriam identificado com maior precisão."[30] No fim, ele deixa em aberto a questão da autoria por

---

23. Hengel, *Studies,* p. 46 e 147-148, notas 50-51.

24. Id., ibid., nota 52. Nestes argumentos, Hengel está rejeitando os enfoques especialmente de Kurt Niederwimmer, "Johannes Markus und die Frage nach dem Verfasser des zweiten Evangeliums", *ZNW* 58: 1967 p. 172-188, que é uma afirmação útil sobre o caso contra a identificação do João Marcos de Atos com o autor do evangelho.

25. Black, op. cit. Introdução e capítulos 1 e 2.

26. Marcus, op. cit., p. 18.

27. Yarbro Collins, *Mark.*, p. 6.

28. Marcus, op. cit., p. 17-18.

29. Morna Hooker, *A Commentary on the Gospel according to St Mark* (BNTC) Londres: A & C Black, 1991, p. 6. Francis J. Moloney, *The Gospel of Mark.* Peabody: Hendrickson, 2002, p. 12.

30. Marcus, op. cit., p. 18. Isto não parece ser consistente com sua própria afirmação posterior de que "nosso evangelho provavelmente foi escrito por alguém chamado Marcos, mas este Marcos

João Marcos.[31] Yarbro Collins, aceitando que o autor do evangelho se chamava Marcos, deixa em aberto a questão se ele era o mesmo Marcos dos textos do Novo Testamento ou apenas era um caso de terem o mesmo nome.[32] Nenhum dos dois derruba o argumento de Hengel de que o autor deveria ser alguém conhecido como uma figura de autoridade.

Por outro lado, tanto Marcus quanto Yarbro Collins alcançam amplitudes maiores que Hengel para refutar as visões de que o autor do evangelho não poderia ser um judeu e que seu tratamento da Geografia galileia não poderia vir de algum autor da Palestina e judeu de origem.[33] James Crossley, contradizendo opiniões comuns entre acadêmicos sobre a percepção do evangelho no que diz respeito à Torá, até mesmo argumenta que a controvérsia sobre a lei de Moisés no Evangelho de Marcos reflete discussões internas do próprio judaísmo, que a validada da Torá em si mesma não é questionada, e que portanto o evangelho deve ser datado em algum ponto anterior no qual a observância entre os gentios da Torá tornou-se assunto discutido no movimento cristão primitivo.[34] Entretanto, Dormeyer pensa que a atribuição do evangelho a um cristão gentio desconhecido permanece plausível.[35]

---

provavelmente não tinha nenhuma conexão especial com Pedro. ... A possibilidade não pode ser excluída de que este Marcos seja o João Marcos de Atos e da correspondência paulina", p. 24.

31. Ele faz, entretanto, uma "consideração inconclusiva" adicional em favor da autoria por João Marcos: se este fosse o autor, ele "deve ter realçado a deserção dos discípulos de Jesus em parte porque esta foi muito similar de sua deserção de Paulo" (Marcus, op. cit., p. 24).

32. Yarbro Collins, *Mark*, p. 5.

33. Marcus, op. cit.., p. 19-21.; Yarbro Collins, ibid., p. 6, 8-9. Em uma memorável mudança da visão usual, H.N. Roskam, *The Purpose of the Gospel of Mark in its Historical and Social Context* (NovTSup 114). Leiden: Brill, 2004, p. 97-110. Roskam argumenta que a *precisão* e detalhamento das referências do evangelho à geografia da Galileia, constrastada com as referências com outras partes da Palestina, demonstram que o mesmo foi escrito e endereçado em e para uma comunidade na Galileia! Contra estes argumentos de Roskam, veja Adam Winn, *The Purpose of Mark's Gospel: An Early Christian Response to Roman Imperial Propaganda* (WUNT 2.245). Tubinga: Mohr Siebeck, 2008, p. 85-86. Para outras explicações sobre a geografia galileia em Marcos, veja Gerd Theissen, *The Gospels in Context: Social and Political History in the Synoptic Tradition*. Tradução inglesa por Linda M. Maloney. Mineápolis: Fortress, 1991, p. 242-245.

34. Crossley, *The Date*.

35. Detlev Dormeyer, *Das Markusevangelium*. Darmstadt: Wissenshaftliche Buchgesellschaft, 2005, p. 148.

Em suma, desde que os argumentos de Hengel foram publicados, vários estudiosos sobre Marcos demonstraram, como ele mesmo o fez, que os argumentos usuais contra a autoria por João Marcos do Novo Testamento não são persuasivos, mas não encontram algum argumento positivamente em favor de sua autoria que seja forte o suficiente para garantir uma conclusão definitiva de algo. Um fator para este posicionamento é a questão de se o Marcos a quem o título se refere poderia ser, com alguma confiança, identificado com o Marcos do Novo Testamento ou com algum dos Marcos do Novo Testamento. Este é um ponto ao qual retornaremos mais tarde no presente ensaio.

III. A conexão entre Marcos e Pedro

A associação tradicional do Evangelho de Marcos com o Apóstolo Pedro, baseada especialmente no testemunho de Pápias, caiu em desfavor com a maioria dos estudiosos do Novo Testamento, especialmente na tradição alemã, inicialmente como um resultado da crítica formal. A associação em questão simplesmente não era compatível com a visão da crítica formal, segundo a qual o Evangelho de Marcos é o produto de um processo de transmissão e formação de tradições de evangelhos por comunidades ao invés de indivíduos. Hengel frequentemente expressou rejeição à ideia de que "coletividades anônimas" fossem responsáveis pela formação de tradições, uma vez que todas as evidências apontam em contrário para a importância e autoridade de líderes e figuras proeminentes e nomeadas no cristianismo primitivo, o que o permitiu reconsiderar a conexão de Marcos e seu evangelho com Pedro.[36]

Hengel segue duas linhas de argumento – uma de evidências internas do evangelho e outra de evidências externas sobre o evangelho. Muito brevemente, ele delineia a proeminência de Pedro no evangelho, a qual, proporcionalmente a seu tamanho, refere-se a Pedro mais frequentemente do que qualquer outro evangelho, e também aponta a *inclusio* que Marcos cria ao fa-

---

36. Note também Hengel, *Studies,* 47: "A maior objeção contra a nota em Pápias, posta por representantes da escola da crítica da forma, nomeadamente que o Segundo evangelho não é um trabalho literário mas um conglomerado de tradições anônimas, populares e coletivas sobre Jesus, hoje se comprova completamente inválida."

170

zer de Pedro tanto o primeiro discípulo a ser nomeado quanto o último a ser nomeado no evangelho (1,16; 16,7).[37] Esta proeminência única de Pedro foi "deliberadamente intencional pelo autor do começo ao fim."[38] Para Hengel isto significa que, mesmo sem evidência externa, "deveríamos assumir que o autor do segundo evangelho é dependente de Pedro de maneira marcante, por razões históricas, teológicas e bastante pessoais."[39]

Hengel batalha por reabilitar a nota de Pápias sobre o evangelho de Marcos como uma importante evidência histórica que não deveria mais ser ignorada.[40] "Até aqui", ele escreve, "nunca encontrei um argumento convincente contrário à informação fornecida por Pápias."[41] Contrário à visão de que seja apologética, buscando melhorar a autoridade do evangelho pela fabricação de origem apostólica ao mesmo, Hengel pensa que os comentários de Pápias "são muito mais descompromissados e críticos quanto a isto."[42] Contrariamente à visão de que Pápias inventou a conexão do Evangelho de Marcos com Pedro com base em 1Pd 5,13, ele sustenta que a fonte de Pápias, o ancião João, era contemporâneo a 1 Pedro, datada no reinado de Domiciano ou imediatamente após, e portanto 1Pd 5,13 e a tradição de Pápias "são independentes e proveem informações reciprocamente verificáveis".[43] Por fim, a reivindicação de que Marcos atuou como intérprete de Pedro parece plausível.[44]

Mas a evidência de Papias não está isolada. Hengel aponta o uso de Marcos por Mateus e Lucas e a sobrevivência do Evangelho de Marcos na Igreja (a despeito da reprodução da maior parte deste texto em Mateus, que se provou um evangelho muito mais popular) como devida a sua associação com a

---

37. Hengel, *Studies,* 50-51; Hengel, *The Four Gospels,* 82-85; Hengel, *Saint Peter,* 38-41. Em *Studies* (59-63) Hengel inclui um *Excursus* por Reinhard Feldmeier em "The Portrayal of Peter in the Synoptic Gospels".

38. Hengel, *The Four...,* p. 84.

39. Id., ibid., p. 85.

40. Id., ibid., p. 68.

41. Id., *Saint Peter,* p. 38, nota 119.

42. Id., *Studies,* p. 4; cf. tb. 49.

43. Hengel, *Studies,* p. 150, nota 56; cf. id., *Saint Peter,* p. 36-47.

44. Id., *Studies,* p. 52.

autoridade apostólica de Pedro. Além disso, a conexão petrina é atestada por referências de Justino às "memórias" (ἀπομνημονεύματα) de Pedro.[45]

A conexão com Pedro não deveria pressupor, no trabalho de Hengel, a negação do papel de Marcos por si mesmo como o autor real. Na verdade, Hengel enfatiza isso. Marcos é "muito propriamente um autor soberano" para haver apenas passado adiante tradições petrinas.[46] Marcos era "um narrador dramático que trabalhou com grande reflexão e argumentação teológica através da ordenação e formação de seu material."[47] Ele era um mestre teológico por seu próprio direito, como a atribuição do evangelho a si mesmo demonstra. Aqui Hengel converge com a apreciação geral pós-crítica-formal de Marcos como um teólogo e narrador hábil, mas parece não ver razão por que isto deveria ser incompatível com o considerável débito a Pedro e sua pregação missionária. Ele sugere que as combinações de histórias sobre Jesus e proclamação do evangelho e sua mensagem de Marcos (o que justifica para Hengel que se chame este trabalho como uma "biografia querigmática de Jesus"[48]) pode muito bem ser creditada à maneira pela qual Pedro exercia sua pregação missionária.[49]

Depois da discussão de Hengel sobre a evidência interna de uma conexão entre o Evangelho de Marcos e Pedro, pode ser supreendente encontrar Joel Marcus asseverando exatamente o contrário: "A verdade é que, se não fosse por Pápias, ninguém jamais suspeitaria que o Segundo Evangelho fosse particularmente petrino."[50] O problema aqui é que existem diferentes modos de mensurar a proeminência de Pedro nos evangelhos. Hengel se baseia principalmente na *inclusio* de Marcos (embora sem notar que Lucas também tem uma *inclusio* petrina) e na frequência da menção a Pedro em Marcos (25 vezes), o que, em proporção à extensão dos evangelhos, é maior que em Ma-

---

45. Id., ibid., p. 50; id., *Saint Peter*, p. 45.

46. Id., *The Four...*, p. 87.

47. Id., "Eye-Witness Memory", p. 80.

48. Hengel & Schwemer, *Jesus*, p. 220.

49. Hengel, *The Four...*, p. 86.

50. Marcus, op. cit., p. 24.

teus (25 vezes) ou Lucas (30 vezes).[51] Marcus, por outro lado, nega que Pedro seja mais proeminente em Marcos com base em que Mateus tem tradições significantes sobre Pedro que estão ausentes em Marcos (Mt 14,28-31; 16,17-19; 17,24-27), enquanto Lucas "dá um contorno mais humano que a de Marcos" à narrativa da negação de Pedro de Jesus (Lc 22,61). Ele poderia apenas ter também mencionado o material petrino peculiar a Lucas em 5,1-11 e 22,31-32. Hengel atribui este material petrino adicional presente nos outros sinóticos como praticamente lendários: "Mateus e Lucas decidiram enfatizar o papel de Pedro a partir de Marcos e deram a ele elaborações notadamente mais lendárias (especialmente em Mateus); o inegável ponto de partida deve, entretanto, procurar-se em Marcos".[52] Neste caso, até onde a real conexão com Pedro vai, o material adicional sobre Pedro em Mateus e Lucas de fato sustenta uma conexão com Marcos mais fortemente que uma suposta conexão entre Pedro e Lucas ou Mateus.[53]

Outra abordagem que poderia explicar a situação, sem necessariamente julgar a questão histórica sobre Mateus e Lucas e seus materiais petrinos especiais, seria seguir a partir da observação de que muito do material petrino em Mateus, Lucas e João que não encontra paralelo em Marcos diz respeito ao futuro de Pedro e seu papel especial no movimento cristão primitivo (Mt 16,17-29; Lc 5,1-11; 22,31-32; Jo 21,15-19). Diante deste papel muito significativo, é impressionante que Marcos não aluda ao mesmo em nenhuma parte, exceto na promessa de Jesus "Farei de vós pescadores de homens" (Mc 1,17), que é feita igualmente a Pedro e André. Marcos poderia estar muito próximo da pregação de Pedro, que por sua vez estaria mais preocupado com histórias sobre Jesus que com o seu próprio *status* na Igreja.

Marcus também defende que não há evidência de real "reminiscência pessoal" nas histórias de Marcos. Como exemplo, ele cita a história do chamado de Pedro e André (1,16-18). Se esta "fosse uma reminiscência pessoal

---

51. Para os índices, veja Feldmeier em Hengel, *Studies*, p. 59.

52. Id., ibid., p. 51.

53. Robert H. Gundry, *The Old is Better: New Testament Essays in Support of Traditional Interpretation* (WUNT 178). Tubinga: Mohr Siebeck, 2005, p. 59; também responde, de forma diferente, à afirmação de Marcus de que não há nada petrino sobre o Evangelho de Marcos.

genuína", ele escreve, "deveríamos esperar mais detalhes, como uma explicação de o que havia de tão especial em Jesus que fez que Pedro e André largassem tudo para o seguir".[54] Mas isto seria entender mal o que significaria para Marcos derivar tal história a partir da pregação de Pedro. Pedro estaria contando estas histórias não com alguma espécie de propósito autobiográfico, mas com intenção querigmática. Jesus e sua voz comandando "Vem e segue-me!" convoca o tom de autoridade perplexiva que percorre a narrativa de Marcos e pode ser a única explicação que Pedro poderia dar sobre sua imediata resposta a Jesus.

Outra objeção de Marcus às derivações petrinas no material de Marcos é que "Marcos não dá a impressão de estar *mais* perto aos eventos que descreve que Mateus e Lucas, os evangelistas posteriores que utilizaram seu trabalho".[55] Não está claro por que este argumento pretende comparar Marcos com Lucas e Mateus. Se o primeiro está em vista, então o fato (assumindo a prioridade de Marcos como Marcus faz) de Mateus e Lucas derivarem suas narrativas de Marcos significa que qualquer impressão de proximidade aos eventos que suas narrativas dão são devidas, precisamente, à fonte em Marcos. Mas de fato eles habitualmente abreviam narrativas marcanas, por vezes omitindo muitos dos generosos detalhes com os quais Marcos conta suas histórias.[56] Marcos é mais detalhado ao narrar, o que usualmente dá a *impressão* de estar mais próximo aos eventos do que Mateus e Lucas, com seus relatos mais breves. Isto não intenciona cometer o erro de supor que detalhes vívidos provam uma base em testemunhos oculares. Pode funcionar igualmente bem atribuir a Marcos este detalhamento devido à sua habilidade como contador de histórias.[57] Mas se estamos nos perguntando qual evangelista dá melhor a *impressão* de estar mais perto dos eventos, então a narrativa

---

54. Marcus, op. cit., p. 23.

55. Id., ibid., p. 23.

56. Claro, não é este invariavelmente o caso (cf. Mt 16,22-23 tem mais detalhes – em uma passagem sobre Pedro – que o paralelo em Mc 8,32-33) mas é verdade na maioria dos casos.

57. Para uma afirmação recente do caso de se observarem detalhes vívidos em memórias de testemunhas oculares, veja Paul Barnett, *Finding the Historical Christ*. Grand Rapids: Eerdmans, 2009, p. 95-98.

de Marcos, rica em detalhes, nos dá esta impressão, e não é claro que outros tipos de características Marcus estaria esperando encontrar. Se nos voltamos a narrativas sem paralelos em Marcos, como as narrativas de Lucas da cura de dois leprosos e do encontro de Jesus com Zaqueu, ambas as quais dão a impressão de maior proximidade aos eventos comparativamente com muitas narrativas marcanas, então precisamos considerar que não há razão pela qual Marcos teria o monopólio de acesso a outras testemunhas oculares e seus relatos de primeira mão. Estas narrativas lucanas poderiam ser devidas a outras testemunhas da mesma maneira que Hengel propõe que Marcos deve as suas a Pedro. De fato, Hengel não pensou que Lucas tivesse acesso a boas fontes de testemunhos oculares, quer orais ou escritas.[58]

Marcus cita, como problemático no argumento de Hengel, a própria admissão deste de que "Simão Pedro não aparece [no Evangelho de Marcos] como um indivíduo real, mas como um tipo".[59] Hengel mesmo explica este fenômeno como "estilo querigmático", mas pode-se questionar se Hengel de fato está correto ao dizer que Pedro é retratado em Marcos apenas como um tipo, especialmente sob a luz do estudo de Timothy Wiarda e a caracterização de Pedro nos quatro evangelhos.[60] Wiarda demonstra que Pedro em Marcos é muito distintivamente caracterizado, manifestando a seguinte lista de traços característicos: "franco ou imprudente ao expressar opinião, proativo, multifuncional, líder com opinião, preocupado com Jesus, desejoso de honrar e servir Jesus, determinado a ser fiel a Jesus, com um distinto senso de autoconfiança em seu próprio discipulado, corajoso, dolente diante do alerta sobre deslealdade."[61] Devemos atribuir à própria habilidade literária de Marcos que ele tenha sido capaz de delinear tal demarcado senso de personalidade sobre o homem de quem ele mesmo foi um discípulo.

---

58. Hengel, *The Four...*, p. 202, 293 e nota 557.

59. Id., *Studies*, p. 51; Marcus, op. cit., p. 24.

60. Timothy Wiarda, *Peter in the Gospels: Pattern, Personality and Relationship* (WUNT 2/127). Tubinga: Mohr Siebeck, 2000.

61. Id., ibid., p. 90-91 (com alterações). Por "multifuncional", Wiarda quer dizer de um modo inapropriado e excessivo de preocupar-se com o bem-estar de Jesus, como quando Pedro repreende Jesus por esperar sua própria morte.

Finalmente, Marcus pensa que "a suposição de que entre Jesus e Marcos houve um longo percurso e desenvolvimento com várias subtradições ajuda a explicar como, p. ex., duas versões da mesma narrativa, o alimento dado às multidões (6,30-44 e 8,1-9), tenham se cristalizado antes de sua incorporação ao evangelho."[62] Este é o tipo de motivo pelo qual os críticos da forma rejeitaram a conexão entre Pedro e Marcos por primeiro.[63] O que quer que possa ser dito sobre o particular exemplo de Marcus (existem outras explicações possíveis para a presença de dois milagres sobre alimentação de multidões em Marcos[64]), o que seu argumento sublinha é que há necessidade de algo com que Hengel sequer se preocupa: argumentos detalhados para os pontos cruciais sobre os quais a crítica formal e seus autores construíram sua própria argumentação em favor da transmissão por comunidades ao longo de um período longo. Tal opinião é tão sustentável quanto a hipótese alternativa de que Marcos estivesse diretamente dependente de uma testemunha direta. Deve pelo menos ser notado aqui que a compreensão de Marcus de tradições orais (na frase acima citada) ainda repercute o engano fundamental sobre tradição oral que os críticos da forma faziam e que James Dunn demonstrou de maneira especial: a suposição de que a tradição oral siga um desenvolvimento linear de um estádio a outro, com camadas sendo sucessivamente sobrepostas, da mesma maneira que ocorre com um texto literário que é revisado e editado em muitos estádios. Em tradições orais pode haver mais ou menos variações em redor de um núcleo relativamente estável, mas cada *performance* é uma variação inovadora

---

62. Marcus, op. cit., p. 23.

63. Similarmente M. Eugene Boring, *Mark* (NTL) Louisville: Westminster John Knox, 2006, p. 11-12: "Embora o evangelho contenha material que remete a testemunhas oculares de Jesus e seu ministério, estes materiais têm as marcas de terem sido mediados pelo autor não como um indivíduo mas como uma geração de ensino comunitário, orações e cultos". Cf. tb. Simon Légasse, *L'Évangile de Marc* (LD). Paris: Cerf, 1997. V. 1, 41.

64. Camille Focant, "La fonction narrative des doubles dans la section des pains (Mc 6,6b-8,26)". In: van Segbroeck, Tucker, van Belle & Verheyden, eds. *The Four gospels*, v. 2, p. 1.039-1.063. Camille pensa que Marcos "dobrou" o material para fins retóricos próprios. France, *The Gospel of Mark*, p. 306-307, pensa que houve dois eventos cujas histórias de alguma maneira foram mutuamente assimiladas.

na tradição, e não um estádio de desenvolvimento que se constrói sobre *performances* anteriores.[65]

Estes argumentos de Marcus ilustram o fato de que a tentativa de Hengel de reabilitar Pápias não parece ter obtido muito sucesso, embora eu tenha continuado e estendido o trabalho de Hengel a este respeito,[66] e o comentário de Robert Gundry a Marcos contém uma apreciação bastante positiva e consistente das evidências de Pápias.[67] P. ex., H.N. Roskam, numa monografia publicada em 2004, reitera por inteiro a visão que Hengel rejeitou: que o testemunho de Pápias deve ser posto sob suspeita de motivação apologética e provavelmente Pápias foi o primeiro a conectar o evangelho de Marcos a Pedro.[68] Outros continuam a citar a alegada falta de familiaridade do autor com a geografia da Palestina e costumes judeus, bem como sua postura anti-judaica, como evidência que o autor não pode ser João Marcos ou dependente diretamente de Pedro.[69]

Clifton Black não considera que Pápias tenha inventado a associação entre o Evangelho de Marcos e Pedro, mas com sua usual cautela demarca: "Para minha mente uma explicação satisfatória para a origem desta tradição que associa Marcos a Pedro ainda está por vir".[70] Alguém poderia supor que, se a tradição é anterior a Pápias, então há uma chance razoável de ser memória histórica confiável, passada adiante, juntamente com a informação de que Marcos era o autor, com cópias do evangelho à medida em que estas circulavam pelas comunidades. Mas Black é muito deferente às tradições acadêmicas que supõem que o caráter do evangelho diverge de uma possível derivação de Pedro – e assim excessivamente cauteloso em

---

65. James D.G. Dunn, *A New Perspective on Jesus: What the Quest for the Historical Jesus Missed.* Londres: SPCK, 2005, p. 79-125.

66. Richard Bauckham, *Jesus and the Eyewitnesses: The Gospels as Eyewitness Testimony.* Grand Rapids: Eerdmans, 2006. Capítulos 2 e 9.

67. Gundry, op. cit., p. 1.026-1.041.

68. Roskam, op. cit., p. 76-80; cf. tb. William R. Telford, *The Theology of the Gospel of Mark.* Cambridge: Cambridge University Press, 1999, p. 11.

69. Telford, op. cit., p. 10-12; John R. Donahue & Daniel J. Harrington, *The Gospel of Mark* (SP2). Collegeville: The Liturgical Press, 2002, p. 39; Theissen, *The Gospels,* p. 237.

70. Black, *Mark,* p. 186.

aventurar-se em quaisquer conclusões historiográficas que poderiam ser postas em dúvida – para supor que uma associação histórica de Marcos com Pedro é "uma explicação satisfatória" para a origem da tradição.

Por outro lado, no contexto da forte tradição acadêmica de desacreditar a evidência de Pápias sobre Marcos, é notável que Adela Yarbro Collins participe da defesa de Hengel em favor de Pápias contra o usual criticismo e pensa que a associação entre Marcos e Pedro provavelmente é anterior a Papias, muito embora ela permaneça não comprometida sobre se a tradição é ou não histórica, uma vez que o enlace com Pedro pode ter sido inferido a partir do texto de Marcos.[71] O último ponto parece ser um reconhecimento (talvez único em seu comentário) que Pedro é proeminente o bastante neste evangelho para que alguém conclua que ele foi uma fonte-chave por detrás do mesmo.

IV. Outras testemunhas oculares

Em um trabalho publicado somente em 2005 Hengel lança luz sobre o argumento de que, além de Pedro, outras pessoas nomeadas no Evangelho de Marcos são as testemunhas oculares das quais sua narrativa depende:

> Em Marcos, há algumas referências a nomes de invidíduos como possíveis guardiães de memória, como Simão de Cirene, pai de Alexandre e Rufo, que eram evidentemente ainda conhecidos da comunidade romana no tempo de Marcos. ... Outras figuras são José de Arimateia; Simão o leproso em Betânia; o cego curado Bartimeu (e o Zaqueu de Lucas) em Jericó; o oficial da sinagoga Jairo e o coletor de impostos Levi, filho de Alfeu, em Cafarnaum, e outros. Os poucos nomes que Marcos menciona fora do círculo dos Doze, especialmente em conexão com a paixão de Jesus, também apontam nesta direção. Acima de tudo deveríamos não esquecer as três mulheres nomeadas em Mc 15,40. ... Estes são indivíduos ainda conhecidos por Marcos e pelas igrejas a que se dirige. ... Onde os discípulos falham, eles e homens como Simão de Cirene entram. Este estado de coisas

---

71. Yarbro Collins, *Mark*, p. 4. 101.

torna impossível vislumbrar apenas pura ficção na história da paixão segundo Marcos.[72]

Este é um exemplo de como Hengel, de maneira não incomum, evoca pontos importantes muito brevemente e sem sustentação substancial para os sustentar. Como isto acontece, eu desenvolvi sua ideia da função dos nomes em Marcos (e nos outros evangelhos) em meu *Jesus e as testemunhas oculares*,[73] e discuti as mulheres como testemunhas oculares na narrativa da paixão de Marcos em mais detalhes num artigo publicado em 2009.[74] Quando Hengel escreveu esta passagem meu *Jesus e as testemunhas oculares* ainda não havia sido publicado, mas eu também não havia lido esta passagem do trabalho de Hengel. Quando escrevi meu livro fortaleci o suporte desta função dos nomes em Marcos através de exemplo da historiografia helênica na qual o uso de nomes pessoais serve para identificar uma testemunha ocular da qual o relato deriva.[75]

Uma apreciação completa das visões de Hengel sobre as origens do Evangelho de Marcos requereria discussões sobre o lugar de origem, a data, o gênero e o propósito do trabalho, mas a limitação de espaço impede tal desenvolvimento aqui. No que se segue eu ofereço duas novas linhas argumentativas que auxiliam a refutar dois dos argumentos contra Hengel que foram mencionados.

V. Quem era Marcos?

Como vimos, o argumento de Hengel sobre os títulos dos evangelhos nos fornece uma boa razão para supor que o evangelho foi associado a Mar-

---

72. Hengel, "Eye-Witness Memory", p. 86-87. A mesma passagem (com variações mínimas) ocorre em alemão em Hengel & Schwemer, op. cit., p. 256-257. Sobre as mulheres, veja também Martin Hengel, "Maria Madalena und die Frauen als Zeugen". In: Hengel, *Jesus und die Evangelien: Kleine Schriften V* (WUNT 211). Tubinga: Mohr Siebeck, 2007, p. 28-39.

73. Bauckham, op. cit., capítulos 3-5.

74. Richard Bauckham, "The Eyewitnesses in the Gospel of Mark", SEÅ 74 (2009), p. 19-39. As mulheres como testemunhas oculares em Marcos também são discutidas por Samuel Byrskog, *Story as History – History as Story: The Gospel Tradition in the Context of Ancient Oral History*. (WUNT 123). Tubinga: Mohr Siebeck, 2000 / Leiden: Brill, 2002, p. 75-78.

75. Bauckham, "The Eyewitnesses in the Gospel of Mark".

cos em um estádio muito antigo, quando a identidade do autor teria sido de conhecimento comum a todos. Mas também vimos que alguns estudiosos têm consideráveis dúvidas sobre o quanto devemos assumir que este Marcos é a mesma pessoa que o Marcos ou um dos Marcos citados ao longo do Novo Testamento. Um elemento-chave para este ceticismo é a alegação de que Marcos (em grego, Μάρκος; em latim, Marcus) era um nome extremamente comum, o que sugere que o Marcos que escreveu o evangelho poderia muito bem ser um Marcos do qual não sabemos nada a respeito além da suposta autoria. A presente seção se aproxima desta questão olhando mais de perto o uso do nome Marcos.

Dennis Nineham escreveu em 1963:

> Quando lembramos que Marcos (Marcus) era um dos mais comuns nomes latinos no Império Romano e que a Igreja primitiva deve ter contado com inumeráveis Marcos, compreendemos quão precário qualquer posicionamento em favor de alguma identidade é neste caso.[76]

Este ponto tem sido repetido muitas vezes por comentadores de Marcos.[77] Mas problemas não são tão simples. Marcus certamente era um *praenomen* romano muito comum, o primeiro entre três nomes identificadores de qualquer cidadão romano deste período.[78] De fato, todos os *praenomina* eram comuns. Mas nenhum cidadão romano seria conhecido apenas pelo

---

76. Dennis E. Nineham, *The Gospel of St Mark* (Pelican NT Commentaries). Londres: A & C Black, 1968. Edição Revista, p. 39.

77. P. ex., Black, *Mark*, p. 4 ("Um nome muito comum"); Hooker, *A Commentary*, 6 ("'Marcos' era um nome muito comum"); Marcus, op. cit., 17-18 ("um dos nomes mais comuns no Império Romano"), Francis, J. Moloney, *Mark: Storyteller, Interpreter, Evangelist*. Peabody: Hendrickson, 2004, p. 5. ("um nome muito comum no mundo romano, algo como John ou William em nosso tempo" [N.T.: e contexto anglófono]); Roskam, *The Purpose*, p. 80; Dieter Lührmann, *Das Markusevangelium* (HNT 3). Tubinga: Mohr Siebeck, 1987, p. 3; Légasse, op. cit., p. 43; Christopher M. Tuckett, "Mark". In: John Barton & John Muddiman, eds., *The Oxford Bible Commentary*. Oxford: Oxford University Press, 2001 p. 886-922, aqui p. 886 ("O nome era um dos muito comuns no Império Romano, e não podemos simplesmente equipará-lo a todos os Marcos que conhecemos!").

78. Há poucos exemplos do nome Marcos utilizado por cidadãos romanos como um *nomen* ou *cognomen*. A explicação pode ser que estas pessoas tinham Marcus como seu único nome latino antes de obterem cidadania romana e, quando o faziam, o mantinham como o *nomen* ou *cognomen* em seus *tria nomina*.

seu *praenomen*. Assim quando Nineham, seguido por Clifton Black e Joel Marcus, cita alguns exemplos sobre o caráter comum do nome Marcos "Marcus Tullius Cicero, Marcus Brutus, Marcus Aurelius, Marco Antônio etc. etc."[79], seu argumento pode ser muito aproveitado para o caso do Evangelho de Marcos. Se Cícero ou Brutus ou Marco Aurélio ou Marco Antônio (Marcus Antonius) houvessem escrito um evangelho, este não seria chamado de Evangelho segundo Marcos. Pela evidência do nome utilizado solitariamente, o autor do evangelho muito improvavelmente teria sido um cidadão romano. Ele deve ter sido um escravo ou um não romano, e a única evidência relevante será a frequência do nome entre aqueles que, não sendo cidadãos romanos, tinham o mesmo nome como nome único ou como o nome que poderia ser utilizado isoladamente para os identificar.

Prospectar a frequência do nome Marcus entre escravos romanos não seria fácil, mas dados significantes estão disponíveis sobre o uso do nome por não romanos (escravos e livres) nos cinco volumes do *Lexicon of Greek Personal Names* dos quais dados estatísticos estão até disponíveis.[80] Estes volumes listam todos os nomes (de todo tipo de fontes) escritos em alfabeto grego bem como nomes gregos escritos em alfabeto latino, na maior parte dos casos excluindo cidadãos romanos que não aqueles cujos *cognomen* são gregos.[81] O período abrangido se estende desde 1000 a.C. até 700 d.C. Nos cinco volumes são listados 35.982 indivíduos nomeados, dos quais 429 respondem por Marcus. Ao estimar esta significância devemos lembrar que não romanos não utilizariam nomes romanos até o século I a.C. no mínimo, bem como o fato de que os dados realmente relevantes para nossos propósitos seriam os anteriores ao século II d.C. Os dados estatísticos disponíveis não indicam os nomes em relação à época de seus usos, e portanto não podemos

---

79. Nineham, *The Gospel*, p. 39 nota *; cf. Black, *Mark*, p. 17 nota 20; Marcus, op. cit., p. 18.

80. Peter Marshall Fraser & Elaine Matthews, eds., *A Lexicon of Greek Personal Names*, Oxford: Clarendon Press, 1987-. V. 1 (Ilhas Egeias, Chipre, Cirenaica), 2 a (Ática), 3 a (Peloponeso, Grécia Ocidental, Sicília, Magna Grécia), 3 b (Grécia Central) e 4 (Macedônia, Trácia, Litoral Norte do Mar Negro) foram publicados, enquanto dados estatísticos do v. 5 (Costa da Ásia Menor: Ponto a Jônia) já estão disponíveis no website do projeto (http://www.lgpn.ox.ac.uk/online/search_data.html) [acessado em 29/11/2019].

81. V. 2 (Ática) inclui cidadãos romanos mesmo quando o *cognomen* é latino.

calcular uma porcentagem do nome Marcus. No universo de nomes latinos, neste contexto, é um nome relativamente popular, embora não o mais comum.[82] Mas não romanos em áreas helenófonas do Império evidentemente não usavam habitualmente nomes latinos. Esta evidência é incompleta, mas parece que o nome Marcus, utilizado como um identificador único em Latim, foi muito menos comum do que acadêmicos escrevendo sobre a autoria do Evangelho de Marcos supuseram.

Entretanto, se o Marcus a quem o evangelho é atribuído fosse judeu (o que é hoje a percepção da maior parte dos estudiosos), então os dados relevantes estariam muito mais completos. Temos disponíveis coleções recentes de todas as inscrições judias de toda a diáspora ocidental.[83] Nestas, para o período até o ano 200 d.C. e excluindo cidadãos romanos cujo *praenomen* era Marcus, apenas duas pessoas com o nome Marcus aparecem, ambas na Cirenaica.[84] Papiros do Egito referem-se somente a mais um exemplo (que não é certamente judeu),[85] e todos parecem não ser exemplos literários.[86] Na Pales-

---

82. Há 487 ocorrências de Gaius.

83. William Horbury, *Jewish Inscriptions of Graeco-Roman Egypt: With and Index of the Jewish Inscriptions of Egypt and Cyrenaica* (Cambridge: Cambridge University Press, 1992); David Noy, *Jewish Inscriptions of Western Europe, V. 1: Italy (excluding the city of Rome), Spain and Gaul.* Cambridge: Cambridge University Press, 1995; David Noy, Alexander Panayotov & Hanswulf Bloedhorn, eds., *Inscriptiones Judaicae Orientis, V. 1: Eastern Europe* (TSAJ 101). Tubinga: Mohr Siebeck, 2004; Walter Ameling, ed., *Inscriptiones Judaicae Orientis, v. 2: Kleinasien* (TSAJ 99). Tubinga: Mohr Siebeck, 2004; David Noy & Hanswulf Bloedhorn, eds, *Inscriptiones Judaicae Orientis, v. 3: Syria and Cyprus* (TSAJ 102). Tubinga: Mohr Siebeck, 2004; Gert Lüderitz, *Corpus jüdischer Zeugnisse aus der Cyrenaika* (Beihefte zum Tübinger Atlas der Vorderen Orients B 53). Wiesbaden: Reichert: 1983. Veja também Tal Ilan, *Lexicon of Jewish Names in Late Antiquity, Part III: The Western Diaspora 330 BCE-650 CE* (TSAJ 126). Tubinga: Mohr Siebeck, 2008 p. 517-521: Esta lista de 42 judeus (ou pessoas que poderiam ser judias!) chamadas de Marcus inclui muitos cidadãos romanos, pessoas vivendo depois de 200 d.C. e pessoas que são duvidosamente judias (assim indicadas por Ilan).

84. Lüderitz, *Corpus jüdischer...*, p. 54. (n. 33 d), 81 (n. 45c), ambos do primeiro século d.C. (estes são os números 30 e 31 na lista de Ilan). Outros dois exemplos (p. 142, 67d; 143, 67f) são apenas possivelmente judeus. (Ilan trata estas como uma única pessoa, duvidosamente judia, número 32.)

85. Victor A. Tcherikover & Alexander Fuks, eds., *Corpus Papyrorum Judaicarum,* 3 volumes. (Cambridge: published for the Magnes Press, Hebrew University, 1957-1964), n. 268. Este óstracon foi incluído no CPJ somente porque foi encontrado com outros judeus na "região judia" de Edfu. Este indivíduo é o número 5 na lista de Ilan.

86. Josefo, *Ant.* 19.277, refere-se a Marco Júlio Alexandre, um cidadão romano (número 2 da lista de Ilan).

tina anterior ao ano 200 a.C. em todas as fontes apenas cinco pessoas chamadas Marcus aparecem (incluindo o João Marcos de Atos), todas do século I d.C. (isto é, cinco entre dois mil e quinhentos indivíduos masculinos nomeados).[87] Tanto na Palestina quanto na diáspora, judeus deste período usavam nomes gregos livremente, mas apenas raramente nomes latinos, tanto por razões patrióticas quanto por razões históricas.

Portanto haveriam "inumeráveis Marcos" no movimento cristão do primeiro século? Se excluirmos cidadãos romanos que teriam Marcus como seus *praenomen* mas não seriam jamais por estes prenomes reconhecidos, como o Marcos a quem o evangelho é atribuído claramente era, então teriam havido somente alguns poucos. Judeu-cristãos com este nome certamente seriam muito poucos. Entre judeu-cristãos na posição de líderes ou mestres, como algum capaz de escrever um evangelho ou de ter um evangelho atribuído a si, é bem possível que tenha havido apenas um Marcos.

Esta evidência sobre a raridade do nome Marcos entre Judeus também diz respeito à questão se o Novo Testamento se refere a três, dois ou apenas um Marcos.[88] É bem possível que as referências sejam todas a apenas um. As dificuldades em identificar os três não são tão grandes. Uma vez que não sabemos por que Marcos deixou Paulo e Barnabé durante a primeira viagem missionária, não sabemos o quão provável é que eles tenham refazido pontes entre si e trabalhado juntos, mais tarde, no ministério de Paulo. O Marcos que Pedro chamava de seu filho pode muito bem ser assim chamado porque teria sido através de Pedro em Jerusalém nos primeiros dias da Igreja de Jerusalém que o João Marcos dos Atos veio para a fé cristã. Uma vez que Silvano, outro dos cooperadores de Paulo estava com Pedro em Roma de acordo com

---

87. Tal Ilan, *Lexicon of Jewish Names in Late Antiquity, Part 1: Palestine 330 BCE – 200 CE* (TSAJ 91). Tubinga: Mohr Siebeck, 2002, p. 334.

88. Os possíveis três Marcos do Novo Testamento são: (1) João Marcos, um judeu-cristão de Jerusalém, associado com Barnabé, acompanhou Paulo e Barnabé na primeira viagem missionária até Perge, mas então os deixou e voltou para Jerusalém, por conta de que Paulo recusou o desejo de Barnabé de levá-lo na segunda viagem missionária (Atos 12,12.25; 13,5.13; 15,37.39). (2) Marcos, um colaborador de Paulo, judeu, parente de Barnabé (Cl 4,10-11; cf. Fm 24; 2Tm 4,12). (3) Marcos, em Roma com Silvano (colaborador de Paulo) e Pedro, que o chama de "meu filho Marcos" (1Pd 5,12-13).

1Pd 5,13, não é difícil acreditar que o Marcos que também estava com Pedro tenha sido ou fosse um colaborador de Paulo. Estas harmonizações não são implausíveis historicamente exceto para aqueles cujo quadro geral da Igreja primitiva é dominado por rivalidade e hostilidade entre várias lideranças cristãs proeminentes e seus associados. Do meu ponto de vista, este aspecto do cristianismo primitivo é costumeiramente exagerado.

VI. As palavras aramaicas de Jesus em Marcos

Um comentário de Martin Hengel sobre os aramaísmos léxicos em Marcos tem sido frequentemente citado: "eu não conheço nenhum outro trabalho em grego que tenha tantas palavras e formulações hebraicas ou aramaicas quanto o segundo evangelho".[89] Hengel aponta isto para lastrear a reivindicação de que "Marcos era um judeu-cristão helenófono que também entendia aramaico", e assim plausivelmente João Marcos o jerusalemita,[90] e esta é a razão pela qual tem sido tão frequentemente citado, ao lado do fato de que provavelmente não muitos estudiosos de Marcos reivindicariam o extenso conhecimento de literatura grega que seria necessária para autorizar tal colocação. Deve ser notado que havia, certamente, gentios falantes de aramaico, e demonstrar-se que o autor do evangelho era um judeu falante de aramaico requer a informação mais precisa de que alguns dos aramaísmos de Marcos são termos técnicos do judaísmo (mais notavelmente, uma vez que seja único a Marcos dentre os evangelhos, κορβᾶν [7,11], uma palavra hebraica usada por empréstimo pelo aramaico judeu da Palestina).[91]

O que Hengel não explica é por que Marcos utiliza tantos aramaísmos lexicais. Que ele soubesse aramaico é uma razão bastante deficiente, uma vez que estivesse escrevendo em grego para ouvintes e leitores que entendiam certamente grego, mesmo que alguns poucos pudessem também compreender aramaico. De fato, os aramaísmos caem em duas categorias bastante dife-

---

89. Hengel, *Studies*, p. 46, citado em p. ex., Brian J. Incigneri, *The Gospel to the Romans: The Setting and Rethoric of Mark's Gospel* (BIS 65). Leiden: Brill, 2003, p. 39.

90. Hengel, *Studies*, p. 46; cf. tb. p. 144, nota 30. Hengel, *The Four...*, p. 79, 260, nota 234.

91. Marcus, op. cit., p. 445.

rentes e não pode haver uma única explicação para o uso de Marcos de todos eles. Hans Peter Rüger lista e discute vinte e um aramaísmos lexicais (sejam palavras isoladas ou frases) em Marcos.[92] Entre estes, nomes pessoais (como Bartolomeu) ou de localidades (como Cafarnaum) não requerem explicações especiais, e quase todos os exemplos de Marcos ocorrem em outros evangelhos. Algumas palavras comumente usadas pelos judeus e cristãos helenófonos à época de Marcos, como πασχα e Σατανας, não merecem destaque. Elas também ocorrem em outros evangelhos. Nos aproximamos ao que caracteriza especialmente Marcos se observarmos que Marcos tem seis palavras ou frases aramaicas que são únicas a seu evangelho,[93] e que todas elas exceto uma (o nome pessoal Bartimeu)[94] são colocadas nos lábios de Jesus. Ou, para colocar o ponto de outra maneira, existem sete aramaísmos lexicais atribuídos a Jesus em Marcos, cinco dos quais são únicos a Marcos.[95] Além disso, em todos estes casos de aramaísmos lexicais atribuídos a Jesus em Marcos, Marcos suplementa-os com uma tradução grega,[96] algo que mais raramente ele empreende em outros casos.[97]

Estes sete são Boanerges, o apelido que Jesus deu aos filhos de Zebedeu (Mc 3,17), as palavras que Jesus diz à filha de Jairo quando a levanta da morte (5,41), o termo técnico *korban* (7,11),[98] a palavra com a qual Jesus cura o homem cego e surdo (7,34), o termo *Geena* (9,43.45.47), a palavra *Abba* com a qual Jesus se dirige a Deus no Getsêmani (14,36), e o clamor feito em alta

---

92. Hans Peter Rüger, "Die Lexikalischen Aramaismen im Markusevangelium". In: Hubert Cancik, ed., *Markus-Philologie: Historische, literargeschichtliche und stilistische Untersuchungen zum zweiten Evangelium* (WUNT 33). Tubinga: Morh Siebeck, 1984, p. 73-84.

93. Marcos 3,17; 5,41; 7,11.34; 10,46; 14,36.

94. Marcos 10,46.

95. Mc 3,17; 5,41; 7,11.34; 14,36. Os outros são Marcos 15,34 (cf. Mt 27,46); e a palavra γέεννα (Mc 9,43.45.47), que ocorre algumas vezes em Mateus (5,22.29.30; 10,28; 18,9; 23,15.33) e uma vez em Lucas (12,5).

96. Em cinco casos Marcos usa uma fórmula para introduzir a tradução: ὅ ἐστιν ou ὅ ἐστιν μεθερμηνευόμενον (5,41; 15,34; cf. 15,22). Em 14,36, a tradução (ὁ πατήρ) é simplesmente colocada ao lado da palavra aramaica (Αββα), em aposição a ela (como em Rm 8,15; Gl 4,6). Em Marcos, 9,43, a frase "o fogo inextinguível" (τὸ πῦρ τὸ ἄσβεστον) funciona como uma tradução de γέεννα, uma vez que uma tradução literal ("vale de Hinnom") não seria de grande ajuda.

97. Somente em 15,22 (Gólgota).

98. Uma palavra hebraica emprestada ao aramaico.

voz durante a experiência de abandono na cruz (15,34). Os termos técnicos *korban* e *Geena* são presumivelmente utilizados porque são termos técnicos, enquanto o apelido Boanerges é parte da precisão com a qual Marcos lista os Doze.[99] Uma vez que a palavra *Abba* também ocorre nas cartas de Paulo aos cristãos helenófonos, junto com a mesma tradução (Rm 8,15; Gl 4,6), este modo distintivo de dirigir-se a Deus que Jesus empregou deve ter sido utilizado, segundo o original aramaico de Jesus, até mesmo por cristãos helenófonos, e Marcos estaria os rememorando-os de que o uso do termo é uma continuação daquele uso original por Jesus.

Temos agora os três aramaísmos que são distintivos no que cada um é uma fala completa de Jesus (5,41; 7,34; 15,34). Estes não são tão facilmente explicáveis. Dois deles ocorrem em histórias sobre milagres. Para a filha de Jairo, Jesus diz ταλιθα κουμ (representando o aramaico *ṭᵃlîṯā qūm*), significando "menininha, levanta" (5,41). (Em sua tradução, Marcos adiciona: "Eu te digo.") Para o homem surdo e mudo, Jesus diz εφφαθα (representando o aramaico *'etpetaḥ*).[100] Marcos traduz: "Seja aberto."[101] Porque Marcos suplementa as palavras aramaicas de Jesus somente nestes dois relatos de milagres? A maior parte das respostas enfoca-se na função das palavras como a maneira pela qual Jesus opera as curas:

1. Muitos estudiosos citaram como paralelo o uso de palavras estrangeiras e especialmente de nomes estrangeiros (*nomina barbara*) em magística antiga, inclusive curas. Estas eram algumas vezes linhas de palavras sem sentido soando como palavras ou nomes divinos em outras línguas. Muito comumente estas fórmulas mágicas eram mantidas em segredo e milagreiros profissionais, como Apolônio de Tiana, assim sussurravam as mesmas nos ouvidos da pessoa que estava sendo curada. (*Vit. Apoll.* 4.45.) A este respeito é notável que, nas duas narrativas de Marcos, Jesus

---

99. A lista também inclui o distintivo epíteto do segundo Simão, ὅ Καναναῖος (3,18, também em Mt 10,4), que representa o aramaico *qanān*.

100. Tem sido argumentado que a palavra é hebraica, mas a maior parte dos estudiosos aceita que o grego representa esta palavra aramaica, o *etpeel*.

101. Ambos verbos, aramaico e grego, são singulares, referindo-se ao homem em si mesmo, não seus ouvidos. Cf. o caso do leproso (1,41), a quem Jesus diz: "Sê limpo."

toma medidas especiais para garantir privacidade quando Ele opera o milagre. No caso da filha de Jairo, Ele permite apenas a Pedro, Tiago e João, e aos pais da menina, estarem presentes. Similarmente Ele leva o homem surdo e mudo para longe da multidão para operar o milagre na presença, presumivelmente, de apenas algumas poucas pessoas.[102]

2. Uma maneira mais fraca da mesma abordagem sugere que "as palavras estrangeiras aumentam o senso de mistério sobre o milagre."[103]

3. Enquanto reconhecem que estas palavras de Jesus não são encantamentos ou fórmulas mágicas, alguns estudiosos veem aqui evidências de que os cristãos primitivos pensavam que as palavras aramaicas de Jesus tinham poder,[104] e que milagreiros do cristianismo primitivo gostariam de utilizar as palavras de Jesus em aramaico para fazerem, eles mesmos, curas.[105]

Entretanto, as seguintes considerações depõem em contrário a estas linhas de explicação:[106]

1. As palavras em aramaico não são nomes ou dadaísmos, como na maior parte das fórmulas mágicas.

2. Para o público de Marcos estaria claro (especialmente uma vez que Marcos também conta das palavras aramaicas de Jesus em contextos bastante diversos) que no contexto da narrativa de Marcos as palavras aramaicas não seriam nem estrangeiras nem misteriosas. Jesus falava

---

102. Rudolf Bultmann, *The History of the Synoptic Tradition*.Tradução inglesa de John Marsh. Oxford: Blackwell, 1972, p. 213; Gerd Theissen, *Miracle Stories of the Early Christian Tradition*. Tradução inglesa Francis McDonagh. Edimburgo: T. & T. Clark, 1983, p. 64-65; Marcus, op. cit., p. 363; Fred L. Horton, "Nochmals *ephphatha* in Mk 7,34." *ZNW* 77 (1986) p. 101-108. Há uma crítica ao argumento de Horton em John Meier, *A Marginal Jew: Rethinking the Historical Jesus, v. 2: Mentor, Message and Miracles*. Nova York: Doubleday, 1994, p. 759, nota 159.

103. Marcus, op. cit., p. 363; cf. Gundry, op. cit., p. 274-275 e 384, que pensa que para "ocidentais... o orientalismo da frase aramaica conota grande poder", mas que este é o poder estrito de Jesus, despido de qualquer mágica pela tradução de Marcos.

104. Yarbro Collins, *Mark*, p. 372.

105. Cg Nineham, op. cit., p. 162.

106. Hengel, *The Four...* p. 260, nota 324, meramente diz: "É absurdo neste contexto supor que em Marcos 5,41 ou 7,34 há a 'fala bárbara' de um mágico cristão".

palavras bastante ordinárias e óbvias na língua compreendida pelos seus ouvintes na narrativa.[107]

3. Para o público de Marcos as palavras não pareceriam misteriosas, uma vez que Marcos as traduz.

4. Marcos por si mesmo não pensa que seriam palavras que deveriam ser mantidas em segredo, uma vez que as anota. O motivo do segredo nestas narrativas deve estar relacionado às tentativas por Jesus, acompanhando os milagres na maior parte dos relatos sobre o tema em Marcos, de prevenir que as notícias sobre seus milagres se espalhassem. O que Jesus não quer que seja sabido pelo público em geral é dos milagres em si mesmos, não das técnicas que Ele utiliza para os operar.

5. É importante notar que as palavras em questão são muito similares às palavras que Jesus usa para fazer curas em outros relatos de milagres, nos quais Marcos não nos dá as palavras em aramaico. P. ex., Jesus diz ao que sofre de lepra: "Fica limpo!" (1,41), e ao homem paralisado: "Levanta-te!" (2,11). Este fato certamente refuta a noção de que Marcos provê as palavras aramaicas de cura para que curandeiros e milagreiros cristãos pudessem usar das mesmas palavras exatas. Se estes curandeiros precisassem de tais palavras, então eles precisariam saber as palavras para curar os que sofrem com lepra, pessoas paralisadas e pessoas cegas, da mesma maneira que precisariam das palavras para curar surdos e mudos ou menininhas mortas. Não faz sentido clamar que Marcos os forneceu as palavras em aramaico somente nos dois casos.

Parece, portanto, que a razão pela qual Marcos nos dá as palavras aramaicas de Jesus, bem como as traduz, e somente nestas duas histórias de milagres não pode estar relacionada à função de tais palavras no processo de curas. Não há nada sobre as funções milagrosas destas palavras nos dois casos em que ocorrem que as distingam dos comandos muito similares que Jesus dá em outras histórias de milagres nas quais Marcos não reporta as originais em aramaico.

---

107. O fato de que a cura do surdo e mudo ocorre na Decápole (Mc 7,31) não é uma dificuldade: gentios da Decápolis falavam aramaico.

Por outro lado, a opinião de Vicent Taylor de que "o conhecimento do que realmente foi dito é uma explicação satisfatória"[108] não será suficiente para explicar por que Marcos recolheu as palavras em aramaico. Existe, na verdade, um bom motivo para pensar que estas palavras são *ipsissima verba* de Jesus,[109] mas ainda precisamos explicar por que Marcos escolheu as recolher em aramaico em um evangelho escrito em grego. Pode ser que mais próximo de tal compreensão esteja a noção de Richard France de que a preservação de Marcos do aramaico "é típico de seu interesse em recriações vívidas das cenas."[110] Muitas das narrativas de Marcos são caracterizadas por detalhes vívidos que demonstram sua habilidade como um mestre na contação de histórias, mas anotar as palavras em aramaico para depois as traduzir ao grego é o tipo de detalhe muito particular que dificilmente é um recurso habitual em narrativas vívidas. (Não conheço paralelos na literatura antiga.) O comentário de France sobre "recriação" é útil se tomamos esta palavra como operativa. Marcos está engajado em "*recriações* vívidas das cenas." As palavras aramaicas são um recurso em favor da *autenticidade histórica*. Enquanto detalhes vívidos geralmente fazem de uma narrativa viva para uma audiência, dando a ela a sensação de estarem presentes na cena, a citação de Marcos das palavras em aramaico ditas por Jesus oferecem uma garantia de que isto é o que realmente aconteceu. Elas constituem uma asserção de que a história deriva de alguém que realmente esteve lá na ocasião e lembra-se das palavras que saíram da boca de Jesus. Elas são indicação de testemunho ocular. Retornarei à questão de por que Jesus escolheu reportar as palavras aramaicas de Jesus somente nestes dois casos entre os relatos de milagres.

O terceiro caso no qual Marcos reporta uma frase inteira de Jesus é o clamor de Jesus durante a experiência de abandono na cruz: ελωι ελωι λεμα σαβαχθανι (representando o aramaico *ʾelāhî ʾelāhî lᵉma šᵉḇaqtanî*) (15,34).

---

108. Vincent Taylor, *The Gospel according to St Mark.* Londres: Macmillan, 1952, p. 296-297; cf. Charles E.B. Cranfield, *The Gospel according to Saint Mark* (CGTC). Cambridge: Cambridge University Press, 1963, p. 190; Whiterington, *The Gospel of Mark,* 190.

109. Veja especialmente Meier, *A Marginal ...* v. 2, p. 784.

110. France, op. cit., p. 240.

As palavras são a abertura do Salmo 22, e alguém poderia esperar que Jesus citasse o salmo em hebraico, como presumivelmente Ele teria feito em suas orações habituais dos salmos.[111] O aramaico sugere que Jesus não está apenas citando o salmo mas assimilou profundamente estas palavras do salmo, fazendo delas genuinamente suas. Marcos está citando Jesus, ao invés de apenas colocar palavras do salmo na boca de Jesus, como poderíamos supor sob a luz do fato de que a narrativa da Paixão em Marcos é cheia de alusões aos salmos de lamento. Mas, uma vez que a maioria dos públicos não seria capaz de distinguir aramaico de hebraico, por que Marcos recolhe as palavras em aramaico, ao invés de apenas dar a tradução grega? Comentadores têm poucas sugestões. Que a má compreensão das pessoas que pensariam que Jesus estaria chamando por Elias (15,35) não seria inteligível se o texto viesse citado em grego[112] é verdade, mas parece não ser uma razão adequada.[113] Devemos certamente adicionar que estas palavras de Jesus são sumamente importantes para Marcos: elas são as últimas palavras de Jesus antes de morrer, as únicas palavras que Jesus fala em Marcos depois de sua enigmática resposta a Pilatos (15,2), e o clímax da interpretação de Marcos da Paixão. Aqui, como nos outros dois casos, podemos supor que as palavras em aramaico constituem uma reivindicação de *autenticidade histórica*.

---

111. Mt 27,46 assimila as duas primeiras palavras ao hebraico (ηλι ηλι), ao menos que este represente um dialeto aramaico diferente. A forma ηλι causa o mal-entendido no versículo seguinte ("Ele está chamando por Elias") de maneira mais natural. Cranfield, *The Gospel,* p. 458, supõe que embora as palavras tenham sido "repetidas naturalmente em aramaico na Igreja primitiva, o grito deve ter sido originalmente dado (por Jesus) em hebraico; pois o hebraico *ʾelî ʾelî* seria mais facilmente confundido com o nome do profeta." Mas não estariam os cristãos judeus da Palestina familiarizados com o salmo em hebraico? Para a possibilidade de *ʾelāhî* poder ser confundido com *ʾeliyyahû* ou Ηλιας, veja Gundry, op. cit., p. 966.

112. Yarbro Collins, *Mark,* p. 755.

113. Id., ibid., A p. 755 também traz: "O fato de que a oração é dada tanto em aramaico quanto em grego sugere que ao menos alguns dos públicos almejados por Marcos poderiam entender aramaico, enquanto outros não". Mas, enquanto é muito provável que houvessem falantes de aramaico entre os ouvintes iniciais de Marcos, isto não pode ser a razão pela qual Marcos traz as palavras em aramaico. Tais leitores ou ouvintes, à parte de serem capazes de confirmar que o aramaico de Marcos realmente era aramaico, não aprendiam nada que não fosse igualmente acessível a ouvintes e leitores ignorantes de aramaico. Se eles simplesmente gostavam de ouvir as palavras de Jesus em aramaico, eles ficariam desapontados com a pequena quantidade delas citadas por Marcos e que teriam sido ditas por Jesus.

As testemunhas oculares que se lembravam delas não estão muito longe na narrativa de Marcos (15,40).

Então estes aramaísmos lexicais nos lábios do Jesus de Marcos são uma das maneiras de Marcos indicar que seu evangelho é baseado em relatos de testemunhas oculares muito próximas. Mas por que então ele não dá outros originais em aramaico dentre as palavras de Jesus com mais frequência? Por que confinar os exemplos de palavras de Jesus em contextos narrativos ao invés de dar alguns dos materiais de ensinamentos de Jesus em aramaico? Devemos lembrar que Marcos está escrevendo um texto grego para leitores e ouvintes que em sua maioria não entenderiam aramaico. Para tais leitores ou ouvintes mais trechos ininteligíveis do que os que ele propõe seriam com certeza tediosos, na melhor das opções. Seria dificilmente apropriado para Marcos fornecer, digamos, uma parábola inteira em aramaico. Mesmo o mais curto aforismo de Jesus em Marcos é mais longo do que o clamor do desamparo. As três narrativas em questão, por outro lado, oferecem frases completas de Jesus que compreendem uma, duas ou no máximo quatro palavras aramaicas.

No início deste ensaio eu citei Joel Marcus em seu comentário segundo o qual "Marcos não dá a impressão de ter estado nem um pouco *mais perto* dos eventos que descreve do que estariam Mateus e Lucas"[114]. Mas a citação de Marcos de palavras em aramaico ditas por Jesus em quatro narrativas (porque aqui podemos incluir 14,36), que Mateus e Lucas ambos omitem (com a exceção de Mt 27,46), é uma das maneiras nas quais suas narrativas dão a impressão de serem mais próximas aos eventos descritos que as passagens em paralelo em Mateus e Lucas dão.

---

114. Marcus, op. cit., 24.

6. A narrativa da infância em Lucas como história oral em forma escriturística

Há alguma história confiável nos primeiros dois capítulos do Evangelho de Lucas? Raymond Brown e seu comentário marcante sobre as duas narrativas da infância não encontrou praticamente nada mais do que os poucos pontos que Mateus e Lucas têm em comum: os nomes dos pais de Jesus, a conexão com Nazaré e assim por diante – mas nenhum dos eventos que Lucas recolhe.[1] Muitos outros estudiosos concordariam.[2] Lucas criou estas narrativas a partir de modelos do Antigo Testamento e para propósitos cristológicos. É indubitável, com certeza, que nestes capítulos Lucas está constantemente olhando para trás, para o Antigo Testamento, e para a frente, para o restante de seu evangelho, forjando conexões em ambas as direções, engendrando um significado cristológico rico e complexo. Que a maior parte dos comentadores hoje enfoquem-se nestas dimensões e evitem as questões muito difíceis de historicidade é compreensível. Eu também o faria em um contexto diferente.[3] Mas estudiosos mais antigos não dão à história e à teologia compreensão mutuamente exclusiva, e há algumas razões genuínas, como explicarei, de por que as questões históricas não se foram, como alguns estudiosos gostariam de já haver acontecido.[4] Para as recolher novamente, tentativamente

---

1. Raymond E. Brown, *The Birth of the Messiah: A Commentary on the Infancy Narratives in the Gospels of Matthew and Luke* (edição atualizada). Nova York: Doubleday, 1993.

2. Para um relato dos estudos sobre as narrativas da infância desde Brown, veja Henry Wansbrough, "The Infancy Stories of the Gospels since Raymond E. Brown". In: *New Perspectives on the Nativity*. Ed Jeremy Corley. Londres: T. & T. Clark, 2009, p. 4-22.

3. P. ex., em Richard Bauckham, *Gospel Women: Studies of the Named Women in the Gospels*. Grand Rapids: Eerdmans, 2002, capítulo 3 ("Elizabeth and Mary in Luke 1: Reading a Gynocentric Text Intertextually"), eu ignorei problemas de historicidade.

4. Estudiosos que continuam a encontrar valor histórico substancial nas narrativas da infância incluem Armand Puig i Tàrrech, *Jesus: An Uncommon Journey* (WUNT 2/288). Tubinga: Mohr Siebeck, 2010; Kenneth E. Bailey, *Jesus Through Middle Eastern Eyes*. Londres: SPCK, 2008, p. 25-62.

como é apropriado na era pós-Brown, um bom ponto de partida é a questão do gênero.

A questão do gênero

Qualquer tentativa de identificar história na narrativa da infância em Lucas precisa começar com o problema do gênero literário, uma vez que isto afetaria bastante a maneira que os leitores esperariam encontrar alguma forma de história nesta parte do Evangelho de Lucas. Concordo com aqueles estudiosos, hoje talvez uma maioria, que classificaram os evangelhos canônicos mormente na categoria do gênero antigo de biografias, as vidas de pessoas famosas.[5] Adicionalmente, tenho apontado em outras partes que, como biografias escritas dentro do horizonte de memórias vivas dos sujeitos descritos ou ao menos perto de uma memória viva, poder-se-ia esperar que eles dessem corpo a testemunhos de testemunhas oculares, como a boa história *contemporânea* fazia.[6] Lucas, de maneira única dentre os evangelhos, inclui um prólogo historiográfico[7], no qual ele ao menos garante ter empregado a melhor prática historiográfica, em particular dependência de testemunhas oculares. A meu ver, a maior parte dos estudiosos tem disso muita cautela em vislumbrar o que tal reivindicação implica. Penso que é como significasse que Lucas estava em contato direto com algumas testemunhas oculares, talvez em contato de segundo grau com outras, e que algo de sua pesquisa para seu evangelho (e os Atos) teriam envolvido a entrevista de algumas destas pessoas, como historiadores e autores da maior porção das biografias costumava fazer. Quando ele utiliza fontes literárias, o faz porque ele teve

---

5. A concordância ampla mais recente neste ponto se deve, amplamente, à argumentação detalhada de Burridge em *What Are the Gospels?* (veja a nota 10). Para uma amostragem recente de estudos sobre o gênero evangélico, veja Judith A. Diehl, "What is a 'Gospel'? Recent Studies in the Gospel Genre." *CurBR* 9 (2011), p. 171-199.

6. Richard Bauckham, *Jesus and the Eyewitnesses: The Gospels as Eyewitness Testimony*. Grand Rapids: Eerdmans, 2006.

7. Para uma defesa recente de tal posição, veja David E. Aune, "Lucas 1,1-4: Historical or Scientific Prooimion?". In: *Paul, Luke and the Graeco-Roman World,* ed. Alf Christophersen, *et alli* (JSNTSup 217). Sheffield: Sheffield Academic Press, 2002, p. 138-148.

anteriormente a garantia de que tais fontes eram elas mesmas baseadas em testemunhos oculares.

Eu deveria dizer que, quando o prefácio de Lucas se refere a "aqueles que desde o princípio foram testemunhas oculares", ele quer dizer, como algumas vezes tem sido defendido, "desde o princípio desta história (incluindo a narrativa da infância)",[8] porque paralelos em seu próprio trabalho deixam claro desde o princípio que o princípio é aquele da carreira pública de Jesus, em seu batismo, e aquelas testemunhas eram discípulos e discípulas que acompanharam Jesus daquele tempo em diante (veja especialmente At 1,21-22).[9] Esta categoria de testemunhas oculares particularmente importante é a que é destacada em seu prólogo, mas ela não exclui a dependência de Lucas de outras testemunhas oculares. Claro, no caso de sua narrativa da infância, leitores não esperariam que Lucas tivesse contato direto com testemunhas oculares. Que ele tenha sido sortudo o suficiente para encontrar Maria antes de sua morte é improvável, ou até mesmo completamente impossível. Devemos também notar que a narrativa da infância não deve ser lida, na verdade, como outras partes do Evangelho de Lucas. Ela tem características claramente distintivas que legitimam a pergunta: leitores teriam esperado que ela fosse o mesmo tipo de história, ou algum tipo de história?

As biografias greco-romanas por vezes, embora não sempre, começam com algum tipo de relato sobre as origens e juventude das personagens que contemplam.[10] Os elementos-padrão incluem (1) pano de fundo familiar e ancestralidade, (2) nascimento, (3) portentos e profecias do destino no futuro, datando da época proximal ao nascimento, (4) aparência, (5) caráter como já manifestado na infância, (6) educação, e (7) anedotas sobre a infância, que geralmente demonstram características ou habilidades da pessoa adulta,

---

8. Karld Allen Kuhn, "Beggining the Witness: The Luke's Infancy Narrative", *NTS* 49 (2003), p. 237-255.

9. Veja Bauckham, *Jesus and ...*, p. 114-124.

10. Richard A. Burridge, *What Are the Gospels? A Comparison with Graeco-Roman Biography* (2ª edição). Grand Rapids: Eerdmans, 2004, p. 141-142, 173-174. Sobre as biografias de Plutarco, veja Timothy E. Duff, "How *Lives* Begin". In: *The Unity of Plutarch's Work*. ed. Anastasios G. Nikolaidis. (Millenium Studies 19). Berlim: de Gruyter 2008, p. 187-207.

prodigiosamente já presentes na criança. Destes, provavelmente o primeiro elemento (família) é o mais comumente encontrado, sem dúvida porque era considerado muito importante e alguma informação sobre o tema estava usualmente disponível. Nenhum dos outros elementos está sempre presente e alguns deles ocorrem somente raramente. O nascimento, p. ex., muitas vezes não é mencionado, sem dúvida porque não havia nada a ser dito.[11] Os biógrafos forneciam materiais sobre estes temas somente quando tinham fontes, escritas ou orais, a partir das quais pudessem fazê-lo. Claro, isto não significava que este material era habitualmente confiável. Alguns dentre estes provavelmente estavam entre os menos confiáveis nestas biografias, mas os biógrafos cujos trabalhos conhecemos habitualmente não os inventavam.[12] É válido pontuar isto especialmente sobre os relatos de sobrenaturalidade ou incomuns formas de concepção ou nascimento (que são muitos poucos)[13] e os portentos e profecias sobre o destino futuro (que são um pouco mais comuns).[14] Como é algumas vezes muito claro em Plutarco[15] e Suetônio,[16] p. ex., tais histórias estiveram em circulação oral, se não escrita, por algum tempo antes que o biógrafo as utilizasse.[17] Algumas vezes os biógrafos são cautelosos para não se comprometerem com a realidade de tais histórias na

---

11. P. ex., Tácito, *Agricola;* Cornelius Nepos, *Atticus.*

12. Assim o termo "historiografia criativa" (usado por Andrew T. Lincoln, *Born of a Virgin?* Londres: SPCK, 2013, p. 66) não é realmente apropriado para tal material na maior parte das biografias.

13. Veja Charles H. Talbert, "Prophecies of Future Greatness: The Contribution of Greco-Roman Biographies to an Understanding of Luke 1:5-4:15". In: *The Divine Helmsman*, ed. James L. Crenshaw & Samuel Sandmel. Nova York: Ktavm 1980, p. 129-141. Aqui, p. 135; John McHugh, *The Mother of Jesus in the New Testament.* Londres: Darton, Longman & Todd, 1975, p. 288-289. Histórias dos mitos gregos poderiam ser incluídas aqui. A *Vida de Apolônio* por Filóstrato parece ter sido escrita deliberadamente para rivalizar com os evangelhos.

14. Mas Talbert, *Prophecies*, alarga esta categoria, de maneira pouco útil para comparação com a narrativa da infância em Lucas, ao incluir predições feitas logo no início da vida adulta ou pública de personagens, muito após o nascimento.

15. P. ex., *Cicero 2.*

16. P. ex., *Augustus 94.*

17. No caso de biografias de escritores, sobre os quais os biógrafos às vezes tinham pouco material verídico, tais circunstâncias poderiam ser deduzidas pelo uso de leituras muito criativas do material produzido por tais autores. Cf. Mary R. Lefkowiz, *The Lives of Greek Poets.* Londres: Duckworth, 1981; Janet A. Fairweather, "Fiction in the Biographies of Ancient Writers." *Ancient Society 5* (1974) p. 231-275.

medida em que as utilizam.[18] Eles não abandonam suas faculdades críticas quando recontam tal material, e se eles nos parecem mais crédulos que a média, devemos relembrar que a maior parte das pessoas não tem dúvidas que portentos e profecias de fato ocorram.

A narrativa de Lucas do nascimento e infância de Jesus obviamente atende vários destes parâmetros habituais: (1) pano de fundo familiar e ancestralidade (especialmente se incluirmos a genealogia do capítulo 3, mas proeminente também nos capítulos 1–2), (2) nascimento, (3) profecias e destino futuro (feitas por anjos e profetas), (7) uma anedota sobre a infância que antecipa aspectos-chave do adulto Jesus. Para estes efeitos a narrativa da infância em Lucas se conforma com o modelo biográfico greco-romano. Outros aspectos, entretanto, não se conformam. P. ex., o fato de que Lucas conta uma narrativa cronológica contínua e o fato de que os cânticos são uma característica recorrente (embora com a função de profetizar o destino da criança). Adicione-se a isto o estilo bíblico e as frequentes alusões bíblicas, especialmente a profecia bíblica, e podemos ver que, enquanto a narrativa da infância em Lucas não preenche o lugar de material preliminar como em uma biografia greco-romana, Lucas escolheu aqui escrever um tipo específico de historiografia judia, sem dúvida tanto porque isto era apropriado às origens reais de Jesus quanto porque o propósito geral de Lucas nesta parte de seu evangelho é retratar Jesus como o cumpridor total das esperanças messiânicas de Israel.[19]

Os cânticos são um exemplo importante de convenção historiográfica judia[20], que pode ser observada na Bíblia Hebraica (os cânticos de Moisés, Miriam, Débora, Ana e Davi), nos livros de Tobias e Judite, e nas *Antiguidades Bíblicas* de Pseudo-Filo, um exemplo importante porque data da mesma

---

18. Para uma visão fortemente cética de um rumor popular, veja *Livro sobre Cipião Africano*, citado em McHugh, *The Mother,* p. 289, nota 12.

19. Outras características encontradas nas narrativas de nascimento da Escritura e Pseudo-Filo, mas não em biografias greco-romanas, são a nomeação da criança por um anjo antes do nascimento (Bíblia: Isaac, Pseudo-Filo: Sansão, cf. Samuel), e o nascimento de uma criança a uma mulher estéril ou idosa.

20. Steven Weitzman, *Song and Story in Biblical Narrative.* Bloomington: Indiana University Press, 1997.

época aproximada do Evangelho de Lucas.[21] Eles são um modo de comentar a significância dos eventos na narrativa, e, diferentemente de muitos estudiosos (incluindo até mesmo Brown[22]) eu não vejo razão para duvidar que Lucas por si mesmo tenha composto os cânticos de sua narrativa da infância, da mesma maneira que sem dúvida Pseudo-Filo o fez em seu próprio trabalho. Devemos também ver a mão criativa de Lucas nos discursos e diálogos, que ao lado dos cânticos recolhem muito do denso significado cristológico da narrativa da infância. Diante da habilidade e versatilidade de Lucas como escritor, eu não penso que seja provável que ele tenha se utilizado de fontes literárias para sua narrativa da infância, e certamente não temos esperança de as reconstruir. Entretanto, quando tudo o que é apropriado é dito sobre a inspiração bíblica de Lucas e sua composição criativa desta seção de seu evangelho, não penso que devemos esquecer sua profissão de prática historiográfica contida em seu prólogo. Afinal, pela sincronização de sua narrativa com a história mais ampla (como as referências ao Rei Herodes [1:5], o Imperador Augusto e o governador Quirino [2,1-2]) Lucas não somente delimita um ponto ideológico sobre o significado de sua narrativa mas também demonstra que ele pensa que está escrevendo algum tipo de história.

Me parece possível, assim, que Lucas tenha feito pesquisa histórica para esta parte do evangelho da maneira que os historiadores de sua época faziam: entrevistando pessoas que pudessem contar a ele histórias sobre o nascimento de Jesus e sua juventude (bem como histórias sobre João Batista). Os contornos principais de sua narrativa podem ser chamados história oral neste sentido,[23] e no título deste trabalho eu portanto chamei as narrativas da infância de "história oral em forma escriturística", para fazer claro a maneira

---

21. Pierre-Maurice Bogaert, "Luc et les Écritures dans l'Évangile de l'Enfance à la Lumière des 'Antiquités Bibliques'". In: *The Scriptures in the Gospels* (BETL 131). Leuven: Leuven University Press, 1997, p. 243-270 argumenta que Lucas conheceu o trabalho de Pseudo-Filo. As narrativas da infância e nascimento em Pseudo-Filo, *L.A.B.,* são aquelas de Noé (1,20), Serug (4,11), Isaac (23,8), Moisés (9,1-16), Sansão (42,1-43,1) e Samuel (49-50).

22. Brown, op. cit., p. 346-355.

23. Sobre a narrativa da infância em Lucas como história oral, cf. René Laurentin, *Les Évangiles de l'Enfance du Christ* (2ª edição), Paris: Desclée, 2912, p. 375-376. Sobre a analogia entre a "história oral" moderna e a prática historiográfica antiga, veja Samuel Byrskog, *Story as History, History as Story.* Boston/Leiden: Brill, 2002. Capítulo 1.

197

com que precedentes bíblicos e profecias bíblicas delimitaram a maneira pela qual ele decidiu-se a contar estas histórias. Que suas fontes orais já incluíssem alguma reflexão sobre os eventos à luz da escritura é provável, mas difícil de verificar.

A questão das fontes

O trabalho de um historiador não é melhor do que suas fontes e não podemos assumir que, se Lucas teve fontes, elas seriam automaticamente confiáveis. Uma vez que a história é uma história familiar, qualquer material confiável teria de vir em última análise de dentro desta família, presumivelmente de Maria. Muitos estudiosos no passado, claro, argumentaram precisamente que Maria é a fonte primordial de Lucas nestes capítulos. A popularidade de tal visão declinou em paralelo com uma perda geral de confiança no valor histórico da narrativa da infância. Poucos comentadores hoje em dia leem a repetida afirmação lucana de que "Maria guardava todas estas coisas em seu coração" (Lc 2,19.51) como uma indicação de sua testemunha ocular, uma visão que costumava ser comum.[24] Entretanto, em minha percepção há duas razões ao menos para pensar que Lucas pode, afinal, ter baseado sua narrativa em tradições aprendidas a partir da família de Jesus. Ambas são controversas. A primeira depende da visão, que eu tenho, de que as passagens contendo o "nós" em Atos indicam a presença de Lucas, o autor, nos eventos.[25] Neste caso, Lucas por si mesmo nos conta que ele encontrou

---

24. Exemplificado por Frédéric Godet. *A Commentary on the Gospel of Luke,* v. 1 (Traduzido por E. W. Shalders e M.D. Cusin). Edimburgo: T. & T. Clark, 1875, p. 138; Marie-Joseph Lagrange, *Êvangile selon Saint Luc.* (EBib) Paris: Gabalda, 1921, p. 79, 98. Outros estão listados em Brown, *The Birth*, 430 nota 73. Comentadores recentes que ainda pensam que esta interpretação seja possível, sem definitivamente optar por ela, incluem a mim mesmo. Howard Marshall, *The Gospel of Luke* (NIGTC). Exeter: Paternoster, 1978, p. 114; Craig A. Evans, *Luke* (NIBCNT). Peabody: Hendrickson, 1990, p. 38; Darrel Bock, *Luke*. V. I (Baker Exegetical Commentary on the New Testament 3 a). Grand Rapids: Baker, 1994, p. 223. O Argumento contra esta interpretação em Ben F. Meyer, "'But Mary Kept All This Things...' (Lk 2,19.51)" *CBQ 26* (1964) p. 31-49, depende de sua percepção de que estes versos não foram compostos propriamente por Lucas, mas por uma fonte que Lucas utilizou. Uma visão comum entre comentadores recentes é que estes versos retratam Maria como uma crente ideal e uma ponte entre a narrativa da infância e a narrativa do ministério. P. ex., Brown, *The Birth*, p. 429-431, 680-681.

25. Para uma boa defesa desta abordagem, veja Joseph A. Fitzmyer, "The Authorship of Luke-Acts Reconsidered". In: Fitzmyer, *Luke the Theologian*. Nova York: Paulist, 1989, p. 1-26.

Tiago irmão do Senhor quando acompanhou Paulo em sua visita a Jerusalém (At 21,18). No período que a isto sucede ele teria tido uma ampla oportunidade para conversar com Tiago e muito plausivelmente também com outros parentes de Jesus.

Este argumento não é novo. Minha segunda razão para pensar que Lucas pode depender do que aprendeu com a família de Jesus é mais distintivo. Ele requer que eu mencione brevemente uma argumentação que em outra parte detalhei melhor.[26] Júlio Africano, que evidentemente teve acesso a tradições palestinas judias cristãs sobre os parentes de Jesus, nos conta que eles utilizavam a genealogia familiar em sua pregação evangelística. Sem dúvida, eles a utilizavam para demonstrar o *status* de Jesus como Messias davídico. Argumentei que a genealogia de Lucas, que está inserida por ele em sua narrativa no capítulo 3, parece-se muito com uma genealogia que os parentes de Jesus poderiam ter utilizado. Como muitas genealogias antigas, ela tanto preserva uma linha tradicional de ascendência quanto foi manipulada por propósitos simbólicos, especialmente numéricos, a respeito dos quais Lucas não demonstra nenhuma preocupação. Ela não pode ser adequadamente explicada, e portanto a fonte mais plausível da qual Lucas poderia a ter recolhido é a própria família de Jesus.[27] Se ele assim a recolheu, então claramente ele esteve em uma posição na qual poderia aprender outras tradições familiares.

Entretanto, contra a hipótese de que a narrativa de Lucas da infância tem fontes que incluíam boas informações históricas, muitos estudiosos argumentam que isto é desacreditado por seus claros enganos históricos e relatos implausíveis. Há duas passagens em particular que têm sido julgadas como implausíveis: o relato do censo (2,1-5) e a narrativa da apresentação de Jesus no Templo (2,22-24). Diferentemente da concepção virginal, na qual proble-

---

26. Richard Bauckham, *Jude and the Relatives of Jesus in the Early Church*. Edimburgo: T. & T. Clark, 1990. Capítulo 7.

27. Minha percepção sobre a genealogia foi recentemente endossada por Christophe Guignard, "'Jesus' Family and Their Genealogy according to the Testimony of Julius Africanus". In: *Infancy Gospels,* editado por Claire Clivaz, Andreas Dettwiler, Luc Devillers, Enrico Norelli e Benjamin Bertho (WUNT 281). Tubinga: Mohr Siebeck, 2011, p. 67-93.

mas para além do ordinariamente histórico estão no prelo, estes dois relatos levantam apenas questionamentos ordinários para uma abordagem histórica. Além disso, estes dois relatos realmente precisam ser julgados ao menos como basicamente históricos se realmente for crível que Lucas teve qualquer informação confiável sobre eventos conectados com o nascimento de Jesus.

O censo de fato continua sendo amplamente debatido, com novas evidências e novas teorias tendo avançado.[28] O caso contra a base histórica para a conexão que Lucas faz entre um censo e o nascimento de Jesus em Belém certamente não se consolidou conclusivamente. Mas no caso da apresentação no Templo, a única crítica aparentemente devastadora à plausibilidade histórica do relato de Lucas, feita por uma série de estudiosos proeminentes, não tem sido eficientemente desafiada. Desde os comentários de Brown e Fitzmeyer tem raramente ocorrido qualquer discussão substancial sobre as questões históricas. Portanto devotarei o tempo que tenho a esta discussão.[29]

A apresentação no Templo (2,22-24)

Em 2,22-24 Lucas descreve como José e Maria atenderam a dois requerimentos da Torá: (i) a purificação de uma mulher após dar à luz e (ii) a apresentação e resgate de um filho primogênito. Muitos estudiosos pensam que Lucas interpretou mal e confundiu-se sobre estes costumes judaicos e construiu um evento puramente ficcional. Raymond Brown diz que Lucas "criou um ambiente [para o encontro com Simeão e Ana] a partir de uma leitura

---

28. Há uma boa amostragem em Stanley E. Porter, "The Reasons for the Lukan Census". In: *Paul, Luke and the Graeco-Roman World,* editado por Christophersen et al., p. 165-188. Veja também em Leah Di Segni, "A Roman Standard in Herod's Kingdom". *Israel Museum Studies in Archaeology* 4 (2005), p. 23-48; John H. Rhoads, "Josephus Misdated the Census of Quirinius". *JETS* 54 (2011), p. 65-87; Edward Dabrowa, "The Date of the Census of Quirinius and the Chronology of the Governors of the Province of Syria", *ZPE* 178 (2011), p. 137-142; Leah Di Segni, "Il Censimento di Quirinio: Un Nuovo Contributo dell'Epigrafia". In: *Terra Sancta: Archeologia ed Exegesi*, editado por Giorgio Paximadi e Marcelo Fidanzio. Lugano: Eupress FLT, 2013, p. 171-191; Edward Dabrowa, "Il Censimento di Quirinio alla Luce dei Nuovi Dati Epigrafici: Annotazioni". In: *Terra Sancta...* p. 193-203.

29. Esta discussão é limitada a 2,22-24 e portanto não considera as figuras de Simeão e Ana e suas profecias. Para uma discussão de que Ana seja uma figura historicamente credível, veja Bauckham, *Gospel Women,* capítulo 4 ("Anna of the Tribe of Asher").

imprecisa de leis do Antigo Testamento".[30] As acusações contra a precisão de Lucas são as seguintes:

(1) Lucas confundiu dois costumes distintos e parece pensar que o sacrifício dos dois pássaros era requerido para a apresentação do primogênito, ao invés de para a purificação de Maria, enquanto ele não diz nada sobre o que realmente deveria ser feito no que diz respeito à criança: o pagamento de cinco shekels de prata.

(2) Lucas evidentemente pensa que a Torá requeria que o primogênito deveria ser apresentado no Templo em Jerusalém, enquanto na verdade o valor do resgate poderia ser pago a qualquer sacerdote em qualquer localidade.[31]

(3) Há uma dificuldade cronológica em confluir os dois costumes, porque a Torá requer que a criança a ser resgatada o seja à idade de um mês, enquanto a mãe não pode completar a sua purificação até que se completem 40 dias após o parto.[32]

(4) Lucas se refere à "purificação deles", enquanto de fato apenas a mãe requer purificação.[33]

Mais de um estudioso conclui que Maria não poderia ter sido a fonte da informação de Lucas, uma vez que ela certamente saberia relatar estes fatos com melhor correção.[34]

---

30. Brown, *The Birth*, p. 448; similarmente John P. Meier, *A Marginal Jew*, v. 1. Nova York: Doubleday, 1991, p. 210.

31. Rudolph Bultmann, *The History of the Synoptic Tradition* (Tradução inglesa por John Marsh, 2ª edição). Oxford: Blackwell, 1972, p. 299; Christopher F. Evans, *Saint Luke* (TPINTC), Londres: SCM Press, 1990, p. 213; Marshall, *Luke*, p. 117; Meier, *A Marginal Jew 1:210*; Brown, *The Birth*, p. 447. Segundo Burton Scott Easton, *The Gospel according to St Luke*. Edimburgo: T. & T. Clark, 1926, p. 27, não havia obrigação de ir-se a Jerusalém, mas "o uso do templo para este rito por aqueles morando próximos de Jerusalém deve ter sido comum."

32. Joseph A. Fitzmyer, *The Gospel according to Luke I-IX* (AB 28). Nova York: Doubleday, 1981, p. 420-421. Veja Nm 18,16; Lv 12,2-4.

33. Evans, *Saint Luke*, 212: "Qualquer um deles [José + Maria ou Maria + Jesus] trairia o próprio senso e demonstraria ignorância do costume judeu ... [O pronome deles] parece mais ser um arranjo atrapalhado de Lucas a fim de trazer a criança para os procedimentos." Cf. Brown, *The Birth, 448*. Fitzmyer, *Gospel According ...*, p. 424.

34. Fitzmyer, *Gospel According ...*, 424; Meier, *A Marginal ...* 1: 210.

Responderei às acusações por partes:

(1) A acusação de que Lucas confundiu os dois costumes foi efetivamente bem respondida por aqueles que apontaram que o relato tem uma estrutura quiástica:[35]

(A) Quando os dias para a purificação se completaram, segundo a lei de Moisés,

(B) eles trouxeram o menino para Jerusalém para o apresentarem ao Senhor,

(B1) como está escrito na lei do Senhor, "todo macho que abre a madre será considerado sagrado perante o Senhor";

(A1) e eles ofereceram o sacrifício conforme requerido pela lei do Senhor, "um par de rolas ou dois pombinhos".

A referência à purificação está no começo e no fim da passagem (A e A1) como moldura à referência à apresentação da criança perante o Senhor (B e B1), que é nesta estrutura destacada como o tópico mais importante.[36] Uma vez que respondemos à acusação de confusão podemos ver que Lucas se refere ao pagamento do resgate no verso 27, quando ele diz que fizeram "pelo menino o que era costumeiro segundo a lei." Uma vez que o interesse de Lucas é pela dedicação da criança ao Senhor, ele não deixa explícito que dinheiro foi pago para comprar a criança de volta, mas demonstra que sabia que era isto que aconteceu.[37] Não há nenhum outro costume ao qual a frase do versículo 27 poderia se referir.

(2) A reivindicação de que a lei do primogênito não requeria que a criança fosse levada ao Templo é sustentada de maneira dogmática. P. ex., Joseph Fitzmeyer diz que a apresentação da criança ao Templo "é um costume do qual nada é dito quer no Antigo Testamento quer na Mishna. Tal costume em torno de um filho primogênito é simplesmente desconhecido na tradição

---

35. Sobre o uso de padrões quiásticos por Lucas na narrativa da infância, veja Bauckham, *Gospel Women*, p. 49-51.

36. John Nolland, *Luke 1-9:20* (WBC 35A). Dallas: Word, 1989, p. 118; John Carroll, *Luke: A Commentary*. (NTL) Louisville: Westminster/John Knox, 2012, p. 75.

37. Marshall, *Luke*, p. 117, parece pensar que Jesus, excepcionalmente, não foi resgatado, mas isto é pouquíssimo credível. Não há como Ele ter sido eximido da lei aos olhos das autoridades do Templo.

judia."[38] Diante de asserção tão enfática, é impressionante a existência de evidência em contrário completamente desambígua.[39]

Em Nm 18 há um catálogo das oferendas que o povo deve trazer ao Tabernáculo (futuramente o Templo) e que pertencerão a Aarão e seus filhos os sacerdotes. Tal catálogo inclui: "O primeiro a nascer do ventre de todas as criaturas, humanos e animais, que *eles deverão oferecer ao Senhor*, será vosso, mas os primogênitos entre os humanos deveis redimir." A frase "oferecer ao Senhor" (flexão imperativa imperfeita forte de *qārab* + *l* + *YHWH*) ocorre 43 vezes na Bíblia hebraica, a maior parte em Levítico e Números, e invariavelmente refere-se às oferendas de sacrifícios no Tabernáculo ou no Templo.[40] [N.T.: Flexão Imperativa Imperfeita Forte, nesta passagem, traduz a palavra hebraica transliterada utilizada por Bauckham, que é "Hiphil". Esta palavra (Hiphil), no entanto, é polissêmica em hebraico, significando uma série complexa de casos de flexão e conjugação verbal, aos quais inclusive o verbo em questão faz exceção. Julguei pertinente trocar a palavra para que o texto expresse melhor o que Bauckham aponta: que os israelitas são requeridos de trazerem ao Templo os primogênitos.] Não pode haver dúvida que a Torá requer que o primogênito seja apresentado ao Senhor no Templo.[41] Mas, se alguém ainda estiver com alguma dúvida, o texto nos é interpretado em Neemias 10,35-36[42], onde o povo se compromete a obedecer as prescrições de Nm 18: "Nós nos obrigamos ... a trazer *à casa do nosso Deus,* aos sacerdotes que ministram na casa de nosso Deus, o primogênito dentre nossos filhos

---

38. Fitzmyer, *Gospel according...*, p. 425. Cf. François Bovon, *Luke, V. I: A Commentary on the Gospel of Luke 1:1-9:50*. Tradução de Christine M. Thomas, editado por Helmut Koester. Hermeneia/Mineápolis: Fortress, 2002, p. 99: "o resgate do primogênito não estava conectado ao templo".

39. Colocações desta espécie não levam em conta o fato de que em outras partes Lucas demonstra considerável familiaridade (não derivada do Antigo Testamento) com os procedimentos do Templo: Lc 1,5-10; At 3,1-2. A passagem de At 21,23-34.26 é um exemplo discutível.

40. Em Nm 18,15 e costumeiramente em outras partes, a Septuaginta usa προσφέρειν κυρίῳ. Lucas utiliza παραστῆσαι τῳ κιρίῳ como equivalente, o que é uma boa opção, uma vez que parastanai pode ser utilizado com o significado de oferenda em sacrifício (p. ex., em Rm 12,1).

41. Lagrange, *Saint Luc*, p. 81, cita Nm 18,15, mas comenta: "Il n'était prescrit nulle part clairement que l'enfant dût être conduit au Temple". Talvez este comentário tenha apontado direções pouco encorajadoras para comentadores ulteriores tomarem a evidência de Nm 18,15 a sério.

42. Nolland, *Luke...*, p. 117, refere-se corretamente a Neemias 10,35-36 como evidência do costume de apresentar a criança no Templo, mas não à fonte de tal passagem em Nm 18,15.

e animais, conforme está escrito na lei..." Ne 10 é uma passagem significativa, o exemplo mais antigo de *Halakah* fora da Torá interpretando as leis da Torá.[43] Para além disso, é indubitavelmente *halakah sacerdotal* um guia melhor sobre a maneira que as autoridades do Templo no tempo de Jesus interpretariam a lei que qualquer outra interpretação que encontremos entre os rabis.[44] Devemos também notar que nestas passagens, bem como em outras partes da Torá, a oferta da criança é a principal preocupação, portanto a redenção (ou resgate), assim presumida, não precisa sequer ser mencionada. Lucas, ao que parece, sabia dos requerimentos da Torá de maneira muito mais precisa do que seus críticos atuais.[45]

(3) À luz deste claro requerimento da Torá, parece que, no caso de um filho primogênito, os pais devem apresentar a criança no Templo quando esta tem um mês e então, apenas dez dias depois, a mãe, pelo menos, deve viajar ao Templo novamente para sua purificação. Uma vez que poucas mães deixariam seus filhos de um mês de idade em casa, e poucos pais permitiriam

---

43. David J. A. Clines, "Nehemih 10 as an Example of Early Jewish Biblical Exegesis", *JSOT* 21 (1981), p. 111-117.

44. A confiança de estudiosos como Brown e Fitzmyer (que não citam qualquer evidência) de que o preço do resgate poderia ser pago a qualquer sacerdote em qualquer parte é evidentemente baseado em Hermann Strack e Paul Billerbeck, *Kommentar zum Neuen Testament aus Talmud und Midrasch*. Munique: Beck, 1922-1961, v. 2, p. 120, que citam duas passagens idênticas na *Mekilta de R. Ishmael*: "Assim como no caso do nascido primeiro de um homem, alguém pode dar a criança ao sacerdote em qualquer localidade que escolha, também no caso dos nascidos primeiros de animais, alguém pode dá-lo ao sacerdote em qualquer lugar de sua escolha". (16,1–76,3, tradução de Jacob Neusner, *Mekhilta according to Rabbi Ishmael* v. I [BJS 148]. Atlanta: Scholars Press, 1988, p. 96; v. 2 [BJS 154]. Atlanta: Scholars Press, 1988, p. 221.) Strack e Billerbeck não dão o contexto, mas em contexto esta afirmação parece estar relacionada à situação na qual "alguém vive em um lugar distante", isto é, distante da "casa escolhida" (o Templo). Provavelmente isto representa uma concessão baseada na analogia da lei em Dt 14,22-26 (note a referência aos primeiros nascidos no versículo 23). Não é uma alternativa à regra de que os primogênitos devem ser apresentados no Templo, mas provê exceções a esta regra. Em todo caso, estas passagens (que se referem a rabinos não nomeados) dificilmente podem ser tomadas como boa evidência de como se dava a prática à época do Segundo Templo, embora seja plausível que naquele período pessoas vivendo longe do Templo eram permitidas de apresentar suas crianças a um sacerdote em sua localidade de origem.

45. A maior parte dos comentaristas pensa que Lucas retirou o motivo da apesentação da criança no Templo da história de Samuel em 1Sm 1, mas Samuel já tinha dois anos de idade e *ficou no Templo* como assistente de Eli. Uma compreensão correta da lei dos primogênitos torna a referência a Samuel redundante.

que suas esposas e filhos viajassem sozinhos até Jerusalém, estamos olhando para duas viagens dos dois pais, com a criança, separadas por meros dez dias. Poucas pessoas, a não ser que vivessem em Jerusalém, devem ter feito isto. É razoável supor que a apresentação da criança seria habitualmente adiada até o tempo de purificação da mãe. A regra de que a criança deveria ter um mês de idade poderia muito bem ser interpretada como a idade mínima, e não a máxima, sobre quando ela deveria ser apresentada.

(4) O que é provavelmente a melhor leitura direta do texto no verso 22 referindo-se ao que "a purificação deles" quer dizer, provavelmente, é a purificação de Maria e José.[46] Se isto é somente um erro da parte de Lucas, é extremamente difícil compreender como ele poderia ter cometido tal erro. Ele certamente leu a única passagem da Torá que lida com a purificação após o nascimento (Lv 12,1-8), uma vez que a cita, e a passagem não faz referência nenhuma ao pai. É mais fácil pensar que Lucas usa uma maneira popular, e não exatamente precisa, de se referir à purificação da mãe, que estaria sendo usualmente assistida por seu esposo. Uma explanação mais precisa de um uso popular deste tipo pode ser compreendida se nos lembrarmos que a impureza é às vezes comunicável a outros.[47] Aqui, a matéria se torna mais técnica. A Torá descreve a purificação da mãe em dois estágios. Pelos primeiros sete dias ela tem um *status* equivalente ao de uma mulher menstruada. Pelos próximos trinta e três dias ela tem um grau menor de impureza que a impede de entrar no Templo. Mas poderia ela, neste segundo estágio, ainda transmitir impureza a outras pessoas? Segundo a Mishna, as duas casas farisaicas de Hillel e Shammai discordam neste ponto. Hillel pensa que não, mas Shammai, estereotipada como mais restritiva, sustenta que ela poderia.[48] Neste caso, José, admitindo que estivesse em contato próximo a Maria, pode-

---

46. Alguns estudiosos pensam que a referência é a Maria e Jesus. (p. ex., Lagrange, op. cit., 82; Bovon, op. cit., 1:96, 99), mas isto não é provável.

47. Alfred Plummer, *A Critical and Exegetical Commentary on the Gospel according to S. Luke* (ICC). Edimburgo: T. & T. Clark, 1901, p. 63, observa: "Contato com uma pessoa impura envolvia impureza sobre si". Mas isto é generalizar demais um ponto para provar qualquer coisa neste sentido.

48. *m. Nid.* 10,6: "A Escola de Shammai diz: Semelhante a uma pessoa que sofreu impureza por lidar com um cadáver", isto é, ela é uma fonte de impureza. Veja o comentário sobre esta passagem em Jacob Milgrom, *Leviticus 1-16.* (AB 3). Nova York: Doubleday, 1991, p. 757.

ria ele mesmo estar impuro por mais ou menos todos os quarenta dias para a purificação. Ele estaria em um grau menor de impureza, fácil e rapidamente removido sem a necessidade de ir ao Templo, mas uma vez que a purificação dela efetivamente removeria a fonte da impureza dele, poderia muito bem ser considerada "a purificação deles". Não sabemos se José e Maria seguiriam o que os autores da Mishna descrevem como a interpretação Shammaíta desta lei. Como é costumeiro, não sabemos qual era a interpretação mais prevalente desta lei naquele tempo e nem qual seria a adotada pelas autoridades do Templo. Lucas merece o benefício da dúvida.

Concluo que não há nada historicamente implausível nesta narrativa. O que isto não prova é que ela seja histórica, mas remove uma objeção, a qual muitos estudiosos têm feito, à hipótese de que tradições da família de Jesus formam o cerne da narrativa de Lucas sobre a infância.

7. Pápias escreveu história ou exegese?

Em meu livro *Jesus and the Eyewitnesses* discuti vários aspectos de Pápias e os evangelhos, incluindo estudos detalhados de seus comentários sobre Marcos e Mateus, a possibilidade de que ele tenha conhecido o evangelho de João e uma reconstrução do que ele disse saber sobre o mesmo.[1] No presente ensaio discutirei como o trabalho do próprio Pápias se relacionava com os evangelhos escritos que ele conhecia, um tópico muito debatido que não fui capaz de clarificar completamente em *Jesus and the Eyewitnesses*.

O que o título do trabalho de Pápias significa?

Cedo no século II[2] Pápias, bispo de Hierápolis, publicou um trabalho em cinco livros sob o título Λογίων Κυριακῶν Ἐξήγησις.[3] Em cinco volumes,

---

1. Richard Bauckham, *Jesus and the Eyewitnesses: The Gospels as Eyewitness Testimony*. Grand Rapids: Eerdmans, 2006. Capítulos 2, 9 e 16. Minha percepção de que Pápias conhecia o Evangelho de João encontra hoje suporte em Jake H. O'Connell, "A Note on Papias's Knowledge of the Fourth Gospel", *JBL* 129 (2010), p. 739-794; T. Scott Manor, "Papias, Orgien and Eusebius: The Criticisms and Defense of the Gospel of John", *VC* 67 (2013), p. 1-21.

2. Uma espécie de *terminas a quo* é fornecida pelo conhecimento de Pápias do Evangelho de Mateus, 1 Pedro, 1 João e o Apocalipse (seu conhecimento destes livros é amplamente aceito). A outrora visão-padrão de que seu livro não poderia ter sido completado antes do reinado de Adriano era baseada em uma afirmação de Filipe de Side que hoje é geralmente apontada como sendo uma confusão entre Pápias e o que Eusébio diz sobre Quadrato. Eu não penso que saibamos algo sobre Pápias e seu trabalho que requeira alguma data posterior ao ano 100 d.C. Diante do que ele diz sobre Aristião e João o Ancião, suas principais fontes testemunhais (veja adiante neste artigo), parece a mim que Papias poderia ter poucas razões para adiar a finalização e publicação de seu trabalho uma vez que estivessem mortos. Portanto penso que uma data entre 100 e 110 é provável.

3. Sobre a precisão do título veja Armin Daniel Baum, "Papias als Kommentator evangelischer Aussprüche Jesu". *NovT* 38 (1996), p. 257-275, aqui a p. 257 está citada; Enrico Norelli, *Papi adi Hierapolis: Exposizione degli Oraculi del Signore: I Frammenti*. Milão: Figlie di San Paolo, 2005, p. 59 e nota 2. O genitivo ἐξηγήσεως na versão de Eusébio do título (*Hist. eccl.* 3.39.1) é sem dúvida compreendido como dependente de βίβλια, e esta leitura deveria ser preferida à variante ἐξηγήσεις em um manuscrito.

era certamente o mais longo, até onde sabemos, trabalho escrito por qualquer autor cristão anterior a Irineu, com a singular exceção dos 24 volumes de *Exegetica* escrito pelo egípcio Basílides "gnóstico", que foram publicados uma década ou duas após o trabalho de Pápias. Do trabalho de Basílides[4] sabemos ainda menos do que do trabalho de Pápias, mas isto não é dizer que saibamos muito. Dos cinco livros de Pápias tudo o que sobreviveu são uma descrição geral do trabalho por Eusébio, cinco citações ao pé da letra e um punhado de breves referências a temas específicos do conteúdo.[5] É mais que provável que outros materiais de Pápias tenham sido preservados por escritores antigos que não lhe atribuem a autoria, mas temos tão pouco material de fato atribuído que a tarefa de identificar textos não atribuídos é quase impossível. Não é surpreendente que a natureza de seu trabalho não é de nenhuma maneira óbvia e que seja um ponto de muita discordância entre acadêmicos.

De maneira geral há duas possibilidades. Uma é que Pápias escreveu algo parecido com um evangelho, uma coletânea de tradições jesuânicas, retiradas tanto dos evangelhos escritos quanto de fontes orais ou somente de fontes orais. A outra é que ele escreveu um comentário sobre ou interpretações das tradições de Jesus. Neste último caso há muitas possibilidades debatidas como a maneira pela qual evangelhos escritos ou tradições de fontes orais teriam sido utilizadas para a composição deste trabalho. A palavra Ἐξήγησις no título pode ser traduzida de maneira a atender qualquer uma destes tipos de trabalho literário, mas antes de discutir isto valeria a pena revolver o significado de Λογίων Κυριακῶν. Aqui nós podemos pelo menos comparar o uso empregado pelo próprio Pápias da mesma expressão em sua nota sobre o Evangelho de Marcos, que ele evidentemente tomava como uma compilação das κυριακῶν Λογίων que figuravam na pregação oral de Pedro. (N 5, H 3)[6]. Ele também usa as palavras τὰ λόγια para descrever o conteúdo

---

4. Os fragmentos estão recolhidos em Bentley Layton, *The Gnostic Scriptures*. Londres: SCM Press, 1987, p. 417-444.

5. A melhor e mais completa edição dos fragmentos é agora supracitada (nota 3) de Norelli. Veja também Michal W. Holmes, *The Apostolic Fathers*, Grand Rapids: Baker Academic, 2007. 3ª edição, p. 722-767.

6. Dou os números dos fragmentos como em Norelli e Holmes.

do evangelho de Mateus (e seu comentário sobre tal evangelho não deveria ser traduzido como "Mateus compôs as *logia*" mas "Mateus fez uma coletânea ordenada das [já existentes] *logia*"), pelo que podemos assumir que ele quis dizer τὰ λόγια κυριακά.

Nos usos pagão, judeu e cristão a palavra Λόγιον, muito mais específica do que λόγος, parece sempre significar "oráculo", isto é, uma palavra autoritativa advinda de uma fonte divina.[7] Diante da compreensão judia e cristã do que sejam sagradas escrituras, pode ser usada para se referir a conteúdos da Escritura, mas a palavra em si mesma não requer *per se* que esteja em forma escrita ao invés de oral. Pápias é o primeiro autor conhecido que tenha utilizado a mesma em se referindo a tradições do evangelho;[8] mais tarde Irineu e Justino o seguirão (ao se referirem aos evangelhos). Da nota de Pápias sobre o Evangelho de Marcos tem-se por claro que as λόγια κυριακά não eram necessariamente escritas, uma vez que ele utiliza o tempo para tradições da pregação oral de Pedro, antes que Marcos as tivesse recolhido em forma escrita. No mesmo contexto Pápias também descreve o que Marcos recolheu como "as coisas que quer tenham sido ditas quer tenham sido feitas pelo Cristo",[9] e estudiosos recentes têm pendido a pensar que portanto as λόγια κυριακά não eram apenas ditos de Jesus mas também histórias sobre Jesus. Esta interpretação pode ser sustentada ao se pegar κυριακά em um sentido objetivo ao invés de subjetivo: não palavras de Jesus, mas palavras sobre Jesus.[10] Entretanto, neste caso é difícil dar à palavra λόγια seu peso total. Poderia Pápias ter tomado e considerado histórias

---

7. Sobre as discussões veja Hugh Jackson Lawlor, "Eusebius on Papias", *Hermathena* 19/43 (1922), p. 167-222, aqui 189-193; Norelli, op. cit., p. 59-80.

8. Dieter Lührmann. "Q: Sayings of Jesus or Logia?". In: *The Gospel Behind the Gospels: Current Studies on Q*, editado por Ronald A. Piper (NovTSup 75; Leiden: Brill, 1995), p. 97-116, aqui 106-112. Lührmann pensa que Papias inventou esta utilização.

9. Para paralelos a este período, veja Jaap Mansfeld, "Galen, Papias and Others on Teaching and Being Taught". In: *Things Revealed: Studies in Early Jewish and Christian Literature in Honor to Michael E. Stone*. Editado por Esther G. Chazon, David Satran e Ruth A. Clements (JSJSup 89). Leiden: Brill, 2004, p. 317-329, aqui 327 e a nota 51.

10. Josef Kürzinger, *Papias von Hierapolis und die Evangelien des Neuen Testaments*. (Eichstätter Materialen 4). Regensburg: Pustet, 1983, p. 71-75 e Ulrich H. J. Körtner, *Papias von Hierapolis* (FRLANT 133), Göttingen: Vandenhoeck & Ruprecht, 1983, p. 154-156.

sobre Jesus advindas da tradição oral como palavras autoritativas com uma fonte divina? Além disso, quando Pápias fala, na seção de seu prefácio, que Eusébio por primeiro cita, sobre como ele coletou as tradições de Jesus de fontes orais ele se refere a "mandamentos dados pelo Senhor sobre a fé" (N 5, H 3), o que sugere que ao menos o que ele mais valorizou foram palavras de Jesus. Talvez a chave para esta utilização da palavra resida no fato de que a maior parte das histórias sobre Jesus *contêm* ditos de Jesus, e assim Pápias foi capaz de classificar em uma categoria bastante ampla a maior parte do conteúdo de Marcos e Mateus como λόγια κυριακά. Aquelas às quais o título do livro propriamente se refere poderiam também ser similarmente heterogêneas, embora sua escolha por este termo indique que seu maior interesse fosse nas palavras de Jesus.

Mas seu trabalho foi uma coletânea ou uma interpretação destas histórias? A palavra inglesa "exposition", que poderia ser traduzida em português como "explanação", captura de maneira suficiente a ambiguidade da palavra ἐξήγησις, se nos lembrarmos que a mesma pode significar tanto uma "demonstração" bem como uma "explicação" ou "comentário", embora o significado anterior de "demonstração" seja raramente acessado por esta palavra nas línguas inglesa ou portuguesa modernas. A palavra no título de Pápias foi traduzida para o latim como *Explanatio* ("explanação, interpretação") tanto por Rufino em sua tradução de Eusébio quanto por Jerônimo em seu curto relato sobre o trabalho de Pápias em *De viris illustribus,* mas nenhum dos dois sabia nada do trabalho de Pápias além do que Eusébio diz. Embora durante o período de vida de Jerônimo correram rumores de que ele houvesse traduzido o trabalho de Pápias, ele deixou claro que não tinha a intenção de fazê-lo (H 8), e parece nunca ter olhado para o mesmo. Segundo Lidell e Scott, a palavra grega significa tanto "testemunho, narrativa" (correspondendo a ἐξηγέομαι no sentido de "contar por inteiro, relatar") ou "explicação, interpretação" (correspondendo à mesma palavra acima, no sentifo de "expor, interpretar"). Penso que "contar, relatar" podem ser os melhores termos para o primeiro destes significados. Até recentemente quase todos os estudiosos assumiam que a palavra no título de

Pápias teria o segundo destes significados (p. ex., "Explanação das *Logia* Dominicais")[11], mas Josef Kürzinger propôs o primeiro significado ("conto" ou "Coletânea de *Logia* Dominicais").[12] Alguns outros estudiosos concordaram com ele.[13]

Ἐξήγησις não é uma palavra comum nos títulos de livros antigos. Na verdade, além do uso por Pápias, parece haver apenas seis outros exemplos[14], e somente um destes é o título de um livro que sobreviveu até nós. A vida de Homero por (Pseudo-)Heródoto carrega como título em alguns manuscritos: Ἐξήγησις περὶ τῆς τοῦ Ὁμήρου γενέσιος καὶ βιοτῆς[15] ("Relato sobre as Origens e Vida de Homero"). O trabalho data entre 50 e 150 d.C.,[16] mas infelizmente não é possível dizer quando este título em particular foi dado a ele. Ele fornece evidência de que ἐξήγησις podia ser usada para um trabalho de natureza biográfica (neste caso um altamente ficcional).

De três outros trabalhos sabemos apenas o título. Ao filósofo grego Zenão de Eleia (século V a.C.) a *Suda* atribui um trabalho chamado Ἐξήγησις τῶν Ἐμπεδοκλέους ("Interpretação dos trabalhos de Empédocles"). É muito debatido se o trabalho foi corretamente atribuído a Zenão, ou se deveria ser um título que um escriba deu a uma seção do único trabalho de Zenão, ou ainda (como no caso do trabalho de Heráclides ao qual faremos em bre-

---

11. Recentes defensores desta tradução incluem Baum, p. 267-269; Norelli, p. 80-81. Algumas vezes ainda encontramos o plural: "Explicações sobre a Logia Dominical": assim o fornece Charles E. Hill, "The Fragments of Papias". In: *The Writings of the Apostolic Fathers,* editado por Paul Foster. Londres: T. & T. Clark [Continuum], 2007, p. 42-51, aqui p. 44.

12. Kürzinger, *Papias,* 75-77: "Mitteilung von Herrenlogien" e "Sammlung von Herrenlogien". Kürzinger combina esta visão com a visão de que λόγια κυριακά significa "coisas ditas sobre o Senhor", o que torna desnecessário tomar ἐξήγησις no sentido de "Erklärung."

13. Listados em Baum, p. 267.

14. Esta pequena coleção (bem como a coleção de títulos usando a palavra ἐξηγητικός que segue) é fruto de minha própria pesquisa. Não vi estas seis coletadas em outra parte. Kürzinger, à p. 76, anota duas delas. Ele também faz a seguinte afirmação geral: "Die griechische Literaturgeschichte zeigt Beispiele, an denen man sieht, daß ἐξήγησις vielfach als Titelwort im Sinn von "Bericht, Mitteilung" u. ä. verwendet wurde, besonders auch bei Sammlungen von alten Überlieferungen (Mythensammlungen u. ä.)". Infelizmente ele não dá referências ou exemplos.

15. Thomas W. Allen, *Homeri Opera* v. 5. Oxford: Clarendon, 1912, p. 192.

16. Martin L. West, *Homeric Hymns, Homeric Apocrypha, Lives of Homer* (LCL 496). Cambridge: Harvard University Press, 2003, p. 301.

ve menção) foi um trabalho polêmico, e neste caso o título poderia significar algo como "Exposição em refutação dos trabalhos de Empédocles."[17]
Os trabalhos do filósofo Heráclides do Ponto (século IV a.C.), listados por Diógenes Laércio (5.88) incluem Ἡρακλείτου ἐξηγήσεις δ' ("Interpretação de Heráclito, 4 livros") e Πρὸς τὸν Δημόκριτον ἐξηγήσεις α' ("Explicações em resposta a Demócrito, 1 livro"). Estes, embora distantes de Pápias tanto em tempo quanto em assunto, são exemplos de ἐξήγησις usada para nomear trabalhos de interpretação de tratados escritos. Mas há um exemplo mais relevante. O filósofo judeu alexandrino Aristóbulo (século II a.C.) escreveu um diálogo entre si mesmo e o rei Ptolomeu no qual ele fornece uma exegese filosófica da lei de Moisés. Apenas fragmentos sobreviveram. Escritores antigos usam mais de um título para se referirem a ele: Ἐξηγήσεις τῆς Μωσέως γραφῆς ("Interpretação dos Escritos de Moisés")[18] e τὰ Ἀριστοβούλου βασιλεῖ Πτολεμαίῳ προσπεφωνημένα ("As falas de Aristóbulo ao Rei Ptolomeu").[19] Devemos notar que, com a exceção de Zenão, estes títulos nos quais ἐξήγησις significa "interpretação" usam a palavra no plural (ἐξηγήσεις).

Finalmente, o gramático Dositeu de Ascalon é referido como tendo escrito Ἐξήγησις τοῦ παρ' Ὁμήρῳ κλισίου ("Relato [?] de [a palavra] κλίσιον em Homero"), que presumivelmente era uma coletânea de ocorrências da palavra κλίσιον ("abrigo de campanha") em Homero, mas talvez também uma discussão de seus significados.[20] Estes seis títulos parecem ilustrar as duas possíveis compreensões de Ἐξήγησις no título de Pápias: "relato" ou "interpretação".

---

17. Mario Untersteiner, *Zenone: Testimonianze e Frammenti.* Florença: La Nuova Italia, 1970, p. 27-28.

18. Carl R. Holladay, *Fragments from Hellenistic Jewish Authors,* v. 3: *Aristobulus* (SBLTT 39). Atlanta: Scholar Press, 1995, p. 120 (T8a, T8b).

19. Id., ibid., p. 124 (T14). O trabalho de Aristóbulo também é descrito como βίβλους ἐξηγητικὰς τοῦ Μωυσέως νόμου ("livros exegéticos sobre a lei de Moisés") na p. 117 T7 e τὰς Ἐλεαζάρου καὶ Ἀριστοβούλου διηγήσεις ("as narrativas de Eleazar e Aristóbulo" – referindo-se a dois trabalhos por estes autores) na p. 123 T 11, mas nesta frase as palavras provavelmente não se pretenderiam títulos.

20. Kürzinger, op. cit., 76.

Devemos notar que o adjetivo ἐξηγήτικος também era usado em títulos de livros. Evidentemente o navegador e geógrafo grego Timóstenes (século III a.C.) escreveu um livro chamado τό ἐξηγητικόν [sc. βιβλίον] (*FGH* 354), enquanto Antícledes de Atenas[21] escreveu τά ἐξηγητικά [sc. βιβλία] (Plutarco, *Nic.* 23.8) ou τό ἐξηγητικόν (Ateneu 11,473b-c), o que poderia parecer ter sido uma coletânea de interpretação de leis atenienses relacionadas a rituais religiosos.[22] Ateneu também atribui um trabalho com o mesmo título e tópico a Clidemo (9.409f-410a), mas isto provavelmente foi tomado como um erro por Antíclides.

Não muito depois de Pápias (cujo trabalho eu dataria entre 100 e 110 d.C.), no reinado de Adriano (117-135), Basílides o "Gnóstico" egípcio escreveu seuἘξηγητικά [sc. βιβλία] em vinte e quatro volumes (Clemente de Alexandria, *Strom.* 4.81.1). Citando uma refutação de seu trabalho por Agrippa Castor, Eusébio diz que estes eram vinte e quatro livros "sobre o evangelho" (εἰς τὸ εὐαγγέλιον) (*Hist. eccl.* 4.7.7), embora o único fragmento substancial (Clemente de Alexandria, *Strom.* 4.81.1-4.83.2) trata, tem-se sugerido, de uma passagem comentando 1 Pedro.[23] Esta foi uma obra longa o suficiente para ser um comentário sobre uma coleção de escrituras, e sabemos muito pouco sobre a mesma para supor que, como Charles Hill sugeriu, que o trabalho de Basílides foi uma resposta a este de Pápias ou vice-versa.[24] Clemente de Alexandria também se refere a um trabalho de um discípulo de Basílides de nome Isidoro com o título τὰ τοῦ προφήτου Παρχὼρ ἐξηγητικά ("Livros exegéticos sobre o Profeta Parchor") (*Strom.* 6.53.2), aparentemente uma interpretação de um texto profético completamente desconhecido, senão o fosse apenas através deste título.[25] Outro autor cristão a quem Clemente se refere, Júlio Cassiano, escreveu um trabalho em vários volumes chamado τὰ

---

21. Jacoby, *FGH*, distingue Antíclides de Atenas (n. 140) de Autóclides (n. 353) mas o último nome parece ser um erro por um escriba do anterior. [N.T.: isto é, "Ἀντίκλειδες" e "Αὐτόκλειδες", respectivamente.]

22. Oficiais responsáveis por tais interpretações eram chamados ἐξηγηταί.

23. Layton, *The Gnostic Scriptures*, p. 440-441.

24. Hill, "The Fragments", p. 48-49.

25. Talvez Parchor seja o discípulo de Basílides a quem Eusébio chama Bar Coph (*His. eccl.* 4.7.7).

ἐξηγητικά [sc. βιβλία] (*Strom.* 1.101.3).[26] Nele ele discutiu a cronologia de Moisés, o datando como anterior aos filósofos gregos, e assim o trabalho presumivelmente continha interpretações de alguma(s) parte(s) do Pentateuco. Ao discutir sobre todos estes trabalhos eu evitei a palavra "comentário" porque ela poderia sugerir uma estrutura do tipo texto + proposições, que não sabemos que algum destes trabalhos tenha tido.

Como títulos de livros ἐξηγητικόν [sc. βιβλίον] e ἐξηγητικά [sc. βιβλία] são inambíguos. Eles não podem significar outra coisa senão "[livro(s) de] interpretação." Provavelmente o plural ἐξηγήσεις em um título (do qual achamos três exemplos) também é inambíguo, significando "interpretações." (Como os títulos dos livros de Heráclides demonstram, o plural não significa que o trabalho consistisse em mais de um livro.) É o singular ἐξήγησις (da qual encontramos dois exemplos, além do de Pápias) que potencialmente é ambíguo. Em um caso (a vida de Homero por Pseudo-Heródoto) certamente significa "relato", mas em outro caso (o livro de Dositeu sobre a palavra κλίσιον em Homero) o significado é menos claro.

Voltamo-nos ao uso mais geral da palavra ἐξήγησις. Baum[27] e Norelli[28] põem considerável peso na pesquisa de Hugh Jackson Lawlor sobre o uso de ἐξήγησις, ἐξηγητής e ἐξηγεῖσθαι no Novo Testamento, Padres Apostólicos, Justino, Irineu, o *Evangelho de Pedro* e Josefo (bem como em uma passagem de Luciano e uma em Epicteto).[29] Ele concluiu que

> No período com o qual estamos preocupados o sentido dominante de ἐξηγεῖσθαι e seus derivativos é aquele de interpretação ou tradução. Na maior parte das ocorrências tais palavras são usadas como a interpretação das Escrituras, a *logia*, ou sonhos. Notamos que ἐξηγητής ocorre dez vezes, sempre significando um intérprete; em outro exemplo, talvez, com um significado ligeiramente diferente. Encontramos ἐξήγησις mais de trinta vezes, sempre com o significado indicado, com quatro exce-

---

26. Sobre este nome, veja Clemente, *Strom.* 3.91.1.

27. Baum, op. cit., p. 268.

28. Norelli, op. cit., p. 81.

29. Lawlor, "Eusebius", p. 171-189.

ções. Por duas vezes a primeira *Apologia* de Justino é chamada de ἐξήγησις; uma vez em Clemente a mesma palavra é utilizada em um sentido aparentemente análogo ao de ἐξηγεῖσθαι em Jo 1.18, e uma vez em Josefo para uma narrativa. Estes três sentidos também são exemplificados no uso do verbo e, adicionalmente, ele é usado por Josefo para indicar o manejo de assuntos por um governador, e por Irineu para a exposição de uma doutrina herética. O último escritor também toma ἐξηγεῖσθαι no sentido de interpretação de fenômenos naturais.[30]

Mas devemos ser cautelosos em tomar estes resultados como provas conclusivas de que a palavra ἐξήγησις no título de Papias necessariamente quer dizer "interpretação". Em primeiro lugar, a leitura de Lawlor dos textos não é sempre fiável. Em Justino, *Dial.* 72.1, ἐξηγήσεις com certeza quer dizer "afirmações", e não "interpretações", como Lawlor supõe.[31] Ele desnecessariamente mistifica o significado de *1 Clemente* 49.2; 50.1, onde ἐξηγεῖσθαι quer dizer "descrever", e ἐξήγησις, "descrição".

Em segundo lugar, a significância da prova pode ser questionada. P. ex., no todo do Novo Testamento e Padres Apostólicos (excluindo Pápias), há somente duas ocorrências de ἐξήγησις, uma no sentido de "descrição" (*1 Clem.* 50.1), a outra no sentido de "interpretação" (de uma visão: Hermas, *Vis*, 3.7.4). No mesmo corpo literário, o verbo ocorre oito vezes, em sete das quais ele significa "relatar" ou "descrever" (Lc 24,35; At 10,8; 15,12.14; 21,19; *I Clem.* 49.2; Hermas, *Vis.* 4.2.5), enquanto no último exemplo (Jo 1,18) a maior parte dos interpretadores dão o sentido de "tornar conhecido", e não "interpretar". As duas ocorrências do verbo no *Evangelho de Pedro* significam "relatar". Não é surpreendente que no *Diálogo* de Justino ἐξήγησις e ἐξηγεῖσθαι frequentemente signifiquem "interpretação" e "interpretar", uma vez que o assunto do trabalho é a interpretação da Escritura, mais especificamente de profecias. De qualquer modo, supor que a preponderância de uso, como se demonstra, neste corpo literário, possa *decidir* o significado no título de Pápias é falacioso. Qualquer escritor é livre para usar uma palavra em qualquer significado

---

30. Id., ibid., p. 188.

31. Id., ibid., p. 182.

disponível dentro de seu próprio trabalho. Uma vez que ἐξήγησις muitas vezes significa interpretação (especialmente de sonhos e Escritura), isto pode muito bem ser o significado no título de Pápias, mas uma vez que há alguns outros significados como "relato", "descrição", "afirmações" (*1 Clem.* 50.1; Justino, *Dial.* 72.1; *1 Apol.* 61.1; 68.3; Josefo, *B.J.* 1.30) algum destes significados pode muito bem ser o pretendido por Pápias.

Merecem especial atenção na pesquisa de Lawlor uma minoria de textos (aqueles nos quais ἐξήγησις não significa "interpretação"), três nos quais a palavra descreve o bloco literário em questão (como é o caso no título de Pápias). Em Justino, *1 Apol.* 61,1; 68.3, o significado deve ser algo como "relato", e refere-se à apologia de Justino como um todo. Mas de maior interesse é Josefo, *B.J.* 1.30, na conclusão do prefácio do trabalho. Neste prefácio Josefo fornece um contorno da história que vai narrar. Ele conclui o prefácio:

> Ποιήσομαι δὲ ταύτην τῆς ἐξηγήσεως ἀρχήν, ἣν καὶ τῶν κεφαλαίων ἐποιησάμην.

Uma tradução muito literal seria:

> Irei fazer este começo do relato, que (começando) eu também fiz (o começo) do sumário.

Thackeray (LCL) traduz:

> Abrirei minha narrativa com os eventos enumerados no começo do sumário que se segue.

Aqui ἐξήγησις se refere ao todo da narrativa de seus sete livros de história. Este uso historiográfico corresponde a usos similares do termo para o relato de uma sequência de eventos em Tucídides (1.72) e Políbio (6.3.1). Entretanto penso que a tradução "narrativa" é menos justificável que a menos específica "relato".

Penso que esta investigação sobre o uso da palavra ἐξήγησις seja inconclusiva no que diz respeito a seu significado no título de Pápias. Por um lado, uma vez que λόγιον signifique "oráculo", o tipo que fala que geralmente requer interpretação, "Interpretação dos Oráculos do Senhor" parece uma tradução muito natural e plausível. Por outro lado, talvez devêssemos perguntar, como defensores de tal tradução não o fizeram, se não deveríamos esperar o plural ἐξηγήσεις, se tal fosse o significado. É significativo que Lawlor tenha pensado que a variante (muito provavelmente não preferível) ἐξηγήσεις no relato de Eusébio sobre o trabalho de Pápias estivesse correta: "A palavra anterior [ἐξήγησις] seria usada para a interpretação de uma única passagem; a outra [ἐξηγήσεις] para a interpretação de muitas passagens".[32] Neste caso, talvez Ἐξήγησις, no título de Pápias, tenha o significado bem menos colorido de "relato", deixando a real ênfase do título em Λογίων Κυριακῶν.

Considerações sobre o conteúdo

Se o uso da palavra ἐξήγησις não nos provê uma resposta decisiva sobre que tipo de material Pápias escreveu, o conhecimento do que seja seu conteúdo ajudaria? Somente Eusébio nos fornece algo parecido como uma descrição do mesmo (N 5, H 3), e ele não diz nada que implique em que Pápias tenha dado interpretação de ditos de Jesus ou de histórias sobre Jesus. Ele diz que Pápias inclui tradições que recebeu de Aristião e João o Ancião, o que, a julgar pela citação do prefácio de Pápias que Eusébio forneceu, seriam tradições de ditos de Jesus. Ele também diz que Pápias relatou, a partir de tradições não escritas, "certas estranhas parábolas do Salvador e ensinamentos dele e algumas outras afirmações de caráter mais mitológico." Se a última frase se refere a ditos de Jesus (talvez sua fala sobre a extraordinária produtividade da terra nos dias do Reino [N 1 H 14] parecessem "mitológicas" a Eusébio) ou histórias não está claro, mas não parece serem interpretações. Novamente ele se refere a "outros relatos de ditos do Senhor[33] pertentences a Aristião ... e a traduções de João o Ancião." Eusébio diz que Pápias contou uma história "sobre uma mulher acusada de muitos pecados diante do Senhor", que Eusébio

---

32. Id., ibid., p. 182, cf. 167. Lawlor faz o comentário porque ele supõe, provavelmente incorretamente, que Justino, *Dial.* 72.1 refere-se a um livro apócrifo de Esdras chamado ἐξηγήσεις εἰς τὸν νόμον περὶ τοῦ πάσχα, que ele pensou ser "um paralelo notável ao título do trabalho de Pápias", p. 182.

33. O fraseado é τῶν τοῦ κυρίου λόγων, mas seria um engano derivar algo do fato de que a palavra não seja λογίων, uma vez que a frase é de Eusébio e não de Pápias.

conheceu no *Evangelho segundo os Hebreus* (provavelmente ele não quer dizer que Pápias a cita deste evangelho). Ele também menciona duas histórias sobre discípulos de Jesus no período da Igreja primitiva que Pápias tinha ouvido das filhas de Filipe. Estas dificilmente são λόγια κυριακά, mas também não são interpretações de λόγια κυριακά, a não ser que Pápias as tenha dito no decorrer da interpretação das λόγια κυριακά. Por certo, o relato de Eusébio sobre o livro de Pápias é guiado por seus próprios interesses, mas a partir do que ele diz parece plausível ter sido uma coletânea de tradições do Evangelho (com a adição de algumas histórias sobre os discípulos de Jesus após a vida terrena de Jesus). Tampouco parece que Eusébio diz que Pápias cita ditos de Jesus ou histórias sobre Jesus a partir dos evangelhos, embora ele cite o que Pápias tinha para dizer sobre os evangelhos de Marcos e Mateus. Mas, novamente, sua descrição não soa como a descrição de um comentário sobre os evangelhos ou de um material derivado dos mesmos.

A impressão que o relato de Eusébio deixa pode muito bem conduzir erroneamente a algum ponto, mas há muito pouco além disso em nossas escassas informações sobre o conteúdo do trabalho de Pápias que seria de uso para corrigir tal rumo. As únicas duas citações substanciais de Pápias que temos são a longa fala de Jesus sobre as maravilhas do reino que virá, e o curto diálogo com Judas que está vinculado a ele (N 1, H 14), e um relato sobre a morte de Judas (N 6, H 18). De Filipe de Side sabemos que Pápias continha um relato sobre o erguimento da mãe de Manaém dentre os mortos (N 10, H 5), presumivelmente por Jesus, e que ele disse que João e Tiago foram mortos por judeus[34] (N 10, H 5). De toda a informação que temos sobre o que Papias teria tratado, este último item talvez seja o mais provável de ser tomado como um comentário sobre um dito de Jesus. Pápias poderia muito bem ter dito isto após relatar uma versão de um dito de Jesus em Mc 10,39-40.

Outras duas possíveis indicações de interpretação de ditos de Jesus em Papias devem ser mencionadas. Uma é o material que Ireneu cita a partir "dos antigos" que inclui interpretação da parábola do semeador (cf. Mc 4,20) e (se isto pode ser incluído no que Ireneu reporta aos antigos) uma citação

---

34. A confiabilidade desta informação tem sido posta em dúvida, mas a favor da mesma há o fato de que Filipe de Side é específico: ele diz que Pápias disse isto no segundo livro de seu trabalho. Norelli, p. 269-379, argumenta pela autenticidade de tal atribuição a Pápias.

de Jo 14,2 no mesmo contexto de interpretação (*Haer.* 5.36.1-2). Alguns estudiosos (eu costumava ser um deles) pensam que nas quatro ou cinco ocasiões nas quais Ireneu reporta tradições "dos antigos" ele retirava este material de Pápias.[35] Mas uma leitura cuidadosa de *Haer.* 5.33.3-4 (N 1, H 14) demonstra que Ireneu tinha uma fonte diferente de Pápias para as tradições "dos antigos".[36]

Em segundo lugar, há quatro fragmentos – breves citações de relatos do que Pápias teria dito – que em face dos mesmos parecem não ter relação com tradições do evangelho e que das quais algumas vezes se pensou serem de interpretações de Pápias de ditos de Jesus:[37]

(1) Ele entendia "todos os 'seis dias' como referentes a Cristo e à igreja" (N 15, H 12);

(2) Uma afirmação sobre os anjos decaídos, com alusão à "antiga serpente" (Ap 12,9) (N 12a, H 11);

(3) Ele "interpretou os ditos sobre o Paraíso espiritualmente, e os relacionava à Igreja de Cristo" (N 16, H 13);

(4) Ele dizia que "eles costumavam chamar aqueles que tinham uma inocência divinal de 'crianças'" (N 13, H 15).

O que realmente é interessantíssimo sobre estas citações é que todas elas se relacionam a Gn 1-3. (Norelli demonstrou convincentemente, de paralelos patrísticos, que [4] refere-se a Adão e Eva.[38]) Isto sugere que eles são melhor explicados não em partes, mas como um agrupamento. Proponho que Pápias tenha começado seu trabalho com um relato sobre a história primitiva, dando a ela uma interpretação cristológica. Isto seria paralelo, embo-

---

35. Elas estão coletadas em Norelli, p. 531-536; Holmes, *The Apostolic Fathers*, p. 768-773. Meu ponto de vista é que *Haer* 2.22.5 parece não recolher tradição dos antigos, mas simplesmente reflete a interpretação do próprio Irineu de Jo 21,24. Veja Bauckham, "Intertextual Relationships of Papias' Gospel Traditions: The Case of Irenaeus, *Haer.* 5.33.3-4". In: *Intertextuality in the Second Century.* Editado por D. Jeffrey Bingham e Clayton N. Jefford (The Bible and Ancient Christianity 11). Leiden: Brill, 2016, p. 37-50.

36. Veja Norelli, *Papia*, p. 194-199; Antonio Orbe, *Teología de San Ireneo: Commentario al Libro V del "Adversus haereses"* (BAC 33). Madri: La Editorial Católica, 1988, p. 427-428; Bauckham, "Intertextual Relationships".

37. Veja, mais recente, Dennis R. MacDonald, *Two Shipwrecked Gospels: The* Logoi of Jesus *and Papias's* Exposition of the Logia about the Lord (SBLECL 8). Atlanta: SBL, 2012, p. 12, 22-23, 35-38.

38. Norelli, op. cit., p. 414-417.

ra evidentemente em conteúdo bastante distinto, ao início do Evangelho de João (1,1-5, que reprisa Gn 1,1-5, segundo uma leitura cristológica).[39] Se isto estiver correto, implica que Pápias tenha concebido seu trabalho como algo parecido com uma narrativa histórica de Jesus, o que faria de um reconto da história primitiva como prelúdio algo apropriado. Talvez ele também tenha posicionado suas histórias sobre os discípulos no período pós-Pascal em um poslúdio correspondente, que descreveria a missão universal da Igreja.

Confirmações discretas destas sugestões são duas das discretas informações que temos sobre quais fragmentos de Pápias derivam de onde no contexto de seus cinco livros. O supracitado 4), a provável referência a Adão e Eva, é referido como oriundo do livro 1 (N 13, H 15). O relato da morte de Judas (N 6, H 18) é referido como parte do livro 4, o que é plausível se o trabalho de Papias continha uma sequência narrativa e o livro 5 estivesse devotado a histórias sobre os discípulos em missão. Entretanto, qualquer destas propostas deve ser feita com apropriada cautela, nunca nos esquecendo o quão pouco sabemos dos conteúdos do trabalho de Pápias.

Uma possível indicação final de que Pápias escreveu um trabalho de interpretação dos ditos de Jesus é a frase ταῖς ἑρμηνείαις na passagem que Eusébio cita de seu prefácio. Consideraremos isto na seção seguinte.

A autoapresentação de Pápias como um historiador em seu prefácio

David Aune propôs que Pápias "pensava em si mesmo como um historiador"[40], e eu desenvolvi esta sugestão até determinado ponto.[41] Mais precisamente, argumentei que na porção de seu prefácio que Eusébio cita Pápias apresenta o modo pelo qual ele pesquisou e compilou seu trabalho segundo o

---

39. Se minha percepção de que Pápias conheceu o Evangelho de João estiver correta, então ele provavelmente foi inspirado pelo exemplo do Prólogo de João, mas isto não seria necessário ao proposto.

40. David E. Aune, "Prolegomena to the Study of Oral Traditions in the Hellenistic World". In: *Jesus ant the Oral Gospel Traditions*. Editado por Henry Wansbrough (JSNTSup 64). Sheffield: Sheffield Academic Press, 1991, p. 81.

41. Bauckham, *Jesus and...* capítulo 2.

modelo de prática historiográfica na tradição de Tucídides e Políbio (um modelo que seu contemporâneo próximo Josefo também aspirou ao apresentar sua história da Guerra Judaica). A partir da perspectiva desta tradição pode parecer que Pápias estivesse em grande desvantagem, já que ele parece nunca ter deixado Hierápolis (ou pelo menos não em uma jornada de relevância para sua produção literária) e não poderia reivindicar nem inspeção pessoal nem a entrevista de testemunhas oculares diretamente. Ele parece ser passível do tipo de escórnia que Políbio derramou sobre Timeu por nunca ter saído de Atenas por cinquenta anos e basear-se somente em fontes escritas disponíveis a ele nas bibliotecas daquela cidade. Pápias poderia, como os historiadores satirizados por Luciano, simplesmente ter inventado confirmações que poderiam se harmonizar com os ideais historiográficos de inspeção pessoal e entrevistas. Ao invés disso, em seu crédito, ele fez o melhor que pôde com o que lhe havia de disponível. Ele não se baseou, assim diz, principalmente em fontes escritas, mas em informações orais derivadas, num espectro de memória viva dos eventos, de testemunhas oculares, através de cadeias curtas de contadores que ele podia especificar, enquanto que o cerne de seu material oral derivava somente em segunda mão de duas testemunhas oculares que ainda estivessem vivas quando interrogados seus discípulos sobre o que estivessem dizendo. A pressuposição é de que o valor da informação de um historiador é determinado pelo grau de proximidade com uma fonte viva.[42] Papias não pode afirmar que tivesse acesso direto aos eventos, e assim ele faz o melhor a partir do que ele pode afirmar: acesso a testemunhas oculares através de apenas um estádio de mediação. A suposta vantagem sobre fontes escritas era de que ele podia garantir a si mesmo sobre a confiabilidade de suas fontes orais através de contato pessoal.

Sem repetir demais o que já escrevi em *Jesus and the Eyewitnesses*, a seguir apresento e desenvolvo um rascunho elaborado a partir de uma discussão sobre a bem conhecida passagem que Eusébio cita do prefácio de Pápias:

---

42. Sobre isto como um problema-chave na tradição historiográfica grega de acesso a fontes, veja Guido Schepens, "History and *Historia*: Inquiry in the Greek Historians". In: *A Companion to Greek and Roman Historiography*. Editado por John Maricolas. Oxford: Blackwell, 2007, p. 39-55, aqui p. 48.

Οὐκ ὀκνήσω δέ σοι καὶ ὅσα ποτὲ παρὰ τῶν πρεσβυτέρων καλῶς ἔμαθον καὶ καλῶς ἐμνημόνευσα, συγκατατάξαι ταῖς ἑρμηνείαις, διαβεβαιούμενος ὑπὲρ αὐτῶν ἀλήθειαν. ὀυ γὰρ τοῖς τά πολλὰ λέγουσιν ἔχαιρον ὥσπερ οἱ πολλοί, ἀλλὰ τοῖς τἀληθῆ διδάσκουσιν, οὐδὲ τοῖς τὰς ἀλλοτρίας ἐντολὰς μνημονεύουσιν, ἀλλὰ τοῖς τὰς παρὰ τοῦ κυρίου τῇ πίστει δεδομένας καὶ ἀπ᾽ αὐτῆς παραγινομένας τῆς ἀληθείας· εἰ δέ που καὶ παρηκολουθηκώς τις τοῖς πρεσβυτέροις ἔλθοι, τοὺς τῶν πρεσβυτέρων ἀνέκρινον λόγους, τί Ἀνδρέας ἢ τί Πέτρος εἶπεν ἢ τί Φίλιππος ἢ τί Θωμᾶς ἢ Ἰάκωβος ἢ τῖ Ἰωάννης ἢ Ματθαῖος ἢ τις ἕτερος τῶν τοῦ κυρίου μαθητῶν ἅ Ἀριστίων καὶ ὁ πρεσβύτερος Ἰωάννης, τοῦ κυρίου μαθηταί, λέγουσιν. οὐ γὰρ τὰ ἐκ τῶν βιβλίων τοσοῦτόν με ὠφελεῖν ὑπελάμβανον ὅσον τὰ παρὰ ζώσης φωνῆς καὶ μενούσης (Eusébio, *Hist. eccl.* 3.39.3-4)

Não devo hesitar também em pôr em forma ordenada para você(s), junto com interpretações, tudo o que aprendi cuidadosamente em tempos passados dos antigos e anotei cuidadosamente, e por cuja verdade dou minha palavra. Ao contrário de outras pessoas eu não encontro prazer naqueles que contam muitas histórias diferentes,[43] mas somente naqueles que ensinaram a verdade. Nem encontrei prazer naqueles que reportaram sua memória ao comando de qualquer outra pessoa, mas somente naqueles que reportam sua memória aos comandos dados pelo Senhor à fé e procedentes da Verdade em si mesma. E se por acaso alguém que tivesse convivido com os antigos chegasse, eu fazia entrevistas sobre as palavras dos antigos – [isto é] o que [segundo os antigos] André ou Pedro disseram, ou Filipe ou Tomé ou Tiago ou João ou Mateus ou qualquer outro dos discípulos do Senhor [disse], e o que Aristião ou João o Ancião, discípulos do Senhor, estavam dizendo. Por isto eu não penso que as informações dos livros trariam a mim um proveito tão grande quanto as informações obtidas em viva voz com uma das vozes que tenha sobrevivido.[44]

Em *Jesus and the Eyewitnesses* eu traduzi as palavras de abertura da citação da seguinte maneira: "Eu não hesitarei também em pôr em forma

---

43. Sobre esta tradução, veja Mansfeld, "Galen", p. 325 e nota 36: "O contraste entre 'muitos relatos diferentes (πολλὰ)' e a 'verdade' é tão antigo quanto Hesíodo, *Theog.* 26-27."

44. Minha tradução [de Bauckham]. Comparada com minha tradução em *Jesus* p. 15-16, baseada largamente em Joseph B. Lightfoot, John R. Harmer & Michael W. Holmes, *The Apostolic Fathers*. Leicester: Apollos, 1989. Esta é uma tradução mais cuidadosa que incorpora em muitas maneiras o que eu considero ser uma melhor compreensão da passagem à luz de estudos posteriores.

ordenada para vocês tudo o que aprendi...” Eu estava seguindo a sugestão de Kürzinger de que Pápias usa ἑρμηνεία nesta passagem no sentido usual de "expressão literária"[45] que é a maneira como a usa Luciano em sua análise sobre "como escrever história" (*Hist. conscr.* 24; 43; cf. 34). Mas agora penso que Baum está certo em questionar se isto é gramaticalmente possível.[46] Seria possível se Pápias houvesse escrito εἰς τὰς ἑρμηνείας, mas paralelos demonstram que συγκατατάσσω com um acusativo e um dativo significa "relacionar X com Y". Neste caso ταῖς ἑρμηνείαις necessariamente refere-se a interpretações. Norelli, aceitando que signifique interpretações, defende que exemplos comparativos demonstram que em tal construção X (acusativo) é incluído em Y (dativo),[47] mas não penso que o exemplo por ele citado demonstre isto.[48] O que Pápias aprendeu dos antigos não está incluído nas interpretações, mas está proximamente associado com as interpretações, talvez mais do que uma tradução inglesa facilmente proporcione. Pápias fala de organizar sua informação junto com interpretações. Esta referência a interpretação não é um comentário historiográfico óbvio e deve ser pensado como uma dificuldade para o caso de que Pápias tenha escrito um prefácio moldado em prefácios historiográficos. Deverei retornar a este ponto depois de discutir as questões mais obviamente historiográficas.

Enquanto Kürzinger parece se enganar sobre ταῖς ἑρμηνείαις, ele pode estar certo ao tomar ἐμνημόνευσα no sentido de "recordados" ou "feitos me-

---

45. Kürzinger, op. cit., p. 80-81. Ele traduz συντάξαι (a leitura que ele prefere a συγκατατάξαι) ταῖς ἑρμηνείαις como "in den Ausführungen geordnet darzustellen" (p. 99).

46. Baum, op. cit., p. 270-271.

47. Norelli, op. cit., p. 251. Ele traduz: "Non esiterò a disporre in ordine per te, includendolo tra le interpretazioni, anche tutto ciò che un tempo ho ben appreso..." (231).

48. Ele cita três exemplos nos quais o objeto é incluído e um no qual não é. Mas, como ele mesmo diz, dois dos três exemplos de inclusão têm εἰς com o acusativo, não o dativo como em Papias. O que tem o dativo é de Cirilo de Alexandria, *Thes.* 25.236. Nesta discussão sobre a doutrina da Trindade, Cirilo diz: "Se o título Primogênito alcança o Filho juntamente com a criação (συγκατατάττει τῇ κτίσει), a nominação Unigênito remove-o completamente disto." Noto que Norelli pensa que o ponto de Cirilo requer a tradução "alcança o Filho juntamente com a criação", mas fico imaginando por que este seria o caso. Ele está respondendo a Arianos que diziam que o Filho precisa ser uma criatura porque ele é chamado "o Primogênito de toda a criação". Cirilo pode na verdade intencionar dizer que o Filho como Primogênito é contemplado ao lado da criação, seus irmãos mais novos, ao invés de estar incluído na mesma.

morandos."[49] Não há razão pela qual Pápias deveria usar o verbo neste ponto no mesmo sentido que ele usa um pouco mais tarde ("aqueles que lembraram, i.e. contaram suas memórias sobre o comando de um terceiro"), como Norelli sustenta.[50] Não faz sentido dizer que Pápias teve contato com a informação e a contou (a quem?) antes de a ordenar em seu trabalho literário. Faz muito sentido que ele tenha seguido a prática de um historiador como descrita por Luciano:

> Quando ele coletou todo ou a maior parte dos fatos primeiro deve transformá-los em uma série de notas (ὑπόμνημα), um corpo de material ainda sem beleza ou continuidade. Então, depois de haver organizado as mesmas em ordem (ἐπιθεὶς τὴν τάξιν), que ele lhe dê beleza e melhore-as com o uso de expressões, figuras e ritmo (*Hist. conscr.* 48; tradução LCL).[51]

A ênfase de Pápias no cuidado (καλῶς) com o qual ele aprendeu e tomou notas é típica do cuidado do historiador em seus dolorosos esforços de obter e recolher informações precisas.

Outro, na verdade anterior, estádio na pesquisa histórica é indicado mais tarde quando Papias diz que ele "fez entrevistas" ou "interrogou" (ἀνέκρινον) discípulos dos antigos que vinham a Hierápolis. Tais "entrevistas" de testemunhas oculares ou de quem conhecesse testemunhas oculares era um dos dois elementos-chave – exame em primeira pessoa e entrevistas – nos quais historiadores gregos desde Tucídides consistentemente referenciavam como a essência da pesquisa histórica.[52] Entrevistas eram ἱστορία em seu sentido

---

49. Kürzinger, op. cit., p. 78-79, cf. 48-49, onde ele argumenta por este sentido na nota de Pápias sobre Marcos, citando K. L. Schmidt (sem página de referência!)

50. Norelli, op. cit., p. 253.

51. Luciano, certamente, escreveu consideravelmente mais tarde que Pápias, mas a extensão na qual ele se utiliza de ideias tradicionais sobre historiografia tem sido amplamente demonstrado por Gert Avenarius, *Lukians Schrift zur Geschichtsscheibung*. Meiserheim am Glan: Hain, 1956; Aristoula Georgiadou & David H. J. Larmour, "Lucian and Historiography: 'De Historia Conscribenda' and 'Verae Historiae'", *ANRW* 2.34.2 (1994), p. 1.448-1.509, aqui 1450-1470), demonstra que Luciano toma a história muito arraigado na tradição de Políbio, embora ele provavelmente utilize fontes intermediárias ao invés de Políbio diretamente.

52. John Marincola, *Authority and Tradition in Ancient Historiography*. Cambridge: Cambridge University Press, 1997, p. 80: "Praticamente todos os historiadores contemporâneos [isto é, aqueles

mais aguçado. Mas o verbo ἀνακρίνω e o substantivo ἀνάκρισις são usados regularmente como o questionamento do historiador de seus informantes orais (p. ex., Políbio 12.4c.5 ; 12.27.3; 12.28a.10). Políbio pôde igualar ἱστορία (entrevistas) e ἀνακρίσεις (investigações) e castigar Timeu por neglicenciar inteiramente isto, que é a parte mais importante da história (12.4c.2-3). Segundo Luciano, "Quanto aos fatos em si mesmos, [o historiador] não os deve organizar de maneira aleatória, mas somente após laboriosa e dolorosa investigação (ἀνακρίναντα)" (*Hist. conscr.* 47; LCL). Pápias não usaria ἀνακρίνω de maneira livre, pois a palavra não se refere a questionamento casual, mas a exame crítico e atento – tanto de testemunhas por magistrados quanto de testemunhas oculares por historiadores. É parte de sua reivindicação que ele tenha se assegurado cuidadosamente da verdade por pessoas que ele sabia que estivessem em condições de relatá-la a si.

"Verdade" é um tema-chave nesta seção do Prefácio de Pápias. Ele usa a palavra três vezes, inicialmente para dizer que ele garante a verdade das informações que ele cuidadosamente recolheu dos antigos e anotou. O sentido se torna progressivamente mais teológico, quando, como no segundo uso da palavra, ele se refere a seus informantes (os antigos) como aqueles que "ensinam a verdade". Eles não são informantes ordinários, mas mestres[53] que reportam com autoridade o que eles ouviram dos discípulos de Jesus. Finalmente, ele descreve o que eles reportaram – os ditos de Jesus – como "os comandos dados pelo Senhor à fé e procedentes da Verdade em si mesma". Provavelmente as duas frases no particípio são paralelas, e "a Verdade" refere-se a Jesus, ao invés de a Deus.[54] Desta maneira, Pápias dá ao tema da "verdade" em seu trabalho um desenvolvimento peculiarmente cristão, mas é um desenvolvimento que começa de uma afirmação ordinária da verdade que ele aprendeu de suas fontes orais, como um historiador faria. A este respeito, ela corresponde ao uso habitual por historiadores do tema da verdade,

---

que escrevem histórias contemporâneas a si] fazem tais reivindicações". Ele lista 31 historiadores, de Tucídides a Amiano.

53. Note também a frequente conexão da "viva voz" com o método habitual de ensino.

54. *Contra* MacDonald, *Two Shirpwrecked...*, p. 16, nota 24.

que é regulamente tratado como um dos mais importantes objetivos da história. Verdade é o alvo a ser alcançado pela história para Tucídides (1.20.3), Políbio (2.56.10, 12; 34;4.2) e Josefo (*Ant.* 20.157). Para Luciano, "expressão livre e verdade" (παρρησία καὶ ἀλήθεια) deveriam ser os objetivos da história (*Hist. conscr.* 41; 44; e para a importância da verdade na história, veja também 7; 9; 13; 40; 42; 63), para Dionísio de Halicarnasso "verdade e justiça" (*Ant.* 1.6.5).[55] Sem a verdade, segundo Políbio, a história torna-se uma fábula inútil (12.12.1-3). Em tais contextos, a Verdade é algumas vezes personificada (Luciano, *Hist. conscr.* 40; Dionísio Hal., *Ant.* 1.1.2). Sem surpresa, assim, a verdade é um tópico habitual em prefácios historiográficos (p. ex., Josefo, *B.J.* 1.6; Herodiano 1.1.1-2; Dionísio Hal., *Ant.* 1.1.2; 1.6.5). Pápias tomou este *topos* padronizado da historiografia e deu a ele um desenvolvimento coerente com o fato de que ele concede a seu próprio trabalho historiográfico a posição de *logia* – afirmações autoritativas de (ou sobre) alguém que é a própria Verdade.

Devo adiar o que Pápias diz sobre "uma voz sobrevivente e viva" e "os livros" até a próxima sessão deste ensaio, mas aqui eu preciso levantar alguns problemas possíveis para a compreensão de que Pápias apresenta a si mesmo como historiador. Primeiro, está claro que Pápias endereça seu prefácio a algum destinatário específico, embora o seu nome não tenha sobrevivido na porção que Eusébio cita. Loveday Alexander, em sua discussão dos dois prefácios de Lucas,[56] apontou que nenhum dos extensos prefácios dos historiadores gregos inclui uma dedicatória.[57] Contudo, eu não vejo que esta ausência de dedicatória deva ser considerada essencial, ao ponto de um escritor que escolha o pouco usual caminho de dedicar em seu prefácio o trabalho a alguém desqualificaria assim seu trabalho de ser considerado história. Segundo Alexander: "O apóstrofo da segunda pessoa, seja em invocação direta

---

55. Para mais materiais veja Avenarius, *Lukians Schrift*, p. 40-46. Sobre a verdade na historiografia em Políbio e Luciano, veja tambem Georgiadou & Larmour, "Lucian", p. 1462-1470.

56. Lovely Alexander, *The Preface to Luke's Gospel: Literary Convention and Social Context in Luke 1.1-4 and Acts 1.1* (SNTSMS 78). Cambridge: Cambridge University Press, 1993, p. 29-29; Loveday Alexander, *Acts in Its Ancient Literary Context*. Londres: T. & T. Clark [Continuum], 2008, p. 30-32.

57. David E. Aune, "Lk 1:1-4: Historical or Scientific Prooimion?" In: David E. Aune, *Jesus, Gospel Tradition and Paul in the Context of Jewish and Greco-Roman Antiquity* (WUNT 303). Tubinga: Mohr Siebeck, 2013, p. 107-115, aqui 110-111, onde há a contestação disto.

(vocativo) ou em forma epistolar, não se adequa com a impessoal narrativa em terceira pessoa que é o estilo da história, e era geralmente evitado".[58] Contudo, o estilo em terceira pessoa não é de nenhuma maneira característico de *prefácios* historiográficos, apesar do fato de Heródoto e Tucídides o terem empregado assim. Historiadores em seus prefácios constantemente e muito livremente falam em primeira pessoa (Herodiano 1.1.3; 2Macc 2.25-32; Josefo, *B.J.* 1.1-30; *Ant.* 1.1-26; Dionísio Hal., *Ant.* 1.1.1-1.8.4), mesmo quando eles evitam tal discurso no restante de seu trabalho. (Políbio fala em primeira pessoa com bastante frequência ao longo de seu trabalho.) Esta não pode ser a razão para a ausência de dedicatória. John Marincola conecta a ausência de dedicatórias com a constante preocupação dos historiadores de evitarem ser acusados de enviesamento e de manterem a *persona* do historiador desinteressado, livre de obrigações a algum tipo de patrocinador e escrevendo não por interesse pessoal, mas para quaisquer leitores e principalmente a posteridade.[59] Se Pápias estava atento a estes problemas, ele poderia ter escolhido não os venerar. O fato de que ele era um líder de um pequeno movimento religioso que não tinha nem um século de existência pode ter dado a ele um posicionamento diferenciado em relação a tais questões.

Em segundo lugar, o que podemos dizer sobre ταῖς ἑρμηνείαις? Se, como argumentei, isto significa "interpretações", tal uso não pertence, até onde tenho conhecimento, à linguagem-padrão com a qual os historiadores discutiam historiografia. Mas se a maior parte dos historiadores evitava interromper o fluxo de suas narrativas com comentários interpolados, devemos lembrar que Políbio, preocupado como era que seus leitores entendessem os eventos que contava, era uma grande exceção a esta política. As "interpretações" de Pápias têm sido compreendidas como indicação de um gênero bastante distinto de historiografia porque as mesmas têm sido compreendidas como implicando uma estrutura de texto + argumentações em seu trabalho. Mas esta necessidade pode não ser o caso afinal.

---

58. Alexander, *The Preface*, p. 27; cf. Alexander, *Acts*, p. 30.
59. Marincola, *Authority*, p. 53-57.

Nos fragmentos sobreviventes de Pápias poderíamos identificar três exemplos de "interpretações":

(1) Em Irineu, *Haer.* 5.33.3-4 (N1, H14), seguindo a longa predição de Jesus das maravilhas do reino vindouro, Pápias comenta: "Estas coisas são críveis para aqueles que creem". Este comentário está firmemente costurado ao relato, pois ele precede a pergunta de Judas, que expressa incredulidade. Judas é revelado como um dos que não acreditam. (2) A afirmação de Pápias de que Tiago e João foram mortos por judeus (não temos suas palavras) foi provavelmente um comentário em uma versão do dito de Jesus recolhido em Mc 10,39-40, explicando como a profecia de Jesus foi cumprida.[60] (3) O relato de Pápias sobre a morte de Judas (N 6, H 18) começa assim: "Judas era um terrível exemplo ambulante da vivência sem Deus neste mundo..." Se estes períodos são representativos do que Pápias quis dizer com "interpretações", é crível que ele não as visse como inconsistentes com uma intenção de escrever história.

Em terceiro lugar, a matéria de interesse de Pápias não poderia ser qualificada como um objeto de "história", como a maior parte da tradição de historiografia grega compreendia. Poderia mais plausivelmente ser compreendida como um *bios*. Entretanto, devemos notar, em primeiro lugar, que história e biografia diferiam em conteúdo, mas não necessariamente em métodos de pesquisa. O autor de uma biografia escrita dentro do espectro de memória viva de seu assunto poderia muito bem empregar os mesmos métodos de pesquisa em seu trabalho que seriam esperados de um escritor de história contemporânea, e a confiabilidade de seu trabalho poderia ser julgada pelos mesmos parâmetros. Mas, em segundo lugar, Pápias pode muito bem ter concebido seu trabalho como algo mais que uma *bios* se, como sugeri, ele introduziu a mesma com um relato da história primitiva interpretada cristologicamente. Segundo sua própria excentricidade cristã ele pode ter se compreendido muito bem como alguém a escrever algum tipo de história universal.

---

60. Segundo Filipe de Side Pápias disse isto em seu segundo livro. Isto significa que, se minha hipótese sobre a estrutura do trabalho de Papias estiver correta, não era uma narrativa sobre Tiago e João na seção na qual Papias teria colecionado histórias sobre a missão dos discípulos após a Páscoa.

Nada do que eu disse nesta seção quer sugerir que Pápias realmente escreveu qualquer coisa ao menos parecida com o trabalho de historiadores que Luciano teria aprovado, embora pode ser que não fosse muito diferente de alguns destes que por ele foram satirizados. A proposta é simplesmente de que Pápias percebia a si mesmo como um historiador. Pápias não era deseducado (embora alguns estudiosos escrevendo sobre ele parecem supor isto). Mesmo Eusébio não diz que a ele faltasse educação, apenas que faltasse inteligência (*Hist. eccl.* 3.39.13). Não há razão pela qual ele não fosse bem ilustrado com ou pela historiografia grega para tentar produzir seu trabalho como pertencente a tal tradição. Ele escolheu o bastante do que os historiadores tinham como elementos do bom método histórico para fazer de sua, na verdade, bastante modesta obra, capaz de lidar com seu problema específico da melhor maneira que ele podia ao acessar (por meio de informação oral próxima do exame pessoal de testemunhas oculares) o assunto que decidiu abordar.

A voz viva e os livros

O que Pápias quer dizer quando ele diz que "não pensava que informações advindas dos livros poderiam me dar melhor acesso à informação quanto o possível de uma voz viva e sobrevivente (παρά ζώσης φωνῆς καὶ μενούσης)" tem sido amplamente malcompreendido.

[N.T.: a expressão "voz viva" aqui traduz ζώσης φωνῆς, que em passagem anterior foi traduzida para o português por "viva voz", quando Bauckham apresentou sua tradução para um trecho do prefácio de Pápias recolhido por Eusébio (nota 44). A inversão "viva voz" x "voz viva" não está presente em grego ou em inglês, mas é minha, para expressar a dualidade semântica, possível em inglês e inacessível para nosso idioma português, com a qual Bauckham está trabalhando. A clareza e amplitude desta dualidade semântica ficará clara adiante no texto, imediatamente posterior à nota 69.]

Pápias não expressa uma preferência generalizada por oralidade ou mesmo por tradições orais sobrepujando livros. Ele não usa a expressão "voz viva" como uma referência metafórica à tradição oral, mas como referência à voz real das duas testemunhas oculares que ainda estavam vivas na Ásia à época que ele estava escrevendo.[61] Uma falha por muitos estudiosos em se aproximarem adequadamente das indicações temporais contidas neste fragmento do prefácio de Pápias tem muito a ver com mal-entendido. Pápias está se referindo a um tempo no qual ele estava coletando ditos de Jesus de fontes orais. De uma perspectiva do tempo quando ele completou seu trabalho e escreveu seu prefácio, este era um tempo no passado. Naquele tempo a maior parte dos discípulos de Jesus já estavam mortos e portanto ele entrevistou os discípulos dos antigos, que os conheceram, perguntando o que estes discípulos de Jesus *haviam dito* (εἶπεν). No caso de Aristião e João o Ancião, por outro lado, ele os entrevistou sobre o que eles *estavam dizendo (λέγουσιν)*. Estes eram também discípulos de Jesus mas eles ainda estavam vivos e sem dúvida ensinando na Ásia naquele tempo. Não há dificuldade cronológica em supor tanto que eles fossem realmente discípulos pessoais de Jesus ou que eles estivessem vivos, porque Pápias está descrevendo um período no passado, presumivelmente por volta dos anos 80s. Quando Pápias adapta a expressão comum "voz viva" em uma maneira única em sua obra, expandindo a mesma para "voz viva e sobrevivente" ele o faz precisamente para poder aplicar a mesma às duas testemunhas que ainda estavam vivas. O uso de "sobrevivente" é comparável ao de 1Cor 15,6 e João 21,22, que usam o mesmo verbo para referir-se às testemunhas oculares que ainda estão vivas à época da escrita.

Ao expressar sua preferência por uma "voz viva" em detrimento de "livros" Pápias está certamente se utilizando de um *topos* antigo, que agora recebeu o benefício de muitos estudos recentes significativos.[62] Há boa evi-

---

61. Este não é um *insight* novo. P. ex., Ruper Annand, "Papias and the For Gospels", *SJT* 9 (1956), p. 46-62, aqui 46-48, reconhece que o fraseado de Pápias refere-se diretamente a duas testemunhas oculares que estivessem então vivas, embora o restante do argumento de Annand não seja plausível.

62. Heinrich Karpp, "Viva Vox". In: *Mullus: Festschrift Theodor Klauser*, editado por Alfred Stuiber & Alfred Hermann (JAC. E 1). Münster: Ascendorff, 1964, p. 190-198. Loveday Alexander, "The Living Voice: Scepticism Towards the Written Word in Early Christian and in Graeco-Roman Texts". In: *The Bible in Three Dimensions,* editado por David J. A. Clines, Stephen E. Fowl & Stanley E. Porter (JSOTSup 87). Sheffield: Sheffield Academic Press, 1990, p. 221-247; Pieter J. J. Botha, "Living Voice and the Lifeless Letters: Reserv Towards Writing in the Graeco-Roman World". *HvTSt* 49 (1993), p. 742-759; Armin Daniel Baum, "Papias, der Vorzug der *Viva Vox* und die Evangelienschriften", *NTS* 44 (1998), p. 144-151; Jaap Mansfeld, "Galen, Papias and Others". [presumido

dência de que era um dito comum (Galeno, *De comp. med. sec. loc.* 6 pref.;[63] *De alim. fac.* 6;[64] Quintiliano, *Inst.* 2.2.8; Plínio, *Ep.* 2.3), mas é muito importante notar que Alexander, Baum e Mansfeld todos apontam que a expressão era utilizada em diferentes usos e contextos. No contexto de tratados científicos e técnicos como os de Galeno, a mesma expressa a percepção facilmente compreensível de que aprender uma arte por meio de instrução oral de alguém que já dominasse as técnicas empregadas era preferível do que aprender de um livro. Sêneca aplicou a mesma à filosofia, alertando que a experiência pessoal com um mestre proporcionava um aprendizado muito mais eficiente do que a leitura de livros (*Ep.* 6.5). Quintiliano e Plínio, discutindo retórica, apontam que a "voz viva" de um orador tinha um poder de comunicação que não podia ser rivalizado por livros. Platão evidentemente escreveu antes que o dito corresse por si mesmo, mas dizia da superioridade da "palavra viva" (λόγος ζῶν) sobre palavras escritas, já que livros, ao invés de pessoas, não podem responder questionamentos e portanto são abertos a más interpretações (*Fedro* 274a-277a).[65] Deve ser dito que todas estas atitudes fazem muito bom-senso nas circunstâncias às quais se referem. Não há necessidade, nos casos aos quais este *topos* ocorre, de atribuir um "ceticismo quanto à palavra escrita" *geral* a estes autores.[66] Como Mansfeld observa, no caso de Galeno e outros que falam das vantagens de aprender diretamente de um professor, eles "representam uma posição que os professores e tutores de hoje em dia estariam dispostos indubitavelmente a compartilhar"[67], embora meios eletrônicos hoje forneçam outras possibilidades. Além disso, todos os autores que usam o *topos* escreveram livros (por definição!), como Pápias

---

mais não conferido]. In: Jaap Mansfeld, *Prolegomena: Questions to Be Settled before the Study of an Author, or a Text* (Philosophia antiqua 61). Leiden: Brill, 1994.

63. Citado em Alexander, "The Living Voice", p. 224-225.

64. Citado em Mansfeld, "Galen", p. 318-319.

65. Outro contexto no qual a oralidade é preferida à escrita era o caso de ensinamentos esotéricos que seriam disponibilizados apenas para poucos recipientes (p. ex., Clemente de Alexandria, *Strom.*1.13.2), mas eu não percebo o *topos* como aplicável a tal contexto.

66. Fora do contexto deste *topos*, a expressão "viva voz" simplesmente é uma maneira de dizer "oralmente" ou "em pessoa", sem a necessária implicação de superioridade sobre a escrita. P. ex., Eusébio diz que o pregador cristão alexandrino Panteno "oralmente (ζώσῃ φωνῇ) e por escrito expunha os segredos da divina doutrina" (*Hist. eccl.* 5.10.4).

67. Mansfeld, "Galen", p. 321.

também o fez. Eles pensavam que livros tinham seu valor. Galeno até mesmo explica as circunstâncias nas quais livros poderiam ser substitutos adequados ao ensino presencial por um professor.[68]

Em todos os exemplos que vi, o que estão querendo dizer com a expressão "voz viva" é a experiência em primeira mão de um porta-voz, quer um instrutor ou orador, não a transmissão de tradição através de uma cadeia de contadores por gerações. Certamente, nas escolas, tal tradição era altamente valorizada. Mansfeld cita, como um "paralelo [parcial] para o preâmbulo do trabalho de Pápias", uma passagem na qual Galeno fala do valor de uma tradição oral contínua, passada adiante por uma sucessão de pupilos, através de até mesmo cinco séculos, mas, como ele admite, a expressão "a voz viva" não é utilizada![69] Em todos os exemplos de uso desta expressão que vi, nos bastante numerosos textos tão utilmente organizados e discutidos pelos estudiosos que citei, a "voz viva" é a voz real de um falante vivo do qual alguém ouve o que ele tem a dizer diretamente, em viva voz. Devemos delinear a óbvia conclusão de que no caso de Pápias, como Harry Gamble já apontou em 1995, "não é a tradição oral por si mesma que Pápias estimava, mas informação em primeira mão. Quando lhe era possível obter informação diretamente, ele assim o fazia e preferia o fazer."[70]

Uma vez que o *topos* foi aplicado em uma variedade de contextos diferentes, nos quais as razões de por que o meio oral era pensado como preferível a livros segundo a matéria em questão, não é necessariamente surpreendente que Pápias importa o mesmo para um contexto também diverso, no qual a preferência por informação oral é essencialmente historiográfica. Muito embora Pápias fosse evidentemente capaz de ouvir o que a "voz viva" estava dizendo apenas através de relatos de pessoas que as ouviram em "viva voz" (e assim estivesse removida a experiência da oitiva em primeira mão), isto era preferível a livros, de cujas autorias não se podia ter certeza e cujos

---

68. Id., ibid., p. 319-320; Alexander, "The Living Voice", p. 230.

69. Mansfeld, "Galen", p. 322-323.

70. Harry Y. Gamble, *Books and Readers in the Early Church*. New Haven: Yale Univeristy Press, 1995, p. 30-31.

testemunhos ninguém pode questionar para verificar autenticidade. Se isto é o que Pápias quis dizer, então segue-se que τῶν βιβλίων não são, como na maior parte das traduções, apenas "livros" (livros em geral, postos de lado devido a uma preferência geral pela oralidade), mas "os livros", isto é, livros dos quais Pápias poderia ter obtido seu conhecimento dos ditos de Jesus. Provavelmente ele não conhecia à época em que começou a escrever tantos livros (evangelhos) quanto chegou a conhecer à época em que completou seu livro e escreveu seu prefácio, mas ele conhecia algo. Eles provavelmente estavam em uso na igreja dele.

A preferência de Pápias pela "voz viva" é apenas comparativa: ele "não pensava que as informações dos livros trariam a mim um proveito tão grande *quanto as* informações obtidas em viva voz com uma das vozes que [houvera] sobrevivido." Além disso, ele diz isto na posição de *qua* pretenso historiador, não meramente *qua* crente cristão. Esta é uma questão de o que poderia ser mais útil para ele em sua tarefa de compilar sua própria coletânea de tradições de Jesus. Ele coleta sua informação oral das últimas vozes sobreviventes [N.T.: por isto "voz viva"] de testemunhas oculares *precisamente para as recolher em forma escrita.* O que conta aqui é sua proximidade com suas fontes testemunhais e portanto a confiabilidade de seu acesso aos fatos. Segundo estes critérios ele julga a informação oral mais útil para seu propósito do que os livros.

A questão final que devemos levantar é se Pápias usou evangelhos escritos como fontes, em adição a informações obtidas oralmente, quando de fato escreveu seu livro. Se tivéssemos o todo de seu prefácio (sem mencionar algumas porções mais substanciais do restante de seus cinco livros) poderíamos provavelmente saber a resposta. Como não as temos, não sei se tal resposta é possível. Certamente, nada do que Pápias diz exclui a possibilidade dele ter utilizado fontes escritas. A maior parte dos historiadores, incluindo Políbio, que insistiam no exame em primeira mão e entrevistas como o método principal de pesquisa do historiador (e para a história dentro de uma memória viva à qual se confinavam), na verdade faziam uso considerável de materiais escritos. Pápias não precisava ser uma exceção, e sua avaliação *comparativa* de informações orais e escritas deixa aberta a possibilidade de que ele tenha usado fontes escritas explicitamente, mas em uma dimensão subalterna às orais.

O καὶ próximo do início da seção que Eusébio cita implica que ele já houvera dito algo anteriormente sobre o que estava fornecendo a seu destinatário de dedicatória, mas não podemos saber o que era. Diante da preferência que ele expressa, na seção que temos, por informações orais, não parece ser possível que ele tenha discutido suas fontes escritas primeiro e depois, na seção que temos, as fontes orais.[71] Mas era comum em prefácios historiográficos discutir sobre aqueles que já tinham se empenhado na mesma tarefa histórica que o autor agora desempenhava. O principal propósito era justificar o trabalho do presente autor como algo que até então não havia sido feito. Então pode ser que os comentários sobre os evangelhos de Marcos e Mateus que Eusébio cita serviam este propósito (e poderiam ter ocorrido antes ou depois da seção que Eusébio transcreve). Pápias pretendeu suprir deficiências que notou nos evangelhos de Marcos e (pelo menos na tradução grega que era corrente) no de Mateus.

Entretanto, há um problema nesta proposta. As limitações que Pápias aponta nestes evangelhos deriva do fato de que Marcos (ao contrário de Pedro, sua fonte) não era uma testemunha oral ("já que ele nem ouviu o Senhor nem o acompanhou") e não o eram os tradutores de Mateus (ao contrário de Mateus em si mesmo). Mas neste caso como poderia Pápias clamar estar em uma posição melhor que os mesmos? Em *Jesus and the Eyewitnesses*, eu argumentei que os comentários de Pápias aos evangelhos de Marcos e Mateus faziam muito sentido se ele os estivesse comparando com algum outro evangelho que fosse diretamente autorado por uma testemunha ocular e que tivesse "a ordem" que os mesmos não tinham. Este seria o Evangelho de João.[72] (Eusébio teria suprimido os comentários de Pápias sobre João porque ele tinha boas razões para não gostar do que Pápias colocou.) Neste caso, em seu próprio trabalho, Pápias poderia ter se fundado no Evangelho de João para

---

71. Isto é sugerido, p. ex., por Theo K. Heckel, *Vom Evangelium des Markus zum viergestaltigen Evangelium* (WUNT 120), Tubinga: Mohr Siebeck, 1999, p. 226.

72. Bauckham, *Jesus and The Eyewitnesses*, p. 222-230.

suplementar o que nem o Evangelho de Marcos ou Mateus nem suas próprias pesquisas (não sendo ele mesmo uma testemunha ocular) puderam alcançar. Em particular, Pápias pode ter usado o Evangelho de João para prover uma moldura cronológica para as λόγια κυριακά que ele mesmo coletou. Esta é uma hipótese que depende do argumento que não posso apresentar aqui do conhecimento por Pápias do Evangelho de João e sua autoria por João o Ancião[73], cuja "voz viva e sobrevivente" Pápias tanto valorizava.

Conclusão

Uma investigação atenta da palavra ἐξήγησις no título do trabalho de Pápias, incluindo seu próprio uso em outros títulos de outros livros, demonstram que, se ela significasse "interpretação", deveríamos esperar a mesma palavra no plural ἐξηγήσεις, uma vez que o uso de ἐξήγησις para significar "relatório, relato", especialmente em contextos historiográgicos, demonstram que o significado do título de Papias poderia muito bem ser "Relato dos Oráculos do Senhor." Mas a possibilidade de que significasse "Interpretação dos Oráculos do Senhor" não pode ser totalmente excluída. Com base no título isoladamente não podemos ter certeza se o trabalho de Papias era historiográfico ou exegético.

Do pouco que conhecemos do conteúdo do trabalho de Pápias (à parte do prefácio) há pouco que sugira que ele tomou o formato de uma interpretação dos ditos de Jesus. É mais plausível que tenha sido uma narrativa sobre Jesus, com um reconto da história primitiva como prelúdio, e talvez também com um poslúdio recontando histórias sobre os apóstolos após a ressurreição. A expressão ταῖς ἑρμενείαις no prefácio de Pápias pode muito bem se referir a comentários que ele teceu no curso de recontar histórias e ditos de Jesus, uma prática historiográfica aceitável.

Finalmente, a passagem do prefácio de Pápias que Eusébio transcreve provê ampla evidência que Papias pensava em si mesmo como historiador, descrevendo seus métodos de pesquisa e composição em termos da melhor

---

73. Ibid., capítulo 16.

prática historiográfica. A importância que ele atribui à informação oral de testemunhas oculares fontais é a preferência de um historiador pelo tipo de fontes que são mais valorizadas na historiografia antiga. Ademais, em adição a suas fontes orais, se Pápias pode ter usado como fontes os evangelhos escritos que conheceu como fontes é algo difícil de saber.

Diante dos poucos fragmentos do trabalho de Pápias que sobreviveram, quaisquer conclusões sobre seu gênero literário é sempre uma tentativa. Mas minha investigação em uma variedade de aspectos de seu trabalho me dão uma noção cumulativa de que não fosse um comentário ou exposição sobre evangelhos escritos, mas ele mesmo algum tipo de texto parecido com um evangelho: um reconto dos feitos e palavras de Jesus organizados na forma de uma narrativa histórica.

8. O Evangelho de João e o problema sinótico

Raramente estudos sobre o problema sinótico têm considerado o Evangelho de João como de qualquer significância para o problema. Visões diferentes na relação – literária ou oral – entre João e os sinóticos têm feito pouca diferença nisto.[1] No período no qual uma maioria de estudiosos considerava o Evangelho de João como sendo simultaneamente tardio e dependente dos sinóticos era presumido que isso era irrelevante para questões sobre a relação entre os sinóticos. (Como veremos, isto pode não ser necessariamente o caso.) No período mais ou menos das décadas de 1960 e 1970, quando o consenso mudou ao ponto de uma grande maioria de estudiosos passarem a pensar que João era ou inteiramente independente dos sinóticos ou, pelo menos, dependente somente num nível de redação final, não havia razões, naturalmente, para a maioria dos estudiosos lidando com o problema sinótico se voltarem ao Evangelho de João. A irrelevância de João no estudo dos sinóticos também era fortemente reforçada pela teoria dominante da "comunidade joanina", que produziu o evangelho, bem como uma comunidade cristã idiossincrática e autocentrada, isolados do restante do movimento cristão inicial.

---

1. Para a história dos estudos sobre a relação entre João e os sinóticos, veja J. Blinzler, *Johannes und die Synoptiker: Ein Forschungsbericht*, SBS 5. Stuttgart: Verlag Katholisches Bibelwerk, 1965; D. Moody Smith, *John among the Gospels,* 2ª edição. Colúmbia: University of South Carolina Press, 2001; F. Neirynck, "John and the Synoptics". In: F. Neirynck, *Evangelica: Gospel Studies – Études d'évangile,* BETL 60. Lovaina: Peeters/Louvain University Press, 1982, p. 365-400; Id., "John and the Synotpics: 1975-1990". In: Id., *Evangelica III: 1992-2000 Collected Essays,* BETL 150. Lovaina: Peeters/Louvain University Press, 2001, p. 3-64; J. Verheyden, "P. Gardner-Smith and 'The Turn of the Tide'". In: A. Denaux, ed., *John and the Synoptics,* BETL 101. Lovaina: Peeters/Louvain University Press, 1992, p. 423-452; J. Frey, "Dar Vierte Evangelium auf dem Hintergrund der älteren Evangelientradition". In: T. Söding, ed., *Johannes-evangelium – Mitte oder Rand des Kanons?,* QD 203. Friburgo: Herder, 2003, p. 60-118, especialmente 61-76; I. D. Mackay, *John's Relationship with Mark: An Analysis of John 6 in the Light of Mark 6-8,* WUNT 2/182. Tubinga: Mohr Siebeck, 2004, p. 9-46.

Exceções à regra existiram, notavelmente Marie-Émile Boismard, que desenvolveu teorias muito complicadas de relações entre os evangelhos, postulando relações literárias entre formas anteriores hipotéticas de cada um dos quatro evangelhos.[2] Estudos que postularam dependência de João, não nos sinóticos em si mesmos, mas em suas fontes, certamente poderiam ter tido significantes implicações para as relações entre os sinóticos se elas obtivessem sucesso em chegar a algum acordo substancial.[3] Devemos também notar que alguns estudos de Lucas postularam uma narrativa da Paixão não marcana que serviu como fonte comum tanto para Lucas quanto para João.[4]

Em décadas recentes tem havido renovado interesse em compreender a influência dos sinóticos em João, mas este interesse tem, novamente, sido amplamente limitado a explicar por que um ou mais dos evangelhos sinóticos pode ter influenciado o desenvolvimento de João, sem quaisquer implicações para as relações entre os evangelhos sinóticos terem sido delineadas. Devemos neste artigo discutir algumas exceções. Antes de o fazer, seria interessante notar dois desenvolvimentos recentes no estudo dos evangelhos e suas origens que são muito significativos para o problema da relação entre João e os sinóticos.

A natureza da tradição oral

Até bastante recentemente a maioria dos estudiosos dos evangelhos trabalhavam com o modelo de tradição oral que foi introduzido pelos estudos dos evangelhos pela crítica formal no início do século XX. Este era essencialmente um modelo evolutivo no qual as tradições desenvolveram-se como se tivessem sido passadas adiante nas comunidades cristãs primitivas até que

---

2. Veja, p. ex., o mapeamento de relações entre os evangelhos em M.-É. Boismard e A. Lamouille, *L'Évangile de Jean: Commentaire*. Paris: Éditions du Cerf, 1977, p. 17. (Este é o v. 3 de P. Benoit & M.-É. Boismard, eds., *Synopse des Quatre Évangiles en Français*.)

3. Cf. B. H. Streeter, *The Four Gospels: A Study of Origins*. Londres: Macmillan, 1924, p. 396, que aponta que João e Lucas compartilhavam uma fonte comum adicional a Marcos, sendo este caso análogo à relação entre Mateus e Lucas na hipótese das Duas Fontes. Streeter, por si mesmo, era inclinado a pensar que João conhecia Lucas, não proto-Lucas (408).

4. Veja Neirynck, "John and the Synoptics: 1975-1990", p. 39-40.

alcançaram a forma que têm em nossos evangelhos escritos. Ao afirmar certos processos regulares – leis de tradição – que caracterizariam tal desenvolvimento, bem como ao postular o *Sitz im Leben* que correspondia à forma de cada uma das unidades de tradição, supostamente seria possível reconstruir a história da tradição por detrás dos evangelhos, até uma forma original, ou pelo menos mais original, de cada um dos ditos ou histórias. Entretanto, estudos mais recentes de tradições orais capacitavam os críticos a reconhecer que este modelo da crítica formal compreendia a tradição oral de uma maneira excessivamente literária, como se fosse um processo de camadas de edição, cada uma sendo assentada sobre a anterior, em um desenvolvimento cumulativo que continuou essencialmente da mesma maneira nas tradições escritas dos evangelhos. Por toda a supervalorização teórica no período oral de transmissão, os críticos da forma falharam em reconhecer as maneiras pelas quais a tradição oral se diferencia do desenvolvimento literário.

O trabalho inovador de Werner Kelber[5] foi o primeiro a usar um martelo crítico sobre a crítica formal, que tem sido reutilizado mais recentemente por Vernon Robbins[6], Terence Mournet,[7] James Dunn[8] e eu mesmo.[9] Diante de estudos mais recentes sobre tradição oral, como o trabalho de Milman

---

5. W. H. Kelber, *The Oral and the Written Gospel: The Hermeneutics of Speaking and Writing in the Synoptic Tradition, Mark, Paul and Q.* Bloomington: Indiana University Press, 1983. Veja também W. H. Kelber, "The Case of The Gospels: Memory's Desire and the Limits of Historical Criticism", *Oral Tradition* 17 (2002), p. 55-86; id. "The Oral-Scribal-Memorial Arts of Communication in Early Christianity." In: T. Thatcher, ed., *Jesus, the Voice, and the Text: Beyond the Oral and the Written Gospel.* (Waco, TX: Baylor University Press, 2008), p. 235-262. Neste último ensaio, Kelber sublinha: "através dos anos, tenho me surpreendido ao descobrir quantos colegas estão atentos às implicações evolucionárias do modelo linear da crítica da forma sobre as tradições. Que a disciplina subscrita a uma premissa de tradição movendo-se de maneira a se incrementar constantemente em estádios é hoje amplamente reconhecido" (p. 245).

6. V. K. Robbins, "Form Criticism: New Testament", *ABD* 2: 841-843.

7. T. C. Mournet, *Oral Tradition and Literary Dependency: Variability and Stability in the Synoptic Tradition and Q.* WUNT 2/195. Tubinga: Mohr Siebeck, 2005, especialmente o capítulo 3.

8. J. D. Dunn, *Jesus Remembered.* Grand Rapids: Eerdmans, 2003, p. 192-210. Id. "Altering the Default Setting: Re-envisaging the Early Transmission of the Jesus Tradition." *NTS* 49 (2003), p. 139-175. Id. *A New Perspective on Jesus: What the Quest for the Historical Jesus Missed.* Londres: SPCK, 2005, p. 79-105.

9. R. Bauckham, *Jesus and the Eyewitnesses: The Gospels and Eyewitness Testimony.* Grand Rapids: Eerdmans, 2006, p. 241-249.

Parry e Albert Lord, é hoje reconhecido que *performances* orais não se relacionam umas com as outras em uma progressão linear, como os críticos da forma supunham. Cada *performance* é única; ela não é construída sobre uma *performance* anterior. Para nossos propósitos este é o ponto mais importante. Muitos concordaríamos que Kelber originalmente exagerou na descontinuidade entre o oral e o escrito,[10] e com isto a unitariedade de cada *performance* oral. Trabalhos mais recentes em tradições orais inclinam-se a balancear estes fatores com um reconhecimento de que há certa espécie de texto mental da qual cada *performance* oral é uma variação.[11] Isto estabelece a noção de uma *performance confiável* de uma tradição, uma que preserva o núcleo de uma tradição, um aspecto viável de tradição oral. Mas o ponto fundamental de Kelber de que *performances* orais não seguem um desenvolvimento linear permanece válido e descreve um golpe fatal na prática da crítica formal de construir histórias das tradições. Deve ser posto em dúvida se podemos ainda julgar que uma história em particular ou um dito dentro de um evangelho representa "uma forma mais primitiva da tradição" do que um texto paralelo.

Práticas de composição da Antiguidade

O segundo desenvolvimento recente no estudo das origens dos evangelhos é a aplicação do que sabemos sobre as condições físicas do exercício da escrita no mundo greco-romano e sobre a maneira de autores antigos, em particular historiadores e biógrafos, usarem suas fontes. Uma série de artigos por Gerald Downing foi pioneira a este respeito,[12] e os *insights* do mesmo

---

10. O próprio Kelber hoje deliberadamente dá maior atenção às interconexões entre o oral e o escrito no mundo greco-romano.

11. Veja K. Barber, "Text and Performance in Africa." *BSOAS* 66 (2003), p. 324-333.

12. F. G. Downing, "Redaction Criticism: Josephus' *Antiquities* and the Synoptic Problem, I". *JSNT* 8 (1980), p. 46-65; id. "Redaction Criticism: Josephus' *Antiquities* and the Synoptic Problem, II" *JSNT* 9 (1980), p. 29-48; id. "Compositional Conventions and the Synoptic Problem" *JBL* 107 (1988), 69-85, reimpresso com uma "nota expandida" em Id. *Doing Things with Words in the First Christian Century,* JSNTSup 200. Sheffield: Sheffield Academic Press, 2000, p. 152-173. Veja também agora seu ensaio "Writers' Use or Abuse of Written Sources". In: P. Foster, A. Gregory, J. S. Kloppenborg & J. Verheyden (eds.), *New Studies in the Synoptic Problem*: Oxford Conference, April 2008; *Essays in Honour of Christopher M. Tuckett.* BETL 239. Lovaina: Peeters, 2011, p. 523-548. A

foram posteriormente desenvolvidos por Robert Derrenbacker[13] e John Kloppenborg.[14] Os ensaios de Downing e Derrenbacker em *New Studies in the Synoptic Problem* tornam denecessário sumarizar tal desenvolvimento aqui. Ao invés disso, apontaria apenas três conclusões emergentes que são de significância para os propósitos deste ensaio.

Primeiro, autores antigos se utilizando de fontes escritas normalmente seguiam uma fonte por vez, muito embora tivessem preparado seus trabalhos através da leitura de uma variedade de fontes, tomando notas. Questões práticas significavam que era muito difícil ter mais de um rolo aberto diante de si enquanto escreviam. Se confluindo fontes escritas, eles iriam praticar apenas "macroconfluências", isto é, eles dependeriam de uma fonte para uma passagem, usualmente bastante extensa, e então mudariam para outra. Eles não praticavam "microconfluência", isto é, a tessitura de materiais de diferentes fontes numa única passagem. Ao pensarmos nas razões práticas, é difícil vislumbrar como poderiam ter feito.

Em segundo lugar, eles usualmente dependiam de fontes orais tanto quanto de fontes escritas.

Por último, o terceiro ponto é que eles praticavam não a reprodução exata das fontes, mas paráfrases livres. Mesmo quando um autor não fazia mudança substancial do significado de sua fonte, ele tomaria cuidado de reescrevê-la com outras palavras. Este era um hábito composicional inculcado pela educação básica no mundo greco-romano, e pode ser observado extensivamente no uso de Josefo das escrituras judias e suas fontes em *An-*

---

crítica de Downing por K. Olson, "Unpicking on the Farrer Theory". In: M. Goodacre & N. Perrin, eds., *Questioning Q*. Londres: SPCK, 2004, p. 124-150 é amplamente direcionada na reivindicação de Downing que autores antigos tendem a seguir a "testemunha comum" de mais de uma fonte. Downing responde a esta crítica em seu ensaio "Writers..."

13. R. A. Derrenbacker, *Ancient Compositional Practices and the Synoptic Problem*, BETL 186. Lovaina: Leuven University Press, 2005. Veja tambem agora seu ensaio "External and Psychological Conditions under Which the Synoptic Gospels Were Written": Ancient Compositional Practices and the Synoptic Problem". In: Foster *et alli. New Studies*, p. 435-457.

14. J. S. Kloppenborg. "Vatiation in the Reproduction on the Double Tradition and an Oral Q?" *ETL* 83 (2007), p. 53-80. Veja também J. Wenham, *Matthew, Mark and Luke: A Fresh Assault on the Synoptic Problem*. Londres: Hodder & Stoughton, 1991, capítulo 10.

tiguidades. À luz desta evidência da prática normal de autores antigos, não são as diferenças entre os evangelhos que carecem de explicação, mas o alto grau de concordância exata entre os sinóticos.[15] Devemos deixar de lado o hábito de pensar na tripla tradição sobre passagens nos sinóticos como um modelo de como deveríamos esperar que os escritores antigos utilizassem fontes escritas. O que influi para o anômalo grau de reprodução exata das palavras entre si nos sinóticos é algo que requer estudo mais aprofundado.[16]

Enquanto estas observações parecem ser bem baseadas em evidência, eu gostaria de oferecer algumas considerações sobre o processo de escrita em si que pode nos ser necessário levar em conta ao aplicar aos evangelhos o fato de que autores antigos parecem geralmente seguir uma fonte por vez.

Primeiro, o argumento da razão prática pode parecer inadequado quando imagina-se um autor, sozinho em um cômodo, compondo seu trabalho mediante a escrita de próprio punho em um rolo ou outro suporte em seu colo. Autores antigos quase sempre compunham mediante o ditado a um escriba[17], como Paulo fez com suas cartas, e não há razão por que este não teria sido o caso dos autores do evangelho.[18] Autores antigos podiam também ter assistentes que os ajudavam de diversas maneiras[19], talvez pela leitura de no-

---

15. Downing, "Redaction Criticism II", p. 33; Kloppenborg, "Variation", p. 80.

16. Downing ("Writers' Use or Abuse") e Kloppenborg, ibid., buscam ambos paralelos na literatura antiga e encontram alguns, embora talvez menos relevantes que poderíamos esperar. Estudos posteriores dos exemplos judeus do gênero de "reescrita da Bíblia" poderiam ser produtivos. Kloppenborg com sua sugestão de que autores dos evangelhos sinóticos eram "escribas relativamente modestos em termos de *status* e realizações" ao invés de "historiadores ou biógrafos genuínos" ("Variation...", p. 77-80) não é muito convincente, porque Lucas, pelo menos, é claramente capaz de compor boas narrativas por sua própria conta, mas diferença de *nível literário* entre os evangelhos e os exemplos sobreviventes de história e biografia antigas pode ser relevante. A prática de parafrasear fontes era sem dúvida relacionada à consciência do autor de ser um autor por direito próprio, não apenas um copista ou compilador de fontes. Deste ponto de vista pode ser significativo que Lucas, cujo prefácio demonstra sua autoconsciência como historiador, parafraseie Marcos mais frequentemente do que Mateus o faz.

17. T. Dorandi. *Le Stylet et la tablete: Dans le secret des auteurs antiques.* Paris: Les Belles Lettres, 2000, p. 51-75.

18. Kloppenborg, "Variation", p. 77-80, parece assumir sem nenhuma discussão que eles eram "escribas" que copiavam seus próprios trabalhos.

19. Sobre assistentes, veja C. Pelling, *Plutarch and History*. Londres: Duckworth/Classical Press of Wales, 2002, p. 24-25.

tas de um caderno de notas que o autor produziu enquanto fazia suas leituras preparatórias. (A prática de tomar notas por parte de historiadores é bem evidenciada, e deve ter havido alguns meios pelos quais um autor poderia utilizar a vantagem de ter tais notas enquanto de fato compunha seu trabalho.[20]) Adicionar escribas ou assistentes ao autor neste processo de composição torna as possibilidades de consulta de fontes um pouco mais ampla que de outro modo.

Em segundo lugar, enquanto qualquer autor poderia suplementar a fonte que estivessem seguindo no decurso do trabalho pela memória de outras fontes que eles houvessem lido ou ouvido, os evangelhos constituem um caso especial no qual a memória pode ter desempenhado um papel maior que o usual. Estes autores podem ter sido de fato muito familiarizados com tradições orais dos evangelhos que houvessem escutado frequentemente e regularmente recitado ou, como mestres, eles mesmos houvessem aprendido e usassem amplamente em seu ministério de ensino.

Em terceiro lugar, um processo de "re-oralização" pode ser vislumbrado, uma vez que o uso intensivo, em culto ou ensino, de uma fonte escrita dos evangelhos poderia dar a ele um tipo de existência secundária na memória de um autor de algum dos evangelhos.[21]

O quarto ponto, era prática comum entre autores comporem um primeiro esquema, que seria então lido somente para um pequeno círculo de amigos, e então revisado à luz de suas críticas e sugestões.[22] Podemos vislumbrar empréstimos menores de fontes adicionais entrando o trabalho final neste estádio.

Dadas estas considerações, é sem dúvida importante que pensemos bastante concretamente nos meios pelos quais os autores dos evangelhos poderiam ter composto seus livros, banindo de nossas mentes a figura imaginária

---

20. Sobre o uso de notas, veja Peeling, op. cit., p. 22-24; Doranti, op. cit., p. 27-50.

21. Veja a discussão sobre a "oralidade secundária" no ensaio de A. Gregory "What is Literary Dependence?". In: Foster *et alli*, op. cit., p. 87-114.

22. Dorandi, op. cit., capítulo 4.

anacrônica de uma escrivaninha na qual uma variedade de fontes poderiam estar abertas para uma consulta visual rápida e fácil por um autor.

O oral e o escrito: Implicações dos dois desenvolvimentos

Poderia parecer que nem o modelo de tradições orais herdado da crítica formal nem as assumpções que têm sido habitualmente feitas pelos estudiosos dos evangelhos sobre o modo no qual deveríamos esperar que autores dos evangelhos teriam utilizado suas fontes podem sobreviver aos recentes desenvolvimentos em estudos relevantes. Alguns estudiosos começaram a trabalhar através das implicações de um ou outro destes desenvolvimentos para os problemas das origens dos evangelhos e relações entre eles. Ninguém, entretanto, parece até então ter dado importância a tentar trazer os dois desenvolvimentos à mesa de trabalho e examinar suas implicações. Há uma necessidade urgente de fazê-lo, como podemos observar se considerarmos as implicações para a questão de sermos capazes de discernir se as relações entre os evangelhos em passagens paralelas são orais ou literárias. A maior parte dos estudiosos provavelmente se acostumou a ver isto em termos de concordância com uma reprodução literal. Assumimos que uma reprodução literal é mais esperada no caso de um autor estar se fundando em uma fonte escrita ao invés de oral, embora determinar o quanto mais seja notoriamente difícil. Dunn e Mournet confiaram nessas assumpções enquanto tentavam discernir quais partes dos evangelhos seriam dependentes diretamente de tradição oral e a escolher um modelo oral de inter-relações sinóticas ao invés do "modelo padronizado" literário.[23] Mas a observação da prática de autores antigos sugere que isto é uma maneira inteiramente não confiável de distinguir entre a dependência de fontes orais ou escritas.[24] A prática composicional de autores antigos era de evitar ao máximo a citação literal de fontes escritas.

---

23. Dunn, "Altering"; Mournet, *Oral Tradition*.

24. Kloppenborg, "Variation" aponta isto, ao lado da observação mais ampla de que o grau de proximidade verbal de uma fonte pode variar dentro do uso de um mesmo autor da mesma fonte.

O que é evidentemente necessário é uma procura por critérios para distinguir o tipo de paráfrase que autores antigos compunham quando dependentes de fontes escritas do tipo de semelhança que autores antigos dependentes de fontes de tradição oral em comum comumente exibiam. Se tais critérios chegarão a ser discernidos, eu não sei. Podemos até concluir que um nível de reprodução literal relativamente alto é *mais* característico de diferentes *performances* de uma tradição oral que o trabalho de autores literários que deliberadamente evitavam repetir suas fontes orais. Talvez seja devido a proximidade e prática de contação de histórias, oralmente, por parte dos evangelistas sinóticos que eles exibem tal elevado grau de concordância literal mesmo quando seguindo, se assim o fizeram, fontes escritas. Retornaremos a este ponto em conexão com as possíveis dependências de João nos sinóticos. Até lá tomaremos conhecimento e examinaremos três propostas recentes que abordam a relação entre João e os sinóticos de uma maneira original.

Interfluencialidade entre tradições joaninas e sinóticas (Paul Anderson)

Em seu segundo importante livro sobre João[25], bem como em outras apresentações,[26] Paul Anderson desenvolveu uma teoria de relação entre os evangelhos que é relevante para o problema sinótico porque faz das tradições joaninas intrínsecas, ao invés de (como usualmente) extrínsecas, as origens sinóticas e suas inter-relações.[27] Ele vislumbra cinco diferentes vertentes de

---

25. P. N. Anderson, *The Fourth Gospel and the Quest for Jesus: Modern Foundations Reconsidered.* LNTS 321. Londres: T. & T. Clark [Continuum], 2006. Parte III.

26. P. N. Anderson, "John and Mark: The Bi-Optic Gospels". In: Robert T. Fortna & T. Thatcher (eds.). *Jesus in Johannine Tradition.* Lousville: Westminster John Knox, 2001, p. 175-188; id. "Interfluential, Formative and Dialectical: A Theory of Johns Relation to the Synoptics". In: P.L. Hofrichter (ed.). *Für und wider die Priorität des Johannesevangeliums.* Theologische Texte und Studien 9. Hildersheim: Georg Olms, 2002, p. 19-58; id. "Aspects of Interfluentiality between John and the Synoptics: John 18-19 as a Case Study". In: G. van Belle (ed.). *The Death of Jesus in the Fourth Gospel.* BETL 200. Lovaina: Leuven University Press, 2007, p. 711-728; id. /'Why this Study is Needed and why it is Needed Now". In: Id. F. Just & T. Tatcher (eds.). *John, Jesus and History, v. I: Critical Appraisals of Critical Views.* SBLSymS 44. Atlanta, SBL, 2007, p. 13-70.

27. Veja especialmente o diagrama incluído em vários destes estudos, como *The Fourth Gospel,* 126.

tradições orais dos evangelhos derivadas do ministério de Jesus e se desenvolvendo autonomamente, embora não, para a maior parte delas, isoladamente. Estas são as tradições que resultaram nos quatro evangelhos canônicos, com a adição da tradição Q. Enquanto mantém a teoria das Duas Fontes das relações sinóticas, Anderson procura explicar contatos entre materiais joaninos e sinóticos em grande parte pela influência de uma tradição sobre a outra e o estádio oral das tradições, anterior aos evangelhos escritos. Ele postula mútua influência ("interfluencialidade") em um estádio muito primitivo entre as tradições "pré-marcana" e "pré-joanina", bem como algum conhecimento do Evangelho de Marcos por parte do autor da primeira edição do Evangelho de João, que teria sido delineado para ampliar e complementar o Evangelho de Marcos. Ele também sugere alguma influência primitiva da tradição joanina sobre a tradição Q, e explica os contatos entre Lucas e João por meio de influência por parte da tradição joanina na tradição lucana em seu estádio oral. Finalmente, ele propõe uma relação dialógica entre as tradições joanina e mateana no período entre a primeira e a segunda (e final) edições do Evangelho de João.

O quadro complexo quase lembra a teoria de Boismard sobre as origens do evangelho, exceto em que o esquema de Anderson postula que muitos contatos ocorram entre as tradições do evangelho num estádio oral, enquanto a teoria de Boismard diz respeito a fontes escritas. Além disso, ao invés de Boismard, Anderson faz da tradição joanina parte integrante do quadro. Sua insistência em uma tradição joanina "autônoma", que não seria "derivativa" dos outros evangelhos ou suas tradições, é coerente com o consenso que havia até recentemente entre os estudiosos de João, mas ao mesmo tempo Anderson é igualmente claro ao afirmar que de nenhum modo esta tradição estivesse "isolada" de outras correntes de tradição dos evangelhos,[28] neste aspecto se distanciando da noção de uma comunidade joanina se desenvolvendo em isolamento do restante do movimento cristão.[29] Localizar os contatos nos está-

---

28. P. ex., *The Fourth Gospel*, p. 38, 50 (nota 14) e 125.

29. Sobre a construção de Anderson da história da comunidade joanina, veja *The Fourth Gospel*, p. 196-199.

dios orais das várias tradições dá a ele a possibilidade de postular "interfluencialidade" ao invés de apenas influência monodirecional, e de fato atribuir maior influência da tradição joanina sobre as demais que as demais tradições pudessem ter sobre aquela. Mas a principal razão para delinear a maior parte das semelhanças entre João e os sinóticos num estádio oral parece ser porque virtualmente em todas estas semelhanças João é similar mas não idêntico aos paralelos sinóticos. P. ex., ele escreve:

> A tradição joanina parece ter interseccionado com cada um dos evangelhos sinóticos, mas em maneiras diferentes, sugeridas pela frequência e maneira de contatos com cada um deles. Em nenhum caso as similaridades são idênticas, a ponto de sugerir dependência direta de um texto escrito. Em todos os casos, os contatos parece ter ocorrido durante os estádios orais tanto das tradições sinóticas quanto joaninas.[30]

No caso de Marcos, "porque nenhuma das similaridades de João com Marcos é idêntica, João *não pode* ser um trabalho derivativo".[31] Similarmente, os pontos de contato entre Lucas e João não podem ser devidos a um conhecimento de Lucas do Evangelho de João em forma escrita, porque então as diferenças nas similaridades não ocorreriam (como as localizações diferentes da pesca milagrosa em Jo 21 e Lc 5).[32]

Enquanto há muito para se aprender de Anderson e sua observação inteligente de similaridades com diferenças precisas entre João e os sinóticos, sua construção das relações entre os evangelhos parece a mim falhar em contemplar exatamente os dois novos desenvolvimentos que discutimos anteriormente: sobre a natureza das práticas composicionais antigas e sobre a natureza da tradição oral.

---

30. *The Fourth Gospel*, p. 104.

31. *The Fourth Gospel*, p. 38 (itálicos no original). O padrão de similaridades e divergências entre Jo 6 e Mc 8 já fora detalhado por Anderson em seu *The christology of The Fourth Gospel: Its Unity and Disunity in the Light of John*, 2ª ed, Valley Forge: Trinity Press International, 1997, p. 98-103, no qual ele também desenha conclusões de que a tradição joanina fosse essencialmente autônoma.

32. Id., ibid.

Por que Anderson supõe que, para haver uma relação literária entre João e os sinóticos, as semelhanças seriam a ocorrência de repetições "idênticas" ao invés de, como ocorrem, similaridades com diferenças? Para muitos outros estudiosos isto não exclui uma relação literária. Ian Mackay, em um estudo recente sobre a relação de Jo 6 com Mc 6–8, chega a uma conclusão: "nenhuma das diferenças entre Jo 6 e as passagens relevantes em Marcos resistem a explanações em termos de interesses joaninos."[33] Mackay argumenta que as diferenças entre os dois evangelhos nestas passagens são coerentes com as duas agendas bastante distintas dos dois evangelistas, e que João pode ser visto como escrevendo "com um olho" em Marcos, adotando, refuncionalizando ou omitindo material marcano de uma maneira que lhe permita moldar sua narrativa diferentemente de Marcos, em concordância com seus próprios interesses teológicos ou de outras naturezas. A cada ponto de diferença João deliberadamente opta por ir numa direção diferente da de Marcos. João é dependente de Marcos, tanto amplamente quanto às vezes em nível de detalhes, mas ele toma seu próprio caminho de maneira muito mais ampla que Mateus e Lucas o fazem em suas redações de Marcos. Daí que alguns estudiosos, como Frans Neirynck, tenham consistentemente se acaso as diferenças de João em relação aos sinóticos em passagens paralelas não poderiam sempre ser entendidas em termos redacionais. Mackay confronta e tenta resolver o problema de que as diferenças sejam muito maiores que dentro da tradição tríplice dos sinóticos. "Redação" no caso de João deve ser compreendido diferentemente da maneira que pode ser compreendida numa crítica redacional tradicional dos sinóticos. Entretanto, Mackay ainda adota uma abordagem de crítica redacional no que considera necessário para explicar cada um dos pontos de diferença entre João e Marcos nos termos das diferentes compreensões e objetivos dos evangelistas.

Mackay e Anderson concordam que João não usa Marcos da mesma maneira que Mateus e Lucas fazem (ambos estudiosos aceitam a hipótese das Duas Fontes).[34] Mas o estudo de práticas composicionais antigas tem de-

---

33. Mackay, *Johns' Relationship*, p. 298.

34. Cf. id., ibid., p. 104-105. O fato de que pontos de contato entre Marcos e João demonstrem similaridade mas não identificismo "sugere, sem a necessidade de demonstração, que o Quarto

monstrado que o alto grau de correspondência exata e literal entre os sinóticos não é a norma para autores utilizando fontes escritas mas é na verdade algo bastante anômalo. Se João seguiu a prática mais comum de parafrasear livremente sua fonte, deve haver na verdade interesses redacionais no trabalho de sua reescrita da fonte, mas isto não necessariamente explica todos os pontos de diferença. Devemos também conceder que João, um refinado contador de histórias por seu próprio direito e talento, pudesse simplesmente preferir contar a história de sua própria maneira, o que é usualmente um alongamento da maneira que Marcos contava. Além disso, este tipo de dependência parafrásica em Marcos precisa excluir algum tipo de influxo de outras fontes em passagens paralelas a Marcos, embora "microconfluência" de duas fontes é improvável.

Assim as razões de Anderson para traçar as similaridades entre Marcos e João até um estádio primitivo das duas tradições orais por trás dos dois evangelhos parece, à luz da prática composicional antiga, insuficiente. Mas uma crítica mais danosa é a de que Anderson parece ainda estar trabalhando com o modelo de tradição oral da crítica formal. Ele vislumbra um processo de desenvolvimentos cumulativos de cada vertente de tradição até o ponto em que ela adquire a forma escrita em um evangelho. Sabemos, hoje em dia, que não é assim que as tradições orais funcionam. É importante notar que, quando Anderson diz da influência de uma tradição sobre outra, ele não só quer dizer de unidades de tradição (um dito, uma história) oriundas originalmente de uma vertente de tradição encontrando seu caminho até outra. Isto seria crível. Mas mais frequentemente ele quer dizer que o desenvolvimento de uma unidade de tradição em uma tradição foi influenciado por outra tradição. Isto requer um desenvolvimento linear que é difícil de vislumbrar em tradição oral.

Quando da oportunidade de um debate, eu gostaria de indagar sobre a noção de Anderson de uma "tradição" no sentido da "tradição pré-marcana" ou "a tradição lucana primitiva". Como sabemos que existiram tais entida-

---

Evangelista não usou Marcos como uma fonte escrita, *ao menos não da maneira que Mateus e Lucas o fizeram*" (itálicos meus).

des? Em determinado ponto ele escreve: "'Tradições' primitivas do evangelho eram *seres humanos*, e estes seres humanos eram em primeiro lugar pregadores".[35] Isto sugere que ele não está pensando em termos de uma coletividade anônima que transmitiu ou moldou tradições como na perspectiva da crítica formal. Ele parece pensar, ao contrário, no repertório de material tradicional que mestres específicos dominavam e compartilhavam. Do meu ponto de vista, era uma abordagem preferível. Mas então, o que é, digamos, "tradição lucana primitiva", como uma tradição distinguível perdurando meio século entre o ministério de Jesus e a escrita do Evangelho de Lucas, aberta à influência de outras tradições mas tendo sua própria integridade? Porque não deveríamos pensar, ao invés disso, no autor do Evangelho de Lucas como um mestre cristão plausivelmente bem viajado (como muitos mestres do cristianismo primitivo o eram), recolhendo material para seu evangelho de uma variedade de fontes, algumas escritas e algumas orais (como o prefácio do evangelho parece sugerir)? O círculo de mestres em uma igreja grande poderia muito bem ter um ciclo específico de tradições, datadas da fundação daquela igreja e frequentemente alimentada e aumentada dali em diante. Mas havia tantas viagens e interconexões entre as comunidades cristãs das primeiras décadas que as tradições do evangelho conhecidas dos mestres em uma igreja seriam certamente amplamente partilhadas.[36] Este processo de compartilhar era provavelmente muito complicado para que nós pudéssemos esperar poder reconstruí-lo. Sem dúvida havia muito diálogo e mútua influência entre os grandes mestres do movimento cristão, mas tenho dúvidas de que seria de ajuda descrever estes movimentos de ideias como interfluencialidade entre *tradições*.

O diálogo de Lucas com João (Mark Matson)

Embora a possibilidade de João ter conhecido e usado o Evangelho de Lucas ter sido bastante debatida, muito raramente tem sido levantado que,

---

35. Id., ibid., 106 (itálicos no original).

36. Cf. os comentários em M. W. Pahl na resenha de um livro de Anderson no *Journal of Graeco--Roman Christianity and Judaism* 5 (2008), p. 135-144, aqui p. 141-142.

muito ao contrário, Lucas conheceu e usou o evangelho de João.[37] Mas esta posição tem sido recentemente campeada por Barbara Shellard, Mark Matson e Robert Morgan.[38] Destes, é o trabalho de Matson que oferece um relato detalhado de como os contatos entre João e Lucas no que diz respeito às narrativas da Paixão e Ressurreiçao (Lc 22–24) podem ser compreendidas em termos de redação lucana de fontes incluindo João. Segundo Matson, Lucas tomou Marcos como "parceiro dialógico" primário, baseando muito de sua narrativa em Marcos, mas envolvido também em diálogo com João, "encontrando em suas carátulas características que são crítica ao relato marcano."[39] O mérito de Matson é que ele tenta abarcar totalmente as particularidades dos pontos de contato que existem entre estes dois evangelhos. O caso de uma relação literária entre os dois textos numa direção ao invés de na outra, baseado numa leitura do procedimento redacional de um autor, é, como estudantes do Problema sinótico bem o sabem, encarado com dificuldade. Como argumento para o uso de dois dos evangelhos que até nós chegaram um do outro, Matson emula aquelas hipóteses de fontes sinóticas que argumentam pela raiz da confluência entre Lucas e Mateus em Marcos ou Marcos em Mateus e Lucas. Um dos poucos estudiosos que até agora se envolveram com o trabalho de Matson é Andrew Gregory. Usando Lc 24,12 como um caso-teste, Gregory pensa que Matson e Shellard oferecem leituras plausíveis e coerentes de Lucas segundo a hipótese do conhecimento por Lucas de João, mas que outras visões da relação entre Lucas e João permanecem também

---

37. O único proponente desta forma de relação entre Lucas e João anterior aos anos de 1990 parece ter sido F. L. Cribbs em uma série de artigos publicados nos anos de 1970. Para mais sobre o trabalho de Cribbs, veja Smith, *John among the Gospels*, p. 99-103; M. A. Matson, *In Dialogue with Another Gospel? The Influence of the Fourth Gospel on the Passion Narratives of the Gospel of John*, SBLDS 178. Atlanta: SBL, 2001, p. 78-82.

38. B. Shellard: "The Relationship of Luke and John: A Fresh Look at an Old Problem", *JTS* 46 (1995), p. 71-98; id. *New Light on Luke: Its Purpose, Sources and Literary Context*, JSNTSup 215. Sheffield: Sheffield Academic Press, 2002. Capítulos 7-8; Matson, *In Dialogue*; id. "The Influence of John on Luke's Passion: Toward a Theory of Intergospel Dialogue". In: Hofrichter, ed., *Für und wider...*, p. 183-193; R. Morgan, "The Priority of John over Luke" in Hofrichter, op. cit., p. 195-211. Morgan foi o orientador da tese de Shellard em Oxford.

39. Matson, "The Influence", p. 194.

plausíveis e coerentes, se decide-se adotar outras pressuposições. Ele duvida se o problema é solúvel com base nas evidências das quais dispomos.[40]

Entretanto, uma aborgagem diferente para calibrar a plausibilidade do caso, bem como de outras hipóteses sobre a relação entre os evangelhos, é considerar a técnica composicional que Lucas deve ter empregado, segundo o argumento de Matson. Ele a descreve assim:

> Eu não vejo Lucas funcionando em modo copia e cola. ...Parece que para a narrativa da Paixão, bem como para o restante do evangelho, Lucas baseou-se em Marcos como sua fonte primária. Eu imaginaria que ele tinha um códice ou rolo de Marcos disponível enquanto escreveu o Terceiro Evangelho, Mas ele também tinha outro evangelho disponível, um que era muito similar a João. Este segundo evangelho foi consultado, pelo menos na narrativa da Paixão, regularmente, embora não houvesse um esforço consistente para o pacificar a todo tempo com Marcos. Parece que Lucas tomou e validou alguns itens do Evangelho Joanino como confiáveis, e modificou seu texto marcano baseado-se nesta leitura: algumas vezes ele modificou a ordem dos eventos, outras vezes ele incorporou certa linguagem joanina no texto, algumas vezes ele trabalhou para combinar ou pacificar os dois relatos. O quadro que alguém forma é o de Lucas como um historiador, trabalhando com múltiplas versões, pesando-as umas com as outras e geralmente considerando Marcos o mais confiável, mas em alguns pontos dando crédito ao relato de João. Lucas também conheceu algumas outras tradições que ele introduziu em alguns lugares, e moldou e conectou as narrativas em todos os casos se utilizando de seu próprio estilo e perspectiva.[41]

É significativo que Matson veja o procedimento de Lucas como o de um *historiador*. Mas tal hipótese demanda por comparação com o que sabemos dos procedimentos de outros historiadores antigos e o uso destes de suas fontes. Matson segue o procedimento típico da maior parte dos estudiosos das

---

40. A. Gregory. *The Reception of Luke and Acts in the Period before Irenaeus.*WUNT 2/169. Tubinga: Mohr Siebeck, 2003, p. 56-69; id. "The Third Gospel? The Relationship of John and Luke Reconsidered". In: J. Lierman, ed., *Challenging Perspectives on the Gospel of John*, WUNT 2/219. Tubinga: Mohr Siebeck, 2006, p. 109-164.

41. Matson, *In Dialogue*, p. 445.

relações entre os evangelhos de aparentemente não ter interesse na possibilidade de acessar a plausibilidade de seu relato sobre o uso de Lucas das fontes por meio de comparação desta prática lucana com a de outros historiadores.

Uma dificuldade parece para mim erguer-se deste uso de Lucas de outras tradições, não derivadas de Marcos ou João, em suas narrativas da Paixão e Ressurreição. Matson admite que Lucas utiliza estas tradições, mas ele inclina-se a dar às mesmas um papel subalterno em favor do grande elemento da criatividade de Lucas. Ainda assim o relato que ele fornece de Lucas comparando Marcos e João (citado acima) parece retratar um historiador cuidadosamente utilizando muito detalhadamente suas fontes e dando aos distintos aspectos das mesmas lugares em sua composição. Se Lucas assim tratou Marcos e João, não é grosseiramente inconsistente vê-lo criando, p. ex., a aparição de Jesus perante Herodes ou a aparição aos discípulos no caminho de Emaús a partir de pequenos fragmentos de tradição?[42] Se, por outro lado, ele permite grande dependência de Lucas em uma narrativa não marcana e não joanina, ou mesmo em tradições, veríamos um processo ainda mais elaborado de composição no qual Lucas tece ao menos três fontes, habitualmente preferindo sua fonte primária Marcos bem como às vezes julgando João preferível em detalhamentos. Também vislumbraríamos, mesmo no relato de Matson, uma situação na qual Lucas introduz episódios inteiros de suas tradições especiais enquanto ignora episódios inteiros de João que seriam certamente igualmente bons para ele (o lava-pés, a aparição a Tomé).[43] Uma vez que pensamos cuidadosamente sobre o material inteiramente único na narrativa de Lucas da Paixão e Ressurreição, é difícil manter o retrato de Lucas e seu método como uma forte preferência por Marcos, como sua fonte mais confiável, ao lado de um uso muito discriminado de João como às vezes confiável. Precisaríamos de um relato de seu procedimento que re-

---

42. Veja Matson, *In Dialogue*, p. 333-339; 411-421.

43. Que Lucas não tenha adotado o discurso ou ditos dentre os materiais de João seria relativamente inteligível, uma vez que habitualmente tal material é tão diferente em estilo e conteúdo das tradições de ditos que Lucas inclui em seu evangelho; mas é muito menos inteligível que Lucas não tenha adotado narrativas de João. O lava-pés, p. ex., é coerente com Lc 22,24-27, como Matson, *In Dialogue*, p. 277-278, reconhece.

conhecesse com que frequência ele parece tratar sua(s) fonte(s) especial(is) como confiável(is). Tal relato não seria necessariamente incompatível com o que sabemos sobre práticas composicionais antigas, mas haveria necessidade de se perguntar isto harmonicamente com tal conhecimento.

João para leitores de Marcos (Richard Bauckham)

A discussão sobre a relação entre João e Marcos usualmente tem sido orientada à questão sobre se João teria usado Marcos como fonte ou, pelo menos, se conheceu Marcos e ocasionalmente recolheu orações ou períodos ou frases de Marcos sem depender de Marcos de maneira mais substancial. Em 1998 publiquei um ensaio que sugeria uma abordagem diferente.[44] O volume de ensaios nos quais aquele ensaio apareceu propunha que deveríamos entender todos os quatro evangelhos canônicos como escritos, não para comunidades específicas ("a comunidade marcana", e assim por diante), mas para circularem em geral entre as igrejas. Neste caso, se admitirmos a prioridade marcana, o Evangelho de Marcos já teria se tornado amplamente conhecido no tempo em que o Evangelho de João foi completado, e o autor do último esperaria que o Evangelho de Marcos já fosse conhecido por leitores ou ouvintes de seu próprio evangelho. Portanto faria sentido perguntar ser o Evangelho de João de alguma maneira pressupõe que seus leitores ou ouvintes conheçam o Evangelho de Marcos.[45] Em uma crítica a meu ensaio, Wendy Sproston North corretamente apontou que uma resposta em afirmativo a esta questão ainda faria sentido mesmo se o Evangelho de João tivesse sido escrito apenas para a "comunidade joanina", desde que o Evangelho de Marcos ti-

---

44. R. Bauckham, "John for Readers of Mark". In: id. (ed.), *The Gospels for All Christians: Rethinking the Gospel Audiences.* Grand Rapids: Eerdmans, 1998, p. 147-171.

45. Sobre a visão de que João pressuponha que seus leitores/ouvintes conheçam Marcos ou os sinóticos em geral, veja também É. Trocmé, "Jean et les synoptiques: L'exemple de Jn 1,15-34". In: F. van Segbroeck, C. M. Tuckett, G. van Belle & J. Verheyden (eds.), *The Four Gospels 1992.*, 3 volumes. Lovaina: Leuven University Press/Peeterns, 1992. 3:1935-1941, esp. 1941; U. Busse, "Johannes und Lukas: Die Lazarusperikope. Frucht eines Kommunikationsprozesses". In: Denaux (ed.) *John and the Synoptics*, p. 281-306, esp. p. 305; H. Thyen, "Johannes und die Synoptiker". In: Denaux (ed.), p. 81-107; Frey, "Das Vierte Evangelium", p. 114-115.

vesse se tornado conhecido naquela comunidade.[46] No presente contexto não há necessidade de desenvolver este ponto.

A vantagem deste enfoque à relação dos dois evangelhos – ou seja, o conhecimento da audiência de João a respeito de Marcos ao invés do conhecimento direto de João do mesmo – é que ela pode trazer à luz e fazer sentido alguns aspectos de relações entre os dois evangelhos que as abordagens mais usuais não contemplam. Até certo ponto isto requer um retorno a questões que foram feitas no período no qual João era geralmente compreendido como dependente de todos os três evangelhos sinóticos.[47] Era então debatido se João foi escrito para suplementar os outros evangelhos (a visão tradicional) ou retirar-lhes lugar e substituí-los (como Hans Windisch argumentava). Neste ensaio eu limitei meu argumento a Marcos. Propus que o Evangelho de João é elaborado de tal maneira que leitores ou ouvintes que conhecessem Marcos seriam capazes de ler o mesmo como complementar a Marcos (embora não sem algum elemento ocasional de correção). Certamente não é somente suplementar, pois tem tanto integridade narrativa quanto teológica próprias, independentemente de Marcos. É um evangelho por seus próprios méritos. Mas é escrito de tal maneira que os dois evangelhos podem ser vistos como complementares um ao outro.

A maneira mais clara na qual isto pode ser viso é na sequência narrativa de João. Em termos muito gerais, claro, o contorno da narrativa dos dois evangelhos é similar.[48] Mas é notável quão poucos episódios marcanos ocorrem também em João (que tem, de qualquer modo, muito menos episódios que Marcos). Em geral, leitores ou ouvintes dos dois evangelhos perceberiam que João repete Marcos apenas quando ele tem algo distinto a alcançar mediante o reconto da história de Marcos a seu próprio modo. Como, portanto, as duas sequências narrativas devem ser relacionadas? O indicador

---

46. W. E. Sproston North, "John for Readers of Mark? A Response to Richard Bauckham's Proposal" *JSNT* 25 (2003), p. 449-468, esp. 466-468. A crítica de North de meu argumento é amplamente limitada ao meu tratamendo de João 11,2, deixando os argumentos que aqui repito intocados.

47. Veja Smith, *John among the Gospels,* capítulo 1.

48. Veja a tabela em C. K. Barrett, *The Gospel according to St John,* 2ª edição. Londres: SPCK, 1978, p. 43.

mais claro de que João vislumbrava leitores ou ouvintes que gostariam de encontrar a relação entre os dois é a explicação parentética (que certamente é parte original do texto):[49] "Uma vez que João não havia ainda sido jogado na prisão" (3,24). Uma vez que ninguém poderia supor que João continuasse seu ministério de batizar na região campesina da Judeia depois de ter sido colocado na prisão, a explicação parece quase ridiculamente redundante. Sua única função plausível é relacionar a sequência de eventos em João à narrativa de Marcos, na qual Jesus é apresentado como tendo iniciado seu ministério na Galileia "depois que João foi preso" (Mc 1,14). Ao lado do fato de que o batismo de Jesus evidentemente ocorreu antes do início da narrativa de João (cf. 1,32-33), Jo 3,24 permite leitores ou ouvintes de Marcos de situarem os eventos de Jo 1,19–4,43 entre Mc 1,13 e Mc 1,14. Já defendi que somente de modos menos explícitos a narrativa de João continua invocando diretamente em si espaço para Marcos. P. ex., depois dos eventos de Jo 6, que são partilhados com Marcos, Jo 7,1a indica 6 meses de ministério na Galileia sobre o qual João não fala nada além de que "Jesus foi para a Galileia." Marcos preenche este hiato. Também é muito marcante como João cuidadosamente afirma que Jesus foi levado de Anás a Caifás (18,24) e de Caifás a Pilatos (18,28), sem indicação alguma do que ocorreu quando Jesus foi trazido diante do sumo sacerdote em exercício. João não tem nada a adicionar ao relato de Marcos sobre o assunto.[50] De maneiras como estas a sequência narrativa de João permite um notável grau de entalhamento conjunto em Marcos, mas João também é notavelmente mais preciso de um ponto de vista cronológico que Marcos e assim poderia ser compreendido como se estivesse corrigindo Marcos nas poucas ocasiões nas quais ele rearranja eventos que Marcos narra (notadamente a "limpeza" do templo e a unção em Betânia).

---

49. Bauckham, "John for Readers..." p. 151-152.

50. Id., ibid., p. 154-159. Jesus diante de Caifás fornece um intrigante exemplo da maneira que a correlação da narrativa de João com a de Marcos pode alcançar efeitos sutis de compreensão. Enquanto Jesus (segundo Marcos) confessa sua divina autoridade com as palavras "Eu Sou" (Mc 14,62), Pedro (segundo João) nega Jesus com as palavras "Eu não Sou" (Jo 18,25). Outro destes exemplos é o significado adicional que Jo 12,6 teria para ouvintes/leitores que lembrassem de Mc 14,11.

Outros exemplos de eventos pressupostos por João mas narrados por Marcos são a escolha de Jesus dos Doze (Mc 3,14-19, à qual Jo 6,70 se refere), suas palavras sobre o pão e vinho (Mc 14,23-24; cf. Jo 6,51-56),[51] e suas palavras a Pedro e André: "Eu farei de vós pescadores de pessoas" (Mc 1,17), sem as quais poderia ser muito difícil reconhecer na pesca milagrosa (Jo 21) um símbolo da missão que virá para Pedro e os discípulos. Para leitores de Lucas, certamente, esta última narrativa em João poderia ser uma repetição de evento simbolicamente similar quando do chamamento dos primeiros discípulos (Lc 5,1-11, no qual o evento e o dito *estão* combinados), mas em geral a narrativa de João não correlaciona-se com Lucas tão proximamente quanto ela o faz com Marcos (p. ex., Jo 3,24 não encontra ponto de referência em Lucas).

Esta abordagem da relação entre João e Marcos poderia ser explorada mais a fundo. P. ex., leitores que já conhecessem Marcos e que estivessem ouvindo ou lendo João tomariam Jo 12,27 e 14,31 como alusões intertextuais à narrativa do Getsêmani em Mc 14,33-36.42? Mas meu argumento de que o todo da narrativa de João deliberadamente deixa espaço para a de Marcos, algumas vezes sublinhando a própria incompletude do mesmo (Jo 7,1; 18,24-28; cf. 2,23; 3,2; 4,45; 7,14-15; 11,47; 18,19-20) é a conclusão mais valiosa para os propósitos atuais, uma vez que, se válido, ele deve significar que João e seus ouvintes e leitores conheciam o Evangelho de Marcos, não somente tradições orais em comum.

O argumento como até então afirmado poderia de fato funcionar para Mateus bem como para Marcos (embora não muito bem para Lucas). Mas (a) em alguns dos episódios nos quais João é paralelo tanto a Marcos quanto a Mateus, João tem proximidade verbal somente com a versão de Marcos (p. ex., Mc 6,37 com Jo 6,7; Mc 14,5 com Jo 12,5), enquanto (b) não parece não haverem razões para reivindicar que Marcos pressuponha que seus leitores conheçam Mateus que não funcionem também como razões em

---

51. Esta passagem joanina é parcamente compreensível sem o conhecimento das palavras eucarísticas, embora, claro, o conhecimento destas não precisariam derivar de Marcos.

referência a Marcos.[52] Assim a proposta de que João pressuponha que seus leitores ou ouvintes conheçam os relatos de Marcos funciona para todas as evidências, e não há nada que sugira que ele também pressuponha o conhecimento de Mateus ou Lucas. (Isto não significa que João não poderia saber e ter se utilizado de Mateus e/ou Lucas, somente que ele não escreveu seu evangelho de maneira que pressupusesse que seus leitores e ouvintes conhecessem Mateus e/ou Lucas.)

Ao que parece, o argumento desta seção sugere que João era familiar com Marcos e esperava que seus leitores o fossem, mas não necessariamente que João usou Marcos como fonte de alguma maneira substancial. Poderia vir a ser que em suas passagens paralelas João colete seu próprio conhecimento ou tradição apenas com algumas pequenas reminiscências verbais da versão de Marcos. Isto seria coerente com a visão pouco incomum em estudos recentes de que, embora João demonstre conhecimento de Marcos, ele não use Marcos como fonte.[53] Mas eu não sustentaria que "João para leitores de Marcos" esgota a relação entre João e Marcos, somente que traz à luz uma dimensão de tal relação que tem sido habitualmente pouco notada e pode contribuir para um argumento acumulativo sobre o conhecimento de João sobre Marcos.

Mark Mattson levantou a possibilidade de que poderíamos pensar não somente em "João para leitores de Marcos" mas também em "Mateus para leitores de Marcos" e "Lucas para leitores de Marcos."[54] Em outras palavras, Mateus e Lucas podem não somente apenas, como a teoria das Duas Fontes propõe, terem usado Marcos como fonte, mas também tratar Marcos como

---

52. Mas note que tanto em Mateus (8,5-13) como em Lucas (7,1-10) a cura do servo do centurião ocorreu perto do início do ministério na Galileia, que é também onde a cura do filho do oficial ocorre na narrativa de João (4,46-54). O que os leitores e ouvintes iniciais dos evangelhos pensariam é que era o mesmo evento dos sinóticos e a narrativa de João poderia ser questionada.

53. P. ex., D. Moody Smith, *Johannine Christianity: Essays on its Setting, Sources and Theology*. Edimburgo: T. & T. Clark, 1984, p. 170-171; M. E. Glasswell, "The Relationship between John and Mark." *JSNT* 23 (1985), p. 99-115, especialmente 104; B. de Solages, *Jean et les Synoptiques*. Leiden: Brill, 1979, passim.

54. M. Matson, "The Rhetoric of Gospel Re-Writing". Artigo do Encontro Anual SBL de 1999, disponível em http://milligan.edu/administrative/mmatson/rhetoric.htm

um intertexto, conhecido por seus leitores ou ouvintes. Os últimos evangelhos poderiam ser entendidos como que em diálogo com o primeiro. Matson oferece sugestões iniciais sobre como esta abordagem poderia funcionar para Lucas e Marcos. Certamente é uma possibilidade intelectualmente provocadora para explorar as relações entre os evangelhos.

Um caso da dependência de João em relação a Marcos (Jo 6,1-15 como um exemplo)

Uma coisa parece clara: João não é dependente de Marcos *da mesma maneira* que, segundo a teoria das Duas Fontes, Mateus e Lucas seriam dependentes de Marcos, isto é, com algum grau de concordância verbal. Poderia João, apesar disso, ser dependente de Marcos de uma maneira diferente? Costumeiramente a discussão tem focado nas seguintes questões: (a) A extensão e natureza da concordância verbal entre João e Marcos nas passagens paralelas requer uma relação literária, ao invés de oral? (b) João partilha de aspectos de Marcos que são atribuíveis à redação marcana ao invés de tradição pré-marcana?[55] (esta questão poderia ser aplicável à ordem, bem como conteúdo, das perícopes em Marcos.) (c) as divergências entre João e Marcos tornam a dependência literária implausível, ou podem ser explicadas como mudanças redacionais deliberadas feitas por João em sua fonte marcana? Em todas estas questões as opiniões diferem.[56]

Há, entretanto, outra questão que não é muito encarada explicitamente: Supondo que nas passagens paralelas de João este fosse dependente de Marcos como, pelo menos, sua fonte primária, podemos delimitar a *maneira* pela qual ele usa Marcos? Uma vez que João é claramente não dependente de Marcos da maneira que, segundo a teoria das Duas Fontes, Mateus e

---

55. Frey, "Das Vierte Evangelium". p. 79-80 corretamente reforça que esta seria uma prova decisiva de dependência literária, mas é tudo menos fácil distinguir a redação marcana da tradição pré-marcana.

56. Compare, p. ex., as muito diferentes conclusões a que chegam R. Kieffer, "Jean et Marc: Convergences dans la structure et dans les détails". In: Denaux (ed.), *John and the...*, p. 109-125, esp. 124-125; e R. E. Brown, *An Introduction to the Gospel of John*, editado por F. J. Moloney. Nova York: Doubleday, 2003, p. 99-104.

Lucas são, há algum modelo alternativo ao qual a relação de João e Marcos pode se conformar? O problema com argumentos que atribuem as divergências entre João e Marcos à redação joanina, como Neirynck e seus colegas da "escola de Lovaina" ou como Ian Mackay recentemente empreendeu em detalhes no caso de Jo 6, é que eles parecem usar o modelo de redação que é comumente utilizado nos estudos sinóticos, esticando-o de modo a acomodar o tratamento por João a Marcos. O mesmo tem de ser esticado precisamente porque João regularmente difere muito mais de Marcos que passagens paralelas nos sinóticos o fazem. Naturalmente, muitos estudiosos para quem "redação" significa o tipo de edição das fontes que os escritores dos sinóticos empreendem, especialmente segundo a teoria das Duas Fontes, não percebem esta relação de João com Marcos plausível e portanto preferem uma explicação em termos de fontes orais relacionadas porém divergentes disponíveis para Marcos e João.

Este é o ponto pelo qual o estudo das práticas composicionais antigas, que discutimos como um dos dois importantes novos desenvolvimentos no estudo das origens do evangelho, é altamente relevante para a relação de João e Marcos. O alto grau de concordância verbal entre muitas passagens paralelas nos sinóticos é, como vimos, nada típica de autores antigos utilizando suas fontes. Historiadores e biógrafos normalmente reescreviam suas fontes muito mais habitualmente, não somente para mudar o sentido de interpretação mas simplesmente para integrar as mesmas em suas próprias composições. Repetições literais eram comumente deliberadamente evitadas. Talvez este é o tipo de "paráfrase histórica" de fontes que deveria ser nosso modelo para o uso de Marcos por João.

Tal explicação pode ser particularmente apropriada porque argumentei em outras partes que, embora pareça surpreendente no contexto dos estudos joaninos modernos, para os primeiros leitores e ouvintes do evangelho de João o mesmo se pareceria mais com historiografia do que os sinóticos.[57] As

---

57. R. Bauckham, "Historiographical Characteristics of the Gospel of John." *NTS* 53 (2007); reimpresso em R. Bauckham, *The Testimony of the Beloved Disciple: Narrative, History and Theology in the Gospel of John.* Grand Rapids: Baker Academic, 2007, p. 93-112.

características historiográficas de João incluem precisão topográfica e cronológica, narrativa impessoal e apelo a testemunhas oculares. Parece portanto plausível que João pudesse também ter adotado a prática historiográfica de parafrasear ao invés de reproduzir suas fontes. Claro, o estilo literário de João é muito pouco sofisticado quando comparado aos trabalhos de história e biografia do mundo greco-romano que sobreviveram até nossa época, mas isto é até certo ponto uma questão relacionada justamente aos textos que sobreviveram. Os canais pelos quais a literatura antiga foi preservada tenderam a preservar trabalhos de excelência literária ao invés de muitas histórias e biografias que foram escritas em um nível literário inferior. Mas em qualquer caso, não há razão pela qual João não possa ter aspirado escrever historiografia ao adotar suas convenções literárias mesmo se ele não pôde alcançar o nível de excelência literária de outros.

Podemos tomar como exemplo a alimentação dos cinco mil (Mc 6,32-44; Jo 6,1-5; cf. Mt 14,31; Lc 9,10-17). Os três relatos sinóticos têm muito mais concordância verbal entre si do que João tem com qualquer um deles, embora João tenha mais concordância com Marcos do que com Mateus ou Lucas. A narrativa de João é consideravelmente mais longa do que a de Marcos, ao contrário das versões mais curtas de Mateus e Lucas, mas isto é usual em passagens joaninas com paralelos em Marcos. A despeito disso, João conta quase a mesma história, em paralelismo com a maioria dos estágios da narrativa de Marcos (itálicos ressaltam as diferenças):

Marcos	João
Jesus vai *de barco a um lugar deserto*	Jesus vai *para o outro lado do lago*
Muitas pessoas vão o encontrar	Uma multidão o segue
Ele sobe para as colinas	*A Páscoa se aproxima*
Ele vê uma grande multidão	Ele vê uma grande multidão
Ele tem compaixão das "ovelhas"	*Ele ensina*
Conversa com os discípulos *(iniciada pelos discípulos)* sobre como alimentar a multidão	Conversa com Filipe e André *(iniciada por Jesus)* sobre como alimentar a multidão
Eles têm 5 pães e 2 peixes	Um menino tem 5 pães e dois peixes
São cerca de 5.000 homens	
Jesus pede à multidão que se assente na grama *em grupos*	Jesus pede à multidão que se assente na grama. São cerca de 5.000 homens.

Jesus bendiz a Deus pelo alimento e o faz ser distribuído	Jesus dá graças pelo alimento e o faz ser distribuído
Eles comem até ficarem satisfeitos	Eles comem até ficarem satisfeitos
Jesus ordena aos discípulos que recolham o excedente	
Os discípulos reúnem 12 cestos de excedentes	Os discípulos reúnem 12 cestos de excedentes
A multidão conclui que Jesus é o profeta	*Vendo que queriam fazer dele rei, Jesus se retira para as colinas.*

As diferenças grandes ocorrem no começo e no fim da narrativa de João. A história do milagre em si mesmo, desde a conversa entre Jesus e os discípulos e o recolhimento do que sobrou, compreende uma série idêntica de eventos em ambas narrativas, com variações apenas sobre detalhes. Duas descrições completamente independentes do mesmo evento dificilmente corresponderiam entre si tão proximamente, e assim as alternativas são de que João esteja reescrevendo Marcos ou que ambos dependeram em renderizações ligeiramente distintas da mesma tradição oral.

Até onde a correspondência verbal pode ir não há sequência de mais de três palavras consecutivas que correspondam em Marcos e João. As palavras que João partilha com Marcos são: πολὺς ὄχλος, ἀγοράσωμεν ἄρτους, φάγωσιν, διακοσίων δηναρίων ἄρτοι, πέντε ἄρτους, δύο, χόρτος, ἀναπεσεῖν, ἄνδρες, πεντακισχίλιοι, περισσεύσαντα κλάσματα, δώδεκα κοφίνους.[58] O que é notável sobre estas palavras é que muitas delas, como os numerais, são palavras das quais seria difícil se esquivar no caso de um reconto da história de Marcos (e o mesmo também ocorre em Mateus e Lucas). Mas também merece nota com que frequência João diz quase a mesma coisa ou exatamente a mesma coisa que Marcos, mas com palavras diferentes:

> Jo 6,5a: Ἐπάρας οὖν τοὺς ὀφθαλμοὺς ὁ Ἰησοῦς καὶ θεασάμενος ὅτι πολὺς ὄχλος ἔρχεται πρὸς αὐτὸν
> Mc 6,34: ... εἶδεν πολὺν ὄχλον...

---

58. Esta lista não leva em consideração diferenças de flexão.

Jo 6,12a: ὡς δὲ ἐνεπλήσθησαν
Mc 6,42 : καὶ ἔφαγον πάντες καὶ ἐχορτάσθησαν

Jo 6,13: συνήγαγον οὖν καὶ ἐγέμισαν δώδεκα κοφίνους κλασμάτων ἐκ τῶν πέντε ἄρτων τῶν κριθίνων ἃ ἐπερίσσευσαν τοῖς βεβρωκόσιν.
Mc 6,43: καὶ ἦραν κλάσματα δώδεκα κοφίνων πληρώματα καὶ ἀπὸ τῶν ἰχθύων.

João usa ὀψάρια no lugar do ἰχθύας de Marcos (Jo 6,9.11; Mc 6,38.41). (João usa ὀψάριον também em 21,9-10.13,[59] e a palavra não ocorre em outras partes do Novo Testamento.) Enquanto há alguma paráfrase nas renderizações de Marcos por Mateus e Lucas (se é isto que os recontos de Mateus e Lucas são), há muito mais em João. Todos os três têm algumas palavras idênticas às de Marcos e algumas paráfrases de Marcos, mas João tem consideravelmente menos correspondência exata e consideravelmente mais paráfrase.

Alguns defensores da dependência de Marcos em João ou em alguma fonte muito próxima de João pensam que todas as divergências (incluindo muitas muito menores do que as aqui demonstradas) refletem a intenção específica de João.[60] Algumas vezes isto parece ser de fato o caso. P. ex., é característico do Evangelho de João que Jesus, ao invés dos discípulos, toma a iniciativa (Jo 6.5,12). Mas nos exemplos de paráfrase acima anotados, bem como em divergências menores, parece preferível reconhecer "paráfrase historiográfica", isto é, paráfrase pelo valor da paráfrase ou pelo valor de conformidade com o estilo do autor.[61] Tais divergências não interpretativas sobre palavras da fonte ocorrem regularmente, ao lado de mudanças interpretati-

---

59. Segundo J. Konings, "The Dialogue of Jesus, Philip and Andrew in John 6,5-9". In: Denaux (ed.), op. cit., p. 523-524, esp. 532, o uso de João é preciso: ἰχθύς para peixes vivos ou recentemente pegos (21,6.11), ὀψάριον para peixe preservado ou preparado (6,9.11; 21,9.13), mas 21,10 quebra este padrão.

60. P. ex., Mackay, *John's Relationship*, p. 122-145. Veja também Konings, "The Dialogue", p. 532-533, Barret, *The Gospel* 275, segundo quem algumas das divergências de João nestes casos são devidas à influência de 2Rs 4,42-44 (LXX) e Nm 11,22 (LXX). Alusão à passagem anterior é plausível, mas à ultima é improvável.

61. Para características do estilo joanino em Jo 6,1-15, veja E. Ruckstuhl, "Die Speisung des Volkes durch Jesus und die Seeüberfahrt der Jünger nach Joh 6,1-25 im Vergliech zu den synoptischen Parallelen". In: van Segbroek, Tuckett *et al*, op. cit., 3: 2001-2019, esp. 2001-2003.

vas, em historiadores que parafraseiam suas fontes, e assim não é difícil vislumbrar João reescrevendo Marcos como uma mistura de ambas estratégias.

São estas divergências não interpretavivas que foram citadas algumas vezes como evidência de que João é dependente, não de Marcos, mas de tradição oral.[62] Já vimos que este não precisa ser o caso. Infelizmente, ainda nos falta o tipo de estudos que seria de ajuda para distinguir os dois. Mas neste caso há evidências que apontam muito fortemente na direção da dependência por João de Marcos. Uma divergência não interpretativa que transcrevemos acima foi esta:

Jo 6,12a: ὡς δὲ ἐνεπλήσθησαν.
Mc 6,42: καὶ ἔφαγον πάντες καὶ ἐχορτάσθησαν.

Mas em Jo 6,26b, quando Jesus refere-se posteriormente ao que tinha acontecido, ele recolhe a escrita de Marcos:

ἐφάγετε ἐκ τῶν ἄρτων καὶ ἐχορτάσθητε.[63]

C. H. Dodd, que aponta isto, diz que isto prova que João "era familiar com a conclusão marcana [da refeição], ou alguma que fosse igual a ela."[64] Ele resiste, por fim, à conclusão de que João aqui dependa de Marcos porque ele está sob a pressão de outras, aparentemente desmotivadas, divergências de João quanto ao relato marcano. Mas uma vez que reconheçamos que paráfrase em si mesma é somente esperada em um autor utilizando uma fonte escrita, o balanço da evidência se distingue bastante. É difícil ver como uma fonte oral poderia conter ambos ἐνεπλήθησαν (Jo 6,12a) e ἔφαγον καὶ ἐχορτάσθησαν

---

62. P. ex., R. E. Brown, *The Gospel according to John (I-XII)* AB 29. Nova York: Doubleday, 1966, p. 237: "Ao comparar João e os sinóticos, um princípio de compreensão parece ressoar, a saber: se o quarto evangelista copiou de uma ou de vários dos relatos sinóticos, a maior parte do que ele reporta deveria poder ser encontrada nas palavras dos relatos sinóticos. Se há diferenças em João, então a respeito da teoria da cópia deve haver algum motivo, literário ou teológico, que possa explicar por que mudanças foram introduzidas".

63. Nem ἐμπίμπλημι nem χορτάζω é usado em outras partes de João. A ocorrência nos outros evangelhos é: ἐμπίμπλημι Lucas 2; χορτάζω Mateus 4; Marcos 4; Lucas 4.

64. C. H. Dodd, *Historical Tradition in the Fourth Gospel*. Cambridge: Cambridge University Press, 1963, p. 204, cf. 205-206: "derivado diretamente de Marcos ou de uma fonte similar."

(Jo 6,26b; Mc 6,42). Se a renderização oral conhecida por João trouxesse ἔφαγον καὶ ἐχορτάσθησαν, como seria necessário para coincidir com Marcos em forma escrita, então em 6,12a João necessariamente parafraseou isto como ἐνεπλήσθησαν, precisamente o tipo de divergência não motivada de João a Marcos que supostamente demonstraria que sua fonte não era Marcos.

Uma complicação é que muitos estudiosos detectam uma relação não somente entre João e Marcos no relato da multiplicação de víveres para alimentar os cinco mil, mas também no relato de ambos de um segundo milagre nesta direção, a multiplicação para quatro mil (Mc 8,1-9). A única semelhança substancial entre Jo e Mc 8, que não é uma semelhança com Mc 6, é o uso de εὐχαριστήσας onde Mc 6 usa εὐλόγησεν:

> Jo 6,11: ἔλαβεν οὖν τοὺς ἄρτους ὁ Ἰησοῦς καὶ εὐχαριστήσας διέδωκεν τοῖς ἀνακειμένοις ὁμοίως καὶ ἐκ τῶν ὀψαρίων ὅσον ἤθελον.
> Mc 6,41: καὶ λαβὼν τοὺς πέντε ἄρτους καὶ τοὺς δύο ἰχθύας ἀναβλέψας εἰς τὸν οὐρανὸν εὐλόγησεν καὶ κατέκλασεν τοὺς ἄρτους καὶ ἐδίδου τοῖς μαθηταῖς [αὐτοῦ] ἵνα παρατιθῶσιν αὐτοῖς, καὶ τοὺς δύο ἰχθύας ἐμέρισεν πᾶσιν.
> Mc 8,6b: εὐχαριστήσας ἔκλασεν καὶ ἐδίδου τοῖς μαθηταῖς αὐτοῦ ἵνα παρατιθῶσιν, καὶ παρέθηκαν τῷ ὄκλῳ.
> Cf. 1Cor 11,23-24: ἔλαβεν ἄρτον καὶ εὐχαριστήσας ἔκλασεν

Ambos os verbos nestes contextos referem-se à mesma ação: dar ação de graças a Deus pelo alimento. Em Mc 8, ambos os verbos são usados, εὐχαριστήσας em referência ao pão e εὐλόγησας em referência ao peixe (8, 6-7). Ambas passagens marcanas lembram a narrativa da Última Ceia, e o próprio relato de Marcos sobre este evento utiliza ambos verbos como sinônimos: εὐλόγησας em referência ao pão e εὐχαριστήσας ao cálice (Mc 14,22-23). 1Cor 11,24 também traz o mesmo ao rememorar a narrativa da Última Ceia, e na mesma forma do particípio utilizada por Mc 8,6. Assim João não precisava de Mc 8,6 para alertá-lo do tom "eucarístico" de Mc 6,41 ou de o suplementar com εὐχαριστήσας (também em Jo 6,23).

Também há um paralelo entre a introdução de João à história, na qual Jesus sobe as colinas e se assenta, e Mt 15,29, que precede a versão de Mateus da multiplicação dos quatro mil:

Jo 6,3b: ἀνῆλθεν δὲ εἰς τὸ ὄρος Ἰησοῦς καὶ ἐκεῖ ἐκάθητο μετὰ τῶν μαθητῶν αὐτοῦ.

Mt 15,29b: ἀναβὰς εἰς τὸ ὄρος ἐκάθητο ἐκεῖ.

Mas Mateus usa uma fórmula muito similar em 5,1 (ἀνέβη εἰς τὸ ὄρος, καὶ καθίσαντος).[65] É muito difícil saber a correta interpretação deste tipo de concordância. Se João conheceu Mateus, pode ser que este período tenha ficado em sua mente.

John Meier conclui a partir dos enlaces entre João e ambos os relatos de multiplicação de alimentos em Mateus e Marcos que

> Se João depende dos sinóticos para sua história da multiplicação, então devemos imaginar o mesmo esparramando os textos da maior parte das versões sinópticas em sua escrivaninha e então escolhendo uma frase de uma versão e outra de outra versão, sem muita rima ou razão.[66]

Tal método de composição certamente não é crível, mesmo porque escrivaninhas sequer ainda tinham sido inventadas. Mas a conclusão de Meier põe muito peso em semelhanças muito menores com as versões sinópticas diferentes de Mc 6,32-44, e falha em permitir paráfrase rotineira de Mc 6,32-44 por João. Supondo, entretanto, que João consultou uma versão da multiplicação dos quatro mil bem como o relato de Marcos dos cinco mil, há um elemento do qual historiadores e biógrafos antigos lançavam mão como parte de seus recursos que pode muito bem explicar isto.

Em seu relato sobre a maneira que Plutarco adaptou suas fontes em *Vidas*, Christopher Pelling refere-se à "*equalização* de itens similares". A referência não é à equalização de fontes, embora isto pudesse estar incluído, mas à equalização de eventos. P. ex., em sua vida de César, "Plutarco considerou tedioso distinguir os três debates senatoriais finais das Catilinárias", muito embora, em outros trabalhos, é claro que Plutarco sabia que as três fossem

---

65. Cf. tb. Mt 14,23 com Mc 6,46.

66. J. P. Meier, *A Marginal Jew: Rethinking the Historical Jesus*, v. 2: *Mentor, Message and Miracles*. Nova York: Doubleday, 1991, p. 951.

distintas.[67] Algo parecido com tal técnica poderia explicar outras ocasiões nas quais João parece tomar emprestado do relato de um evento algo que aplica a outro. Uma das concordâncias verbais mais exatas com Marcos ocorre nas palavras de Jesus ao homem junto ao tanque de Betesda em Jo 5,8, que correspondem exatamente às palavras de Jesus ao homem paralítico em Mc 2,9. As histórias são em todos os outros pontos muito diferentes, e é muito pouco plausível que João intencionasse reescrever a história de Marcos. Similarmente, na história da unção de Jesus, a versão de João é próxima de Marcos, mas em um ponto somente, ao dizer que a mulher enxugou os pés de Jesus com os cabelos (Jo 12,3), João é próximo, tanto verbalmente quanto substancialmente, a uma história muito diferente de Lucas sobre uma unção (Lc 7,38). Nestes casos João pode ter deliberadamente utilizado de sua própria memória sobre uma história ao contar outra porque os dois eventos em ambos casos eram suficientemente similares para esta prática de se utilizar de um evento em favor do reconto de outro.

Uma fonte não marcana em Jo 6,1-15

Vimos que a relação de João com Marcos em Jo 6,1-15 pode ser facilmente compreendida como o tipo de paráfrase de fontes que era normal na prática de autores antigos que utilizavam fontes [escritas]. Mas não discutimos ainda sobre o material único a João nesta passagem. É notável que isto ocorra amplamente na abertura (6,1-4) e conclusão (6,14-15) da narrativa de João, enquanto a maior parte da narrativa (6,5-13) siga de perto a história de Marcos. Seria consistente com a prática composicional antiga que uma fonte principal fosse seguida por tempo se João tivesse incorporado a ela material de outra fonte antes e depois de se remeter a Marcos. Mas existe alguma razão para supor que o material único de João não seja simplesmente elaboração criativa sobre a narrativa de Marcos?

Único ao material introdutório e conclusivo de João são o apontamento de que a Páscoa estava próxima (6,4), a informação de que com base no "si-

---

67. Pelling, *Plutarch*, p. 91.

nal" o povo concluiu que Jesus era o profeta escatológico (6,14) e o escape de Jesus das intenções de forçá-lo a se tornar rei (6,15). Tem sido observado que estes elementos criam uma impressão de como o evento foi percebido pela multidão que é historicamente muito plausível com as condições da Palestina judia pré-70.[68] Na Páscoa a expectativa popular por um novo êxodo, no qual um novo Moisés iria liberar seu povo da ocupação romana, se aquecia. Sabemos a partir de Josefo de um bom número de tais líderes carismáticos que guiavam seus seguidores até lugares ermos e prometiam a eles "sinais [σημεῖα, como em João] de liberação." Estes seriam milagres, como aqueles que acompanharam o errático Israel pós-êxodo, com a função de autenticar o profeta e assegurar ao povo de Jesus que a promessa de redenção em breve se cumpriria.[69] É fácil ver como os relatos dos milagres de multiplicação se ajustam a este padrão. Se João foi responsável por promover tal encaixe, então ele escreveu ficção histórica muito bem-informada. Mas diante de outros bons exemplos de plausibilidade com informações históricas autênticas preservados em João mas sem paralelismos nos sinóticos,[70] é razoável pensar que o material único de João em Jo 4.14-15 pode ter vindo de uma fonte distinta do Evangelho de Marcos.[71]

---

68. P. ex., Dodd, *Historical Tradition,* 212-216; J. A. T. Robinson, *The Priority of John.* Londres: SCM Press, 1985, p. 203-208; Anderson, *The Christology,* 177-179; Craig S. Keener, *The Gospel of John: A Commentary,* v. 1. Peabody, MA: Hendrickson, 2003, p. 670-671. É notável que a discussão de Meier sobre a historicidade do milagre da alimentação (*A Marginal Jew,* 2:950-967) não faça referência nenhuma a esta dimensão do problema. Isto se deve sua técnica de reconstrução segundo o método da crítica da forma do estado "original" da história só pode levar em consideração material comum a todas as versões.

69. Richard Bauckham, "Messianism according to the Gospel of John". In: Lierman (ed.), *Challenging Perspectives,* p. 34-68, aqui 42-49, republicado em Bauckham, *The Testimony*, p. 215-221.

70. Veja, p. ex., D. Moody Smith, "Jesus Tradition in the Gospel of John: Are John's Differences from the Synoptics Coincident with their Historical Value?". In: D. Moody Smith, *The Fourth Gospel in Four Dimensions.* Colúmbia: University of South Carolina Press, 2008, p. 81-111.

71. Mc 6,34, quando Jesus tem compaixão da multidão porque eles são "como ovelhas sem pastor", pode se relacionar ao tema do profeta escatológico. Os paralelos verbais mais próximos são Nm 27,17 (quando Josué é apontado como sucessor de Moisés para que o povo não fique "como ovelhas que não têm pastor") e 1Rs 22,17 (quando o Profeta Miqueias vê Israel espalhado "nas montanhas, como ovelhas que não têm pastor" – uma predição da morte do Rei Acab), embora Ez 34,5-6 (onde YHWH vê suas ovelhas, negligenciadas por seus pastores, "espalhadas, porque não há pastor") poderia ter sido lida em conjunção com estas passagens, e sugeriria que Jesus é o Messias Davídico (Ez 34,23) ou mesmo Deus mesmo (Ex 34,15). Em Mc 6,34, a resposta de Jesus para a súplica do povo é ensiná-los, algo que não era esperado na expectativa popular de um líder

Pode haver uma indicação da natureza desta fonte na reescrita de João do diálogo entre Jesus e os discípulos (Jo 6,5b-9). Sua nomeação de dois discípulos específicos, Filipe e André, no lugar do generalismo de Marcos, *poderia* ser um pouco mais do que simples melhoria dramática por João do enredo.[72] É característico de João nomear discípulos individuais, algumas vezes onde Marcos tem grupos ou indivíduos anônimos (cf. Jo 12,3.4; 18,10), mas também é verdadeiro que Filipe e André têm papel de destaque em seu evangelho (1.40.43-45; 12,21-22; 14,8) e assim também é possível que seus nomes aqui indiquem a fonte do conhecimento especial com o qual João incrementa Marcos. Sugeri em outro trabalho que o Discípulo Amado, não um dos Doze mas um discípulo baseado em Jerusalém, tinha tradições sobre o ministério de Jesus de outras fontes que não aquelas que informaram as tradições sinópticas, nomeadamente daqueles discípulos de Jesus que têm papéis proeminentes no Evangelho de João mas não nos sinóticos (Filipe, André, Natanael, Tomé, Marta, Maria e Lázaro, Nicodemos).[73]

Testemunhos oculares e o uso de Marcos por João

Bruno de Solages, em sua meticulosa e valorosa quantificação da relação de João com os sinóticos, observa que, apesar de a ordem dos versos correspondentes entre Jo 6 e Mc 6 ser muito próxima, o que é pouco usual (em comparação com outras passagens paralelas entre João e Marcos) a porcentagem de palavras em comum é muito baixa. Muitas destas, como notamos, são números. De Solages conclui que João conhecia o conto de Marcos e emprestou dele os números, mas de outra maneira não utilizou Marcos como uma fonte.[74] Isto é coerente com as conclusões gerais do mesmo sobre as relações

---

mosaico, como evocado em Jo 6,14-15. Pode ser que na tradição de Marcos havia a reminiscência do mesmo tipo de contexto que o evento de Jo 6,14-15 sugere, mas se assim for Marcos não preservou nenhuma noção da multidão em si mesma como sendo influenciada pela expectativa do profeta escatológico.

72. Konings, "The Dialogue", p. 527-528.

73. R. Bauckham, *Jesus and the Eyewitnesses: The Gospels as Eyewitness Testimony*. Grand Rapids: Eerdmans, 2006, p. 402-403.

74. De Solages, *Jean*, p. 25-27, 49, 98-99.

entre João e os sinópicos: que João *conhecia* todos os três sinóticos (e Q[75]), mas não usou nenhum deles *como fontes*. Isto é inteligível porque o autor do Evangelho de João era ele mesmo uma testemunha, o Discípulo Amado (a quem de Solages identifica como João filho de Zebedeu), e não precisou de se fiar a outras fontes, mesmo se muito ocasionalmente elas pudessem ser--lhe úteis. (como no caso dos números em Jo 6). Assim João geralmente evita repetir os sinóticos; os complementa, interpreta e corrige.[76]

A falha neste argumento é a assumpção, que já critiquei, de que se João estivesse usando um ou mais dos evangelhos sinóticos como fontes haveria mais correspondências exatas. O fenômeno que de Solages cuidadosamente documenta em Jo 6 e Mc 6 – a correspondência muito próxima de material mas poucas palavras em comum – aponta para uma relação de paráfrase ao invés de independência. Além disso é verdade que o Evangelho de João diga de si mesmo "ser um testemunho ocular" (19,35; 21,15), uma característica que alinha João com a historiografia tanto quanto o hábito de parafrasear fontes escritas. Ambas não são de modo algum mutuamente exclusivas. Poucas, talvez nenhuma das obras de historiografia antiga podia se basear no testemunho ocular de somente uma pessoa. Embora Josefo no prefácio de seu *Guerra dos judeus* fale muito de sua participação ou observação pessoal dos eventos que reconta (*B.J.* 1.2-3,18), ele claramente não testemunhou tudo que recolhe, embora em muitos casos ele pudesse ter relatos em primeira mão de outros que assim testemunharam.

As passagens no Evangelho de João que são paralelas a Marcos variam consideravelmente no quesito do que seguem ou divergem da narrativa de Marcos. P. ex., o relato de João sobre andar sobre as águas (6,16-21), a unção

---

75. Id., ibid., p. 159-169. Também em suporte do conhecimento de Q por João veja E. Broadhead, "The Fourth Gospel and the Synoptic Sayings Source: The Relationship Reconsidered". In: Fortna & Thatcher (eds.), *Jesus*, p. 291-301. C.M. Tuckett, "The Fourth Gospel and Q". In: Fortna & Thatcher, op. cit., p. 281-290, é mais cético. No presente ensaio eu omiti qualquer discussão sobre tradições dos ditos de Jesus em João (além das que aqui estão presentes, ligadas aos contextos narrativos em Marcos e João), que me parecem solicitar discussão em separado. O paralelo entre Jo 4,46-54 e a narrativa "Q" Mt 8,5-13; Lc 7,1-10 parece a mim um raro caso no qual provavelmente temos duas vertentes completamente independentes de tradição narrativa, derivando de relatos independentes do mesmo evento.

76. De Solages, *Jean*, p. 170-185.

em Betânia (12,1-8), e a negação tríplice de Pedro (18,15-18.25-27) adicionam pouco a Marcos, muito embora o grau em que compartilham palavras em comum variem consideravelmente. Por outro lado, as narrativas de João, p. ex., da purificação do Templo por Jesus (2,1-22), sua predição a respeito de ser traído (13,21-30), sua crucifixão e morte (19,17-30), e seu sepultamento (19,38-42) todos adicionam substancialmente informações àquelas dadas por Marcos ou divergem consideravelmente das mesmas. Nesses casos, como no caso do milagre da multiplicação, podemos vislumbrar João se baseando em conhecimento independente do de Marcos sobre os eventos, da mesma maneira que o faz em narrativas que são sem paralelos em Marcos. A dependência de Marcos não precisa implicar que as amplificações ou divergências de Marcos por João sejam mais que elaboração criativa livre.

Argumentei em outra parte tanto que o Discípulo Amado é plausivelmente o autor do evangelho (embora eu concorde com muitos estudiosos atuais em perceber este discípulo como alguém baseado em Jerusalém, não um dos Doze) e que o Evangelho de Marcos é credivelmente visto como próximo ao testemunho ocular de Pedro, como Pápias pensava.[77] Se o autor do Evangelho de João considerava o Evangelho de Marcos como em boa parte o testemunho ocular de Pedro, então é compreensível o uso extensivo do mesmo, muito embora ele fosse também uma testemunha ocular por si mesmo. Isto é coerente com a maneira que o Evangelho de João defende a posição de testemunha ocular do Discípulo Amado ao lado de Pedro, ao mesmo tempo que defende um tipo de superioridade do Discípulo Amado como uma testemunha mais *perspicaz*.[78] No túmulo vazio, do qual ambos são testemunhas, Pedro demonstra sua impaciência característica, e o Discípulo Amado sua perspicácia característica (20,3-10). Na Última Ceia, quando Jesus prediz sua traição, João segue a versão de Marcos da predição em si mesma (Mc 14,18; Jo 13,21), mas então diverge da narrativa de Marcos, explicitamente atribuindo ao Discípulo Amado maior conhecimento do que aconteceu com o conhecimento de Pedro, por virtude desse ter uma posição

---

77. Bauckham, *Jesus and the...* capítulos 7, 9, 14-17.

78. Id., ibid., capítulo 15.

privilegiada e sentar-se próximo de Jesus (Jo 13,23-30; cf. Mc 14,20). Com tal conhecimento, o Discípulo Amado vê no que observa a seguir a evidência de que Jesus estava em completo controle de seu próprio destino. Ao seguir o Evangelho de Marcos até certo ponto, o autor de João reconheceu a autenticidade e valor do testemunho ocular de Pedro, mas ao escrever outro evangelho que complementa Marcos, ele reivindicou um valor especial para seu próprio testemunho, a partir do qual ele pôde tanto aumentar quanto melhorar as narrativas que escolheu seguir de Marcos.

João, Lucas e Mateus

Que João tenha conhecido Lucas e/ou Mateus é algo, claro, debatido, e requer uma discussão demasiado detalhada para ser posta aqui de muitos textos. Parece haver concordância geral de que o caso do conhecimento de Mateus por João é o mais frágil dentre as possibilidades de conhecimento de João sobre os sinóticos[79], enquanto os pontos de semelhança entre João e Lucas são extensos, mas poderiam apontar tanto para uma tradição comum a ambos ou a um conhecimento de Lucas por João (como Shellard e Matson propõem).[80]

Uma defesa do conhecimento de Lucas e/ou Mateus por parte de João precisaria explicar os fatos marcantes de que (a) além das histórias de aparição e ressurreição (na qual Jo 20,3-4 é paralelo de Lc 24,12; Jo 20,14-18 é de Mt 28,9-10; Jo 20,19-23 é de Lc 24,36-49; Jo 21,1-11 de Lc 5,1-11)[81], João não tem narrativa paralela a alguma narrativa lucana ou mateana que também não seja paralela a Marcos; (b) quase todos os pontos de contato entre João e

---

79. Para o caso da dependência por João de Mateus, veja de Solages, op. cit., p. 99-113. Neirynck, "John and the Synoptics: 1975-1990", p. 16-36; T.L. Brodie, *The Quest for the Origin of John's Gospel: A Source-Oriented Approach*. Nova York/Oxford: Oxford University Press, 1993, p. 101-115; A. T. Lincoln, *The Gospel according to St John*, BNTC. Londres: Continuum, 2005, p. 35-36.

80. Matson, *In Dialogue*, capítulo 3, dá uma excelente lista e análise dos vários tipos de semelhanças entre Lucas e João.

81. A questão da relação entre Jo 20 e Lc 24 é complicada pelas "não interpolações ocidentais" de Lc 24,12.36.40. Matson, op. cit. capítulo 4, argumenta fortemente pela sua originalidade, mas não estou certo. Eles são um exemplo primoroso da maneira que a crítica textual está implicada em questões das relações entre os evangelhos.

estes dois evangelhos que requerem explicação ocorrem em porções de João que são paralelas a Marcos.[82] Se João fosse muito familiarizado com estes dois evangelhos e pudesse dizer deles por memória sem a necessidade de os consultar enquanto compunha seu evangelho, por que ele não o fez quando não estava seguindo Marcos? Uma simples preferência por Marcos acima dos outros dois evangelhos não daria conta do fato de que, quando ele os cita, são passagens com paralelos em Marcos. Uma explicação poderia ser que João planejou seu evangelho com Marcos em vista, mas olhou para Mateus e Lucas somente em um estágio avançado de sua composição. Ele poderia então emprestar de ambos somente quando houvessem paralelos em narrativas que ele já tivesse planejado incluir em seu evangelho e que estas seriam necessariamente apenas narrativas marcanas. O caso da ressurreição e suas narrativas pode ser diferente, porque João nestes casos não tinha narrativas marcanas disponíveis para si.

João e a prioridade marcana

Não somente João conheceu Marcos; ele seguiu Marcos bastante de perto em um número não pouco considerável de episódios e narrativas (pelo menos treze, dependendo em como delimitamos um episódio). O evangelho de João pressupõe Marcos e parece desenhado de alguma maneira para complementar Marcos enquanto também constitua um evangelho em si mesmo. Se João conheceu Lucas ou Mateus é mais difícil de assegurar, mas em nenhum outro respeito poderia a relação de João com estes evangelhos ser paralela à relação de João com Marcos. Somente nas narrativas sobre a ressurreição há paralelos joaninos a episódios narrados em Lucas ou Mateus mas não em Marcos. Quase todos os outros possíveis pontos de contato entre João e estes dois outros evangelhos sinóticos ocorrem em narrativas que também têm paralelos em Marcos e em quase todos os casos são mais próximas de Marcos que destas outras. Não há nenhuma necessidade de supor que João pressu-

---

82. Sobre Jo 4,46-54, veja a nota 75 acima.

ponha que seu público conheça Lucas[83] ou Mateus, como argumentei ser necessário no caso de Marcos. A sugestão mais forte do uso de Lucas ou Mateus implicaria que ele algumas vezes modificou ou ampliou sua fonte marcana a partir de seu próprio conhecimento dos mesmos evangelhos, enquanto nas narrativas da ressurreição, na falta de material fundamentado em Marcos como fonte, ele dependeu mais extensivamente dos mesmos, especialmente de Lucas. Enquanto a relação entre João e Marcos é do tipo de um evangelho com outro, o máximo que poderia ser dito sobre a relação entre João e Lucas ou Mateus é que eles têm alguma influência em poucas das narrativas joaninas. Não é que João seja mais próximo de Marcos do que dos outros, o tipo de relação é de uma ordem distinta.

Isto é mais notável do que usualmente é notado. O destino do evangelho de Marcos, quando os três sinóticos se tornaram conhecidos, foi tornar-se negligenciado em favor de Mateus ou Lucas, que reproduzem muito de Marcos, e especialmente Mateus, tomado como tendo sido escrito diretamente por um apóstolo, o que não poderia ser dito de Marcos, a despeito da conexão com Pedro que provavelmente salvou Marcos de um completo abandono. O tratamento de João dos sinóticos é muito diferente.

Quais são as implicações desta relação diferenciada entre João e os três sinóticos para as relações entre estes evangelhos – o Problema dos sinóticos?

1) Se João não conheceu Mateus ou Lucas, então João poderia ser tomado como prova muito forte da prioridade marcana. O evangelho de Marcos, poderíamos supor, já era muito bem conhecido e estabelecido quando João iniciou seu trabalho em seu próprio evangelho. Mateus e Lucas não o eram. Eles poderiam já terem sido escritos, mas ainda não lhes haveria tempo para terem circulado amplamente e se tornado

---

83. Streeter, *The Four Gospels,* p. 401-403, argumenta que a identificação de João da vila de Maria e Marta como Betânia e sua identificação da mulher que ungiu os pés de Jesus como Maria de Betânia pressupõe o conhecimento de seus leitores de Lucas: "O fato das identificações feitas requerem a sugestão de que o público para quem João escreveu já fosse familiar com as pessoas e incidentes em questão, e por esta razão estaria interessado nos maiores detalhes que ele adiciona." (403; e cf. 406 sobre Lc 24,24). Mas João habitualmente nomeia lugares e discípulos de Jesus em narrativas que são únicas em seu evangelho.

conhecidos. É bem possível imaginar um cenário no qual Marcos não fosse o mais antigo dos sinóticos, mas dos três, o que já teria de alguma maneira se tornado conhecido na relativamente isolada "comunidade joanina", onde Mateus e/ou Lucas não eram conhecidos, mas a possibilidade mais forte é certamente que uma vez que João conhecesse apenas Marcos, Marcos seria o mais antigo.

2) Se, como sugerido na última seção, Mateus e Lucas chegaram à atenção de João quando seu evangelho já estava planejado, utilizando Marcos, então o resultado para a prioridade marcana seria o mesmo.

3) Defendi que João valorizou o evangelho de Marcos como fonte testemunhal, testemunhas oculares das quais o relato, que é o próprio evangelho de Marcos, ele utilizou e pressupôs como verdadeiro, embora algumas vezes corrigindo ou reinterpretando. Se ele conheceu os outros sinóticos mas de maneira geral os pôs em segundo plano, usando os mesmo somente para ampliar narrativas de Marcos aqui e acolá, esta estima por Marcos é dificilmente concebível, se este (Marcos) fosse tomado com uma versão resumida de Mateus ou um texto baseado nas confluências de Mateus e Lucas.

9. Resenha de artigo

Gospel Writing por Francis Watson

O livro *Gospel Writing: A Canonical Perspective* (Grand Rapids: Eerdmans, 2013), de Francis Watson, é um livro importante e admirável. Gostaria de enfatizar esta afirmação logo de entrada porque muito desta resenha será altamente crítica. Geralmente eu julgaria um livro desta extensão (665 páginas) como excessivamente extenso, mas este certamente não é o caso. É um livro de amplo espectro mas coerente com uma única tese central que o percorre por inteiro, e à qual cada uma das partes contribui significativamente. É de escrita lúcida, e muitas vezes prazeroso de ler. É cheio de *insights* originais e pensamentos provocativos. Explora cuidadosamente um tópico e nos convida a percebê-lo de maneira muito diferente – e, mesmo se decidamos por não fazê-lo, com certeza influenciará nossa maneira de percebê-lo. Sobretudo, é cheio de discussão enérgica e inteligência aplicada. Além disso, sou simpático (como sem dúvida não todos os que escreverem resenhas o serão) a seu projeto de combinar aproximações históricas, hermenêuticas e teológicas no que ele chama "*hermenêutica teológica historicamente informada*" (p. 9).

Watson almeja mudança de paradigma na maneira com a qual consideramos como os evangelhos se originaram e relacionam-se uns com os outros. Abordagens-padrão são limitadas aos evangelhos canônicos e ao primeiro século (ambos limites artificiais). Uma perspectiva canônica (seu subtítulo) não significa ler apenas os evangelhos canônicos como uma coleção em quatro volumes; significa investigar a história da *recepção* das tradições sobre Jesus deste o período mais remoto (até onde o mesmo é acessível) através de um processo de interpretação e reinterpretação que não distingue evangelhos canônicos de não canônicos, até a mudança de ânimos que ocorre com a canonização ("normativização" na terminologia de Watson). Antes deste estágio todos os evangelhos precisam ser interpretados em relação com os outros, sem problematização a seus *status* posteriores como canônicos ou não canônicos. Após este estágio, trabalhos de hermenêutica teológica funcionam com uma nova entidade criada, o Evangelho em quatro volumes, que requer que os quatro sejam interpretados em relação uns com os outros e somente em relação uns com os outros.

Ao longo do percurso este projeto envolve tratamentos detalhados de muitos tópicos relevantes, invariavelmente de maneiras originais que clamam por discussão detalhada e avaliação. Uma vez que eu não tenha espaço para comentar todos eles, seleciono tópicos específicos para comentar, sem implicação de que eles são mais importantes do que outros.

Contra Q

O livro de Watson poderia ter tido o subtítulo *Como dispensar Q e ainda assim permitir que nossa teologia funcione.* Um volume notável de discussão realmente revolve-se em torno de Q. Isto é porque Watson vê a hipótese Q e seu sucesso como o piso fundamental na "desmontagem do cânon" (do Evangelho em quatro volumes) nos estudos modernos sobre os evangelhos, a história dos quais, de Reimarus a Harnack, ele relata com algum detalhe no capítulo 2. Este relato da história do problema sinótico é delineado para atingir o clímax na percepção de Harnack de Q como a mais antiga e fiável fonte do Jesus histórico, preferível a Marcos, nos mostrando Jesus sem as adulterações das interpretações teológicas sobre Jesus que estão presentes ao longo de todo o Novo Testamento. A hipótese Q portanto representa para Watson a superação do erro teológico dos estudos modernos sobre os evangelhos: sua busca, por meio do criticismo das fontes, em direção ao Jesus não interpretado que está por detrás dos evangelhos. Watson, embora não abjure o criticismo das fontes, deseja criar um novo modelo que, ao invés de trabalhar para trás em direção ao "mais original" Evangelho em termos de forma e tradições, traça o movimento para frente das tradições, o processo de recepção de Jesus e as interpretações escritas sobre Ele, culminando na formação do cânon. Neste novo modelo, criticismo das fontes tem seu lufar, não como meio de mover-se para trás, mas, através da observação da maneira que um autor (como Lucas ou João) interpreta suas fontes, como meios de traçar um movimento progressivo de constante reinterpretação da tradição sobre Jesus. Remover Q do relato das origens do Evangelho torna-se quase um símbolo desta reversão de direção hermenêutica.

Ninguém poderia negar que a visão de Harnack sobre Q é persistente, mas é de alguma maneira enganoso terminar a história com ele. A paisagem do criticismo dos evangelhos foi transformada depois de Harnack pelo criticismo da forma, cujo efeito foi separar Jesus até mesmo de Q por meio de um emaranhado de transmissão oral de tradições. Isso efetivamente significou que a procura, se fosse viável de alguma maneira, não poderia seguir adiante somente pela identificação de fontes antigas confiáveis. Toda unidade de tradição precisava ser acessada em separado por meio dos famosos critérios de autenticidade. A mera presença de Q não garantia a autenticidade de um dito. Um aspecto interessante da abordagem de Watson sobre as origens dos evangelhos é que ele minimiza a importância das tradições orais, ao menos no sentido de que ele pensa que as formas orais e escritas coexistiram e interagiram entre si o tempo todo. Ao abolir Q, ele preenche o período anterior a Marcos com primitivas Coleções de Ditos.

Watson é consciente de que uma hipótese de crítica da fonte não pode ser refutada com discussão teológica. A força da hipótese Q reside em suas defesas de ser a explicação mais adequada para as relações literárias entre Mateus e Lucas. Portanto Watson precisa refutar a mesma nestes termos e por outra hipótese em seu lugar. Nesse livro ele se tornou provavelmente, depois de Mark Goodacre, o mais tardio proponente contemporâneo da hipótese de Farrer, que ele chama de hipótese *L/M*. Ainda assim a crítica das fontes e a teologia permanecem fundidas. Os capítulos 3 e 4, que contêm sua refutação da hipótese Q e sua percepção de como Lucas interpretou Mateus, delineada para tornar a hipótese *L/M* plausível, são amarrados com comentários sugerindo que se alguém tomar, como sinal de resistência, sua interpretação de Lucas poder ser tomado como uma leitura altamente criativa de Mateus, isto se daria apenas por este crítico falhar em compreender isto positivamente, como uma característica própria da tradição, sempre dinâmica, na qual (e ele percorre esta distância ao ponto de dizer) Jesus estava continuamente reinterpretando a si mesmo.

Embora não seja de meu interesse defender a existência de Q, parece-me que Watson deu importância sem garantias ao seu programa de dispensar Q e que a hipótese resultante da criatividade lucana interpretando Mateus tornou-se necessária. Eu não percebo porque, no caso de alguém julgar a hipótese Q a explicação mais plausível para o fato do problema sinótico, esta existência de Q não poderia ser integrada a um modelo como o de Watson. Q poderia ser uma interpretação antiga sobre Jesus (alguém ainda acredita seriamente na possibilidade de a mesma nos fornecer um Jesus *sem interpretações*, como a retórica de Watson tão costumeiramente deseja?) e se poderia observar a dinâmica da progressiva interpretação nas maneiras que Mateus e Lucas recebem e interpretam Q. Alternativamente, alguém poderia aceitar a hipótese *L/M* meramente como uma maneira de dispensar Lucas como qualquer tipo de fonte para conhecimento sobre o Jesus histórico. Os movimentos para frente ou para trás, com seus respectivos interesses teológicos, são ambos possíveis quer Q exista, quer não.

A sustentação de Watson contra Q é baseada no que ele chama de "coincidências" entre Mateus e Lucas para as quais Q não pode ser invocada. P. ex., ambos têm narrativas extensas sobre o nascimento, incluindo histórias de anunciação e genealogias. Eu já li sustentações mais persuasivas contra Q.[1] Uma fraqueza geral que percebo no livro de Watson é sua quase completa falha em referir-se a qualquer literatura que não sejam os evangelhos. Insistente como ele é em que os evangelhos canônicos não deveriam ser estudados isoladamente em relação a outros evangelhos, ele no entanto trata os evangelhos (como literatura) como um campo de estudo isolado. P. ex., ele não leva em conta a hoje amplamente aceita noção de que os evangelhos canônicos (e alguns dos não canônicos) se encaixam na categoria genérica de biografias (*bios*) greco-romanas. Em um trabalho desse tipo é padrão que ele seja iniciado com um relato sobre a ancestralidade do sujeito, nascimento e infância, por vezes incluindo lendas e profecias de sua futura grandeza.

---

1. Quem eu considero mais persuasivo é Goodacre, 2002, capítulo 9.

Àqueles familiares com esse tipo de trabalhos escritos, Marcos pode ter sido tomado como deficiente nestes aspectos. Não seria surpreendente se dois escritores, engajados em ampliar Marcos, encontrassem formas independentes de remediar tal problema. Se Lucas teve acesso a uma genealogia tradicional da família de Jesus (como argumentei amplamente que sua genealogia seja isto[2]), seria natural para ele incluir a mesma. A genealogia de Mateus desempenha uma função bastante diferente como introdução a seu evangelho, retomando a história de Israel, com sua promessa messiânica, e conectando a história de Jesus na mesma.

As histórias de nascimento e infância em ambos evangelhos estão, claro, saturadas de alusões ao Antigo Testamento, incluindo, no caso de Mateus, analogias ao nascimento e infância de Moisés, e no de Lucas, ao nascimento de Samuel. Histórias sobre a "anunciação" de figuras-chave antes de seus nascimentos são encontradas no Antigo Testamento, desenvolvidas e multiplicadas na literatura judaica tardia. No Gênesis o nome de Isaac é anunciado antes de seu nascimento (o que também é miraculoso); nas *Antiguidades bíblicas* de Pseudo-Filo este privilégio é estendido a Sansão e Samuel. Em tal contexto literário, não parece a mim muito surpreendente que tanto Mateus quanto Lucas devessem contar uma história do tipo sobre Jesus. Quando pomos estes evangelhos em seus contextos literários mais amplos, tanto greco-romano quanto judaico, as coincidências parecem muito menos importantes.

Também o argumento de Raymond Brown de que as coincidências derivam de tradições partilhadas com origens históricas não deveria ser desacreditado com base *teológica* de que ele valorizaria história acima de interpretação (como é sugerido por Watson). Brown não desvaloriza as interpretações de Mateus e Lucas, mas as percebe como interpretações de dados históricos genuínos. Isto é o que o próprio Watson percebe sobre outras partes das narrativas dos evangelhos. Ele apenas opta por perceber as narrativas do nascimento como pura interpretação (de que?). Mas este ponto ilustra como a

---

2. Bauckham, 1990, capítulo 7.

aproximação teológica de Watson é miscuída com argumentos mais puramente literários e históricos contra Q.

Lucas

Na minha percepção não pode ser dito tão frequentemente que, se alguém estiver dissuadido a respeito de Q, não há outra reposição teórica óbvia para explicar o relacionamento entre Mateus e Lucas. Aqueles que rejeitam Q (mas não a prioridade marcana) são talvez divididos entre aqueles cuja razão primária para tal rejeição é a de que Q não é plausível e outros cuja razão é a de que eles pensam ser persuasiva a possibilidade de uso de Mateus por Lucas. Mark Goodacre é um destes últimos. Não estou certo de a qual campo Watson pertenceria, mas seu argumento geral certamente requer que leitores sejam tão persuadidos sobre o uso extensivo de Lucas como reescrita de Mateus quanto eles sejam contrários a Q. Afinal, este último não é em si mesmo um problema apenas de identificação de fontes – o movimento para trás à procura do mais original – tanto quanto o é no caso do uso por Lucas de Mateus no qual é possível observar a dinâmica de reinterpretação em atividade. Isso também significa que Watson não pode se permitir flertar com outras alternativas sobre Q que sejam plausíveis. Elas poderiam oferecer compreensões muito diferentes da dinâmica de tradições ao longo dos evangelhos sinóticos. Alguém poderia, p. ex., concluir que Lucas, bem como Mateus, escreveu não somente para interpretar o que outros já haviam escrito, mas também para incorporar muitas tradições adicionais sobre Jesus. Este é um aspecto sobre o processo de surgimento dos evangelhos que Watson raramente menciona, preferindo supervalorizar a natureza *generativa* da tradição (como se o grão de mostarda das primeiras Coletâneas de Ditos tivesse germinado e crescido como a grande árvore dos muitos evangelhos, canônicos ou não).

Watson admite que outras alternativas a Q são possíveis, mas opta por demonstrar longamente que o Evangelho de Lucas pode ser explicado como o resultado do engajamento criativo de Lucas com os textos de Mateus e Marcos por meio de "um simples e compreensível processo de composição"

281

(p. 163). O que ele quer dizer com "simples processo de composição" é, penso, que Lucas usou Mateus governado por alguns princípios básicos que explicam o resultado (p. 215-216), mas é necessário que seja dito que o processo de aplicar tais princípios à sua composição do Evangelho parece, neste relato, muito complicado. O que falta em tal proposta, à parte da sugestão razoável que Lucas tenha usado um bloco de notas para coletar ditos do Sermão da Montanha em Mateus é que quisesse utilizar mais tarde (p. 170), é a consideração das práticas composicionais antigas, incluindo questões práticas de utilização de uma variedade de fontes e os modos pelos quais escritores antigos reproduziam fontes. As importantes contribuições de Gerald Downing[3] e Robert Derrenbacker[4] não aparecem na bibliografia de Watson. Aqui, como costumeiramente em outras partes, Watson lida com os evangelhos como se fossem toda a evidência de que precisamos para a compreensão de suas composições. Claro, isto é como o estudo do problema sinótico geralmente procedia, mas isso tem sido percebido gradativamente como inadequado. Eu não estou sugerindo que o processo que Watson atribui a Lucas não seja plausível, meramente que seria útil o compreender no contexto de outras evidências de como autores antigos, especialmente aqueles que escreviam alguma forma de historiografia, procediam.

Watson presta alguma atenção, embora não suficientemente, ao prefácio de Lucas como indicativo do que Lucas pensava quando estava produzindo seu evangelho. O que Watson deduz a partir do mesmo (tomando o "muitos" como referentes a Marcos e Mateus) é que Lucas, como Pápias, pensava que o Evangelho de Marcos era desordenado, e Mateus não forneceu nenhuma melhora desse aspecto. Portanto Lucas intencionou ajustar as diferenças de ordem entre Marcos e Mateus e pôr tudo em uma corrteta *ordem cronológica*. (Watson toma por garantido que *kathexis* signifique não mais que ordem cronológica. Ele poderia ter aprendido de David Moessner e seus importantes artigos[5] que relacionam o prefácio de Lucas com princípios historiográfi-

---

3. Downing, 1980a, 1980b, 1988, 2000, 2011.

4. Derrenbacker, 2005, 2011.

5. Moessner, 1999, 2002.

cos antigos que a palavra também se refere ao começo e fim de uma história nos pontos corretos para que ela faça sentido. Isto proporciona algo como um roteiro, mais que uma mera ordem cronológica.) Até onde o material de Marcos vai, Lucas parece fazer isso amplamente pela restauração da ordem do próprio Marcos, ao invés de seguir a reordenação de Marcos empreendida por Mateus. Portanto, não vejo como o tratamento de Lucas a Marcos seria sustentáculo para a noção de que ele pensava que Marcos pôs os eventos em uma ordem cronológica equivocada.

Em relação a Mateus, tomando seu material na ordem correta envolve, p. ex., remover treze passagens do Sermão da Montanha em Mateus e distribuir as mesmas em pontos posteriores da narrativa. Mas como poderia Lucas possivelmente ter pensado que ele sabia quando estas passagens realmente ocorreram segundo uma sequência cronológica? Estou aberto a sugestões das razões que Lucas possa ter tido que não seriam boas razões para nós, mas penso ser impossível pensar em qualquer tipo de razão que Lucas pudesse ter para pensar que ele poderia arranjar a cronologia corretamente desta maneira. Em outros casos, Watson demonstra Lucas extraindo material não marcano de contextos marcanos nos quais Mateus os colocou e então os reproduzindo de maneira semelhante a Mateus em termos sequenciais em contextos de material unicamente lucano. É concebível (Watson não diz isto) que Lucas aqui pensa estar restaurando a ordem do material mateana segundo a fonte não marcana de Mateus (isto é, ele estaria reconstruindo Q!). De todo modo, o todo da proposta de Watson sobre como Lucas procede para reordenar material não marcano encontrado em Mateus segundo sua própria sequência é muito complicado, e me deixa basbaque sobre como a alegada busca por Lucas de ordem cronológica poderia vir a explicá-la. Eu preciso dizer isso de novo: Como poderia Lucas ter pensado que ele conhecia que esta seria a ordem correta? (Talvez, afinal, ele tenha entrevistado as testemunhas! Isto seria tomar seu prefácio realmente a sério.)

B. H. Streeter opinou com ampla divulgação que um Lucas que tenha reordenado Mateus segundo o que a hipótese *L/M* requer seria um autor amplamente excêntrico e malquisto. Todos os proponentes desta hipótese procuram se esquivar da acusação. Talvez eu não tenha apreciado corretamente a apresentação de Watson sobre Lucas, mas próximo do fim do capítulo 4 o Lucas de Watson pareceu-me um pedante excêntrico, obcecado com mera sequência cronológica, e determinando na mesma pelo uso de algum método idiossincrático inalcançável a qualquer outra pessoa. Mas eu sei que esta não pode ser a intenção de Watson porque ele sustenta Lucas como seu exemplo mais reluzente da dinâmica interna da própria tradição como constante reinterpretação.

Tomé

O capítulo mais longo no livro é chamado "Tomé contra Q" [Thomas *versus* Q] (capítulo 5). Este título pode surpreender porque o *Evangelho de Tomé* tem sido usualmente considerado uma evidência em favor da existência de Q. Em termos gerais, *Tomé* é (para usar a terminologia de Watson) uma Coletânea de Ditos, o único exemplo sobrevivente deste tipo de coletânea de tradições sobre Jesus. Uma vez que Q também é supostamente uma coletânea desta espécie, *Tomé* pelo menos demonstra que tal tipo de evangelhos existiram. Watson, entretanto, argumenta que *Tomé* e Q são na verdade muito diferentes em gênero, uma vez que *Tomé* é uma coletânea de ditos individuais (ou pelo menos unidades pequenas), cada uma prefaciada por "Jesus disse". Esta é uma observação importante, com a qual eu prontamente concordo. (Em minha visão, a principal argumentação contra Q é amplamente genérica: não seria um evangelho narrativo nem uma mera coletânea de ditos, mas tem uma narrativa implícita, porém parcial, combinada com ditos e discursos.) Portanto, ao invés de suportar Q, *Tomé* pode, em certo sentido, substituir Q "no coração do assim chamado 'problema sinótico'" (p. 284), uma vez que, embora Watson não defenda que *Tomé* como o temos necessariamente seja anterior aos sinóticos ou a algum deles, é um "exemplar tardio de um gênero arcaico, a Coletânea de Ditos cristã" (p. 221). Com base em *Tomé*, podemos postular Coletâneas de Ditos antigas (e escritas), que teriam sido usadas por Marcos e Mateus. Estes podem preencher a lacuna deixada por Q como ponte entre as tradições palestinenses mais antigas e os evangelhos narrativos como os temos. Este argumento poderia funcionar mesmo se *Tomé* não fosse um "exemplar tardio de um gênero arcaico", mas Watson pensa que há ditos em *Tomé* que seu evangelho provavelmente conservou em uma forma mais primitiva que a contida nos paralelos sinóticos, portanto pelo menos uma versão antiga de *Tomé* poderia ser muito mais antiga. Se assim fosse, isto fortaleceria consideravelmente o argumento em favor da suposição de que o formato de *Tomé* ("Jesus disse" + unidade pequena de ensinamento) remeta a um período primitivo.

Talvez porque, a princípio, eu pense que a ideia de coleções escritas primitivas de ditos de Jesus seja bastante plausível, eu inicialmente pensei que o argumento de Watson neste capítulo fosse também bastante plausível. Mas em um estudo mais aprofundado, o argumento parece para mim desmoronar. Tenho a vantagem de me beneficiar da leitura de dois livros sobre *Tomé* escritos em 2012[6], muito tarde para serem adequadamente refletidos no trabalho de Watson.[7] Estes livros, por Simon Gathercole e Mark Goodacre, argumentam em diferentes, porém complementares modos em favor da dependência substancial de *Tomé* dos evangelhos sinóticos. Juntos eles constituem uma defesa bastante sólida. Gathercole argumenta que, mesmo se alguém postule uma série de estádios de desenvolvimento para *Tomé*, a dependência dos sinóticos estaria presente em todos os estádios.[8] A visão de que *Tomé* seria uma coletânea de ditos instável, em evolução e com muitas alternâncias de texto, embora seja comumente defendida, é baseada em pouquíssimas evidências. Há diferenças entre o *Tomé* grego e o cóptico, mas elas são mínimas. Onde a versão grega se alonga, a cóptica não o faz, nem subtrai ditos inteiros. A adoção bastante entusiasmada de Watson de argumentos para os quais *Tomé* preserva ditos em formas pré-sinóticas (p. 233-234; 242-244) é surpreendente diante do fato de que ele renega tais argumentos no capítulo precedente, quando aplicados a Mateus e Lucas (p. 159-163). Ali era o caso de rejeitar um argumento fortemente defensor de Q: que nas passagens de "dupla tradição" algumas vezes

---

6. Gathercole, 2012; e Goodacre, 2012.

7. Ele faz algumas referências ao trabalho de Gathercole, mas não trouxe a bordo todas as suas implicações.

8. Gathercole, 2012, p. 221-223.

é Mateus, outras Lucas, quem preserva a forma mais primitiva de um dito. Ele parece estar usando regras diferentes quando é o caso de substituir Q por *Tomé*.

Mas meus problemas com o capítulo 5 não estão confinados à questão da dependência de *Tomé* dos sinóticos. Elas começam na longa seção que Watson reserva para a "des-gnostização de Tomé" (p. 221-249), a maior parte da qual compara *Tomé* com o *Apócrifo de João,* a fim de demonstrar que *Tomé* se diferencia em sua interpretação dos capítulos iniciais de Gênesis e não pressupõe a ideia tipicamente gnóstica do Demiurgo. Ele conclui que "extraído de seu contexto literário secundário [num códice de Nag Hammadi ao lado do *Apócrifo de João*], Tomé pareceria ter muito mais em comum com os evangelhos sinóticos do que com os *Apócrifos*" (p. 249). Mas há outros evangelhos de Nag Hammadi que não pressupõem o Demiurgo Gnóstico, como o *Diálogo do Salvador,* e é possível argumentar que *Tomé* tem mais a ver com estes do que com os sinóticos. Se quisermos chamar os mesmos de "gnósticos" ou não é uma questão para além do ponto. Estudiosos cuidadosos que não classificam *Tomé* como "gnóstico" encontram em *Tomé* uma visão de mundo e Teologia muito diferentes daquelas dos evangelhos sinóticos. Isto é relevante para a argumentação de Watson porque ele procede como se esta asserção de que *Tomé* tem mais a ver com os sinóticos do que com os *Apócrifos de João* o exima de precisar considerar se a "recepção" de *Tomé* dos ditos de Jesus é governada por sua cristologia ou soteriologia distintas, e se, de fato, seriam estes pontos que determinaram a criação de um evangelho constituído unicamente de ditos individuais atribuídos a Jesus, um gênero do qual Watson admita que este texto é o único exemplo sobrevivente.

Watson oferece outras evidências de que Coletâneas de Ditos como *Tomé* existiram, ao menos no começo do segundo século. Ele compara o formato de *Tomé* ("Jesus disse" + pequena unidade de ensinamento) com a maneira que os ditos de Jesus são citados em *2 Clemente*, principalmente como ensinamentos individuais introduzidos por "O Senhor disse/diz." Enquanto admite que algo desses ditos poderia ter vindo de Mateus, ele pensa que a fórmula de citação indica que o autor de *2 Clemente* as retirou de uma Coletânea de Ditos semelhante a *Tomé*. Mas poderia também ser que este fosse um modo-padrão de citar um dito de Jesus, seja qual fosse a fonte. (Incidentalmente, Watson ignora a diferença entre "Jesus disse" em *Tomé* e "O Senhor disse" em *2 Clemente*, mas a primeira é requerida pelo próprio dito de Jesus a Tomé: "Eu não sou seu Mestre" [*GTh* 13], uma expressão da noção de que Jesus e seus discípulos selecionados são em última análise iguais.) Watson também afirma que o *Evangelho dos Egípcios* seria uma Coletânea de Ditos, mas não sabemos nada a respeito dele além de poucas citações em *Clemente de Alexandria*, todas advindas de um extenso diálogo entre Jesus e Salomé. O *Evangelho dos Egípcios* provavelmente era mais parecido com um evangelho baseado em diálogos, como muitos dos evangelhos de Nag Hammadi, um gênero bastante diferente do de *Tomé*.

Pode ser que tenham havido Coletâneas de Ditos antigas, mas eu não penso que podemos inferir isso a partir de *Tomé* ou aprender de *Tomé* como eles teriam sido. Uma vez que *Tomé* pode tomar ditos a partir do contexto narrativo dos sinóticos ou comprimir tal contexto narrativo de maneira bastante incoerente (p. ex., *GTh* 100), ele provavelmente retirou outros ditos de outros contextos narrativos em outros evangelhos, de maneira semelhante. *Tomé* pode muito bem ser uma compilação de ditos retirados de uma variedade de fontes, sem que nenhuma delas necessariamente seja uma Coletânea de Textos. *Tomé* não tem interesse em narrativas sobre Jesus, uma vez que é na descoberta da real interpretação dos ditos esotéricos de Jesus que a salvação pode ser encontrada.

A pressuposição mais presunçosa da discussão apresentada por Watson neste capítulo é que Coletâneas de Ditos como *Tomé* foram as fontes de ditos de Jesus em Marcos e Mateus. Mas que ganho ele obtém ao substituir Q por outra fonte, suspeitamente muito parecida com Q? É sem dúvida importante que ele não permita que Lucas acesse as mesmas, mas, uma vez que ele pense que Coletâneas de Ditos estivessem ainda disponíveis a *2 Clemente* e Policarpo, não é igualmente muito provável que Lucas também as conhecesse em uma ou mais formas? Elas poderiam ser a fonte de tradições de ditos peculiares a Lucas ou mesmo de versões lucanas de "tradição dupla" de ditos na qual Lucas não é muito próximo de Mateus.[9] Por que não? Talvez por que isto retiraria a elegante simplicidade da solução proposta por Watson para o problema sinótico, ou porque poderia trabalhar contrariamente à criatividade no texto de Lucas.

Outra diferença entre Q e as Coletâneas de Ditos de Watson é que "não pode haver 'edição crítica'" das mesmas (p. 284). Mas Watson mesmo reconstrói uma Coletânea de Ditos contendo oito itens identificáveis dos quais Marcos teria produzido seu capítulo 4 (p. 283). Ao dispensar Q, Watson não percorreu a estrada no sentido contrário até o encontro com um Jesus "mais originário" por detrás dos evangelhos. Ele simplesmente abriu outras avenidas que podem ser mais especulativas até mesmo que a edição crítica de Q, mas, se seu argumento puder ser levado a sério, provavelmente não haveria poucos estudiosos dispostos a arriscar percorrer tais novas avenidas.

O Evangelho de Egerton

No capítulo 6 Watson argumenta que o evangelho desconhecido do qual quatro fragmentos substanciais são conhecidos no Papiro Egerton 2, muito diferentemente de serem dependentes de João ou dos sinóticos, como usualmente se tem pensado, é na verdade uma fonte que o autor do Evangelho de João utilizou. Ao hipotetizar como João usou e interpretou o mesmo, Watson constrói um argumento relacionado às circunstâncias mutáveis das "comunidades" dos evangelhos.[10] O argumento é engenhoso, mas eu penso que pode ser conclusivamente refutado pela simples observação do uso de palavras e frases que são idênticas nas passagens paralelas de João e o Evangelho de Egerton. Darei aqui exemplos somente do primeiro verso no Evangelho de Egerton que têm paralelo em João:

---

9. Estes argumentos pressupõem a visão de Watson de que Lucas era dependente de Mateus, uma visão que eu não compartilho.

10. Ele evidentemente repudiou sua participação no volume *The Gospels for All Christians*, editado por mim, no qual argumentou contra a visão de que cada evangelho tenha sido escrito para sua própria "comunidade".

GEger A 4:[11]

> ἐραυ[νᾶτε τ]ὰς γραμὰς ἐν αἷς ὑμεῖς δο[κεῖτε] ζωήν ἔχειν ἐκεῖναι
> εἰ[σ]ιν [αἱ μαρτ]υροῦσαι περὶ ἐμοῦ

> Procurem[12] nas escrituras, nas quais pensam que há vida. São
> elas que dão testemunho sobre mim.

Jo 5,39:

> Ἐραυνᾶτε τὰς γραφὰς, ὅτι ὑμεις δοκεῖτε ἐν αὐταῖς ζωὴν αἰώνιον
> ἔχειν: καί ἐκεῖναί εἰσιν αἱ μαρτυροῦσαι περὶ ἐμοῦ:

> Procuram nas escrituras porque pensam que nelas há vida eter-
> na. E são elas que dão testemunho sobre mim.

Comentários sobre o uso de palavras:

1) O verbo ἐραυνάω ocorre nos evangelhos somente em João (por duas vezes), ademais no Novo Testamento por 4. Em ambas ocorrências joaninas (5,39; 7,52) ele se refere a procurar nas escrituras (implícito em 7,52). Se este puder ser tomado como o único uso característico de João, ele poderia tê-lo adotado de sua fonte.

2) O verbo μαρτυρέω ocorre com a seguinte frequência: Mateus 1; Lucas 1; João 33; Atos 11; Paulo 8; Hebreus 8; Epístolas joaninas 10; Apocalipse 4. A construção μαρτυρέω περί ocorre 19 vezes em João, uma vez em 1 João (5,9), e em nenhuma outra parte do Novo Testamento. Das ocorrências em Jo, 8 são μαρτυρέω περί ἐμοῦ. Que João possa ter tomado de empréstimo este uso altamente característico do Evangelho de Egerton é extremamente improvável.

3) A construção ἔχω ζωήν (com ou sem αἰώνιον) ocorre uma vez em Mateus (19,16, com αἰώνιον), 14 vezes em João (das quais 6 sem αἰώνιον, 8 com αἰώνιον), 4 vezes em 1 João (duas com e duas sem αἰώνιον) e em nenhum outro lugar no Novo Testamento. Que João tenha tomado

---

11. Esta é a marcação que Watson dá a este verso.

12. Watson traduz como imperativo, mas poderia ser indicativo, como em João.

emprestado este uso do Evangelho de Egerton é, novamente, extremamente improvável. Watson argumenta que no contexto do Evangelho de Egerton "vida" é mais apropriado que "vida eterna", que o paralelo joanino traz, porque em nenhuma parte do Pentateuco há uma promessa de "vida eterna", enquanto "vida" ecoa Dt 30,15-19. Mas "vida" e "vida eterna" são termos intercambiáveis em João, como também o são nos três evangelhos sinóticos, bem como em Paulo e no uso judaico. Se uma referência explícita a Dt 30 fosse pretendida, não haveria dificuldade em supor que "vida" naquele contexto foi interpretada como "vida eterna".

Esta evidência de que o Evangelho de Egerton é a fonte que emprestou os usos parece para mim compulsória, e ela vem de apenas um verso!

Watson também argumenta que a narrativa, no Evangelho Egerton, da cura de um leproso, que é paralela a Mc 1,40-45, é independente de Marcos. Se o Evangelho de Egerton é dependente de João, seria muito surpreendente que esta passagem fosse independente de Marcos. Mas eu preciso apontar que, dentre os paralelos verbais próximos com Marcos, é um arauto a ocorrência do advérbio εὐθύς ("imediatamente"), ao qual Marcos é sabidamente afeiçoado. Ele o usa 42 vezes, enquanto Mateus o usa 7 vezes (em todo caso derivando-o de Marcos), Lucas apenas uma, João 3 vezes, Atos uma. No Evangelho de Egerton ele ocorre em uma frase que é um paralelo completo de Marcos e que é um exemplo do uso típico de Marcos com referência a histórias de curas no contexto de milagres (cf. 2,12; 5,29.42; 7,35; 10,52). Certamente merece descrédito tanto tomar isto como coincidência ou desejar que Marcos tenha aprendido esta característica de uso do Egerton. Watson não faz menção desta característica dos textos, mas confiantemente declara que a passagem no Egerton "demonstra poucos de qualquer sinal de dependência das versões sinóticas" (p. 324). Mas "poucas se alguma" não é suficientemente bom para este caso. Mesmo apenas uma palavra (εὐθύς) poderia ser decisiva neste exemplo (mesmo se não houvessem outros).

Em minha visão, o Evangelho de Egerton é significativo em uma maneira muito diferente da proposta de Watson sobre ele. É um dos muitos evangelhos do segundo século, ou textos que se pareciam com evangelhos, que criam novas narrativas evangélicas que dependem, mais ou menos criativamente, dos sinóticos e de João. Outro é o *Evangelho de Pedro*, enquanto o Fechamento Longo em Marcos, embora não seja um evangelho completo, é de alguma maneira similar, como é a *Epístola dos Apóstolos* na medida em que esta contém texto parecido com evangelhos. Nenhum destes está interessado em ensinamentos esotéricos de Jesus, como a maioria dos evangelhos de Nag Hammadi. Eles demonstram que ainda era possível, com o que Watson forma contenda, escreverem-se novos evangelhos que estendiam e interpretavam seus predecessores, mas eles também demonstram que os quatro evangelhos dos quais dependiam tinham um *status* que requeria deles que retirassem conteúdo de todos os quatro. Neste aspecto eles são paralelos ao *Diatessaron* de Taciano. Um capítulo sobre este fenômeno teria melhorado muito o livro de Watson.

Os evangelhos antes da normatização

É central para a argumentação de Watson que uma distinção entre evangelhos canônicos e não canônicos possa ser feita apenas retrospectivamente – desde uma perspectiva de "normatização", como ele chama a decisão coletiva tomada pelas igrejas de considerar quatro – e apenas quatro – evangelhos como autênticos. Ele não diz apenas de meramente o ponto virtualmente tautológico de que antes desta decisão uma distinção entre "canônicos" e "não canônicos" não era feita. Ele quer dizer apenas que não há nada nos evangelhos em nosso Novo Testamento que nos capacite distingui-los de outros evangelhos. Sem dúvida, aqueles que através dos tempos privilegiaram os quatro evangelhos e excluíram outros tiveram suas razões, mas estas são desconhecidas para nós. Ele corretamente reconhece que o processo foi feito segundo interesses partidários, empreendido localmente ao largo de todo o mundo cristão, e portanto não podemos simplesmente tomar as razões de Irineu para delimitar os evangelhos a quatro como sendo *as razões* que determinaram a normatização destes quatro. Entretanto, as razões de Irineu (em alguma extensão refletidas também em outras partes, como no cânon muratoriano) não são provavelmente apenas idiossincráticas.

Para Irineu era muito importante que os evangelhos fossem apostólicos, o que significava terem sido escritos por aqueles que carregavam autoridade apostólica ou por outros (como Marcos e Lucas) que estivessem próximos do círculo apostólico. É bastante claro que a partir da declaração bem conhecida de Irineu sobre as origens dos evangelhos, isto entalhava um limite *cronológico*. Claro, esta não era a distinção entre o primeiro e o segundo séculos, e Watson pode estar certo de que, embora todos saibamos que não havia tal divisão temporal na Antiguidade, ela exerce uma influência subliminar em nossa maneira de pensar. Mas havia um limite cronológico entalhado pelos critérios de apostolicidade: o fim da geração apostólica, de quem o autor de João é acreditado ter sido um membro bastante longevo. A distinção entre a primeira geração, a geração de testemunhas oculares e apóstolos, e gerações subsequentes, é amplamente refletida na literatura cristã antiga, e é um erro deixar a mesma fora do processo de "normatização". Um trabalho amplamente respeitado, o *Pastor* de Hermas, foi desqualificado pelo autor do cânon muratoriano por nenhuma outra razão senão que ele tivesse sido escrito muito tarde. Ele continou a ser lido e valorizado, mas foi escrito muito tarde para poder ser parte do cânon. Claro, ter sido escrito dentro do período da geração apostólica não era uma qualificação suficiente de normatividade, mas era um dos necessários.

Watson argumenta que não podemos distinguir os quatro evangelhos como apostólicos em relação aos demais que não o sejam, porque os evangelhos também são atribuídos a figuras apostólicas. Mas o fato de que tenham sido assim atribuídos é em si mesmo uma evidência de que a apostolicidade era considerada necessária para um evangelho ser aceitável, muito antes de se tornar uma questão de delimitar estritamente evangelhos. A despeito dos argumentos de Watson, há uma boa causa para ser defendida em favor da visão de que os evangelhos não canônicos que conhecemos eram atribuídos a apóstolos em imitação dos já existentes e prestigiados evangelhos que foram eventualmente "normatizados". No caso de *Tomé*, o dito 13 é uma boa evidência. Watson muito frequentemente afirma que evangelhos eram originalmente anônimos e somente adquiriram nomes ("o evangelho segundo X") em algum ponto do século II. Mas, p. ex., é inconcebível que um trabalho dedicado a algum patrono nomeado (como Teófilo parece ser, apesar de sugestões de que o nome seja simbólico) nunca poderia ser anônimo. Os evangelhos não eram mais anônimos do que um grande número de trabalhos da literatura greco-romana que não nomeiam seus autores no corpo do texto, mas têm títulos que os nomeiam segundo algum autor a eles vinculado. Watson aponta para o fato de que Justino, p. ex., embora cite as memórias dos apóstolos, cita palavras de Jesus simplesmente como palavras de Jesus ou como "o evangelho" diz, sem a necessidade de atribuir as mesmas a algum evangelho nomeado. Mas isso significa simplesmente que a coisa mais importante sobre as mesmas é que elas fossem palavras de Jesus, não que Justino não dava qualquer importância às atribuições específicas dos evangelhos que ele conhecia. Escritores cristãos antigos costumeiramente citavam o Antigo Testamento como o que "a Escritura diz" ou o que "Deus diz". Isto não significa que eles não atribuíam importância a Moisés, Isaías e assim por diante. De outras alusões é claro que eles atribuíam.

Não discordo de Watson na percepção de que deveríamos estudar os evangelhos canônicos em relação com os não canônicos. Na verdade, argumentei o mesmo já em 1985.[13] Como historiadores não podermos pressupor uma diferença. Provavelmente havia outros evangelhos e textos parecidos com evangelhos escritos na mesma época que os quatro evangelhos, isto é, antes do ano 100, mas, simplesmente, de um ponto de vista históriográfico não parece a mim que qualquer dos que tenhamos disponíveis hoje em dia pertencesse a esta categoria. (Temos tradições de evangelhos que não refletem os evangelhos canônicos em escritos de mais ou menos o fim do século primeiro: a *Ascensão de Isaías*, Inácio, Pápias.) Mas evangelhos não canônicos podem iluminar os evangelhos canônicos em muitos aspectos, e uma história da escrita dos evangelhos desde o primeiro até o terceiro século (pelo menos) seria importante por si mesma. Deste ponto de vista eu não gostaria de limitar os evangelhos àqueles que Watson privilegia. É

---

13. Bauckham, 1985, p. 369-403.

notável que, à parte de *Tomé*, evangelhos de Nag Hammadi apareçam tão escassamente em seu livro.

A impressão que Watson passa, em geral, é que, no segundo século, todos os evangelhos estivessem em pé de igualdade. Eventualmente, porém, ele afirma que antes de Irineu os quatro evangelhos eram amplamente conhecidos e "é improvável que evangelhos excluídos deste grupo de quatro [do tempo de Irineu em diante] fossem igualmente bem conhecidos" (p. 612). Ele dá a esta questão do alcance de circulação um papel importante em determinar quais evangelhos seriam eventualmente selecionados para a "normatização". Em minha percepção, a evidência é mais forte do que ele permite que seja, ao menos em redor da metade do segundo século; os quatro evangelhos eram aqueles amplamente utilizados nas igrejas e outros estavam confinados ou a áreas geográficas limitadas ou a grupos cristãos muito particulares. Penso que há um estádio antes da "normatização" que Watson não identifica com suficiente clareza. O fator principal é que qualquer igreja precisava tomar decisões sobre quais evangelhos poderiam ser lidos na liturgia e usados como autoritativos para o ensino na liturgia. Isto poderia deixar o *status* de outros evangelhos indefinidos, e inicialmente, claro, tais decisões poderiam ser provisionais e poderiam ser mudadas (como na igreja de Rhossus no que diz respeito ao *Evangelho de Pedro*). Mas estas são decisões que iriam eventualmente levar à "normatização". Até o ponto mais remoto na história do qual temos suficientes evidências para tentar compreender o que estava acontecendo, parece que os quatro evangelhos eram os que na maioria dos lugares eram tratados como utilizáveis na liturgia.

O uso ocasional de outros evangelhos por escritores cristãos não é necessariamente uma evidência em contrário. Quando Clemente de Alexandria fala de "os quatro evangelhos dados a nós", ele provavelmente se refere que estes são os quatro geralmente aceitos para uso no culto. Como um estudioso muito estudado e intelectual destacado, que cita de uma ampla variedade de literaturas (pagã, judaica e cristã), Clemente pessoalmente estaria interessado em ditos de Jesus atestados em outras partes e poderia tratar alguns deles como autênticos, mas isto não significa que o *Evangelho dos Egípcios*, p. ex., era autorizado para uso nas igrejas que ele conhecia. Bem como comentários a todos os livros reconhecidos como canônicos por Eusébio, Clemente escreveu comentários sobre a *Epístola de Barnabé* e o *Apocalipse de Pedro*, que eram utilizados no culto de algumas igrejas e provavelmente chegaram perto da "normatização", mas ele não escreveu comentários a nenhum outro evangelho que os quatro.

Gênero, história e teologia dos evangelhos

É surpreendente perceber que um livro grande sobre os evangelhos, publicado em 2013, não tenha em sua bibliografia o influente livo de Richard Burridge, *What are the Gospels?*[14] Até onde notei, Watson nunca levanta a questão sobre o gênero da narrativa dos evangelhos, exceto muito brevemente em referência ao prefácio de Lucas, onde ele não parece pensar que a questão sera significante (p. 122). (No caso de *Tomé*, entretanto, ele discute gênero.) Isto parece ser outra instância de seu tratamento dos evangelhos como fenômenos isolados que não parecem ser relacionados a outras literaturas. Ele trata evangelhos narrativos como se eles fossem um único gênero, o que é talvez o que ele pensa. Evangelhos são algum tipo de historiografia, mais plausivelmente biografias segundo o sentido greco-romano. Além disso, os mais antigos são história contemporânea, escritos no período de memória viva dos eventos, o tipo de história que o povo esperava estar firmemente fundada em testemunhos oculares. O que o prefácio de Lucas diz sobre as testemunhas oculares precisa ser entendido sob a luz do papel das testemunhas oculares na prática historiográfica. Ao invés de discutir gênero (que seria o determinante para o que leitores esperariam do que estão lendo), Watson faz afirmações de fácil conferência como: "a fixação precisa em forma escrita de detalhes biográficos tinha apenas um papel limitado dentro da reivindicação de verdade positiva que os evangelhos pretendem articular" (p. 63). Claro, a historiografia inclui interpretação (fato e interpretação concorrem em toda historiografia) e a identidade única que os escritores de evangelhos atribuem a Jesus sem dúvida faz diferença à maneira com que

---

14. Burridge, 2004.

contam sua história. Além disso, a recepção antiga de historiografia não esperava o mesmo tipo de precisão que esperamos da história acadêmica. Mas, a julgar pelas convenções de historiografia aceitas naquele tempo, da história contemporânea em particular era esperado que fosse bem fundamentada em provas. Liberdade de interpretação tinha seus limites, mas o quanto os evangelhos canônicos respeitam tais limites não é, aos olhos de Watson, um problema que precisa ou deve nos preocupar.

Watson claramente prefere teologia a gênero. A razão pela qual não devemos nos preocupar sobre historicidade nos evangelhos é que o "Jesus vivo" (termo que Watson cita do prólogo do *Evangelho de Tomé!* [p. 510]) fala na tradição e nos evangelhos. Meu problema com esta perspectiva teológica é que Watson afirma a mesma frequentemente, mas nunca a explica ou desenvolve. Ela simplesmente cai como um raio advindo do céu aberto, azul e claro, quando poderíamos de outra forma nos preocupar sobre o quão generativa uma tradição ou quanto criativo um evangelista poderia ser sem perder contato com a "realidade em carne e sangue" (uma expressão que Watson também usa [p. 605]) da figura histórica de Jesus. Mas não é certo que nós possamos e devamos distinguir entre evangelhos que narram uma história ambientada no passado, adotando um gênero literário apropriado a esta intenção, e evangelhos (como a maior parte dos de Nag Hammadi, incluindo *Tomé*) para os quais a história passada não é de interesse e o "Jesus vivo" fala sem referência a ela? Watson afirma a importância da história passada para os evangelhos narrativos, mas não parece ver isto como critério que poderia distinguir entre evangelhos. Ao afirmar que o Jesus vivo fala em (alguns?) evangelhos, acaso não precisaríamos insistir que o Jesus vivo também viveu realmente a história que os evangelhos narrativos contam? Tal história é o critério de sua identidade viva, e assim o gênero historiográfico dos evangelhos narrativos – e os limites que o mesmo impõe sobre a liberdade de interpretação – não é somente de importância literária, mas também teológica.

Assim a afirmação teológica de Watson sobre a tradição como a própria autocomunicação de Jesus parece a mim muito pouco integrada com as realidades históricas e literárias dos evangelhos. Sua tese de que, além da "normatização", cujas razões são inacessíveis a nós, não temos critérios pelos quais possamos distinguir entre evangelhos, sem importar se os julgamos fidedignos à "realidade de carne e sangue" de Jesus ou não, depriva o *slogan* "Jesus redivivo diz" de qualquer significância teológica real. Ela aplaina com uma benigna falta de discriminação sobre tudo que qualquer pessoa fez de Jesus anteriormente à "normatização", e, rapidamente, torna-se rigorosamente discriminatória, mas não por alguma razão que se possa discernir.

Post-scriptum

Francis Watson publicou uma resposta a esta resenha.[15] Um elemento de sua resposta precisa ser anotado aqui. Ele diz que eu "bizarramente" atribuí a ele a hipótese de que Lucas editou Mateus motivado por uma preocupação de que os ditos de Jesus fossem restaurados a suas sequências cronológicas corretas. "O problema da sequência é implicado pela apologia prefacial de produzir um outro evangelho (1,1-4), mas não parece figurar em sua hipotética edição de ditos mateanos como os apresento."[16]

Evidentemente eu cometi o erro de supor que a posição tomada por Watson (em seu capítulo 4) sobre o que Lucas estava fazendo ao rearranjar o material mateano estava conectado com sua tal posição ocorre conectada ao que ele pensa que Lucas em seu prefácio disse estar fazendo (p. 125).

Referências

Bauckham, Richard

1985 "The Study of Gospels Traditions Outside the Canonical Gospels: Problems and Prospects". In: *Gospel Perspectives 5: The Jesus Tradition Outside the Gospels*, editado por David Wenham. Sheffield: JSOT Press, 1985, p. 369-403.

---

15. Francis Watson, "A Response to Richard Bauckham and Heike Omerzu", *JSNT* 37 (2014), p. 210-218, aqui p. 210-213.

16. Id., ibid., p. 212.

1990 *Jude and the Relatives of Jesus in the Early Church.* Edimburgo: T. & T. Clark, 1990.

Bauckham, Richard (ed.)

1998 *The Gospels for All Christians: Rethinking the Gospel Audiences.* Grand Rapids: Eerdmans.

Derrenbacker, F. Gerald

2005 *Ancient Compositional Practices and the Synoptic Problem* (BETL 186). Lovaina: Leuven University Press / Peeters.

2011 "The 'External and Psychological Conditions under Which the Synoptic Gospels Were Written': Ancient Compositional Practices and The Synoptics Problem". In: Foster, Gregory, Kloppenborg and Verheyden 2011, p. 435-457.

Downing, F. Gerald

1980a "Redaction Criticism: Josephus' *Antiquities* and the Synoptic Problem, 1" *JSNT* 8 (1980), p. 46-65.

1980b "Redaction Criticism: Josephus' *Antiquities* and the Synoptic Problem, 2" *JSNT* 9 (1980), p. 29-48.

1988 "Compositional Conventions and the Synoptic Problem." *JBL* 107 (1988), p. 69-85, reimpresso com uma "nota adicional" em Downing, 2000, p. 52-173.

2000 *Doing Things with Words in the First Christian Century* (JSNTSup 200). Sheffield: Sheffield Academic Press.

2011 "Writers' Use and Abuse of Written Sources". In: Foster, Gregory *et alli*, p. 523-548.

Foster, Paul, e Andrew Gregory, John S. Kloppenborg e Joseph Verheyden

2011 *New Studies in the Synoptic Problem: Oxford Conference, April 2008: Essays in Honour of Christopher M. Tuckett* (BETL 239). Lovaina: Peeters.

Gathercole, Simon J.

2012 *The Composition of the Gospel of Thomas: Original Language and Influences* (SNTSMS 151). Cambridge: Cambridge University Press.

Goodacre, Mark

2002 *The Case Against Q: Studies in Markan Priority and the Synoptic Problem.* Harrisburg, PA: Trinity Press International.

2012 *Thomas and the Gospels: The Case for Thomas's Familiarity with the Synoptics.* Grand Rapids: Eerdmans.

Moessner, David P.

1999 "The Appeal and Power of Poetics (Luke 1:1-4): Luke's Superior Credentials (παρηκολουθηκότι), Narrative Sequence (καθεξῆς) and Firmness of Understanding (ἡ ἀσφάλεια) for the Reader". In: *Jesus and the Heritage of Israel.* Editado por David P. Mossner. Harrisburg: Trinity Press International, p. 84-123.

2002 "Dionysius's Narrative 'Arrangement' (οἰκονομία) as the Hermeneutical Key to Luke's Re-Vision of the 'Many'". In: *Paul, Luke and the Graeco-Roman World: Essays in Honour of Alexander J. M. Wedderburn* (JSNTSup 217). Sheffield: Sheffield University Press, 2002, p. 149-164.

Watson, Francis

2013 *Gospel Writings: A Canonical Perspective.* Grand Rapids: Eerdmans.

10. Resenha de artigo

À procura da identidade de Jesus

Seeking the Identity of Jesus: A Pilgrimage. Editado por Beverley Roberts Gaventa & Richard B. Hays. Grand Rapids: Eerdmans, 2008.

É praticamente rotineiro para escritores de resenhas de coletâneas de ensaios dizer que não se deve esperar dos mesmos que comentem cada ensaio de tal coletânea individualmente, e devo dizer que isto é verdadeiro, muito embora a extensão desta resenha. Entretanto, quero também dizer que sem exceção todos os ensaios deste volume são de alta qualidade, enquanto, mesmo para um leitor muito familiarizado com o campo, percebi que a maioria deles me ofereceu algo fresco, iluminador e estimulante. Como produto de um projeto (e como um membro do antigo projeto do Centro de Investigação Teológica do qual este é um tipo de sequência, eu tenho uma boa ideia do que significa em termos de extensa e frutuosa discussão) o volume tem uma unidade e coerência que é mais facilmente caracterizado negativamente: ele promove a redução da identidade de Jesus a algo limitado (sem mencionar também secular) e confinado ao "Jesus dos historiadores". (Muitos dos ensaístas usam este termo para evitar o termo mais ambíguo "Jesus histórico", que pode ser usado para se referir tanto ao Jesus terrestre quanto ao Jesus reconstruído pelos historiadores – ou, à guisa de um guia errático, a equalização de ambos.) A agenda neste sentido foi estabelecida pela persistente popularidade, especialmente na América do Norte nas décadas mais recentes, de tentativas de descobrir o Jesus "real" na forma de alguma reconstrução histórica específica, usualmente alguma que deixa de lado muito do Jesus tal como é retratado nos evangelhos canônicos. Todos os colaboradores deste volume desejam afirmar que, enquanto a reconstrução histórica tem um lugar na identificação de Jesus (e sobre o tipo de local no qual isto é possível eles se diferenciam), a identidade de Jesus precisa também ser buscada em todo o cânon das Escrituras (incluindo, claro, os evangelhos, mas não somente os evangelhos, e mais controversamente, até mesmo incluindo o Antigo Testamento), nos credos e tradições da Igreja, e na experiência de cristãos do Jesus ressurreto. Isto é porque tanto os autores quanto seus ensaios têm uma abrangência muito mais ampla que os estudos neotestamentários.

Os editores, Richard Hays e Berverly Roberts Gaventa, reuniram um time estupendo, alguns dos melhores acadêmicos em seus campos respectivos. Sua convergência ampla é impressionante. O caso que defendem é que o Jesus dos evangelhos, do restante do Novo Testamento, e da fé cristã e experiência ao longo da história da Igreja, não é meramente algum tipo de interpretação opcional e baseada na fé do Jesus histórico, mas quem Jesus realmente, ontologicamente, é. Para aqueles entre nós que compartilham tal convicção, este é um volume muito encorajador. Claro, aqueles autores não pensam que esta identidade divina, cósmica, redentora universal de Jesus é algo óbvio. De diferentes maneira muitos deles apontam que o reconhecimento desta identidade requer uma experiência transformativa de encontro divino. Além disso, são claros de que seus trabalhos em conjunto constituem uma "peregrinação" de nenhuma forma concluída. Todos os olhares de relance sobre a identidade de Jesus são parciais, e, como Beverly Gaventa diz de Jesus em Lucas-Atos, sua identidade deve ser aprendida e reaprendida de novo e de novo.

Das muitas maneiras pelas quais este livro poderia ser revisto em maiores detalhes, eu escolhi lidar com três temas que no caso são os que especialmente são de meu interesse no presente e sobre os quais tenho alguns comentários críticos a fazer sobre o tratamento que o livro dá a eles. Outros leitores sem dúvida terão outros interesses como fios condutores.

Questões sobre o Jesus dos historiadores

O ensaio de Dale Allison sobre a metodologia da busca pelo Jesus histórico ("The Historians' Jesus and the Church") é uma contribuição significante que começa por reconhecer que os assim chamados critérios de autenticidade são "seriamente defectivos". Eles não provêm meios suficientes para distinguir o "autêntico" do "inautêntico" quando cada item das tradições do Evangelho são acessados individualmente. Esta é uma conclusão a que cheguei por mim mesmo, mas Allison adiciona um argumento que eu não havia considerado: que muitas vezes os diferentes critérios apontam em diferentes direções. Às suas convicções eu adicionaria um argumento do tipo "prova do pudim": que o uso de critérios por muitos estudiosos ao longo de várias décadas de fato produziram uma ampla variedade de reconstruções de Jesus histórico e demonstram não haver sinal da construção de um consenso. O chamado de Allison para abandonar tais critérios é mais significativo na medida em que ele era um dos praticantes deste método e admite que ele esteve relutante em sua conclusão de que o método não funciona.

A alternativa de Allison começa da observação de que a tradição de Jesus como um todo é capaz de perceber o quadro geral ou os amplos padrões de maneira correta mesmo se particularidades das palavras de Jesus ou/e ações do mesmo forem não confiáveis. Como um exemplo ele arranja nove itens das tradições do Evangelho que mostram que Jesus era um exorcista e via seu ministério inteiramente como um combate vitorioso contra satã. Embora muitos destes nove itens não sejam históricos, deles demonstram que Jesus era lembrado desta maneira geral e é razoável acreditar que uma memória generalizada deste tipo de coisa sobre o que Jesus fez seja a memória de como tais coisas teriam sido, na verdade, vistas. Esta abordagem tem seus méritos, e parece-me ser a única alternativa ao ceticismo sobre a pesquisa do Jesus histórico, *se* os críticos da forma estavam certos em sua tese geral sobre como as tradições dos evangelhos foram transmitidas na Igreja primitiva e alcançou os escritores dos evangelhos. Para a abordagem da crítica da forma, o processo de transmissão era tal que não há base para supor que corpos de tradições (como aquelas coletadas pelo Evangelho de Marcos ou uma fonte de ditos como Q) possa ser confiável como um todo. Cada unidade de tradição teria, nesta suposição, de defender-se por si mesma na procura pelos estudiosos por material autêntico. Os critérios de autenticidade foram pensados para atender a situação que a crítica da forma retratava. Allison toma tal situação totalmente como garantida, e oferece uma estratégia diferente para fazer com que ela possibilite algo próximo a um relato confiável sobre

Jesus. Ao fazer isso ele retorna a uma longa tradição de pesquisa sobre o Jesus histórico para empreender algo novo, mas a meu ver ele não volta o suficiente. Ao invés de assumir que os críticos da forma estivessem certos mas os critérios de autenticidade seriam um erro, eu penso que devemos questionar seriamente a suposição da crítica da forma sobre a maneira que as tradições foram transmitidas.

Embora eu pense que há algum mérito em procurar enxergar o quadro geral da maneira que Allison propõe, penso que a base que ele oferece para esta abordagem em um parágrafo sobre memória (p. 84) não pode se manter de pé sem sério criticismo. É significativo que ele não apele para a grande quantidade de pesquisa experimental em memória de testemunhas oculares que está hoje disponibilizada pela psicologia cognitiva. Ele se baseia apenas em sua experiência pessoal de memória para a afirmação de que, quando "olhamos em perspectiva nossos encontros passados com outras pessoas, vemos que nossas memórias mais confiáveis habitualmente não são precisas, mas generalizadas". Se tomarmos a palavra "habitualmente" nesta frase a sério, pode ser que a mesma seja verdadeira, mas neste caso ela não nos leva muito longe, porque poderíamos também, muito consistentemente, dizer que apenas algumas vezes estas memórias são precisas. Com que tipo de memória estaríamos lidando nos evangelhos? Dados experimentais ajudam a distinguir que tipos de eventos são lembrados melhor e sob quais condições. P. ex., eventos pouco usuais e salientes, eventos que deixaram uma forte impressão, tendem a ser melhor lembrados do que eventos corriqueiros (ao invés de todas as memórias serem ajuntadas em algum tipo de memória geral como "o tipo de coisa que habitualmente ele fazia"), e memórias sobrevivem melhor quando elas são frequentemente ensaiadas. A estas características se encaixam melhor a maior parte do material nos evangelhos que a observação de Allison de que ele não consegue lembrar uma única coisa que seus avós lhe tenham dito, mas "apesar disso sabe e se alegra com os tipos de coisas que eles diziam a ele". (Para contribuir com as experiências de contação de histórias, eu certamente conheci pessoas de quem eu lembro mais claramente do que outras não por conta de impressões gerais, mas de eventos específicos que afetaram-me profundamente ou me pareceram dizer muito sobre tais pessoas.)

A observação de Allison sobre seus avós claramente também falha em aplicabilidade às tradições do Evangelho quando tentamos aplicar a mesma às tradições das palavras de Jesus. As parábolas e aforismos de Jesus não são como unidades esparsas de conversas, mas discursos cuidadosamente preparados deliberadamente em forma mnemônica. Há uma boa razão para supor que os discípulos de Jesus deliberadamente as guardavam em memória, e certamente elas teriam sido frequentemente ensaiadas por eles. Nem é obviamente verdadeiro que o tipo de coisas que Jesus ensinava, isto é, seus temas gerais, seriam melhor lembrados do que ditos individuais. "Os últimos serão os primeiros e os primeiros serão os últimos" é pelo menos não tão difícil de lembrar do que o que Jesus ensinava sobre a reversão escatológica do *status*. Minha sugestão é que a maior parte das pessoas que conhecem bem o Evangelho não se lembram de uma maneira geral do que Jesus ensinava que quem perdoar os outros será perdoado por Deus: o que elas se lembram é a sexta petição da Oração do Senhor, a quinta beatitude de Mateus e a parábola do servo impiedoso. A noção de Allison de que generalidades confiáveis podem ser abstraídas de itens individuais menos confiáveis começa a parecer mais como uma conjectura duvidosa do que uma conclusão firmemente embasada. Certamente pode haver generalidades na tradição, mas a necessidade de as ver como mais confiáveis do que unidades individuais procede não da natureza da memória, mas da dúvida sistemática que o criticismo da forma lança em todas as unidades individuais de tradição.

O ensaio mais puramente teórico de William Placher sobre método ("Como os evangelhos importam?") quase converge intimamente com o de Allison, e seria interessante saber se foi uma convergência que emergiu através de uma discussão de grupo. Ele caracteriza os evangelhos como "testemunhos parecidos com história sobre verdades tanto históricas quanto transcendentes", o que é de grande ajuda enquanto não tomamos "parecidos com história" como ficcionais, à guisa de novelas que são "baseadas em história". Placher quer dizer que eles não são o tipo de narrativa sobre fatos passados que historiadores modernos escrevem. Os evangelhos estão preocupados em analisar o significado transcendente de eventos, mas Placher também quer dizer – e aqui reside a convergência com Allison – que eles são tão soltos em precisão de detalhes que o que eles confiavelmente entregam a nós é o *tipo* de pessoa que Jesus era, ilustrado por anedotas e ditos que podem, em alguns ou muitos casos, não serem históricos. Com Allison e contra os seminários sobre Jesus, Placher diz que podemos ter "generalidades fidedignas" sem "particulares fidedignos". Importantemente, entretanto, ele afirma que há alguns eventos específicos (como a morte de Jesus numa cruz) que necessariamente são históricos, se os evangelhos devem ser tomados como testemunhos, pois estes eventos "definem" a identidade de Jesus.

Precisamos talvez distinguir entre a peculiar dimensão "transcendente" dos relatos dos evangelhos, que os colocam à parte da história "ordinária", e a diferença geral entre historiografia antiga e moderna, o que nos requer que esperemos que os evangelhos se conformem às convenções daquele primeiro modelo ao invés do atual. A diferença entre historiografia antiga e moderna é importante, mas Placher se distancia muito facilmente de Tucídides e sua compreensão de boa historiografia para fazer parecer plausível que não apenas os escritores dos evangelhos não estariam muito preocupados com a precisão de histórias particulares, mas que eles provavelmente inventaram algumas delas. Enquanto Tucídides permitia à liberdade do historiador que compusesse discursos apropriados aos seus preletores e ocasiões (uma vez que discursos eram indispensáveis ao tipo de histórias que esperava-se que os historiadores antigos contassem), os preletores e as ocasiões certamente não eram inventados. Narrativas de eventos poderiam pousar sobre testemunhos oculares. Curiosamente, Placher cita precisamente este ponto de Tucídides, enquanto transfere para os evangelhos apenas a liberdade de eventos. Penso que o princípio tucididiano ajuda muito com os diálogos joaninos, quando João compõe discursos apropriados a situações específicas de debates com oponentes. Mas uma vez que Jesus era lembrado como um preletor, não deveríamos esperar que os discursos a ele atribuídos fossem livremente criados da maneira que os discursos de generais e políticos costumeiramente eram na historiografia antiga. Em geral, devemos pensar mais sobre tipos diferentes de história se o termo "parecido com história" pretender ser de real utilidade. Um "drama documental" televisivo bem fundamentado pode ser mais próximo da boa historiografia antiga que a história acadêmica atual, e de fato pode diferenciar-se da última pelas mesmas razões que a historiografia antiga também o faz (como a necessidade de se contar uma história graficamente).

Contudo, o que é mais importante no ensaio de Placher é o reconhecimento que os evangelhos não são simplesmente terrenos para serem esquadrinhados por historiadores modernos à procura de alguns poucos pedaços de rocha com os quais se pode erigir um Jesus reconstruído, mas são em si mesmos histórias de um determinado tipo, que "fundamentalmente nos contam quem Jesus era e é".

Francis Watson ("*Veritas Christi:* How to Get from the Jesus of History to the Christ of Faith withous Losing One's Way") também quer dar espaço para uma considerável quantidade de material não histórico dentro dos evangelhos no que diz respeito ao Jesus retratado pelos quatro evangelhos canônicos, Jesus como foi recebido pela Igreja primitiva, como "o Jesus teologicamente significativo". Mas ele diz pouco sobre método na pesquisa sobre o Jesus histórico, além de dizer que os eventos "miraculosos" nos evangelhos requerem a nós a admissão de uma distinção entre "o que realmente aconteceu" e o que não aconteceu. Parece a mim haver pelo menos dois problemas neste caso. Primeiro, ele parece não fazer distinção entre o que aconteceu (na esfera empírica) e o que é "historicamente verificável". Muito aconteceu na história que não é acessível ao historiador ou não suscetível a provas a partir das evidências que sobreviveram.

Em segundo lugar, embora Watson pretenda que o "Jesus histórico" reconstruído seja "reintegrado" na imagem canônica de Cristo, isto parece significar primariamente que Jesus pode ser tomado como uma figura empírica na história. A pesquisa sobre o Jesus histórico é uma antípoda necessária ao docetismo. (Mas seria o docetismo um perigo hoje? Se fosse o maior propósito da pesquisa sobre o Jesus histórico, não pareceria que o objetivo agora foi adequadamente alcançado e podemos todos nos retirar da Busca?) [N.T.: o termo "Busca" em Bauckham por vezes tem valor semântico próprio, e aponta para o tipo de busca pelo Jesus histórico que o seminal livro do método histórico crítico, *A busca pelo Jesus histórico*, de Albert Scweitzer, publicado por primeiro em 1906 na Alemanha sob o título *Geschichte der Leben-Jesu-Forschung* propõe. Todas as vezes que "busca" aponta para este conteúdo, aparece como "Busca", com B maiúsculo, seguindo o texto inglês que usa "Quest" nestes casos. Não se trata, portanto, de erros ortográficos sucessivos.] Mas podem os evangelhos assim serem teologicamente verdadeiros seja qual for o tipo de Jesus que os historiadores reconstruírem? Aparentemente não, porque Watson distingue o Jesus não escatológico do Seminário sobre Jesus e outros historicamente implausíveis ("um Jesus histórico que diverge de seus primeiros seguidores ao menos em pontos-chave seria historicamente implausível" – uma contradição deliberada indubitável do critério de dissimilaridade) e o produto de "enviesamentos religiosos e políticos.) Eu me inclino a concordar, mas isto significaria que um Jesus histórico reconstruído que diverge muito do retrato canônico de Jesus não poderia ser reintegrado a estes. A atitude em geral benigna de Watson em relação a esta Busca parece mascarar sua qualificação superior.

Outra séria qualificação emerge no fim deste ensaio: "Os traços concretos do Jesus histórico estão *contidos* numa percepção do 'Cristo histórico, bíblico' e não se deveria permitir que tomassem vida própria". Não há muita pesquisa sobre Jesus na tradição da Busca que realmente obedeça esta prescrição. Se houvesse, haveria realmente um "Jesus histórico" no sentido que Watson propõe? Poderia não ser meramente o caso de alguns aspectos historicamente verificáveis de uma figura que transcende o acesso histórico? O caminho do Jesus histórico ao Cristo da fé não é tão suave como uma leitura superficial do ensaio de Watson parece sugerir.

A importância teológica de alguma espécie de pesquisa histórica sobre Jesus emerge mais enfaticamente do ensaio de Markus Bockmuehl ("God's Life as a Jew: Remembering the Son of God as Son of David"), porque na tradição cristã (incluindo os credos e a teologia patrística) o judaísmo de Jesus tem sido escassamente visibilizado até recentemente. Isso é verdade até mesmo para a Busca em seus estágios iniciais. Assim a reconstrução histórica de Bockmuehl é mais parecida com uma leitura historicamente informada dos evangelhos como histórias do que as tentativas usuais ligadas ao "Jesus dos historiadores" que deixam de lado muito dos evangelhos em favor de uma reconstrução de um Jesus por detrás dos mesmos. Serviria muito bem como uma leitora dos evangelhos canônicos. Bockmuehl mesmo diz que é "simplesmente uma questão de voltar-se para o texto". A meu ver, "retornar ao texto" é exatamente o que a pesquisa sobre o Jesus histórico precisa constantemente fazer, dado o descrédito das maneiras da crítica da forma de reconstruir um Jesus muito escondido pelo texto. Uma vez que os evangelhos sejam histórias de um tipo, embora não do nosso, precisamos estar à procura de maneiras adequadas de os ler como historiadores (e não somente como críticos literários ou teólogos).

Uma questão de identidade

O que os autores deste volume querem dizer com "a identidade" de Jesus? Neste ponto a introdução dos editores (p. 6 nota 4) refere-nos ao ensaio de Robert Jenson, mas a definição de Jenson de identidade é, como ele mesmo indica, bastante minimalista, que alguns dos outros autores suplementam consideravelmente. P. ex., Dale Allison introduz a ideia de que identidade é um produto social (p. 93-94), enquanto Richard Hays trabalha com uma forte noção de identidade narrativa (p. 182, 198). Katherine Grieb combina os elementos de continuidade, distinguibilidade e singularidade (p. 205-206). Sarah Coakley refere-se ao debate segundo limites da filosofia analítica na qual a identidade depende de memória ou continuidade física (p. 308). O volume como um todo parece a mim estar à procura não somente de Jesus, mas de um conceito mais rico de identidade pessoal que Ele na verdade articula. Fui surpreendido por *Soi-même comme un autre,* de Paul Ricoeur, talvez a fonte mais recompensadora deste conceito, ser citado apenas por Markus Bockmuehl. Poderia ter sido uma leitura recomendada a todos os participantes do projeto com grande proveito. Sem impor uniformidade aos ensaios, o que os editores corretamente não intentaram, pode haver ainda alguma discussão sobre qual dos variados *insights* sobre o que a identidade é que estão espalhados pelos ensaios poderia ter sido partilhado. Como está, alguns ensaios adotam algo parecido com uma definição de identidade, recolhidos de diferentes fontes, enquanto outros parecem usar o termo de maneira bastante irrefletida.

O aspecto da identidade que parece seriamente negligenciado por estes ensaios é o que Ricoeur chama de identificações adquiridas. Tais identificações podem ser com valores, ideais ou outras pessoas, com as quais uma pessoa se identifica com tanta constância ou compromisso que estes/as contribuem para a identidade da pessoa e podem ser parte do que identifica aquela pessoa aos demais. Este aspecto da identidade é importante em parte porque ela suaviza os duros limites do indivíduo que boa parte do pensamento moderno sobre a identidade pessoal erigiu. Ele traz as relações para a definição de identidade. Há muito do que os colaboradores deste volume dizem que poderia ser conectado com este elemento numa análise formal de identidade. Assim Joel Marcus, escrevendo sobre o Evangelho de Marcos, diz da "sobreposição da" identidade de Jesus com aquelas dos seus discípulos mais próximos (p. 134). Bockmuehl e seu relato sobre o judaísmo de Jesus poderia proveitosamente ser ligado com o fato de que o Deus de Jesus, o Deus de Israel, fez, por meio de identificação adquirida, do povo de Israel um fator de sua própria identidade. O ensaio de Katherine Sonderegger ("The Identity of Jesus Christ in the Liturgy") toma a noção de Calvino de que precisamos conhecer Cristo "revestido de seu evangelho" e defende que "Jesus é mais verdadeira, total e propriamente o Redentor" (p. 299). Poderíamos dizer que esta é sua identidade como aquele que se identificou conosco como necessitado de redenção, e ele é portanto somente verdadeiramente conhecido quando reconhecemos a nós mesmos segundo tal maneira, intrinsecamente ligada à sua identidade.

Richard Hays ("The Story of God's Son: The Identity of Jesus in the Letters of Paul") escreve sobre o modo que Paulo vê o Jesus exaltado "corporificado pela Igreja" e a identidade cristã como uma participação naquela de Jesus Cristo (p. 195-197). No fim de seu ensaio ele escreve que, como consequência da morte representativa de Jesus, nosso "próprio conceito de identidade pessoal passa por uma transformação alargadora de mentes pela história de Jesus Cristo, e descobrimos a nós mesmos vivendo *naquela* história ao invés de a uma distância crítica da mesma" (p 199). Eu não desejo discutir que com estes temas paulinos estejamos numa esfera de realidade única ao modo que o Cristo exaltado, no Espírito, se relaciona com os crentes, mas eu penso que uma consideração sobre o modo que pessoas podem participar umas das identidades das outras através do compromisso como outro oferece a possibilidade de encontrar-se alguma continuidade entre o Jesus terreno e o exaltado. Pode também ser uma contribuição para o pensamento exploratório sobre o capítulo final da coletânea, no qual Sarah Coakley discute amplamente como é possível reconhecer a identidade do Jesus ressuscitado ("The Identity of the Risen Jesus: Finding Jesus Christ in the Poor"). Ver Jesus no pobre (como Mt 25,37-39 indica) é reconhecer um elemento de continuidade entre o Jesus terreno e o ressuscitado, uma vez que Jesus em seu ministério, ao atender especialmente os pobres, já os tornou intrínsecos à sua própria identidade. A presença do Cristo ressuscitado no pobre é um aspecto de sua constância e consistência em relação a sua identidade terrena.

A identidade canônica de Jesus

O volume contém ensaios iluminadores sobre a identidade de Jesus em cada um dos quatro evangelhos, mas não se propõe a identificar o Jesus do cânon evangélico. Em sua introdução os editores apontam que uma das questões não resolvidas permanece: "Como podemos lidar com o fato de quatro evangelhos diferentes no Novo Testamento? Deveriam os mesmos serem de alguma maneira harmonizados em um relato único, ou deveriam serem trados como testemunhos distintos? O desenho do volume favorece a segunda abordagem, mas a questão de uma unificação dos quatro testemunhos nunca está muito longe de vista" (p. 23-24). Preciso admitir que pecebo a falha em lidar com esta questão profundamente desapontadora, porque parece a mim uma das mais difíceis questões para uma abordagem canônica à identidade de Jesus e uma que muito raramente é levantada, e muito menos discutida.

Poucas pessoas hoje questionariam se os quatro evangelhos são testemunhos distintos ou que o estudo de cada um deles em sua distinção promoveu *insights* impossíveis de avaliar. Além disto, é claramente significativo que a Igreja canonizou os quatro evangelhos diferentes ao invés de alguma síntese dos quatro como a de Taciano. Apesar disso, parece a mim, tanto existencialmente quanto teologicamente, que não temos escolha a não ser de alguma maneira sintetizar estes quatro testemunhos. Estudiosos podem escrever ensaios que distingam o Jesus mateano do marcano e assim por diante, mas existencialmente ninguém pode dividir o discipulado de Jesus ou o culto a Jesus em quatro (ou mais, se trouxermos a bordo outras partes do Novo Testamento). Os crentes necessariamente intuem o único Jesus sobre os quais todos os quatro evangelhos dão testemunho, e a Igreja sempre encorajou isto em sua liturgia, ensino e arte. Certamente é um dever de estudiosos neotestamentários e teólogos refletirem sobre este processo e considerar como ele pode ser mais proveitoso. As perspectivas de um ou dois evangelhos sempre, na prática, dominam as outras? É adequado que isto aconteça? Os quatro são de fato não sintetizáveis, de maneira que um ou mais estaria destinado a se perder se a síntese fosse tentada? (Certamente alguns acadêmicos do evangelho contemporâneos diriam que sim. Os autores deste volume parecem relutantes a concordar com eles, mas com que base?) O que acontece quando, em diferentes tempos e lugares, imagens particulares de Jesus, nas quais fatores culturais contemporâneos estão incluídos e contribuem com diferentes preferências sobre os evangelhos, se tornam dominantes? Este é um campo tão inexplorado, ao menos da perspectiva sobre como os quatro evangelhos deveriam ser lidos em relação com os outros, que alguém poderia esperar encontrar ao menos alguma discussão exploratória sobre o tema neste volume. Mas procurar a identidade de Jesus sem ao menos tocar levemente, mas a sério, este problema-chave parece uma mirada por alto igualmente séria.

Entrementes, em um aspecto diferente de trazer todo o cânon para a discussão, este volume se sai espetacularmente bem. Os dois ensaios sobre o Antigo Testamento por Gary Anderson ("Moses and Jonah in Gethsemane: Representation and Impassibility in Their Old Testament Inflections") e Walter Moberly ("Isaiah and Jesus: How Might the Old Testament Inform Contemporary Christology?") ambos nos levam além das referências tradicionais a profecias messiânicas e demarcam territórios novos para iluminar a cristologia.

Revisando, finalmente, o que escrevi, percebo que reclamei muito sobre o que este volume não faz. Disso se deve certamente propor o colorário de que na verdade aprecio profundamente o que o volume de fato promove e alcança.

EVANGELHOS E CÂNON

11. A canonicidade dos quatro evangelhos

I. Introdução

Por que nosso Novo Testamento contém quatro evangelhos, nenhum a mais ou a menos? A questão se torna especialmente interessante quando não apenas sabemos que houve outros evangelhos que não entraram no Novo Testamento, mas também temos alguns destes evangelhos disponíveis para leitura e estudo para nós mesmos. A existência de "outros" evangelhos tem sido um fato intrigante, garantia de excitação de interesse público vívido, desde pelo menos a década de 1890, quando um papiro contendo o que foi percebido como uma porção do *Evangelho de Pedro* foi descoberto no Egito. Agora a existência de outros evangelhos é amplamente conhecida, não apenas por causa das afirmações bastante inexatas sobre os mesmos na novela *O Código da Vinci*, de Dan Brown. A fascinação de outros evangelhos não é complicada de se compreender. Eles têm o apelo do desconhecido e, até mesmo, quando lidos pelas lentes de uma teoria conspiratória, como no *Código da Vinci*, o apelo do proibido. Suponha que estes outros evangelhos, redescobertos agora após mil e seiscentos anos de oblívio, nos digam que a Igreja autoritária que os suprimiu não gostaria que nós o soubéssemos? Talvez eles nos contarão sobre a perigosa e embaraçante verdade sobre Jesus que os evangelhos oficiais calaram. E talvez o Jesus que encontrarmos nesses outros evangelhos será como um todo mais compreensivo e apelativo a nós do que o Jesus dos quatro evangelhos ou qualquer dos Jesuses dos quatro evangelhos. O perigo de encontrarmos o que queremos nos evangelhos que não fomos autorizados a ler é bem-ilustrado pelo *Código da Vinci*, que faz a extraordinária afirmação de que os evangelhos gnósticos retratam Jesus como puramente humano. Nada poderia estar mais distante

315

da verdade: o Jesus gnóstico era uma figura muito sobrenatural e divina, duvidosamente humana.

Entretanto, uma coisa que os outros evangelhos podem fazer por nós é nos ajudar a entender os quatro evangelhos de uma maneira melhor. Um estudioso do Novo Testamento uma vez disse que a pessoa que conhece apenas os evangelhos canônicos não os entende. A verdade nesta afirmação certamente exagerada é que podemos reconhecer suas características distintivas melhor quando os vemos no contexto de outros evangelhos que não entraram no cânon. O que há sobre os quatro que os deu vantagem sobre os demais? O que havia sobre os quatro que é comum a todos os quatro e marca todos os quatro como diferentes dos demais? Foi o processo de canonização realmente não mais que uma luta de poder entre interesses poderosos de grupos na Igreja primitiva? Ou houve um processo de discernimento que podemos compreender? Ainda faz sentido tomar os quatro evangelhos, da maneira que virtualmente todos os cristãos através dos séculos tomaram, como relatos sobre Jesus que são normativos para a fé e prática cristã?

II. O que é um evangelho?

Antes de prosseguirmos adiante precisamos considerar os vários tipos de literatura que estamos chamando de evangelhos quando falamos de outros evangelhos. As pessoas que ouviram de outros evangelhos mais nunca os leram tendem a assumir que eles devem ser do mesmo tipo de literatura que os quatro evangelhos que conhecemos no Novo Testamento. Não é o caso. No segundo e terceiro séculos havia todo tipo de evangelhos (e nem mesmo seus títulos ajudam muito).

Muitos destes são os assim chamados evangelhos gnósticos. Isto tem sido a descrição usual, mas eu gostaria de explicar meu uso do termo. Estudiosos recentemente têm se tornado mais cautelosos sobre o uso muito geral da palavra "gnóstico" para cobrir todos estes assim chamados evangelhos gnósticos, bem como todos os grupos que os utilizaram. Penso que é o caso de usar a palavra gnóstico de uma maneira mais restrita. Mas eu também penso que há grandes traços comuns que distinguem estes evangelhos daqueles que se tornaram canônicos, e não me ocorreu ainda alguma palavra melhor para os categorizar. Alguém poderia chamá-los de evangelhos de Nag Hammadi, porque eles estavam entre os documentos descobertos em Nag Hammadi, no Egito, em 1945, mas esta descrição também tem desvantagens. Para nossos propósitos atuais continuarei a usar o temo "gnóstico" no sentido mais aberto.

Estes evangelhos gnósticos são os outros evangelhos (além dos quatro) que temos em formas mais ou menos completas. Mas não eram apenas estes os outros evangelhos. Muitos outros não sobreviveram. Assim, desejo neste ponto clarificar que tipo de evangelhos – que tipo de livros sobre Jesus – circulavam no segundo e terceiro séculos. Faço isso em uma abordagem literária; abordaremos a teologia mais tarde. Para o momento eu coloco tanto os quatro evangelhos quanto os gnósticos dentro de um mesmo espectro de tipos de escritos evangélicos que existiam.

1) Primeiro, há evangelhos narrativos. Os quatro evangelhos do Novo Testamento são evangelhos narrativos que contam a história de Jesus desde seu nascimento ou desde o início de seu ministério até suas aparições após a ressurreição. Mais precisamente poderíamos dizer que estes são evangelhos biográficos porque, dentre os gêneros literários da época, o tipo de literatura com o qual eles mais se parecem é a biografia antiga. Havia outros evangelhos deste tipo, talvez tão ou mais velhos que os quatro evangelhos, mas sabemos muito pouco sobre os mesmos. Havia muitos evangelhos, pelo menos um deles em aramaico, usado exclusivamente por judeu-cristãos, mas temos apenas pequenos fragmentos dos mesmos. O *Evangelho de Pedro*, do qual temos uma seção considerável do texto mas ainda um fragmento, foi provavelmente deste tipo, e muitos fragmentos de papiros de evangelhos desconhecidos podem muito bem ser de evangelhos deste tipo biográfico. Mas não podemos dizer muito sobre os mesmos. Nenhum dos evangelhos gnósticos, devemos anotar, é narrativo como estes.

2) Evangelhos narrativos de um tipo diferente, mais especializado, são os evangelhos da infância, que expandem os relatos evangélicos do nascimento e infância de Jesus. Por razões óbvias estes nunca foram competidores com os quatro evangelhos.

317

3) Temos apenas um exemplo, o *Evangelho de Tomé*, de um outro tipo de evangelho: um evangelho de ditos. O *Evangelho de Tomé* consiste quase totalmente de ditos de Jesus, apresentados um após o outro como ditos individuais. O *Evangelho de Tomé* é o mais controverso dos evangelhos gnósticos, e um dos quais o termo gnóstico é mais fortemente contestado. Entretanto ele tem muito em comum, ideologicamente, com os evangelhos gnósticos, e eu o tratarei como pertencente amplamente a esta categoria.

4) A categoria na qual caem a maioria dos evangelhos gnósticos, bem como alguns outros textos, é o diálogo pós-ressurreição ou revelação. Isto explica, p. ex., o *Evangelho de Maria*, o *Apócrifo de Tiago*, o *Apócrifo de João*, o *Diálogo do Salvador*, o *Sophia de Jesus Cristo*, o *Livro de Tomé*, e outros. Como esta lista indica, estes textos não são sempre intitulados evangelhos, mas eles todos pertencem claramente a um tipo comum. Todos apresentam o Cristo ressuscitado com um grupo de discípulos ou algumas vezes somente com algum discípulo favorito, e recolhem o ensinamento esotérico que Jesus deu a eles no período após sua ressurreição.

5) Há apenas dois evangelhos gnósticos que apresentam o mesmo tipo de ensino revelatório especial dado por Jesus aos discípulos, mas neste caso um pouco mais antigos, no período imediatamente anterior ou da própria crucifixão. Estes são o *Evangelho de Judas* e o *Apocalipse Copta de Pedro* (que deve ser distinguido do não gnóstico *Apocalipse de Pedro* que sobrevive em fragmentos gregos e em guêes).

6) Há evangelhos que são na verdade tratados teológicos: o *Evangelho da Verdade* e o *Evangelho de Filipe*.

III. O cânon do Evangelho em quatro volumes: Como surgiu?

Uma coisa é clara: em torno do final do segundo século havia muitos evangelhos em circulação e a maioria deles se aclamava como apostólicos, tendo os nomes não apenas de Mateus, Marcos, Lucas e João, mas também de Tomé, Filipe, Tiago, Maria e outros. Como o cânon da Igreja-padrão de quatro evangelhos emergiu desta pletora de candidatos ao *status* de evangelhos autoritativos, o que significava, claro, algo extremamente importante: a autoridade para definir o que a mensagem cristã verdadeiramente era, com base em quem o Jesus real era? Devo deixar claro de uma vez o que quero dizer com o termo cânon. Não estamos aqui preocupados na verdade com o restante do Novo Testamento, apenas com o cânon dos quatro evangelhos. Alguém poderia distinguir entre uma coletânea de quatro evangelhos e um cânon dos quatro. Uma coletânea não teria feito certamente destes quatro os únicos evangelhos de algum valor para a Igreja, mas o termo cânon significa que há quatro e apenas quatro evangelhos autênticos e autoritativos. Encontramos uma expressão inequívoca desta última percepção pela primeira vez em Irineu de Lião, o grande teólogo que escreveu por volta do fim do segundo século. Encontramos Irineu defendendo a visão de que há quatro evangelhos autênticos, não mais nem menos, contra propostas de que a Igreja deveria usar apenas um evangelho, bem como outras segundo as quais outros poderiam ser utilizados que não um dos quatro.

No segundo século havia, afinal, muitas possibilidades. A Igreja poderia ter optado por apenas um evangelho, como um líder de um grupo cristão sectário, Marcião, fez. (Marcião escolheu Lucas e cuidadosamente o editou para se conformar à sua própria crença.) Ou a Igreja poderia ter adotado uma narrativa de evangelhos criada a partir dos quatro ou mesmo de mais evangelhos, com as várias fontes entretecidas e absorvidas em um evangelho compósito. Tal trabalho – o *Diatessaron* de Taciano – foi realmente produzido no fim do segundo século, e havia precursores. Qualquer destas opões poderia ser atraente porque qualquer delas atenderia o problema da existência de diferenças entre os quatro evangelhos. Críticos dentro e fora da Igreja faziam muito caso destas diferenças durante o segundo século. Em terceiro lugar, claro, mais de quatro evangelhos poderiam ser aceitos como autênticos, a opção que alguns grupos gnósticos adotaram. Não era necessariamente totalmente óbvio que o resultado de qualquer dos processos de debate e discernimento em curso seria um cânon de precisamente estes quatro evangelhos.

Então como o cânon de quatro evangelhos surgiu? A primeira coisa a dizer é que precisamos admitir que há muito que não sabemos. Penso que a razão para isto é que o processo real de canonização, o discernimento e a decisão sobre o *status* de vários escritos do Evangelho, foi primariamente um processo feito à guisa de raízes de grama. Ele aconteceu no nível das comunidades cristãs locais em um estádio muito antigo porque, desde um estádio bastante antigo, no culto cristão, havia leituras das Escrituras do Antigo Testamento e também de escritos cristãos, e sem dúvida havia rotineiramente explicações sobre ambos. Toda Igreja precisava decidir quais escritos cristãos eram utilizáveis para leitura ao lado do Antigo Testamento, implicando seu *status* mais ou menos escriturístico. Um consenso informal teria crescido, pelo menos entre alguns grupos, embora isto nunca fosse um consenso completo. Infelizmente, entretanto, temos limitadas evidências de como isto aconteceu.

Há uma questão-chave sobre os quatro evangelhos no segundo século que estudiosos têm respondido de maneiras distintas. Era a coletânea de quatro evangelhos bem-estabelecida no início do segundo século, antes da insistência de Marcião em apenas um evangelho e anterior à circulação ampla dos evangelhos gnósticos? Neste caso Marcião e os gnósticos representam desafios aos quais a Igreja-padrão respondeu pela defesa e reafirmando a autoridade dos quatro evangelhos e definindo o *status* dos mesmos mais firmemente e exclusivamente como um cânon de evangelhos. Ou poderíamos pensar mais em temos de uma situação muito fluida no início e meados do segundo século, na qual muitos evangelhos estavam circulando e alguns tinham mais autoridade em um lugar, alguns em outros? Neste caso a coletânea de evangelhos como quatro foi uma resposta da Igreja-padrão a Marcião e os gnósticos, que puseram a Igreja-padrão a pensar pela primeira vez na necessidade de uma coletânea de evangelhos confiáveis. Para colocar a questão em termos muito simples: os quatro evangelhos vieram antes ou depois das alternativas marcionita e gnóstica, ou foi esta coletânea uma reação ao marcionismo e gnosticismo? Estudiosos se dividem. A última opção foi uma visão comum no século XX e permanece popular, mas há sinais de algum crescimento do suporte hoje para a primeira percepção.

A meu ver há um argumento muito persuasivo em favor da primeira opção – a prioridade da coletânea dos quatro evangelhos – que emerge do caráter dos evangelhos em si mesmos, os quatro evangelhos e os gnósticos, e as diferenças entre os dois grupos. Mencionei anteriormente que os quatro evangelhos são narrativas biográficas, enquanto a maior parte dos evangelhos gnósticos são revelações pós-ressurreição. Tipicamente nos evangelhos gnósticos Jesus aparece aos discípulos após a ressurreição, ou em uma discussão com um grupo de discípulos ou em uma revelação especial a algum discípulo favorito, partilha conhecimento da verdadeira natureza do mundo e da salvação, uma mensagem que é caracteristicamente retratada como uma revelação esotérica não dada durante o ensino público de Jesus e seu ministério mas reservada para os poucos eleitos aos quais Ele as confia dali em diante.

Esta forma de evangelho, uma revelação pós-ressurreição, na verdade pressupõe que havia relatos bem conhecidos da vida e ensinamento de Jesus antes de sua ressurreição. Era certamente esperado dos leitores destes textos que já tivessem alguma ideia de quem Jesus e seus discípulos fossem. Alguns destes evangelhos nem mesmo nomeiam Jesus, mas falam dele simplesmente como o Salvador ou o Senhor. Mas, mais que isto, o fato de que eles se posicionem após a ressurreição, na verdade, pressupõe que relatos bem definidos sobre os ensinamentos de Jesus durante seu ministério fossem bem conhecidos. A proposta dos evangelhos gnósticos é de *adicionar*. Suponhamos que havia evangelhos do tipo narrativo bem conhecidos e estabelecidos – os quatro evangelhos e talvez um ou dois outros do mesmo tipo – e alguém quisesse atribuir a Jesus um ensino de outro tipo, ensinamentos que alguém gostaria de apresentar como a mensagem realmente importante de Jesus, qual seria a melhor maneira de fazer isto? As narrativas contadas pelos quatro evangelhos oferecem uma oportunidade óbvia. Elas falam de um período após a ressurreição no qual Jesus passou um tempo com os discípulos, mas oferecem poucas indicações do que Jesus poderia ter ensinado a eles nesse período, além do comissionamento a ir e pregar o Evangelho. Os gnósticos não foram os primeiros nem os únicos a explorarem esta oportunidade de preencher as narrativas do Evangelho com ensinamentos adicionais dados por Jesus após a ressurreição.

Os gnósticos não ignoraram simplesmente, majoritariamente, o ensinamento de Jesus como o encontramos nos quatro evangelhos, mas eles pensavam que havia significados ocultos que só poderiam ser elucidados à luz de um ensinamento esotérico no período após a ressurreição. Algumas vezes eles deixaram implícito que os escritores das narrativas dos evangelhos falharam em compreender sobre o que Jesus estava falando e assim proveram apenas relatos obscuros que precisavam de interpretação e expansão por aqueles que receberam e entenderam o ensinamento mais profundo e explícito do Senhor ressuscitado. Algumas vezes eles punham implícito que o ensinamento público de Jesus não poderia ser sua mensagem real, que era reservada aos eleitos gnósticos. De uma ou outra maneira eles se referiam em retrospectiva aos ensinamentos do Jesus terreno, e algumas vezes eles explicitamente citam os mesmos para indicarem a seguir sua real interpretação. Eles pressupunham não apenas uma situação fluida de tradições orais sobre Jesus e muitos evangelhos, mas um corpo fixado de ensinamento que eles não intentavam aumentar com ensinamentos adicionais dados por Jesus durante seu ministério público. Na verdade eles desejavam transcender tal ministério oferecendo um tipo de ensino qualitativamente diferente que Jesus teria alegadamente reservado para o fim – o melhor vinho aprovisionado para o fim. Eles pressupunham e fizeram uso de, mas ao mesmo tempo dispensavam os relatos do Evangelho do ensinamento de Jesus durante seu ministério. E das alusões precisas feitas podemos dizer que estes evangelhos pressupostos eram, majoritariamente, os quatro.

Então, em minha visão, é provável que os quatro evangelhos fossem amplamente conhecidos e valorizados já no início do século II, não muito após a escrita do último deles, o Evangelho de João. Isto pode não ter sido verdade em toda parte. Certamente devemos permitir variedade local, mas os quatro evangelhos devem ter sido amplamente aceitos como autoritativos. Isto não exclui necessariamente a possibilidade de outros evangelhos terem sido aceitos, mas a tendência seria que eles fossem postos em comparação com os quatro. A única maneira de, por assim dizer, puxar o tapete dos quatro evangelhos, de escrever novos evangelhos com uma mensagem radicalmente diferente, era escrever um tipo diferente de evangelho, a revelação pós ressurreição, uma forma que reconhecia os evangelhos biográficos mas o fazia como um modo de os descartar e transcender.

Se for verdade que os quatro evangelhos não somente são cronologicamente aprioristicos, mas também de certo modo logicamente aprioristicos aos evangelhos gnósticos, este ponto é muito importante. Isto significa que, quando se tornou necessário para a Igreja-padrão tomar decisões sobre quais evangelhos eram em certo sentido autênticos e quais não eram, eles não começaram simplesmente com uma peleja confusa, indiferenciada e fluida entre evangelhos, nem impuseram critérios puramente doutrinais para julgar evangelhos. Em vez disso eles sabiam que pelo menos os quatro evangelhos estavam circulando por um longo tempo. A afirmação de que *estes* evangelhos fossem genuinamente apostólicos não era ponto de disputa (embora alguns levantassem dúvidas sobre João). A questão era se outros evangelhos também poderiam ser apostólicos.

De Irineu, e também em alguma medida do cânon muratoriano (se ele pode ser datado, como penso, em fins do segundo século), podemos observar que o principal critério de canonicidade de um evangelho usado na Igreja-padrão era a apostolicidade. A elevação destes quatro evangelhos a um cânon, uma posição exclusiva, pousava na atestação de que todos os quatro destes evangelhos fossem apostólicos e que somente estes quatro assim o fossem. Devo explicar momentaneamente o que eles queriam dizer com "apostólico", mas vale a pena notar primeiro como este termo serviu para garantir a retenção dos quatro evangelhos como tal, bem como de tirar fora os outros. Isto explica por que o Evangelho de Marcos foi retido a despeito do fato de que ele parece ter sido pouco usado no segundo século (ou nos seguintes). Uma vez que quase todo o conteúdo de Marcos possa ser encontrado também em Lucas e Mateus, é fácil compreender que as pessoas devam ter negligenciado o Evangelho de Marcos e preferido outros evangelhos mais detalhados, especialmente o de Mateus. Mas o Evangelho de Marcos era acreditado como derivado diretamente do testemunho de Pedro, e assim reteve seu lugar entre os quatro evangelhos porque era apostólico. Provavelmente este também foi o critério de apostolicidade que impediu a Igreja de adotar algo como o *Diatessaron* de Taciano, uma combinação dos conteúdos de todos os quatro evangelhos tecidos juntos como uma narrativa única. Esta devia ser uma opção atraente, mas não era, de maneira geral, adotada porque eram os quatro evangelhos como tal que eram considerados apostólicos. O sentido era que sem dúvida eles vieram da era apostólica e não poderiam ser substituídos nem mesmo por um novo evangelho compilado inteiramente de seus conteúdos.

O que, então, a palavra apostolicidade queria dizer? Esta noção foi usada por Irineu e outros e contemplava três aspectos:

1) Havia um importante aspecto cronológico. Evangelhos apostólicos deviam derivar da era apostólica, que os Padres pensavam como terminada por volta do ano 100 d.C., quando acreditava-se que o último dos quatro evangelhos, João, teria sido escrito. Assim encontramos, p. ex., que o cânon muratoriano desqualifique de canonicidade um trabalho conhecido como o *Pastor* de Hermas, um livro de um profeta cristão antigo. O autor do texto Muratoriano recomenda quer o *Pastor* seja lido – ele o tem como ortodoxo e valioso – mas não pensa que deveria ser lido publicamente na igreja e no culto, porque é de uma data pós-apostólica. O *Pastor* de Hermas não é um evangelho, mas ainda mais no caso de um evangelho a questão de data seria um problema aplicável.

2) Evangelhos apostólicos vêm do círculo de apóstolos de Jesus. Isto afunila o critério: não somente do período apostólico, mas do círculo daqueles a quem Jesus em pessoa deu autoridade para pregarem a mensagem cristã (incluindo não somente os Doze, mas também outros que Jesus tivesse comissionado como apóstolos). Os apóstolos eram aqueles que seriam confiáveis para conhecer o que a verdade do evangelho consistia. Eu usei a construção "do círculo dos apóstolos" porque Irineu e outros como ele não pensam que Lucas e Marcos fossem apóstolos. Eles pensavam que estes dois evangelhos qualificavam-se como apostólicos porque Marcos e Lucas estavam em íntimo contato com apóstolos. Não precisamos portanto entender a autoria apostólica de maneira mais restrita. Ela se referia àqueles que realmente estavam em posição de saber o que aqueles que estiveram próximos a Jesus ensinavam.

3) Apostolicidade implica conformidade com a tradição da Igreja-padrão de ensino. Assim, mesmo se alguém não pudesse provar a origem histórica de um evangelho atribuído a Tomé ou Maria (e os meios para fazer isso eram, claro, bastante limitados), alguém poderia ainda dizer a partir do que estes textos ensinavam se tal ensino era genuinamente apostólico. Este é o aspecto do problema que faz com que o cânon de quatro evangelhos seja visto por alguns acadêmicos contemporâneos e outros como não mais que um ato ideológico se privilegiar a literatura de um grupo sobre a de outros, a criação de uma ortodoxia pela imposição de definições mais estreitas da fé no lugar da muito maior diversidade do cristianismo do segundo século. Mas aqui é decisivamente importante que os quatro evangelhos não obtiveram autoridade subitamente neste ponto, mas foram por muito tempo tratados como autenticamente apostólicos e autoritativos para a fé cristã. O ensino estabelecido da Igreja, como Irineu chama a regra da fé, havia sido sempre intimamente posto em relação com os quatro evangelhos e foi recebido com os mesmos. Estes eram padrões já aceitos de ensino apostólico, e é bastante razoável dizer que evangelhos menos autenticados devessem ser julgados segundo estes padrões. Nem tudo, na verdade nenhum outro evangelho, passou pelo teste, nem tudo havia passado pelo mesmo teste no tempo dos apóstolos em pessoa.

IV. Características distintivas de todos quatro evangelhos canônicos

Voltamo-nos agora ao ponto de como os quatro evangelhos se tornaram canônicos no segundo século para as características que podemos ver por nós mesmos se comparamos os evangelhos canônicos com os gnósticos. Muitos de nós que estudamos os evangelhos estamos habituados a delinear as diferenças entre os quatro evangelhos, especialmente entre os sinóticos e João, embora as diferenças dos sinóticos entre si também são bem reconhecidas. Mas aqui eu desejo enfocar em que os quatro evangelhos têm em comum ao contrastar os mesmos com os gnósticos. Esta é uma questão de perspectiva: quando estamos focados nos evangelhos do Novo Testamento percebemos as diferenças, mas quando os comparamos com outros evangelhos que eram conhecidos no segundo e terceiro séculos podemos ver mais facilmente quanto os quatro evangelhos na verdade compartilham.

1) Em termos de gênero literário, todos os quatro evangelhos são biografias. Eles oferecem um ricamente detalhado retrato de uma vida humana real em um tempo e lugar específicos. Os evangelhos gnósticos, por outro lado, nenhum deles é uma biografia e a maioria deles é uma revelação pós-ressurreição, erguem Jesus para fora de especificidades concretas de uma narrativa sobre o mundo até uma quase puramente mítica. Jesus torna-se um visitante sobrenatural diáfano neste mundo que revela uma verdade imemorial. Sugeri que os evangelhos gnósticos de certa forma pressupõem os evangelhos narrativos, mas eles o fazem na medida em que radicalmente desprezam a narrativa.

2) Os quatro evangelhos dão narrativas que estão intimamente conectadas com a narrativa sobre Israel do Antigo Testamento. Este é uma das mais perceptíveis características dos evangelhos porque eles fazem esta conexão logo no começo, em todos os casos. Cada um deles a faz diferentemente. Mateus tem a genealogia de Jesus, começando por Abraão e abrangendo, com efeito, toda a história de Israel, e indicando que seu livro é a continuação e culminância daquela mesma história, cumprindo finalmente as promessas universais que Deus fez a Abraão. Marcos, o evangelho mais curto, inicia o mesmo com uma citação de Isaías que ele retrata como cumprida pelo ministério de João Batista, o arauto de Jesus. Lucas, novamente de forma diferente, faz a conexão com a história de Israel ao enquadrar suas narrativas de abertura em um contexto cuidadosamente desenhado para evocar a atmosfera da Bíblia hebraica e faz com que a história contada pela Bíblia hebraica constantemente seja projetada no conteúdo que narra como se este fosse daquele seu futuro messiânico. Finalmente, João começa seu evangelho com as exatas palavras que abrem o Livro de Gênesis: "No começo..." Ele começa desde antes da história de Israel, no começo do tempo, mas o modo como seu prólogo se desenvolve demonstra que ele deseja deixar para trás a história de Israel, mas ao invés de situar tanto ela quanto

seu evangelho em um contexto mais amplo e antigo, aquele com o qual a própria Bíblia hebraica em seus capítulos iniciais situa sua própria história em um contexto universal.

Aos evangelhos gnósticos faltam quaisquer conexões deste tipo com a história de Israel. Eles nunca se referem ao cumprimento de profecias (exceto – a exceção que prova a regra – aquela passagem no *Evangelho de Tomé* 52 no qual os discípulos dizem que os profetas de Israel falaram de Jesus, e Jesus os repreende por assim o dizerem). Na maior parte dos evangelhos gnósticos Jesus nunca é chamado de Messias ou Cristo, o título que é mais difundido que qualquer outro no Novo Testamento, mas que, com certeza, o conecta com as esperanças de Israel. Alusões ao Antigo Testamento são quase que exclusivamente à história de Adão. Deveríamos talvez imaginar o que isso tudo tem a ver com o desejo de universalizar a mensagem de Jesus, às custas de alijá-lo da sua própria particularidade de Israel. De certo modo isto é válido, mas é mais uma questão de compreensões diferentes de universalidade em ambos casos. Os quatro evangelhos seguem o fluxo da história de Israel expandindo-a a todas as nações. A salvação que eles oferecem tem lugar para todas as pessoas, na história particular de Israel e Jesus. Os evangelhos gnósticos falam ao invés de uma prédica humana geral em um mundo mau como este (ou em muitos casos a prédica dos verdadeiramente espirituais, os eleitos, em um mundo mau como este) e a salvação que eles oferecem é mais mítica do que histórica.

3) Os quatro evangelhos estão profundamente enraizados no monoteísmo judaico. Para eles há um Deus, o Criador de todas as coisas, o Deus de Israel e Deus de Jesus. A questão crucial da identidade de Deus é aquela que Irineu enfocou quando fez uma distinção entre os evangelhos apostólicos e aqueles que contradizem a fé apostólica, porque o Deus dos evangelhos gnósticos certamente não é o Deus de Israel. Esta é a razão mais forte para o fato de eles desconectarem Jesus da história de Israel. Em muitos dos evangelhos gnósticos encontramos uma versão do mito comum gnóstico, segundo o qual o mundo material é o trabalho malfeito de um deus criador mal-intencionado, que também é o Deus de Israel, enquanto Jesus veio como o emis-

sário de um outro, o Pai, o Deus altíssimo a quem os gnósticos na verdade se afiliam. É verdade que este mito não está presente em alguns dos evangelhos que aqui estou chamando de maneira frouxa como gnósticos – o *Evangelho de Tomé*, o *Livro de Tomé*, o *Evangelho de Maria* – e não podemos discutir aqui se isto é tomado implicitamente como garantido mesmo nestes trabalhos. Mas mesmo estes evangelhos não identificam o Deus de Jesus com o Criador do mundo ou com o Deus de Israel. Eles simplesmente ignoram o último completamente.

Uma indicação interessante disso que é válido anotar é que de fato muitos dos evangelhos gnósticos raramente usam a palavra "Deus" – algo que singulariza a literatura gnóstica de quase todos as outras literaturas gnósticas de seu tempo, incluindo judaica e cristã. Nos quatro evangelhos a palavra "Deus" é comum porque eles tomam por garantido o monoteísmo judaico, no contexto do qual normalmente não há ambiguidade sobre a que Deus a palavra se refere. Os gnósticos eram relutantes em nomear o Deus verdadeiro, o Deus de Jesus, como Deus, porque no cristianismo-padrão a palavra se refere ao Deus que para estes (os gnósticos) era o errado, o Deus criador, e também porque para eles a divindade era uma qualidade partilhada pelos muitos seres espirituais de seu mito, incluindo próprios aderentes.

4) Um aspecto do caráter narrativo de todos os quatro evangelhos é a inclusão da narrativa em um contexto histórico verificável. Para todos os efeitos, o Jesus destes evangelhos pertence ao mundo do judaísmo palestinense do começo do primeiro século, com seus costumes religiosos e regras, suas facções e crenças, seus líderes políticos e religiosos, sua sujeição nada pacífica à autoridade romana, e assim por diante, e os evangelhos apresentam um Jesus que é muito credível em seu tempo e espaço. Quando os evangelhos gnósticos trazem qualquer coisa deste tipo, é obviamente derivativa (derivada dos evangelhos narrativos), vaga e até mesmo vergonhosamente errônea (p. ex., o Monte das Oliveiras localizado na Galileia). Os evangelhos gnósticos nem preservam as referências históricas e nem estão interessados nas mesmas.

V. Os evangelhos como testemunho apostólico

Apostolicidade, como vimos, foi o critério fundamental que a Igreja-padrão utilizou para definir o cânon dos quatro evangelhos como unicamente autoritativos para a fé cristã. Mas podemos ainda tomar os quatro evangelhos como realmente apostólicos e os colocá-los segundo tal critério em contraste com os outros? Relembre que o critério de apostolicidade para Irineu e outros que discutiram o caso nos primeiros séculos não tinha os contornos de autoria real por um apóstolo, mas a requisitada proximidade com os apóstolos ao ponto suficiente de garantir reconto confiável das tradições do evangelho como contadas e ensinadas pelos Doze e outras testemunhas dos eventos da história de Jesus.

Em meu livro, *Jesus and the Eyewitnesses: The Gospels as Eyewitness Testimony,*[1] discuti que, contrariamente à visão de que as origens dos evangelhos que dominaram a discussão dos estudos acadêmicos neotestamentários desde o soerguimento da crítica da forma no começo do século XX, há boas razões para pensar que os evangelhos como os temos estão próximos do que as testemunhas oculares testificaram sobre os eventos que presenciaram ou dos quais participaram. Não há mais boas razões para supor que as tradições do Evangelho foram repassadas por um longo processo de transmissão oral nas primeiras comunidades cristãs, independentemente de testemunhas, antes de alcançarem os escritores dos evangelhos. Ao contrário, é mais plausível pensar nas testemunhas como vivas e atuantes, bem como conhecidas por todo o movimento cristão, até o tempo no qual os evangelhos foram escritos. Elas funcionaram como fontes constantemente acessíveis e garantidoras autoritativas das tradições que elas mesmas formularam no começo do movimento. Não precisamos pensar nos evangelhos como muito longe de seus testemunhos, mas na verdade bastante próximos e baseados em seus testemunhos.

Como já defendi anteriormente e conforme o que provavelmente a maioria dos estudiosos de evangelhos concorda hoje em dia, o gênero lite-

---

1. Grand Rapids: Eerdmans, 2006.

rário ao qual os quatro evangelhos pertencem é o gênero antigo de biografias. Mais precisamente, eu penso que podemos dizer que os mesmos pareceriam aos seus leitores serem biografias que estavam bastante próximas às convenções e métodos de historiografia antiga. Os antigos tinham opiniões fortes sobre como se deveriam escrever trabalhos históricos. Deveriam ser baseados em testemunhas oculares. O bom historiador deveria ou ser uma testemunha ou deveria se encontrar e entrevistar pessoas que foram testemunhas. Bons textos históricos deveriam incorporar os relatos de testemunhas de primeira e segunda mão. Isto porque os antigos pensavam que a história real tinha de ser história contemporânea, escrita enquanto as testemunhas ainda estavam disponíveis. A cronologia da escrita dos evangelhos se torna muito importante aqui. Os quatro evangelhos foram escritos dentro da memória viva dos eventos. Eles eram história contemporânea e seriam vistos como tal. É certamente importante que Mateus, Lucas, e João tenham sido escritos provavelmente próximos do fim do período no qual isto ainda podia ser verdadeiro. O aspecto cronológico de apostolicidade como a Igreja-padrão mais tarde o compreendeu de fato faz muito sentido sob a luz da historiografia antiga.

O que temos nos quatro evangelhos, a meu ver, é um bom acesso ao testemunho apostólico sobre Jesus. Sublinho o termo "testemunho". As testemunhas oculares das quais estes evangelhos derivam não eram observadores desinteressados. Eles eram participantes envolvidos nos eventos que mais tarde rememoraram e narraram. Eles eram crentes comprometidos com o Jesus cuja história contaram. Eles e os escritores dos evangelhos eram intérpretes reflexivos sobre a importância desta história para a salvação humana. Como notamos, muito brevemente, eles interpretaram esta significância de maneira muito diferente da interpretação contida nos evangelhos gnósticos. Mas seria de grande ajuda pontuar dois aspectos sobre a forma de história que estou chamando de testemunho apostólico. Primeiro, como vimos, a história é importante para este testemunho, e não é para os evangelhos gnósticos. É importante para o testemunho apostólico que Jesus tenha sido uma pessoa real inserida na história real, e portanto é importante que os relatos sejam bem-embasados na maneira com que as testemunhas oculares contavam esta história. A história é interpretada, com certeza, mas é *história* o que é interpretado. Em segundo lugar, o testemunho ocular era de fato o tipo de testemunho que era mais valorizado pelos historiadores antigos – o de participantes envolvidos, pessoas que poderiam dizer algo da realidade dos eventos a partir de dentro. É o tipo de testemunho do qual precisamos para arranhar o significado dos eventos a despeito da excepcionalidade do que é contado nos quatro evangelhos. Não podemos e não precisamos polarizar fato e significado. Os quatro evangelhos nos dão ao mesmo tempo tanto o acesso mais confiável possível ao que aconteceu na história de Jesus quanto o significado que aqueles que estavam mais perto de Jesus e dos eventos perceberam nos mesmos quando os tomaram como ser a revelação transformadora de vida da parte de Deus.

A combinação inseparável de fato e significado, história e interpretação, que temos nos quatro evangelhos os qualificam em relação à autoridade que estes evangelhos viriam a adquirir para a Igreja-padrão do segundo século em diante. De maneira apropriada eles passaram e ser tomados como tanto o melhor acesso que temos à história de Jesus quanto a compreensão normativa do significado desta história para a fé cristã.

VI. A autoridade dos quatro evangelhos como canônicos

Para a Igreja-padrão que canonizou os quatro evangelhos, os evangelhos gnósticos proclamavam um Jesus diferente, um Jesus não enraizado na história do primeiro século, um Jesus não relacionado com a história de Israel, um Jesus que não veio do único Deus, Criador de todas as coisas. Penso que este veredito pode ser tomado como sem dúvida correto. Muitas diferenças religiosas profundas estavam em xeque, e a decisão da Igreja-padrão pelos quatro evangelhos somente foi importante para as características da fé cristã através dos séculos desde então.

Devemos perceber cuidadosamente que a Igreja não reduziu a pluralidade dos evangelhos a apenas um. É significativo para as características do cristianismo subsequente que a Igreja não tenha aceitado menos de quatro, bem como não mais que quatro. A Igreja recebeu quatro perspectivas diferentes de Jesus, mas definiu, como tal, apenas uma pluralidade limitada. Como vimos, os quatro evangelhos, com suas diferenças, parecem bastante similares quando os colocamos ao lado dos evangelhos não aceitos, todos muito diferentes destes quatro.

Uma grande razão pela qual correntemente há tanto interesse em outros evangelhos, indubitavelmente, é o clima cultural pós-moderno, no qual parece libertador romper com o cânon restritivo da Igreja tradicional e reconhecer a grande variedade de interpretações sobre Jesus e o cristianismo que outrora estavam disponíveis antes que a Igreja-padrão impusesse a uniformidade ortodoxa. Reconhecer esta variedade no mundo cristão antigo convém a uma agenda de pluralismo radical do mundo cristão contemporâneo. Todos os tipos de interpretação sobre Jesus são legítimos. Qualquer sonho serve. Qualquer noção de evangelhos normativos ou qualquer norma autoritativa de fé é percebida como restritiva e opressora.

Penso que a questão pode se reduzir a esta: Há um Jesus real, um Jesus que viveu na Palestina do século I mas que está vivo e acessível a crentes hoje, e tem importância que tipo de Deus Jesus se dispôs a revelar? Se as respostas são sim, então estamos diante da mesma inevitável decisão que a Igreja primitiva teve de fazer entre o Jesus dos quatro evangelhos e seu Deus, e o Jesus muito diferente dos evangelhos gnósticos e seu deus.

ALGUNS DOS PRIMEIROS CRISTÃOS

12. 2 Coríntios 4,6

A visão de Paulo da face de Jesus Cristo como a face de Deus

A maioria dos estudiosos que já comentaram 2Cor 4,6 a têm visto como em referência à visão de Paulo do Cristo exaltado na estrada de Damasco,[1] embora poucos tenham negado tal referência.[2] Demarcarei alguns pontos iniciais em suporte à referência antes de enfocar no novo elemento que eu gostaria de trazer à discussão. Primeiro a primeira pessoa do plural em

---

1. Seyoon Kim, *The Origin of Paul's Gospel*. 2ª edição, WUNT 2/4. Tubinga: Mohr Siebeck, 1984, p. 5 nota 4 lista alguns até 1974. Ele mesmo argumenta em favor desta percepção. Outros são listados por Magaret E. Thrall, *A Critical and Exegetical Commentary on the Second Epistle to the Corinthians,* v. 1 (ICC). Edimburgo: T. & T. Clark, 1994, p. 316 nota 878. Ela mesma concorda com esta percepção (316-318). Alguns outros que tomam esta visão para si são Scott J. Hafemann, *Suffering and Ministry in the Spirit.* Grand Rapids: Eerdmans, 1990, p. 14; Jerome Murphy-O'Connor, *The Theology of the Second Letter to the Corinthians.* Cambridge: CUP, 1991, p. 43; Carey C. Newman, *Paul's Glory-Christology* (NovTSup 69). Leiden: Brill, 1992, p. 220-222; Markus Bockmuehl, *Revelation and Mistery in Ancient Judaism and Pauline Christianity.* 2ª edição. Grand Rapids: Eerdmans, 1997, p. 136-137; James D. G. Dunn, *The Theology of Paul the Apostle.* Grand Rapids: Eerdmans, 1998, p. 29, 49; Rainer Riesner, *Paul Early Period: Chronology, Mission Strategy, Theology* (Traduzido por Doug Stout). Grand Rapids: Eerdmans, 1998, p. 237; Michael J. Gorman, *Cruciformity: Paul's Narrative Spirituality of the Cross.* Grand Rapids: Eerdmans, 2001, p. 22; Giovanni Marchesi, "Sul Volto di Cristo Rifulge la Gloria del Padre (2Cor 4,6)". *Civiltà Cattolica* 152. 2001, p. 240-253; Andrew Chester, *Messiah and Exaltation: Jewish Messianic and Visionary Traditions and New Testamet Christology* (WUNT 207). Tubinga: Mohr Siebeck, 2007, p. 86-87; James D. G. Dunn. *Beginning from Jerusalem (Christianity in the Making,* v. 2). Grand Rapids: Eerdmans, 2009, p. 348.

2. Estes incluem Victor Paul Furnish, *II Corinthians* (AB 32A). Nova York: Doubleday, 1984, p. 251-252; Carol Kern Stockhausen, *Mose's Veil and the Glory od the New Covenant: The Exegetical Substructure of II Cor 3,1-4,6.* (AnBib 118). Roma: Pontifício Instituto Bíblico, 1989, p. 158 nota 17; Thomas Wright, *The Resurrection of the Son of God.* Londres: SPCK, 2003, p. 384-386. Thomas Stegman, *The Character of Jesus: The Linchpin to Paul's Argument in 2 Corinthians* (AnBib 158). Roma: Pontifício Instituto Bíblico, 2005, p. 233-247 (ele parece negar o mesmo por implicação). Timo Eskola, *Messiah and the Throne: Jewish Merkabah Mysticism and Early Christian Exaltation Discourse* (WUNT 2/142). Tubinga: Mohr Siebeck, 2001, p. 199. O autor pensa que não há informação suficiente em 2Cor 4,6 para concluir que o mesmo se relaciona com a visão da estrada de Damasco.

2Cor 4,6 é simplesmente um exemplo da primeira pessoa do plural que Paulo usa ao longo de 2,14–7,7, passagem na qual ele discute a natureza de seu ministério apostólico do evangelho. Quando Paulo deseja incluir os coríntios (e possivelmente outros crentes) em uma primeira pessoa do plural, no contexto desta seção ele o faz claramente especificando "nós todos" (3,18; 5,10). Em alguns pontos da passagem pode parecer plausível que o "nós" de Paulo signifique a ele mesmo e seus colaboradores, mas de fato não há muito que pareça se referir individualmente a Paulo de maneira isolada[3] que seja preferível ler na primeira pessoa do plural ao longo da passagem como um plural epistolário ou, melhor, um plural de autoridade,[4] um artifício estilístico que fortalece a autoridade com a qual Paulo fala por si mesmo. Isso significa que o plural "nossos corações" em 4,6 simplesmente é parte deste artifício literário, referindo-se ao coração de Paulo.

Em segundo lugar, as palavras "em nossos corações" não implicam que Paulo não tenha visto algo com seus olhos, tendo tido uma experiência meramente interior, mas ao contrário que a visão de Paulo o afetou profundamente na sede de seu pensamento e vontade.[5] Mas em terceiro, como ambos Seyoon Kim e o Cardeal Carlo Martini argumentaram de maneira independente e convincente, devemos ler o versículo como se referindo a ambos os eventos, tanto da estrada de Damasco quanto ao ministério apostólico de Paulo que dele resultou.[6] Deus lançou luz sobre o coração de Paulo de tal maneira que ele pudesse comunicar a mesma para a iluminação de outros (πρὸς φωτισμόν),[7] dando a eles "a luz do conhecimento da glória de Deus na face

---

3. Veja, p. ex., Hafemann, *Suffering,* p. 12-16.

4. Veja minha discussão sobre este tipo de plural de primeira pessoa em Richard Bauckham, *Jesus and the Eyewitnesses: The Gospels as Eyewitness Testimony.* Grand Rapids: Eerdmans, 2006, p. 370-381.

5. Kim, *The Origin,* p. 6-7. Cf. 2Pd 1,19, que a meu ver refere-se à parusia, um evento no mundo externo, mas como uma luz que penetra os corações dos crentes.

6. Id., ibid., p. 9-10; Carlo M. Martini, "Alcuni Temi Letterari di 2Cor 4,6 e i Racconti della Conversione di San Paolo negli Atti". In: *Studiorum Paulinorum Congressus Internationalis Catholicus 1961,* v. 1. (AnBib 17). Roma: Pontifício Instituto Bíblico, 1963, p. 461-474, aqui p. 462-466.

7. Ele não quer dizer que "o sujeito da atividade implícita em πρὸς φωτισμόν" não é "o mesmo que o sujeito do verbo ἔλαμψεν" isto é, Deus (Thrall, *A Critical and Exegetical Commentary,* 318). Concordo com Thrall que assim seja, mas πρὸς φωτισμόν refere-se à atividade de Deus através do ministério de Paulo do evangelho.

de Jesus Cristo". Isto explica o paralelo com o verso 4, quando Paulo fala (por implicação) de crentes "vendo a luz do evangelho da glória de Cristo." Isto dá excelente sentido ao verso em seu contexto, no qual Paulo ainda está discutindo seu ministério apostólico. No verso seguinte (7), "este tesouro", que precisa se referir ao verso 6, é o evangelho *como* "a luz do conhecimento da glória de Deus na face de Jesus Cristo." Além disso, o verso 6 é então paralelo em um sentido geral, embora bastante diferente em palavreado, a Gl 1,16, no qual Paulo diz que Deus revelou seu Filho "em mim [Paulo], para que eu possa proclamá-lo entre os gentios". A revelação não era somente *para* Paulo (1,12), mas também *nele* como revelação a outros. Similarmente Deus lançou luz no coração de Paulo para a iluminação de outros.

Mas o que Paulo viu na estrada de Damasco? A que tipo de visão este tipo alude? Um bom número de estudiosos, especialmente Kim, colocaram a visão de Paulo na tradição mística ou apocalíptica judaica de visões do trono celeste de Deus, que Kim chama de "tradição teofânica do trono"[8] e encontra especialmente representada em Ez 1, Dn 7, *1 Enoque* 46 e *4 Edras* 13. Ele segue principalmente o argumento de Christopher Rowland de que uma "bifurcação" na divindade resultaria em uma figura gloriosa em forma humana como a manifestação divina de Deus nestas visões da "Glória de Deus". (Ez 1) ou a "(Um parecido com) Filho de Homem" (Dn 7; *1 Enoque* 46; *4 Esdras* 13).[9] O que Paulo viu, de acordo com Kim, foi esta hipostatização em forma semelhante à humana da divindade, a qual ele chama de "A glória de Deus na face de Jesus Cristo" (2Cor 4,6).[10] Concordo com outros que são muito críticos de tal reconstrução de uma "tradição teofânica do trono",[11]

---

8. Kim, op. cit., p. 239-252; id. *Paul and the New Perspective: Second Thoughts on the Origin of Paul's Gospel* (WUNT 140). Tubinga: Mohr Siebeck, 2002, p. 166-192. Veja também Alan F. Segal, "Paul ant the Beginning of Jewish Mysticism". In: *Death, Ecstasy and Other Wordly Journeys,* editado por John Collins & Michael Fishbane. Nova York: State University of Nova York Press, 1995, p. 93-12. Segal pensa que a experiência visionária de Paulo referida em 2Cor 12,2-5 seja a mesma quando de sua conversão e comissionamento.

9. Christopher Rowland, *The Open Heaven*. Londres: SPCK, 4982, p. 94-113.

10. Por um argumento complexo, que não precisa ser discutido aqui, Kim encontra as origens da cristologia da "Imagem de Deus", de "Adão" e mesmo da "Sabedoria" de Paulo nesta figura.

11. Larry W. Hurtado, *One God, One Lord: Ealry Christian Devotion and Ancient Jewish Mono-theism* (Filadélfia, Fortress, 1988) p. 85-90; James D. G. Dunn, " 'A Light to the Gentiles': The

mas em favor do argumento em si focarei aqui em um problema situado em embasar em uma tradição geral de visões místicas e apocalípticas judaicas do trono celeste um relato adequado da linguagem de Paulo em 2Cor 4,6.

Paulo fala da glória de Deus na *face* de Jesus Cristo. Esta referência à face distingue a frase no verso 6 do período paralelo no verso 4, quando Paulo está se referindo ao Evangelho sem a reflexão sobre sua própria experiência na estrada de Damasco. Evidentemente vem à mente quando ele relembra tal experiência. Não penso ser suficiente dizer que Paulo se refere à face de Cristo para se referir em retrospectiva à glória de Deus refletida na face de Moisés, discutida em 3,7-18. À medida que isto amarra passagem 3,7–4,6 de forma justa, suspeito que para Paulo isso ocorreu porque sua visão da face de Cristo, brilhando com a glória divina, o arrastou para a memória da passagem sobre Moisés em Ex 34,29-35 como uma maneira de contrastar seu ministério da nova aliança com o ministério da antiga aliança de Moisés.

Se algo próximo da proposta de Kim estiver correto – de que haja uma tradição de visões de uma hipóstase divina em forma humana, distinta de Deus em si mesmo e sentado com Deus no trono celeste de Deus ou no lugar do Deus invisível em seu trono –, então deveríamos esperar tais visões enfocadas na "face" da hipóstase divina com aparência humana, enquanto se abstendo de referência à face de Deus mesmo. Em face da importância da noção de "ver a face de Deus" na Bíblia hebraica (quer como algo que humanos não possam mirar ou algo que aspiram ver) deveríamos esperar que uma tradição de ver uma forma humana de Deus no céu destacaria a face de tal figura. Se assim, isto estaria em boa correlação com 2Cor 4,6. Mas Kim mesmo não investiga, como se esperaria, o material com este ponto específico em mente e a evidência não dá na verdade muito amparo para ler a tradição de tal maneira. Claro, em descrições do paraíso, todos os seres celestes são convencionalmente descritos como brilhantes, luminosos como o sol, alvos

---

Significance of the Damascus Road Christophany for Paul". In: *The Glory of Christ in the New Testament*. Editado por Lincoln Douglas Hurst & N. Thomas Wright (G.B. Caird FS). Oxford: Clarendon Press, 1987) p. 251-261; Eskola, op. cit., capítulo II. Especialmente problemática é a ideia de que "(Um como um) Filho do Homem" seja uma hipóstase divina em forma humana, idêntica a figuras de forma humanoide na visão do trono de Ezequiel.

como a neve ou a lã, ou reluzentes como pedras preciosas. A roupagem de Deus e seu cabelo partilham muitas similaridades (Dn 7,9; *1 Enoque* 14,20) com anjos, maiores e menores, cujas faces podem ser descritas como luminosas como o Sol (Ap 10,1; *2 Enoque* 1,5; *ApSof* 6,11)[12] ou como raios (Dn 10,6) ou como uma pedra preciosa (*ApAbr* 11,2).

Entretanto, quando nos voltamos a figuras alegadamente como sendo hipóstases divinas em forma humana, quase não encontramos referências à face. Ezequiel, cuja visão da glória de Deus em forma humana no *Merkavah* é especialmente destacada por Kim como um precedente para a visão de Paulo, certamente não vê face (Ez 1,26-27). Nem Dn 7 ou *4 Esdras* 13 descrevem a face da figura que é o "Filho do Homem". *1 Enoque* 46,1, entretanto, reescreve a visão de Daniel da seguinte maneira:

> Ali vi um que tinha uma cabeça de dias
> e sua cabeça era como lã branca
> e com ele havia outro, cuja face era com a aparência da de um homem
> e sua face era cheia de graciosidade como as faces dos santos anjos.[13]

Como em Dn 7, parece estranho tomar a figura do "Filho do Homem" como uma hipóstase divina quando ele é visto junto com o "Ancião dos Dias", que também é visto na visão. A "cabeça" do último ("cabelo de sua cabeça" em Dn 7,9) não é uma característica humana? (Cf. tb. *1 Enoque* 70,10: "sua cabeça era branca e pura como lã.") Devemos também notar que a face do "Filho do Homem" (*1 Enoque* 46,2 o chama "aquele filho do homem") não é descrita como brilhante ou gloriosa (embora que isto não seria surpreendente, vendo que é dito ser como a dos anjos). Não há nada especialmente divino na descrição "cheio de graciosidade", uma vez que isto evidentemente descreve também as faces dos anjos em geral. Presumivelmente isto quer

---

12. Mt 17,2 descreve a face de Jesus na Transfiguração desta maneira, diferentemente de Mc 9,2-3 (sem referência a sua face) e Lc 9,29 (aparência de sua face mudada). Ap 1,16 descreve a face de Jesus como vista na visão tal como "parecendo o sol brilhando com todo seu resplendor".

13. Tradução de George W. E. Nickelsburg e James C. VanderKam, *1 Enoch: A New Translation*. Mineápolis: Fortress, 2004, p. 59.

dizer "belo" (cf. Pr 4,9; 5,19 trazendo a palavra hebraica חן neste sentido).[14] *1 Enoque* 46,1 dificilmente fornece um paralelo iluminador para 2Cor 4,6.

Se nos voltamos a visões de Deus somente, lembramo-nos que a Moisés não foi permitida uma visão da face de Deus (Ex 33,23), e isto foi, implicitamente ao menos, também a experiência da maior parte dos visionários judeus depois dele. Dn 7,9 refere-se à roupa e cabelo do Ancião de Dias, mas não a sua face. Na versão mais antiga das visões de Enoque do trono celeste, é dito que nem mesmo os anjos e certamente ninguém de carne, como Enoque, pode ver a face de Deus (*1 Enoque* 14,21-25).[15] Em minha leitura da visão de Ezequiel em Ez 1, a mesma percebe a esta tradição de evitar qualquer ideia sobre visualizar a face de Deus, muito embora outros aspectos da figura divina possam algumas vezes serem vistos.[16] A visão de Deus em seu trono em Ap 4,3 adere a esta mesma evitação tradicional de referência a ver a face de Deus. Somente em *2 Enoque*, Enoque vê a face do Senhor "como ferro ardendo em meio ao fogo", emitindo fagulhas e incandescente (*2 Enoque* 22,1 J; 39,5 J; 39,3 A).[17] Neste caso excepcional, parece haver uma tentativa de descrição da face de Deus explicitamente como "em nada parecida" com a de um ser humano (veja especialmente 39,5 J; 39,3 A).[18]

Portanto, qualquer que seja nossa apreciação da história da tradição de visões do trono judeu, queiramos ou não aceitar as leituras de Rowland e Kim sobre a mesma, na verdade não há precedente para a noção de ver "a glória de

---

14. Cf. a descrição do Anjo Sariel: "sua aparência era muito bela e incrível" (*EscJac* 3,3).

15. Similarmente *QuEzra* A24-26. É notável que *1 Enoque* 14,20, enquanto lembra Dn 7,9, confina a descrição de Deus às suas roupas, não mencionando sua cabeça ou cabelo.

16. Penso que devemos ver a glória de Deus na visão de Ezequiel como a aparição do próprio Deus, não de uma hipóstase divina em separado.

17. Talvez haja uma implicação de que Enoque ultrapassou Moisés, que não podia ver a face de Deus. O recentemente publicado fragmento cóptico de *2 Enoque* demonstra que este trabalho provavelmente é um trabalho judeu antigo que sobreviveu em grego (a maior parte da literatura cristã cóptica deste tipo foi traduzida do grego). Permanecem sérios problemas para o discernimento de uma versão original diante das amplas variações dos manuscritos eslavônicos.

18. Parece também haver uma descrição da face de Deus na visão de Jacó da visão da escada como trazida em *EscJac* 1,4: "o topo da escada era a face de um homem, esculpida no fogo" (cf. 2,15; 3,4). Cf. Andrei Orlov, *Divine Manifestations in the Slavonic Pseudepigrapha* (Orientalia Judaica Christiana 2: Piscataway: Gorgias, 2009) p. 70-75. Orlov toma o texto como querendo dizer que a face de Deus é vista no topo da escada, mas não oferece uma tradução alternativa para que isto ocorra.

Deus" em uma face humana, que é o que Paulo afirma ter visto em 2Cor 4,6 referindo-se a sua visão de Cristo. Não desejo negar que em um senso muito geral a visão de Paulo do Cristo exaltado pertença à tradição judia de visões do trono celeste, mas penso que pelo foco na face de Cristo, evidentemente importante para Paulo, devemos procurar em alguma outra parte – a Bênção Sacerdotal (Nm 6,24-26).[19] É neste contexto que o fulgor da face de Deus poderia ser bem conhecido a todos os judeus, mas especialmente para alguém como Paulo, que viveu em Jerusalém por um período extenso e deve muito habitualmente ter estado no Templo quando a Bênção era pronunciada: "O SENHOR faça sua face brilhar sobre você e lhe seja gracioso". (Vale a pena destacar que Paulo presumivelmente seria mais familiar com estas palavras em hebraico do que no grego da Septuaginta.) Esta segunda linha da Bênção anuncia a mirada de Deus favoravelmente (com uma face sorridente) e agindo com concessão concreta de favores (o verbo חנן).

Se pudermos supor que esta era a visão que Paulo intuitiva e imediatamente associaria com sua visão, então uma consequência importante segue e não pode ser suprida pela tradição judaica de visões celestes somente. Na Bênção o fulgor da face de Deus significa a sua graça, sua atitude graciosa favorável e atitudes graciosas pelo povo. Se Paulo viu a face divina, muito brilhante, e ouviu a voz identificando a si mesma como Jesus,[20] então ele poderia ter entendido a face de Jesus como sendo a face divina manifestando a si mesma gratuitamente. Sem dúvida isto seria uma manifestação perplexan-

---

19. Até onde sei, ninguém se referiu à Bênção Sacerdotal em conexão com 2Cor 4,6 exceto Joseph A. Fitzmyer, "Glory Reflected on the Face of Christ (2Cor 3,7–4,6) and a Palestinian Jewish Motif". *TS* 42 (1981), p. 631-644, aqui p. 641, mas ele simplesmente nota que 1QS 2,2-4 ecoa a Bênção. Ele não sugere uma conexão direta entre a Bênção e 2Cor 4. Bem como 1QS 2,2-4 (veja o Apêndice de Textos) Fitzmyer discute 1QH 12 (Sukenik 4): 5-6, 27-20; 1QSb 4,24-28, que fala de Deus iluminando a face do Mestre da Retidão (?) que (ou para quem) a aliança e através dele iluminando as faces de muitos (1QH), e dos sacerdotes como "se fosse uma luminária... para brilhar na face dos muitos." (1QSb). Estas não parecem para mim ser muito próximas de 2Cor 4,6, uma vez que as passagens não querem dizer que estas pessoas reflitam a glória de Deus, mas que Deus as ilumina com conhecimento. Entretanto, há alguma semelhança na referência de Paulo à "luz do conhecimento da glória de Deus", enquanto 1QS 2,3 é paralela da referência de Paulo à iluminação do coração.

20. Certamente este comentário reflete os relatos em Atos (9,4-6; 22,7-10; 26,14-18), mas uma escuta deste tipo é a maneira mais óbvia com a qual Paulo seria capaz de identificar o que estava vendo.

te e transformadora de misericórdia e graça em favor de Paulo somente, que até então estava perseguindo os seguidores de Jesus. Mas o significado seria ainda maior do que individual, como podemos ver se nos voltarmos a alguns ecos da Bênção Sacerdotal da Bíblia hebraica.[21]

Os mais importante são os Salmos[22], uma vez que eles seriam mais familiares a Paulo. Alguns ecos da Bênção Sacerdotal nos Salmos são pessoais (4,6; 31,16; 119,135), mas em dois casos importantes uma dimensão mais ampla é vislumbrada. O Salmo 80 é único dentre os Salmos por ser uma prece sustentada pela restauração de Israel. Ele implora a Deus que aja para salvar o povo (a vinha que ele plantou) das nações gentias (o javali selvagem que assola a vinha). A prece é resumida em um refrão que ocorre três vezes, aludindo à Bênção Sacerdotal:

> Ó Deus, nos restaure,
> brilhe sobre nós a sua face e seremos salvos (vv. 3.7.19).[23]

O Salmo 67 tem outro eco especialmente notável da Bênção Sacerdotal:

> Que Deus seja-nos gracioso e nos abençoe
> e faça sua face brilhar sobre nós
> para que seu caminho seja conhecido sobre a terra
> seu poder salvador entre as nações (vv. 1-2).

O salmo segue dizendo repetidamente das nações louvando o Deus que abençoou Israel e age também pelo bem das próprias nações.[24]

---

21. Em uma discussão mais ampla outros textos judeus dados no Apêndice mereceriam atenção, especialmente *1 Enoque* 1,8.

22. Sobre a Bênção Sacerdotal nos Salmos, veja Michael Fishbane, "The Priestly Blessing and Its Aggadic Reuse". In: *"The Place Is Too Small for Us: The Israelit Prophets in Recent Scholarship*, ed. Robert P. Gordon (Sources for Biblical and Theological Study 5; Winona Lake: Eisenbrauns, 1995), p. 223-229, aqui p. 224-226.

23. A única diferença entre as três ocorrências deste refrão é que ele se dirige a Deus de maneira progressivamente expandida: "Deus" (v. 3), "Deus das hostes" (v. 7), "YHWH Deus das hostes" (v. 19).

24. Muitos comentaristas dos Salmos notam quão marcante é este escopo universal do Salmo diante do fato de que a Bênção Sacerdotal em si mesma, em seu contexto de Nm 6,23-27, é totalmente focada nos israelitas. Cf. John Goldingay, *Psalms*, v. 2: *Psalms 42-89*. In: Baker Commentary on the Old Testament Wisdom and Psalms. Grand Rapids: Baker Academic, 2007, p. 301, 304.

Não é difícil acreditar que o zeloso fariseu Paulo tinha esperança de um grande ato de bondade divina que colocaria um fim na dominação pagã sobre Israel, restauraria a nação à sua glória total, e também impressionaria as nações com tamanho poder e fidelidade do Deus de Israel, de modo que elas viriam para cultuá-lo, como os profetas habitualmente predisseram. Os dois salmos 80 e 67 colocam esta esperança nas palavras da Bênção Sacerdotal: que Deus faria sua face (até então voltada para fora de seu povo em julgamento) brilhar sobre eles novamente e que Deus agiria graciosamente em seu favor. O que Paulo teria reconhecido na estrada de Damasco é que a face de Deus agora brilhava sobre seu povo – como a face de Jesus. Jesus era aquele em quem Deus agiu e estava agindo para restaurar Israel e converter todas as nações. O grande ponto de virada da história havia chegado e a graça de Deus para Paulo dali em diante era uma comissão para proclamar este gracioso ato de Deus em Cristo para todas as nações por todo o mundo. O paralelo extraordinário de Paulo entre sua visão e a criação de Deus da luz nos primórdios demonstra que Paulo viu, no volver de graça de Deus para o mundo que sua visão revelou, o prenúncio da era de restauração de Israel e renovação de toda a criação.

Para sustentar esta interpretação da maneira que Paulo entendeu sua cristofania na estrada de Damasco, permitam-me fazer três observações relacionadas a nossa passagem em 2Cor 4,6. Primeiro, notemos que os ecos da Bênção Sacerdotal na Bíblia hebraica e em outras peças literária judias enfocam predominantemente a segunda linha da Bênção. É somente esta linha que é ecoada no Salmo 80 e em alguns outros textos, enquanto o Salmo 67 ecoa a primeira linha (com a palavra "nos abençoe"), mas especialmente a segunda. A terceira linha da Bênção parece nunca ter sido tomada (exceto em *1 Enoque* 1,8): a imagem da face de Deus brilhando era evidentemente preferida àquela de Deus levantando sua face. Paulo usa das palavras-chave da segunda linha, "face" e "fulgor", no verso 6, mas ele também ecoa a terceira palavra-chave da segunda linha da Bênção – "seja gracioso" – em 2Cor 4,1, onde o aoristo passivo do verbo ἐλεέω refere-se ao ato da graça de Deus de dar a Paulo o ministério do Evangelho. Este é o verbo que a Septuaginta utiliza na segunda linha da Bênção Sacerdotal em Números, e é o verbo mais

343

comumente utilizado na Septuaginta para traduzir o verbo hebraico חנן. Paulo em outras partes caracteristicamente pensa em sua conversão/comissão como um ato da χάρις divina (Rm 1,5; 12,3; 15,15; 1Cor 3,10; Gl 1,15; 2,9; cf. Ef 3,2.7.8; 1Tm 1,14), mas ele não utiliza o verbo correspondente χαρίζομαι neste sentido, ao passo que usa ἐλεέω para referir a sua conversão/comissionamento em 1Cor 7,25[25] (também 1Tm 1,13.16).

Em segundo lugar, a alusão de Paulo a Gn 1,3 na primeira metade de 4,6 é uma paráfrase ao invés de uma citação. Como muitos estudiosos sugeriram,[26] ele pode ter se inspirado em outros textos bíblicos aqui (mais plausivelmente Is 9,2). Mas a razão óbvia pela qual ele simplesmente não tenha citado o que Deus diz segundo Gn 1,3 ("Haja luz") é que ele tenha desejado criar um paralelo verbal com a segunda metade do verso: "O Deus que disse 'que a luz *brilhe* (λάμψει) em meio as trevas', *brilhou* (ἔλαμψεν) em nossos corações..." O verbo é essencial para a alusão de Paulo à Bênção Sacerdotal e assim, para apontar o paralelo entre os dois atos divinos, ele precisou parafrasear Gn 1,3 de modo que incluísse o verbo.[27]

Em terceiro lugar, uma grande vantagem de meu argumento sobre aqueles que entenderam a visão de Paulo simplesmente como uma revelação de que Jesus fora exaltado ao trono divino é a seguinte: Segundo o argumento que apresentei, a visão tem um significado cristológico central mas também um significado muito claramente soteriológico. Paulo vê Jesus não simplesmente como exaltado ao trono divino, mas como "a face" da atividade graciosa e marcante de Deus em favor de Israel e as nações. Além disso, a visão, que significava a inclusão excepcional de Paulo como recipiente de sua graça, poderia então também constituir para ele um chamado a desem-

---

25. A tradução de Thiselton é apropriada: "Como alguém sobre quem a concessão de graça por Deus tornou digno de confiança" (Anthony C. Thiselton, *The First Epistle to the Corinthians*. Carlisle: Paternoster/Grand Rapids: Eerdmans, 2000, p. 565-566.

26. Stockhausen, *Moses' Veil*, p. 160-162.

27. É notável que J. Gerald Janzen, "What Does the Priestly Blessing Do?". In: *From Babel to Babylon*, ed. Joyce Rilett Wood, John E. Harvey & Mark Leuchter, Brian Peckham FS; Library of Hebrew Bible/Old Testament Studies 455; Nova York/Londres: T. & T. Clark, 2006, p. 26-37, aqui p. 33, veja uma relação entre Nm 6,25 e Gn 1,3 sem nenhuma referência a 2Cor 4,6. Paulo está utilizando *gezera shava* para conectar os dois textos.

penhar um papel especial nesta atividade graciosa de Deus. Compreendendo este chamado, como ele faz em 2Cor 4,6, como uma comissão para passar adiante a luz brilhante da graça de Deus a outros, ele poderia muito bem ter feito uma conexão com Is 49,6 ("Eu lhe darei como luz para as nações"), que outras evidências sugerem ter sido importante para a percepção de Paulo de sua missão apostólica.[28]

Finalmente, eu sugeri que minha proposta, se aceita, poderia ter mais duas consequências gerais para a compreensão de "graça" em Paulo:

Primeiro, minha proposta torna possível uma abordagem nova a muito característica proeminência da graça, tanto como conceito quanto como palavra, na teologia de Paulo. Graça, para Paulo, é o evento no qual Deus voltou-se definitivamente para seu povo e as nações com amor e misericórdia. Experimentar a graça de Deus, como Paulo fez na estrada de Damasco, é encontrar a si mesmo incluído naquele evento marcante da graça de Deus. Graça é o que acontece quando Deus age graciosamente em Jesus Cristo, isto é, tanto na história de sua cruz e ressurreição quanto em sua identidade pessoal, sua "face".

Se a compreensão de Paulo da graça deriva inicialmente da Bênção Sacerdotal, como fosse percebido em sua visão de Cristo, então "graça" para Paulo corresponde ao verbo hebraico חנן e seu substantivo cognato חן ao invés de חסד. Seu uso de palavras então corresponde mais proximamente ao da Septuaginta, que mais habitualmente traduz חן como χάρις, mas utiliza ἐλεέω mais habitualmente para o verbo חנן (embora também para um número de outros verbos), usando χαρίζομαι raramente e apenas para traduzir נחן. De modo similar Paulo usa o verbo ἐλεέω e o substantivo χάρις, e não cognatos em grego mas representando o verbo e o substantivo cognatos חנן e חן, em hebraico. Para Paulo, é o substantivo ἔλεος, que ele utiliza muito raramente, e não χάρις, que representa חסד. Como James Dunn aponta,[29] as frequências relativas de χάρις e ἔλεος em Paulo são o reverso da situação na Septuaginta (onde ἔλεος é mais comum que χάρις),

---

28. Veja Martini, "Alcuni Temi", p. 466-473; Dunn, *Beginning*, p. 354-355; Kim, *Paul*, capítulo 3.
29. Dunn, *The Theology*, p. 321.

mas para explicar isto não precisamos apelar para a utilização do grego fora da Septuaginta. O uso de palavras de Paulo tem sua fonte especialmente na Bênção Sacerdotal, que utiliza o verbo חנן, traduzido por ἐλεέω na Septuaginta. Precisando de um substantivo grego para o mesmo conceito, Paulo naturalmente usa χάρις, o termo favorito da Septuaginta para חן. O que isto utilmente sublinha é o fato de que χάρις para Paulo tem um significado predominantemente ativo, referindo-se ao que Deus faz ao agir graciosamente. O substantivo grego χάρις em Paulo reflete o verbo hebraico חנן ao menos tanto quanto ele reflete o substantivo חן.

Em segundo lugar, segundo 2Cor 4,6 foi Deus que resplandeceu no coração de Paulo, mas a luz que resplandeceu foi a glória de Deus na face de Jesus Cristo. Isto é bastante coerente com o fato de que Paulo mais costumeiramente diz da graça como a graça de Deus, mas pode também, em alguns contextos significativos (2Cor 8,9; 12,9), dizer da graça de Jesus Cristo. Particularmente notável é a "bênção de graça" que ocorre no fechamento da seção de todas as cartas de Paulo, variando um pouco de uma a outra, mas nas cartas de autoria indisputada sempre incluindo as palavras "a graça do Senhor Jesus esteja com vocês" (Rm 16,20; 1Cor 16,23; 2Cor 13,13; Gl 6,18; Fl 4,23; 1Ts 5,28; 2Ts 3,18; Fl 25) (em todos os casos, exceto um, "Jesus Cristo"; em quatro casos "nosso Senhor Jesus Cristo").[30] À luz da Bênção Sacerdotal podemos perceber que este é um exemplo em Paulo de sua prática comum de ler os textos do Antigo Testamento que usam o Nome divino como se referindo a Jesus.[31] Isto inclui períodos como "o dia do Senhor" (p. ex., 2Cor 1,14: "o dia do Senhor Jesus") e "clamar no nome do Senhor" (p. ex., 1Cor 1,2: "clamem no nome de nosso Senhor Jesus Cristo"). A bênção da graça em Paulo não tem sido reconhecida ou comparável porque o período nominal "a graça do SENHOR" não é utilizado no Antigo

---

30. As outras cartas do *corpus* paulino têm a fórmula sem "O Senhor Jesus" (Ef 6,24; Cl 4,18; 1Tm 6,21; 2Tm 4,22; Tt 3,15, também Hb 13,25). Veja a tabela em Jeffrey A. D. Weima, *Neglected Endings: The Significance of the Pauline Letter Closings* (JSNTSup 101). Sheffield: Sheffield Academic Press, 1994, p. 80.

31. Richard Bauckham, *Jesus and the God of Israel:* God Crucified *and Other Studies on the New Testament's Christology of Divine Identity.* Grand Rapids: Eerdmans, 2008, p. 186-218.

Testamento, mas podemos agora ver que a linguagem de Paulo aqui reflete a segunda bendição da Bênção Sacerdotal: "O SENHOR... lhe seja gracioso".[32] O Nome divino é tão proeminente na Bênção Sacerdotal que Nm 6,27 descreve a bênção nos seguintes termos: "Então eles porão meu Nome nos israelitas, e eu os abençoarei" (TM, não na LXX).[33] Aventuro-me a sugerir que talvez devêssemos ver a bendição da graça em Paulo como uma versão cristã da Bênção Sacerdotal. Se assim o for, seria bastante semelhante à versão cristã de Paulo do *Shema'* em 1Cor 8,6, quando ele inclui Jesus ao tomar o κύριος (YHWH) de Dt 6,4 como referente a Jesus.[34]

Apêndice de textos: A Bênção Sacerdotal e alusões à mesma

A Bênção Sacerdotal (Nm 6,24-26)

יברך יהוה וישמרך
יאר יהוה פניו אליך ויחנך
ישא יהוה פניו אליך וישם לך שלום

YHWH o abençoe e o guarde.
YHWH faça sua face resplandecer sobre você e lhe seja gracioso.
YHWH levante sua face sobre você e lhe dê a paz.

LXX: Εὐλογήσαι σε κύριος καὶ φυλάξαι σε,
ἐπιφάναι κύριος τὸ πρόσωπον αὐτοῦ ἐπι σὲ καὶ ἐλεήσαι σε,
ἐπάραι κύριος τὸ πρόσωπον αὐτοῦ ἐπὶ σὲ καὶ δῴη σοι εἰρήνην.

---

32. Seria possível que μεθ' μῶν na bênção da graça de Paulo reflita o muito incomum uso de את no Sl 67,2; enquanto Nm 6,25 traz אל?

33. Este aspecto da Bênção é refletido em 4Q542 (*Testament of Qahat ar*) 1 i 1: "ele fará sua luz brilhar sobre você e fará você conhecer o seu grande nome".

34. Bauckham, *Jesus and the God...*, p. 210-218.

A Paráfrase de Qumran da Bênção Sacerdotal (1QS 2,2-4)[35]

Que Ele o abençoe (יברככה) com todo o bem e o guarde
(וישמורכה) de todo mal.
Que Ele ilumine seu coração (literalmente: faça seu coração
brilhar) (יאר לבכה)[36] com conhecimento vivificante (בשכל חייס)
e que lhe seja gracioso (ויחנכה) (isto é, o favoreça) com conhecimento eterno.
Que Ele erga a face de sua misericórdia a você (פני חסדיו לכה
וישא) com eterna paz.

A Bênção Sacerdotal e Restauração

Amuleto Ketef Hinnom I, linhas 12-18:[37]
Uma vez que YHWH é seu restaurador (שיבנו[מ]) e rocha. Que
YHWH o abençoe e [que Ele] o guarde. [Que] YWHW faça
[sua face] brilhar...

Sl 80 (refrão: vv. 4, 8, 20):
Ó Deus, restaura-nos (השיבנו),
e **possa sua face brilhar** para que sejamos salvos.

LXX Sl 79 (refrão vv. 4, 8, 20):
Ó Deus, nos traga de volta,
e **mostra** (ἐπίφανον) **sua face**, e seremos salvos.

Dn 9,17
...e **faça sua face brilhar** (והאר פניך) sobre seu santuário desolado.

---

35. Para outras paráfrases da Bênção Sacerdotal em Qumran, veja 11Q14 (Regras da Guerra)
1 ii 7-11; 1QSb 1-3.

36. Este é um paralelo fantástico com 2Cor 4,6, que demonstra pelo menos que um escritor judeu
poderia pensar sobre a luz da Bênção Sacerdotal brilhando no coração. O paralelo foi notado por
Fitzmeyer, "Glory", p. 642-643.

37. Gabriel Barkay, Andre G. Vaughn, Marilyn J. Lundberg and Bruce Zuckerman, "The Amulets
from Ketef Hinnom: A New Edition and Evaluation", *BASOR* 334 (2004), p. 41-71, aqui p. 61. A
data deste texto (século VII ou VIII a.C.) significa que ele não tem relevância direta para o estudo
de 2Cor 4,6, mas ao associar a restauração por Deus com a Bênção Sacerdotal torna-se um ótimo
paralelo com o Sl 80, embora a referência não seja a uma restauração nacional como no salmo. Este
paralelo parece não ter sido notado.

4Q393 (Confissão Comunitária) 3.4-5

Ó Deus... seu povo e sua herança estão abandonados. Não deixe nenhum homem andar na obstinação irrefletida de seu coração mau. Onde está a força? E sobre quem permitirá que **sua face brilhe?** (האיר פניך)[38]

1 Enoque 1:8

Com o virtuoso ele fará paz,
e sobre os escolhidos haverá proteção,
e sobre eles haverá misericórdia.
Ele abençoará a todos (eles),
e ele ajudará todos (eles).
A luz brilhará sobre eles,
e ele fará paz com eles.[39]

A Bênção Sacerdotal e as Nações

Sl 67,2-3:

Possa Deus **ser gracioso** conosco e **abençoar**-nos (יחננו ויברכנו)
e **faça sua face brilhar** sobre nós (literalmente: conosco) (אתנו יאר פניו),
para que seu caminho seja conhecido sobre a terra,
seu poder salvador entre todas as nações.

LXX (Sl 66,2-3)

Possa Deus **ter compaixão** (οἰκτιρήσαι) de nós e nos **abençoe**
e **mostre** (ἐπιφάναι) **sua face** sobre nós,
para que conheçamos seu caminho sobre a terra,
seu poder salvador (σωτήριον) entre todas as nações.

O Eco de Paulo à Bênção Sacerdotal em 2Cor 4,1.3-6

Διὰ τοῦτο, ἔχοντες τὴν διακονίαν ταύτην καθὼς **ἠλεήθημεν**, οὐκ ἐγκακοῦμεν... ³εἰ καὶ ἔστιν κεκαλυμμένον τὸ εὐαγγέλιον

---

38. Este pode ser um eco de Dn 9,17. Veja também 4Q374 2 ii 8: "quando ele permitiu que sua face brilhasse para os curar, eles fortaleceram os corações novamente". A referência parece ser histórica: o período do êxodo e conquista.

39. Tradução de Nickelsburg e VanderKam, *1 Enoque*, p. 20. Note a (antiantropomórfica) omissão de referência à face de Deus. Para ecos da Bênção Sacerdotal, veja Lars Hartman, *Asking for a Meaning: A Study of 1 Enoch 1-5* (ConBNT 12). Lund:Gleerup, 1979, p. 32-38, 44-48, 132-136; George W. E. Nickelsburg, *1 Enoch 1.* Hermeneia: Fortress, 2001, p. 147-148.

ἡμῶν, ἐν τοῖς ἀπολλυμένοις ἐστὶν κεκαλυμμένον, [4]ἐν οἷς ὁ θεὸς τοῦ αἰῶνος τούτου ἐτύφλωσεν τὰ νοήματα τῶν ἀπίστων εἰς τὸ μὴ αὐγάσαι τὸν φωτισμόν τοῦ εὐαγγέλιου τῆς δόξης τοῦ Χριστοῦ, ὅς ἐστιν εἰκὼν τοῦ θεοῦ. [5]οὐ γὰρ ἑαυτοὺς κηρύσσομεν ἀλλὰ Χριστόν Ἰησοῦν **κύριον**, ἑαυτοὺς δὲ δούλους ὑμῶν διὰ Ἰησοῦν. [6]ὅτι ὁ θεός ὁ εἰπών· Ἐκ σκότους φῶς **λάμψει**, ὅς **ἔλαμψεν** ἐν ταῖς καρδίαις ἡμῶν πρὸς φωτισμὸν τῆς γνώσεως τῆς δόξης τοῦ **ἐν προσώπῳ** Ἰησοῦ Χριστοῦ.

Portanto, uma vez que **por um ato da misericórdia de Deus** temos este ministério, nós não perdemos nosso coração... [3]e mesmo se nosso evangelho é velado, assim o é àqueles que estão a perecer. [4]No caso deles, o deus deste mundo cegou as mentes dos descrentes, para os impedir de verem a luz do evangelho da glória de Cristo, que é a imagem de Deus. [5]Pois nós não proclamamos a nós mesmos; proclamamos Jesus Cristo como **Senhor** e a nós mesmos como seus escravos pela vontade de Jesus. [6]Pois o Deus que disse: "**Que brilhe** a luz em meio à escuridão", **brilhou** em nosso coração com uma visão para dar a luz do conhecimento da glória de Deus na **face** de Jesus Cristo.[40]

A Bênção da Graça em Paulo

Rm 16,20: ἡ χάρις τοῦ κυρίου ἡμῶν Ἰησοῦ μεθ' ὑμῶν.
1Cor 16,23: ἡ χάρις τοῦ κυρίου Ἰησοῦ μεθ' ὑμῶν.
Cf. 2Cor 13,13; Gl 6,18; Fl 4,23; 1Ts 5,28; 2Ts 3,18; Fm 25.

---

40. Minha tradução, adaptando NRSV.

13. Barnabé em Gálatas

Não há solução consensual para os vários problemas históricos da carta de Paulo aos gálatas: sua destinação, sua data, sua relação com a narrativa de Atos, e a identificação dos oponentes de Paulo na Galácia. Este artigo não oferece outras abordagens às bem conhecidas discussões sobre cada um destes problemas. Ele assume o seguinte arranjo de conclusões gerais, sobre os quais outros já discutiram: (a) o sul da Galácia como destinatário;[1] (b) que os oponentes de Paulo na Galácia fossem judeu-cristãos de Jerusalém, representando o partido mais restritivo da Igreja de Jerusalém (aos quais Lucas se refere em At 15,1.5);[2] (c) que a visita a Jerusalém de Gl 2,1-10 deve ser identificada com a visita dos famintos em At 11,30;[3] (d) uma data para a

---

1. A versão clássica da compreensão sobre o sul da Galácia está nos trabalhos de Sir William Ramsay, começando com *The Church in the Roman Empire before AD 170*. Londres: Hodder & Soughton, 1893; cf. tb. E. H. Askwith, *The Epistle to the Galatians: An Essay on its Destination and Date*. Londres: Macmillan, 1889. Estudos minuciosos mais recentes sobre a questão de destinatário, que concluem que o mesmo era o sul da Galácia, são F. F. Bruce, "Galatian Problems: 2. North or South Galatians?" *BJRL* 52 (1969-70), p. 243-266; C.J. Hermer, "Acts and Galatians Reconsidered", *Themelios* 2 (1976-7), p. 82-85.

2. Defesas recentes desta identificação, contra Ropes e Schmithals, são as de F. F. Bruce, "Galatians Problems: 3. The 'Other Gospel'", *BJRL* 53 (1970-71), p. 253-271; J. W. Drane, *Paul: Libertine or Legalist?* Londres: SPCK, 1975, p. 78-94; e, novamente, contra Munck e Schmithals temos J. Bligh, *Galatians: A Discussion of St Paul's Epistle*. Londres: St Paul Publications, 1969, p. 31-35.

3. Isto é defendido, p. ex., por W. M. Ramsay, *St Paul the Traveller and the Roman Citizen*. 5ª edição. Londres: Hodder & Stoughton, 1900, p. 55-60; K. Lake, *The Earlier Epistles of St Paul*. Londres: Rivington, 1911, p. 179-197 (Lake abandonou esta percepção mais tarde); C.W. Emmet, in *The Beginnings of Christianity,* ed F. J. F. Jackson & K. Lake. Londres: Macmillan, 1922, V. 2: p. 277-281; A. W. F. Blunt, *The Epistle of Paul to the Galatians*. Oxford: Clarendon Press, 1925, p. 77-84; W. L. Knox, *St Paul and the Church of Jerusalem*. Cambridge: Cambridge University Press, 1925, p. 180-184; T. W. Manson, *Studies in the Gospels and Epistles*. Manchester: Manchester University Press, 1962, p. 168-189; B. Orchard, "The Problem of Acts and Galatians" *CBQ* 7 (1945), p. 377-379; J. J. Gunther, *Paul: Messenger and Exile*. Valley Forge: Judson Press, 1972, p. 30-43; C.J. Hemer, "Acts and Galatians Reconsidered", p. 86-87.

epístola entre a primeira viagem missionária (At 12–14) e o Concílio de Jerusalém (At 15).[4]

O objetivo do artigo é demonstrar que o contexto histórico postulado para Gálatas por estas conclusões gerais pode explicar e iluminar um aspecto negligenciado do texto da carta: suas referências e falta de referências a Barnabé. O artigo, portanto, serve como pequeno teste destas conclusões, uma vez que o teste final de qualquer solução proposta aos problemas em Gálatas precisa ter capacidade de lidar convincentemente com o texto real da carta como um todo. *Alguns* dos argumentos do artigo poderiam ainda sustentar-se caso um contexto histórico diferente fosse assumido, mas deve ser percebido que nenhum deles seria válido se Gálatas fosse endereçado a igrejas na Galácia do Norte que não tivessem Barnabé como um dos seus apóstolos fundantes.

Precisamos primeiro esquematizar o que pode ser coletado sobre a carreira de Barnabé até a data proposta de Gálatas. Aos olhos de Paulo (1Cor 9,6) Barnabé era um apóstolo, o que provavelmente significa que ele foi comissionado pessoalmente pelo Cristo ressuscitado.[5] Isto está de acordo com a evidência de Atos de que ele era um membro da Igreja de Jerusalém desde uma época muito remota (At 4,36).[6]

Não há razão séria para duvidar da precisão histórica da informação sobre Barnabé nos Atos. Enviado à Antioquia em uma comissão de investigação da Igreja de Jerusalém (At 11,22), Barnabé se tonou um líder proeminente da missão gentia na Antioquia (11,23-24), na qual ele teve a assistência de Paulo

---

4. Esta data foi defendida, p. ex., por D. Round, *The Date of St Paul's Epistle do the Galatians.* Cambridge: Cambridge University Press, 1906; W. M. Ramsay, *The Teaching of Paul in Terms of the Present Day.* Londres: Hodder & Stoughton, 1913, p. 372-392 (mais cedo Ramsay havia defendido uma data posterior); K. Lake, *Earlier Epistles,* 297-302; C. W. Emmet, in *Beginnings,* v. 2, p. 281-285; G. S. Duncan, *The Epistle of Paul to the Galatians.* Londres: Hodder & Stoughton, 1934, xxi-xxxi; B. Orchard, "The Problem of Acts and Galatians", p. 377-397; F. F. Bruce, "Galatians Problems: 1. Autobiographical Data", *BJRL* 51 (1968-69), p. 292-309, id. "Galatian Problems: 4. The Date of the Epistle", *BJRL* 54 (1971-72), p. 250-267; id. *Paul: Apostle of the Free Spirit.* Exeter: Paternoster, 1977, capítulo 17.

5. Claramente isto depende da compreensão de Paulo de apostolado, que é debatida. Neste ponto concordo com W. Schmithals, *The Office of Apostle in the Early Church,* tradução de J. E. Steely. Londres: SPCK, 1971, p. 63-64; 74-79.

6. Note também seu vínculo com João Marcos (Cl 4,10), outro discípulo jerusalemita primitivo. (At 12,12)

(11,25-26). Juntos eles viajaram até Jerusalém, não apenas para entregar a remessa assistencial para os famintos (At 11,30) mas também para asseverarem o reconhecimento de sua missão aos gentios pelos apóstolos "pilares" (Gl 2,1-10). Provavelmente esta foi uma precaução que eles deliberadamente tomaram antes de embarcar para uma extensão de seu trabalho para além da região de Antioquia. Logo após eles seguiram na assim chamada "primeira viagem apostólica" de Barnabé e Paulo (At 13–14).

Paulo, como veremos, provavelmente minorou o papel desempenhado por Barnabé na conferência apostólica conforme por ele narrada em Gl 2,1-10. Os apóstolos de Jerusalém provavelmente tomaram Barnabé como o parceiro sênior da dupla, tanto como apóstolo anteriormente a Paulo quanto como mais experiente, bem à parte de sua conexão íntima com a Igreja de Jerusalém. Mesmo a narrativa de Atos, cujo interesse é na carreira em desenvolvimento de Paulo e que poderia, portanto, concordar com ele no que diz respeito a alguma proeminência anacrônica, ainda parece reconhecer a senioridade ou ao menos igualdade de Barnabé: ela diz de "Barnabé e Saulo" (At 11,30; 12,25; 13,2.7) ou "Barnabé e Paulo" (14,14; 15,12.25) tanto quanto diz de "Paulo e Barnabé" (13,43.46.50; 15,2.22.35) ou "Paulo e seu companheiro" (13,13). Paulo era o "porta-voz" (14,12), mas isso não implicava em liderança, mesmo para os habitantes de Listra que notaram isso. Mesmo que seja provável que durante a primeira viagem missionária Paulo estivesse emergindo como o líder natural, não devemos subestimar o papel significante de Barnabé na origem e consecução da missão gentia. Neste estádio ele era, igualmente com Paulo, um pioneiro "apóstolo dos gentios".

Uma vez que a importância histórica real de Barnabé seja reconhecida, sua falta de proeminência em Gálatas torna-se uma característica da carta que requer explicação. Ao assumir que ela fosse endereçada aos convertidos de *Barnabé* e Paulo no sul da Galácia, deveríamos esperar mais referências ao apóstolo companheiro de Paulo. Os meros assistentes de Paulo em suas viagens missionárias posteriores figuram com maior proeminência nas correspondências tessalonicense e coríntia que Barnabé em Gálatas. Além disso, Barnabé era muito relevante para o argumento de Gálatas, no qual Paulo defende sua autoridade apostólica para pregar um evangelho sem a Lei. A

353

autoridade similar de Barnabé deveria ter sido de igual interesse para os leitores da carta.

Diante do papel de Barnabé na evangelização da Galácia, os judaizantes naquele lugar devem ter procurado desacreditar Barnabé bem como Paulo, mas não é imediatamente evidente a partir de Gálatas como o fizeram. No caso de Paulo, é claro que eles negaram sua reivindicação de um apostolado independente e igual ao dos "pilares"; sustentaram que ele recebeu tanto o seu conhecimento do Evangelho quanto sua comissão como missionário dos apóstolos de Jerusalém, e mantiveram que ele abusou de seu comissionamento ao neglicenciar a imposição da Lei sobre os convertidos.[7] Provavelmente eles reforçaram este argumento por meio de uma doutrina da autoridade central de Jerusalém para a missão cristã. Os três apóstolos "pilares" tinham um papel único na comunidade messiânica[8] e não poderia haver autoridade apostólica independente dos mesmos.

É improvável que os judaizantes tenham discutido a afirmação de Barnabé de ter visto o Cristo ressuscitado, e provavelmente não é correto supor que eles discutiram a realidade da experiência de Paulo na estrada de Damasco. Na verdade, estas experiências eram irrelevantes a eles em vista da reivindicação de que todos os apóstolos eram dependentes em sua autoridade dos "pilares". Este argumento eles provavelmente aplicaram igualmente a Paulo e a Barnabé, que, como sujeito aos apóstolos "pilares", não tinha o direito de pregar o Evangelho de maneira diferente da versão de Jerusalém que eles, os judaizantes, estavam pregando. Eles também parecem ter argumentado que tanto Paulo quanto Barnabé agora reconheciam isto e estavam pregando a circuncisão (Gl 1,8; 5,11).

---

7. W. Schmithals, *Paul & The Gnostics*. Tradução de J. E. Steely. Nashville: Abingdon, 1972, p. 19-26, argumenta que os hereges gálatas devem ter *acusado* Paulo de dependência dos apóstolos de Jerusalém; mas isso carece de fundamentos. O argumento de Paulo é inteiramente inteligível pela assumpção de que eles tentaram demonstrar que o evangelho de Paulo não tinha autoridade independente mas era meramente uma distorção do evangelho verdadeiro (de Jerusalém).Uma vez que não estivessem persuadindo os gálatas a começar tudo de novo, mas meramente completar (pela aceitação da Lei) o que já haviam iniciado (ao aceitar o evangelho de Paulo), eles não poderiam representar Paulo como um impostor completamente desautorizado.

8. Cf. C. K. Barret, "Paul and the 'Pillar' Apostles", in *Studia Paulina in Honorem Johannis de Zwann*, ed. por J. N. Sevenster & W. C. van Unnik. Harlem: F. Bohn, 1953, p. 1-19.

Por que Paulo não saiu em defesa de Barnabé como saiu em sua própria? A questão é inteiramente relevante para sua intenção ao escrever a carta, pois os gálatas certamente estariam confusos com o que os judaizantes diziam sobre Barnabé. Muitas respostas podem ser dadas. Claro, Paulo poderia esperar que Barnabé escrevesse em sua própria defesa, diante do tipo de testemunho pessoal pelo qual Paulo busca estabelecer sua autoridade apostólica, que não poderia ser aplicado a outra pessoa. Em segundo lugar, como veremos, a posição de Barnabé em alguns aspectos era menos fácil de defender do que a de Paulo e poderia ter obscurecido a própria defesa de Paulo: isto se aplicava especialmente às opções de Barnabé no incidente de Antioquia (Gl 2,13) mas também à visita a Jerusalém de Gl 2,1-10. Em terceiro lugar, parece que Paulo divisava evitar incluir Barnabé em seus argumentos e enfatizou suas próprias relações com os gálatas às custas das de Barnabé. Isto foi injusto com o papel real de Barnabé na missão à Galácia, mas reflete o embaraço e decepção de Paulo com Barnabé devido à má conduta deste em Antioquia. Isto tornou praticamente impossível para Paulo escrever em nome de Barnabé.

Passamos a examinar as passagens que são relevantes para esta questão, começando com a conduta de Barnabé em Antioquia.

a) *Gl 2,13.* É bastante claro que Paulo sentiu profundamente o fato de que "até mesmo Barnabé" foi influenciado pelo exemplo de Pedro e evitou comer com os gentios, como todos os outros judeu-cristãos de Antioquia. Para Paulo a implicação desta retirada da mesa comum com os crentes gentios era que estes precisariam se submeter à Lei (2,14), e o fato de que sua argumentação contra Pedro entra sem nenhuma brecha em sua argumentação com os gálatas indica que para Paulo as duas discussões eram a mesma. O sucesso dos "homens de Tiago" em Antioquia era o primeiro passo lógico em uma campanha que intentava impor a Lei a todos os convertidos gentios. Claro, não é necessário supor que Pedro e Barnabé vissem deste modo: suas ações são claramente motivadas pela consideração aos escrúpulos de seus irmãos judeus.[9] Aos olhos de Paulo, contudo, era uma traição ao evan-

---

9. Pode ser muito bem que os "homens de Tiago" argumentaram que a associação de judeu-cristãos com gentios incircuncisos estava contribuindo para provocar a perseguição judaica das igrejas na Judeia (e assim talvez a expressão οἱ ἐκ περιτομῆς de Gl 2,12b designe os judeus não cristãos).

gelho que ele pregara e implicava endosso à atividade dos judaizantes na Galácia. Assim não apenas os apóstolos "pilares" quebraram o acordo de Jerusalém (Gl 2,1-10), mas "até mesmo Barnabé", o parceiro de Paulo na missão aos gentios, abandonou o princípio fundamental da missão. Sem dúvida, os judaizantes na Galácia exploraram as ações de Barnabé (cf. Gl 1,18), mas Paulo não pode exonerá-lo. Seu relato do incidente em Antioquia atém-se a deixar claro que (contrariamente ao que os judaizantes aparentemente estavam dizendo)[10], o próprio Paulo não seguiu o exemplo de Pedro mas, ao contrário, publicamente se opôs a ele (2,11.14). O mesmo não pode ser dito sobre Barnabé.

O incidente em Antioquia como Paulo o narra é inconcluso. O resultado deste desafio a Pedro não foi recolhido, e isto deve ter sido devido ao seu insucesso.[11] Se houvesse logrado sucesso no tempo em que Paulo escreveu aos gálatas, ele precisaria tê-lo dito, pois isso seria um ponto forte em seu caso contra os judaizantes. Similarmente é pouco crível que Paulo poderia deixar a impressão de que Barnabé ainda insistia nas leis alimentares a não ser no seguinte caso: a postura de Barnabé era muitíssimo relevante para os convertidos na Galácia. A leitura mais natural de Gl 2 é que o incidente em Antioquia ocorrera em um passado recente.[12] Quando as notícias das atividades dos judaizantes na Galácia chegou a Paulo, ele ainda estava sozinho dentre os judeu-cristãos em Antioquia em sua consistente posição a favor

---

Esta tese é apresentada, em formas diferentes, por R. Jewett, "The Agitator and the Galatian Congregation", *NTS* 17 (1970-1971), p. 198-212; W. Schmithals, *Paul and James.* Tradução por D. M. Barton (SBT 46). Londres: SCM Press, 1965, p. 65-68; B. Reicke, "Der geschichtliche Hintergrund des Apostelkonzils um der Antiochia-Episode, Gal 2,1-14", in *Studia Paulina,* 172-187; K. F. Nickle, *The Collection: A Study in Paul's Strategy* (SBT 48). Londres: SCM Press, 1966, p. 65-66.

10. O incidente de Antioquia não é suporte para o caso geral de Paulo e ele deveria estar lidando com o mesmo para corrigir a versão que os judaizantes estavam espalhando pela Galácia. Diante do desgaste da oposição pública de Paulo a Pedro (2,11.14), é provável que a versão dos judaizantes triunfantemente defendia que mesmo Paulo agora se curvara à autoridade dos apóstolos "pilares" Pedro e Tiago, e aceitara o ponto de vista legalista. Cf. os comentários abaixo sobre 1,8 e 5,11.

11. Portanto, de maneira correta E. Haenchen, *The Acts of the Apostles.* Oxford: Blackwell, 1971, p. 476; W. Schmithals, *Paul and James,* 77; C. H. Buck, "The Collection for the Saints", *HTR* 43 (1950), p. 12; J. D. G. Dunn, *Unity and Diversity in the New Testament.* Londres: SCM Press, 1977, p. 254.

12. Note como em 2,14-21 Paulo parece ainda estar pensando em seu argumento contra Pedro: o incidente não estava encerrado.

da liberdade gentia em relação à Lei. Assim a ameaça às igrejas que Paulo e Barnabé fundaram na Galácia deve ter sido enfrentada somente por Paulo. Ele não pode, como de outro modo seria bastante natural, pedir o apoio de Barnabé para esta carta. Ao contrário, ele precisa delinear seu argumento minimizando o máximo possível a relevância da atitude de Barnabé para os gálatas. Veremos como ele o faz em outras passagens.

b) *Gl 1,2*. A referência de Paulo a "todos os irmãos que estão comigo" não é, como Ramsay diz, a toda a Igreja em Antioquia,[13] ou mesmo para a parte da Igreja que apoiava Paulo contra os judaizantes.[14] A prática comum de Paulo indica ao invés seus colegas de missão (cf. Fl 4,21).[15] Se Paulo, escrevendo aos gálatas, foi capaz de mencionar Barnabé pelo nome, ele certamente o teria feito.[16] A frase vaga encobre seu embaraço de não ser capaz de pedir ao seu parceiro que endosse a carta.

c) *Gl 1,8-9*. Paulo muito raramente usa um plural epistolário real.[17] A alternância da primeira pessoa do singular com a do plural em 1,6-10 demonstra que o plural aqui não é epistolário, mas inclui Barnabé.

Evidentemente os judaizantes não apenas afirmavam a autoridade dos apóstolos "pilares" em relação ao evangelho deles, mas também alegavam que mesmo Paulo e Barnabé haviam revisado sua prática anterior e agora estavam pregando a necessidade da Lei. Paulo não é capaz de negar absolutamente até onde o assunto dizia respeito a Barnabé ou Pedro, e assim usa a tática de negar ao contrário a relevância da afirmação. O verdadeiro evangelho é o que Paulo e Barnabé pregaram aos gálatas, e isto permanece verdadeiro mesmo de Paulo ou Barnabé ou um anjo do céu (esta hipérbo-

---

13. W.M. Ramsay, *A Historical Commentary on St Paul's Epistle to the Galatians*. 2ª edição. Londres: Hodder & Stougthon, 1900, p. 238-46.

14. Ramsay modificou seu argumento desta maneira quando adotou uma data mais antiga para Gálatas: *Teaching*, 378-79.

15. D. Guthrie, *Galatians*. Londres: Nelson, 1969, p. 58; E. de W. Burton, *A Critical and Exegetical Commentary on the Epistle do the Galatians*. ICC. Edimburgo; T. & T. Clark, 1921, p. 8-10.

16. Burton, *Galatians*, 7, argumenta que portanto Barnabé não poderia estar com Paulo quando da redação.

17. Veja W. F. Lofthouse, "Singular and Plural in St Paul's Letters". *ExpTim* 58 (1956-7), p. 179-182; id. " 'I' and 'We' in the Pauline Letters", *ExpTim* 64 (1952-3), p. 241-245.

le cobre o caso de um apóstolo "pilar") pregasse a eles em contrário. Com as palavras ἐυαγγελίσηται ὑμῖν[18] Paulo habilmente evade-se da questão de qual dentre qualquer destes estaria realmente pregando outro evangelho em Antioquia. Em 1,9 ele aplica o anátema aos judaizantes, que certamente estavam pregando outro evangelho aos gálatas, mas ao se afastar do tempo plural προειρήκαμεν ao singular λέγω ele revela que não pode agora falar por Barnabé. Então ele passa sem aviso à autodefesa.[19]

d) *Gl 2,1-10*. O contraste entre o papel real de Barnabé neste incidente, que realmente se torna aparente somente nos termos do acordo (2,9), e o uso persistente por Paulo da primeira pessoa do singular, é marcante.[20] A insistência de Ramsay, que pode estar correta, em compreender συμπαραλαβών (2,1) como "levando '*conosco*'"[21] é somente uma pequena mitigação da injustiça com Barnabé. Não é o suficiente explicar que Paulo esteja defendendo a si mesmo contra a compreensão equivocada dos judaizantes sobre este assunto, uma vez que Barnabé seria igualmente incluído em suas acusações. Quase certamente os judaizantes argumentaram que na visita a Jerusalém, pouco antes da primeira jornada missionária, Paulo e Barnabé foram comissionados pelos "pilares" para pregar aos gentios o Evangelho que incluía a imposição da Lei aos convertidos gentios. Paulo responde insistindo que os "pilares" reconheceram sua comissão independente dada por Deus para pregar o Evangelho aos gentios, e que não requereram a Paulo adicionar a Lei a seu evangelho, e que o acordo não era um comissionamento mas um acordo entre iguais.[22] Barnabé não está incluído nestas reivindicações.

---

18. O sentido, portanto, favorece esta leitura ao invés de εὐαγγελίζηται ou a omissão de ὑμίν.

19. Com 1,10, compare especialmente 1Ts 2,4-5, onde Silvano e Timóteo estão incluídos em afirmação semelhante.

20. A primeira pessoa do plural inclui Barnabé em 2,5.9.10. (2,4-5, portanto, não pode ser uma referência parentética aos últimos eventos em Antioquia, como alguns defendem, porque Barnabé não desafiou em tal ocasião os irmãos falsos.)

21. Ramsay, *Galatians*, p. 294. A renderização é adotada em NEB.

22. Segundo lógica estrita Paulo precisava apenas ter argumentado por sua independência em relação aos apóstolos de Jerusalém, pois isto teria garantido que seu evangelho era justificado quer os "pilares" o aprovassem, quer não. Mas não há razão pela qual ele não devesse tomar a oportunidade para demonstrar que os judaizantes estavam duplamente enganados: os apóstolos de Jerusalém nem comissionaram Paulo nem desejavam impor a Lei aos seus gentios convertidos.

Para além da observação de que Paulo está em autodefesa no capítulo 1, uma razão para negligenciar Barnabé pode ser que seu papel no incidente coincidia mais plausivelmente com a versão dos judaizantes do que com a de Paulo. As conexões de Barnabé com a Igreja de Jerusalém eram muito bem conhecidas, e seu papel na Igreja de Antioquia começou com uma comissão de Jerusalém (At 11,22). A conferência com os "pilares" poderia assim facilmente ser compreendida como uma necessidade de Barnabé prestar contas àqueles a quem era responsivo, especialmente como os "pilares" tratariam Barnabé como o sênior entre os dois. Além disso, não sabemos em que extensão Barnabé partilhava da convicção de Paulo de um apostolado independente; e o fato de ter sido persuadido pelo exemplo de Pedro em Antioquia pode indicar que ele não pensava em si mesmo como em pé de igualdade com Pedro.

Que Paulo fosse sensível a respeito da diferença entre eles é aparente especialmente em 2,10, na mudança do plural μνημονεύωμεν para o singular ἐσπούδασα. Isto tem sido usado como argumento contra a identificação desta visita a Jerusalém com a visita aos famintos de At 11,30: se Paulo estava se referindo às esmolas trazidas de Antioquia, que foram confiadas a Paulo e Barnabé, ele não alternaria para a primeira pessoa do singular.[23] De fato, entretanto, Paulo neste verso ainda está defendendo sua independência em relação aos apóstolos de Jerusalém: nem mesmo em matéria de memória dos pobres ele precisava ser lembrado do que fazer pelos "pilares". Isto era algo que ele já havia estabelecido[24] antes que eles o mencionassem. Mas percebendo que o mesmo tipo de independência era menos facilmente atribuível a Barnabé, ele se move para a primeira pessoa do singular.

Ao argumentar ambos pontos Paulo é capaz de demonstrar que a atitude de Pedro em Antioquia era inconsistente com esta participação anterior no acordo de Jerusalém, portanto minava a autoridade de seu exemplo para os gálatas.

23. Bligh, *Galatians*, 148; Burton, *Galatians*, 100.

24. Assim o argumento de Paulo favorece fortemente um sentido de pretérito mais que perfeito para ἐσπούδασα: cf. C. W. Emmet, *St Paul's Epistle to the Galatians*. Londres: Robert Scott, 1912, p. 17-18; e em *Beginnings*, 2:279; D. R.Hall, "St Paul and Famine Relief: A Study of Gal. 2:10", *ExpTim* 82 (1971), p. 309-311.

e) *Gl 4,11-20.* Não pode ser dito muito da primeira pessoa do singular nesta passagem. Talvez a doença de Paulo na Galácia tenha dado a ele relações especiais com os cristãos gálatas não compartilhadas por Barnabé, mas a exclusão de Barnabé nesta passagem é notável em comparação com a primeira pessoa do plural que Paulo usa ao longo de 1 Tessalonicenses, incluindo Silvano e Timóteo em todas as suas reminiscências da pregação em Tessalônica.[25]

f) *Gl 5,11.* Novamente Paulo aparentemente refere-se à afirmação dos judaizantes de que ele agora estaria pregando a Lei.[26] Tal afirmação referia-se também a Barnabé (cf. 1,8), mas com mais justificativas. A refutação de Paulo, portanto, refere-se somente a ele mesmo. Ele, não Barnabé, está sendo perseguido por sustentar a liberdade dos gentios perante a Lei.

Conclusão. A evitação por Paulo de referências a Barnabé em Gálatas, seu desapontamento e embaraço diante do deslize do parceiro, enfatizam sua solidão na crise que clamou esta carta à existência. Esta foi a primeira grande crise de sua carreira apostólica. A mera existência de uma missão gentia como Paulo a compreendia foi questionada, e com isso a própria existência de Paulo como um apóstolo de Cristo com base na experiência da estrada de Damasco. Dificilmente erraremos se supusermos que a resposta de Paulo a essa crise envolveu a intensificação de sua consciência apostólica, como a encontramos expressa em Gálatas. Sua certeza do comissionamento divino direto determinou sua atividade desde sua conversão e dali em diante, mas a extrema solidão da crise em Antioquia o atirou de volta a isso como nunca dantes, desprivado tanto da parceria de Barnabé quanto do reconhecimento dos apóstolos de Jerusalém. Caracteristicamente ele encontra a validação de seu evangelho em sua experiência pessoal de Cristo, da qual ele fala mais em 2 Coríntios, e sua confiança nas "marcas de Jesus" com as quais ele

---

25. Alguns dos casos da primeira pessoa do plural em Paulo são somente tão íntimos e pessoais quando em Gálatas: cf. 1Ts 2,1-12. Estes não são plurais epistolários: cf. E. Best, *A Commentary on the First and Second Epistles to the Thessalonians.* Londres: A & C Black, 1972, p. 130-131

26. O uso por Paulo de ἔτι provavelmente não precisa significar que ele realmente pregou outrora a circuncisão (mesmo antes de sua conversão, ou anteriormente em sua carreira apostólica), da mesma maneira que ἔτι em 1,10 não precisa significar que outrora ele buscava agradar as pessoas.

está marcado como escravo de Cristo (6,17). É mais a partir desta experiência do que do incidente com Sergio Paulo em Chipre que a missão independente de Paulo deveria ser datada.[27]

Se a narrativa de At 15 é confiável, a associação com Barnabé foi remendada, por tempo o suficiente para ser útil durante o Concílio de Jerusalém, mas não firme o suficiente para outros empreendimentos missionários conjuntos na missão. A disputa sobre João Marcos (At 15,37-39) certamente serviu apenas para reabrir a ferida que Paulo sofreu em Antioquia. Dali em diante ele trabalhou mais com assistentes do que com parceiros.

---

27. Cf. Haenchen, op. cit., p. 477.

14. O martírio de Pedro na literatura cristã primitiva

I. Introdução

Nos estudos neotestamentários e patrísticos atuais tem sido geralmente sustentado que a visão tradicional segundo a qual Pedro foi martirizado em Roma durante o reinado de Nero seja historicamente muito provável. Provavelmente o mais influente em sustentar esta posição em tempos recentes tenha sido o trabalho de O. Cullmann.[1] Mas sempre há uma minoria de estudiosos que argumentam que evidências não sustentam a visão tradicional.[2] Tais discussões têm se tornado raras desde que Cullmann escreveu, mas Michaels recentemente reviveu a visão segundo a qual Pedro deve ter morrido de morte natural no fim do primeiro século, embora ao contrário de muitos oponentes anteriores da visão tradicional ele não negue que Pedro foi para Roma e provavelmente morreu lá.[3] Por conta das fortes conexões com o controverso problema teológico do primado petrino, o debate sobre o martírio de Pedro usualmente enfocou mais na questão se Pedro viveu a última parte de sua vida em Roma e, portanto, no lugar de seu martírio, mais do que no fato, data ou outros aspectos de seu martírio. Mas estas últimas questões também têm sido um problema.

Uma dimensão completamente nova da discussão foi aberta pelas escavações arqueológicas na tradicional tumba de Pedro sob a Igreja de São Pe-

---

1. Cullmann (1953), p. 70-152.

2. Para um apanhado do debate até 1953, veja Cullmann (1953), p. 71-77; e cf. tb. Heussi (1955); Aland (1957); Rimoldi (1858), p. 46-52.

3. Michaels (1988), p. lv-lxvii, seguindo Ramsay (1893), p. 279-288.

dro.[4] Contudo, o presente estudo não lidará com a evidência arqueológica, mas se concentrará em acessar novamente evidência literária. A despeito da considerável discussão sobre este tópico, algo da evidência relevante nunca foi previamente examinada, enquanto algo de evidência muito importante foi notada apenas muito rapidamente. O estudo de Cullmann, p. ex., pôs muito mais peso do que os mesmos podem suportar em dois textos dos Padres Apostólicos (*1 Clem.* 5,4 e Inácio, *Rm* 4,3) e traçou conclusões muito dúbias a partir dos mesmos textos, enquanto neglicenciou evidências muito mais sólidas para a própria posição de Cullmann. O presente estudo lidará com todas as evidências literárias relevantes até o fim do segundo século.[5] Os textos serão discutidos principalmente com uma intenção de acessar seu valor como evidência histórica sobre o martírio de Pedro, mas no curso da discussão também será lançada luz sobre a maneira pela qual Pedro e sua morte foram percebidos em vários estágios e lugares do cristianismo primitivo.

II. 1 Pedro

Duas frases em 1 Pedro são relevantes para nossa questão. Uma é 5,1: μάρτυς τῶν τοῦ Χριστοῦ παθημάτων. Há três possibilidades exegéticas principais:

1) A frase pode designar Pedro como testemunha ocular dos sofrimentos de Cristo que, portanto, poderia testificar que fossem verdadeiros.[6] Isto é improvável, tanto porque as tradições dos evangelhos são unânimes em negar que Pedro fosse de fato uma testemunha ocular da cruci-

---

4. Para a discussão arqueológica, veja Lowe (1956), p. 33-45; Marco (1964) (bibliografia); O'Connor (1969) (bibliografia); Fink (1978). A evidência literária mais antiga do túmulo de Pedro em Roma é a de Gaio (início do século III), ap Eusébio, *Hist. eccl.* 2.25.7, sobre o que veja Carcopino (1963), p. 255-262.

5. Entretanto, omito toda a discussão sobre o Ap 11,1-13, que tem sido ocasionalmente compreendido como retrato do martírio de Pedro e Paulo em Roma: e.g. Turner (1931), p. 219-220. Isto foi argumentado em detalhes por Munck (1950), mas o caso dele não parece ter sido bem-aceito por nenhum outro intérprete de Apocalipse 11. Uma discussão que se opõe à identificação de Munck e outras similares das duas testemunhas é Feuillet (1962), p. 254-264.

6. Assim e.g. Selwyn (1946), p. 228; Beare (1970), p. 198; Grudem (1988), p. 186.

fixão, mas também porque Pedro está aqui falando do que ele tem em comum com os seus "anciãos-companheiros" nas igrejas da Ásia Menor, não do que os distingue deles. Como Michaels observa, μάρτυς aqui, governado pelo mesmo artigo que συνπρεσβύτερος, é virtualmente equivalente a σύμμαρτυς.[7]

2) A frase mais plausível se refere a Pedro como um que, como seus "anciãos-companheiros", testifica os sofrimentos de Cristo mediante a pregação do Evangelho. Contudo, este significado provavelmente carrega o acento posterior de que ser, neste sentido, uma testemunha fiel a Cristo incorre numa participação em seus sofrimentos (cf. 4,13).[8] Isto é provável, tanto por conta da ênfase geral da carta no sofrimento cristão, mas também por conta da frase subsequente: ὁ καὶ τῆς μελλούσης ἀποκαλύπτεσθαι δόξης κοινωνός. Embora esta interpretação ilustre a maneira que a paralavra μάρτυς poderia facilmente se mover em direção do sentido estritamente martirológico da literatura cristã posterior, no qual a palavra implica testemunho de Cristo pelo sofrimento até a morte, não significa que 1Pd 5,13 realmente seja um caso de tal uso.

3) A terceira interpretação, que é possível somente quando da assumpção de que 1 Pedro é pseudoepigráfica, advoga o uso estritamente martirológico. Beare, que de maneira ímpar combina as interpretações (1) e (3), atesta: "Uma vez que Pedro já fosse honrado nas igrejas como um dos mais gloriosos no nobre exército dos mártires, a palavra dificilmente falharia em carregar ao menos um pouco deste sentido aqui".[9] Entretanto, há sérias objeções a esta visão. Como a primeira interpretação, ela negligencia o fato de que a frase precisa se referir a algo que Pedro compartilha com seus "anciãos-companheiros" na Ásia Menor: este poderia ser o sofrimento como resultado de testemunhar Cristo, mas não poderia ser a morte. Em segundo lugar, não há paralelo

---

7. Michaels (1988), p. 280; cf. Davids (1990), p. 177.

8. Kelly (1969), p. 198-199; Davids (1990), p. 177.

9. Beare (1970), p.198.

no uso martirológico da frase μάρτυς τῶν τοῦ Χριστοῦ παθημάτων.[10] Em terceiro, escritores pseudoepigráficos em geral buscavam verossimilhança. Eles não atribuíam a um suposto autor afirmações sobre ele. Isto significa que em uma pseudoepígrafe petrina, Pedro provavelmente não demonstraria precognição do tipo de morte que morreria, sem alguma indicação de meios plausíveis deste conhecimento (como alguma revelação sobrenatural). (Compare com alguns exemplos mais adscritos a esta hipótese, de 2Pd 1,12-15 [discutido abaixo] e a "Carta de Pedro a Tiago" [2,2-7],[11] que formam um prefácio às *Homilias* Clementinas.] Assim não podemos apelar para 1 Pedro como uma evidência de que Pedro teria morrido martirizado.

Entretanto, evidências relevantes para a questão de onde Pedro morreu podem ser encontradas em uma passagem de 5,13: ἡ ἐν Βαβυλῶνι συνεκλεκτή. Podemos rejeitar seguramente a possibilidade de que a frase se refira a um indivíduo, seja a esposa de Pedro ou outra mulher, porque é altamente improvável que qualquer dessas pessoas poderia ser reconhecível a todos os leitores de Pedro sob designação tão críptica. Todos os estudiosos recentes aceitam que a frase se refere à Igreja da qual 1 Pedro foi escrita (e cujos membros compartilhavam eleição com os leitores de 1 Pedro, cf. 1,1.). Não há sustentação recente para a visão de que o nome do local deva ser tomado literalmente, significando ou a famosa Babilônia da Mesopotâmia, que por volta do primeiro século d.C. havia declinado à insignificância (Diod. Sic. 2.9.9; Estrabão, *Geog*, 16.1.5),[12] ou ao obscuro assentamento militar do mesmo nome próximo ao Cairo no Egito (Estrabão, *Geog*. 17.1.30). Nenhuma tradição da Igreja primitiva posiciona Pedro em nenhum dos dois lugares. Uma vez que não sabemos praticamente nada a respeito das viagens missionárias de Pedro, não podemos descartar que ele tenha visitado qualquer uma destas duas Babilônias, mas que Silvano e Marcos tenham também estado no mesmo lugar e ao mesmo tempo que ele é improvável. Se 1 Pedro

---

10. Michaels (1988), p. 281.

11. Cf. Bauckham (1988A), p. 484-485.

12. Cf. Grudem (1988), p. 33; mas note também a evidência de *Or. Sib.* 5.434-446, para o significado que a Babilônia da Mesopotâmia ainda poderia ter para um escritor judeu do fim do século I d.C.

é pseudoepígrafe, as mesmas considerações tornam ainda mais improváveis que seu autor tivesse posicionado Pedro, Silvano e Marcos na Babilônia da Mesopotâmia ou na Babilônia do Egito.

Como todos os intérpretes recentes concordam, a referência deve ser à Babilônia do Antigo Testamento, usada metaforicamente sobre a situação da Igreja na qual 1 Pedro foi escrita. A pertinência de Babilônia, como o local do Antigo Testamento no qual foi exilado o povo de Deus, ao tema do exílio neste mundo, que é proeminente em 1 Pedro (1,1.17; 2 11), é clara. Mas o ponto dificilmente pode simplesmente ser que onde quer que a Igreja esteja, aí é a Babilônia, o lugar do exílio da Igreja. Neste caso as igrejas para as quais 1 Pedro foi endereçada seriam tão ἐν Βαβυλῶνι quanto a Igreja na qual ela foi escrita.[13] Mas em 5,13 a frase deve significar uma distinção desta em relação daquela. Conclui-se que o uso de 1 Pedro do termo Babilônia deve ser um exemplo do uso cristão e judeu de assim se referirem a Roma.[14]

Tem sido argumentado que por que outras evidências do uso de Babilônia como um apelido para Roma na literatura cristã e judia advém do período após 70 d.C. (Ap 14–19; *Or. Sib.* 5.143, 159; cf. *4 Esdras* e *2 Baruc*, no qual Babilônia no contexto histórico ficcional é intencionalmente paralela a Roma no contexto contemporâneo real), então 1 Pedro deve ser datada de depois do ano 70 d.C.[15] Este argumento seria convincente somente se pudesse ser demonstrado que era o paralelo entre a destruição de Jerusalém por Roma no ano 70 e a destruição por Babilônia da mesma cidade em 586 a.C. que fomentou o uso alegórico do nome Babilônia para Roma. Mas isto é improvável. O paralelo pode muito bem ter sido importante para o uso judeu-palestinense do nome Babilônia para Roma (cf. *4 Esdras* e *2 Baruc*), mas judeus vivendo na diáspora ocidental não precisariam esperar pela queda de Jerusalém antes de discernirem um paralelo entre o poder político pagão

---

13. Kelly (1969), p. 219-220.

14. Segundo Eusébio (*Hist. eccl.* 2.15.2), Pápias disse que 1 Pedro foi escrita em Roma. Eusébio é menos claro se Pápias interpretava ele mesmo, explicitamente, a Babilônia de 1Pd 5,13 como Roma, mas se ele pensava que 1 Pedro foi escrita em Roma, então muito provavelmente ele entenderia 5,13 desta maneira.

15. Hunzinger (1965).

sob o qual eles estavam vivendo no exílio e o Império Babilônico do Antigo Testamento. De fato, há evidência de que o judaísmo da diáspora percebeu este paralelo muito cedo. O oráculo predizendo a queda de Roma no terceiro livro de *Oráculos sibilinos* (3.350-364) (século I a.C.) provavelmente ecoa as mesmas profecias do Antigo Testamento sobre a queda de Babilônia (com 3.357-360, cf. Is 47,1; Jr 51,7; Is 14,12; 47,5.7) como são mais tarde tomadas no oráculo contra a Babilônia no quinto livro sibilino do final do primeiro século d.C. (162-178) [N.T.: Bauckham assim situa o ano 179 d.C. no texto original], onde Roma é explicitamente chamada Babilônia (159)]. O paralelo entre Babilônia e Roma parece ser sido parte da tradição do judaísmo sibilino antes do ano 70 d.C. Finalmente, é improvável que a queda de Jerusalém tenha influenciado nas razões para o uso do nome Babilônia para Roma no Livro do Apocalipse (que de maneira semelhante reaplica a Roma as profecias do Antigo Testamento sobre a queda de Babilônia), no qual a consideração mais geral de que Roma era o grande poder pagão opressivo daquela época conta mais para o uso. Esta consideração poderia facilmente ter sido operativa antes de 70 d.C.[16] Assim não há boa razão pela qual a expressão ἐν Βαβυλῶνι em 1Pd 5,13 não devesse ser prontamente compreendida como em referência à capital do império já nos anos 60. Não é um obstáculo para datar 1 Pedro durante a vida de Pedro enquanto sustentando a visão tradicional de que Pedro morreu no reinado de Nero.[17]

Argumentei noutra parte[18] que considerações gerais sobre a diferença entre cartas autênticas e pseudoepigráficas tornam possível que 1 Pedro seja autêntica (não necessariamente no mesmo sentido de ter sido composta por Pedro pessoalmente, mas no sentido de ter sido enviada durante sua vida e com sua autorização). Nesse caso, 1Pd 5,13 é boa evidência de que Pedro esteve em Roma em alguma data. Estudiosos que aceitam a autenticidade de

---

16. Thiede (1987), p. 222-224, também aduz evidência de que "babilônico" não era usado metaforicamente por autores romanos pagãos. Seu artigo revive a visão de que o "outro lugar" de At 12,17 deva ser interpretado, com Ez 12,3 como evidência de fundo, como Babilônia = Roma.

17. A visão de que 1 Pedro deve ser datada após 70, mas que Pedro mesmo viveu o bastante para ser seu autor, é a de Ramsay (1893), p. 279-288; Michaels (1988), p. lv-lxvii.

18. Bauckham (1988A).

1 Pedro usualmente a datam próxima ao final de sua vida. Naturalmente isto não é prova de que Pedro morreu em Roma, mas dá ao menos plausibilidade para a tradição posterior de que tenha morrido. Se 1 Pedro é pseudoepigráfica, ela demonstra que o autor acreditava que Pedro viveu em Roma em algum período. Se 1 Pedro for datada logo após a morte de Pedro, seria ainda uma evidência valiosa para a estadia de Pedro em Roma; se datada posteriormente, o peso de tal evidência valeria um pouco menos.

III. João 13,36-38 e 21,18-19

Estas duas passagens estão intimamente conectadas. O comando de Jesus a Pedro em 21,19 ("Segue-me!") ecoa a promessa de 13,36 de que, embora Pedro não possa seguir Jesus "agora", ele o poderá "mais tarde", isto é, após a glorificação de Jesus. No contexto de 21,18-19 é claro que o seguimento de Jesus ao qual Pedro é chamado em 21,19 culminará em seu martírio. Isto significa que o autor de 21,19 certamente compreendeu 13,36 como uma predição do martírio de Pedro. A maior parte dos comentadores vê 13,36 neste sentido. Bultmann foi capaz de negar uma alusão ao martírio de Pedro em 13,36 somente pela suposição de que o autor do capítulo 21, que não era o autor do evangelho, entendeu mal 13,36.[19] Se, por outro lado, o capítulo 21 é da mesma mão que o resto do evangelho, 13,36 precisa aludir ao martírio de Pedro. Mas há uma boa razão para esta alusão em 13,36 mesmo se não dermos a 21,19 o controle de sua interpretação.

A passagem 13,36-38, como outras passagens no evangelho, habilmente usa a má compreensão dos discípulos (para o desempenho de Pedro deste papel, cf. 13,6-10) para permitir a Jesus pontuar que os discípulos não entendem, mas o leitor, que sabe da morte e ressurreição de Jesus e sua significância, entende. A passagem está assim carregada da ironia joanina.[20] A pergunta de Pedro no verso 36 demonstra que ele não entendeu que Jesus está indo para a morte e através da morte para a glorificação. Mas provê a

---

19. Bultmann (1971), p. 596-597, 714.
20. Cf. Duke (1985), p. 96-97.

oportunidade para Jesus de expandir e qualificar o que foi dito em 13,33. Pedro não pode segui-lo agora, mas o seguirá mais tarde (sobre o contraste temporal, cf. 13,7). Claro, Pedro não entende que este seguimento envolva a morte, porque ele não entendeu que é para a morte que Jesus está indo. Mas ao leitor é esperado de entender a passagem neste sentido. Os primeiros leitores dificilmente teriam evitado de assim o ler, se, como 21,18-19 indica, o martírio de Pedro fosse conhecido pela comunidade joanina. Não precisamos supor que, para João, seguir Jesus deva sempre levar ao martírio (embora a leitura de 12,26 em paralelo com 12,23-25 mereça nota). Mas em 13,36 é uma questão de seguir para onde Jesus está indo (ὅπου ὑπάγω), isto é, para a morte. Além disso, a ironia dramática da situação, na qual os leitores sabem que Jesus está se referindo a seguir até a morte e Pedro não o sabe, continua no verso 37, onde a ironia completa de Pedro oferecer sua vida "agora" é evidente apenas ao leitor que reconhece que Jesus apenas predisse que Pedro vai entregar sua vida "mais tarde."

No verso 37, Pedro evidentemente suspeita que a razão pela qual Jesus não o permitirá seguir "agora" é que seria perigoso para ele. Então ele professa sua vontade de sacrificar sua própria vida em defesa de Jesus. Assim ele falha em perceber que Jesus deve morrer. Ele também falha em ver a real razão pela qual ele não pode seguir, que ele não é capaz de fazê-lo. Em sua euforia autoconfiante para ser discípulo de Jesus ele oferece autossacrifício heroico como algo que ele possa fazer por Jesus. Mas como a predição de Jesus no verso 38 deixa claro, toda esta autoconfiança terminará apenas em fracasso. A verdade, que o leitor vê, é que Jesus deve morrer por Pedro antes que Pedro se torne capaz de seguir Jesus até a morte. Isto é enfatizado sutilmente pela linguagem com a qual a prontidão de Pedro para morrer é renderizada, tanto no verso 37 quanto no verso 38, devolvida por Jesus como uma pergunta irônica. A prontidão professada por Pedro para morrer, que aparece em outras formas em Mt 26,35; Mc 14,31; Lc 22,33, deve ter pertencido à tradição do evangelista, mas ele deliberadamente a reescreveu em termos que usa em outras partes no Evangelho. "Entregar a própria vida em favor de" (ψυχὴν τιθέναι ὑπέρ) é usado em 10,11.15, para o que Jesus, o bom pastor, faz por suas ovelhas. Assim, Pedro em 13,37 está oferecendo-se para fazer por Jesus o que Jesus deve fazer por ele. O fraseado também é usado mais genericamente em 15,13, no qual o autossacrifício de cada um dos discípulos por outros é provavelmente vislumbrado, mas somente como consequência do autossacrifício de Jesus por eles.

A conexão entre 13,37-38 e 10,11.15 deve já dar pista para a conclusão em 21,15-19: Pedro, como o subpastor do bom pastor, de fato dará sua vida pelas ovelhas. Mas antes disso é possível que a autoilusão de Pedro de que ele possa morrer por Jesus precisa ser trazida a um fim através do fracasso de Pedro, para que pela morte de Jesus por ele, enfim, torne-se capaz realmente de seguir Jesus, não somente como uma possibilidade vinculada à liberdade humana, mas como um dom divino.

A conexão entre 13,36-38 e 21,18-19 é tão íntima que Bacon atribuiu ambas passagens a um redator do evangelho que interpolou 13,36-38, bem como adicionou o apêndice.[21] A visão comum, claro, é que o capítulo 21 é um apêndice subsequentemente adicionado ou pelo evangelista ou por algum membro de sua escola a um evangelho que originalmente terminaria em 20,31. Entretanto, Minear construiu uma argumentação excelente pela visão de que o capítulo 21 sempre tenha sido uma parte integral do Evangelho.[22] Parte de seu argumento é que o capítulo 21 é requerido para completar a história dos dois discípulos, Pedro e o Discípulo Amado, que apareceram em papéis divergentes e convergentes desde o capítulo 13.[23] O interesse do evangelho em Pedro "chega a um clímax natural no capítulo 21, sem o qual tal interesse teria sido abortado sem razão ou explicação".[24]

A negação tríplice de Pedro (13,38; 18,15-27) corresponde à tríplice confissão de amor de Pedro por Jesus (21,15-17; note-se as brasas de fogueira que conectam 21,9 a 18,18). Em seu diálogo com Cristo ressuscitado Pedro não é meramente restaurado, mas comissionado para o cuidado com as ovelhas de Jesus, comissão esta que não poderia ter sido feita antes. Como a qualifi-

---

21. Bacon (1931), p. 72-73.

22. Minear (1983).

23. Id., ibid., p. 91-95.

24. Id., ibid., p. 92.

cação maior do bom pastor no capítulo 10 era o autossacrifício pelas ovelhas, assim o cuidado de Pedro pelas ovelhas de Jesus requererá o autossacrifício que agora se tornará possível a Pedro. Assim a comissão tríplice (21,15-17) é seguida pela segunda predição do martírio de Pedro (21,18-19a), que Pedro agora compreende. Depois de seu próprio fracasso e da morte de Jesus, Pedro compreende tanto que seu seguimento de Jesus deve levá-lo até sua própria morte e também porque seu seguimento é possível a ele somente agora. Enfim o discipulado genuíno é possível a Pedro. Assim a promessa de 13,36, de que Pedro poderia seguir Jesus "mais tarde", pode agora ser tomada na forma de um comando que Pedro agora pode compreender e obedecer: uma retomada ao discipulado que culminará em seu martírio (21,19: "Segue-me!").[25]

O significado preciso do dito em 21,18 tem sido muito discutido. Muitos seguem a sugestão de Bultmann de que por trás dele há um provérbio que contrastava a liberdade do jovem com a necessidade do idoso: "Quando jovem, um homem é livre para ir aonde ele deseja; quando idoso um homem precisa deixar-se guiar aonde ele não deseja."[26] A referência a estender os braços pertenceria a esta figura como indicando o desamparo do homem idoso que estende os braços à procura de algum suporte ou por alguém que o guie.[27] Somente a mudança da terceira pessoa para a segunda pessoa referindo-se a Pedro foi necessária para tornar o provérbio em uma referência críptica ao destino de Pedro: em idade avançada ele será relutantemente conduzido em sua última jornada até o martírio.[28]

Na ausência de qualquer outra referência a tal provérbio, isto é um exercício especulativo desnecessário,[29] que não explica por que tal provérbio precisaria ser tomado como predição do martírio de Pedro. É mais fácil supor que o dito foi composto, no estilo marcadamente enigmático de muitos dos ditos de Jesus, como uma predição críptica do martírio de Pedro. Certamen-

---

25. Cf. Duke (1985), p. 98.

26. Bultmann (1971), p. 713, seguido, p. ex., por Lindars (1972), p. 632; Barrett (1978), p. 585; Osborne (1981), p. 311-312; Haenchen (1984), p. 232.

27. Bultmann (1971), p. 713 n. 7.

28. Id., ibid., p. 714.

29. Beasley-Murray (1987), p. 408.

te, se aplicado a Pedro, o dito poderia não ter significado além de uma predição de seu martírio. Um dito que meramente previsse o desamparo de Pedro em idade avançada dificilmente seria concebível no contexto de tradições do Evangelho.[30] Nem pode a frase final se referir a morte natural, como Michaels aparentemente pensa ser possível.[31] Ela refere-se a ser conduzido para a morte, sob constrição. O ponto não é que Pedro será um mártir que não o deseja,[32] mas está ali para contrastar a liberdade de ação que ele gozava em sua juventude com a constrição sob a qual ele será levado à morte. É significativo que o período no qual ele ia aonde queria já esteja no passado. Seu martírio será a culminância de seu discipulado de Jesus, no qual ele deve ir onde Jesus o guia.

Como o dito sobre o Discípulo Amado (21,22-23), esta predição da morte de Pedro era sem dúvida conhecida do evangelista de sua tradição evangélica. Uma vez que sua estrutura enigmática seja característica dos ditos de Jesus, poderia muito bem ser um dito autêntico de Jesus.[33] Em sua forma original, poderia ter consistido de duas partes estritamente paralelas, sem a porção ἐκτενεῖς τὰς χεῖράς σου. Esta porção poderia então ter sido adicionada para transformar uma referência críptica ao martírio em uma referência críptica à, mais especificamente, morte por crucifixão. Há boa evidência que sugere que "estender as mãos" seria facilmente reconhecido como aludindo à crucifixão. Em *Barnabé* 12,2-4 (que pode ser mais ou menos contemporâneo ao Evangelho de João) Moisés estende suas mãos (ἐξέτεινεν τὰς χεῖρας: este período não é usado em Ex 17,11-12 LXX) durante a batalha com Amalec, e Is 65,2 ("Eu estendi minhas mãos [ἐξεπέτασα τὰς χεῖρας μου] o dia todo..."), são compreendidos como proféticos em relação à crucifixão de Jesus (para esta interpretação cf. tb. Justino, *1 Apol.* 35; *Dial.* 90.5; 91.3; Irineu, *Haer.* 5.17.4; *Epid.* 46, 79; Cipriano, *Test.* 2.20). As

---

30. *Contra* Bernard (1928), p. 708.

31. Michaels (1988), p. lviii.

32. Cf. id., ibid., p. lviii.

33. Osborne (1981), p. 311, cf. o comentário a Lindars (1972), p. 636, de que a frase introdutória "Em verdade, em verdade, eu vos digo" indica o uso de uma tradição já existente que geralmente parece ser um dito autêntico de Jesus.

Odes de Salomão afirmam muito explicitamente que o estender das mãos é o sinal da crucifixão (27,1-3; 35,7; 41,1-2),[34] enquanto a referência nestas passagens das Odes ao estender das mãos como "seu [de Cristo] sinal" provavelmente explica a de outro modo enigmática referência em *Didache* 16,6 ao primeiro dos três "sinais" na parusia como "o sinal de estenderem-se no firmamento" (σημεῖον ἐκπετάσεως ἐν οὐρανῷ). Isto é a cruz aparecendo no firmamento (como no *Apocalipse de Pedro* 1,6; *Epístola dos Apóstolos* 16,4; *Apocalipse de Elias* 3,2; Pseudo-Hipólito, *De Consumm.* 36,3). O período específico ἐκτείνω τὰς χεῖρας ou ἐκπετάννυμι τὰς χεῖρας como uma alusão à crucifixão parece ter sido fixado pelo uso cristão, mas há evidência em autores pagãos de que a postura estava associada com a crucifixão (Epicteto 3.26.22: ἐκτείνας σεαυτὸν ὡς οἱ ἐσταυρωμένοι; Sêneca, *De consol. ad Marc.* 20.3: *bracchia patibulo explicuerunt;* cf. tb. Josefo, *Ant.* 19.94).

A objeção segundo a qual ἐκτενεῖς τὰς χεῖράς σου em Jo 21,18 não pode aludir à crucifixão porque precede o cingir de Pedro por outrem, e sua condução à morte[35] pode ser abordado de duas maneiras. Pode ser "que por um tipo de *hysteron proteron* o escritor joanino tenha colocado o estender das mãos primeiro para chamar atenção àquilo, precisamente porque era a chave para a interpretação de toda a passagem".[36] Alternativamente, a alusão é a prática de amarrar os braços do criminoso ao patíbulo da cruz, que ele então carrega até o local de execução.[37] ζώννυμι significa apertar uma cinta, certamente não teria sido uma palavra natural para usar ou para amarrar uma pessoa detida ou para prender alguém a uma cruz,[38] mas o seu uso aqui (ἄλλος ζώσει σε) é suficientemente explicado pelo seu uso na primeira metade do dito, com o qual ele contrasta, e pela natureza deliberadamente críptica do dito (cf. At 21,11-12). Tertuliano (*Scorp.* 15) entendeu a referência como sendo a atar Pedro na cruz.

---

34. Sobre estas passagens, veja McNeil (1979), que as relaciona também a *Atos de Pedro* 38.

35. Bultmann (1971), p. 713 n. 7.

36. Brown (1971), p. 1.108.

37. Haenchen (1984), p. 232, Beasley-Murray (1987), p. 408-409, seguindo W. Bauer.

38. Bultmann (1971), p. 713 n. 7.

Jo 21,19a não pode deixar dúvida de que o autor interpretou o dito do verso 18 como uma predição da crucifixão de Pedro. Provavelmente o período δοξάσει τὸν θεόν sugere a morte por martírio, embora devido mais ao uso joanino como referência à morte de Cristo (12,8; 13,31-32; 17,1.4) do que por paralelos de outras fontes literárias do cristianismo primitivo que são usualmente citadas[39] (1Pd 4,16; *Mart. Pol.* 14,3; 19,2). Os últimos não são paralelos estritos, uma vez que eles não afirmam que é pela morte em si mesma que um mártir cristão glorifica Deus. É mais importante tomar os ecos joaninos da expressão δοξάσει τὸν θεόν juntamente com o precedente joanino para as palavras antecedentes: τοῦτο δὲ εἶπεν σημαίνων ποίῳ θανάτῳ. A última claramente é modelada em 12,33 (τοῦτο δὲ ἔλεγεν σημαίνων ποίῳ θανάτῳ ἤμελλεν ἀποθνήσκειν), ao qual 18,32 (εἶπεν σημαίνων ποίῳ θανάτῳ ἤμελλεν ἀποθνήσκειν) também se refere em retorno. Em todos os três casos σημαίνων indica uma previsão nos termos velados de um oráculo.[40] Em 12,33 a palavra significa que o dito críptico de Jesus sobre ser elevado da terra (12,32; cf. 3,14; 8,28) deve ser entendido como uma referência velada a morte por crucifixão, como 18,33 confirma, ao apontar o cumprimento deste dito no ponto da narrativa da paixão quando se torna claro que Jesus morrerá pelo modo romano de execução, ou seja, crucifixão. O paralelo entre 12,32-33 e 21,18-19a demonstra que, ao referir-se ao tipo de morte que Pedro irá sofrer (21,19a), não pode simplesmente significar que ele morrerá como mártir,[41] mas que ele será morto por um método particular de execução ao qual o dito no verso 18 cripticamente alude. Assim como 12,33 significa que o erguer da terra (12,32) é uma referência velada a crucifixão, também 21:19a significa que o afastar das mãos (21,18) é uma referência velada a crucifixão.

Michaels objeta que "em 21:18 a palavra joanina característica para crucifixão, ὑψοῦν ("erguer" ou "exaltar", 12,32.34; cf. 3,14; 8,28) é conspícua por sua ausência. O destaque em 21,18 é claramente nas diferenças entre a morte

---

39. Seguindo Id., ibid., p. 714 n. 4.

40. Id., ibid., p. 432 n. 5; e cf. referências em Bauer (1979), p. 747.

41. *Contra* Westcott (1889), p. 304; Bultmann (1971), p. 714.

de Pedro e a de Jesus, e não nas similaridades".[42] Mas, claro, o autor de 21,18-19 poderia não ter usado o símbolo de erguer para se referir à crucifixão de Pedro, uma vez que este modo particular de aludir à crucifixão de Jesus indica não somente a forma literal de execução, mas também o significado teológico da morte de Jesus como unicamente salvífica (12,32: "Eu, quando for erguido da terra, atrairei todos a mim"; cf. 3,14-15). A este respeito, é verdade que ele deseja distinguir a morte de Jesus da de Pedro, que tem significado apenas como ponto culminante do discipulado, isto é, apenas como participação pela graça no destino de Jesus. Assim ele usa para Pedro uma forma diferente de alusão velada à crucifixão, que ou não dá a esta forma particular de morte um significado teológico simbólico ou, se o faz, dá um significado teológico diferente do que transparece no símbolo do soerguimento. O último seria o caso se o estender de mãos significasse a sugestão da atitude de prece (cf. LXX 1 Esd 8,73; 4 Mac 4,11; Josefo, *C. Ap.* 1.209), em cujo caso o comentário em 21,19a de que por este tipo de morte Pedro dará glória a Deus seria particularmente lógico.

De fato, 21,19a habilidosamente sugere tanto um paralelo quanto um contraste entre a morte de Jesus e a de Pedro. Pedro agora é o subpastor que, como resultado de sua fidelidade ao cuidar do rebanho de Jesus, dará sua vida pelas ovelhas como Jesus o fez. Mas isto não significa, como sua oferta em 13,37 ignorantemente supôs, que sua morte pode ter o mesmo efeito que a morte de Jesus. O novo Pedro, que se tornou um discípulo pelo fracasso e restauração, agora perceberá sua morte como uma participação no destino de Jesus que se tornou possível pela glorificação do próprio Jesus.

Aqueles que veem o retrato de Pedro e do Discípulo Amado no Quarto Evangelho como uma degradação de Pedro em favor do Discípulo Amado algumas vezes argumentaram que se esta degradação continua, de algum modo, até 21,18-19, que supostamente tem a intenção de desmerecer o significado do martírio de Pedro.[43] Mas nossa exegese demonstrou que isto é claramente incorreto. Somente pela comparação com a morte de Jesus o mar-

---

42. Michaels (1988), p. lviii.

43. P. ex., Agourides, citado por Quast (1989), p. 148.

tírio de Pedro é degradado, mas não é desmerecido: ao contrário, é dado a ele significado considerável como a culminância do discipulado de Pedro. É muito improvável que a morte presumivelmente natural do Discípulo Amado (21,22-23) é percebida de alguma maneira como superior ao martírio de Pedro.[44] Ao contrário, o efeito geral de 21,20-23 é sugerir que, embora seja fácil pensar que o martírio de Pedro é a forma mais perfeita de discipulado, na realidade não deveriam haver comparações entre as duas. A forma pela qual cada discípulo ira morrer é conforme o desejo de Jesus para ele.[45] As duas maneiras de seguir Jesus, Pedro como um pastor do rebanho de Jesus, o Discípulo Amado como uma testemunha da verdade de Jesus, são ambas válidas.

Também é incorreto ver a apreciação positiva de Pedro no capítulo 21 como revertendo a degradação de Pedro no resto do Evangelho.[46] Quast recentemente demonstrou que o objetivo do retrato dos dois discípulos nos capítulos 13-20 não é fazer uma eulogia ao Discípulo Amado às custas de Pedro.[47] Mas isto seria ainda mais claro se, como sugerimos, o capítulo 21 pudesse ser visto como parte integral do Evangelho, ao invés de um apêndice adicionado posteriormente. A história da má compreensão de Pedro e seu fracasso nos capítulos 13-20 teria sido então sempre intencionada para conduzir ao seu papel no capítulo 21, como o subpastor do rebanho de Jesus que o segue ao dar sua vida pelas ovelhas. Que o Discípulo Amado compreenda e siga fielmente desde o princípio torna seu passo de seguimento diferente, mas não, como o capítulo 21 insiste, superior afinal. O Evangelho usa as figuras de Pedro e do Discípulo Amado para ilustrar diferentes aspectos de discipulado, não para opor um ao outro. A visão comum recente de que eles representem diferentes comunidades – o Discípulo Amado representando a comunidade joanina, e Pedro as "igrejas apostólicas"[48] – também deveria ser

---

44. *Contra* Lindars (1972), p. 622.

45. Quast (1989), p. 155.

46. P. ex., Haenchen (1984), p. 234: "Realmente tornou-se necessário que ele fosse apreciado pelo menos uma vez"(!)

47. Quast (1989).

48. Id., ibid. endossa esta aproximação; para exemplos anteriores da mesma, veja sua discussão: Quast (1989), p. 8-13.

questionada. O Evangelho não nos dá razões para supor que a comunidade joanina, na qual o Discípulo Amado viveu e ensinou, não tenha partilhado do respeito por Pedro que era evidentemente universal nas igrejas do primeiro século. Não há razão para pensar que Jo 21 desbravou um terreno quando reconheceu a validade igualitária e complementar dos papéis de ambos: Pedro como pastor, o Discípulo Amado como testemunha.

Resta avaliar a contribuição do Quarto Evangelho como evidência histórica do martírio de Pedro. Uma vez que sugerimos que o dito prevendo a morte de Pedro (21,18) poderia ser uma fala autêntica de Jesus, já comum na tradição do Evangelho antes da morte de Pedro, pode ser pensado que o Evangelho oferece evidência inambígua do fato da morte de Pedro e poderia mesmo ter sido escrito antes da morte de Pedro.[49] Entretanto, em primeiro lugar, é muito provável que a forma do dito que faz alusão à crucifixão (isto é, incluindo as palavras ἐκτενεῖς τὰς χεῖράς σου) seja neste ponto uma profecia *post eventum*. O dito como o temos em Jo 21,18 e como interpretado em 21,19 foi adaptado à luz do fato de que Pedro morreu factualmente por crucifixão. Além disso, em segundo lugar, parece claro que Jo 21,22-23 pressupõe a morte do Discípulo Amado: esta passagem se debruça sobre um problema que surgiu na comunidade joanina como resultado da morte do Discípulo Amado. Seria muito difícil ler toda a passagem 21,18-23 como pressupondo que o Discípulo Amado morrera sem supor que Pedro também houvera morrido. Se Pedro já estava morto, é inconcebível que algo das circunstâncias de sua morte não fosse muito bem conhecido por todas as igrejas cristãs. A alusão à morte de Pedro por crucifixão não pode ser uma ficção teológica: ela precisa pressupor um evento histórico bem conhecido.

Da época e local do martírio de Pedro o Quarto Evangelho não nos conta nada. Diante da idade de Pedro (cf. Mc 1,30), sabemos que em todo caso seu martírio provavelmente não aconteceu após 80 d.C. A datação comumente aceita para o Quarto Evangelho em fins do primeiro século nos dá um *terminus ad quem* para a morte de Pedro que não pode ser-lhe anterior. Somente aqueles que sustentam que há boa base para datar não simplesmen-

---

49. Cf. Michaels (1988), p. lviii-lix.

te todo o Quarto Evangelho mas precisamente o capítulo 21 como mais cedo que isto podem usar o mesmo como evidência para a data de morte de Pedro. Por outro lado, se a morte de Pedro puder ser datada mais precisamente a partir de outras fontes, ela provê o mais firme *terminus ad quo* para a datação do Quarto Evangelho.[50]

IV. 2 Pedro 1,12-15

Esta seção de 2 Pedro assevera a ocasião da carta, nomeadamente a intenção de Pedro de deixar um testamento. É a seção de 2 Pedro que mais claramente identifica a carta com os gênero judaico de testamento pseudoepigráfico,[51] no qual uma grande personagem religiosa, habitualmente do passado bíblico, fixa seu ensinamento da maneira que deseja que seja lembrado após sua morte. Dois testamentos deste tipo que fornecem paralelos em ideias e frases desta seção de 2 Pedro são o testamento de Baruc na forma de uma carta (*2 Baruc* 78-86; veja especialmente 78,5; 84,1.7-9; 86,1-2) e o relato de Josefo sobre as últimas palavras de Moisés (*Ant.* 4309-319; veja especialmente §§ 315-316, 318).

A característica do gênero de testamento que nos concerne aqui é a convenção de que o testamentário antevê sua morte próxima. Obviamente isto era necessário para que o testamento fosse possível. A convenção do testamento era capaz de explorar de outro modo o motivo hagiográfico comum de que o herói virtuoso tem algum tipo de percepção de sua morte quando ela se aproxima. Em testamento não é sempre claro como o escritor sabe que ele irá morrer. (cf. *Jubileus* 36,1; *Testamento de Neftali* 1,3-4; *Vida de Adão e Eva* 45,2; 49,1; *Atos de João* 107), mas costumeiramente é dito que lhes tenha sido revelado por Deus (Dt 31,2.14.16; *Testamento de Levi* 1,2; *4 Esdras* 14,13-15; *2 Baruc* 43,2; 76:2; Pseudo-Filo, *Lib. Ant. Bib.* 19,6.21,1; *2 Enoque* 36,1-2; 55,1-2; *Carta de Clemente a Tiago* 2), algumas vezes em sonho (*Jubi-*

---

50. Cf. discussão da relevância de Jo 20,18-23 até a data do evangelho, em Robinson (1976), p. 279-282; (1985), p. 71; de Jonge (1979).

51. Veja Bauckham (1983), p. 131-132, 194; (1988B), p. 3734-3735; e para 2 Pedro como um testamento, veja também Smith (1985), p. 67-70; Harvey (1990).

leus 35,6; *Testamento de Abraão* 7; *Mart. Polyc.* 5,2) ou em uma visão (*Atos de Paulo* 10).

Claramente 2Pd 2,14 usa este motivo.[52] Pedro sabe que sua morte está se aproximando "em breve" (ταχινή, que certamente significa "em breve" e não "de repente" como alguns sugeriram[53]). O que não tem sido costumeiramente notado é que ele parece especificar duas maneiras de o saber: "Eu sei que eu devo em breve ser retirado de meu corpo, como nosso Senhor Jesus Cristo também me informou (καθὼς καὶ ὁ κύριος ἡμῶν Ἰησοῦς Χριστὸς ἐδήλωσέν μοι)." A cláusula inicial καθὼς καὶ não pode, como é usualmente suposto, explicar como Pedro sabe que sua morte é iminente. ("Eu sei que morrerei em breve porque Jesus Cristo o revelou a mim"), mas deve ser entendida como introduzindo um fato adicional que é comparado com o que o precede.[54] O sentido geral deve ser: "Eu sei que irei morrer em breve – e isto corresponde ao que Jesus Cristo revelou a mim." Provavelmente a primeira afirmação (εἰδὼς...) é o motivo de testamento usual: Pedro sabe que sua morte agora está se aproximando rapidamente. A maneira íntima sobrenatural pela qual ele sabe isto pode ser tomada como garantida e não precisa ser especificada. Mas porque é necessário adicionar que sua morte também lhe foi revelada por Cristo? A única razão plausível é que havia uma profecia de Jesus sobre a morte de Pedro que seria bem conhecida dos leitores de 2 Pedro. A existência de tal profecia seria uma razão suficiente para uma referência a ela, mas, uma vez que tal profecia dificilmente poderia informar Pedro precisamente quando sua morte viria, ela não poderia substituir o motivo habitual de testamentos, mas teve de lhe ser adicionada.[55]

A profecia da morte de Pedro que os leitores de 2 Pedro conheciam na tradição de Jesus era mais provavelmente uma versão do dito em Jo 21,18. Aquele dito serve aos requisitos de 2Pd 1,14. Já argumentamos que o mesmo era corrente antes da escrita de Jo 21 como uma predição do martírio de Pe-

---

52. Isto significa que 2Pd 1,13-14 não pode demonstrar, como Dockx (1974), p. 239 supõe, que a morte de Pedro seguiu um longo processo judicial.

53. Bauckham (1983), p. 199.

54. Vögtle (1972), p. 301, Bauckham (1983), p. 199.

55. Bauckham (1983), p. 199-200.

dro.[56] Sua indicação bastante vaga de tempo (γηράσης) é suficiente quando posta ao lado do motivo de testamento que daria a Pedro um aviso mais imediato da morte que se aproxima. A única outra profecia sobre a morte de Pedro que sobreviveu até nós e que se supõe ter sido feita por Jesus muito antes do martírio de Pedro ocorre em *Apocalipse de Pedro* 14,4 (veremos adiante), que é provavelmente dependente de 2 Pedro.[57] Outras profecias senhoriais da morte de Pedro em literatura posterior (o *Quo Vadis?*, história nos *Atos de Pedro* [veremos abaixo];[58] *Carta de Clemente a Tiago* 2, onde Pedro introduz um tipo de testamento ao afirmar que Cristo revelou a ele sua morte a se aproximar) são dadas pouco antes da morte de Pedro e assim são exemplos do motivo dos testamentos. Além do fato de que elas não são atestadas cedo o suficiente para serem uma fonte para 2 Pedro e bem conhecidas por seus leitores, elas não são uma profecia distinguível, como em 2Pd 1,14, do motivo de testamento.

Se 2Pd 1,14 alude ao dito de Jo 21,18, então ela se refere indiretamente, não meramente à morte de Pedro, mas a seu martírio. Na literatura judia de testamentos os testamenteiros não eram comumente mártires e a morte que eles vislumbravam não era usualmente violenta. Assim as convenções do gênero de testamento não requerem uma alusão ao tipo de morte pela qual Pedro passaria, e a ausência de qualquer indicação explícita de que sua morte seria violenta não nos levaria a supor que o autor pensou que Pedro tenha morrido de morte natural.[59] Mas ao aludir à profecia senhorial da morte de Pedro ele indiretamente dá pista da morte do mártir que seus leitores conheciam como tendo sido predita para Pedro e por ele cumprida.

Argumentei em outras partes[60] que a melhor indicação da data de 2Pd é 3,4, que reflete uma crise de esperança escatológica seguindo imediatamente a morte da primeira geração cristã. Isto sugeriria uma data para

---

56. Bauckham (1983), p. 200-201.

57. Smith (1985), p. 49-54; Bauckham (1988), p. 4.721-4.723.

58. Contra uma relação entre esta história e 2Pd 1,14, veja Mariani (1969).

59. *Contra* Michaels (1988), p. lix.

60. Bauckham (1983), p. 157-158 (também sobre outras indicações da data que apontam na mesma direção), p. 292-293; (1988B), p. 3.741-3.742.

2 Pedro em torno da mesma data que Jo 21,21-23 indica para a data do Quarto Evangelho, isto é, o fim do primeiro século. Também argumentei que 2 Pedro é uma carta da Igreja de Roma, dada a autoridade retrospectiva do mais eminente daqueles que exerceram um papel de liderança da Igreja: o Apóstolo Pedro.[61] Ao escrever um trabalho na forma de um testamento de Pedro, a Igreja romana afirmava estar fielmente preservando a mensagem apostólica que Pedro pregou e confiou à Igreja quando de sua morte. Isto faz de 2 Pedro evidência antiga da tradição da própria Igreja romana sobre o martírio de Pedro. Que Pedro seja representado em 2 Pedro como escrevendo, de Roma, com o conhecimento de sua morte proximal, sugere fortemente, mesmo se não pode demonstrar, que sabia-se que Pedro havia morrido em Roma.

V. *1 Clemente* 5,4

A referência ao martírio de Pedro que tem sido mais discutida é *1 Clemente* 5,4. Enquanto tem sido ocasionalmente negado que ela se refere ao seu martírio de alguma forma, muitos estudiosos recolhem miudezas dela, não somente o fato do seu martírio, mas também informação sobre a época, lugar e circunstâncias do mesmo. Para acessar a totalidade de informações que ela realmente carrega seria necessária discussão detalhada.

Os capítulos 5-6 de *1 Clemente* trazem:[62]

> 5 ¹Ἀλλ' ἵνα τῶν ἀρχαίων ὑποδειγμάτων παυσώμεθα, ἔλθωμεν ἐπι τοὺς ἔγγιστα γενομένους ἀθλητάς· λάβωμεν τῆς γενεᾶς ἡμῶν τὰ γενναῖα ὑποδείγματα, ²διὰ ζῆλον καὶ φθὸνον οἱ μέγιστοι καὶ δικαιότατοι στύλοι ἐδιώχθησαν καὶ ἕως θανάτου ἤθλησαν. ³λάβωμεν πρὸ ὀφθαλμῶν ἡμῶν τοὺς ἀγαθοὺς ἀποστόλους· ⁴Πέτρον, ὃς διὰ ζῆλον ἄδικον οὐχ ἕνα οὐδὲ δύο, ἀλλὰ πλείονας ὑπήνεγκεν πόνους καὶ οὕτω μαρτυρήσας ἐπορεύθη εἰς τὸν ὀφειλόμενον τόπον τῆς δόξης. ⁵διὰ ζῆλον καὶ ἔριν Παῦλος ὑπομονῆς βραβεῖον ὑπέδειξεν, ⁶ἑπτάκις δεσμὰ φορέσας, φυγαδευθείς, λιθασθείς, κήρυξ γενόμενος ἔν τε τῇ

---

61. Bauckham (1983), p. 159-161; (1988B), p. 3.738-3.739; cf. Mussner (1976), p. 59-60.

62. Tradução de Lightfoot (1989), p. 31 (levemente alterada).

ἀνατολῇ καὶ ἐν τῇ δύσει, τὸ γενναῖον τῆς πίστεως αὐτοῦ κλέος ἔλαβεν, [7]δικαιοσύνην διδάξας ὅλον τὸν κόσμον, καὶ ἐπὶ τὸ τέρμα τῆς δύσεως ἐλθὼν καὶ μαρτυρήσας ἐπὶ τῶν ἡγουμένων, οὕτως ἀπηλλάγη τοῦ κόσμου καὶ εἰς τὸν ἅγιον τόπον ἀνελήμφθη, ὑπομονῆς γενόμενος μέγιστος ὑπογραμμός.

6 [1]Τούτοις τοῖς ἀνδράσιν ὁσίως πολιτευσαμένοις συνηθροίσθη πολὺ πλῆθος ἐκλεκτῶν, οἵτινες πολλαῖς αἰκίαις καὶ βασάνοις διὰ ζῆλος παθόντες ὑπόδειγμα κάλλιστον ἐγένοντο ἐν ἡμῖν. [2]διὰ ζῆλος διωχθεῖσαι γυναῖκες Δαναΐδες καὶ Δίρκαι, αἰκίσματα δεινὰ καὶ ἀνόσια παθοῦσαι, ἐπὶ τὸν τῆς πίστεως βέβαιον δρόμον κατήντησαν καὶ ἔλαβον γέρας γενναῖον αἱ ἀσθενεῖς τῷ σώματι. [3]ζῆλος ἀπηλλοτρίωσεν γαμετὰς ἡμῶν Ἀδάμ· Τοῦτο νῦν ὀστοῦν ἐκ τῶν ὀστέων μου καὶ σὰρξ ἐκ τῆς σαρκός μου. [4]ζῆλος καὶ ἔρις πόλεις μεγάλας κατέστρεψεν καὶ ἔθνη μεγάλα ἐξερίζωσεν.

5 [1]Mas para passar os exemplos dos tempos antigos, venhamos àqueles campeões que viveram mais próximos a nosso tempo. Permitamo-nos estar defronte os nobres exemplos que pertencem à nossa própria geração. [2]Por causa de ciúme e inveja os grandes e mais corretos pilares foram perseguidos, e lutaram até a morte. [3]Tenhamos diante de nossos olhos os bons apóstolos. [4]Havia Pedro, quem, por conta de ciúme doentio, passou não por um ou dois, mas muitos julgamentos, e tendo dado seu testemunho tomou seu lugar de glória. [5]Por causa de ciúme e conflitos Paulo, por seu exemplo, apontou o caminho para o prêmio por suportar pacientemente. [6]Depois de ter sido por sete vezes posto em cadeias, ter sido exilado, ter sido apedrejado, e pregado no leste e no oeste, ele ganhou a genuína glória. Por sua fé, [7]tendo ensinado retidão a todo o mundo e tendo alcançado os limite mais extremos do oeste. Finalmente, quando ele deu seu testemunho perante os legisladores, ele assim partiu deste mundo e foi tomado acima no lugar sagrado, tornando-se um exemplo formidável de resistência paciente.

6 [1]Àqueles homens que viveram vidas santas se ajuntaram uma vasta multidão de eleitos que, tendo sofrido muitos tormentos e torturas por conta de ciúme, dão um ilustre exemplo entre nós. [2]Por causa de ciúmes mulheres foram perseguidas, como Danaides e Dirce, sofrendo desta maneira terríveis e impuras torturas, mas elas alcalçaram a salvo o objetivo na corrida da fé, e receberam nobre recompensa, embora sua fraqueza física.

[3]Ciúmes separaram mulheres de seus maridos e anularam o que foi dito por nosso pai Adão, "é osso dos meus ossos e carne da minha carne". [4]Ciúmes e conflitos derrubaram grandes cidades e apodreceram desde a raiz grandes nações.

A referência ao martírio de Pedro em *1 Clemente* 5,4 pertence ao contexto da lista de exemplos que perpassam os capítulos 4-6 do texto. Os exemplos demonstram como o ciúme (ζῆλος) entre irmãos e irmãs levou a consequências ruins, especialmente a morte. A lista é dividida em duas partes (indicadas pela afirmação transicional de 5,1): sete exemplos do Antigo Testamento no capítulo 4, e sete exemplos de "nossa própria geração" (5,1: isto é, parte da memória viva) nos capítulos 5 e 6.[63] Os quatorze exemplos são claramente marcados pelo elemento retórico de introduzir cada um deles ou com a palavra ζῆλος como sujeito do período (4,7, 9, 10, 12; 6,3,4) ou com a expressão διὰ ζῆλος/ζῆλον (4,8.11.13; 5,2.4.5; 6,1.2). Em alguns poucos casos ζῆλος está ligado com φθόνος (4,7; 5,2; cf. 4,13) ou ἔρις (5,5; 6,4) ou qualificado como ζῆλος ἄδικος (5,4).

O propósito da lista é claro deste a introdução à mesma no capítulo 3. Ela pertence à "retórica de estase"[64] com a qual Clemente[65] responde à situação de discórdia comunal na Igreja de Corinto para a qual ele escreve. Depois do retrato idealístico da Igreja em sua forma gloriosa anterior em 1,2–2,8, o capítulo 3 retrata, de modo altamente retórico, o estado de conflito no qual a Igreja caiu e os perigos aos quais isto pode levar. Ciúme (ζῆλος) é a causa do problema, e assim encabeça uma lista de males em 3,2; onde o arranjo retórico dos termos[66] escalona os males: ζῆλος καὶ φθόνος, ἔρις καὶ στάσις, διωγμὸς καὶ ἀκαταστασία, πόλεμος καὶ αἰχμαλωσία ("inveja e ciúme, conflitos e sedição, perseguição e anarquia, guerra e cativeiro"). Os primeiros

---

63. Cullmann (1953), p. 90-92, seguindo R. Knopf.

64. Bowe (1988), p. 26-31.

65. A carta é realmente da Igreja romana e não sabemos que papel Clemente teve nela. Chamo o autor de Clemente por conveniência.

66. Veja Bowe (1988), p. 27: "Os primeiros dois pares de nomes contêm ambos palavras de duas sílabas, os últimos dois pares contêm três e seis ou três e cinco sílabas respectivamente. As sílabas finais rimam... Há uma escalada tanto em valor silábico quanto na severidade dos termos utilizados".

cinco destes termos fazem eco na lista dos quatorze exemplos. Já notamos que ζῆλος introduz cada exemplo, pareado em alguns casos com φθόνος ou ἔρις. Στάσις é ecoada em 4,12 (στασιάσαι); διωγμός em 4,9 (διωχθῆναι), 4,13 (ἐδιώχθη), 5,2 (ἐδιώχθησαν), 6,2 (διωχθεῖσαι). Os últimos três termos na lista não são verbalmente ecoados no catálogo de exemplos, embora seu conteúdo possa estar implícito em alguns casos.

Mas Clemente deseja ir além: o resultado final de ζῆλος é a morte. Isto é afirmado em 3,4, em palavras que formam a introdução imediata à lista de exemplos. Com uma alusão a Sb 2,24 é dito que através de "ciúme profano e desvirtuado" (ζῆλον ἄδικον καὶ ἀσεβῆ) "a morte entrou no mundo." A expressão ζῆλον ἄδικος é tomada no exemplo de Pedro (5,4). Demonstrar que ζῆλος leva especialmente à morte é o objetivo da lista. Nem todo exemplo é de ciúme levando realmente a morte, mas a maioria é. Entre os sete exemplos do Antigo Testamento, apenas dois (Caim e Abel; Datã e Abiram) envolvem morte real, mas em três outros ciúmes levam à ameaça e perigo de morte (Jacó e Esaú, Moisés e o faraó, Davi e Saul), enquanto no caso de José e seus irmãos (4,9) Clemente diz que ele foi "perseguido até a morte" (μέχρι θανάτου διωχθῆναι), o que faz com que o evento soe o mais próximo da morte real quanto possível. Somente em um dos sete casos do Antigo Testamento (Miriam e Aarão) não existe a questão da morte. Similarmente, dentre os sete exemplos modernos, há somente um caso no qual a morte claramente não está envolvida (o estranhamento entre esposos e esposas: 6,3). A lição do catálogo ou lista – que ciúmes levam à morte – é então retomada explicitamente e aplicada parenteticamente aos cristãos de Corinto em 9,1 (cf. 39,7).

Deveria ser notado que o sentido no qual ciúme leva à morte ou algo próximo a ela varia nos vários exemplos. Mais comumente são as vítimas do ciúme quem sofrem, e isto é verdade também nos exemplos dos mártires cristãos em 5,2–6,2. Mas em dois casos (Aarão e Miriam, Datã e Abiram) são os culpados de ciúme quem sofrem punição divina. O sentido segundo o qual Clemente deseja que a lição se aplique aos seus leitores é, assim, bastante vaga. Não é provável que ele realmente deseje alertar especificamente que os

384

causadores de problemas em Corinto trarão a morte daqueles que invejam, presumivelmente os traindo e entregando ao martírio. Pistas do que se trataria estão em outras partes da carta e sugerem mais que aqueles culpados de inveja estão se encaminhando para a punição divina (cf. 9,1; 51,4; 56,3). Mais provavelmente, a lista inteira pertence a uma situação aumentada pela retórica[67] e alerta meramente que inveja e discórdia terão terríveis consequências.

Num aspecto, contudo, a lição do catálogo é realmente mais precisa em sua aplicação à situação de discórdia na Igreja dos coríntios do que notamos até agora. Não é simplesmente que ciúmes levam à morte, mas que ciúmes *entre irmãos e irmãs* levam à morte. Isto é perfeitamente claro, e de fato enfatizado, no capítulo 4. O primeiro exemplo (Caim e Abel), para os quais Clemente providencia uma citação formal longa da Escritura (4,1-6), é o perfeito exemplo que demonstra este ponto da maneira mais adequada. Uma vez que se refere ao primeiro assassinato (que também foi a primeira morte humana), ele demonstra o ponto pretendido no fim do capítulo 3 de que "a morte entrou no mundo" através do ciúme: os outros exemplos do Antigo Testamento, portanto, o seguem em ordem cronológica. Mas o primeiro exemplo é também um de ciúmes entre irmãos reais (filhos dos mesmos pais), levando a fratricídio real, e é o único que trata precisamente disso. A relevância para os leitores é clara o suficiente em 7,1, no qual eles são chamados de "irmãos" (ἀδελφοκτονία). Dentre os exemplos que seguem, três (Jacó e Esaú, José e seus irmãos, Aarão, Miriam e Moisés) concernem a irmãos reais, e isto ajuda a explicar a escolha do terceiro destes, que, enquanto não envolve sequer o risco de morte, diz respeito a ciúmes entre companheiros israelitas, e o ponto é enfatizado no caso de Moisés em que, embora o risco de morte venha do faraó, Clemente aponta que o ciúme foi de um outro israelita (4,9), e também no caso de Davi, do qual é dito ter sofrido do ciúme não apenas dos filisteus mais até mesmo de Saul (4,13).

Parece que Clemente não teve dificuldade para compilar sua lista dos sete exemplos do Antigo Testamento. Nem todos ilustram a lição de maneira igual, mas eles constituem um impressionante caso cumulativo. Ele pode ter

---

67. Id., ibid., p. 32.

tomado a lista de uma fonte judaica (cf. 4,8: "nosso pai Jacó"). Mas precedente retórico[68] e ambição evidentemente o levaram a tentar outro grupo de sete exemplos contemporâneos para pôr em paralelo o grupo de sete exemplos antigos. Isto se provou evidentemente muito mais difícil. Ele pode fornecer somente dois indivíduos: Pedro e Paulo. O primeiro dos sete exemplos contemporâneos (5,2) é afirmado tão genericamente que poderíamos muito bem tomar o mesmo como uma afirmação resumidora dos exemplos que se seguem, se não fosse pela estrutura retórica da passagem como um todo e o fato de que uma introdução especificamente aos dois exemplos de Pedro e Paulo segue no verso 3. A grande multidão de mártires (6,1) realmente incluiria mulheres martirizadas (6,2) se não fosse pela necessidade de se contabilizar mais dois exemplos. Os dois exemplos finais (6,3-4) não são mais que observações gerais da vida humana, que na verdade não se adequam ao padrão estabelecido pelos sete exemplos do Antigo Testamento ou a rubrica anunciada para os exemplos modernos em 5,1 (eles não são "nobres exemplos"). Eles demonstram como o muito pressionado Clemente precisava encontrar exemplos específicos da Igreja primitiva.

Há uma característica anômala adicional no rol de exemplos contemporâneos que discussões prévias não levaram em conta. Os cinco primeiros exemplos de ciúme levam à morte, mas eles estão explicitamente unidos por um tema que não aparece em nenhum dos outros exemplos do catálogo, mas que é anunciado na introdução aos exemplos contemporâneos (5,1). É o tema de "contendas até a morte": os sofrimentos e morte de pessoas virtuosas retratadas sob a metáfora atlética de luta pela qual o prêmio (no paraíso e após a morte) é ganho.[69] Este tema, com suas referências a julgamentos e resistência e glória *post-mortem*, é importante para muitos dos detalhes apresentados no segundo, terceiro, quarto e quinto destes exemplos contemporâneos, enquanto o tema martirológico relacionado de "dar testemunho" também é proeminente nos relatos sobre Pedro e Paulo. Isto significa que a maior parte do que é dito sobre estes exemplos é inteiramente redundante ao tema: ciú-

---

68. Sanders (1943), p. 8.

69. Para o pano de fundo helenístico de imaginário e termos, veja Sanders (1943), p. 8-40.

mes entre irmãos e irmãs levam à morte. Isto contrasta agudamente com os sete exemplos do Antigo Testamento, nos quais tudo que é dito é pertinente diretamente àquele tema. Deveria também ser notado que em cada um dos sete exemplos do Antigo Testamento os oponentes dos mesmos que sofrem ciúmes são especificados, mas em nenhum dos cinco primeiros exemplos contemporâneos isto ocorre. Se, como Cullmann afirmou (em uma discussão que tomaremos mais detalhadamente abaixo), o principal ponto de Clemente ao dar estes exemplos é demonstrar que os mártires cristãos sofreram como resultado do ciúme de companheiros cristãos[70], alguém poderia se perguntar por que ele se omite a dizer isto, enquanto diz muito que é irrelevante a este ponto. É certamente o ponto ao qual o capítulo 4 nos faz esperar que ele nos encaminhasse, mas na verdade os cinco primeiros exemplos contemporâneos e mesmo a maneira pela qual são introduzidos (5,1) parecem ter um objetivo diferente: os mártires como exemplos ilustres de resistência na luta da fé (cf. 5,1.7; 6,1). Isto pode prontamente ser apreciado pela observação que, da mesma maneira que se alguém removesse as referências a ζῆλος dos sete exemplos do Antigo Testamento, eles não iriam fazer nenhum sentido, a remoção da expressão διὰ ζῆλον dos cinco primeiros exemplos contemporâneos eles fariam perfeitamente bom sentido como "lutar até a morte" (5,2) e ganhar o prêmio. Assim, a força total do catálogo parece mudar conforme Clemente move-se dos exemplos antigos aos contemporâneos, mas também é importante notar que esta mudança de direção não é mantida até o fim do catálogo. Os últimos dois exemplos contemporâneos revertem-se simplesmente a ilustrar a lição: o ciúme tem consequências más.

Enquanto a lição geral do catálogo como um todo – que ciúmes conduzem à morte – não é tomada pareneticamente até 9,1, a lição que domina os primeiros cinco exemplos contemporâneos – a necessidade de resistência na luta da fé – é tomada imediatamente em 7,1, na qual ela ajuda a transição a um novo rol de exemplos, desta vez da necessidade de arrependimento (7,5–8,5). Entretanto o uso parentético que Clemente faz do ponto que realmente emerge fortemente dos exemplos dos mártires cristãos é mínimo. Se ele

---

70. Cullmann (1953), p. 101-104.

apenas construiu a lista para mudar a ênfase de uma lição a outra, alguém poderia esperar que aparecesse mais explicitamente na segunda lição. Ainda mais significativamente, alguém poderia esperar que a segunda lição continuasse até o fim do catálogo, que ao contrário reverte-se, eivada de sentimentalismo, à primeira lição. Parece provável que a segunda lição já fosse inerente no material tradicional que Clemente usou para compor seus primeiros cinco exemplos contemporâneos e que em 7,1 ele simplesmente toma vantagem de um tema que ele falhou em subordinar ao ponto principal de seu catálogo. Em 5,1–6,2 Clemente elabora material martirológico tradicional, que adaptou a seu uso no catálogo por meio das expressões διὰ ζῆλον, διὰ ζῆλον καὶ φθόνον, e διὰ ζῆλον καὶ ἔριν.

Isto significa que não podemos olhar para o material martirológico segundo seus próprios termos. Tem sido habitualmente destacado quão mais longo é o relato de Paulo que o de Pedro, e não podemos mais oferecer a explicação de que a carreira de Paulo ofereceu muito mais oportunidades do que a de Pedro para ilustrar os efeitos malévolos do ciúme.[71] Grande parte do que é dito sobre Paulo (a maior parte dos versos 6b-7) é de fato irrelevante ao ponto. Mas não somente o relato sobre Paulo é consideravelmente mais longo que o de Pedro, é também consideravelmente mais longo do que qualquer dos outros quatro exemplos martirológicos. Além disso, por comparação com o relato de Paulo, estes outros exemplos martirológicos são significativamente desprovidos de informações históricas concretas. Além do fato de que eles sofreram e morreram como mártires, virtualmente tudo o que é dito deles é retórica e teologia e poderia ter sido dito de qualquer mártir cristão. De Pedro aprendemos concretamente somente que ele sofreu muitas ameaças antes de sua morte, e que da grande multidão (6,1) apenas que eles foram martirizados em Roma (ἐν ἡμῖν), o que presumivelmente também é verdadeiro sobre as mulheres (6,2). No caso de Paulo, por outro lado, somos providos de detalhes de seus sofrimentos durante sua vida e de seu ministério evangelístico ao redor de todo o mundo.

---

71. Id., ibid., p. 98-99; Garofalo (1967), p. 144.

Parece muito provável que Clemente não compôs seu relato sobre Paulo de sua própria leitura de literatura paulina, mas reproduziu substancialmente ou ao menor adaptou uma eulogia tradicional de Paulo. É válido comparar a profecia sobre o martírio de Paulo na *Epístola dos Apóstolos* 31:

> E ele se tornará forte entre as nações e pregará e ensinará, e muitos terão proveito quando o ouvirem e serão salvos. Então ele será odiado e entregue nas mãos do inimigo, e ele testemunhará diante de reis mortais, e sobre ele virá a completude de seu testemunho sobre mim.[72]

O idioma deste relato contrasta com a linguagem helenística de *1 Clemente* 5,5-7, mas há um elemento que é atestado virtualmente com as mesmas palavras em ambos: ele testemunha diante de legisladores (cf. Mt 10,18; Mc 13,9; Lc 21,12-13; At 9,15). Em ambos esta afirmação refere-se às circunstâncias da morte de Paulo. Ela aponta para alguma tradição comum.

Pode ser que Clemente tomou este relado de Paulo da tradição e compôs por si mesmo os outros quatro exemplos martirológicos, com base do pouco que sabia sobre estes outros mártires, descrevendo os mesmos de maneira amplamente paralela ao relato de Paulo, mas variando as descrições com alguma outra linguagem apropriada a partir do estoque-padrão de imagens martirológicas e terminologias. O relato de Pedro, em particular, é paralelo ao de Paulo sem nenhum dos detalhes deste último. No caso de Pedro, que todos sabiam ter passado sua vida adulta em ministério cristão ativo, era obviamente apropriado, como no caso de Paulo, referir-se a sofrimentos já deste antes de sua morte e usar a linguagem de testemunhos com referência a sua morte. Os relatos dos mártires romanos anônimos, homens e mulheres, estão confinados aos sofrimentos levando imediatamente à morte, mas continuam o tema da resistência e recompensa *post-mortem*.

Devemos agora questionar o que 5,4 pode nos contar realmente sobre o martírio de Pedro. Uma vez que não tem sido sempre admitido que a re-

---

72. Tradução de Duensing (1963), p. 213.

ferência é a seu martírio (isto é, a morte violenta)[73], isto deve ser a primeira coisa a ser estabelecida. Já notamos que nem todos os exemplos do catálogo são casos de mortes, mas também notamos que os cinco primeiros casos contemporâneos compreendem um rol distinto dos outros exemplos pelo seu tema martirológico. É muito improvável que Pedro teria sido incluído neste grupo a não ser que ele fosse um mártir. Além disto, o paralelo entre 5,4b (οὕτω μαρτυρήσας ἐπορεύθη εἰς τόν ὀφειλόμενον τόπον τῆς δόξης) e 5,7b (μαρτυρήσας ἐπὶ τῶν ἡγουμένων, οὕτως ἀπηλλάγη τοῦ κόσμου καὶ εἰς τòν ἅγιον τόπον ἀνελήμφθη) deixa claro que se Paulo foi martirizado, também assim foi Pedro. O uso de μαρτυρέω em ambos casos é muito próximo a, se não alcança realmente, o uso martirológico técnico no qual a palavra em si mesma refere-se à morte (como em Hegesipo, ap. Eusébio, *Hist. eccl.* 2.23.18: οὕτως ἐμαρτύρεσεν).[74] Finalmente, a afirmação de que Pedro foi para o lugar da glória que ele mereceu precisa se referir ao especial privilégio de um lugar de honra no paraíso imediatamente após a morte, que cristãos antigos pensavam estar em geral reservados aos mártires.

A possibilidade deve ser considerada de que *1 Clemente* 5,4 seja exclusivamente dependente de Atos para sua informação sobre Pedro.[75] Na narrativa de Atos, Pedro passa por três julgamentos (capítulos 4; 5 e 12), uma das quais é explicitamente atribuída ao ζῆλος dos chefes dos sacerdotes (5,17; ζῆλος é usado novamente em Atos somente em 13,45). Estes três julgamentos poderiam talvez ser a base para dizer que Pedro sofreu não um nem dois, mas muitos julgamentos (*1 Clemente* 5,4). Clemente poderia ter interpretado At 12,17 (ἐπορεύθη εἰς ἕτερον τόπον) como uma alusão críptica ao martírio de Pedro[76] e assim parafraseado a passagem como ἐπορεύθη εἰς τòν ὀφειλόμενον τόπον τῆς δόξης (*1 Clemente* 5,4). Poderia ainda ser suge-

---

73. Heussi (1955), p. 11-30; Michaels (1988), p. lx; cf. Cullmann (1953), p. 93.

74. Provavelmente οὕτω em 5,4 deva ser tomado com ἐπορεύθη, como em 5,7 οὕτως pertence a ἀπηλλάγη. Isto não significa que o πόνοι apenas mencionado seja a maneira pela qual Pedro testemunha. Cf. Cullmann (1953), p. 95, n. 96.

75. Cf. Smith (1960); Grant e Graham (1965), p. 25.

76. Em tempos modernos isto tem sido compreendido desta maneira por Robinson (1945) e Schmaltz (1952).

rido que esta má compreensão sobre At 12,17 por Clemente seja a origem de toda a tradição sobre o martírio de Pedro, que leitores de *1 Clemente* 5,4 supuseram ter ocorrido em Roma. Contudo, contra este último ponto, pode ser objetado que Jo 21,18-19 refere-se ao martírio de Pedro, certamente independentemente de Atos e *1 Clemente*, e que testemunhos posteriores do martírio de Pedro em Roma (*Ascensão de Isaías, Apocalipse de Pedro:* veja adiante) provavelmente não conheceram nem Atos e nem *1 Clemente*. Contra a dependência por *1 Clemente* 5,4 de Atos, pode ser dito que não há outra evidência convincente de que Clemente conhecesse Atos.[77] Além disso, se ele estava usando Atos aqui, é relevante questionar por que ele não o usou também para outros exemplos de mártires (Estêvão, Tiago filho de Zebedeu) que estão em Atos. A dificuldade que ele parece ter encontrado em compilar sua lista de exemplos sugere que provavelmente teria usado outros exemplos específicos bem conhecidos se eles estivessem disponíveis para ele. Concluímos que Clemente provavelmente soube que Pedro foi martirizado, não de alguma fonte escrita mas simplesmente como resultado de conhecimento comum na Igreja de Roma quando ele escreveu.

Embora a ordem dos sete exemplos do Antigo Testamento dada por Clemente seja cronológica, provavelmente a ordem dos cinco primeiros exemplos contemporâneos não é. Ele começa com sua vaga referência aos apóstolos e líderes (5,2), então dá dois exemplos específicos de apóstolos, Pedro e Paulo, passa a evocar a grande multidão de mártires romanos e as mulheres que sofreram com eles. A ordem é evidentemente de senioridade ou importância, e Pedro pode vir antes de Paulo somente porque ele foi um apóstolo antes de Paulo. Não podemos concluir que Pedro foi martirizado antes de Paulo ou que ambos tenham sido martirizados antes da grande multidão. Os últimos são quase universalmente admitidos como sendo as vítimas da perseguição de Nero que seguiu o grande incêndio de Roma.[78] Em nenhum

---

77. Cf. Oxford (1905), p. 48-50.

78. Há muita literatura sobre a perseguição de Nero. Veja a ampla bibliografia em Garzetti (1974), p. 614-617; 745-746; Keresztes (1979), p. 248. Uma conexão causal com o fogo de Roma é feito somente por Tácito (e fontes dependentes dele) e a correspondência apócrifa entre Paulo e Sêneca (carta 11/12), o que deve ser independente de Tácito (veja Beaujeu [1960], p. 75-76).

outro tempo no primeiro século sabemos de um grande número de mártires romanos que tenham sofrido ao mesmo tempo. Marcadamente, o relato de Tácito sobre a perseguição de Nero que seguiu-se ao grande incêndio refere-se a uma *multitudo ingens* (*Ann.* 15.44), exatamente paralela ao πολὺ πλῆθος de Clemente (6,1).[79] A única alternativa seria tomar os homens e mulheres de 6,1-2 como não sendo vítimas de uma única perseguição, mas todos os mártires da história de Roma até então. Esta é uma interpretação possível.

Supondo que 6,1-2 refira-se à perseguição por Nero, podemos concluir, como muitos o fizeram, que Clemente implicitamente afirma que Pedro e Paulo morreram durante a mesma perseguição? Isto não é implicado por συνηθροίσθη (6,1), que pode significar nada além de que a grande multidão também era de mártires, ao lado dos homens apenas mencionados. Alternativamente, pode significar que a grande multidão ajuntou-se aos mártires mencionados no paraíso: isto supriria uma referência ao prêmio paradisíaco da grande multidão de mártires, que de outra maneira lhes falta mas que seria esperado por comparação com os exemplos de Pedro, Paulo e as mulheres. Em todo caso, "estes homens" (τούτοις τοῖς ἀνδράσιν, 6,1) provavelmente inclui os "pilares" de 5,2, bem como Pedro e Paulo. Os primeiros certamente não foram martirizados em Roma. Além disso, 5,2, que mostra que Clemente não está dando sua lista exclusivamente de mártires romanos, indica que não podemos nem mesmo concluir a partir de *1 Clemente* 5 que Pedro e Paulo estivessem certamente em Roma quando martirizados. Se não tivéssemos quaisquer outras evidências dos lugares de suas mortes, poderíamos supor que estes foram os únicos dois mártires apostólicos bem conhecidos que vieram à mente de Clemente. De fato, o fato de que Clemente pareça saber tão pouco sobre Pedro pode sugerir que Pedro provavelmente não foi martirizado em Roma. Na verdade, há outras boas evidências em favor do martírio de Paulo em Roma, e, como veremos, para o martírio de Pedro no mesmo local. À luz desta evidência parece que, após sua vaga referência a outros mártires apostólicos (5,2), Clemente na verdade seleciona mártires romanos para seus exemplos. Mas das palavras de Clemente somente não podemos dizer nada

---

79. Para o significado numérico, veja Beaujeu (1960), p. 80.

do tempo ou lugar da morte de Pedro, exceto que tenha acontecido antes de Clemente escrever sobre ela.

Ainda precisamos considerar a conexão dos martírios com ciúmes. Culmann argumentou que isto diz algo muito específico sobre as circunstâncias da morte de Pedro, a saber, que os cristãos judeus restritivos de Roma, que se opunham à atitude liberal com as conversões gentias que Pedro partilhava com Paulo (sem requerer circuncisão ou outras observâncias judaicas), informaram as autoridades sobre Pedro e em seu desfavor, assim lhe ocasionando a morte.[80] Ele aplica a mesma explicação ao martírio de Paulo e aos homens e mulheres que morreram durante a perseguição de Nero (6,1-2), e assim relaciona o ciúme que levou a todas estas mortes com as circunstâncias particulares de disputas faccionais que ele pensa poderem ser demonstradas, de Romanos aos Filipenses, como tendo existido na Igreja de Roma. Desta maneira ele afirma demonstrar que o segundo, terceiro, quarto e quinto exemplos contemporâneos de Clemente todos ocorreram em Roma, embora ele não lide com o problema de que Clemente use a mesma expressão (διὰ ζῆλον) com referência ao primeiro exemplo, que é muito geral para ser localizado especificamente em Roma.[81]

A força do caso de Culmann pousa na observação de que os sete exemplos do Antigo Testamento são todos de ciúmes entre irmãos e irmãs e que o catálogo como um todo parece delineado para fortalecer este ponto. Assim os martírios de 5,2–6,2 precisam ter sido devidos a ciúmes entre cristãos. Contudo, Culmann falhou em notar o quanto a segunda parte do catálogo (os exemplos contemporâneos) diverge dos precisos objetivos da primeira parte. É significativo que, como notamos, os exemplos contemporâneos não especificam aqueles a quem o ciúme trouxe o martírio, como os exemplos do Antigo Testamento consistentemente trazem. Além disso, como também observamos, é improvável que Clemente intencione que a relevância de

---

80. Cullmann (1953), p. 99-108, seguido por Brown e Meier (1983), p. 124-125; Thiede (1986), p. 186-189; cf. tb. Testa (1967), p. 469-499. Não fui capaz de verificar Giet (1955), que responde em detalhes ao tratamento de Cullmann a *1 Clemente* 5,4.

81. Cullmann (1953), p. 93, supõe que Pedro e Paulo sejam incluídos entre os "pilares" de 5,2.

5,2–6,2 aos seus leitores seja um aviso de que o ciúme de alguns deles provavelmente levará o martírio a outros. O material martirológico de 5,2–6,2 tem um tema específico por si mesmo, e a conexão com a lição geral do catálogo – ciúmes levam à morte – pode ser bastante frouxa.

Assim como há casos dentre os do Antigo Testamento nos quais ciúmes não levam à morte e um caso no qual nem mesmo leva à ameaça de morte, também poderiam haver casos entre os exemplos contemporâneos nos quais não é especificamente ciúmes entre irmãos e irmãs que levam à morte. De fato, o sétimo dos exemplos contemporâneos, que poderia facilmente ter sido especificado como contendas civis entre concidadãos mas não é assim especificado (6,4), na verdade sugere que o tema da irmandade caiu da preocupação de Clemente no tempo em que chega ao fim de seu catálogo. Claro, ele deve ter pensado que em algum sentido todos os martírios que ele mencionou eram devidos a ciúme, inveja e contenda.[82] Mas era fácil pensar assim. O ciúme de judeus não cristãos é mencionado bastante comumente na literatura cristã antiga com referência aos sofrimentos do próprio Jesus e seus seguidores Mc 15,10; At 12,15; 13,45; 17,5) para que isto fosse uma possibilidade.[83] Deve ter sido um fenômeno bastante comum para cristãos que eram presos informar sobre outros, como Tácito diz que aconteceu durante a perseguição de Nero (*Ann.* 15.44; cf. Mt 24,10; Plínio, *Ep.* 10.96). Clemente poderia ter pensado que alguns destes eram motivados por inveja ser necessariamente pensar em divisões partidárias específicas na Igreja romana. Ele poderia ter atribuído ciúme a informantes pagãos contra seus vizinhos cristãos. Sabendo destas possibilidades, ele não precisou pensar sobre as circunstâncias específicas de nenhum dos martírios que mencionou. Se ele houvesse feito isso, poderíamos esperar que ele falasse mais especificamente do que o faz.

Assim parece que não podemos inferir de *1 Clemente* nada além do fato do martírio de Pedro.[84] Se de fato ele aconteceu em Roma sob Nero, como

---

82. Para o significado dos três termos usados em combinação em *1 Clemente*, veja Sanders (1943), p. 5 n. 1; Cullmann (1953), p. 99-100.

83. Smallwood (1976), p. 217-219; Keresztes (1984), p. 409-411, argumentam que *1 Clemente* 5,4–6,2 refere-se ao ciúme de judeus não cristãos.

84. Cullmann (1953) chama *1 Clemente* de "testemunha literária decisiva" para tanto defensores quanto oponentes da tradição de que Pedro foi a Roma. É verdade que o texto tem sido tratado de

argumentaremos, Clemente deve ter sabido isto e tomado como garantido. Que ele não mencione outras especificidades da vida ou morte de Pedro, relevantes ao tema da resistência fiel no sofrimento, permanece marcante e desafiador. Se *1 Clemente* foi escrita antes do ano 70, como ocasionalmente tem sido argumentado em anos recentes, isto é quase incompreensível. É mais simples entender que *1 Clemente* foi escrita relativamente tarde no primeiro século, como ainda permanece provável.[85]

VI. Inácio de Antioquia

Uma passagem que parece não ter sido reconhecida como evidência do conhecimento por Inácio do martírio de Pedro é Esmirniotas 3:

> Ἐγὼ γὰρ καὶ μετὰ τὴν ἀνάστασιν ἐν σαρκὶ αὐτὸν οἶδα καὶ πιστεύω ὄντα. [2]καὶ ὅτε πρὸς τοὺς περὶ Πέτρον ἦλθεν, ἔφη αὐτοῖς· Λάβετε, ψηλαφήσατέ με καὶ ἴδετε, ὅτι οὐκ εἰμὶ δαιμόνιον ἀσώματον. καὶ εὐθὺς αὐτοῦ ἥψαντο καὶ ἐπίστευσαν, κραθέντες τῇ σαρκὶ αὐτοῦ καὶ τῷ πνεύματι. διὰ τοῦτο καὶ θανάτου κατεφρόνησαν, ηὑρέθησαν δὲ ὑπὲρ θάνατον. [3]μετὰ δὲ τὴν ἀνάστασιν συνέφαγεν αὐτοῖς καὶ συνέπιεν ὡς σαρκικός, καίπερ πνευματικῶς ἡνωμένος τῷ πατρί.
>
> [1]O que sei e acredito que ele esteve no corpo mesmo após a ressurreição. [2]E quando ele veio aos que estavam com Pedro, disse a eles: "Toquem, ponham suas mãos em mim, e vejam que não sou um demônio sem corpo material". E imediatamente eles o tocaram e acreditaram, sendo interpelados por seu corpo e espírito. Assim eles desafiaram até mesmo a morte e estavam acima da morte. [3]E depois da ressurreição ele comeu e bebeu com eles como tendo um corpo, embora espiritualmente unido com o Pai.[86]

---

tal maneira. Mas o caso sobre o martírio de Pedro em Roma certamente não cai com a conclusão de que *1 Clemente* não pode prová-lo.

85. Fuellenbach (1980), p. 1-3, sumariza os argumentos em favor da data posterior e responde aos argumentos de A. E. Wilhelm-Hooijbergh (1980) e J. A. T. Robinson (1976) em favor de uma data anterior a 70 d.C.

86. Tradução de Schoedel (1985), p. 225.

A frase final do verso 2 precisa se referir ao martírio dos "que estavam com Pedro". A expressão θανάτου καταφρονεῖν (ou περιφρονεῖν) era padronizada. Era comumente utilizada para o heroísmo de soldados na batalha, mas na literatura cristã e judia também era usada para a atitude de um mártir (4 Macabeus, 7,19; 13,1; Josefo, *C. Ap.* 2.146 [para o significado, cf. 2.232-2.235]; Justino, *2 Apol.* 10,8; 11,8; Taciano, *Or.* 11,1; 19,1; *Mart. Pol.* 2,3 [cf. 11,2]; *Diogn.* 1,1; 10,7; *Apócrifo de Tiago* 5,31). No contexto o uso de Inácio deve ser martirológico. Ele deve ter sido capaz de assumir, segundo conhecimento comum, que pelo menos alguns dos doze morreram como mártires. Seria estranho se Pedro, o único apóstolo nomeado, não estivesse entre eles. O contexto solicita que pelo menos Pedro seja um exemplo bem conhecido de um mártir.

Uma vez que as tradições do Evangelho frequentemente tratam Pedro como líder e porta-voz dos doze, o uso da expressão τοὺς περί Πέτρον é bastante natural (a mesma expressão é usada no final curto de Marcos para os apóstolos depois da ressurreição). Mas há alguma possibilidade que Inácio se baseava numa tradição associada particularmente ao nome de Pedro. Apesar da semelhança de 3:2a.3 com Lc 24,39-43 e At 10,41, parece que Inácio aqui não depende de Lucas-Atos. Isto é demonstrado pelas palavras, "Eu não sou um demônio sem corpo material", que Inácio deve ter retirado de sua própria fonte, uma vez que ecoa as mesmas no fim do capítulo 2 em antecipação da citação das mesmas[87], o que está atestado em outras partes. Jerônimo (*Vir. ill.* 16; *In Isaiam* 18 prefácio) pensava que elas viriam do *Evangelho segundo os Hebreus*, mas parece ter se enganado, já que Eusébio (*Hist. eccl..* 3.36.11), que conheceu aquele evangelho, negou que ele contivesse tais palavras. Provavelmente mais confiável é a afirmação de Orígenes (*Princ.* Pref. 8) de que o dito de Jesus "Eu não sou um demônio sem corpo material" ocorreu em um trabalho que ele chama de *Ensinamentos de Pedro (Doctrina Petri)*. Este pode ser o mesmo que o *Kerygma Petrou*[88], que de outro modo é conhecido a partir de citações de Clemente de Alexandria. Contudo, não se segue necessariamente o que Inácio conheceu o *Kerygma*

---

87. Schoedel (1985), p. 225.

88. Também von Dobschütz (1893), p. 82-84, mas sua identificação é rejeitada por Schneemelcher (1965), p. 97.

Petrou: ambos podem ser dependentes em tradição comum. A probabilidade de que as citações e alusões do Evangelho por Inácio em geral refletem a tradição oral[89] sugere isso.

Schoedel[90] sugere que a frase sobre os apóstolos superando a morte não é simplesmente uma reflexão do próprio Inácio, derivada de sua preocupação com o martírio, mas ocorreu em sua fonte em conexão com a tradição da ressurreição que ele está citando. Teria assim função apologética: a coragem dos apóstolos e a recusa de negar Cristo diante da morte era testemunho da realidade de sua ressurreição. Isto também serviria à própria apologética de Inácio contra o docetismo. Mas uma vez que Inácio no capítulo 4 passa a usar de seu próprio martírio que se aproxima como um argumento contra o docetismo, é possível que em 3,2, se aqui lermos uma referência ao martírio dos apóstolos, tenha função similar. Não podemos ter certeza que sua referência ao martírio dos apóstolos existiu na fonte de Inácio. Mas parece pressupor conhecimento comum de que muitos dos apóstolos, incluindo Pedro, morreram como mártires. O fato de que Inácio evidentemente assume que muitos dos doze além de Pedro foram martirizados pode indicar que seu conhecimento sobre o martírio de Pedro não deriva somente de *1 Clemente*, que ele pode ter conhecido (veja abaixo).

A passagem que tem sido discutida por outros[91] como possível indicação do conhecimento de Inácio sobre o martírio de Pedro é *Rm* 4,3:

> οὐχ ὡς Πέτρος καὶ Παῦλος διατάσσομαι ὑμῖν. ἐκεῖνοι ἀπόστολοι, ἐγὼ κατάκριτος· ἐκεῖνοι ἐλεύθεροι, ἐγὼ δὲ μέχρι νῦν δοῦλος. ἀλλ᾽ ἐάν πάθω, ἀπελεύθερος γενήσομαι Ἰησοῦ Χριστοῦ καὶ ἀναστήσομαι ἐν αὐτῷ ἐλεύθερος, νῦν μανθάνω δεδεμένος μηδὲν ἐπιθυμεῖν.
>
> Não lhe dou ordens como Pedro e Paulo: eles (eram) apóstolos, eu (sou) um homem condenado; eles (eram) livres, eu (sou) ainda um escravo; mas eu sofro, eu hei de tornar-me um homem liberto dos de Jesus Cristo, e hei de erguer-me livre

---

89. Cf. Bauckham (1985A), p. 386-398.

90. Schoedel (1985), p. 227-228.

91. P. ex., Cullmann (1953), p. 110-111.

nele; e agora estou aprendendo, como alguém que está atado, a nada desejar.[92]

Esta passagem usa temas que ocorrem em outras passagens nas quais Inácio refere-se a si mesmo como diferenciado em relação aos apóstolos. Sua inferioridade em relação a eles é mencionada em *Trálios* 3,3; provavelmente em *Ef* 3,1; e por implicação em *Ef* 11,2–12,2; onde Inácio vê a si mesmo como inferior aos efésios por conta da associação destes com os apóstolos. Inácio aponta ao seu *status* como um prisioneiro condenado sugerindo inferioridade aos apóstolos em *Trálios* 3,3 (bem como, novamente por implicação, em *Ef* 12:1). Ele espera que pelo martírio se tornará igual aos apóstolos em *Ef* 3,1; 12,2. (cf. *Tral.* 3,3–5,2).

Rm 4,3 costumeiramente tem sido lido como indicando que Inácio soube que Pedro e Paulo haviam estado em Roma. A primeira frase pode ser compreendida como "Eu não lhe dou ordens como se eu fosse Pedro ou Paulo". Isto não implicaria que Pedro e Paulo realmente deram ordens aos eclesianos de Roma em particular, apenas que eles tinham a autoridade para comandar qualquer igreja. É desta autoridade de comandar uma igreja que não seja a sua que Inácio padece. Sua escolha por Pedro e Paulo como exemplos de apóstolos[93] poderia ser explicada simplesmente por sua proeminência na mente de Inácio: ele conhecia as cartas de Paulo, enquanto tanto Pedro quanto Paulo pertenceram às origens apostólicas de sua própria igreja em Antioquia. Entretanto, outros textos nos quais ele compara a si mesmo com apóstolos tornam provável que ele aqui se refere a Pedro e Paulo porque estes estão relacionados com a Igreja de Roma, para a qual está escrevendo.[94] Sua outra única referência nominal a Paulo está em *Ef* 12,2, em que ele faz de sua referência geral (11,2) à associação dos efésios com os apóstolos mais específica pela citação de Paulo, que havia estado em Éfeso e, como Inácio, passou por Éfeso em seu caminho para o martírio em Roma. Por contraste, em *Trálios* 3:3, em que Inácio diz, muito semelhantemente a *Rm* 4,3, que ele, um homem condenado, não pode

92. Tradução de Schoedel (1985), p. 175.
93. Objeção de Cullmann: Cullmann (1953), p. 110.
94. Lowe (1956), p. 30-31.

dar ordens aos trálios "como um apóstolo" (ὧν κατάκριτος ὡς ἀπόστολος ὑμῖν διατάσσωμαι), ele não nomeia um apóstolo, presumivelmente porque ele não sabia de algum que houvesse dado ordens especificamente à Igreja de Trales. O íntimo paralelo verbal entre *Trálios* 3,3 e *Rm* 4,3 indica que na última Inácio nomeia Pedro e Paulo por que ele associava ambos a Roma, bem como em *Ef* 12,2 ele associou Paulo com Éfeso.

Assim *Rm* 4,3 provavelmente significa que Pedro e Paulo deram ordens à Igreja de Roma. No caso de Paulo isto se poderia referir à carta aos romanos, mas Pedro não era conhecido por ter escrito à Igreja romana, e assim é provável que Inácio pensou que ambos exerceram ministério de pregação em Roma. Que o texto implique no martírio de Pedro e Paulo é muito mais duvidoso. Ele não pode significar que Pedro e Paulo obtiveram liberdade pelo martírio, como Inácio obterá. O ponto do mesmo é mais que eles já fossem livres, uma vez que já fossem apóstolos, enquanto viviam e comandavam a Igreja de Roma, enquanto Inácio somente chegará a tal *status* mediante o martírio.[95] Inácio pode ter tido por trás de sua mente que ele iria chegar à igualdade com Pedro e Paulo pelo seguimento de ambos ao martírio em Roma (cf. *Ef* 12,2), mas ele não o diz, e assim o texto não pode ser tomado como evidência do martírio de Pedro. Cullmann argumenta que os comandos indicados por Inácio foram dados aos cristãos de Roma por Pedro e Paulo no que concernia a seus martírios.[96] Poderia ser o caso se estivessem estritamente paralelos às instruções que Inácio dá aos cristãos romanos (*Rm* 4,1-2) dos quais ele diz em 4,3 que não podem estar imbuídos da mesma autoridade dos comandos dos apóstolos. Mas isto é provavelmente forçar o paralelo para além do que o texto realmente permite.

Rm 4,3 pode provavelmente assim contar como evidência de que Pedro passou algum tempo em Roma. Inácio pode ter sabido disso por *1 Clemente*, mas não é de todo certo que *Rm* 3:1 refira-se a *1 Clemente*.[97] É na verdade bastante desnecessário supor que Inácio precisasse de uma fonte literária

---

95. Schoedel (1985), p. 176-177.
96. Cullmann (1953), p. 111.
97. Schoedel (1985), p. 172-173, seguindo K. Beyschlag.

para a informação de que Pedro esteve em Roma. Se Pedro de fato terminou sua vida em Roma, este fato sobre o mais proeminente dos doze e sobre a Igreja na capital do império mundial seria conhecido por todos os cristãos no tempo de Inácio e certamente pelo bispo de Antioquia.

VII. Ascensão de Is 4,2-3

A seguinte passagem do apocalipse do cristianismo primitivo conhecido como *Ascensão de Isaías* é uma das duas referências mais antigas ao martírio de Pedro sob Nero:

> [2][...]τος αὐτοῦ ἐ[ν εἴδει] ἀνθρώπου βασιλέως ἀνόμου μητραλῷου* ὅστις αὐτὸς** ὁ βασιλεὺς οὗτος [3]τὴν φυτ[ε]ίαν ἣν οἱ δώδεκα ἀπόστολοι τοῦ ἀγαπητοῦ διώξε[ι] καὶ [τ]ῶν δώδεκα [εἷς] ταῖς χερσὶν αὐτοῦ [π]αραδοθήσεται.[98]
> *MS μητρολωου
> **MS αυτου
>
> [2]... na forma de um homem, um rei sem lei, um matricida, que é ele mesmo, este rei, [3]perseguirá a planta que os doze apóstolos do Amado plantaram, e um dos doze será entregue em suas mãos.

Embora o texto grego que sobreviveu até nós seja fragmentário (o texto completo dos capítulos 3-4 chegou até nós somente em tradução gueês), somos afortunados por ele cobrir a seção que nos concerne aqui. O contexto é uma profecia da vinda de Beliar (o demônio) como o anticristo nos últimos dias (4,2-14). A ideia do adversário escatológico é combinada com a tradição do retorno de Nero. Assim quando Beliar descender à terra, ele o fará na forma de Nero: ele será, como foi, encarnado como o Nero que retorna (4,2: "Beliar... descenderá de seu firmamento na forma de um homem, um rei sem lei, um matricida..."). Para identificar o "rei" em questão (que, por causa das convenções do estilo profético, não pode ser nomeado) o autor o descreve de três maneiras. Ele é "um rei sem lei" (βασιλέως ἀνόμου), mas isso poderia ser entendido como uma descrição tradicional do adversário escatológico

---

98. Texto de Charles (1900), p. 95.

(cf. 2Ts 2,3.8-9; Salmos de Salomão 17,11 [LXX]) que não identifica especificamente o rei como Nero. As outras duas descrições são específicas a Nero. Da longa série de assassinatos políticos pelos quais Nero era notório, o mais chocante foi o assassinato de sua mãe Agripina: para evocar a imagem de Nero como sedento por sangue, tirano antinatural era suficiente chamá-lo de O Matricida (μητραλῴου) (p. ex., Filóstrato, *Vit. Apoll*, 4.32). Os *Oráculos sibilinos* judeus, que, como a *Ascensão de Isaías*, predisseram o retorno de Nero como o adversário escatológico e aludem a Nero cripticamente, sem o nomear, também se referem ao assassinato de sua mãe como a característica que tornaria a referência a Nero inequívoca (*Or. Sib.* 4.121; 5.363; 8.71). Mas a terceira descrição de Nero na *Ascensão de Isaías* é especificamente cristã: ele perseguirá a Igreja ("a planta que os doze apóstolos do Amado plantaram")[99] e porá à morte um dos doze. Se não houvesse a referência ao rei como matricida, poderíamos pensar da perseguição de Herodes à Igreja e sua execução de Tiago (At 12,1-2). Como aparece, a referência deve ser à perseguição de Nero e ao martírio de Pedro.[100] Os doze apóstolos são os que foram chamados por Jesus durante seu ministério (3,13) e enviados por ele após sua ressurreição (3,17): eles certamente não podem incluir Paulo, que a *Ascensão de Isaías* de todo modo ignora inteiramente. O único outro apóstolo sobre o qual sempre houve uma tradição de que houvesse sido martirizado sob Nero é Pedro.[101]

---

99. Para a expressão cf. Is 60,21; 61,3; *Jubileus* 16,16-17.26; 36,6; *1 Enoque* 9,5.10; *Ps.Sol.* 14,4; 1QS 8,5; 1QH 8,10; e especialmente Dionísio de Corinto, apud Eusébio, *Hist. eccl.* 2.25.8 (Pedro e Paulo juntos plantaram (φυτεύσαντες) a Igreja de Corinto. Cf. tb. Bauckham (1987), p. 90-91.

100. Isto foi assim argumentado em detalhes por primeiro por Clemen (1896) e (1897) (este último em resposta a Zeller), mas sua datação da passagem durante o reinado de Nero (sobre o que veja também Robinson [1976], p. 240 n. 98), o que faria desta citação da *Ascensão* a primeira referência ao martírio de Pedro, e é baseada numa má compreensão de 4,2-4, que prediz a vinda de Beliar não como o Nero histórico mas como o retorno do "Nero do futuro" [N.T.: expressão do tradutor para renderizar um intrincado período em inglês com este significado. Bauckham utiliza simplesmente "Nero" em todas as passagens, tornando algumas um pouco confusas quando se tenta compreender se estaríamos falando do Nero histórico ou de um Nero ainda não histórico e que estaria por vir segundo a visão da *Ascensão*.] Contra Clemen, veja Harnack (1897), p. 714-716, que pensa ser a passagem muito vaga para se referir a Pedro.

101. Zeller (1896) pensou na referência como sendo ao exílio de João a Patmos, mas (a) a tradição do exílio do Apóstolo João a Patmos durante o reinado de Nero é mais tardia em datação que as in-

A falha do autor em nomear Pedro é devida simplesmente ao estilo profético críptico, em uma profecia atribuída a Isaías. (Compare as profecias de Jesus, nos evangelhos, sobre quem irá traí-lo, não nomeado como Judas mas como "um de vocês" ou "um dos doze": Mt 26,21; Mc 14,20; Jo 6,70; 13,21. Compare também *Epístola dos Apóstolos* 15, onde o Cristo ressuscitado, falando aos apóstolos, prediz a prisão de Pedro [At 12] sem o nomear: "então um de vocês será atirado na prisão...") Dos leitores deveria se esperar que não tivessem dificuldade nenhuma de identificar o apóstolo em questão, de tão bem conhecido que o martírio de Pedro sob Nero era. Não pode haver dúvida real de que as palavras ταῖς χερσὶν αὐτοῦ παραδοθήσεται implicam em martírio. A expressão é um semitismo, que frequentemente (p. ex., Dt 1,27; Jr 26 [LXX 33],24; 1Mc 4,30), mas nem sempre (cf. Jr 32 [LXX 39],4; Jt 6,10; At 28,17; *Didaqué* 16,4), implica a destruição daqueles que são entregues nas mãos de outrem, ou seja, a seu poder. Mas no contexto da perseguição dos cristãos, um paralelo ao uso da expressão como referência à paixão e morte de Jesus (Mt 17,22 par. Mc 9,31 par. Lc 9,44; Mateus 26,45 par. Mc 14,41 par. Lc 24,7) é possível. (Para um paralelo entre *Ascensão de Isaías* 4,3 e a paixão de Jesus, cf. a referência à perseguição [διωγμός] de Jesus em 3,13 e 11,19, que usa simplesmente "entregue a" ao invés de "entregue nas mãos de", com referência a Jesus, como em Mt 20,18-19 par. Mc 10,33 par. Lc 18,32.) Também é importante notar que a predição do martírio de Paulo na *Epístola dos Apóstolos* 31 começa com "ele será odiado e entregue na mão de seu inimigo" (presumivelmente Nero, como em *Ascensão de Isaías* 4,3). De qualquer modo, em um verso cujo ponto é simplesmente identificar Nero como o imperador distinguível por sua perseguição aos cristãos, uma referência à mera prisão de Pedro, sem a implicação de que ele também foi executado, muito mal valeria a pena. O passivo παραδοθήτεσαι é provavelmente intencionado não a indicar que Pedro foi traído por alguém ou algumas pessoas e entregue a Nero, mas indicar a soberania divina sobre a história que permite o martírio de Pedro. Este é o significado deste verbo no

---

questionáveis referências ao martírio de Pedro sob Nero, ademais (b) *Ascensão de Isaías* 4,2 muito provavelmente se refere a martírio, não meramente exílio (veja adiante).

passivo em contextos proféticos similares (Mt 17,22 par. Mc 9,31 par. Lc 9,44; 24,7; *Didaqué* 16,4; em Mt 26,45 par. Mc 14,41 há provavelmente uma dupla referência à traição por Judas e entregar-se por Deus).

Que Pedro foi martirizado em Roma não é expressamente afirmado, mas a referência à perseguição da Igreja por Nero, que esteve confinada provavelmente a Roma, e a associação direta com o martírio de Pedro com Nero, provavelmente implica que Pedro tenha morrido em Roma.[102] Por outro lado, a passagem não pode ser pressionada para significar necessariamente que Pedro morreu na perseguição neroniana. Poderia significar nada além de que o martírio de Pedro foi um rebote posterior da ação anticristã de Nero. Pode muito bem ser que esta passagem da *Ascensão de Isaías* preserve uma percepção apocalíptica da perseguição de Nero da Igreja que seja datada da época de Nero e que foi tomada para uma reelaboração posterior na forma de material apocalíptico. Nero foi o primeiro imperador a perseguir a Igreja, e, embora a perseguição ter sido confinada a Roma, ela deve ter parecido de grande significado para toda a Igreja, especialmente uma vez que Pedro, amplamente reconhecido como o líder dos doze, morreu nela. Poderia bem ter sido vista como a chacina final do povo de Deus pelo anticristo. As guerras civis que ameaçavam a mera sobrevivência do império no tempo de Nero e logo após sua morte (contemporâneas à guerra judia) poderia ter sido percebida como o conflito de extermínio total e mútuo final no qual, segundo algumas expectativas apocalípticas, os inimigos do povo de Deus matariam-se mutuamente antes do fim (cf. Zc 14,13; *1 Enoque* 56,7; 100,1-4). Uma tradição apocalíptica cristã que identificasse Nero como o anticristo seria capaz de manter esta identificação depois de sua morte ao criar a expectativa do retorno de Nero, como *Ascensão de Isaías* 4 faz.

A *Ascensão de Isaías* dificilmente é posterior a meados do segundo século.[103] Ou todo o trabalho ou a parte dele que inclui nossa passagem tem sido datado no fim do século I, embora o início do século II pareça igualmente

---

102. Cullmann (1953), p. 112; Peterson (1954), p. 181-82.

103. Um *terminus ad quem* definitivo é dado pela dependência dele em *Atos de Pedro* 24 (fins do século II): Veja Acerbi (1984), p. 16-20. Um *terminus ad quem* ligeiramente mais antigo seria dado pela *Epístola dos Apóstolos* 13, se a mesma for dependente da *Ascensão de Isaías*.

possível.[104] (Também é válido notar que a mesma tradição apocalíptica distinta que aparece em *Ascensão de Isaías* 4,2-14 também foi utilizada em Ap 13.[105] Não podemos dizer se uma referência ao martírio de Pedro apareceu na forma de uma tradição que era conhecida ao autor do Apocalipse, mas o uso de tradição em comum deve indicar relativa proximidade da data dos dois trabalhos.) Assim uma fonte que é provavelmente não mais antiga que *1 Clemente* supre muito mais seguramente a informação que muitos procuraram em *1 Clemente:* que Pedro foi martirizado em Roma sob o reinado de Nero.

Guarducci[106] argumenta que *Ascensão de Isaías* 4,12 e 4,14, que dão a duração do reinado de Beliar respectivamente como 3 anos, 7 meses e 27 dias, e assim 1332 dias[107], pode ser usada para calcular a data exata do martírio de Pedro. Ela pega o período como sendo desde o martírio de Pedro até a morte de Nero. Calculando retrogradamente a partir da morte de Nero em 9 de junho do ano 68, isto dá 13 de outubro do ano 64 como a data da morte de Pedro – uma data plausível durante a perseguição de Nero que seguiu ao incêndio de Roma (19-28 de julho do ano 64).[108] Ela considera este cálculo confirmado pelo fato de que 13 de outubro era o *dies imperii* de Nero (aniversário de sua acessão). O martírio de Pedro teria sido parte das celebrações.[109]

Contudo, todo o argumento pousa sobre a assumpção errônea de que o reinado de Beliar predito em *Ascensão de Isaías* 4,4-14 é o do Nero histórico. De fato, é um esperado segundo reinado de Nero, que era amplamente espe-

---

104. Para a data da *Ascensão de Isaías* ou desta seção da mesma, veja Charles (1900), p. xliv (fim do primeiro século); Tisserant (1909) (fim do primeiro século); Simonetti (1983), p. 204 (meados do segundo século); Knibb (1985), p. 147 (fim do primeiro século); Hall (1990) (início do segundo século).

105. Reicke (1972), p. 187-189.

106. Guarducci (1968), p. 101-111.

107. O texto etíope que sobreviveu até nossa era em 4,42 dá 332 dias, mas a figura deve originalmente ter sido 1332. Uma vez que 3 anos, 7 meses e 27 dias podem facilmente ser calculados como equivalentes a 1332 dias, não há necessidade de corrigir o texto de 4,14 para ler 1335 dias (como em Dn 12,12), como faz Charles (1900), p. 33.

108. Mas alguns estudiosos datam a perseguição de Nero em 65 ou mesmo depois, cf. Robinson (1976), p. 143-146.

109. Veja Guarducci (1968), p. 109 para paralelos.

rado que retornasse depois de sua suposta morte. A referência aos eventos durante o reinado histórico de Nero em 4,2-3 feita somente para identificar Beliar com Nero, mas do verso 4 em diante a referência é à vinda de Beliar (num tempo futuro para o autor e seus leitores) como o Nero que retorna. O período de seu reinado é um que, derivado de Daniel (7,25; 12,7.11-12), tornou-se padrão na expectativa apocalíptica (cf. Ap 11,2-3; 12,6.14; 13,5), mas a *Ascensão de Isaías* a modificou de um modo particular. A figura de 1332 dias (o que, calculando em dias de 265 dias e meses de 30 dias, também é 3 anos, 7 meses e 27 dias) é uma variante da figura daniélica de 1335 dias (Dn 12,12), bem como a figura do Apocalipse de 1260 dias (Ap 11,3; 12,6) é uma variação da figura daniélica de 1290 dias (Dn 12,11). No caso anterior, a razão para a variação é que 1332 é duas vezes 666, o valor numérico do nome Nero Caesar quando escrito em caracteres hebraicos (cf. Ap 13,18), um cálculo que deve ser sido parte de uma tradição comum à *Ascensão de Isaías* e ao Apocalipse.[110] Assim a figura precisa de 1332 dias é suficientemente explicável sem a necessidade de supor que o autor modificou o período daniélico para dar o intervalo exato entre o martírio de Pedro e a morte de Nero. Claro, é bastante possível que os escritores cristãos de apocalipses do tempo de Nero notaram que o período desde a perseguição de Nero à Igreja até sua morte era grosseiramente o mesmo do período apocalíptico de aflição para o povo de Deus previsto em Daniel e que seria desta maneira que o período tornou-se o período de duração esperado para o reinado do anticristo na tradição apocalíptica cristã usada pela *Ascensão de Isaías* e pelo Apocalipse, ambos os quais têm a expectativa de um retorno de Nero. Mas esta possibilidade não é a base para supor que o período exato de 1332 derivou da história do reinado de Nero.

VIII. Apocalipse de Pedro 14,4-6

Esta seção do *Apocalipse de Pedro* sobreviveu tanto na versão em gueês quanto parcialmente na versão grega no fragmento Rainer. Dou primeiro o

---

110. Veja Bosse (1909), p. 322-323; Reicke (1972), p. 188-189, seguidos por Robinson (1976), p. 240 n. 98.

texto grego, incorporando as emendas de M. R. James ao mesmo[111], e a tradução em português do mesmo [N.T.: a partir da versão inglesa de Bauckham]; então a tradução de Buchholz do texto em gueês como encontrado em dois manuscritos etíopes[112], seguido pela sua tradução de um texto corrigida com base na comparação com o grego.[113]

> [4]καὶ πορεύου εἰς πόλιν ἄρχουσαν δύσεως,* καὶ πίε τὸ ποτήρον ὃ ἐπηγγειλάμην σοι ἐν χειροῖν τοῦ υἱοῦ τοῦ ἐν Ἅιδου, ἵνα ἀρχήν λάβῃ αὐτοῦ ἡ ἀφάνεια καὶ [5]σὺ δεκτὸς τῆς ἐπαγγελίας ...
> *MS στυσεως

Tradução do grego:

> [4]E vá à cidade que domina sobre o oeste, e beba do copo que eu prometi a ti das mãos do filho daquele que governa o Hades, para que sua destruição receba um começo. [5] e tu... da promessa...

Tradução do gueês:

> [4]Parta, portanto, e vá além, à cidade que está no oeste, à vinha [ou: vinho] sobre o qual te contei, para que seu trabalho de destruição possa ser tornado santo pela doença de meu Filho que é sem pecado. [5]Mas tu és escolhido pela promessa que te diz. E espalha minha história ao mundo todo em paz. [6]Pois a Fonte de minha Palavra se regozijou face a promessa de vida, e o mundo foi retirado de maneira inesperada.

Tradução do gueês (corrigida):

> [4]Saia, assim, e vá à cidade que está no oeste e beba o vinho sobre o qual te falei, da mão de meu filho que é sem pecado, para que seu trabalho de destruição possa começar. [5]Mas tu és escolhido pela promessa que te fiz. E, assim, envia a todo o mundo minha história em paz. [6]Pois a Fonte de minha Palavra regozijou-se face à promessa de vida, e subitamente o mundo foi de mim retirado.

111. A partir de James (1931), p. 271.

112. De Buccholz, (1988), p. 345.

113. Id., ibid., p. 230, 232.

A versão etíope, em gueês, é evidentemente muito corrompida. Buchholz teve sucesso em demonstrar como a maior parte das corrupções poderia advir de um texto original grego mais ou menos como encontrado no fragmento Rainer para os versos que sobreviveram[114], embora em um caso o gueês já permitiria a James corrigir um erro no grego (σπυσεως para δύσεως)[115] e provavelmente também δέκτος no verso 5 devesse ser corrigido para ἐκλεκτός com base no gueês.[116] Mas mesmo o texto de *Buchholz* em gueês corrigido retém os erros que devem ter estado presentes no texto grego que o tradutor etíope tinha diante de si ou que foi usado para a tradução em gueês. Infelizmente, precisamos nos ater no gueês para a maior parte do verso 5 e para o verso 6. O verso 6 está claramente muito corrompido, mas é de pouca importância para nossa proposta atual e não iremos aqui fazer nenhuma tentativa de encontrar nele algum sentido.

O *Apocalipse de Pedro* é muito provavelmente o trabalho de cristãos judeus palestinenses escrito durante a guerra de Bar Kokhba (132-135 d.C.).[117] Esta seção forma uma transição entre a profecia visionária das tormentas do inferno que a precedem e a visão do paraíso que a segue. Quem fala é o Cristo ressuscitado que se dirige individualmente a Pedro, como o verso precedente 3b, concluindo a profecia do inferno, deixa claro. ("Veja, eu lhe mostrei, Pedro, e lhe expliquei tudo".) A seção corresponde em função ao comissionamento de Pedro e a predição de seu martírio em Jo 21,15-19, embora o Quarto Evangelho era certamente desconhecido por este autor. É de interesse por suas evidências não apenas do martírio de Pedro como também o caminho que a figura de Pedro percorreu até o local que alcançou no cristianismo judeu-palestinense do segundo século.

---

114. Id., ibid., p. 342-357.

115. James (1931), p. 273. Ele argumenta corretamente que esta correção é preferível a ὀπύσεως, que seria um *hapax legomenon*, conectado com ὀπύειν e significando "fornicação", muito embora a ideia da Roma como a "cidade que domina sobre a fornicação" poderia dar algum sentido quando em referência a Apocalipse 17.

116. Cf. James (1931), p. 274; Buchholz (1988), p. 356.

117. Bauckham (1985) = abaixo, capítulo 21; Buchholz (1988), p. 408-412; Bauckham (1988), p. 4.738.

A "cidade que reina sobre o oeste" é certamente Roma (para Roma como o oeste, de um ponto de vista mediterrâneo oriental, veja Salmos de Salomão 17,12; Inácio, *Rm* 2,2, cf. *1 Clemente* 5,6-7). A expressão pode justamente refletir o tempo de escrita durante a guerra de Bar Kokhba, quando o domínio de Roma sobre o leste (Palestina) foi contestado, porém mais provavelmente reflete um senso palestino de localização, segundo o qual o Império Romano está no oeste e o Império Parta no leste. De todo modo, esta é uma indicação inequívoca – a mais antiga que temos – de que Pedro morreu em Roma. A afirmação de Cullmann de que "antes da segunda metade do segundo século nenhum documento afirma explicitamente a estadia e martírio de Pedro em Roma"[118] estava equivocada porque ele ignorava completamente o *Apocalipse de Pedro*.

A expressão "beba do cálice" é encontrada como uma expressão martirológica em Mt 20,22-23 par. Mc 10,38-39, onde ocorre na predição de Jesus de que os filhos de Zebedeu partilharão de seu próprio destino (cf. *Ascensão de Isaías* 5,13; *Mart. Pol.* 14,2; e talvez *Epístola dos Apóstolos* 15,8).[119] A imagem também aparece nas tradições do evangelho sobre a morte do próprio Jesus (Mt 26,39 par. Mc 14,36 par. Lc 22,42; Jo 18,11), onde pode ser que retenha seu sentido veterotestamentário de beber o cálice da cólera divina e passar pelo julgamento divino. Provavelmente, no uso martirológico, entretanto, este tom de julgamento divino decaiu e o significado é mais que ao mártir é dado segundo o propósito de Deus o partilhar no destino de Jesus (cf. Mt 20,22-23; Mc 10,38-39; *Mart. Pol.* 14,2). O autor do *Apocalipse de Pedro,* que conhecia e usa o Evangelho de Mateus[120], pode ter retirado a expressão de Mt 20,22-23.

As palavras "o cálice que te prometi" implicam uma predição prévia do martírio de Pedro – presumivelmente durante o ministério de Jesus – ao qual o Cristo ressuscitado agora se refere em perspectiva. Mas não podemos de

---

118. Cullmann (1953), p. 113.

119. Veja Hills (1990), p. 114. Na nota 69, ele sugere que "15,8 é possivelmente uma alusão ao martírio de Pedro".

120. Bauckham (1985), p. 271-278 = abaixo, p. 642-650; Smith (1985), p. 46-48; Bauckham (1988), p. 4.723-4.724.

fato dizer que o autor realmente conhecia tal predição nas tradições do Evangelho que conhecesse (talvez uma versão do dito de Jo 21,18) ou que ele simplesmente tenha assumido que deve ter havido alguma predição senhorial no caso de Pedro, como houve no caso dos filhos de Zebedeu.

"O filho daquele que está no Hades" deve ser Nero, especialmente quando comparamos com *Ascensão de Isaías* 4,3. Entretanto, a expressão é um pouco estranha. Admitamos que Nero é o filho do diabo: isto seria uma descrição bastante apropriada para uma figura do Anticristo (cf. Jo 10,44) e há algumas evidências cristãs posteriores da ideia de que o anticristo seria filho do diabo.[121] Mas na literatura cristã e judia desse período o diabo não estava usualmente localizado no Hades, o lugar dos mortos: somente do quarto século em diante o conceito de satã como reinante dos mortos se torna comum na literatura cristã.[122] Portanto, alguém é tentado a especular que a expressão em grego do *Apocalipse de Pedro* é uma má compreensão do semítico original, no qual Nero seria chamado "filho da perdição" (uma descrição do anticristo em 2Ts 2,3; cf. Jo 17,12). O idioma semita diz "o homem condenado à destruição" [N.T.: neste caso, o gueês. Na frase anterior Bauckham parece se referir a um texto original em algum idioma semítico da Palestina, não especificado, mas que poderíamos especular como aramaico.], mas poderia ter sido malcompreendido como "o filho de Abaddon", com Abaddon tomado como sendo o nome do anjo do lugar da destruição (como em Ap 9,1; cf. a personificação de Abadon em Jó 28,22; Pseudo--Filo, *Lib. Ant. Bib.* 3.10). De outro modo, temos que tomar nossa passagem como um raro exemplo antigo (ao lado do *Testamento de Dã* 5,11; talvez *Ascensão de Isaías* 1,3)[123] da localização de satã no Hades. De todo modo, provavelmente temos aqui, como na *Ascensão de Isaías* 4,2-3, uma relíquia de uma percepção cristã antiga de Nero como o anticristo, conectada com sua perseguição da Igreja e especialmente com o martírio de Pedro.

---

121. Bousset (1896), p. 140.

122. MacCulloch (1930), p. 227-234, 345-346. Para exceções, cf. Bauckham (1990), p. 382-383.

123. Bauckham (1990), p. 382-383.

Também bastante desafiadoras são as seguintes palavras: "para que assim sua destruição possa receber um começo". O tradutor etíope evidentemente tomou "sua destruição" (αὐτοῦ ἡ ἀφάνεια: literalmente "seu desaparecimento") em um sentido ativo: "seu trabalho de destruição". Mas ἀφάνεια muito dificilmente sustenta este significado. Ela precisa se referir à destruição de Deus (no julgamento) de alguém que havia matado Pedro. O antecedente de αὐτοῦ poderia ser τοῦ υἱοῦ (isto é, Nero) ou τοῦ ἐν Ἅιδου (isto é, o demônio): a morte de Pedro traz o começo ou da destruição de Nero ou da do diabo. Provavelmente o primeiro é o intencionado. A ideia judia de que a morte de um mártir traz o julgamento divino sobre seu martirizador e assim traz sua destruição estaria provavelmente em mente.[124]

A escolha da palavra ἀφάνεια, embora possa significar simplesmente destruição, pode ser significativo: pode aludir à crença amplamente difundida de que Nero não teria de fato morrido, mas fugiu secretamente para o leste, onde ele estava esperando escondido o momento em que retornaria para conquistar o Império Romano.[125] Esta expectativa foi assumida para a apocalíptica judia nos *Oráculos sibilinos* judeus, nos quais o Nero que há de retornar é identificado com o adversário escatológico, e também é ecoado na apocalíptica cristã primitiva na *Ascensão de Isaías* (como vimos) e no Livro do Apocalipse. Alusões, segundo esta conexão, ao desaparecimento de Nero (e sua suposta morte) ou inviabilidade durante seu voo para o leste ou jornada para o leste, podem ser encontradas em *Or. Sib.* 4.120 (ἄφαντος ἄπυστος); 5.33 (ἄιστος); 5.152 (onde o texto provavelmente deva ser corrigido para οὐ φανέντος); João de Antioquia, fragmento 104 (ἐν ἀφανεῖ); Comodiano, *Carmen de duobus populis* 831 (*invisum*); Lactâncio, *Mort.* 2.7 (*comparuit*). Parece ter sido um tema bem guardado da lenda do retorno de Nero, e assim é bastante provável que ἀφάνεια em *Apocalipse de Pedro* 14,4 alude a isto. Neste caso, a afirmação de que o desaparecimento de Nero receberá um começo (ἀρχήν) pode significar que a suposta morte de Nero, como julgamento

---

124. Isto não significa, como argumenta Maccarrone (1967), p. 400-401, que a Pedro foi dado um papel comparável ao de Cristo em sua parusia na destruição do anticristo.

125. Sobre a lenda do retorno de Nero, veja Charles (1900), p. lvii-lcxxiii; (1920), p. 76-87; Collins (1974), p. 80-87; Yarbro Collins (1976), p. 176-183.

por ter colocado Pedro para morrer, tenha sido somente o começo de seu desaparecimento, porque seu desaparecimento final (destruição) acontecerá somente quando ele retornar como o anticristo final e for julgado por Cristo em sua parusia.[126]

Uma passagem posterior que expressa ideias às quais *Apocalipse de Pedro* 14,4 brevemente alude é Lactâncio, *Mort.* 2.5-8:[127]

> Foi quando Nero já era imperador que Pedro chegou em Roma; depois de ter feito vários milagres – que operava pela excelência de Deus mesmo, uma vez que o poder foi dado a ele por Deus – ele converteu muitos para a retidão e estabeleceu um confiável e firme templo a Deus. Isto foi dito a Nero; e quando ele notou que não somente em Roma mas em toda parte muitas pessoas diariamente abandonavam a adoração aos ídolos e condenavam a prática do passado aderindo à nova religião, Nero, como o tirano abominável e criminoso que era, entrou em ação para derrubar o templo celeste e abolir a retidão, e, primeiro perseguidor dos servos de Deus, pregou Pedro numa cruz e matou Paulo. Por tudo isso ele não ficou impune; Deus anotou sobre como seu povo foi perturbado. Derrubado do pináculo de poder e arremessado das alturas, o tirano, impotente, de repente desapareceu; nem mesmo um local de sepultura pôde ser encontrado na terra para uma besta tão má. Assim alguns homens amalucados acreditam que ele foi retirado para longe e mantido vivo (pois o Sibilo declara que "o matricida, embora no exílio, virá novamente dos confins da terra")[128], de modo que, uma vez que ele foi o primeiro perseguidor, ele também será o último e arauto da vinda do anticristo...

A primeira frase desta passagem corresponde à narrativa de *Atos de Pedro*, terceiro quarto do segundo século , mas a outra sobre a punição de Nero, seu desaparecimento e retorno esperado não corresponde em nada ao texto sobrevivente de *Atos de Pedro*. Embora Lactâncio estivesse escreven-

---

126. A conexão que o *Apocalipse de Pedro* faz entre o martírio de Pedro e a morte (desaparecimento) de Nero pode implicar que os dois eventos tenham ocorrido em rápida sucessão cronológica; cf. o pseudo-marcelano *Atos de Pedro,* citado por Chase (1900), p. 771. Entretanto, a conexão teológica poderia provavelmente ter sido feita mesmo se algum tempo ocorrera entre os eventos.

127. Tradução de Creed (1984), p. 7.

128. *Or. Sib.* 5.363.

411

do no início do quarto século, ele frequentemente fez uso de fontes antigas, especialmente de caráter apocalíptico. É notável que a passagem pareça ser realmente sobre Pedro: a menção do martírio de Paulo sob Nero é um pensamento posterior, possivelmente uma adição de Lactâncio a sua própria fonte. É crível que Lactâncio esteja ecoando uma tradição antiga sobre a morte de Pedro em Roma e o subsequente destino de Nero. Certamente ele faz a mesma conexão entre os dois como ocorre em *Apocalipse de Pedro* 14,2.

A ideia do retorno de Nero como o adversário escatológico certamente não é parte da expectativa escatológica de *Apocalipse de Pedro* 2–3, no qual o anticristo de 2,10 é provavelmente Bar Kokhba.[129] Mas o *Apocalipse de Pedro* é majoritariamente uma compilação de fontes diversas: é crível que 14,3-6 seja dependente de uma fonte que vislumbrava o retorno de Nero. Peterson argumenta em favor de uma conexão literária entre esta passagem e *Ascensão de Isaías* 4,2-3[130], mas não é algo convincente. Em ambas passagens Nero é conectado com o demônio ("aquele que está em Hades"/"Belial"), mas de maneiras diferentes. A expressão para martírio ("será entregue em suas mãos"/"beber o cálice... nas mãos de...") são duas expressões bastante distintas, e a coincidência de que ambas usem "mãos" é meramente acidental. A ideia distintiva no *Apocalipse de Pedro*, de que a morte de Pedro trará o começo da destruição de Nero, não é encontrada na *Ascensão de Isaías*. Provavelmente as duas tradições derivam de círculos cristãos apocalípticos similares, nos quais a perseguição de Nero e o martírio de Pedro foram compreendidos em termos escatológicos, mas não há necessariamente conexão direta entre elas.

O verso 5 indica que o martírio de Pedro virá no fim do ministério de pregação do Evangelho por todo o mundo e provavelmente sugere que ele foi escolhido por Cristo como apóstolo dos gentios. Se comparamos esta passagem com o eulógio ao ministério e martírio de Paulo em *1 Clemente* 5,5-7 ("...depois ele... pregou no leste e no oeste, ele ganhou a genuína glória por sua fé, tendo ensinado a retidão a todo o mundo e tendo alcançado os limites mais

---

129. Bauckham (1985), p. 283-287 = abaixo, p. 657-662; Buchholz (1988), p. 276-278; 408-412.
130. Peterson (1954), p. 183.

longínquos do oeste...)[131], *Apocalipse de Pedro* 14,4-5 parece mais como uma alternativa petrina à visão de Clemente sobre Paulo. Entretanto, devemos ser cautelosos sobre concluir que é uma rejeição deliberadamente polêmica do cristianismo paulino por judeu-cristãos que transferiram a imagem do apóstolo dos gentios de Paulo a Pedro. Alguns judeu-cristãos palestinenses rejeitaram Paulo e sua missão e em sua literatura polemizaram contra ele[132], mas outros aprovaram a missão paulina de uma distância segura.[133] O *Apocalipse de Pedro*, como a *Ascensão de Isaías*, ignora Paulo e evidentemente não sabe nada da literatura paulina: isto provavelmente pode ser interpretado como a atitude de um grupo que tinha contato remoto com o cristianismo paulino, mas não necessariamente implica hostilidade declarada a Paulo.

De todo modo, a ideia de Pedro como apóstolo dos gentios certamente tem raízes próprias, independente da rivalidade polêmica com a imagem de Paulo do cristianismo paulino. Pelo menos desde o fim do primeiro século, o judeu-cristianismo desenvolveu a ideia de que doze apóstolos foram comissionados a pregar o Evangelho ao mundo gentio bem como a Israel (Mt 28,19-20; cf. Lc 24,47; At 1,8), e esta ideia se tornou comum no início do segundo século na literatura que ignora Paulo (*Ascensão de Isaías* 3,17-18; Mc 16,15-18; *Kerygma Petrou*, apud Clemente de Alexandria, *Strom.* 6.5.43; 6.6.48; *Atos de João* 112), bem como em trabalhos que levam em conta a missão de Paulo aos gentios (*Epístola dos Apóstolos* 30; cf. 31-33). Esta tradição deve ter alguma base na missão real dos judeu-cristãos aos gentios, independente da missão paulina. Uma vez que Pedro era amplamente reconhecido como tendo uma posição de especial proeminência entre os doze, e uma vez que era sabido que ele havia ido a Roma, a capital do império, a ideia de Pedro como o apóstolo preeminentemente dos gentios surge naturalmente da ideia dos doze como apóstolos dos gentios. Novamente há quase certamente

---

131. Tradução de Lightfoot (1989), p. 31.

132. Notavelmente o grupo ebionita do qual a assim chamada fonte pseudoclementina provavelmente deriva literariamente o *Kerygmata Petrou*. Smith (1985), p. 59-61.

133. Pritz (1988), p. 64-65; cf. 44, 68-69.

algum embasamento de fato.[134] A tradição em Atos representa Pedro como realmente o pioneiro da missão dos gentios (10,1–11,18). Segundo o acordo de Gl 2,7-9, a missão de Pedro fora da Palestina – em Antioquia e Roma – teria sido primeiramente a judeus da Diáspora. Mas tanto quanto Paulo pregou o Evangelho a judeus, também Pedro dificilmente pode ter compreendido a si mesmo como proibido de pregar aos gentios. Em Antioquia ele parece ter se associado com a Igreja antioquina e seu entusiasmo de alcançar e incluir gentios (Gl 2,12).[135] 1 Pedro o mostra associado em Roma com homens que estavam conectados tanto com a Igreja de Jerusalém quanto com a missão gentia de Paulo (1Pd 5,12-13). Como uma carta enviada da Igreja de Roma a igrejas (paulinas e não paulinas) da Ásia Menor, mas enviada em nome de Pedro, como o mais eminente entre os líderes da Igreja romana[136], 1 Pedro demonstra que Pedro durante seus últimos anos (ou talvez apenas meses) em Roma não estava associado meramente com um grupo estreito de judeu--cristãos, mas com a Igreja romana como um todo, uma igreja que provavelmente naquele estádio combinava enlaces estreitos com Jerusalém e grande compromisso com a missão gentia.[137] É até mesmo possível que Pedro em seus últimos anos tenha progressivamente direcionado seu próprio ministério evangelístico aos gentios.[138]

Assim o retrato de Pedro no *Apocalipse de Pedro* é do apóstolo dos gentios, que espalha o Evangelho por todo o mundo antes de terminar seu ministério em Roma, o que é uma idealização e exagero com algum embasamento, como o retrato de Paulo em *1 Clemente* é da mesma maneira também um exagero, se mais seguramente baseado na própria concepção de Paulo sobre seu papel. Um retrato similar de Pedro, relacionando sua missão aos gentios com seu ministério no oeste em particular e seu martírio em Roma,

---

134. Cf. especialmente Hengel (1979), p. 92-98.

135. Cf. Brown & Meier (1983), p. 41; Thiede (1986), p. 166.

136. Esta afirmação se aplica tanto se a carta tiver sido enviada durante a vida de Pedro ou logo após sua morte.

137. Sobre esta visão do "círculo petrino" em Roma, veja Elliott (1980); Brown & Meier (1983), p. 110-122; 134-135.

138. Hengel (1979), p. 97-98; Brown & Meier (1983), p. 131, 165.

é encontrado mais tarde no capítulo 1 da *Carta de Clemente a Tiago*[139], que é prefixada às *Homilias* pseudoclementinas ("o excelente e aprovado discípulo, que, como o mais adequado de todos, foi enviado para iluminar a parte mais obscura do mundo, sabidamente o oeste, e foi capacitado para o conseguir... ele mesmo, por razão de seu imenso amor pelos homens, chegou tão longe quanto em Roma...").[140]

IX. Policarpo, *Fil* 9,1-2a

A seguinte passagem de Policarpo, Fil 9,1-2a, que segundo Harrison deveria ser datada em torno de 135 d.C.[141], está incluída pelo favorecimento da completude[142]:

> [1]Παρακαλῶ οὖν πάντας, πειθαρχεῖν τῷ λόγῳ τῆς δικαιοσύνης καὶ ἀσκεῖν πᾶσαν ὑπομονήν, ἣν καὶ εἴδατε κατ' ὀφθαλμοὺς οὐ μόνον ἐν τοῖς μακαρίοις Ἰγνατίῳ καὶ Ζωσίμῳ καὶ Ῥούφῳ, ἀλλὰ καὶ ἐν ἄλλοις τοῖς ἐξ ὑμῶν καὶ ἐν αὐτῷ Παύλῳ καὶ τοῖς λοιποῖς ἀποστόλοις· [2]πεπεισμένους ὅτι οὗτοι πάντες οὐκ εἰς κενόν ἔδραμον, ἀλλ' ἐν πίστει καὶ δικαιοσύνῃ, καὶ ὅτι εἰς ὀφειλόμενον αὐτοῖς τόπον εἰσί παρὰ τῷ κυρίῳ, ᾧ καὶ συνέπαθον.

> [1]Conclamo a todos, assim, a obedecer o ensinamento sobre a retidão e a exercitar resistência sem limites, como aquele que vocês viram com seus próprios olhos não somente no bem-aventurado Inácio e Zósimo e Rufo, mas também em outros de sua congregação e em Paulo mesmo e o resto dos apóstolos; [2]estejam certos que todos estes não correram em vão mas com fé e retidão, e que eles estão agora no lugar devido a si mesmos com o Senhor, com quem eles também sofreram juntos.

A expressão τὸν ὀφειλόμενον ... τόπον é citada de *1 Clemente* 5,4, onde se refere a Pedro. Claro, poderia ser uma expressão martirológica padronizada que tanto Clemente quanto Policarpo usaram, mas uma vez que Policarpo

---

139. Wilhelm-Hooijbergh (1980) é excêntrico ao defender a autenticidade desta carta.

140. Sobre Pedro como apóstolo dos gentios, veja também *Clem. Hom.* 3,59.

141. Harrison (1936), p. 315.

142. Tradução de Lightfoot (1989), p. 127.

415

parece ter conhecido *1 Clemente* bem[143], é natural admitir uma alusão neste ponto. Isto demonstra que Policarpo lê *1 Clemente* 5,4 como significando que Pedro morreu como mártir.

Nesta passagem Policarpo está lembrando os filipenses dos mártires que eles viram com seus próprios olhos: não somente Inácio e seus companheiros, que passaram por Filipos a caminho de Roma, mas também Paulo "e o resto dos apóstolos". Nos últimos casos, ele deve querer dizer que membros pretéritos da Igreja filipense, agora falecidos, viram quando eles visitaram Filipos (cf. 3,2). Talvez ele suponha que Paulo passou por Filipos a caminho de seu martírio em Roma, que poderia ser uma suposição bastante natural. Mas que outros apóstolos ele suponha que visitaram Filipos é impossível adivinhar.[144] A despeito do fato de que ele segue a transferir a todos estes mártires a linguagem que *1 Clemente* 5,4 usa para Pedro, ele não pode ter intencionado incluir Pedro, pois se assim o fosse ele certamente o teria nomeado.

X. *Atos de Pedro*

Um estudo completo sobre a abordagem to martírio de Pedro em *Atos de Pedro* não é possível aqui. Mas alguma atenção precisa ser dada a este trabalho. Embora hoje geralmente datado entre 180-190 d.C.[145], os *Atos* poderiam muito bem ser datados com a mesma facilidade em cerca de 150. Além disso, é bastante provável que tradições preexistentes estejam incorporadas no trabalho. Lendas sobre Pedro eram certamente correntes no segundo século independentemente dos *Atos de Pedro* (cf. Hipólito, *Haer.* 6.20.2-3; Clemente de Alexandria, *Strom* 7.11.63). Dois aspectos da história do martírio de Pedro nos *Atos de Pedro* parecem como se fossem tradição preexistente. Uma é a noção de que Pedro foi crucificado de ponta-cabeça (*Acto. Verc.* 37 = *Mart. Pet.* 8). Provavelmente referências posteriores a isto, das quais a primeira é a de Orígenes (apud Eusébio, *Hist. eccl.* 3.1.2), são dependentes dos

---

143. Harrison (1936), p. 286.

144. A conexão íntima com Paulo sugere que Policarpo talvez pensava que outros apóstolos viajaram com Paulo para o martírio em Roma, como Zósimo e Rufo acompanharam Inácio.

145. Seguindo Schneemelcher (1965A), p. 275.

Atos de Pedro.[146] No caso de Orígenes[147], isto parece provável devido ao fato de que ele concorda com os *Atos de Pedro* que Pedro mesmo tenha pedido para ser assim crucificado. Mas não há nada que seja intrinsecamente improvável na ideia de que Pedro tenha sido crucificado de ponta-cabeça. Este era um dos métodos de crucifixão praticados na época (Sêneca, *De consol. ad Marc.* 20.3).[148] A tradição pode ter preservado uma memória precisa neste ponto, mas é impossível saber ao certo.[149]

A outra característica que pode refletir uma tradição preexistente é o bem conhecido *Quo vadis?* (*Act. Verc.* 35 = *Mart. Pet.* 6). Esta história poderia muito bem ser baseada em Jo 13,36-37. Mas a conexão que Edmundson[150], seguido por Robinson[151], estabeleceu com Hb 6,6 certamente é um engano. O ponto da história não é que Pedro, se apóstata, estaria crucificando Jesus novamente, mas que Jesus está indo ser crucificado novamente na crucifixão de Pedro. Pedro agora tem a oportunidade de seguir Jesus até a morte, como ele não poderia quando Jesus foi crucificado pela primeira vez.[152] Mas não pode haver questão real em favor da história como real, como Edmundson[153] e Robinson[154] defendem.

É notável que em *Atos de Pedro* a prisão e morte de Pedro não tenham conexão com uma perseguição generalizada a cristãos. Isto teria acontecido puramente por raiva dirigida a Pedro pelo Prefeito Agripa e outros cujas

---

146. Referências do quarto século estão no Saltério Maniqueísta (Allberry [1938], p. 142, linha 18) e Éfrem, *Carmina Nisibina* 59.2-5.

147. Junod (1981), p. 237-239.

148. Yadin (1973) pensa que a vítima de crucifixão descoberta em Jerusalém em 1968 foi crucificada de ponta-cabeça.

149. Que a ideia de uma crucifixão de ponta-cabeça tenha surgido como má compreensão da palavra ἄνωθεν nas palavras de Cristo em *Quo Vadis?* (Mayor [1907], p. cxli, n. 5, seguindo T. Zahn) é improvável. (Em *Atos de Pedro* 35, as palavras de Cristo são: πάλιν σταυροῦμαι, mas no uso secundário das palavras em *Atos de Paulo* [Hamburg Papyrus, p. 7] elas são ἄνωθεν μέλλω σταυροῦσθαι.)

150. Edmundson (1913), p. 153.

151. Robinson (1976), p. 213-214.

152. Cf. Maccarrone (1967), p. 408-409; Mees (1975), p. 205.

153. Edmundson (1913), p. 151-133.

154. Robinson (1976), p. 149, 214.

esposas haviam sido persuadidas por Pedro a deles se separarem.[155] Além disso, Poupon[156] (desenvolvendo o argumento anterior de L. Vouaux) argumentou que os capítulos 1-3 e 41 dos Atos de Vercelli não pertenciam ao *Atos de Pedro* original, mas foram adicionados por um editor do terceiro século que reordenou *Atos de Pedro* para associar Pedro a Paulo e harmonizar a narrativa com os Atos canônicos e a tradição romana do martírio de Pedro no tempo da perseguição de Nero. Se esta hipótese estiver correta, o *Atos de Pedro* original não se referia a Nero em nenhum momento.[157] Se levarmos a sério a indicação cronológica de que Pedro veio a Roma doze anos após a ressureição (*Act. Verc.* 5)[158], devemos concluir que o autor datou o martírio de Pedro anteriormente ao reinado de Nero. Claro, o autor pode muito bem não ter ideia da cronologia do primeiro século (e devemos lembrar que Nero nunca é nomeado no Novo Testamento), mas sua falha em conectar o martírio de Pedro com a perseguição neroniana merece, de qualquer modo, nota.

É possível que a tradição do martírio de Pedro não fosse amplamente associada com o reinado de Nero no segundo século. Lembremos que os textos mais novos que *Atos de Pedro* que fazem tal associação são a *Ascensão de Isaías* e o *Apocalipse de Pedro*. O último não invoca necessariamente Nero em sua leitura. Embora o anterior seja a fonte de uma citação em *Atos de Pedro* 24 (cf. *Ascensão de Isaías* 11,13-14), o autor dos Atos de Pedro pode ter conhecido esta citação somente como parte da catena de textos proféticos sobre o nascimento virginal, que ele reproduz no capítulo 24. A datação do martírio de Pedro no reinado de Nero que encontramos mais tarte em Tertuliano e outros pode resultar não de uma tradição contínua, mas ao contrário da associação próxima entre os martírios de Pedro e Paulo que primeiro encontramos em Dionísio de Corinto (veja abaixo).

---

155. Isto se conforma a um padrão do Atos Apócrifos: Tissot (1981), p. 115-116.

156. Poupon (1988).

157. Isto parece confirmado pelo fato de que Orígenes (ap Eusébio, *Hist. eccl.* 3.1.2), em uma passagem dependente dos *Atos de Pedro*, ao se referir à pregação e mortes de Pedro e Paulo em paralelo, posiciona ambos martírios em Roma, mas data somente o de Paulo como sob Nero.

158. Isto é dependente de uma antiga tradição segundo a qual os apóstolos permaneceram em Jerusalém por doze anos antes de irem para o resto do mundo: *Kerygma Petrou*, ap. Clemente de Alexandria, *Strom.* 6.5.43; Apolônio, apud Eusébio, *Hist. eccl.* 5.18.14.

XI. Apócrifo de Tiago 5,9-20

O *Apócrifo de Tiago* (CG 1,2), cujo maior conteúdo é um diálogo reve-latório entre o Cristo ressuscitado e os discípulos Pedro e Tiago, contém a seguinte passagem (4,23–5,35)[159]:

> [23]Mas eu [Tiago] respondi e disse a ele: "Senhor, [24]nós podemos lhe obedecer [25]se assim o desejar, uma vez que deixamos [26]nossos pais [27]e nossas mães e nossas vilas [28]e o seguimos. Dá-nos, assim, [29]não sermos tentados [30]pelo demônio, o mau".
> [31]O Senhor respondeu [32]e disse: "Qual seria vosso mérito [isto é, de Tiago e Pedro] [33]se fizésseis a vontade do Pai [34]e isto é não é dado a vós por Ele [35]como um dom [36]se fôsseis tentados por [37]satã? Mas se [38]estais oprimidos por [39]satã e [40]perseguidos e fa-zeis sua [isto é, do Pai] [1]vontade, eu [digo] que ele virá a [2]vos amar, e fazer-vos igual [3]a mim, e conceder [4][vos] tornardes [5]amados por sua providência [6]mediante vossa própria escolha. Assim, [7]não cessais de [8]amar a carne e estardes [9]amedrontados e sofridos? Ou [10]não sabeis que já é preciso [11]sofrerdes abusos (ὑβρίζειν) e serdes [12]acusados (κατηγορεῖν) injustamente, [13]e já é preciso serdes trancados [14]na prisão, e [15]condenados [16]ile-galmente (ἄνομος), e [17]crucificados (sem) [18]razão, e sepulta-dos [19](vergonhosamente), como eu mesmo [o fui], [20]pelo que é mau? [21]Conjecturais poupar a carne, [22]vós para quem o Espírito é uma [23]muralha circundante? Se considerardes [24]por quanto tempo o mundo existiu [25](antes) de vós, e por quanto tempo [26]ele existirá após vós, descobrireis [27]que vossa vida é somen-te um único dia [28]e vosso sofrimento uma [29]única hora. Pois o bem [30]não entrará no mundo. [31]Zombai da morte, portanto, [32]e pensai na vida! [33]Lembrai-vos de minha cruz [34]e minha morte, e vós ireis [35]viver!"

Esta é a abertura de uma seção sobre perseguição e martírio, que conti-nua até 6,20. Claramente os discípulos são exortados a esperar pelo martírio, seguindo o exemplo da paixão e morte de Jesus. Uma vez que a passagem é endereçada especificamente a Tiago e Pedro, é provável que o conhecimen-to sobre o martírio real destes dois discípulos seja presumido. Entretanto, a descrição do sofrimento que os aguarda em 5,9-20 parece ser embasado, não

---

159. Tradução de Williams (1985), p. 35, 37.

419

em tradições dos martírios desses discípulos, mas em um sumário credal da paixão e morte de Jesus, como as palavras "como eu mesmo [o fui]" (5,19) indicam.[160] De maneira geral, este sumário lembra as predições da paixão nos evangelhos sinóticos (Mc 8,31; 9,30-31; 10,32-34 e par.), mas não corresponde às mesmas em nenhum detalhe. Janssens[161] argumentou que ela demonstra débito ao relato lucano da paixão, mas a única evidência significativa para isto é o uso por Lucas somente das palavras ὑβρίζειν (Lc 18,32) e κατηγορεῖν (Lc 23,14) com referência à paixão de Jesus, como nosso texto (com as palavras gregas tomadas de empréstimo pelo copta) em 5,11-12. Isto dificilmente é suficiente para provar dependência de Lucas, enquanto "trancados na prisão" e "sepultados vergonhosamente" sugerem uma tradição relativamente independente dos evangelhos canônicos. O texto provavelmente reflete um já existente sumário credal da história de Jesus: tais sumários eram comuns na Igreja primitiva no primeiro e segundo séculos e tinham sua própria linha de tradição-história, algumas vezes devedoras mas geralmente independentes das tradições do Evangelho.

Se o autor conhecia tradições sobre os martírios de Tiago e Pedro, não é provável que ele tenha pensado que elas correspondiam literalmente à sequência dada em 5,9-20. Sobre Pedro era sabido que havia sido crucificado, mas não há tradição conhecida sobre alguma crucifixão de Tiago. A maior parte dos estudiosos tomam o Tiago deste texto como sendo o irmão do Senhor, cuja reputação geral no cristianismo gnóstico e judaico o tornam obviamente um bom candidato para ser o recipiente de uma revelação esotérica de Jesus ressuscitado[162], mas alguns pensaram (por que 1,24-25 representa Tiago como um dos doze) que Tiago filho de Zebedeu é o aqui pretendido.[163] É somente possível que, em círculos onde a tradição sobre o martírio de Tiago filho de Zebedeu recolhida em At 12,2 não fosse conhecida, a predição de Mc 10,39 (cf. Mt 20,23) fosse tomada como significando que

---

160. Koester (1990), p. 194.

161. Janssens (1975).

162. Para a associação de Tiago e Pedro como recipientes da revelação, cf. Berger (1981), p. 320.

163. Dehandschutter (1988), p. 4.537-4.538, seguindo W. C. van Unnik.

Tiago morreria da mesma maneira que Jesus, ou seja, crucifixão. (Pode valer a pena notar que esta predição em Marcos segue de perto não somente uma das predições da paixão [10,33-34], mas também o diálogo entre Pedro e Jesus [10,28-29] ao qual o *Apócrifo de Tiago* 4,23-28 é paralelo.) Mas se, como parece provável, o Tiago do *Apócrifo de Tiago* é o irmão do Senhor, é ainda menos provável que o autor pensou que Tiago morreu por crucifixão, uma vez que a tradição segundo a qual ele foi apedrejado à morte era amplamente conhecida.[164] Uma vez que o *Apócrifo de Tiago* dá prioridade a Tiago sobre Pedro[165], é improvável que 5,9-20 foi escrito para se aplicar primariamente a Pedro, que foi crucificado, e somente secundariamente a Tiago, que não foi. Assim precisamos supor que nesta passagem o modelo fornecido pela paixão e morte de Jesus teve precedência sobre o que quer que o autor soubesse sobre a forma real de execução sofrida por Tiago e Pedro. Segue que, se por um lado o autor sabia que Pedro havia morrido como um mártir, não podemos invocar este texto como evidência pela tradição especificamente da crucifixão de Pedro.

Embora o *Apócrifo de Tiago* certamente tenha algumas características gnósticas[166], nossa passagem deixa muito claro que ele não é docético.[167] É fortemente enfatizada a necessidade do martírio cristão[168] como colorário da realidade do sofrimento e morte de Jesus (cf. tb. 6,1-20). Neste contexto ele se refere a tradições dos martírios dos apóstolos. Ele leva a um extremo o tema comum do martírio de que cada mártir segue o caminho de Jesus através da morte para a vida. Discípulos de Cristo devem procurar a morte (6,7-8.17–18) para se tornarem "iguais a" (5,2-3) ou mesmo "melhores que" (6,19) Cristo (e cf. 12,16). Isto é coerente com a insistência do *Apócrifo de Tiago* em salvar a si mesmo (7,10-16; 11,4.15-16; mas cf. 9,1) e contrasta

---

164. Hegesipo, ap. Eusébio, op. cit., 2.23.16-18; Clemente de Alexandria, ap id., ibid., 2.1.5; Segundo Apocalipse de Tiago 61,13–62,12.

165. Smith (1985), p. 111; Williams (1985), p. 20.

166. Williams (1985), p. 21-22.

167. Smith (1985), p. 110.

168. Sobre a expressão "Zombai da Morte" (5,31), veja a discussão de Inácio, *Esmirniotas* 3,2 (onde ela também é usada para os apóstolos) acima.

com a distinção cuidadosa do Quarto Evangelho entre o significado soteriológico único da morte de Jesus e a morte de Pedro como discípulo de Jesus.[169]

O caráter, data e lugar de origem do *Apócrifo de Tiago* ainda são temas de debate.[170] A referência a livros escritos pelos doze discípulos (1,8-15) certamente pressupõe a existência de evangelhos escritos atribuídos a alguns dos membros dos doze, enquanto a maneira pela qual o assunto desses livros é descrito (1,11-13): "O que o Salvador disse a cada um deles, quer em segredo ou abertamente..." Isto indica que alguns desses evangelhos afirmavam transmitir revelações secretas de Cristo ao apóstolo em questão, como o *Evangelho de Tomé*, o *Livro de Tomé* (CG II,7), o *Primeiro* e *Segundo Apocalipses de Tiago* (CG V, 32; V,4) e o *Apocalipse Gnóstico de Pedro* (CG VII,3) fazem. Isto torna difícil datar o trabalho em sua forma presente muito antes do meio do século segundo. Ele deve ser posterior.[171] Isto não é inconsistente com a forte probabilidade de que ele incorpore tradições dos ditos de Jesus independentes de qualquer evangelho conhecido[172], embora a afirmação de que ele seja dependente de alguns ou todos os evangelhos canônicos[173] pode também estar somente parcialmente correta. Mas o argumento de Koester de que um "evangelho dialógico" mais antigo (a que nossa passagem 4,23–5,35 pertenceria) teria sido incorporado em um esquema posterior[174] é inteiramente especulativo.[175] Assim, como evidência em favor da tradição do martírio de Pedro, o *Apócrifo de Tiago* não é mais do que uma peça adicional

---

169. Quer o *Apócrifo de Tiago* seja ou não dependente do Quarto Evangelho, é improvável que seu autor precisasse de depender de João para seu conhecimento sobre o martírio de Pedro. Perkins (1982), p. 408, 410, que pensa que o *Apócrifo de Tiago* é dependente do Quarto Evangelho, considera 2,25-26 uma alusão a Jo 13,36-38 (que contém uma predição velada do martírio de Pedro), mas Cameron (1984), p. 57-64, que nega que o *Apócrifo de Tiago* seja dependente de qualquer dos evangelhos canônicos, não faz referência a Jo 13,36-38 em sua discussão de 2,25-26.

170. Veja a revisão bibliográfica em Dehandschutter (1988), p. 4.352-4.356.

171. Perkins (1982), p. 44, argumenta pela datação no início do século III.

172. Rouleau (1981); Hedrick (1983); Cameron (1984); Koester (1990), p. 189-200.

173. Perkins (1980), p. 148-150; (1982), p. 408-410; Dehandschutter (1988), p. 4.547-4.549.

174. Koester (1990), p. 200.

175. Contra isto, veja Dehandschutter (1988), p. 4.540-4.544.

de evidência de que o fato do martírio de Pedro era amplamente tomado como garantido na segunda metade do século II.

XII. Dionísio de Corinto

Dionísio, bispo de Corinto, e sua carta para a Igreja de Roma (cerca de 170), escreve (apud Eusébio, *Hist. eccl.* 2.25.8):

> ταῦτα καὶ ὑμεῖς διὰ τῆς τοσαύτης νουθεσίας τὴν ἀπὸ Πέτρου καὶ Παύλου φυτείαν γενηθεῖσαν Ῥωμαίων τε καὶ εἰς τὴν ἡμετέραν Κόρινθον φυτεύσαντες ἡμᾶς ὁμοίως ἐδίδαξεν, ὁμοίως δὲ καὶ εἰς τὴν Ἰταλίαν ὁμόσε διδάξαντες ἐμαρτύρησαν κατὰ τὸν αὐτὸν καιρόν.

> Destas maneiras também vocês, por tal admoestação, se uniram ao plantio que veio por Pedro e Paulo, tanto dos romanos quanto dos coríntios. Pois de fato ambos plantaram também em nossa Corinto, e de maneira semelhante nos ensinaram, e de maneira semelhante eles ensinaram também juntos na Itália, e foram martirizados na mesma ocasião.[176]

Esta passagem, que afirma que as igrejas de Roma e Corinto foram ambas fundadas pelos dois apóstolos Pedro e Paulo (usando a metáfora do plantio, que, como vimos, *Ascensão de Isaías* 4,3 usou para a fundação de toda a Igreja pelos doze apóstolos), reflete a preocupação de fins do segundo século em defender a ortodoxia das Igrejas maiores com base em sua fundação apostólica.[177] A ideia de que Pedro e Paulo foram martirizados ao mesmo tempo (κατὰ τὸν αὐτὸν καιρόν) pode resultar simplesmente da íntima associação agora assumida entre as atividades dos dois, mas pode ser uma interpretação de *1 Clemente* 5,4-7. Mais cedo na mesma carta (ap. Eusébio, *Hist. eccl.* 4,23.11) Dionísio revela que *1 Clemente* era regularmente na liturgia na Igreja de Corinto.

---

176. Tradução de Lawlor & Oulton (1927), p. 60.

177. Que Pedro fosse ativo em Corinto é provável tendo por base 1Cor 1,12; 9,5, mas que de qualquer outra tradição independente.

XIII. Irineu, *Haer.* 3.1.1

A referência de Irineu à morte de Pedro (*Haer.* 3.1.1: grego apud Eusébio, *Hist. eccl.* 5.8.2-3) ocorre no contexto de sua defesa da apostolicidade dos quatro evangelhos:

> ὁ μὲν δὴ Ματθαῖος ἐν τοῖς Ἑβραίοις τῇ ἰδίᾳ αὐτῶν διαλέκτῳ καὶ γραφὴν ἐξήνεγκεν εὐαγγελίου, τοῦ Πέτρου καὶ τοῦ Παύλου ἐν Ῥώμῃ εὐαγγελιζομένων καὶ θεμελιούντων τὴν ἐκκλησίαν· μετὰ δὲ τὴν τούτων ἔξοδον Μάρκος, ὁ μαθητὴς καὶ ἑρμηνευθτὴς Πέτρου, καὶ αὐτὸς τὰ ὑπὸ Πέτρου κηρυσσόμενα ἐγγράφως ἡμῖν παραδέδωκεν.

> Sabe-se que Mateus também publicou entre os hebreus um evangelho escrito em sua linguagem, enquanto Pedro e Paulo estavam pregando em Roma e fundando a igreja. Depois de sua partida [= morte], Marcos, o discípulo e intérprete de Pedro, também nos deu em forma escrita as coisas que foram pregadas por Pedro.

Estas afirmações são claramente dependentes do que Pápias houvera dito sobre Mateus e Marcos (ap. Eusébio, *Hist. eccl.* 3.39.15-16). O fato-chave que Irineu parece saber, que não é derivado de Pápias, é que Marcos escreveu após as mortes de Pedro e Paulo. Uma vez que ele assume que o Evangelho de Mateus foi escrito antes do de Marcos, ele também, portanto, pode deduzir que Mateus escreveu enquanto Pedro e Paulo ainda estavam vivos. Ele pode dizer que isto ocorreu enquanto Pedro e Paulo estavam pregando o Evangelho em Roma porque ele também supõe que estes dois apóstolos fundaram a Igreja em Roma e assim precisam ter desempenhando um ministério de pregação em Roma por algum tempo considerável antes de suas mortes. Ele toma por garantido que foi esta pregação de Pedro em Roma que Marcos ouviu e que os dois apóstolos morreram em Roma. (Ele não especifica que morreram como mártires, mas todas as outras evidências que temos tornam extremamente provável que Irineu saberia que Pedro, bem como Paulo, morreu como mártir.)

A afirmação de que Pedro e Paulo fundaram a Igreja de Roma pertence, com a afirmação de Dionísio de que ambos fundaram as igrejas de

Roma e Corinto, à preocupação do fim do segundo século com a sucessão apostólica nas igrejas. (Que esta afirmação estivesse sendo feita à época pela Igreja de Roma é confirmado pelo escritor romano Gaio no começo do terceiro século: ap. Eusébio, *Hist. eccl.* 2.25.7.) Ela não tem valor histórico. Irineu também parece partilhar com Dionísio a ideia de que Pedro e Paulo morreram ao mesmo tempo. É por isso que ele diz que Marcos escreveu seu evangelho após a morte de ambos os apóstolos, quando o único ponto realmente relevante para a origem do Evangelho de Marcos seria que tivesse sido escrito após a morte de Pedro. O assim chamado prólogo "antimarcionita" a Marcos faz a mesma afirmação com referência apenas à morte de Pedro. Ele pode ser dependente de Irineu, ou pode ser um testemunho independente de uma tradição de interpretação de Papias que Irineu também seguiu.[178]

Mas porque Irineu – ou a tradição que ele seguiu – pensam que o Evangelho de Marcos foi escrito após a morte de Pedro? É possível que ele tenha feito uma dedução razoável (e talvez correta)[179] a partir da afirmação de Pápias de que Marcos escreveu os ensinamentos de Pedro como os "lembrava", embora devamos notar que Clemente de Alexandria (apud Eusébio, *Hist. eccl.* 6.14.6-7; cf. 2.15.1-2)[180] não fez esta dedução, mas evidentemente entendeu que Pápias quis dizer que Marcos escreveu o evangelho durante a vida de Pedro. A última visão teria, com certeza, força apologética maior. É possível que Irineu – ou a tradição que ele seguiu – tenha concluído que Pedro morreu antes da escrita do Evangelho de Marcos pela interpretação de 2Pd 1,15: "Eu farei o meu melhor para assegurar que após minha morte (μετὰ τὴν ἐμὴν ἔξοδον) vocês possam lembrar estas coisas todas as vezes". Muitos estudiosos modernos tomaram estas palavras como referentes ao Evangelho de Marcos, que Pedro, antecipando sua morte num futuro próximo, promete garantir

---

178. Cf. Hengel (1985), p. 3.

179. Id., ibid., p. 2

180. Cf. tb., se autêntica, a Carta a Teodoro 1,15-19, na qual Clemente também explicitamente se refere ao martírio de Pedro em Roma.

que seja escrito por Marcos após sua morte.[181] A interpretação é implausível[182], mas poderia bem ser corrente no fim do segundo século.[183]

Claro, esta sugestão não é necessária para explicar por que Irineu usa o termo ἔξοδος. O uso não qualificado de ἔξοδος para dizer da morte era suficientemente corrente no uso bíblico e cristão primitivo (Sb 3,2; *Testamento de Neftali* 1,1 v. 1; Lc 9,31; Justino, *Dial.* 105,5; carta das igrejas de Lião e Viena, ap. Eusébio, *Hist. eccl.* 5.1.36, 55; 5.2.3; *Apocalipse de Paulo* 14) para que o uso de Irineu aqui seja natural. Que o termo seja usado para os mártires de Vienne e Lião na carta dessas igrejas talvez não seja irrelevante para o uso do termo para Pedro e Paulo por Irineu de Lião. Thiede reviveu a sugestão de que em *Haer.* 3.1.1 ele signifique não "morte", mas simplesmente "partida". Ele toma a referência como sendo da partida de Pedro de Roma por volta de 44 d.C. (após a primeira visita de Pedro a Roma que ele pensa que At 12,17 refira) e argumenta que o Evangelho de Marcos foi na verdade escrito em Roma entre 44-46 d.C.[184] Mas ele negligencia o fato de que neste caso Irineu precisaria estar dizendo que tanto Pedro quanto Paulo deixaram Roma. Uma vez que nem mesmo tradições posteriores fornecem uma época, que Irineu pudesse ter em mente, na qual tanto Pedro quanto Paulo teriam estado em Roma, mas então ausentes, precisamos concluir que ele devia estar se referindo às suas mortes.

XIV. Cânon muratoriano

O Cânon muratoriano, que, embora os desafios da datação usual, deveria provavelmente ser datado em torno do fim do segundo século, tem uma interessante referência à morte de Pedro, no contexto da descrição dos Atos dos Apóstolos (linhas 25-31):

---

181. Bigg (1901), p. 265; Mayor (1907), p. cxliii-cxliv, 102, 194; Green (1968), p. 80. Thiede (1986), p. 182 pensa que a referência seja ao Evangelho de Marcos, que já teria sido escrito muito antes da morte de Pedro, mas que Pedro agora promete que irá enviar a seus leitores.

182. Bauckham (1983), p. 202.

183. Como Bigg (1901), p. 265; cf. Mayor (1907), p. 102.

184. Thiede (1986), p. 157-158. Esta interpretação de *Haer* 3.1.1 dificilmente parece compatível com sua visão (Thiede [1986], p. 215 n. 2) de que a passagem aluda a 2Pd 1,15.

acta autem omnium apostolorum sub uno libro scribta sunt lucas obtime theofile comprindit quia sub praesentia eius sincula gerebantur sicuti et semote passionem petri euidenter declarat sed et profectionem pauli ab urbe ad spaniam proficiscentis.

Os atos de todos os apóstolos estão escritos em um livro para o "mais excelente Teófilo", no qual Lucas sumariza muitas coisas que em sua presença ocorreram, e isto está bastante claro pela omissão da paixão de Pedro, e igualmente pela (omissão) da viagem de Paulo, que da cidade (de Roma) procedeu para a Espanha.[185]

O ponto é demonstrar que Atos é um relato confiável de uma testemunha ocular. A razão pela qual Lucas não narra tanto a morte de Pedro quanto a partida de Paulo para a Espanha deve ser que ele não as testemunhou. Assim Lucas era uma testemunha dos eventos que narra.

O autor deve ter considerado que os dois eventos aos quais se refere ocorreram logo após o fim da narrativa de Atos. (Para aqueles que sabiam que o não nomeado imperador de At 25–28 era Nero, isto dataria o martírio de Pedro no reinado de Nero.) Seus apontamentos dependem da observação de que Atos termina, de forma bastante surpreendente, antes que estes dois eventos que poderiam ter sido narrados mais ou menos imediatamente se a narrativa houvesse continuado. É por isso que ele não se refere ao martírio de Paulo, que deve portanto ter sido por ele datado um tempo considerável após o martírio de Pedro. Assumindo que o autor não necessariamente quis implicar que a morte de Pedro ocorreu antes da partida de Paulo para a Espanha, sua cronologia concorda com a de *Atos de Pedro*, na forma que o temos nos Atos de Vercelli, quando Paulo parte para a Espanha (capítulos 1-3) antes da chegada de Pedro em Roma e seu martírio, e o martírio de Paulo é predito para ocorrer mais tarde durante o reinado de Nero (capítulo 1). (O *Atos de Paulo*, por outro lado, não diz nada da viagem de Paulo para a Espanha.) Se os capítulos 1-3 dos Atos de Vercelli são uma adição posterior ao *Atos de Pedro* do segundo século (veja anteriormente nesse capítulo), então ou o

---

185. Tradução de Schneemelcher (1963), p. 44. [N.T.: a tradução do latim para o português é minha, livre.]

autor do Cânon muratoriano é dependente desta forma secundária redigida de *Atos de Pedro* ou seu entendimento da cronologia dos eventos em Roma após o final dos Atos canônicos era compartilhado pelo redator (do terceiro século?) do original dos Atos de Vercelli.

A última opção é mais provável, porque é de qualquer modo improvável que o autor do Cânon muratoriano dependesse de *Atos de Pedro*.[186] Seu argumento depende da assumpção de que o martírio de Pedro e a partida de Paulo para a Espanha fossem reconhecidos como fatos históricos, os quais todos deveriam portanto esperar que Lucas houvesse registrado.[187] É portanto improvável que ele se referiria a eventos que seriam tomados como históricos somente sob a autoridade de *Atos de Pedro*, especialmente após ele ter insistido que "os atos de todos os apóstolos estão escritos em um livro", a saber, o Atos lucano. Assim, se é verdade que o Cânon muratoriano originou-se em Roma por volta de fins do segundo século, ele fornece evidência muito interessante de uma visão diferente daquela de Dionísio e Irineu de que Pedro e Paulo foram martirizados ao mesmo tempo.

XV. Tertuliano

Tertuliano sabia que Pedro foi crucificado em Roma (*Praescr.* 36: *Petrus passioni dominicae adaequatur*)[188] e interpreta Jo 21,18 neste sentido (*Scorp.* 15). Ele também é o primeiro desde a *Ascensão de Isaías* a conectar o martírio de Pedro com a perseguição de Nero na Igreja de Roma, o que ele aparentemente soube a partir de historiadores romanos, pelos quais ele também conecta o martírio de Paulo ao mesmo período (*Scorp.* 15; *Apol.* 5; cf. tb. *Marc.* 4.5). Assim ele é o primeiro escritor a explicitamente conectar o martírio de ambos apóstolos com a perseguição neroniana em Roma. Se ele

---

186. *Contra* James (1897), p. x-xii, que interpreta a frase no Cânon muratoriano como querendo dizer que Lucas referiu-se ao martírio de Pedro e à partida de Paulo para a Espanha, e sugere que o autor na verdade atribuiu o *Atos de Pedro* a Lucas (identificando Lucas com Lêucio?).

187. Que Paulo tivesse ido para a Espanha poderia ser presumido a partir de Rm 15,24.28, sobre a assumpção de que a expectativa de Paulo não poderia ser uma profecia que não se cumpriu. Cf. tb. *1 Clemente* 5,7.

188. Sobre esta passagem, veja Maccarrone (1967), p. 410-412.

era dependente de uma tradição da Igreja de Roma a este respeito ou se ele simplesmente fez uma dedução razoável é bastante incerto.

XVI. Conclusão

Vimos que até certo ponto a discussão prévia deste tópico pôs muito peso e concluiu de maneira não garantida a partir de algumas das evidências, enquanto negligenciou outras evidências importantes. Isto é verdadeiro, p. ex., sobre Cullmann, que pousa muito de sua argumentação em favor do martírio de Pedro em Roma na muito insegura evidência de *1 Clemente* 5,4 e Inácio, *Rm* 4,3[189], subutilizando os muito mais específicos testemunhos de *Ascensão de Isaías*[190] e, sem levar em consideração todo o *Apocalipse de Pedro*. Pode ser preconceito contrário e negligência acadêmica, a respeito da literatura apócrifa, que tenha contribuído para distorcer apreciações de toda a evidência.

Nossa reabordagem de toda a evidência literária demonstra que os seguintes pontos podem ser tomados como seguramente estabelecidos, com alto grau de probabilidade histórica, a partir de trabalhos escritos antes de meados do segundo século:

1) Pedro morreu como mártir (Jo 21,18-19; *1 Clemente* 5,4; Inácio, *Esmirn.* 3,2; *Ascensão de Isaías* 4,3; *Apocalipse de Pedro* 14,4; cf. 2Pd 1,14): este fato deve ter se tornado conhecimento comum simples entre os cristãos logo após o evento.

2) Ele foi crucificado (Jo 21,18-19).

3) Em Roma (*Apocalipse de Pedro,* 14,4; cf. *Ascensão de Isaías* 4,3; 2Pd 1,12-15; e para Pedro em Roma, cf. 1Pd 5,13; Inácio, *Rom.* 4,3; Pápias apud Eusébio, *Hist. eccl.* 2.15.2).

4) Durante o reinado de Nero (*Ascensão de Isaías* 4,2-3; *Apocalipse de Pedro* 14,4).

---

189. Cullmann (1953), p. 89-111.

190. Id., ibid., p. 112.

5) Seu martírio sob Nero foi interpretado segundo categorias apocalípticas em alguns círculos cristãos, provavelmente desde muito cedo (*Ascensão de Isaías,* 4,2-3; *Apocalipse de Pedro* 14,4).

É bastante duvidoso se alguma coisa além possa ser sabida sobre o martírio de Pedro a partir de fontes literárias confiáveis. Não há tradição firme conectando o martírio de Pedro com a perseguição de Nero ou em que data dentro do reinado de Nero o mesmo tenha ocorrido. *Ascensão de Isaías* 4,2-3 conecta o martírio de Pedro com a perseguição de Nero à Igreja em geral, mas isso não precisa significar que Pedro foi martirizado durante aquela perseguição. *Apocalipse de Pedro* 14,4, ao tratar a morte de Nero como consequência do martírio de Pedro, pode sugerir que isso ocorreu no fim do reinado de Nero, mas não necessariamente. Mais tarde parece ter havido várias noções da cronologia:

1) Completa ignorância cronológica (provavelmente o *Atos de Pedro* original);

2) Pedro e Paulo morreram ao mesmo tempo (Dionísio de Corinto, Irineu);

3) Eles morreram em conexão com a perseguição de Nero (Tertuliano);

4) Pedro morreu em torno da época em que Paulo partiu de Roma em sua viagem para a Espanha, algum tempo antes da morte de Paulo (Cânon muratoriano; redação posterior dos *Atos de Pedro*)[191];

5) Pedro e Paulo morreram no último ano do reinado de Nero, quando a perseguição também é datada (Eusébio, Jerônimo).[192]

Qualquer informação adicional sobre a possibilidade de Pedro ter morrido na perseguição de Nero precisaria levar em consideração a evidência em torno do significado da localização de sua sepultura na colina do Vaticano.

---

191. Cf. tb. a visão posterior de que Paulo morreu um ano mais cedo do que Pedro: Prudêncio, *Peristephanon* 12; Agostinho, *Serm.* 296-297, citado por Edmundson (1913), p. 150.

192. Chase (1900), p. 770-771; Dockx (1974), p. 239-240, que aceita 67 como a data mais provável para as mortes de Pedro e Paulo.

Bibliografia

Acerbi (1984) — Acerbi, A., *Serra Lignea: Studi sulla Fortuna della Ascensione di Isaia*. Roma, 1984.

Aland (1957) — Aland, K., "Petrus in Rom", *Historische Zeitschrift* 183 (1957), p. 497-516.

Allberry (1939) — Alberry, C. R. C., *A Manichean Psalm-Book*, Part II. Stuttgart, 1938.

Bacon (1931) — Bacon, B. W., "The Motivation of John 21:15-25". *JBL* 50 (1931), p. 71-80.

Barrett (1978) — Barrett, C. K., *The Gospel according to St John: An Introduction with Commentary and Notes on the Greek Text*, 2ª edição. Londres, 1978.

Bauckham (1983) — Bauckham, R. J., *Jude, 2 Peter*, WBC 50, Waco, Texas, 1983.

- (1985) — _____. "The Two Fig Tree Parables in the Apocalypse of Peter". *JBL* 104 (1985), p. 286-287.

- (1985A) — _____. "The Study of the Gospel Traditions outside the Canonical Gospels: Problems and Prospects". In: D. Wenham, ed. *Gospel Perspectives*, v. 5: *The Jesus Tradition outside the Gospels*. Sheffield, 1985, p. 369-403.

- (1987) — _____. "The Parable of the Vine: Rediscovering a Lost Parable of Jesus". *NTS* 33 (1987), p. 84-101.

-(1988) — _____. "The Apocalypse of Peter: An Account of Research". *ANRW* II.25.6, ed. W. Haase (Berlim/Nova York, 1988), p. 4.712-4.750.

-(1988A) — _____. "Pseudo-Apostolic Letters". *JBL* 107 (1988), p. 469-494.

-(1988B) — _____. "2Peter: An Account of Research". *ANRW* I.25.5, ed. W. Haase (Berlim/Nova York, 1988), p. 3.713-3.752.

-(1990) — _____. "Early Jewish Visions of Hell". *JTS* 41 (1990), p. 355-385.

Bauer (1979) — Bauer, W. *et al. A Greek-English Lexicon of the New Testament and Other Early Christian Literature*, 2ª edição, Chicago/Londres, 1979.

Beare (1970) — Beare, F. W., *The First Epistle of Peter*, 3ª edição, Oxford, 1970.

Beasley-Murray (1987) — Beasley-Murray, G. R., *John*, WBC 36, Waco, Texas, 1987.

Beaujeu (1960)	Beaujeu, J., "L'incendie de Rome en 64 et les Chrétiens". *Latomus* 19 (1960), p. 95-80, 291-311.
Berger (1981)	Berger, K., "Unfehlbare Offenbarung: Petrus in der gnostischen und apokalyptischen Offenbarungsliteratur". In: *Kontinuität und Einheit: Für Franz Mußner,* ed. P.-G. Müller & W. Stenger. Freiburg/Basileia/Viena, 1981, p. 261-326.
Bernard (1928)	Bernard, J. H., *The Gospel according to St John,* ed. A. G. McNeile, ICC 2 . Edimburgo, 1928.
Bigg (1901)	Bigg, C., *A critical and Exegetical Commentary on the Epistles of St Peter and St Jude.* ICC. Edimburgo, 1901.
Bosse (1909)	Bosse, A., "Zur Erklärung der Apocalypse der Asc. Jesaiae". *ZNW* 10 (1909), p. 320-323.
Bousset (1896)	Bousset, W., *The Antichrist Legend: A Chapter in Christian and Jewish Folklore.* Tradução de A. H. Keane. Londres, 1896.
Bowe (1988)	Bowe, B. E., *A Church in Crisis: Ecclesiology and Paraenesis in Clement of Rome,* HDR 23. Mineápolis, 1988.
Brown (1971)	Brown, R. E., *The Gospel according to John (xiii-xxi),* AB 29A. Londres, 1971.
Bronw, Donfried & Reumann (1973)	Brown, R. E. Donfried, K. P & Reumann, J. eds. *Peter in the New Testament.* Mineápolis/Nova York, 1973.
Brown & Meier (1983)	Brown, R. E. & Meier, J. P., *Antioch and Rome: New Testament Cradles of Catholic Christianity.* Londres, 1983.
Buchholz (1988)	Buchholz, D. D., *Your Eyes Will Be Opened: A Study of the Greek (Ethiopic) Apocalypse of Peter,* SBLDS 97. Atlanta, Ga., 1988.
Bultmann (1971)	Bultmann, R. *The Gospel of John.* Oxford, 1971.
Cameron (1984)	Cameron, R. *Sayings Traditions in the Apocryphon of James,* HTS 34. Filadélfia, 1984.
Carcopino (1963)	Carcopino, J. *Les fouilles de Saint-Pierre et la tradition,* 2ª edição. Paris, 1963.
Charles (1900)	Charles, R. H. *The Ascension of Isaiah.* Londres, 1900.
- (1920)	_____. *A Critical and Exegetical Commentary on the Revelation of St John,* ICC 2. Edimburgo, 1920.

Chase (1900)	Chase, F. H., "Peter (Simon)". In: J. Hastings, ed. *A Dictionary of the Bible*, v. 3. Edimburgo, 1900, p. 756-779.
Clemen (1896)	Clemen, C. "Die Himmelfahrt des Jesaja, ein ältestes Zeugnis für dar römische Martyrium des Petrus". *ZWT* 39 (1896), p. 388-415.
- (1897)	_____. "Nochmals der Märtyrertod des Petrus in der Ascensio Jesaiae". *ZWT* 40 (1897), p. 455-465.
Collins (1974)	Collins, J. J., *The Sibylline Oracles of Egyptian Judaism*, SBLDS 13. Missoula, 1974.
Creed (1984)	Creed, J. L., *Lactantius: De Mortibus Persecutorum*. Oxford, 1984.
Cullmann (1953)	Cullmannm, O. *Peter: Disciple – Apostle – Martyr*, Tradução de F. V. Filson. Londres, 1953.
Davids (1990)	Davids, P. H., *The First Epistle of Peter*, NICNT. Grand Rapids: Mich, 1990.
Dehandschutter (1988)	Dehandschutter,B., "L'Epistula Jacobi apocrypha de Nag Hammadi (CG 1,2) comme apocryphe néotestamentaire". *ANRW* II.25.6 ed W. Haase. Berlim/Nova York: 1988, p. 4.529-4.550.
Dobschütz (1893)	Dobschütz, E. von, *Das Kerygma Petri kritisch untersucht*, TU 11/1. Leipzig, 1893.
Dockx (1974)	Dockx, S., "Essai de chronologie pétrienne". RSR 62 (1974), p. 221-241.
Duensing (1963)	Duensing, H., "Epistula Apostolorum". In: E. Hennecke, W. Schneemelcher & R. McL. Wilson, eds. *New Testament Apocrypha*, v. 1. Londres, 1936, p. 189-227.
Duke (1985)	Duke, P. D., *Irony in the Fourth Gospel*. Atlanta, 1985.
Edmundson (1913)	Edmundson, G., *The Church in Rome in the First Century*. Londres, 1913.
Elliott (1980)	Elliott, J. H., "Peter, Silvanus and Mark in 1 Peter and Acts: Sociological-Exegetical Perspectives on a Petrine Group in Rome". In: *Wort in der Zeit: Neuetestamentliche Studien: Festgabe für K. H. Rengstorf zum 75 Geburtstag*. Ed. W. Haubeck e M. Bachmann. Leiden, 1980, p. 250-267.
Feuillet (1962)	Feuillet, A. *Études johanniques*. Paris, 1962.
Fink (1978)	Fink, J. "Das Petrusgrab – Glaube und Grabung". *VC* 32 (1978), p. 255-275.

Fuellenbach (1980)	Fuellenbach, J., *Ecclesiastical Office and the Primacy of Rome: An Evaluation of Recent Theological Discussion of First Clement,* Catholic University of America Studies in Christian Antiquity 20. Washington, 1980.
Garofalo (1967)	Garofalo, S. "La tradizione petriana nel primo secolo". *Studi Romani* 15 (1967), p. 135-148.
Garzetti (1974)	Garzetti, A., *From Tiberius to the Antonines: A History of the Roman Empire AD 14-192,* traduzido por J. R. Foster. Londres, 1974.
Giet (1955)	Giet, S., "Le témoignage de Clément de Rome sur la venue à Rome de St Pierre". *RSR* 29 (1955), p. 123-136, 333-345.
Grant & Graham (1975)	Grant, R. M. & Graham, H. H., *The Apostolic Fathers,* v. 2: *First and Second Clement.* Nova York, 1965.
Green (1968)	Green, M., *The Second Epistle General of Peter and the General Epistle of Jude,* TNTC. Leicester, 1968.
Grudem (1988)	Grudem, W., *The First Epistle of Peter,* TNTC. Leicester/ Grand Rapids, Mich., 1988.
Guarducci (1968)	Guarducci, M., "La Data del Martirio di San Pietro". *La Parola del Passato* 23 (1968), p. 81-117.
Haenchen (1984)	Henchen, E., *John: A Commentary on the Gospel of John,* v. 2: *Chapters 7-21.* Tradução por R. W. Funk, Hermeneia, 1984.
Hall (1990)	Hall, R. G., "The Ascension of Isaiah: Contemporary Situation, Date, and Place in Early Christianity". *JBL* 109 (1990), p. 289-306.
Harnarck (1897)	Harnack, A., *Die Chronologie der altchristilichen Literatur bis Eusebius,* v. 1. Leipzig, 1897.
Harrison (1936)	Harrison, P. N., *Polycarp's Two Epistles to the Philippians.* Cambridge, 1936.
Harvey (1990)	Garvey, A. E., "The Testament of Simeon Peter". In: P. R. Davies & R. T. White, eds., *A Tribute do Geza Vermes: Essays on Jewish and Christian Literature and History,* JSNTSup 100. Sheffield, 1990.
Hedrick (1983)	Hedrick, C. W., "Kingdom Sayings and Parables of Jesus in the Apocryphon of James: Tradition and Redaction". *NTS* 29 (1983), p. 1-24.

Hengel (1979)	Hengel, M., *Acts and the History of Early Christianity*, tradução de J. Bowden. Londres, 1979.
- (1985)	_____. *Studies in the Gospel of Mark*, tradução de J. Bowden. Londres, 1985.
Heussi (1955)	Heussi, K., *Die römische Petrustradition in kritischer Sicht*. Tubinga, 1955.
Hills (1990)	Hills, J., *Tradition and Composition in the Epistula Apostolorum*, HDR 24. Mineápolis, 1990.
Hunzinger (1965)	Hunzinger, C.-H., "Babylon als Deckname für Rom und die Datierung des 1. Petrusbriefes". In: *Gottes Wort um Gottes Land: H.-W. Hertzberg zum 70. Geburtstag am 16. Januar 1965 dargebracht von Kollegen, Freunden um Schülern*, ed. H. Graf Reventlow, Göttingen, 1965, p. 67-77.
James (1897)	James, M. R., *Apocrypha Anedocta: Second Series*, TS 5, Cambridge, 1897.
-(1931)	_____. "The Rainer Fragment of the Apocalypse of Peter". *JTS* 32 (1931), p. 270-278.
Janssens (1975)	Janssens, Y., "Traits de la Passion dans l'Epistula Iacobi Apocrypha", *Museón* 88 (1975), p. 97-101.
Jonge (1979)	Jonge, M. de, "The Beloved Disciple and the Date of the Gospel of John". In: *Text and Interpretation: Studies in the New Testament Presented to M. Black,* ed. E. Best & R. McL. Wilson. Cambridge, 1979, p. 99-114.
Junod (1981)	Junod, E., "Origène, Eusèbe et la tradition sur la répartition des champs de mission des apôtres (Eusèbe, HE III, 1, 1-3)". In: F. Bovon et al. *Les Actes Apocryphes des Apôtres: Christianisme et Monde Païen*. Genebra, 1981, p. 233-248.
Kelly (1969)	Kelly, J. N. D., *A Commentary on the Epistles of Peter and of Jude,* BNTC, Londres, 1969.
Keresztes (1979)	Keresztes, P., "The Imperial Roman Government and the Christian Church: I. From Nero to the Severi". *ANWR* II.23.1, ed. W. Haase (Berlim/Nova York, 1979), p. 247-315.
-(1984)	_____. "Nero, the Christians and the Jews in Tacitus and Clement of Rome". *Latomus* 43 (1984), p. 404-413.
Knibb (1985)	Knibb, M. A., "Martyrdom and Ascension of Isaiah". In: J. H. Charlesworth, ed. *The Old Testament Pseudepigraphy*, v. 2, Londres, 1985, p. 143-176.

Koester (1990)	Koester, H., *Ancient Christian Gospels: Their History and Development*. Filadélfia/Londres, 1990.
Lawlor & Oulton (1927)	Lawlor, H. J. & Oulton, J. E. L., *Eusebius Bishop of Caesarea: The Ecclesiastical History and the Martyrs of Palestine*, v. 1. Londres, 1927.
Lietzmann (1936)	Lietzmann, H., *Petrus römischer Märtyrer*. SPAW.PH 1936, p. 392-410.
Lightfoot (1989)	Lightfoot, J. B. & Harmer, J. R., *The Apostolic Fathers*, 2ª edição, revisado por M. W. Holmes. Leicester, 1989.
Lindars (1972)	Lindars, B., *The Gospel of John*, NCB. Londres, 1972.
Lowe (1956)	Lowe, J., *Saint Peter*. Oxford, 1956.
Maccarrone (1967)	Maccarrone, M., "San Pietro in rapporto a Cristo nelle più antiche testimonianze (fine sec. I – metà sec. III)". *Studi Romani* 15 (1967), p. 397-420.
MacCulloch (1930)	MacCulloch, J. A., *The Harrowing of Hell*. Edimburgo, 1930.
McNeil (1979)	McNeil, B., "A Liturgical Source in Acts of Peter 38". *VC* 33 (1979), p. 342-346.
Marco (1964)	Marco, A. A. de, *The Tomb of Saint Peter: A Representative and Annotated Bibliography of the Excavations*. NovTSup 8. Leiden, 1964.
Mariani (1969)	Mariani, B., "La predizione del martirio di S. Pietro nel 'Quo Vadis?' e nella 2 Pe. 1.14". *Euntes Docentes* 22 (1969), p. 565-586.
Mayor (1907)	Mayor, J. B., *The Epistle of St Jude and the Second Epistle of St Peter*. Londres, 1907.
Mees (1975)	Mees, M., "Das Petrusbild nach außerkanonischen Zeugnissen", *ZRGG* 27 (1975), p. 193-205.
Michaels (1988)	Michaels, J. R., *1 Peter*, WBC 49, Waco, Texas, 1988.
Minear (1983)	Minear, P., "The Original Function of John 21". *JBL* 102 (1983), p. 85-98.
Munck (1950)	Munck, J., *Petrus und Paulus in der Offenbarung Johannis*. Copenhaguen, 1950.
Mußner (1976)	Mußner, F., *Petrus und Paulus – Pole der Einheit: Eine Hilfe für die Kirche*, QD 76. Freiburg/Basileia/Viena, 1976.

O'Connor (1969)	O'Connor, D. W., *Peter in Rome: The Literary, Liturgical and Archaeological Evidence,* Nova York/Londres, 1969.
Okure (1988)	Okure, T., *The Johannine Approach to Mission,* WUNT 2/31. Tubinga, 1988.
Osborne (1981)	Osborne, G.R., "John 21: Test Case for History and Redaction in the Resurrection Narratives". In: R. T. France & D. Wenham, eds. *Gospel Perspectives II: Studies in History and Tradition in the Four Gospels.* Sheffield, 1981, p. 239-329.
Oxford (1905)	A Committee of the Oxford Society of Historical Theology. *The New Testament in the Apostolic Fathers.* Oxford, 1905.
Perkins (1980)	Perkins, P., *The Gnostic Dialogue: The Early Church and the Crisis of Gnosticism.* Nova York/Ramsey/Toronto, 1980.
- (1982)	_____. "Johannine Traditions in Ap. Jas. (NHC 1,2)". *JBL* 101 (1982), p. 403-414.
Pesce (1983)	Pesce, M., "Presuposti per l'utilizzazione dell'Ascensione di Isaia: Formazione e tradizione del testo; genero letterario; cosmologia angelica". In: M. Pesce, ed. *Isaia, il Diletto e la Chiesa: Visione ed esegesi profetica Cristiano-primitiva nell'Ascensione di Isaia.* Bréscia, 1983, p. 13-76.
Peterson (1954)	Peterson, E., "Das Martyrium des hl. Petrus nach der Petrus-Apokalypse". In: *Miscellanea Giulio Belvedere.* Vaticano, 1954.
Poupon (1988)	Poupon, G., "Les 'Actes de Pierre' et leur remaniement". *ANRW* II.25.6, ed. W. Haase. Berlim/Nova York, 1988, p. 4.363-4.383.
Pritz (1988)	Pritz, R. A., *Nazarene Jewish Christianity: From the End of the New Testament Period until its Disappearance in the Fourth Century,* StPB 37. Jerusalém/Leiden, 1988.
Quast (1989)	Quast, K., *Peter and the Beloved Disciple: Figures for a Community in Crisis,* JSNTSup 32. Sheffield, 1989.
Ramsay (1893)	Ramsay, W. M., *The Church in the Roman Enpire,* 7ª edição. Londres, 1893.
Reicke (1972)	Reicke, B., "Die jüdische Apokalyptik und die johanneische Tiervision". *RSR* 60 (1972), p. 173-192.

Rimoldi (1958)	Rimoldi, A., "L'Apostolo San Pietro fondamento della Chiesa, principe degli apostoli ed ostiario celeste nella Chiesa primitiva dalla origine al Concilio di Calcedonia". *Analecta Gregoriana* 96. Roma, 1958.
Robinson (1976)	Robinson, D. R., "Where and when Did Peter Die?" *JBL* 64 (1945), p. 255-267.
Robinson (1976)	Robinson, J. A. T., *Redating the New Testament"*. Londres, 1976.
-(1985)	_____. *The Priority of John,* ed. J. F. Coakley. Londres, 1985.
Rouleau (1981)	Rouleau, D., "Les paraboles du Royaume des cieux dans l'Épitre apocryphe de Jacques". In: B. Barc, ed., *Colloque International sur les Textes de Nag Hammadi (Québec, 22-25 août 1978)*. Québec/Londres, 1981, p. 181-189.
Sanders (1943)	Sanders, L., *Hellénisme de sait Clement de Rome et le Paulinisme,* Studia Hellenistica 2. Louvaina, 1943.
Schmaltz (1952)	Schmaltz, W. M., "Did Peter Die in Jerusalem?". *JBL* 71 (1952), p. 211-216.
Schneemelcher (1963)	Scheemelcher, W., "General Introduction". In: E. Hennecke, W. Schneemelcher & R. Mcl. Wilson, eds. *New Testament Apocrypha*, vol. 1. Londres, 1963, p. 19-68.
-(1965)	_____. "The Kerygma Petrou". In: id., ibid., p. 94-102.
-(1965A)	_____. "The Acts of Peter". In: id., ibid., p. 259-275.
Schoedel (1985)	Schoedel, W. R., *Ignatius of Antioch: A Commentary on the Letters of Ignatius of Antioch,* Hermeneia. Filadélfia, 1985.
Selwyn (1946)	Selwyn, E. G., *The First Epistle of St Peter.* Londres, 1946.
Simonetti (1976)	Simonetti, M., "Note sulla Cristologia dell'Ascensione di Isaia". In: M. Pesce, ed. *Isaia, il Diletto e la Chiesa: Visione ed esegesi profetica cristiano-primitiva nell'Ascensione di Isaia.* Bréscia, 1983, p. 185-205.
Smallwood (1976)	Smallwood, E. M., *The Jews under Roman Rule: From Pompey to Diocletian,* Leiden, 1976.
Smith (1960)	Smith, M., "The Report about Peter in 1 Clement 5,4". *NTS* 7 (1960), p. 86-88.
Smith (1985)	Smith, T. V., *Petrine Controversies in Early Christianity: Attitudes towards Peter in Christian Writings of the First Two Centuries,* WUNT 2.15. Tubinga, 1985.

Testa (1967) Testa E., "S. Pietro nel pensiero dei giudeo-cristiani". In: Associazione Biblica Italiana. San Pietro: *Atti della XIX Settimana Biblica*. Bréscia, 1967, p. 459-500.

Thiede (1986) Thiede, C.P., *Simon Peter: From Galilee to Rome*. Exeter, 1986.

-(1987) _____. "Babylon, der andere Ort: Ammerkungen zu 1 Petr 5.13 und Apg 12,17". In: C.P. Thiede, ed., *Das Petrusbild in der neuren Forschung*. Wuppertal, 1987, p. 221-229.

Tisserant (1909) Tisserant, E., *Ascension d'Isaie*. Paris, 1909.

Tissot (1981) Tissot, Y., "Encratisme et Actes apocryphes". In: F. Bovon et al, *Les Actes Apocryphes des Apôtres: Christianisme et Monde Païen*. Genebra, 1981, p. 109-119.

Turner (1931) Turner, C.H., *Catholic and Apostolic: Collected Papers*, ed. H.N. Bate. Londres/Oxford/Milwaukee, 1931.

Vögtle (1889) Vögtle, A., "Die Schriftwerdung der apostolischen Paradosis nach 2 Petr. 1,12-15". In: *Neues Testament und Geschichte: Historisches Geschehen und Deutung im Neuen Testament: Oskar Culmman zum 70. Geburtstag*. Ed H. Balternsweiler & B. Reick. Zurique/Tubinga, 1972, p. 297-305.

Westcott (1889) Westcott, B.F., *The Gospel according to St John*. Londres, 1889.

Wilhem-Hooijbergh Wilhem-Hooijbergh, A.E., "The Martyrdom of Peter Was before the Fire of Rome". In: E. A. Livingstone, ed, *Studia Biblica 1978: III: Papers on Paul and Other New Testament Authors*, JSNTSup 3, Sheffield, 1980, p. 431-433.

Williams (1985) Williams, F.E., "The Apocryphon of James". In: H. W. Attridge, ed., *Nag Hammadi Codex I (The Jung Codex): Introductions, Texts, Translations, Indices*, NHS 22, Leiden 1985.

Yadin (1973) Yadin, Y., "Epigraphy and Crucifixion". *IEJ* 23 (1973), p. 18-22.

Yarbro Collins (1976) Yarbro Collins, A., *The Combat Myth in the Book of Revelation*. HDR 9. Missoula, 1976.

Zeller (1896) Zeller, E., "Der Märtyrertod des Petrus in der Ascensio Jesaiae". *ZWR* 39 (1896), p. 558-568.

15. Tiago no centro[1]

Em algum tempo do início do século V, Hesíquio de Jerusalém, pregador famoso a seu tempo, pregou um sermão na grande basílica conhecida como Santa Sião, a Mãe de todas as Igrejas, que estava situada na colina sudoeste de Jerusalém, então (bem como agora) conhecida como Monte Sião. Partes da basílica sobrevivem no edifício do tempo das Cruzadas hoje chamado Túmulo de Davi. Foi construído no lugar que, de acordo com uma forte tradição, teria sido a sede da primeira Igreja de Jerusalém, onde Tiago, irmão do Senhor, presidiu a mãe de todas as Igrejas até seu martírio em 62 d.C. O trono episcopal de Tiago que se acredita ter sido passado adiante na linha de seus sucessores, os bispos judeus e gentios de Jerusalém, foi conservado num lugar de destaque na basílica de Santa Sião. O fragmento que sobreviveu do eloquente sermão de Hesíquio faz um extravagante louvor a Tiago:

> Como poderia eu louvar o servo e irmão de Cristo, o comandante em chefe da nova Jerusalém, o príncipe dos sacerdotes, o líder dos apóstolos, dentre as cabeças a mais alta, dentre as luzes brilhantes, a que mais forte brilha, dentre as estrelas a mais ilustre? Pedro fala, mas Tiago é quem faz a lei, e resume a magnitude da questão em poucas palavras: "Julgo que não devemos pertur-

---

1. Esta palestra foi a palestra anual "Wesley Gilpin" dada no Elim Bible College, Nantwich, em fevereiro de 1995. Está publicada aqui na forma em que foi proferida (com alterações mínimas). Uma versão ligeiramente diferente da palestra foi minha Palestra Inaugural como Professor de Estudos Neotestamentários na Universidade de St Andrews, Escócia, dada em 17 de março de 1994 (e publicada em *St Mary's College Bulletin* 37 [1995] p. 46-60. Muito do material também formou partes da palestra "Carmichael-Walling Lectures" que proferi em Abilene Christian University, Abilene, Texas, em 17 de novembro de 1994. Uma versão mais completa de muito da discussão da palestra (excluindo o tratamento da carta de Tiago), com documentação completa, pode ser encontrada em meu capítulo "Tiago e a Igreja de Jerusalém" em meu livro *The Book of Acts in its Palestinian Setting*, publicado pelas editoras Eerdmans e Paternoster em 1995, às p. 415-480. O enfoque da carta de Tiago utilizado na palestra pode ser encontrado em *James: Wisdom of James, Disciple of Jesus the Sage*, também de minha autoria, publicado em 1999 pela Routledge na série "New Testament Readings".

bar os gentios que estão se voltando a Deus", e assim por diante [At 15,19]. Julgo, e este julgamento nem a lei dos costumes nem o decreto de uma assembleia pode desafiar. Pois em mim fala aquele que é juiz de tudo, dos vivos e dos mortes. O instrumento é meu, mas o artesão que o molda está acima de mim. Eu forneço a língua, mas o Criador, o Logos em si mesmo, fornece as palavras. Estejamos atentos não à pena, mas a quem escreve.[2]

Esta compreensão de Tiago como a autoridade máxima na Igreja não é única na literatura cristã dos primeiros séculos, embora seja uma das expressões mais tardias de tal visão. No curso da história cristã e no curso dos estudos neotestamentários, a importância de Tiago para a história do cristianismo primitivo tem sido cada vez mais minorada. Dentre as mais importantes figuras das cruciais três primeiras décadas do cristianismo – Pedro, Paulo e Tiago – Pedro e Paulo sempre tiveram permissão para se sobrepor a Tiago. E ao mesmo passo que Tiago tem sido tratado marginalmente pela história do cristianismo primitivo, a carta do Novo Testamento que leva seu nome tem sido tratada como marginal no cânon do Novo Testamento. Assim para esta palestra adotei uma imagem de *Tiago no centro* com a intenção de sugerir um reajuste de nossas impressões mentais costumeiras sobre o cristianismo primitivo. A centralidade de Tiago tomará mais de uma forma nesta palestra, mas essencialmente podemos dizer que, das três figuras torres apostólicas, enquanto Pedro e Paulo, os grandes apóstolos missionários, representam o movimento centrífugo do cristianismo de nosso centro, Tiago, o amplamente venerado dirigente da Igreja-mãe de Jerusalém, representa o centro estático e a atração centrípeta do movimento cristão inicial.

Desejo começar e terminar com o lugar da carta de Tiago no cânon do Novo Testamento, e no decurso relacionaremos a carta de Tiago com o papel histórico de Tiago, o homem na Igreja primitiva. Eu devo dizer que para o propósito desta palestra estou tomando como garantido que este Tiago, irmão de Jesus, líder da Igreja de Jerusalém, escreveu a carta de Tiago do Novo Testamento. As discussões antigas contra a autenticidade desta carta praticamente morreram por si mesmas, carentes de nutrimento por avan-

---

2. Minha tradução do grego em p. 104, 241, 243.

ços acadêmicos em outros campos relevantes. Em outro contexto poderia ser apropriado levar tais discussões finalmente a suas misérias. Mas neste contexto penso que há coisas mais interessantes a se fazer.

Seria fácil ter a impressão de que o cânon do Novo Testamento por si mesmo marginaliza Tiago. Para a maior parte dos leitores do Novo Testamento, a ordem na qual os livros do Novo Testamento aparece em todas as diferentes edições que eles já viram opera como uma espécie de mapa familiar. Ela dá ao Novo Testamento uma forma tão inquestionada quanto as convenções cartográficas que localizam o norte no topo em um mapa ou Orkney e Shetland em pequenas caixas no canto superior esquerdo de mapas da Escócia. Voltaremos ao modo pelo qual os mapas influenciam nossa percepção de mundo, mesmo do mundo do Novo Testamento, mas, como um mapa, o formato dado ao conteúdo do Novo Testamento pela ordem na qual ele é impresso pode facilmente ser visto como a única forma possível. Esta ordem convencional move-se, assim, a partir dos quatro evangelhos (a história de Jesus) ao Atos dos Apóstolos (a história da Igreja primitiva) e depois para escritos do grande apóstolo que domina a segunda metade desta história: Paulo. Depois dos evangelhos, Atos e as epístolas paulinas, o resto do Novo Testamento – algumas cartas curtas de outros apóstolos e o Livro do Apocalipse – parece quase um apêndice que leitores ordinários e estudiosos do Novo Testamento juntos neglicenciam.

Entretanto, as igrejas ortodoxas orientais arranjam o mesmo cânon do Novo Testamento em uma forma diferente que certamente é ao menos tão antiga quanto a nossa. Em Bíblias russas e gregas a ordem é esta: evangelhos, Atos, Tiago e as outras seis epístolas católicas, epístolas paulinas, Apocalipse. De fato, os pioneiros das edições críticas modernas do Testamento Grego – Tischendorf, e Westcott e Hort – restauraram este antigo arranjo oriental em suas edições, mas falharam em estabelecer o mesmo na tradição acadêmica ocidental, assim apropriadamente nossa ordem ocidental confirma a centralidade canônica paulina de Paulo nos estudos acadêmicos neotestamentários atuais. Mas a ordenação oriental tem sua própria lógica, não menos convincente que a ocidental. Após Atos, a história dos apóstolos, ela dá prioridade àqueles que foram apóstolos antes de Paulo. Ela até

442

mesmo tem sua própria apropriação sobre a história da Igreja primitiva como contada por Lucas em Atos. Nos capítulos iniciais de Atos, Pedro é a figura líder, tanto no centro, na Igreja-mãe de Jerusalém, e em levar o Evangelho para fora do centro, sendo pioneiro das missões gentias. Nos capítulos 12-13, Tiago e Paulo sucedem respectivamente a estes dois papéis de Pedro. Paulo como o apóstolo dos gentios, encarnando o movimento do Evangelho para fora do centro, Tiago como o líder que permanece no centro. Lucas não descreve um movimento para fora de Jerusalem que priva a mesma de sua centralidade e cria um novo centro. Jerusalém permanece central, e mesmo a história de Paulo retorna para lá, e a liderança de Tiago no centro é tão importante quanto a missão de Paulo fora do centro.

Nem a ordem do cânon ocidental nem a oriental é superior. Cada uma tem sua própria validade. Mas lembrar da ordem oriental subverte de forma útil a aparente normalidade da ocidental, e nos dá a oportunidade de mudarmos nossa perspectiva. Se retirarmos um pouco Paulo da posição central que ele ocupa não somente em nossa ordenação das páginas do Novo Testamento mas também em nossa percepção da história do cristianismo antigo, e colocarmos Tiago no centro, este exercício não diminuirá a estatura de Paulo, mas expandirá nossos horizontes. Mas para isto precisamos mais do que da ordem do cânon. Precisamos, para começar, de mapas.

Leitores e estudiosos do Novo Testamente tendem a operar com uma missão mediterrâneo-cêntrica do mundo, porque isto é o que os mapas em Bíblias e referências bíblicas lhes oferece. Tais mapas, quando se movem para além da Palestina, são criados principalmente para mostrar as viagens missionárias de Paulo se movendo para o norte e leste de Jerusalém, eventualmente até Roma, e, na intenção de Paulo, até a Espanha. Jerusalém é representada no extremo-leste de tais mapas. O cristianismo primitivo, facilmente e equivocadamente supomos, teve lugar, bem como o Império Romano, no mundo mediterrâneo. Mas o Mediterrâneo não era o mundo do primeiro século, nem mesmo sob uma perspectiva romana. Muito embora os políticos e propagandistas romanos representassem Roma como dominando todo o mundo habitado (a *oikumenē*), eles não pretendiam que o mundo terminasse no Eufrates. O grande mapa do mundo construído por Marco Agripa e

443

erguido ao público em Roma durante o reinado de Augusto, precisamente para ilustrar a conquista de Augusto do mundo, oferecia uma visão bastante convencional da extensão da *oikumenē*. No eixo leste-oeste, o Império Romano compreendia, desde mais ou menos o centro de tal eixo, até a região da Espanha, que seria o extremo-oeste deste Império, somente a metade da extensão do mundo para além da mesma fronteira espanhola, ou seja, todo o oeste conhecido, em relação ao mesmo centro. O extremo-leste do mundo conhecido estava além da fronteira leste do Império. Este, se algum, seria o mundo como habitantes e visitantes de Roma conheceram no primeiro século.

Mais relevante para o cristianismo primitivo, entretanto, é a visão judia do mundo. Uma tradição judia já muito antiga nos tempos do Novo Testamento descrevia Jerusalém como o umbigo da terra e localizava o Templo do Monte Sião como o centro exato do mundo habitado. Esta geografia mitológica está incorporada, p. ex., no primeiro relato detalhado do mundo – para seu tempo de fato muito bem informado, mas tão mitológico quanto factual – que é fornecido pelo livro de *Jubileus*, um trabalho judaico da segunda metade do século II a.C. Um mapa representando tal relato retrataria o *oikumenē* como um disco circular, descrito por raios centrados em Jerusalém. Na época do Novo Testamento, judeus educados sem dúvida considerariam tal mapa muito antigo, mas o conhecimento da mais avançada geografia do mundo greco-romano não necessariamente desbancou Jerusalém do centro do mundo. Geógrafos e cartógrafos do período romano mais antigo – Eratóstenes, Agripa e Estrabão – todos posicionam Jerusalém um pouco mais a oeste do centro, mas todos sabiam que os limites leste da *aikumenē* eram incertos. Imaginar Jerusalém no centro – tanto em relação ao eixo norte-sul quanto ao leste-oeste – como judeus seguiram fazendo não era difícil em termos geográficos da Antiguidade.

Talvez mais importante fosse o senso realista de que Jerusalém estava no centro da diáspora judaica. Novamente a perspectiva mediterrânico-centrada do leitor mediano do Novo Testamento é uma distorção, enfatizando a diáspora ocidental às custas da igualmente importante, aos olhos judeus, diáspora oriental. Este centrismo mediterrânico não pode ser culpa de Lucas, que ao contrário cuidadosamente no início de Atos nos fornece uma visão judia, centrada em Jerusalém, do mundo. Em At 2,9-11 há uma extensa lista dos lugares de onde judeus participando da festa de Pentecostes em Jerusalém são oriundos. A ordem da lista tem embaralhado os comentadores, que têm discutido em particular uma teoria muito implausível de que Lucas estivesse seguindo uma lista geográfica astrológica. Não somente a teoria não funciona, como também não oferece explicação para a função da lista no trabalho de Lucas. Uma explicação óbvia parece ter passado despercebida. É a que Lucas fornece um relato bastante apurado da extensão da diáspora judia, assim organizada para colocar Jerusalém em seu centro. As localidades em At 2,9-11 estão listadas em quatro grupos, correspondendo aos quatro pontos cardeais, começando pelo extremo-oriente, movendo-se para Jerusalém (e somente esta compreensão da lista explica por que ela inclui a Judeia), e então movendo-se para além e de volta a Jerusalém em cada uma das quatro direções. Este é o mundo judeu centralizado por Jerusalém, e Lucas o põe no início de sua história de como o Evangelho cristão se espalhou de Jerusalém para fornecer a nós a perspectiva geográfica judia apropriada para a história. É uma perspectiva que revela bastante claramente que as viagens missionárias de Paulo, que o relato de Lucas enfoca somente a partir do momento em que ele sai da Palestina, levaram o Evangelho somente a uma parte, o noroeste deste mundo definido segundo a diáspora judia, e não a todos os limites e direções da terra que estão para além da extensão da diáspora em todas as direções. Lucas sabia que o cristianismo se espalhou em todas as direções a partir de Jerusalém. Ele teve suas razões para contar somente parte da história, mas ele não tem a pretensão de que o seu relato seja algo além de parte da história.

A centralidade de Jerusalém para a diáspora judia, claro, significava mais que sua mera localização geográfica. Era o centro do qual judeus foram dispersos (o significado de "diáspora") e no qual eles confiadamente esperavam ser reunidos na era messiânica. Era o local onde o Deus de Israel tornou-se acessível para seu povo em seu templo, e para o qual portanto aqueles que podiam viajavam em peregrinações para os festivais maiores.

Peregrinação para festivais era um fato significativo. Viver em Jerusalém, como Tiago o fez por trinta anos, quando em várias semanas ao longo do ano a cidade se enchia com judeus e mesmo simpatizantes gentios vindos de todos os pontos do mundo conhecido, deve ter dado ao povo um senso muito marcante de viverem no centro do mundo e em comunicação com quase todos os confins do mesmo. Comunicação entre a comunidade da diáspora e o centro era constante. Era já muito costumeiro para autoridades e lideranças judias do centro enviar cartas circulares à diáspora. As autoridades do Templo, p. ex., poderiam escrever sobre as datas e observâncias dos festivais. Temos uma carta do grande rabino fariseu Gamaliel, contemporâneo mais velho de Tiago e antigo mestre de Paulo, sobre questões de sacrifícios e o calendário, endereçado a "nossos irmãos, povo do exílio da Babilônia e povo do exílio da Média e povo do exílio da Grécia e o restante de todos os exilados de Israel." Presumivelmente Gamaliel escreve como um líder fariseu reconhecido, do centro judeu, para judeus com simpatia pelo farisaísmo espalhados por toda a diáspora. Não de maneira inovadora, portanto, o costume de cartas a partir do centro para a diáspora foi continuado no cristianismo primitivo.

A carta de Tiago começa assim: "Tiago, servo de Deus e do Senhor Jesus o Messias, às doze tribos na diáspora". Embora cristãos anteriores tenham, raramente, aplicado tais termos como Israel a cristãos gentios, como o novo povo de Deus, não há exemplo do uso de "as doze tribos" nesta forma e esta frase é inerentemente não utilizável para tal uso. As doze tribos na diáspora a quem Tiago se dirige devem ser judeu-cristãos por toda a diáspora judia. Ele escreve a eles como líder da Igreja-mãe, no centro do qual Israel como povo de Deus está sendo reconstituído como povo messiânico de Deus nos últimos dias. Quase certamente, como Gamaliel, ele se dirige tanto à diáspora ocidental quanto oriental, uma vez que, mais explicitamente que Gamaliel, ele se dirige às doze tribos. Poucos exilados das dez tribos do norte poderiam ser encontrados na diáspora ocidental, mas grande número ainda vivia nas áreas às quais seus ancestrais foram deportados havia oito séculos. Na época de Tiago não havia mistério sobre as dez tribos perdidas. Como na época do Novo Testamento uma das duas maiores áreas de assentamentos judeus era a Babilônia, para onde os exilados das duas tribos do sul haviam sido enviados, assim também outra grande área destas era a do norte da Mesopotâmia chamada Adiabene, a qual, com a Média, mais oriental, era onde os exilados das dez tribos do norte haviam sido assentados. O contato entre Jerusalém e estas áreas era tão comum quanto os contatos com as comunidades judias da diáspora ocidental. Rabbi Nahum o Medo era um líder farisaico bem conhecido em Jerusalém. A casa real gentia do Reino de Adiabene converteu-se ao judaísmo mais ou menos na mesma época que Paulo se converteu ao cristianismo, e a Rainha Helena de Adiaebene assentou-se em Jerusalém e era uma cidadã benquista, conhecida por sua filantropia e seus projetos de construção, precisamente durante o período que Tiago exerceu a liderança da comunidade cristã em Jerusalém.

Que já houvessem cristãos entre os judeus da diáspora em Adiabene e Babilônia quando Tiago escreveu sua carta circular para a diáspora, talvez tão cedo quanto o fim da década de 40 d.C., podemos tomar como praticamente certo. Pela época da conversão de Paulo havia uma Igreja cristã em Damasco, primeira parada das rotas norte-leste para Edessa e Nísibe, e mais a leste para a Babilônia. O contato constante judeu entre o centro e a diáspora teria levado a fé cristã para o leste de maneira tão inevitável quanto a levou para o oeste até Roma, embora em nenhum dos casos conheçamos a história. Mas para a conexão de Tiago com a missão da diáspora oriental, temos algumas boas peças de evidência. O *Evangelho de Tomé*, um trabalho do segundo século que reflete as tradições do Evangelho do cristianismo na área de Edessa e Nísibe, região do leste da Síria ou norte da Mesopotâmia, contém o diálogo abaixo (dito 12):

> Os discípulos disseram a Jesus: "Sabemos que nos deixará. Quem será o maior entre nós?"
> Jesus disse a eles: "Onde quer que vocês estejam, deverão ir a Tiago o Justo, por cujo favor céus e terra se tornaram um."

Retornaremos em breve à extraordinária hipérbole de tal afirmação sobre Tiago, mas é uma expressão extremamente judia que deixa claro que aqui temos uma tradição sobre as origens judeu-cristãs do cristianismo da Mesopotâmia Setentrional. A alegada fala de Jesus pressupõe a missão dos apóstolos e dá a Tiago a posição de autoridade no centro ao qual eles devem olhar:

447

"Onde quer que vocês estejam, deverão ir a Tiago." Embora provavelmente este não seja um dito autêntico de Jesus, o mesmo provavelmente se reporta à época de vida de Tiago, na qual faz sentido como uma expressão do papel atribuído ao mesmo, como líder da Igreja-mãe que clama autoridade central sobre as missões na diáspora.

Esta autoridade central era provavelmente amplamente aceita, não somente na Mesopotâmia Setentrional a leste de Jerusalém, mas também, p. ex., em Roma a oeste. Algumas vezes foi argumentado que a posição dominante de Tiago na Igreja mundial que fontes cristãs judias tardias sugerem é um exagero, uma vez que o Novo Testamento não traz evidência do mesmo. Mas devemos lembrar as distintas limitações das evidências do Novo Testamento. Tiago morreu em 62 d.C., e não muito mais tarde, em 70 d.C., os romanos destruíram Jerusalém. A Igreja de Jerusalém perdeu muito de sua centralidade para a Igreja mundial como um resultado disto, e assim não deveríamos esperar que a maior parte da literatura cristã escrita após o ano 70 se referisse à mesma. É uma marca do compromisso histórico de Lucas nos Atos dos Apóstolos que ele faça tal referência, em seu relato da conferência de Jerusalém em At 15, quando retrata um estado de relações, anacrônico quando por ele escrito, no qual a Igreja de Jerusalém clamava e exercia autoridade sobre outras igrejas em matéria de disciplina. Os únicos escritos do Novo Testamento que coincidem com o período de vida de Tiago são as cartas de Paulo, cujo senso de independência em relação a Jerusalém era excepcional, não típico. Na crise de Antioquia que ele reporta em Gl 2, na qual Paulo pensava que Tiago e Pedro estivessem minando sua missão aos gentios, ele ganhou um senso distintivo de seu apostolado como devendo resposta somente a Deus. Mas mesmo Paulo retinha tal senso de centralidade de Jerusalém que ele propunha um substituto para o reconhecimento da autoridade de Jerusalém sobre suas igrejas. Sua coleta em favor dos pobres de Jerusalém, ao que devotou grande atenção, tinha a intenção de pagar o débito que suas igrejas gentias tinham com o centro do qual elas derivaram e manter sua afiliação com o centro. Destacar-se completamente do centro era impensável até mesmo para Paulo, e além disso, devemos supor, nas muitas áreas não paulinas da missão cristã.

Mas é tempo de nos perguntar como a centralidade de Jerusalém e o papel de Tiago na mesma centralidade eram percebidas no cristianismo primitivo. Para judeus, a centralidade de Jerusalém era axiomática porque Jerusalém era onde o Templo estava. A centralidade de Jerusalém era na verdade a centralidade da presença de Deus com seu povo em seu Templo. Cristãos da primeira geração tomaram esta posição, mas não sem reflexão ou modificação. Eles viviam o senso de que as profecias da era messiânica estavam sendo cumpridas em seu movimento. Como as missões cristãs para os judeus da diáspora desenvolveram-se espontaneamente nas missões gentias, o movimento cristão adquiriu um caráter excepcionalmente universalista, mas era o tipo de universalismo das profecias do Antigo Testamento, isto é, um universalismo centrado em Jerusalém. A palavra do Senhor estava indo de Jerusalém para os confins da terra, como os profetas predisseram, e todas as nações estavam se voltando para o Deus de Israel. De fato, os profetas predisseram que a presença de Deus em seu Templo em Jerusalém seria a luz pela qual as nações de todo o mundo andariam, e todos os povos se tornariam seu povo, o cultuando em seu Templo. Mais precisamente, então, o universalismo da visão da Igreja primitiva, a qual Tiago e Paulo, a despeito de algumas diferenças, partilhavam inteiramente, era um universalismo Templo-cêntrico. Suas fontes do Antigo Testamento assim o requeriam.

Mas interpretando esta centralidade do Templo, a Igreja de Jerusalém no período mais antigo deu um passo de importância decisiva. Embora eles continuassem a cultuar no Templo de Jerusalém, consideravam que o templo da era messiânica, o novo, escatológico lugar da presença de Deus, o templo construído pelo Messias Jesus, não era uma construção, mas a sua própria comunidade. Este praticamente inédito uso do imaginário do templo para a comunidade tinha um precedente marcante, que é instrutivo considerar por um momento. Somente um grupo judeu antes da Igreja primitiva pensou em si mesmo como um templo. Este era a comunidade de Qumran, o grupo que produziu os manuscritos do Mar Morto, e quando toda a fumaça do sensacionalismo sem sentido sobre a relevância dos manuscritos para o estudo do cristianismo primitivo se dissipou, este é o ponto no qual eles se provaram genuinamente iluminadores. As razões dos da comunidade de Qumran para pensarem em si mesmos como um templo, substitutos do edifício do Templo em Jerusalém, eram diferentes das razões da Igreja primitiva, mas a maneira pela qual desenvolveram este imaginário é paralela. Eles pensavam nos membros da comunidade e os vários papéis que os líderes desempenhavam na comunidade como partes específicas de um edifício. P. ex., o Mestre da Retidão, que fundou a comunidade, é chamado de pilar, estabelecido por Deus como o pilar ao redor do qual o restante do edifício foi construído, suportando todo o edifício. Além disso, eles interpretaram profecias do Antigo Testamento que descrevem o Templo da era messiânica desta maneira. P. ex., Is 54,11-12 descreve a Sião gloriosa do futuro (Jerusalém, mas eu penso que o comentador de Qumran entendeu como sendo o Templo e não a cidade). O texto descreve suas pedras, suas fundações, seus pináculos, seus portões, e sua muralha. O comentário de Qumran sobre o texto toma as pedras, que compõem o edifício, como sendo todos os membros da comunidade, o pináculo como o concílio deliberativo de doze, e os portões como os cabeças das doze tribos.

A Igreja primitiva usou imaginário semelhante. Pedro era a rocha, a pedra fundamental sobre a qual Jesus construiu sua Igreja, o novo Templo. Jesus mesmo era a pedra angular. Os apóstolos e os profetas cristãos primitivos eram as fundações segundo Ef 2,20. O imaginário foi usado de modo bastante flexível, mas dois aspectos particulares nos mostram como o papel de Tiago no novo templo era percebido. Em Gl 2,9, Paulo, referindo-se a sua consulta com os líderes da Igreja de Jerusalém em torno do ano 48 d.C., lista os mesmos como Tiago, Pedro e João, nesta ordem, e diz que os mesmos eram tomados como "pilares". Ao invés de algum título ou ofício, como apóstolo ou ancião, eles eram evidentemente distinguidos por sua importância metafórica no novo templo, como pilares sustentando todo o edifício. Discussões sobre esta passagem sempre parecem assumir que havia somente estes três pilares. Penso que isto é improvável. O texto do Antigo Testamento que é tomado para se referir aos pilares do tempo messiânico (Pr 9,1) refere-se a sete pilares. Suspeito que os sete devem ter sido: Pedro, João e Tiago filhos de Zebedeu, o círculo mais íntimo dos doze, com os quatro irmãos de Jesus, incluindo Tiago o irmão do Senhor. Na época de Gl 2,9, Tiago filho de Zebedeu estava morto, e os outros três irmãos de Jesus haviam se tornado missionários itinerantes, não mais proeminentes na Igreja de Jerusalém. Pedro, também, estava costumeiramente ausente de Jerusalém. Daí, provavelmente, a preeminência de Tiago na lista de Paulo dos três pilares. Nos anos que se seguiram, Pedro moveu-se da liderança da Igreja de Jerusalém em definitivo, e é provável que João tenha sofrido martírio. Dos sete pilares originais, somente Tiago permaneceu.

Para este portanto único papel de Tiago, a Igreja de Jerualém encontrou outra aplicação da metáfora do Templo. As tradições palestinenses cristãs judias preservadas pelo escritor do segundo século Hegesipo contêm, entre outras lendas, esta tradição confiável. Ele diz que Tiago era chamado Oblias, que queria dizer (assim ele o diz) "muralha do povo", como os profetas deixam claro. A palavra grega "Oblias" é evidentemente uma corruptela de alguma palavra hebraica, mas que palavra era esta é um dos quebra-cabeças históricos que mais alimentou enorme ingenuidade acadêmica. Penso que a palavra seria $g^e bul$-$'am$. $G^e bul$ é a palavra usada em Is 54,12, aquela passagem sobre a nova Jerusalém que a comunidade de Qumran aplicou a seus vários membros e oficiais. Lá ela se refere à muralha, que circundava a cidade e o Templo. Foi selecionada como referência a Tiago por uma razão óbvia. Os outros componentes do edifício: pedras, fundações, pináculos, portões são todos plurais; somente a muralha é singular. Ela serve bem o papel preeminente na Igreja de Jerusalém – e portanto na Igreja mundial – que Tiago tinha na última década de sua vida. Somente a uma outra figura, Pedro, foi dado um lugar singular na arquitetura do novo templo. O papel que se defende que Tiago tivesse não estava em competição com o de Pedro, mas era similarmente único.

A imagem do templo messiânico como o povo, não uma construção, deu a ele uma importante independência em potencial da geografia. Enquanto a perda do Templo em 70 d.C. foi traumática para a maior parte dos judeus e a centralidade simbólica de Jerusalém permaneceu uma característica constante mesmo no judaísmo rabínico que se desenvolveu, o senso de uma centralidade geográfica decaiu para cristãos pós-70 d.C. Mas durante a vida de Tiago ainda era natural que a imagem do templo, mesmo se a princípio não mais localizado, retivesse a centralidade geográfica de suas estruturas essenciais.

Destas estruturas essenciais era Tiago em si mesmo a única que talvez realmente afinal importasse, e sua própria estatura elevada é atestada em outro epíteto: Tiago o Justo. Este título, que encontramos no *Evangelho de Tomé*, é tão bem conhecido em referências do cristianismo primitivo a Tiago, embora não encontrado no Novo Testamento, que deve certamente ter sido usado mesmo antes de sua morte. É muito mais que um tributo à piedade pessoal de Tiago. Em uma cultura com sobrenomes formais, quase-sobrenomes deste tipo eram comuns, mas não este. Somente algumas poucas grandes figuras bíblicas (Enoque, Noé e especialmente Abraão) eram comumente referidos com o epíeteto "O Justo", e somente uma figura pós-bíblica parece ter recebido o mesmo: o sumo sacerdote Simeão o Justo, de fins do século III a.C., lendário na memória judia como o último sumo sacerdote realmente justo cujo ministério foi totalmente abençoado com constante evidência do favor divino. Chamar Tiago de "o Justo" era dar a ele um papel central na história da salvação, como o homem cuja exemplar retidão modela a vida do povo messiânico de Deus. E como a teologia judia podia afirmar que o mundo foi criado para os justos e portanto que ele foi criado para o bem das pessoas retas, a pessoa representativa da retidão, Abraão, assim afirma o *Evangelho de Tomé*, pode se dirigir a Tiago da seguinte forma: "Tiago o Justo, por cujo favor os céus e terra vieram a existir". Tiago, assim parece, era estimado em seus anos finais, não meramente por sua autoridade sobre a Igreja, mas mais por sua exemplificação da vida a serviço de Deus e humanidade à qual o povo messiânico de Deus era chamado. Como Abraão a pessoa reta por excelência modelou sua retidão de fé para seus descendentes, assim Tiago modelou a retidão messiânica da fé em Jesus o Messias. O que tal retidão significava não podemos ver em nenhum outro lugar mais apropriadamente que na própria carta de Tiago.

Uma razão pela qual a posição central de Tiago na Igreja primitiva tem atraído habitualmente pouco interesse, mesmo quando reconhecida, é que ela tem sido eclipsada pela percepção de que Tiago era *teologicamente* marginal ao desenvolvimento do cristianismo primitivo. Tiago é percebido como representante de algo chamado judeu cristianismo, um termo que várias vezes tem se provado muito escorregadio para ser útil. Todo o cristianismo do primeiro século era judeu, mesmo quando praticado e professado pelos gentios. Tiago não alinhou-se com aqueles cristãos judeus que desejavam que os gentios que se ajuntassem à Igreja tornassem-se judeus e observassem toda a lei de Moisés. Como Paulo, ele viu o povo messiânico de Deus como composto tanto de judeus quanto de gentios, judeus como judeus e gentios como gentios. Como muitos judeu-cristãos, ele tomou como garantido que judeus cristãos permaneciam judeus e continuou a observar a lei mosaica, mas ele não requereu que cristãos gentios o fizessem e assim endossou mesmo a missão gentílica de Paulo. Sua visão era bastante universalista que naturalmente não requeria o abandono da identidade judia pelo povo de Deus que fosse judeu. A grande diferença entre Paulo e Tiago era simplesmente sua posição no coração do mundo judeu, compromissado com a missão de seu próprio povo.

Entretanto, a questão de marginalidade teológica de Tiago recorre se retornamos ao lugar da carta de Tiago no cânon do Novo Testamento. Até certo ponto, por toda a tradição teológica ocidental, e certamente desde a famosa depreciação por Martinho Lutero de Tiago como "uma epístola de palha", a centralidade da teologia paulina determinou a marginalização de Tiago. No período moderno, a famosa falha de Lutero em encontrar Cristo em Tiago tem tomado às vezes a forma de um julgamento segundo o qual Tiago é mais judeu que realmente cristão. "O mais judeu, o documento menos claramente cristão do Novo Testamento", assim referido por um dos mais importantes acadêmicos de estudos neotestamentários britânicos contemporâneos, no contexto de uma discussão de que o tipo de cristianismo judeu que Tiago representa se tornou inevitavelmente um ponto-final na história das religiões, marginalizado pelo cristianismo paulino porque se manteve muito preso a suas heranças judias, insuficientemente cristão.

Posta de tal maneira, a discussão sobre Tiago levanta toda a questão da relação entre o cristianismo primitivo e o judaísmo, e é posto sob nova luz quando damos força total ao reconhecimento de que, em termos de história das religiões, o cristianismo primitivo – seja paulino, joanino, jacobita ou tanto faz – era uma forma distintiva de judaísmo. O cristianismo primitivo como tal era uma forma distintiva de judaísmo. Procurar características do cristianismo de tal época que fossem não judias é propor a questão da distinguibilidade do cristianismo de maneira muito enviesada. Nada no cristianismo primitivo era não judeu, e não estimamos até onde Tiago ou qualquer outro documento do Novo Testamento é cristão pela observação de quão judeu o mesmo seja ou supondo que quanto mais judeu, menos cristão.

Uma resposta promissora à velha acusação de que a carta de Tiago seja escassamente cristã deve demonstrar a extensão da dívida que se tem a Tiago das tradições dos ensinamentos de Jesus, provavelmente em formas pré-sinópticas e orais. Ao que se poderia apresentar a objeção: Certo, mas Tiago reflete o que é realmente distintivo no ensinamento de Jesus, ou apenas reproduz temas judeus comuns? De fato, Tiago reflete algumas distinções muito claras do ensinamento de Jesus: a compreensão do amor ao próximo como o mandamento principal da Lei; a proibição de juramentos em favor da verdade absoluta em qualquer discurso; e a insistência de que receber misericórdia de Deus é dependente de demonstrar misericórdia para com outros. Mas ainda assim esta aproximação falha em caracterizar de forma adequada tanto a relação de Tiago com o judaísmo quanto a relação do mesmo com os ensinamentos de Jesus.

Precisamos de um enfoque mais sutil que leve em conta as seguintes características marcantes de Tiago. Primeiro, não somente Tiago faz um considerável número de alusões claras a ditos de Jesus conhecidos dos evangelhos; Tiago também escreve muito do que somos capazes de encontrar atribuído surpreendentemente a Jesus nos evangelhos sinóticos. Nenhum outro escrito cristão primitivo parece-se tanto com os ensinamentos de Jesus nos sinóticos. P. ex., Tiago é um dos poucos escritores cristãos primitivos que escreve parábolas, não na forma de longas narrativas, mas parábolas curtas e orais do tipo que são frequentes nos ditos de Jesus. O estilo de ensinamento lembra o ensino de Jesus, e os temas, com algumas exceções, são preocupações muito características dos ensinamentos de Jesus. Tudo isto é verdadeiro mesmo quando Tiago não é, até onde podemos saber, dependente de ditos tradicionais específicos de Jesus. Mas então, em segundo lugar, se alguém não soubesse nada dos ensinamentos de Jesus, mas fosse muito familiarizado com literatura do judaísmo antigo, poderia não ter dificuldade em reconhecer em Tiago um mestre judeu que habilmente desenvolveu seu estilo e seus temas a partir de tradições religiosas judias padronizadas. A carta de Tiago não é menos judia quando lembra os ensinamentos de Jesus, e realmente isto não nos deveria causar surpresa.

Isto não significa que Jesus e Tiago são ambos indistinguíveis de qualquer outro mestre judeu de seu tempo. Muito longe disto. Isto significa que o que os distingue não é meramente um conjunto de pontos que outros mestres nunca tenham abordado, ou o tenham feito raramente, mas os enfoques, ênfases, seleção, desenvolvimento e configuração de temas tradicionais judeus que são característicos de Jesus são reconhecíveis, eu sugeriria, também em Tiago. Em Tiago, encontramos um escritor que continua a tradição dos ensinamentos de Jesus, não simplesmente ecoando os ditos de Jesus, embora ele o faça, mas tendo assimilado o espírito e estilo de Jesus tão a fundo que ele desenvolve ensinamentos reconhecidamente contínuos àqueles de Jesus, a todo o tempo utilizando os mesmos tipos de recursos da tradição judia que informavam o ensinamento do próprio Jesus. Em outras palavras, a relação que Tiago tem com o judaísmo é paralela à relação que o próprio Jesus tinha com o judaísmo. Embora muito diferente de apenas repetir os ensinamentos de Jesus, ele trabalha criativamente com a herança judia que compartilha com Jesus de maneira profundamente informada pelo modo como Jesus mesmo trabalhava com tal herança.

Se esta tese estiver correta, então o papel de Tiago no cânon do Novo Testamento, para aqueles que o leem como Escritura cristã, é importante. É uma testemunha do modo como o ensinamento sinótico de Jesus podia ser apropriado criativamente em um estilo de vida cristã refletindo os valores de Jesus. A insistência de Tiago em preocupações práticas reais com os pobres é muito bem conhecida; sua igual preocupação com a verdade e com o poder das palavras para danificar, destruir e dividir deveriam ter bastante ressonância contemporânea. Em geral, numa época em que o cristianismo parece não fazer sentido a não ser como uma maneira criativa de se viver, livre das idolatrias destrutivas de nosso tempo, Tiago merece ser ouvido, não apenas pelo que ele diz, mas como estímulo para fazermos algo semelhante em nosso tempo.

No fim, não é uma questão de tirar o lugar de Paulo em favor de Tiago, ou Pedro ou Hebreus ou o Apocalipse, embora como um experimento mental por uma hora isto seja salutar. O cânon não deveria ser sobre centralidade e marginalidade. Sua *raison d'être* é a complementariedade. O ponto é que, tal como uma linha da continuidade canônica nos guia da história de Jesus nos evangelhos à compreensão insubstituível de Paulo da cruz e ressurreição, outra linha de continuidade canônica nos guia dos ensinamentos de Jesus nos evangelhos sinóticos até à fiel e incrível apropriação de Tiago dos mesmos.

16. A propriedade de Públio em Malta (At 28,7)

Um dos ideais da historiografia greco-romana era que o historiador tivesse em primeira mão conhecimento da topografia dos lugares nos quais os eventos que narrava tiveram lugar. Políbio declarou que a segunda das três fases da pesquisa histórica era "a pesquisa sobre as cidades, localidades, rios, lagos e em geral todas as peculiaridades da terra e mar e as distâncias entre os lugares" (12.25e.1). É fácil ver como isto seria importante para relatos de campanhas militares, o assunto da maior parte da história greco-romana. Claro, historiadores às vezes se esquivavam deste ideal. Mesmo o muito viajado Políbio cometeu enganos geográficos.

Os Atos dos Apóstolos não lida com campanhas militares, mas porque apresenta muitas viagens ao longo de uma grande parte do mundo mediterrâneo há muito detalhamento topográfico. Sua precisão geográfica tem sido louvada[1], embora em casos particulares ela possa ser discutida. Há uma abundância particular em referências topográficas nas passagens sobre "nós", mais do que seria necessário para a proposta da narrativa. Neste ensaio devemos considerar os detalhes topográficos de uma pequena – porém vivamente recontada – parte da narrativa da viagem de Paulo a Roma: aquela conectada com a chegada de Paulo e sua estadia em Malta. Aqui não temos nomes de lugares, exceto Melita (Μελίτη), o nome da ilha (At 28,1). Tem havido um bom número de tentativas de identificar a Melita dos Atos com algum lugar que não Malta, mas alguma outra ilha no Adriático: ou Mljet (chamada Μελίτη

---

1. E.g. C.J. Hemer, *The Book of Acts in the Setting of Hellenistic History,* WUNT 49. Tubinga: Mohr-Siebeck, 1989, *passim;* M. Hengel, "The Geography of Palestine in Acts". In: *The Book of Acts in its Palestinian Setting,* ed. por R. Bauckham, Grand Rapids: Eerdmans / Carlisle: Paternoster, 1995, p. 27-78.

na Antiguidade)[2] ou Cefalônia (com a afirmação de que esta, ao invés de Mljet, era a antiga Μελίτη do Adriático)[3], mas eu considero estas identificações como tendo sido adequadamente refutadas[4], e presumo a identificação da Melita de Atos com a moderna Malta. À parte do nome da Ilha, o relato de Atos não nos dá nenhum outro nome de lugares em Malta, mas há detalhes topográficos no relato do naufrágio (especialmente At 27,39-41) que, se autênticos, poderiam dificilmente ser de outra pessoa que não um participante do evento. Claro, os detalhes podem ter sido inventados para adicionar cores vívidas ou fornecer mais autenticidade (pretensa) à narrativa. Não podemos esperar estabelecer mais do que os detalhes na verdade servem bem a uma ou mais localidades em Malta e portanto plausivelmente os atribuir a um testemunho ocular.

A possível localização do naufrágio tem sido discutida, e pode ser feita apenas uma discussão relativamente breve dentro dos limites deste ensaio. Muito menos discutidos têm sido outros detalhes topográficos na narrativa relacionada a Malta: que, nas proximidades do lugar onde a tripulação e passageiros do navio chegaram à terra, havia uma propriedade pertencente a Públio, o "principal homem" da ilha, que entreteu Paulo e seus companheiros ali por três dias (28,7). Estudiosos têm se precipitado na discussão sobre apenas uma possível identificação de tal propriedade e sua vila, mas esta não era a única propriedade rural do período romano na vizinhança da Baía de São Paulo (a área geral na qual a maior parte concorda que o naufrágio aconteceu). Devemos comparar esta possível localização com outras duas.

---

2. Mais recentemente, A. Acworth, "Where Was St Paul Shipwrecked? A Re-Examination of the Evidence", *JTS* 24 (1973), p. 190-3; O.F.A. Meinardus, "Melita Illyrica or Africana: An Examination of the Site of St Paul's Shipwreck", *Ostkirchliche Studien* 23 (1974) p. 21-36; id. "St Paul Schipwrecked in Dalmatia" *BA* 39 (1976) p. 145-147.

3. H. Warnecke, *Die tatsächliche Romfahrt des Apostels Paulus*. SBS 127. Stuttgart: Verlag Katholisches Bibelwerk, 1987. (Este trabalho não estava disponível para mim.) Para uma bibliografia sobre o debate iniciado por Warnecke, veja B.M. Rapske, "Acts, Travel and Shipwreck" in *The Book of Acts in its Graeco-Roman Setting*. ed. D. W. G. Gill & C. Gempf. Grand Rapids: Eerdmans, 1994, p. 337 nota 170.

4. J. Smith, *The Voyage and Shipwreck of St Paul*. Londres: Longman, Brown, Green & Longmans, 1848. 126-139; C. J. Hemer, "Euraquilo and Melita" *JTS* 61 (1996), p. 39-40; Rapske, "Acts" (nota 3), p. 37-43.

Foi uma breve visita a Malta que atiçou meu interesse neste tópico. Eu tenho visitado todas as localidades sobre as quais trato, mas somente brevemente, e sem expertise náutica ou arqueológica. Sou portanto muito grato a acadêmicos que têm ou um ou outro ou ambos. Para o local do naufrágio, sou particularmente grato ao artigo de Michael Gilchrist,[5] muito embora discorde dele em pontos-chave. Para outras informações sobre a área de Baía de São Paulo em Malta na Antiguidade, incluindo villas e propriedades, sou enormemente grato a um excepcionalmente bom e recente guia para os sítios de interesse arqueológico e histórico da área, publicado pelo concílio local, e escrito por Eugene Paul Teuma, OFMConv, que também vive na área.[6] Como seu trabalho dificilmente estaria disponível para a maior parte dos acadêmicos neotestamentários, o presente artigo pode servir para o trazer à sua atenção, com o rico conhecimento sobre esta área de Malta durante o período romano que agora se torna disponível para nós.

O local do naufrágio

Nesta discussão, necessariamente bastante breve, não poderei lidar com todas as questões que têm sido discutidas em relação à localização do naufrágio. Primeiro irei listar as propostas, tanto de tradições locais quanto de escritores modernos, que têm sido colocadas para identificar o local do mesmo, e então enfocar os critérios mais importantes, advindos da narrativa de Atos, que podem ser usados para avaliar estas propostas. Faço algumas novas sugestões sobre os critérios e as conclusões às quais eles levam.

Lugares tradicionais

Tradições locais parecem estar atreladas a duas diferentes localizações, uma no norte da Baía de São Paulo, e outra ao sul. Por um lado, como testemunha o nome dado às outrora ilhas de Selmun, hoje ilhas de São Paulo, no norte da baía, o naufrágio foi imaginado como tendo ocorrido nas ou

---

5. Gilchrist, "The Historicity" (nota 4), p. 29-51.

6. E. P. Teuma, *San Pawl Il-Bahar: A Guide.* Hal-Qormi, Malta: Dormax Press, 2003.

muito próximo a estas ilhas[7] (a mais próxima da praia principal é dominada por uma estátua de Paulo erigida em 1845). Em adição à afirmação de que Paulo chegou à praia nas ilhas, há evidentemente também uma localização tradicional do naufrágio na costa principal um pouco ao sul do estreito entre a ilha e as ilhotas.[8]

Por outro lado, muitos lugares na parte oeste da praia sul da baía são tradicionalmente associados com Paulo. Uma capela do naufrágio de São Paulo, construída no século XI, outrora esteve perto da praia em algum ponto a leste da Torre Wignacourt (também conhecida como Torre de São Paulo). Quando esta foi construída, em 1609, a capela foi movida a um novo local, em Gillieru, um pouco a oeste da torre, onde ainda se encontra[9] (a capela do século XVII foi destruída por um bombardeio na Segunda Grande Guerra, mas reconstruída segundo o mesmo plano original). A capela supostamente marcava o local onde os malteses deram boas-vindas a Paulo e o restante dos que escaparam do navio e acenderam uma fogueira para os aquecer (At 28,2). O naufrágio em si mesmo foi imaginado como tendo ocorrido um pouco mais a oeste,[10] e a praia arenosa (Ramla tal-Pwales) no sul da Baía de Xemxija como sendo onde os sobreviventes chegaram a nado.

Não sabemos quando estas tradições sobre o local do naufrágio se originaram, mas provavelmente isto ocorreu séculos após o evento. As localizações podem apenas ser consideradas segundo seus próprios méritos. A tradição não lhes dá nenhuma vantagem especial sobre proposições modernas.

Propostas modernas

As seguintes localizações para o naufráfio estão listadas em ordem de sua posição na costa setentrional de Malta de oeste a leste: (1) Baía de Mel-

---

7. R. F. Randon & S. R. Randon. "Pauline Heritage in Malta" in *St Paul: His life, the Shipwreck, Tradition and Culture in Malta and Elsewhere,* ed. S. F. Randon. Malta: SRT, 2000, p. 98.

8. Smith, op. cit., nota 4, p. 88.

9. Teuma, op. cit., nota 6, p. 146; Randon & Randon, op. cit., nota 7, p. 91-95.

10. Randon & Randon, op. cit., nota 7, p. 99.

lieha (uma baía grande ao norte da Baía de São Paulo).[11] (2) Em ou perto do estreito que separa a ilhota de São Paulo da ilha principal. W. Cowan propôs que o navio entrou no estreito pelo norte,[12] enquanto Michael Gilchrist pensa que ele se aproximou do estreito pelo sul (tendo confundido o estreito com uma baía).[13] (3) Baía de Selmun. James Smith, em seu estudo clássico de 1848 ao qual todas as discussões subsequentes devem resposta, propôs que o navio submergiu a caminho desta pequena baía rochosa, assim muito próximo de um dos locais tradicionais do naufrágio.[14] (4) Baía de Mistra.[15] (5) Ponto Qawra. Neste caso a baía seria a pequena baía na parte leste da península, perto deste ponto.[16]

Critérios

Os seguinte elementos do relato de Atos parecem fornecer os critérios mais importantes para avaliar as várias propostas:

1) As profundidades das sondagens (At 27,28). Começando por Smith[17], alguns pensaram ser possível identificar áreas do mar que correspondam a estas profundidades e assim localizar o lugar onde o barco ancorou

---

11. Proposta de W. Burridge, *Seeking the Site of St Paul's Shipwreck*. Valletta: Progress, 1952. (este trabalho não estava disponível para mim, mas me apóio no relato do mesmo dado por Gilchrist, op. cit., na nota 4, p. 46); N. Heutger, "'Paulus auf Malta' im Lichte der maltesischen Topographie", *BZ* 28 (1984) p. 86-88.

12. W. Cowan, "Acts xxvii.39", *ExpTim* 27 (1915-1916), p. 472-473. Veja também a resposta crítica de G. A. Sim, "Acts xxvii.39, "*ExpTim* 28 (1916-1917), p. 330-331.

13. Gilchrist, op. cit., nota 4. J. A. Fitzmyer, *The Acts of the Apostles*, AB 31. Nova York: Doubleday, 1998, p. 780, pensa que a percepção de Gilchrist é a mais provável.

14. Smith, *The Voyage...* nota 4. Capítulo 4.

15. Gilchrist, op. cit., nota 4, p. 49, pensa nesta como melhor possibilidade além de (2), que ele pensa a mais provável.

16. G. H. Musgrave, *Friendly Refuge: A Study of St. Paul's Shipwreck and His Stay in Malta*. Heathfield: Heathfield Publications, 1979 (este trabalho não estava disponível para mim, mas me baseio no relato dado por Gilchrist, op. cit., nota 4: p. 47-48. Fitzmyer, op. cit., nota 13, p. 782, se engana ao atribuir esta identificação a James Smith.

17. Smith, *The Voyage*, 4, p. 90-92. Gilchrist, op. cit., p. 42, oferece quatro críticas à percepção de Smith. Outros que usaram as sondagens para identificar o local onde o vaso ancorou incluem Burridge, *Seeking...* (veja Gilchrist op. cit., p. 46); Musgrave, *Friendly Refuge* (veja Gilchrist, 47); Sim, "Acts xxvii.39", p. 188; Cowan, "Acts xxvii.39", p. 330.

(At 27,29). Gilchrist duvida que detalhes numéricos como as profundidades das sondagens seriam lembrados com precisão. Mas devemos também questionar se pode ser garantido que os contornos do leito do mar não se alteraram em 2000 anos. Sabemos que ao longo destes 2000 anos o nível do mar na Baía de São Paulo aumentou ao menos dois ou três metros.[18] As profundidades das sondagens não são critérios válidos para avaliar as propostas.

2) Quando o naufrágio ocorreu, os marinheiros estavam tentando chegar a "uma baía com uma praia" (At 27,39: κόλπον ... τινα ... ἔχοντα αἰγιαλόν). Αἰγιαλός pode se referir a uma praia tanto arenosa quanto rochosa. Os marinheiros planejavam dar com o barco a esta praia "se assim pudessem" (εἰ δύναιντο). As palavras finais aqui indicam que a baía não era de acesso fácil, o que parece descartar tanto a Baía Mellieha[19] quanto a Baía de São Paulo (distinta das pequenas baías ou reentrâncias dentro de si mesma). Smith identificou a baía como sendo a Baía de Selmun, que não tem uma praia, somente rochas perigosas na margem do mar. Ele diz, entretanto, que esta baía tivera uma praia que o mar subsequentemente varreu embora.[20] Diante do que já observamos sobre o erguimento do nível do mar, isto é certamente possível.[21]

3) É um infortúnio que muito dependa de um óbelo no texto de Atos. Segundo o início em 27,41, os marinheiros, "encontrando um τόπον διθάλασσον, guiaram o barco para a terra (ἐπέκειλαν)."[22] O significado de τόπον διθάλασσον, literalmente "um local com dois mares", é obscuro. Smith, seguido por muitos outros estudiosos, tomou como significando um estreito (um canal entre dois mares) e identificou como

---

18. Teuma, *San Pawl,* p. 77. A evidência são os banhos romanos em Sirens, agora parcialmente submersos.

19. Assim Gilchrist, op. cit., p. 46-47.

20. Smith, *The Voyage,* p. 102.

21. Gilchrist, op. cit., p. 42. descarta a possibilidade como especulação.

22. ἐπικέλλω é um termo técnico náutico (um de muitos nesta passagem) para "chegar à costa". Mas com ναῦς (somente aqui no Novo Testamento) ele tem sido visto como um eco de Homero: veja F. F. Bruce, *The Acts of the Apostles: Greek Text with Introduction and Commentary,* 3ª ed. Grand Rapids: Eerdmans, 1990, p. 527.

o estreito entre o ilhéu de São Paulo e Malta.[23] Mas este significado não é dado em nenhuma outra parte.[24] Outras traduções incluem "promontório", "banco de areia", "recife" e "istmo".[25] Recentemente Gilchrist discutiu em favor do significado proposto para os "mares cruzados" de At 27,41, indicando que o barco navegou águas particularmente difíceis.[26] Este seria um bom significado segundo o contexto, mas infelizmente tem bases muito frágeis nas passagens que Gilchrist cita como paralelas, já que em nenhuma delas este significado está claro. Ele está correto em procurar por paralelos em passagens onde διθαλάσσος é usada para "sugerir algum tipo de ameaça marinha."[27] Parece a mim que em todas estas passagens (discutidas por Gilchrist)[28], inclusive At 27,41, um significado mais óbvio de τόπος διθάλασσος é "uma faixa estreita de terra com mar dos dois lados."[29] Isto não é o mesmo que um promontório, para o que Gilchrist acertadamente diz haver outra palavra em grego (ἀκρωτήριον).[30] A última se refere a terras altas, enquanto τόπος διθάλασσος, segundo minha proposta, é uma porção baixa de terra projetando-se acima do mar, um ponto. Quando Rufino traduz a expressão na pseudoclementina *Carta de Clemente a Tiago* 14,4 (διθάλασσοι ...

---

23. Smith, *The Voyage*, p. 102-103.

24. Gilchristh, op. cit., p. 44, demonstra que o uso de Estrabão, *Geog.* 2.5.22, como evidência para este significado é uma leitura equivocada da passagem.

25. Sobre as fontes destas traduções, além de "recife", veja Gilchrist, "The Historicity", p. 43. "Faixa de areia" tem sido muito popular entre comentaristas de Atos. Mais recentemente esta opção tem sido a favorita de C. K. Barrett, *A Critical and Exegetical Commentary on the Acts of the Apostles*, v. 2. Londres: T. & T. Clark, 1998, p. 1213; B. Witherington, *The Acts of the Apostles: A Socio-Rethorical Commentary*. Grand Rapids: Eerdmans, 1998, p. 774. "Recife" é a tradução de NRSV. RSV traz "banco de areia", NIV "faixa de areia." JB estranhamente parece combinar duas traduções alternativas: "As correntes cruzadas os levaram até um banco de areia."

26. Gilchrist, op. cit., p. 42-46, n. 2. A proposta não é nova: veja REB ("eles encontraram a si mesmos pegos entre correntes cruzadas"). Gilchrist é seguido por Fitzmeyer, *The Acts of the Apostles*, p. 780.

27. Id., ibid., p. 44.

28. *Epístola de Clemente a Tiago* 14,4; Dio Crisóstomo 5.8.9 (διθάλαττα); e a tradução latina de Rufino da *Epístola de Clemente a Tiago* (*bithalassa*).

29. Cf. BDAG, s.v.: "uma porção de terra se projetando sobre o mar com água pelos dois lados" (seguindo H. Warnecke).

30. Gilchrist, op. cit., p. 43. (onde há dois erros tipográficos nesta palavra).

θηριώδεις τόποι) como: *bithalassa ... loca, quae duplicibus undae fallacis aestibus verberantur* ("lugares de dois mares, que são batidos duplamente pelas ondas traiçoeiras"), ele vislumbra um ponto reduzido varrido por ondas vindas de dois lados.

A palavra διθάλασσος requer uma nova e profunda investigação, mas, trabalhando com minha proposta provisionalmente, parece-me que, para a localização do naufrágio, devemos procurar por um ponto, uma pequena porção de terra se projetando para dentro do mar, na qual um barco poderia se chocar em seu caminho para dentro de uma baía com uma praia. Isto exclui as localizações tradicionais e, das modernas, (1), (2) e (3). (4) A Baía de Mistra é uma possibilidade: ela tem uma praia e um ponto (Ras il Mignuna) que um barco vindo do mar poderia encontrar. Gilchrist toma a Baía de Mistra como uma possível localização para o naufrágio da seguinte forma:[31]

> Ela tem uma praia extensa, demonstra evidência de naufrágios, e poderia fornecer excelente abrigo. A baía também serve ao texto de Atos ao ser de difícil acesso no caso de um vento que estivesse soprando para a praia. Há um problema, entretanto: a baía e sua praia são visíveis somente a um barco que já esteja dentro da baía de São Paulo: estando o vaso, assim, relativamente seguro, o capitão mudaria sua ancoragem?

À proposta do próprio Gilchrist de fato pode-se fazer semelhante objeção. O estreito entre a ilha principal e a Ilha de São Paulo parece-se, a partir de Ponto Qawra, com uma baía, como Gilchrist afirma[32], mas de tal distância não parece que a baía tenha uma praia. Uma vez que o barco estivesse posicionado na Baía de São Paulo a partir da qual a falsa baía poderia parecer atraente, com aparentemente uma praia arenosa, seria possível ver dali também a Baía de Mistra e a Baía de Selmun. Das três baías, a de Mistra pareceria sem dúvida a mais convidativa, com suas colinas gentilmente esverdeadas descendo até uma praia arenosa.

A proposta (5) também atende nossos critérios. Ali também uma formação rochosa guarnece a aproximação a partir do Nordeste para uma baía

---

31. Ibid., 49.

32. Ibid.

arenosa. Além disso, há evidência de muitos naufrágios antigos na circunvizinhança (a entrada da Baía de Salinas).[33] Âncoras de chumbo do período romano também podem ser encontradas, incluindo, próximo de Ponto Qawra, "a maior já encontrada em todos os sítios de naufrágio do período romano."[34] A mesma deve ter sido de um barco excepcionalmente grande, como os graneleiros alexandrinos, em um dos quais Paulo navegou. Teuma comenta:[35]

> Embora a presença desta coleção singular de âncoras não prove os fatos mencionados nos *Atos dos Apóstolos*, ela confirma que um vaso de imensa proporção deve ter ido a pique neste acidente rochoso de *Ponto Qawra* em algum ponto durante a Antiguidade. O tamanho do barco naufragado deve ter atraído muitos curiosos para a área, de maneira semelhante ao que *Atos* traz.

Há uma outra possível localidade para o naufrágio que não foi proposto até hoje. Se os grandes critérios são uma baía com uma praia e um ponto contra o qual um navio que estivesse vindo até esta baía possa se chocar, então a baía no lado norte do estreito entre a ilha principal e a ilhota de São Paulo é uma possível candidata. A praia é de fato composta de rocha amarela plana, mas de longe ela poderia parecer areia (de fato, é esta rocha, vista pelo estreito a partir do sul, que dá a impressão de que o estreito seja uma baía com uma praia arenosa).

Não seria fácil julgar entre estas três possibilidades. Outros que discutiram o assunto tinham o conhecimento de homens do mar e de navegação pela área, que eu não tenho. Este tipo de conhecimento poderia ajudar a decidir a questão, tanto quanto exploração subaquática,[36] mas talvez não saibamos nunca a exata localização do naufrágio. No entanto, demonstramos que as indicações topográficas de Atos coincidem ao menos com três lugares possíveis.

---

33. Teuma, op. cit., p. 106, 108, 110.

34. Ibid., 108.

35. Ibid., 112.

36. Gilchrist, op. cit., p. 29, fala de uma expedição arqueológica à procura do naufrágio de Paulo, e de fato escreveu seu artigo em vista de orientar os arqueologistas. Aparentemente a expedição não ocorreu.

Público e sua propriedade

Voltamo-nos agora a Público e sua propriedade. Seu nome e posição precisam ser uma preocupação para nós antes que consideremos a localização de sua propriedade rural.

O nome de Público

O nome Πόπλιος, representando o latino Publius (a leitura variante Πουπλίῳ o traz ainda mais perto de seu original latino), tem sido considerado problemático. É um *praenomen* romano, o primeiro dos três nomes normalmente que identificavam cidadãos romanos. Um romano não seria normalmente chamado somente por seu *praenomen*. Quando um nome isolado era utilizado, era usual que fosse um *cognomen*. Tem sido apontado que um escritor grego, como Lucas, poderia não necessariamente seguir o uso romano correto. O historiador grego Políbio habitualmente refere-se ao general romano Cipião (Publius Cornelius Scipio Aemilianus) como Πόπλιος.[37] Mas este não é a prática de Lucas em outros casos (At 13,9 [Paulo]; 18,2 [Aquila]; 18,8 [Crispus]; 18,12 [Gallio]; 20,4 [Secundus]; 23,24 [Félix] – todos estes são *cognomina;* cf. At 13,7 [Sergius Paulus]; 18,7 [Titius Justus]; 24,27 [Porcius Festus] – todos estes são *nomen + cognomen).* A sugestão tentada de Ramsay de que "os camponeses em redor falavam familiarmente de "Público" se referindo a ele somente pelo seu *praenomen*"[38] tem pouco que a sustente.

Contudo, o nome é problemático somente se supomos que Público fosse um cidadão romano por nascimento. Se Público era um não romano que tinha o nome Público como seu único nome latino, então o fato de que fosse um *praenomen* se conforma com o uso habitual em tais casos. Outros exemplos em Atos são Marcos (latim Marcus: 12,12), Lúcio (13,1), e Gaio (19,29 e 20,4). Além disso, quando um não romano que tivesse tal nome obtivesse mais tarde cidadania romana, seu nome em latim se tornava seu *cognomen*, enquanto

---

37. Bruce, *The Acts*, p. 532.

38. E. M. Ramsay, *St Paul the Traveller and the Roman Citizen.* Londres: Hodder & Stoughton, 1895, p. 343.

ele adotava um novo *praenomen* bem como um novo *nomen*.[39] Este arranjo o possibilitava continuar sendo conhecido pelo nome latino que previamente tivesse, mas resultava no uso anômalo como *cogonomen* de um nome que de outra forma seria um *praenomen*. Assim, se Públio, nascido como não romano, tiver obtido cidadania romana como recompensa por seus serviços em um papel político ele ainda seria conhecido como Públio.

"Primeiro homem da ilha"

Provavelmente, então, Públio pertencia à população autóctone (púnica) de Malta. Ele não poderia ter sido o imperador romano das ilhas maltesas, a quem uma inscrição do reinado de Augusto chama o procurador de Melita e Gaulus (Malta e Gozo).[40] De todo modo, o título de Públio, "o primeiro homem da ilha" (πρῶτος τῆς νήσου), certamente não se refere ao cargo de procurator. Há um uso paralelo, regularmente citado pelos comentadores, em uma inscrição do início do primeiro século d.C.: Λ. Κα[στρί]κιος Κυρ(είνᾳ) Προύδηνς ἱππεὺς Ῥωμ(αίων), πρῶτος Μελιταίων καὶ πάτρων, ἄρξας καὶ ἀμφιπολεύσας θεῷ Αὐγούστῳ (o restante é fragmentário).[41] Lucius Castricius Prudens, um cidadão romano, é aí descrito como portador dos seguintes títulos e honrarias (usando os termos latinos): (1) a honraria romana de *eques*; (2) *primus* (principal) dos Melitianos (malteses); (3) *patronus*, i.e. benfeitor público; (4) *duumvir* (ἄρχων), um membro do mais alto conselho de magistrados municipais; (5) *flamen Augustalis*, i.e. sacerdote do culto imperial. "Primeiro homem", a deduzir pela posição que ocupa na lista, parece ser tomado como o mais prestigioso dos papéis oficiais de Prudens. Se os outros necessariamente precisavam também ser mantidos pelo πρῶτος

---

39. E. A. Judge, "The Roman Base of Paul's Mission", *TynBul* 56 (2005), p. 111.

40. H. Lewis, *Ancient Malta: A study of the Antiquities.* Gerrards Cross, Buckinghamshire: Colim Smythe, 1977, p. 106.

41. *IGGR* 1.512 = *IG* 14.601, citado em K. Lake & H. J. Cadbury, *The Beginnings of Christianity, Part I: The Acts of the Apostles, English Translation and Commentary,* v. 4. Londres: Macmillan, 1933, p. 342.; C. J. Hemer, "First Person Narrative in Acts 27-28." *TynBul* 36 (1985), p. 100; A. Suhl, "Zum Titel πρῶτος τῆς νήσου (Erster der Insel) Apg 28,7." *BZ* 36 (1992), p. 221. Uma inscrição latina (*CIL* 10.7495) é costumeiramente citada como um exemplo paralelo do título πρῶτος (*primus*) em Malta, mas Hemer, "First Person" p. 100 lança dúvida sobre esta interpretação do texto.

não se pode saber, mas pode ser que os itens (3), (4) e (5) digam respeito às obrigações do πρῶτος.

Este título não era de nenhuma forma restrito a Malta. Uma série de inscrições das províncias romanas de Macedônia, Galácia e Armênia refere-se ao πρῶτος τῆς ἐπαρχίας ou ἐπαρχείου ("primeiro homem da província"), πρῶτος τοῦ ἔθνους ("primeiro homem da nação"), πρῶτος τῶν Ἑλλήνων ("primeiro homem dos gregos", onde "gregos" são todas as pessoas com uma educação helenística), provavelmente todos termos para a mesma função.[42] Estes também, como na inscrição se referindo a Malta, parecem ocorrer em combinação com outros títulos de funções e distinções,[43] como Μακεδονιάρχης (Macedoniarca), Ἀρμενιάρχης (Armeniarca), Γαλατάρχης (Galatarca), προστάτης τῆς μετροπόλεως (patrono da capital), ἱεροφάντης ("hierofante, iniciador nos mistérios"), ἀρχιερεύς ("sumo sacerdote" do culto imperial). Algumas destas funções eram detidas pela pessoa por um ano (e estas inscrições honoríficas podem querer dizer que a pessoa em particular deteve uma função oficial em particular por duas ou mais vezes), mas não podemos dizer facilmente se πρῶτος era uma deste tipo. Talvez fosse uma posição dada a alguém que cumprisse muitas outras funções municipais. Talvez o πρῶτος era alguém que tivesse a função de liderança em todos os eventos cívicos.

Tudo o que podemos dizer com certeza é que Público era um dos mais altos magistrados dentre os oficiais municipais da Melita Romana, talvez detendo seu cargo apenas durante o ano no qual Paulo e seus companheiros chegaram a Malta (60 d.C.), talvez mais permanentemente.

Sua propriedade

Sem dúvida Público, como a elite social e política de todo o Império Romano, passava muito de seu tempo em uma residência na cidade, e de tempos em tempos visitava suas propriedades rurais, cuja maior função era

---

42. Suhl, op. cit., p. 221-224.

43. Veja especialmente a inscrição citada em id., ibid., p. 222, n. 13.

comercial mas que também funcionavam como um retiro rural para seus proprietários. Não precisamos supor que ele estivesse lá quando o naufrágio ocorreu. Da cidade romana de Melita (na localidade agora ocupada por Mdina e parte de Rabat) toda área da Baía de São Paulo pode ser facilmente observada. O naufrágio do barco e a fuga de seus tripulantes e passageiros teria sido observado com interesse da cidade. Poderia ser então dever de Público ir até o local – uma jornada de não mais de mais ou menos seis milhas. Assim parece que sua própria propriedade rural estava localizada na vizinhança, e assim ele foi capaz de oferecer pouso para alguns de seus passageiros (talvez somente Paulo e seu grupo, talvez também outros cidadãos romanos entre os passageiros). Que eles ficaram somente três dias é devido à convenção de que, para não ser um estorvo aos anfitriões, hóspedes normalmente limitariam sua estadia a três dias no máximo.[44]

No período romano havia "provavelmente duas dúzias de propriedades rurais em Malta"[45], embora somente algumas poucas tenham deixado ruínas que nos alcançaram. Mas somente aquelas na proximidade da Baía de São Paulo podem ser consideradas como possíveis localizações da villa onde Público entreteu Paulo e seus companheiros. Sabemos de ao menos duas, provavelmente três, nesta área.

San Pawl Milqi[46]

A localização tradicional da villa de Público é um sítio onde a capela de San Pawl Milqi ("Acolhida a São Paulo"), do século XVII, agora está um pouco acima da vila de Burmarrad. A capela mais antiga deste sítio foi construída no século XII. Provavelmente naquela época a presença de grandes blocos de pedra, os remanescentes visíveis de uma vila que permaneceram ali do terceiro ao nono século d.C. sugeriu ao povo que este era o local onde Público entreteu Paulo e seus companheiros. Esta identificação pode muito bem estar

---

44. Cf. o provérbio *Saepe dies post tres vilescit pisces et hospes.*

45. Lewis, *Ancient Malta*, p. 85. Em seu capítulo 7 Lewis descreve seis, bem como um em Gozo.

46. Meu relato é baseado em Teuma, op. cit., capítulo 5; e Lewis, op. cit., p. 85-86; cf. tb. Randon & Randon, "Pauline Heritage", p. 34-39.

conectada com a localização tradicional do sítio do naufrágio na Baía de São Paulo perto dos banhos romanos de Ta' l-Ghazzelin. A capela original do naufrágio de São Paulo foi construída ali em torno do mesmo período que a primeira capela de San Pawl Milqi.

O sítio foi escavado durante a década de 1960 pela Misione Archeologica Italiana. Novas escavações têm acontecido desde 2002, das quais resultados ainda não estão disponíveis. As escavações anteriores revelaram, além de alguns traços mais antigos, duas fases de construção no local. Havia uma casa grande construída originalmente em torno de fins do século II a.C., que queimou-se completamente durante a primeira metade do século I d.C. Somente uma pequena área da construção permaneceu em uso até uma grande reconstrução provavelmente no terceiro século d.C.

A área é muito fértil agricolamente, que foi cultivada como campos de trigo e pomares de oliveiras. Na Antiguidade a área mais baixa que hoje está imediatamente a norte de Burmarrad era um porto amplo e raso, que mais tarde foi assoreado.[47] Assim a natureza insalubre da área, devido ao mangue e refletido no nome Burmarrad ("o baixio que causa doença"), é uma característica relativamente recente[48], e não deveria ser associada com a doença do pai de Público (At 28,8). Ao invés disto, o porto, virtualmente na entrada da vila, era um aspecto amplamente vantajoso da localização da mesma, exportando e entregando produção e bens muito facilmente. Adicionalmente à produção de azeite, a propriedade deve ter incluído também salinas. Teuma argumenta que as salinas na praia da Baía de São Paulo em Bugibba podem muito bem datar do período romano.[49]

A casa que queimou no começo do primeiro século era tanto um centro agrícola quanto uma vila para viver confortavelmente. Foi construída em estilo púnico africano ao invés de romano, com corredores perimetrais. Harrison Lewis escreve[50]:

47. Sobre esta evidência, veja Teuma, op. cit., p. 106.

48. Gilchrist, "The Historicity" (nota 4), p. 48, falha em reconhecer isto.

49. Teuma, op. cit., capítulo 6.

50. Lewis, *Ancient Malta*, p. 85.

A família que por primeiro ocupou a casa aparentemente tinha características púnicas, como indicado pelos utensílios e alguns fragmentos escritos e entalhados. De fato, a maneira da família viver e agir parece ter sido influenciada por hábitos africanos. Isto se conforma com outra evidência de que, entre os nativos, tradições, costumes etc. de origem púnica prevaleceram até o século II d.C.

Isto se articula bem com o que já concluímos sobre Públio. Há um obstáculo para a suposição de que esta tenha sido a propriedade de Públio, e é um dos grandes. Se as datações arqueológicas estiverem corretas, a vila queimou por completo em torno da época do naufrágio de Paulo, e a pequena parte do edifício que ainda estava em uso presumivelmente servia a fins agrícolas e não domiciliares. Parece pouco provável que o "primeiro homem" da ilha teria entretido Paulo e seu grupo em tal lugar.[51] Mas novas escavações no sítio de San Pawl Milqi podem produzir novas evidências relevantes para este problema.

Xemxija[52]

San Pawl Milqi não é a única propriedade rural do período romano na circunvizinhança da Baía de São Paulo. Outra pode ser identificada em Xemxija, uma área que faz divisa com a Baía de São Paulo a leste. Uma grande área a leste dos blocos de casas modernas foi designada como uma "área de importância arqueológica", por conta da abundância de restos arqueológicos de muitos períodos.

Entre estes há um grande edifício quadrado situado no platô acima da baía. Em uma fotografia aérea de 1957 os restos da edificação podiam ser claramente vistos, mas foram posteriormente demolidos. Entretanto traços da construção ainda são visíveis na superfície da rocha. Era evidentemente uma construção quadrada com duas torres grandes. Havia um grande pátio

---

51. Gilchrist, op. cit., p. 48-49, sugere que Públio pode não ter encontrado e entretido Paulo e seus companheiros em sua propriedade, mas que estes chegaram ao local em questão depois do naufrágio e receberam referências sobre a residência de Públio na cidade. Esta parece ser uma leitura bastante estranha de Atos 28,7.

52. Meu relato é baseado em Teuma, op. cit., capítulo 2.

central com cômodos em todo o perímetro. Com base no desenho arquitetônico, Teuma sugere que o mesmo data do final da Era do Bronze (2300-1500 a.C.) ou do período fenício (*circa* 900 a.C.), quando pode ter sido algum tipo de centro administrativo ou vila fortificada. Mas ainda estava em uso durante o período romano, quando deve ter sido tanto um centro agrícola para uma grande propriedade quanto uma vila para uma vida confortável. Isto pode ser concluído especialmente pela presença de um complexo romano de banhos na proximidade.

O edifício está no cruzamento de vias romanas. Uma vem para cima a partir da praia para o *plateau* e corre ao lado da vila para o leste. Além desta estrada à medida que ela sobe pelo terreno há um apiário antigo, provavelmente parte da propriedade na qual a vila está inserida. Na Antiguidade Malta era afamada por seu mel, que era um grande produto de exportação. Além da vila, para o norte, pela estrada, intercepta uma outra estrada romana, esta particularmente reta, que pode ser traçada de uma longa distância ao longo da borda norte das Colinas de Bajda desde Mistra a leste (norte de Xemxija) até Manikata no oeste, ou seja, ao longo da linha de cumeada. A villa tinha localização estratégica.

Os banhos (identificados somente em 2000) estão localizados mais ou menos de 250 a 300 metros a Nordeste da vila, perto de onde a estrada romana desaparece em sua extremidade norte. A distância foi requerida pela necessidade de água mineral doce. Estes banhos são os mais preservados banhos romanos de Malta. O *tepidarium*, o *caldarium* e talvez um *frigidarium* podem ser identificados. A construção parece ter tido um andar superior, talvez usado como residência de inverno. A construção tem uma história curiosa. Segundo Teuma,[53]

> Depósitos de cerâmica demonstram que ela foi usada durante o início do século I d.C., mas somente por um curto período. O sítio como um todo está posto em um estrato geológico muito ruim. Pelo menos três dghabin (rochas que caem sobre uma camada grossa de argila cinza/azul) ocorrem ao longo do sítio.

---

53. Teuma, op. cit., p. 60.

> Em uma década mais ou menos desde sua criação as piscinas da casa de banhos estavam inutilizáveis, e toda a estrutura subterrânea ... teria estado em risco de colapsar.

A construção foi logo abandonada, mas não inteiramente. Tornou-se uma tumba familiar, como muitas tumbas tipicamente romanas em torno dela indicam. Talvez novos banhos para a vila tenham sido construídos em outra parte.

Os banhos ajudam a perceber como provável que a vila esteve ocupada durante o primeiro século d.C. e tinha uma propriedade bastante ampla ligada a si. Esta deve ser uma candidata muito plausível para identificação como propriedade rural de Públio.

Wardija?

Havia provavelmente pelo menos uma outra vila romana na área da Baía de São Paulo, embora nenhum traço da mesma tenha sido ainda descoberto. Sua existência, entretanto, pode ser inferida como provável a partir de outro complexo de banhos romano.[54] É conhecido como Ta' l-Ghazzenin, situado na praia rochosa da Baía de São Paulo entre a trincheira de polo aquático de Siren e o porto dos pescadores (Il-Menqa), perto da capela do naufrágio de São Paulo. As piscinas cortadas na rocha foram por muito tempo enterradas pela areia e vieram à luz somente no início do século XX. Dois conjuntos de cômodos podem ser identificados, presumivelmente um para homens e outro para mulheres, e cada um tem um *tepidarium* e um *caldarium*. Quando estes cômodos e tanques foram por primeiro entalhados na rocha eles estavam em terra seca. Um aumento no nível do mar de pelo menos dois a três metros ao longo de muitos séculos os inundou na sequência. Se eles representam banhos do período romano, como Teuma persuasivamente argumenta, então seria provável que eles estivessem ligados a uma propriedade rural na vizinhança. Sua localização foi determinada pelas fontes de água-doce disponíveis na área, e assim não podemos dizer facilmente o quão per-

---

54. Meu relato é baseado em Teuma, op. cit., capítulo 4.

to eles estariam de uma vila. Eles devem ter sido construídos ao lado de uma vila, como parte do mesmo complexo arquitetônico,[55] ou a vila pode ter sido mais adiante na terra seca para o sul, na área de Wardija. Nesse caso, há uma possível conexão com uma identificação tradicional da vila de Público:[56]

> O jesuíta maltês do século XVI, Girolemo Manduca, afirmava que no sítio onde a igreja [de São João Batista, Wardija] está, viu por seus olhos os restos de um grande edifício que tradicionalmente era considerado como a villa de Público.

Esta vila hipotética poderia ter sido de Público, mas na ausência de mais evidências não podemos mais que aventar a possibilidade. A propriedade de Público estava "na vizinhança de" (ἐν δὲ τοῖς περί), o lugar onde as pessoas do navio chegaram à praia (At 28,7). Poderíamos alinhar possíveis sítios do naufrágio com possíveis localizações da propriedade: Ponto Qawra é o mais próximo de San Pawl Milqi, a Baía de Mistra e a baía além do estreito são mais próximas da propriedade de Xemxija. Mas, em área, o tamanho do local não é grande. Xemxija, p. ex., está apenas a algumas milhas de Ponto Qawra. Qualquer combinação de um dos possíveis sítios do naufrágio com uma das propriedades atenderia os requerimentos do texto.

Conclusão

Haverá sem dúvida novos achados arqueológicos na área da Baía de São Paulo, e pode haver novas evidências relevantes para nossa questão. Mas provavelmente não poderemos nunca saber exatamente onde Público enterteu Paulo, bem como talvez nunca saibamos exatamente onde Paulo naufragou. O que é muito mais importante é que possibilidades plausíveis existem tanto para o local do naufrágio quanto para a localização da villa e propriedade de Público. Diante do que sabemos sobre a área e suas antiguidades, os detalhes topográficos no relato de Atos são inteiramente plausíveis.

---

55. Teuma, op. cit., p. 146 (referindo-se a "os restos cortados de rocha da *vila romana e banhos*"), parece assumir isto, mas em nenhuma parte ele discute se os banhos estiveram ou eram ligados a uma vila.

56. Randon & Randon, op. cit., p. 116.

Baía de São Paulo, Malta

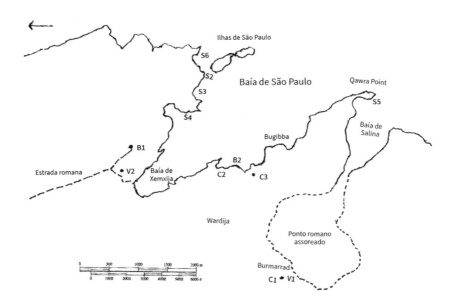

Sítios propostos para o naufrágio

S1 Baía de Mellieha
S2 Estreito
S3 Baía de Selmun
S4 Baía de Mistra
S5 Qawra Point
S6 Baía ao Norte do Estreito

Vilas romanas

V1 San Pawl Milqi
V2 Xemxija

Banhos romanos

B1 Xemxija-Mistra
B2 Ta'l-Ghazzenin

Capelas
C1 San Pawl Milqi (Acolhida a São Paulo)
C2 San Pawl tal-Hgejjeg (Naufrágio de São Paulo)
     (localização original)
C3 San Pawl tal-Hgejjeg (Naufrágio de São Paulo)
     (localização atual)

IGREJA PRIMITIVA

17. O Dia do Senhor[1]

O nome "Dia do Senhor" (κυριακὴ ἡμέρα) ocorre somente uma vez no Novo Testamento, em Ap 1,10, mas é no entanto básico para uma consideração das origens e significado do dia cristão semanal de culto, e consequentemente tem sido objeto de considerável debate. As primeiras duas seções deste ensaio tentarão elucidar o significado do título em si mesmo, na terceira seção olharemos algumas teorias e evidências em favor das origens do culto dominical no período anterior a Ap 1,10; finalmente, exploraremos no que o contexto deste verso no Apocalipse pode contribuir para nossa compreensão do significado do Dia do Senhor.

O uso de κυριακός ("pertencente ao Senhor")

Embora haja muita literatura sobre κυριακὴ ἡμέρα, atenção inadequada tem sido dada ao significado da palavra κυριακός. Uma vez que o estudo poderia ter prevenido muitos mal-entendidos, começaremos com um apanhado sobre o uso. A palavra não é encontrada na Septuaginta[2] ou conhecida em literatura judaica não cristã; começaremos portanto discutindo as seguintes áreas de uso: grego secular, Novo Testamento, literatura cristã do segudo século, e Clemente de Alexandria (o primeiro escritor a usar a palavra extensivamente).[3]

Grego secular

A palavra é conhecida somente a partir de papiros e inscrições, daí a crença que houve por um tempo que a mesma tivesse sido cunhada por Paulo ou

---

1. Este capítulo originou-se como parte da obra D. A. Carson (ed.), *From Sabbath to Lord's Day: A Biblical, Historical, and Theological Investigation*. Grand Rapids: Zondervan, 1982; no qual ele foi seguido pelo próximo capítulo, 18.

2. Sobre a leitura incorreta de 2Mc 15,36, veja W. Stott, "A Note on the Word KYPIAKH in Rev. i.10", *NTS* 12 (1965-66): p. 70.

3. Nos Padres gregos tardios a palavra é comum. Atanásio, p. ex., usa a mesma mais de 50 vezes.

479

pela Igreja primitiva. Mas embora 1Cor 11,20 permaneça como a ocorrência mais antiga conhecida da palavra, seu uso secular (primeiro atestado em 68 d.C.) não pode ser derivado de seu uso cristão. Quase todos os exemplos conhecidos (seja do Egito ou Ásia Menor) estão em conexão com a administração imperial, especialmente financeira: κυριακός é usada para significar "imperial" com substantivos como φίσκος, ψῆφος, λόγος, χρῆμα e ὑπηρεσία.[4] Lidell e Scott dão um exemplo de ὁ κυριακός significando "espírito invocado em mágica", e um exemplo (de 137 d.C.) no qual κυριακός provavelmente refere-se a um mestre ordinário ao invés do imperador.[5] Parece claro que a palavra não era comum em uso secular exceto como referência ao imperador.

Novo Testamento

Κυριακός é usado somente em 1Cor 11,20 e Ap 1,10. Ambos estes textos recebem atenção abaixo.

Escritores cristãos do segundo século[6]

Há treze casos onde κυριακὴ ἡμέρα ou κυριακὴ isoladamente significa "O dia do Senhor."[7] (Estes serão discutidos na seção seguinte.)

---

4. Exemplos listados em LSJ e MM; A. Deissmann, *Bible Studies.* Edimburgo: T. & T. Clark, 1903, p. 217-218; A. Deissmann, *Light from the Ancient East.* Londres: T. & T. Clark, 1910, p. 362; W. H.P. Hatch, "Some Illustrations of New Testament Usage from Greek Inscriptions of Asia Minor", *JBL* 27 (1908): p. 138.

5. Este exemplo está em um documento curto em papiro reproduzido em C. Wessely, *Catalogus papyrorum Raineri, Part 2: Papyri n. 24858-25024, aliique in Socnopaei insula scripti,* Studien zur Palaeographie und Papyruskunde 22. Leipzig: Haessel 1922. Reimpressão Amsterdã: Hakkert, 1969, nota 177, linha 18. A expressão (π[ρ]ὸς τὸν κυρι[ακὸν] λόγον) é uma das utilizadas em contextos sobre do tesouro imperial.

6. Sem dúvida esta lista não é completa, mas inclui as ocorrências mais conhecidas. Eu incluo aqui palavras gregas que a nós chegaram apenas em traduções nos casos em que podemos ter certeza que o grego original trazia κυριακός.
Outro exemplo de κυριακός de fins do segundo século ou do início do terceiro é um epitáfio montanista, no qual ἐκκ (sic) τοῦ κυριακοῦ provavelmente quer dizer "da riqueza do Senhor" (i.e., de fundos eclesiásticos): E. Gibson, "Montanist Epitaphs at Usak", *GRBS* 16 (1975). 435-436. (Devo esta referência a Mr. D. F. Wright.)

7. Omiti desta lista *Atos de João*, capítulos 106 (traduzido por E. Hennecke e W. Schneemelcher, *New Testament Apocrypha* [ET traduzido e editado por R. McL Wilson; v. 2. Londres: Lutterworth,

Didache 14:1

Inácio, *Magnésios* 9:1

Evangelho de Pedro 35,50

Dionísio de Corinto, apud Eusébio, *Hist. eccl.* 4.23.11 *(PG* 20:388C)

Epistula Apostolorum 18 (versão copta)[8]

Atos de Pedro (*Act. Verc.* 29-30)[9]

Atos de Paulo[10]

Melitão de Sardes, *ap.* Eusébio, *Hist. eccl.* 4.23.12 (*PG* 20:389 A)

Irineu, Fragmento 7 *(PG* 7:1233)

Um Valentiniano, *ap* Clemente de Alexandria, *Exc. ex Theod.* 63 (*PG* 9:689B) (*bis).*[11]

Há quatorze outras ocorrências (incluindo oito de Irineu):

Pápias, *ap* Eusébio, *Hist. eccl.* 3.39.1 (*PG* 20:296A); o título deste trabalho é: Ἐξήγησις λογίων κυριακῶν

Pápias, *ap* Eusébio, *Hist. eccl.* 3.39.15 (*PG* 20:300B): τά κυριακὰ λόγια

Dionísio de Corinto, *ap* Eusébio, *Hist. eccl.* 4.23.12 (*PG* 20:389A): αἱ κυριακαὶ γραφαί

Irineu, *Haer* 1.8.1 (*PG* 7:521A): παραβολαὶ κυριακαὶ e κυριακὰ λόγια

Teódoto, *ap.* Clemente de Alexandria, *Exc. Ex Theod.* 85 (*PG* 9:252C): κυριακὰ ὅπλα

1965, p. 254), que não podem ser com certeza datados antes do terceiro século (ibid., p. 214; mas cf. M. R. James, *The Apocryphal New Testament.* Oxford: Clarendon, 1924. p. 228.) Também omiti a *Tradição Apostólica* de Hipólito, que provavelmente é da segunda década do terceiro século, embora fortemente dependente de material anterior (veja G. Dix, *The Treatise on the Apostolic Tradition of St. Hippolytus of Rome.* Londres: SPCKm 1937, p. xxxv-xliv.

8. Traduzido em Hennecke & Schneemelcher, op. cit., p. 201.

9. Tradução latina em R. A. Lipsius e M. Bonnet, *Acta Apostolorum Apocrypha: Post Constantinum Tischendorf,* v. 1. Leipzig: H. Mendelssohn, 1891, p. 79-80. Versão inglesa em Hennecke & Schneemelcher, op. cit., p. 371.

10. C. Schmidt, *Acta Pauli aus der Heilderberger Koptischen Papyrushandschrift Nr 1.* Leipzig: Hinrichs, 1904, p. 32. Tradução inglesa em Hennecke & Schneemelcher.

11. Para as fontes valencianas de Clemente em *Exc. ex. Theod.* segui a análise em R. P. Casey, *The Excerpta ex Theodoto,* SD 1. Londres: Christophers, 1934, p. 5-10.

Em partes de Irineu, *Adversus haereses*, das quais somente a tradução latina sobreviveu, *dominicus* é usado[12] com os seguintes substantivos:

scripturae: 2.30.6; 2.35.4; 5.20.2 (*PG* 7:818B, 842A, 1178A)
scriptura: 5.20.2 (*PG* 7:1178A)
ministeria: 4.8.3 (*PG* 7:996A)
argentum: 4.11.2 (*PG* 7:1002B)
bona: 4.13.3 (*PG* 7:1009A)
passio: 4.34.3 (*PG* 7:1085A)

Clemente de Alexandria

Κυριακὴ ἡμέρα é usada duas vezes: *Strom.* 5.4;7.12 (*PG* 9:161A, 504C).

Clemente também usa κυριακός vinte e oito vezes com os seguintes vinte e três substantivos:

ἀγωγή	*Strom.* 3.7 (*PG* 8:1161B)
ἀξίωμα	*Paed.* 1.7 (*PG* 8:320B)
ἄσκησις	*Strom.* 4.6 (*PG* 8:1240A)
αὐθεντεία	*Paed.* 2.3 (*PG* 8:433B)
γραφαί	*Strom.* 6.11; 7.1; 7.16 (*PG* 9:313A, 404B, 529B)
δεῖπνον	*Paed.* 2.2 (*PG* 8.429C) (citando 1Cor 11,20)
διαθῆκαι	*Strom.* 6.17 (*PG* 9:393C)
διδασκαλία	*Paed.* 2.8; *Strom.* 7.10; 7.15 (*PG* 8:465B; 9:481A, 525B)
δύναμις	*Strom.* 6.14 (*PG* 9:337A)
ἔλεγχος	*Paed.* 1.9 (*PG* 8:352C)
ἐνέργεια	*Strom.* 7.10 (*PG* 9:481B)
ἐντολαί	*Paed.* 1.13 (*PG* 8:376A)
κεφαλή	*Strom.* 5.6 (*PG* 9:64C)
κληρονομία	*Strom.* 6.16 (*PG* 369A)
λαός	*Strom.* 7.16 (*PG* 9:541B)
λόγος	*Strom.* 1.5 (*PG* 8:721A)
λόγοι	*Strom.* 3.12 (*PG* 8:1185B)

---

12. Onde o grego sobreviveu podemos observar o tradutor consistentemente utilizando *Domini* para traduzir κυρίου e *dominicus* para κυριακός.

μονή	*Strom.* 7.10 (*PG* 9:481B)
οἶκος	*Strom.* 3.18 (*PG* 8:1212B)
πάθος	*Paed.* 1.10 (*PG* 8:364A)
τροφή	*Paed.* 1.6 (*PG* 8:304A)
υἱοθεσία	*Strom.* 6.8 (*PG* 9:289B)
φωνή	*Strom.* 6.3 (*PG* 9:252C)

A partir destes muito variados exemplos de uso fica claro que em *significado* a palavra κυριακός é simplesmente sinônima a (τοῦ) κυρίου em todos os casos onde (τοῦ) κυρίου é usado como adjetivo a um substantivo, com exceção de exemplos do genitivo objetivo.[13] O significado é que variado e indefinido como o uso adjetival do genitivo, e deve ser determinado do sentido e contexto de qualquer caso particular.[14] Irineu e Clemente evidentemente usa κυριακός e (τοῦ) κυρίου alternadamente,[15] e virtualmente indiscriminadamente.[16] Eles não restringem seu uso de κυριακός a frases estereotipadas; na verdade parece que a familiaridade de expressões comuns e da escritura que mais determinam sua falha no uso de κυριακός em alguns casos significativos (αἷμα, σῶμα, παρουσία).[17]

Somente duas expressões com κυριακός parece terem se tornado estereotipadas, ou expressões técnicas na época de Irineu e Clemente: κυριακὴ

---

13. A expressão de Pápias κυριακὰ λόγια tem sido o objeto de muito debate: se, como alguns a tomam, ela significar "ditos (ou profecias) *sobre* o Senhor", então se trata de um exemplo excepcional de κυριακός funcionando como objetivo genitivo.

14. Assim a classificação de significados fornecida em G. W. E. Lampe, ed., *Lexicon* (seguido por Stott, "KΥPIAKH", p. 71, 73) é de algum modo equivocada: em algum dos exemplos dados não deveríamos precisar nos perguntar "Qual dos significados de κυριακός melhor serve aqui?" mas somente "o que (τοῦ) κυριου significaria aqui?"

15. Note os seguintes paralelos:
Irineu, *Haer.* 1.1.1 (*PG* 7:437A): λόγια κυρίου; 1.8.1 (*PG* 7:521A): κυριακὰ λόγια; 4.35.3 (*PG* 7:1088C): *passio Domini;* 4.34.3 (*PG* 7:1085A): *Dominica passio.*
Clemente, *Paed* 1.6 (*PG* 8:309A): τοῦ κυρίου πάθους καὶ διδασκαλίας σύμβολον; *Paed.* 2.8 (*PG* 8:469A): κεφαλὴ κυρίου; *Strom* 5.6 (*PG* 9:64C): κεφαλὴ ἡ κυριακή.

16. Em quase todos os casos κυριακός refere-se a Cristo, mas parece se referir a Deus Pai em Clemente, *Strom* 6.3; cf. tb. Irineu, *Haer.* 4.8.3.

17. Irineu traz τὸ σῶμα τοῦ κυρίου, "o corpo do Senhor" (*Haer.* 4.18.5), τὸ σῶμα καὶ αἷμα τοῦ κυρίου (5.2.3) e ἡ τοῦ κυρίου παρουσία (*adventus Domini*) (3.7.2; 3.12.6; 3.21.4; 4.5.5; 4.20.6; 4.20.10; 4.25.1; 4.27.2 *bis*; 4.31.1; 5.26.2). Clemente traz τὸ αἷμα τοῦ κυρίου (*Paed.* 2.2; 1.5; 1.6).

(ἡμέρα), "o dia do Senhor", e κυριακαὶ γραφαί, "as escrituras do Senhor." Esta última é encontrada em Dionísio de Corinto bem como três vezes em Irineu (e uma vez no singular) e três vezes em Clemente. Nem Irineu nem Clemente usam γραφαὶ (τοῦ) κυρίου. Por outro lado, κυριακόν δεῖπνον ("a Ceia do Senhor"), muito embora o pano de fundo de seu uso em 1Cor 11,20 não o tenha estabelecido para uso geral; é raro nos Padres e suas poucas ocorrências são melhores vistas como reminiscências conscientes em 1Cor 11,20.[18] De modo similar a única expressão na qual κυριακός é atestada em uma data bastante antiga, o κυριακὰ λόγια de Pápias ("oráculos do Senhor"), não parece ter se tornado um termo técnico.[19] Portanto parece improvável que o uso de κυριακός tenha se restringido a expressões estereotipadas.

Decorre-se desta evidência que não podemos, com W. Foerster,[20] explicar a raridade da palavra no Novo Testamento pela sugestão de que seu significado difere de (τοῦ) κυρίου, que no caso de seu uso com δεῖπνον e ἡμέρα aí "constitui uma relação indireta ao Senhor, p. ex., como quando comparada com λόγος τοῦ κυρίου, παρουσία τοῦ κυρίου etc."; uma vez que Pápias já usa κυριακός para expressar uma relação mais direta com o Senhor (κυριακὰ λόγια), enquanto Paulo usa (τοῦ) κυρίου para expressar relacionamentos igualmente indiretos (p. ex., ποτήριον, 1Cor 11,27). É verdade que a palavra seja raramente atestada antes de Irineu, mas o fenômeno do qual precisamos dar conta não é a extensão do *significado* mas somente uma extensão do *uso*. Desde o começo κυριακός foi usada como simples sinônimo de (τοῦ) κυρίου.

Por que então a palavra se tornou somente vagarosamente de uso comum entre cristãos? Se nos lembrarmos que isto não é comum no grego secular do primeiro e segundo séculos esta resposta não é difícil de encontrar. A palavra tornou-se comum somente em duas esferas, a administração imperial e a Igreja cristã. Em cada um dos casos ela se refere a um único κύριος que não

---

18. Veja as referências em Lampe, *Lexicon*, sob δεῖπνον, e adicione Hipólito, *Trad. Ap.* 26.5.

19. Irineu traz λόγια κυρίου (*Haer.* 1.1.1) bem como κυριακὰ λόγια (1.8.1), e de toda forma pode muito bem ter o livro de Pápias em mente quando escreve. Clemente traz τὰ λόγια τὰ τοῦ κυρίου (*Paed.* 2.11).

20. *TDNT* 3:1096.

requeria qualquer especificação adicional e cuja referência era suficientemente frequente para operar como um adjetivo que lhe garantisse utilidade. Tal adjetivo não era, contudo, estritamente necessário, e assim κυριακός provavelmente se espalharia somente segundo o permitido pelo conservadorismo linguístico geral, reforçado, sem dúvida, pela familiaridade da linguagem da Septuaginta, que não faz uso de κυριακός, e então do Novo Testamento, que faz muito pouco uso do mesmo. Assim o uso apenas ocasional de κυριακός no período antes de Irineu não é de nenhuma forma surpreendente.

Esta explicação, entretanto, também satisfaz o fato de que tantas das ocorrências mais antigas sejam na expressão κυριακὴ ἡμέρα. Neste caso, o termo não é simplesmente intercambiável com ἡμέρα (τοῦ) κυρίου, uma vez que o uso há muito estabelecido do último refere-se ao Dia do Senhor escatológico. Assim, se cristãos primitivos desejavam chamar o primeiro dia da semana como sendo de seu κύριος, eles não poderiam usar o termo ἡμέρα (τοῦ) κυρίου sem ambiguidade e confusão. Isto, parece, é a razão por que κυριακὴ ἡμέρα cedo estabeleceu-se como o uso cristão habitual para o domingo. Enquanto κυριακός por sua vez somente devagar veio a tornar-se de uso comum, era uma mera alternativa a τοῦ κυρίου, a expressão κυριακὴ ἡμέρα ascendeu rapidamente ao uso porque outro termo além de ἡμέρα (τοῦ) κυρίου era necessário. De fato, era usada de maneira tão comum que desde muito cedo κυριακὴ isoladamente era suficiente para se compreender que se nomeava tal dia.[21]

Sobre o fato de que κυριακός ocorre no Novo Testamento somente em 1Cor 11,20 e Ap 1,10, teorias sobre a interconexão dos dois termos κυριακὸν δεῖπνον e κυριακὴ ἐμέρα foram não infrequentemente propostas, e um caso sobre a derivação do último a partir do primeiro é um elo significativo na cadeia de argumento de W. Rordorf sobre a origem do Dia do Senhor. Em termos de *evidências* históricas, entretanto, tal caso é extremamente suspeito. Os seguintes pontos devem ser considerados: (1) diante do uso do segundo século listado acima é muito improvável que os cristãos do primei-

---

21. Este uso é comum em títulos de dias: p. ex., o dia do Imperador era ἡ Σεβαστή, e o dia de Saturno (Sábado) era ἡ κρονική.

485

ro século usassem κυριακός somente nestas duas expressões, muito embora naquele estádio a palavra fosse sem dúvida usada com pouca frequência. A expressão κυριακὰ λόγια de Pápias é de fato cronologicamente mais próxima a Ap 1,10 que 1Cor 11,20 o é, mas ninguém sugeriu qualquer conexão particular entre as expressões κυριακὰ λόγια e κυριακὴ ἡμέρα. As duas ocorrências do Novo Testamento de κυριακός são, como evidência do vocabulário cristão do primeiro século, um acidente de sobrevivência ao invés de uma terminologia significativamente restrita. (2) Paulo usa citações de (τοῦ) κυρίου como uma expressão adjetiva vinculada a um substantivo raramente (excetuando citações do Antigo Testamento e casos do genitivo objetivo). A identidade única deste uso de κυριακός em 1Cor11,20 é portanto menos marcante do que se ele usasse frequentemente expressões onde alguém as esperaria encontrar. (3) Pode assim ser meramente acidental que Paulo tenha escrito κυριακὸν δεῖπνον (1Cor 11,20) e τὸ ἔργον τοῦ κυρίου (15,58; 16,10), ao invés de δεῖπνον τοῦ κυρίου e τὸ κυριακὸν ἔργον. Razões puramente estilísticas (a necessidade de conjugar κυρίου e δαιμονίων) pode ter evitado κυριακὸν ποτήριον e κυριακὴ τραπέζα em 10,21. (4) Nem κυριακὸν δεῖπνον nem δεῖπνον τοῦ κυρίου ocorrem na literatura cristã antes de Hipólito (*Trad. ap.* 26.5; cf. 27.1)[22] exceto aqui em 1Cor 11,20. Assim não podemos dizer se esta seria uma expressão técnica (talvez os coríntios falassem normalmente somente de τὸ δεῖπνον); ou se é um termo de Paulo ou dos Coríntios; ou, consequentemente, quão amplamente ele pode ter sido usado. (5) diante do contexto de deliberado contraste com refeições pagãs sacrificiais, é possível que ou Paulo ou os Coríntios tenham usado κυριακός em imitação do uso nas religiões de mistério de adjetivos formados dos nomes de deidades para designar aspectos do culto: templos, festas, sacerdotes, adoradores etc.[23] Embora isto seja mera conjectura, 1Cor 11,20 faria excelente sentido se κυριακὸν δεῖπνον fosse um título que os coríntios simplesmente tivessem adotado para diferenciar a refeição ritual cristã de, p. ex., a Διονυσιακόν δεῖπνον.[24]

---

22. A referência aqui é ao *agape*, nesta época distinto da Eucaristia.

23. Cf. LSJ, entradas sob Διονύσια, Διονυσιακός, Ἰσιακός, Μιθράκανα, Μιθριακός, Ὀσιριακός, Σαραπεῖα, Ἀττίδεια.

24. Sobre o uso de δεῖπνον para refeições de cultos pagãos, veja G. Behm em *TDNT* 2:34-35. Sobre as refeições de cultos em Corinto, veja O. Broneer, "Paul and the Pagan Cults at Isthmia", *HTS* 64 (1971): 170. Neste ponto e em outros sou devedor de sugestões por Dr. A. J. M. Wedderburn.

A mesma associação (em uma situação onde difamadores pagãos da refeição ritual cristã tenham feito dela um embaraço) pode explicar por que escritores posteriores abandonaram ou evitaram o termo.[25] (6) Quarenta anos separam o uso de Paulo de κυριακὸν δεῖπνον em uma carta aos coríntios e o uso em João de κυριακὴ ἡμέρα em uma carta às sete igrejas da Ásia. Para estabelecer que o título do Dia derivou do título da Ceia precisaríamos de evidências (que simplesmente não estão disponíveis) de que κυριακὸν δεῖπνον era um termo que continuou a ser usado durante este período e que era usado naquelas igrejas da Ásia Menor e Síria para as quais todas as evidências disponíveis apontam como a origem do termo κυριακὴ ἡμέρα. Outros termos para a Ceia do Senhor (εὐχαριστία em Ign. *Ef* 13,1; *Smyrn.* 7,1; 8,1; *Filad.* 4.1; *Didaqué* 9,1.5; cf. tb. ἀγάπη em Jd 12; 2Pd 2,13?) são ambos cronológica e geograficamente mais próximos das igrejas asiáticas do reinado de Domiciano que o subsequentemente não atestado termo de 1Cor 11,20. A teoria de Rordorf é portanto (embora não completamente descartável) muito improvável. As evidências não permitem-nos reduzir o termo κυριακὴ ἡμέρα a mera abreviatura de "O Dia da Ceia do Senhor". Precisamente em que sentido os cristãos do final do primeiro século se referiam ao Dia do Senhor como sendo positivamente do Senhor não está claro a partir do título em si mesmo, mas eles parecem ter querido dizer que em algum sentido ele o era.[26]

O termo κυριακὴ ἡμέρα ("O Dia do Senhor")

Há quatro interpretações possíveis de κυριακὴ ἡμέρα em Ap 1,10: (1) o dia escatológico do Senhor; (2) o (sábado) *Sabbath*; (3) Dia da Páscoa; (4) Domingo. As primeiras duas destas sugestões pressupõem que o signifi-

---

25. Cf. Justino, *1 Apol.* 66:4.

26. O caráter vago da relação com o Senhor implicada no termo deve ser sublinhada, como contrário à tendência de alguns escritores de tirar conclusões amplas sobre como o dia deveria ser observado, como um período de vinte e quatro horas totalmente devotado ao Senhor em um modo diferente daquele segundo o qual todo o tempo de um cristão pertence, já, ao Senhor. Alguém poderia se perguntar que princípios exegéticos similares poderiam ser tomados, como p. ex. em referência ao Dia de São Jorge.

cado seja diferente do que a expressão como usada na literatura do segundo século citada acima significa.[27] A terceira interpretação supõe que em algumas destas ocorrências do segundo século o significado seja Páscoa e em outras Domingo. Porquanto não haja uma assumpção *a priori* de que a evidência do segundo século seja determinada em Ap 1,10, esta evidência é claramente relevante para a discussão e começamos por a considerar.

Didaqué 14:1

Κατὰ κυριακὴν δὲ κυρίου ... Nenhuma explicação realmente convincente para esta estranha expressão (comumente traduzida como "no dia que é realmente próprio do Senhor") foi, por enquanto, sugerida. Bacchiocchi adota uma sugestão (por J. B. Thibaut) de que o substantivo implícito não é ἡμέραν, mas διδαχήν, e assim a expressão deveria ser traduzida como "segundo a soberana doutrina do Senhor".[28] Mas é duvidoso que leitores seriam capazes de supor διδαχήν, uma vez que o único uso atestado de κυριακή com um substantivo implícito é com ἡμέρα, e seria notado que esta é a maneira pela qual as *Constituições Apostólicas* (7.30.1) intepretaram a *Didaqué*.[29] Além disso esta sugestão não tem explicação para o κυρίου redundante.

J.-P. Audet altera o texto para καθ' ἡμέραν δὲ κυρίου, explicando κυριακήν como uma glosa explanatória marginal que mais tarde substituiu ἡμέραν no texto.[30] Isto poderia ser atraente se não fosse o fato de que ἡμέρα

---

27. "*Sabbath*" é um significado impossível na maior parte destas passagens.

28. S. Bacchiocchi, *From Sabbath to Sunday: A Historical Investigation of the Rise of Sunday Observance in Early Christianity*. Roma: Imprensa da Pontifícia Universidade Gregoriana, 1977, p. 114. N 73.

29. Bacchiocchi mesmo aponta isto (op. cit., p. 120), e também refuta a sugestão de C. W. Dugmore ("The Lord's Day and Easter". In: *Neotestamentica et Patristica in honorem sexagenarii O. Cullmann*. NovTSup 6. Leiden: Brill, 1962, p. 277, 279) que *Const.Apost.* 7.30.1 refere-se ao Domingo de Páscoa ao invés de uma festa semanal aos domingos.

30. J.-P. Audet, *La Didaché: Instructions des Apôtres* . Paris: Gabalda, 1958, p. 72-73. O suporte que o mesmo afirma haver nas *Constituições Apostólicas* e da versão georgiana não são muito convincentes. W. Rorford, *Sunday: The History of the Day of Rest and Worship in the Earliest Centuries of the Christian Church*. Londres: SCM Press, 1978, p. 210 n. 4 compreende mal a emenda de Audet, que derruba κυριακήν, não κυρίου.

R.T. Beckwith, in R. T. Beckwith and W. Stott, *This Is the Day: The Biblical Doctrine of the Christian Sunday in its Jewish and Early Church Setting* (London: Marshall, Morgan and Scott,

κυρίου sempre significa o escatológico Dia do Senhor, nunca um dia de culto. Se o pleonasmo intenciona sublinhar a solenidade do dia (como Rordorf sugere), então o texto pode bem pressupor que κυριακή já fosse o tipo de termo estereotipado cuja referência real ao Senhor Jesus poderia ser esquecida (tanto quanto alguém poderia perceber como útil explicar o termo "a Oração do Senhor" por palavras como "a oração que o Senhor mesmo nos ensinou"). C. W. Dugmore sugere[31] que κυρίου sirva para designar o Domingo de Páscoa, e isto é realmente autolimitado no contexto de seu argumento em favor de uma referência à Páscoa em Ap 1,10, porque isto também requer que κυριακήν sozinha significasse já domingo no uso comum.

Embora o contexto fortemente sugira a liturgia regular semanal da Igreja, e não podemos chegar tão longe como Rordorf que assegura que "o ponto é sem ambiguidades" ao apontar nesta direção.[32] Somente à luz de outras evidências que κυριακή significasse domingo será possível a todos ter certeza deste significado na *Didaqué*.

Inácio, Magnésios 9:1

> "...não mais sabatizando mas vivendo segundo o Dia do Senhor (μηκέτι σαββατίζοντες ἀλλὰ κατὰ κυριακὴν ζῶντες) no qual (ἐν ᾗ) também nossa vida se ergueu (ἀνέτειλεν) por Ele e por sua morte."

Esta passagem provocou debate textual desde que o único manuscrito grego sobrevivente trouxe κατὰ κυριακὴν ζωὴν ζῶντες, que pode ser traduzido "vivendo segundo a vida do Senhor." A maior parte dos estudiosos, entretanto, seguiram o texto latino (*secundum dominicam*) omitindo ζωήν e

---

1978), p. 32, sugere que aqui o título é traduzido do aramaico (que não tem nenhum adjetivo equivalente para κυριακός e por isso usa o genitivo do substantivo) e κυριακήν foi acrescentado na tradução grega para distinguir o Dia do Senhor eclesiástico do escatológico. Mas isto não explica realmente por que o tradutor usa κυριακήν e também κυρίου.

31. Dugmore, "The Lord's Day and Easter", p. 275-277.

32. Rordorf, *Sunday*, p. 209.

traduzindo "vivendo segundo o Dia do Senhor".[33] A maior dificuldade sobre reter ζωήν[34] está em encontrar sentido para a próxima oração, cujo sentido exato não é óbvio mas pode talvez se referir aos cristãos se erguendo junto com Cristo em seu batismo no domingo.[35] O uso de ἀνέτειλεν, um verbo que diz respeito à ascensão de corpos celestes ao invés de, naturalmente, o erguimento dentre os mortos, pode indicar que Inácio já tivesse em mente o nome pagão para o domingo, "o dia do Sol"[36], e assim compara a ressurreição de Cristo num Domingo com o nascer do Sol.

É objetado que o sujeito da frase seja o conjunto dos profetas do Antigo Testamento, de quem Inácio dificilmente poderia pensar ter observado o Dia do Senhor.[37] Entretanto, alguns comentadores pensam que a expressão é sobre cristãos advindos do judaísmo.[38] Mesmo se isto se refira aos profetas, não deveria ser tomado por garantido que Inácio pensava que os profetas do Antigo Testamento guardassem o *Sabbath* (cf. *Barn.* 15, e a citação aqui de Is 1,13-14). Ele pode ter querido dizer que eles abandonaram a prática do judaísmo e viviam na esperança de uma vida nova, que poderia estar disponível no dia da ressurreição de Cristo (cf. todo o contexto dos capítulos 8 e 9).

Claro que é verdade que o contraste que Inácio realmente pretende delimitar não é entre dias em si mesmos mas entre modos de vida, entre "sabatização" (isto é, viver segundo o legalismo judeu) e viver segundo a vida ressuscitada de Cristo. Mas o texto torna-se mais facilmente inteligível se entendemos o mesmo como simbolizando este contraste se utilizando o con-

---

33. J. B. Lightfoot, *The Apostolic Fathers*, 2ª edição. Londres: Macmillan, 1889. V. 2. Parte 2, p. 129; Rodorf, *Sunday*, p. 211; R. M. Grant (ed.), *The Apostolic Fathers*. Nova York: Nelson, 1966, v. 4, p. 63. É possível ter a mesma noção ao tratar ζωήν como um cognato acusativo.

34. Os seguintes autores advogam reter ζωήν e traduzindo "vivendo segundo a vida do Senhor": K. A. Strand, "Another Look at the 'Lord's Day' in the Early Church and in Rv. i.10", *NTS* 13 (1967), p. 178-179; F. Guy, " 'The Lord's Day' in the Letter of Ignatius to the Magnesians", *AUSS* 2 (1964): 13-14; R. A. Kraft, "Some Notes on *Sabbath* Observance in Early Christianity", *AUSS* 3 (1965): p. 27-28; R. B. Lewis, "Ignatius and the 'Lord's Day,'" *AUSS* 6 (1968), p. 46-59; Bacchiocchi, *From Sabbath to Sunday,* p. 214-215.

35. Assim J. Liébaert, *Les enseignements moraux des pères apostoliques*. Gembloux: Duculot, 1970, p. 51.

36. Cf. Bacchiocchi, *From Sabbath to Sunday,* p. 266; Liébaert, *Les enseignements*, p. 51 n. 6.

37. Strand, "Another Look", p. 178.

38. P. ex., Lightfoot, *The Apostolic Fathers*, p. 128.

traste entre os dias citados, o *Sabbath* como as características distintivas do judaísmo e a nova observância cristã do dia da ressurreição como simbolizando a nova vida que cristãos obtêm por Cristo.

Podemos estar certos de que aqui κυριακή significa domingo e não a Páscoa? Uma vez que a ênfase é em modos de vida, não podemos facilmente inferir que Inácio *deve* se referir a um dia *semanal* de liturgia cristã para balancear com o *Sabbath* semanal[39], mas menos ainda podemos argumentar que a referência à ressurreição de Cristo requeira uma referência à Páscoa, como se Inácio estivesse pensando em uma comemoração anual ao invés de semanal.[40] Referência a um dia semanal do Senhor seria mais natural, mas a partir da evidência deste texto isoladamente não podemos ter certeza.

Evangelho de Pedro 35 e 50

Aqui ή κυριακή substitui μία (τῶν) σαββάτων ("o primeiro dia da semana") usado nas narrativas da ressurreição nos evangelhos. Novamente fica claro que Κυριακή já fosse um termo técnico bem aceito e refere-se a um dia, mas a natureza do contexto torna impossível uma decisão final entre domingo e Páscoa.[41]

Fim do segundo século

Felizmente a maior parte das referências de fins do segundo século são menos ambíguas, embora nada se possa inferir a partir do título do trabalho de Melitão de Sardes Περὶ κυριακῆς, já que apenas o título sobreviveu. Uma referência ao culto semanal aos domingos parece muito provável, embora sem certeza, na carta do bispo Dionísio de Corinto ao bispo Sotero de Roma

---

39. Assim Rordorf, *Sunday*, p. 211: "isto quase necessariamente deve ser traduzido como 'Domingo'"; Stott, "KYPIAKH", p. 72. "É bastante improvável que haja uma comparação de uma observância semanal com uma anual."

40. Assim Dugmore, "The Lord's Day and Easter", p. 279-280.

41. A decisão seria fácil se pudéssemos afirmar, com Rordorf, *Sunday*, 212, que Κυριακή serve apenas como tradução de μία τῶν σαββάτων ("primeiro [dia] da semana"); mas defensores da visão de que a comemoração semanal da ressurreição cresceu a partir da comemoração anual anterior poderiam argumentar que o interesse do autor era designar o dia do ano, não o da semana.

(*circa* 170): "Hoje guardamos o santo dia do Senhor (κυριακὴ ἁγία ἡμέρα), no qual lemos a sua carta." Por volta da mesma data, entretanto, uma passagem nos *Atos de Pedro* (*Act. Ver.* 29) claramente identifica *dies dominica* ("o Dia do Senhor") com "o dia imediatamente após o *Sabbath*" e o *Atos de Paulo*[42] representa o apóstolo orando "no sábado conforme o Dia do Senhor se aproximava" (ἐπερχομένης τῆς κυριακῆς). Em nenhuma destas passagens podemos perceber o Dia do Senhor como sendo uma festividade anual.

Epistula Apostolorum 18 (Copta)[43] traz Cristo dizendo: "Eu vim à existência na Ogdóade, que é o Dia do Senhor", e a mesma identificação a Ogdóade gnóstica com o Dia do Senhor é encontrada no texto valentiniano preservado por Clemente (*Exc. ex Theod.* 63: "Ogdóade, que é chamada o Dia do Senhor"). O predominantemente antignóstico *Epistula Apostolorum* pode talvez intencionar uma referência secundária à ressurreição de Cristo no "oitavo" dia bem como a ideia gnóstica mais óbvia de sua origem na Ogdóade,[44] mas certamente a associação gnóstica entre Ogdóade e o Dia do Senhor dificilmente é explicável exceto com base em um uso cristão comum de κυριακή como um título para o domingo, o "oitavo" dia.[45] Escritores gnósticos evidentemente se apropriaram do uso cristão escatológico simbólico do oitavo dia (cf. *Barn.* 15; *2 Enoque* 33:7), e assimilaram isto ao papel cosmológico da Ogdóade em seus próprios sistemas.[46] Para nossos propósitos estes dois exemplos de uso gnós-

---

42. Nenhum destes documentos pode ser datado com certeza, mas *Atos de Paulo* é aparentemente dependente de *Atos de Pedro,* e *De baptismo* de Tertuliano é um *terminus ad quem* para o último.

43. Como James, *The Apocryphal New Testament*, p. 491, aponta, o cóptico aqui deve ser preferível ao gueês, uma vez que o último pode ser explicado pela falha do tradutor de compreender o original ou sua percepção ser herética. Sobre a tradução, o "Eu vim à Ogdóade" de Tiago parece incorreto, "O dia do Senhor" na tradução inglesa de Hennecke é mal direcionada, uma vez que o copta evidentemente traduz κυριακή.

44. Para o que, veja p. ex., W. Foerster, *Gnosis: A Selection of Gnostic Texts, v. I: Patristic Evidence* (com (ed.) R. McL Wilson, Oxford: Clarendon, 1972), p. 68, 70, 72, 140, 312.

45. A tradução de *Exc. ex Theod.* 63 em Foerster, *Gnosis*, 1:152, parece assumir uma citação literal de Ap 1,10. Isto é possível mas dificilmente certo, e o paralelo em *Ep. Apos.* 18, que não pode ser tal tipo de citação, sugere em contrário que um uso comum gnóstico está por trás de ambos textos.

46. Parece provável que o uso simbólico cristão do número oito e a ideia do Ogdoad têm origens distintas, mas a questão da relação entre si na literatura do segundo século é complexa: veja J. Daniélou, *The Bible and the Liturgy*. Londres: Darton, Longman and Todd, 1960, p. 255-261; R. Staats, "Ogdoas als ein Symbol für die Auferstehung", *VC* 26 (1972) p. 29-52; Rordorf, *Sunday*, p. 91-97, 284.

tico são evidência adicional valiosa de que no fim do segundo século κυριακή significasse domingo, e assim eles atestam que o uso deste título espalhou-se até o Egito. Embora os usos mais antigos conhecidos de κυριακή ήμέρα sejam de igrejas da Ásia Menor e Síria, parece claro que no fim do segundo século isto (bem como o equivalente latino a *dies dominica*) fosse a designação ordinária do dia semanal de liturgia na maior parte do mundo cristão.[47]

Domingo ou Páscoa?

A evidência da *segunda metade* do século II é portanto consistente e não ambígua. A conclusão mais óbvia é que o uso posterior continua a partir do anterior atestado na *Didaqué*, Inácio e no *Evangelho de Pedro*, que portanto também se referiria ao domingo.

A esta altura, entretanto, devemos tomar nota do argumento de que estas referências mais antigas não são ao domingo mas à Páscoa. Proponentes desta visão[48] argumentam que a celebração cristã da Páscoa como uma comemoração anual da ressurreição precedeu a observância do domingo como uma comemoração semanal, que esta desenvolveu-se a partir daquela, e que o título κυριακή aplicava-se originalmente somente à Páscoa e depois, derivativamente, ao domingo. Esta visão tem sérias fragilidades:

1) Enquanto há evidência inambígua de que o domingo era chamado κυριακή desde a segunda metade do segundo século em diante, não há evidência inambígua de que a Páscoa foi em alguma época chamada apenas de κυριακή.[49]

---

47. O uso de *dies dominica* como um título para o domingo no fim do século II na África é atestado por Tertuliano, *Or.* 23. (Para o texto, veja Rordorf, *Sunday*, p. 158, n 4) e *Cor.* 3.

48. Com variações, esta é a visão de A. Strobel, "Die Passah-Erwartung als urchrisliches Problem in Lc 17.20 f." *ZNW* 49 (1958); J. van Goudoever, *Biblical Calendars*, 2ª ed. Leiden: Brill, 1961. Capítulo 20; C.W. Dugmore, "The Lord's Day and Easter" (onde Dugmore abandona sua percepção anterior tomada em *The Influence of the Synagogue upon the Divine Office*. Londres: Oxford University Press, 1944, p. 26-28; Strand, "Another Look." O argumento de Rordorf contra esta visão (*Sunday*, p. 209-215) parece-me ser insuficientemente conclusivo; os textos antigos por si mesmos não são inambíguos como Rordorf os teria tomado e o argumento precisaria propor uma abordagem mais ampla das evidências de fins do século II.

49. Dugmore, "The Lord's Day and Easter", p. 277-279, toma *Const. Apost.* 7.30.1 como uma referência à Páscoa, mas é refutado por Bacchiocchi, *From Sabbath to Sunday*, p. 120. Strand, "Another

2) O argumento poderia trazer convicção somente se clamasse que o domingo cristão semanal e seu título κυριακή derivasse do *Domingo* de Páscoa. Mas os cristãos do segundo século estavam divididos entre aqueles que seguiam o costume romano de celebrar a Páscoa num domingo e os quartodeciminianos que celebravam a Páscoa em 14 de Nisan. No começo do segundo século as igrejas da província da Ásia eram certamente quartodeciminianas, e é muito provável que as igrejas da Síria também o fossem.[50] Mas é destas regiões que a *Didaqué*, o *Evangelho de Pedro* e a carta de Inácio aos *Magnésios* (e também Ap 1,10) vêm.

3) A suposta prioridade cronológica da observância do Domingo de Páscoa em relação à observância semanal do domingo não pode ser demonstrada a partir de evidências. Embora estudiosos ainda estejam divididos sobre se a prática quartodeciminiana ou a romana seriam as mais originais[51], a evidência de Eusébio não permite a nós rastrear retrospectivamente o Domingo de Páscoa para antes do início do segundo século. A liturgia semanal dominical é pelo menos tão antiga quanto, mesmo se At 20,7 seja desautorizado como evidência. *Barn.* 15,9 é evidência inambígua do início do segundo século[52], e a *Primeira Apologia*

Look", p. 177, argumenta que Irineu, fragmento 7, usa ή Κυριακή para se referir ao Domingo de Páscoa, mas novamente Bacchiocchi, *From Sabbath to Sunday*, p. 119, n. 88, rejeita esta interpretação (aludindo ao relevante paralelo de Tertuliano, *Cor 34*). A natureza fragmentária deste texto torna difícil estar-se totalmente certo, mas parece improvável que κυριακή de algum modo signifique Páscoa exceto onde tal é claro a partir do contexto.

50. Evidências de observância quartodécima bem difundida no Oriente são dadas por Bacchiocchi, *From Sabbath to Sunday*, p. 199, n. 97.

51. A prioridade da Páscoa Quartodecimana foi defendida, dentre outros, por M. H. Shepherd, *The Paschal Liturgy and the Apocalypse*. Londres: Lutterwork, 1960, capítulo 3; C. S. Mosna, *Storia della Domenica*. Roma: Biblical Institute Press, 1968, p. 117-119 (onde referências a outras literaturas recentes em ambos os lados podem ser encontradas); Bacchiocci, *From Sabbath to Sunday* p. 202-203, n. 103. A prioridade do Domingo de Páscoa é defendida por A. A. McArthur, *The Evolution of the Christian Year*. Londres: SCM Press, 1953, Parte 3; W. Rordorf, "Zum Ursprung des Osterfestes am Sonntag", *TZ* 18 (1962), p. 167-189, J. A. Strand, *Three Essays on Early Church History, with Emphasis on the Roman Province of Asia* (Ann Arbor, Mich: Braun-Brumfield, 1967, p. 33-45, argumenta, pela origem apostólica de ambos, o Domingo de Páscoa derivando de Pedro e Paulo, a Páscoa Quartodecimana derivando de João.

52. *Barnabé* é habitualmente datada de *circa* 130-145. Certamente é improvável que seja posterior, e poderia ser anterior. J. A. T. Robinson, *Redating the New Testament* (Londres: SCM Press, 1976), p. 313-319, sugere *circa* 75.

de Justino (*circa* 152) poderia apenas muito dificilmente estar registrando um costume que houvera apenas se iniciado. A evidência disponível não dá prioridade cronológica à observância do Domingo de Páscoa.[53]

4) Nenhuma explicação é dada para como a festa semanal supostamente teria se desenvolvido a partir da celebração anual. De fins do segundo século em diante é claro que o domingo era o dia regular de liturgia cristã por toda parte, e não há registro de nenhuma controvérsia sobre se a liturgia deveria acontecer aos domingos. A própria universalidade do costume argumenta em favor de sua origem remota. Poderia um costume que se originou em um tempo entre Inácio e Justino se espalhar tão rapidamente e de modo tão uniforme que nenhuma evidência positiva de nenhum grupo cristão que não fazia liturgias no domingo tenha sobrevivido, com a única exceção da posição extrema dos Ebionitas? Explicações como "o domingo de alguma maneira se desenvolveu a partir da celebração anual de Páscoa em um domingo"[54] simplesmente não são suficientes. É na verdade muito mais provável que tenha sido o já estabelecido costume de celebrar-se aos domingos que levou à transferência da Páscoa de 14 de Nisã para um domingo.

Concluímos que na *Didaqué*, Inácio, e no *Evangelho de Pedro* κυριακή é um termo técnico de uso bastante difundido ao menos na Síria e Ásia Menor, designando o primeiro dia da semana como o dia de celebração corporativa cristã padronizada. Portanto torna-se extremamente provável que κυριακὴ ἡμέρα em Ap 1,10 também diga respeito ao domingo. João estava escrevendo buscando ser compreendido por todas as igrejas e a província da Ásia, que se observavam a Páscoa naquele período, o faziam segundo o modo quarto-

---

Dugmore, "The Lord's Day and Easter", p. 280, comenta que *Barn.* 15,9 não menciona a Eucaristia, mas isto reflete simplesmente a brevidade da referência de *Barnabé* ao domingo.

53. Sobre o argumento de Bacchiocchi de que o Domingo Pascal e a observância de domingos semanais originaram-se contemporaneamente durante o reino de Adriano, veja o capítulo 18, adiante.

54. Strand, "Another Look", p. 175.

décimo.[55] Se ele estava escrevendo sob Domiciano, ele estava escrevendo não mais de vinte anos antes de Inácio e sua carta aos *Magnésios*, na mesma área. Mesmo se ele houver escrito antes, ainda seria extremamente improvável que o mesmo título seria transferido de um dia religioso para outro. A reivindicação de que Ap 1,10 refere-se à Páscoa (ou ao *Sabbath*) é mera especulação sem qualquer evidência que a suporte. O uso costumeiro pelos escritores do segundo século apontam para o domingo.

Domingo ou Dia do Senhor?

A única sugestão ainda não contemplada é que κυριακὴ ἡμέρα em Ap 1,10 signifique o Dia Escatológico do Senhor; João estaria dizendo que foi transportado em uma visão profética para o dia do Fim. Um caso em favor desta interpretação foi recentemente defendido por Bacchiocchi,[56] mas os seguintes argumentos depõem em desfavor do mesmo:

1) Por que João não usa a opção habitual da Septuaginta, seguindo ἡμέρα (τοῦ) κυρίου, que é seguido por outros escritores do Novo Testamento?[57] Este não é um argumento inteiramente decisivo se puder ser presumido que quando João escreveu κυριακὴ ἡμέρα este não fosse ainda um título para um dia semanal. Que o uso de João possa ser único não é em si mesmo um argumento contra esta interpretação, pois κυριακός não estava limitado a expressões costumeiras e muitos dos exemplos dados acima são também únicos. Há grande variedade na terminologia do Novo Testamento para o Dia Final,[58] e João mesmo usa outros termos (6,17; 16,14). Um motivo para a pouco habitual expressão talvez possa ser encontrado num uso consciente do significado "imperial", que era o significado comum de κυριακός na época de João.

---

55. Polícrates afirmava, provavelmente corretamente, que a observância quartodécima podia ser remetida aos apóstolos João e Felipe (Eusébio, *Hist. eccl.* 5.23).

56. Bacchiocchi, *From Sabbath...*, p. 123-131.

57. 1Ts 5,2; 2Ts 2,2; 2Pd 3,10.

58. Bacchiocchi, *From Sabbath...*, p. 127.

2) Mas se κυριακὴ ἡμέρα fosse já um título para o domingo, João não poderia o ter usado em um sentido escatológico sem mal-entendido. O uso de κυριακὴ na *Didaqué*, Inácio e no *Evangelho de Pedro* parece pressupor um uso bem estabelecido, e neste caso é mais provável que κυριακὴ ἡμέρα já significasse domingo no reinado de Domiciano. Este argumento não seria aplicável se João houvesse escrito em uma data anterior.

3) A interpretação é difícil de ser sustentada no contexto. "O Dia do Senhor" não é uma descrição exata dos conteúdos de toda a profecia joanina. Em 6,17 e 16,14 está claro que ele compreende o "grande dia de Deus" em um sentido bastante restrito; é o tempo do julgamento final do mundo, exclusivo mesmo em relação a julgamentos preparatórios que levam a ele. Certamente nem a situação contemporânea das sete igrejas nem a nova criação dos capítulos 21 e 22 estão incluídos no termo. Nem João escreve consistentemente do ponto de vista da época do julgamento final. Ao contrário, a profecia parece mover-se na direção deste tempo e para além dele, e João parece experimentar mudanças de visão do ponto de vista temporal. Devemos demonstrar também que contextualmente o significado "domingo" é preferível, embora os contornos escatológico e anti-imperial sugeridos pela frase não precisem ser ignorados.

O Dia do Senhor e a ressurreição

Agora que estabelecemos que o primeiro dia da semana era o dia cristão regular para liturgia corporativa nas igrejas da Ásia no fim do primeiro século, é possível mover-nos retrospectivamente de Ap 1,10 para descobrir as origens da observância do domingo cristão? At 20,7 e 1Cor 16,2 são evidência talvez não completamente inambígua da observância do domingo nas igrejas paulinas, mas vista sob a luz de evidências posteriores há uma forte presunção de que tais textos devam assim ser compreendidos. Mas quão mais retrospectivamente o costume da liturgia no domingo vai? Pode ser rastreado até as igrejas judias-cristãs da Palestina? Até a igreja original de Jerusalém? Talvez até o próprio Senhor ressuscitado?

Primeiro, devemos examinar as possíveis evidências fornecidas pelas narrativas da ressurreição nos evangelhos, e então perguntar se uma origem palestinense para a observância do domingo pode ser postulada. Finalmente, devemos procurar a razão para a opção da Igreja primitiva pelo primeiro dia da semana.

As narrativas da ressurreição

Na pesquisa deste tópico, sobre o qual faltam evidências sólidas e conjecturas têm sido comuns, devemos proceder com cuidado. Muitos estudiosos no passado sentiram-se tentados a conclusões que as evidências não amparam. Algumas vezes isto foi feito para fornecer à observância do domingo clara autoridade dominical. Desde a Reforma até nossos dias uma longa e impressionante série de escritores encontraram razões para identificar as origens das liturgias aos domingos no período das aparições de Jesus ressuscitado. Mas devemos notar imediatamente que nenhum documento cristão antigo defende explicitamente isto. Nossa discussão sobre o significado e uso de κυριακός elimina qualquer presunção de que (como algumas vezes se pretendeu) o título κυριακὴ ἡμέρα signifique "o dia que o Senhor instituiu." Mesmo defesas patrísticas da observância do domingo são notáveis por sua falha em apelar por um mandamento pelo Senhor ressuscitado.[59] Assim devemos ser cautelosos. Não é muito provável que nossa investigação histórica se outorgue uma fala autoritativa sobre a liturgia de domingo que a Igreja primitiva não solicitou por princípio.

O caso pela origem da observância do domingo no período das aparições da ressurreição tomou várias formas. Por vezes foi sugerido que o Senhor ressuscitado estabeleceu um padrão de encontrar-se com o grupo apostólico semanalmente nos domingos e que os apóstolos continuaram a

---

59. Stott, em Beckwith & Stott, *This Is the Day* p. 114-115, cita paragens de Eusébio e Agostinho que atribuem a escolha do dia ao próprio Cristo, mas elas significam que ele tornou o domingo seu próprio dia ao ressurgir dos mortos num domingo. Os Padres tomavam a observância do domingo como apostólica mas não tentaram nenhum argumento histórico como quando ele começou, e eles certamente não conheciam nenhuma tradição de um mandamento sobre o domingo.

prática após a ascensão.[60] Mas os relatos do Novo Testamento dificilmente suportam tal conjectura; eles dizem respeito a cerca de doze aparições (a grupos e indivíduos) no período entre a Ressurreição e o Pentecostes. Destas, quatro ou cinco ocorreram no Dia da Páscoa, uma no domingo seguinte (Jo 20,26), e as outras seis ou sete restantes não têm datação.[61] João é o único autor do Novo Testamento que demonstra qualquer interesse em datar as aparições após o dia da Páscoa, e é possível (especialmente de Jo 21 não pertence à forma original deste evangelho) que ele não quisesse traçar um paralelo entre as reuniões semanais dos apóstolos com o Senhor ressuscitado aos domingos e aquelas reuniões semanais da igreja posterior, nas quais o Senhor está presente mediante seu Espírito. Mas seria perigoso traçar conclusões históricas definitivas a partir desta possibilidade. Os registros do Novo Testamento nos deixam muito incertos sobre muitos aspectos do período das aparições pós-ressurreição. Pode ser que o costume de reuniões regulares aos domingos reporte-se a este período, mas isto não pode ser mais do que um exercício conjectural.

Outra forma de argumentação sobre a origem da observância do domingo no período das aparições do Ressuscitado é o que W. Rordorf, que difere da maior parte de seus predecessores por depender largamente dos eventos da noite do Domingo de Páscoa, mas não dos de domingos posteriores.[62] O argumento é relacionado com sua convicção de uma conexão muito próxima entre a observância do domingo e a Ceia do Senhor. O partir do

---

60. Cf. a completamente conjectural tentativa de localizar uma aparição em cada um dos seis domingos desde a Páscoa até a Ascensão, em F. N. Lee, *The Covenantal Sabbath*. Londres: LDOS, sem data, p. 207. O argumento é algumas vezes reforçado pela afirmação de que a vinda do Espírito em Pentecostes também ocorreu em um domingo.

61. A diferença numérica depende de se alguns relatos da ressurreição referem-se às mesmas aparições ou não. Se os quarenta dias de At 1,3 forem precisos, a aparição final aos Onze foi numa quinta. *Barn.* 15:9 dificilmente é uma fonte confiável para adivinhar (como Rordorf faz, *Sunday*, p. 236) que a Ascensão pode ter sido num domingo. De todo modo não é de alguma forma claro que *Barnabé* queira dizer isto; para uma opinião diferente, veja L.W. Barnard, "The Day of the Resurrection of Christ in the Epistle of Barnabas", *RBén* 78 (1968): 106-107.

62. Rordorf, *Sunday*, p. 236, diz das "refeições dos discípulos com o Senhor ressurrecto que tiveram lugar não somente no entardecer do Domingo de Páscoa mas também em um ou mais domingos posteriores, no mesmo horário"; sua evidência em favor destes domingos posteriores (p. 234-236) é embaraçosamente magra, especialmente quando ele lança dúvida e mais tarde não reabilita a

pão na comunidade cristã mais primitiva, sustenta Rordorf, "era uma continuação por parte da associação da partilha de mesa [dos discípulos] com o próprio Senhor ressuscitado." Ela ocorria nas tardes de domingo porque a prática originou-se na "refeição de Páscoa" na noite do Domingo de Páscoa.[63] O argumento é inaceitável.[64] Já criticamos a afirmação de Rordorf de que os títulos κυριακὴ ἡμέρα ε κυριακὸν δεῖπνον provariam uma conexão entre o domingo e a Ceia do Senhor.

Não precisamos demonstrar que a liturgia cristã antiga aos domingos de fato estavam centralizadas na Ceia do Senhor, mas o problema da origem da observância do domingo não é por esta razão resolvido uma vez que não segue-se que a Ceia do Senhor não possa ter sido anterior à observância do domingo. Além disso, a teoria de Rordorf requer uma conexão tão próxima entre ambas que ele precisaria demonstrar que a partir do domingo de Páscoa e em diante o partir do pão ocorreu sempre aos domingos e *somente* em domingos. Não apenas evidências em favor disto não existem, mas há evidência em contrário (At 2,46) , com as quais Rordorf precisa descartar.[65]

O *obélio* da teoria de Rordorf é *a ceia na noite do Domingo de Páscoa*, e sua falha em discutir os problemas reais envolvidos aqui são inquietantes. Seu argumento deixa a impressão de que os evangelhos descrevem Jesus ressuscitado partilhando uma refeição com seus discípulos na noite do Domingo de Páscoa. Ele fala "dos relatos da refeição da Páscoa", e assegura-nos que o "paralelismo se forma quando posicionamos o local dos relatos da primeira aparição de Jesus na noite de Páscoa além de partir o pão como praticado nas comunidades cristãs mais antigas."[66] A aparição de Jesus aos discípulos na noite de Páscoa é recordada em Lc 24,36-49; Jo 20,19-23; Mc 16,14, mas

---

historicidade de Jo 20,26, que de todo modo não traz referências a uma *refeição*. Mas Rordorf não parece pensar sobre a evidência sobre os domingos posteriores como essenciais a seu argumento.

63. Ibid., p. 232-233.

64. Para criticismo similar, veja Mosna, *Storia della Domenica,* p. 52-58; Bacchiocchi, *From Sabbath to Sunday,* p. 85-88.

65. Aparentemente insatisfeito com seu tratamento de At 2,46 no texto, Rordorf tem que se valer de uma nota de pé de página para pôr em dúvida o valor de tal evidência: *Sunday,* p. 226, n. 1.

66. Id., ibid., p. 233, 232. Rordorf aqui quer dizer que a primeira aparição aos Onze, não a de Emaús; mas a confusão é permeada por um erro, p. 232 n. 2, que refere-se a Lc 24,30-31 como um

estes dificilmente podem ser chamados "relatos da refeição pascal." Por Lucas podemos inferir que os discípulos estavam ceando (como o relato mais longo de Marcos afirma), mas somente porque Jesus come um pedaço de peixe, não por razões de partilha de mesa mas para demonstrar sua realidade corpórea.[67] Talvez a partir de At 1,4 e certamente a partir de At 10,41 sabemos que os apóstolos partilhavam refeições com o Senhor ressuscitado; mas nenhum dos textos necessariamente refere-se a isto nesta ocasião.[68] Para perceber que não há realmente "relatos da refeição pascal" devemos comparar apenas duas outras narrativas de refeição com o ressuscitado: a ceia em Emaús (Lc 24,30-31.35) e o desjejum junto ao lago de Tiberíades (Jo 21,13). Ambas estas suportam a afirmação de que entre os discípulos "o partir do pão era uma continuação de sua participação real na mesa do Senhor ressuscitado", mas elas nos deixam com algumas dúvidas sobre se uma refeição em Jerusalém no Domingo de Páscoa à noite tivesse a importância singular que Rordorf clama sobre as mesmas.[69]

Nas tradições das aparições do Ressuscitado como nos chegaram a suposta "refeição de Páscoa" desapareceu de João e sobrevive somente em Lucas, onde o significado é bastante diferente do que Rordorf vê nas mesmas. Nas tradições como as temos o significado eucarístico é muito mais obvia-

---

relato da "refeição da Páscoa" em Jerusalém. Deveria se referir a 24,41-43 (muito menos próximo de uma refeição).

67. Se formos pressionar as circunstâncias em Lucas, deve ser inferido que os discípulos haviam terminado a ceia – talvez a partir do questionamento de Jesus em 24,41, e do fato que Cléofas e sua companhia já estivessem assentados para cear e então foram de volta para Jerusalém e estiveram falando com os Onze. O peixe é visto como um símbolo eucarístico por Cullmann, *Early Christian Worship*, p. 15; mas cf. R.E. Brown, *The Gospel according to John (XIII-XXI)*. (AB 29A). Nova York: Doubleday, 1970, p. 1.099.

68. Rordorf mais tarde defende que ambos os textos sugerem muitas refeições: *Sunday*, p. 234-235.

69. Cullmann, *Early Christian Worship*, p. 15-16 (talvez Rordorf tenha buscado inspiração aqui para sua teoria), sustenta que "as primeiras festas eucarísticas da comunidade olham retrospectivamente para as refeições da Páscoa", mas baseia sua evidência naquelas refeições com o Senhor ressuscitado a quem os evangelhos, Atos na verdade, se referem, e não está preocupado em traçar caminho até o culto eucarístico aos *domingos*, como Rordorf se preocupa (para o caráter eucarístico das refeições de Emaús e junto ao Mar de Tiberíades, seja B. Lindars, *The Gospel of John*. Londres: Oliphants, 1972, p. 609, 628; Brown, *John (XIII-XXI)*, p. 1098-1100). A muito importante "refeição de Páscoa" no entardecer do Domingo de Páscoa em Jerusalém é contribuição original de Rordorf. Sua teoria é seguida de forma bastante acrítica por P. K. Jewett, *The Lord's Day*. Grand Rapids: Eerdmans, 1971, p. 64-66, embora as Jewett note algumas de suas deficiências exegéticas.

mente dado a outras refeições difíceis de encaixar na teoria de Rordorf. Longe de perceber tais problemas, Rordorf procede:

> Deve, além disso, ser enfatizado que a refeição de Páscoa era decididamente mais importante para a tradição da comunidade primitiva do que a memória da última ceia de Jesus. A Ceia do Senhor era celebrada não em noites de quintas-feiras mas na noite de domingo. Desta alteração da data concluímos que o encontro dos discípulos com o Senhor ressuscitado na noite de Páscoa deve ter sido para eles como uma segunda instituição da Ceia do Senhor.[70]

Rordorf nos deixa imaginando como um evento de tão marcante significado poderia ter desaparecido das tradições.

Concluímos que os relatos das aparições do Ressuscitado não permitem uma demonstração em favor da suposição de que a liturgia de domingo originou-se àquela época. Antes de deixarmos as narrativas da ressurreição, contudo, devemos questionar modestamente se os relatos dos evangelhos fornecem evidência de que *à época em que foram escritos* o domingo fosse observado como o dia para a liturgia cristã e compreendido como um memorial da ressurreição. A dataçao enfática dos sinóticos da descoberta da tumba vazia na manhã do primeiro dia da semana tem sido muitas vezes percebido como um reflexo da observância do domingo. Isto é possível, mas não precisa ser o caso. A insistência sobre a data poderia ser não mais que uma maneira de afirmar que por questões de factualidade o Senhor ergueu-se "no terceiro dia" (um ponto de algum significado na tradição). A fraseologia de Mateus em particular pode ser delineada somente para indicar que as mulheres visitaram a tumba tão logo puderam após o *Sabbath*. No caso do Quarto Evangelho a evidência é bem mais sugestiva: "o primeiro dia da semana" é repetido em 20,19 e a segunda aparição de Jesus para os apóstolos é datada em uma semana após isto (20,26).[71] Mas novamente não podemos estar perfeitamente certos;

---

70. Rordorf, *Sunday*, 233.

71. A expressão "após oito dias" (Jo 20,26) aponta para a descrição dos antigos cristãos do domingo como "oitavo dia", mas é um método antigo comum de computação de tempo, e como tal não deve ser supervalorizado.

tais datações precisas são uma característica deste evangelho por razões não facilmente esclarecidas.

Não pode portanto ser provado que as narrativas da ressurreição nos evangelhos pressupõem a observância do domingo nas igrejas daquela época, embora o Quarto Evangelho em particular parece oferecer algum suporte para esta afirmação. O que podemos certamente concluir, entretanto, é que a ênfase no "primeiro dia da semana" na tradição das narrativas da ressurreição é tal que, quando a liturgia de domingo fosse executada, os cristãos devem a ter conectado com a ressurreição do Senhor em um domingo. Seja qual for a origem da liturgia aos domingos, é evidente que, uma vez que se tornou costume, cristãos familiarizados com as tradições do evangelho teriam muito cedo passado a perceber tal costume como comemorativo da ressurreição. Isto pode parecer uma conclusão de baixa qualidade se comparada com as afirmações muito maiores que por vezes foram feitas como a conexão entre os relatos dos evangelhos das aparições do Ressuscitado e as origens da liturgia de domingo. É, entretanto, uma conclusão de algum significado, como poderemos perceber. Isto indica que é improvável termos alguma forma de memória escrita de um estádio da observância cristã do domingo antes que fosse compreendida como a liturgia semanal do Senhor ressuscitado na recorrência semanal do dia de sua ressurreição.

Origem palestinense

Se a observância do domingo não pode ser demonstrada restrospectivamente no tempo das aparições da ressurreição, pode ao menos ser demonstrada na época das igrejas palestinenses judeu-cristãs? Novamente deve ser

---

Bacchiocchi, *From Sabbath...*, p. 117-118 argumenta que, se κυριακὴ ἡμέρα em Ap 1,10 significa domingo, e se Apocalipse e o Quarto Evangelho foram escritos pelo mesmo autor aproximadamente ao mesmo tempo, então o Quarto Evangelho deve ter usado o termo em questão (como o *Evangelho de Pedro* faz mais tarde) ao invés de "o primeiro dia da semana". Mas a autoria comum deve ser questionada, e talvez a proximidade de tempo também deva ser questionada. De todo modo, "o primeiro dia da semana" foi firmemente fixado na tradição das narrativas da ressurreição que o Quarto Evangelho utiliza.

admitido que os documentos do Novo Testamento não nos fornecem evidência direta. Há, no entanto, considerações que tornam provável que a liturgia de domingo tenha se originado na igreja palestinense primitiva.

A liturgia dominical aparece, quando a evidência está disponível no segundo século, como a prática universal de cristãos fora da Palestina. Não há pistas de alguma controvérsia sobre se os cristãos deveriam orar no domingo, e nenhuma memória fixada de algum grupo cristão que não o fizesse. Esta universalidade é mais facilmente explicada se a liturgia nos domingos fosse já o costume cristão antes da missão entre os gentios, e difundido por toda a igreja gentia em expansão. É muito difícil de outro modo perceber como tal prática possa ter sido imposta universalmente e não deixar pistas de dissenção ou desacordo.[72] Parece muito improvável que Paulo tenha começado esta nova prática no curso de sua missão entre os gentios, e em todo caso mesmo Paulo não era responsável pela política no todo do campo missionário gentio. (Note que *Barn.* 15,9, uma das mais antigas evidências da observância do domingo, provavelmente vem do Egito). A conclusão parece irresistível de que todas as igrejas missionárias simplesmente continuaram a prática das igrejas palestinenses.

Como evidência da Palestina, temos o testemunho de Eusébio (*Hist. eccl.* 3.27) de que neste dia havia dois grupos de "Ebionitas". Um grupo mantinha não somente "o *Sabbath* e o resto da disciplina dos judeus" mas também "o Dia do Senhor como memorial da ressurreição do Salvador", enquanto um segundo grupo não guardava o Dia do Senhor. É impossível mais que tentar adivinhar sobre as origens desta divisão mas é ao menos plausível supor que o grupo mais antigo reteve a prática original do cristianismo judeu Palestinense, especialmente uma vez que este grupo não traz outro sinal de acomodar-se à prática do cristianismo gentio. Embora a evidência é tardia e a relação histórica destes grupos ebionitas com grupos judeu-cristãos seja incerta, é certamente marcante encontrar um grupo que permaneceu restritivo

---

72. Sobre o argumento de Bacchiocchi de que o domingo foi promovido no segundo século pela autoridade da Igreja romana, veja no capítulo 18, a seguir. O paralelo que ele traça com a promoção romana da Páscoa Dominical de fato demonstra a fraqueza de seu argumento no caso da data da Páscoa, controvérsia e dissensão são as maiores características das evidências do segundo século.

em sua aderência à Lei e repudiou o Apóstolo Paulo, mas também guardava o Dia do Senhor.[73] Os mesmos dificilmente teriam percebido a liturgia de domingo como uma criação paulina ou gentia.

Os argumentos mais fortes contra a origem judeu-cristã da observância de domingo são apresentados por Bacchiocchi.[74] Seus argumentos, contudo, são limitados a demonstrar que a Igreja de Jerusalém "mantinha um profundo apego a costumes religiosos judeus como a guarda do *Sabbath*"[75], e portanto não poderia ser substituído o domingo pelo sábado. Estes argumentos são válidos mas se afastam do ponto. Certamente judeu-cristãos na Palestina (e provavelmente muitos na Diáspora também) continuaram a descansar no sábado e participar nas liturgias no templo e sinagogas, mas eles *também* se reuniam (como Bacchiocchi mesmo aponta) *como cristãos* em casas privadas para ouvir o ensinamento dos apóstolos e partirem o pão entre si. Como Bacchiocchi diz, estas reuniões "não são apresentadas como em conflito com as liturgias do templo e sinagoga mas como complementando as mesmas."[76] Mas o que há nisto para refutar a visão de que esta atividade complementar ocorria no domingo? Não são as origens do domingo como um *Sabbath* cristão que estamos delineando mas as origens do culto cristão nos domingos. Uma vez que seja garantido que havia culto *cristão* na Igreja de Jerusalém em adição à participação cristã no templo e sinagoga, então a observância do *Sabbath* não constitui nenhuma contradição ao culto cristão aos domingos. Suas reuniões especificamente cristãs precisavam ocorrer em *algum* tempo, e é argumentável inclusive que precisamente *porque* eles permaneceram fiéis em sua participação no templo e sinagogas e suas liturgias no *Sabbath* algum *outro* dia precisou ser encontrado para a liturgia cristã.

---

73. Cf. Rordorf, *Sunday*, p. 216-218. O mesmo é equivocado ao chamar os dois grupos de "mais restritivo" e "mais liberal" (Rordorf) ou "conservadores" e "liberais" (Bacchiocchi, *From Sabbath...*, p. 153): eles eram igualmente restritivos e conservadores em suas posições quanto à lei, mas um grupo também se reunia para a liturgia no domingo. O que pode ter levado o outro grupo a abandonar o culto aos domingos? Provavelmente simplesmente o resultado da pressão que judeu-cristãos experimentavam de seus irmãos judeus, e como forma de distinguirem-se claramente dos cristãos gentios "paulinos".

74. Bacchiocchi, *From Sabbath...* capítulo 5.

75. Id., ibid., 151.

76. Id., ibid., 136.

Ao sublinhar a conformidade completa da Igreja de Jerusalém à prática religiosa judia é possível que Bacchiocchi tenha neglicenciado a autoconsciência distintiva dos cristãos. Ele corretamente rejeita a visão de Rordorf de que a comunidade cristã mais antiga "não se sentia mais à vontade no culto judeu do *Sabbath*... muito embora possa ter continuado a guardar o sábado na aparência externa."[77] A igreja inicial certamente participou plenamente no culto judeu do *Sabbath* porque este era o culto do povo de Deus, ao qual pertenciam. Eles não separaram, como os professos de Qumran, a si mesmos do culto do templo que julgassem impuro, e somente no caso de Estêvão parecem ter uma percepção mais negativa do templo. Não há evidência de que judeu-cristãos na Palestina deixaram a sinagoga antes de serem excluídos. Tendo dito isto, entretanto, é necessário adicionar que a Igreja de Jerusalém após o Pentecostes compreendia a si mesma não simplesmente como parte de Israel mas como o núcleo do Israel renovado dos últimos dias, como a comunidade escatológica na qual o Espírito escatológico estava ativo. Esta percepção de consumação não parece invalidar o culto do *Sabbath*, mas demandava adicionalmente reuniões claramente cristãs para a comunidade de cristãos, para o exercício dos dons do Espírito, e para adoração e prece no nome de Jesus. Ao lado da continuidade de tradição judia, havia também a novidade escatológica da nova experiência corporativa na Igreja. Uma vez que fosse a ressurreição de Jesus que marcou o início decisivo do tempo da consumação escatológica, seria ao menos apropriado para a igreja mais antiga escolher a recorrência semanal do dia da ressurreição como a temporização adequada de sua reunião regular.

Por que o domingo?

É impossível ser dogmático sobre o tempo da origem do culto no domingo, mas encontramos razões para pensar que isto provavelmente começou na Igreja palestinense antiga. A *razão* primária para esta origem deve ser a necessidade dos cristãos de um espaço para o culto distintamente cristão.

---

77. Rordorf, *Sunday,* 218.

Esta necessidade de *algum* tempo regular para o culto deve ser claramente distinto de possíveis razões para a escolha do *domingo* ao invés de outro dia. A escolha de um dia *da semana* é inteiramente natural em um contexto judeu e qualquer coisa menos frequente certamente não atenderia a necessidade. Assim é desnecessário perguntar por que cristãos primitivos escolheram comemorar a ressurreição semanalmente ao invés de mensalmente ou anualmente. Foi a necessidade de um tempo regular e frequente para o culto cristão que levou à escolha de um dia *da semana*. Comemorar a ressurreição, se esta era o motivo, seria a razão para escolher o *domingo* ao invés de qualquer outro dia.[78]

Não muitas razões para a escolha do primeiro dia da semana foram sugeridas. A influência do "dia do Sol" pagão pode ser desconsiderada se a origem da liturgia aos domingos for palestinense.[79] Alguns escritores mais recentes sugeriram que a observância do domingo originou-se de aspectos do calendário usado nos *Jubileus* e outros escritos judeus sectários, mas tais precedentes como existem aqui são sutis e dificilmente poderiam ter contribuído mais para o domingo cristão que reforço psicológico em escala menor de uma prática que parece em si mesma demandar explicação como inovação distintivamente cristã.[80] Sobre o ponto crucial de *culto* aos domingos, estas fontes judias não fornecem evidência, e este é o povo que tornou o domingo cristão um dia distintivo.

De algum modo mais atraente é a sugestão de Riesenfeld[81] de que cristãos primeiro se reuniram para culto aos domingos no entardecer ou noite,

---

78. Este ponto tal como apresentamos é de P. Cotton, *From Sabbath to Sunday*. Bethlehem, Pa: publicação livre, 1933, p. 79.

79. Veja a discussão de Rordorf sobre esta sugestão: *Sunday*, p. 24-38, 181-182; mas sua afirmação de que a semana planetária não existe no primeiro século d.C. é refutada pela evidência em Bacchiocchi, *From Sabbath to Sunday*, p. 241-251. O domingo mandaeano – provavelmente derivado do cristão – é discutido em Rordorf, *Sunday*, p. 190-193; E. Segelberg, "The Mandaean Week and the Problem of Jewish-Christian and Madaean Relationship", *RSR* 60 (1972), p. 273-286.

80. Estas sugestões são discutidas em Rordorf, *Sunday*, p. 183-190, com referências completas à literatura.

81. H. Riesenfeld, "Sabbat et jour du Seigneur". In: *New Testament Essays: Studies in Memory of Thomas Walter Manson 1893-1958*, editado por A. J. B. Higgins. Manchester: Manchester University Press, 1959, p. 210-217; H. Riesenfeld, *The Gospel Tradition: Essays*. Oxford: Blackwell, 1970,

em seguida ao final do *Sabbath*. Este argumento, entretanto, é muito dependente da afirmação questionável de que At 20,7 se refere a tais reuniões no entardecer de sábado.[82] Além disso, ele não explica realmente como o culto cristão então moveu-se para a manhã e entardecer de domingo. Da *Epístola de Plínio* (10.96) é claro que pelo fim do primeiro século cristãos em Bitínia, pelo menos, se reuníam antes do entardecer e novamente (presumivelmente após o trabalho) na noite do mesmo dia.[83] Assim, se seguimos Riesenfeld, devemos postular dois desenvolvimentos durante o fim do primeiro século: primeiro, a reunião dos cristãos move-se do entardecer do domingo para a manhã do domingo; segundo, uma reunião no entardecer de domingo é adicionada. Na verdade, o quadro poderia ser mais complicado pelo fato de que o *agape* (o festival do amor) e Eucaristia teriam aparentemente se movido do entardecer de sábado (At 20,7) para a tarde de domingo (segundo informantes de Plínio), e então a Eucaristia voltou para a manhã de domingo no tempo de Justino (*1 Apol.* 65). Claro, tais desenvolvimentos não são impossíveis. Por outro lado, pode ser que eles pressuponham uma uniformidade muito grande na prática cristã primitiva. Devemos lembrar até onde considerações práticas, incluindo circunstâncias de perseguição, podem ter ajudado a determinar os horários para o culto. Mas do que precisamos dar conta é o fato de que cristãos vieram a considerar o domingo como um dia especial para o culto cristão. Eles podem ter se movido de um método judeu a um romano de delimitação do domingo, e costumes de cultos à manhã ou ao entardecer podem ter variado, mas aparentemente eles não se sentiram livres para, digamos, cultuar às segundas. Mesmo se os cristãos antigos simplesmente tenham começado simplesmente por se encontrarem no tempo

---

p. 122-132; seguido por R. E. Brown, *John (XIII-XXI)*, p. 1020. Cf. tb. P. Grelot, "Du *Sabbath* juif au dimanche chrétien", *La Maison-Dieu* 124 (1975), especialmente p. 33-34.

82. Veja M. M. B. Turner, "The *Sabbath*, Sunday, and the Law in Luke/Acts". In: D. A. Carson (ed.), *From Sabbath to Lord's Day: A Biblical, Historical and Theological Investigation*. Grand Rapids: Zondervan, 1982, p. 99-157.

83. Claro, a expressão de Plínio *stato die* não aponta necessariamente para o domingo, ou mesmo, como Bacchiocchi aponta (*From Sabbath to Sunday*, p. 98-99), a um dia regular da semana. Mas usamos a evidência de Plínio aqui no contexto de outras evidências que cristãos de sua época iam aos cultos em domingos. Note que a evidência dos informantes de Plínio aponta para muitos anos antes da data de sua carta (112 d.C.).

convenientemente mais próximo após os serviços religiosos nas sinagogas no *Sabbath* – o que é bastante plausível – contudo, em algum ponto passaram a considerar o dia de domingo como o dia no qual o culto cristão devia ocorrer. Este desenvolvimento torna-se óbvio quando o dia adquire seu nome, o Dia do Senhor, e é este desenvolvimento que ainda precisa ser explicado.

De fato, Riesenfeld mesmo admite este desenvolvimento e atribui o mesmo à identificação do domingo com o dia da ressurreição de Cristo.[84] Somos assim levados de volta a esta explicação sobre a origem do Dia do Senhor como tal. Já vimos que a proeminência do "primeiro dia da semana" nas tradições do Evangelho da Ressurreição devem ter garantido que o culto no domingo teria muito rapidamente passado a ser visto como comemorativo da ressurreição. Quer a escolha do domingo tenha sido originalmente uma questão de mera conveniência ou se foi inicialmente escolhido como o dia da ressurreição, não pode haver dúvida de que ele foi muito cedo associado com a ressurreição, e somente isto pode realmente dar conta do fato de que o culto *aos domingos* adquiriu *status* normativo por todo o mundo cristão.

Tem sido algumas vezes objetado que a associação do domingo com a ressurreição é atestada somente em um estádio tardio e de maneira que marca o mesmo como secundário.[85] De fato, a associação é clara na maior parte das referências do segundo século (Inácio, *Magn.* 9:1; *Evangelho de Pedro* 35, 50; *Barnabé*, 15:9, Justino, *1 Apol.* 67), e na próxima seção veremos que a mesma associação provavelmente pode ser encontrada no Apocalipse. É verdade que em *Barnabé* e Justino outras razões para o significado do domingo são dadas primeiro (o domingo representando o escatológico "oitavo" dia em *Barnabé*, e o dia no qual Deus começou a criação em Justino); mas certamente o ponto significativo é que *todos* estes testemunhos antigos partilham a associação do domingo com a ressurreição. Este elemento comum deve ser o motivo mais básico e o mais primitivo dos temas, ao qual subsequentes reflexões teológicas adicionaram outras variadas associações ao longo do tempo.

---

84. *The Gospel Tradition*, p. 128-129.

85. Bacchiocchi, *From Sabbath to Sunday*, p. 271-273.

A história da origem do Dia do Senhor permanece em muitos aspectos obscura. Mas temos visto razões para sustentar que o culto aos domingos começou em um estádio inicial na história cristã e foi desde um tempo muito remoto compreendido como comemorativo da ressureição do Senhor no primeiro dia da semana. Nosso estudo sobre as origens do Dia do Senhor não deu pistas de associações propriamente sabáticas: para os cristãos mais antigos não foi um substituto do *Sabbath* nem um dia de descanso, nem relacionado de alguma forma ao quarto mandamento.[86] Era simplesmente, pelo costume normativo da Igreja apostólica, o dia no qual cristãos se encontravam para o culto, e, para nós, o uso deste título, o Dia do Senhor, em Ap 1,10 dá a este costume a chancela de autoridade canônica.

O Dia do Senhor no Apocalipse

Nesta seção, trabalhando a partir da pressuposição de que a apocalíptica é uma unidade temática e literária, tentaremos preencher o significado da expressão de João ἐν τῇ κυριακῇ ἡμέρᾳ em Ap 1,10 a partir de seu contexto no livro como um todo. Em seu contexto imediato o verso completa a descrição de 1,9, onde João diz a seus ouvintes que ele partilha com eles da situação das testemunhas fiéis sob provações às quais a mensagem de todo o livro é direcionada. Então em 1,10 ele estabelece também uma conexão temporal: ele recebe suas visões no dia em que as igrejas se reúnem para culto corporativo e no mesmo dia que sua profecia seria lida em voz alta (1,3) na reunião da igreja. A situação total de 1,9 e a ocasião específica do dia semanal de culto (1,10) são tanto para João e suas igrejas inter-relacionadas pelas implicações de sua confissão do senhorio de Jesus Cristo. Esta inter-relação deve ser compreendida a partir do restante do livro.

Soberania é talvez o tema central do Apocalipse. Enquanto a profecia de João move-se ao encontro do pano de fundo do controle onipotente de Deus sobre a história, no qual mesmo os poderes satânicos estão compreendidos

---

86. Os argumentos em Beckwith & Stott, *This is the Day,* p. 40-42, não podem ser tomados como mais que exercício adivinhatório.

(13,5-7.15; 17,12.17), ele se refere a isto enfaticamente mas obliquamente ("a besta teve permissão para..." etc.). No primeiro plano – e como o objeto primário do uso amplo por João de imagens de reinado e governo – é o tipo de soberania que Deus exercita sobre aqueles que reconhecem e voluntariamente se submetem ao seu senhorio. Este tipo de soberania é exercido por Cristo, cujo direito à soberania universal foi ganho pela cruz e ressurreição, mas cuja efetiva influência sobre o mundo ainda está por ser plenamente realizada na história. João e suas igrejas vivem no tempo entre a vitória decisiva inicial de Cristo, da qual toda a realidade da soberania de Deus sobre o mundo depende, e sua vinda final e vitória sobre os poderes que ainda contestam sua soberania. Este ínterim é caracterizado por um conflito entre soberanias, e o Apocalipse pretende prover as igrejas com uma percepção exata da natureza do conflito e as convida ao discipulado comprometido enquanto isto.

João endossa a visão ordinária do Novo Testamento de que Cristo conquistou pelo sofrimento mas agora é soberano no trono de Deus (3,21; 5,9-10). Em 1,5a ele baseia o senhorio de Cristo tanto em suas testemunhas fiéis até a morte e a vindicação de Deus de tais testemunhas na ressurreição. A visão inicial de João do Cristo reerguido, que 1,10 introduz, é fundamental para o resto do livro. É o que morreu e veio à vida (2,8) que já conquistou a Morte e o Hades, a parametrização da força do mal (1,18). O crucificado e reerguido Cristo é o Senhor das igrejas e virá como Senhor dos reis da terra. As igrejas são a *presente* esfera de seu senhorio no tempo do conflito de soberanias. Cristãos são assim convidados, nas sete cartas, como (potenciais) "conquistadores", tal como aqueles cujo reconhecimento da soberania de Cristo devem se envolver nos mesmos sofrimentos pelo testemunho que levaram Cristo à cruz: eles devem acessar sua porção prometida em seu senhorio universal somente pelo seguimento a Ele e sua maneira de conquistar. Por enquanto a conquista de Cristo na cruz não é de alguma maneira autoevidente uma conquista do mundo de maneira ampla, e assim as igrejas podem perceber seu próprio testemunho fiel até a morte como "conquista" somente enquanto são capazes de reconhecer Cristo como o único que foi crucificado mas agora é o Senhor exaltado. O conteúdo das cartas revelam de modo bastante claro que mesmo as igrejas, a esfera do senhorio atual de Cristo, são o cenário do conflito de soberanias, o senhorio por direito de Cristo e o senhorio usurpado de satã. O todo dos primeiros três capítulos envolve uma tensão que pressiona na direção da resolução deste conflito quando as promessas aos conquistadores serão cumpridas no novo mundo dos capítulos 21 e 22, e o senhorio de Cristo será reconhecido universalmente. A parte central do livro é preocupada principalmente com a história que leva a esta resolução, na qual cristãos são chamados a tomar parte como conquistadores.

Nos capítulos 12 e 13 o diabo, expulso do paraíso pela vitória de Cristo, obtém no entanto muito sucesso em estabelecer sua própria, inteiramente espúria, reivindicação de senhorio sobre a terra. Tal reivindicação é espúria porque na única vitória decisiva ele já foi derrotado, mas isto é evidente somente aos santos. Assim o conflito começado na cruz segue no mundo, embora os combatentes imediatos agora sejam os santos e as bestas, através das quais o diabo constrói uma estrutura de poder para si mesmo, imitando o Reino dos Céus ao qual os santos pertencem. No centro do conflito entre as soberanias, João coloca a questão específica do martírio como desafio dos desafios imperiais ao senhorio divino; isto não somente porque era a questão específica que suas igrejas enfrentavam, mas também porque estabelece o paradigma das consequências do envolvimento no conflito. Este era o ponto no qual "dar testemunho de Jesus" poderia mais obviamente ser visto como envolvendo as consequências que ocorreram pelo testemunho do próprio Jesus. A história das testemunhas no capítulo 11 estabelece este paralelo com toda a força. Também na perseguição e martírio que a ambiguidade do senhorio no tempo entre a cruz e a parusia se tornou mais aparente, de modo que os santos devem ser convidados não somente à "resistência" (13,10) mas também ao "discernimento" (13,18). De uma perspectiva do paraíso, o martírio é chamado de vitória dos santos (12,11; 15,2), de uma perspectiva do mundo, é chamado de vitória da besta (11,7; 13,7). Ao menos em termos de aparência o senhorio total sobre o mundo pertence à besta, mas no martírio a Igreja tem validado seu caráter único de já pertencer ao Senhor que reina invisivelmente no paraíso e vem para reinar sobre a terra. É o reconhecimento por parte dos cristãos do Cristo crucificado como o exaltado que está por vir para reinar que pode diferenciar os mesmos do restante do mundo, que é enganado pela sua veneração às bestas. O teste último de percepção da realidade da fé é o martírio.

A datação de João de suas visões no Dia do Senhor – e a clara intenção de que elas deveriam ser lidas em voz alta nas reuniões de culto das igrejas – tem sido relacionada com o material litúrgico que no Apocalipse abunda. Nosso argumento aqui é independente das tentativas de descobrir traços de liturgia cristã primitiva real no livro. Tanto quanto João usa linguagem do Antigo Testamento adaptada a seus propósitos, dele também pode ser usada a linguagem dos hinos cristãos, mas os hinos como os temos são cercados de seus contextos. Este contexto é sempre celestial ou escatológico. Nenhuma palavra de prece ou louvor são realmente colocadas nos lábios da igreja neste mundo, mas as preces dos santos na terra são referidas em 5,8; 8,3-4, e temos da pena do próprio João uma doxologia (1,5*b*-6) e uma prece (22,20*b)* dirigidas a Cristo. Ele deveria esperar que seus ouvintes lhe acompanhassem nas mesmas.

Culto e senhorio são integralizados. Culto é o reconhecimento coletivo de uma comunidade de seu Senhor. Onde o povo procura bênção, glória, sabedoria, ação de graças, honra, poder e força a "X", aí este "X" é senhor. Por esta razão o culto ocorre no conflito de soberanos em *ambos* os lados. Mesmo o reino da besta não seria um reino se existisse por força bruta somente; ele é mantido coeso pelo culto do dragão e da besta, que é descrito como sujeição espontânea e voluntária ao seu senhorio (13,34), embora fundado em ilusão. Os súditos da besta são seus adoradores, e daí o significado crítico da recusa por parte de cristãos de prestar culto a esta besta.

Adoração é assim indicação dos limites e extensão da soberania. Os dois hinos dirigidos a Deus no capítulo 4 demonstram sua absoluta soberania no céu, e então em três hinos endereçados ao Cordeiro, e a Deus e o Cordeiro no capítulo 5, vemos a soberania de Deus estendida por toda a criação com base no trabalho redentor de Cristo. O domínio universal da besta ocorre mediante culto universal (13,8); em contraste, os conquistadores proclamam o senhorio do Senhor, que virá: "Todas as nações deverão vir e adorá-lo"

(15,4). Isto é cumprido em 21,24-26, e novamente, o culto de Deus face a face é o objetivo escatológico da Igreja (22,3-4).

João também usa cenas da adoração celeste para prover indicações antecipadas da vitória dos mártires pela demonstração dos mesmos já participando no culto do santuário celeste (7,9ss.; 14,2-3; 15,2-4), e celebrar a vinda do senhorio de Deus sobre todo o mundo (11,15-18; 19,1-8). Mas em ambos casos o conteúdo do culto pode ser visto como desenvolvimento a partir da cena de culto inicial dos capítulos 4 e 5. Há o clímax litúrgico em 5,9, que introduz o "novo cântico", o hino que celebra o trabalho redentor de Cristo, que realizou a extensão da soberania divina de modo universal. As palavras do novo cântico podem ser compreendidas somente por aqueles que compreendem que o testemunho fiel de Cristo até a morte foi o meio de alcançar a vitória (a partir do mesmo e seu conteúdo). Os mártires aprendem isto pela conquista como ele conquistou (14,3-4; cf. 7,9-14). Todos os hunos após 5:9 são variações do novo cântico. O Deus que anteriormente estava "vindo" para governar (4,8) é, na Parusia, adorado como o Deus que veio (11,17; 19,6) e o Cordeiro imolado partilha da adoração rendida a si e a Deus por toda a criação (5,13).

Ao colocar o novo cântico somente nos lábios dos seres angelicais e mártires acaso João quer dizer que tal cântico não possa ser cantado pela Igreja na terra? Claramente não, pois a doxologia do próprio João dirigida a Cristo em 1,5*b*-6 contém precisamente o conteúdo do mesmo cântico, e uma igreja que não adorasse Cristo como o Senhor que conquistou pela cruz dificilmente poderia ser parte da esfera do senhorio de Cristo no mundo. Por que então João insiste (14,3) que somente os conquistadores podem aprender o novo cântico? Caracteristicamente, ele está preocupado que suas igrejas devam compreender as implicações de seu culto e adoração. Adoração não é um escape que espiritualiza os cristãos de forma alienadora até o paraíso da Nova Jerusalém do futuro e para longe do conflito. Se o povo adora seu Senhor aos domingos, ele não pode carregar a marca da besta durante os dias de semana. Aqueles que adoram o Cordeiro estão envolvidos em reconhecer a cruz como sua vitória e assim também envolvidos no conflito entre soberanias como seguidores do Cordeiro em sua maneira de conquistar. O martírio autentica o novo cântico e somente mártires em potencial são permitidos de o cantar.

Contudo, para aqueles que já o cantam, o novo cântico é a jubilosa e antecipada participação da Igreja no triunfo que está além do conflito; este triunfo logo vem com o retorno do Senhor. Tudo isto é característico, no Apocalipse, da lealdade da Igreja ao senhorio de Cristo neste mundo – o testemunho sofrido, a resistência paciente, a fidelidade, as severas exigências do discipulado a caminho da cruz – tudo isto tem seu lugar somente no contexto do conflito entre as soberanias. Tais coisas não pertencem nem aos céus no momento presente nem ao futuro reino consumado na terra. Mas pelo culto, a Igreja já expressa o senhorio de Cristo na forma que agora ocorre no céu e ainda ocorrerá no reino que virá. Neste sentido a Igreja é principalmente escatológica em seu culto.

Podemos concluir ao ajuntar alguns dos modos pelos quais parece que João teria compreendido o significado do Dia do Senhor e o culto dentro do contexto do chamado e objetivos da Igreja segundo o modo que sua profecia os descreve.

– Vimos que João compreende a ressurreição como tendo estabelecido o senhorio de Cristo e que a visão introdutória do Senhor redivivo é basal para compreender o livro. Cristãos devem conquistar porque é este Senhor que adoram no Dia do Senhor. Provavelmente, assim, João associa a escolha deste dia com a ressurreição de Jesus no primeiro dia da semana.

– É correto supor que para João o conflito entre soberanias era especialmente manifestado pela perseguição provocada pelo culto imperial, e assim pode haver deliberado contraste entre o "Dia do Imperador" mensal ($\Sigma\epsilon\beta\alpha\sigma\tau\acute{\eta}$). Neste dia os adoradores da besta reconheciam o senhorio de seu senhor; naquele dia os cristãos prestam culto ao Senhor que está vindo como "rei de todos os reis da terra" (mesmo Domiciano)

– O Dia do Senhor pode não ter sido o único dia da semana no qual as igrejas de João se reuniam para culto, mas que fosse o regular e mais significativo dia para o culto está claro desde o título. Em tempos de perseguição o mesmo pode muito bem ter se tornado o único dia deste tipo. Como tal é o tempo que serve para demarcar a Igreja (reunida especificamente como a comunidade que confessa Jesus como Senhor) como partícipe de sua esfera de senhorio no mundo presente. Esta demarcação não é de nenhum modo meramente simbólica; é pelo culto corporativo da igreja que o senhorio de Cristo é na verdade percebido na vida da igreja. Assim é significativo dizer do dia de culto como um sentido específico de "Dia do Senhor"

– Claramente o Apocalipse é sobre confessar Cristo como Senhor não somente na reunião da igreja no domingo, mas no mercado público, no tribunal de justiça, e na arena. Para entender o senhorio e o culto em termos estritamente cultuais iria totalmente em contrário à intenção do livro. Ainda assim a mensagem do Apocalipse deve ser recebida pelas igrejas em suas reuniões semanais para o culto. João espera que a obediência das igrejas sejam mensagens proféticas que ele comunica do Senhor e a compreensão intensificada das mesmas do que adesão ao Crucificado significa na vida como um todo, enraizada e nutrida durante o tempo de reunião corporativa com o Senhor. O Dia do Senhor no Apocalipse é o dia a partir do qual o Senhor pode reinar sobre todo o restante da semana.

– O culto no Dia do Senhor tem orientação escatológica. No tempo do conflito de soberanias a Igreja não pode encontrar-se com o Senhor sem a prece "Vem, Senhor Jesus!" e a expectativa do que pode ser chamado de Dia Escatológico do Senhor, o dia no qual toda língua confessará que Jesus é o Senhor.

18. *Sabbath* e domingo na Igreja Pós-apostólica

Este capítulo examina práticas cristãs sobre o *Sabbath* e o Dia do Senhor no segundo, terceiro e quarto séculos. O período é de importância crucial para este tópico, já que foi neste período que a prática do descanso dominical originou-se, embora, como veremos, mesmo no quarto século o descanso no domingo ainda não fosse justificado por uma teoria totalmente sabatariana. As visões dos Padres sobre a observância do domingo têm algumas vezes sido debatidas com muita generalização, assim obscurecendo as diferenças entre elas e o desenvolvimento ao longo destes três séculos.[1] Neste capítulo iremos delinear o desenvolvimento e prestar especial atenção à questão de precisamente quando e como ideias sobre o *Sabbath* começaram a ser associadas com o Dia do Senhor cristão.

Primeiro, examinaremos evidências do segundo século com algum nível de detalhamento (lidando com a aplicação escatológica de temas do *Sabbath*, posturas perante o mandamento do sábado, e posturas sobre o domingo). A contribuição dos teólogos alexandrinos Clemente e Orígenes será então estudada, e finalmente, sob a luz da história mais antiga, as origens do descanso aos domingos no quarto século se tornará inteligível.

---

1. Isto é especialmente verdadeiro sobre W. Stott, *The Theology of the Christian Sunday in the Early Church* (Dissertação de Mestrado), Oxford, 1966, agora publicada, em uma forma revisada, como os capítulos 5-13 em R. T. Beckwith & W. Stott, *This is the Day: The Biblical Doctrine of Christian Sunday.* Londres: Marshall, Morgan & Stott, 1978. Mas isto é também parcialmente verdadeiro sobre W. Rordorf, *Sunday: The History of the Day of Rest and Worship in the Earliest Centuries of the Christian Church.* Londres: SCM Press, 1968.

O *Sabbath* escatológico no segundo século

Embora os escritores cristãos do segundo século pareçam ter sido pouco influenciados por Hb 3 e 4[2], eles herdaram as mesmas tradições judias tardias de pensamento sobre o descanso escatológico do *Sabbath* que o autor de Hebreus utilizou, e fizeram uso variado do mesmo. Eles podem ser divididos em duas categorias: escritores gnósticos que entendiam o descanso do *Sabbath* em termos de escatologia realizada, e escritores católicos que localizaram o *Sabbath* escatológico totalmente no futuro.

Um evangelho judeu-cristão do início do segundo século contém o seguinte relato do batismo de Jesus:

> Ocorreu que, quando o Senhor emergiu das águas, toda a fonte do Espírito Santo desceu e pousou (*requievit*) sobre Ele [Is 11,2], e lhe disse: "Meu filho, em todos os profetas eu o aguardava, para que você viesse e eu pudesse pousar (*requiescerem)* sobre você. Pois você é meu lugar de pouso (*requies mea)* [Sl 132,14]; você é o meu primogênito, que reinará para sempre."[3]

Começando por uma interpretação da história do batismo como o cumprimento de Is 11,2, o autor seguiu ideias judias sobre a procura da Sabedoria por um lugar de pouso,[4] identificando o Espírito Santo com a Sabedoria.[5] O encadeamento de pensamento sugerido pela ideia de "pouso" então termina em uma referência ao local escatológico de pouso de Deus do qual Sl 132,14 tornou-se referência no pensamento judeu contemporâneo.[6] O próprio Cris-

---

2. É digno de nota, p. ex., que Justino Mártir, cuja percepção geral sobre a lei e tipologia era provavelmente influenciada por Hebreus (W. A. Shotwell, *The Biblical Exegesis of Justin Martyr*. Londres: SPCK, 1965, p. 11-12, 57-60), não demonstra tal influência em sua tratativa do *Sabbath*.

3. Jerônimo, *Comm. in Esaiam* 4.11.2 (*PL* 24:144-145).

4. *1 Enoque* 42, Sir. 24,3-12; Br 3,37. Note especialmente Sir 24,7: "Com todos estes eu procurei descanso".

5. Sobre esta identificação, veja J. Daniélou, *The Theology of Jewish Christianity*. Londres: Darton, Longman and Todd, 1964, p. 112, 138.

6. Veja A. T. Lincoln, "*Sabbath*, Rest, and Eschatology in the New Testament". In: D. A. Carson (ed.), *From Sabbath to Lord's Day: A Biblical, Historical and Theological Investigation*. Grand Rapids: Zondervan, 1982, p. 197-220.

to, como local final de pouso do Espírito[7], é Ele mesmo o repouso escatológico de Deus. Uma vez que o repouso escatológico era também o de seu povo, o pensamento certamente implícito é de que o povo de Deus poderia também encontrar seu pouso e repousou em Cristo. A passagem é marcante por sua versão cristológica da teologia do descanso, que de outro modo tem paralelos escassos antes do quarto século[8] exceto em alguns poucos textos gnósticos.[9] Isto é precisamente o que faltava na maior parte da escatologia do segundo século. A associação entre "descanso" e "reinado" nesta passagem deve também ser notada, pois eles são um par escatológico comum tanto no pensamento gnóstico quanto católico deste período.

Não há nada especialmente gnóstico nesta perícope do batismo[10]; o "Evangelho dos Hebreus" que Jerônimo cita portanto provavelmente seria o "Evangelho dos Nazarenos" sírio ou palestinense, do qual outras de suas citações vêm, ao invés do menos ortodoxo "Evangelho dos Hebreus", que servia a judeu-cristãos no Egito no segundo século.[11] Deste último, Clemente de Alexandria cita um *logion* apócrifo de Jesus:

> Aquele que busca não cessará (παύσεται) até que encontre, e quando tiver encontrado ele se maravilhará, e quando ele se maravilhar reinará, e quando houver reinado descansará (ἐπαναπαύσεται).[12]

---

7. Justino, *Dial.* 87, traz uma exposição bastante similar de Is 11,2 em termos do Espírito dos profetas finalmente vindo pousar sobre Cristo, mas sua tratativa não tem implicações sobre o descanso escatológico de Deus.

8. Veja especificamente a citação de Epifânio por Rordorf, *Sunday*, p. 113, n. 1.

9. P. ex., *Atos de Tomé* 37 (Cristo será "um descanso para todas as suas almas"), 39 (Cristo é referido como "Oh pouso escondido ... preservando-nos e dando-nos descanso em corpos estrangeiros"), 8 (siríaco: Christo é chamado de o "pouso" de seu Pai); e cf. P. Vielhauer, Ἀνάπαυσις: Zum gnostischen Hintergrund des Thomas-Evangeliums". In: *Apophoreta: Festschrift für Ernst Haenchen* (BZNW 30). Berlim: de Gruyter, 1964, p. 290.

10. *Contra* Vielhauer. In: E. Hennecke & W. Schneemelcher, *New Testament Apocrypha* ET traduzido e editado por R. McL. Wilson, v. 1. Londres: Lutterworth, 1963, p. 162.

11. Id., ibid., 1:135, direcionado de maneira bastante tentativa ao *Evangelho dos Hebreus* egípcio, mas suas razões são pouco convincentes.

12. *Strom.* 5.14.96. A referência ao *Evangelho dos Hebreus* está em *Strom.* 2.9.45, onde Clemente cita uma forma mais breve do dito.

O *logion* recorre em forma quase idêntica em Papyrus Oxy. 654, linhas 5-9, enquanto a versão copta no *Evangelho de Tomé* 2 omite o último verbo em favor do climax, "reinará sobre tudo"[13]. Se o *logion* originou-se no judeu-cristianismo egípcio ele pode não ter sido intencionado a sentido gnóstico como adquiriu em *Tomé*. Seus dois primeiros termos derivam de Mt 7,7-8 (embora este fosse um dito condizente com o pensamento gnóstico)[14] e os dois últimos da escatologia judia (embora tenham se tornado termos favoritos da soteriologia gnóstica).[15] "Espanto", entretanto, é caracteristicamente um estádio no caminho para a salvação do gnosticismo hermético ou um passo em direção à compreensão espiritual na filosofia helenística.[16] O modo de salvação que aqui culmina em reinado e descanso é portanto o modo do cristianismo gnóstico.

"Descanso" (ἀνάπαυσις) foi um dos termos técnicos do gnosticismo do segundo século.[17] Embora também tivesse fontes helenísticas[18], o conceito gnóstico de descanso era certamente devedor da escatologia judia e cristã. O objetivo tradicional da escatologia do descanso do *Sabbath* era aplicada à experiência gnóstica presente da salvação[19], e passagens do Novo Testamento de escatologia realizada foram tomadas segundo este sentido: Mt 11,28-30 tanto no *Evangelho de Tomé* 90 e *Atos de Tomé* 37, enquanto o *Evangelho de*

---

13. J. Fitzmyer, "The Oxyrhynchus *Logia* of Jesus and the Coptic Gospel according to Thomas", *TS* 20 (1959): 518, sugere que o tradutor copta pode ter tomado ἀνὰ πάντα como ἀναπαύσεται.

14. Cf. *Evangelho de Tomé* 92.

15. P. ex., *Atos de Tomé* 136: "lá há pouso, e o descanso reina" (talvez um eco deste dito); *Livro de Tomé* 145:13-14 (citado abaixo).

16. J. Jeremias, *Unknown Sayings of Jesus*. Londres: SPCK, 1958, p. 14-15; B. Gärtner, *The Theology of the Gospel of Thomas*. Londres: Collins, 1961, p. 261; M. Dibelius, *From Tradition to Gospel*. Londres: James Clarke, 1934, p. 284, n. 2. (para encadeamento de ditos similares, incluindo "espanto" e "descanso", a partir da *Hermetica*). Também Vielhauer, in Henecke & Schneemelcher, op. cit., 1:162. Uma base neotestamentária para o elemento de espanto neste dito foi encontrada na "surpresa jubilosa" do homem em Mateus 1:44: H.G.E. White, *The Sayings of Jesus from Oxyrhynchus*. Cambridge: Cambridge University Press, 1920, p. 6; cf. H.B. Swete, "The New Oxyhynchus Sayings", *ExpTim* 15 (1903-1904): 491.

17. Há uma discussão completa em Vielhauer: "Ἀνάπαυσις."

18. Sobre o descanso no ogdoad, veja a seguir.

19. Cf. *Evangelho de Tomé* 51: Seus discípulos disseram a ele: Em que dia o descanso dos mortos ocorrerá? Em que dia o mundo novo virá? – Ele lhes disse: Aquele (descanso) pelo qual vocês estão esperando já veio; mas vocês ainda não o reconheceram.

Felipe 82 fornece um raro exemplo de alusão a Hb 4. Os gnósticos exploraram precisamente estes acenos escriturísticos da participação presente no descanso escatológico que escritores católicos do período ignoraram.

O "descanso" gnóstico é a antítese do trabalho, mas mais caracteristicamente de "provações"[20] ou "procura". Dos Éons é dito que "cessam o gasto de energia em procura pelo Pai, descansando aqui nele, sabendo que isto é Descanso."[21] Descanso é a condição do homem que, iluminado pela *gnosis*, é liberto do mundo material.[22] É a experiência presente de uma condição que perdurará após a morte; "aquele que habita no Descanso poderá descansar eternamente."[23] O lugar de descanso do Gnóstico é o mundo espiritual,[24] ao qual mesmo agora ele tem acesso.[25] Mas mesmo a escatologia gnóstica tem um aspecto futuro, ao qual talvez mais comumente o conceito de descanso se refere; ela descreve o estado final de reunião com o Pai depois da libertação da pessoa gnóstica de seu corpo quando da morte.[26] "Pois quando vocês vierem dos trabalhos e sofrimentos do corpo vocês terão descanso pelo Bem e reinarão com o rei."[27]

Enquanto o gnosticismo eliminou a esperança cristã pela ressurreição, escritores católicos do segundo século usaram o conceito escatológico de descanso no *Sabbath* para se referirem exclusivamente ao estado futuro de salvação depois da ressurreição, assim voltando ao uso tradicional judeu e abandonando a tensão cristã do "já" e "ainda não", que o autor de Hebreus

---

20. P. ex., NHC III/5, 1, citado por Hennecke & Schneemelcher, op. cit., 1:249.

21. *Evangelho da Verdade,* 24,17-20.

22. *Epístola a Rheginos* 43,35–44,3.

23. NHC III/5, 1, citado em Hennecke et al., 1:249.

24. *Evangelho da Verdade* 26:34-35; 40:30; *Sophia Jesu Christi* citado em id., ibid., 1:247.

25. *Evangelho da Verdade* 43,1; *Atos de André* 11.

26. Veja Gärtner, *The Theology of the Gospel of Thomas,* p. 265-266; M. L. Peel, *The Epistle to Rheginos.* Londres: SCM Press, 1969, p. 143. Para muitas outras referências gnósticas a "descanso", veja Peel, p. 54-55, e o índice em W. Foerster, *Gnosis* (2 volumes). Londres: Oxford University Press, 1972, 1974.

27. *Livro de Tomé* 145,13-14. Cf. *Atos de Tomé* 35; Clemente, *Exc. ex Theod.* 65.2; *Apócrifo de João* 68,1-13; *Evangelho de Filipe* 63: "Enquanto estamos neste mundo, é pertinente que adquiramos a ressurreição para nós, mas quando formos retirados da carne, enfim seremos encontrados pousados no descanso."

aplicou ao conceito de descanso escatológico. Em parte isto deve ser atribuído ao comprometimento destes escritores com a tipologia da semana do mundo, na qual os seis milênios de história mundial deveriam ser sucedidos por um *Sabbath* escatológico. "Pois por tantos dias que este mundo tenha vindo à vida, após os mesmos milhares de anos ele deve ser concluído" (Irineu).[28] A escatologia do segundo século era dominada pelo conceito de um *Sabbath* mundial que viria após a Parusia, mas o todo destes pensamentos não poderiam ser chamados propriamente "milenaristas". Alguns escritores esperavam um milênio entre a Parusia e a dissolução final do mundo; para outros, seguindo o uso predominantemente judeu, o *Sabbath* mundial era um símbolo de uma era por vir. Assim para os milenaristas Justino Mártir,[29] Irineu[30] e Hipólito,[31] o milênio é o "descanso" bem como "reino" dos santos porque é o descanso sabático de Deus segundo Gn 2,2 interpretado tipologicamente.[32] Outros escritores, entretanto, incluindo pseudo-Barnabé, não esperam um milhar de anos mas antecipam o estado dos santos no mundo futuro como "descanso."[33] *2 Clemente* 5,5 é típica deste período: "a jornada desta carne neste mundo é destinada para um período curto, mas a promessa de Cristo é grande e maravilhosa, mesmo o descanso do reino que virá e a vida eterna."[34] A vida cristã deste lado da Parusia é uma questão de lutar para entrar no descanso que o Senhor tem reservado para seus santos no reino escatológico do futuro.

---

28. *Haer.* 5.28.3.

29. *Dial.* 80:5; 121:3.

30. *Haer.* 4.16.1; 5.30.4; 5.33.2.

31. *In Dan.* 4.23.4-6

32. Outros quiliastas do período eram Cerinto (Eusébio, *Hist. eccl.* 3.28.2), Pápias (ibid., 3.39.12), Tertuliano (*Marc.* 3.24.5-6); mas não se sabe que tenham tratado o milênio como *Sabbath*.

33. *Barn.*15. Sobre a justificação para uma interpretação não milenarista de *Barnabé*, veja abaixo. Outras (não explicitamente milenaristas) referências ao descanso no *Sabbath* escatológico são *Ascensão de Isaías* 4,15; *4 Esdras* 2,24.34-35; *Apocalipse de Pedro* 16 (gueês); *Atos de Paulo e Tecla* 6.

34. Cf. 6,7. Parece não haver exemplos do segundo século de descanso como estado das almas que partiram; cf. Rordorf, *Sunday,* p. 97, citando *Evangelho de Tomé* 51 (citado na nota 19 acima), que, entretanto, refere-se ao gozo por gnósticos do descanso na vida atual. *Epistula Apostolorum* 27 fala da descida de Cristo ao inferno para trazer crentes do Antigo Testamento "do descanso que há abaixo" para o paraíso.

Uma exceção interessante a este padrão é a *Epistula Apostolorum*, um trabalho do início do século II escrito para combater heresias gnósticas, embora sua forma e terminologia devam muito ao mundo do pensamento gnóstico. Aqui o local do descanso cristão, como dos gnósticos, é localizado em um mundo celestial (12 copta), e, embora o foco de atenção seja no dia futuro de julgamento quando Cristo "dará descanso na vida no reino de meu Pai celestial" "àqueles que me amaram" (26), também há um acesso antecipado ao descanso celestial no presente (12 copta; 28).[35] A fertilização cruzada de teologias gnóstica e católica continuou ao longo das discussões amargas do segundo século, e nos alexandrinos Clemente e Orígenes a teologia gnóstica do descanso deu uma contribuição mais permanente para a teologia do *Sabbath* da Igreja.

O mandamento do *Sabbath* no segundo século

A Igreja antiga não tinha uma única resposta para a questão da relevância do mandamento do *Sabbath* para cristãos. As igrejas do período do Novo Testamento incluíam uma variedade de percepções. Havia judeu-cristãos que tomavam a observância de toda a lei como algo necessário à salvação, mas havia também judeu-cristãos que seguiram guardando o sábado como uma questão de *mores* nacional mas não impunham tal obrigação a convertidos gentios. Havia gentios cristãos que adotaram a observância do *Sabbath* judeu, enquanto outros tomaram a si mesmos como completamente livres do mandamento seja com base em ele ser especificamente lei para judeus ou seguindo a argumentação paulina de que o *Sabbath* era uma sombra da realidade que agora experimentamos em Cristo. Simplesmente porque a visão paulina está no Novo Testamento não devemos assumir que esta fosse a visão que prevalecia na Igreja primitiva. Paulo, em seus dias, exortava por tolerância com aqueles que observavam "dias" sem que isto comprometesse

---

35. Deve-se também mencionar as *Odes de Salomão*, nas quais a participação presente no descanso escatológico é um tema muito proeminente (note especificamente 3:5; 11:12), tanto que "as odes de seu descanso" (26:3) pode ter sido o título original desta coletânea. A data de *Odes de Salomão* e sua relação com o gnosticismo ainda são temas em discussão.

o evangelho (Rm 14). Em particular não devemos subestimar o apelo que a observância do *Sabbath* tinha para muitos cristãos gentios. Imitações do *Sabbath* judeu eram evidentemente difundidas no mundo romano do segundo século[36], embora devamos também levar em consideração a prevalência de sentimentos antijudeus, que faziam os gentios se virarem contra uma instituição tão obviamente característica dos judeus. Estes fatores eram operativos nas igrejas ao lado de questões mais especificamente cristãs da relação de cristãos com a lei de Moisés e a relação de cristãos com a lei de seus pais.

Posturas judeu-cristãs sobre o mandamento do Sabbath

Possivelmente o mais antigo tratamento extracanônico da questão seja a história que o Codex Bezae preserva como Lc 6,5:

> No mesmo dia ele viu um homem trabalhando durante o *Sabbath* e disse a ele: "Homem, se você compreende o que está fazendo, é abençoado; mas se você não compreende, é amaldiçoado e um transgressor da lei."

O argumento de Jeremias pela autenticidade do *logion* dificilmente é aceitável.[37] Em primeiro lugar, Jesus provavelmente não encontrou um judeu na Palestina trabalhando no *Sabbath*.[38] Também o dito não representa autenticamente a postura de Jesus sobre o *Sabbath*. Enquanto é verdade que "a supervalorização não pode jamais cair na primeira metade de um paralelismo antitético" e que portanto o ponto do dito é demonstrar forte oposição à negligência frívola com o *Sabbath*[39], no entanto ele permite a quebra do *Sabbath* por aqueles que "saibam o que estão fazendo." O mesmo "parece querer dizer que o homem trabalhando no *Sabbath* é abençoado se ele o faz pelo conhecimento da Era Messiânica que já chegou, de outro modo ele permanece sob a

---

36. Rordorf, *Sunday*, p. 32-33; E. Lohse. In: *TDNT* 7:17-18. Mas sobre a evidência disto em Tertuliano, veja agora J. Nolland, "Do Romans Observe Jewish Customs? (Tertulian, *Ad. Nat,* 1.13; *Apol.* 16)", *VC*33 (1979), p. 1-11.

37. Jeremias, *Unknown Sayings*, p. 49-53.

38. Lohse in *TDNT* 7:23.

39. Jeremias, op. cit., p. 51.

jurisdição e direção da ordem antiga."[40] Mas a evidência dos evangelhos não permitem a nós supor que Jesus mesmo permitiu sequer a si mesmo, ou a outros, transcender a Lei Mosaica nesta proporção durante seu ministério. Não há sugestão de que o trabalho do homem seja comparável a colher espigas de trigo ou executar atos de cura; é simplesmente trabalho – inequivocamente transgressão ao *Sabbath*. O efeito do *logion* não é distinguir entre tipos de trabalho, alguns permissíveis no *Sabbath* e outros não[41], mas distinguir razões pertinentes ou não para ignorar o mandamento do *Sabbath*. Jesus não teria sancionado a atitude de se ignorar o mandamento.

Os mesmos argumentos depõem em contrário da percepção de Rordorf de que Lc 6,5D é apologética judeu-cristã em favor da postura de Jesus em relação ao *Sabbath*; dificilmente é apologética clara representar a postura de Jesus em relação ao *Sabbath* como menos restrita do que ela realmente era.[42] Nem é provável que tenha emanado de comunidades judeu-cristãs da Palestina e Síria onde o *Sabbath* ainda era observado. Embora muitas destas possam ter seguido o exemplo de Jesus de rejeitar o rigor da halacá do *Sabbath*, elas não teriam em geral construído um *logion* permitindo a quebra do *Sabbath* em termos tão gerais.[43] Por outro lado, as posições refletidas escritores antissabatarianos do segundo século como Inácio, Pseudo-Barnabé, Justino e Irineu dificilmente teriam encontrado expressividade neste *logion*, com seu

---

40. C. F. Evans. In: Richardson (ed.), *A Theological Word Book of the Bible*. Londres: SCM Press, 1950, p. 205.

41. Contra Jeremias, *Unknown Sayings*, p. 52: "A partir de tudo que sabemos sobre a posição de Jesus em relação ao *Sabbath*, deve ser a *natureza* do trabalho que ele está fazendo que faz com que Jesus o elogie. Jesus aposta na possibilidade de que ele está empenhado em um trabalho de amor".

42. Cf. Rordorf, *Sunday*, p. 86-87. De acordo com a visão de Rordorf da "liberdade em relação ao *Sabbath*" de Jesus, o dito tem o efeito de qualificar o cancelamento por Jesus do mandamento, mas a visão de Rordorf sobre a atitude de Jesus em relação ao *Sabbath* permanece aberta a questionamentos, cf. D. A. Carson, "Jesus and the *Sabbath* in the Four Gospels". In: Carson (ed.), *From Sabbath to Lord's Day*, p. 57-97. Além disso o argumento de Rordorf sobre Lc 6,5D parece depender da suposição de que estejamos lidando não com uma perícope flutuante que algum escriba inseriu em Lc 6,5, mas com uma composição originalmente arranjada para seguir Lc 6,1-4; e isto é improvável.

43. Cf. Jeremias, *Unknown Sayings*, p. 41: "Codex D é singularmente livre de tendências judeu-cristãs. E à parte disto seria difícil para tais círculos construir uma beatitude em favor de um transgressor do *Sabbath*".

inesperado destaque na possibilidade de uma negligência danosa em relação ao mandamento do *Sabbath*.

A perícope tem ao menos um possível *Sitz im Leben* em uma situação de fins do século I semelhante àquela representada em Rm 14. Em tal contexto um judeu-cristão com capacidade de persuasão para o "paulinismo" pode ter desejado insistir no princípio *apropriado* de liberdade cristã de não observar dias, em oposição ao conteúdo irrefletido exposto por irmãos "mais fortes". Os últimos poderiam muito bem ter trazido de suas práticas pagãs anteriores uma percepção de tais observâncias judias sobre o *Sabbath* como ridículas.[44] Para o autor de nossa perícope, por outro lado, o *Sabbath* era parte da Lei de Deus. O judeu-cristão não deveria ignorar a lei por conta de mera conveniência humana ou evitação da zombaria por parte de seus irmãos de origem gentia. Somente com base em uma compreensão exata de sua relação com a Lei poderia o mesmo trabalhar no *Sabbath*. O paralelo mais próximo do Novo Testamento é Rm 14,23.[45]

Esteja ou não esta interpretação correta, Lc 6,5D deveria deixar claro que porquanto o judeu-cristianismo fosse uma grande força na Igreja a questão do mandamento do *Sabbath* não era uma questão simples. Até que ponto os judeu-cristãos presentes nas igrejas predominantemente gentias do segundo século continuaram a guardar o sábado não está claro. Inácio (*Magnésios* 9:1) tem sido compreendido como referindo-se a judeu-cristãos que abriram mão da observância do *Sabbath*, mas é mais provável que Inácio quisesse referir-se aos profetas do Antigo Testamento.[46] De todo modo, seu propósito era dissuadir cristãos gentios de judaizarem-se; ele não pode ser utilizado como evidência de que judeu-cristãos em geral tenham desistido da obser-

---

44. Cf. Rordorf, *Sunday*, p. 32; e muitos exemplos cristãos posteriores de polêmica contra os judeus cuja "ociosidade" no *Sabbath* tinha reprovação comum.

45. Este *Sitz im Leben* foi sugerido por M.-J. Lagrange, *L´Évangile selon Saint Luc*. Paris: Gabalda, 1948, p. 76-77, nota 5; e Jeremias, *Unknown ...*, p. 53, também reconhecendo um sentimento paralelo em Rm 14,23. Rordorf, *Sunday*, p. 87-88, seguido por C. S. Mosna, *Storia della Domenica*. Roma, Gregorian University Press, 1969, p. 187 nota 60, objetou que tal tratamento ríspido dos irmãos mais fracos é pouco usual; mas sugerimos que irmãos mais fracos não são realmente alvos de ataque, e o tratamento não é mais ríspido do que em Rm 14,23.

46. Veja abaixo.

vância do *Sabbath*. Ao contrário, suas cartas indicam que a forte influência de judeus nas igrejas da Ásia tentavam os gentios a guardar o *Sabbath*. O próprio Inácio, ao menos sob pressão de controvérsia, tomava o *Sabbath* como uma prática tão anticristã que presumivelmente mesmo judeu-cristãos deveriam abandonar, mas Justino Mártir expressa uma atitude mais tolerante em relação à observância do *Sabbath* por judeu-cristãos que não estimulavam os gentios a se judaizarem.[47]

Certamente as comunidades judeu-cristãs da Síria e Palestina continuaram a guardar o *Sabbath*.[48] Suas relações tanto com a Igreja em geral quanto com o judaísmo provavelmente eram bastante fluidas neste período quando lidavam com exclusão das sinagogas por sua fidelidade a Jesus mas também lutavam por manter suas características judias pela aderência continuada à lei. Os grupos mais restritivos, repudiando o "antinomianismo" das igrejas gentias, retiraram-se a uma posição que os teólogos gentios da Igreja Católica tomavam como herética.

Estes judeu-cristãos preservaram as tradições das disputas de Jesus com os fariseus sobre a observância do *Sabbath*, e provavelmente várias delas seguiram o mesmo no atendimento cego ao *halakah* do *Sabbath*. Isto teria sido um tema de debates com a sinagoga, e um estádio inicial de tal debate pode muito bem estar refletido no relato mateano das perícopes do *Sabbath*.[49] A acusação a quebra do *Sabbath* contra Jesus parece ter sido uma característica da argumentação judia contra cristãos[50], e é digno de nota que mesmo escritores cristãos gentios do segundo e terceiro séculos nunca citam Jesus como um precedente para a desobediência ao mandamento do *Sabbath*.[51]

---

47. *Dial.* 47.

48. "Nazarenos": Epifânio, *Pan.* 29.7.5. "Ebionitas": Epifânio, ibid. 30.2.2; 30.16.9; Eusébio, *Hist. eccl.* 3.27.5; Jerônimo, *In Matt.* 12.2; Teodoreto de Cirro, *Haer. fab.* 2.1 (*PG* 83:389); Nicéforo Calisto, *Eccl. hist.* 3.13 (*PG* 145:924). Por nenhuns meios está claro o quanto precisamente os Padres distinguiam "Nazarenos" e "Ebionitas". Cf. tb. Irineu, *Haer,* 1.26.2.

49. D. Hill, *The Gospel of Matthew*. Londres: Oliphants, 1972, p. 209; Lohse in *TDNT* 7:24.

50. Tertuliano, *Spect.* 30. No *Evangelho de Nicodemos* (*Atos de Pilatos* 1-2,4,6) a acusação de curar em dia de *Sabbath* é representada como a maior acusação que levou à crucifixão de Jesus.

51. Irineu, *Haer.* 4.8.2; Tertuliano, *Marc.* 4.12, são as mais antigas discussões completas sobre a questão dos conflitos de Jesus com o *Sabbath*. Ambos estão preocupados em argumentar, contra

Jesus era percebido como tendo cumprido a lei de Deus mas não as tradições dos homens.

Uma tradição rabínica preservada na *Midrash Qoheleth Rabbah* pode refletir o conflito com judeu-cristãos sobre o *Sabbath* no segundo século:

> Hanina, filho do irmão de R. Joshua, veio a Cafarnaum, e os *minim* puseram um encantamento sobre ele que o fez montar em um asno durante o *Sabbath*. Ele veio a seu tio, Joshua, que o ungiu com óleo e ele recuperou-se [do encantamento. R. Joshua] disse a ele: "Uma vez que o asno daquelas pessoas pervertidas lhe incitou, você não poderá viver na terra de Israel." Então ele saiu dali para a Babilônia, e lá morreu em paz.[52]

A testificação muito tardia desta tradição[53] requer que seja tratada com cautela, mas Robert Travers Herford[54] argumentou por sua origem no século II como uma história sobre R. Hananyah[55], o sobrinho de R. Joshua b. Hananyah. R. Hananyah, que migrou para a Babilônia durante ou logo após a guerra de Bar Kokhba, esteve subsequentemente envolvido em controvérsia com o patriarca palestinense Shim'on b. Gamliel sobre a independência de sua escola em relação à autoridade do patriarca. A história deve ser uma tentativa dos rabbis palestinenses de desacreditar a autoridade de Hannanyah. Neste caso deve ter se originado durante ou logo após a disputa, isto é, durante o segundo século. Claro que não podemos afirmar se a acusação de associação com os *minim* era bem fundamentada, mas a história ainda refletiria posicionamentos do segundo século em relação aos *minim* de Cafarnaum.

Marcião, que as curas de Jesus no *Sabbath* mais cumpriam que violavam as leis do *Sabbath*. A mesma tendência apologética a respeito de Jesus pode ser refletica no (muito mais tardio) *Atos de Filipe* 15, onde a acusação judia contra Jesus de destruir a Lei menciona "luas novas", mas, marcantemente, não *Sabbaths*.

52. *Qoh. R.* 1:8. Tradução inglesa da edição Soncino. Pelas sugestões sobre este texto sou devedor de meus colegas Dr. P. S. Alexander e Dr. J. P. Kane.

53. *Após* o oitavo século.

54. R. T. Herford, *Christianity in Talmud and Midrash*. Londres: Williams & Norgate, 1903, p. 211-215.

55. Tradução de Herford para "Hanina" no texto.

Estes *minim* eram certamente judeu-cristãos.[56] O "asno daquelas pessoas pervertidas" é presumivelmente uma referência ao asno de Balaão, e Balaão era um nome rabínico secreto para Jesus.[57] Pode ser que esta associação, ao invés de Jesus montando um asno, tenha sugerido a forma particular de quebra do *Sabbath* por cristãos que tentou Hananyah. De todo modo a história é muito polêmica para ser tomada como evidência de que judeu-cristãos quebravam o *Sabbath* a seus próprios olhos, por infrações ao mandamento tão escandalosas como montar um asno. Pode, no entanto, ser tomado como evidência de que eles guardavam o *Sabbath* com menos rigor do que os rabbis e eram portanto tomados como infratores do *Sabbath* pelos rabbis.

As discussões de judeu-cristãos com as sinagogas na Palestina ou Síria no início do segundo século são mais certamente refletidas no *Evangelho dos Nazarenos*. Um fragmento que sobreviveu reconta a história da cura do homem da mão seca e atribui a ele as palavras: "Eu era um pedreiro, vivendo do trabalho de minhas mãos; eu lhe imploro, Jesus, dá-me de volta minha saúde para que eu não precise mais esmolar vergonhosamente por comida."[58] A intenção é claramente dar um sentido de urgência à necessidade de Jesus de curar, algo que falta no Evangelho de Mateus, e portanto defender Jesus contra a acusação judaica de quebra do *Sabbath*. É digno de nota que a defesa pretende reduzir a diferença entre Jesus e os fariseus[59], e deve refletir um grupo judeu-cristão guardando o *Sabbath* com maior rigor que a comunidade de Mateus vinha fazendo.

Provavelmente foram tais judeu-cristãos restritivos que produziram o *logion* apócrifo de Jesus: "A não ser que guardem o *Sabbath*, não verão o Pai." Discutiremos abaixo que este *logion*, amplamente conhecido na Igreja

---

56. A população de Cafarnaum era totalmente judia. (F.-M. Abel, "Capharnaum", *Dictionnaire de la Bible Supplément* v. 1, cols. 1050-1053. Assim não há a questão de cristãos gentios. Há evidência arqueológica de uma comunidade judeu-cristã em Cafarnaum (informação de J. P. Kane).

57. Herford compara o grafite romano de um asno crucificado, mas a relevância desta ridicularização pagã do cristianismo romano para uma tradição que diz respeito à polêmica judia contra o cristianismo galileu parece duvidosa.

58. Jerônimo, *In Matt.* 12.13.

59. Compare a defesa de Jesus por Irineu, *Haer.* 4.8.2, e Tertuliano, *Marc.* 4.12, que argumenta que o mandamento do *Sabbath* proibia o trabalho dos humanos mas não o serviço de Deus.

do segundo século e usualmente interpretado em sentido metafórico, pode ter se originado em círculos judeu-cristãos restritivos com referência à observância literal do *Sabbath*. Ele pode até mesmo ter se originado no grupo judeu-cristão que escritores mais tarde chamaram de Masboteus ("Sabatarianos", de *mšbṯ*)[60], que diziam que o próprio Jesus lhes havia ensinado "*in omni re sabbatizare.*"[61] O senso deste mandamento não é claro. Na interpretação gentio-cristã do segundo século do mandamento do *Sabbath*, "sabatizar perpetuamente" significa devotar todo o tempo disponível de alguém a Deus, mas esta interpretação não sabatariana dificilmente é apropriada a um grupo conhecido como "sabatarianos". Possivelmente os masboteus eram um grupo monástico que abjurou de toda atividade secular, mas mais provavelmente a expressão "*in omni re*" simplesmente indica a restritividade excessiva de sua observância do *Sabbath*.

Inácio de o Problema da observância do Sabbath pelos gentios

Acaso os cristãos gentios do segundo século guardavam o *Sabbath*? Embora, como veremos, a corrente dominante do cristianismo do segundo século era em favor de uma rejeição ampla à observância do *Sabbath* juntamente com práticas judias em geral, devemos pontuar também uma influência contínua do cristianismo judeu em algumas partes da Igreja que promoveu tendências judaizantes. Também precisamos reconhecer que o problema da judaização de práticas cristãs populares deve ser delimitado em

---

60. Hegesipo, *ap.* Eusébio, *Hist. eccl.* 4.22.5, lista os Μασβώθεοι entre as seitas palestinas judeu-cristãs (e também, em 4.22.7, entre seitas judias não cristãs). A versão latina de Eusébio por Rufino traz "Masbutheus" como o autor da heresia, mas isto não está no texto grego e é um exemplo claro da tendência patrística de derivar heresias de fundadores fictícios (similarmente os Ebionitas de "Ebion"). Os Masboteus também são mencionados em *Const. Apost.* 6.64 e Pseudo-Jerônimo (veja a próxima nota). A partir destas referências é impossível formar qualquer noção clara de suas características, mas pode-se confiar em Pseudo-Jerônimo porque sua afirmação sobre os mesmos não é uma descrição patrística padronizada de judeu-cristianismo, mas, embora confusa, uma distinta descrição, e também porque dá uma explicação plausível para sua denominação (que pseudo-Jerônimo mesmo não percebe ser uma explicação para o nome).

61. Pseudo-Jerônimo, *Indiculus de haeresibus Judaeorum (PL* 81:636C). A. F. J. Klijn & G. J. Reinink, *Patristic Evidence for Jewish-Christian Sects,* NovTSup 36. Leiden: Brill, 1973, p. 15, data este texto no final do quarto século ou início do quinto.

um quadro mais amplo de sincretismo. Cristãos gentios podem ter sido influenciados por cristãos judeus ou por judeus não cristãos, mas eles podem também ter encontrado observância do *Sabbath* em outros contextos fortemente sincréticos.

Várias seitas nos entrelugares do judaísmo, cristianismo e gnosticismo eram sabatarianas. Observância muito restrita do *Sabbath* era demandada pelo judeu gnóstico Dositeu da Samaria.[62] A observância do *Sabbath* era alegadamente parte do ensinamento do gnóstico Cerinto.[63] Interessante testemunho da associação entre *Sabbath* e astrologia em grupos sincréticos é fornecida pelos elkesaítas, que foram ensinados a "honrar o *Sabbath*" porque era um dos dias controlado pelos "astros maus do afastamento de Deus."[64] A Ásia Menor em particular parece ter fundeado seitas judaizantes, sincréticas, como os Σαββατισταί da Cilícia (que provavelmente combinavam sua observância do *Sabbath* com o culto a Sabázio) e os Hipsistários.[65] Estes não têm conexões conhecidas com o cristianismo mas ilustram a possível complexidade dos problemas de "judaização" tanto em Colossos no tempo de Paulo quanto em Magnésia no tempo de Inácio.

A *Carta aos Magnésios* de Inácio (9:1: "...não mais sabatizar mas viver segundo o Dia do Senhor, do qual nossa vida também surgiu por Ele e por sua morte") fornece de fato a única referência do segundo século a cristãos gentios sendo tentados a observar o *Sabbath*. É interessante encontrar esta referência novamente na área da Ásia Menor onde Paulo encontrou seus problemas de "judaizantes", e onde tanto judeus quanto judeu-cristãos eram numerosos. A *Carta aos Filadélfios* (6:1) de Inácio indica um problema similar com "judaizantes" naquela igreja. Tais problemas parece terem sido endêmicos na áera.

---

62. Orígenes, *Princ.* 4.3.2.

63. Filástrio, *Div. her. liber* 36.2 Mas esta não é uma testemunha muito confiável. Klijn & Reinink, *Patristic Evidence*, p. 3-19, 68, conclui que na verdade quase nada é sabido de Cerinto. A observância do *Sabbath* é um padrão judeu tão estabelecido que sua atribuição a Cerinto era quase inevitável.

64. Hipólito, *Haer.* 9.16.2-3; Epifânio, *Pan.* 19.5.1; 30.17.5.

65. Lohse. In: *TDNT* 7:7; cf. Gregório Nazianzeno, *Oratio* 18.5.

A identidade dos oponentes de Inácio tem sido tema de discussão, especialmente a questão se ele se dirigia a dois grupos, judaizantes e gnósticos docetistas, ou um grupo de judaizantes sincréticos.[66] Num quadro geral parece que Inácio deparou-se não com judeu-cristãos que apregoavam pela obediência da Lei de Moisés entre os gentios, mas judaizantes sincréticos, provavelmente tanto judeus quanto gentios, que retinham certas práticas judias (como observância do *Sabbath*) e recusavam-se a seguir a interpretação cristã do Antigo Testamento, que encontrava a vida, morte e ressurreição de Jesus prevista em profecias messiânicas. Parece provável que suas eucaristias em separado (*Phil.* 4:1; cf. 3:3; 7 *Magn* 4:1; *Esmirn.* 7:1; 8:20, que Inácio tomava como cismáticas, eram praticadas no *Sabbath* em distinção à do Bispo que ocorria no domingo.

Em *Magn.* 91:1 Inácio usa "sabatizar" como um termo representativo de práticas judias em geral, um uso muito natural em vista da distinção e proeminência do *Sabbath* no judaísmo. Para Inácio a prática do judaísmo era radicalmente incompatível com o cristianismo. "Se vivemos segundo o judaísmo, confessamos que não recebemos a graça" (*Magn.* 8:1). "É absurdo professar Jesus Cristo e judaizar" (10:3). Mas o ponto realmente crucial era a questão cristológica, a realidade histórica da vida, morte e ressurreição de Jesus como cumprimento da profecia messiânica. Era a interpretação dos profetas que estava em questão com os judaizantes, e assim *Magn.* 9:1 é apresentado no contexto de uma discussão sobre os profetas. Neste contexto fica claro que o contraste do *Sabbath*, representando o judaísmo, e o Dia do Senhor, representando o cristianismo, é importante para Inácio porque o Dia do Senhor é o dia no qual Jesus ergueu-se dos mortos: "O Dia do Senhor, no qual também nossa vida ganhou impulso por Ele e por sua morte, que alguns negam – por tal mistério obtivemos a fé." Observar o Dia do Senhor significa reconhecer que a salvação ocorre por meio de sua morte e ressurreição reais.

---

66. A discussão mais recente é a de C. K. Barrett, "Jews and Judaizers in the Epistles of Ignatius". In: R. Hamerton-Kelly & R. Scroggs (eds.), *Jews, Greeks and Christians: Essays in Honor of W. D. Davies.* Leiden: Brill, 1976, p. 220-244. Barrett mapeia seu debate, e faz sua própria contribuição, identificando os oponentes em Filadélfia, Magnésia e Esmirna como judaizantes sincréticos. No relato que se segue eu baseei-me amplamente em Barrett. O problema do texto de *Magn.* 9:1 foi discutido no capítulo 17.

"Sabatizar", a prática dos judaizantes, é associada por Inácio com sua negação docética da morte do Senhor. Eis por que Inácio usa o contraste entre o *Sabbath* e o Dia do Senhor como símbolos de toda a disputa.

Não é totalmente claro se em *Magn.* 9:1 são os profetas do Antigo Testamento ou os judeu-cristãos que "ganham uma nova esperança, não mais sabatizando, mas vivendo segundo o Dia do Senhor." O contexto como um todo favorece o primeiro caso, e não se deve pensar que Inácio seria incapaz de acreditar que os profetas abandonaram a observância do *Sabbath*, uma vez que em 8:2 ele diz que eles "viveram segundo Cristo Jesus" e portanto não "segundo o judaísmo." Os profetas, ele está dizendo, viveram à espera da morte e ressurreição do Messias, e portanto eles viveram "segundo o Dia do Senhor", esperando a salvação que o evento do Domingo de Páscoa lhes trouxe. "Portanto, quando aquele que esperavam verdadeiramente veio, ele os ergueu dentre os mortos" (9:3).

Se Inácio acreditava que os profetas do Antigo Testamento, como cristãos antes de Cristo, abandonaram a observância do *Sabbath*, ele devia esperar que os judeu-cristãos fizessem o mesmo. O contraste agudo que ele delineia entre "sabatizar" e "viver segundo o Dia do Senhor" é digno de nota uma vez que a matéria não foi previamente posta segundo estes termos na literatura cristã que chegou até nós. Esta não é exatamente a preocupação paulina pela liberdade dos gentios em relação à lei mas uma distinção mais profunda entre judaísmo e cristianismo. O *Sabbath*, para Inácio, é o distintivo de uma falsa compreensão sobre Jesus Cristo, enquanto o culto eucarístico no Dia do Senhor define o cristianismo como salvação pela morte e ressurreição de Jesus Cristo. Ele é uma testemunha bastante antiga da dissociação entre judaísmo e cristianismo que caracteriza o segundo século, e de toda a atitude negativa em relação à observância do *Sabbath* que era de tal dado o colorário.

Não encontramos outras referências à observância gentio-cristã do *Sabbath* até o século III, mas desde o início do terceiro século e especialmente a partir do quarto há evidências de um apreço generalizado entre os gentios pelo sábado, expresso primeiramente pela proibição de jejuar em dia de sábado e a prática do culto cristão aos sábados (em adição ao culto dominical). Teria havido, assim, uma tradição contínua de observância sabática em alguns círculos de gentios cristãos desde os tempos apostólicos até o terceiro e quarto séculos? O hiato de evidências desde o segundo século torna tal questão debatível.[67]

A observância gentio-cristã do *Sabbath* no terceiro e quarto séculos pareceria, em geral, ter sido não mais um resultado de influência judeu-cristã. Parece ter sido mais um aspecto da adoção cristã, popular, de costumes judeus dos vizinhos judeus. Consequentemente, ela pertencia especialmente a áreas com grandes comunidade judias, especialmente a Palestina, Síria e Ásia Menor. O *Sabbath* era parte de um problema mais amplo de "judaização" dentro de um contexto sincretista geral.[68] É perfeitamente possível que tais tendências "judaizantes" tenham continuado desde a Igreja apostólica por todo o segundo século,[69] mas as evidências não parecem indicar que tais tendências se tornaram mais difundidas no terceiro e quarto séculos. Talvez isto devesse ser percebido como parte do problema crescente de sincretismo à medida em que o cristianismo emergiu da era de perseguições e se popularizou, absorvendo muitos seguidores.

Esta tendência "judaizante" era uma tendência enraizada como grama à qual as autoridades da Igreja se opunham. O Concílio de Laodiceia (380 d.C.), p. ex., legislou contra uma série de práticas "judaizantes" incluindo descansar no *Sabbath* (cânon 29).[70] Parece que enquanto a tendência popular era a de imitar a prática judia, as autoridades por vezes respondiam pela insistência em um tipo específico de observância cristã do *Sabbath* muito distinta do tipo judeu. O *Sabbath* não deveria ser observado "pela ociosidade", imitando

---

67. Cf. R. A. Kraft, "Some Notes on *Sabbath* Observance in Early Christianity", *AUSS* 3 (1965), p. 28-33; K. A. Strand. "Some Notes on the *Sabbath* Fast in Early Chrisianity", *AUSS* 3 (1965), p. 167-174. Rordorf, *Sunday*, p. 142-153; Rordorf, *Sabbat et dimanche dans l'Église ancienne*. Neuchâtel: Delachaux et Niestlé, 1972, p. XII-XIV; Mosna, *Storia della Domenica*, p. 201-206. Sobre o terceiro século, cf. N. R. M. de Lange, *Origen and the Jews*. Cambridge: Cambridge University Press, 1976, p. 86.

68. Veja especialmente M. Simon, *Verus Israel*. Paris: E. DeBoccard, 1964. capítulo IX, "Les judaïsants dans l'Église."

69. Como Simon, op. cit., p. 383.

70. Sobre o Concílio de Laodiceia, veja id., ibid., p. 374-375; 382-383; 422-423. Note mais uma vez a localização na Ásia Menor, e também a associação de judaísmo e práticas mágicas.

os judeus, mas como um dia de liturgia cristã quando as Escrituras do *Novo Testamento* são lidas em comemoração da criação do mundo por Deus *por meio de Cristo*.[71] Rordorf argumenta que esta distintamente observância cristã do *Sabbath* não poderia ser contínua com as tendências "judaizantes" mais antigas.[72] Provavelmente, contudo, devemos vê-las como tentativas da Igreja de conter tendências "judaizantes" pela cristianização do *Sabbath*.[73]

Pseudo-Barnabé

Uma tentativa singular de reinterpretação do mandamento do *Sabbath* de modo que desautorize a observância do *Sabbath*, não somente por cristãos mas até mesmo por judeus anteriores a Cristo, é encontrada na *Epístola de Barnabé* 15. A interpretação da passagem é difícil e tem sido debatida.[74] A seguinte reconstrução da discussão parece a mais plausível a este escritor, mas seria impossível aqui discutir os problemas em todos os seus detalhes.

"Barnabé", provavelmente um judeu-cristão de Alexandria, escreve contra a observância de práticas judias para desencorajar seus companheiros cristãos em perseverar na adoção das mesmas. Ele toma o Decálogo como base de tanto a aliança que foi feita e então quebrada no Sinai quanto a aliança

---

71. P. ex., Concílio de Laodiceia, cânon 16; *Const. Apost.* 2.36.2; 2.59.3; 7.2.3; 7.36.1; Pseudo-Inácio, *Magn.* 9:1-12.

72. Rordorf, *Sunday*, p. 150-152. Ele argumenta que esta observância do terceiro e quarto séculos do *Sabbath* derivou da interpretação espiritual do mandamento do *Sabbath* desenvolvido no segundo século (veja adiante). Mas uma vez que tal interpretação foi desenvolvida em oposição a qualquer observância do *dia do Sabbath*, é difícil ver como poderia ter levado a tal observância, mesmo em uma maneira não judia. (Esta é a crítica posta por K.A. Strand, "From *Sabbath* to Sunday in the Early Christian Church: A Review on Some Recent Literature, Part I: Willy Rordorf's Reconstruction", *AUSS* 16 [1978], p. 388. A interpretação espiritual do mandamento do *Sabbath* pode ter *influenciado* esta observância do *Sabbath*, mas somente *em resposta* ao perigo de tendências ainda mais judaizantes.

73. Simon, op. cit., p. 375-376, 383.

74. Discussões estendidas recentes são A. Hermans, "Le Pseudo-Barnabé est-il millénariste?" *Ephemerides Theologicae Lovanienses* 35 (1959). 849ss.; W. H. Shea, "The *Sabbath* in the Epistle of Barnabas", *AUSS* 4 (1966), 149ss. (Shea, bem como Rordorf, escreveram ignorando a importante contribuição de Hermans); cf. tb. C. K. Barrett, "The Eschatology of the Epistle to the Hebrews". In: W. Davies & D. Daube (eds.), *The Background of the New Testament and its Eschatology*. Cambridge: Cambridge University Press, 1956, p. 369-370; e alguns comentários de grande ajuda e P. Prigent & R. A. Kraft, *Épître de Barnabé*, SC 172. Paris: Cerf, 1971, p. 182-188.

que agora se aplica aos cristãos (14,3-5). A lei venerada no Decálogo aplica-se aos cristãos. O *Sabbath* portanto demanda atenção tanto como principal característica (com a circuncisão) do culto judeu ao qual Barnabé se opunha e também como mandamento do Decálogo. Ele é o único escritor cristão do segundo século que trata o mandamento do *Sabbath* explicitamente como parte do Decálogo (15,1).

Na tradição da exegese tipológica judia e cristã do Gn 1 e 2, Barnabé explica a semana da criação como uma profecia da semana mundana (seis milênios seguidos do *Sabbath* escatológico). Este é o "sétimo dia" que Deus santificou, no qual Ele descansará (καταπαύσεται). Este mundo presente, que é o tempo do "sem lei" (ὁ ἄνομος), posto em contraste com o mundo que há de vir, do qual "a falta de lei" (ἡ ἀνομία) terá sido eliminada. Deus trará este mundo a um fim na Parusia (no fim de seus seis milênios) e há de inaugurar um novo mundo. Seu descanso escatológico é portanto interpretado não como uma inatividade mas como trazendo um fim a este mundo (καταπαύσας τὰ πάντα) e trazendo à existência o novo mundo (καιρῶν γεγονότων πάντων).[75]

A versão de Barnabé do *mandamento* do *Sabbath* (15,1.6) é original; ele interpreta "santificar" o sábado como uma atividade de santidade moral radical a qual ninguém no presente mundo mau pode alcançar. No *Sabbath* escatológico, contudo, os próprios cristãos terão sido totalmente santificados e assim tornados capazes de guardar o *Sabbath* (enquanto Era) e partilhar do descanso escatológico de Deus. Obediência ao mandamento do *Sabbath* não tem nada a ver com um dia da semana ou com descanso físico mas é uma questão de viver santamente na Era futura do *Sabbath* que Deus tornou santa.[76] Os *Sabbath*s judeus (τὰ νῦν σάββατα) são portanto próximos do inaceitável para Deus.

---

75. A concepção é provavelmente relacionada à interpretação da semana da criação em Filo, que toma o descanso divino como significando seu cessamento do trabalho de criar coisas mortais e o começo de sua criação de "outras coisas mais divinas" (*Leg. alleg.*1.5). Cf. Hermans, "Le Pseudo-Barnabé", p. 863-864, que aponta um forte paralelismo de vocabulário entre Filo e Barnabé neste ponto.

76. Barnabé em outra parte (10:11) chama o próximo mundo de ὁ ἅγιος αἰών.

Neste ponto o argumento de Barnabé poderia ter terminado. Muito da confusão sobre tal significado adveio de seus apontamentos conclusivos sobre o "oitavo dia", que têm quase o aspecto de pensamentos adicionais. Não satisfeito com a dispensação da observância do *Sabbath* semanal referindo-se ao *Sabbath* escatológico, Barnabé (como Inácio antes dele) pensa necessário também estabelecer um contraste entre o *Sabbath* judeu e o domingo cristão. Ele assim complica sua terminologia escatológica ao referir-se ao novo mundo como o "oitavo dia" e conclui: "Assim [isto é, porque o *Sabbath* aceitável por Deus é o oitavo dia escatológico, o novo mundo], passamos com regozijo ao oitavo dia no qual Jesus ergueu-se dos mortos, apareceu, e ascendeu aos céus" (15,9).

Barnabé não é um quiliasta. Embora ele tenha sido comumente percebido como querendo dizer que a Era do *Sabbath* será seguida pelo oitavo dia da Eternidade, esta interpretação não pode ser sustentada. Ele utiliza tanto "*Sabbath*" quanto "oitavo dia" como termos intercambiáveis para o novo mundo que seguir-se-á à Parusia.[77] Esta combinação confusa de dois sistemas de aritmética escatológica é o menos surpreendente uma vez que a encontramos recorrentemente no cristianismo gnóstico alexandrino. É uma maneira de combinar a percepção cristã do culto aos domingos como antecipação da vida no mundo vindouro com a ideia de *Sabbath* escatológico herdada dos judeus.

Nem é intenção de Barnabé introduzir a observância cristã do domingo como um cumprimento do mandamento do *Sabbath*, embora ele tenha sido assim interpretado.[78] Em primeiro lugar, ἄγομεν τὴν ἡμέραν ὀγδόην

---

77. Isto está claro a partir da terminologia de 15,8, como Hermans convincentemente demonstrou. καταπαύσας τὰ πάντα = συντελέσει τὰ σύμπαντα (15,4) e ποιήσω ἄλλου κόσμου ἀρχήν = καινῶν δὲ γεγονότων πάντων (15,7). Se Barnabé for um milenarista, ele é um inexplicavelmente incoerente, e portanto, embora Rordorf, *Sunday*, p. 93-94, é de fato mais fácil acreditar que "duas ideias escatológicas foram forçadamente postas juntas, uma que vê o sétimo dia como o novo éon e outra que toma o oitavo dia como o novo éon." Uma alternativa poderia ser a conjectura de que o verso 9 e a menção do oitavo dia no verso 8 são uma adição posterior ao texto, mas neste cão o capítulo terminaria de maneira ainda menos satisfatória que faz agora.

78. Hermans, op. cit., p. 850: "Barnabé propõe-se provar que o *Sabbath* é exclusivamente cristão. O Decálogo não prescreve a santificação do sétimo dia, mas do oitavo, isto é, o domingo cristão" (tradução livre a partir da de Bauckham). O argumento de Hermans depende da qualificação das implicações de 15,6-7 pela introdução de um elemento de "antecipação do futuro" (p. 872-875): mas mesmo se isto fosse permitido, Barnabé não pode tomar o *domingo* como a antecipação cristã

εἰς εὐφροσύνην (15,9) está em forte contraste com toda a terminologia de Barnabé sobre guardar o *Sabbath* utilizada mais cedo no mesmo capítulo. Não é um modo natural de indicar que a observância do domingo cumpre o mandamento: ἀγιάσατε τὸ σάββατον κυρίου χερσὶν καθαραῖς καὶ καρδίᾳ καθαρᾷ, "Santificai o *Sabbath* do Senhor com mãos puras e coração puro" (15,1). Segundo, seu argumento contra a observância judia do *Sabbath* é, precisamente, que o mandamento *não pode* ser cumprido deste lado da Parusia (15,6-7). Ele não pode chegar a tais conclusões fáceis.[79] Em terceiro lugar, nem o descanso físico nem o culto tem lugar na exposição de Barnabé sobre o mandamento do *Sabbath*.

Evidentemente ele introduz a referência ao domingo com a função de apontar que os cristãos têm seu próprio dia legítimo de observância, de algum modo comparável com o *Sabbath* judeu que se provou ilegítimo. Mas diferentemente do *Sabbath* judeu, o domingo cristão não é uma tentativa de cumprir o mandamento do *Sabbath*. Na verdade é uma celebração semanal de esperança em uma salvação escatológica. A não ser no caso de 15,9 é completamente desconectado do argumento do capítulo, e Barnabé deve ser tomado como querendo dizer que cristãos têm tal esperança (cf. 15,17) porque na ressurreição de Jesus a nova era de alguma maneira já alvoreceu.

A escatologia de Barnabé não falha em ter um aspecto de realidade, primariamente a vitória de Cristo na qual a esperança cristã pela salvação na Parusia está baseada: "A pessoa justa vive tanto neste mundo presente quanto à espera (ἐκδέχεται) da Era Santa". (10,1). De fato, ele acredita que a santidade da era por vir já é antecipada na vida dos cristãos neste mundo (veja especialmente o capítulo 1), e este é o pressuposto para sua insistência sobre a batalha contra poderes maus do mundo presente (p. ex., 2,1; 4,9). Com base nisto alguém poderia esperar encontrar no argumento do capítulo 15 uma afirmação de que os cristãos cumprem o mandamento do *Sabbath* de modo antecipatório no mundo presente não por meios do culto dominical mas no

---

do *Sabbath* escatológico, uma vez que ele tenha interpretado o mandamento do *Sabbath* em termos nem de culto nem de descanso físico, mas de santidade moral. Segundo esta compreensão de "santificação" seria absurdo "santificar" um dia da semana.

79. Cf. Shea, "The *Sabbath*", p. 170 n. 64.

todo de suas vidas conformadas com a santidade do mundo vindouro. Que o mandamento seja de fato todo referente ao futuro deve refletir o propósito polêmico de Barnabé e o esquema escatológico rígido que coloca o descanso do *Sabbath* de Deus totalmente no ponto mais extremo da Parusia.

A interpretação de Barnabé do mandamento do *Sabbath* tem dois elementos: (1) ele é aplicável à santidade ao invés do descanso físico, (2) ele é aplicável ao *Sabbath* escatológico que vem em seguida à parusia. O segundo elemento já percebemos como sendo comum a escritores do segundo século, embora raramente relacionados ao *mandamento* do *Sabbath*. O primeiro elemento torna-se uma reinterpretação de preferência do mandamento do *Sabbath*, especialmente no fim do segundo século, embora com referência à vida cristã no presente e raramente relacionada ao descanso escatológico. Certamente o modo de Barnabé de combinar os dois elementos é original.

Como no caso de Inácio, devemos notar que a rejeição de Barnabé do *Sabbath* (literal) pertence a um contexto de forte diferenciação entre judaísmo e cristianismo. Para Barnabé toda a prática da religião judaica, incluindo guardar o *Sabbath*, era religião falsa que nunca foi querida por Deus, mesmo no Antigo Testamento. A prática judia do *Sabbath* não era obediência mas desobediência a Deus, e portanto cristãos, os verdadeiros herdeiros da aliança, não devem guardar o *Sabbath*. Barnabé é extremo em sua defesa deste ponto de vista, mas a avaliação puramente negativa do *Sabbath* judeu no contexto de uma condenação ampla do judaísmo é característica dos Padres.

A interpretação metafórica do mandamento do Sabbath

A reinterpretação de Barnabé do mandamento do *Sabbath* como demandando santidade ao invés de descanso físico é um exemplo antigo da interpretação favorita dos cristãos do segundo século do mesmo mandamento. Provavelmente já fosse corrente nos círculos judeu-cristãos helenizados de Alexandria aos quais Barnabé pertencia. Estes círculos também conheciam a mesma como o sentido de um *logion* apócrifo bem conhecido de Jesus sobre o *Sabbath* que sobreviveu tanto em grego (Pap. Oxy. 1, linhas 4-11) quanto em Copta (*Evangelho de Tomé* 27):

ἐὰν μὴ νηστεύσητε τὸν κόσμον οὐ μὴ εὕρητε τὴν βασιλείαν τοῦ θεοῦ καὶ ἐὰν μὴ σαββατίσητε τὸ σάββατον οὐκ ὄψεσθε τὸν πατέρα.

A não ser que se abstenham do mundo, não verão o Reino de Deus; a não ser que guardem o sábado, não verão o Pai.

Não é possível que este *logion* originado nos círculos gnósticos que redigiram o *Evangelho de Tomé*, diante da maneira característica de tal evangelho de lidar com observâncias judias e judeu-cristãs, as rejeite[80] ao invés de as espiritualizar. O *logion* original[81] provavelmente tinha uma formulação legalista judeu-cristã:[82] "Se não jejuam, não encontrarão o Reino de Deus; se não guardam o *Sabbath*, não verão o Pai". Que o *Evangelho de Tomé* se vale de material judeu-cristão em grande extensão e em outras porções é algo claro,[83] e a expressão σαββατίσητε τὸ σάββατον é um semitismo que não precisa significar mais do que "guardar o sábado."[84] O sentido metafórico do *logion* em sua versão que sobreviveu depende inteiramente das palavras τὸν κόσμον, que são uma adição tipicamente gnostizante como encontrada no *Evangelho de Tomé* 21 (onde o mandamento sinótico de "estar vigilante" se torna: "Estejam vigilantes contra o mundo"). Por meio desta emenda um requerimento ori-

---

80. *Evangelho de Tomé* 6: "Se vocês jejuarem, estarão pecando"; cf. 14, 104.

81. Fitzmyer, "The Oxyrhynchus *Logia*", p. 534, "não vê razão por que este dito não poderia ser autêntico": mas, quer tomemos o jejum e *Sabbath* literalmente ou metaforicamente, as ideias não têm paralelos nos ensinamentos de Jesus recolhidos nos evangelhos canônicos.

82. Assim Lohse, *TDNT* 7:32.

83. Cf. especialmente o *logion* 12; R. M. Grant & D. N. Freedman, *The Secret Sayings of Jesus*. Londres: Collins, 1960, p. 71-74; R. McL. Wilson, *Studies in the Gospel of Thomas*. Londres: Mowbrays, 1960, p. 131-132.

84. Não é o uso para a guarda ordinária do *Sabbath* semanal na Septuaginta mas ocorre com referência a Yom Kippur em Lv 23,22 e anos sabáticos em 2Cr 36,21 (tb. Lv 25,2, Áquila). A expressão hebraica por detrás destas passagens não é atestada no Antigo Testamento para o *Sabbath* semanal, ocorrendo em outras partes somente em Lv 26,35, mas a forma tem paralelos sintáticos comuns. Não pode ser pretendido, forçadamente, que signifique "*verdadeiramente* guarda o *Sabbath*", e a falta de atestação para o *Sabbath* semanal é provavelmente acidental. Assim enquanto reconhecendo que a expressão seja pouco usual, não podemos concluir com C. Taylor, *The Oxyrhynchus Logia and the Apocryphal Gospels*. Oxford: Clarendon, 1899, p. 13-14 (seguido por Fitzmyer, op. cit., p. 533), que não possa se referir ao *Sabbath* semanal. Diante dos exemplos da Septuaginta recém-citados, a tradução "sabatizar a semana" (sugerida por H. G. E. White, *The Sayings of Jesus*, p. 29, seguida por M. R. James, *The Apocryphal New Testament*. Oxford: Clarendon, 1924, p. 27, é antinatural, a despeito dos paralelos para este sentido em escritores cristãos posteriores (p. ex., Justino, *Dial.* 12).

ginalmente literal para guardar o *Sabbath* judeu se tornou um mandamento metafórico para guardar alguma espécie de *Sabbath* espiritual.[85]

A nuança precisa do significado é difícil de determinar. No contexto de *Tomé*, Gärtner a toma como uma expressão de "atitude negativa sobre o mundo", significando talvez contemplação.[86] Ambos os termos poderiam facilmente ser tomados em um sentido bastante geral, aceitáveis tanto para o cristianismo católico quanto o gnóstico, como requerendo abstenção do mau presente na era atual.

Tem sido plausivelmente sugerido[87] que este ou algum ágrafo estava na mente de Justino Mártir quando ele escreveu: "A nova lei requer que vocês guardem o *Sabbath* constantemente".[88] No capítulo anterior Justino identificara Cristo como a nova lei. Similarmente o valentiniano [N.T.: isto é, seguidor de Valentino Gnóstico] Ptolomeu, escrevendo sobre como Cristo alterou o significado da lei cerimonial de literal para espiritual, explica que Ele

> Deseja que sejamos circuncidados, mas não no prepúcio físico, mas em relação com nossos corações espirituais. Ele deseja que guardemos o Sababth; pois Ele quer que nos afastemos de toda referência a ações más. Quanto a jejuar, Ele deseja que estejamos envolvidos não em jejum físico, mas em jejum espiritual, que é a abstinência de tudo aquilo que é mau.[89]

---

85. É possível que o *logion* já fosse compreendido metaforicamente na fonte imediata do *Evangelho de Tomé*. Espiritualização tanto do *Sabbath* quanto do jejum (*Barn.* 3) já pode ser encontrada em pseudo-Barnabé. Possivelmente, como *Evangelho de Tomé* 2, o *logion* deriva do *Evangelho dos Hebreus* egípcio; isto esclareceria possíveis ecos do mesmo em Clemente de Alexandria, *Strom* 3.15.99, *Ecl. Proph.* 14:1. Há provavelmente também um eco em Pseudo-Macário, que usa a expressão σαββατίζειν σάββατον ἀληθινόν (note como isso dá o sentido metafórico da segunda parte do dito pela adição de ἀληθινόν); veja A. Baker, "Pseudo-Macarius and the Gospel of Thomas", *VC 18* (1964), 220-221.
A expressão "jejuar para o mundo" também é encontrada no *Liber Graduum* sírio, e A. Baker. "Fasting to the World", *JBL* 84 (1965) 291-294 argumenta que o mesmo é traduzido do sírio.

86. Gärtner, *The Teology of the Gospel of Thomas* p. 239-240; cf. Jeremias, op. cit., p. 13-14, e em Hennecke & Schneemelcher, *New Testament*...1:106.

87. Grant & Freedman, op. cit., p. 85.

88. *Dial.* 12:3.

89. Epifânio, *Pan.* 33.3.5.11-13.

Se Ptolomeu aqui quis se referir a ágrafos[90], então *Evangelho de Tomé* 53 e 27 se encaixam nesta situação perfeitamente.

Quer a mesma tenha sido tornada popular ou reforçada por um dito apócrifo de Jesus ou não, a interpretação metafórica do mandamento do *Sabbath* tornou-se padrão após o segundo século tardio. Como Rordorf explica, "o mandamento do *Sabbath* não significa, afirmam, que devemos nos abster de trabalhar em um dia ou em sete, mas que devemos nos abster *a todo tempo* de qualquer ação pecaminosa: o cristão deveria, assim, observar um *Sabbath* perpétuo e consagrar todo dia a Deus."[91]

Em Justino esta interpretação é usada como crítica da observância judia do *Sabbath*:

> A nova lei requer de vocês a guarda de um *Sabbath* perpétuo, e vocês, porque estão descansando por um dia, supõem-se pios, não discernindo por que este mandamento lhes foi dado. ...O Senhor nosso Deus não encontra prazer em tais observâncias: se há alguma pessoa entre vocês que comete perjúrio ou rouba, cesse de o fazer; se algum adúltero, arrependa-se; e então esta pessoa terá guardado o doce e verdadeiro *Sabbath* de Deus.[92]

Em Ptolomeu a interpretação espiritual do *Sabbath* é parte de uma exposição sistemática sobre a relevância da lei de Moisés para os cristãos, e similarmente Irineu estava preocupado em explicar o significado da Lei de Moisés para os cristãos, aplicando os princípios do Sermão do Monte a toda a Lei. No caso de dízimos, p. ex., Irineu argumentou que a lei "não requererá dízimos de alguém que consagre todos os seus bens a Deus." No caso do *Sabbath*,

> Ele não será ordenado a se manter ocioso por um dia de descanso se estiver constantemente guardando o sábado, isto é, ren-

---

90. Como argumentado por G. Quispel. In: Ptolémée, *Lettre à Flora*, ed. G. Quispel, SC 24*bis*. Paris: Cerf, 1966, p. 24.

91. Rordorf, *Sunday*, 102.

92. *Dial.* 12:3, citando Is 58,13.

dendo homenagens a Deus no templo de Deus, que é o corpo humano, e a todo tempo fazendo as obras da justiça.[93]

Para Tertuliano, o significado do mandamento do *Sabbath* para cristãos era que "estejamos mais propensos a observar um *Sabbath* de todo trabalho servil sempre, não somente no sétimo dia, mas por todo o tempo."[94] É inteiramente claro em todos estes escritores que o mandamento literal de descansar em um dia a cada sete era uma ordenança temporária destinada apenas a Israel. O cristão cumpre o mandamento ao dedicar todo o seu tempo a Deus.[95]

A racionalidade desta interpretação dependia, claro, de uma compreensão totalmente "religiosa" do mandamento; nenhum escritor do período delineia qualquer conjectura do mesmo ser uma provisão para o necessário descanso físico.[96] A forma judia de observância era portanto "ociosidade." O mandamento era realmente sobre devoção a Deus, e portanto o princípio de Jesus de intensificar a Lei (p. ex., a proibição do assassinato foi estendida a atitudes de ódio) tornou o mandamento do *Sabbath* um ensinamento de devoção de toda a vida a Deus.

Este era o princípio básico do qual os Padres criaram seus argumentos de que a observância literal do *Sabbath* não era obrigatória para cristãos. Outros argumentos eram subsidiários deste. Era, p. ex., comumente apontado que os patriarcas antes de Moisés não guardavam o *Sabbath* semanal e mesmo assim eram tidos como retos.[97] Brechas do Antigo Testamento sobre o *Sabbath* (isto é, casos onde o mandamento literal foi sobrepassado por necessidades de servir a Deus) eram citadas, p. ex., os sacerdotes do Templo, a circuncisão no oitavo dia do nascimento[98], o cerco de sete dias de Josué a

---

93. *Epid.* 96, cf. *Haer* 4.16.1.

94. *Adv. Jud.* 4.2. A ideia de que "trabalho servil" fosse o tipo de trabalho proibido no *Sabbath* é encontrada em Irineu, *Haer.* 4.8.2, e representado na versão própria de Tertuliano do mandamento *Adv. Jud.* 4.1. Se tornou universal em escritores cristãos, mas na verdade deriva de legislação do Antigo Testamento sobre festivais, não o *Sabbath*.

95. Para muitos exemplos posteriores desta interpretação, veja Rordorf, *Sunday*, p. 104 n. 3.

96. Para pistas da ideia de descanso físico em Clemente de Alexandria, veja adiante.

97. Justino, *Dial.* 19, 23, 26-27; Irineu, *Haer.* 4.16.2; Tertuliano, *Adv. Jud.* 2, 4.

98. Justino, *Dial.* 27, 29; Irineu, *Haer.* 4.8.2-3.

Jericó, e as batalhas dos Macabeus durante o *Sabbath*.[99] Justino não tinha dúvida sobre a resposta para o antigo questionamento judeu sobre se Deus em seu governo do universo descansa em um dia a cada sete.[100]

Parece igualmente axiomático para escritores do segundo século que o mandamento do *Sabbath*, a despeito de seu lugar no Decálogo, pertence à categoria das ordenanças cerimoniais judias cuja observância literal passou mediante seu pleno cumprimento em Cristo. Em *Actus Vercellenses* 1, Paulo é representado como pregando que Cristo "aboliu seu *Sabbath* e jejuns e festivais e circuncisões." Para Justino, o *Sabbath* está enfaticamente na mesma categoria que circuncisão e festivais; eles foram ordenanças que cristãos não observam porque foram dadas aos judeus em função de sua dureza de coração e pecado.[101] No contexto da polêmica antijudaica, a linguagem pode ser extrema. A *Epístola a Diogneto* (4) fala de "seus escrúpulos a respeito de carnes, suas superstições sobre *Sabbath*s, sua insistência sobre circuncisão, e seus maneirismos sobre jejuns e luas novas, tudo isto ridículo e indigno de nota." Segundo Aristides, "Eles supõem em suas mentes que estão servindo a Deus, mas a partir dos métodos de suas ações parece que estão servindo anjos e não Deus, pois observam *Sabbath*s e luas novas e a páscoa e o grande jejum..."[102] A partir de posicionamentos totalmente negativos, até mesmo antijudaicos, a respeito da Lei, não seria um passo muito longo as visões de Marcião, que trilhou seu caminho para a desonra do *Sabbath* ao torná-lo um dia de jejum.[103]

---

99. Tertuliano, *Adv. Jud.* 4; *Marc.* 4.12.3.

100. *Dial.* 23, 29. A tradição rabínica também reflete sobre esta questão como um tema de controvérsia com os cristãos. Segundo *Exod.R.* 30:5, R. Gamaliel II, em sua viagem a Roma em 95 d.C., discutiu com um *min* a questão se Deus guarda o *Sabbath*. Como Simon, *Verus Israel,* p. 226, argumenta, o *min* aqui provavelmente era um cristão gentio.

101. *Dial.* 10:3; 18:2; 23:1-3; 26:1; 47:2.

102. *Apol.* 14 (Sírio). Para a acusação de que os judeus cultuam anjos ao invés de Deus, cf. *Kerygma Petrou.* In: Hennecke & Schneemelcher, *New Testament Apocrypha,* 2:100.

103. Tertuliano, *Marc.* 4.12.7. O jejum no sábado mais tarde foi praticado em partes da Igreja ocidental. Para uma discussão de suas origens, veja S. Bacchiocchi, *An Examination of the Biblical and Patristic Texts of the First Four Centuries to Ascertain the Time and the Causes and Origin of Sunday and the Lord's Day.* (Roma: Editora da Pontifícia Universidade Gregoriana, 1975), p. 61-82; de maneira menos completa em S. Bacchiocchi, *From Sabbath to Sunday.* Roma: Editora da PUG, 1977, p. 186-198. Cf. K. A. Strand, "Some Notes on the *Sabbath* Fast in Early Christianity", *AUSS* 3 (1965), p. 167-174.

Com a exceção de Pseudo-Barnabé, nenhum escritor cristão antes de Tertuliano[104] refere-se ao mandamento do *Sabbath* como parte do Decálogo. Isto é extraordinário diante do fato de que o Decálogo indubitavelmente tinha um papel central na catequese sobre ética cristã mais antiga, ao ponto de dever ter sido utilizada a apreciação do mesmo a partir de uma derivação da liturgia das sinagogas, pelos cristãos, no início do segundo século.[105] Mas exemplos que chegaram até nós de parentéticas cristãs baseadas no Decálogo[106] demonstram que era usado com considerável seletividade e flexibilidade, e normalmente com referência somente à segunda tábua. Em nenhum dos exemplos que até nós chegou o mandamento do *Sabbath* aparece de alguma maneira.

Cristãos gentios tomavam o respeito dos judeus pelo Decálogo como o epítomo da Lei, mas traduziam isto em uma identificação do Decálogo com a lei da natureza comum a cristãos e judeus.[107] Como a lei da natureza, o Decálogo foi escrito nos corações dos patriarcas pré-mosaicos, e deve ser muito bem distinguida do restante da legislação mosaica, que consistia em mandamentos temporários "dados em ligação e como um sinal" para Israel.[108] Assim mesmo o *Sabbath* nunca foi tratado com o cuidado especial que seu local no Decálogo pareceria demandar; ao invés disto era consistentemente agrupado com a lei cerimonial temporária.

O exemplo mais marcante disto é encontrado na *Carta a Flora* do valentiniano Ptolomeu, que contém o primeiro tratamento cristão sistemático conhecido de questões da Lei do Antigo Testamento. Ptolomeu, em uma tentativa de distinguir categorias de mandamentos segundo o tratamento por Jesus dos mesmos, dividiu o Pentateuco em três partes: A Lei de Deus, as

---

104. *De Pud.* 5.

105. R. M. Grant, "The Decalogue in Early Christianity", *HTR* 40 (1947); 2; C. W. Dugmore, *The Influence of the Synagogue upon the Divine Office.* Londres: Oxford University Press, 1944, p. 29; mas aqui sigo Rordorf, *Sunday*, p. 106, n. 1.

106. Plínio, *Ep.* 10.96-97; *Did.* 2; *Barn.* 19; Aristides, *Apol.* 15:3-5; Teófilo, *Ad Autol.* 2.34-35; 3, 9; Justino, *Dial.* 12:3. Já no Novo Testamento: Rm 13,9; 1Tm 1,9-10.

107. Irineu, *Haer.* 4.13.4.

108. Id., ibid., 4.16.3.

adições do próprio Moisés e "as tradições dos antigos". Jesus rejeitou as duas últimas, Ptolomeu então subdivide a Lei de Deus (que para ele era inferior, embora virtuosa, deidade) em três partes, que correspondem à hoje tradicional divisão em leis morais, judiciais e cerimoniais. O Decálogo é tomado como "pura legislação que não é miscuída com mau, a qual... o Salvador não veio destruir mas cumprir plenamente". A segunda categoria, "entrelaçada com injustiça e baixeza", Jesus destruiu. A terceira categoria, "que é exemplarmente simbólica", Jesus "alterou", substituindo significados literais por espirituais. A despeito desta identificação explícita do Decálogo com a primeira categoria, Ptolomeu dá como exemplos da *terceira* categoria "oferendas, circuncisão, *Sabbath*, jejum, Páscoa, pão sem fermento", e discute o *Sabbath* como um exemplo desta terceira categoria.[109]

Nenhuma explicação dogmática deste estranho procedimento é possível. Não é certamente o caso que escritores do segundo século tomassem o *Sabbath* literal como cerimonial, enquanto o cristão, espiritual, fosse tomado como cumprimento pleno do mandamento do Decálogo.[110] Para Ptomoleu, bem como para Justino, o *Sabbath* espiritual é a transformação cristã do *Sabbath* cerimonial judeu tanto quanto a circuncisão do coração era a versão cristã da circuncisão judia literal. Foi Irineu[111] quem, provavelmente em reação contra Marcião, providenciou a mais positiva apreciação da Lei de Moisés do segundo século, explicando a mesma como tutoria sobre a retidão, útil a seu tempo mas agora transcendida em Cristo. Mas mesmo aqui o *Sabbath* é mencionado ao lado de mandamentos do Decálogo somente da mesma maneira que os dízimos o são. Para Irineu o Decálogo *qua* Lei de Moisés não encontrava distinção: todos os mandamentos mosaicos, incluindo os Dez Mandamentos, encontram seu pleno cumprimento em Cristo. Somente como dizendo respeito à lei natural escrita no coração da humanidade o Decálogo merecia distinção, e aqui talvez esteja a pista para nosso problema. No uso tardio pode ser que o Decálogo fosse um termo menos preciso que

---

109. Epifânio, *Pan.* 33.3.5.1-12.

110. Esta parece ser a compreensão de Irineu sugerida por Stott em Beckwith & Stott, *This is the Day*, p. 127-129.

111. *Epid.* 95-96.

esperaríamos que fosse. Pode ser que Irineu e Ptolomeu estivessem tão acostumados ao uso flexível e seletivo do Decálogo na parentética cristã que o termo sugerisse a eles nem tanto dez mandamentos individuais listáveis, mas simplesmente a lei moral. Isto é possível se, como toda a evidência sugere, o mandamento do *Sabbath* (bem como o segundo) fosse comumente ignorado no uso parentético cristão do Decálogo.

Deve ser reforçado que, fora do cristianismo judeu, todas as referências do segundo século ao mandamento do *Sabbath* ou endossam a interpretação metafórica ou rejeitam a interpretação literal como judaizante ou ambos. Talvez houvessem alguns cristãos gentios que guardassem o *Sabbath* (veja acima), mas se assim foi, eles não encontraram porta-vozes cujos escritos sobrevivessem. A negligência em relação ao mandamento do *Sabbath* na parentética cristã reporta-se à convicção original da maioria dos missionários cristãos do período inicial da expansão cristã entre os gentios de que o *Sabbath* não deveria ser imposto a conversos gentios. A interpretação metafórica do mandamento foi um desenvolvimento posterior, provavelmente originado em Alexandria, onde judeu-cristãos fortes, como Pseudo-Barnabé e o redator do *logion* no *Evangelho de Tomé* 27, usavam para dissuadir seus irmãos e irmãs "mais fracos" (fossem judeus ou gentios "judaizantes") de práticas judias. Tornou-se popular em fins do segundo século, em parte no contexto da controvérsia com o judaísmo, do qual a Igreja procurava cada vez mais se diferenciar, mas também por conta da controvérsia com Marcião, que repudiava o Antigo Testamento por inteiro. A tentativa de estabelecer um curso entre o judaísmo e a heresia marcionita forçou escritores cristãos como Irineu e Tertuliano a clarificar os elementos de continuidade e descontinuidade entre as religiões do Antigo e Novo testamentos. A interpretação metafórica do mandamento do *Sabbath* permitia aos mesmos explicar como o mandamento poderia ser dado por Deus e valioso, e ainda assim não aplicável a cristãos em seu sentido literal.[112]

---

112. A interpretação metafórica do mandamento do *Sabbath* era realmente relacionada ao conceito de descanso escatológico. Justino, que usa ambas ideias, nunca as traz juntas. Além da versão idiossincrática de Pseudo-Barnabé, há somente uma passagem na qual Irineu de maneira bastante artificial relaciona as duas (*Haer.* 4.16.1), como Orígenes também faz (veja adiante). Em nenhum

Domingo no segundo século

No capítulo anterior já listamos e discutimos as ocorrências no termo κυριακή (ἡμέρα) para demonstrar que eles se referem à observância regular e universal do domingo como dia de culto. Também discutimos lá que, no começo do segundo século, o culto no domingo já estava estabelecido como a prática universal dos cristãos.

Um número de estudiosos no passado argumentaram que a observância do domingo pelos cristãos originou-se no segundo século. A mais recente e encorpada versão desta tese é a de S. Bacchiocchi.[113] Referimo-nos a alguns aspectos de sua argumentação no capítulo 17, mas devemos aqui debater suas principais contingências com respeito ao segundo século. Sua tese depende de quatro pontos principais:

1) O domingo não poderia ter se originado no cristianismo judeu palestinense, uma vez que judeu-cristãos na Palestina continuaram a guardar o *Sabbath*.[114]

Este argumento defende a assumpção por Bacchiocchi de que o domingo originou-se como um *Sabbath* cristão, um dia de culto *e descanso*,[115] e portanto uma *alternativa* ao *Sabbath* judeu. Argumentamos acima que esta assumpção é inválida e que há uma razão para supor que o culto cristão aos domingos remonte ao cristianismo palestinense antigo não como uma al-

---

local do segundo século o mandamento do repouso sabático futuro é relacionado com a ideia de que o *Sabbath* escatológico já veio em Cristo, uma ideia que por aquele período desapareceu da teologia cristã. Rordorf se propõe (*Sunday*, p. 116) a demonstrar a íntima relação destes três temas. Sua exposição é atraente, mas muito sintética para uma leitura do cristianismo primitivo.

113. Bacchiocchi, *From Sabbath to Sunday*. A tese de Bacchiocchi é aceita por G. H. Williams, "The Sabbath and the Lord's Day", *ANQ* 19 (1978) p. 121-128. Willians combina a mesma com o argumento de Riesenfeld de que a observância do domingo teria se originado de um prolongamento do culto de *Sabbath* até a noite do sábado.

114. Bacchiocchi, *From Sabbath to Sunday*, capítulo 5.

115. Id., ibid., p. 13-14: "Este estudo, assim, é uma tentativa de reconstruir um mosaico de fatores à procura de um quadro mais exato do tempo e causas que contribuíram para a adoção do domingo como dia de culto e descanso." A falha de Bacchiocchi em distinguir o dia cristão de culto do dia de descanso arruína todo o argumento do livro. Ele é corretamente criticado por K. A. Strand, "From *Sabbath* to Sunday in the Early Christian Church: A review of Some Recent Literature. Part II: Samuele Bacchiocchi's Reconstruction." *AUSS* 17 (1979): 100, 102.

ternativa mas como uma adição às observâncias do *Sabbath* judeu. Aqueles ebionitas que, segundo Eusébio[116], observaram tanto o *Sabbath* quanto o domingo podem muito bem representar a prática da Igreja palestinense primitiva. Aqueles outros que, no tempo de Eusébio, não cultuavam aos domingos, poderiam ser os descendentes de grupos que abandonaram o domingo distintivamente cristão e sua liturgia no período após 70 d.C. quando judeu--cristãos palestinenses estiveram sob grande pressão das sinagogas para se conformarem, sob pena de excomunhão.

2) O segundo argumento de Bacchiocchi é que a substituição do domingo pelo *Sabbath* ocorreu no início do segundo século como resultado de sentimentos antijudeus na Igreja. O antissemitismo romano aqui combinado com o desejo dos cristãos de se distinguirem dos judeus em vista do antagonismo do Imperador Adriano aos judeus e a práticas judias. Este desejo de distinção Bacchiocchi encontra em Inácio, Pseudo-Barnabé e Justino[117], e percebe ter sido especialmente proeminente na Igreja de Roma.[118] Apropriadamente, é em Roma que ele localiza a origem da observância cristã do domingo junto com a origem do Domingo de Páscoa (no lugar da Pessach) e da prática de jejuar no *Sabbath*, que intencionava prevenir que cristãos venerassem o *Sabbath* e aumentar o apreço pelo domingo.

Em sua descrição do "antijudaísmo de diferenciação"[119] no cristianismo do segundo século, Bacchiocchi destaca um importante fator nas percepções do segundo século sobre o *Sabbath* entre cristãos, às quais já dedicamos atenção. Não há dúvida de que foi um fenômeno complexo, incorporando a preocupação teológica paulina com a liberdade dos cristãos gentios em relação à Lei, ao lado do desejo de vantagens práticas da dissociação do judaísmo aos olhos das autoridades romanas, e também um elemento de puro antissemitismo, que era comum no mundo romano. Estes fatores certamente inspiraram alguns escritores cristãos do segundo século a se expressarem so-

---

116. *Hist. eccl.* 3.27.

117. Bacchiocchi, op. cit., capítulo 7.

118. Id., ibid., capítulo 6.

119. Ibid., p. 183.

bre o *Sabbath* judeu com depreciação.[120] É, entretanto, importante adicionar que na controvérsia com o gnosticismo o cristianismo católico recusou-se a abandonar sua continuidade com o Antigo Testamento. A distinção de Marcião entre o Deus Mau dos judeus, que deu o mandamento do *Sabbath*, e o Deus cristão revelado em Jesus foi repudiada pela Igreja.

O antijudaísmo teve seu papel na polêmica cristã contra a observância judia do *Sabbath*, mas não segue a partir disso que o mesmo motivou a introdução da liturgia cristã aos domingos. Posto que já argumentamos[121] que o culto aos domingos remonta ao primeiro século, enquanto poucos escritores do segundo século comparam e contrastam o *Sabbath* judeu com o domingo cristão.[122] Discussões derrogatórias sobre o *Sabbath* judeu não referem-se usualmente ao domingo cristão. Se o domingo fosse um substituto recente do *Sabbath* judeu, deveríamos esperar muito maior número de discussões sobre a superioridade do domingo frente ao *Sabbath*.

Bacchiocchi defende que a substituição de sucesso do sábado pelo domingo na Igreja do segundo século pode ser explicada pela primazia da Igreja de Roma.[123] Foi a proeminente autoridade do bispo de Roma que influenciou toda a Igreja a adotar esta nova prática.

Este é provavelmente o mais fraco dos argumentos de Bacchiocchi, mas é essencial a sua tese. Somente esta asserção da primazia de Roma pode começar a explicar como um costume originado no início do segundo século poderia ter se tornado tão universal na Igreja cristã como a liturgia aos domingos se tornou.

Contra o argumento de Bacchiocchi, deve ser dito que a evidência que ele apresenta sobre a autoridade da Igreja de Roma no segundo século não é convincente.[124] A Igreja de Roma tinha grande prestígio, mas o tipo de autoridade jurisdicional que sua tese pressupõe é anacrônica para o segundo sé-

---

120. Veja acima.

121. Capítulo 17.

122. Veja abaixo a nota 146.

123. Bacchiocchi, op. cit., 207-212.

124. Veja refutação detalhada por K. A. Strand, "From *Sabbath* to Sunday. Part II", p. 96-98.

culo. Nenhuma igreja daquele período tinha autoridade suficiente para mudar o dia semanal de liturgia em toda a Cristandade. Além disso, os outros dois exemplos de mudança litúrgica que Bacchiocchi apresenta no segundo século, o Domingo de Páscoa e o jejum no *Sabbath*, não são capazes, como ele pensa, de sustentar esta conjectura, mas ao invés realça suas fraquezas. Quer Bacchiocchi esteja ou não correto ao localizar a origem do Domingo de Páscoa no início do segundo século em Roma,[125] é bastante claro que a Sé de Roma *não* tinha a autoridade para impor o mesmo ao resto da Igreja. Não antes do *fim* do segundo século que o bispo Vítor de Roma tentou converter as igrejas quartodécimas à observância do Domingo de Páscoa, e sua tentativa encontrou forte resistência na Ásia.[126] Similarmente, a Igreja de Roma teve insucesso singular em promover a prática de jejum no *Sabbath*. Como o próprio Bacchiocchi admite, até o quinto século o mesmo ainda estava confinado à Igreja de Roma e a algumas outras igrejas ocidentais.[127] Tanto no caso do Domingo de Páscoa quanto no caso do jejum do *Sabbath*, os relatos históricos sobreviventes indicam considerável debate e controvérsia nas igrejas.

Portanto parece extremamente improvável que já no *início* do segundo século a autoridade da sé romana fosse tal que pudesse impor a liturgia de domingo por toda a Igreja, sobrepujando uma prática universal de observância do *Sabbath* transmitida pelos apóstolos, sem deixar qualquer traço de controvérsia ou resistência nos registros históricos. A comparação do próprio Bacchiocchi com o Domingo de Páscoa e o *Sabbath* rapidamente demonstra a dificuldade de sua explicação sobre as origens do culto aos domingos. Como todas as tentativas de datar as origens do culto aos domingos no segundo século, esta falha em dar conta da universalidade do costume. Ao contrário do Domingo da Páscoa e do jejum do *Sabbath*, o culto aos domingos nunca foi, até onde temos evidências, discutido. Não há registro de nenhum grupo cristão (exceto a porção ebionita mais extrema) que não

---

125. Strand, op. cit., p. 91-95, critica seu uso das evidências.

126. Como o próprio Bacchiocchi diz, *From Sabbath to Sunday*, p. 199: "Polícrates, dizendo possuir a tradição apostólica genuína transmitida a ele pelos apóstolos Felipe e João, recusou se amedrontar ou se submeter face as ameaças de Vítor de Roma".

127. Ibid., p. 192; cf. Strand, op. cit., p. 99, 100, nota 30.

observasse o domingo, mesmo no segundo século ou em séculos posteriores da época patrística.

Bacchiocchi argumenta que a razão pela qual a Igreja de Roma adotou o *domingo* como dia da liturgia cristã, ao invés do *Sabbath*, é que o dia pagão do sol, na semana planetária, já tinha ganhado especial significância nos cultos solares pagãos, e ao adotar este dia os cristãos foram capazes de explorar o simbolismo de Deus ou Cristo como sol ou luz, que já estava presente em sua própria tradição religiosa.[128]

Bacchiocchi aqui subestima a resistência aos costumes pagãos no cristianismo do segundo século. O desejo para diferenciação do paganismo tinha raízes cristãs mais profundas que o desejo do segundo século por diferenciação do judaísmo. É verdade que, de Justino em diante, os Padres exploraram o simbolismo do título pagão "Dia do Sol", mas para ter adotado verdadeiramente os dias pagãos como dias cristãos de liturgia *porque* era proeminente nos cultos solares pagãos teria sido um passo bastante descuidado na verdade.[129] Mesmo se a Igreja de Roma tivesse dado este passo, torna-se ainda mais inexplicável que o resto da Igreja tivesse seguido este procedimento sem discussão.

Novamente Bacchiocchi fornece um paralelo: a celebração do Natal em 25 de dezembro derivou do culto solar e foi promovida pela Igreja de Roma.[130] Mas este paralelo vem da Igreja pós-constantiniana quando a influência pagã do uso cristão certamente estava em crescimento, e devemos notar que a Igreja de Roma *não* teve sucesso em impor esta inovação universalmente por todas as igrejas ocidentais.

Concluímos que, enquanto Bacchiocchi corretamente supervalorizou a importância do antijudaísmo na oposição do segundo século à observância do *Sabbath*, ele não demonstrou as origens do segundo século do Dia do Se-

---

128. Id., ibid., capítulo 8.

129. Ibid., p. 89-90. Ele também duvida se o domingo era um dia especialmente venerado no paganismo do início do segundo século, exceto no mitraísmo, que teria influenciado muito pouco o cristianismo.

130. Bacchiocchi, *From Sabbath to Sunday*, p. 256-261.

nhor cristão. Como demonstramos (capítulo 17) o culto cristão aos domingos não se originou como substituição cristã do *Sabbath* judeu, mas como o novo, especificamente, dia cristão de culto mesmo antes das missões gentias e antes da diferenciação da Igreja do judaísmo. Como tal, já era prática cristã habitual no começo do século segundo.

Não estamos aqui preocupados com o detalhe do culto aos domingos[131], mas com a teoria que justificou a prática. Escritores do segundo século estavam conscientes de que o domingo é o dia da ressurreição do Senhor e fizeram disto a base principal da observância deste dia. Para Inácio, como vimos, foi a ressurreição de Jesus dentre os mortos num domingo que deu a este dia seu valor como a marca distintiva do cristianismo em relação ao judaísmo. Pseudo-Barnabé (15:9) e Justino (*1 Apol.* 67:7) similarmente associaram o dia com a ressurreição, mas eles também testemunharam a acumulação de outros motivos teológicos em torno da prática do culto de domingo. Justino, p. ex., tomara o primeiro dia da semana como o dia em que Deus começou a criação do mundo, e ele também é a primeira testemunha da apropriação simbólica do título pagão "dia do Sol", que se tornou comum entre os Padres.[132]

No segundo século o domingo também era chamado "o oitavo dia",[133] um título que se permitia diversos usos simbólicos. Porque no Antigo Testamento o oitavo dia era o dia da circuncisão, e oito pessoas foram salvas do Dilúvio, o "oitavo dia" poderia significar o dia no qual a salvação chegou com a ressurreição de Cristo e o dia no qual o batismo era administrado.[134] Rordorf argumenta que este simbolismo batismal foi a origem do tempo "oitavo

---

131. A evidência é amplamente de Plínio, *Ep.* 10.96; e Justino: para uma discussão, veja Rordorf, *Sunday,* capítulo 5; cf. Beckwith & Stott, *This is the Day*, capítulo 9. Mas Rordorf, como a maior parte dos estudiosos com preocupações de lógica litúrgica, provavelmente superestima a uniformidade da prática cristã neste período.

132. *1 Apol.* 67.7; cf. Rordorf, *Sunday*, capítulo 6, seção 3; J. Daniélou, *The Bible and the Liturgy.* Londres: Darton, Longman and Todd, 1960, p. 253-255; H. Dumaine, "Dimanche", *DACL* 4:870-879.

133. *Barn.* 15:9; Justino, *Dial.* 24:1; 41:4; 138:1; Tertuliano, *Idol.* 14.

134. Justino, *Dial.* 41:4; 138:1; Orígenes, *Sel. In ps* 118; Astério, *Hom.* 20; Cipriano, *Ep.* 64:4; referências posteriores em Rordorf, *Sunday*, p. 278, n. 1. É possível que, como Rordorf argumenta (*Sunday*, p. 279), a ênfase o "oito" e 1Pd 3,20; 2Pd 2,5 já seja devido à associação do batismo com o domingo, o oitavo dia.

dia" para o Batismo,[135] mas parece provável que o significado escatológico de "oitavo dia" seja mais original. Se pudermos estar certos de que *2 Enoque* 33:1-2 não se trata de uma interpolação cristã, não haveria dúvidas disto.

O significado escatológico é o que aparece na ocorrência mais antiga do título (*Barnabé* 15:9).[136] Já vimos que esta passagem combina confusamente duas formas de aritmética escatológica: uma segundo a qual os seis dias deste mundo são sucedidos pelo *Sabbath* da eternidade, e aquela na qual a semana deste mundo é sucedida pelo "oitavo dia" do novo mundo. Enquanto é possível que a última tenha origens apocalípticas judaicas,[137] sua grande popularidade com cristãos sem dúvida seria devido a sua pronta associação com a liturgia aos domingos e sua asserção implícita da superioridade do cristianismo, a religião do oitavo dia, sobre o judaísmo, a religião do *Sabbath*.[138] Isto é o que tentou Pseudo-Barnabé a misturar seu simbolismo pela introdução do oitavo dia. Sua justaposição do Sabbah escatológico e oitavo dia não o levam a uma visão sabatista do domingo. Ele não vai além de dizer que os cristãos "celebram com alegria" o dia da ressurreição em antecipação do novo mundo.[139] Devemos notar, contudo, a possibilidade de uma correlação entre *Sabbath* e domingo por esta rota. O descanso no *Sabbath* era uma caracterização tão comum da esperança escatológica que quando o domingo como "oitavo dia" foi compreendido como prefiguração do mundo por vir, não foi um passo mais largo para uma associação entre *Sabbath* e domingo.

Tal associação era talvez mais próxima de uma conexão com a ideia gnóstica do ogdoad. Esta tem origens bastante independentes na astrologia

---

135. Rordorf, op. cit., capítulo 6, seção 2. Aqui ele dá a seu argumento uma conclusão limpa: título "o Dia do Senhor" refere-se ao Sacramento da Eucaristia; o título "oitavo dia" refere-se ao Sacramento do Batismo. Não há muito a se dizer sobre a sugestão de Stott (Beckwith & Stott, op. cit., p. 64-65) de que o "oitavo dia" deriva de referências do Antigo Testamento ao "oitavo dia" da festa dos tabernáculos.

136. Segundo Rordorf, *Sunday,* p. 277, o domingo já era chamado de "oitavo dia" antes de Barnabé, mas a evidência que ele tenha para afirmar isto não aparece em nenhum lugar. Ele não cita, nem nesta nem em outras obras suas, ocorrências anteriores.

137. 2 Enoque 33:1-2; e cf. Lincoln, "*Sabbath*, Rest, and Eschatology."

138. Veja Daniélou, *The Bible and the Liturgy*, p. 257.

139. Veja também a nota 78, acima.

554

helenística, na qual as sete esferas planetárias, local de mudança e corrupção, são contrastadas com o céu acima, a oitava esfera das estrelas fixas, reino da incorrupção e imutabilidade.[140] A alma ascende pelos sete céus, abandonando sua corporeidade, e encontra seu local de repouso no ogdoad, a esfera do divino. Assim Tomé ora ao Espírito Santo: "Venha, Mãe das sete casas cujo teu local de repouso possa estar na oitava casa" (*Atos de Tomé* 27). O gnosticismo cristão era portanto muito capaz de combinar este simbolismo cosmológico com o simbolismo escatológico cristão; o descanso do *Sabbath* escatológico e o descanso da alma no ogdoad entrelaçaram-se.

No gnosticismo valentiniano o sétimo céu, a hebdômada, era a esfera do Demiurgo, enquanto a ogdóade acima era a esfera do Espírito Santo, a "Mãe."[141] Homens espirituais eram reunidos com a Mãe no ogdoad, homens físicos com o Demiurgo na hebdômada. Na consumação os últimos ascendem à ogdóade, enquanto aqueles, deixando para trás suas almas, vão para o Pleroma acima. Assim o autor valentiniano citado por Clemente de Alexandria escreve: "o descanso (ἀνάπαυσις) do homem espiritual é na κυριακή, na ogdóade que é chamada κυριακή, com a Mãe, vestindo suas almas como ornamentos até a consumação" (*Exc. ex Theod.* 63.1). Aqui a κυριακή, o dia do Senhor, tornou-se um conceito espacial, a ogdóade, e adquiriu (pela primeira vez na literatura cristã) uma associação com descanso.[142] A mesma identificação de κυριακή, o oitavo dia, com a ogdóade, o oitavo céu, é encontrada na antignóstica *Epistula Apostolorum*.[143] Estas ideias do gnosticismo egípcio perceberemos assumidas por Clemente de Alexandria.

---

140. A influência destas ideias já é encontrada em Filo, *Decal.* 102-104, *Cher.* 21-24. As origens helenísticas do descanso gnóstico no ogdoad são ignoradas por Stott em Beckwith & Stott, p. 74.

141. Irineu, *Haer.* 1.5.3.

142. Cf. tb. Pseudo-Hipólito. *In Ps* 4 (*PG* 10:713): "O número cinquenta contém sete setes ou um *Sabbath* de *Sabbath*s, e também acima e abaixo destes *Sabbath*s completos um novo começo no ogdoad de um descnso verdadeiramente novo". (Este é provavelmente um texto do terceiro século, e talvez por Orígenes: cf. Dumaine, "Dimanche", *DACL* 4:882.) O "descanso" neste texto certamente não é, como suposto em Beckwith & Stott, p. 70, o descanso de domingo, mas o descanso gnóstico escatológico.

143. É natural entender κυριακή em ambos casos como κυριακή (ἡμέρα), já que este é o único até então atestado sugnificado da palavra κυριακή (veja exemplos no capítulo 17). Mas Clemente, *Strom.* 7.10, chama a ogdóade de κυριακή μονή, apoiando assim a proposta de Schmidt de suplementar com μονή a passagem em *Ep. Apos.* 18 (veja Rordorf, *Sabbat et dimanche*, p. 143 nota 8.)

Não há evidência do segundo século de que o domingo fosse tomado como dia de descanso. Não sabemos o quanto o dia era tomado por cristãos em atividades coletivas[144], mas tanto perseguições quanto circunstâncias econômicas devem ter por vezes mantido muitos cristãos no trabalho durante as horas úteis do dia.[145] Como já vimos, o mandamento do *Sabbath* nunca foi aplicado ao domingo cristão, a despeito de muitas ocasiões nas quais escritores do segundo século devem ter falado de tal aplicação, se observado. Por outro lado, devemos notar certos desenvolvimentos que à primeira vista poderão ser vistos como oferecendo percepções desta última correlação entre *Sabbath* e domingo.

O *Sabbath* e o domingo eram por vezes (nem sempre) comparados.[146] Em vista da frequente discussão dos escritores do segundo século sobre o *Sabbath* judeu, a *infrequência* com a qual eles introduzem uma comparação com o Dia do Senhor é notável. Em escritores posteriores tal comparação torna-se mais comum. O domingo ainda não era o *Sabbath* cristão mas era um dia semanal de culto, como o *Sabbath* era para os judeus.

O domingo era tomado como um *festival* cristão. Segundo *Barnabé* 15:9, "nós celebramos com alegria (ἄγομεν ... εἰς εὐφροσύνην) o oitavo dia"; Dionísio de Corinto (*ap.* Eusébio, *Hist. Eccl.* 4.23.11) lembra que "hoje celebramos o dia santo do Senhor" (κυριακὴν ἁγίαν ἡμέραν διηγάγουμεν); Pedro de Alexandria (*PG* 18:508) fala de "celebrar (ἄγομεν) o dia do Senhor como um dia de alegria porque ele ressurgiu no mesmo"; Tertuliano (*Apol.* 16:11;

---

144. Mesmo quando o domingo era um feriado público, cristãos não necessariamente passavam todo o dia em culto público. Cf. Crisóstomo, *De bapt. Christi hom.* 1 (Rordorf, *Sabbat,* n. 124 e p. 199 nota 2).

145. Conforme Plínio, *Ep.* 10.96: Cristãos na Bitínia se reuniam antes da alvorada e novamente para a refeição da noite, até que a refeição da noite foi proibida pelo édito de Plínio proibindo a reunião de grupos. Cf. Rordorf, *Sunday,* p. 251-252. Stott em Beckwith & Stott p. 89 e 91 argumenta que as circunstancias eram anormais. É curioso que ele assim reconheça a perseguição como uma razão para a variação da prática, mas não as circunstâncias econômicas dos cristãos, que no caso de escravos seriam impedidos de se reunirem durante as horas de trabalho, de maneira mais eficiente que uma perseguição. O argumento de Stott, no capítulo 9, que na prática atividades cristãs deviam tomar boa parte do dia, é parcialmente persuasivo, mas a evidência é elusiva, e certamente não estabelece que houvesse alguma obrigação sabatista envolvida.

146. Inácio, *Magn.* 9:1; *Barn.* 15:9; Bardesanes, *Liber legum regionum* 46 (Rordorf, *Sabbat* n. 97).

Ad nat. 1.13) compara o domingo como um dia de festa aos festivais pagãos e observância pagã do *Sabbath* como um feriado (o dia de Saturno). Claramente o Dia do Senhor era um dia de alegria e festa pela ressurreição do Senhor e a salvação que ela traz, daí a proibição de ajoelhar-se[147] ou jejuar[148] aos domingos. Para conectar a alegria do Dia do Senhor com a alegra apropriada aos festivais do Antigo Testamento[149], como W. Stott faz, é ir além do que as evidências por si sós permitem, mas o termo de Dionísio "o Dia Santo do Senhor" sugere a ideia do Antigo Testamento de tempo separado para o Senhor.[150] O argumento de Stott de que o Dia do Senhor era entendido nos termos dos dias festivos do Antigo Testamento provavelmente tem algum fundamento[151], mas não pode ser estendido para implicar que portanto o Dia do Senhor, como os festivais do Antigo Testamento, fosse um dia de descanso. A Igreja primitiva não precisava de uma analogia tão próxima, se podia fazer uso da própria terminologia do Antigo Testamento. Por outro lado, a concepção de domingo como o festival cristão poderia levar a um desejo de que fosse um dia no qual não se precisasse trabalhar, como os festivais pagãos e judeus eram.[152]

Como o "oitavo dia", o domingo foi associado com os "descansos" tanto escatológico quanto gnóstico. Novamente, isto não pode, como Stott pensa[153], provar que o domingo era observado como um dia de descanso, mas pode em associação com outros argumentos promover tal noção.[154]

---

147. Pedro de Alexandria, *Can.* 15; Tertuliano, *Or.* 23; muitos exemplos tardios em Rordorf, *Sunday*, p. 267, n. 6, Dumaine, op. cit., p. 959-960.

148. Hipólito, *In Dan.* 4.20; Tertuliano, *Or. 23;* muitos exemplos tardios em Rordof, ibid., p. 268, n. 4; Dumaine, ibid., p. 957-959.

149. Lv 2,40; 2Cr 29,30.36; Ne 8,12; Sl 118,24.

150. Sobre o uso de "dia santo" para dias de festa e *Sabbath*s, veja Ne 8,9-11; 10,31; Is 58,13.

151. Beckwith & Stott, op. cit., p. 62-64.

152. Sobre os festivais pagãos como dias sem trabalho, veja Macrobius, *Saturnalia* 1.16.9; Dumaine, op. cit., p. 916-917; Daniélou, op. cit., p. 243.

153. Beckwith & Stott, op. cit., p. 66.

154. Cf. Rordorf, *Sunday*, p. 283-284. Sobre o oitavo dia escatológico, veja também *Or. Sib.* 7.140; *Didascalia* 26; Dumaine, op. cit., p. 879-884; Daniélou, op. cit., capítulo 16.

Clemente de Alexandria e Orígenes

Clemente de Alexandria introduziu as ideias cosmológicas gnósticas de descanso na vertente principal do pensamento cristão. Para ele a principal referência dos conceitos de *Sabbath* e oitavo dia era à ascensão gnóstica pelos sete céus até a ogdóade. Aqueles que houvessem avançado até a perfeição gnóstica

> descansam (καταπαύσουσιν) na colina sagrada de Deus (Sl 15,1), na igreja muito acima, na qual estão reunidos os filósofos de Deus... que não permanecem na hebdômada de descanso (ἀναπαύσεως) mas pela benevolência ativa de assimilação a Deus são promovidos à herança do beneplácito do ogdoad, e devotam-se à pura visão contemplativa insaciável.[155]

Como no sistema valentiniano, parecem haver dois estádios de descanso, no hebdomad, o sétimo céu, e no ogdoad, onde o gnóstico deificado atinge o objetivo da contemplação de Deus.

Em uma longa e obscura passagem (em *Strom.* 6.16) Clemente explora o mandamento do *Sabbath*, delineando na exegese alegórica dos escritores judeus alexandrinos Aristóbulo e Filo. Na seção de abertura, que segue Aristóbulo de perto[156], ele diz que o mandamento do *Sabbath*

> Intimamente revela que o mundo foi criado por Deus, e que Ele nos deu o sétimo dia como descanso, em consideração às tribulações que existem nesta vida. Uma vez que Deus é incapaz de cansar-se, sofrer ou desejar. Mas todo aquele que tem carne descansa. O sétimo dia é portanto dado como descanso, e pela renunciação dos males o mesmo prepara para o dia primordial (ἀρχέγονον), que é nosso verdadeiro descanso, a origem última da luz, sob a qual tudo é visto e pode ser possuído. A partir deste dia a sabedoria primordial o conhecimento brilham sobre nós.

---

155. *Strom.* 6.14; cf. tb. 4.25; 5.6,14; 7.10.

156. Um fragmento de Aristóbulo preservado em Eusébio, *Praep. ev.* 13.12. Cf. Beckwith, in Beckwith & Stott, *This is the Day,* p. 8-9.

Esta é a abertura de uma passagem na qual Clemente permite transparecer seu amor pelo seu arsenal numerológico.[157] No simbolismo numérico pitagórico o número sete é chamado de ἄρχων, uma noção já aplicada ao *Sabbath* por Filo[158], para quem também o sétimo dia é misticamente idêntico ao primeiro.[159] O *Sabbath* como ἄρχων poderia ser identificado com o ἀρχή da criação, a luz do primeiro dia. Além disso, no sistema valentiniano a ogdóade é chamada ἀρχέγονον.[160] Clemente é prontamente capaz de adaptar sua feliz série de conexões ao simbolismo cristão do primeiro e oitavo dias. O descanso do *Sabbath* no sétimo dia é uma mera preparação para o real descanso do *Sabbath* do oitavo dia, uma vez que o oitavo dia é o primeiro dia e o primeiro dia é Cristo, o ἀρχή da criação e a luz da humanidade.[161]

Há portanto um sentido no qual Clemente transfere a ideia de descanso no *Sabbath* do sétimo para o primeiro dia. Mas esta preocupação não é sobre dias da semana nem sobre descanso físico. Seu propósito declarado ao expor o Decálogo em *Strom.* 6.16 é fornecer um exemplo da exposição gnóstica como oposta à literal.[162] Assim devemos não nos deixar guiar de forma in-

---

157. Em sua numerologia Clemente é claramente dependente de Filo, *Opif.* 89-128; *Leg. alleg.* 1.8-15; *Decal.* 102-105; *Vita Mos.* 2.209-210; *Spec. leg.* 2.59.

158. Filo, *Opif.* 100.

159. Filo, *Post.* 64-65; cf. *Quod deus* 11-12.

160. Irineu, *Haer.* 1.5.2 etc.

161. A identificação do primeiro dia, descanso e luz com Cristo se torna bastante clara na seguinte passagem e novamente no fim da exposição sobre o mandamento do *Sabbath*.

162. Este é o argumento decisivo contra a interpretação de Stott. In: Beckwith & Stott, *This is...* p. 67-69, 130. Ele toma Clemente como referindo-se ao dom de Deus do sétimo dia de descanso físico para a humanidade como um todo, incluindo cristãos ("ele deu a *nós* o sétimo dia como um descanso"), e à sua transferência para o domingo. É importante notar que a cláusula em questão é *citada* por Clemente a partir de Aristóbulo, (*ap.* Eusébio, *Praep. ev.* 13.12). Aristóbulo certamente intencionava que "nós" significasse "todos os homens" (e não apenas os judeus), mas Clemente simplesmente toma do relato de Aristóbulo sobre o *Sabbath* literal para em seguida expandir a alegorização do *Sabbath*, empreendida por este. Clemente não está pessoalmente interessado no *Sabbath* literal.
Deveria ser evidente que o argumento de Clemente opera em um nível muito longe da observância prática do domingo para que quaisquer implicações sejam derivadas sobre suas visões acerca da mesma observância. O primeiro, ou oitavo, dia, é remotamente o dia seminal para Clemente na verdade, mas um símbolo de Cristo e do objetivo espiritual do gnóstico. Sua associação com o descanso não deriva da observância do domingo mas de ideias cosmológicas e escatológicas sobre o descanso. Stott parece desconhecer que a associação do descanso com o ogdoad gnóstico tinha fontes independentes da ideia de um dia de descanso.

correta pela interpretação literal do mandamento do *Sabbath* com o qual ele inicia; o mesmo é citado via Aristóbulo e funciona para Clemente como não mais que um trampolim para a interpretação espiritual.

Clemente espiritualiza o descanso no sétimo dia como "renunciação aos males", adotando a interpretação comum de fins do século II entre cristãos, que pode ser encontrada, p. ex., em Ptolomeu valentiniano: "Ele deseja que não nos sejamos ociosos no que diz respeito a ações más."[163] Este descanso do sétimo dia é preparatório para o descanso a ser encontrado em Cristo. Para os gnósticos, aqueles que vivem toda a sua vida na luz da sabedoria e conhecimento de Cristo "erguem-se para fora da esfera da criação e pecado"[164] e se tornam impassíveis; eles participam na natureza de Deus que não precisa de repouso porque Ele é incapaz de cansaço ou sofrimento. Assim, ser levado para além das tribulações da vida é o real descanso, "o descanso da herança do Senhor". O tema mais importante do complexo tratamento alegórico dos números seis, sete e oito, do qual Clemente faz uso, parece ser que pelo conhecimento de Cristo, o homem, que foi criado no sexto dia, chega ao descanso escatológico do sétimo e à fruição divina do oitavo. A numerologia também está elaborada para demonstrar a íntima relação dos números sete e oito, pois aqui e em outras partes (cf. *Strom.* 4.25) Clemente busca unir os dois conceitos de descanso: a tradição da Igreja do descanso escatológico, o descanso do *Sabbath* e a tradição egípcia valentiniana do descanso cosmológico do ogdoad. Como em *Exc. ex Theod.* 63.1, não está claro que a associação entre descanso e oitavo dia não seja derivado de um conceito de descanso e domingo mas de uma cosmologia helenística. Clemente também dá a sua teologia do descanso um caráter cristológico por meio de identificação do primeiro dia da criação com o *Logos*. Como o primeiro e o oitavo, o *Logos* pelo qual todas as coisas são feitas é o fim bem como o começo da criação.

Em outras partes Clemente trata o *Sabbath* e o Dia do Senhor não como dias da semana mas como características de toda a vida do gnóstico. Ele explica: "agora somos comandados a reverenciar e honrar [Deus] ... não em dias es-

163. Epifânio, *Pan.* 33.3.5.12.
164. *Strom.* 4.25.

peciais, como alguns outros fazem, mas continuamente em toda a nossa vida." O gnóstico real "relaciona-se continuamente com Deus" e celebra festivais em todos os dias de sua vida (*Strom* 7.7). Novamente, a observância do domingo é interpretada como conversão moral: o homem "faz daquele dia o dia do Senhor no qual ele abandona disposições más e assume aquela do gnóstico, glorificando a ressurreição do Senhor em si mesmo" (*Strom.* 7.12).

Orígenes, discípulo de Clemente, segue linhas similares de argumentação. Respondendo à reclamação de Celso de que cristãos não tomavam parte nos festivais públicos, ele cita Gl 4,10, e explica que "um homem celebra verdadeiramente uma festa quando cumpre seu dever e ora sempre, oferecendo continuamente sacrifícios não sangrentos em orações a Deus." Contra tal argumento pode ser bem objetado que os cristãos na verdade observam seus próprios dias de festa – o Dia do Senhor, Páscoa e outros. "Eu preciso responder-lhe que, para o perfeito cristão, que sempre em seus pensamentos, palavras e ações serve o Verbo de Deus, seu natural Senhor, todos os dias são o Dia do Senhor e ele está sempre guardando o dia do Senhor." É de interesse que Orígenes aqui aplique à observância do Dia do Senhor a mesma crítica que cristãos comumente aplicavam ao *Sabbath*. Da mesma forma que na apologética contra os judeus é dito que os cristãos continuamente guardam o sábado, assim Orígenes argumenta que o perfeito cristão continuamente guarda o Dia do Senhor.[165] Mas como Clemente, ele distingue dois graus de cristãos: a maioria, "sendo incapaz ou sem a vontade de guardar todos os dias como um festival, precisa de memoriais sensíveis para os preservar do total esquecimento (das coisas espirituais)."[166] Assim a observância semanal é um compromisso incompatível, Orígenes acredita, com Gl 4,10 e Cl 2,16.[167]

---

165. Cf. tb. Tertuliano, *Bapt.* 19: "todo dia é um Dia do Senhor"; *Didascalia* 26: "todos os dias são do Senhor"; Crisóstomo, *In Kal. Hom.* 1.2: "O cristão não deveria celebrar nem meses nem luas novas nem dias do Senhor, mas durante o todo de sua vida guardar a festa que lhe é adequada." Aqui Crisóstomo substitui "Os dias do Senhor" pelo paulino "*Sabbaths*" (Cl 2,16). Em outras partes ele encoraja a observância do domingo, tratando-o como um *Sabbath* cristão (Rordorf, *Sabbat et dimanche,* notas 124-27).

166. *Cels.* 8.21-23. Uma justificação similar da observância do domingo recorre em Lutero.

167. Orígenes expõe Cl 2,16 da seguinte forma: "Penso que isto é o que Paulo tinha em mente quando chamou a festa que é celebrada em dias distintos de outros μέρος ἑορτῆς; ele dava pistas

Por mais insatisfatória que a solução de Orígenes seja, ele ilustra um dilema que continuamente recorreu na história de nosso objeto: a dificuldade de fazer justiça tanto à observância semanal do Dia do Senhor quanto ao princípio paulino de que para o cristão não um dia a cada sete, mas todos os sete são devotados ao Senhor. O dilema torna-se contundente quando o Dia do Senhor é compreendido como sendo o "Santo Dia do Senhor" (Dionísio de Corinto), um dia separado para o Senhor em contraste com os seis dados ao mundo. Então o princípio de guardar o *Sabbath* todos os dias deve ser estendido, com Orígenes, ao Dia do Senhor. É possível que por trás de seu argumento possamos discernir uma tendência crescente na igreja como um todo de exaltar a santidade do primeiro dia em contraste com os outros. Este teria sido o caminho para a ideia de um *Sabbath* cristão.[168]

O tratamento de Orígenes do *Sabbath* compreende a aplicação tradicional, espiritualizada, do mandamento ao todo da vida cristã e também o descanso escatológico no mundo por vir. Uma extensa discussão[169] de seus sermões sobre Números tem sido alvo de várias interpretações:

> Pondo de lado, assim, as observâncias judias concernentes ao *Sabbath*, vejamos que tipo de observância deveria ser seguida pelos cristãos.[170] *No dia de Sabbath nenhuma atividade mun-*

---

por tal expressão que a vida que é continuamente vivida segundo a palavra divina não é ἐν μέρει ἑορτῆς mas uma grande e contínua celebração" (*Cels.* 8.23).

168. É simplesmente possível que já na Alexandria de Orígenes esta tendência tenha resultado em um tipo de cristianismo sabatista que noutras partes surgiu muito mais tarde. Um fragmento copta atribuído a Pedro de Alexandria († 311) inclui esta passagem: "Eu ordeno a vocês que não façam nada no dia santo do Senhor, e não permitam a si mesmos empenharem-se em disputas, disputas legais ou concursos, mas deem plena atenção à leitura das sagradas escrituras, e deem pão aos necessitados. ...Maldito é quem no dia do Senhor se envolve em qualquer negócio, exceto o que é benéfico à alma ou está preocupado com o cuidado do gado" (Rordorf, *Sabbath et dimanche*. Nota 136). A genuinidade da atribuição tem sido posta em dúvida, principalmente com base em que tais regulações eclesiásticas sobre o dia do Senhor não são de outro modo conhecidas a não ser em datas muito posteriores. Assim Rordorf (ibid., p. 219, nota 3; *Sunday,* p. 171, n. 4) data a mesma no fim do sexto século, mas Stott em Beckwith & Stott, *This is the Day,* p. 100, aceita a mesma como genuína. O uso do termo "O dia santo do Senhor" é notavelmente um aspecto do surgimento do cristianismo sabatariano.

169. O sentido desta passagem é facilmente obscurecida se não citada totalmente: cf. Beckwith & Stott, *This is the Day,* p. 70-71.

170. *Haec est observatio sabbati Christiano:* não *Christiani Sabbati,* "o *Sabbath* cristão", como em Beckwith & Stott, ibid., p. 70; Daniélou. *The Bible and the Liturgy,* p. 239.

dana deve ser empreendida [cf. Ex 30,10]. Assim uma vez que se abstenha de quaisquer trabalhos seculares e não faça nada mundano, mantendo-se livre para trabalho espiritual, venha à igreja (*ecclesiam*), ouça as leituras da escritura e sermões, tenha diante de seus olhos o julgamento que há de vir, considere não as coisas visíveis do presente mas aquelas que são invisíveis e dignas de serem observadas. *Mesmo entre eles um ferreiro ou construtor ou qualquer tipo de trabalhador manual abstém-se de trabalhar no dia do Sabbath. Mas o leitor da lei divina ou o mestre não se abstém de trabalhar e mesmo assim não profana o Sabbath. Pois o Senhor disse a eles: "Não leram que os sacerdotes no templo quebram o Sabbath e não são reprovados?"* [Mt 12,5]. Assim aquele que se abstém dos trabalhos do mundo e está livre para a atividade espiritual, é ele que oferece o sacrifício do *Sabbath* e celebra a festa do *Sabbath*.

Ele não carrega o fardo pelo caminho [Jr 17,25]. Uma vez que o fardo seja todo pecado, como o profeta diz: "Como um fardo eles me pesam muito" [Sl 23,4].

Ele não acende um fogo [cf. Ex 35,3], i.e., o tipo de fogo do qual é dito: "Vá à luz de seu fogo e chama do que acendeste" [Is 50,11]. *No Sabbath todos permanecem sentados em seus lugares e não o deixam* [cf. Ex 16,28].[171] Assim qual é o lugar espiritual da alma? Seu lugar é a retidão, verdade, sabedoria, santidade e tudo que Cristo é, que é o local de descanso. A alma não deseja sair de seu lugar, se isto significar guardar o verdadeiro *Sabbath* e celebrar com sacrifícios o dia de festa do *Sabbath*, como o Senhor disse: "Aquele que está em mim, estou nele" [Jo 15,5]. *In Num. Hom.* 23.4)

O primeiro parágrafo desta passagem tem sido compreendido como uma descrição da observância cristã do *Sabbath* no sábado[172] ou domingo[173], mas os três parágrafos que se sucedem indubitavelmente interpretam as regulações do *Sabbath* em um sentido espiritual com referência a toda a vida cristã. Enquanto não seja impossível que no primeiro parágrafo Orígenes faça alguma referência à observância do Dia do Senhor ou mesmo à observância cristã do *Sabbath*, é muito mais provável que aqui

---

171. Orígenes compreendia o sentido literal desta regra de modo muito restritivo: *Princ.* 4.3.2.

172. Dugmore, *The Influence*, p. 31.

173. Beckwith & Stott, *This is the Day*, p. 70-72.

também ele esteja abordando o *Sabbath* de modo espiritual como compreendendo toda a vida cristã, que deve estar ocupada com o trabalho espiritual ao invés dos trabalhos do mundo. Muitas das supostas dificuldades nesta interpretação desaparecem quando a estrutura da passagem é compreendida. As partes em itálico representam as regulações literais do *Sabbath* do Antigo Testamento e sua observância literal pelos judeus, enquanto as em tipo comum são a interpretação espiritual de Orígenes para a vida cristã.

Assim, no primeiro parágrafo Orígenes cita a regra de *Sabbath* sobre abstenção do trabalho diário e interpreta-a alegoricamente para cristãos como significando a aplicação constante a assuntos espirituais ao invés de questões mundanas. A observância judia, ele cita, não exclui a atividade dos sacerdotes e mestres da lei no *Sabbath*. Assim a contínua guarda do *Sabbath* pelos cristãos deve ser compreendida como correspondente à atividade durante o *Sabbath* dos sacerdotes veterotestamentários.

A leitura mais literal da passagem ganhou sua plausibilidade da menção de Orígenes do comparecimento à igreja. Mas deve ser percebido que ele não faz referência ao domingo ou ao Dia do Senhor, e enquanto parte de sua interpretação da "observância do *Sabbath*" cristã é em termos de culto corporativo e instruções, isto é somente *parte* da interpretação. Assim nossa compreensão da passagem não nos requer supor que Orígenes pretenda que cristãos passem todo o tempo de suas vidas na igreja. É inteiramente possível que ele esperasse haver participação diária em culto corporativo; mas mesmo se ele referir-se apenas ao culto semanal aos domingos isto não é incompatível com nossa interpretação. O que Orígenes toma como perpassando a vida cristã como um todo (da qual o culto corporativo é somente uma parte) é o serviço a Deus ao invés de ao mundo, contemplando coisas celestes ao invés de terrestres. Isto, ao invés da suspensão do trabalho cotidiano, é o que ele quer dizer com "abstenção de trabalhos mundanos". Em princípio, portanto, cristãos podem "guardar o *Sabbath*" enquanto se envolvem em seus trabalhos diários, embora se Orígenes tenha considerado tal como realmente praticável não é inteiramente claro. Clemente certamente pensava que fosse.[174] Em todo caso, a partir de *Cels.* 8.21-23 (discutido acima), é claro que este era o ideal de Orígenes, e se cristãos ordinários pudessem "abster-se de trabalhos mundanos" somente aos domingos, então somente aos domingos eles eram realmente cristãos.[175]

É digno de nota que Orígenes compreende a sabatização espiritual nem tanto em termos de abstenção do pecado, como autores anteriores compeendiam, mas mais em termos de contemplação (θεωρία). Esta percepção tem raízes na filosofia helenística e no judaísmo alexandrino de Filo[176], e já aparecia em Clemente. Para Orígenes, portanto, a forma de guarda do *Sabbath* própria da vida cristã nesta era é consumada no *Sabbath* da era por vir, quando cristãos irão "ascender à contemplação das coisas celestiais"[177], e celebrar com Deus seu próprio *Sabbath*.[178] Orígenes também diz da vida cristã neste mundo como os seis dias de colheita do maná que desfrutaremos no *Sabbath* da eternidade[179], ou os seis dias da subida da montanha da transfiguração antes do *Sabbath* no qual se contempla o Cristo transfigurado.[180]

O significado do descanso de *Sabbath* do próprio Deus (Gn 2,3) chamou a atenção tanto de Clemente quanto de Orígenes, como de muitos outros escritores cristãos e judeus. Ambos atacaram a noção, ridicularizada por Celsus, de que após o trabalho da criação Deus precisou descansar: "Deus é incapaz de cansaço, e sofrimento, e desejo" (*Strom.* 6.16); "a sensação de fadiga é peculiar daqueles que estão na carne" (*Cels.* 6.61). O *Sabbath* de

---

174. *Strom.* 6.7: "Guardando o festival, assim, em toda nossa vida, persuadidos de que Deus está presente em todo lugar, cultivamos nossos campos, louvando; navegamos os mares, cantando hinos..."

175. Stott. In: Beckwith & Stott, *This is the Day*, p. 72, objeta que as homilias de Orígenes eram "alocuções práticas a cristãos comuns". Mas a ideia de Orígenes de uma "alocução prática" seria incomum a nós, e o ideal descrito certamente não é irrelevante para cristãos comuns. Cf. *Princ.* 2.7.2: há muitos crentes simples que pela inspiração do Espírito sabem que a circuncisão, sacrifícios animais, e o "descanso do *Sabbath*" não devem ser compreendidos literalmente.

176. Filo, *Decal.* 97-100; *Spec. leg.* 2.61-64.

177. *Cels.* 6.61.

178. *In Num. Hom.* 23.4.

179. *In Exod. Hom.* 7.5.

180. *In Matt. Comm.* 12.36.

Deus portanto não é descanso (ἀνάπαυσις), mas cessação (κατάπαυσις).[181] Seu trabalho de ordenar e preservar o mundo continua até o fim dos tempos.[182] Somente então Ele cessará seu trabalho e celebrará seu *Sabbath* com os redimidos.[183] A compreensão do *Sabbath* de Deus não como inatividade mas como contemplação de seu trabalho completado é diretamente relevante para a compreensão do *Sabbath* escatológico dos crentes, uma vez que é o descanso de Deus que eles partilharão.

Finalmente, devemos destacar uma passagem na qual Orígenes compara o *Sabbath* e o Dia do Senhor. Ele observa que o maná em Ex 16, que prefigura o pão celestial, a Palavra de Deus, caiu pela primeira vez no primeiro dia da semana; assim "que os judeus saibam que mesmo então o Dia de nosso Senhor era superior ao *Sabbath* judeu" (*In Exod. Hom.* 7.5). Esta é uma peça de exegese que muitos escritores posteriores seguiram, ao ponto que se tornou para o rol comum de ideias da medievalidade sobre o Dia do Senhor.[184]

O quarto século e as origens do descanso aos domingos

Em 3 de março de 321d.C. o Imperador Constantino promulgou uma lei requisitando um descanso total, público no "mais honorável dia do Sol." Somente fazendeiros foram isentos.[185] Em 3 de julho de 321 uma segunda lei permitiu o cumprimento de votos (*votiva*) como apropriados para os domingos e, consequentemente, as transações legais necessárias para a alforria de

---

181. Orígenes, *Cels.* 6.61, seguindo Filo, *Leg. alleg.* 1.6.

182. Escritores cristãos antigos habitualmente compreendiam Jo 5,17 em termos de providência ao invés de trabalho salvífico: veja exemplos em Rordorf, *Sunday*, p. 83-84; Daniélou, *The Bible and the Liturgy*, p. 232, 245. (Mas Ps-Atanásio, *De sabbatis et circumcisione* 1 [*PG* 28:133] refere em Jo 5,17 o trabalho da nova criação.) Para a compreensão de Filo sobre o descanso de Deus no *Sabbath*, veja *Decal.* 96; *Leg. alleg.*1.5-6.

183. *Cels.* 6.61; *In Num. Hom.* 23.4.

184. Rordorf, *Sunday*, p. 170 n. 2; Rordorf, *Sabbat et dimanche*, p. 165 n. 3.; Isidoro de Sevilha, *De eccles. officiis* 1.24 (*PL* 93:760-761) etc. Sobre o pano de fundo rabínico para o tratamento de Orígenes de Êxodo 16, veja N. R. M. de Lange, *Origen and the Jews* (Cambridge: Cambridge University Press, 1976), p. 93-94.

185. *Codex Justinianus* 3.12.2 (Rordorf, *Sabbat et dimanche*, n. 111).

escravos.[186] Esta legislação é a mais antiga referência clara ao domingo como um dia no qual não se trabalhava. A questão sobre os motivos de Constantino é difícil.[187] Ao menos é claro que o modelo que seguiu não pode ter sido o *Sabbath* judeu (no qual o trabalho em fazendas era especialmente proibido) mas deve ter sido os feriados pagãos romanos.[188] Embora as leis usem somente o título pagão dia do Sol, Constantino dificilmente escolheu o dia cristão de culto por mera coincidência; ele deve ter querido beneficiar a população cristã, à qual já havia concedido tolerância. Mas ele pode também ter tido o culto ao Sol em mente. Não pode ser dado muito peso ao relato de Eusébio de sua intenção de influenciar seus súditos a se tornarem cristãos.[189] Tenha qual sido sua intenção, uma questão importante é se ele agiu por própria iniciativa ou se ele respondia a desejos de cristãos. Se concedermos a segunda possibilidade, onde haveria razões *teológicas* para desejar que o domingo fosse um feriado oficial? Veremos que enquanto é provável que ao menos alguns cristãos desejavam o *status* de feriado oficial para o domingo, há pouca justificativa teológica para tal e mesmo muito depois de o descanso aos domingos ter se tornado um fato no Império Romano não havia suporte teológico.

Já notamos pistas de que parte do pensamento cristão estivesse se movendo na direção de uma correlação entre o *Sabbath* e o domingo. Os dois algumas vezes eram comparados como respectivamente os dias de culto judeu e cristão[190]; ambos eram tomados como prefiguração de um descanso escatológico. Por outro lado, deve ser observado que tal correlação não conduziria naturalmente a uma visão sabática do domingo como um dia de descanso do trabalho, já que no pensamento cristão a ideia de descanso no *Sabbath* foi consistentemente reinterpretada como se o descanso do trabalho físico fosse exatamente o que deixara de significar.

---

186. *Codex Theodosianus* 2.8.1 (Rordorf, *Sabbat*, n. 112).

187. Veja a discussão em Rordorf, *Sunday*, p. 162-166; Dumaine, "Dimanche", *DACL* 4:946.

188. Dumaine, ibid., 4:947.

189. *Vita Constantini* 4.18.2; cf. Sozômeo, *Hist. eccl.* 1.8.12.

190. Exemplos tardios são *Didascalia* 26; Pseudo-Atanásio, *De sabbatis ...* 5; Jerônimo, *In. Eccles.* 2.2; Ambrósio, *Ep. 31 (44) ad Orontianum.*

Já traçamos em retrospectiva esta reinterpretação da ideia de descanso no pensamento católico e gnóstico no segundo século e nos alexandrinos Clemente e Orígenes. Os mesmos temas recorrem em escritores do terceiro e quarto séculos. O mandamento do *Sabbath* é plenamente cumprido em afastar-se não do trabalho mas do pecado.[191] Ou o *Sabbath* é cumprido em desapego das coisas terrenas e contemplação das coisas divinas.[192] O mandamento proibia apenas os trabalhos de humanos, assim Jesus cumpriu o *Sabbath* fazendo os trabalhos de Deus.[193] Que o *Sabbath* fosse intencionado não para a inatividade mas para o serviço a Deus é claro a partir de "brechas" do Antigo Testamento sobre o *Sabbath*: os sacerdotes no templo[194], circuncisão no *Sabbath*[195], a captura de Jericó[196], as batalhas dos Macabeus.[197] A ociosidade nos *Sabbath*s por parte dos judeus também era condenada pelos profetas (e.g. Is 1,3-14).[198] O descanso no *Sabbath* do próprio Deus não deve ser compreendido como inatividade, e nem o do homem.[199] O *Sabbath* nunca foi intencionado para a ociosidade mas para o culto e conhecimento de Deus[200], uma intenção cujo cumprimento real aguarda o *Sabbath* do mundo por vir. O descanso escatológico do *Sabbath*, seja no reino do milênio[201] ou na eternidade[202], é compeendido não tanto como descanso em oposição ao trabalho,

---

191. Ps. Atanásio, *De sabbatis...* 4; Tertuliano, *Adv. Jud.* 4; outras referências em Dumaine, "Dimanche", *DACL* 4:925-26; Rordorf, *Sunday*, p. 104, n. 3. (O trabalho *De sabbatis* ... [PG 28:133-41] é provavelmente não de Atanásio; veja M. Geerard (ed.), *Clavis Patrum Graecorum* v. 2 [Thurnhout: Brepols, 1974], p. 45; mas para uma opinião diferente, cf. Rordorf, *Sabbat et dimanche*, p. 91, n. 1.)

192. Orígenes, *In Num. Hom.* 23.4.

193. Tertuliano, *Marc.* 4.12.

194. Afraates, *Demonst.* 13.7; Epifânio, *Pan.* 30.32.10; Ps. Atanásio, *Hom. de semente* 13; muitas outras referências em Dumaine, op. cit., nota 5.

195. Epifânio, *Pan.* 30.32.11-12; Vitorino, *De fabrica mundi* 6; Ps. Atanásio, *De sabbatis...* 3.

196. Tertuliano, *Adv. Jud.* 4; Vitorino, *De fabrica ...*; Ps. Atanásio, *De sabbatis..* 3.

197. Tertuliano, *Adv. Jud.* 4; Afraates, *Demonstr.* 13.7; Gregório de Nissa, *Testimonia adv. Jud.* 13.

198. Vitorino, *De fabrica...* 5; Tertuliano, *Adv. Jud.* 4; Ps. Atanásio, *Hom. de semente* 1.

199. Orígenes, *In Num. Hom.* 23.4; *Cels.* 6.61; *Didascalia* 26; *Const. Apost.* 2.36.2; 6.18.17; Ps. Atanásio, *De sabbatis...* 1; também Rordorf, *Sunday*, p. 84, n. 1.

200. Dumaine, "Dimanche", *DACL* 4:927-28.

201. Vitorino, *De fabrica...* 6; Lactâncio, *Inst.* 7; Agostinho, *Sermões* 295; também Rordorf, *Sabbat et dimanche*, p. 95, n. 3.

202. Exemplos em Rordorf, ibid., p. 92, n. 2.

mas como descanso oposto às fadigas e lutas deste mundo, ou como o gozo dos frutos do trabalho da salvação, ou como a conquista do objetivo da visão de Deus, livre do fardo do pecado e da carne, ou como participação no descanso do *Sabbath* do próprio Deus. O serviço a Deus, contemplação, culto, desapego de coisas mundanas, festas e cumprimento pleno são as ideias sugeridas pela noção patrística de descanso no *Sabbath*. Por contraste, a mesa abstenção do trabalho é consistentemente e continuamente posta de lado e condenada como ociosidade.[203] Os Padres não viam valor na inatividade e muito raramente reconheciam no mandamento do *Sabbath* provisionamento para o necessário relaxamento físico.[204]

Como uma consequência desta reinterpretação do descanso do *Sabbath*, será visto que, embora no primeiro século a correlação entre *Sabbath*

---

203. Cf. Id., ibid., p. 105, n. 3; Dumaine, "Dimanche", *DACL* 4:919-20.

204. Uma exceção é Afraates, *Demonst.* 13 (datado em 344): veja a tradução e discussão em J. Neusner, *Aphrahat and Judaism: The Christian-Jewish Argument in Fourth-Century Iran,* St.PB 11. Leiden: Brill, 1971; cf. tb. Rordorf, *Sabbat...* n. 47; Simon, *Verus Israel,* p. 375-376; Beckwith & Stott, *This is the Day,* p. 54, 132.
Afraates era um persa vivendo fora do Império Romano, no qual a lei de Constantino era operativa, e não faz referência ao descanso de *domingo.* Ao contrário ele expõe o mandamento do *Sabbath,* referindo-se ao sábado, como provisão de Deus para o descanso físico de pessoas e animais. Além disso, ele diz, uma vez que o mesmo se aplica também a animais, o mandamento do *Sabbath* não tem qualquer relação com moralidade ou salvação. É *somente* uma questão de descanso físico e portanto nunca foi obrigatório e sequer observado pelos patriarcas antes de Moisés. Muito mais importante, para o cristão, é o "descanso" de *Sabbath* no sentido de fazer a vontade de Deus. Provavelmente, como Simon argumenta (e cf. Neusner, *Aphrahat),* p. 126-127), Afraates estava falando para uma comunidade cristã que, como muitas do quarto século no Oriente, estava inclinada a imitar seus vizinhos judeus, e deveriam estar guardando o *Sabbath* de sábado bem como o domingo cristão. A intenção de Afraates é contradizer esta influência judia pela insistência de que a observância do *Sabbath* não tem significado religioso. É *somente* uma conveniência para o corpo. Aparentemente as únicas outras passagens patrísticas que reconhecem o mandamento do *Sabbath* como uma provisão para o descanso físico são Clemente de Alexandria, *Strom,* 6.16 (citando o judeu Aristóbulo, veja acima), e Efrém o Sírio, *Hinos sobre a Natividade,* 19.10 (cf. Beckwith & Stott, *This is...,* p. 133). É surpreendente que Stott. In: Beckwith & Stott, ibid., p. 54, 57 baseie-se nestas passagens de Clemente e Afraates *somente* para concluir que os Padres não somente atribuíam um caráter humanitário ao *Sabbath* judeu mas também *o transferiram para o domingo!* Isto é típico do método de Stott de produzir conclusões máximas sobre "o tratamento patrístico" a partir de afirmações isoladas e pouco representativas de um ou dois escritores. Afraates, que pertence a uma tradição de cristianismo oriental isolada da teologia patrística principal e, de todos os Padres, um dos menos adequados para tal tratamento.
É bastante claro que os Padres em geral não viam o *Sabbath* como uma ordenança criacional provendo a humanidade com um dia semanal de relaxamento. Eles ensinavam unanimemente que os patriarcas não observavam *Sabbath*s e tinham grande objeção moral à inatividade.

e domingo teria levado à observância do domingo como dia de descanso segundo o modelo judeu, isto não seria o caso no quarto século.[205] Isto pode talvez ser também ilustrado a partir da observância cristã do terceiro e quarto século do *Sabbath* aos sábados. Tal era observado como dia de culto e comemoração da criação, mas escritores que encorajavam esta observância especificamente proibiam a ociosidade.[206]

É com este pano de fundo em mente que devemos examinar em algum detalhe o mais antigo dos trabalhos sobreviventes cristãos que defende que o *Sabbath* foi transferido para o domingo. É o comentário de Eusébio de Cesareia ao Sl 91, que deve ser datado após 300 d.C. O trabalho, percebe-se, deve muito a Filo e à tradição filosófica cristã alexandrina. Assim, Eusébio começa por definir o descanso de *Sabbath*, tanto para Deus quanto para humanos, como deixar de lado as coisas deste mundo físico para contemplar as realidades celestes. Esta passagem é diretamente dependente de Orígenes (*In. Num. Hom.* 23.4):

> É necessário descobrir o que o *Sabbath* significa. A escritura o chama de descanso de Deus e o coloca após a criação do mundo sensível. Mas o que é o descanso de Deus senão que Ele dedique-se às realidades inteligíveis e supramundanas? De fato, quando Ele olha para o mundo sensível e se põe no exercício de providenciar para o mundo, é dito que Ele esteja trabalhando. É neste sentido que devemos compreender a palavra de nosso Salvador: "Meu Pai trabalha até agora, e eu trabalho" [Jo 5,17].[207] Mas quando Ele se volta às realidades supramundanas e incorpóreas, em seu reino celeste, então podemos entender que o mesmo esteja descansando e observando seu *Sabbath*. Da mesma maneira, quando homens de Deus se retiram de trabalhos que perturbam a alma (tais são todos os trabalhos do corpo e aqueles que se destinam à carne terrena) e se dão inteiramente a Deus e ao estudo e contemplação das realidades divinas e inteligíveis, então eles observam os *Sabbath*s que são queridos por Deus e descansam para o Senhor Deus. E é destes *Sabbath*s

---

205. Tratamentos prévios de nosso assunto deram pouca atenção a este fato.

206. Ps.-Atanásio, *Hom. de semente* 1; Ps.-Inácio, *Magn.* 9:1. O cânon 29 do Concílio de Laodiceia requer que os cristãos trabalhem no sábado.

207. Sobre esta compreensão de Jo 5,17; veja a nota 182 acima.

que a escritura ensina: "Agora persiste um descanso de *Sabbath* para o povo de Deus" [Hb 4,9], e novamente: "Empenhemo-nos para adentrar naquele descanso" [4,11]. Pois o perfeito *Sabbath* e o perfeito e abençoado descanso de *Sabbath* é encontrado no Reino de Deus, acima do trabalho dos seis dias e fora de toda realidade sensível, entre as realidades incorpóreas e supramundanas, de onde tristeza e pesar e o arfar se foram [Is 35,10]. Lá, libertados da vida mortal e corruptível, desfrutando o descanso abençoado que agrada a Deus, os que somos libertados das atividades corporais e da escravidão da carne, celebraremos o *Sabbath* e descansaremos verdadeiramente com Deus e a seu lado. Eis por que o apóstolo diz: "Empenhemo-nos para adentrar naquele descanso". Pois os homens de Deus [os patriarcas] traziam na terra a imagem (εικών) daquele *Sabbath*, daquele perfeito e abençoado descanso, e se abstinham de coisas que os afastavam de Deus, e dedicavam a si mesmos totalmente à contemplação de realidades divinas, aplicando a si mesmos dia e noite a meditar nas escrituras sagradas, eles estavam celebrando santos *Sabbath*s e descansando no descanso que agrada Deus.[208] Assim utilmente a Lei de Moisés, ao providenciar sombras e sinais das coisas das quais falamos, apontou um dia particular para o povo para que neste dia ao menos eles pudessem deixar de lado seu trabalho ordinário e tivessem tempo para meditarem na Lei de Deus.

Assim Eusébio entende que os patriarcas, que não tinham o *Sabbath* semanal, teriam passado suas vidas como um todo em contemplação das coisas divinas, assim antecipando na terra o *Sabbath* da eternidade. Isto é precisamente a compreensão de Orígenes da vida do cristão perfeito, enquanto a explanação de Eusébio sobre o *Sabbath* semanal mosaico é precisamente a justificativa de Orígenes para o Dia do Senhor semanal para cristãos comuns. O paralelo é tão óbvio que Eusébio é capaz de quase sem explanação introduzir o Dia do Senhor cristão como o equivalente ao *Sabbath* mosaico. Após explicar que as atividades do *Sabbath* eram aquelas descritas no Sl 91,1-3, ele segue:

---

208. É opinião unânime dos Padres que os patriarcas não conheciam *Sabbath*s semanais: veja Beckwith & Stott, *This is the Day*, p. 53; Rordorf, *Sunday*, p. 84-85, 84, n. 7; Daniélou, *The Bible and the Liturgy*, p. 232-233.

Assim, vejam o que o presente texto requer que seja feito no dia da ressurreição. ...Também no *Sabbath* os sacerdotes no templo se empenhavam em muitas outras atividades em consonância com a lei. Isto não quer dizer ociosidade. Não era para os sacerdotes que o *Sabbath* foi prescrito, mas somente para aqueles que improvavelmente pudessem devotar todo o seu tempo e todos os dias ao serviço a Deus e a trabalhos que o agradam. Para este foi prescrito que intervalos devessem ser feitos. Mas aqueles que se davam a festas e bebedeiras e desordem no *Sabbath*, Deus os repreende pelo profeta, dizendo: "Eles adotam falsos *Sabbath*s" [Am 6,3 LXX], e novamente: "Não posso suportar suas luas novas e *Sabbath*s e festivais" [Is 1,13].

Eis por que, rejeitando tais *Sabbath*s, a Palavra pelo novo pacto alterou e transferiu a festa do *Sabbath* para o soerguimento da luz. Ele nos deu uma imagem (εἰκών) do verdadeiro descanso, o dia da salvação, o dia do Senhor e o primeiro dia da luz, no qual o Salvador do mundo, depois de todos os seus feitos entre os homens, e vitorioso sobre a morte, abriu os portões do paraíso, passando além da criação dos seis dias, e recebendo o divino *Sabbath* e o descanso abençoado, quando o Pai lhe diz: "Senta-te à minha direita, até que eu ponha seus inimigos sob seus pés" [Sl 109,1]. Naquele dia da luz, o primeiro dia e o dia do verdadeiro sol, também nos reunimos após o intervalo de seis dias, quando celebramos os *Sabbath*s verdadeiros e espirituais – nós que fomos redimidos por Ele de todas as nações do mundo – e o que a lei ordenou que os sacerdotes fizessem no *Sabbath* nós cumprimos segundo a lei espiritual. Pois oferecemos sacrifícios espirituais e oblações, que são chamados de sacrifícios de alegria e louvor [Sl 26,6]. Produzimos suave odor de incenso em ascensão, do qual está escrito: "Possa minha oração se elevar como o incenso à sua vista" [Sl 140,2]. Também oferecemos o pão não levedado, renovando o memorial de salvação, e o sangue da aspersão, o sangue do Cordeiro de Deus que tira o pecado do mundo e purifica nossas almas. Acendemos as luzes do conhecimento da face de Deus. Além disso zelosamente nos devotamos a pôr em prática neste dia as coisas descritas neste salmo. ...Tudo o mais que deva ser feito no *Sabbath* transferimos para o Dia do Senhor, como sendo mais senhorial (κυριωτέρας), tomando a dianteira (ἡγουμένης),[209] o primeiro, e mais digno de honra que o *Sabbath* judeu. Pois foi neste dia da

---

209. Eusébio pode aqui estar aludindo à ideia pitagórica do número 7 como ὁ ἡγεμὼν τῶν συμπάντων, já aplicada ao *Sabbath* por Filo, *Opif.* 100.

criação que Deus disse: "Que haja luz", e houve luz [Gn 1,3]. E também neste dia o sol da virtude ergueu-se para nossas almas. (*Comm. in Ps. 91*).

O cuidado com que Eusébio evita a ideia de inatividade no *Sabbath* é notável. O *Sabbath* era dedicado para o serviço a Deus e trabalhos que agradassem a Deus. A atividade dos cristãos no Dia do Senhor é análoga à atividade dos *sacerdotes* no *Sabbath* mosaico; é o serviço a Deus em liturgia. É esta atividade sacerdotal de liturgia que foi transferida do *Sabbath* para o domingo.

A argumentação de Eusébio é muito tradicional. Os seguintes elementos essenciais já haviam aparecido em escritores anteriores, especialmente os alexandrinos: (1) o verdadeiro descanso de *Sabbath* é a contemplação das coisas divinas. (2) Humanos partilharão deste descanso de Deus no mundo que há de vir. (3) Devoção de toda a vida à contemplação de coisas divinas é uma imagem (εἰκών) do descanso escatológico. (4) O *Sabbath* mosaico era uma sombra (σκιά) do descanso escatológico. (5) O domingo cristão é uma imagem (εἰκών) do descanso escatológico.

O elemento original em Eusébio é a síntese destes elementos para apresentar o domingo como o *Sabbath* cristão.[210] Há uma falácia que passa despercebida na síntese, que explica por que a mesma não foi anteriormente alcançada pelos alexandrinos. Eusébio sustenta que o *Sabbath* mosaico não era para os sacerdotes, cujas vidas eram totalmente dedicadas a Deus, mas para o povo, que se devotavam somente no *Sabbath* a Deus. Cristãos, entretanto, são ditos como correspondentes aos patriarcas, que não tinham *Sabbath* mas dedicavam toda a sua vida à contemplação de Deus. Os *Sabbath*s cristãos, portanto, nestas analogias, não é o Dia do Senhor mas todos os dias. Assim o argumento tradicional funcionava.

Também vimos, entretanto, a rota sendo preparada para a versão de Eusébio. Em contraste com a sacralização do cristianismo primitivo de todo o

---

210. Stott. In: Beckwith & Stott, *This is...* capítulo 8, corretamente reconhece o caráter tradicional dos temas em Eusébio, mas erroneamente conclui que portanto a *conclusão* de Eusébio, de que o *Sabbath* havia sido transferido para o domingo, sempre estivera implícita no pensamento cristão.

tempo, a santidade especial de um dia (domingo) vinha sendo enfatizada, com o corolário de dessacralizar o restante da semana. Clemente e Orígenes mantiveram o princípio anterior somente por meio da concepção de dois graus de cristãos. Os cristãos ordinários eram em efeito reduzidos aos condicionamentos do Antigo Testamento. Assim Eusébio não foi responsável por uma inovação radical, e estava provavelmente inconsciente de estar inovando. Seu argumento era a consequência natural de uma tendência que vinha se desenvolvendo há muito. A questão teológica real que foi no entanto evitada era a relação entre adoração e atividade "secular".

Quando Eusébio escreveu, o descanso de domingo de Constantino já estava estabelecido há alguns anos, mas há pouco rastro do mesmo em seu pensamento. Seu princípio não é um dia livre de trabalho mas um dia devotado ao serviço a Deus. A comparação entre *Sabbath* e domingo como dias de culto foi feita desde tão cedo quando Inácio e não dependia da possibilidade de devotar *todo* o domingo ao culto. Ainda assim deve ser admitido que a mais completa correlação entre sábado e domingo nos termos de Eusébio pressupõe o descanso de domingo, não porque por si mesmo seja requerido pelo quarto mandamento, mas como liberar o cristão para dar todo o seu dia para o serviço de Deus. Neste sentido o descanso de domingo pode ser visto como apropriado, embora não realmente requerido, à teologia de Eusébio sobre o domingo cristão.

Além disso havia noções helenísticas de descanso para a execução de ritos já disponíveis para o uso cristão. O relaxamento de um festival religioso, segundo Estrabão, "aparta o espírito de suas preocupações e o leva a Deus."[211] Filo, justificando o descanso de *Sabbath* mosaico pelo uso da ideia aristotélica de contemplação, explicava que a instituição do *Sabbath* combinava com as vidas ativa e contemplativa, de modo que "enquanto o corpo está trabalhando, a alma descansa, e enquanto o corpo descansa, a alma volta a seu trabalho" (*Spec. leg.* 2.64). Assim poderia ser argumentado que o descanso físico era necessário não por si mesmo mas para que o espírito pudesse estar ativo, e isto é precisamente o argumento que era necessário se o des-

---

211. Citado em Daniélou, *The Bible and the Liturgy*, p. 243.

canso de domingo não pudesse ser distinto de ociosidade. É possível que tais ideias promoveram um desejo pelo descanso de domingo já na Igreja antes de Constantino.

Também é possível detectar um desejo pelo descanso de domingo antes de Constantino em termos puramente pragmáticos. Não deve ter sido fácil para muitos cristãos encontrar tempo adequado para o culto em um dia que para seus vizinhos pagãos fosse um dia normal de trabalho. Tertuliano teve de falar da necessidade aos domingos de "adiar até mesmo os assuntos de nossos negócios para não dar espaço ao diabo"[212], deixando implícito que as pressões do trabalho diário tentavam cristãos a se manterem longe do culto de domingo. Similarmente a *Didascalia* síria (c. 250?), no capítulo 13, alerta os cristãos a não fazerem seus "afazeres mundanos com mais cuidado do que a Palavra de Deus; mas no dia do Senhor deixar tudo e ir diligentemente à igreja. ... Mas se alguém ocasionalmente precisa de retirar-se por conta dos negócios do mundo, que esta pessoa saiba que os negócios dos fiéis são chamados trabalhos de superfluidade, pois seu verdadeiro trabalho é a religião. ... Tenham cuidado de nunca retirarem-se da assembleia da igreja."[213] A despeito da condenação dos cristãos da ociosidade e dissipação dos *Sabbath*s judeus ou dias santos pagãos, eles dificilmente não teriam desejado a mesma liberdade para o culto que seus vizinhos judeus ou pagãos gozavam. Notamos que bem cedo no segundo século domingo era tomado como festival cristão análogo aos festivais judeus e pagãos. Assim a legislação de Constantino segundo o modelo de dias santos romanos pode ter sido uma resposta aos desejos expressos por lideranças da Igreja. Mas o descanso de domingo era em termos pragmáticos uma bênção mista, como a *Didascalia* certeiramente apontou quando, apesar dos avisos citados acima, também insistia no perigo da ociosidade: "diariamente e a cada hora, quando não estiverem na igreja, devotem-se aos seus trabalhos". Enquanto o trabalho deve ser posto de lado para o culto, não deve ser posto de lado para o relaxamento físico.[214]

---

212. *De orat.* 23. Cf. a discussão desta passagem em Rordorf, *Sunday*, p. 158-160, e seu comentário em *Sabbat et dimanche,* p. xviii e nota 6, reconhecendo as críticas de Daniélou e Mosna.

213. Veja a discussão em Rordorf, *Sunday*, p. 160-161.

214. A tentativa de Stott (Beckwith & Stott, *This is...*, p. 98-99) de usar a *Didascalia* como evidência de que o domingo já fosse um dia no qual não se trabalhava escapa do ponto.

Para a Igreja patrística, o corolário da liberação do trabalho aos domingos deveria ser a completa dedicação do domingo ao culto.

Assim em termos pragmáticos o descanso de domingo tinha suas desvantagens bem como vantagens; ele promoveria o ócio bem como o culto. Em termos teológicos, mesmo os de Eusébio, ele não seria *necessário*, por tudo o que poderia significar. A tradição universal cristã de reinterpretar o descanso de *Sabbath* não seria repentinamente abandonada, nem poderia o mandamento do *Sabbath* ser repentinamente invocado como se requisitasse precisamente aquela inatividade pela qual os judeus vinham sendo tão persistentemente condenados. Portanto não é surpreendente que mesmo o fato do descanso de domingo seja ignorado pela maioria dos escritores cristãos do quarto século. Alguns que discutem o *Sabbath* e o Dia do Senhor extensivamente nem mencionam o descanso de domingo ou endossam a noção de Eusébio da transferência do *Sabbath* para o domingo. Isto é verdade em Atanásio, os capadócios, Epifânio, Ambrósio, Ambrosiaster, e todo o vasto corpo dos trabalhos de Agostinho.[215] Além disso parece ter havido algumas poucas tentativas de proibir o trabalho nos domingos por meio de regulação *eclesiástica* até o sexto século.[216] Tão pouca importância era dada ao descanso dominical que na vida monástica ele nem mesmo era observado: Jerônimo

---

215. Veja as seleções destes autores em Rordorf, *Sabbat et...* Stott, que insistentemente recorreu aos Padres para suportar sua tese em contrário, não produz evidência relevante a partir destes autores. Não há que se dizer que eles não comparem e contrastem o *Sabbath* e domingo, como dias cristão e judeu de culto, mas eles não vão tão longe ao ponto de dizer que o *Sabbath* foi transferido para o domingo, e não utilizam textos do Antigo Testamento sobre o *Sabbath* para referirem-se ao domingo, e não se referem a descanso no domingo.
Há uma importante discussão da escatologia dos Padres Capadócios sobre o Dia do Senhor em Daniélou, *The Bible and the Liturgy*, p. 262-275.

216. O único exemplo digno de nota é o cânon 29 do Concílio de Laodiceia (*circa* 380): "Os cristãos não devem judaizar, e descansar no *Sabbath*, mas devem trabalhar neste dia, e honrar em contrário o Dia do Senhor, e, se puderem, descansar [neste dia] como cristãos." Mesmo aqui a imprecisão da provisão "se puderem" (εἴ γε δύναιντο) são notáveis. Pela expressão "descansar como cristãos" (σχολάζειν ὡς χριστιανοί), o cânon pode apontar para a distinção não somente do descanso do domingo em relação ao do sábado, mas a um tipo de descanso cristão que se opõe ao descanso "ocioso" dos judeus.
Outros concílios do quarto século insistiram na participação na igreja no domingo, e desencorajavam jogos e circos aos domingos como distrações da participação na igreja (detalhes em J. A. Hessey, *Sunday*. Londres: Cassel, 1860, p. 108-109.

reporta trabalhos dominicais nos conventos da Palestina (*Ep.* 108.20), e tão tardiamente quanto em 523 a Regra Beneditina (48:23) estabelece que um monge que não estuda ou lê no domingo deveria "ter a ele atribuído algum trabalho para que o faça, para que assim não fique ocioso"[217].

Há algumas exceções a esta negação geral. Um autor desconhecido, escrevendo possivelmente em torno do ano 400 d.C., repetiu a ideia de Eusébio: "O Senhor transferiu o dia do *Sabbath* para o dia do Senhor."[218] Mas como Eusébio, ele tem em mente o *Sabbath*, ao menos principalmente, como o dia de culto. João Crisóstomo parece contraditório sobre o assunto. Por um lado, ele conclui que o mandamento do *Sabbath* era "parcial e temporário"[219], e assevera que os cristãos "se abstenham de celebrar sejam as luas, sejam as luas novas, sejam os dias do Senhor", mas ao contrário manterem-se continuamente em festival.[220] Por outro lado, ele observa em um sermão sobre Gn 2,3 que ao santificar o sétimo dia "Deus nos ensina por meio de parábolas (αἰνιγματωδῶς) que um dia no ciclo semanal deveria ser totalmente separado e devotado para o serviço das coisas espirituais" (*In Gen. Hom.* 10.7), e novamente, pregando sobre 1Cor 16,2, ele fala do domingo como um dia no qual o trabalho é suspenso e as coisas mundanas postas de lado.[221] Crisóstomo portanto ilustra a até então não resolvida tensão entre a doutrina cristã primitiva sobre guardar o *Sabbath* continuamente e a ideia mais recente de um *Sabbath* cristão semanal.

Em um sermão de meados do século IV Efrém o Sírio apresenta o que poderia muito bem ser a aplicação do mandamento do *Sabbath* ao Dia do Senhor:

---

217. Cf. tb. o exemplo citado de Paládio em Rordorf, *Sabbat* ... n. 113; e a opinião do monge João († 530) citado em Rordorf, *Sunday*, p. 161, n. 2.

218. Ps.-Atanásio, *Hom. de semente* 1 (*PG* 28:144); cf. Dumaine, "Dimanche", *DACL* 4:396.

219. *De statuis ad populum Antiochenum, Hom.* 12.3 (*PG* 49:131).

220. *In Kal. Hom.* 1.2; cf. n. 165 acima; também *In Matt. Hom.* 39 (*PG* 57:436).

221. *De eleemosyna Hom.* 3 (*PG* 51:265); *In Epist. I ad Cor. Hom.* 43 (*PG* 61:368). Stott. In: Beckwith & Stott, *This is the Day,* p. 134-136, tenta resolver as contradições em Crisóstomo. A partir de *De bapt. Christi Hom.* 1 (cf. Rordorf, *Sabbat...,* p. 199, n. 2) parece que Crisóstomo era realista o suficiente para não esperar que todo o dia fosse devotado à liturgia.

> O primeiro dia da semana, o primogênito dos dias, é digno de reverência, pois traz mistérios. Portanto dê-se a ele respeito, pois o mesmo tomou o direito de primogenitura do *Sabbath*. ... Bendito é aquele que guarda este dia com santa observância. ... A lei estabelece que descanso deve ser dado a servos animais, para que servos, servas e empregados possam cessar de trabalhar.

Mas Efrém continua para alertar sobre os perigos do ócio, os pecados com os quais as pessoas são tentadas quando não estão trabalhando: "assim não observem o dia da salvação somente com o corpo."[222] Éfrem está menos preocupado com os pecados do trabalho no domingo do que com os pecados que o descanso no domingo podem alimentar. A despeito da legislação de Constantino resta claro que o sabatarianismo verdadeiro foi um desenvolvimento medieval, e não patrístico.[223]

---

222. *Sermo ad nocturnum dominicae resurrectionis* 4. In: Rordorf, *Sabbat...* n. 116.

223. Veja Richard Bauckham, "*Sabbath* and Sunday in the Medieval Church in the West". In: Carson (ed.), *From Sabbath to Lord's Day,* p. 299-309. Uma vez que tal capítulo lida apenas com a Igreja no Ocidente, devemos notar aqui que as ideias sabatarianas no Oriente após o quarto século estão ilustradas por Rordorf, *Sabbat...* no 135. ("Eusébio de Alexandria") e nota 136 (Ps.-Pedro de Alexandria). Cf. tb. Rordorf, *Sunday*, p. 169, n. 3, e, sobre João de Damasco, Dumaine, "Dimanche", 4:937-938. Um sumário do ensinamento posterior da Igreja ortodoxa sobre o mandamento do *Sabbath* pode ser encontrado no "Catecismo Maior" russo (1839), questões 536-553, traduzido para a língua inglesa [N.T.: sob o título "Larger Cathecism"] por P. Schaff, *The Creeds of Christendom,* 3 volumes. Londres: Hodder, 1877. 2: 529-532.

19. Sumários querigmáticos nos discursos de Atos

Introdução

Em 1919 Martin Dibelius chamou atenção sobre um padrão básico comum aos sermões evangelísticos em At 2,14-36; 3,12-26; 10,34-43; 13,16-41, isto é, aqueles sermões pregados por Pedro e Paulo a públicos diferentes de judeus ou de gentios que já adorassem o Deus de Israel. O esquema comum a estes discursos consiste de três elementos: (1) o querigma, isto é, uma narrativa muito curta do que Deus fez na história de Jesus; (2) provas escriturísticas demonstrando que tais eventos cumpriam profecias; (3) uma exortação ao arrependimento e fé. Embora Dibelius tenha assumido que tais discursos fossem composições lucanas, ele pensou que a falta de variação na composição de Lucas demonstrasse que ele deveria ter sido constrangido a fazê-lo devido a um padrão de pregação que já tivesse alguma antiguidade.[1]

Dibelius exagerou bastante na falta de variação de tais discursos. Os três elementos de nenhuma maneira ocorrem em sequenciamento simples. Costumeiramente estão entrelaçados em algum grau. Além disso, não somente as introduções de tais sermões variam segundo as ocasiões[2], como também ocorre isso em relação aos próprios três elementos. No

---

1. M. Dibelius, *From Tradition to Gospel*. ET de 1933. Editado por B. L. Woolf. Londres, 1934, p. 16-17; veja também Dibelius, "The Speeches in Acts and Ancient Historiography". In: Dibelius, M., *Studies in the Acts of the Apostles*, traduzido em inglês por M. Ling. Londres, 1956, p. 165-166, onde se demonstra mais inclinado a pontuar que o padrão das pregações era o próprio do tempo de Lucas.

2. Como Dibelius aponta em *Tradition*, p. 16-17.

sermão de Pedro a Cornélio, p. ex., o tema do cumprimento de profecias ocorre (10,43a), mas não é desenvolvido por citações da Escritura ou exemplos de tal cumprimento, como ocorre nos outros sermões. Presumivelmente Lucas pensava que isto seria menos apropriado em um sermão a um adorador gentio. Os dois sermões em Jerusalém (2,14-36; 3,12-36) são pobres em detalhes sobre o ministério de Jesus anterior a sua morte, o que pode ser encontrado nos dois outros sermões (veja 10,37-38; 13,23-25). A razão é que os dois sermões mais antigos são dirigidos a um público tido como familiar com os fatos mais marcantes da vida pública de Jesus e seu ministério, enquanto os dois posteriores são dirigidos a pessoas que sabiam pouco, se algo, sobre Jesus.[3] Esta é uma relação interessante entre o conteúdo dos discursos e seus contextos na narrativa, porque significa que presumivelmente a este respeito os sermões em 10,34-43 e 13,16-41 são mais próximos da concepção lucana da maneira típica dos pregadores cristãos de proclamar o Evangelho a um público de judeus ou tementes a Deus. A narrativa completa do querigma seria a norma, que circunstâncias excepcionais causaram a abreviação nos sermões de Jerusalém.[4] Mas finalmente devemos notar que, a despeito da correspondência formal no esquema de três partes, pouquíssima repetição de conteúdo preciso de um discurso para outro. Mesmo quando uma consideração muito similar está sendo feita, como a conexão de João Batista com o início do ministério de Jesus (10,37-38; 13,24-35) ou a culpa dos judeus que foram responsáveis pela morte de Jesus (2,23; 3,13-15; 13,27-29), os diferentes discursos aludem a diferentes aspectos da história do Evangelho para di-

---

3. G. Lüdemann, *Early Christianity according to the Traditions in Acts,* traduzido para a língua inglesa por J. Bowden. Londres, 1989, p. 128. Lüdemann combina de maneira incomum este correto reconhecimento de que o discurso a Cornélio serve o público retratado na narrativa com a afirmação errônea, muito comum em escritos sobre os Atos, de que "estes aos quais se dirige [no verso 37] eram os leitores de Lucas e Atos". Discursos na historiografia antiga não eram meios para o autor se dirigir diretamente a seus leitores, mas eram supostamente apropriados para o orador e seu público no contexto narrativo: veja C. Gempf, "Public Speaking and Published Accounts". In: B. W. Winter & A. D. Clarke (eds.), *The Book of Acts in its Ancient Literary Setting.* Grand Rapids, 1993, p. 259-303, especialmente as p. 279-280.

4. Cf. G. N. Stanton, *Jesus of Nazareth in New Testament Preaching.* SNTSMS 27. Cambridge, 1974, capítulo 1.

zerem as mesmas coisas. Tais variações não são contextuais, mas ocorrem em função do interesse e para edificação dos leitores de Lucas. Com este procedimento Lucas segue um padrão comum, ao passo que evita o tédio de repetição substancial.

Observar tais variações entre os discursos não ofende a validade do argumento básico de Dibelius: que o esquema comum aos discursos deve representar um padrão de pregação com o qual Lucas era familiarizado. Claro, como Dibelius observou, "o que Atos oferece como conteúdo de um discurso que foi realmente proferido é provado por sua brevidade de ser na verdade o esqueleto ao invés da substância de um discurso"[5]. Isto se aplica especialmente ao primeiro elemento do padrão tríplice, o querigma, que é o elemento no qual Dibelius estava especialmente interessado e que também é o assunto deste capítulo. Lucas deve ter desejado que tais narrativas breves *representassem* um elemento muito mais substancial em um sermão real. Dibelius supôs que na prédica real histórias específicas sobre Jesus, como as temos nas tradições de evangelhos, seriam contadas para ilustrar e suportar o querigma.[6] De fato, este era seu real interesse em discutir os discursos em Atos neste ponto de seu trabalho. Eles fornecem uma indicação de que a pregação da Igreja de Jesus Cristo fosse o *Sitz im Leben* para as tradições orais individuais do Evangelho que mais tarde foram coletadas nos evangelhos. Por esta razão, Dibelius não aprofunda muito o questionamento sobre o querigma como o mesmo aparece nos discursos de Atos. Ele comparou, no entanto, os contornos das narrativas breves que Lucas fornece com a fórmula (ou fragmento de fórmula)[7] que Paulo recorda em 1Cor 15,3-5 como uma fórmula que Paulo mesmo havia recebido e passado adiante à Igreja de Corinto. Diferente dos sumários de Atos que, embora contenham material antigo e tradicional[8], não reproduzem uma fórmula fixada em termos exatos, Paulo, na percepção de Dibe-

---

5. Dibelius, *Tradition*, p. 25.

6. Ibid., p. 25-26.

7. Segundo Dibelius, ibid., p. 19: "Não podemos inferir como a fórmula acabava, nem como começava, nem mesmo o que dizia sobre a vida de Jesus".

8. Ibid., p. 17-18.

lius, reproduz uma fórmula fixada de maneira exata. Isto demonstra que o tipo de sumário do querigma que se encontraria nos discursos de Atos remete a uma data muito anterior que a redação de Atos, embora, porque Dibelius tinha a fórmula paulina como produto de "círculos helenísticos",[9] ele pensava que Paulo recebeu a mesma em Damasco ou Antioquia, não em Jerusalém.

É na discussão da fórmula em 1Cor 15 que Dibelius explica o que concebeu como função de tais contornos tradicionais do querigma:

> Mesmo estas igrejas helenísticas [i.e. Damasco e Antioquia], aparentemente passagem adiante para seus novos conversos ou para os missionários que enviavam um contorno breve ou sumário da mensagem cristã, uma fórmula que relembrava ao jovem cristão de sua fé e que dava a um mestre de tal fé um guião para sua instrução.[10]

Somente aqui Dibelius tem visão de uma teoria plausível sobre a origem da forma do sumário querigmático que aparece nos discursos de Atos. Tais sumários curtos presumivelmente não seriam reproduzidos exatamente como aparecem no texto nas prédicas, mas poderiam funcionar somente como um contorno no qual um pregador poderia promover expansões introduzidas a partir de tradições evangélicas. Mais genericamente, a função dos próprios sumários teria sido pouco diferente dos credos e "a medida da fé" (que de certa medida derivaram daqui) na Igreja de fins dos séculos segundo e terceiro. Eles funcionavam em qualquer contexto no qual um sumário sucinto do querigma fosse necessário. Lucas incorporou esta forma nos sermões de Atos porque ele era um *substituto* adequado, em uma apresentação literária breve de um sermão, das narrativas muito mais complexas que um sermão real incluiria.

C. H. Dodd tem uma percepção destes discursos em Atos[11] que é em alguns aspectos importantes similar à de Dibelius. Ele analisou o es-

---

9. Ibid., p. 20.

10. Ibid., p. 19.

11. C. H. Dodd, *The Apostolic Preaching and its Developments*, 2ª edição. Londres, 1944. Capítulo 1.

quema comum aos discursos em seis pontos (nem todos dos quais estão realmente presentes em todos os quatro discursos)[12], mas na verdade reconheceu os mesmos três elementos que Dibelius identificou. (Sua análise reconhece que o segundo elemento de Dibelius não é sempre distinto do primeiro.) Nem Dibelius nem Dodd cogitaram que os discursos em Atos pudessem ser relatos do que os apóstolos realmente disseram nas ocasiões narradas por Lucas, embora Dodd considerasse que tal poderia ser verdade em alguns discursos de Atos.[13] Mas onde Dibelius, embora confiante de que Lucas tivesse utilizado material mais antigo nestes quatro discursos, foi vago quanto ao grau de composição de Lucas, Dodd valorizou a evidência do uso por Lucas de fontes. Dos discursos de Pedro ele pensou que "podemos ter confiança em tomar estes discursos como representações, não exatamente do que Pedro disse nesta ou naquela ocasião, mas do *querigma* da Igreja de Jerusalém em um período inicial".[14] Do discurso de Paulo em Antioquia da Pisídia ele pensou ser crível que "pudesse representar de maneira geral uma forma da prédica de Pedro, esta forma, talvez, que ele adotou em sinagogas quando tinha a oportunidade de nelas falar".[15]

Dodd estava mais interessado que Dibelius no conteúdo do querigma neste discursos de Atos, e sustentou sua percepção sobre esta característica antiga ao comparar os mesmos com a reconstrução do querigma pressuposta nas cartas de Paulo. Mas sua maior preocupação, bem como a de Dibelius, era relacionar o querigma a tradições evangélicas. A contribuição original de Dodd foi argumentar que Marcos compilou seu evangelho segundo um contorno da história de Jesus, que era uma versão expandida do tipo de sumário querigmático que aparece nos discursos de Atos. Desta forma ele foi capaz de argumentar não somente que Marcos tomou as perícopes individuais de seu

---

12. Ibid., p. 21-44. Dodd baseou sua análise em At 4,10-12; 5,30-32, bem como em At 2,14-36; 3,12-26; 10,34-43; 13,16-41.

13. Dodd, *Apostolic Preaching*, p. 18-19.

14. Ibid., p. 21.

15. Ibid., p. 30.

evangelho de tradição oral, mas também que a moldura na qual as colocou era tradicional.[16]

Desde Dibelius e Dodd houve muita discussão focada na questão se Lucas usou fontes para estes discursos ou compôs livremente os mesmos ele mesmo.[17] Esta maneira de pôr a questão pode não ser totalmente útil. Se aceitarmos a validade da observação fundamental de Dibelius de que o *esquema* que Lucas segue nestes discursos deve ser um antigo e tradicional, então a dívida de Lucas à tradição não pode ser avaliada puramente segundo a linguagem que utiliza. Nosso interesse neste capítulo é especialmente o primeiro elemento dos três que Dibelius identificou – o querigma –, embora possamos argumentar que o mesmo esteja muito intimamente conectado com o segundo – a prova a partir da profecia. Devo argumentar que em seus sumários da história de Jesus nestes discursos Lucas segue uma forma – eu o chamarei de sumário querigmático – que era muito tradicional mas também muito flexível e variável. Era uma forma que reunia uma pilha de itens específicos que poderiam ser selecionados para o uso em caso de necessidade. Era um tema sobre o qual novas variações eram continuamente improvisadas. Lucas nem compôs seus sumários querigmáticos *ex nihilo* nem reproduziu uma fonte. A forma que ele usou o fornecia materiais tradicionais que ele poderia variar e suplementar de acordo com seus contextos narrativos e propósitos literá-

---

16. Além de *Apostolic Preaching,* veja também "The Framework of the Gospel Narrative", *ExpTim* 43 (1931-1932, p. 396-400; reimpresso em C. H. Dodd, *New Testament Studies* (Manchester, 1953), p. 1-11. A tese foi criticada por D. E. Nineham, "The Order of Events in St. Mark's Gospel – an Examination of Dr. Dodd's Hypothesis". In: D. E. Nineham (ed.), *Studies in the Gospels*, R. H. Lightfoot FS. Oxford, 1955, p. 223-239. Segundo R. Guelich, "The Gospel Genre". In: P. Stuhlmacher (ed.), *Das Evangelium und die Evangelien,* WUNT 28. Tubinga, 1983, p. 204, "a maior vulnerabilidade do argumento de Dodd" reside na existência de um contorno básico do querigma que ajudou a estruturar o Evangelho de Marcos.

17. P. ex., sobre At 10,34-43, veja U. Wilckens, *Die Missiosreden der Apostelgeschichte, WMANT* 5. Neukirchen, 1961), p. 63-70; F. Bovon, "Tradition et redaction en Actes 10,1-11.18", *TZ* 26 (1970), p. 22-45; Stanton, *Jesus of Nazareth,* capítulo 3; K. Haacker, "Dibelius und Cornelius: Ein Beispiel formgeschichtlicher Überlieferungskritik", *BZ* 24 (1980); Guelich, "Gospel Genre", p. 209-211; A. Weiser, "Tradition und lukanische Komposition in Apg 10,36-43". In: *À cause de l'Évangile: Études sur les Synoptiques et les Actes,* J. Dupont FS, LD 123. Paris, 1985, p. 757-767; Lüdemann, *Early Christianity,* p. 127-128.

rios. Sendo um escritor particularmente hábil, Lucas provavelmente adaptou a forma um pouco mais extensivamente do que outros escritores cujos usos dos sumários querigmáticos estudaremos. Mas a diferença é apenas graduação. A forma era hospitaleira a variação e inovação.

Para estabelecer esta tese precisamos de material comparativo. Discussões sobre os sumários querigmáticos em Atos empreendidas até agora discutiram apenas paralelos nas epístolas paulinas (especialmente 1Cor 15,1-7).[18] Isto se deu primeiramente porque a preocupação, tanto no trabalho de Dibelius ou de Dodd, era encontrar evidência de algo como os sumários querigmáticos de Atos em algum ponto anterior na história do cristianismo. Entretanto, se nossa preocupação é demonstrar que o sumário querigmático era uma forma tradicional que foi usada por Lucas, é também relevante considerar a literatura cristã contemporânea ou posterior a Atos. Se a forma existe, independentemente de Atos, em tal literatura, então pode não ser o caso somente de evidência de que Lucas tenha usado tal forma, mas também pode se provar informação relevante quanto ao tipo da forma e a extensão na qual o uso por Lucas da mesma segue a tradição.

Sumários querigmáticos na ascensão de Isaías

Ascensão de Isaías é um dos mais neglicenciados dentre os textos cristãos antigos[19], e suas alusões a tradições do Evangelho tem sido ainda

---

18. Dodd, *Apostolic Preaching*, capítulo 1, identificou uma variedade de passagens paulinas como fragmentos do querigma primitivo e a partir disto reconstruiu um contorno de um querigma paulino.

19. A obra mais importante dos últimos tempo foi produzida pelo grupo de pesquisadores italianos (M. Pesce, E. Norelli, A. Acerbi, C. Leonardi, A. Giambelluca Kossova, P. C. Bori, e Outros) que vinham preparando uma nova edição da *Ascensão de Isaías* para o Corpus Christianorum Series Apocryphorum. A. Acerbi, trabalhando em conexão mas relativamente independente do grupo, produziu dois livros: *Serra Lignea: Studi sulla fortuna della Ascensione di Isaia* (Roma, 1984); *L'Ascensione di Isaia: Cristologia e profetismo in Siria nei primi decenni del II secolo*, Studia Patristica Mediolanensia 17 (Milão, 1988). M. Pesce (ed.), *Isaia, il Diletto e la Chiesa: Visione ed esegesi profetica cristiano-primitiva nell'Ascensione Isaia*, TRSR 20 (Bréscia,

mais neglicenciadas do que outros aspectos do texto.[20] O mesmo deve ser datado provavelmente no começo do segundo século[21], embora poderia ter um pouco anterior e não pode ser posterior a meados do segundo século.[22] Contra teorias mais antigas que pensavam ser o mesmo uma compilação de diversas fontes, judias e cristãs[23], estudos recentes tendem a enfatizar suas características uniformemente cristãs[24] e sua unidade, embora Acerbi divida o trabalho em duas fontes cristãs[25], enquanto Norelli sustenta que tenha sido escrito em dois estádios.[26] Minha visão particular é que o trabalho é facilmente explicável como o trabalho unificado de um mesmo autor, mas de todo modo as três passagens que nos interessam

---

1983) contém as comunicações dadas em uma conferência incluindo membros do grupo e outros. Veja também E. Norelli, "Interprétations nouvelles de l'Ascension d'Isaïe" , *REAug* 37 (1991): 11-22. Estes pesquisadores italianos revolucionaram o estudo de *Ascensão de Isaías*, e os resultados completos de seu trabalho na edição CCSA será, não apenas a primeira edição totalmente adequada dos textos, mas também um relato autoritativo do pano de fundo e natureza de *Ascensão de Isaías*. Contudo, muito de seu trabalho já foi publicado para que seja escandaloso que tratamentos de *Ascensão de Isaías* em grandes obras de referência (M. Knibb, "Martyrdom and Ascension of Isaiah". In: J. H. Charlesworth (ed.), *The Old Testament Pseudepigrapha*, v. II. Londres, 1985, p. 143-155; C. D. G. Müller. In: W. Schneemelcher (ed.), *New Testament Apocrypha*, v. 2, e R. McL. Wilson, Cambridge, 1992, p. 603-605; J. L. Trafton. In: *ABD* 3, p. 507-509) não os mencionem.

20. Veja Norelli, "La resurrezione di Gesù nell'Ascensione di Isaia", *CNS* 1 (1980), p. 315-366; J. D. Crossan, *The Cross that Spoke*. São Francisco, 1988 faz alguma referência aos marcantes paralelos entre a *Ascensão de Isaías* e o *Evangelho de Pedro*, especialmente na narrativa da ressurreição, mas ignora o muito relevante trabalho de Norelli; J. Verheyden, "L'Ascension d'Isaïe et l'Evangile de Matthieu: Examen de AI 3,13-18", em J-M. Sevrin (ed.), *The New Testament in Early Christianity*, BETL 86. Lovaina, 1986, p. 247-274.

21. Em favor de uma data no início do segundo século estão Acerbi, *L'Ascensione di Isaia*, p. 281-282; R.G. Hall, "The *Ascension of Isaiah*: Contemporary Situation, Date and Place in Early Christianity", *BL* 198 (1990), p. 289-306; Norelli, "Interprétations nouvelles", p. 15.

22. Sobre este uso pelo *Atos de Pedro*, veja Acerbi, *Serra Lignea*, p. 16-22.

23. Esta percepção ainda é a de Knibb, "Martyrdom and Ascension of Isaiah".

24. Esta é a visão de M. Pesce, "Presupposti per l'utilizzazione storica dell'*Ascensione di Isaia*: Formazione e tradizione del testo; genere letterario; cosmologia angelica". In: Pesce, *Isaia, il Diletto*, p. 13-76; Hall, "The *Ascension of Isaiah*"; Acerbi, *L'Ascensione di Isaia*; Norelli, "Interprétations nouvelles".

25. Acerbi, *L'Ascensione di Isaia*, especialmente os capítulos 7 e 8.

26. Norelli, "Interprétations..." p. 21-22.

(3,13-20; 9,12-18; 10,17–11,33)[27] estão inquestionavelmente muito relacionadas umas às outras, e é geralmente reconhecido que sejam, de não de um único autor, ao menos do mesmo círculo.

Em *Asc. Isa.* 7,2-11.35 o Profeta Isaías reconta, em um relato em primeira pessoa ao Rei Ezequias, uma ascensão visionária pelos céus até o sétimo céu. O clímax desta experiência é uma visão do descendimento do Amado (o Cristo preexistente) pelos céus até o mundo, sua vida terrena como Jesus, sua descida até o lugar dos mortos, sua ressurreição, e ascensão de volta ao sétimo céu. Esta visão da descida e ascensão do Amado é narrada em 10,17–11,33. Uma versão diferente e mais curta é dada em 3,13–4,18, na qual a visão se estende para além da ascensão do Amado a sua parusia e os eventos relacionados ao fim da história. Estes dois relatos da visão provavelmente têm a intenção de serem complementares, enfocando dois aspectos diferentes da carreira do Amado e a derrota do mal por Ele. Ambos incluem, em uma moldura mitológico-cristológica mais ampla, um sumário dos eventos da história de Jesus, introduzidos no contexto do relato de 10,17–11,33 por meio de um relato estendido da concepção e nascimento de Jesus (11,2-16). Adicionalmente a estes dois sumários da história de Jesus, há outro em 9,12-18, no qual a descida e subida do Amado são previstas pelo anjo que conduz Isaías pelos sete céus. O propósito deste relato é o mais limitado em explicar como os mortos virtuosos irão ascender ao céu com Cristo em sua ascensão e então receberão seus tronos e coroas no céu, mas ele também inclui um sumário muito breve da história terrena de Jesus. Fica claro que todos os três relatos constituem sumários querigmáticos que são comparáveis àqueles de Atos. As partes relevantes destas três passagens são as seguintes:

---

27. A passagem 11,2-22 ocorre somente na versão etíope, mas certamente pertence ao texto original: veja R. H. Charles, *The Ascension of Isaiah*. Londres, 1900, p. xxii-xxiv; A. Vaillant, "Un apocryphe pseudo-bogomile: La Vision d'Isaïe", *Revue des Etudes Slaves* 42 (1963), p. 111-112.

3,13-18[28]	9,13-18[29]	11,17-22[30]

13 a ida do Amado desde o sétimo céu, e sua transformação, e seu descendimento, e a aparência na qual Ele deve ser transformado em uma aparência humana

13 O Senhor irá verdadeiramente descer ao mundo nos últimos dias, Ele que será chamado Cristo após ter descendido e se tornar parecido contigo em forma, e eles pensarão que Ele tem carne e é humano

[10,17-31: relato estendido da visão de Isaías da descida do Senhor pelos céus; 11,2-16: relato estendido de seu nascimento por Maria]

17 E eu vi que em Nazaré Ele sugou seu seio como um bebê, como de costume, para que não fosse reconhecido. 18 E quando cresceu Ele fez grandes sinais e milagres na terra de Israel e em Jerusalém

e a perseguição com a qual Ele será perseguido, e os castigos com os quais os filhos de Israel deverão puni-lo, e o discipulado dos Doze,

e como Ele precisa [antes do *Sabbath* ser crucificado em uma árvore e][31] ser crucificado junto com criminosos,

14 e o Deus do mundo estenderá sua mão contra o Filho, e eles porão suas mãos nele e o pendurarão numa árvore, sem saber quem Ele seja.

19 e após isto o adversário o invejou e atiçou os filhos de Israel, que não sabiam quem Ele era, contra Ele E o entregaram ao rei[32], e o crucificaram, e Ele desceu ao anjo que está no Sheol. 20 Em Jerusalém, de fato, eu vi como eles o crucificaram em uma árvore.

e Ele será sepultado em uma tumba, 14 e os Doze que estão com Ele sofrerão violência por Ele, e da guarda do túmulo pelos guardas, 15 e a descida do anjo da igreja no céu,

---

28. Esta passagem sobreviveu somente em um único manuscrito grego. Minha tradução (N.T.: de Bauckham, optei pela tradução o mais próxima do literal possível do inglês) é do grego em Charles, *Ascension of Isaiah*.

29. A tradução da versão em gueês é de Knibb, "Martyrdom and Ascension of Isaiah", p. 170.

30. A tradução da versão etíope é de Knibb, *Martydrdom*, p. 175.

31. O grego não traz as palavras entre colchetes, que são encontradas em gueês. Sua omissão no grego é possível haplografia.

32. A palavra que normalmente significa "rei" é aqui traduzida como "governante" por Knibb, porque ele assume que seja referência a Pôncio Pilatos. É mais provável que a *Ascensão de Isaías*, como o *Evangelho de Pedro* e outras tradições extracanônicas, deem a Herodes, ao invés de a Pilatos, o papel-chave na crucifixão.

a quem Ele irá se reportar nos últimos dias,[33] 16 e que o anjo do Espírito Santo e Miguel o chefe dos santos anjos irão no terceiro dia abrir sua tumba, 17 E o Amado sairá assentado em seus ombros	16 E quando Ele tiver sido derrubado pelo anjo da morte Ele se erguerá no terceiro dia	21 e de maneira semelhante como após o terceiro dia Ele se ergueu
e como Ele enviará seus [doze][35] discípulos,	e permanecerá naquele mundo por 545 dias	e permaneceu [...] dias[34] ... 23 e eu vi quando Ele enviou os doze discípulos
18 e como eles instruirão todas as nações e todos os idiomas sobre a ressurreição do Amado, e aqueles que acreditam em sua cruz e em sua ascensão ao sétimo céu, assim que Ele vier, serão salvos...	17 E então muitos dos virtuosos ascenderão com Ele...	e ascendeu.

Estas três passagens partilham a mesma moldura mitológico-cristológica. O Amado é compreendido como um ser divino, que desce irreconhecível ao mundo. Sua identidade é ocultada pelas transformações pelas quais passa. Ao descender por cada um dos céus abaixo do sétimo Ele adota a forma dos anjos que pertencem àquele céu (este é o significado de "sua transformação" em 3,13; e é descrito em detalhe em 10,17-31). Chegando à terra ele adota a forma humana (3,13; 9,13), tendo nascido miraculosamente de Maria (11,2-14).[36] Sua origem celeste é portanto ocultada (11,14) – não somente de seres humanos (9,13), mas, talvez mais importante, dos poderes

---

33. O texto grego de 3,15 é defectivo, mas pode ser restaurado pelo uso do gueês; veja especialmente Norelli, "La resurrezione", p. 320-324.

34. Knibb suplementa "(muitos)", mas sem dúvida a figura 545 (como em 9,16) foi perdida na versão etíope. Ela pode ter sido deliberadamente suprimida (como também na versão latina e eslavônica de 9,16) porque conflitua com At 1,3.

35. Esta palavra é fornecida pelo gueês.

36. O relato supervaloriza a maneira pela qual não somente a concepção virginal, mas o nascimento em si mesmo é miraculoso (11,7-14).

do mal que dominam este mundo (11,16). Ele se comportou como um bebê humano normal para que não fosse reconhecido (11,17). A cristologia aqui tem uma tendência docética forte, porque a preocupação é a ocultação deliberada da presença de um ser celeste neste mundo. Sua humanidade é o disfarce. A despeito de seus milagres (11,18), nem os seres sobrenaturais nem os agentes humanos da morte sabem de sua real identidade celeste (9,14; 11,19). Isto torna possível o estágio final de sua descida (cf. 9,15) – à região abaixo da terra, o lugar dos mortos, onde Ele livra os mortos virtuosos do anjo da morte (9,16; 11,33). Sua ressurreição é o primeiro estágio de sua ascensão de volta ao sétimo céu, mas a ascensão difere da descida tanto no fato de Ele não ser mais incógnito, mas ser agora visto em sua glória divina própria e reconhecido (11,23-32), e também em que os mortos virtuosos agora ascendem com Ele (9,17). Mas tanto quanto sua descida do sétimo céu ao Sheol foi interrompida por um período neste mundo, na qual Ele instruiu os Doze (3,13), também sua ascensão do Sheol ao sétimo céu foi interrompida por um período neste mundo (9,16; 11,21), no qual Ele envia os Doze (3,17; 11,23).

Dentro desta moldura mitológica, que estrutura as três passagens, cada uma delas enfoca um aspecto diferente do mito. A única preocupação da passagem mais curta (9,13-18) é que o Amado descende liberar os mortos virtuosos do Sheol e ascende para levá-los de volta consigo ao sétimo céu. As outras duas passagens, ambas, dão muito mais atenção à carreira terrena no Amado, mas complementam-se na medida em que uma dá extensiva atenção à maneira pela qual o Amado entra neste mundo no curso de sua descida do sétimo céu (11,2-16), enquanto a outra enfoca especialmente a maneira pela qual Ele entra neste mundo no curso de sua subida do Sheol (3,14-17). Estas – o nascimento por Maria e a ressurreição e saída da tumba – são paralelas, como eventos miraculosos da entrada do Amado neste mundo, mas são distintas na medida em que, num caso, trata do início da carreira terrena do Amado, não reconhecido, em forma humana; e, no outro caso, o começo de sua ascensão triunfante, reconhecido pelos poderes sobrenaturais, em sua glória. É apropriado que o relado no capítulo 3 enfoque isto, porque é o relato que se propõe a descrever a proclamação de sua ressurreição e ascensão no mundo, por seus discípulos, e os destinos da Igreja até a parusia. As ênfases respectivas dos capítulos 3 e 11, portanto, explicam por que no capítulo 11 a narrativa breve do sumário querigmático é introduzida por uma narrativa ampla do nascimento de Jesus por Maria, que é mais como uma narrativa de evangelhos do que um sumário querigmático, enquanto no capítulo 3 a forma de sumário se torna incomumente ampla nos versos 14-17, que descrevem as circunstâncias e a maneira da saída do Cristo reerguido da tumba. Os interesses respectivos dos dois relatos também explicam por que a ocultação do Amado em sua vida na terra deste o nascimento até a morte, que não está explícita no capítulo 3, é a principal preocupação do capítulo 11 em seu relato desse período (11,11-19), enquanto no capítulo 3 há uma ênfase especial no papel dos Doze (3,13.14.17-18; cf. 3,21; 4,3), bem como uma referência à descida do anjo da Igreja (3,15).[37]

Assim ambas as molduras mitológico-cristológicas comuns às três passagens e também a ênfase particular e preocupações de cada uma determinam de forma bastante extensa a seleção do material sobre a história terrena de Jesus (do nascimento às aparições pós-ressurreição) que aparecem nesses relatos. Se focamos no que não pertence puramente à moldura mitológica, mas deriva de tradições sobre a história de Jesus, o material que é comum a mais de um relato é pequeno, embora significativo:

3,13-18	9,13-18	11,17-22
crucificado em uma árvore no terceiro dia	em uma árvore ergue-se no terceiro dia, permanece por 545 dias	crucificado em uma árvore após o terceiro dia Ele se ergueu permaneceu [...] dias
envia seus doze discípulos		enviou os doze discípulos

Deve-se notar que a linguagem destes três elementos repetidos não é característica das tradições do Evangelho como as temos nos evangelhos escri-

---

37. Sobre o anjo, veja Norelli, "La resurrezione", p. 332-340; e cf. Acerbi, *L'Ascensione di Isaia*, p. 212.

tos, mas de sumários querigmáticos. Referências à cruz como "uma árvore" nunca são feitas nos evangelhos, mas ocorrem em sumários querigmáticos em Atos (5,30; 10,39; 13,29; cf. 1Pd 2,24), refletindo a aplicação da *testimonia* veterotestamentária à cruz (Gl 3,13; *Barn* 5.13; 8.1, 5; 12.1,7; Justino, *Dial.* 86.6; *TBenj* 9.3; *Sib. Or.* 5.257; 6.26).[38] *Ascensão de Isaías* 9,15, que usa a expressão "pendurá-lo em uma árvore", preserva uma alusão mais ampla a Dt 21,22-23, como fazem dois dos sumários querigmáticos em At 5,30; 10,39). Uma afirmação de que Jesus se levantou[39] (da morte) nunca é feita, desta maneira, em narrativas de evangelhos[40], nas quais seu lugar é tomado pela tumba vazia e pelas narrativas das aparições no contexto da ressurreição, mas é característica de sumários querigmáticos e outras referências do tipo credal à ressurreição.[41] De maneira semelhante, as expressões "ao terceiro dia" (*Asc. Isa.* 3,16; 9,16) e "após o terceiro dia" (11,21) nunca são usadas em narrativas do Evangelho sobre a tumba vazia ou as aparições da ressurreição, mas são características de sumários querigmáticos (At 10,40; 1Cor 15,4; Aristides, *Apol.* 2 [Siríaco])[42] e de sumários similares do que a Escritura do Antigo Testamento profetizou de

---

38. Veja M. Wilcox, "'Upon the Tree' – Deut 21.22-23 in the New Testament", *JBL* 96 (1977), p. 85-99.

39. É digno de nota que a *Ascensão de Isaías* usa esta linguagem tradicional, a despeito de sua própria compreensão da ressurreição como ascensão desde o Sheol até este mundo.

40. É encontrado nas predições da paixão, que lembram sumários querigmáticos, na mensagem do(s) anjo(s) na tumba (Mt 28,6; Mc 16,6; Lc 24,5; *Evangelho de Pedro* 56), e em outras referências as quais profecias da escritura devem se cumprir (Mc 9,9-10; Lc 24,7.46; Jo 20,9); cf. *Evangelho dos Hebreus* 7. Tais referências ilustram não como a ressurreição foi narrada nas tradições do Evangelho, mas como a mesma foi referida em contextos como fórmulas credais e sumários querigmáticos.

41. Onde Jesus é o sujeito, mais comumente o modo passivo de ἐγείρω é usado (p. ex., 1Cor 15,4; Inácio, *Trall.* 9.2; cf. Justino, *1 Apol.* 31.7), mas para o uso no intransitivo de ἀνίστημι, que foi mais provavelmente utilizado no original grego de *Ascensão de Isaías* 9.16; 11.21, veja Marcos 8,31; 9,31; 10,34; 16,9; Lc 18,33; 24,7.46; Jo 20,9; At 17,3; 1Ts 4,14; Justino *Dial.* 51:2. Destes, o último é um uso em sumário querigmático, Mc 16,9 é uma passagem lembrando um sumário querigmático (veja adiante) e 1Ts 4,14 é uma fórmula credal. As outras referências são todas sobre o que deve acontecer segundo a profecia, e a maior parte usa com ἀνίστημι a expressão "depois de três dias" ou "no terceiro dia" (Mc 8,31; 9,31; 10,34; Lc 18,33; 24,7.46; cf. tb. Hipólito, *Noet.* 1.7 e outras fórmulas credais posteriores), como em *Asc. Isa.* 9,16; 11,21. Isto sugere que o uso de ἀνίστημι em tais contextos deriva de Os 6,2 (LXX: ἐν τῇ ἡμέρᾳ τῇ τρίτῃ ἀναστησόμεθα), *contra* B. Lindars, *New Testament Apologetic.* Londres, 1961, p. 65-66.

42. Em continuidade a estes estão as muitas ocorrências posteriores em fórmulas credais: p. ex., Tertuliano, *Praescr.* 13; *Virg.* 1; Hipólito, *Noet.* 1.7.

Jesus, incluindo as predições da paixão nos evangelhos (Mt 16,21; 17,23; 20,19; 27,63; Mc 8,31; 9,31; 10,34; Lc 9,22; 18,33; 24,7.46; também Justino, *Dial.* 51.2). Por trás deste uso está, mais uma vez, uma profecia do Antigo Testamento (Os 6,2).[43] A afirmação (*Asc. Isa.* 9,16; 11,21) de que permaneceu 545 dias (após a ressurreição), enquanto segue uma tradição extracanônica sobre a duração do período das aparições da ressurreição (cf. *ApTiag.* 2.19-20; 8.3; Irineu, *Haer.* 1.3.2; 1.30.14)[44], paralela às afirmações do sumário querigmático em At 1,3, que é mais como um sumário querigmático do que uma narrativa de evangelhos. Finalmente, referência ao comissionamento dos apóstolos é encontrada em outros sumários querigmáticos, embora não com a mesma linguagem (At 10,42; Justino, *1 Apol.* 31.7; Aristides, *Apol.* 2 [Siríaco]; cf. Lc 24,47; Justino, *1 Apol.* 50.12; *4 Bar.* 9.20).

Em adição a este material partilhado por mais de uma das três passagens em *Ascensão de Isaías*, o material peculiar a cada uma das passagens principais (3,13-18 e 11,17-22) também inclui linguagem característica de sumários querigmáticos ao invés de narrativas de evangelhos. Duas expressões em 3,13 são notáveis: "a perseguição com a qual Ele será perseguido, e os castigos com os quais os filhos de Israel deverão puni-lo" (ὁ διηγμός ὃν διωχθήσεται, καὶ αἱ κολάσεις αἷς δεῖ τούς υἱοὺς τοῦ Ἰσραὴλ αὐτὸν κολάσαι). O verbo διώκειν é usado nos evangelhos, com Jesus como objeto, somente em João (5,16; 15,20), mas ocorre em um sumário querigmático de Inácio, *Trall.* 9.1.[45] Enquanto κολάζειν nunca é usado para Jesus na literatura cristã anti-

---

43. Lindars, *Apologetic*, p. 60-66.

44. Embora gnósticos tenham adotado esta tradição, como fizeram com várias tradições judeu-cristãs, não há razão para tomar esta como gnóstica desde sua origem: *contra* W. Bauer, *Das Leben Jesu im Zeitalter der neuetestamentlichen Apokryphen*. Tubinga, 1909, p. 266; A. K. Helmbold, "Gnostic Elements in the 'Ascension of Isaiah', *NTS* 18 (1971-1972), p. 233, que torna isto como parte de seu muito frágil corpo de evidências para tomar *Ascensão de Isaías* como gnóstico. Embora o mesmo contenha alguns temas que gnósticos também abordavam, *Ascensão de Isaías* não pode ser classificada como um texto gnóstico.

45. διωγμός nunca é usada para Jesus na literatura cristã primitiva (p. ex., a literatura coberta por W. Bauer, W. F. Arndt, e F. W. Gingrich, *A Greek-English Lexicon of the New Testament and Other Early Christian Literature* (2ª edição), editado por F. W. Danker. Chicago, 1979, que provê uma lista na p. xxix.

ga[46], κόλασις é usado de tal maneira somente uma vez, em um fragmento do *Kerygma Petrou*, em um contexto similar a um sumário querigmático (*KerPet,* 4[a], ap. Clemente de Alexandria, *Strom.* 6.15.128: τὰς λοιπὰς κολάσεις πάσας ὅσας ἐποίησαν αὐτῷ οἱ Ἰουδαῖοι).[47] Além disso, tanto κόλασις quanto κολάζειν são usados bastante frequentemente para Jesus por Celso (ap. Orígenes, *Cels.*)[48], onde, da mesma maneira que em *Ascensão de Isaías* e no *Kerygma Petrou*, são os judeus que infligem punições a Jesus (*Cels.* 2.4; 4.22). Celso está ostensivamente citando o uso cristão desta terminologia, e algumas vezes suas palavras soam como se ecoassem um sumário querigmático. (*Cels.* 2.55,59).

Asc. Isa. 11.18 refere-se aos milagres de Jesus como "sinais e maravilhas" (o grego deve ter sido σημεῖα καὶ τέρατα, como em 3,20), uma expressão que nunca é usada para tais nos evangelhos (exceto em um tom derrogatório em Jo 4,48)[49], mas é usado em sumários querigmáticos em At 2,22 (δυνάμεσι καὶ τέρασι καὶ σημείοις, embora deva ser percebido que esta expressão recolhe τέρατα e σημεῖα do verso 19, e combina ambos com o termo sinótico usual para os milagres de Jesus)[50] e *Testamento de Adão* 3.1 (veja também *Barn.* 4.14; 5.8).[51] A expressão "na terra de Israel e em Jerusalém" (*Asc. Isa.* 11.18), uma afirmação do sumário sobre os lugares do ministério de Jesus, ausente nos evangelhos, tem equivalentes em sumários querigmáticos em At 10,39 ("na terra dos judeus e em Jerusalém") e em *Atos de Paulo* (Papiro de Hamburgo, p. 8: "Jerusalém e... toda a Judeia"). Finalmente, a afirmação de que os judeus "o entregaram ao rei" (*Asc. Isa.* 11.19) reflete um uso de παραδιδόναι que é encontrado muito frequentemente nas narrativas evangélicas da Paixão

---

46. Para a definição deste termo, veja a nota precedente.

47. Este é o fragmento 4(a) na numeração usada em Schneemelcher, *New Testament Apocrypha,* v. II, p. 40. Para o texto, veja E. von Dobschütz, *Das Kerygma Petri kritisch untersucht,* TU 11/1. Leipzig, 1893, onde o fragmento está numerado como 9.

48. P. ex., κόλασις: *Cels.*2.47, 55, 59; κολάζειν: 2.4, 4.22, 8.41-42.

49. A expressão, comum na Septuaginta, é usada para milagres dos apóstolos e outros líderes cristãos em At 2,43; 4,30; 5,12; 6,8; 14,3; 15,12; Rm 15,9; Hb 2,4; *Asc. Isa.* 3.20.

50. Veja Stanton, *Jesus of Nazareth,* p. 81-82.

51. Sobre outros tipos de referências aos milagres de Jesus em sumários querigmáticos, veja At 10,38; Justino, *1 Apol.* 31.7; *Atos de Tomé* 47; *Atos de Paulo,* Papiro de Hamburgo, p. 8.

(Mt 27,2.18.26; Mc 15,1.15; Lc 20,20; 23,35; Jo 18,30.35; 19,16; *GPet* 5; cf. 1Cor 11,23)[52], mas também é característico especificamente das predições da Paixão (Mt 17,22; 20,19; 26,2; Mc 9,31; 10,33; Lc 9,44; 18,32) e sumários querigmáticos (At 2,23; 3,13; cf. Rm 4,25). Isto se deve, como em outras terminologias que sabemos serem características de sumários querigmáticos, a aludirem à profecia do Antigo Testamento (Is 53,6.12 LXX).[53]

Finalmente, devemos notar que o uso de δεῖ (*Asc. Isa.* 3.13 duas vezes), que é usado da mesma maneira – para indicar os sofrimentos de Cristo divinamente ordenados, em forma de profecia – tanto nas predições da paixão nos evangelhos (Mt 16,21; 26,54; Mc 8,31; Lc 9,22; 17,25; 22,37; 24,7.46; Jo 3,14) e em sumários querigmáticos (*KerPet.* 4[a], ap. Clemente de Alexandria, *Strom.* 6.15.128; veja também At 17,3; Justino, *Dial.* 51.2; e expressões equivalentes em At 2,23; 3,13).

Outros elementos em *Asc. Isa.* 3,13-18 e 11,17-22, enquanto suas formas de expressão não são distintivas de sumários querigmáticos ao invés de tradições dos evangelhos, podem ter paralelos em sumários querigmáticos em outras partes. "O discipulado dos doze" (*Asc. Isa.* 3,13) tem paralelo em *Atos de Paulo* (Papiro de Hamburgo, p. 8: "Ele escolheu das tribos doze homens que tinham com Ele compreensão e fé"); que Ele "deva ser crucificado junto com criminosos" (*Asc. Isa.* 3,13) tem paralelo em *Epístola dos Apóstolos* 9 ("foi crucificado entre dois ladrões"); que Ele "será sepultado numa tumba" tem paralelo em At 13,29; 1Cor 15,4; *Epístola dos Apóstolos* 9; e a referência a Nazaré (*Asc. Isa.* 11,15-17) tem paralelo em *Atos de Paulo* (Papiro de Hamburgo, p. 8: "apareceu em Nazaré").

Nem toda esta evidência tem igual peso, mas é bastante suficiente para demonstrar que o autor destas passagens na *Ascensão de Isaías* não compôs seus sumários da história de Jesus diretamente a partir de evangelhos escritos ou de tradições orais de evangelhos, mas seguiu um padrão tradicional de sumário querigmático que narrava a história de Jesus em uma série de afirma-

---

52. Claro que os evangelhos também utilizam a expressão para dizer da traição de Jesus por Judas.

53. Veja Lindars, *Apologetic,* p. 80-81; A. E. Harvey, *Jesus and the Constraints of History.* Londres, 1982, p. 23-25.

ções breves. Esta pessoa conhecia formas de expressão tradicionais que eram regularmente utilizadas em tais sumários. Provavelmente conhecia não uma única coletânea de itens que sempre ocorriam em tais sumários, mas uma série de itens tradicionais dos quais os conteúdos de cada um de seus sumários está em concordância, segundo requisitos contextuais. Não devemos supor que a forma tradicional de sumário querigmático que conheceu usava o esquema mitológico de descida e subida como moldura. Embora o esquema em si mesmo não tenha paralelos[54], não é em nenhuma parte combinado com sumários da história de Jesus da maneira que encontramos nestas passagens da *Ascensão de Isaías*. Sumários querigmáticos em outras partes relatam aspectos terrenos, eventos observáveis da história de Jesus, desde, no máximo, seu nascimento até, no máximo, sua ascensão, embora algumas vezes uma afirmação de sua exaltação à mão direita de Deus no paraíso e/ou referência à sua vinda na parusia sejam adicionadas (At 2,33; 3,21; 10,42; *KerPet* 4[a]; Justino, *1 Apol.* 31.7; Irineu, *Haer.* 1.10.1).[55] Foi o autor da *Ascensão de Isaías* que incorporou sumários querigmáticos em *sua* muito elaborada moldura mitológico-cristológica. Como vimos, é esta moldura que parcialmente determinou sua seleção de itens da tradição de sumários querigmáticos.

Devemos também notar que os requerimentos para adaptar os sumários querigmáticos a seus contextos na *Ascensão de Isaías*, onde 9,13-18 está na forma de uma predição por um anjo e 11,17-22 é um conto do que Isaías viu em sua visão, significa que a forma literária precisa que o autor conhecia

---

54. Para elementos sobre isso, veja Jo 3,13; 6,62; 1Cor 2,8; Ef 4,9-10; 1Tm 3,16; Hb 4,14; *ApTiag.*; Inácio, *Eph.* 19.1; *OdesSal.* 7.4. 6; 19.5; 22.1; 42.11; *TBenj* 9.3; *Or. Sib.* 8.292-293; Irineu, *Epid.* 84; *Ep.Apos.* 13-14 (este último provavelmente dependente de *Asc. Isa.*). Veja mais em J. Daniélou, *The Theology of Jewish Christianity,* (tradução de J.A. Baker). Londres, 1964, p. 206-213; 233-263; C. H. Talbert, *What is a Gospel?* Mineápolis, 1977, capítulo 3; U. Bianchi, *"L'Ascensiose di Isaia:* Tematiche soteriologiche di *descensus/ascensus".* In: Pesce, *Isaia, il Dilleto...,* p. 155-178; Acerbi, *L'Ascensione di Isaia,* p. 173-194. Algumas das semelhanças mais marcantes entre *Ascensão de Isaías* e *Apócrifo de Tiago* já foram apontadas por W. C. van Unnik, "The Origin of the Recently Discovered 'Apocryphon Jacobi'", *VC* 10 (1956), p. 155.

55. Sumários querigmáticos, segundo o sentido que pretendemos, deve ser distinguido de passagens como Fl 2,6-11 e 1Tm 3,16, que descrevem a carreira de Cristo em termos mitológicos, envolvendo preexistência, poderes cósmicos, e assim por diante, fazendo somente a mínima referência, se alguma, a eventos da história terrestre de Jesus. Se houvéssemos imaginado materiais como este nos sumários querigmáticos de Atos incorporados no hino cristológico de Fl 2,6-11, teríamos algo mais correspondente formalmente às passagens que estudamos na *Ascensão de Isaías*.

provavelmente tenha sido conservada neste texto. Entretanto, as duas formas gramaticais usadas em 3,13-18 pode, na verdade, ter paralelos nos sumários querigmáticos em outras partes. A série de nomes (3,13.14b-15a; cf. 1.5) é a forma usada no *Kerygma Petrou* 4(a) e Irineu, *Haer.* 1.10.1 (veja abaixo), enquanto a série de artigos ὡς e ὅτι em 3,13-17 lembra At 10,38 (ὡς) e 1Cor 15,3-5 (ὅτι), embora estes usos sejam contextuais e não devam ser assumidos como derivações das formas tradicionais que Lucas e Paulo conheciam.

Enfatizei a independência de elementos dos sumários advindos de tradições de evangelhos, porque é essencial reconhecer que o sumário querigmático era uma forma tradicional com seus próprios méritos, que existiu ao lado das tradições de evangelhos. Mas era uma forma flexível. Era aberto a qualquer um que a utilizasse que suplementasse seus conteúdos tradicionais com material compilado diretamente das tradições de evangelhos. Parece bastante claro que isto é o que o autor da *Ascensão de Isaías* fez em 3,14b-17a, onde ele compilou uma tradição de ressurreição similar àquelas em Mt 27,62-66; 28,2-4.11-15 e *Evangelho de Pedro* 28-49.[56] (Em 11,2-15, entretanto, ele rompeu com forma de sumário querigmático completamente, e contou esta parte da história de Jesus em forma completamente narrativa.)[57] Assim devemos tomar o sumário querigmático como *relativamente* independente das tradições de evangelhos. Deve somente ser esperado que aqueles que a usassem, sendo familiares também com as tradições de evangelhos, devessem adaptar e suplementar a mesma a partir de seu conhecimento das tradições de evangelhos.

Finalmente, parece provável que o autor da *Ascensão de Isaías* reconhecia o sumário querigmático tradicional como um modo tradicional de sumarizar a história de Jesus como um *cumprimento das profecias do Antigo Testamento*. Notamos que um número de formas de expressão distintivas da tradição (o pendurar numa árvore, Ele se ergueu no terceiro dia, eles o entregaram)

---

56. Quer seja a *Ascensão de Isaías* dependente de Mateus (assim pretende Verheyden, "L'Ascension d'Isaïe et l'Evangile de Matthieu") ou de tradição oral que seja relacionado a material específico de Mateus (como aponta Norelli, "La resurrezione", p. 324-331; Acerbi, *L'Ascensione di Isaia*, p. 212), tal não é importante para nosso propósito atual.

57. Cf. *Ep.Apos.* 9-10, onde o que começa como um sumário querigmático se torna em uma narrativa completa da descoberta do túmulo vazio pelas mulheres e a aparição do Senhor a elas.

aludem a profecias, enquanto o uso de δεῖ indica a necessidade profetizada dos sofrimentos de Cristo. Além disso, outros itens específicos incluídos nos sumários podem muito bem ter sido selecionados precisamente porque elas são cumprimentos de profecia (p. ex., 3,13: "crucificados junto com criminosos", cf. Is 53,12; 3,14: "os doze que estavam com Ele serão agredidos por causa dele", cf. Is 53,6; Zc 13,7). Como veremos mais tarde, muitos outros sumários querigmáticos são apresentados explicitamente como o conteúdo do que os profetas predisseram sobre Jesus. Na verdade, este também é o caso na *Ascensão de Isaías,* pois 3,13-18 e 11,17-22 são partes de dois relatos da visão profética de Isaías do Amado. Esta visão, como recontada na *Ascensão de Isaías,* não é mais que uma versão mais explícita do que também estava contido nas profecias do livro canônico de Isaías (*Asc. Isa.* 4,19-21) e em outras Escrituras proféticas (4,21-22).[58] Portanto, pode muito bem ser que a *Ascensão de Isaías* em seu uso dos sumários querigmáticos para retratar a história de Jesus como Isaías anteviu em visão profética fosse um uso para o qual o uso tradicional de sumários querigmáticos já estivesse preparado.

Sumários querigmáticos em Inácio de Antioquia

Como a *Ascensão de Isaías* é provavelmente em torno do mesmo tempo, Inácio de Antioquia também fornece a nós três exemplos de sumários querigmáticos que têm tanto semelhanças quanto diferenças uns dos outros:

Trálios 9,1-2	*Esmirniotas* 1,1-2	*Efésios* 18,2
τοῦ ἐκ γένους Δαυεὶδ, τοῦ ἐκ Μαρίας,	ἀληθῶς ὄντα ἐκ γένους Δαυεὶδ κατὰ σάρκα, υἱὸν θεοῦ κατὰ θέλημα καὶ δύναμιν,	ἐκυοφορήθη ὑπὸ Μαρίας κατ᾽ οἰκονομίαν, ἐκ σπέρματος μὲν Δαυεὶδ πνεύματος δὲ ἁγίου
ὃς ἀληθῶς ἐγεννήθη,	γεγεννημένον ἀληθῶς ἐκ παρθένου, βεβαπισμένον ὑπὸ Ἰωάννου ἵνα πληρωθῇ πᾶσα δικαιοσύνη ὑπ᾽ αὐτοῦ,	ὃς ἐγεννήθη καὶ ἐβαπτίσθη

---

58. Sobre a maneira pela qual todo o relato do Amado na *Ascensão de Isaías* depende em exegese de Isaías e outras profecias canônicas, veja Acerbi, *L'Ascensione di Isaia,* p. 32-42, 50-82.

ἔφαγέν τε καὶ ἔπιεν,
ἀληθῶς ἐδιώχθη ἐπὶ
Ποντίου Πιλάτου,
ἀληθῶς ἐσταυρώθη καὶ
ἀπέθανεν, βλεπόντων
[τῶν] ἐπουρανίων καὶ
ἐπιγείων καὶ ὑποχθονίων
ὃς καὶ ἀληθῶς ἠγέρθη ἀπὸ
νεκρῶν, ἐγείραντος αὐτὸν
τοῦ πατρὸς
αὐτοῦ κατὰ τὸ ὁμοίωμα ὃς
καὶ ἡμᾶς τοὺς πιστεύοντας
αὐτῷ οὕτως ἐγερεῖ ὁ πατὴρ
αὐτοῦ ἐν Χριστῷ Ἰησοῦ ...

ἀληθῶς ἐπὶ Ποντίου Πιλάτου
καὶ Ἡρώδου τετράχου
καθηλωμένον ὑπὲρ ἡμῶν ἐν
σαρκὶ, ἀφ᾽ οὗ καρποῦ ἡμεῖς
ἀπὸ τοῦ θεομακαρίστου
αὐτοῦ πάθους

ἵνα ἄρῃ σύσσημον εἰς τοὺς
αἰῶνας διὰ τῆς ἀναστάσεως
εἰς τοὺς ἁγίους καὶ πιστοὺς
αὐτοῦ...

ἵνα τῷ πάθει τὸ ὕδωρ
καθαρίσῃ.

---

que foi da família de Davi,
e que foi filho de Maria,

nasceu verdadeiramente

tanto comeu quanto bebeu,
verdadeiramente foi perseguido sob Pôncio Pilatos,
verdadeiramente foi crucificado e morreu, enquanto
aqueles no paraíso e na
terra e abaixo da terra
observavam, que tam-
bém verdadeiramente foi
erguido de entre os mortos,
quando o seu Pai o ergueu,
que de modo semelhante
nos erguerá em Cristo
Jesus, nós que acreditamos
nele...

Sendo realmente da família
de Davi segundo a carne, Filho de Deus segundo o desejo
e poder [de Deus],
Verdadeiramente nascido de
uma virgem, batizado por
João para que toda a retidão
fosse por Ele cumprida

Verdadeiramente recebeu
pregos na carne por nós sob
Pôncio Pilatos e Herodes o
tetrarca (de tal fruto somos,
de seu bendito sofrimento
divinal

Para que Ele pudesse erguer
para sempre um sinal pela
ressurreição de seus santos e
povo fiel...

Foi concebido por Maria
segundo o plano [de Deus],
tanto da semente de David e
do Santo Espírito;

Ele nasceu e foi batizado

Para que por seu sofrimento
Ele pudesse purificar a água.

Uma vez que já é amplamente sabido que nestas três passagens Inácio esteja ecoando formulações tradicionais[59], tal não precisa ser aqui provado.

---

59. Veja, p. ex., H. Paulsen, *Studien zur Theologie des Ignatius von Antiochien*, FKDG 29 (Göttingen, 1978), p. 46-54; W. R. Schoedel, *Ignatius of Antioch*, Hermeneia (Filadélfia, 1985), p. 8-9, 84-85, 152-155, 220-224.

O que tem sido menos claramente reconhecido é que Inácio está utilizando uma forma tradicional que tinha tanto estrutura quanto flexibilidade. Se listarmos elementos que ocorrem em duas ou mais das passagens acima, e adicionarmos algumas referências a outros locais de suas cartas que Inácio parece estar ecoando, mais brevemente, as mesmas expressões tradicionais, o seguinte padrão básico emerge:[60]

da família ou semente de Davi	(T.S.; *Eph.* 20.2)
	(E; *Rom.* 7.3)
de Deus/Espírito Santo	(S, E)
Maria	(T. E; *Eph.* 7.2;20.2)[61]
nascido	(T, E, S)[62]
batizado	(S, E)
crucificado	(T, S, cf. E)
sob Pôncio Pilatos	(T, S; *Magn.* 11.1)[63]
ergueu	(T, S)

Todos estes elementos devem ter tido lugares cativos na forma tradicional de sumário querigmático que Inácio conhecia, mas alguns poderiam serem omitidos e outros adicionados. Parece ter havido uma variedade de maneiras de combinar referências a Maria, Davi e Deus de forma a indicar a origem dual de Jesus, humana e divina, mas algumas de tais indicações parecem ter sido padrões começando pelo sumário. Esta é uma característica distintiva do tipo de sumário querigmático do qual Inácio testemunha.[64] (A ausência de referência à origem divina em T deve ter algo com a preocupação

---

60. T, S, E referem-se a três passagens de Inácio impressas acima.

61. Sobre a referência a Maria por nome em sumários querigmáticos, cf. *Ep. Apos.* 3; *Atos de Paulo* (Papiro de Hamburgo, p. 8); Tertuliano, *Praescr.* 13; *Virg.* 1.

62. Para referências ao nascimento de Jesus em sumários querigmáticos, cf. Justino, *1 Apol.* 31.7 (de uma virgem); *Atos de Paulo* (Papiro de Hamburgo, p. 8); Irineu, *Haer.* 1.10.1 (de uma virgem) etc.

63. Para referências a Pôncio Pilatos em sumários querigmáticos, cf. At 3,13; Justino, *1 Apol.* 13.3; 61.10; *Ep. Apos.* 9; Irineu, *Haer.* 3.4.2; Tertuliano, *Virg.* 1.

64. Poderia haver alguma relação com Rm 1,3-4, especialmente *Smyrn.* 1.1, donde não possa ser excluído que o conhecimento do próprio Inácio do texto paulino tenha influenciado sua formulação. Rm 1,3-4 é uma fórmula cristológica, não um sumário querigmático, mas é possível que Paulo tenha derivado o mesmo de um sumário querigmático, ou que este tenha influenciado posteriormente sumários querigmáticos.

antidocética de Inácio, que torna a asserção da origem humana de importância primordial.) Também distintivo das três passagens em Inácio é a maneira pela qual uma implicação soteriológica, diferente em cada caso, é derivada no fim do sumário (em S e E ela substitui o fim do sumário). Se esta característica era somente de Inácio ou tradicional é algo difícil de dizer.

Em todos os três casos o propósito de Inácio em incluir o sumário é combater a cristologia docética pela referência a afirmações cristológicas tradicionais que tornavam as experiências totalmente humana e divina de Jesus claras. A repetição de ἀληθῶς (quatro vezes em T, três vezes em S) claramente serve a este propósito, e assim é provável que o uso da palavra não é tradicional mas peculiar a Inácio como variante da forma tradicional. Também servindo ao propósito antidocético de Inácio está o modo particular de referir-se à crucifixão em S (καθηλωμένον ἐν σαρκί)[65] e a afirmação de que ele "comia e bebia" em T. Inácio pode ter selecionado estes, como apropriados a seu propósito, da coletânea de itens tradicionais, mas eles são mais provavelmente improvisos próprios dele mesmo. O último não ocorre em nenhum outro exemplo de sumário querigmático, e é difícil imaginar o mesmo sendo incluído, exceto como uma afirmação antidocética.[66] Entretanto, é possível que Inácio tenha transferido o mesmo de uma posição pós-ressurreição, na qual seu significado era o de evidência da realidade da ressurreição. Que os apóstolos comeram e beberam com o Cristo ressuscitado é afirmado no sumário querigmático de At 10,41 (cf. tb. Justino, *Dial.* 51.2).[67]

A abundância de nomes próprios (Davi, Maria, João, Pôncio Pilatos, Herodes o tetrarca) nestas três passagens pode também servir o propósito antidocético de Inácio, uma vez que se destaca não somente as origens genuinamente humanas de Jesus mas também a historicidade concreta dos eventos de sua vida e morte. Mas se assim for, este é uma característica que Inácio enfatizou e aumentou, ao invés de criar, já que ao menos os nomes Davi, Maria e Pôncio Pilatos parece terem sido tradicionalmente conhecidos.[68]

---

65. Cf. Tertuliano, *Praescr.* 13: "foi pregado à cruz".

66. Não pode ser plausivelmente relacionado a Mt 11,19.

67. Cf. tb. *Const.Apost.* 6.30, embora este seja dependente de Atos.

68. Com a referência a Pôncio Pilatos e Herodes o tetrarca, compare *Ep. Apos.* 9: "crucificado nos dias de Pôncio Pilatos e do Príncipe Arquelau" (gueês) (onde Herodes Arquelau e Herodes Antipas

Entretanto, se muitos elementos destes sumários foram selecionados ou adicionados por Inácio para servir a seu propósito antidocético[69], o mesmo não é verdade para todos os elementos. Em especial, a referência ao batismo de Jesus (S, E) é difícil de perceber como polêmica[70] e deve ter sido frequente na tradição. Presumivelmente esteve incluída como demarcando o início do ministério público de Jesus, como o faz nas tradições evangélicas. Referências ao ministério de João têm uma função similar nos sumários querigmáticos de At 10,37; 13,24-25. Mas em *Esmirn.* 1.1, a referência ao batismo de Jesus de uma exposição sobre o significado do mesmo ("para que se cumprisse por Ele toda a retidão") que estava relacionada intimamente a Mateus 3,15. O sumário querigmático tradicional foi expandido por recurso para esta tradição do evangelho, tanto na forma do evangelho escrito de Mateus (como muitos estudiosos sustentam, uma vez que Mt 3,15 é usualmente tomado como redacional) ou na forma da tradição oral na qual Mateus se embasou.[71] Uma vez que Inácio parece não ter tido razão contextual para fazer esta expansão por si mesmo, parece mais provável que ela já fosse tradicional. É uma boa ilustração de um ponto já explorado com referência a sumários querigmáticos na *Ascensão de Isaías*: que embora a forma fosse relativamente independente das tradições do evangelho, não era de nenhuma maneira totalmente independente. O conteúdo de sumários querigmáticos não poderia ser expandido a partir de tradições de evangelhos.

---

são confundidos; sobre confusão similar, cf. *Evangelho dos Ebionitas*, apud Epifânio, *Pan.* 30.13.6; Justino *Dial* 103.3).

69. Veja também Schoedel, *Ignatius*, p. 153-155.

70. Ibid., p. 84, dá mais razão para perceber as referências ao batismo como tradicionais.

71. Sobre a questão, veja R. Bauckham, "The Study of Gospel Traditions outside the Canonical Gospels: Problems and Prospects". In: D. Wenham (ed.), *Gospel Perspectives 5: The Jesus Tradition Outside the Gospels*. Sheffield, 1984, p. 394-395. H. Koester, *Synoptische Überlieferung bei den apostolischen Vätern*, TU 65. Berlim, 1957, p. 58-61, afirma que a forma tradicional seguida por Inácio era dependente de Mt 3,15, e toma isto como o único ponto no qual Inácio é mesmo que indiretamente dependente de Mateus. Ele é seguido, cuidadosamente, por Schoedel, *Ignatius*, p. 222. J. Smit Sibinga, "Ignatius and Matthew", *NovT.* 8 (1966), p. 282 argumenta que Inácio aqui era dependente não de Mt 3,15 diretamente, mas da fonte de Mateus. Para a questão metodológica geral de determinar se os muitos paralelos de Inácio a Mateus são devidos à sua dependência de Mateus ou a seu conhecimento das tradições orais de que Mateus dependeu em seu *Sondergut*, veja Bauckham, "The Study of Gospel Traditions", p. 386-398.

O estudo de sumários querigmáticos de Inácio, portanto, confirma as conclusões derivadas do estudo dos mesmos na *Ascensão de Isaías,* exceto que no caso de Inácio parece não haver relação com o cumprimento de profecia. No que diz respeito à forma gramatical dos sumários, devemos notar que o uso do pronome relativo (ὅς; duas vezes em T, uma em E) e expressões em particípio (S). Esse uso é também encontrado nos sumários querigmáticos de Atos (3,13.15; 10,38.40; 13,30), este em Justino (*1 Apol.* 31.7).

Outros sumários querigmáticos

De outros sumários querigmáticos na literatura cristã extracanônica aos quais referência já foi feita para fins comparativos, três são de interesse especial porque atestam a forte conexão de sumários querigmáticos com a prova a partir da profecia. O mais antigo é o fragmento 4(a) de *Kerygma Petrou* (*ap.* Clemente de Alexandria, *Strom.* 6.15.128):

> Mas nós [os apóstolos] abrimos os livros dos profetas que tínhamos, que parcialmente em parábolas, parcialmente em enigmas[72], parcialmente em palavras claras e diretas, nomeiam Cristo Jesus, e encontramos sua vinda (παρουσίαν), sua morte, sua cruz e todas as demais punições (κολάσεις) que os judeus a Ele infligiram, e sua ressurreição (ἔγερσιν) e sua assunção (ἀνάληψιν) ao paraíso antes do julgamento[73] de Jerusalém, como foram escritas todas estas coisas que Ele haveria de sofrer (ἃ ἔδει αὐτὸν παθεῖν) e que ocorreriam após Ele.[74]

O contexto (após a ressurreição, embora aparentemente não na presença do Cristo ressurrecto) merece comparação com o de Lc 24,44-47, confirmando a impressão que Lc 24,46-47 está relacionado com a tradição de sumários querigmáticos.

---

72. Cf. *Asc. Isa.* 4.20-22; *Ep. Apos.* 3.

73. Correção de κτισθῆναι para κριθῆναι (assim como von Dobschütz).

74. Minha tradução a partir do texto de Dobschütz, *Kerygma Petri*, onde este fragmento encontra-se numerado como 9. Para uma discussão sobre a passagem, veja as p. 58-64.

Os outros textos são de Justino e Irineu:

> Nestes livros dos profetas, assim, encontramos a predição de Jesus nosso Cristo como o que viria (παραγινόμενον), nascido de uma virgem, e tornando-se um homem, e curando toda doença e mal-estar (θεραπεύοντα πᾶσαν νόσον καὶ πᾶσαν μαλακίαν)[75], e reerguendo os mortos, e sendo enviados (φθονούμενον), e não sendo reconhecidos (ἀγνοούμενον)[76], e sendo crucificado, e morrendo, e sendo reerguido, e ascendendo ao paraíso, e sendo chamado o Filho de Deus, e certos povos sendo enviados por Ele a cada nação para proclamar estas coisas, e que os povos das nações ao invés [de apenas os judeus] acreditariam nele. (Justino, *1 Apol.* 31.7)[77]

> O Espírito Santo, que pelos profetas proclamou as dispensações (οἰκονομίας) e a vinda (ἔλευσιν) e o nascimento virginal e o sofrimento e a ressurreição (ἔγερσιν) dos mortos e a ascensão corporal (ἀνάληψιν) ao paraíso do Bem Amado Cristo Jesus nosso Senhor, e sua vinda (παρουσίαν) do paraíso na glória do Pai (Irineu, *Haer.* 1.10.1).[78]

Estas três passagens correspondem proximamente em sua sequência básica: vinda – nascimento – sofrimento/morte – ressurreição – ascensão ao paraíso. Irineu traz pouco além que a sequência básica; o *Kerygma Petrou* expande-a um pouco, Justino expande muito. Todos os três usam este sumário querigmático para sumarizar o que os profetas predisseram.

Que as três passagens estejam alicerçadas em uma tradição que remonte a um período bem antigo pode ser confirmado pelo fato de que um sumário querigmático inquestionavelmente bastante antigo que temos (1Cor

---

75. Esta expressão é exatamente a mesma usada em Mt 4,23; 9,35, e peculiar a Mateus dentre os evangelhos. Seria o texto de Justino uma reminiscência de Mateus, ou Mateus emprestou a frase sumarizante de um sumário querigmático conhecido dele? O sumário querigmático de Justino aqui não demonstra nenhuma outra reminiscência verbal dos evangelhos. A tese de Dodd, que tentou relacionar entre si sumários querigmáticos e passagens sumarizantes de Marcos, pode merecer um novo exame.

76. O uso deste verbo é um paralelo marcante de seu uso em um sumário querigmático em At 13,27.

77. Minha tradução a partir do texto de E. J. Goodspeed, *Die ältesten Apologeten.* Göttingen, 1914, p. 46-47.

78. Minha tradução a partir do texto de A. Rousseau e L. Doutreleau (eds.), *Irenée de Lyon: Contre les Hérésies. Livre 1,* v. II, SC. 264. Paris, 1979, p. 155-157.

15,3-7) também esteja explicitamente preocupado com o cumprimento da profecia do Antigo Testamento na história de Jesus. A repetição de κατὰ τὰς γραφάς (15,3-4), em conexão com a morte de Cristo por nossos pecados (cf. Is 53,4-12) e sua ressurreição ao terceiro dia (cf. Os 6,2), não sirva ao propósito contextual de Paulo e deve ser tradicional. Assim a conexão muito próxima entre o sumário querigmático e a prova pela profecia emana das fontes da tradução de Paulo, passa por *Ascensão de Isaías, Kerygma Petrou* e Justino, até Irineu. Não é surpreendente que a mesma conexão seja encontrada nos discursos de Atos.[79]

Duas observações adicionais sobre o sumário querigmático em 1Cor 15,3-7 deve ser feita. Em primeiro lugar, a assumpção de que a forma que Paulo recebeu e transmitiu em suas igrejas tenha começado com a morte de Cristo (15,3) é injustificada.[80] Paulo cita a parte do sumário que é relevante para seu propósito: uma discussão sobre a ressurreição. Não há razão por que Paulo não conhecesse uma forma na qual fosse usual sumarizar o ministério de Jesus bem como sua morte e ressurreição. Em segundo lugar, não há razão para supor que Paulo refere-se a uma forma completamente fixada. A lista de cinco aparições no contexto da ressurreição sem dúvida existia na tradição que ele conhecia (e talvez outras aparições fossem conhecidas nesta tradição também), mas elas não necessariamente seriam sempre citadas todas as vezes que a forma fosse usada. Algumas vezes uma afirmação mais sumarizada de que houve aparições após a ressurreição poderia ser usada (como em At 13,31). O propósito de Paulo ao usar a tradição neste contexto aponta para seu enfoque nestes itens tradicionais e sua listagem dos mesmos extensivamente. Além disso, como tem sido costumeiramente apontado, ao menos parte do verso 6 deve ser contribuição do próprio Paulo, além de ele ter adicionado, claro, o verso 8. Mas tais variações originais na tradição eram normais no contexto da forma flexível que estamos estudando. Tentativas de determinar os parâmetros precisos

---

79. Isto também pode ser dito sobre os paralelos que notamos entre sumários querigmáticos e as predições da paixão nos evangelhos.

80. Cf. Dibelius, *Tradition*, p. 19: "Não podemos inferir como a fórmula terminava, nem como ela começava, nem mesmo o que trazia sobre a vida de Jesus".

da tradição que Paulo herdou, embora tenham sido muitas[81], não são apropriadas para a natureza da forma em questão.

Entretanto, 1Cor 15,3-7 é uma evidência interessante de que a forma final de um sumário querigmático era uma lista de várias aparições da ressurreição. Pode ser que isto explique a origem do final longo de Marcos. C. H. Dodd apontou como a sequência πρῶτον ... μετὰ δὲ ταῦτα ... ὕστερον (Mc 16,9.12.14) lembra a sequência em 1Cor 15,5-8: εἶτα ... ἔπειτα ... εἶτα ... ἔσχατον δὲ πάντων.[82] O final longo de Marcos poderia ser embasado na parte final de um sumário querigmático[83], sumarizando as aparições da ressurreição, a comissão dos apóstolos (cf. At 10,42; *Asc. Isa.* 3,17; 11,23), a ascensão (cf. *Asc. Isa.* 11,23; *KerPet.* 4[a]; Justino, *1 Apol.* 31.7) e exaltação à mão direita de Deus (cf. At 2,33; 5,31; 1Pd 3,22), e a proclamação do Evangelho por todo o mundo (cf. *Asc. Isa.* 3,18-20; Justino, *1 Apol.* 31.7). O sumário foi expandido (ao invés da maneira como em *Asc. Isa.* 3,14-17), não com as narrativas completas de cada ponto, mas com material das tradições evangélicas, em uma escala que de alguma forma está entre as séries de afirmações breves encontradas em sumários querigmáticos e uma sequência completa típica de perícopes evangélicas. Uma passagem bastante similar em forma, que provavelmente tinha uma origem similar, mas neste caso na primeira parte de um sumário querigmático, é *Epístola dos Apóstolos* 3-5.[84] Talvez nestas passagens tenhamos alguma indicação da maneira pela qual um sumário querigmático poderia ser utilizado como o contorno de pregações.[85]

---

81. Para uma amostragem de percepções, veja N. Taylor, *Paul, Antioch and Jerusalem,* JSNTSup 66 (Sheffield, 1992), p. 176-178.

82. Dodd, "The Appearances of the Risen Christ: An Essay in Form-Criticism of the Gospels". In: D. E. Nineham (ed.), *Studies in the Gospels*. R. H. Lightfoot FS. Oxford, 1955, p. 29.

83. Referência a uma lista de aparições do Ressuscitado em forma de sumários querigmáticos pode também explicar Jo 21,14.

84. Isto pode explicar a mistura de relatos de milagres e narrativas curtas de milagres à qual J. Hills, *Tradition and Composition in the Epistula Apostolorum,* HDR 24. Mineápolis, 1990, capítulo 2, chama a atenção. Não estamos lidando aqui com a lista de milagres em forma independente, uma vez que os capítulos 4-5 da *Epístola dos Apóstolos* continua a narrativa iniciada no capítulo 3, e uma vez que a narrativa é continuada, após interrupção, no capítulo 9. A lista de milagres como uma forma independente na literatura cristã antiga (da qual Hills dá muitos exemplos nas p. 40-44) pode muito bem ter sido retirada do sumário querigmático.

85. Note também *Ep. Apos.* 9-11, onde o sumário querigmático, retomado do capítulo 5, se torna, pelo fim do capítulo 9, narrativa propriamente dita. Um exemplo similar é o (infelizmente frag-

Sumários querigmáticos em Atos

Agora temos material comparativo para estabelecer que os sumários querigmáticos nos discursos de Atos pertencem à mesma tradição de sumários querigmáticos, que é ampla e diversificada, e da qual uma ampla variedade de outros escritos cristãos antigos preservam evidência. Em primeiro lugar, devemos notar que os quatro grandes sumários querigmáticos (At 2,22-24.32-33; 3,13-15; 10,36-42; 13,23-31) exibem tanto correspondências quanto variações entre si, em um grau que não é diferente das similitudes e diferenças entre os três sumários querigmáticos de *Ascensão de Isaías*. A forma era inerentemente flexível, e Lucas tomou vantagem de tal flexibilidade para que servisse a seus contextos narrativos, bem como para poupar seus leitores do tédio da repetição.

Em segundo lugar, temos visto que o sumário querigmático foi costumeiramente utilizado como um sumário da história de Jesus como predita pelos profetas. Isto é de fato o caso de todos os grandes exemplos que estudamos, exceto aqueles em Inácio. A conexão íntima entre os sumários querigmáticos e a prova a partir da profecia em Atos é portanto totalmente característica da tradição de sumários querigmáticos. Ela aparece não somente em afirmações gerais de que os eventos cumprem profecias (At 3,18.24; 10,43; 13,27-29; cf. 17,2-3) e citações específicas de textos que são explicados como cumpridos nos eventos (At 2,25-36; 3,22-26; 13,32-37), mas também em alusões à Escritura na maneira que os sumários querigmáticos mesmos se reportam aos eventos da história de Jesus. Já notamos vários exemplos de tais alusões que Atos partilha com outros exemplos de sumários querigmáticos: referência à cruz como "a árvore" e crucifixão como "pendurar numa árvore" (At 5,30; 10,39; 13,29; cf. *Asc. Isa.* 3,13; 9,14; 11,20); ressureição "no terceiro dia" (At 10,40; cf. 1Cor 15,4; *Asc. Isa.* 3,16; 9,16; 11,21); e o uso de παραδιδόναι (At 2,23; 3,13; cf. *Asc. Isa.* 11,19). Outros exemplos deste fenômeno em Atos

---

mentário) sermão de Paulo em *Atos de Paulo* (Papiro de Hamburgo, p. 8 e Papiro de Heilderberg, p. 79-80), onde o que começa como um sumário querigmático se transforma em um relato completo de um diálogo entre Jesus e seus discípulos sobre seus milagres.

estão em At 10,36 (alusões a Sl 107,20; Is 52,7); 10,38 (Is 61,1; cf. At 4,27); 10,38 (Sl 107,20); 13,24 (Ml 3,1?); 13,26 (Sl 107,20?).[86] Em geral, não somente esta integração íntima de sumários querigmáticos e a prova a partir da profecia nos sermões de Atos são fiéis à tradição de tais sumários. Isto pode muito bem refletir uma prática real de se utilizarem tais sumários, junto com coletâneas de *testimonia*, como contornos para sermões que demonstravam o cumprimento de profecias na história de Jesus.

Em terceiro lugar, os sumários querigmáticos em Atos frequentemente utilizam terminologias que não são características das tradições de evangelhos, mas ocorrem em outros sumários querigmáticos. Algumas das alusões a profecias notadas imediatamente são desta categoria: "a árvore", "pendurar numa árvore", "no terceiro dia". Outros exemplos já notados são "maravilhas e sinais" (2,22; cf. *Asc. Isa.* 11,18; *TAdam* 3.1); "no país dos judeus e em Jerusalém" (10,39; cf. *Asc. Isa.* 11,18; *Atos de Paulo* [Papiro de Hamburgo, p. 8]); "da semente deste homem [Davi]" (13,23: σπέρματος, como em Inácio, *Ef.* 18,2; *Rm* 7,3); "não o reconheceram" (13,27: ἀγνοήσαντες;[87] cf. Justino, *1 Apol.* 31.7: ἀγνοούμενον).[88] Não seria difícil listar muitas outras expressões que, embora não tenham paralelos em outros exemplos conhecidos de sumários querigmáticos, não são usados nas tradições do evangelho e podem muito nem terem sido tradicionais na linhagem de tradições de sumários querigmáticos conhecidos por Lucas. A tradição de sumários querigmáticos era terminologicamente independente em relação aos evangelhos e suas tradições, e o uso por Lucas desta tradição reflete tal independência.

Em quarto lugar, vimos que a flexibilidade dos sumários querigmáticos permite que os mesmos sejam expandidos a partir das tradições evangélicas. Não há portanto inconsistência em supor que, enquanto Lucas tem forte

---

86. Estas alusões são discutidas em Stanton, *Jesus of Nazareth*, p. 72-76, 83. Mas para alguma análise crítica da sustentação de Stanton, veja D. L. Block, *Proclamation from Prophecy and Pattern: Lucan Old Testament Christology*, JSNTSup 12 (Sheffield, 1987), p. 231-234.

87. Este é o único exemplo do verbo com Jesus como objeto na literatura cristã antiga.

88. Em *Asc. Isa.* 9,14-15; 11,14.16.17.19; *Or. Sib.* 8.292-293 (cf. 1Cor 2,8), o tema é bastante diferente: a ocultação deliberada da natureza divina de Cristo e sua origem paradisíaca para que Ele não fosse reconhecido.

dependência em seu material de sumários da tradição, ele também por vezes expande e improvisa, dependendo das tradições evangélicas de seu próprio evangelho. Pode muito bem ser o caso, p. ex., de detalhes específicos sobre os eventos que levaram à morte de Jesus em At 3,13b-14; 13,28. Embora uma referência ao ministério de Jesus possa muito bem ter sido um aspecto tradicional de sumários querigmáticos (cf. o batismo de Jesus em Inácio, *Smyrn*. 1.1; *Ef* 18.2), o relato completo em At 13,24-25, incluindo o testemunho do próprio João sobre Jesus, é muito provavelmente expansão do próprio Lucas, tomando livremente das tradições de seu próprio evangelho (Lc 3,3.15-16). Isto lembra, segundo tais aspectos, a incorporação de material de Mt 3,15 (ou sua fonte) no sumário querigmático de Inácio, *Smyrn* 1.1, ou o sumário mais completo de uma tradição da ressurreição em *Asc. Isa.* 3,14b-17a. A tradição de sumários querigmáticos era, como argumentamos, relativamente independente das tradições dos evangelhos, mas notamos um número de exemplos nos quais tradições do evangelho são tomadas para expandir um sumário querigmático. Não há nada atípico sobre tais ocorrências em Atos.

Em quinto lugar, merece nota que os sumários querigmáticos em Atos começam não antes do ministério de João Batista (10,37; 13,24). Eles não se referem ao nascimento de Jesus, menos ainda à sua vinda ao mundo , embora 13,23 refere-se à sua ascendência de Davi. Quase todos os outros sumários querigmáticos que abordamos referem-se ao nascimento de Cristo (*Asc. Isa.* 11,2-16; Inácio, *Trall.* 9.1; *Smyrn.* 1.1; *Ef* 18,2; *Ep. Apos.* 3; Justino, *1 Apol.* 31.7; *Atos de Paulo* [Papiro de Hamburgo, p. 8]; Irineu, *Haer.* 1.10.1) e/ou sua "vindo" (*KerPet.* 4[a]; Justino, *1 Apol.* 31.7; Irineu, *Haer.* 1.10.1) ou alternativamente à sua encarnação (*Asc. Isa.* 3,13; 9,13). Parece provável que sumários querigmáticos começando com o nascimento de Jesus se remontem à época de Lucas. Se assim for, ele escolheu não os seguir nos discursos de Atos, embora seu próprio evangelho tome a história de Jesus desde a sua concepção. Os sumários querigmáticos de Lucas não são, assim, sumários de seu próprio evangelho. Eles são tentativas de representar o que os apóstolos pregavam. Lucas sabia que a proclamação apostólica do evangelho contava a história do ministério público de Jesus, começando com referências a João Batista.

Conclusivamente, é provável que os exemplos de sumários querigmáticos que estudamos sejam meramente a ponta literária de um vasto *iceberg* oral. O sumário querigmático era essencialmente uma forma oral. Durante o primeiro século de seu uso, ele deve ter tomado diversas formas. A maior parte dos exemplos escritos que temos são adaptação da forma para algum propósito textual, o que não era a função dos mesmos em forma oral. Paulo somente guardou parte da tradição que repassou à Igreja de Corinto quando a fundou porque ele desejava embasar uma discussão sobre a ressurreição na mesma tradição. De forma similar Inácio somente reproduziu sumários querigmáticos para utilização em discussões antidocéticas, um uso polêmico que era secundário em relação ao primário e positivo propósito de sumarizar o querigma. Estamos mais próximos provavelmente a uma das mais importantes funções da forma oral naqueles textos que usam o sumário querigmático para resumir o que, assim clamam, os profetas predisseram sobre Jesus. Os sermões de Atos estão dentre estes textos, mas adicionalmnente eles devem ter alguma relação com o *Sitz im Leben* real dos sumários orais. Os sermões de Atos não são, claro, sermões reais: eles são representações literárias de sermões. Lucas deseja dar a seus leitores uma impressão do tipo de coisa que poderia ter sido dita nos contextos narrativos nos quais os sermões ocorrem, mas não pode reproduzir um sermão por inteiro. Se pregadores cristãos de fato usaram os sumários querigmáticos como contornos, que preencheriam com seu próprio conhecimento de tradições evangélicas e aos quais acrescentariam *testimonia* escriturístico apropriado com exposição de como estas profecias se cumpriram, então estes sumários querigmáticos eram a forma mais apropriada para o uso de Lucas. Sem dúvida o uso por Lucas da forma era relativamente livre, mas esta liberdade mesma era apropriada a uma forma amplamente flexível, cuja utilização sempre envolvia seleção e improvisação.

20. Reino e Igreja segundo Jesus e Paulo[1]

Introdução

"Jésus annonçait le Royamme, et c'est l'Église qui est venue" ("Jesus proclamou o Reino de Deus, mas foi a Igreja que veio em seguida"): estas palavras de Alfred Loisy[2] têm sido frequentemente citadas e também frequentemente contestadas. Elas podem servir para introduzir a questão da relação entre a pregação de Jesus sobre o Reino de Deus e a realidade das igrejas cristãs do período do Novo Testamento. Em toda a sua crueza, a questão seria: Jesus se surpreenderia e ficaria desapontado ao observar que o Reino de Deus não veio, mas sim a Igreja? Mas para sermos capazes de colocar a questão em uma forma responsível, primeiro a mesma necessita de algum refinamento.

Precisamos primeiro observar que, linguisticamente, os termos "Reino de Deus" (*basileia tou theou*) e "igreja" (*ekklesia*) não são exatamente do mesmo campo semântico. O primeiro usualmente se refere a um estado situacional (o reino ou o reinado de Deus), o segundo a um grupo de pessoas (literal e originalmente, a assembleia real de pessoas reunidas num mesmo local). Claro, *basileia* pode significar "reino" no sentido mais usual de tal palavra, isto é, a esfera do governo de um rei, como a esfera do governo de Deus, o povo que Ele governa. Nesse sentido, Israel, em uma declaração-chave da parte de Deus sobre seu estado como povo da aliança: "serão para mim um reino (*mmlkh*) de sacerdotes" (Ex 19,6). Uma vez que o termo *ekklesia* foi na maior parte das vezes adotado pela Igreja primitiva em seu sentido veterotestamentário frequente para descrever Israel disperso como "a assembleia

---

1. Este artigo originou-se como um trabalho a convite para a Conferência Anglo-Nórdico-Báltica de Teologia na Estônia, Julho-Agosto de 1993.

2. *L'Evangile el L'Eglise*. Paris: Picard, 1902, p. 255.

(*qhl*, LXX *ekklesia*) de YHWH", alguém poderia esperar que a descrição de Israel como reino também devesse ser aplicada à igreja. De fato, 1Pd 2,9 não aplica os termos utilizados em Ex 19,6 à Igreja, mas segue a Septuaginta ao verter o hebraico como "um sacerdócio real" (*basileia hierateuma*) ao invés de "um reino de sacerdotes". Ap 5,10 referindo-se ao povo que Cristo como novo Cordeiro Pascal redimiu, diz que "tu os tornaste para nosso Deus como um reino e sacerdotes" (cf. tb. 1,6). Este sentido relativamente mais literal de Ex 19,6 é talvez o único exemplo do Novo Testamento onde a palavra *basileia* é usada diretamente para descrever a Igreja, e o significado é provavelmente mais de que a Igreja seja um objeto do governo de Deus, uma vez que o verso se desenvolve dizendo da participação da Igreja no governo de Deus ("eles reinarão sobre a terra"). Este caso pouco usual prova a regra: o Reino de Deus não é, no Novo Testamento, um termo para a Igreja[3], contudo muito provavelmente a Igreja pode ser relacionada a ele. Costumeiramente o termo se refere não à esfera do governo de Deus, mas ao governo de Deus em si mesmo. Em certos casos, notavelmente a expressão "entrar no reino" e "herdar o reino", quando o sentido parece apontar mais para "esfera de governo", a referência é a um futuro escatológico.

A aguda afirmação de Loisy ganha sua plausibilidade inicial a partir do uso factual dos termos. O termo "Reino de Deus" (ou, em Mateus, seu equivalente "Reino do Céu") é muito comum nos evangelhos sinópticos, usualmente na boca de Jesus, embora o mesmo ocorra somente duas vezes em João (3,3.5), onde os termos "vida" e "vida eterna" tomam seu lugar. Que este tenha sido um uso muito característico de Jesus, portanto, é algo que dificilmente pode ser posto em dúvida. A palavra "igreja", por outro lado, é atribuída a Jesus (e ocorre nos quatro evangelhos) somente em três ocasiões (Mt 16,18; 18,17 bis), e assim é improvável que Jesus a tenha usado. (A autenticidade da promessa a Pedro em Mt 16,18, que muitos estudiosos plausivelmente defendem, não precisa incluir a autenticidade da palavra *ekklesia*.) Por contraste, "Reino de Deus" é relativamente incomum no restante do Novo Testamento, e "igreja" comum (embora fora de Atos, Apocalipse e a literatura

---

3. Provavelmente a última tentativa significativa de defender a equação tradicional entre Igreja e Reino de Deus é a de J. Carmignac, *Le Mirage d'Eschatologie*. Paris: Letouzey et Ané, 1979.

paulina, onde é comum, seja encontrada somente em Tg 5,14, 3Jo 6.9.10; e o caso especial de Hb 2,12). É surpreendente que Lucas, que usa "igreja" frequentemente em Atos, nunca atribui a palavra a Jesus, e que o autor do Quarto Evangelho de maneira similar a evite, embora sua ocorrência em círculos joaninos (como 3Jo demonstra). Mesmo tradições extracanônicas dos ditos de Jesus raramente colocam a palavra "igreja" em seus lábios.

Esta diferença de uso entre Jesus e a Igreja primitiva não deveria ser vista de modo isolado. Ela pertence a um padrão, que inclui também os fatos que a referência ao Espírito Santo seja rara (embora não ausente) nos ditos de Jesus mais comum no resto do Novo Testamento, que muito raramente e somente quando ocorre em qualquer dos evangelhos Jesus usa o termo Messias como referência a si mesmo, embora este se torne o título mais comum que a Igreja lhe atribuiu e que, em contrario, o termo "Filho do homem" é quase exclusivamente confinado aos ditos de Jesus. Claramente a Igreja primitiva estava ciente e preservou algumas diferenças claras entre o estilo próprio de Jesus e seu vocabulário, por um lado, e o seu (da Igreja) próprio, por outro.

Entretanto, seria um engano concluir que no discurso cristão primitivo o termo "igreja" substituía o uso de Jesus de "Reino de Deus". Por um lado, o uso continuado de "Reino de Deus" não deve ser subestimado. O uso de Paulo (Rm 14,17; 1Cor 4,20; 6,9.10; 15,24.50; Gl 5,21; Ef 5,5; Cl 5,11; 1Ts 2,12; 2Ts 1,5; cf. Cl 1,12-13) acumula uma parte não insignificante de seu vocabulário teológico, enquanto seu uso recorrente do vocabulário sobre herdar o reino (1Cor 6,9.10; 15,50; Gl 5,21; Ef 5,5; cf. Mt 25,34; Tg 2,5) e de afirmações sobre a natureza do reino (Rm 14,17; 1Cor 4,20) provavelmente demonstra que ele segue usos tradicionais.[4] O termo tem significância suficiente nos escritos do próprio Paulo para tornar plausível que o costumeiro para Lucas ao descrever a pregação de Paulo (At 14,22; 19,8; 20,25; 28,23.31; de outro modo dizendo respeito à pregação cristã somente em 8,12) não é somente um modo convencionado de indicar continuidade com a mensagem de Jesus, mas pode também representar em alguma extensão o modo do próprio Paulo de descrever seu tema quando pregava. De toda forma, tanto Paulo

---

4. Cf. K. P. Donfried, "The Kingdom of God in Paul". In: W. Willis, ed., *The Kingdom of God in 20th Century Interpretation*. Peabody: Hendrickson, 1987, p. 175-190.

quanto Lucas detêm no discurso cristão um certo uso do termo "Reino de Deus" que não pode ser substituído pela palavra "igreja". O mesmo poderia ser dito de Tiago (2,5) e de Apocalipse (cf. 1,9; 11,15; 12,10).

Em segundo lugar, o fato de Jesus não ter usado a palavra "igreja" não significa que Ele não percebia a realidade para a qual os cristãos primitivos viriam a usar tal termo como referência. Não há razão particular pela qual Ele não tenha usado o termo, cuja ausência em seus ensinamentos surpreende-nos somente parcialmente, por conta de sua popularidade posterior. Como veremos abaixo, Jesus certamente pensava sobre uma comunidade de pessoas, aquelas que responderiam à sua mensagem, que formavam o núcleo do novo Israel, que já vivia sob o governo divino que em breve seria estabelecido universalmente. A convicção de Jesus da iminência da chegada escatológica do reino, que tão costumeiramente tem sido utilizada para justificar que Ele não tenha desejado "fundar uma igreja", de fato requeria que Ele reunisse uma comunidade que já tivesse convicção do iminente governo por Deus. Não é sequer inconsistente com o ensino de Jesus o vislumbre de um intervalo relativamente indefinido antes da chegada do reino, como o ensinamento de Jesus em geral o fazia, mais do que é costumeiramente notado.[5] A iminência escatológica era a esperança comum de judeus devotos no fim do primeiro século na Palestina, e era também a esperança da Igreja primitiva logo após Jesus (e até o segundo século). Era uma expressão de fé na fidelidade de Deus a suas promessas, convicção de que Ele responderia a prece do Qaddish ("Que ele estabeleça seu reinado durante tua vida e nos teus dias e nos dias de vida de toda a casa de Israel, rápido e em breve"), mas como todo tipo de fé era sujeita à liberdade soberana de Deus (Mt 13,32). Mesmo quando tomado com a intensidade da visão religiosa de Jesus, era consistente também vislumbrar a continuidade do insabível ínterim.[6] A diferença que a expectativa da iminência fazia, entretanto, era trazer a ação presente e decisão para o impacto imediato da vinda do governo de Deus. A tendência de

---

5. P. ex., no reino, no qual não haverá casamentos, e que pode vir a qualquer momento, por que discutir e reinterpretar a legislação mosaica sobre o divórcio?

6. Sobre uma tensão ou dialética entre a iminência e demora como normal na expectativa escatológica judia e cristã, veja R. Bauckham, "The Delay of the Parousia", *TynBul* 31 (1980), p. 3-36.

fusão entre presente e futuro na atenção compromissada e visionária de Jesus que, p. ex., o reino estava acontecendo quando de seus exorcismos não pode ser traduzida de modo pouco imaginativo para um cronograma escatológico exageradamente rígido no qual não há espaço para a Igreja. A Igreja – embora Jesus não use este termo – existe no intervalo parabólico entre o tempo da semeadura e o da colheita (Mc 4,26-29).

Jesus, o reino e a comunidade de discípulos[7]

(1) *"Reino de Deus" mas não Deus como "Rei"*. É notável que, embora Jesus nos evangelhos sinóticos constantemente utilize o termo "Reino de Deus (céu)" como temática central de sua pregação, em nenhum local dos evangelhos Ele é lembrado chamando a Deus de "rei" (com a única excção de Mt 5,35, em uma alusão a Sl 48,2) como fazendo de Deus sujeito ativo do verbo "governar". Este uso constante muito bem demarcado coloca os evangelhos sinóticos à parte de toda a literatura judia, em que o termo "Reino de Deus" é muito mais raro[8] e a referência a Deus como "rei" é mais ou menos comum. Jesus parece ter tornado um uso judeu ("Reino de Deus") peculiarmente como seu, enquanto deliberadamente evita seu correlato comum (a referência a Deus como "rei"). Devemos também notar que, embora parábolas rabínicas frequentemente se utilizam da figura de um rei para representar Deus[9], as parábolas de Jesus raramente o fazem (somente Mt 18,23-24; 22,1-13; cf. Lc 19,12).

---

7. Esta seção pressupõe uma visão predominantemente otimista da confiabilidade da tradição sinóptica dos ditos de Jesus, como capazes de preservar a voz autêntica do Jesus histórico. Não é o local para discussões detalhadas sobre a autenticidade. Aqueles que têm uma visão mais cética das tradições sinópticas podem ler esta sessão como uma abordagem do Jesus sinótico ao invés do Jesus histórico.

8. Uma amostragem recente de ocorrências pode ser encontrada em J. P. Meier, *A Marginal Jew: Rethinking the Historical Jesus*, v. 2. Nova York: Doubleday, 1994, capítulo 14. Cf. tb. M. Lattke, "On the Jewish Background of the Synoptic Concept, "The Kingdom of God". In: B. D. Chilton, (ed.), *The Kingdom of God in the Teaching of Jesus* (IRT 5). Londres: SPCK, 1984, p. 72-91.

9. Cf. R. M. Johnston, *Parabolic Interpretations attributed to Tannaim* (dissertação de mestrado) Hartford Seminary Foundation, 1973, p. 583-587; H. K. McArthur & R.M. Johnston, *They Also Taught in Parables*. Grand Rapids: Zondervan, 1990, p. 119-122, 174-175; D. Stern, *Parables in Midrash*. Cambridge, Mass: Harvard University Press, 1991, p. 19-21.

Estes fatos sobre tal uso dos termos por Jesus requer explicação, mas provavelmente existe mais de uma explicação. Em primeiro lugar, o uso está relacionado em alguma medida com a tendência notável de Jesus por paráfrases reverenciais ao se referir a Deus, incluindo várias formas linguísticas (especialmente o "passivo divino") para evitar tornar Deus o sujeito de qualquer ação.[10] Até certo ponto, o uso de "Reino de Deus" no idioma de Jesus funciona para proteger a transcendência divina e opera como um substituto reverencial a dizer que Deus aja com autoridade monárquica ou manifeste seu poder soberano.[11] Mas isto não explica a ausência de qualquer referência a Deus como "rei". Em segundo lugar, o uso por Jesus de imagens nas parábolas e de dizeres parabólicos tende a preferir imagens que estão próximas da experiência de seus ouvintes. A imagem de um rei e sua corte (usada em Mt 18,23-24) é mais distante da vida dos ouvintes de Jesus que a imagem de um proprietário de terra e seus funcionários, um fazendeiro e seus trabalhadores informais, o chefe de uma casa grande ou pequena e seu grupo de escravos, um pai e seus filhos. E uma vez que a mesma linguagem foi costumeiramente utilizada para se referir tanto a um meste de escravos quando a um rei oriental em relação com seus súditos, Jesus poderia facilmente se valer daquela como uma imagem em pequena escala da soberania divina universal.

Em terceiro lugar (e mais relevante para nós no presente contexto), há uma boa razão para sugerir que Jesus empreendia esforço para evitar a implicação de um governo de Deus segundo os moldes de governos de reis terrenos. De fato, muito do ensinamento de Jesus parece estruturado precisamente para demonstrar como o governo de Deus é diferente de governos terrenos. Na época de impérios quase universais, que diziam ter autoridade divina, referência ao reinado de Deus se tornou um modo religiosa e politicamente poderoso de asseverar a soberania última do Deus de Israel e a

---

10. J. Jeremias, *New Testament Theology* (tradução em língua inglesa de J. Bowden). Londres: SCM Press, 1971, p. 9-14.

11. Isto é, também, como "Reino de Deus" funciona nos Targums: G. Dalman, *The Words of Jesus*. (tradução inglesa por D. M. Kay) Edimburgo: T. & T. Clark, 1902, p. 101. B. D. Chilton, *The Glory of Isael: The Theology and Provenance of the Isaiah Targum* (JSOTSup 23) Sheffield: JSOT Press, 1982, p. 77-81.

expectativa de que seu reinado pleno de retidão deveria substituir o reinado opressor dos impérios pagãos. O uso por Jesus do termo "Reino de Deus" conecta seu ensinamento com seus argumentos judeus nos quais a questão de fundo é o domínio universal, mas ao evitar a imagem concreta de Deus como rei e preferir outras imagens, notavelmente pai, ele muda o foco muito mais para a caracterização do governo de Deus como radicalmente diferente dos governos terrenos. A questão não é somente que o governo de Deus deve substituir o governo dos impérios pagãos, nem mesmo se o governo em retidão de Deus é uma alternativa ao governo terreno que é bastante diferente deste. A imagem de um rei – à margem do ideal veterotestamentário de um rei que assegura justiça aos oprimidos – era muito difícil de ser descolada do sentido de domínio exploratório (cf. Mc 10,42). Nas parábolas Jesus subverte as expectativas de reis e mestres e empregadores ao torcer a história em ações surpreendentes (p. ex., Mt 18,23-27; 20,1-15; Lc 12,37). Fora das parábolas, Jesus evita chamar Deus de "rei" e privilegia, ao contrário, o outro termo judeu descritivo comum para Deus: "Pai". O discurso parabólico com o qual Jesus comenta sobre o imposto do templo (o imposto cobrado pela teocracia judia em nome de Deus) é instrutivo: "De quem os reis na terra cobram impostos e taxas? De seus próprios filhos ou de outros?" (Mt 17,25). O palalelo que, para Jesus, ilustra a relação de Deus com seu povo não é o modo com o qual reis terrenos tratam seus súditos (eles os tacham) mas a maneira que os reis tratam os próprios filhos (eles não os tacham).[12] O ponto não é que pais terrenos não possam ser opressores, mas que pais funcionam diferentes no tratamento de seus filhos do que reis em relação a seus súditos. Embora a antiga retórica política do rei como pai de seu povo pudesse significar pouco para os ouvintes de Jesus, lutando para sobreviver e cientes de que o governo agravava a dificuldade desta sobrevivência pela imposição de impostos, a imagem do pai como provedor generoso de seus filhos lhes parecia real (Lc 11,11-13). Embora o rei na parábola do Servo Impiedoso age de maneira que ninguém esperaria que um rei agisse, o pai na parábola do Filho Pródigo

---

12. Veja a discussão completa em R. Bauckham, "The Coin in the Fish's Mouth". In: *Gospel Perspectives 6: The Miracles of Jesus,* editado por D. Wenham & C. Blomberg. Sheffield: JSOT Press, 1986, p. 219-252.

age de uma maneira que é compreensível (embora não exatamente esperada) para um pai, mas seria incompreensível para um rei.

O que é claro é que não podemos entender o que Jesus quis dizer com o termo "Reino de Deus" a partir somente do termo isolado, mas somente pela atenção à ampla variedade de maneiras que Jesus caracteriza o governo de Deus em contraste com os governos terrenos. Para além da assumpção tácita de que o Reino de Deus é a implementação do desejo de Deus para o mundo ("venha teu reino, seja feita tua vontade"), Jesus não define detalhadamente o reino tanto quanto o ilusta, por meio de suas ações e palavras.

(2) *O reino que virá já está presente.* O Reino de Deus no ensinamento de Jesus é tanto presente quanto futuro.[13] Como no restante do Novo Testamento, o termo refere-se primariamente à vinda escatológica de um estado de coisas no qual o governo de Deus prevalecerá universalmente, não mais contestado pelo mal. Mas neste meio-tempo Deus já está ativo para estabelecer seu governo, portanto o reino também já está presente. Três ponderações podem ser feitas sobre a relação entre presente e futuro.

Primeiro, Jesus demonstra o governo de Deus em suas obras de poder divino, sobrepujando o mal, a doença e a morte, e em seus atos de graça divi-

---

13. Para uma defesa em favor desta posição bastante recente, veja Meier, *A Marginal Jew,* v. 2, capítulos 15-16. M. J. Borg, *Jesus in Contemporary Scholarship.* Valley Forge: Trinity Press International, 1994, p. 86-87, pontua corretamente que somente poucos ditos sobre o Reino de Deus o definem como *iminente,* mas esta observação não demonstra que o reino não é *escatológico* na maior parte dos ditos. Contra o pano de fundo contextual da esperança judia, é difícil perceber como Jesus poderia não ser compreendido como se referindo à vinda do governo universal de Deus, enquanto ainda afirmava que este governo universal vindouro tinha seu início em seu próprio ministério. A tentativa corrente de remover toda a tonalidade escatológica da fala de Jesus sobre o Reino de Deus pode ser tomada como consistente apenas por aqueles que negam a relevância de todas as fontes palestinenses judias sobre o uso deste mestre judeu da Palestina, e se voltam em contrário à filosofia estoica e cínica (B.L. Mack, *The Lost Gospel: The Book of Q and Christian Origins.* Shaftesbury: Element, 1993, p. 125-127), que não usavam o termo "Reino de Deus", ou a Filo e a Sabedoria de Salomão (J.D. Crossan, *The Historical Jesus: The Life of a Mediterranean Jewish Peasant.* Edimburgo: T. & T. Clark, 1991, p. 287-292). Mas de fato mesmo a Sabedoria, apesar de sua apropriação de algumas perspectivas filosóficas helenísticas e terminologia, usa o termo bastante consistentemente com a assim chamada escatologia "apocalíptica" de outras fontes de literatura judia (D. Winston, *The Wisdom of Solomon* [AB 43], Nova York: Doubleday, 1979, p. 32-33; Meier, *A Marginal Jew,* v. 2, p. 249-250). É, além disso, extraordinário que tanto Mack quanto Crossan possam discutir a petição sobre a vinda do reino na Oração do Senhor sem fazer referência às Dezoito Bendições e à Qaddish.

na, perdoando pecados e dando as boas-vindas aos rejeitados para junto da presença de Deus. A afirmação mais clara da presença do reino se relaciona aos exorcismos de Jesus: "Se é pelo dedo de Deus que eu expulso demônios, então o Reino de Deus chegou até vós" (Lc 11,20), onde o ponto é derrotar o governo de satã (11,18) pelo poder soberano de Deus posto em ação. Os exorcismos são amostras do governo de Deus que está por chegar. Assim também os chamados milagres da natureza, como o acalmar da tempestade, nos quais Jesus age com o poder divino específico de dar ordens ao mar e põe por terra os poderes destrutivos que desde a criação ameaçam a criação divina de um retorno ao caos. O Reino de Deus é seu governo sobre a sua própria criação, não somente a sociedade humana. Também devem ser vistos como exemplos do governo de Deus que está por vir as refeições de Jesus com rejeitados e pecadores, nas quais Jesus partilha o banquete messiânico antecipadamente com aqueles que aceitam o convite.

Em segundo lugar, aqueles que respondem apropriadamente ao chamado de Jesus ao discipulado já aceitaram (e assim vivem sob) o governo vindouro de Deus. A perícope marcana das crianças (à qual retornaremos) é instrutiva sobre o uso de uma determinada terminologia para a relação do povo com o reino: o reino *pertence* aos semelhantes às crianças (Mc 10,14) e àqueles que *recebem* o reino como crianças *entrarão nele* (10,15). As pessoas aceitam o reino agora (cf. a expressão rabínica: "aceitar o jugo do reino"[14]), quando eles reconhecem o governo de Deus e vivem sob ele, e estas são as pessoas que irão *entrar* no reino[15] quando ele prevalecer universalmente no futuro. A imagem de entrar no reino (Mt 5,20; 7,21; Mc 9,47; 10,23-25; Jo 3,5; cf. At 14,22) normalmente se refere ao futuro, embora em Jesus haja uma "vívida percepção de iminência do reino segundo a qual ele pode falar sobre entrar no mesmo apenas no tempo presente (Mt 21,31; 23,13; Lc 16,16). Uma maneira alternativa de expressar a relação entre presente e futuro é que a vinda do reino *pertence a* certas categorias de pessoas (Mt 5,3.10; Lc 6,20; Mc 10,14),[16] que irão portanto

---

14. Dalman, *Words of Jesus*, 97-98.

15. Sobre a expressão, veja Dalman, *Words of Jesus*, 116-117; Jereimas, *Theology.* 33.

16. Sobre esta expressão, veja id., ibid., 127-128.

herdar o mesmo no futuro (Mt 25,34; cf. Mt 5,4; Tg 2,5; 1Cor 6,9-10; 15,50; Gl 5,21; Ef 5,5).[17]

Em terceiro lugar, a relação entre presente e futuro é ilustrada (não explicada) nas assim chamadas parábolas do crescimento, que constrastam começos insignificantes com resultados finais miraculosamente surpreendentes. A proverbial pequena semente de mostarda inexplicavelmente se torna a árvore cósmica mitológica, símbolo tradicional do reino universal (Mc 4,31-32; Lc 13,19).[18]

(3) *A comunidade de discípulos.* Se Jesus não tinha um termo padronizado (equivalente ao posterior "igreja") para a comunidade daqueles que já reconheciam a chegada do governo vindouro de Deus, é talvez porque esta comunidade em um certo sentido simplesmente é Israel (chamado "os filhos do reino" ao menos na terminologia de Mateus: Mt 8,12; 13,38; e cf. Mc 7,27). Jesus chama Israel para cumprir seu papel como pioneiro do reino universal de Deus mediante a viver sob o governo de Deus já antecipadamente. Aqueles que respondem a sua mensagem, guiados pelos simbólicos doze, formam o núcleo do Israel renovado, mas Jesus não traça fronteiras ao redor deste grupo, como a comunidade de Qumran traçava ao redor de si.[19] Embora Jesus não deixe de ameaçar com a exclusão do reino no futuro (como em Lc 13:28), sua preocupação presente mais característica é assegurar a inclusão no povo de Deus daqueles filhos e daquelas filhas de Abraão (Lc 13,16; 19,9) que se sentiram excluídos ou marginalizados. Assim se a comunidade de seus discípulos é anônima, isto se deve à representação pela mesma de Israel como um todo e permanece a princípio aberta à inclusão de toda a nação de Israel.

Entretanto, há duas imagens particularmente significativas para a comunidade dos discípulos de Jesus, ambas as quais demonstram que na for-

---

17. Sobre esta expressão, id., ibid., 125-127.

18. Para uma defesa da visão de que a alusão à árvore do mundo escatológica é original, não adicional [N.T.: Bauckham usa uma expressão que, ao pé da letra, poderia ser traduzida como "secundária"] na parábola, veja Bauckham, "The Parable of the Vine: Rediscovering a Lost Parable of Jesus", *NTS* 33 (1987), p. 93-94.

19. Cf. G. Forkman, *The Limits of the Religious Community* (ConBNT 5). Lund: Gleerup, 1972, especialmente 163-170; 187-190.

mação desta comunidade Jesus estava reconstruindo Israel conforme Deus sempre havia querido que fosse. Uma imagem é a da família daqueles que reconhecem Deus como Pai de Jesus e deles mesmos: "Quem faz a vontade de meu Pai é meu irmão e irmã e mãe" (Mc 3,35; cf. 10,29-30, onde uma lista de relações que podem ser perdidas pelo bem do evangelho inclui "pai", mas a lista de relações ganhada na comunidade de discípulos não o inclui[20]). Jesus, que faz a vontade do Pai, constitui aqueles que se ajuntam a Ele nisto em uma família relacionada a Deus como seu Pai. Provavelmente, a imagem é devedora do uso ocasional de "irmão" para significar "companheiro israelita" no Antigo Testamento (note especialmente Lv 19,17), embora ganhe um caráter radicalmente novo na medida em que a pertença ao tipo de parentela fictícia do Israel renovado relativiza laços familiares naturais.[21]

A segunda imagem é aquela do rebanho de um pastor. A imagem do pastor e seu rebanho é tão espraiada nas tradições do evangelho que deve ter sido especialmente característica de Jesus (Mt 9,36; 10,6.16; 15,24; 18,12-14; 25,32-33; Mc 6,34; 14,27; Lc 12,32; 15,3-7; 19,10; Jo 10,1-30; 21,15-17; cf. 16,32).[22] Estas imagens e sua conexão íntima com o reino dependem de Is 40,11 e Ez 34. A missão de Jesus foi procurar e reunir as ovelhas perdidas do rebanho divino em Israel. (Notavelmente, Jesus compreende esta reunião dos perdidos e espalhados não como um retorno da diáspora, mas como sua atividade característica de incluir aqueles que foram marginalizados e excluídos de Israel: leprosos, endemoninhados, coletores de impostos, e assim por diante.) Estas imagens são especialmente apropriadas por duas razões. No Antigo Testamento, o ajuntamento escatológico do rebanho disperso e transviado é

---

20. Chamar esta omissão de "uma modificação cristianizante refletindo a crença em Deus como o único Pai" (S. C. Barton, *Discipleship and Family Ties in Mark and Matthew* [SNTSMS 80], Cambridge: Cambridge University Press, 1994, p. 99) somente levanta a questão se esta crença não teria sido, também, característica de Jesus.

21. Barton, *Discipleship*, é especialmente interessante ao caracterizar esta relativização do parentesco natural, mas ele enfoca a significância de tais ditos para as primeiras comunidades cristãs e deixa o *Sitz im Leben* fora de suas considerações.

22. Este é um caso no qual a atestação múltipla de um motivo no ensinamento de Jesus deveria ser avaliada em relação ao fato de que os argumentos pela autenticidade de muitos destes ditos, considerados meramente como ditos isolados, poderiam ser tomados como mais fortes em razão dos agrupamentos.

caracteristicamente um trabalho de Deus (Is 40,11; Ez 34,1-22; Mq 2,12), mas o Messias Davídico Real também deverá apascentar o rebanho de Deus (Ez 34,23; Mq 5,4; cf. Sb 17,44-45). Tal imagem permite a Jesus retratar seu ministério como a redenção escatológica por Deus de seu povo, enquanto caracteristicamente deixa de lado seu próprio papel messiânico implícito (mas não inequivocamente implicado). Mas em segundo lugar, a imagem do pastor e seu rebanho é – a se deduzir de seu uso no Antigo Testamento e no Judaísmo que sobre ele se constituiu[23] – uma imagem monárquica que serve ao propósito de Jesus para a caracterização do governo divino. Como uma imagem de rei é altamente idealizada, bem como a ideia de um rei como pai: nenhum rei se importa por cada um de seus súditos com o tipo de atenção especial que um pastor dedica a cada uma das ovelhas. Mas Jesus a toma mais seriamente do que a imagem de Deus como rei, da mesma maneira que Ele também toma a imagem de pai mais a sério. O pastor e seu rebanho são uma imagem mais acessível e crível do cuidado de Deus e provisão que aquela de um rei.

Nas palavras "Não temais, pequeno rebanho, pois seu Pai se apraz em lhes dar o reino" (Lc 12,32),[24] Jesus, de uma maneira não distante das parábolas do crescimento, contrasta a pequena comunidade de discípulos com a vinda universal do reino com o qual estes estão sem dúvida intimamente relacionados.

(4) *O reino como graça e exigência.* Característica da proclamação do reino por Jesus é a conjunção de graça radical e exigência radical. Por um lado, a amizade e companheirismo de Jesus, que encarna o governo vindouro de Deus no presente, o torna notório pela companhia que cultiva. Seu perdão amoroso irrestrito põe os coletores de impostos e prostitutas chegando ra-

---

23. Note a elaboração de Ez 34 nos fragmentos de *Apocryphon de Ezequiel*, discutida em J. R. Mueller, *The Five Fragments of the Apocryphon of Ezekiel* (JSPSup 5). Sheffield: JSOT Press, 1994, p. 147-166.

24. Contestar a autenticidade deste dito, pela referenciação ao uso paralelo de "rebanho" para a igreja em At 20,28-29; 1Pd 5,2-3, como B. D. Chilton, *God in Strength*. Sheffield: JSOT Press, 1987, 2ª ed., p. 246, faz, mas sem referir-se a outros exemplos de pastor e rebanho, como imagens, na tradição de Jesus, é arbitrário. Neste exemplo, o uso cristão mais antigo sem dúvida derivada de Jesus. É digno de nota que 1Pd 5,4, como Jo 21,15-17 e Hb 13,20, retém o senso de que Jesus seja o pastor-chefe de seu rebanho.

pidamente ao reino, à frente das autoridades religiosas (Mt 21,31), mas, por outro lado, somente aqueles cuja retidão excede a dos escribas e fariseus podem entrar no reino (Mt 5,20). Mesmo se a autenticidade deste último dito for questionada, muitos ditos com esta hipérbole característica de Jesus podem ser aceitos como autênticos: p. ex., "se seu olho lhe é causa de tropeço, arranque-o; é melhor a você entrar no reino com um olho somente ..." (Mc 10,47); "Quem põe a mão no arado e olha para trás não serve para o Reino de Deus" (Lc 9,52). O que torna a mensagem de Jesus especial no contexto de seu judaísmo contemporâneo não é a proclamação do perdão gratuito de Deus aos pecadores nem a exigência de retidão como condição para entrar no reino, mas a intensidade caracteristicamente radical com a qual Jesus as conjuga.

(5) *Uma sociedade diferente.* O contraste entre o governo terreno e o governo de Deus não é mais claro em nenhuma outra parte do que na caracterização por Jesus do tipo de relações sociais que se constituem pelo goveno de Deus sobre a comunidade dos discípulos. Em uma série de rejeições altamente distintivas das estruturas sociais vigentes e suas relações, Jesus retrata uma sociedade na qual nenhuma das reivindicações de distinção ou *status* que eram tomados como garantidos neste mundo tem qualquer espaço.

Já percebemos a caracterização dos discípulos como família na qual Deus é Pai. O *status* patriarcal é reservado a Deus. Discípulos devem ser irmãos, irmãs e mães uns dos outros, mas não pais (Mc 10,30; Mt 23,9). Ao invés do privilégio da paternidade, reservado a Deus, fortalecer o privilégio patriarcal, ele o exclui.

Das muitas indicações de que Jesus tomava por garantida a abolição, sob o governo de Deus, de qualquer *status* privilegiado de homens por sobre mulheres, a mais marcante é talvez a afirmação de Jesus de que um homem que se divorcia de sua esposa e casa com outra comete adultério (Mc 10,11; cf. Lc 16,18; Mt 5,31-32). Contrariando o pano de fundo do conceito androcêntrico segundo o qual o adultério por definição era um crime cometido por uma esposa com seu amante – atacando a honra e direitos de seu esposo – esta é uma notável equalização de direitos e deveres de homens e mulheres.[25]

---

25. Crossan, *Historical Jesus*, 301.

Mas a afirmação mais radical diz respeito a escravos, crianças e os pobres. Fazendo um contraste direto com os regimes opressivos dos gentios, o que era algo comum à retórica do judaísmo, dificilmente precisando ser reforçado, Jesus tira uma conclusão sem paralelos sobre o modo diferente no qual a sociedade do Reino de Deus deve ser constituída: "Vocês sabem que entre os gentios aqueles que eles reconhecem como seus governantes os oprime, e os grandes são tiranos dentre estes. Mas não deve ser assim entre vocês; pois quem quiser ser grande dentre vocês deve ser o servo, e quem quiser ser o primeiro entre vocês deve ser o que serve a todos" (Mc 10,43-44; cf. Lc 22,25-26; Mt 23,11). Ecos deste tema são encontrados em muitos lugares nos evangelhos, mas o mais importante é a cena de Jo 13, onde o exemplo pessoal de sua escolha pelo lugar de servo, ao qual Jesus se refere em Mc 10,45; Lc 22,27, é encenado na lavação dos pés. Lavar pés, uma tarefa frequente, corriqueira, era, mais definitivamente que qualquer outra, o papel do escravo. Era o que qualquer pessoa livre tomava axiomaticamente como impensavelmente abaixo de sua dignidade.[26] Jesus encorava os discípulos a lavarem uns os pés dos outros (13,14) não somente como símbolo de humildade e não, como algumas vezes sugerido, como rito religioso,[27] mas como exemplo real e concreto, o mais explícito possível, de como os discípulos deveriam se relacionar uns com os outros. O requerimento ordinário de lavar os pés eles devem atender uns em relação aos outros. Se isto não estiver abaixo da dignidade dos mesmos, nada está.

Portanto Jesus abole o *status* social, não dando a todos os discípulos o *status* de mestre (senão assim sempre poderiam haver outros, fora da comunidade, colocando-se acima dos mesmos), mas pela redução de todos

---

26. J.C. Thomas, *Footwashing in John 13 and the Johannine Community* (JSNTSup 61). Sheffield: JSOT Press, 1991, capítulo 3.

27. Recentemente Thomas, *Footwashing*, capítulo 5; e R. B. Edwards, "The Christological Basis for the Johannine Footwashing". In: J.B. Green & M. Turner, eds., *Jesus of Nazareth: Lord and Christ*. Grand Rapids: Eerdmans, 1994, p. 376-383. A evidência da prática do lava-pés na Igreja primitiva, convenientemente recolhida por Thomas, parece para mim demonstrar não que o mesmo fosse praticado como rito, mas que cristãos faziam uns pelos outros a tarefa, quotidiana e necessária, de lavarem os pés uns dos outros, especialmente em condições nas quais se encontravam, como para a Eucaristia.

ao *status* social mais baixo: o de escravo. Em uma sociedade de escravos, ninguém pode pensar de si mesmo ou mesma como mais importante que as demais pessoas.

Igualmente marcadamente original é o uso de Jesus de crianças para ilustrar o que o governo de Deus requer (Mt 18,1-4; Mc 10,13-16). A razão pela qual alguém deve se tornar como uma criança ou receber o reino como uma criança para poder entrar nele não é porque a confiança típica de uma criança seja requerida ou mesmo porque a humildade no sentido de uma atitude submissa seja necessária, mas porque as crianças não têm nenhum *status* social.[28] Elas e os discípulos que devem ser como elas são "pequeninos" (Mt 18,6) no sentido de não terem nenhuma importância na sociedade. O dito sobre as crianças responde à questão "Quem é o maior no Reino dos Céus?" (Mt 18,1; cf. Mc 9,34), com o que o dito sobre ser um escravo também está conectado (Lc 22,24), e Marcos de fato mistura os dois temas (Mc 9,34-36). As afirmações paralelas, "Quem quiser ser o primeiro deve ser o último de todos e servo de todos" (Mc 9,34; cf. 10,43-44; Lc 22,26. Mt 23,10) e "Quem se tornar pequeno como esta criança é o maior no Reino do Céu" (Mt 18,4), subverte todas as noções de *status* e posição social. Bem como o aforismo, "O que se exalta será humilhado, o que se humilha será exaltado" Mt 23,12; Lc 14,11; 18,14), e o conselho parabólico de Jesus sobre tomar os lugares menos importantes à mesa de uma refeição (Lc 14,7-10), o ponto não é realmente estabelecer um novo princípio para estratificação social no reino mas, ao reverter as normas sociais, subverter toda esta ordenação.

A afirmação de que o reino pertence àqueles que são como crianças (Mc 10,14) pode nos ajudar com a afirmação paralela de que ele pertence aos pobres (Mt 5,3; Lc 6,20). Estes pobres (*ptochoi*)[29] não são as pessoas que ordinariamente têm meios de subsistência, talvez um pouco mais, e uma razoável segurança. Eles são os mais destituídos, dependentes das chances imprevisíveis de trabalho casual ou caridade. Eles incluem os diaristas que viviam

---

28. Crossan, *Historical Jesus,* 269.

29. Sobre o termo, veja G. Hamel, *Poverty and Charity in Roman Palestine, First Three Centuries C.E.* Berkeley: University of California Press, 1990, p. 167-174.

apenas para comer, nunca a mais de um dia de trabalho da perspectiva da mendicância. Eles incluem os aleijados que esmolam e que Jesus costumeiramente cura e a viúva pobre que coloca a moedinha que é tudo o que tem no gazofiláceo do Templo. Assim como o reino pertence às crianças que não têm nenhum *status* social, também pertence aos destituídos que estão na base da pirâmide econômica e social. Assim como escravos são um modelo para a diferença entre o Israel renovado e os gentios (Mc 10,42-43), assim os diaristas e mendigos são também modelo (Mt 6,31-34). Os discípulos não podem ter mais segurança material do que eles (Mt 10,9-10). Como Dominic Crossan coloca, o reino é um "reino de ninguéns"[30] – crianças e destituídos. Se o reino pertence a eles, outros podem entrar no mesmo somente aceitando a mesma falta de *status*.

Jesus reconstitui a sociedade sob o governo de Deus tornando os ninguéns sociais e párias o paradigma ao qual todos devem se conformar. Esta é a razão pela qual é difícil, embora não realmente impossível, para os ricos entrarem no reino (Mc 10,24-25). A instrução de que aqueles que podem dar festas devem convidar não os seus parentes, amigos e vizinhos, mas os pobres, os aleijados, os coxos e os cegos (Lc 14,13), requer algo mais radical que a caridade generosa, que era um dever social bem aceito. Ela significa tratar os destituídos como alguém igual a si. Segundo estes termos, e somente nestes, Jesus não confinou o reino aos destituídos mais do que confinou às crianças. Ele privilegiou fortemente os destituídos e as crianças, para retirar de todos os outros seus privilégios.

(6) *A teocracia judia e o Império Romano.* A principal preocupação de Jesus era sobre a natureza do governo de Deus sobre seu povo Israel. (Ele também esperava, em comunhão com uma forte tradição de esperança escatológica judeia, o reconhecimento do governo de Deus por todas as nações gentias, mas isto viria em seguida à renovação de Israel e não era a preocupação imediata de Jesus.[31]) De uma perspectiva da compreensão de Jesus sobre

---

30. Crossan, *Historical Jesus,* 266.

31. J. Jeremias, *Jesus' Promise to the Nations* (traduzido em inglês por S. H. Hooke) (SBT 24), Londres: SCM Press, 1958; G. Lohfink, *Jesus and Community* (traduzido em inglês por J. P. Galvin) Londres: SPCK, 1985, p. 17-20.

o reino, a teocracia judia, isto é, os altos sacerdotes que governavam o templo e diziam representar o governo de Deus sobre seu povo, representava muito mal a natureza do governo divino. Ao invés de fazerem diferente do que os reis de outros povos faziam, eles os imitavam. Esta é a razão pela qual o ato simbólico de Jesus de protestar no templo (a assim chamada "purificação do templo") era de significado-chave, quer se iniciou seu ministério (segundo a cronologia joanina) quer tenha sido o seu ponto culminante (segundo a cronologia sinótica). Porque os altos sacerdotes estavam administrando o templo e o sistema sacrificial como um negócio que visava o lucro, eles obscureciam a presença graciosa de Deus especialmente para os pobres, para quem impostos do templo e os sacrifícios eram um fardo.[32]

A compreensão de Jesus do governo de Deus também diferia da visão (atribuída por Josefo à "quarta filosofia") de que o governo romano sobre Israel era ilegítimo porque somente Deus é rei sobre Israel. Para este ponto de vista, a questão era: quem governa? (Roma ou líderes judeus representando o governo de Deus?) – já que para Jesus a questão-chave era que o governo divino era muito diferente dos governos terrenos. Claro, Ele aceitava que os governos pagãos eram opressores (Mc 10,42), mas os mesmos não eram ilegítimos por serem não judeus. Este é o ponto de sua resposta à questão sobre a moeda dos tributos (Mc 12,17). A diferença de Jesus dos revolucionários judeus tem sido compreendida como sendo derivada de sua opinião sobre o uso de violência, mas, embora sem dúvida houvesse tal diferença, a questão real era muito mais ampla. A visão de Jesus de um governo por Deus não era o desejo de um governo de um Estado judeu liberto do poder de Roma, mas de uma sociedade formada pela experiência da graça curativa e perdoadora de Deus, sustentada pela providência paterna de Deus, inclusiva de todos aqueles que tendem a ser deixados de lado ou empurrados para as margens da sociedade, caracterizada não pela dominação mas pelo serviço mútuo, e na qual todo *status* e privilégio são substituídos por relações entre irmãos, irmãs e mães que se amam mutuamente. Isto não é, de nenhuma

---

32. R. Bauckham, "Jesus' Demonstration in the Temple". In: B. Lindars (ed.), *Law and Religion: Essays on the Place of the Law in Israel and Early Christianity.* Cambridge: James Clarke, 1988, p. 72-89.

maneira, dizer que fosse "não político": como muito da religião judeia e da política antiga era político-religiosa. Mas diferia da maior parte das opções políticas judias da época.

Paulo, o Reino e as Igrejas

Estamos agora em uma posição da qual deve-se perguntar se Paulo e suas igrejas se mantiveram fiéis às visões de Jesus do Reino de Deus e sua exemplificação por meio de uma comunidade de discípulos e discípulas que já manifestavam, no contexto desta vida, a natureza do governo universal de Deus que está por vir. O contraste de Loisy entre o que Jesus proclamou e o que aconteceu após sua morte tem sido costumeiramente utilizado para dizer de um constraste entre Jesus e Paulo. P. ex., George Pixley, escrevendo em um contexto latino-americano de teologia da libertação, vê uma mudança radical da mensagem de Jesus e a práxis do reino, que desejava transformação política e social, para a mensagem de Paulo de outro tipo de salvação mundana centrada no indivíduo.[33] Isto, como veremos, leva a conclusões equivocadas. A continuidade entre Jesus e Paulo pode ser melhor percebida ao tomarmos os seis aspectos da compreensão do reino por Jesus que já discutimos e nos perguntarmos se e como os mesmos podem ser encontrados na paulina literatura:[34]

(1) O termo "Reino de Deus" é menos frequente em Paulo, mas, como notamos, não é insignificante. Como Jesus, Paulo não chama Deus de "rei" (na literatura paulina, o termo é encontrado somente em 1Tm 1,17; 6,15) e frequentemente chama Deus de "Pai". A diferença, entretanto, é que ele frequentemente chama Jesus de "Senhor", assim indicando o exercício messiânico de Jesus da soberania divina sobre o mundo. Isto levanta portanto a questão de se, assim como Jesus estava preocupado em distinguir o governo

33. G. V. Pixley, *God's Kingdom*. Londres: SCM Press, 1981, p. 90-96.

34. A seguir, Colossenses e Efésios são citadas livremente, uma vez que, mesmo que não sejam de Paulo, elas representam um paulinismo muito próximo de Paulo. As cartas pastorais são tratadas diferentemente, e evidências das mesmas são citadas somente para comparação e em caso de interesse específico.

de Deus como diverso em caráter daquele de reis terrenos, Paulo está preocupado em distinguir o senhorio de Jesus dos senhorios terrenos. Uma indicação disso pode ser encontrada em Fl 2,6-11: o único que é exaltado e honrado como Senhor é aquele que se qualificou para tal senhorio ao tomar "a forma de um escravo", e morrendo a morte de um escravo: crucifixão.

(2) A compreensão de Paulo da presença do reino pode ser encontrada em suas duas afirmações do que o Reino de Deus é (1Cor 4,20; Rm 14,17). "O Reino de Deus não é de palavras, mas de poder" (1Cor 4,20, literalmente); provavelmente se refere a exorcismos e outras manifestações de poder miraculoso no ministério de Paulo (cf. 2Cor 12,12) e assim compartilha da percepção de Jesus do reino como o governo ativo de Deus causando efeito no presente e derrotando o mal (cf. Lc 11,20). Uma compreensão semelhante, no sentido em que contrasta o que o reino não é com o que é, é Rm 14,17: "Pois o Reino de Deus não é comer e beber mas retidão e paz e alegria no Espírito Santo". Aqui o governo de Deus é caracterizado por seus efeitos nas vidas humanas, mas de especial interesse é sua conexão com o Espírito Santo, que torna esta afirmação sobre o Reino de Deus marcadamente parecida com a afirmação de Paulo do que "o fruto do Espírito" é (Gl 5,22-23). Aparentemente a atividade do Espírito é outra maneira de dizer sobre a presença ativa do poder de governança de Deus. Viver sob o governo de Deus agora, antes da vinda do reino, é "viver pelo Espírito" (Gl 5,16.25), uma vez que o Espírito é a atividade escatológica de Deus, experimentada agora como uma antecipação e primeira manifestação da nova vida no reino futuro de Deus. Enquanto os termos Espírito e reino são muito raramente relacionados no Novo Testamento (cf. tb. Mt 12,28), eles parecem em alguma extensão ser paralelos, constituindo modos alternativos de dizer da mesma realidade segundo uma perspectiva temporal de percepção tempo presente. Neste caso, alguém poderia afirmar que, na percepção de Paulo, o governo de Deus tem seu efeito no presente como fruto do Espírito e nos dons do Espírito.

O caráter primariamente futuro do reino, entretanto, e preservado na linguagem estereotipada de o vir a herdar (1Cor 6,9-10; 15,50; Gl 5,21; Ef 5,5; e note que são aqueles que vivem pelo Espírito agora [Gl 5,16] que herdarão o reino no futuro [Gl 5,21]).É futuro porque a destruição por Cristo de todos os poderes malignos, incluindo a morte, pela qual o governo de Deus se tornará realidade plena e universal, ainda é futura (1Cor 15,24-26).

(3) Embora Paulo defenda um importante senso de continuidade entre Israel e a Igreja cristã (especialmente em Rm 11,17-24; Gl 6,16), há uma grande diferença entre Jesus e Paulo criada pela missão aos gentios. As igrejas de Paulo são criadas a partir tanto de judeus quanto de gentios, e constituem um povo de Deus no qual a vantagem de ser judeu não mais existe (Gl 3,28; 1Cor 12,13; Ef 2,11-16). Cristãos chegaram à convicção de que, com a ressurreição de Jesus, o momento escatológico para a adesão dos gentios, que para Jesus seria ainda futuro, chegou. Mas a consequência deste novo desenvolvimento era provavelmente dar à Igreja, no contexto gentio, uma identidade mais finamente definida do que Jesus deu à comunidade de seus discípulos. Alguma coisa bastante similar pode ser vista na diferença feita pelo Espírito, uma vez que a Igreja primitiva parece ter sustentado que o Espírito, embora ativo através de Jesus em seu ministério, foi dado aos discípulos somente após e como consequência da ressurreição de Jesus. (Lucas e João partilham esta convicção, embora a expressem de modos ligeiramente diferentes, e nada nos outros evangelhos ou em Paulo a contradiz.) Em um certo sentido o Espírito substituiu a presença pessoal de Jesus com seus discípulos, e a comunidade que tinha sido constituída e tornada coesa pela figura de Jesus fisicamente presente para dirigir, liderar e inspirar os mesmos se tornou um outro modelo no qual a direção e inspiração de Jesus eram experimentadas pela interação entre os membros da comunidade, advindas do Espírito. Daí a referência extensiva de Paulo ao mesmo, e a discussão da comunidade cristã como espaço de interações recíprocas grupais, grupo este no qual a contribuição de cada pessoa é essencial e no qual todos são dependentes uns dos outros. Daí também sua nova imagem que expressa isto: o corpo de Cristo (1Cor 12; Rm 12,4-7). O tema tem raízes na compreensão de Jesus que seus discípulos seriam comunidade de serviço mútuo (Mc 10,43-44; Jo 13,14), mas com muito melhor definição conceitual.

Além de a Igreja primitiva certamente ter desenvolvido maneiras de pensar sobre si mesmo que iam além da linguagem de Jesus, também é válido notar que talvez a imagem mais amplamente divulgada de cristãos como comunidade deriva de Jesus.[35] Que cristãos comumente pensavam uns nos outros e constantemente falavam uns dos outros como irmãos e irmãs (e ocasionalmente mães: Rm 16,13) é evidente em toda a literatura paulina. Como na fala de Jesus, a imagem estava relacionada à percepção de Jesus como irmão e Deus como Pai de Jesus e de todas as pessoas (Rm 8,15-17.29).[36] Esta imagem expressava não somente a experiência de uma comunidade de cuidado mútuo e proximidade na Igreja local, mas também de preocupação e responsabilidade por cristãos em outras partes (1Ts 4,9-10). Um exemplo impressionante do significado da imagem está em Fm 16, onde a relação de irmãos em Cristo deve superar aquela de mestre e escravo.[37]

(4) A conjunção de graça radical e demanda radical é claramente continuada por Paulo. Uma vez que Paulo vê a prática de Jesus da graça de Deus aos pecadores chegar à completude pela sua morte na cruz, a graça radical agora toma forma na pregação de Paulo sobre a cruz (Rm 5,8: "enquanto ainda éramos pecadores, Cristo morreu por nós") e sua conexão íntima com a doutrina de justificação. Uma forma de expressar a exigência do evangelho são as falas que afirmam o que desqualificaria as pessoas de herdarem o reino (1Cor 6,9-10; Gl 5,19-21; Ef 5,5). Se tais parecem colocar a ênfase mais nas formas convencionais de comportamento moral do que os ditos de Jesus fazem, devemos lembrar que no contexto gentio das igrejas de Paulo o que Jesus tomava como óbvio na Palestina judia não era nada óbvio.

(5) Há muito nas cartas paulinas que demonstram que Paulo e suas igrejas tomavam a sério a visão de Jesus de uma comunidade sem *status* ou privilégios. No espírito do dito de Jesus (Mc 10,42-44), Paulo mesmo está ansioso para repudiar qualquer sugestão de que sua posição é de dominação sobre suas igrejas (2Cor 1,24); ao contrário ele é um colaborador, não somente com seus colegas missionários, homens e mulheres (Rm 16,3.9.21; 1Cor 3,9;

---

35. Cf. Lohfink, *Jesus and Community,* 106-109.

36. Paulo também poderia pensar em si mesmo como pai de seus convertidos, a quem ele "pariu" quando estes se tornaram cristãos através de seu ministério: 1Cor 4,17; Fm 10; cf. 2Tm 1,2; Tt 1,4.

37. Cf. 1Tm 6,2; contra aqueles que aparentemente abusavam deste princípio.

Fl 2,25; 4,3), mas com toda a membresia de suas igrejas (2Cor 1,24); e além disto, ele e Timóteo são "seus escravos por amor de Jesus" (2Cor 4,5).[38]

O princípio e prática de Jesus de privilegiar os "ninguéns" para eliminar o *status* tem marcante paralelo no que Paulo diz aos coríntios: "não muitos dentre vocês são considerados sábios segundo padrões humanos, nem poderosos, não há muitos de nascimento nobre... Deus escolheu o que é baixo e desprezado no mundo, coisas que não são, para reduzir a nada as coisas que são, para que ninguém possa se orgulhar na presença de Deus" (1Cor 1,26-29). Isto ocorre em uma discussão extensa contra a busca competitiva por *status* na comunidade dos cristãos de Corinto, manifestada em seu apreço por padroeiros apostólicos rivais e sua admiração pela retórica que se lhes aumentasse o *status*. Paulo declara estes valores seculares fundamentalmente como em oposição com a mensagem cristã sobre o Messias crucificado, uma figura que não poderia ser nada além de uma chocante afronta à honra e *status* que as sociedades mundanas valorizam. Tanto a pregação missionária de Paulo em Corinto, que não trazia a impressionante retórica associada com *status* social, quanto a composição da comunidade, de pessoas advindas principalmente de estratos sociais baixos, portanto, são sinais do desprezo por parte do Evangelho do Messias crucificado da busca de *status* social. Desta maneira, o destino de Jesus – se tornar Ele mesmo, na cruz, um dos ninguéns da sociedade e como tal a forma definitiva da salvação de Deus para todos – media o princípio de Jesus de privilegiar os ninguéns na pregação e prática de Paulo. Não era, claro, que Paulo rejeitasse os convertidos de alto *status* que na verdade desempenhavam papéis importantes na Igreja de Corinto. Mas o evangelho removia deles todos os privilégios. A estratégia de Deus na salvação foi privilegiar os ninguéns para deprivar os alguéns de seus privilégios.[39]

---

38. Cf. C. Wolff, "Humility and Self-Denial in Jesus' Life and Message and in the Apostolic Existence of Paul". In: A. J. M. Wedderburn (ed.), *Paul and Jesus: Collected Essays* (JSNTSup 37). Sheffield: JSOT Press, 1989, p. 154-156.

39. Sobre esta leitura de 1Cor 1–2, sou devedor especialmente de S. M. Pogoloff, *Logos and Sophia: The Rhetorical Situation of 1 Corinthians* (SBLDS 134) Atlanta: Schoolars Press, 1992. Veja também D. Litfin, *St Paul's Theology of Proclamation: 1Co 1-4 and Greco-Roman Rhetoric* (SNTSMS 79) Cambridge: Cambridge University Press, 1994; J. K. Chow, *Patronage and Power: A Study of Social*

O ideal de uma sociedade na qual o *status*, como o mundo o vê, conta como nada era o que tornava tão reprovável a prática da Ceia do Senhor em Corinto, na qual os mais influentes ostensivamente comiam o que eles mesmos tinham, ao invés da refeição adequada, que eles mesmos traziam de casa, humilhando aqueles que não tinham nada (1Cor 11,20-22). Esta prática era tão contraditória à natureza da comunidade constituída por Cristo e o Espírito que significava que não era a Ceia do Senhor que estivessem de fato comendo (11,20).[40]

A eliminação de privilégios tomavam novas formas (comparada com o grupo dos discípulos pessoais de Jesus) nas igrejas urbanas, transculturais e multirraciais da missão paulina, como podemos ver na fórmula que ocorre em duas formas nas cartas paulinas: "não há mais judeu e gentio, circuncidado e incircunciso, bárbaro, cita, escravo ou livre" (Cl 3,11). Aqui, juntamente com outros privilégios sociais do homem sobre a mulher (Gl) e do livre sobre o escravizado, o privilégio religioso de judeus sobre gentios, em Colossenses todos os privilégios vigentes ou *status* de pertencer a um grupo social ou racial ou cultural ao invés de outros é negado em linguagem marcadamente forte. Todos os não gregos eram bárbaros aos olhos gregos, mas citas estavam muito além desta definição binária: não helenizados, incríveis, um exemplo da crueldade bárbara. Eles eram o equivalente internacional dos grupos judeus marginalizados com os quais Jesus confraternizava. Provavelmente não havia ainda nenhum cristão cita quando Colossenses foi escrita, embora seja possível que alguns escravos de origem cita tenham se tornado cristãos. Mas o princípio – de que um cita cristão seria igual em termos sociais a um cristão, irmão ou irmã – ilustra o ponto geral em sua forma mais fortemente revolucionária, tal como Jesus quando torna uma criança o parâmetro de medida de *status* no reino.

Networks in Corinth (JSNTSup 75). Sheffield: JSOT Press, 1992; A.D. Clarke, *Secular and Christian Leadership in Corinth* (AGJU 18; Leiden; E.J. Brill, 1993).

40. G. Theissen, *The Social Setting of Pauline Christianity: Essays on Corinth* (Tradução inglesa de J. H. Schütz). Filadélfia: Fortress, 1982. Capítulo 4; B. Witherington III, *Conflict and Community in Corinth: A Socio-Rethorical Commentary on 1 and 2 Corinthians*. Grand Rapids: Eerdmans, 1995, p. 241-252.

Uma vez que os cristãos tinham de viver na comunidade mais ampla e não a podiam influenciar, havia limites práticos para a implementação deste princípio que diferia tão radicalmente das normas de uma sociedade fortemente hierarquizada e obcecada com o *status*. A renúncia ao *status* se aplicava ao modo que cristãos se relacionavam entre si; não poderia mudar as estruturas sociais. Assim, por um lado, Paulo afirma como princípio que a mudança de *status* para além da comunidade não era o objetivo, uma vez que o que importa é o *status* real em Cristo, que torna o *status* para além de Cristo irrelevante (1Cor 7,17-24). Mas por outro lado, isto certamente não significa que Paulo está preocupado somente com o *status* interior e espiritual aos olhos de Deus, deixando relações sociais reais entre cristãos inalteradas. Quando ele insta Filêmon a aceitar Onésimo "não mais como um escravo, mas como mais que um escravo, um irmão estimado" (Fm 16), ele pode ou não querer dizer que Filêmon deveria dar a Onésimo sua liberdade legal, mas ele claramente diz que, no que diz respeito ao modo com que se relacionam entre si, Onésimo não deve mais ser um escravo, mas um irmão. Paulo evidentemente realmente diz que serem irmãos e irmãs em Cristo deveria substituir os modos socialmente hierarquizados de relacionarem-se entre si na prática real da comunidade cristã. Outro exemplo marcante é a maneira que a discussão sobre casamento e celibato é conduzida em 1Cor 7, dando a esposos e esposas precisamente os mesmos direitos e deveres um em relação ao outro, e pessoas celibatárias ou viúvas precisamente têm o mesmo direito, homens e mulheres, de se casarem ou se manterem não casadas.

Entretanto, uma vez que maridos cristãos e esposas cristãs permaneciam sendo esposos e esposas, e (costumeiramente, parece) escravos e mestres cristãos permaneciam escravos e mestres, não era necessariamente inteiramente claro o que a abolição de privilégios e *status* implicava em termos práticos, e exemplos que parecem a nós comprometer tal princípio no entanto ocorrem. Pondo de lado as Pastorais, as considerações sobre a vida doméstica em Colossenses (3,18–4,1) e Efésios (5,21–6,9) são os casos óbvios nos quais as hierarquias sociais da sociedade circundante parecem ser mantidas nas relações entre cristãos. A subordinação é contrabalançada mas não substituída pela reciprocidade. No caso de Ef 5,21–6,9, há mais para ser dito. Esta passagem lida esquematicamente com três relações de subordinação (maridos/esposas, pais/filhos, mestres/escravos), mas as põe sob a mesma rubrica de *subordinação mútua* (5,21) reminiscente do princípio de Jesus de que os discípulos deveriam agir como escravos uns dos outros (Jo 13,14). Isto não afeta a maneira que os dois primeiros relacionamentos são expressos, mas há um notável impacto no terceiro. Enquanto escravos são instruídos a "prestar serviço com entusiasmo, como se fosse ao Senhor, não a seres humanos" (6,7), mestres são instruídos a "fazer o mesmo a estes" (6,9), o que pode apenas significar: sirvam a eles como escravos, como eles lhes servem. A intenção sem dúvida é a de preservar a instituição da escravidão, enquanto compreendida segundo um novo conteúdo, mas este novo conteúdo, se tomado a sério, ameaçaria seriamente a mesma instituição.

(6) As cartas paulinas constroem a Igreja como a sociedade que já vive sob o governo de Deus e trabalha e espera pela vinda do Reino de Deus ao mundo. Implicitamente esta sociedade é contrastada com "a forma presente deste mundo", que "está acabando" (1Cor 7,31), mas o contraste não é colocado de forma explícita. Onde as estruturas de poder do mundo presente são mencionadas, elas são em geral demoníacas ao invés de humanas. Mas na única referência clara de Paulo ao governo romano (Rm 13,1-7) ele continua o questionamento de Jesus expresso na resposta sobre o tributo a César. Assim como a afirmação de Jesus sobre a legitimidade do governo romano não era exatamente a aprovação de Roma como rejeição de visões judias revolucionárias, assim também Paulo e sua aparente excessiva aprovação do governo romano é explicável pela necessidade de considerar que as autoridades de Roma não têm o direito de cobrar impostos adicionais dos cristãos. Judeu-cristãos, bem como judeus nas grandes cidades da Diáspora, tinham se acostumado ao pertencimento a uma comunidade étnica com algum grau de autogoverno, *status* legal especial e privilégios. Alguns se sentiriam atraídos pela visão revolucionária de que um governante não judeu não teria o direito de governar ou taxar o povo de Deus. Uma vez que o Reino de Deus no fim substituirá todos os outros poderes (1Cor 15,24; cf. Ap 11,15), tanto cristãos judeus quanto gentios podem ter pensado que nenhum outro poder poderia ter legitimidade agora. A posição de Paulo é que, para o tempo presente,

cristãos devem viver como cidadãos responsáveis no mesmo mundo político que todos os demais. Seguindo a tradição dos profetas do Antigo Testamento sobre a percepção sobre a governança babilônica e persa e muito do pensamento da diáspora judaica sobre o governo helenístico e romano, Paulo toma a visão de que o governo pagão não é ilegítimo ou injusto apenas porque seja pagão.[41] Que o governo de Deus, em seu sentido revolucionário, não compita com o mesmo não significa que, de uma perspectiva contextual diferente, não possa fornecer uma crítica do mesmo. Se quisermos pensar para além do *corpus* paulino, veremos no Livro do Apocalipse que a expectativa da vinda do governo universal de Deus tornou possível uma crítica devastadora do sistema de poder romano.

41. J. D. G. Dunn, *Romans 9-16* (WBC 38). Dallas: Word, 1988, p. 759-774.

LITERATURA CRISTÃ
APÓCRIFA PRIMITIVA

21. As duas parábolas da figueira no *Apocalipse de Pedro*

O capítulo E 2[1] do *Apocalipse de Pedro,* que é uma intepretação das duas parábolas do evangelho da figueira em brotação [N.T.: o termo em inglês, "budding tree", denota exatamente a árvore que está com pequenos brotos de folhas, voltando do período de hibernação. O termo original grego é traduzido, habitualmente, como "figueira cheia de folhas" no Novo Testamento. Opto por "em brotação" para viabilizar a identificação com a imagem que habitualmente temos da parábola em questão, mas ao mesmo tempo respeitar o texto inglês, cuja tradução compreende desde o broto até o broto com folhas jovens, e mesmo as folhas jovens em si.] e da figueira estéril, é um capítulo curcial para determinar a data e contexto da obra. O mesmo também tem alguma luz para lançar sobre a tradição e uso destas parábolas pela Igreja primitiva.

---

1. Neste artigo as seguintes abreviaturas para as versões e fragmentos do *Apocalipse de Pedro* são usadas:

E = A versão etíope (publicada a partir de um manuscrito etíope, com tradução francesa, por S. Grébaut em *Revue de l'Orient Chrétien* 15 (1910), p. 198-214, 307-323.) [N.T.: em gueês.]

A = O fragmento em grego acmímico (publicado por primeiro por U. Bouriant em *Mémoires publiés pas les membres de la mission archéologique française au Caire* 9 [1892] p. 142-146; também em E. Klostermann, *Apocrypha 1: Reste des Petrusevangeliums, der Petrusapokalypse und des Kerygma Petri* [2ª edição]. Bonn: A. Marcus e E. Weber, 1908, p. 8-12; e em E. Preuschen, *Antilegomena: Die Reste der ausserkanonischen Evangelien und urchristlichen Überlieferungen* [2ª edição]. Giessen: A. Töpelmann, 1905, p. 84-87.)

R = o fragmento Rainer em grego (por primeiro publicado, mas não identificado, por C. Wessely, *Les plus ancients monuments du christianisme écrits sur papyrus* (PO 18/3). Paris: Firmin-Didot, 1924, p. 482-483; identificado por K. Prümm em *Bib* 10 (1929), p. 62-80.

B = o fragmento Bodley em grego (publicado por primeiro por M. R. James em *JTS* 12 [1911], p. 157, 367-369.

Versões inglesas de todos estes estão em E. Hennecke & W. Schneemelcher, *New Testament Apocrypha,* traduzidos e editados por R. Mcl. Wilson, 2 volumes. Londres: Lutterworth, 1963, 1965. 2: 668-683.

Esta seção do *Apocalipse de Pedro* chegou até nós apenas em gueês (E).[2] O fragmento em grego acmímico (A), que é uma versão abreviada e editada do apocalipse original, tem somente um breve sumário (A 1-3) dos dois primeiros capítulos em E, e os outros fragmentos gregos (R e B) e as citações patrísticas não fornecem paralelos a E 2. Alguns estudiosos, em função disto, têm se perguntado se este capítulo não poderia incorporar adições posteriores que não seriam parte do apocalipse original.[3] Entretanto, a confiabilidade geral de E como uma reprodução do conteúdo do apocalipse original, que nem o abrevia (como A) ou expande os originais gregos, é estabelecido pelas citações patrísticas dos dois fragmentos R e B.[4] Esta confiabilidade geral pesa em favor da pressuposição de que E 2 é provável reprodução do conteúdo geral do texto original do apocalipse. Infelizmente, contudo, E é menos confiável em detalhes. Parece (especialmente a partir de R) que E é de alguma maneira uma tradução pouco cuidadosa e também que o texto do nosso único manuscrito de E[5] esteja frequentemente corrompido. Isto torna difícil tirar conclusões confiantes dos detalhes do texto em E e torna o tipo de tratamento crítico redacional empreendido por este artigo de alguma forma danoso. Entretanto, tal risco deve ser tomado se quisermos acessar e apropriar a contribuição desta obra para nosso conhecimento da história do cristianismo primitivo.

2. Para um relato da pesquisa sobre o texto e versões do *Apocalipse de Pedro*, veja R. J. Bauckham, "The Apocalypse of Peter: An Account of Research". In: *ANRW* II.25/6 (editado por H. Temporini & W. Haase. Berlim/Nova York: de Gruyter, 1988, p. 4.712-4.750.

3. M. R. James, "A New Text of the Apocalypse of Peter", *JTS* 12 (1911), p. 39; M. R. James, "The Recovery of the Apocalypse of Peter", *CQR* 80 (1915), 35; H. Duensing, "Ein Stücke der urchristlichen Petrusapokalypse enthaltender Traktat der äthiopischen Pseudoklementinischen Literatur", *ZNW* 14 (1913) p. 78. Mas a originalidade de E 2 é defendida por K. Prümm, "De genuino Apocalypsis Petri texto: Examen testium iam notorum et novi fragmenti Raineriani", *Bib* 10 (1929), p. 76. Em meu artigo "The Martyrdom of Enoch and Elijah: Jewish or Christian?" *JBL* 95 (1976), p. 454-455, eu também expressei dúvidas sobre o quanto E 2 representa o texto original do apocalipse, mas estudos posteriores do apocalipse como um todo elevou minha opinião sobre a confiabilidade de E.

4. A superioridade geral de E a A é demonstrada por James, "New Text", 36-54, 362-375, 573-583; James, "Recovery", p. 16-20; Prümm, "De genuino"; e Maurer em *New Testament Apocrypha*, 2: 664-67; contra H. Weinel, em *Neutestamentliche Apokryphen,* editado por E. Hennecke. Tubinga: Mohr (Siebeck), 1924, p. 316-317; E. Amann, "Apocryphes du Nouveau Testament", DBSup 1 (1928), p. 527; W. Michaelis, *Die apokryphen Schiften zum Neuen Testament.* Bremen: C. Schünemann, 1956, p. 471-474.

5. Depois deste artigo ter sido escrito, descobri por R. W. Cowley a existência de um outro manuscrito de E (Hammerschmidt Tanasee 35). Cowley e eu esperamos usar este manuscrito em uma posterior edição e estudo do *Apocalipse de Pedro.*

Uma pequena confirmação do conteúdo de E 2 pode ser encontrada talvez no posterior *Apocalipse de Pedro* Clementino em gueês, que contém uma passagem que é o único outro exemplo conhecido da interpretação da Parábola da Figueira encontrado em E 2:

> Mas aqueles que não temem o terror daquele rei se porão diante dele e o desrespeitarão, e serão decapitados e se tornarão mártires. Naquele dia se cumprirá o que é dito no Evangelho: quando os ramos da figueira estão cheios de seiva, saibam que o tempo da colheita está próximo. Ramos da figueira são aqueles homens virtuosos chamados, que se tornam mártires por suas mãos, e os anjos lhes trarão alegria, e nenhum cabelo de suas cabeças se perderá. Então Enoque e Elias descerão. Eles pregarão e colocarão em vergonhas aquele inimigo tirânico da retidão, o filho das mentiras. Imediatamente eles serão decapitados, e Miguel e Gabriel os erguerão e os levarão ao jardim das delícias, e nenhuma gota de seu *(sic)* sangue cairá no chão.[6]

Esta passagem parece ser bastante dependente, na verdade, de nosso *Apocalipse de Pedro* e se assim o for ela demonstra que, embora o texto posterior de E 2 pareça confuso, seu sentido geral é confiável. É admissível que a relação entre os dois textos etíopes seja interpretada de modo diferente: a interpretação da Parábola da Figueira em Brotação em E poderia ser uma intrusão no *Apocalipse de Pedro* de material da tradição apocalíptica tardia, como representada pelo *Apocalipse* clementino. Contra tal, o desenvolvimento martirológico do papel de Enoque e Elias no *Apocalipse* Clementino deveria ser visto como provavelmente refletindo uma forma desta tradição posterior à forma mais simples de E 2.[7] Mas o resto deste artigo estabelecerá a prioridade de E 2 em uma base mais firme pela demonstração de sua adequação ao contexto do segundo século.

---

6. A versão inglesa foi elaborada a partir da tradução alemã em E. Bratke, "Handschriftliche Überlieferung und Bruchstücke der arabisch-äthiopischen Petrus-Apokalypse", *ZWT* 36 (1893), p. 483. Este apocalipse clementino não mostra outras similaridades com nosso *Apocalipse de Pedro*, em qualquer nível, até onde a citação de Bratke demonstre. Sobre esta passagem veja também K. Berger, *Die Auferstehung des Propheten und die Erhöhung des Menschensohnes* (SUNT 13). Göttingen: Vandemhoeck & Ruprecht, 1976, p. 88-89.

7. Bauckham, "Martyrdom", p. 455-456.

I. O uso de Mateus 24 em E 1-2

É geralmente aceito que o material do contexto imediato das duas parábolas das figueiras, bem como a Parábola da Figueira em Brotação em si, é tomado parcialmente de Mt 24.[8] A tabela a seguir demonstra o débito a Mt 24 em E 1-2 (palavras sublinhadas são paralelos que ocorrem somente em Mt 24, não nas versões marcana ou lucana do apocalipse sinótico).

Apoc. Pet. E 1-2[9]	*Paralelos Mateanos*
E enquanto Ele estava assentado no Monte das Oliveiras, os seus vieram até Ele, e pediram e imploraram a ele, e clamaram, dizendo-lhe,	Mt 24:3 Καθημένου δὲ αὐτοῦ ἐπὶ τοῦ ὄρους τῶν ἐλαιῶν προσῆλθον αὐτῷ οἱ μαθηταὶ
	κατ᾿ ἰδίαν λέγοντες,
"Torna conhecidos a nós quais são os sinais de tua parusia e do fim do mundo, para que percebamos e saibamos o tempo de tua parusia e instruamos aqueles que virão atrás de nós, a quem pregaremos a palavra de teu Evangelho e a quem instalaremos em tua Igreja, para que eles, quando os escutarem, possam tomar cuidados sobre si mesmos a respeito do tempo de tua vinda."	Εἰπὲ ἡμῖν, πότε ταῦτα ἔσται, καὶ τί τὸ σημεῖον <u>τῆς σῆς παρουσίας καὶ συντελείας τοῦ αἰῶνος;</u>
E nosso Senhor respondeu e nos disse: "Tomem cuidado que homens não lhes enganem e não se tornem incrédulos e nem sirvam outros deuses. Muitos virão em meu nome dizendo 'Eu sou o Cristo'.	24:4 καὶ <u>ἀποκριθεὶς</u> ὁ Ἰησοῦς εἶπεν αὐτοῖς, Βλέπετε μὴ τις ὑμᾶς πλανήσῃ.
	24:5 πολλοὶ γὰρ ἐλεύσονται ἐπὶ τῷ ὀνόματί μου λέγοντες, Ἐγώ εἰμι <u>ὁ χριστός</u>
Não acreditem neles e não se aproximem deles.	24:23.26 ... μὴ πιστεύσητε· [Lucas 21:8 ... μὴ πορευθῆτε ὀπίσω αὐτῶν.]

---

8. É. Massaux, *Influence de l'Evangile de saint Matthieu sur la littérature chrétienne avant saint Irénée*. Lovaina: Publications Universitaire de Louvain; Gembloux: J. Duculot, 1950, p. 248-253, 258.; D. H. Schmidt, "The Peter Writings: Their Redactors and Their Relationships" (Dissertação, Northwestern University, 1972), p. 116, 118-119.

9. Traduzido a partir de *New Testament Apocrypha,* 2:668-669.

Pois a vinda do Filho de Deus não[10] será manifesta,[11] mas como um relâmpago que brilha de leste a oeste,

24:27 ὥσπερ γὰρ ἡ ἀστραπὴ ἐπέρχεται <u>ἀπὸ ἀνατολῶν</u> καὶ φαίνεται <u>ἕως δυσμῶν,</u> οὕτως ἔσται <u>ἡ παρουσία</u> τοῦ υἱοῦ τοῦ ἀνθρώπου·

24:30 ... ὄψονται τὸν υἱὸν τοῦ ἀνθρώπου ἐρχόμενον ἐπὶ τῶν νεφελῶν <u>τοῦ οὐρανοῦ</u> μετὰ δυνάμεως καὶ δόξης πολλῆς·

Assim eu virei nas nuvens do céu com grande hoste em minha glória;

24:30 ... ὄχονται τὸν υἱὸν τοῦ ἀνθρώπου ἐρχόμενον ἐπὶ τῶν νεφελῶν <u>τοῦ οὐρανοῦ</u> μετὰ δυνάμεως καὶ δόξης πολλῆς·

com minha cruz diante de minha face virei em minha glória,

24:30 καὶ τότε φανήσεται τὸ σημεῖον τοῦ υἱοῦ τοῦ ἀνθρώπου ἐν οὐρανῷ ...[12]

brilhando sete vezes mais que o Sol virei em minha glória, com todos os meus santos, meus anjos,

16:27 μέλλει γὰρ ὁ υἱὸς τοῦ ἀνθρώπου ἔρχεσθαι ἐν τῇ δόξῃ τοῦ πατρὸς αὐτοῦ μετὰ τῶν ἀγγέλων αὐτοῦ,

quando meu Pai colocará uma coroa em minha cabeça, e eu julgarei os vivos e os mortos e recompensarei todo homem segundo seu trabalho.

καὶ τότε <u>ἀποδώσει ἑκάστῳ κατὰ τὴν πρᾶξιν αὐτοῦ.</u>

E 2: E vós, recebei a Parábola da Figueira deste modo de agora em diante: tão logo seus ramos se tenham ido e seus botões tiverem brotado, o fim do mundo virá."

24:32 Ἀπὸ δὲ τῆς συκῆς μάθετε τὴν παραβολήν· ὅταν ἤδη ὁ κλάδος αὐτῆς γένηται ἁπαλὸς καὶ τὰ φύλλα ἐκφύῃ, γινώσκετε ὅτι ἐγγὺς τὸ θέρος·

... Verdadeiramente, eu digo a vocês, quando os botões tiverem brotado ao final, então virão Cristos enganadores, e suscitarão esperança (com as palavras): 'Eu sou o Cristo, e estou (agora) vindo ao mundo'. ... Enoque e Elias serão enviadas para instruir os mesmos que este é o enganador que deve vir ao mundo e fazer sinais e maravilhas para que consigam enganar. ...

24:24 ἐγερθήσονται γὰρ ψευδόχριστοι καὶ ψευδοπροφῆται ...

24:5 ... Ἐγώ εἰμι <u>ὁ χριστός</u> ...

24:24 ... καὶ δώσουσιν σημεῖα μεγάλα καὶ τέρατα, ὥστε πλανῆσαι. ...

---

10. O "não" aqui pode ser um engano em E. A única maneira de o manter seria (com M.R. James, *The Apocryphal New Testament*. Oxford: Clarendon Press, 1924, p. 511) tomar a frase como significando "não se manifestará antecipadamente", ou seja, "não será previsto", para que a semelhança com o raio pudesse ilustrar o caráter repentino ao invés da visibilidade universal da parusia. Mas isto contradiria a crença do autor de que *há* sinais da parusia que se aproxima.

11. Massaux (*Influence*, 259) vê uma alusão a Lc 17,20 aqui, mas ele foi conduzido erroneamente pela tradução alemã em *Neutestamentliche Apokryphen*, 318.

12. A. J. B. Higgins pensa que este verso é uma referência ao sinal da cruz ("The Sign of The Son of Man (Matt. xxiv. 30)", *NTS* 9 [1962-1963], p. 380-382).

É claro que o *Apocalipse de Pedro* neste trecho é dependente não simplesmente do apocalipse sinótico, mas especificamente da redação mateana do apocalipse sinótico.[13] O link possível com a versão lucana do apocalipse sinótico (Lc 21,8) não é suficiente para demonstrar que o autor conhecesse qualquer outra versão que a do evangelho de Mateus.[14] O autor suplementou e expandiu o material que recolheu de Mt 24 com três outros tipos de materiais: (a) descrições tradicionais da parusia; (b) a Parábola da Figueira estéril; e (c) material tradicional sobre o anticristo final, sua perseguição aos fiéis e sua exposição por Enoque e Elias. Destas três categorias, (b), que o autor deve ter tomado de tradição de evangelhos, será discutida na seção III adiante; (a) e (c) requerem uma breve discussão sobre ambas.

A descrição da parusia em E 1 tem dois paralelos próximos na literatura cristã primitiva que incluem material similar ao que não é derivado de Mt 24:

> *Apocalipse Copta de Elias* 3,1-4: No quarto ano daquele rei aparecerá um que dirá: "Eu sou o Cristo", mas ele não é. Não acreditem nele. Mas quando o Cristo vier, ele virá como uma revoada de pombos com sua coroa de pombos o circundando, como se ele andasse no espaço celeste, com o sinal da cruz o precedendo, enquanto todo o mundo o verá como o sol que brilha de leste a oeste. Esta é a maneira que Cristo virá, com todos os seus anjos ao redor de si.[15]

> *Epístola dos Apóstolos* 16 (gueês): Verdadeiramente eu digo a vocês, eu virei como o sol que brilha intensamente; assim eu mesmo, brilhando sete vezes mais que o mesmo em glória, enquanto sou carregado nas asas das nuvens em esplendor com

---

13. Esta também é a conclusão da discussão detalhada dos textos em Massaux (*Influence*, 248-253). A dependência de Mt em E 1-2 é suportada pela dependência posterior de Mt em E 15-17; veja Schmidt, "Peter Writings", 119-120. Há outras possíveis alusões a Mateus em E 3; E 5-6; E 14 = R.

14. Massaux considera que a dependência de Lucas é possível (*Influence*, 249-250). A possibilidade de assimilação pelo escriba a Lc 21,8 no estágio atual não pode ser descartada.

15. A versão inglesa, aqui traduzida ao português, é de A. Pietersma, S.T. Comstock & H.W. Attrigdge, *The Apocalypse of Elijah Based on P. Chester Beatty 2018.* (SBLTT 19). Chico (California): Scholars Press, 1981, p. 43. As divisões de capítulo e versos são aquelas dadas em J.-M. Rosenstiehl, *L'Apocalypse d'Elie*. Paris: Geuthner, 1972.

minha cruz indo adiante de mim, virei à terra para julgar os vivos e os mortos.[16]

Há uma boa razão para crer que a passagem no *Apocalipse de Elias* é dependente do *Apocalipse de Pedro*: este associa a parusia com a aparição do anticristo precisamente do mesmo modo que E 1 o faz, para demonstrar que, ao contrário da aparição do falso messias, a parusia do verdadeiro Messias, Jesus, será inconfundível. Além disso, há outra evidência em outras partes do *Apocalipse de Elias* que apontam para a dependência do *Apocalipse de Pedro*.[17]

A passagem na *Epístola dos Apóstolos* também tem sido tomada como dependente do *Apocalipse de Pedro*[18], mas tal é menos certo, especialmente uma vez que a *Epístola dos Apóstolos* parece não demonstrar qualquer outro sinal de dependência do *Apocalipse de Pedro*. É ao menos igualmente provável que ambos trabalhos reflitam descrições tradicionais comuns da parusia. Além disso, quatro itens na descrição de E 1 que não derivam de Mt 24 são atestados em outros textos com referência à parusia: (1) a aparição da cruz: *Or. Sib.* 6.26-28; Hipólito, *In Matt.* 24:30[19]; (2) "para julgar os vivos e os mortos": At 10,42; 2Tm 4,1; 1Pd 4,5; 2 *Clem.* 1.1; *Barn.* 7:2; Pol. *Phil.* 2:1; *Atos de Pedro* (*Act. Verc.*) 28; Hegesipo (*ap.* Eusébio, *Hist. eccl.* 3.20.4)[20]; (3) "para recompensar todas as pessoas segundo seus feitos": (Sl 62,12; Pr 24,12; *L.A.B.* 3:10); Mt 16,27; (Rm 2,6); Ap 22,12; *1 Clem* 34,3; *Did.* 16:8 (geórgio); Hegesipo (loc. cit.)[21]; (4) o séquito de anjos: Mt 16,27; 25,31; Mc 8,38; Lc 9,26; 2Ts 1,7; Jd 14; *Ascensão de Isaías* 4,14.[22] Estes paralelos sugerem que o material

---

16. A versão inglesa, aqui traduzida ao português, é de *New Testament Apocrypha*, 1:200, onde a versão copta (similar) também está traduzida.

17. *Apocalypse of Elijah* 3:86, cf. E 6; *Apocalypse of Elijah* 3:87, cf. E 13; *Apocalypse of Elijah* 3:89, cf. E 14 = R; *Apocalypse of Elijah* 3:90, cf. E 4 (fim).

18. James, *Apocryphal New Testament*, 490; E. J. Goodspeed, *A History of Early Christian Literature.* Chicago: University of Chicago Press, 1942, p. 54; Schmidt, "Peter Writings", p. 176-177.

19. *Hyppolitus Werke* (ed. G. N. Bontwesch & H. Achelis; GCS; Leipzig: J. C. Hinrichs, 1897. I/2, 206. Em Hipólitto e provavelmente também em E1, esta é uma interpretação de Mt 24,30.

20. Talvez seja pertinente notar que At 10,42, 1Pd 4,5 e *Act. Ver.* 28 são todos, como *Apoc. Pet.* E1, atribuídos a Pedro.

21. Massaux falha em notar os paralelos extracanônicos a estas duas expressões (*Influence*, 251).

22. Não está claro se "meus santos, meus anjos" (E1) poderia ser lido como "meus santos anjos" (cf. Mc 8,38; Lc 9,26) ou se significaria "meus santos (isto é, cristãos) e meus anjos." Pela aparição

adicional com o qual o autor suplementou a descrição da parusia em Mt 24 já fosse material tradicional. Suas razões para incluir o mesmo são discutidas abaixo.

Provavelmente o material adicional na parte posterior de E2 também seria em alguma medida tradicional. A aparição de um único anticristo que perseguirá os fiéis, embora não fosse parte do quadro apocalíptico em Mt 24 (a não ser que cripticamente em 25,15), era um elemento comum da expectativa judia e cristã. O *Apocalipse de Pedro* é, das que chegaram até nós, a mais antiga evidência da tradição do retorno de Elias e Enoque para denunciarem o anticristo, o que é comum na apocalíptica cristã posterior, mas é provável que este motivo já fosse tradicional. A maior parte das versões posteriores da tradição recordam o martírio de Enoque e Elias nas mãos do anticristo; a ausência desta figura no *Apocalipse de Pedro* pode apontar para uma possível antiguidade do mesmo.[23]

Assim, o autor do *Apocalipse de Pedro* criou a abertura de seu trabalho, que é um discurso apocalíptico de Cristo, ao recolher material do discurso apocalíptico em Mt 24 e suplementou o mesmo com outros materiais tradicionais. Devemos considerar precisamente como ele selecionou e adaptou material de Mt 24.

Em primeiro lugar, ele deu ao material uma *ambiência pós-ressurreição*, embora isto não esteja completamente claro até o fim de seu trabalho, que reconta a ascensão de Cristo.[24] Esta ambiência pós-ressurreição não significa necessariamente que o autor fosse familiar como uma tradição que atribuísse o apocalipse sinótico em si mesmo ao Cristo ressuscitado, como A. Loisy e

---

de "os santos" (cristãos) na parusia, cf. 1Ts 3,13 (talvez); Ap 19,14; *Did* 16:7; e pela combinação de santos e anjos, cf. *Ascensão de Isaías* 4:14. Cf. R. J. Bauckham, "A Note on a Problem in the Greek version of 1 Enoch i,9", *JTS* 32 (1981) p. 136-138.

23. Veja Bauckham, "Martyrdom", p. 447-458, especialmente a classificação de tradições na p. 457. Veja também Berger, *Aufersehung,* Part 1, especialmente p. 50-51; Berger, *Die griechische Daniel-Diegese* (StPB 27) Leiden: Brill, 1976, p. 145, 148-150.

24. Mas veja também E 14, onde Pedro é ordenado a pregar o evangelho por todo o mundo – um mote pós-ressurreição.

L. Gaston supuseram,[25] porque o autor provavelmente não tinha a intenção de dar uma versão do apocalipse sinótico em si mesmo mas criar um novo discurso apocalíptico a partir de várias fontes incluindo o apocalipse sinótico.[26] Um paralelo próximo a este procedimento pode ser encontrado na seção apocalíptica do *Testamento de Nosso Senhor* (1,1-14)[27], um apocalipse cristão primitivo de data incerta, que similarmente emprega material do apocalipse sinótico em um discurso pós-ressurreição de Jesus. Neste trabalho é bastante claro que não há intenção de dar uma versão do próprio apocalipse sinótico, uma vez que Jesus ressuscitado é representado explicitamente em perspectiva ao apocalipse sinótico como ensino dado antes de sua morte (1:2-3). De modo semelhante, na *Epístola dos Apóstolos* 34, os discípulos explicitamente pedem ao Cristo ressurreto que lhes dê ensinamentos apocalípticos que suplementem o que é dado no apocalipse sinótico. É com este propósito de interpretar e suplementar o apocalipse sinótico que o autor do *Apocalipse de Pedro* usa material de Mt 24 para tomá-lo como base para um novo, pós-ressurreição, discurso apocalíptico. Um discurso do Cristo ressuscitado aos seus discípulos era um gênero popular entre os escritores de material evangélico pós-canônico. Outros exemplos de discursos apocalípticos atribuídos a Cristo ressuscitado são *Epístola dos Apóstolos* 34-50; *Testamento de Nosso Senhor* 1:1-14; o *logion* Freer; Lactâncio, *Inst.* 4.21. O Monte das Oliveiras era uma localização popular para ensinos pós-ressurreição,[28] talvez porque era conhecido como o local da ascensão (At 1,12).[29]

---

25. A. Loisy, *The Birth of the Christian Religion*. Londres: Allen & Unwin, 1948, p. 38; A. Loisy, *The Origins of the New Testament*. Londres: Allen & Unwin, 1950, p. 304. L. Gaston, *No Stone on Another: Studies in the Significance of the Fall of Jerusalem in the Synoptic Gospels* (NovTSup 23) Leiden: Brill, 1970, p. 43-45.

26. De maneira similar em E 15-17 o autor emprega material do relato mateano da transfiguração *não* para dar uma versão da história da transfiguração após a ressurreição (*Jesus não está, aqui, transfigurado*) mas para criar um relato de uma revelação do paraíso e da ascensão de Cristo ao céu.

27. Traduzido para o inglês do siríaco em J. Cooper & A. J. Maclean, *The Testament of our Lord*. Edimburgo: T. & T. Clark, 1902, p. 49-59; e para o francês por F. Nau & P. Ciprotti, *La version syriaque de l'Octateuque de Clément*. Milão: Dott. A. Giuffre, 1967, p. 25-30.

28. *Ep. Pet. Phil.* (CG VIII, 2) 133:14-15; *Soph. Jes. Chr.* (CG III, 4) 91:19-20; *Pistis Sophia*; *Questões de Bartolomeu* 4:1; *Apocalipse de Paulo* (conclusão copta); *História de José o Carpinteiro*.

29. Não está claro a partir de E 15 = A 4 que montanha o autor do *Apocalipse de Pedro* escolheu como cenário da ascensão.

A segunda maneira pela qual nosso autor adaptou o material que recolheu de Mt 24 é a adaptação do mesmo para servir o *período pós-apostólico* no qual escreveu. Isto fica claro a partir de sua expansão da pergunta inicial dos discípulos de Mt 24,3. Os sinais da parusia não são dados para que os discípulos mesmos observem, mas para que os ensinem às novas gerações. Qualificações muito semelhantes são encontradas em outros apocalipses cristãos atribuídos a Jesus no período após a morte dos apóstolos:

> *Epístola dos Apóstolos* 34: Eu os ensinarei, e não somente o que irá acontecer a vocês, mas (também) àqueles que ensinarão e que acreditarão.[30]

> *Testamento de nosso Senhor* 1:2: (Pedro e João perguntam) "Diga-nos, Oh nosso Senhor, dos sinais do fim, e de todos os atos que serão (cometidos) por eles que vivem neste mundo, para que também nós possamos tornar (estes) conhecidos a eles que acreditam em Teu nome em todas as nações, e que estas gerações possam observar (os mesmos) e viver.[31]

> *Testamento de Nosso Senhor na Galileia*: Vocês não verão o que acontece, mas aqueles a quem vocês ensinarem, e que acreditarão em mim.[32]

Com tal linguagem os escritores de apocalipses pós-apostólicos corrigiam a impressão deixada pelos Evangelhos sinóticos de que os apóstolos mesmos viveriam para ver a parusia. A linguagem em E 1 poderia sugerir que o *Apocalipse de Pedro* foi escrito durante a o tempo de vida de pessoas que ouviram e foram escolhidas pelos apóstolos, mas talvez o texto não suporte esta pressão interpretativa. Ao menos o trabalho deve ser datado após 80 d.C.,[33] e esta data pode também ajudar a explicar a omissão de muito do material de Mt 24. O autor pode ter tomado as profecias relacionadas à destruição de Jerusalém (Mt 24,15-22) como já cumpridas e poderia não estar

---

30. Tradução do *New Testament Apocrypha*, 1:214.

31. Tradução de Cooper & Maclean, *Testament*, 50-51.

32. Minha tradução da tradução francesa do gueês em L. Guerrier, *Le Testament en Galilée de Notre-Seigneur Jésus-Christ: Texte éthiopien* (PO 9/3). Paris: Firmon Didot, 1913, p. 179.

33. Cf. tb. a referência ao martírio de Pedro em E 14 = R.

interessado em apresentar *vatticinia ex evento*, mas somente em material relevante para a situação presente e futura de seus leitores.[34] Uma data pós-apostólica poderia também explicar a omissão de Mt 24,34.

Estas considerações, entretanto, de nenhuma maneira explicam totalmente a extrema seletividade do uso, pelo autor, de Mt 24, que parece ser governada por interesses muito bem definidos. Esta seleção de material deve agora ser examinada. Após a pergunta inicial dos discípulos, o empréstimo pelo autor de material de Mt 24 compreende três, e somente três, categorias definidas de material: (a) profecias sobre messias falsos (Mt 24,4-5.25-36); (b) a profecia da parusia (Mt 24,27.30); (c) a Parábola da Figueira em Brotação. (Mt 24,32). A maior parte do material em Mt 24 sobre estes temas delimitados é incluída, e tudo o mais é rigorosamente excluído. De fato, tão rigorosa é esta seleção, que no caso de (a) mesmo as referências de Mateus a "falsos profetas" (Mt 24,11.24) são omitidas em favor de uma concentração exclusiva em enganadores que na verdade se apresentam como messias. Claramente o interesse em falsos messias é um fator dominante no uso de Mt 24 pelo autor, e de fato o material tomado de Mt 24 na categoria (b) é também intimamente relacionado a este tema. O material descritivo sobre a parusia que o autor selecionou de Mt 24 é evidentemente pensado para contrastar a aparição de falsos messias com a parusia de Jesus Cristo como um evento que será inconfundível[35] e assim demonstrar a falsidade das reivindicações dos falsos messias.

Uma vez que estas categorias de materiais de Mt 24 tenham sido identificadas, pode também ser percebido que o material adicional de outras fontes com as quais o autor suplemente estes empréstimos de Mt 24 tem a intenção de reforçar a prosseguir com os mesmos três temas. Já percebemos que há três categorias deste material adicional: (a) descrições tradicionais da parusia; (b) a Parábola da Figueira Estéril; e (c) material tradicional sobre o anticristo. O material adicional sobre a parusia tem duas funções:

---

34. Veja também Schmidt, "Peter Writings", 132.

35. Sobre este particular, veja também a nota 10 acima. Esta interpretação (que envolve a omissão de "não" em E 1) é confirmada pelo *Apocalipse de Elias* 3:1-4 (citado acima), que parece ter compreendido o *Apocalipse de Pedro* desta maneira.

(i) algo do mesmo (a cruz, "brilhando sete vezes mais que o sol", o séquito de anjos) serve para enfatizar o caráter inconfundível da parusia, que é identificado pela cruz como irrefutavelmente a vinda de *Jesus*; (ii) o material torna claro que Cristo vem *para julgar*, um ponto que não é explicitado em Mt 24,27-31. Isto pode conectar-se novamente com o interesse nos falsos messias, especialmente em sua caracteríscia como perseguidores de cristãos (que emerge em E 2): tais perseguidores serão julgados na vinda do messias verdadeiro. Certamente o tema de julgamento na parusia introduz um tema dominante do resto do apocalipse, que faz menção especial a perseguidores de cristãos dentre as muitas categorias de pecadores no inferno (E9 = A 27; E 13).

A segunda categoria de material adicional, a Parábola da Figueira Estéril, é explicitamente introduzida como uma chave para a interpretação da Parábola da Figueira em Brotação. Finalmente, o material adicional sobre o Anticristo e sua perseguição é usada tanto para continuar a interpretação das parábolas de figueira e também, ao mesmo tempo, atender o interesse do autor em falsos messias. É esta combinação de material sobre falsos messias de Mt 24 com material tradicional adicional de outra fonte que enseja a transição abrupta e estranha (em E 2) dos muitos messias falsos (derivados de Mt 24) para o único messias falso, que é o assunto principal da parte posterior de E 2. Esta transição, junto com o interesse dominante do autor em messias falsos, necessariamente se relacionará com o *Sitz im Leben* do *Apocalipse de Pedro*, mas isto será feito mais facilmente depois de considerações do outro tema principal de E 2: Os mártires judeu-cristãos dos últimos dias. Este tema, que constitui a interpretação do autor das duas parábolas de figueira, é derivada de Mt 24 somente pela interpretação da Parábola da Figueira em Brotação.

II. A Parábola da Figueira em Brotação

A citação desta parábola e sua interpretação por meio de associação com a Parábola da Figueira Estéril conforma-se com muitas características gerais da tradição e uso de parábolas na Igreja primitiva:

(a) Na citação da parábola, "o fim do mundo" é substituído por "o verão" (τὸ θέρος, Mt 24,32). Isto significa que ao invés de concluir a parábola com suas próprias imagens e adicionar a intepretação (como em Mt 24,33), o autor do *Apocalipse de Pedro* introduziu a sua intepretação no reconto da parábola.[36] Este é um exemplo de uma tendência na tradição das parábolas do evangelho de introduzir interpretação na parábola de uma maneira que quebra a integridade da parábola como uma história autossuficiente (p. ex., Mt 22,13; Mc 13,34-36; *Evangelho de Tomé* 21, 40).

(b) O autor traz à mesma cena as duas parábolas de figueira assumindo previamente que a estética comum de ambas deve significar que tenham uma interpretação comum, e assim ele as usa para se interpretarem mutuamente. O pedido de Pedro por uma explicação da primeira parábola serve para consolidar o imaginário das duas parábolas mais proximamente uma da outra atribuindo à figueira em brotação características que não são mencionadas naquela parábola mas que são mencionadas na Parábola da Figueira Estéril (que ela carrega fruto e assim o faz para seu mestre). A associação de parábolas usando imagens comuns ou temas é uma característica da tradição mais antiga de parábolas (p. ex., Mt 13,3-22; Lc 14,7-24; Lc 15)[37] e algumas vezes ao menos implicam numa interpretação comum das imagens em comum (cf. tb. *Evangelho de Tomé* 76; *Ev. Verd.* 31:35–32:35). Hipólito (*Haer.* 8.8.3-6) reporta que os docetistas associavam e davam interpretações alegóricas elaboradas a ambas as parábolas de figueiras e à história da maldição sobre a figueira, de tal maneira que incluíam (como no *Apocalipse de Pedro*) a adição de frutos à Parábola da Figueira em Brotação.[38]

(c) A interpretação dada à parábola é uma alegoria detalhada. Não somente o verão já se tornou o fim do mundo na citação da parábola, mas também a figueira é interpretada como Israel e os ramos que surgem com frutos são interpretados como judeus que se tornam cristãos e sofrem martírio. Em-

---

36. Este é outro exemplo do processo de "desparabolização" que identifiquei noutras partes; vide meus artigos "Synoptic Parousia Parables and the Apocalypse", *NTS* 23 (1976-1977), p. 162-167; e "Synoptic Parousia Parables Again", *NTS* 29 (1983), p. 129-134.

37. Cf. J. Jeremias, *The Parables of Jesus*. Londres: SCM Press, 1954, p. 72-73.

38. Cf. tb. Tertuliano, *Res.* 22.8-9.

bora seja um erro excluir todos os elementos de alegoria das parábolas dos evangelhos originais, é claro que a eles eram dadas interpretações alegóricas cada vez mais detalhadas na exegese da Igreja. A figueira em brotação é interpretada alegoricamente pelos padres de maneiras que são comparáveis, embora não idênticas, com a interpretação do *Apocalipse de Pedro*. Hipólito (*In Matt.* 24:32) toma a figueira como sendo o mundo, os ramos e folhas como os sinais milagrosos dados pelo anticristo, que logo passará, e o verão no qual os frutos são colhidos como o fim do mundo.[39] Tertuliano (*Marc.* 4.39) toma os botões que precedem o verão como representando os conflitos no mundo que precederão a vinda do reino.

Desta maneira, a adaptação e interpretação da Parábola da Figueira em Brotação no *Apocalipse de Pedro* conforma-se a tendências gerais na tradição das parábolas da Igreja primitiva, dos tempos do Novo Testamento em diante.

Finalmente, a forma como a parábola é citada, com "o fim do mundo" no lugar de "o verão", levanta uma questão que infelizmente não pode ser respondida definitivamente. Vários escritores[40] sugeriram que a forma original da parábola que está por trás de Mc 13,28 (pas.) empregava um jogo de palavras (como em Am 8,1-2)[41] no qual קַיִץ ("verão" = θέρος) é colocado para sugerir קֵץ ("fim" = τέλος), Mc 13,7.13 par.; συνθέλεια, Mt 24,3).[42] É possível que a interpretação de nosso autor de θέρος como "o fim do mundo" implica sua consciência de tal jogo semítico por trás da versão grega da parábola em Mt 24,32, mas, por outro lado, mesmo se não estivéssemos cientes deste jogo, sua

---

39. *Hippolytus Werke,* I/2, 206.

40. I. Löw, "Zum Feigengleichnis", *ZNW* 11 (1910) 167-168; R. Schütz, "Zum Feigengleichnis", *ZNW* 12 (1911) 8; C. Perrot, "Essain sur le Discours eschatologique (Mc XIII, 1-37; Mt XXIV, 1-36; Lc XXI, 5-36)", *RSR* 47 (1959) 489; M. Perez Fernandez, "'Trope est aetas' (Mc 13,28; Mt 24,32; Lc 21,29)", *VD* 46 (1968), p. 361-369; Gaston, *No Stone on Another,* 36; J. D. M. Derrett, "Figtrees in the New Testament", *HeyJ* 14 (1973), p. 259. Esta percepção é rejeitada por J. Dupont, "La parabole du figuier qui bourgeonne (*Mc*, XIII, 28-29 et par.)". *RB* 75 (1968) 542.

41. Cf. tb. *Tg. Jer* 8:20, que interpreta קַיִץ em Jeremias 8:20 como קֵיצָא ("fim") (Perez Fernandez, "'Trope est aetas", p 369 nota 1).

42. Sobre קֵץ como um termo técnico para o fim escatológico, veja R. Le Déaut, *La nuit pascale* (AnBib 22). Roma: Instituto Pontifício Bíblico, 1963, p. 274-275.

interpretação seria inteiramente natural, diante de seu uso da parábola como uma resposta à questão sobre os sinais do fim do mundo (Mt 24,3; E1).[43]

III. A Parábola da Figueira Estéril

A Parábola da Figueira Estéril em E 2 necessita ser comparada mais cuidadosamente com a parábola em Lc 13,6-9:

Apoc. Pet. E 2	*Lucas 13: 6-9*
É como se outrora um homem tivesse plantado uma figueira em seu jardim, e a mesma não deu fruto, e ele esperou por seus frutos por muitos anos.	13:6 ... Συκῆν εἶχέν τις πεφυτευμένην ἐν τῷ ἀμπελῶνι αὐτοῦ, καὶ ἦλθεν ζητῶν καρπὸν ἐν αὐτῇ καὶ οὐκ εὗρεν.
Quando ele não os encontrou, Ele disse ao jardineiro de sua propriedade,	13:7 εἶπεν δὲ πρὸς τὸν ἀμπελουργόν, Ἰδοὺ τρία ἔτη ἀφ᾽ οὗ ἔρχομαι ζητῶν καρπὸν ἐν τῇ συκῇ ταύτῃ καὶ οὐχ εὑρίσκω·
"Erradica a figueira para que nossa terra não nos seja infrutífera." E o jardineiro disse a Deus.	ἔκκοψον αὐτήν· ἵνα τί καὶ τὴν γῆν καταργεῖ; 13:8 ὁ δὲ ἀποκριθεὶς λέγει αὐτῷ.
"Nós teus servidores queremos limpá-la (de ervas daninhas) e cavar a terra em torno dela e a regar.	Κύριε, ἄφες αὐτὴν καὶ τοῦτο τὸ ἔτος, ἕως ὅτου σκάψω περὶ αὐτὴν καὶ βάλω κόπρια, 13:9 κἂν μὲν ποιήσῃ καρπὸν· εἰ δὲ μήγε, εἰς τὸ μέλλον
Se ela nem assim der fruto, imediatamente removeremos suas raízes do jardim e plantaremos outra em seu lugar."	ἐκκόψεις αὐτήν.

A parábola em *Apoc. Pet.* E 2 é claramente uma versão da mesma parábola como encontrada nos evangelhos canônicos somente em Lc 13,6-9,[44] mas há diferenças consideráveis entre as duas versões, o que levanta a questão se o

---

43. A mesma incerteza deve se aplicar à interpretação de Hipólito do verão como o fim do mundo (veja acima).

44. A referência à *História de Ahiqar* 8:34 que Schmidt ("Peter Writings", p. 119) oferece não é relevante para a relação entre E 2 e Lc 13,6-9. A parábola em *Ahiqar* (traduzida em F. C. Conybear, J. R. Harris & A. S. Lewis, *The Story of Ahiqar* [2ª edição] Cambridge: Cambridge University Press, 1913, p. 55 [armênio], 84 [armênio, rec B] 126-127 [sírio], 160 [árabe]) pode estar por trás da parábola original do evangelho, mas *Apoc. Pet.* E 2 e Lc 13,6-9 devem ser versões desta parábola do evangelho, não versões independentes da parábola que está em *Ahiqar*. Elas concordam entre si em pontos decisivos de diferenciação em relação à parábola em *Ahiqar*.

Apocalipse de Pedro é dependente de Lucas ou uma tradição independente da parábola.[45] As diferenças mais marcantes são as seguintes:

(a) *Apocalipse de Pedro:* "jardim", "jardineiro"; Lucas: "vinha" (ἀμπελών), "vinhateiro" (ἀμπελουργός). Esta diferença pode ter aparecido somente na tradução etíope do *Apocalipse de Pedro.* Cultivar figueiras e outras árvores frutíferas em vinhas era uma prática normal,[46] e ἀμπελών é "uma palavra possível para 'jardim de frutíferas.'"[47]

(b) *Apocalipse de Pedro:* "muitos anos"; Lucas: "três anos", "este ano também." A omissão do período preciso de tempo dado por Lucas poderia ser devida a alegorização, uma vez que estes períodos de tempo poderiam não ser tomados como literais na interpretação da parábola por parte do autor.[48]

(c) *Apocalipse de Pedro:* "erradicar", "remover suas raízes"; Lucas: "cortar." A tarefa horticultural descrita consistiria tanto em cortar a árvore e então remover seu toco e raízes do terreno (cf. 1QapGen 19:15). Uma árvore de qualquer tamanho teria de ser derrubada antes que suas raízes pudessem ser removidas, e se a intenção era tornar o terreno disponível para um uso alternativo as raízes teriam de ser removidas. Assim a variação é natural em duas versões da mesma história, ou em uma reprodução do escritor da primeira a partir de sua própria memória. Possivelmente a ênfase em remover as raízes é mais apropriada à versão no *Apocalipse de Pedro,* que explicitamente diz que a intenção é plantar outra árvore no lugar da antiga.

(d) *Apocalipse de Pedro:* "Deus"; Lucas: "ele" (isto é, o dono). Este é outro exemplo, no apocalipse, da intrusão de interpretação na parábola (como na Parábola da Figueira em Brotação: veja acima).

---

45. Massaux (*Influence,* 259-260) pensa que o *Apocalipse de Pedro* é dependente de Lucas (especialmente, ele diz que o mesmo segue a versão lucana da parábola "presque littéralement"), mas Schmidt ("Peter Writings", 118-119) pensa que o mesmo não está provado.

46. W. R. Telford, *The Barren Temple and the Withered Tree* (JSNTSup 1). Sheffield: JSOT, 1980, p. 166 nota 19.

47. I. H. Marshall, *The Gospel of Luke* (NIGTC; Exeter: Paternoster, 1978), p. 555.

48. Na versão de Lucas os períodos de tempo são apropriados à história e não têm significado alegórico: veja, p. ex., Telford, *Barren Temple,* 226.

(e) *Apocalipse de Pedro:* "nós teus servidores"; Lucas: "Eu." Esta variação poderia ser devida a alegorização no *Apocalipse de Pedro*, que pode estar pensando nos membros da missão judeu-cristã a Israel.

(f) *Apocalipse de Pedro:* "limpá-la (de ervas daninhas) e cavar a terra em torno dela e a regar"; Lucas: "cavar em torno e colocar esterco." A diferença aqui deve ser meramente horticultural, sem significado alegórico. Possivelmente os detalhes em E 2 poderiam derivar de passagens do Antigo Testamento que descrevem o cultivo por Deus de sua vinha Israel (Sl 80,9; Is 5,2; 27,3), mas as variações mais provavelmente teriam surgido naturalmente a partir da própria difusão da história.

(g) *Apocalipse de Pedro:* "Se ela nem assim der fruto, imediatamente removeremos suas raízes do jardim e plantaremos outra em seu lugar"; Lucas: "E se a mesma der fruto no próximo ano, que assim seja; mas se não der, vocês podem cortá-la fora." Esta é a mais significativa das diferenças, porque dá uma ênfase diferente à mensagem da parábola em suas duas versões. A versão de Lucas conclui com uma afirmação cuidadosa e balanceada sobre a oportunidade de dar fruto e a ameaça de julgamento se o fruto não for produzido. Por esta razão, Gaston sugere que a parábola lucana reflete a situação missionária da Igreja palestinense, que, confrontada pela falta de resposta de Israel, solicita por uma última oportunidade para pregar o evangelho aos judeus.[49] A versão lucana também seria muito apropriada em uma *Sitz im Leben Jesu.*[50] Por outro lado, a versão em E 2 deixa a oportunidade de dar fruto implícita e enfatiza o que irá acontecer se a árvore permanecer estéril, declarando explicitamente que outra árvore será plantada em seu lugar. Isto parece ser uma versão da parábola escrita à luz dos eventos em 70 d.C. e com a intenção de implicar que Israel teve sua chance, não deu fruto, e assim foi substituído pela Igreja cristã. Esta mensagem portanto lembra aquela da parábola dos vinhateiros homicidas, especialmente na versão mateana, com a ênfase dada em Mt 21,41-43 à substituição dos encarregados por outros. A

---

49. Gaston, *No Stone on Another*, 342-343.

50. Jeremias, *Parables,* 125. Telford (*Barren Temple,* 228-233) interpreta a parábola em seu ambiente lucano como reforçando que Israel recebeu um período de graça, embora não tenha tomado vantagem disto e o julgamento portanto se seguiu em 70 d.C.

versão da Parábola da Figueira Estéril no *Apocalipse de Pedro* parece muito com uma versão "mateana" da parábola, incorporando uma atitude judeu--cristã que via Israel, depois de 70 d.C., como tendo sido julgado e substituído, como o Povo de Deus, pela Igreja.[51]

Entretanto, esta interpretação, sugerida pela parábola em si mesma como relatado em E 2, não é a interpretação que o autor do *Apocalipse de Pedro* em pessoa desenvolve. Ele toma a oportunidade de Israel de dar fruto como ainda possível e espera que Israel dê fruto no futuro próximo, como o último sinal da parusia que se aproxima. Se ele estivesse reescrevendo a parábola de um ponto de vista de sua própria interpretação da mesma, ele certamente teria terminado com o jardineiro expressando esperança de que a árvore dê fruto. Isto sugere que as diferenças de Lc 13,6-9 resultariam não somente de variações pelo reconto da parábola de memória (como [c] e [f] poderiam ser) ou de mudanças redacionais deliberadas de nosso autor (como [b], [d] e [e] poderiam ser) mas de dependência de uma tradição independente da parábola. Esta pode ter sido a versão da parábola corrente nos círculos judeu-cristãos que produziram o Evangelho de Mateus. O autor judeu-cristão do *Apocalipse de Pedro* reproduz esta versão, mas ao contrário das igrejas "mateanas" ele se mantém fiel à esperança nacional de seu povo e continua esperando por uma conversão em larga escala dos judeus a Jesus Cristo. Ele interpreta ambas parábolas de figueiras em alinhamento com esta esperança.

Nossa conclusão de que a versão da Parábola da Figueira Estéril em E 2 deriva não de Lucas mas de tradição evangélica independente confirma nossa assumpção de que este capítulo de E representa o conteúdo do segundo século representado pelo *Apocalipse de Pedro*, de um período em que tais tradições independentes ainda estavam disponíveis, ao invés de uma elaboração posterior, que teria reproduzido a versão lucana da parábola.

---

51. G. N. Stanton vê este aspecto do cristianismo mateano representado no segundo século por 5 *Esdras*, que data como muito pouco após a revolta de Bar Kokhba. ("5 Ezra and Matthean Christianity in the Second Century", *JTS* 28 (1977), p. 67-83.

IV. A interpretação das parábolas e a data do *Apocalipse de Pedro*

A última parte de E 2 é muito confusa não somente por conta da transição abrupta dos vários falsos messias para um único falso messias mas também por conta da dificuldade de compreender a sequência de eventos na resposta de Israel ao anticristo. Até certo ponto é necessário reconstruir o que isto significava. Talvez o autor quisesse indicar que a princípio o anticristo conquistaria o apoio da maior parte dos judeus, que o reconheceriam como o messias e assim continuariam a negar o Messias Jesus[52], embora a minoria judeu-cristã fiel rejeitaria o anticristo e sofreria martírio. Então Enoque e Elias viriam para expor o anticristo como um enganador, com o resultado de que muitos judeus então o rejeitariam e seriam entregues à morte por ele como mártires.

Também não é claro exatamente como isto desempenha a função de interpretação das duas parábolas de figueira. O que exatamente corresponde à brotação e frutificação da figueira? A primeira referência a esta ilustração ("quando seus botões tiverem brotado no fim") parece indicar que a brotação dos botões significa a conversão de judeus a Cristo mesmo antes da vinda dos falsos messias. Mas a segunda referência ("então os botões da figueira, isto é, a casa de Israel, se arrependerá") refere-se à perseguição pelo anticristo final e indica que a brotação dos botões significa o martírio de judeu-cristãos sob o anticristo ou que a brotação dos botões significa a conversão de judeus a Cristo durante o reinado do anticristo, que leva a seu martírio. Então novamente não é claro se o autor quer distinguir a brotação dos botões de um estádio subsequente de dar frutos. A brotação se refere à conversão de judeus que então darão fruto quando de seu martírio? Ou seria o martírio a colheita do fruto? Ou a brotação se refere ao martírio de judeu-cristãos, que então dão fruto pela conversão dos demais judeus?

O problema não é solucionado pela aparente falta de outras passagens judias ou cristãs referindo-se ao martírio segundo uma imagem de ramos ou

---

52. "Aquele a quem nossos pais renderam louvores" (E 2) poderia se referir ao testemunho do Antigo Testamento sobre Jesus como Messias ou de outra forma deve implicar que o autor se esquece que esteja escrevendo palavras de Jesus e refere-se aos seus ancestrais judeu-cristãos.

frutos. Entretanto, algumas passagens rabínicas tardias (*b. Hag,* 5a; *Gen. Rab.* 62:2)[53] usam a imagem da colheita de figos de uma figueira para referirem-se às mortes de pessoas virtuosas. Deus, o dono de sua figueira, Israel, colhe seus frutos quando Ele remove os judeus virtuosos na morte: "O dono da figueira sabe quando o fruto está bom para ser colhido, e o colhe. Da mesma maneira, o Santo, seja Ele abençoado, sabe quando o tempo dos virtuosos chegou, e então os remove" (*Gen. Rab.* 62:2).[54] A imagem de figos representando as pessoas virtuosas em Israel também é encontrada em Mq 7,1, que é uma reminiscência da Parábola da Figueira Estéril: Deus vem para reunir figos mas não os encontra, isto é, Ele não encontra homens virtuosos em Israel (cf. tb. Jr 8,13). Estas ideias provêm de um possível pano de fundo para *Apoc. Pet.* E 2. Deus, que até então falhou em encontrar figos em sua figueira (isto é, pessoas virtuosas [cristãos] em Israel), virá no futuro, quando os botões da figueira tiverem brotado e dado frutos (isto é, quando judeus se tornarem cristãos), encontrará figos e os colherá (isto é, eles serão martirizados).

Onde o autor situou seu próprio presente dentre os eventos dos últimos dias previstos em E 2? É muito provável que os martírios de judeu-cristãos tivessem começado, uma vez que o resto do *Apocalipse de Pedro* reflete uma situação de perseguição e martírio. Dentre aqueles torturados no inferno estão aqueles que "blasfemaram do caminho de retidão"[55], isto é, o cristianismo. (E 7 = A 22), aqueles que perseguiram e traíram os virtuosos (E 9 = A 27), novamente aqueles que blasfemaram e zombaram "o caminho da retidão", talvez apostatando o cristianismo (E 9 = A 28), e falsas testemunhas que deram provas contra os mártires (E 9 = A 29). É digno de nota que nenhum dos outros relatos de punições no inferno com os quais o *Apocalipse de Pedro* tem estreita relação inclui estas referências a perseguição e apostasia,[56] e assim

---

53. Estas são citações de/em Telford, *Barren Temple*, 181-182.

54. Tradução da edição Soncino, *Midrash Rabbah: Genesis* (tradução inglesa de H. Freedman). Londres: Soncino Press, 1939. 2.551.

55. Sobre este termo no *Apocalipse de Pedro*, veja E. Repo, *Der "Weg" als Selbstbezeichnung der Urchristentums.* Helsinque: Suomalainen Tiedeakatemia, 1964, p. 104-107.

56. *Apocalipse de Elias* (Fragmento em M. E. Stone & J. Strugnell, *The Books of Elijah Parts 1-2* [SBLTT 18]. Missoula: Scholar Press, 1979, p. 14-15); *Atos de Tomé* 55-57; *Apocalipse de Paulo*; *Apocalipse de Esdras* grego; *Apocalipse da Virgem* grego; *Apocalipse da Virgem* etíope; *Apocalipse*

devemos tomar ambas como características da redação do autor de material tradicional. Em correspondência, ele ilustra os virtuosos como triunfando sobre seus perseguidores: eles irão "ver seu desejo naqueles que os odiaram" (E 13), e a visão dos Pais do Antigo Testamento no paraíso é dada para assegurar aos apóstolos que, "assim como é o descanso destes, também é a honra e glória daqueles que serão perseguidos por causa de minha retidão" (E 16). Também é apropriado a este contexto que o martírio do próprio Pedro pelas mãos de Nero seja profetizado (R).

Se o martírio de judeu-cristãos havia começado, então o autor já vivia no tempo do anticristo final, uma vez que somente após a transição no texto dos falsos messias ao único messias falso ("este enganador") que os martírios são mencionados. Talvez isto ajude a explicar a transição abrupta. Até este ponto o autor vinha seguindo Mt 24 em sua descrição dos messias falsos, mas ele agora chegou ao ponto no qual ele deve descrever a realidade de seu próprio tempo – a perseguição de cristãos pelo falso messias – que não é precisamente antecipada em Mt 24. Uma vez que em verdade o martírio de seus companheiros cristãos estava sendo perpetrado por um pretenso messias, o autor se move dos falsos messias de Mateus a uma única figura do tipo. Estes martírios são vistos por ele como o primeiro sinal da aproximação da colheita de Israel, que precederá imediatamente a parusia. Presumivelmente a vinda de Enoque e Elias e a consequente conversão e martírio de muitos mais judeus ainda estariam no futuro imediato.

Tal contexto explica totalmente a seleção e ampliação do autor de material oriundo de Mt 24, que discutimos na seção I. Escrevendo em um tempo no qual muitos judeus davam suporte a um pretenso messias e quando judeu-cristãos estavam sendo tentados sob a ameaça de martírio a apostatar, o autor enfatiza os alertas sobre ser guiados erraticamente por falsos messias e o fato de que quando Jesus vier seu messianismo será evidente para que todos o vejam. Ao tomar as referências mateanas a muitos falsos messias, ele

---

de Baruc etíope; visões hebraicas do inferno em Stone & Strugnell, *Books of Elijah*, 16-26; M. Gaster, *Studies and Texts* (3 volumes). Londres: Maggs Bros., 1925-1928. 1.124-1.164; *Crônicas de Jerameel* 14-21.

presumivelmente tem pretensos messias judeus do passado em mente[57], mas em E 2 se torna claro que seu maior interesse é ao menos no último desta fila de falsos messias, seu contemporâneo.

A sugestão, primeiro feira por Weinel[58], de que este falso messias é Bar Kokhba agora desponta como uma conclusão necessária.[59] Não sabemos de nenhum outro pretenso messias judeu que perseguiu cristãos no período de 80 a 160 d.C.[60] Justino (*1 Apol.* 31:6), escrevendo somente vinte anos depois dos eventos, diz que Bar Kokhba ordenou que cristãos que não quisessem negar Jesus como Messias deveriam ser punidos severamente.[61] Os recentemente descobertos documentos de Bar Kokhba demonstram que o governo tomava ações duras contra judeus que não davam suporte à revolta[62], e é portanto intrinsecamente provável que judeu-cristãos, que não poderiam reconhecer o messianismo de Bar Kokhba, sofreriam.

---

57. Outros escritores do segundo século (Hegesipo, *ap.* Eusébio, *Hist. eccl.* 4.22.6; Justino, *Dial.* 35) interpretam as profecias dos falsos Cristos como referindo-se a pregadores de heresia gnóstica, mas ao contrário do *Apocalipse de Pedro* eles se referem genericamente a "falsos Cristos, falsos profetas, falsos apóstolos".

58. H. Weinel in: *Neutestamentliche Apokryphen*, 317; seguido por M. Goguel, "A propos du text nouveau de l'Apocalypse de Pierre", *RHR* 89 (1924) 198; Loisy, *Birth*, 37; A. Yarbro Collins, "The Early Christian Apocalypses", *Semeia* 14 (1979) 72. Estudiosos que mencionam a visão de Weinel mas dão à mesma somente aceitação qualificada são C. Maurer, in: *New Testament Apocrypha*, 2:664; Schmidt, "Peter Writings", p. 132-133; P. Vielhauer, *Geschichte der urchristlichen Literatur*. Berlim e Nova York: de Gruyter, 1975, p. 508. O mesmo é rejeitado por Goodspeed, *History*, p. 54, n. 4.

59. Estudos recentes sobre a revolta de Bar Kokhba são E. Schürer, *The History of the Jewish People in the Age of Jesus Christ (175 a.C. – 135 d.C.)* (editado por G. Vermes e F. Millar, Edimburgo: T. & T. Clark, 1973) 1:534-1:557; E. M. Smallwood, *The Jews under Roman Rule: From Pompey to Diocletian* (Leiden: Brill, 1976) p. 428-466; J. A. Fitzmyer, "The Bar Cochba Period". In: J. A. Fitzmyer, *Essays on the Semitic Background of the New Testament*. Londres: G. Chapman, 1971, p. 305-354. Algumas assumpções infundadas sobre a revolta, baseadas em uso acrítico das evidências, são expostas por P. Schäfer, "Rabbi Aqiva and Bar Kokhba", e G. W. Bowersock, "A Roman Perspective on the Bar Kokhba War", ambas em *Approaches to Ancient Judaism*, v. 2 (editado por W. S. Green. Chico [California]: Scholar Press, 1980) p. 113-130, 131-141.

60. O *terminus ad quem* aproximado é determinado por Clemente de Alexandria em sua referência ao *Apocalipse de Pedro*, mas a provável dependência de *Or. Sib.* 2:238-2:338 no mesmo, e pela sua referência ao Cânon Muratoriano. Veja Schmidt, "Peter Writings", 173-179, 396-397.

61. Veja também Schürer, *History*, 1:545. É duvidoso se a *Crônica* de Eusébio, que data a perseguição de Bar Kokhba especificamente em 135 d.C., pode ser confiável para fornecer a data exata com precisão.

62. Schürer, *History,* 1:546.

Bar Kokhba também é creditado na tradição cristã como fazedor de "sinais e prodígios" que o *Apocalipse de Pedro* atribui ao anticristo. Segundo Eusébio (*Hist. eccl.* 4.6.2) ele dizia ser "uma estrela que desceu a eles do céu para dar luz aos oprimidos pela operação de milagres"(ἐξ οὐρανοῦ φωστὴρ αὐτοῖς κατεληλυθὼς κακουμένοις τε ἐπιλάμψαι τερατευόμενος). Esta afirmação pode ser baseada em Aristo de Pela (cf. 4.6.3) e neste caso refletiria as percepções judeu-cristãs palestinenses. A tradição dos falsos milagres de Bar Kokhba também aparece em Jerônimo (*Rufin.* 3:31: PL 24:480), que diz que ele fingia exalar fogo utilizando-se de um pedaço de palha incendiado na boca (cf. Ap 9,17; 11,15). Não há outras evidências de que Bar Kokhba realmente dissesse operar milagres, mas ao menos estas passagens demonstram uma tradição cristã que identifica Bar Kokhba como um dos falsos messias de Mt 24,24 (par.).

Se Bar Kokhba é o falso messias de E 2, o *Apocalipse de Pedro* não pode ter sido escrito após sua derrota, já que não fala sobre isto. Nesse caso o trabalho pode ser datado muito precismente, durante a revolva de Bar Kokhba, 132-135 d.C.[63]

Duas outras consequências podem ser derivadas de nossas conclusões sobre esta passagem. Em primeiro lugar, o *Apocalipse de Pedro* deve derivar da Palestina. É quase impossível, em nossa interpretação, imaginar o mesmo sendo escrito fora do contexto imediato da perseguição de Bar Kokhba a cristãos. Isto contradiz o palpite mais usual de que o *Apocalipse de Pedro* tenha sido escrito no Egito, mas esta sugestão nunca foi muito bem fundamentada.[64] O fato de que Clemente de Alexandria aceitava a autoridade do *Apocalipse de Pedro* é dificilmente um argumento convincente de sua origem

---

63. Cf. Weinel in: *Neutestamentliche Apokryphen,* 317 (cerca de 135 d.C.); Loisy, *Origins,* 52 (*circa* 135); Michaelis, *Apokryphen Schriften,* 474 (135); Yarbro Collins, "Apocalyses", p. 72 ("não muito depois de 133 d.C."). Outros usam a referência a Bar Kokhba somente para estabelecer um *terminus a quo* (Goguel, "Texte nouveau", p. 198; Vielhauer, *Geschichte,* p. 508).

64. G. Krüger, *History of Early Christian Literature.* Nova York: McMillan, 1987, p. 38; M. R. James in: J. A. Robinson & M. R. James, *The Gospel according to Peter and The Revelation of Peter.* 2ª edição. Londres: C. J. Clay, 1892, p. 82; M. R. James, *The Second Epistle General of Peter and the General Epistle of Jude.* Cambridge: Cambridge University Press, 1912. xxxi; F. H. Chase, "Peter (Simon)". In: *A Dictionary of the Bible.* Editado por J. Hastings (5 volumes). Edimburgo: T. & T. Clark, 1898-1904. 3:777; Maurer. In: *New Testament Apocrypha* 2:664.

egípcia: ele poderia, como T. Zahn argumentou, ter ouvido do mesmo de judeu-cristãos na Palestina.[65] Por outro lado, uma origem palestinense tem ao
menos o suporte de evidências posteriores de seu uso nas igrejas da Palestina
até o século V.[66]

Em segundo lugar, apesar do comentário de Vielhauer de que o *Apocalipse de Pedro* reflete o atraso da parusia e o alerta da espera iminente,[67]
é claro que na verdade, ao contrário, é evidência da sobrevivência de uma
esperança apocalíptica viva no início do segundo século. Como de costume,
esta esperança era destacada e focada durante um período de perseguição
por uma figura do tipo "anticristo", neste caso Bar Kokhba.

---

65. T. Zahn, *Geschichte des neutestamentlichen Kanons.* Erlangen and Leipzig: Deichert, 1890-1892. II/2: 810-811.

66. Sozômeo, *Hist. eccl.* 7.19.

67. Vielhauer, *Geschichte*, p. 513.

22. Literatura paulina apócrifa

Assim como outras grandes figuras do Novo Testamento, uma variedade de trabalhos posteriores foram escritos em nome de Paulo ou sobre Paulo. Eles são usualmente classificados na categoria bastante frouxa chamada "Apócrifos do Novo Testamento."

I. Cartas

A carta não era um gênero popular entre os escritores de literatura cristã apócrifa, e assim, apesar da fama de Paulo como um escritor de cartas, poucas cartas paulinas apócrifas foram escritas. Uma referência aparente por Clemente de Alexandria (*Protr.* 9.87.4) a uma carta de Paulo aos macedônios deve provavelmente ser compreendida como uma referência a Filipenses. O cânon Muratoriano (de fins do segundo século) refere-se a cartas paulinas espúrias usadas pelos marcionitas e endereçadas aos laodicenses e alexandrinenses. A última não chegou até nós. Na referência à carta aos laodicenses pode haver alguma confusão, uma vez que Marcião mesmo pensava que Efésios seria a carta de Paulo aos laodicenses. Se a referência é a uma carta apócrifa de conteúdo marcionita, então não pode ser a *Laodicenses* que sobreviveu em latim. Esta é pouco mais que uma costura de retalhos de expressões paulinas, principalmente de Filipenses e Gálatas, e deve ter sido composta simplesmente para preencher a falha na correspondência paulina indicada por Cl 4,16. Ela é datada como do século IV ou anterior, e no Ocidente medieval era amplamente tomada como carta paulina autêntica, embora não como canônica.

A troca de correspondência apócrifa entre Paulo e os Coríntios (conhecida como *3 Coríntios*), que inclui uma carta da Igreja de Corinto para Paulo bem como a resposta de Paulo, provavelmente (embora haja divergências)

663

originou-se como parte do *Atos de Paulo* (veja abaixo), mas também circulou em separado. Com base no problema dos coríntios sobre a ressurreição presente em 1 Coríntios, ela representa os mesmos como que preocupados com o ensino de Simão Mago e Cleóbio e dá, como se assim o fosse, uma resposta paulina ao gnosticismo do século II.

A correspondência apócrifa entre Paulo e Sêneca consiste de catorze cartas trocadas entre Paulo e seu contemporâneo, o filósofo e estadista romano Sêneca. Ela mostra Sêneca como muito impressionado pelo ensinamento de Paulo, e presumivelmente servia a propósitos apologéticos. Ela data do quarto século.

II. Atos

Para estudantes de Paulo e da tradição paulina, de longe o mais interessante dos trabalhos paulinos apócrifos é o *Atos de Paulo*, do segundo século. Infelizmente, o texto completo não sobreviveu. Pelo fato de três grandes seções da obra terem sido dela extraídas e circulado como trabalhos independentes depois que o *Atos de Paulo* em si mesmo caiu em desfavor (são *Atos de Paulo e Tecla, 3 Coríntios* e o *Martírio de Paulo*), estas partes sobreviveram, mas a maior parte da obra chegou até nós somente em forma fragmentária.

A obra deve ter sido escrita na segunda metade do segundo século. Segundo Tertuliano, que estava interessado em desacreditar a história de Tecla pela evidência de que Paulo permitia às mulheres ensinar e batizar, o autor era um presbítero na Ásia, que como resultado do trabalho foi removido de suas funções (*Bapt.* 17:5). Se este relato for confiável, isto não significa necessariamente que o presbítero foi removido de suas funções por insinuar que o texto fosse de Paulo, pois os *Atos de Paulo* não reivindicam terem sido escritos por Paulo. Tal presumivelmente se deveu por ele atribuir a ensinamento de Paulo (tal como o mencionado por Tertuliano ou a defesa ferrenha de abstinência sexual) algo que era tomado como inaceitável. Parece muito provável que o autor tenha incorporado em seu trabalho tradições e lendas que já circulavam oralmente nas igrejas paulinas da Ásia Menor. MacDonald argumentou que as histórias sobre Tecla, a história de Paulo e o leão em Éfeso, e a história do martírio de Paulo são folclóricas em seu conteúdo e lembram a narrativa oral em termos estilísticos.

A história de Tecla fala de uma jovem mulher de uma família proeminente em Icônia, que se encantou pela mensagem de Paulo, especialmente sua ênfase na necessidade de se abster de relações sexuais, e rompe seu compromisso de casamento. Condenada a ser morta na estaca, ela é miraculosamente salva e acompanha Paulo até Antioquia (da Psídia), onde ela rechaça os interesses de um dos dignitários da cidade, é lançada às feras na arena e novamente é miraculosamente salva. Depois desta experiência Paulo permite que ela se torne uma pregadora, ela retorna a Icônio, e então se muda para Selêucia (de Isaura) e passa o resto de sua vida como uma evangelista e mestra de sucesso. Outro episódio de livramento miraculoso é a experiência de Paulo quando lançado aos leões em Éfeso: o leão que ele encontra é o mesmo que ele havia (por pedido do leão!) batizado em Jericó. *Atos* incluía muitos milagres de cura e ressurreição operados pelo apóstolo. A seção conclusiva reconta sua jornada final por mar de Corinto a Roma, a pregação em Roma, prisão por Nero e martírio. (Para a correspondência com os coríntios, veja a seção I acima.

Várias tentativas foram feitas para identificar tradições históricas confiáveis por trás destas narrativas. Tecla era provavelmente uma pessoa real, uma convertida por Paulo em Icônio e bem lembrada como liderança cristã proeminente naquela área, mas é impossível dizer se alguma coisa além disto nas histórias sobre ela sejam mais que lendas. (É plausível, Inácio, *Rom.* 5:2, é uma referência à história de Tecla na arena.) Rordorf chamou atenção às tradições que *Atos de Paulo* partilha (ele pensa que de maneira independente) com as epístolas pastorais, especialmente 2 Timóteo. Pessoas que aparecem em ambas são Onesíforo, Demas, Hermógenes, Tito e Lucas (ambos com Paulo em Roma segundo *Atos de Paulo,* como em 2Tm 4,10-11). Ele pensa que *Atos de Paulo* confirma a teoria de que a informação pessoal de Paulo nas pastorais relacionadas a viagens que se deram após o fim de Atos, e conclui que o relato de *Atos de Paulo* da viagem final de Paulo a Roma (compreendida como uma viagem subsequente àquela relatada em Atos) e seu martírio repousam sobre tradição histórica.

A descrição física de Paulo (*Atos de Paulo e Tecla* 3) é bem conhecida: "um homem de baixa estatura, com cabeça calva e pernas arqueadas, em bom estado físico, com sobrancelhas que se encontram e nariz um pouco adunco, muito amigável." A impressão moderna de que tal seja uma descrição desfavorável é enganosa. Segundo ideais antigos de fisionomia, o nariz adunco, pernas arqueadas e sobrancelhas que se encontram eram traços positivos, e a baixa estatura não era necessariamente uma desvantagem. A referência à calvície é o traço mais surpreendente, e pode preservar uma memória histórica. As pinturas mais antigas das catacumbas retratam Paulo com pouco cabelo.

Estudos mais recentes de *Atos de Paulo* vêm o trabalho como evidência valiosa sobre o cristianismo popular da Ásia Menor no segundo século e têm enfocado principalmente o papel de mulheres celibatárias, que são em geral proeminentes nos Atos apócrifos do segundo século e são assim representadas em *Atos de Paulo* especialmente por Tecla. S. L. Davies argumentou que os Atos apócrifos foram escritos por mulheres cristãs para grupos de mulheres com votos de celibato (viúvas, virgens que renunciaram ao casamento, como Tecla, e mulheres que deixaram seus maridos). MacDonald, cujo trabalho lida mais especificamente com *Atos de Paulo*, aceita que o presbítero mencionado por Tertuliano o escreveu, mas argumenta que as lendas orais que usou eram histórias sobre mulheres cristãs, para as quais tais serviriam como justificativa de suas vidas e ministérios como celibatárias independentes da autoridade masculina. Outras pessoas concordam com esta percepção de celibato representada por Tecla como uma asserção da independência feminina do casamento patriarcal e das estruturas patriarcais da sociedade. MacDonald argumenta para além disto que tais lendas orais também eram conhecidas pelo autor das pastorais (que ele data no segundo século), e que refere-se a elas em 1Tm 4,7 e 2Tm 4,17, e escreveu para se contradizer às mesmas. As restrições das pastorais sobre a ordem das viúvas e mestras tinham a intenção de controlar e suprimir as atividades de mulheres celibatárias. A tradição paulina no segundo século da Ásia Menor estaria assim dividida entre a radicalização social apocalíptica das mulheres que contavam as histórias de Tecla e o conformismo social patriarcalista das pastorais. Esta aproximação feminista abriu novas e valiosas perspectivas sobre os Atos apócrifos, mas provavelmente precisa ser testada por mais estudos sobre o tema do celibato como um ideal tanto para homens quanto para mulheres nos Atos apócrifos em geral e na Igreja do segundo século.

Paulo também aparece em um número de Atos posteriores (*Atos de André e Paulo*, *Atos de Pedro e Paulo*, *História Siríaca de Paulo* etc.). Um de outro modo desconhecido *Pregação de Paulo* é citado em pseudo-Cipriano, *De Rebaptismo* 17 (século 3?).

III. Apocalipses

Dois apocalipses de Paulo foram preservados, ambos inspirados pela referência de Paulo à sua visita ao Céu (2Cor 12,2). Uma é um trabalho gnóstico, provavelmente do segundo século, preservado entre os textos Nag Hammadi (CG V,2). Ele descreve a subida de Paulo através dos céus, onde ele vê o julgamento de almas no quarto e quinto céus, encontra um homem idoso em um trono no sétimo céu, que ameaça impedir que ele suba mais, vai além dos doze apóstolos no oitavo céu (a Ogdóade) para encontrar-se com seus companheiros espirituais no décimo céu. A obra evidentemente tem uma base apocalíptica judia, mas enquanto no apocalipse judeu o sétimo céu, contendo o trono de Deus, seria o mais elevado, esta obra se ocupa de uma polêmica tipicamente gnóstica sobre o Deus judeu, representado como o Demiurgo, de cuja autoridade Paulo se esquiva. Também é característico que Paulo, o apóstolo favorito de muitos gnósticos do século II, ultrapassa os doze apóstolos. Que este trabalho seja a *Ascensão de Paulo* gnóstica à qual Epifânio se refere (*Pan.* 38.2.5) parece duvidoso, uma vez que este refere-se apenas a três céus.

Muito diferente é o *Apocalipse de Paulo* que se tornou o mais popular dos apocalipses extracanônicos cristãos. Originalmente escrito em grego, somente uma redação tardia sobreviveu em grego, mas há versões antigas em latim, siríaco, copta, armênio e árabe. Uma série inteira de redações latinas, abreviando, adaptando e adicionando coisas ao texto, foi feita no início da Idade Média, e uma destas foi uma fonte para *A divina comédia* de Dante. A imensa popularidade contínua do trabalho no período medieval é demonstrada por sua tradução para a maior parte dos vernaculares europeus durante a Idade Média. Há várias redações também em outros idiomas, como o armênio. O *Apocalipse de Paulo* é assim na verdade o nome de uma coletânea completa de literatura derivada de um trabalho apocalíptico cristão do período patrístico. Adicionalmente, há outros apocalipses posteriores influentes, como os *Apocalipses da Virgem* grego e gueês, que são muito dependentes do *Apocalipse de Paulo* em seus conteúdos. Seria difícil sobrestimar a influência que o *Apocalipse de Paulo* teve na imaginação da vida póstuma, especialmente o inferno, na arte e imaginação cristãs.

A forma sobrevivente mais antiga do trabalho, representada pela versão latina longa, tem uma introdução pretendendo ter sido o mesmo descoberto em uma casa em Tarso em 388. Isto parece o datar no fim do século quarto. Mas há razões para supor que tal introdução foi adicionada a uma forma mais primitiva do *Apocalipse*. De todo modo, o trabalho certamente é devedor de fontes mais antigas e tradições apocalípticas, algumas de origem judia, e é intimamente relacionada ao *Apocalipse de Pedro* do início do segundo século, provavelmente devido a uma fonte em comum. O *Apocalipse de Pedro* era o mais popular relato sobre o destino de virtuosos e danados após a morte até que o *Apocalipse de Paulo* o suplantou.

O *Apocalipse* relata como Paulo foi tomado ao céu e viu o julgamento e separação das almas após a morte, paraíso e a Jerusalém celeste, e inferno, cuja ampla variação de punições para várias classes de pecadores é descrita em detalhes. Em resposta às preces de Paulo e do Arcanjo Miguel, Deus concede aos condenados no inferno um dia de descanso de seus castigos aos domingos de cada semana. Como outro apocalipse deste tipo, o trabalho se preocupa tanto com a justiça do inferno, que é representado para dissuadir seus leitores do pecado, e também com a compaixão por aqueles condenados a uma eternidade de tormentos.

668

IV. Oração

Uma *Oração do Apóstolo Paulo* (CG I,1) curta é escrita no fronstispício do Codex I da Biblioteca de Nag Hammadi. É uma produção gnóstica, provavelmente valentiniana. Há alguns ecos paulinos em uma estrutura de pensamento fortemente gnóstica.

Bibliografia

F. Bovon et al. *Les Actes Apocryphes des Apôtres.* Genebra: Labor et Fides, 1981.

E. Dassmann. *Der Stachel im Fleisch: Paulus in der frühchristlichen Literatur bis Irenäus.* Münster: Aschendorff, 1979.

S. L. Davies. *The Revolt of the Widows: The Social World of the Apocryphal Acts.* Nova York: Winston/Seabury, 1980.

E. Hennecke, W. Schneemelcher. *Neutestamentliche Apocryphen* (2 vols.). Tubinga: J.C.B. Mohr, 1989. 2. 41-50; 193-343; 655-675.

E. Hennecke, W. Schneemelcher, R. McL Wilson. *New Testament Apocrypha* (2 vols.) Londres: Lutterwoth, 1965. 2:91-93, 128-141, 322-390, 755-798.

M. Himmelfarb. *Tours of Hell: An Apocalyptic Form in Jewish and Christian Literature.* Filadélfia: Philadelphia Univeristy Press, 1983.

C. Kappler. "L'Apocalypse latine de Paul". In: *Apocalypses et voyages dans l'au delà,* editado por C. Kappler. Paris: Editions du Cerf, 1987, p. 237-266.

D. R. MacDonald. *The Legend and the Apostle: The Battle for Paul in Story and Canon.* Filadélfia: Westminster, 1983.

A. J. Malherbe. "A Physical Description of Paul," *HTR* 79 (1986), p. 170-175.

W. Rordorf. "Nochmals Paulusakten und Pastoralbriefe". In: *Tradition and Interpretation in the New Testament: Essays in Honor of E. Earle Ellis,* editado por G. F. Hawthorne & O. Betz. Tubinga: J.C.B. Mohr; Grand Rapids: Eerdmans, 1987, p. 319-327.

_____. "Tradition and Composition in the Acts of Thecla: The State of the Question", *Semeia* 38 (1986), p. 43-52 (este fascículo de *Semeia* também contém outros artigos relevantes).

23. Evangelhos apócrifos

A redação de evangelhos não terminou com a produção dos evangelhos que se tornaram canônicos ou mesmo com a fixação do cânon de quatro evangelhos canônicos. Muitos outros evangelhos continuaram a ser escritos por muitos séculos. A maior parte destes não lembra os evangelhos canônicos quanto ao gênero literário. Para o propósito deste artigo um evangelho deve ser definido como um trabalho que reconta toda ou parte da vida e ensinamento de Jesus (inclusive suas aparições na terra entre a ressurreição e ascensão). Esta definição exclui alguns trabalhos que eram chamados evangelhos, como o *Evangelho da Verdade*, o *Evangelho de Philipe*, o copta *Evangelho dos Egípcios* e o *Evangelho de Eva*. Não há espaço aqui para mencionar um grande número de evangelhos apócrifos tardios. Mais atenção deve ser dada àqueles evangelhos mais relevantes para o estudo de Jesus e dos evangelhos Canônicos. (Deveria também ser notado que muitas tradições extracanônicas sobre a vida e ensinamentos de Jesus, algumas de grande importância para o estudo dos evangelhos canônicos, não são encontradas em evangelhos, mas em outros tipos de literatura cristã primitiva.)

I. Evangelho de Tomé

A versão copta do *Evangelho de Tomé* foi descoberta em 1945 entre os códices de Nag Hammadi. Desde então tem recebido mais atenção acadêmica que qualquer outro evangelho extracanônico, principalmente por conta da afirmação de que ele preserva tradições antigas do evangelho independentemente dos evangelhos canônicos. Certamente, ele é mais importante para o estudo de Jesus e dos evangelhos canônicos do que qualquer outro evangelho extracanônico dos quais tenhamos um texto completo. Bem como a versão copta completa do *Evangelho de Tomé*, há três fragmentos em grego, que foram descobertos entre os papiros Oxyrhyncus e publicados em 1897 e 1904 (P. Oxy. 1, 654, 655), mas não reconhecidos como fragmentos do *Evangelho de Tomé* até que a versão copta viesse a ser conhecida. Embora haja diferenças significativas entre os fragmentos gregos (que são de três cópias distintas do texto) e do texto copta, elas são reconhecidamente oriundas do mesmo trabalho, que deve portanto ter existido ao menos em duas redações. A língua original era provavelmente grego, embora alguns tenham defendido um original em algum idioma semita.

O mais antigo dos fragmentos gregos (P. Oxy. 1) foi escrito não após 200 d.C. e fornece o único *terminus ad quem* firme para a composição do Evangelho. Hipólito, escrevendo entre 222 e 235, fornece a referência mais antiga ao mesmo por nome. O Evangelho tem sido datado tão cedo quanto 50-70 d.C. ou tão tarde quanto o fim do segundo século. Mas uma vez que paralelos aos termos e conceitos mais explicitamente gnósticos do mesmo datam do final do segundo século, é provavelmente não mais antigo que do fim do primeiro século. A atribuição do Evangelho a "Dídimo Judas Tomé" (prólogo) demonstra que ele deriva da tradição cristã siríaca oriental, centrada em Edessa. Somente nesta tradição (da qual também veio o *Livro de Tomé* e o *Atos de Tomé)* o Apóstolo Tomé era conhecido como Judas Tomé e tomado como um tipo de irmão gêmeo espiritual de Jesus. Tomé era imaginado (talvez corretamente) como sendo de algum modo responsável pela fundação da igreja nesta área, e é provável que as tradições de evangelhos orais desta igreja fossem transmitidas sob o nome de Tomé e que o *Evangelho de Tomé* dependia destas tradições orais. Seus pontos de contato com outras literaturas desta área especialmente seu uso pelo *Atos de Tomé* (fim do segundo ou início do terceiro século) confirma esta hipótese.

O *Evangelho de Tomé* é uma coletânea de ditos de Jesus, numerados como 114 ditos (*logia)* por estudiosos contemporâneos. Não há narrativas e somente contextos narrativos mínimos dados para alguns poucos ditos (22, 60, 100), embora o último seja importante para demonstrar que o *Evangelho de Tomé* não tem, como a maioria dos evangelhos Gnósticos (veja IX, abaixo) uma ambiência pós-ressurreição. Como uma coletânea de ditos, o evangelho tem sido comparado com a hipotética fonte Q e com muitas coletâneas antigas de ditos dos sábios. O gênero é consistente com a teologia de *Tomé*, que apresenta Jesus como um revelador da sabedoria secreta pela qual os eleitos poderão reconhecer suas verdadeiras identidades espirituais e recuperar suas origens celestes. Alguns estudiosos negam que *Tomas* seja propriamente gnóstico e o localizam alternativamente na tradição da teologia da Sabedoria judia ou na tradição encratita característica do cristianismo oriental siríaco. Mas embora haja contatos reais com ambas tradições, alguns dos ditos mais distintivos de *Tomé* expressam uma teologia distintamente gnóstica (e.g., 18, 29, 50, 83-84).

Parece que a tradição de ditos de Jesus da qual *Tomé* depende era judeu-cristã na origem (veja especialmente o dito 12 sobre Tiago o Justo) mas se desenvolveram em uma direção gnostizante. Alguns ditos de origem claramente gnóstica entraram na tradição e o editor de *Tomé* selecionou da tradição ditos que fossem compatíveis com sua própria teologia gnóstica. O Apóstolo Tomé se tornou a autoridade para uma interpretação gnóstica da tradição dos ditos de Jesus (cf. 1, 13).

A maior parte dos ditos no *Evangelho de Tomé* tem paralelos nos evangelhos sinóticos (inclusive a tripla tradição. O material Q, e material peculiar a Mateus e a Lucas), mas se *Tomé* é dependente dos evangelhos canônicos é algo ainda debatido. Argumentos pela dependência tentam demonstrar que *Tomé* reflete especificidades das redações mateana e lucana além de que suas diferenças em relaçõs aos sinóticos podem ser explicadas como alterações redacionais deliberadas para expressar uma interpretação gnóstica. Mas nenhum destes pontos está estabelecido conclusivamente. Por outro lado, é marcante que a ordem dos ditos em *Tomé* quase nunca corresponde àquela dos sinóticos, enquanto a associação dos ditos por meio de reclames – uma das poucas razões que pode ser discernida para explicar a ordenação em *Tomé* – é característica de tradições orais. Tem sido argumentado com base de crítica da forma que *Tomé* algumas vezes preserva ditos, especialmente parábolas, em uma forma mais primitiva do que os sinóticos. Finalmente, deve ser notado que uma vez que um número significativo de ditos em *Tomé* que não têm paralelos nos evangelhos canônicos também são atestados em outras fontes extracanônicas. É impossível argumentar que os evangelhos canônicos fossem a única fonte de tradições evangélicas usada por *Tomé*. Segue-se que mesmo se o editor de *Tomé* conhecesse os evangelhos canônicos, um paralelo dos mesmos não precisa derivar dos mesmos.

A opinião mais provável é que *Tomé* é dependente de uma tradição substancialmente independente dos evangelhos canônicos embora a influência dos mesmos não possa ser descartada – quer durante a transmissão oral da tradição, ou no estádio de edição ou no estádio de tradução para o copta. *Tomé* portanto pode fornecer evidência útil para o estudo das origens e desenvolvimento das tradições por trás dos evangelhos canônicos, dado que as diferenças se devem à sua maior distância (tanto teologicamente quanto provavelmente cronologicamente) do Jesus histórico. É também igualmente possível que alguns dos ditos em *Tomé* que não têm paralelos nos evangelhos canônicos (como as parábolas de 97 e 98) sejam ditos autênticos de Jesus.

II. Evangelho de Pedro

Um fragmento substancial do *Evangelho de Pedro*, em um manuscrito do oitavo ou nono século, foi descoberto em 1887 em Akhmim, no Egito. Ele contém uma narrativa que se inicia no fim do julgamento de Jesus, inclui a crucifixão, sepultamento e ressurreição de Jesus, e se desenrola no decurso de uma história que deve ter descrito uma aparição do Ressuscitado a um grupo de discípulos. As palavras "Eu, Simão Pedro" (14,60) identificam o texto como parte de um evangelho atribuído a Pedro ao qual alguns autores do início da Igreja se renderam. Temos somente duas outras indicações do restante de seu conteúdo. A *Didascalia* siríaca (início do terceiro século), que usou o *Evangelho de Pedro*, refere-se brevemente (cap. 21) à aparição do Ressuscitado na casa de Levi que deveria se seguir ao fim do fragmento de Akhmin. Segundo Orígenes (*Comm. Matt.* 10:17), o *Evangelho de Pedro* fornecia evidências de que os irmãos do Senhor eram filhos de José em seu primeiro casamento. Isto pode indicar que o evangelho se iniciava com uma narrativa do nascimento. Além do fragmento de Akhmim, há dois fragmentos adicionais em grego bastante curtos (P. Oxy. 2949) do fim do segundo ou início do terceiro séculos. As diferenças redacionais entre estes e o texto de Akhmin sugerem que este não pode ser tomado como uma reprodução precisa do texto original deste evangelho.

O uso bastante provável do *Evangelho de Pedro* por Justino e o uso muito provável dele por Melitão de Sardes sugerem que o mesmo deve ser datado antes de meados do segundo século. No fim do segundo século, o Bispo Serapião de Antioquia ouviu de uma disputa acerca de seu uso em uma igreja de Rhossus. Quando descobriu que estava este texto sendo usado para sustentar heresias docéticas e que algumas passagens deste evangelho eram suspeitas de refletirem este ponto de vista, ele desaprovou seu uso (Eusébio, *Hist. eccl.* 6.12). Estudos recentes têm concluído que, pelas evidências do fragmento de Akhmim, o evangelho em si mesmo não pode ser considerado docético, embora haja frases que docetistas poderiam interpretar em seu favor. Esta conclusão é confirmada por seu provável uso por Justino, Melitão e a *Didascalia* siríaca, que sugerem que fosse amplamente aceito em círculos ortodoxos.

O evangelho é distinto, no texto que temos, por seu interesse no cumprimento de profecias na narrativa da paixão, sua tendência fortemente antijudaica, que enfatiza responsabilidade dos judeus pela morte de Jesus, sua valorização dos feitos milagrosos, e seu interesse apologético em fornecer provas da ressurreição. Características distintivas incluem a participação de Herodes no julgamento de Jesus e sua ordenação para que a crucifixão fosse feita por judeus, e o relato (que tem um forte paralelo em *Ascensão de Isaías* 3:16-17) da saída do Cristo ressuscitado de sua sepultura, escoltado por anjos.

A relação com os evangelhos canônicos é disputada. Há paralelos com todos os quatro evangelhos canônicos, mas notadamente poucos paralelos verbais. Alguns estudiosos opinaram que o *Evangelho de Pedro* seria totalmente independente dos evangelhos canônicos; a maior parte o toma como dependente de todos os quatro. J. D. Crossan recentemente defendeu que embora seções dependentes dos evangelhos canônicos tenham sido interpoladas no texto, a maior parte do texto de Akhmim não é somente independente dos evangelhos canônicos, mas realmente uma fonte usada por todos os quatro.

Uma perspectiva mais plausível deve ser construída sobre as três observações que se seguem: (1) a maior parte dos paralelos são com material mateano especial (M) e com material marcano; (2) paralelos léxicos muito próximos são amplamente limitados às passagens paralelas a material marcano, que são mais próximas do texto de Marcos que da redação mateana de Marcos; (3) se passagens marcanas e M são distintas, tanto em Mateus quanto no *Evangelho de Pedro*, pode ser percebido que conexões entre passagens marcanas e M são feitas de modo ligeiramente distinto em Mateus e no *Evangelho de Pedro* respectivamente. Parece portanto que tanto o *Evangelho de Pedro* bebeu primariamente no Evangelho de Marcos e na fonte especial de Mateus, independentemente do Evangelho de Mateus. Alternativamente a Mateus ter dado prioridade à narrativa marcana e argumentado a partir de sua fonte especial, o *Evangelho de Pedro* deu prioridade à narrativa de M e a aumentou a partir de Marcos. M era provavelmente a tradição oral da Igreja da Antioquia e circunvizinhas, que adquiriram forma escrita no *Evangelho de Pedro* sem dúvida décadas depois de Mateus as ter utilizado. Segundo esta visão, o *Evangelho de Pedro* seria uma evidência valiosa para o estudo do uso por Mateus de suas fontes.

III. Fragmentos em papiro de evangelhos desconhecidos

Dentre os fragmentos em papiro de evangelhos extracanônicos há alguns que não podem ser identificados como pertencentes a nenhum evangelho conhecido. Os seguintes são os mais importantes:

1. P. Oxy. 840

Este manuscrito do quarto ou quinto século contém a conclusão de um discurso de Jesus, seguido por uma visita ao Templo na qual Jesus se coloca numa discussão sobre purificação ritual com um chefe sacerdotal fariseu chamado Levi. Alguns estudiosos defendem a historicidade deste relato.

2. P. Egerton 2

Este manuscrito, datado por volta do ano 150 d.C., é um dos manuscritos cristãos mais antigos que chegou até nós, junto com o fragmento do Evangelho de João em $\mathfrak{P}^{52}$. Ele contém fragmentos de quatro perícopes. A primeira conclui uma controvérsia entre Jesus e os líderes judeus, na qual Jesus está sendo acusado de romper com a Lei e de cuja conclusão ele escapa de uma tentativa de apedrejamento. Há uma relação verbal bastante próxima com muitas partes do Evangelho de João. A segunda perícope é sobre a cura de um leproso, a terceira contém uma versão da pergunta sobre o imposto, e a quarta contém uma história de um milagre não conhecida de outro modo. A segunda e a terceira lembram material sinótico.

A relação deste evangelho desconhecido com os evangelhos canônicos é controversa. Alguns defendem que seja integralmente independente de todos os quatro, outros que partilha tradições comuns com os mesmos e mesmo que tenha sido uma fonte usada por Marcos e João. Se tal for aceito, o material distintivamente joanino na primeira perícope seria muito importante para o estudo das fontes do Evangelho de João. Mas parece ao menos igualmente possível que este evangelho desconhecido se fie em tradições orais que foram substancialmente influenciadas pelos evangelhos canônicos.

3. P. Oxy. 1224

As partes legíveis deste manuscrito do quarto século contêm paralelos a três ditos sinóticos de Jesus e um dito de outro modo desconhecido cuja autenticidade foi defendida por J. Jeremias. Poderia ter advindo de um evangelho primitivo independente dos sinóticos, mas é muito curto para quaisquer conclusões firmes.

4. Fragmento Fayyum

Este fragmento do terceiro século é um paralelo de Mc 14,27.29-30 com algumas variações. É muito breve para que sua relação com Marcos seja inequívoca.

5. Fragmento Copta de Estrasburgo

Diferentemente dos fragmentos anteriores, que estão todos em grego, este fragmento do século quinto ou sexto está em copta. "Nós, os apóstolos" são os que estão a falar, mas esta expressão poderia ser consistente com a atribuição a qualquer apóstolo em particular (cf. *Ev. Pedro*. 14:59). O conteúdo é uma oração de Jesus, uma conversa com os discípulos e uma revelação de sua glória a eles, tudo no contexto de se despedir destes, mais provavelmente antes da paixão mas possivelmente antes da ascensão. Há contatos próximos tanto com material sinótico quanto joanino, dos quais este evangelho desconhecido provavelmente é dependente.

IV. Evangelhos judeu-cristãos

Os evangelhos usados especificamente por grupos judeu-cristãos na Igreja primitiva – quer, como os Ebionitas, fossem heréticos aos olhos da Igreja Católica, ou, como os Nazarenos, fossem ortodoxos mas separados da predominantemente gentia Igreja Católica – sobreviveram infelizmente somente nas citações dos Padres, ao lado de evidências pouco confiáveis da Idade Média. Os títulos que os Padres usavam para estes evangelhos e a maneira pela qual se referem aos mesmos deixam pouco claro quantos destes evangelhos existiam e de quais as citações são advindas. O consenso acadêmico recente distingue três, todos os quais lembravam os evangelhos sinóticos em gênero:

1. Evangelho dos Hebreus

A investigação mais recente por A. F. J. Klijn atribui sete citações a este evangelho. Estas não demonstram sinais de dependência aos evangelhos canônicos. Um dito também aparece em *Evangelho de Tomé* (2). Doutro modo as tradições são bastante distintivas neste evangelho, incluindo o relato da aparição de Cristo ressuscitado a seu irmão Tiago o Justo, que era muito reverenciado na tradição judia cristã. O evangelho foi escrito antes do meio do segundo século. Pode ter se originado no Egito, onde seu título o identificaria como o evangelho da comunidade dos judeu-cristãos helenófonos, distinguindo o mesmo do *Evangelho dos Egípcios* (veja V. abaixo) usados pela comunidade cristã gentia no Egito.

2. Evangelho dos Nazarenos

Klijn distingue vinte e duas citações definitivamente como deste Evangelho, mas muitas destas são indicações de pontos nos quais algumas poucas palavras diferiam do texto do Evangelho de Mateus. Outras são adições mais substanciais ou variações sobre o texto de Mateus. O Evangelho era evidentemente uma tradução livre (em estilo targúmico) de Mateus para aramaico ou siríaco. A percepção de Jerônimo e outros de que fosse o semítico original do qual nosso Mateus grego foi traduzido não pode ser sustentada. No tempo de Jerônimo era usado pela comunidade nazarena em Bereia (Alepo) na Síria, e pode ter se originado entre estes no segundo século.

3. Evangelho dos Ebionitas

Epifânio preservou sete citações deste evangelho, que foi composto em grego e baseado em todos os três evangelhos sinóticos. Tomando Mateus como sua principal autoridade, ele se fiava em Marcos e Lucas para combinar os três em uma narrativa harmonizada. É assim um exemplo da tendência aparentemente bastante comum do segundo século de produzir harmonias dos vários textos evangélicos, das quais o *Diatessaron* de Taciano é o exemplo mais famoso.

A teologia ebionita é evidente a partir das citações. Uma vez que os ebionitas rejeitavam a concepção virginal e optavam por uma cristologia adocionista, o evangelho se inicia com o batismo de Jesus. A proibição ebionita de comer carne e sua oposição ao culto do Templo também estão refletidas.

V. Evangelho dos Egípcios

Este evangelho parece ter sido o utilizado predominantemente pelos cristãos gentios no Egito até que foi suprimido em favor dos evangelhos canônicos em círculos ortodoxos. Infelizmente, pouco se sabe dele. A única informação clara vem de Clemente de Alexandria, que se refere a uma conversa que o mesmo continha entre Jesus e Salomé (uma discípula de Jesus que é proeminente em tradições evangélicas apócrifas, especialmente gnósticas). Contém ditos, também conhecidos a partir do *Evangelho de Tomé* (22, 37; cf. tb. *2 Clem.* 12:1-2) sobre a rejeição da sexualidade, que refletem uma visão encratita da salvação como restauração da condição original da humanidade sem a diferenciação sexual. Se este evangelho não era meramente encratita mas gnóstico é ignorado. A obra gnóstica setiana de Nag Hammadi, que também é conhecida por *Evangelho dos Egípcios* (CG III,2 e IV,2), é uma obra bastante diversa.

VI. Evangelho Secreto de Marcos

M. Smith descobriu em 1958 (mas não publicou até 1973) uma anteriormente desconhecida carta de Clemente de Alexandria em uma cópia do século XVIII. A maioria dos estudiosos aceitou a indicação de autoria por Smith, embora nem todos descartem a possibilidade de que seja um pseudoepígrafo antigo (e neste caso seus testemunhos sobre o *Evangelho Secreto de Marcos* seriam de igual valor) ou uma falsificação moderna.

Clemente diz conhecer três versões do Evangelho de Marcos: (1) o evangelho utilizado publicamente na Igreja (nosso Marcos canônico), que Marcos escreveu primeiro; (2) o *Evangelho Secreto*, que Marcos escreveu mais tarde, em Alexandria, pela adição a seu texto de certas tradições secretas que são reveladas somente a iniciados; (3) a versão utilizada pelos gnósticos carpocracianos, que fizeram suas próprias adições ao *Evangelho Secreto*. Clemente não fornece mais do que duas palavras do material peculiar a (3), mas cita as duas passagens que o *Evangelho Secreto* adiciona ao evangelho público. Após Mc 10,34, o *Evangelho Secreto* trazia uma história ambientada em Betânia, que é claramente relacionada com o relato joanino da reanimação de Lázaro, mas contado em linguagem marcana ao invés de joanina. Seis dias após Jesus ter levantado o jovem (que é anônimo no *Evangelho Secreto)* de entre os mortos, ele veio a Jesus durante a noite, vestindo somente uma túnica de linho, e Jesus lhe ensinou o mistério do Reino de Deus. A referência deve ser a algum tipo de iniciação, mais provavelmente envolvendo o batismo. A segunda adição do *Evangelho Secreto* a Marcos ocorre em 10,46: é uma citação estranhamente breve da recusa de Jesus em receber a irmã do jovem e sua mãe e Salomé.

Smith argumentou que o material adicional é tão caracteristicamente marcano que deve derivar do mesmo corpo de tradição que Marcos canônico. Alguns propuseram que o Marcos canônico é uma versão posterior, expurgada do *Evangelho Secreto*. Outros tomam o material no *Evangelho Secreto* como interpolações posteriores, deliberadamente imitativas do estilo e conteúdo de Marcos. Até nossos dias a evidência permanece peculiarmente desafiadora.

VII. Evangelhos do Nascimento e Infância

Do segundo século em diante, o interesse pelo ambiente familiar e começo da vida de Jesus produziu muitos trabalhos devotados somente a este tema. Duas obras do século segundo sobre este tema se provaram excepcionalmente populares por muitos séculos, e todos os evangelhos posteriores deste tipo são devedores de um ou de ambos.

I. Protoevangelho de Tiago

Este relata o nascimento miraculoso de Maria a seus pais sem filhos, Joaquim e Ana, que a dedicam ao Templo, no qual vive até que foi confiada a José. A história da anunciação até o massacre dos inocentes (concluindo com o martírio de Zacarias, pai de João Batista, naquele tempo) faz uso livre das narrativas tanto de Mateus quanto de Lucas, dando ênfase especial à virgindade de Maria. O nascimento de Jesus em uma caverna é miraculoso, preservando o estado virginal de Maria. Sua virgindade perpétua é implícita, uma vez que os irmãos de Jesus são considerados filhos de José em um casamento prévio. A obra é atribuída a um deles, Tiago, embora ele não apareça na narrativa. O principal propósito do texto é claramente a glorificação da figura de Maria como uma virgem pura, embora uma defesa apologética de sua virgindade contra polêmicas judias e anticristãs possam ter também influenciado as tradições que contém. Tem sido chamado midráxico (segundo o uso livre que este termo tem por alguns estudiosos do Novo Testamento) por conta de seu uso criativo de textos do Antigo Testamento para desenvolver a narrativa. Provavelmente se originou na Síria do segundo século, onde suas ideias sobre a virgindade de Maria encontra paralelos em outros textos.

2. Evangelho da Infância de Tomé

Este texto consiste somente de uma série de histórias de milagres operados pelo Menino Jesus até seus doze anos. P. ex., Jesus faz pardais de argila e os traz à vida (uma história que mais tarde encontrou um modo de chegar ao Alcorão). Ele cura os feridos, reergue mortos, amaldiçoa seus inimigos para que morram, prova-se superior em conhecimento do que seus mestres na escola. O efeito geral é manifestar sua natureza super-humana a todos que se encontram com ele.

Em sua forma original, o texto deve ser datado do segundo século, mas a partir dos vários textos que sobreviveram em diferentes versões é muito difícil estabelecer qual tenha sido o texto original.

3. Evangelhos Posteriores

A *História de José* copta faz por José o que o *Protoevangelho de Tiago* fez por Maria. O *Evangelho da Infância de Mateus* latino (algumas vezes chamado pseudo-Mateus) transmitiu muito do conteúdo do *Protoevangelho de Tiago* e do *Evangelho da Infância de Tomé*, ao lado de outras lendas próprias, ao Ocidente Medieval. O *Evangelho da Infância* latino publicado por M. R. James é importante por uma de suas fontes, de outra forma desconhecida, que deve ser de origem bastante antiga. Muitos outros evangelhos do nascimento e infância posteriores em muitos idiomas sobreviveram até nós.

VIII. Evangelho de Nicodemos

Este título é dado a um trabalho que combina duas partes distintas: o *Atos de Pilatos* e o *Descensus aos Ínferos* (descida ao Hades). O *Atos de Pilatos* é um relato do julgamento e crucifixão de Jesus, e de uma investigação pelo Sinédrio que recebe provas da ressurreição de Jesus. O trabalho é notável por suas tendências antijudaicas e apologéticas. *Descensus ad Inferos* é o relato mais extenso da Igreja primitiva da atividade de Cristo no reino dos mortos entre sua morte e ressurreição: sua vitória sobre os poderes do Hades e sua liberação de Adão e os mortos virtuosos. O *Evangelho de Nicodemos* em sua forma presente é geralmente datado do século V, mas sem dúvida depende de fontes mais antigas.

IX. Revelações pós-ressurreição

Aqueles que desejavam amplificar os ensinamentos de Jesus ou traçar a Jesus revelações secretas dadas em tradições esotéricas encontraram como veículo literário mais apto a tal serventia o relato de Jesus ensinando seus discípulos no período entre sua ressurreição e ascensão. Em geral tais relatos tomam a forma de um diálogo no qual Jesus é questionado por seus discípulos sobre assuntos deixados pouco claros em seus ensinamentos antes da morte. Evangelhos deste tipo algumas vezes remontam a tradições de ditos de Jesus, para interpretar e desenvolver além dos mesmos, mas muitas vezes o conteúdo dos textos não está relacionado a tradições de evangelhos. Embora o discurso apocalíptico de Jesus nos sinóticos (Mt 24 par.) tenha sido algumas vezes um modelo para tais obras, seu gênero é muitas vezes tão próximo ao de apocalipses quanto de outros tipos de evangelho (e muitos destes trabalhos recebem o rótulo de apocalipses).

Embora este tipo de evangelho tenha se provado especialmente útil e popular entre gnósticos, o mesmo não originou-se com e não esteve confinado a gnósticos. Exemplos ortodoxos do início do segundo século são o *Apocalipse de Pedro* e a *Epístola dos Apóstolos*, ambos significativos pelas tradições de evangelhos que contêm, o último pelo modo com que parece depender de evangelhos canônicos, incluindo João, dentro de uma tradição oral em continuidade. O *logion* Freer (adicionado a Mc 16,14 em um manuscrito) não é um trabalho completo, mas ilustra a tendência do segundo século de atribuir revelações adicionais ao Cristo ressuscitado. Trabalhos não gnósticos posteriores deste tipo, do terceiro século ou posteriores, são as *Perguntas de Bartolomeu*, o *Testamento de Nosso Senhor* siríaco, e o *Testamento de Nosso Senhor na Galileia* etíope. Trabalhos gnósticos deste tipo incluem o *Apócrifo de Tiago* (CG I,2), o *Livro de Tomé* (CG II,7), o *Sophia de Jesus Cristo* (CG III,4 e BG 8502,3), do *Diálogo de Nosso Salvador* (CG III, 5), o *Primeiro Apocalipse de Tiago* (CG V, 3), o *Apocalipse de Pedro* copta (CG VII,3), o *Evangelho de Maria* (BG 8502,1), o *Pistis Sophia* e o *Livro de Jeú*.

Bibliografia

R. E. Brown, "The *Gospel of Peter* and Canonical Gospel Priority", *NTS* 33 (1987), p. 321-343.

J. H. Charlesworth & J. R. Mueller, *The New Testament Apocrypha and Pseudepigrapha: A Guide to Publications* (ATLA Bibliography Series 17) Metuchen, NJ e Londres: American Theological Library Association e Scarecrow Press, 1987.

J. D. Crossan, *Four Other Gospels*. Mineápolis: Winston, 1985.

___, *The Cross That Spoke*. São Francisco: Harper and Row, 1988.

F. T. Fallon & R. Cameron, "The Gospel of Thomas: A Forschungsbericht and Analysis", *ANRW* 2.25/6: 4195-4251.

S. Gero, "Apocryphal Gospels: A Survey of Textual and Literary Problems", *ANRW* 2.25/5: 3969-96.

E. Hennecke *et al, eds, New Testament Apocrypha*. Londres: SCM Press, 1963. v. 1.

G. Howard, "The Gospels and the Ebionites", *ANRW* 2.25/5: 4034-53.

A. F. J. Klijn, "Das Hebräer- und das Nazoräerevangelium". *ANRW* 2.25/5: 3397-4033.

H. Koester, *Ancient Christian Gospels: Their History and Development*. Filadélfia: Trinity Press International, 1990.

P. Perkins, *The Gnostic Dialogue*. Nova York: Paulist, 1980.

D. R. Schwartz, "Viewing the Holy Utensils (P. Ox. V, 840)". *NTS* 32 (1986), p. 153-159.

M. Smith, "Clement of Alexandria and Secret Mark: The Score at the End of the First Decade", *HTR* 75 (1982), p. 449-461.

C. M. Tuckett, *Nag Hammadi and the Gospel Tradition.* Edimburgo: T. & T. Clark, 1986.

D. Wenham, ed., *Gospel Perspectives 5: The Jesus Tradition outside the Gospels.* Sheffield: JSOT, 1985.

D. F. Wright, "Papyrus Egerton 2 (the *Unknown Gospel*) – Part of the *Gospel of Peter?", Second Century* 5 (1985-1986), p. 129-150.

24. Os *Atos de Paulo* como uma sequência a Atos

Quando discussões sobre o gênero do Atos dos Apóstolos não fazem menção aos Atos apócrifos isto se deve a tais discussões serem devedoras de uma forte tradição acadêmica de distinção aguda do gênero dos Atos apócrifos daquele dos Atos canônicos. Entretanto, uma proposta recente sobre o gênero dos Atos ataca este consenso, estressa a similaridade entre a obra de Lucas e os Atos apócrifos, e propõe que eles pertençam ao mesmo gênero.[1] Além disso, o renovado e produtivo interesse nos Atos apócrifos em anos recentes, especialmente na academia suíça[2] e estadunidense[3], torna atual e pertinente visitar-se a questão do gênero dos Atos apócrifos.

Os cinco Atos apócrifos mais antigos (os *Atos de André, Atos de João, Atos de Paulo, Atos de Pedro,* e os *Atos de Tomé*) têm muito em comum, mas trabalhos recentes também se debruçaram às diferenças significativas e à individualidade de cada um desses. Uma vez que haja muitas discussões sobre a relação entre os Atos apócrifos e os Atos canônicos, e estas tenham sido baseadas em generalizações danosas sobre os Atos apócrifos como um corpo literário, parece plausível que o progresso agora deva contemplar um espaço para investigar características específicas de cada um destes trabalhos. Para

---

1. R. I. Pervo, *Profit with Delight.* Filadélfia: Fortress Press, 1987.

2. E.g. os trabalhos de F. Bovon, E. Junod, J.-D. Kaestli, J.-M. Prieur, W. Rordorf, aos quais referências são feitas nas notas abaixo. Estes estudiosos são responsáveis pelos volumes de novas edições críticas (com estudos introdutórios completos e comentários) dos Atos apócrifos que apareceram e virão a aparecer na série CCSA.

3. E.g. as obras de D. R. MacDonald, S. L. Davies, V. Burrus, às quais referências são feitas nas notas abaixo. O v. 38 (1986) do periódico *Semeia* traz acadêmicos estadunidenses e suíços em interação uns com os outros.

este propósito, o *Atos de Paulo* foi escolhido como trabalho que exibe a maior parte de semelhanças com os Atos canônicos.[4]

Atos de Paulo é uma narrativa sobre Paulo. Para determinar *que tipo* de narrativa sobre Paulo esse trabalho é – como seu autor concebeu o mesmo e esperava que fosse lido – é essencial determinar sua relação com outras literaturas sobre ou por Paulo, em particular os Atos dos Apóstolos e o *corpus* paulino de epístolas. Isto não é feito facilmente. Dois dos aspectos mais desafiadores de *Atos de Paulo* são suas relações com o Atos dos Apóstolos e as epístolas pastorais, ou além, para distinguir com mais clareza, sua aparente falta de relação com os relatos sobre Paulo nos Atos dos Apóstolos e sua evidente proximidade com a informação sobre Paulo nas pastorais, especialmente 2 Timóteo. Estes dois desafios receberam uma variedade de soluções propostas, mas são usualmente tratados em separado. No que se segue argumentarei que há essencialmente uma única solução a ambos desafios. Oferecerei uma hipótese sobre *Atos de Paulo* que explicará tanto sua falta de relação com Atos dos Apóstolos quanto sua relação próxima com 2 Timóteo. A solução também envolverá duas outras – muito menos discutidas – relações literárias: a *1 Clemente* e à correspondência paulina com os coríntios. Esta discussão também iluminará a maneira com que *Atos de Paulo* utiliza suas fontes para construir uma narrativa sobre Paulo, e gerará algumas novas percepções com as quais podemos, afinal, contemplar de modo inovador para a questão do gênero.

---

4. Não temos um texto completo de *Atos de Paulo*, somente uma série de seções e fragmentos do mesmo que juntos nos dão uma parte grande, mas não todo o conteúdo do texto original. Ainda não há uma edição crítica completa dos textos, embora haja uma em preparação (editada por W. Rordorf) no *Corpus Christianorum Series Apocryphorum*. As evidências sobreviventes sobre o texto são explicadas e os vários textos são fornecidos em tradução (citações dadas abaixo em geral seguem esta tradução) em W. Schneemelcher, "Acts of Paul". In: W. Schneemelcher (ed.), R. McL. Wilson (trad.), *New Testament Apocrypha*, v. 2, Cambridge: James Clarke 1992, p. 213-70. A única maneira de citar com precisão *Atos de Paulo* é referindo às várias seções e papiros, para o que utilizarei as abreviações previamente em uso por Schneemelcher:

AThe = Atos de Paulo e Tecla (referências são às seções numeradas deste texto)

MP = Martírio de Paulo (referências são às seções numeradas do texto)

3 Cor = a correspondência entre Paulo e os coríntios (capítulos e versículos)

PH = Papiro de Hamburgo (referências são às páginas)

PHeid = Papiro copta de Heidelberg (referências às páginas)

PRy = fragmento copta da Biblioteca John Rylands

PG = Papiro copta de Genebra

I. Os *Atos de Paulo* e os Atos dos Apóstolos

De maneira geral *Atos de Paulo* lembra aquela porção do Atos lucano que reconta as viagens missionárias de Paulo. Toma a forma de uma narrativa de viagem, na qual as atividades de Paulo em cada localidade que visita são recontadas em uma maneira essencialmente episódica. As viagens de Paulo cobrem mais ou menos a mesma área geográfica que cobrem em Atos, e, como no Atos lucano, terminam em Roma. Os conteúdos dos episódios são de muitas formas similares àqueles de Atos: Paulo prega a descrentes, ensina os crentes, opera milagres, encontra oposição de judeus e pagãos, é preso, encarcerado e quase morre. Há diferenças nas ênfases – em *Atos de Paulo*, ao menos nas porções do texto que ainda existem, os judeus são bem menos proeminentes do que em Atos, há mais ênfase no ensino de Paulo de cristãos e menos em seu evangelismo de descrentes, os milagres são mais proeminentes, episódios particulares tendem a ser narrados em maior extensão – e há alguns tipos de conteúdo que não encontram paralelos em Atos, como a inclusão de correspondência (uma carta da Igreja de Corinto a Paulo e sua resposta: a assim chamada *3 Coríntios*) e o relato do martírio de Paulo que conclui o *Atos de Paulo*. Mas as similaridades gerais são suficientemente fortes e óbvias para que a ausência de paralelos *específicos* seja chocante ou careça de explanações.

Em primeiro lugar, o itinerário que Paulo segue em *Atos de Paulo* não pode ser correlacionado com o de Atos dos Apóstolos. O estádio incompleto de nossos textos em *Atos de Paulo* torna impossível conhecer o itinerário completo, mas há duas sequências de localizações das que podemos ter praticamente certeza. São estas: (1) Antioquia da Pisídia[5] – Icônio – Antioquia – Mira – Sidônia – Tiro; e (2) Esmirna – Éfeso – Filipos – Corinto – Roma.[6]

---

5. Sobre a questão se Antioquia pisidiana ou siríaca é a implicada veja W. Ramsay, *The Church in the Roman Empire before A.D. 170*. Londres: Hodder & Stoughton, 1903, p. 390-391; Schneemelcher, "Acts of Paul", p. 219-220.

6. W. Rordorf, "Nochmals: Paulusakten und Pastoralbriefe". In: G.F. Hawthorne & O. Betz (eds.), *Tradition and Interpretation in the New Testament* (E. E. Ellis FS) Grand Rapids: Eerdmans/Tubinga: Mohr [Siebeck], 1987, p. 323-324. Aqui é argumentado que Schmidt enganou-se em sua (geralmente aceita) reconstrução da sequência Éfeso-Filipos-Corinto, e que havia mais de uma visita a Filipos no texto original de *Atos de Paulo*. Ele postula que a partida de Paulo da Macedônia ao fim

O que precedeu a primeira destas sequências é desconhecido, embora parece que não possa ter sido algo muito extenso.[7] Alguns fragmentos muito pequenos, referindo-se a eventos em Damasco e Jerusalém[8], são usualmente compreendidos como advindos do início perdido do trabalho, segundo a assumpção de que o fragmento sobre Damasco refere-se à conversão de Paulo, após a qual ele visitou Jerusalém. Entretanto, a referência à conversão de Paulo é bastante duvidosa (como veremos mais tarde), e estes fragmentos podem muito bem pertencer à porção perdida do texto entre as duas sequências. Este hiato no itinerário que temos provavelmente também incluía uma visita a Creta, uma vez que o muito mais tardio *Atos de Tito* reconta uma visita de Paulo e Tito a Creta (capítulo 5).[9] Já que tudo o mais sobre Paulo nos *Atos de Tito* certamente deriva ou do Atos canônico ou do *Atos de Paulo*, é provável que a narrativa sobre Creta derive deste último.[10] Assim pode ser que, no texto original de *Atos de Paulo*, Paulo tenha viajado de Tito (no fim da primeira sequência que temos) até Damasco e Jerusalém, e então partiu (provavelmente de Cesareia)[11] para Creta e, por uma rota que podemos somente conjecturar, chegou a Esmirna.

---

do episódio de Éfeso (PH 5) foi seguida por viagens posteriores antes da visita a Filipos (às quais PHeid 41-42, 33; PH 6 se referem) que imediatamente precedeu sua visita a Corinto. Entretanto, as razões de Rordorf não são convincentes (cf. Schneemelcher, "Acts of Paul", p. 227). A razão que ele apresenta como mais decisiva – de que a viagem de Paulo a Roma em *Atos de Paulo* é tão diferente daquela em Atos lucano que só pode representar uma segunda viagem a Roma que ocorreu subsequentemente a At 28 – é uma observação correta, mas é melhor percebida como uma razão para tomar toda a narrativa de *Atos de Paulo* como subsequente a At 28: veja abaixo.

7. Schneemelcher, op. cit., p. 220.

8. Veja C. Schmidt, *ΠΡΑΞΕΙΣ ΠΑΥΛΟΥ* : *Acta Pauli: Nach dem Papyrus der Hamburger Staats- und Universitäts-Bibliothek*. Glückstadt/Hamburg: J. J. Augustin, 1936, p. 117-118; Schneemelcher, op. cit., p. 218, 237-238.

9. Texto em F. Halkin, "La legende crétoise de saint Tite", *AnBoll* 79 (1961) p. 247-248.

10. Schmidt. op. cit., 115-117; W. Rodorf, "In welchen Verhältnis stehen die apokryphen Paulu- sakten zur kanonischen Apostelgeschichte und den Pastoralbriefen?". In: T. Baarda, A. Hillhorst, G. P. Luttikhuizen & A. S. van der Woude (eds.), *Text and Testimony* (A. F. J. Klijn FS) Kampen: J. H. Kok, 1988, p. 240-241. A mera informação de que Paulo e Tito visitaram Creta poderia, claro, ser conhecida a partir da Epístola canônica a Tito, mas não o relato de *Atos de Tito* sobre o que aconteceu lá.

11. Sobre Cesareia, veja R. Kasser, "Acta Pauli 1959", *RHPR* 40 (1960), p. 50 nota 16, p. 51 nota 51.

A maior parte dos lugares deste itinerário também é visitada por Paulo no Atos canônico, mas o itinerário mesmo em cada caso é ligeiramente diferente. Nenhuma sequência com mais de dois lugares corresponde exatamente.[12] Além disso, a segunda grande diferença é que nenhum incidente específico ocorra nos dois textos. Há algumas semelhanças, mas não há identificação. Em Antioquia da Pisídia, segundo *Atos de Paulo*, Paulo encontra tanta oposição que é levado a deixar a cidade e a região (PHeid 5-6), como em At 13,50, mas os eventos que levam a isto são bastante diferentes em ambos os casos. Em Éfeso, segundo *Atos de Paulo*, Paulo novamente encontra severa oposição do povo da cidade (PG; PH 1), como em At 19,23-31, e a menção específica dos ourives (PH 1) pode ser comparada com o papel de Demétrio, o ourives de prata, e seus companheiros artesãos em At 19,24-27. Mas aqui as semelhanças se encerram. Enquanto no Atos lucano Paulo não é sequer detido, no *Atos de Paulo* o governador o põe na prisão e o atira a animais selvagens no anfiteatro (PH 1-5). Em Filipos, segundo *Atos de Paulo*, Paulo é aprisionado, como em At 16,16-40, mas as razões para tal encarceramento (*3 Cor* 2,2) e os eventos que levam à sua soltura (PHeid 41-42, 44) são inteiramente diferentes. Durante a parte final da jornada de Paulo, segundo *Atos de Paulo*, Paulo sabe que ele está viajando para a própria morte, e profetas cristãos, inspirados pelo Espírito, profetizam o que ocorrerá a ele (PH 6-7). Aqui há uma semelhança geral com o Atos lucano (cf. At 20,22-24; 21,10-14, embora em Atos a morte de Paulo não seja predita), mas as pessoas e circunstâncias específicas diferem entre si. Finalmente, talvez a semelhança mais marcante seja que ambos os textos contam a história de um jovem homem que se senta em uma janela enquanto Paulo está falando em uma reunião de cristãos, cai dela, é tomado como morto, mas retorna à vida. Entretanto, em At 20,9-12 isto acontece em Trôade a um homem chamado Êutico, enquanto em *Atos de Paulo* o mesmo ocorre em Roma a Pátroclo, copeiro de Nero (*MP* 1).

Em terceiro lugar, quase não há correlação entre as pessoas que aparecem em *Atos de Paulo* e aquelas que aparecem nos Atos dos Apóstolos. As

---

12. Sobre Antioquia – Icônio, cf. At 13,14–14, 5; sobre Damasco – Jerusalém, cf. At 9,8-29; sobre Éfeso – Filipos, cf. Atos 19,1–20,2.

únicas pessoas que aparecem tanto no relato de Lucas das viagens missionárias quanto no de *Atos* são Áquila e Priscila. É interessante, como possível evidência discreta de que o autor deste conhecia o Atos lucano, que ele use a forma do nome de Priscila que é usada em Atos, ao invés da forma (Prisca) que é utilizada ao longo das cartas paulinas (incluindo 2 Timóteo). Mas a informação de que a Igreja de Éfeso encontrava-se na casa deste (PG) deve derivar de 1Cor 16,19 ao invés de Atos, portanto a coincidência com Atos não chega a ser impressionante. Simão Mago, que encontra Pedro em Samaria em At 8,9-24 também aparece, com Cleóbio[13], como um propalador de ensinamentos gnósticos na Igreja de Corinto em *Atos de Paulo* (*3 Cor* 1,2), mas Simão era uma figura bem conhecida, independentemente de Atos, na Igreja do segundo século. Lembrando de sua visita a Damasco no tempo de sua conversão, Paulo, em *Atos de Paulo* (PG) refere-se a Judas, o irmão do Senhor. Provavelmente este é o Judas de At 9,11, que foi secundariamente identificado com o irmão do Senhor que tinha o mesmo nome. Finalmente, "Barsabás o Justo dos pés chatos" aparece, como um cristão que era um dos principais homens de Nero, no relato de *Atos de Paulo* dos eventos em Roma que levaram ao martírio de Paulo (*MP* 2). Que ele seja apresentado como idêntico a José ou o Justo Barsabás que aparece em At 1,23 como um dos discípulos nominados para substituir Judas Iscariotes entre os Doze parece duvidoso, e há algo a ser dito sobre a sugestão de que *Atos de Paulo* aqui seja dependente da tradição sobre Justo Barsabás que Pápias guardou (*ap.* Eusébio, *Hist. eccl.* 3.39.9).[14] Diante do grande número de pessoas nomeadas que aparecem no *Atos de Paulo* e no relato de Lucas das viagens missionárias, a quase completa ausência de pessoas comuns a ambos é bastante impressionante.[15]

---

13. Cleóbio era uma figura também já conhecida de leitores do *Atos de Paulo*. Ele é mencionado por Hegesipo (*ap.* Eusébio, *Hist. eccl.* 4.22.5), em uma lista de fundadores de heresias, ao lado de Simão e Dositeu. Veja também *Const. Apost.* 6.8.1; 6.10.1; que pode ser dependente de *Atos de Paulo*.

14. D. R. MacDonald, *The Legend and the Apostle: The Battle for Paul in Story and Canon*. Filadélfia: Westminster Press, 1983, p. 25.

15. Uma vez que Lucas aparece no *Atos de Paulo* (*MP* 1,7), ele poderia ser tomado como comum a ambos os trabalhos, se ele for tomado como autor das passagens em primeira pessoa plural de Atos. É improvável que o Êutico que aparece em *Atos de Paulo* como um diácono da Igreja de Corinto (*3 Cor* 2,1) seja pretendido como a mesma pessoa que o Êutico de At 20,9; ou que o Teófilo

Assim o *Atos de Paulo* parece contar uma história bem diferente daquela contada nos Atos canônicos, embora haja semelhanças entre as duas. Se o autor conhecia o Atos canônico, então parece que ele escolheu ignorar o relato de Lucas sobre Paulo e escreveu uma versão alternativa da carreira missionária de Paulo.[16] Talvez ele conhecesse tradições locais sobre Paulo que ele quis preservar e que preferia ao invés da versão de Lucas. Entretanto, neste caso alguém não esperaria *total* falta de correspondência com o Atos lucano. Alguém esperaria que de tempos em tempos alguma informação de Lucas ilustrasse seu relato. Alternativamente, talvez o autor conhecesse e respeitasse Atos, mas estivesse deliberadamente escrevendo um tipo de romance histórico sobre Paulo. Com a liberdade de um escritor de ficção ele não sentia responsabilidade de apresentar evidência histórica e mesmo, podemos supor, deliberadamente evitou misturar história (o relato de Lucas) com sua própria ficção. Isto poderia ser plausível se não fosse pelo fato de que, enquanto ignora Atos, ele não ignora as cartas paulinas. Como veremos, enquanto praticamente nada do que escreve corresponda a Atos, muito do que escreve corresponde a informações das cartas aos Coríntios e pastorais. Esta diferença não é explicada pela hipótese de que ele estivesse escrevendo ficção.

É possível, então, que o autor de *Atos de Paulo* não conhecesse Atos? Há um pequeno número de casos de expressões literalmente idênticas ou muito similares nas duas obras[17], que são provavelmente mais facilmente explicáveis como reminiscências de Atos pelo autor de *Atos de Paulo*. Mas elas não são suficientes para comprovar dependência, e assim foi possível para Rordorf postular que Atos não fosse conhecido pelo autor de *Atos de*

---

que aparece em *Atos de Paulo* como presbítero na Igreja de Corinto (3 *Cor* 1,1) seja pretendido como a mesma pessoa a quem Atos dos Apóstolos é dedicado (At 1,1).

16. Esta é a percepção de W. Schneemelcher, "Die Apostelgesichte des Lukas und die Acta Pauli". In: W. Eltester & F. H. Kettler (eds.), *Apophoreta* (E. Haenchen FS, BZNW 30) Berlim: Töpelmann, 1964, p. 232-333. Embora ele não encontre evidências conclusivas de que o autor de *Atos de Paulo* conhecesse Atos, ele data o mesmo em um período (fim do segundo século) no qual seria muito improvável que ele não o conhecesse.

17. A maior parte destas é discutida por Schneemelcher, "Apostelgeschichte", p. 242-244, mas à sua lista deveria ser acrescentado o vocativo "Homens, irmãos" (usado duas vezes em PG, como em At 15,7.13; cf. tb. *Atos de Pedro* [*Act. Verc.* 2,17]), e talvez também a expressão ἀγγέλου πρόσωπον (*AThe* 3; cf. At 6,15).

Paulo.[18] Ao datar *Atos de Paulo* em torno de meados do segundo século e Atos na primeira metade do século II, ele pôde apresentar tal hipótese como crível. Semelhanças como as duas histórias de Êutico em Atos e Pátroclo no *Atos de Paulo* são por ele atribuídas a tradições primitivas em comum, que já teriam tomado formas divergentes quando utilizadas pelos dois autores. Rordorf postula que as semelhanças muito próximas entre *Atos de Paulo* e as pastorais são devidas também não à dependência literária mas ao uso independente de tradições comuns. Mas se, como argumentarei na próxima seção, *Atos de Paulo* for dependente das pastorais, então pode ser que o autor de *Atos de Paulo,* conhecendo as cartas paulinas (inclusive as pastorais) mas não conhecendo nenhuma narrativa escrita relativa às viagens missionárias de Paulo, construiu um relato das viagens de Paulo somente com base na informação que encontrou nas cartas paulinas, junto com algumas tradições locais. A maior parte dos locais que se pode saber a partir das cartas de Paulo que tenham sido por ele visitados ocorre no itinerário de *Atos de Paulo*, e não seria difícil postular uma visita a Tessalônica – a omissão mais óbvia – na porção do texto que nos falta.

Esta é uma explicação possível para a aparente falta de relação entre *Atos de Paulo* e Atos dos Apóstolos. Ela depende de uma datação de um e de outro cedo ou tarde o suficiente para que a ignorância de Atos dos Apóstolos por parte de *Atos de Paulo* possa tornar-se plausível. Contudo, desejo propor uma explicação alternativa, que é mais coerente com outras evidências que serão demonstradas. É que *Atos de Paulo* tenha sido projetado como uma sequência ao Atos lucano, continuando a história da vida de Paulo até seu martírio. Em outras palavras, a viagem missionária que o mesmo descreve deveria ser datada após o fim da narrativa de Lucas. Na próxima seção argumentarei que a relação entre *Atos de Paulo* e as pastorais é melhor explicada por esta hipótese. Mas há duas considerações que podem ser invocadas em suporte a ela imediatamente.

---

18. Cf. Rordorf, "Verhältnis", p. 227-237.

Em primeiro lugar, até onde as porções de texto sobreviventes de *Atos de Paulo* nos permitem afirmar, Paulo não é representado como trabalhando como missionário pioneiro estabelecendo igrejas pela primeira vez nos lugares que visita.[19] Igrejas já existem em Icônio (embora não seja impossível que a mesma tenha sido fundada por Tito, que parece já estar em Icônio antes da chegada de Paulo: *AThe* 2-3), Perge e outras partes da Pisídia e Panfília (PHeid 35). Além disso, as visitas de Paulo a Éfeso e Corinto, como recontado em *Atos de Paulo*, certamente não são as primeiras que faz a tais lugares. Ele já conhece os cristãos com os quais se encontra na casa de Áquila e Priscila em sua chegada a Éfeso (PG). A correspondência apócrifa entre Paulo e os coríntios, incluída em *Atos de Paulo*[20] antes de sua visita a Corinto que reporta, refere-se ao estabelecimento da Igreja em Corinto por Paulo em uma visita prévia (*3 Cor* 1,4-6; 3,4). Claro, é possível propor visitas anteriores de Paulo a tais lugares a partir das porções finais de *Atos de Paulo*, mas é mais fácil supor que *Atos de Paulo* pressuponha a narrativa lucana do trabalho missionário pioneiro de Paulo e deseje descrever uma viagem dedicada prioritariamente a revisitar as igrejas que Paulo já tinha fundado em um período anterior.

Uma segunda indicação de que a narrativa dos *Atos de Paulo* intenciona seguir-se àquela do Atos lucano pode ser encontrada na relação de *Atos de Paulo* com *1 Clemente*. Durante a visita de Paulo a Corinto em *Atos de Paulo*, Cleóbio profetiza seu martírio por ocorrer em Roma: "agora Paulo precisa cumprir tudo o que lhe foi confiado, e ir até a [...] da morte [...] com

---

19. Tal é notado, como uma grande diferença entre Atos e *Atos de Paulo*, por Schneemelcher, "Apostelgeschichte", p. 246-247; Schneemelcher, "Acts of Paul", p. 232, mas ele falha em reconhecer sua significância.

20. É discutido se esta correspondência foi composta pelo autor de *Atos de Paulo* devido a seu contexto em seu trabalho (assim D. Guthrie, "Acts and Epistles in Apocryphal Writings". In: W. W. Gasque & R. P. Martin [eds.], *Apostolic History and the Gospel* [F. F. Bruce FS] Exeter: Paternoster, 1970, p. 339), ou se já existia anteriormente independentemente e foi incorporada pelo autor no trabalho (assim pretende A. F. J. Klijn, "The Apocryphal Correspondence between Paul and the Corinthians", *VC* 17 [1963], p. 10-16; M. Testuz, "La correspondence apocryphe de saint Paul el les Corinthiens". In: A. Descamps [ed.], *Littérature et Théologie Pauliniennes* [RechBib 5] Louvaina: Desclée de Brouwer, 1960, p. 221-222; Schneemelcher, "Acts of Paul", p. 228-229, mudando sua percepção anterior. Penso que a visão anterior é mais provável, mas em todo caso é claro que a correspondência formava parte de *Atos de Paulo* como planejado pelo autor. Em particular, as semelhanças entre a carta de Paulo a Corinto (*3 Cor* 3) e sua pregação quando de sua chegada à Itália (PH 8) deve ser destacada.

grande maestria e conhecimento e semeando a palavra, e deve sofrer inveja (ζηλωθέντα) e deixar o mundo" (PH 6). A atribuição da morte de Paulo à inveja – explicada como inveja do diabo – recorre na narrativa que leva ao martírio de Paulo (*MP* 1). Este tema deve resultar de dependência de *1 Clemente* 5,5, onde o contexto de toda a seção é dedicado a exemplos de sofrimento e morte causados por inveja (ζῆλος), os sofrimentos de Paulo culminando em seu martírio são também atribuídos à inveja (διὰ ζῆλον καὶ ἔριν). Contudo, se o autor de *Atos de Paulo* utilizou esta passagem sobre Paulo em *1 Clemente* como fonte, ele também teria anotado que o catálogo de sofrimentos de Paulo de Clemente inclui a informação de que ele "esteve por sete vezes em cadeias" (ἑπτάκις δεσμὰ φορέσας).[21] Como ocorre que haja somente três ocasiões em Atos dos Apóstolos nas quais Paulo é apresentado em cadeias: em Filipos (16,23-26: δεσμά), Jerusalém e Cesareia (21,33: δεθῆναι ἁλύσεσι), e Roma (28,20: ἅλυσιν). Mas *Atos de Paulo* traz outras quatro destas ocasiões: em Icônio (*AThe* 17-18: δεσμά), Éfeso (PH 3: δεσμά). Filipos (*3 Cor* 3,35: δεσμά; cf. 2,2; 3,1) e Roma (*MP* 3: δεδεμένος).[22] Além disso, parece claro que ao fazer isto ele tivesse o sumário de sofrimentos de Paulo em mente, já que certamente em três destas quatro ocasiões – e provavelmente também na quarta – é a inveja (ζῆλος) que leva à detenção de Paulo e seus sofrimentos. A inveja de Demas e Hermógenes (*Athe* 4: ἐζήλωσαν) e a inveja de Thamyris (*AThe* 15: πλησθεὶς ζήλου) levam à prisão de Paulo em Icônio (*Athe* 17-18).[23] Inveja resultante da conversão por Paulo de muitos à fé cristã levam à sua detenção e prisão em Éfeso (PG), onde os ciúmes de Diofantes, porque sua esposa passa todo o tempo com Paulo, ajuda a garantir que Paulo seja lançado às feras no estádio (PH 2). Em Roma é a inveja do diabo do amor entre os irmãos e irmãs que causa a morte de Pátroclo (*MP* 1) e também a detenção e

---

21. Para uma sugestão sobre a maneira pela qual Clemente chegou a este número, veja J. D. Quinn, "Seven Times he Wore Chains (*1 Clem* 5,6)". *JBL* 97 (1978), p. 574-576.

22. Diante do meu argumento abaixo de que o autor de *Atos de Paulo* pensava que 2 Timóteo foi escrita durante seu encarceramento em Roma, veja também 2Tm 1,6; 2,9.

23. Também levou à condenação de Tecla à morte na estaca (*AThe* 20-22). Assim o autor de *Atos de Paulo* poderia neste ponto estar pensando não somente em *1 Clem* 5,6 mas também em *1 Clem* 6,2 (onde ζῆλος é tomado como ser responsável pela perseguição de mulheres que sofreram terríveis e profanas torturas).

martírio de Paulo. O relato do que levou à prisão de Paulo em Filipos se perdeu, mas uma vez que foi "por causa de Estratonice, esposa de Apolófanes" (*3 Cor* 2,2), é razoável supor que o ζῆλος de Apolófanes estivesse envolvido.

Portanto parece muito provável que o autor de *Atos de Paulo*, lendo *1 Clemente* e Atos, concluiu que deve ter havido quatro outras ocasiões depois do fim de Atos nas quais Paulo foi colocado em cárcere, e as registrou segundo este arranjo.[24] Isso pode sugerir de antemão que ele quis não somente completar a história de Paulo que Atos deixou incompleta, mas também utilizar, ao fazer isso, quaisquer informações que pudesse encontrar sobre a vida de Paulo após os eventos de At 28. Como veremos, ele também encontrou tais informações em algumas das cartas paulinas.

Uma razão pela qual a maior parte dos estudiosos não considerou a possibilidade de que toda a narrativa de *Atos de Paulo* pretendesse seguir-se à narrativa de Lucas em Atos é sem dúvida a crença de que *Atos de Paulo* inicia com um reconto da conversão de Paulo em Damasco. Isso certamente não é provado pelo discurso de Paulo em Éfeso no qual ele relembra sua conversão em Damasco e os eventos imediatamente subsequentes (PG). Este discurso não contém indicação de que os eventos em questão já tivessem sido narrados em um ponto anterior de *Atos de Paulo*.[25] É totalmente autoexplicado como ocorre. Entretanto, há também o fragmento Rylands copta, que parece vir de *Atos de Paulo*[26], embora isso não possa ser tomado como totalmente certo, e certamente recorda uma visita de Paulo a Damasco. Paulo foi aconselhado por indivíduos que não podem ser identificados devido ao estado fragmentário do texto a ir a Damasco e então a Jerusalém. Ouvindo isso Paulo "foi com grande alegria para Damasco", onde encontrou (presumivelmente ou a judia ou a cristã) a comunidade observando um jejum. Uma referência a "nossos pais" pode indicar que Paulo foi então representado como pregando a judeus

---

24. Outro possível caso de dependência nesta seção de *1 Clemente* está em PH 6, onde as curiosas (e infelizmente fragmentárias) citações a Davi e Nabal poderiam ter sido inspiradas por *1 Clem.* 4,13.

25. Assim Schneemelcher, "Acts of Paul", p. 218, está enganado ao utilizar esta passagem para reconstruir o conteúdo do início de *Atos de Paulo*.

26. Schmidt, op. cit., p. 118.

ou judeu-cristãos.[27] Mas apesar da confiança de Schmidt de que o contexto deste fragmento fosse o de uma narrativa da conversão de Paulo paralela a At 9,[28] de fato ela não contém nada que corresponda sequer de longe à maneira com as conversões e eventos relacionados às mesmas são recontados em Atos, Gálatas ou o *Atos de Paulo* mesmo (nas recordações de Paulo em Éfeso: PG). Não parece haver razão pela qual o fragmento não deva se referir a visitas posteriores de Paulo a Damasco e Jerusalém. Pode ser facilmente colocado na porção faltante do itinerário entre Tiro e Esmirna ou na seção de abertura perdida de *Atos de Paulo*.[29]

II. *Atos de Paulo* e as epístolas pastorais

Que haja uma relação bastante próxima entre *Atos de Paulo* e as pastorais é algo que tem sido pontuado e explicado de diferentes formas. Comparações de *Atos de Paulo* com as pastorais têm sido feitas tratando as pastorais como um todo, mas para nosso argumento será importante notar que a maior parte de pontos de contato são especificamente com 2 Timóteo.

No que diz respeito ao itinerário de Paulo, claro que as pastorais não fornecem um itinerário, mas elas se referem a um número de locais de tal maneira que afirmam ou deixam implícito que Paulo tenha estado neles. Os lugares assim mencionados em 2 Timóteo são Roma (1,17), Éfeso (1,18), Antioquia (da Pisídia), Icônio, Listra (3,11), Trôade (4,13), Corinto e Mileto (4,20), enquanto 1 Timóteo adiciona Macedônia (1,3) e Tito adiciona Creta (1,5) e Nicópolis (3,12). Esta lista de onze lugares inclui seis dos treze locais que estavam certamente no itinerário de Paulo em *Atos de Paulo* (Antioquia, Icônio, Éfeso, Macedônia [Filipos], Corinto, Roma) e um sétimo (Creta) foi muito provavelmente, como notamos, visitado por Paulo (com Tito, conforme Tito 1,5) na parte faltante do itinerário de *Atos de Paulo* entre Tiro e Esmirna.

---

27. Tradução em id., ibid., p. 117-118. O texto copta não foi publicado.

28. Id., ibid., p. 117-118; seguido por Schneemelcher, "Acts of Paul", p. 218, 237.

29. Em minha hipótese o começo da última seção de abertura recordaria sem dúvida a libertação de Paulo do cativeiro em Roma e sua viagem à Ásia Menor. Isso poderia ter sido suficiente para preencher o texto faltante no início do Papiro de Heidelberg.

Não seria difícil postular visitas aos quatro locais nas partes faltantes do texto de *Atos de Paulo*: Listra na abertura da seção imediatamente antes de Antioquia, Mileto e Nicópolis na falha entre Tiro e Esmirna, Trôade a caminho de Filipos a partir de Éfeso. Mas quer se todos ou apenas a maioria dos locais mencionados nas pastorais ocorriam no itinerário de *Atos de Paulo*, faria sentido pensar que o autor de *Atos de Paulo*, como muitos leitores das pastorais ao longo dos séculos, percebeu que as referências a locais e eventos nas mesmas (especialmente 2 Timóteo e Tito) não correspondem ao relato de Lucas das viagens missionárias de Paulo e concluiu que elas deveriam se referir a um período após o fim de Atos, que ele mesmo achou por bem descrever de tal modo que correspondesse a um relato referenciado pelas pastorais.

A evidência de pessoas comuns ao *Atos de Paulo* e as pastorais (ou melhor, neste caso, 2 Timóteo sozinha) aponta na mesma direção, e contrasta marcantemente com a falta de tais evidências no caso de *Atos de Paulo* e de Atos dos Apóstolos. Há sete pessoas que não apenas aparecem nomeadas tanto em *Atos de Paulo* quanto em 2 Timóteo, mas têm características em comum em ambos os textos: Áquila e Priscila, Demas e Hermógenes, Onesíforo, Lucas e Tito. Destes, Áquila e Priscila, encontrados em Éfeso em ambos os trabalhos (PG; 2Tm 4,19), são os menos significativos, uma vez que, como já notamos, a informação em *Atos de Paulo* de que a Igreja em Éfeso se reunía em sua casa mais provavelmente deriva de 1Cor 16,9. Demas e Hermógenes aparecem em *Atos de Paulo* como discípulos de Paulo que, em Icônio, rejeitam-no e se opõem a ele (*AThe* 1, 4, 11-16). Demas, embora apareça também em Cl 4,4 e Fm 24, aparece como um companheiro infiel de Paulo no Novo Testamento somente em 2Tm 4,10, enquanto Hermógenes é mencionado, unicamente em todo o Novo Testamento, em 2Tm 1,15, como um daqueles que na Ásia se afastaram de Paulo. Onesíforo, cuja esposa e dois filhos são nomeados (*AThe* 3), repetidamente mencionados (*AThe* 23, 26) e duas vezes descritos como seu "lar" (οἶκος: *AThe* 4, 23) no *Atos de Paulo*, aparece no Novo Testamento somente em 2 Timóteo (1,16-18; 4,19), onde também se faz repetida referência a seu "lar" (οἶκος: 1,16; 4,19). Em *Atos de Paulo*, Paulo, quando de sua chegada a Roma, encontra Lucas e Tito aí esperando-o. De Lucas é dito que vinha da Gália e Tito da Dalmácia (*MP* 1); eles permanecem em Roma até depois do martírio de Paulo (*MP* 7). Tito, que nunca é mencionado em Atos, aparece em Gálatas e 2 Coríntios, bem como em Tito, mas somente em 2 Timóteo ele é associado com a Dalmácia (4,10) em um contexto no qual há referência imediata também a Lucas, como presente com Paulo em Roma (4,11; para Lucas em Roma, cf. tb. Cl 4,15; Fm 24).[30]

Novamente, estas evidências seriam explicáveis pela assumpção de que o autor de *Atos de Paulo* pretendesse apresentar a história de Paulo como após o fim do Atos lucano. Ele portanto se esquivou de inserir personagens em sua história recolhidas de Atos, mas as colheu em bom número de 2 Timóteo, já que ele acreditava que os eventos aos quais 2 Timóteo alude deveriam ter ocorrido após o fim de Atos. Neste ponto devemos também mencionar a evidência que ele se fiou em 1 e 2 Coríntios. Uma vez que não fosse fácil encaixar os eventos e viagens às quais Paulo alude nestas cartas na narrativa de Atos, especialmente se alguém assume que Lucas não teria omitido eventos significativos e movimentos de sua narrativa, o autor de *Atos de Paulo*, sugiro, pensou que as duas cartas aos coríntios pudessem ter sido escritas durante as viagens de Paulo após a primeira soltura de seu encarceramento

---

30. É improvável que Eubulo, um presbítero da Igreja em Corinto (*3 Cor* 1,1), deva ser identificado com o Eubulo que é localizado em Roma por 2Tm 4,21. MacDonald, *Legend* 60, supõe que "Alexandre o latoeiro" (2Tm 4,15-16) é a mesma pessoa que Alexandre, um dos homens da chefia da cidade de Antioquia, que, em *Atos de Paulo*, se apaixona por Tecla, é repudiado por ela, a traz diante do governador e a faz condenada às feras no anfiteatro (*AThe* 26-36). Mas isto é improvável. É bastante difícil que o Alexandre de *Atos de Paulo* "se opõe a Paulo" (MacDonald, *Legend,* 60) ou à sua mensagem (2Tm 4,16) ou tenha infligido um grande mal a Paulo (2Tm 4,15); sua animosidade está confinada a Tecla. Como veremos abaixo, o autor de *Atos de Paulo*, ao nomear Hermógenes como "o latoeiro" (*AThe* 1), provavelmente quis identificar Hermógenes (2Tm 1,15) com Alexandre o latoeiro (2Tm 4,15).
É muito provável que o relato da visita de Paulo a Esmirna no capítulo 2 de *Vida de Policarpo* atribuída a Piônio derive da seção perdida de *Atos de Paulo* na qual Paulo visitou Esmirna imediatamente antes de sua visita a Éfeso (cf. o início de PG). A nota cronológica de que ele chegou "nos dias dos pães ázimos", e a informação de que ele instruiu cristãos de lá a respeito da Páscoa e Pentecostes, concorda com a narrativa de *Atos de Paulo*, na qual é no tempo de Pentecostes que Paulo chega a Éfeso. Neste caso, outra coincidência com 2 Timóteo a respeito de nomes de pessoas pode ser adicionada, pois "em Esmirna Paulo foi visitar Estrateias, que o tinha ouvido na Panfília, sendo filho de Eunice a filha de Loide", e encontra a Igreja se reunindo em sua casa (*Vida de Policarpo* 2). (Estrateias o filho de Loide é nomeado também em *Const. Apost.* 7.46, talvez em dependência de *Atos de Paulo*, como segundo bispo de Esmirna.) Estrateias era portanto irmão de Timóteo (como o autor da *Vida de Policarpo* aponta), cuja avó Loide e a mãe Eunice são nomeadas somente em 2Tm 1,5.

pelos romanos, isto é, durante o mesmo período ao qual 2 Timóteo e Tito se referem. Pessoas e eventos de 1 e 2 Coríntios portanto ocorrem na narrativa de *Atos de Paulo*. Estéfanas (1Cor 1,16; 16,15.17), que parece ser um líder proeminente na Igreja de Corinto na época da escrita de 1 Coríntios, aparece em *Atos de Paulo* como presbítero presidente ou bispo na Igreja de Corinto (*3 Cor* 1,1). Porque 1 Coríntios refere-se a "Áquila e Prisca, juntamente com a Igreja em sua casa" (16,19), no *Atos de Paulo* a Igreja coríntia se reúne na casa de Áquila e Priscila (PG). O fato de que, segundo *Atos de Paulo*, Tito havia evidentemente precedido Paulo em Icônio (*AThe* 2) pode ser devido ao papel que Tito parece desempenhar em 2 Coríntios, tendo sido enviado por Paulo à frente de si a lugares que Paulo pretende visitar pessoalmente mais tarde (2Cor 8,16-18.23-24; 12,18; cf. 2,13). Finalmente, no que diz respeito a pessoas, a informação de *Atos de Paulo* de que um cristão coríntio havia sido batizado por Pedro (PH 7) é sem dúvida baseado em 1Cor 1,12-17.

Em *Atos de Paulo*, Paulo visita a igreja em Éfeso no tempo de Pentecostes (PG; PH 1), é aí condenado à morte pelo governador, jogado às feras no anfiteatro, mas, escapando desta ameaça severa à sua vida (PH 1-5), vai de barco para a Macedônia (PH 5), onde visita Filipos, é aprisionado e, enquanto na prisão, recebe e responde uma carta da igreja em Corinto (*3 Coríntios)*. Escapando de trabalhos forçados em Filipos, vai a Corinto (PHeid 41-42, 44, 43, 51-52; PH 6-7). Muito deste itinerário e os eventos descritos correspondem à informação em 1 e 2 Coríntios, nas quais Paulo escreve que ele pretende permanecer em Éfeso até o Pentecostes (1Cor 16,8), que ele lutou com feras selvagens em Éfeso (1Cor 15,32) e que na Ásia passou por uma experiência na qual despediu-se da vida e achou ter recebido a sentença de morte, mas foi resgatado por Deus (2Cor 1,8-10), e que pretende ir à Macedônia e então a Corinto (1Cor 16,5-6, cf. 2Cor 2,13; 7,5; 9,2; 12,14).[31] É digno de nota que sua visita pretendida a Corinto na narrativa dos Atos de Lucas será sua terceira visita (2Cor 12,14): o autor de *Atos de Paulo* pode muito bem ter contado duas visitas a Corinto na

---

31. A visita de Paulo a Filipos em *Atos de Paulo* foi provavelmente também pretendida como o cumprimento desta intenção expressa em Fl 1,26 que, se compreendida como tendo sido escrita a partir de Roma, se referiria a uma visita a Filipos após a libertação de Paulo de seu primeiro período de prisão em Roma, i.e, após At 28.

narrativa do Atos lucano (18,1-17; 20,2-3) e pretendido ele mesmo registrar a subsequente, terceira visita. Certamente ele pretendia que *"3 Coríntios"*, escrita "em aflições", quando Paulo, tendo recebido notícias perturbadoras de Corinto, tenha começado "a derramar muitas lágrimas e murmurar", lamentando que "provação sobre provação me alcançam" (*3 Cor* 2,2-5), fosse a carta que Paulo em 2 Coríntios relatara ter escrito "com muita aflição e angústia no coração e com muitas lágrimas" (2Cor 2,4). A prática de preencher uma falha observável em uma correspondência autêntica pela escrita de uma carta pseudoepigráfica é uma prática literária antiga bem documentada.[32]

Finalmente, suportando a percepção de que o autor de *Atos de Paulo* leu tanto 2 Timóteo quanto as cartas aos coríntios como que se referindo ao mesmo período da vida de Paulo, podemos notar que o incidente central na história que ele conta sobre Paulo no anfiteatro de Éfeso é um encontro com um leão. Ele conectou 1Cor 15,32 ("lutei com animais selvagens em Éfeso") com 2Tm 4,17 ("fui resgatado da boca do leão") como referindo-se a um mesmo evento.[33]

Contudo, minha proposta de que as pastorais – ou ao menos 2 Timóteo e Tito – foram usadas pelo autor de *Atos de Paulo* como uma fonte a partir da qual ele reconstruiu eventos do período final da vida de Paulo deve ser defendida diante de uma hipótese bastante diferente sobre o relacionamento entre *Atos de Paulo* e as pastorais. Esta é a tese de D. R. MacDonald em seu livro curto, porém bem engendrado e persuasivo, *The Legend and the Apostle*.[34] MacDonald é um componente de um grupo de acadêmicos estadunidenses que deram atenção especial a aspectos dos Atos apócrifos que podem ser descritos como socialmente radicais.[35] Em particular, as mulheres que

---

32. P. ex., a sétima e décima segunda cartas de Platão referem-se a cartas por Arquitas. Cartas fictícias se apresentando como tais cartas de Arquitas foram portanto compostas, e são citadas como genuínas por Diógenes Laércio. Compare-se também o apócrifo paulino *Epístola aos Laodicenses*, pretendendo ser as cartas faltantes às quais Cl 4,16 se refere.

33. Provavelmente a "defesa" de Paulo (2Tm 4,16) em seu discurso diante do governante de Éfeso em PH 1.

34. Confira acima, nota 14.

35. Veja também S. L. Davies, *The Revolt of the Widows: The Social World of the Apocryphal Acts*. Nova York: Winson/Seabury, 1980; V. Burrus, "Chastity as Autonomy: Women in the Stories of the

são costumeiramente proeminentes nos Atos apócrifos são emancipadas das estruturas patriarcais da sociedade pela recusa em se casarem, ou (se viúvas) escolhendo permanecerem não casadas, ou (se casadas) recusando-se a coabitarem com seus maridos, em consequência da pregação do apóstolo sobre continência sexual, que é uma característica preeminente do ideal ascético da vida cristã promovida pelos Atos apócrifos, incluindo *Atos de Paulo*. Em *Atos de Paulo* há, em particular, a história de Tecla, que se recusa a casar-se, é duas vezes condenada à morte como consequência de sua determinação em manter-se celibatária, adota roupas masculinas, e é comissionada por Paulo para trabalhar como missionária cristã, pregando a Palavra de Deus. Contrastando com S. L. Davies, que considera que *Atos de Paulo* deva ter sido escrito por uma mulher,[36] MacDonald aceita a afirmação de Tertuliano (*De bap.* 17.5) de que seu autor foi um presbítero, mas postula que contadoras de histórias foram as fontes das narrativas orais que ele argumenta terem sido incorporadas por *Atos de Paulo*.[37] Ao identificar características de oralidade em grandes narrativas de *Atos de Paulo*[38] ele é capaz de argumentar que seu autor dependia de tradições orais que também eram conhecidas do autor das pastorais. Embora *Atos de Paulo* tenha sido escrito depois das pastorais, não é dependente das mesmas. Alternativamente, o autor das pastorais conhecia as mesmas lendas orais sobre Paulo que foram contadas por grupos de mu-

---

Apocryphal Acts", *Semeia* 38 (1986), p. 101-117 (com resposta por J.-D. Kaestli: p. 119-131, e resposta a Kaestli por Burrus: p. 133-135); V. Burrus, *Chastity as Autonomy: Women in the Stories of the Apocryphal Acts*. Lewinston/Queenston: Mellen, 1987; cf. tb. J.-D. Kaestli, "Les Actes Apocryphes et la Reconstitution de l'Histoire des Femmes dans le Christianisme Ancien", *FoiVie* 88 (1989), p. 71-79. Cf. a varredura bastante crítica de L. C. Boughton, "From Pious Legend to Feminist Fantasy: Dintinguishing Hagiographical License from Apostolic Practice in the *Acts of Paul/Acts of Thecla*", *JR* 71 (1991), p. 362-384, embora muito do argumento desta seja devotado a negar que a história de Tecla tenha valor histórico como evidência da prática no período apostólico e que *Atos de Tecla* ou sua história tinha valor autoritativo na Igreja.

36. Davies, *Revolt*, p. 105-109; cf. seu argumento que Tertuliano, *De bapt.* 17.5, não está se referindo a *Atos de Paulo* mas a algum outro texto apócrifo: "Women, Tertullian and the *Acts of Paul*". Semeia 38 (1986), p. 139-143, com resposta por T. W. MacKay: p. 145-149.

37. MacDonald, *Legend*, capítulo 2. Com respeito à história de Paulo em particular, este argumento é aceito por W. Rordorf, "Tradition and Composition in the *Acts of Thecla:* The State of the Question". *Semeia* 38 (1986), p. 43-52.

38. MacDonald, *Legend*, capítulo 1.

lheres cristãs socialmente radicais e foram mais tarde incorporadas por *Atos de Paulo*.

Três aspectos da percepção de MacDonald da relação entre *Atos de Paulo* e as pastorais são importantes para a discussão presente. Em primeiro lugar, ele aponta as pessoas em comum a *Atos de Paulo* e as pastorais, mas também pontua que há diferenças nas informações sobre as mesmas nos dois textos. P. ex., em *Atos de Paulo* o par de discípulos que se vira contra Paulo são Demas e Hermógenes o latoeiro (*AThe* 1), enquanto em 2 Timóteo não é Hermógenes mas outro oponente de Paulo, Alexandre, que é chamado de latoeiro (2Tm 4,14). Em *Atos de Paulo* Demas e Hermógenes são associados com uma doutrina segundo a qual a ressurreição já teria ocorrido (*AThe* 14), enquanto em 2 Timóteo esta visão é atribuída em contrário a Himeneu e Fileto (2Tm 2,18). Em *Atos de Paulo*, quando Paulo chega em Roma encontra esperando por ele Lucas da Gália e Tito da Dalmácia, enquanto 2Tm 4,10-11 traz: "Crescente foi para a Galácia (ou Gália), Tito para a Dalmácia, apenas Lucas permanece comigo". Tais combinações de semelhança e diferença sobre as quais MacDonald argumenta são mais bem compreendidas como o tipo de variações que ocorre em tradições orais.[39]

Em segundo lugar, assim como as coincidências de nomes de pessoas, MacDonald sustenta que as pastorais também aludem a episódios que são recontados em forma ampliada nos *Atos de Paulo*. Por detrás da referência em 2Tm 3,11 a perseguições que Paulo experimentou na Antioquia, Icônio e Listra, estão as histórias sobre Paulo e Tecla que *Atos de Paulo* localiza em Icônio e Antioquia. Similarmente, 2Tm 4,16-18 alude à história da experiência de Paulo em Éfeso em *Atos de Paulo*, que é uma daquelas que MacDonald demonstra ter aspectos de histórias orais.[40] Assim onde eu propus que tais textos em 2 Timóteo foram a base sobre as quais o autor de *Atos de Paulo* desenvolveu algumas de suas histórias, MacDonald argumenta que estes textos pressupõe as histórias que mais tarde foram registradas por *Atos de Paulo*.

---

39. Id., ibid., p. 59-60, 62, 65. Ele também aponta diferenças, bem como semelhanças, na informação sobre Onesíforo (60). Veja também Rordorf, "Verhältnis", p. 237-241.

40. Id., ibid., p. 61.

Em terceiro lugar, MacDonald propõe que as pastorais, ao aludirem ao mesmo corpo de lendas orais sobre Paulo que *Atos de Paulo* preservam, tinham um propósito polêmico.[41] As pastorais retratam Paulo como um conservador social para contrapor o mesmo ao Paulo socialmente radical das lendas. Este contraste entre as posturas sociais em ambos os corpos de literatura é certamente real, mesmo que MacDonald tenda a exagerar o mesmo, e é especialmente desafiador em relação a mulheres. 1 Timóteo proíbe que as mulheres ensinem (2,12), mas *Atos de Paulo* retrata Thecla como comissionada por Paulo para pregar a Palavra de Deus (*AThe* 41). O Paulo de 1 Timóteo faria com que viúvas jovens se casassem e tivessem filhos (5,14), enquanto o Paulo de *Atos de Paulo* inspira Tecla a permanecer celibatária (*AThe* 5-10). Em Tito, Paulo diz às mulheres que estas devem se submeter a seus maridos (2,5), mas em *Atos de Paulo* ele encoraja as virgens a não se casarem e as mulheres casadas a se recusarem a coabitar com seus maridos (*AThe* 5-6, 9; provavelmente *3 Cor* 2,1). Os falsos pregadores que, segundo 1Tm 4,3 proibiam o casamento e recomendavam a abstinência de determinados alimentos, se parecem suspeitamente com o Paulo de *Atos de Paulo*, que não somente desencoraja casamentos mas também usa água no lugar de vinho na Eucaristia (PH 4) e parece ser vegetariano (*AThe* 25).[42] MacDonald corretamente pontua que o ensinamento ascético de *Atos de Paulo* não está apresentado como polêmico, como se estivesse deliberadamente contraposto ao Paulo apresentado nas pastorais, como R. A. Lipsius e J. Rohde sugeriram.[43] As pastorais, por outro lado, claramente são polemistas. MacDonald sugere que, quando Paulo solicita a Timóteo que "não dê espaço a mitos profanos do tipo que são contados por mulheres velhas" (1Tm 4,7: τοὺς δὲ βεβήλους καὶ γραώδεις μύθους παραιτοῦ), o autor das pastorais esteja na verdade se referindo às lendas paulinas propagadas por grupos de mulheres cristãs livres.[44] Com base nesta tese sobre *Atos de Paulo* e as pastorais MacDonald desenvolve o argumento mais amplo de que no período pós-paulino a tradição

---

41. Id., ibid., capítulo 3.

42. Entretanto, o ponto pode ser somente que esta era uma refeição barata (cf. *AThe* 23).

43. Id., ibid., p. 63.

44. Id., ibid., p. 14, 58-59.

paulina se bifurcou e produziu duas imagens de Paulo mutuamente opostas: o Paulo socialmente radical das lendas por trás de *Atos de Paulo* e o Paulo socialmente conservador das pastorais.[45]

Esta tese fascinante explica uma característica marcante de *Atos de Paulo:* que, a despeito de seus muitos pontos de contato com 2 Timóteo, seu ensinamento sobre o ascetismo sexual é inspirado por 1Cor 7[46] ao invés das pastorais, e parece concorrer fortemente com a ênfase das pastorais na instituição do casamento. Poderia, no entanto, ser um argumento mais preciso propor que *Atos de Paulo* se opõe a relações sexuais no casamento, ao invés do casamento em si mesmo.[47] Cristãos se casavam entre si – Onesíforo e Lectra (*AThe* 2, 23), Trasímaco e Aline, Cléon e Crisa (PHeid 35), Áquila e Priscila (PG) –, e aparecem em *Atos de Paulo* sem nenhuma indicação de que não fossem casados, presumivelmente porque tais homens "têm esposas como se não as tivessem" (*AThe* 5). Não a estrutura patriarcal do casamento em si mesma, mas maridos ou noivos não convertidos que insistem em ter relações conjugais são o problema. Esta percepção não remove o contraste com as pastorais, mas recoloca tal contraste em termos significativamente diversos. A diferença é importante porque torna-se possível perceber que, supondo que o autor de *Atos de Paulo* conhecesse as pastorais, ele poderia ter percebido 1 Timóteo como inconsistente com suas visões, mas não 2 Timóteo (que não contém nada relevante sobre a matéria) ou necessariamente Tito. Ele poderia ter lido Tt 2,4-6 de maneira harmonizada com sua crença na abstinência sexual em casamentos cristãos. As exortações a mulheres jovens não casadas para serem autocontidas e castas (σώφρονας, ἁγνάς) e a jovens homens para que exercitem autocontrole (σωφρονεῖν) poderiam ser facilmente interpretadas deste modo encratista. 1 Timóteo, por outro lado, está em clara contradição com as visões de *Atos de Paulo* (especialmente 1Tm

---

45. Id., ibid., capítulo 4.

46. Note a alusão a 1Cor 7,29 em *AThe* 5.

47. Por outro lado, Y. Tissot, "Encratisme et Actes apocryphes". In: F. Bovon et al., *Les Actes Apocryphes des Apôtres*. Genebra: Labor et Fides, 1981, p. 115-116, provavelmente subestima a tendência encratista de *Atos de Paulo*. Às evidências disso deveria ser adicionada a história do leão que, após ser batizado por Paulo, encontra uma leoa "mas não se liga a ela" (PG).

2,11-15; 4,3; 5,14). Mas não devemos supor que um escritor antigo pensaria nas cartas pastorais como um grupo indissolúvel de três. Era possível haver discriminações entre as pastorais. Taciano, um contemporâneo do autor de *Atos de Paulo*, que tinha percepções semelhantes sobre sexualidade, parece ter rejeitado 1 Timóteo mas aceitado Tito.[48] O autor de *Atos de Paulo* pode ter aceitado e usado 2 Timóteo e Tito como autenticamente paulinas, mas ignorado ou rejeitado 1 Timóteo. De fato, virtualmente todos os pontos de correspondência entre *Atos de Paulo* e as pastorais – quanto aos lugares, nomes e informações circunstanciais – ocorrem de fato entre *Atos de Paulo* por um lado, e 2 Timóteo e Tito de outro.[49] Não há portanto necessidade de postular uma relação polemista entre *Atos de Paulo* e as pastorais.

Contudo, permanece a questão se as correspondências entre *Atos de Paulo*, por um lado, e 2 Timóteo e Tito, por outro, são melhor explicáveis pela tese de MacDonald da existência de tradição oral comum, que é também a posição de Rordorf[50], ou pela visão que a maioria dos estudiosos adotou: de que o autor de *Atos de Paulo* usou estas duas cartas pastorais como fonte.[51] O paralelo com o modo que ele utilizou 1 e 2 Coríntios, que já anotamos, suporta esta última percepção. Mas também há outros pontos específicos de correspondência entre *Atos de Paulo* e 2 Timóteo que são muito mais facilmente explicáveis por dependência literária do que por tradição oral comum.

A primeira é a relação entre 2Tm 4,17 e a história do encontro de Paulo com o leão em Éfeso (PG; PG 4-5). A maioria dos comentadores

---

48. cf. Jerônimo, *In ep. ad. Tit. praef.*, em Taciano, *Oratio ad Graecos and Fragments,* ed. por M. Whittaker Oxford: Clarendon Press, 1982, p. 82.

49. 1Tm 1,3 não dá informação sobre o itinerário de Paulo que o autor de *Atos de Paulo* não poderia ter derivado de 2Tm 1,18; 1Cor 15,32; 16,5-6; 2Cor 2,13. A possibilidade de que a expressão ὁ βασιλεύς τῶν αἰώνων (*MP* 2, duas ocorrências) seja uma reminiscência de 1Tm 1,17 não é grande, uma vez que era um título divino padronizado (cf. Tb 13,6.10; *1 Clem.* 61,2; Ap 15,3; *Atos de André* [Papiro de Utrecht 1, p. 15 linha 23]; M. Dibelius e H. Conzelmann, *The Pastoral Epistles* [tradução de P. Buttolph e A. Yarbro; Hermeneia; Filadélfia: Fortress, 1972] p. 30), e é usada aqui em *Atos de Paulo* para contrastar o reinado eterno de Cristo com o governo temporário de Nero.

50. Rordorf, "Verhältnis", p. 237-241; Rordorf, "Nochmals". Neste último ensaio ele passa à visão de que *Atos de Paulo* e as pastorais preservam independentemente tradições autênticas sobre o último período da vida de Paulo.

51. Sobre os que seguem esta percepção, veja MacDonald, *Legend,* p. 62-64 e 115 nota 27.

de 2 Timóteo compreendeu a afirmação "fui resgatado da boca de um leão" em Éfeso (2Tm 4,17) como sendo metafórica.[52] Há uma boa razão para assim o fazer, uma vez que as palavras (ἐρρύσθην ἐκ στόματος λέοντος) são um eco verbal exato de Sl 22,21-22 (LXX 21,21-22: ῥῦσαι ἀπὸ ῥομφαίας τὴν ψυχήν μου [...] σῶσόν με ἐκ στόματος λέοντος), onde a imagem é indubitavelmente metafórica. MacDonald ignora a alusão ao Salmo e não faz referência à possibilidade de um sentido metafórico em 2Tm 4,17, mas à luz da alusão parece mais provável, não que 2 Timóteo aluda à história contada em *Atos de Paulo*, mas que a história se fundamente em uma relação exegética com o texto de 2 Timóteo. O autor de *Atos de Paulo* tratou 2Tm 4,17 da maneira que exegetas judeus estavam acostumados a tratar o Antigo Testamento. Encontrando uma aparente referência a um episódio da vida de Paulo que não estava de fato recolhido em forma textual, ele forneceu uma história imaginativa para dar conta da referência.[53] Sua compreensão literal de uma expressão metafórica pode encontrar paralelos em outros exemplos de exegese judia e cristã, nas quais metáforas bíblicas são tomadas em significado literal e algumas vezes se tornam fontes de uma história.[54] Com este fenômeno Hilhorst também faz uma comparação de particular interesse no contexto de nossa discussão atual: ele se refere ao estudo de Lefkowitz das antigas "vidas" dos poetas gregos, nas quais ele demonstrou que muito do material biográfico das mesmas resulta de interpretações equivocadas de poemas dos ou sobre tais autores, costumeiramente tomando como literais informações de cunho metafórico.[55] P. ex., a referência por Píndaro a seu canto como "se fosse de

---

52. E.g. Dibelius & Conzelmann, *Pastoral Epistles*, p. 124; J. N. D. Kelly, *A Commentary on the Pastoral Epistles* (BNTC) Londres: A. & C. Black, 1963, p. 219; G. W. Knight III, *The Pastoral Epistles*, (NIGTC) Grand Rapids: Eerdmans; Carlisle: Paternoster, 1992, p. 471.

53. A história toma emprestado seu motivo central da popular história de Androcles e o leão: veja MacDonald, *Legend*, p. 21-23.

54. A. Hilhorst, "Biblical Metaphors Taken Literally". In: T. Baarda, A. Hillhorst, G.P. Luttikhuizen & A. S. van der Woude (eds.), *Text and Testimony* (A. F. J. Klijn FS) Kampen: J. H. Kok, 1988, p. 123-129, considera alguns exemplos, incluindo este. Note também *ApAbr* 8.4-6 (discutido abaixo), que cria uma história parcialmente com base na compreensão da "casa paterna" de Abraão (Gn 12,1) como sendo o edifício no qual viviam.

55. Hillhorst, "Biblical Metaphors", p. 129-131, referindo-se a M. R. Lefkowitz, *The Lives of the Greek Poets*. Londres: Duckworth, 1981.

uma abelha" (*Pyth.* 10.45) resultou numa anedota segundo a qual uma abelha constrói uma colmeia em sua boca.[56] Um exemplo similar com referência a um escritor de prosa é a história de que Luciano foi morto por cães parece ser baseada em sua própria afirmação: "Quase fui partido ao meio por cínicos como Acteon o foi por cães ou seu primo Penteu por mulheres" (*Peregr.* 2).[57] Parece que o autor de *Atos de Paulo* usou um método estabelecido de derivar informação bibliográfica sobre suas personagens dos textos disponíveis, que pode ter paralelos demonstrados tanto na exegese cristã e judia de escritura quanto na biografia helênica.

Ele também seguiu a prática exegética judia de interpretar vários textos em conexão uns com os outros. Evidentemente e muito naturalmente, ele conectou 2Tm 4,17 a 1Cor 15,32 como referindo-se ao mesmo evento[58], e tomou este último texto tão literalmente quanto aquele.[59] Além disso, ele provavelmente notou a proximidade verbal bastante próxima entre 2Tm 4,17-18 (ἐρρύσθην ... ῥύσεταί με) e 2Cor 1,10 (ἐρρύσατο ἡμᾶς καὶ ῥύσεται), e utilizou o princípio exegético judeu de *gezerâ shawâ* (segundo o qual passagens nas quais as mesmas palavras ocorrem podem ser utilizadas para se interpreta-

---

56. Lefkowitz, *Lives*, p. 59, 155-156. Note também a história da morte de Hesíodo, desenvolvida a partir de uma linha de um de seus poemas. Lefkowitz, ibid., p. 4.

57. Id., ibid., p. 90, n. 12 (citado por Hillhorst, "Biblical Metaphors", p. 130). A história é relacionada com uma similar sobre Eurípides (Lefkowitz, *Lives*, p. 90), bem como a história de Paulo e o leão reflete a história de Androcles e o leão.

58. Note as palavras, "O Deus do homem que lutou com as feras!" (ὁ τοῦ ἀνθρώπου θεὸς τοῦ θηριομαχήσαντος) (PH 5); cf. 1Cor 15,32: κατὰ ἄνθρωπον ἐθηριομάχησα.

59. Se a referência a Paulo lutando com animais selvagens (1Cor 15,32) era compreendida metaforicamente ou literalmente é um objeto de debate: a maioria dos comentadores pensa que era metafórico, mas também há estudiosos que a consideram literal: e.g. C. R. Bowen, "I fought with Beasts at Ephesus", *JBL* 42 (1923) p. 59-68; G.S. Duncan, *St. Paul's Ephesian Ministry*. Londres: Hodder & Stoughton, 1929, p. 126-131; M. Carrez, "Note sur les événements d'Éphèse et l'appel de Paul à sa citoyenneté romaine". In: *À cause de l'Évangile: Études sur les Synoptiques et les Actes* (J. Dupont FS; FD 123) Paris: Éditions du Cerf, 1985, p. 776-777.
Rordorf, "Verhältnis", p. 234, aceita que 1Cor 15,32 é a fonte da história de Paulo no anfiteatro de Éfeso em *Atos de Paulo*, mas ele não lida com 2Tm 4,17. MacDonald, *Legend*, p. 23; MacDonald, "A Conjectural Emendation of 1Cor 15,31-32: Or the Case of the Misplaced Lion Fight", *HTR* 73 (1980), p. 265-276, pensa que a história do encontro de Paulo com o leão já estivesse circulando no tempo da composição de 1 Coríntios foi acreditada por eles mas desmentida em 1Cor 15,32. Esta tese, que envolve postular uma interpolação em 1Cor 15,31, é "muito complicada para ser convincente" (Hillhorst, "Biblical Metaphors", p. 129 n. 21).

rem mutuamente) para relacionar 2Cor 1,8-10 também ao mesmo evento.[60] É possível que uma história baseada nestas referências nas cartas paulinas tenha se originado em primeiro lugar em histórias orais[61], mas as características de estilo oral que MacDonald aponta na história não o requeiram necessariamente. Um escritor familiarizado com contações orais, talvez ele mesmo um contador, provavelmente empregaria características de contação oral quando compondo uma história escrita.[62]

Um segundo exemplo no qual uma relação exegética de *Atos de Paulo* com 2 Timóteo é mais plausível do que o uso em comum de tradições orais é a referência que ambos os textos fazem ao ensinamento falso de que a ressurreição já teria ocorrido (2Tm 2,18: τὴν ἀνάστασιν ἤδη γεγονέναι). Em *Atos de Paulo* estes ensinamentos estão relacionados à história de Paulo e Tecla. Thamyris, noivo de Tecla a quem ela repudia para permanecer solteira, entra em conversas com Demas e Hermógenes, companheiros de Paulo que se voltaram contra ele. Eles dizem que Paulo ensina que permanecer celibatário é uma condição para participar da ressurreição que há de vir (*AThe* 12). Em oposição ao ensinamento de Paulo, Demas e Hermógenes interpretam a ressurreição de uma forma segundo a qual, ao invés de requerer abstinência de casar-se, positivamente requer o casamento: "lhe ensinaremos sobre a

---

60. Penso que é bastante possível que, ao contar histórias nas quais tanto Tecla (*AThe* 27-37) quanto Paulo são condenados às feras mas protegidos das mesmas, o autor de *Atos de Paulo* tinha em mente Inácio, *Rm* 5,2: "Anseio pelos animais selvagens que me foram preparados, [...] irei até mesmo os provocar para me devorar o mais rápido possível, não como o que ocorreu a alguns que eles não tocaram por medo (τινῶν δειλαινόμενα οὐχ ἤψαντο)." Compare as palavras do governador a Tecla, "nenhuma das bestas lhe tocou", e as palavras da própria Tecla, "nenhuma das bestas me tocou (οὐδὲ ἕν τῶν θηρίων ἥψατό μου)" (*AThe* 37). O tema também é encontrado na *Carta das igrejas de Vienne e Lião*, que curiosamente utiliza para a mártir Blandina quase as mesmas palavras utilizadas por Tecla em *AThe* 37: μηδενὸς ἀψαμένου τότε τῶν θηρίων αὐτῆς (*apud* Eusébio, *Hist. eccl.* 5.1.42). Seria esta uma evidência da influência de *Atos de Paulo* na *Carta*? Veja também Gregório de Tours, *Vida de André* 18 (refletindo o antigo *Atos de André*), no qual André não é tocado pelos animais selvagens lançados sobre ele na arena, inclusive um touro, que "não tocou André" (*Andream non attigit*).

61. Uma consideração sobre isso dependerá em parte de se a referência à história por Hipólito, *In Dan.* 3.29, é considerada como uma referência a *Atos de Paulo*. Se esta afirmação de que o leão caiu aos pés de Paulo e lhe lambeu corresponde precisamente ao texto de *Atos de Paulo* é impossível de ter certeza devido ao estado fragmentário de PH 4 neste ponto (veja Schmidt, *ΠΡΑΧΕΙΣ ΠΑΥΛΟΥ*, 38), mas é certamente plausível como uma reminiscência do texto (e cf. *AThe* 28, 33; PG).

62. Cf. J.-D. Kaestli, "Response", *Semeia* 38 (1986), p. 129.

ressurreição que ele diz que há de vir, a qual na verdade já ocorreu (ἣν λέγει οὗτος ἀνάστασιν γενέσθαι, ὅτι ἤδη γέγονεν) nas crianças que temos" (*Athe* 14).[63] Apesar de a referência a este falso ensinamento em 2 Timóteo poder ser compreendida facilmente como aludindo a um visão realmente corrente – uma visão espiritualizada da ressurreição como ocorrendo na experiência presente – este não é o caso de *Atos de Paulo*. Que a ressurreição ocorra no nascer de crianças certamente não é uma visão que tenha sido proposta por mestres cristãos, mas na verdade uma interpretação engenhosa do significado de 2Tm 2,18 ocasionada por um desejo de situar este ensinamento no contexto da história de Paulo e Tecla. Além disso, a atribuição de tais ensinamentos a Demas e Hermógenes (aos quais os mesmos não o são em 2 Timóteo) pode ser compreendida como uma consequência da descrição de Demas como "apaixonado pelo mundo presente" (2Tm 4,10). Uma vez que ele está apaixonado pelo mundo presente, a ressurreição no mundo vindouro não tem para ele qualquer valor e assim ele diz que já ocorra neste mundo através da prosaica atividade deste mundo de ter-se filhos. Que o amor pelo mundo presente de Demas esteja em vista nesta passagem de *Atos de Paulo* também é demonstrado pelo fato que Thamyris aceita o conselho de Demas e Hermógenes com grande provisão de dinheiro, comida e vinho (*AThe* 11, 13). Tudo isso é mais facilmente compreendido se 2 Timóteo for a versão original da afirmação de que a ressurreição já ocorreu, enquanto a história de *Atos de Paulo* for uma exegese da mesma.[64]

---

63. A expressão que se segue – "e que nos erguemos novamente e que viemos a conhecer o verdadeiro Deus" – é uma explicação alternativa da noção de que a ressurreição já ocorreu. Ela serve ao contexto menos bem do que a primeira explicação, e está ausente nas versões siríaca e latina, portanto pode não ser original.

64. Alguns outros possíveis exemplos de dependência em *Atos de Paulo* do texto de 2 Timóteo podem ser mencionados aqui, embora não tenham grande peso em si mesmos: a referência a Demas e Hermógenes discutindo entre si (*AThe* 11: εἰς ἑαυτοὺς μαχόμενος) pode refletir 2Tm 2,23-24 (μάχας, μάχερθαι); PH 6 ("exceto em o Senhor me concedendo poder [δύναμιν]") pode depender de 2Tm 1,8; o uso extensivo, na seção seguindo-se à chegada de Paulo na Itália, da metáfora militar de cristãos como "soldados de Cristo" (στρατιῶται Χριστοῦ) no exército de Cristo rei destes (PH 8; *MP* 2-4) pode ser inspirado em 2Tm 2,3-4; 4,18 (cf. tb. *Atos de Pedro*: Martírio 7); o curioso incidente do leite na execução de Paulo (*MP* 5) pode ser uma tentativa de interpretação literal da metáfora de 2Tm 4,6.

Se tais exemplos contam contra a teoria de MacDonald de tradição oral em comum, então outra explicação precisa ser encontrada para o fato de que há diferenças, bem como semelhanças, nas informações sobre pessoas em 2 Timóteo e *Atos de Paulo*. Uma vez que o autor de *Atos de Paulo* parece ter trabalhado acentuadamente sobre o texto de 2 Timóteo, não é muito plausível invocar mera falta de cuidado ou falha de memória. Ao invés, a explicação deve ser tomada como deliberada exegese de 2 Timóteo pelo autor de *Atos de Paulo*.

Tomaremos, como primeiro exemplo, o caso de Demas e Hermógenes. Em 2 Timóteo há três pares de discípulos apóstatas ou falsos mestres:

2Tm 1,15	Figelo	e	**Hermógenes**
	se voltaram contra mim		
2Tm 2,17	Himeneu	e	Fileto
	desviaram-se da verdade ao clamarem que a ressurreição já ocorreu		
2Tm 4,10.14	**Demas**	(e)	Alexandre **o latoeiro**
	Demas, apaixonado com o mundo presente, desertou-me. Alexandre me fez tanto mal, se opondo ferozmente à nossa mensagem.		

(O terceiro par não é estritamente um par no texto de 2 Timóteo, onde Demas e Alexandre são separados por três versos, mas eles são as duas pessoas na passagem sobre as quais derrogatórias são apresentadas.) O autor de *Atos de Paulo* parece ter identificado o primeiro e terceiro destes pares. Ao chamar seu par de falsos discípulos de "Demas e Hermógenes o latoeiro" (*AThe* 1) ele deliberadamente agrupa os dois pares em um. Sem dúvida sua base para assim proceder é que o que é dito sobre Figelo e Hermógenes – que eles viraram as costas para Paulo – é equivalente ao que é dito sobre Demas – que ele desertou Paulo. Como vimos, o autor de *Atos de Paulo* também atribuiu a Demas e Hermógenes o ensinamento que em 2 Timóteo é atribuído ao segundo dos três pares: Himeneu e Fileto. Novamente, isto é explicável. Alexandre o latoeiro é apresentado como tendo se oposto violentamente à mensagem de Paulo (2Tm 4,15), e assim (o autor de *Atos de Paulo* provavelmente arrazoou) ele deve ter ensinado o único item de falso ensinamento ao qual 2 Timóteo refere-se: que a ressurreição já tenha ocorrido. Além disso, já sugerimos que tal ensinamento é apropriadamente atribuído a Demas, de quem é dito que estivesse "apaixonado pelo mundo presente" (2Tm 4,10). Talvez o autor de *Atos de Paulo* simplesmente tenha pensado apropriado que Demas e Hermógenes tenham ensinado o mesmo ensinamento que Himeneu e Fileto propagaram. Mais provavelmente ele identificou os dois com Himeneu e Fileto, assim agrupando os três pares em um.[65] Dois comentários podem ser feitos em favor da plausibilidade de tal como seu procedimento exegético. Em primeiro lugar, colapsar os três pares em um é uma técnica de contação de histórias conhecida e eficiente. Ela permite que uma história seja contada sobre estes. Em segundo lugar, é um exemplo de um tipo de técnica exegética que era comum em exegese judia. Personagens da escritura que parecem ao leitor moderno serem pessoas bastante distintas podiam ser exegeticamente identificadas com base em algum tipo de ligação exegética entre si. Provavelmente o exemplo mais bem conhecido seja a identificação entre Fineias e Elias[66], baseada no fato de serem ambos notáveis por seu zelo por Deus (Nm 25,10-13; 1Rs 19,10.14).

Em um segundo caso, o de Tito e Lucas, o autor de *Atos de Paulo* pode ter percebido o texto de 2 Timóteo como de difícil compreensão e deliberadamente o corrigido. 2Tm 4,10 poderia ser lido como expondo Tito e Demas como paralelos; assim Tito, como Demas, teria desertado. O autor de *Atos de Paulo*, naturalmente descontente com esta implicação, lê o texto de maneira a significar que Tito foi para a Dalmácia, mas depois estaria com Paulo em Roma. Para evitar o paralelismo entre Demas e Tito ele criou um paralelo entre Tito e o discípulo que, segundo 2Tm 4,11, certamente permaneceu fiel a Paulo até o fim: "Estavam esperando por Paulo em Roma Lucas, da Gália,

---

65. Esta redução de todos os oponentes de Paulo e 2 Timóteo a apenas um par deles pode dever algo a 2Tm 3,8; onde os falsos mestres são comparados com Janes e Jambres, que se opuseram a Moisés.

66. Veja R. Hayward, "Phinehas – the Same Is Elijah: The Origins of a Rabbinic Tradition", *JJS* 29 (1978), p. 22-34; M. Hengel, *The Zealots* (tradução D. Smith) Edimburgo: T. & T. Clark, 1989; p. 162-168. O exemplo mais antigo parece ser *L.A.B.* 48:1.

e Tito da Dalmácia" (*MP* 1). Se isso parece mais com contradição a 2 Timóteo do que exegese de 2 Timóteo, devemos lembrar que a exegese judia era bastante capaz de efetivamente corrigir o sentido exato do texto hebraico do Antigo Testamento quando seu significado fosse inaceitável.[67]

III. As fontes e composição de *Atos de Paulo*

Nesta seção devemos sumarizar nossas percepções com respeito à maneira pela qual o autor de *Atos de Paulo* utilizou-se de literatura anterior por e sobre Paulo, e acrescentar algumas observações adicionais na maneira com que compôs sua narrativa. Comparações com outras peças literárias serão feitas no decurso desta discussão, mas o objetivo ainda não é discutir explicitamente o gênero de *Atos de Paulo*, e sim preparar o caminho para uma discussão de gênero na próxima seção.

O autor de *Atos de Paulo* conhecia Atos dos Apóstolos e as cartas paulinas, e a partir de sua leitura das últimas concluiu que a história de Paulo em Atos estava incompleta, não somente porque ele não registra seu martírio, mas também porque, após os eventos registrados em Atos, Paulo se envolveu em outras viagens missionárias no Mediterrâneo ocidental antes de retornar a Roma e sofrer martírio. Ele concebeu seu trabalho, portanto, como um tipo de sequência a Atos, continuando a história da carreira missionária de Paulo e terminando com seu martírio.

Como fontes para sua narrativa ele utilizou, em primeiro lugar, aquelas cartas paulinas que ele acreditava terem sido escritas no período de vida de Paulo (1 e 2 Coríntios, 2 Timóteo, Tito) e que a partir de então o supriram com referências a lugares visitados por Paulo, pessoas associadas a Paulo, e

---

67. Um exemplo rapidamente inteligível é Dt 26,5 onde, para evitar as implicações de que Abraão fosse um gentio (arameu), a Septuaginta lê o texto não como "Um arameu foi meu pai", mas como "meu pai deixou a Síria" (veja mais em D. Instone Brewer, *Techniques and Assumptions in Jewish Exegesis before 70 C.E.* [TSAK 30] Tubinga: Mohr (Siebeck), 1992, p. 178). Um exemplo instrutivo, porque é difícil encontrar uma razão para tal, é *L.A.B.* 31:3, onde a afirmação de que Sísera fugiu em seu cavalo parece contradizer a informação repetida no texto bíblico de que ele fugiu a pé (Jz 4,15.17). Mas muitos exemplos de trabalhos do gênero de "reescrita bíblica" (*Jubilees*, *Apócrifos do Gênesis*, *L.A.B.*, *Antiguidades* de Josefo) poderiam ser dados para demonstrar que tais exegetas não hesitavam em interpretar o texto bíblico de tal modo que com efeito o corrigiam.

eventos da vida de Paulo neste período. Ele também fez uso cauteloso do sumário breve dos sofrimentos de Paulo por Clemente (*1 Clem.* 5,5-7). Seu uso de tais fontes demonstra que ele estava preocupado em conformar seu relato o máximo possível com o que pudesse ser apreendido a partir de fontes que ele certamente tomou como boas fontes históricas. Entretanto, estas fontes como tal supriam somente fatos em detalhamento mínimo, como que Paulo tenha sido perseguido em Antioquia, Icônio e Listra (2Tm 3,11) ou que ele foi aprisionado quatro vezes durante o período coberto por *Atos de Paulo*. Elas não forneciam as histórias de que o autor precisava para construir uma narrativa do período final da vida de Paulo. Em parte, portanto, seu trabalho consiste em histórias que ele, como contador de histórias hábil, criou para atender as referências de suas fontes textuais. Sua história das experiências de Paulo em Éfeso, p. ex., devem ter parecido a ele o tipo de coisa que deve ter acontecido para suportar o que Paulo diz em 1Cor 15,32; 2Cor 1,8-10 e 2Tm 4,16-18.

Este tipo de exegese criativa pode ter paralelos, como já percebemos, tanto nas práticas biográficas helenísticas quanto na exegese escriturística judia. Biógrafos antigos de escritores, diante da ausência de dados biográficos sobre seus biografados, eram costumeiramente obrigados a fazer deduções interessantes a partir de alusões vagas nos escritos dos próprios biografados, algumas vezes criando histórias com base em referências bastante breves.[68] De modo similar, exegetas judeus antigos frequentemente se ocupavam de contação de histórias criativas para explicar aspectos do texto bíblico ou para satisfazer a curiosidade sobre personagens bíblicas. Para dar um exemplo breve, para dar conta do fato de que, em Nm 22,6, Balac parece já estar bastante familiarizado com a eficiência da praga de Balaão, Pseudo-Filo, *L.A.B.* 18:2 cria uma breve história da atividade de Balaão antes de sua aparição na narrativa bíblica. Não é uma narrativa por si mesma inventiva, mas um tipo de conjectura histórica imaginativa. Um exemplo mais bem conhecido, que dá um bom paralelo à história de Paulo no anfiteatro de Éfeso, são as várias histórias sobre Abraão escapando do fogo. Exegetas judeus leem אור em Gn

---

68. Veja especialmente Lefkowitz, *Lives.*

11,28.31; 15,7 como "fogo" ao invés de "Ur". Interpretando Gn 11,28 desta maneira ("Arã morreu... no fogo dos caldeus"), *Jubilees* 12,12-14 conta uma história na qual Abraão incendeia a casa dos ídolos, seu irmão Harã corre para resgatar os ídolos e perece no fogo (veja também *Tg. Ps.-Jon.* Gn 11,28). No *Apocalipse de Abraão* a história diz respeito ao livramento de Abraão do fogo (Gn 15,7): assim como Abraão obedece ao mandamento de Deus para deixar a "casa de seu pai" (Gn 12,1, compreendido literalmente), fogo do céu queima a casa de Terá e tudo dentro dela, inclusive o próprio Terá (8,4-6). A história mais elaborada ocorre em *L.A.B.* 6, na qual Abraão é miraculosamente resgatado por Deus de uma grande e furiosa fornalha (cf. Gn 15,7, que *Tg. Ps.-Jon.* Gn 15,7 lê como, "Eu sou o SENHOR que o trouxe para fora da fornalha dos caldeus"). Outras versões desta história ocorrem em literaturas judias posteriores (*Gen. Rab.* 38:13; 44:13; *b. Pes.* 118a; *b. 'Erub.* 53a; *Tg. Ps.-Jon.* Gn 11,28; *Sefer ha-Yashar* 6-9).[69] A variedade de histórias criadas para explicar os mesmos textos pode indicar que eles não eram tomados muito literalmente, mas compreendidos segundo exercícios de imaginação histórica.

Uma história deste tipo não é necessariamente criada *ex nihilo*. Outras histórias trariam modelos e motivos.[70] Assim a mais popular das histórias de Abraão e o fogo foi em parte inspirada pela história dos três jovens na furiosa fornalha de Dn 3, da qual emprestou os maiores motivos. De forma similar, ao construir uma história sobre Paulo em Éfeso para explicar as alusões paulinas, o autor de *Atos de Paulo* modelou sua história segundo a popular lenda de Androcles e o leão.[71] Em sua descrição dos eventos que levaram à prisão

---

69. Sobre as histórias de Abraão e o fogo, veja G. Vermes, *Scripture and Tradition in Judaism* (StPB 4) Leiden: Brill, 1961, p. 68-75; R. Bauckham, 'The *Liber Antiquitatum Biblicarum* of Pseudo-Philo and the Gospels as 'Midrash'". In: R. T. France & D. Wenham (eds.), *Gospel Perspectives III: Studies in Midrash and Historiography*. Sheffield: JSOT Press, 1983, p. 41-43.

70. Veja também a nota 57, acima.

71. MacDonald, *Legend,* p. 21-23. (Na primeira parte da história de Paulo e o leão [PG], note também a alusão a Is 11,6-7 e a referência explícita a Daniel na cova dos leões.) Não há nada anômalo sobre este uso de contos folclóricos como motivo. Tais motivos frequentemente ocorrem em histórias judias extrabíblicas sobre personagens bíblicas. Sobre o uso de contos populares em novelas gregas, veja G. Anderson, *Ancient Fiction: The Novel in the Graeco-Roman World*. Londres/Sydney: Croom Helm/Totowa, New Jersey: Barnes & Noble, 1984, capítulo 11.

de Paulo e sua condenação às feras (PG; PH 1), ele também se inspirou em At 19,23-27, embora sem criar simplesmente uma duplicação do relato de Paulo. Finalmente, provocado pela aparente atribuição por Clemente da prisão de Paulo a "ciúmes" (*1 Clem.* 5,5-6), ele engendrou uma subtrama sobre a esposa do pró-cônsul Artemilla e Eubula, esposa de um escravo liberto deste, que são batizados por Paulo e geram raiva de seus esposos pela devoção das mesmas a Paulo (PH 2-5). Esta subtrama é uma versão de um motivo comum nos Atos apócrifos (cf. a história de Maximila e Ifidama em *Atos de André* e a história de Xantipa em *Atos de Pedro*).

Anotamos um número de exemplos da maneira pela qual o autor de *Atos de Paulo* emprega práticas exegéticas que pertencem à tradição de exegese judia da Escritura e caracterizam a literatura conhecida como "Bíblia reescrita". Outro exemplo ocorre na reminiscência de Paulo sobre sua conversão, na qual se refere ao "ditoso Judas, irmão do Senhor" (PG). O Judas em cuja casa Paulo ficou em Damasco, segundo At 9,11 foi aqui identificado como o irmão do Senhor com o mesmo nome. A identificação permite ao autor de *Atos de Paulo* supor que Judas o irmão do Senhor deva ter apresentado Paulo à comunidade de crentes cristãos em Damasco, e assim expandir e elaborar a informação dada em Atos sobre a introdução de Paulo na fé cristã. É um exemplo da prática regular judia de exegese de iluminar a identidade de personagens bíblicas obscuras ao identificar as mesmas com personagens mais bem conhecidas que tinham nomes iguais ou semelhantes.[72] A mesma prática com respeito às personagens do Novo Testamento é bem evidenciada pela literatura cristã do segundo século.[73]

Claro, nem todas as histórias sobre Paulo em *Atos de Paulo* são intimamente relacionadas a informações que o autor derivou de cartas paulinas e *1 Clemente*, embora um surpreendentemente grande número delas está de

---

72. E.g. Joel filho de Samuel (1Sm 8,2) foi identificado com Joel o profeta (*Num. Rab.* 19:5); Jobab (Gn 36,33; 1Cr 1,44) foi identificado com Jó (LXX Jó 42,17c-d; *T.Job* 1,1; Aristeias Exegeta, *ap.* Eusébio, *Praep. ev.* 9.25.1-3); Amós pai de Isaías foi identificado com o profeta Amós (*Asc. Isa.* 1:2; 4:22).

73. Veja Bauckham, "Papias and Polycrates on the Origin of the Fourth Gospel" *JTS* 44 (1993), p. 30-31; 42-43.

fato ligado ao esquema fornecido por tais fontes. Algumas das outras (como a história de Artemilla e Eubula já mencionadas) são variações de modelos narrativos dados por outros trabalhos sobre apóstolos. Assim, a história de Pátroclo (*MP* 1) é inspirada pela história de Lucas sobre Êutico (At 20,7-12), enquanto a visão que Paulo tem, a caminho de Roma, de Jesus informando a ele que está indo ser crucificado novamente (PH 7) é moldada segundo a famosa "Quo vadis?", história de *Atos de Pedro* (*Act. Verc.* 35).[74] Este tipo de repetição de motivos narrativos e padrões parecem artificiais aos leitores modernos. Tais histórias tendem a perder sua credibilidade quando reconhecemos sua semelhança com outras. Mas esta é uma reação moderna. O uso de motivos e padrões familiares é constante em todas as formas de literatura narrativa antiga.[75] Leitores antigos deviam sentir que, p. ex., a história de Pátroclo era o tipo de coisa que poderia ter acontecido a Paulo precisamente porque este tipo de evento era familiar a partir da história de Lucas sobre Êutico. Mesmo a história de Paulo e o leão provavelmente ganharia credibilidade ao invés de perder por conta de sua semelhança com o bem conhecido conto popular.[76] Quanto mais histórias sobre milagres de ressurreição operados por apóstolos os leitores lessem ou ouvissem, mais eles esperariam ouvir e menos ficariam surpresos pela sua frequência em *Atos de Paulo*. Isto não equivale a dizer que tais histórias não seriam necessariamente aceitas como

---

74. Uma vez que Pedro morra por crucifixão mas Paulo não, é claro que a história foi originalmente contada sobre Pedro, não Paulo. Este pode ser o resultado de dependência literária de *Atos de Paulo* em relação a *Atos de Pedro,* ou pode ser que a história sobre Pedro fosse conhecida antes de sua incorporação em *Atos de Pedro.* Que haja uma relação literária entre *Atos de Paulo* e *Atos de Pedro* parece claro a partir de outras evidências, mas a direção de dependência não é fácil de estabelecer: Sou inclinado a pensar que *Atos de Paulo* é dependente da forma original de *Atos de Pedro* (do qual tomou emprestada a história do "Quo vadis?"), mas que *Atos de Pedro* em sua forma redacional posterior, como temos em Atos de Vercelli, é por sua vez dependente de *Atos de Paulo*. A história do "Quo vadis?" pode ter sido originalmente exegese de Jo 13,36-37. Veja R. Bauckham, "The Martyrdom of Peter in Early Christian Literature", *ANRW* II.26.1 (1992), p. 579 = acima, capítulo 14 item X deste volume, p. 417.

75. Note os interessantes destaques, com referência a novelas, feitas por J. R. Morgan, "History, Romance and Realism in the *Aithiopika* of Heliodorus", *Classical Antiquity* 1 (1982), p. 263-264, e especialmente a p. 248 para compreender o fenômeno que discute.

76. Note como Hipólito, *In Dan.* 3,29, argumenta em favor da credibilidade da história de Daniel na cova dos leões a partir do fato de que ela lembra a história de Paulo e o leão (seja em que forma a conhecesse).

fatos históricos, mas que elas seriam críveis ao menos como exercícios de historiografia imaginativa (realística, se não real).

A história de Tecla é de especial interesse porque é a única parte de *Atos de Paulo* na qual uma personagem diferente de Paulo toma o centro do palco e porque tem uma relação muito próxima a novelas gregas que contam a história de dois amantes (como a *Quérias e Calírroe*, de Caritão, ou *Efesíacas*, de Xenofonte). Até certo ponto, a história de Artemila e Eubula (PH 2-5), como outras histórias nos Atos apócrifos de mulheres que abandonam ou negam direitos conjugais a seus esposos para seguir o ensinamento de um apóstolo, também emprega um tema erótico reminiscente das novelas gregas e foi provavelmente pensada para ter apelo entre o público, especialmente de mulheres, que gostavam de tal literatura. Mas o tema da castidade não é explicitamente desenvolvido na história de Artemila e Eubula, como na história de Tecla, enquanto esta última tem tantas semelhanças com novelas gregas[77] que a mesma deve ser considerada como um equivalente deliberado e em menor escala a tais novelas. Tecla, como as heroínas das novelas, é uma jovem muito bonita que preserva sua castidade e permanece fiel ao seu amado ao longo de perigos e provações nos quais ela se aproxima da morte mas experimenta o favor divino. Thamyris e Alexandre são pretendentes não correspondidos e tais como os que aparecem em novelas. Ao contrário das heroínas de novelas, claro, a castidade de Tecla não é temporária, mas permanente, e representa sua total devoção a Deus. Mas sua devoção a Deus é também devoção a seu apóstolo, Paulo, e o autor não hesita em apresentar tal devoção em termos que, se não pretendidos sexuais, são paralelos ao erótico (cf. *AThe* 8-10, 18-19). Como no caso dos heróis e heroínas nas novelas, a trama por vezes se separa em tramas de Paulo e Tecla isoladamente, sua procura e encontros com ele (*AThe* 21-25, 40-41). A oferta de Tecla para cortar seu cabelo curto para poder seguir Paulo onde quer que ele vá (*AThe* 25) e sua adoção de vestes masculinas quando viaja à procura de Paulo (*AThe* 40) podem não ser sinais de sua liber-

---

77. Veja especialmente T. Hägg, *The Novel in Antiquity*. Oxford: Blackwell, 1983, p. 160.

tação de estruturas patriarcais, como MacDonald[78] e outros interpretam, mas ecoam o tema novelístico de uma mulher viajando disfarçada como homem para escapar de ser percebida.[79] Os círculos ricos da alta sociedade nos quais a história é ambientada, incluindo a figura histórica de Trifena[80], parente do imperador, também são consonantes com as características das novelas gregas. Parece claro que a história de Tecla tenha sido modelada especificamente a partir dos temas das novelas eróticas gregas[81], tanto para entreter um público de leitores similar ao que gostava desta literatura[82], mas também para expressar a mensagem do autor de continência sexual em nome da devoção a Deus de maneira simbolicamente atraente.[83]

Uma base histórica para a história de Tecla, que tem sido costumeiramente postulada[84], não precisa ser completamente negada, mas é improvável que seja muito mais substancial que o tipo de base da exegese das cartas paulinas que o autor tinha para outras histórias. Que Tecla tenha sido uma personagem histórica, uma discípula de Paulo que fez trabalhos missionários em Selêucia (*AThe* 43), é provavelmente tudo que o autor de *Atos de Paulo* sabia a partir de tradição oral.[85] Uma vez que ele evidente-

---

78. MacDonald, *Legend*, p. 19-20.

79. Cf. Xenofonte, *Ephesiaca* 5.1.4-8, citado em Hägg, *Novel,* 25.

80. Sobre Trifena veja Ramsay, *Church*, p. 382-389: ela era rainha de Ponto e uma parente do Imperador Cláudio. Se sua aparição na história pousa sobre uma identificação da mesma com a Trifena de Rm 16,12, quando ou sua identificação foi tomada pelo autor de *Atos de Paulo* de tradição anterior ou de outro modo ele não teria notado que sua cronologia colocaria a referência de Paulo a ela em Romanos antes de sua conversão ao cristianismo na história de Thecla.

81.Veja J.-D. Kaestli, "Les principales orientations de la rechercher sur les Actes apocryphes". In: Bovon et al., *Les Actes Apocryphes*, p. 66-67, sobre a dependência de motivos eróticos dos Atos apócrifos de novelas gregas, contrário à tese de R. Söder, para quem a relação era indireta.

82. cf. Hägg, *Novel*, p. 161. O trabalho de Hägg é notável por sua tentativa de caracterizar a leitura das novelas (cap. 3: "The Social Background and the First Readers of the Novel") e tem implicações interessantes para a leitura dos Atos apócrifos.

83. Um paralelo instrutivo é a maneira pela qual o tema do amor romântico, que era característico da literatura secular e cultura da Europa do século XII, foi usado, especialmente por Bernardo de Claraval, como uma imagem de devoção monástica e união mística com Deus: J. Leclercq, *Monks and Love in Twelfth-Century France*. Oxford: Clarendon Press, 1979.

84. Veja a amostragem de tal estado da arte em Rordorf, "Tradition and Composition", p. 46-47.

85. Boughton, "Pious Legend", p. 381-382, é ainda mais cética, mas sua sugestão de que Tecla fosse na verdade uma mártir do segundo século é muito insegura. A ideia de que Tecla fosse realmente uma contemporânea de Paulo pode ser suportada parcialmente pelo fato de que a

mente vivia na Ásia Menor (Tertuliano, *Bapt.* 17), ele deve ter feito uso de algumas outras tradições locais sobre Paulo, mas há muito pouco para indicar isso.[86]

Se o elemento erótico de *Atos de Paulo*, especialmente a história de Tecla, é devido à influência do gênero de novela, o mesmo poderia ser dito do tema das viagens, que costura toda a estrutura narrativa como um relato das viagens de Paulo. Viajar é um tema proeminente em todos, se não todos, os Atos apócrifos, e também o é em muitas, senão todas, as novelas eróticas gregas, e tem sido tomado como uma característica novelística dos Atos apócrifos.[87] Mas a função das viagens é bastante diferente em *Atos de Paulo* do que a função das mesmas em novelas[88], onde serve para separar os amantes.[89] As viagens de Paulo em *Atos de Paulo* são as próprias de um apóstolo encarregado de uma missão de evangelismo e cuidado de suas igrejas, e não há necessidade de procurar por modelos de tal em outro lugar que não o Atos lucano. É digno de nota que viagens apostólicas são mais proeminentes nos *Atos de Paulo* do que em qualquer outro agrupamento mais antigo de Atos apócrifos, com exceção de *Atos de André* (até onde é possível reconstruir a forma original desta obra).[90] Em *Atos de Pedro* original, parece que Pedro fez somente uma jornada: de Jerusalém a Roma. Em *Atos de Tomé* há somente algumas poucas breves e inespecíficas menções

---

Rainha Trifena foi uma contemporânea histórica de Paulo, embora sua conexão com Tecla seja provavelmente inventada.

86. A prisão tradicional de Paulo em Éfeso (Duncan, *St. Paul's Ephesian Ministry*, p. 70) pode ser evidência de uma tradição local, mas a tradição poderia ser dependente de *Atos de Paulo*, como outras tradições mais tardias sobre Thecla.

87. Pervo, *Profit*, p. 50-57, capítulo 5, aplica o mesmo julgamento aos Atos lucanos, mas viagens e aventura não podem ser tomadas como constitutivas do gênero de novelas ou unicamente características de novelas. Cf. G. E. Sterling, *Historiography and Self-Definition: Josephos, Luke-Acts and Apologetic Historiography* (NovTSup 64). Leiden: Brill, p. 192, p. 320.

88. Sobre esta questão em relação com os Atos apócrifos em geral, veja Kaestli, "Les principales orientations", p. 75; D. E. Aune, *The New Testament in its Literary Environment*. Cambridge: James Clarke, 1987, p. 152.

89. Nem o são as viagens em *Vida de Apolônio* de Filóstrato, ou o romance de Alexandre do Pseudo-Calístenes, realmente comparáveis.

90. Sobre a reconstrução de *Atos de André*, veja J.-M. Prieur, *Acta Andreae* (CCSA 5-6). Turnhout: Brepols, 1989.

a viagens: elas não estruturam toda a narrativa como referências a viagens o fazem em *Atos de Paulo*. Viagens são mais importantes em *Atos de João*[91] mas o apóstolo fica a maior parte do tempo do texto em Éfeso: ele não está constantemente em movimento como Paulo em *Atos de Paulo*. A diferença é explicada simplesmente pelo fato de que o autor de *Atos de Paulo* modelou a forma de sua narrativa segundo os relatos de Lucas sobre as viagens de Paulo. Neste sentido, a estrutura de *Atos de Paulo* deriva em seu caráter como uma sequência a Atos canônico. Ele segue o modelo de Lucas de uma narrativa episódica estruturada por notícias de viagens[92], e diverge somente no fim da história, em seu relato do martírio de Paulo e os eventos que imediatamente se seguiram.

Uma característica única a *Atos de Paulo* dentre os textos que chegaram até nós de Atos apócrifos é sua inclusão de uma descrição física de Paulo (*AThe* 3).[93] Tais descrições são uma característica comum em biografias gregas e romanas.[94] Elas são costumeiramente convencionais em certo grau, refletindo as teorias sobre fisionomias, que eram populares no segundo sé-

---

91. E. Junod & J.-D. Kaestli, *Acta Johannis* (CCSA 1-2). Turnhout: Brepols, 1983, p. 683 (e cf. 533 n. 1) não têm certeza se esta característica de *Atos de João* é modelada em Atos dos Apóstolos. Eu estou mais inclinado do que eles a pensar tanto este quanto a redação em primeira pessoa do plural que o acompanha (único entre os Atos apócrifos mais antigos: Junod & Kaestli, *Acta Johannis*, p. 530-533) são devedores de Atos, mas certamente *Atos de João* como um todo tem muito menos semelhança com Atos que *Atos de Paulo*.

92. Tentativas para distinguir a estrutura episódica dos Atos apócrifos daquela de Atos lucano, como por Aune, *New Testament*, p. 153-155, são muito tendenciosas a generalizações sobre os Atos apócrifos. No caso de *Atos de Paulo,* a distinção de Aune não é válida: se o Atos lucano "tem movimento cronológico em fatos de um objetivo, a proclamação do evangelho em Roma", este movimento aparece na narrativa das viagens de Paulo somente nos estádios finais, tal como em *Atos de Paulo*, onde o movimento se dá tanto em direção à proclamação do evangelho quanto ao martírio em Roma (PH 6-7).

93. Uma vez que não temos as seções mais primitivas de *Atos de Pedro, Atos de André* ou *Atos de João*, não podemos ter certeza de que tais descrições não ocorreram nos mesmos (embora alguém pudesse esperar uma descrição deste tipo em *Atos de João* 27, se o autor desejasse fornecer uma).

94. E. C. Evans, "Roman Descriptions of Personal Appearance in History and Biography", *HSCP* 46 (1935), p. 43-84; E. C. Evans, *Physiognomics in the Ancient World* (Transactions of the American Philosophical Society, 1969), p. 50-58. Elas também são encontradas em ficções: Evans, *Physiognomics*, p. 73 e nota 51. Note também a descrição física de Moisés (em um tratamento bastante biográfico de Moisés) por Artapano, *ap.* Eusébio, *Praep. ev.* 9.27.37.

culo[95] e compreendiam características físicas como reveladoras de posturas morais e caráter. As descrições físicas de Suetônio dos imperadores, p. ex., são determinadas tanto pelas teorias fisionômicas quanto pelas aparências reais dos imperadores, mesmo quando estas estavam disponíveis amplamente na forma de estátuas e efígies em moedas.[96] A descrição de Paulo é em boa parte convencional (e certamente não depreciativa, como pode parecer a leitores modernos)[97]: pernas curvadas e sobrancelhas que se encontram eram admiradas, o nariz adunco era sinal de magnanimidade, e uma estatura medianamente baixa indicava inteligência rápida (já que o sangue fluía mais rapidamente por uma área menor e chegava mais rapidamente ao coração, sede da inteligência).[98] Somente a calvície é surpreendente, e pode refletir uma reminiscência histórica.[99]

Finalmente, os relatos dos ensinamentos de Paulo em *Atos de Paulo* são em extensão significativa inspirados pelas cartas paulinas, às quais há alusões verbais.[100] Claro, elas também refletem a teologia própria do autor. Seu paulinismo é uma interpretação idiossincrática de Paulo, mas está claro que ele fez uma tentativa genuína de atribuir temas e linguagem paulinas a "seu" Paulo. Os discursos de Paulo em Atos são menos obviamente refletidos, mas pode ser que a fala de Paulo à Igreja de Filipos (PH 6) tenha sido inspirado, de maneira geral, pela fala de Paulo aos anciãos de Éfeso (especialmente At 20,18-24), e que o padrão do sermão Paulino na chegada à Itália (PH 8; PHeid 79-80), de refletir tanto sobre a história de Israel do Antigo Testamento quanto sobre o ministério de Jesus, foi modelado segundo At 13,16-41.

---

95. E. C. Evans, "The Study of Physiognomy in the Second Century A.D.", *Transactions and Proceedings of the American Philological Association* 72 (1941), p. 96-108.

96. P. Cox, *Biography in Late Antiquity: A Quest of the Holy Man*. Berkeley/Los Angeles/Londres: University of California Press, 1983, p. 14-15; mas também cf. Evans, "Roman Descriptions", p. 63.

97. R. M. Grant, "The Description of Paul in the Acts od Paul and Thecla", *VC* 36 (1982), p. 1-4; e especialmente A. J. Malherbe, "A Physical Description of Paul", *HTR* 79 (1986), p. 170-175.

98. Evans, *Physiognomics*, p. 10.

99. Malherbe, "A Physical Description", p. 175.

100. O assunto merece uma discussão mais completa do que é possível aqui. Há também, claro, alusões a outros escritos do Novo Testamento.

IV. O gênero de *Atos de Paulo*

Discussões sobre o gênero de Atos apócrifos no passado trabalharam sobre dois conceitos: a aretologia e a novela (ou romance). Há sérios problemas em definir ambos destes como gêneros de literatura nos quais os Atos apócrifos poderiam ser incluídos.[101] Os problemas podem ser ilustrados pelos fatos que Reitzenstein, que classificou os Atos apócrifos como aretalogias religiosas populares, o fez pela postulação de um gênero que não foi transmitido em forma pura a não ser no caso dos Atos apócrifos[102]; que Rosa Söder, que exercendo muita influência colocou os Atos apócrifos em uma categoria muito amplamente definida de literatura novelística, também os percebia até certo ponto como *sui generis*, derivados de tradições populares de lendas de aventura, milagres e amor, que também influenciaram a novela grega mas não foram preservadas[103]; e, finalmente, que Richard Pervo, em sua tentativa de classificar os Atos canônicos e apócrifos como novelas históricas, define novela de maneira tão frouxa que pode incluir qualquer tipo de narrativa fictícia (incluindo textos que mesclam história e ficção).[104] Em todos esses casos, podemos perceber que é necessário reconhecer que, enquanto os Atos apócrifos se parecem com vários tipos de literaturas contemporâneas a si de diferentes modos, eles também não se parecem com nada. Não é portanto surpreendente que a maior parte das discussões atuais tende a considerar os Atos apócrifos um novo gênero ou subgênero (dada a fluidez do conceito de gênero esta diferença não é necessariamente real) de literatura, devedora de uma variedade de modelos literários, incluindo talvez Atos dos Apóstolos.[105] Também há a

---

101. Kaestli, "Les principales orientations", p. 57-67, é hoje a melhor apresentação da história da discussão sobre o gênero dos Atos apócrifos, com criticismo contundente às propostas que foram feitas.

102. Id., ibid., p. 61.

103. Id., Ibid., p. 62.

104. Pervo, *Profit*, p. 105 (sua definição da novela antiga), p. 109 (os Atos apócrifos seriam "novelas missionárias"), p. 122 ("'novela histórica' é uma caracterização adequada" dos Atos apócrifos). Para criticismo, veja Aune, *New Testament*, p. 153; Sterling, *Historiography*, p. 320.

105. Kaestli, "Les principales orientations", p. 67; W. Schneemelcher, "Second and Third Century Acts of Apostles: Introduction". In: Schneemelcher, *New Testament Apocrypha*, p. 80; Aune, *New Testament*, p. 153; Prieur, *Acta Andreae*, p. 403-404; Hägg, *Novel*, p. 161.

tendência de sublinhar as diferenças entre os vários Atos apócrifos, em reação contra a tendência, em discussões sobre gênero, de oferecer generalizações sobre os Atos apócrifos que não são de fato particulares a nenhum deles.[106] Estes desenvolvimentos, embora compreensíveis e necessários, dificilmente são uma conclusão satisfatória para a discussão de gênero, uma vez que, a não ser que o novo (sub)gênero seja mais claramente especificado e suas relações com gêneros existentes definidas, somos deixados sem a ajuda interpretativa que o conceito de gênero deveria fornecer: i.e. algum palpite sobre o tipo de expectativas que os primeiros leitores teriam sobre o tipo de literatura que estavam lendo e as funções que tal teriam para eles.

À luz da discussão em seu estado atual, procederemos, não definindo um gênero no qual seja possível incluir os Atos apócrifos em geral ou *Atos de Paulo* em particular, mas comparando *Atos de Paulo* em particular com aquelas categorias de literatura antiga aos quais este texto tem alguma relação clara. Começamos com Atos dos Apóstolos, uma vez que nossa discussão prévia demonstrou que *Atos de Paulo* se põe em uma relação muito definida e intencional com Atos lucano. Este continua a história de Paulo que aquele deixa inacabada. Em consequência, sua estrutura geral – uma narrativa episódica em torno de viagens – é moldada nos relatos sobre as viagens missionárias de Paulo em Atos, e até certo ponto os tipos de conteúdo de cada episódio também seguem o modelo de Atos. O fato de que alguns episódios (como o "romance" entre Paulo e Tecla ou a correspondência entre Paulo e os coríntios) não se conformem ao modelo de Atos não nega a observação de que a modelagem geral é a de Atos, e não é suficiente para distinguir o gênero de *Atos de Paulo* daquele de Atos dos Apóstolos.[107] Nem que ao conteúdo de *Atos de Paulo* falte a concepção teológica (salvação na história) que governa o texto de Lucas[108] necessariamente indica uma diferença de gênero, nem

---

106. Junod & Kaestli, *Acta Johannis*, p. 682-684.

107. Daí que a proposta de C. Schmidt para explicar o gênero dos Atos apócrifos como imitativos de Atos não seja de fato, no caso de *Atos de Paulo*, refutada pelas discussões que têm ocorrido não de outro modo senão lhe fornecendo suporte e dela fazendo uso (veja Kaestli, "Les principales orientations", p. 60).

108. W. Schneemelcher, "Second and Third Century Acts of Apostles: Introduction". In: W. Schneemelcher (ed.), R. McL Wilson (tradutor), "*New Testament Apocrypha*, v. 2. Londres: Lutterworth,

que *Atos de Paulo* tem sua própria perspectiva de salvação na história, o que certamente é correto afirmar.

Entretanto, há diferenças genéricas significativas de Atos. Em primeiro lugar, *Atos de Paulo* tem um caráter mais biográfico do que Atos dos Apóstolos, embora este ponto deva ser posto de maneira cautelosa para não se tornar um falso guia. A despeito da virtualmente exclusiva concentração na história de Paulo na segunda metade de Atos por parte de Lucas, o fato de que ele termine sua história no ponto em que o faz demonstra que seu interesse por Paulo está subordinado a uma compreensão não biográfica de seu trabalho como um todo. Entretanto, seu próprio trabalho estimulou um interesse nas histórias individuais dos apóstolos principais que aparecem em Atos que, quando combinado com os interesses fortemente biográficos da época, tornaram difícil a cristãos do segundo século entender por que ele não continuou tais histórias. O autor do Cânon muratoriano tentou imaginar porque Lucas não seguiu a registrar eventos que ele próprio conhecia (talvez a partir de *Atos de Pedro*) ocorridos pouco após o fim de Atos – a viagem de Paulo à Espanha e o martírio de Pedro – e concluiu somente que Lucas se deteve a registrar eventos dos quais foi testemunha ocular. O autor de *Atos de Paulo* compartilhou desta preocupação biográfica que tomou Atos por aparentemente inacabado por não continuar a história de Paulo até sua morte. Sua inclusão de uma descrição física de Paulo (*AThe* 3) é a característica que mais obviamente alinha seu trabalho com o gênero biográfico greco-romano em um grau não compartilhado por Atos.

Claro, *Atos de Paulo* não é uma biografia de Paulo, já que cobre somente a período final bastante curto da vida de Paulo, e assim seu título, seja ou não original, usa o termo πράξεις, mas não βίος.[109] Além disso, o interesse biográfico não deveria ser tomado como se implicasse diretamente em uma alteração de interesse para além do propósito de Deus na salvação-história em direção a Paulo considerado por si mesmo em uma possível θεῖος ἀνήρ

1965, p. 170-173 (esta seção sobre a relação dos Atos apócrifos com Atos lucano foi omitida na edição mais recente); cf. o vigoroso criticismo em Pervo, *Profit*, p. 123-125.

109. Contraste o título da obra de Pseudo-Calístenes: Βίος καὶ πράξεις Ἀλεξάνδρου τοῦ Μακεδόνος.

ou homem santo.[110] O interesse em Paulo é somente em Paulo como apóstolo – ou "servo de Deus", o título preferido em *Atos de Paulo* (*AThe* 4; PHeid 31; PH 6,7; PHeid 28) – enviado por Deus para cumprir seu plano (οἰκονομία) (PG; cf. PH 4,6, 7). É a atividade salvadora de Deus através de Paulo por pregações e milagres que é a preocupação de *Atos de Paulo*, mas desta perspectiva a história de Paulo tem seu próprio significado especial no propósito de Deus. Dessa maneira *Atos de Paulo* participa, de sua própria maneira, na tendência em direção ao biográfico que caracteriza tanto a historiografia séria quanto outras formas de escrita histórica deste período.[111] Enquanto até certo ponto possa ser dito que Atos lucano já participa desta tendência, a relação mais próxima de *Atos de Paulo* com o gênero de biografias representa uma mudança de identidade de gênero.

Em segundo lugar, há a questão da relação entre historiografia e ficção. Aune segue a distinção genérica que tem sido costumeiramente feita quando propõe que "O autor de Atos canônico apresenta seu trabalho como *história*, enquanto é claro que os autores de Atos apócrifos estavam basicamente escrevendo ficção".[112] Mesmo aqueles que tomam Atos lucano como história altamente tendenciosa ou imprecisa ainda distinguem fortemente seu gênero, como algum tipo de historiografia, daquele dos Atos apócrifos, como algum tipo de ficção. Somente recentemente Pervo dissolveu todas as distinções ao classificar Atos lucano e os Atos apócrifos todos como novelas históricas.[113] Entretanto, nossa atual discussão sobre *Atos de Paulo* nos requer que a questão seja reaberta, não sobre o gênero de Atos lucano, mas da relação de *Atos de Paulo* com historiografia. O autor de *Atos de Paulo* parece ser distante da mera indiferença à realidade histórica. Ele usa as fontes que lhe estão disponíveis, e, limitadas como estas fossem, espreme delas toda informação que podem

---

110. Esta implicação incongruente é sugerida, sobre os Atos apócrifos em geral, por, dentre outros, Schneemelcher, "Second and Third Century Acts of Apostles: Introduction". In: W. Schneemelcher, *New Testament...* v. 2, p. 174; Aune, *New Testament*, p. 146.

111. A. Momigliano, *The Development of Greek Biography*. Cambridge: Harvard University Press, 1971, p. 93-100; Aune, *New Testament*, p. 30; Hägg, *Novel*, capítulo 5.

112. Aune, *New Testament*, p. 152.

113. Pervo, *Profit*, capítulo 5.

fornecer antes de permitir à sua imaginação criativa que tome os rumos do texto. Se seus melhores talentos são os de contação de histórias ao invés de discernimento e análise histórica, o mesmo poderia ser dito de muitos historiadores da Antiguidade. Isto não está posto para sugerir que podemos por seu trabalho na mesma categoria que o de Lucas. Suas fontes e métodos, como as descrevemos, são bastante diferentes das de Lucas em qualquer amostragem. Mas a diferença – embora certamente uma diferença de gênero – não é entre historiografia e mera ficção. É uma diferença entre uma forma de historiografia que, por mais que suas convenções permitissem maior licença para o uso da imaginação do que as convenções historiográficas modernas, no entanto dependia extensivamente de fontes fiáveis plausíveis, e uma forma de escrever sobre personagens históricas e eventos que, enquanto não negligenciava fontes históricas, fazia uso liberal da imaginação. De fato, havia muitos grandes trabalhos antigos deste segundo tipo, com variações amplas quanto às misturas de história e ficção. Mas não é de grande ajuda os classificar todos como "romances ou novelas históricos". Será mais útil dar atenção a algumas especificidades dos mesmos que podem ser encontradas em *Atos de Paulo*.

Devemos começar com uma novela (ou romance) propriamente, isto é, a novela erótica que conta a história de dois amantes que mantêm-se fiéis um ao outro atravessando períodos de separação, provas e aventuras perigosas, antes de chegarem a uma reunião feliz no fim. Este é um gênero que pode ser muito fácil e estritamente definido[114], e um campo no qual a definição de gênero é difícil devemos ficar felizes com tal fato e não confundir questões ao invocar que outros textos narrativos de prosa imaginativa eram o mesmo que estes que sem dúvida pertencem a este gênero. Que houvesse, como van Uytfanghe propõe de maneira feliz, "simbiose" entre a novela e biografia é verdadeiro[115], mas isso não torna as biografias em novelas. A no-

---

114. Os textos centrais do corpo literário de tal modo definido são listados, e.g., em B.P. Reardon, *The Form of the Greek Romance*. Princeton: Princeton University Press, 1991, p. 4-5. Nenhum dos escritores do assunto parece ter tido muita dificuldade em assim descrever as características gerais destes textos de modo a tornar claro que eles constituem um gênero literário distinto.

115. M. van. Uytfanghe, "L'hagiographie: Un 'genre' chrétien ou antique tardif?", *AnBoll* 111 (1993), p. 146.

vela, definida neste sentido, era pura ficção, mas costumeiramente posava como historiografia, devido ao fato de que a prosa narrativa ficcional derivava de algum modo (se por evolução ou decisão criativa é algo posto em discussão) de escrito histórico. Esta postura era sem dúvida transparente, mas era em alguma medida intrínseca a este gênero, e era cuidadosamente cultivada por alguns novelistas, como Heliodoro.[116] É o caso extremo que nos alerta para o fato de que os limites entre historiografia e ficção na literatura antiga não eram simples.

Atos de Paulo não é uma novela. Além de outras considerações, novelas relatam "as aventuras ou experiências de um ou mais indivíduos em suas capacidades individuais e da perspectiva de seus interesses privados e emoções"[117], enquanto Paulo em *Atos de Paulo* é uma figura pública, cumprindo uma missão dada por Deus que pertence ao propósito de Deus para o mundo e afeta populações inteiras de cidades e regiões. Mas *Atos de Paulo* contém, na história de Paulo e Tecla, uma seção imitativa do gênero novelístico. Já discutimos porque este empréstimo de temas das novelas, que parecem ter estado no auge de sua popularidade na época da composição de *Atos de Paulo*, deveria acontecer. Quando fazemos comparação estritamente com a novela erótica propriamente dita, ao invés de absorver tanto os Atos apócrifos quanto a novela propriamente dita em uma categoria bastante mais ampla e menos definida da assim chamada literatura novelística ou romântica, é fácil perceber tanto que *Atos de Paulo* não é uma novela quanto que uma seção do mesmo é deliberadamente imitativa da novela.[118] Os temas gerais de aventura e viagem, embora sejam característicos de novelas, não são de forma alguma exclusivos de novelas, e em *Atos de Paulo* derivam das fontes do trabalho sobre a vida de Paulo, especialmente Atos. Mas os temas eróticos da história de Paulo e Tecla são distintivos de

---

116. Veja especialmente Morgan, "History, Romance and Realism".

117. B. E. Perry, *The Ancient Romances*. Berkeley/Los Angeles: University of California Press, 1967, p. 45.

118. Para uma discussão similar sobre os Atos apócrifos em geral, veja Kaestli, "Les principales orientations", p. 65-67.

novelas, e não têm paralelos em Atos lucano.[119] Esta relação com a novela portanto possibilita-nos compreender um ponto no qual *Atos de Paulo* diverge do modelo fornecido por Atos.

Já notamos a extensão com que *Atos de Paulo* emprega técnicas de exegese criativa característica de literatura exegética judia. Isto sugere que a relação entre os Atos apócrifos e o considerável corpo de literatura judia que ou reconta histórias bíblicas de maneira criativa e expansiva (p. ex., *Jubileus, Antiquitatum Biblicarum* de Pseudo-Filo, Artapano) ou conta histórias amplamente extrabíblicas sobre personagens bíblicas (p. ex., *José e Aseneth, Janes e Jambres, 4 Baruch*) merece mais atenção do que tem recebido. Muito desta literatura era lida por cristãos que não as tomavam como canônica. Poderia muito bem ser sugerido como os escritos do emergente cânon do Novo Testamento poderiam ser estendidos (p. ex., com *Atos de Paulo, Atos de Pedro*) ou suplementados (e.g. *Atos de João, Atos de André*) por histórias extracanônicas sobre os apóstolos.[120] Alguns destes textos judeus usam exegese do texto bíblico como o ponto de partida e estimulam o exercício de imaginação histórica, outros são puramente ficcionais.

Finalmente, as afinidades entre *Atos de Paulo* e biografia, já notadas, tornam importante observar que, como Momigliano comenta,

> A separação entre ficção e realidade era mais discreta em biografias do que em historiografia ordinária. O que leitores esperavam em biografias era provavelmente diferente do que eles esperavam em história política. Eles queriam informações sobre a educação, os envolvimentos eróticos, e a aparência de seus heróis. Mas estas coisas são mais dificilmente documentadas do

---

119. Contra Pervo, *Profit*, p. 127-128, os temas "eróticos" nos Atos apócrifos não constituem uma distinção significativa dos Atos lucanos (At 17,1-15, citados por Pervo, p. 182 n. 81, não constitui um tipo de paralelo aos tipos de dificuldades – e.g. maridos ciumentos – que as mulheres convertidas pelos apóstolos criam para os mesmos nos Atos apócrifos), mas ele está correto sobre que tal distinção não é em si uma diferença de gênero.

120. Isto sugere uma relação diferente entre os Atos apócrifos e o cânon do Novo Testamento da que foi proposta por F. Bovon, "La vie des apôtres: Traditions bibliques et narrations apocryphes". In: Bovon et al., *Les Actes Apocryphes, p.* 149-150.

que guerras e reformas políticas. Se biógrafos queriam manter seu público fiel, precisavam lançar mão de ficção.[121]

Já percebemos que isto é verdadeiro em se tratando das vidas dos poetas gregos. O comentário de Momigliano carece de qualificação no sentido de que algumas biografias eram tão escrupulosamente históricas quanto o melhor da historiografia antiga.[122] De fato, algo pode ser dito sobre a emergência, na época da redação de *Atos de Paulo,* de dois gêneros de biografia: o histórico, que se mantinha próximo do bom método histórico, e o (na falta de uma palavra melhor) novelístico, que, usando de fontes, permitia-se mais ou menos liberdade de uso de imaginação criativa.[123] É instrutivo comparar os textos de um contemporâneo jovem do autor de *Atos de Paulo*, Filóstrato. Seu *Vidas dos Sofistas,* dependente de fontes orais, sem dúvida partilha da limitação de fontes, mas neste Filóstrato não se permite invenções livres.[124] Bastante diferente é seu *Vida de Apolônio de Tiana.* Aqui o ponto onde a criatividade novelística se impõe sobre a história é impossível de determinar, e estudiosos diferem entre si se talvez até mesmo a fonte de Filóstrato, Damis, é uma invenção novelística.[125]

Também é instrutivo notar como é difícil a estudiosos encontrar uma classificação para *Vida de Apolônio* amplamente aceita. Lo Cascio conclui que é uma combinação de biografia com novela, o ὑπομήνατα, o panegírico

---

121. Momigliano, *Development*, p. 56-57; cf. G. Anderson, *Philostratus: Biography and Belles Lettres in the Third Century A.D.* Londres/Sydney/Dover, New Hampshire: Croom Helm, 1986 p. 227-228. Infelizmente não me foi possível conferir J. A. Fairweather, "Fiction in the Biographies of Ancient Writers", *Ancient Society* 5 (1974), p. 231-275.

122. C. B. R. Pelling, "Truth and Fiction in Plutarch's *Lives*". In: D. A. Russell (ed.), *Antonine Literature*. Oxford: Clarendon Press, 1990, p. 19-52, demonstra que Plutarco não tomava maiores liberdades com seu material do que a maioria dos historiadores também tomava.

123. O último é o que Reardon, *Form,* p. 5, chama de "biografia romântica", distinguindo-a da novela (romance) propriamente dito. Ele traça a mesma a partir da *Ciropédia* de Xenofonte, passando pelas várias formas do romance de Alexandre, até a *Vida de Apolônio* de Filóstrato.

124. Veja S. Swain, "The Reliability of Philostratus' *Lives of Sophists*", *Classical Antiquity* 10 (1991), p. 148-163.

125. Anderson, *Philostratus,* capítulos 7-12, defende a autenticidade de Damis e tende a uma visão prementemente histórica do material em *Vida de Apolônio*, embora ele não negue, requer remotamente, o elemento novelístico, enquanto E. L. Bowie, "Apollonius of Tyana: Tradition and Reality", *ANRW* II.16.2 (1978), p. 1663-1667, trata "a invenção de Damis" como "evocação consciente em tonalidade e ambientação novelística" (1663).

e a aretalogia.[126] Reardon coloca-a no meio do caminho entre a biografia e a novela, tendendo à última.[127] Levantando a alternativa de biografia ou novela, Anderson diz que "Filóstrato se permite a ter dos dois modos, e não parece se esforçar muito para produzir algum tipo de sobreposição entre os gêneros."[128] Contudo, ao invés de confundir o gênero com aquele propriamente das novelas, seria melhor dizer que este exemplo de biografia novelística empresta temas que são próprios de novelas, como *Atos de Paulo* o faz. A maneira pela qual subtramas eróticas são incluídas na história do ascético Apolônio, presumivelmente para atrair o mesmo tipo de leitores que gostava de novelas[129], tem paralelos com *Atos de Paulo* e outros Atos apócrifos, embora a introdução de temas nestes não se dê segundo a mesma modelagem. A biografia semificcional ou novelística pode ser influenciada pela novela propriamente dita, mas não é esta influência que a torna semificcional. É de todo modo um gênero semificcional, novelístico à sua própria maneira.

O *Vida de Apolônio*, escrito provavelmente algumas décadas após *Atos de Paulo*, conta a história de um filósofo do primeiro século de maneira que é baseado em história mas também é livremente imaginativo. Outro exemplo, talvez ainda mais contemporâneo a *Atos de Paulo*, é a *Vida de Secundus o Filósofo*.[130] Secundus, condenado à morte por Adriano por manter seu voto de silêncio em desafio à ordem do imperador para que falasse, também viveu quase à mesma distância de sua biografia quanto Paulo de *Atos de Paulo*.[131] A novela contada para explicar este voto de silêncio é plausivelmente compreendida como "uma história romântica e sensacional" tecida

---

126. F. Lo Cascio, *La forma letteraria della Vita di Apollonio Tianeo*. Palermo: Istituto di filologia greca della Università di Palermo, 1974, sumarizado em van Uytfanghe, "L'hagiographie", p. 147 nota 44.

127. B. P. Reardon, *Courants littéraires grecs des IIe et IIIe siècles après J.-C.* Paris: Belles Lettres, 1971, p. 10, citado em Anderson, *Philostratus*, p. 36 n. 1.

128. Anderson, *Philostratus*, p. 229. Ele segue para afirmar que os enlaces mais próximos são com "o exemplo clássico de biografia romantizada, a *Ciropédia* de Xenofonte (231).

129. Id., ibid., 230.

130. B. E. Perry, *Secundus the Silent Philosopher* (Philological Monographs 23) Ithaca: Cornell University Press for the American Philological Association, 1964.

131. Sobre a identidade de Secundus, veja as diferentes visões de Perry, *Secundus*, p. 2-3; Anderson, *Philostratus*, p. 233-234.

em torno do fato histórico do silêncio do filósofo, que estaria sem dúvida conectado com o ascetismo pitagórico.[132] Estamos aqui diante do mesmo tipo de histórias desenvolvidas para explicar fatos históricos mínimos como em *Atos de Paulo*. Que Secundus seja retratado, como Paulo, como mártir também ilustra como neste período histórias de mortes heroicas por princípios filosóficos ou religiosos tinham apelo tanto entre pagãos quanto entre cristãos.

Ao sumarizar a percepção de Lo Cascio sobre o gênero de *Vida de Apolônio* eu usei a palavra aretalogia, que não foi infrequentemente aplicado à *Vida de Apolônio*. Quando a imensa confusão que foi causada pelo uso do conceito de aretalogia de maneira pulverizada durante o século XX por estudiosos[133], que dirá a aplicação deste conceito aos Atos apócrifos, já que o uso do mesmo termo sugere uma comparação com este tipo de "vidas dos filósofos". Melhor seria os nomear θεῖοι ἄνδρες, já que têm poderes milagrosos. Este era o tipo de biografia filosófica que somente começava a ser escrita no tempo de *Atos de Paulo*[134], e que inclui a *Vida de Apolônio*.[135] Há um sentido geral no qual o Paulo de *Atos de Paulo* pode ser percebido como comparável com tais filósofos, embora não pareça haver, como nos casos de alguns outros Atos apócrifos[136], empréstimos específicos de motivos das vidas dos filósofos. (É tentador conectar a cena na qual Paulo, após seu martírio, aparece para Nero para provar que "Eu não estou morto, mas vivo em meu Deus" [*MP* 6, cf. 4] com a aparição de Apolônio após sua morte para provar a imortalidade da alma [*Vida de Apolônio* 8.31]. O motivo pode ser encontrado em outras

---

132. Perry, *Secundus*, p. 8.

133. Exemplos representativos do agora difundido reconhecimento de que o termo foi usado de modo abusivo, especialmente em ao supostamente rotular um gênero, são Cox, *Biography*, p. 46-51; van Uytfanghe, "L'hagiographie", p. 141-143.

134. Van Uytfanghe, "L'hagiographie", p. 153-154.

135. Sobre estas biografias, veja especialmente R. Goulet, "Les Vies de philosophes dans l'Antiquité tardive et leur portée mystérique". In: Bovon, *Les Actes Apocryphes*, p. 161-208, e sobre a comparação com os Atos apócrifos, veja E. Junod, "Les Vies de philosophes et les Actes apocryphes: Un dessein similaire?" In: ibid., p. 209-219.

136. Junod & Kaestli, *Acta Johannis*, p. 448-452, 537-541.

partes[137], mas é sugestivo que Paulo apareça para Nero quando "muitos filósofos" estavam com ele.)

Contudo, o Paulo de *Atos de Paulo* não é θεῖος ἀνήρ.[138] Não há interesse nele como um modelo para imitação, mas somente sua função como missionário trazendo uma mensagem de salvação da parte de Deus. Seus milagres – certamente mais abundantes e mais impressionantes do que aqueles de Paulo no Atos lucano – demonstram e atestam sua mensagem. Seu poder vem de Deus, não é inerente a ele (Pheid 31; PH 6). Ele é "o servo de Deus" a quem "grandes feitos" são "dados como graça" para a salvação do povo e o engrandecimento de Deus (PH 6). Assim é enganoso dizer de *Atos de Paulo* como aretalogia. A semelhança com as vidas de filósofos é uma ampla semelhança de gênero, não uma similaridade específica de sujeito-material.

Dessa sondagem por semelhanças com outros tipos de literatura é instrutivo observar como características de *Atos de Paulo* – seu interesse biográfico em Paulo, seu uso de motivos narrativos eróticos (ou pseudoeróticos), sua apreciação tanto em escapadas quanto em feitos miraculosos, seu relato do martírio de Paulo – relacionam-se às correntes literárias precisamente da segunda metade do segundo século quando se originou aqueles gêneros de literatura que estavam ou alcançando o auge de sua popularidade na época ou se tornando populares pela primeira vez: a novela erótica, trabalhos biográficos em geral, a biografia novelística e em particular a vida dos filósofos como θεῖος ἀνήρ, martirologia (emergindo tanto como elemento em biografia quanto como gênero distinto). Estas relações nos ajudam a perceber como um autor, desejando continuar a história de Lucas sobre Paulo e modelando a si mesmo segundo a narrativa de Lucas, também estava sujeito a uma variedade de influências literárias contemporâneas que explicam as diferenças entre Atos lucano e seu próprio *Atos de Paulo*. A descrição física de Paulo não torna *Atos de Paulo* uma biografia. O uso de motivos eróticos não o torna uma novela. Mas tais elementos tomam seu lugar em um trabalho hospita-

---

137. Veja, e.g., R. MacMullen, *Enemies of the Roman Order.* Cambridge: Harvard University Press, 1966, p. 96.

138. Sobre os Atos apócrifos em geral, o mesmo ponto é posto por Junod, "Les Vies de philosophes", p. 214-215, 217-218.

leiro a influências de uma variedade de gêneros. Tal hospitalidade, deve ser notado, é característica do gênero que chamamos de biografia novelística.

Sugiro que três grandes influências de gênero contribuíram para a emergência de um novo gênero ou subgênero. Primeiro, o Atos dos Apóstolos determinou significantemente a forma, estrutura e conteúdo de *Atos de Paulo*. Porque é uma sequência a Atos, *Atos de Paulo* lida somente com a última parte da vida de Paulo, é estruturada como uma narrativa de viagens episódica, muitos de seus episódios têm paralelos com os tipos de conteúdo que a narrativa de Atos das viagens de Paulo contêm, e sua apresentação de Paulo é informada por uma perspectiva de salvação-história teológica que, enquanto não é a mesma de Lucas, lhe é paralela. Em segundo lugar, a literatura judia do tipo costumeiramente chamada "reescrita da Bíblia" forneceu um modelo – bem como métodos exegéticos – para o uso de textos da escritura como pontos de partida para o desenvolvimento de narrativas não escriturísticas sobre personagens da escritura. Em terceiro lugar, a biografia novelística fornece um gênero bastante flexível no qual interesse genuíno em história e liberdade para a imaginação histórica não estão em tensão mas juntos. Sua marcante flexibilidade torna-a hospitaleira a empréstimos de todo tipo de outras formas de literaturas, como a novela erótica, e *Atos de Paulo* partilha desta hospitalidade. Todos estes três precedentes genéricos teriam auxiliado a determinar a compreensão dos primeiros leitores do tipo de trabalho que eles estavam lendo quando liam *Atos de Paulo* – sem dúvida em graus variáveis segundo sua própria experiência literária.

O resultado é um trabalho de caráter biográfico novelístico (não estritamente uma biografia) destinado a contar a história de um tipo particular de figura histórica: o apóstolo cristão. Devemos tomá-la tal como um novo título ao lado da biografia novelística ou um subgênero da biografia novelística.[139]

Esta conclusão não pode, claro, se sustentar sem alguma referência aos outros Atos apócrifos. A despeito da individualidade de cada um dos cinco Atos apócrifos mais antigos, sobre os quais discussões recentes delinearam e

---

139. Esta é mais ou menos a forma como Reardon trata os Atos apócrifos em Reardon, *Form*, p. 5; cf. Hägg, *Novel*, p. 160-161.

733

que a presente discussão tenderia a confirmar, de todo modo as similaridades são tão óbvias que qualquer conclusão de que *Atos de Paulo* representa
um novo gênero ou subgênero que não é aquele a que outros Atos apócrifos
também pertencem seria de difícil defesa. A questão é muito complicada,
contudo, pelo fato de que não podemos no presente estádio de pesquisa ter
plena certeza nem da ordem cronológica na qual os Atos apócrifos foram
escritos ou das relações literárias entre eles. Assim não sabemos que autores
compuseram segundo um gênero já estabelecido para eles por outros Atos
apócrifos que já conhecessem. Entretanto, eu sugeriria, como um auxílio
heurístico para estudos posteriores dos Atos apócrifos em modo comparativo entre si, que as mesmas três grandes influências de gênero que determinaram o gênero de *Atos de Paulo* tiveram papel na formação de outros Atos
apócrifos, embora em graus consideravelmente diferentes e não diretamente
em todos os casos. Assim pode ser que, embora *Atos de Tomé* não tenha sido
significativamente modelado a partir de Atos dos Apóstolos, tenha sido escrito segundo um gênero do qual havia exemplos anteriores, conhecidos pelo
autor de *Atos de Tomé*, tenha sido influenciado por Atos.

Não há duvida de que *Atos de Paulo* lembra Atos dos Apóstolos mais de
perto do que qualquer outro dos Atos apócrifos, ao menos em seus textos que
sobreviveram. (Até quando a seção inicial de *Atos de Pedro*, ambientada em
Jerusalém, lembrava os primeiros capítulos de Atos, ou se o início de *Atos de
João* era ambientado em Jerusalém e tinha enlaces com Atos, não podemos
saber.) Sua característica específica de ser uma sequência à história contada
em Atos aplica-se a somente outro texto: *Atos de Pedro,* não em sua forma
original, que parece ter contado a história de Pedro a partir de Pentecostes,
mas em sua forma (provavelmente do terceiro século) redacional como a temos em Atos de Vercelli.[140] Neste a história começa com a libertação de Paulo
do cativeiro em Roma e partida para a Espanha, antes da chegada de Pedro
em Roma: Uma abertura claramente pensada para enlaçar o texto ao fim de

---

140. Para as versões original e secundária de *Atos de Pedro*, veja G. Poupon, "Les 'Actes de Pierre'
et leur remaniement", *ANRW* II.25.6 (1988), p. 4.363-4.383; Bauckham, "Martyrdom of Peter",
p. 579 = acima, capítulo 14, item X, p. 417.

Atos.[141] Claro, não deveríamos esperar que *Atos de André* ou *Atos de Tomé* fossem escritos como sequências a Atos. Mas há uma importante maneira pela qual Atos lucano determinou o gênero de todos os Atos apócrifos. Embora a maioria, não sendo sequências a Atos mas mais algo como narrativas paralelas a Atos, cubram mais da vida de um apóstolo do que *Atos de Paulo*, nenhum, até onde sabemos, inicia a narrativa antes da ressurreição. O gênero de "atos de um apóstolo" é definido como a narrativa da atividade missionária de um apóstolo subsequentemente ao ministério, morte e ressurreição de Jesus. Ao contarem a história de um único apóstolo até seu martírio (ou, no caso único de João, falecimento), eles manifestam o interesse biográfico que é intrínseco ao gênero. Mas ao excluírem a narrativa da vida do apóstolo antes ou durante o ministério de Jesus, o gênero foi determinado pela divisão da salvação-história representado pelos dois volumes de Lucas e reforçado pela classificação no segundo século do Evangelho de Lucas com os outros evangelhos e consequente tratamento de Atos como um trabalho totalmente em separado. Isto é o que decisivamente nos impede de simplesmente classificar os Atos apócrifos como biografia novelística e nos requer que os concedamos uma categoria distinta, os atos de um apóstolo, cuja estrutura é determinada importantemente pela concepção cristã do papel de um apóstolo na salvação-história.

Os Atos apócrifos não são nem tão diferentes de Atos como as posições predominantes da Academia supuseram nem tão similares a Atos como Pervo propôs. O novo gênero ao qual eles pertencem foi decisivamente influenciado por Atos, mas é tanto mais biográfico quanto também mais ficcional. As diferenças de Atos têm muito a ver com as correntes literárias populares no final do segundo e início do terceiro séculos nos quais eles foram compostos.

---

141. Talvez esta seção de abertura de Atos Vercelli seja dependente da abertura perdida de *Atos de Paulo*. Note que no capítulo 2 Paulo celebra uma Eucaristia com água ao invés de vinho, como faz em *Atos de Paulo* (PH 4).

25. Os *Atos de Paulo*: Substituição ou sequência a Atos?

Julian Hills montou um caso persuasivo em favor da crença de que o autor de *Atos de Paulo* conheceu Atos dos Apóstolos canônico (1994).[1] Ele apresenta a questão: o que realmente está acontecendo no tipo de empréstimo dos Atos lucanos que Hills estudou? Evidentemente eles revelam um autor que não meramente tornou uma passagem em Atos de modo a usá-la como fonte, mas era tão familiarizado com o texto de Atos que passagens de Atos vinham imediatamente a sua mente para uso em pontos apropriados de sua própria narrativa. Seria este uso de passagens de Atos uma estratégia literária deliberada, com o objetivo de dar a sua narrativa o mesmo tipo de sensação literária como o familiar texto de Atos, e assim conceder melhor autoridade a este? Talvez, mas neste caso deveríamos esperar muito mais deste tipo de situação aqui e ali. Talvez seja mais o caso de um autor cuja familiaridade bastante íntima com Atos naturalmente cria reminiscências do texto de Atos em seu próprio texto.

Se o autor de *Atos de Paulo* era muito familiarizado com Atos lucano, isto interpõe a pergunta, mais aguda que geralmente apresentada no passado: por que a história de Paulo tal e qual *Atos de Paulo* conta é tão amplamente diferente da história de Lucas sobre Paulo? As explicações de que o autor de *Atos de Paulo* não conhecesse nada de Atos ou ainda que, embora soubesse de Atos, não fosse realmente familiarizado com seu texto, parecem ter sido descartadas pelo trabalho de Hills. Do meu ponto de vista, a escolha agora deve ser entre duas propostas. Supreendentemente, tivemos de esperar até 1993 e 1995 para que estas propostas fossem colocadas e discutidas em deta-

---

1. Veja a bibliografia no final deste capítulo.

lhes suficientes. Uma proposta é exatamente minha, de que *Atos de Paulo* foi escrito como uma sequência a Atos lucano, e com isto quero dizer que sua proposta é contar a história do período final da vida de Paulo, após o ponto da história de vida deste em que Lucas o deixa em At 28. A outra proposta é a de Richard Pervo, que argumenta que o autor de *Atos de Paulo* estava muito insatisfeito com o relato lucano sobre Paulo e escreveu para o corrigir e fornecer um relato alternativo, provavelmente para suplantar Atos.

Defendi que *Atos de Paulo* foi escrito como sequência ao Atos lucano em um estudo detalhado publicado em 1993 (que é o capítulo 24 deste volume, acima). Ofereci esta hipótese como uma solução para dois fatos desafiadores sobre as relações literárias de *Atos de Paulo*: sua completa falta de correspondência com a história de Paulo nos Atos lucanos (incluindo pessoas, eventos, e itinerário) e sua correspondência bastante próxima a informações sobre Paulo nas epístolas pastorais (pessoas e locais). Argumentei que o autor de *Atos de Paulo* conhecia Atos dos Apóstolos e as cartas paulinas, e a partir de sua leitura destas ele concluiu que a história de Paulo em Atos estava incompleta, não somente porque não registrava seu martírio, mas também porque, após os eventos registrados em Atos, Paulo se engajou em outras viagens missionárias no Mediterrâneo oriental antes de retornar a Roma e sofrer martírio. Ele concebeu seu trabalho, portanto, como um tipo de sequência a Atos, continuando e concluindo a história do grande apóstolo. Como fontes para sua narrativa da carreira pós-Atos de Paulo ele utilizou primariamente aquelas cartas paulinas que ele supôs não poderem ser localizadas na narrativa de Atos e que deveriam portanto terem sido escritas no período pós--Atos (1 e 2 Coríntios, 2 Timóteo, Tito). Estas lhe forneceram referências de locais visitados por Paulo, pessoas associadas a Paulo, e mesmo eventos da vida de Paulo no período. Ele também utilizou cuidadosamente o sumário breve de Clemente sobre os sofrimentos de Paulo (*1 Clem.* 5,5-7). A partir da informação mínima fornecida por estas fontes ele desenvolveu uma sequência narrativa de histórias por meio do tipo de exegese criativa que pode ter paralelos facilmente identificáveis na exegese bíblica judaica (como aquelas propostas pelos autores da "Bíblia reescrita" em textos do período do

Segundo Templo, muitos dos quais bem conhecidos por cristãos do segundo século) e na biografia helenística (na qual fatos históricos mínimos podiam ser desenvolvidos imaginativamente em histórias sobre o sujeito-assunto da biografia). O autor de *Atos de Paulo* respeitou e fez uso das fontes históricas de que dispunha, mas desenvolveu o restante de sua narrativa pelo uso de um tipo de imaginação histórica-criativa.

A hipótese alternativa de Pervo sobre a relação entre *Atos de Paulo* e Atos lucano é apresentada de forma consideravelmente interativa com meu próprio trabalho, que ele aprecia mas também critica. Ele argumenta que o autor de *Atos de Paulo* tinha sérias reservas históricas e teológicas sobre a história de Paulo como contada por Lucas, e que ele escreveu para corrigir e provavelmente suplantar Atos lucano. Ele pretende contar a mesma história que Lucas contou, mas ele deliberadamente a conta de forma muito diferente. Ele escreve uma substituta para a história de Lucas sobre Paulo, não uma sequência. Esta hipótese é provavelmente a única outra proposta realmente séria, além da minha, para a questão da relação primordial de *Atos de Paulo* em relação a Atos. Se alguma das duas propostas pode ser conclusivamente comprovada em detrimento da outra, inclino-me a duvidar. Talvez somente a descoberta da seção de abertura perdida de *Atos de Paulo* poderá estabelecer uma alternativa de forma absoluta.

No presente ensaio eu não repetirei o argumento que desenvolvi em meu estudo prévio de *Atos de Paulo*, mas ao invés disso tomarei algumas das questões que vêm à tona no debate entre Pervo e eu mesmo. Elas irão servir tanto para clarificar meu argumento em certos pontos quanto para desenvolver meu posicionamento além do que naquele artigo foi estabelecido.

A apreciação que se tinha de Atos dos Apóstolos pela Igreja no período em que *Atos de Paulo* foi escrito (a segunda metade do segundo século, assumo, e provavelmente mais tarde do que mais cedo neste período) é claramente relevante para o uso do mesmo pelo autor de *Atos de Paulo*. Teria ele, naquela época, mais provavelmente tomado Atos lucano como história confiável e dado a ele uma posição de autoridade? Estes dois pontos são distintos, embora relacionados, e os tratarei separadamente. Não penso que Atos tivesse tal posição que o autor de *Atos de Paulo* não pudesse ter considerado o mesmo não histórico ou desejado corrigir seu relato sobre Paulo, como Pervo propõe. É verdade que estimo o valor histórico de Atos em posição mais elevada que Pedro, mas isto tem pouca importância na discussão. O importante não é o que acadêmicos atuais pensam sobre Atos, mas o que pessoas no fim do segundo século pensariam do mesmo. Importa que eu pense que o gênero de Atos seja algum tipo de historiografia, porque isto significa que o autor de *Atos de Paulo* provavelmente o veria desta maneira, mas, claro, isto não o impediria de julgar o mesmo história pouco confiável. Minha tese requer que ele pensasse ser história bem-feita. Alguns de seus contemporâneos certamente pensavam ser história bem-feita, derivada a partir de testemunho ocular: Irineu é muito explícito, bem como o autor do Cânon muratoriano, que ainda estou convencido que date do final do século segundo. Esta percepção era provavelmente muito difundida em fins do segundo século, em parte porque era útil contra o marcionismo. É notável que o pouco que sobrevive da defesa apologética de Atos é direcionado contra marcionitas. Entre montanistas e antimontanistas, p. ex., Atos parece não ser controverso. Já que o autor de *Atos de Paulo* certamente não era marcionita, ele precisaria de uma boa razão para ter uma visão de Atos que pudesse vir a ser identificada com marcionismo. Quão mais tarde datamos *Atos de Paulo*, mais peso este ponto ganha. Mas isto não significa que o autor de *Atos de Paulo* não pudesse tomar Atos segundo a maneira que Pervo propõe.

Valor histórico não é, claro, a mesma coisa que *status* escriturístico ou canônico. Em meu estudo anterior sobre *Atos de Paulo* eu disse da "emergência do cânon do Novo Testamento". Não quis dizer que houvesse já um cânon fixado com limites definidos. Mas eu quis dizer que a noção de escritos cristãos do período apostólico terem um *status* autoritativo comparável ao Antigo Testamento era corrente, e que alguns destes escritos eram muito amplamente aceitos como Escritura. Outros eram debatíveis. O autor de *Atos de Paulo* pode ter tratado Atos como escritura, mas não necessariamente. Ele poderia ter aspirado *status* de Escritura para seu próprio texto, embora seja mais provável que ele tenha atribuído tal a Lucas ou alguma outra figura da época dos apóstolos. Mas também é possível, como sugeri, que a extensa literatura judia pós-bíblica sobre personagens e eventos bíblicos, que era lida e valorizada por muitos cristãos sem que estes a considerassem Escritura canônica do Antigo Testamento, provê um modelo para literatura cristã similar expandindo e suplementando aqueles escritos que estavam começando a ser tratados como escritura apostólica. (Esta não é uma discussão sobre como os escritores deste tipo de literatura judia viam tais textos, mas sobre como leitores cristãos do segundo século devem ter percebido tais textos.)

Meu uso desta analogia com a literatura judaica por vezes caracterizada como "Bíblia reescrita" (trabalhos como *Jubileus* e *Antiguidades bíblicas de Pseudo-Filo)* requer alguma clarificação. Pervo levanta a questão sobre a maneira que tais autores tomavam os textos da Bíblia hebraica que reescreviam, expandiam e suplementavam. Penso que isto provavelmente variava. Mas um ponto muito importante precisa ser posto sobre a interpretação de textos escriturísticos autoritativos tanto no judaísmo quanto no cristianismo, uma vez que tais textos existiam. O que parece a nós como revisão radical ou correção do texto é regularmente compreendido e apresentado como interpretação. Não há limites para a ingenuidade exegética que lê significados aceitáveis em passagens inaceitáveis e dá um impulso teológico a seções inteiras da escritura que é bastante diferente do julgamento de nossa exegese histórica sobre a teologia do texto como deve ter se apresentado. Isto acontece tanto nos Targums e a literatura rabínica, quando não há dúvidas sobre a autoridade sagrada do texto da escritura, quanto na literatura do judaísmo antigo. O que é característico da tradição judaica é a utilização de ferramental exegético bem disciplinado para fazer isto, e tais técnicas habitualmente estão por trás da assim chamada literatura de "reescrita da Bíblia". O ponto é que o que nos parece muito como um tratamento livre do texto da escritura é habitualmente bastante compatível com a atribuição de posição de autoridade ao texto. Entretanto, se comparamos a maneira que mesmo a mais livre da literatura judaica de reescrita bíblica se relaciona com o texto bíblico com a maneira pela qual *Atos de Paulo*, na visão de Pervo, se relaciona com Atos lucano, a última está muito além do alcance de reescrita que está presente na primeira. Enquanto os escritores de literatura de reescrita bíblica fazem muitas excursões para além da sequência narrativa bíblica, eles constantemente

740

trazem seus leitores de volta a ela e o fazem com a citação literal da escritura. O autor de *Atos de Paulo* segue seu próprio caminho, sem se preocupar com a narrativa lucana.

Isto nos remete apropriadamente a um teste de hipótese muito interessante de minha proposição, que Pervo destacou de maneira bastante útil. Em minha proposta sobre *Atos de Paulo* há somente um ponto no qual seu autor pretende contar a mesma história presente em Atos lucano. É quando o Paulo de *Atos de Paulo*, falando aos cristãos em Éfeso, os narra sua conversão:

> Homens (e) irmãos, escutai o que ocorreu-me quando estive em Damasco, no tempo em que perseguia a fé em Deus. O Espírito que veio "sobre mim" da parte do Pai, foi Ele que me expôs o Evangelho de seu Filho, para que eu pudesse viver nele. De fato, não há vida exceto a vida que está em Cristo.
>
> Me comportei com graça por meio (?) do bendito profeta, e "apliquei-me a" a revelação de Cristo que foi concebido antes de "todos os" tempos. Enquanto eles pregavam a Ele, regozijava-me no Senhor, nutrido por suas palavras. Mas quando estava apto, fui considerado "digno" de falar. Falei com a irmandade – Judas foi quem me incitou a tanto – e foi assim que me tornei querido pelos que me ouviram.
>
> Mas quando a noite veio eu saí, amavelmente (?) acompanhado pela viúva Lemma e sua filha Ammia (?). Caminhei à noite, intentando ir a Jericó na Fenícia, e cobrimos grandes distâncias. Mas quando a manhã chegou, Lemma e Ammia estavam atrás de mim, elas quem ... *ágape*, já que eu (?) era precioso "a seus corações (?)", assim elas não estavam muito longe de mim (?). Veio um grande e terrível leão do vale do campo de sepulturas. (tradução do Papiro cóptica de Genebra por Schneemelcher 1992, p. 264).

Pervo sustenta que este relato da conversão de Paulo está em conflito inconciliável com At 9, e assim ampara sua percepção de um autor que discordava do relato de Lucas e pretendia o substituir, ao invés de minha percepção de que um autor que desejasse suplementar Atos lucano. Para esta segunda percepção, claro, não é necessário para o relato em *Atos de Paulo* repetir totalmente a narrativa de Atos lucano, apenas não entrar em conflito com Atos.

Que em *Atos de Paulo* "o único elemento significativo da conversão tem lugar *em* Dasmasco por meio de uma experiência carismática" (Pervo: 23) não é inconsistente com Atos. Nem o relato usa a palavra conversão, e não deveríamos ser conduzidos por uma maneira moderna popular de falar da conversão de Paulo na estrada para Damasco. Em At 9 tudo o que acontece a Paulo na estrada é que ele é instruído por Jesus para ir a Damasco e esperar aí que lhe seja dito o que fazer (9,6). O autor de *Atos de Paulo* está interessado, não nisto, mas no ponto em que o Espírito da parte de Deus vem sobre Paulo, o que acontece em At 9,17, em Damasco. O autor de *Atos de Paulo* está empenhado em harmonizar At 9 e Gl 1, que diz que Deus revelou seu Filho a (ou em) Paulo (1,16). Quando, na narrativa completa de Atos, esta revelação ocorreu? Certamente não na estrada para Damasco, quando Paulo ouviu Jesus falar mas não percebeu nada da mensagem do Evangelho sobre o Filho de Deus. Isto acontece quando, em Damasco, Paulo recebe o Espírito: "O Espírito que veio sobre mim da parte do Pai, foi Ele que me expôs o Evangelho de seu Filho, para que eu pudesse viver nele". Isto é interpretação de Atos à luz de Gálatas, mas (na percepção do autor) não é contradizer Atos.

Em Atos os eventos acontecem na casa de Judas. Segundo *Atos de Paulo* este Judas, identificado como Judas irmão do Senhor, apresenta Paulo à assembleia de crentes em Damasco. O autor de *Atos de Paulo* se aplica num estilo de exegese de seu texto típico de exegese hermenêutica judaica da escritura. Quem é este Judas mencionado em At 9? A tradição judaica de exegese, continuada por cristãos, não permitiria a personagens obscuras como esta que permanecessem obscuras; elas tinham de ser identificadas com alguém importante com o mesmo nome ou nome similar (exemplos em Bauckham: p. 134, n. 72 = capítulo anterior, p. 715, n. 72). O autor de *Atos de Paulo* conhecia os evangelhos e as epístolas paulinas bem; ele sabe que um dos irmãos de Jesus era chamado Judas, e sabia que os irmãos de Jesus eram missionários itinerantes (1 Cor 9,5). Assim este deve ser o Judas que Paulo encontra em Damasco. Assim identificado, Judas se torna uma figura muito mais importante do que o Ananias de At 9, que não pode ser identificado com nenhuma outra figura do período apostólico que fosse melhor conhecida. É portanto natural para nosso autor supor que seria Judas que toma Paulo sob sua tutela e o apresenta à Igreja em Damasco. Ananias, bem como muito mais da narrativa em At 9, segue não mencionado porque nosso autor não está interessado em repetir o que seus leitores conheciam bem, mas em explicar o que Lucas deixou não explicado.

Como todos que tentaram harmonizar At 9 e Gl 1 sabem, a visita de Paulo à Arábia é um problema. Lucas segura Paulo em Damasco por algum tempo até quando este é obrigado a fugir de uma emboscada judia, quando vai para Jerusalém. Paulo em Gálatas diz que ele foi à Arábia, então retornou a Damasco, e somente mais tarde foi para Jerusalém (1,15-18). Se os relatos devem ser harmonizados, precisamos supor que Lucas passa por cima da visita à Arábia e que isto ocorreu pouco depois da conversão de Paulo, antes do relato de Lucas de sua fuga de Damasco. Isto é o que o autor de *Atos de Paulo* supõe. Quando, em sua narrativa, Paulo parte de Jericó, não é a fuga de Damasco que Lucas registra em At 9,25, mas a viagem anterior à Arábia, que deve ser inserida na narrativa de Lucas a partir da evidência de Gálatas. Nosso autor não é um contador de histórias que dá à sua imaginação completa liberdade; ele é um exegeta harmonizador cuidadoso, que conjuga sua habilidade de contar histórias com a necessidade de responder questões exegéticas, tanto quanto muitos exegetas da "Bíblia reescrita" o eram. A combinação de atenção exegética a um texto pressuposto com extensa expansão a partir da contação de histórias do texto é muito parecida com o que encontramos, p. ex., em Pseudo-Filo e suas *Antiguidades bíblicas*. Mas por que Jericó? Nosso autor, um exegeta com estudos, conhece a Septuaginta melhor que a geografia da Palestina. Ele sabe que Jericó é a cidade das palmeiras: πόλις φοινίκων (2Cr 28,15). (Uma vez que φοινίκων poderia ser traduzido, também, como "dos fenícios", teria sido assim traduzida equivocadamente em nosso texto cóptico desta seção de *Atos de Paulo*.) Nosso autor também sabe que vários textos da Septuaginta intimamente associam Jericó com um lugar chamado Arabá (hebraico ערבה, significando a planície do Jordão, mas transliterado na Septuaginta como Ἀραβά: Js 3,16; 2Rs 25,4-5; Jr 52,7-8). Ele toma Arabá como sendo Arábia. Uma vez que Paulo provavelmente não vagou sem rumo pelo deserto da Arábia, mas deve, nosso autor assume, ter se encaminhado a algum centro de importância bíblica, Jericó, localizada na Arábia pela Septuaginta segundo ele pensa, atende estes requisitos.

Se desejarmos duvidar que nosso autor se permitiria tal estranha geografia bíblica, devemos considerar a única outra indicação geográfica na passagem citada: "Então surgiu um grande e terrível leão do vale das sepulturas". Este é o vale de Tophet (LXX: τάφεθ, que ou nosso autor interpretou como referente a τάφη ("sepultura") (cf. tb. LXX Jr 19,2.5: πολυάνδριον, "lugar de sepultamento") ou o tradutor copta se enganou pensando em τάφη.

Assim, nesta passagem para testar a proposta, na qual o autor de *Atos de Paulo* está sem dúvida narrando os mesmos eventos que Lucas, é claro que ele não esteja corrigindo Lucas, mas se aplicando no tipo de harmonização e expansão imaginativa de suas fontes para as quais há amplos paralelos nas exegeses cristã e judaica de sua época. Sobre o restante da narrativa, sobre a qual sustento que o autor não está fornecendo uma versão alternativa da história de Paulo contada em Atos mas narrando um período posterior da vida de Paulo? Penso que há sérias fragilidades na compreensão de Pervo da relação de *Atos de Paulo* com Atos lucano.

O problema de *Atos de Paulo* como colocado em meu trabalho prévio está no significativo constraste entre sua relação com os Atos lucanos e sua relação com as epístolas pastorais, ou mais especificamente 2 Timóteo e Tito. *Atos de Paulo* corresponde significativamente proximamente a 2 Timóteo e Tito no que diz respeito aos locais em que Paulo esteve, as pessoas que encontrou, e os eventos que ocorreram e aos quais estas cartas fazem breves alusões. Se adicionarmos dados similares de 1 e 2 Coríntios, parece bastante que *Atos de Paulo* é uma narrativa com a intenção de contemplar as alusões a pessoas, lugares, e eventos que estas quatro cartas paulinas fazem. Isto não é tudo a que se pretende, mas este é um elemento plausivelmente importante do que se pretende. Por contraste, quase nenhuma do grande número de pessoas que aparecem nos Atos lucanos aparecem em *Atos de Paulo*. (Judas em Damasco, que já contemplamos, é a exceção que comprova a regra, uma vez que neste ponto, unicamente, *Atos de Paulo* inquestionavelmente está narrando o mesmo episódio da vida de Paulo que

Lucas.) Embora a maioria (nem todos) dos locais visitados por Paulo em *Atos de Paulo* sejam visitados por Paulo em Atos, os movimentos de Paulo de um a outro local são bastante diversos. A maior parte dos eventos nos Atos lucanos é similarmente ignorada pelo autor de *Atos de Paulo*, e quando ele, em raras ocasiões, toma uma narrativa em Atos como modelo de uma narrativa sua, ele escreve outra história. A maneira que a história de Êutico em Trôade é transformada em uma história de Pátroclo em Roma (provavelmente o paralelo mais próximo entre os dois trabalhos) contrasta agudamente com a maneira com que *Atos de Paulo* reproduz os nomes e locais fornecidos pelas cartas aos Coríntios e pastorais. O que necessita de explicação é este contraste entre o uso pelo autor de certas cartas paulinas, evidentemente tratadas como fontes muito valiosas de informação básica sobre a vida de Paulo, e seu completo desprezo por informações semelhantes em Atos. Mesmo quando ele toma uma história emprestada – Êutico em Trôade – ele altera pessoas e locais segundo sua vontade.

Pervo explica este tratamento de Atos como advindo das sérias reservas que o autor tinha sobre Atos, reservas que eram tanto históricas quanto teológicas. Para contemplar estas questões, não há nada implausível no argumento de que o autor de *Atos de Paulo* sentia a necessidade de corrigir a narrativa de Atos em muitas formas, nada implausível nas sugestões específicas de Pervo de por quê ele deve ter sentido esta necessidade em pontos específicos, e nada implausível na hipótese de que ele pensava que as cartas coríntias e pastorais eram fontes históricas melhores que Atos. Nada disso explica, entretanto, a proporção de sua negligência a respeito de Atos. Por que nenhuma das pessoas nomeadas nos relatos de Lucas sobre Paulo em Filipos, Éfeso e Corinto (Silas, Timóteo, Lídia, Tício Justo, Crispo, Galião, Sóstenes, Apolo, Tirano, Cevas, Erasto, Demétrio, Gaio, Aristarco, Alexandre) ocorrem nas extensas narrativas ambientadas em tais locais em *Atos de Paulo*, enquanto vinte e duas pessoas completamente diferentes aparecem, ao invés? (Áquila e Priscila são aqui a exceção que comprova a regra, já que eles aparecem em ambos os textos e também nas cartas coríntias e pastorais.) Um autor convencido de que a narrativa de Lucas precisava de correções não iria desta maneira tomar emprestados dados básicos desta natureza. O autor de *Atos de Paulo* parece determinado, não a recontar uma história que Lucas pôs de maneira errada, mas contar uma história completamente diferente.

Não é de qualquer auxílio adicionar a pretensão de que o autor de *Atos de Paulo* tinha sérias reservas teológicas sobre a apresentação de Paulo por Lucas. Que haja significativas diferenças teológicas entre *Atos de Paulo* e Atos lucano é claro, mas elas certamente não são maiores do que aquelas entre *Atos de Paulo,* por um lado, e 2 Timóteo e Tito, especialmente Tito, por outro. Pervo mesmo aponta isto, adicionanto que portanto *Atos de Paulo* "quase não tomou teologia e muito pouco em matéria de ética ou igreja e sociedade de Atos e das epístolas pastorais" (31, n. 126). Mas neste caso a diferença teológica de nosso autor em relação a Atos não dá explicação deste tratamento fundamentalmente diferente de Atos e ao menos duas das cartas pastorais, aproveitando tudo o que pôde em termos de dados factuais da vida de Paulo fornecidos pelas pastorais, enquanto resolutamente ignora todos os muito mais abundantes dados fornecidos por Atos. Isto é por que eu continuo preferindo minha própria solução: que *Atos de Paulo* conta uma história cronologicamente subsequente a Atos, sobre um período da vida de Paulo ao qual o autor acreditava que as cartas pastorais e coríntias se referiam.

Finalmente, contudo, devemos ser cuidadosos em nossa leitura sobre as diferenças entre *Atos de Paulo* e Atos lucano. Devemos ter muito cuidado em assumir que a maneira segundo a qual percebemos as diferenças teológicas entre tais textos bastante antigos, com base em nossas cuidadosas tentativas de reconstruir a teologia de cada um em seus próprios termos, corresponde à maneira que o autor de algum destes trabalhos teria percebido sua relação com o outro trabalho. A maior parte dos cristãos do segundo século lendo literatura cristã mais antiga, se não muito obviamente tingida com alguma posição herética muito bem conhecida, estaria muito mais inclinada a se apropriar e harmonizar tais textos do que distinguir nestes textos diferentes posições teológicas. Eles liam com apreciação uma variedade de textos cristãos antigos cujas as diferenciações teológicas estão muito claras a estudiosos do Novo Testamento, mas que cristãos do segundo século provavelmente perceberiam como mensagem apostólica comum. Os Paulos teologicamente diferentes de Atos, as grandes paulinas e as pastorais não parecem diferentes a Irineu e a outros que o seguiram ao aceitar toda este corpo literário como valioso e autoritativo. Já que a tendência era de harmonizar a perspectiva de uma leitura com outra, alguém poderia rejeitar somente um trabalho como teologicamente inaceitável se contradissesse escandalosamente as visões mais bem cultivadas deste alguém. Marcionitas não poderiam aceitar Atos, porque o Paulo de Lucas prega a mesma mensagem dos outros apóstolos e tem uma visão positiva do Antigo Testamento. Mas o Paulo de Lucas não contradiz o Paulo de *Atos de Paulo* em maneira tão inconciliável. Ele não prega abstenção do sexo, nem prega o casamento; ele não fala de uma expectativa apocalíptica iminente, mas se refere à Parusia e o julgamento que virá. Para o autor de *Atos de Paulo*, o Paulo de Lucas sem dúvida carecia de suplementação, mas não precisava ser rejeitado. Suplementado por sua sequência, Atos poderia ser lido de maneira aceitável.

Obras consultadas

Bauckham, Richard

1993   "The *Acts of Paul* as a Sequel to Acts." P. 105-152. In: *The Book of Acts in its First Century Setting*. V. 1, *The Book of Acts in its Ancient Literary Setting*. Ed. Bruce W. Winter & Andrew D. Clarke. Grand Rapids: Eerdmans = capítulo 24 deste volume.

Hills, Julian V.

1994   "The Acts of the Apostles and the *Acts of Paul*." *SBLSP* 33:24-54.

Pervo, Richard I.

1995   "A Hard Act to Follow: The *Acts of Paul* and the Canonical Acts." *Journal of Higher Criticism* 2/2:3-32.

Schneemelcher, Wilhelm

1992   "The Acts of Paul." p. 213-270. In: *New Testament Apocrypha: Revised Edition of the Collection initiated by Edgar Hennecke*, v. 2: *Writings Relating to the Apostles, Apocaplypses and Related Subjects*. Ed Wilhelm Schneemelcher. tradução de R. McL. Wilson. Louisville: Westminster/ John Knox.

26. Escritos apócrifos e pseudoepigráficos

Este artigo cobre a literatura extracanônica cristã que ou é atribuída a personagens bíblicas como autoras ou reconta narrativas sobre personagens bíblicas que são paralelas ou suplementam as narrativas bíblicas. Na maior parte da literatura cristã deste tipo as personagens bíblicas são do Novo Testamento, mas em alguns casos são do Antigo Testamento. Literatura cristã apócrifa (assim definida) continuou a ser escrita por muitos séculos, em muitas tradições cristãs, e assim todo o corpo de literatura deste tipo é vasto. Coleções modernas de tais literaturas traduzidas (veja especialmente Schneemelcher, 1991-1992; Elliott, 1993) são somente seleções, normalmente incluindo as mais antigas amostras desta literatura, mas também incluindo por vezes trabalhos mais tardios que foram particularmente influentes na história cristã. Somente ocasionalmente elas incluem trabalhos cristãos escritos sob pseudônimos veterotestamentários, que podem ser habitualmente encontrados, ao lado de trabalhos judeus deste tipo, em coleções de pseudoepígrafos do Velho Testamento. O presente artigo se restringe a literatura que pode ser plausivelmente datada antes do meio do terceiro século, mas exclui evangelhos apócrifos e literatura apócrifa paulina.

I. Literatura apocalíptica e profética

Um apocalipse é um texto no qual um vidente recebe de um revelador sobrenatural (normalmente Deus, Cristo ou um anjo) uma revelação (auditiva ou visual) de segredos paradisíacos, que são geralmente, embora não sempre, escatológicos em sua natureza. Muitos destes textos judeus são atribuídos a figuras bíblicas, como Enoque ou Esdras, e escritores cristãos continuaram esta tradição literária judia, atribuindo seus apocalipses algumas vezes a figuras do Antigo Testamento, outras a figuras do Novo Testamento.

Apocalipses cristãos primitivos não eram modelados segundo o Apocalipse de João do Novo Testamento; eles formam uma continuação cristã da tradição apocalíptica judia. Mas há dois desenvolvimentos distintivos (e que se sobrepõem) do gênero apocalíptico. Primeiro, revelações feitas por Jesus Cristo a seus discípulos no período entre sua ressurreição e sua ascensão formam uma grande categoria de textos cristãos antigos. Muitos, mas não todos, são gnósticos. Muitos deles são algumas vezes classificados como evangelhos. Um exemplo não gnóstico (o *Apocalipse de Pedro*) é abordado abaixo (1.), porque seu conteúdo é escatológico e intimamente relacionado a tradições apocalípticas judaicas. Um exemplo gnóstico também é discutido abaixo (6.). Em segundo lugar, muitos trabalhos gnósticos, incluindo aqueles apenas mencionados mas também outros atribuídos a pseudônimos bíblicos, registram revelações de segredos extramundanos e devem ser classificados como apocalipses em um sentido mais amplo (veja 7. abaixo). Finalmente, deve ser notado que, embora apocalipses fossem os grandes veículos literários para profecias neste período, há alguns outros tipos de trabalhos proféticos dentre os apócrifos cristãos (veja 4.-5. abaixo).

1. *Apocalipse de Pedro*

Dentre todos os apócrifos cristãos, este é o que se tornou mais próximo de ser aceito no cânon do Novo Testamento. Do segundo ao quarto séculos era muito lido e tratado como Escritura por alguns círculos. Sua popularidade se devia sem dúvida à detalhada informação que dá do destino *post-mortem* de seres humanos no paraíso ou inferno. Ele compreende revelações feitas aos discípulos por Cristo ressuscitado sobre as perseguições e queda do anticristo, a Parusia, a ressurreição dos mortos e o julgamento final, as punições aos devassos no inferno, e as recompensas aos virtuosos no paraíso. Pedro recebe uma revelação de sua própria vida futura até o martírio, e o texto termina com um relato da ascensão de Cristo ao paraíso. A seção mais longa deste texto, a descrição do inferno, na qual vinte e um tipos diferentes de pecadores são vistos, cada um passando por uma punição apropriada a seu pecado, está na tradição judaica do "turismo infernal" apocalíptico.

Um bom argumento pode ser construído em torno da tese de o apocalipse ter sido escrito em círculos judeu-cristãos palestinenses durante a revolta de Bar Kokhba (132-135 d.C.) Ele reflete as difíceis circunstâncias dos judeu-cristãos que se recusaram a tomar parte na revolta, uma vez que eles não poderiam aceitar o messianismo de Bar Kokhba, retratado no texto como o falso messias (anticristo), ou sustenta seu desejo de reconstruir o templo. Neste caso o apocalipse é de grande importância histórica como rara evidência sobre a história do judeu-cristianismo na Palestina após o ano 70.

2. Ascensão de Isaías

Embora este texto tenha sido algumas vezes tratado como reescrita cristã de fontes pré-cristãs, provavelmente deva ser encarado como um apocalipse originalmente cristão, empregando algumas tradições judaicas sobre o martírio do Profeta Isaías mas amplamente inspirado pela forte tradição do cristianismo primitivo de interpretação das profecias de Isaías como proféticas sobre Jesus Cristo. Como o Livro de Daniel e alguns outros apocalipses judaicos, compreende uma seção amplamente narrativa (*Asc. Isa.* 1–5) e uma seção amplamente visionária (*Asc. Isa.* 6–11). Estas contêm dois relatos complementares das visões de Isaías. A primeira (*Asc. Isa.* 3,13–4,18) toma a forma de uma profecia de eventos a partir da encarnação de Cristo (conhecido neste trabalho como "o Amado") até a Parusia e o fim da história. A segunda narra a ascensão visionária de Isaías através dos sete paraísos até o trono de Deus, onde vê em visão profética a descida do Amado do sétimo paraíso até a terra, sua encarnação, vida, morte e descida ao Hades, seguido pela sua reascensão pelos paraísos até a instalação no trono à mão direita de Deus. A ideia apocalíptica judaica de uma ascensão visionária através dos sete paraísos para receber revelação de Deus no mais elevado dos paraísos é assim adaptada a um propósito cristão.

A *Ascensão de Isaías* parece derivar de um círculo de profetas cristãos primitivos, cuja experiência corporativa visionária é marcadamente descrita na narrativa da experiência de Isaías (*Asc. Isa.* 6). Isto, com suas distintivas formas de expressão trinitariana e cristológica, torna esta obra interessante evidência de que não é fácil colocá-la no mapa do cristianismo primitivo. Foi plausivelmente datada entre o final do primeiro e meados do segundo séculos.

3. Apocalipse de Tomé

Esta revelação de Cristo ao Apóstolo Tomé prediz os sinais que ao longo de sete dias precederão o fim deste mundo. Embora difícil de datar, pode muito bem ser relativamente bastante primitivo; certamente depende muito proximamente da tradição apocalíptica judaica.

4. Oráculos sibilinos

As Sibilas eram profetisas pagãs a quem escritores cristãos a partir do século III a.C. já vinham atribuindo oráculos proféticos em forma poética e estilo enigmático. Estes textos, de cunho monoteísta, denunciam a idolatria, profetizam sobre eventos da história mundial e predizem julgamentos, e eram presumidamente compostos para apelar a leitores pagãos que não conheciam sua autoria judaica. Cristãos primitivos continuaram esta tradição judaica pela expansão dos oráculos originalmente judaicos e sibilinos com adições cristãs e pela escrita de composições cristãs inéditas do mesmo tipo.

5. 5 Esdras e 6 Esdras

Estes termos são usados para, respectivamente, os capítulos 1-2 e capítulos 15-16 do trabalho compósito conhecido como 2 Esdras ou 4 Esdras, cujo cerne (capítulos 3-14) é um apocalipse judaico. 5 Esdras, uma séria de profecias e visões atribuídas a Esdras, é um trabalho cristão do segundo século, retratando a Igreja como o verdadeiro povo de Deus que substitui o desobediente e infiel Israel. Prefaciando o apocalipse judaico de Esdras, fornece uma perspectiva cristã para a leitura deste. 6 Esdras é uma profecia costumeiramente tomada como cristã e de uma data posterior.

751

6. *Apocalipse Cóptico de Pedro* (CG VII, 3)

Este texto gnóstico, encontrado na biblioteca de Nag Hammadi e provavelmente datado do final do segundo ou início do terceiro séculos, não tem conexão com o *Apocalipse de Pedro* descrito acima (1.). A ambientação pouco usual deste apocalipse, no tempo antes da crucificação de Jesus, é apropriada para o conteúdo pouco usual da revelação visionária que "o Salvador" dá a Pedro. Seu clímax é a revelação de que somente o Jesus físico sofre e morre na cruz, enquanto o espiritual, imortal Salvador, está a seu lado de pé, rindo de alegria. Esta revelação fornece a base para uma polêmica contra cristãos cegos que conseguem reconhecer apenas o Cristo físico que pensam ter morrido e se reerguido corporalmente, e que portanto têm somente um destino mortal eles mesmos. Assim a forma apocalíptica de revelação, verdadeira realidade por trás das aparências desta história neste mundo, serve aqui ao propósito de uma compreensão gnóstica, fortemente dualista da cristologia e do destino humano.

7. *Outros apocalipses gnósticos*

Textos gnósticos que não tomam a forma de diálogos após a ressurreição entre Cristo e os apóstolos, mas que recontam as revelações feitas por reveladores celestiais a figuras bíblicas, incluem a *Paráfrase de Shem* (CG VII, 1), as *Três estelas de Set* (CG VII, 5) e *Melquisedec* (CG IX, 1).

II. Atos apostólicos

Os cinco mais antigos Atos apócrifos são os de André, João, Paulo, Pedro e Tomé (veja 1.-4. abaixo). Todos eles datam do final do segundo ou início do terceiro séculos. (Muitos outros Atos apócrifos foram escritos em séculos subsequentes.) Datas mais precisas são difíceis de determinar, em parte porque dependem das relações literárias entre estes cinco textos. Que haja tais relações literárias é claro, mas o que estas relações significam, com implicações sobre a ordem cronológica na qual os cinco trabalhos foram escritos, permanece aberto a debates. A tendência dos estudos mais recentes tem sido de datar *Atos de Tomé* na primeira metade do século III e os outros quatro Atos na segunda metade do segundo século ou mesmo algo mais cedo.

Embora haja consideráveis diferenças entre estes cinco textos, todos eles pertencem a um subgênero literário em comum, que pode ser definido como uma narrativa da atividade missionária de um único apóstolo subsequentemente à ressurreição de Jesus e concluindo com o martírio (ou, no caso de João, morte) do apóstolo. Os Atos lucanos claramente tiveram alguma influência no desenvolvimento deste gênero, embora a extensão da dependência a Atos varie dentre os Atos apócrifos e provavelmente não é direta em todos os casos. O "Atos" de Lucas forneceu o modelo para uma narrativa episódica de viagens que é característica, em maior ou menor grau, destes Atos apócrifos – com exceção de *Atos de Pedro* em sua forma sobrevivente – bem como algo, mas de nenhuma maneira todo, do conteúdo (como milagres e pregações) dos vários episódios na carreira missionária do apóstolo. Segundo este quesito, *Atos de Paulo* é mais próximo de Atos que qualquer dos outros Atos mais antigos.

Mas mesmo a segunda metade de Atos lucano, com sua concentração em Paulo, não fornece um modelo para uma narrativa terminando com a morte do apóstolo. Aqui, bem como em outros aspectos, os Atos apócrifos demonstram um interesse mais biográfico em suas personagens centrais que Atos demonstra até mesmo a respeito de Paulo. Eles podem ser localizados no interesse crescente em literatura biográfica no período em que foram escritos. Mais especificamente, eles lembram as biografias novelísticas do período, que combinam um interesse genuíno em história com uma liberdade para imaginação histórica, tal que a linha entre fato e ficção não é facilmente traçável. A extensão em que seus autores se baseavam em lendas existentes ou mesmo tradições de algum valor histórico em suas narrativas sobre os apóstolos raramente é fácil de determinar, mas em grande parte eles são trabalhos de imaginação histórica. Mas as semelhanças com as novelas românticas gregas que têm sido costumeiramente observadas não colocam estes textos no gênero de novelas. As semelhanças resultam do fato de que as biografias semificcionais das quais os Atos apócrifos são mais próximos em si mesmas têm características em comum ou tomadas de empréstimo das novelas. Os Atos apócrifos foram escritos para entreter leitores que pudessem ser familiarizados com novelas e biografias novelísticas, mas eles também veiculavam a mensagem cristã e convidavam ao estilo de vida cristã como seus autores compreendiam que deveria ser tal estilo.

Nenhum destes cinco Atos apócrifos pode propriamente ser chamado de gnóstico (mas veja 2. abaixo), mas alguns deles têm claras afinidades com aspectos da ambiência religiosa e período em que o gnosticismo floresceu, e todos demonstram alguma tendência em favor da abstinência sexual e outras formas de desprendimento do mundo material ou da vida mundana. Similarmente, as tendências ao docetismo e modalismo na cristologia de vários dos Atos não deveriam, em maior parte, serem atribuídas especificamente ao gnosticismo; em contrário elas refletem a piedade cristológica do período. Entretanto, a despeito de algumas afinidades, cada um dos cinco Atos tem suas próprias distinções teológicas.

1. Atos de André

Este texto sobreviveu somente como uma variedade de formas incompletas e algumas vezes adaptadas posteriormente que permitem uma reconstrução parcial do texto original e seu conteúdo. Ele reconta as viagens de André e sucessos missionários em várias partes do norte da Ásia Menor e Grécia, terminando com sua crucifixão em Patras. (É incerto se *Atos de André e Matias,* que conta as aventuras de André em uma cidade de canibais, pertencia originalmente a *Atos de André*.) A salvação, que é a preocupação central do trabalho, é compreendida como o desprendimento e liberação da alma, que é afeita a Deus, do corpo, no qual está aprisionada nesta vida, e do mundo material.

2. Atos de João

Embora alguns dos conteúdos de *Atos de João* original devam ser conjecturados, muito do texto chegou até nós. Ele reconta a viagem do Apóstolo João a Éfeso, onde muito da narrativa tem lugar; uma viagem missionária através da província da Ásia (talvez no texto original a todas as sete igrejas do Apocalipse de João), o retorno de João a Éfeso e sua morte. A seção mais distintiva é a pregação do evangelho por João nos capítulos 87 a 102, na qual ele reconta episódios do ministério de Jesus. Estes incluem revelações aos apóstolos da natureza polimórfica e enganosa da aparência corporal de Cristo, o famoso hino de Cristo no qual Ele dança com os apóstolos, e uma revelação do significado esotérico da cruz. Estes capítulos, de modo único nos cinco Atos apócrifos, expressam uma teologia claramente gnóstica, com afinidades especialmente com o gnosticismo valentiniano. O caráter especial dos capítulos 94-102 (e o capítulo 109, relacionado) sugere que eles existiam independentemente e foram incorporados em *Atos de João* ou originalmente ou subsequentemente. Enquanto isto não torna *Atos de João* como um todo uma composição gnóstica, indica que neste trabalho a linha entre interpretações gnósticas e não gnósticas do cristianismo é sutil.

3. Atos de Pedro

Atos de Pedro sobrevive em uma forma secundária editada (o Atos de Vercelli), que, após uma introdução descrevendo a partida de Paulo de Roma para a Espanha, reconta a chegada de Simão Mago em Roma, a viagem de Pedro de Jerusalém até Roma e seu ministério aí, principalmente na forma de uma disputa com Simão Mago, tanto no quesito de milagres quanto de doutrinas, concluindo com a derrota espetacular de Simão Mago. Finalmente Pedro morre por crucifixão e aparece após sua morte. Duas outras histórias sobreviventes sobre os milagres de Pedro sugerem que a forma original de *Atos de Pedro* era mais longa e pode ter recontado seu ministério em Jerusalém. Ao lado de *Atos de Paulo*, *Atos de Pedro* é o menos não ortodoxo dos cinco Atos apócrifos, embora aqui também a cristologia e o ascetismo sexual reflitam a piedade e pregações populares.

4. Atos de Tomé

Este é o único dos cinco grandes Atos apócrifos cuja forma original sobreviveu intacta, embora seja incerto se é a forma siríaca ou grega que preserva a língua original de composição. Certamente o mesmo deriva do cristianismo siríaco oriental, no qual o apóstolo era celebrado e (uma vez que Tomé signifique "gêmeo") compreendido como o gêmeo espiritual de Jesus, e no qual o ascetismo radical (encratismo), mais extremo neste do que em qualquer dos outros Atos, floresceu. Enquanto *Atos de Tomé* não é estritamente gnóstico, sua compreensão da salvação como estado desperto da natureza real de si novamente demonstra as afinidades dos Atos apócrifos com alguns aspectos do gnosticismo. *Atos de Tomé* relata a atividade missionária de Tomé na Índia, mas a despeito de algumas informações historicamente precisas sobre a Índia do primeiro século, sua missão lá provavelmente é inteiramente legendária. O "Hino da Pérola" (capítulos 108-113), um mito alegórico, tem sido interpretado de maneira variada, mas provavelmente fala da origem e destino celestes da alma.

5. *Atos de Pedro e os doze apóstolos* (CG VI, 1)

Embora encontrado na biblioteca Nag Hammadi, não está claro se este texto fragmentário, que não tem nada a ver com os cinco maiores Atos apócrifos, é gnóstico ou não. Ele fala do encontro dos apóstolos com Lithargoel, um mercador de pérolas, que vem a ser Cristo em um disfarce.

III. Outros pseudoepígrafos apostólicos

Textos incluídos aqui têm algumas afinidades com os Atos apócrifos mas não podem ser estritamente classificados como tal. Cartas apostólicas apócrifas são raras (veja 2. abaixo). A *Epístola dos Apóstolos*, embora escrita na forma de uma carta pelos apóstolos, pertence em contrário ao gênero de diálogos revelatórios com o Cristo ressuscitado (veja seção I. acima).

1. *Pregação de Pedro*

Este texto, provavelmente do início do segundo século, sobrevive somente em uma pequena quantidade de citações. Isto sugere que fosse uma coletânea de sermões missionários atribuídos a Pedro.

2. *Carta de Pedro a Filipe* (CG VIII, 2)

Somente a segunda metade deste trabalho gnóstico consiste numa carta de Pedro a Filipe; o restante é um dos diálogos revelatórios entre Cristo ressuscitado e os apóstolos que consistia no gênero literário favorito da literatura gnóstica.

3. *Segundo Apocalipse de Tiago* (CG V, 4)

Este texto, embora possa ser classificado como apocalipse gnóstico, está incluído aqui porque reconta um sermão de Tiago de Jerusalém, no qual ele relata as revelações feitas a ele por Jesus ressuscitado, seguido do martírio de Tiago. O relato do martírio é intimamente relacionado com aquele derivado por Hegesipo a partir da tradição palestinense judeu-cristã (Eusébio, *Hist. eccl.* 2.23).

4. *Literatura pseudoclementina*

As obras *Reconhecimentos* e *Homilias*, ambas pseudoclementinas, são atribuídas a Clemente de Roma, retratado como discípulo e companheiro de Pedro. Uma vez que recontam as viagens de Pedro, as pregações e conflitos com Simão Mago, elas têm alguma semelhança com os Atos apócrifos. Datam do quarto século mas são mencionadas aqui porque numerosas tentativas têm sido feitas de discernir fontes judeu-cristãs muito mais antigas incorporadas a elas.

IV. Literatura sapiencial

Ensinamentos de Silvano (CG VII, 4), embora preservado na biblioteca Nag Hammadi, não é um trabalho gnóstico mas cristão, no gênero de instrução sapiencial. Tem afinidades tanto com a literatura sapiencial judaica quanto com a tradição alexandrina de teologia cristã filosoficamente influenciada. Uma vez que a literatura sapiencial costumeiramente é atribuída a mestres com autoridade do passado, é possível que o nome Silvano refira-se ao companheiro de Paulo, mas isto não é certo.

V. Literatura de Hinos

O único trabalho cristão apócrifo desta categoria é *Odes de Salomão*, uma coleção de quarenta e duas odes. O autor era um profeta cristão. Se ele mesmo associou seu trabalho a Salomão é incerto. A atribuição a Salomão resulta de uma associação deste trabalho com os *Salmos de Salomão* judaicos, quer pelo próprio autor quer em uma data subsequente, embora bastante próxima da composição. A coleção completa sobreviveu somente em siríaco, e esta pode ter sido a língua original de composição, embora alguns autores tenham defendido o grego como idioma original. De todo modo, afinidades com a literatura de Qumran e Inácio indicam uma origem no cristianismo siríaco sob forte influência judaica. As *Odes* têm sido datadas como tão antigas quanto em fins do primeiro século e tão tardias quanto no terceiro século.

Bibliografia

J. K. Elliott, *The Apocryphal New Testament*. Oxford: Clarendon, 1993. Contém traduções e bibliografias bastante completas.

J. M. Robinson (ed.), *The Nag Hammadi Library in English*. Leiden: E. J. Brill, 1977.

W. Schneemelcher (ed.), *New Testament Apocrypha*. 2 volumes, edição revista. Louisville: Westminster/John Knox, 1991-1992.

As mais importantes novas edições da literatura apócrifa cristã são aquelas que aparecem no *Corpus Christianorum Series Apocryphorum*. Turnhout: Brepols, 8 volumes publicados até agora. Veja:

J.-D. Dubois, "The New Series Apocryphorum of the Corpus Christianorum" *Second Century* 4 (1984) 29-36.

A série *Apocryphes en Poche*. Turnhout: Brepols, 8 volumes publicados até agora fornece traduções francesas acessíveis e introduções para textos apócrifos individuais. (Brepols também publica um Boletim anual da Association pour l'Étude de la Littérature Apocryphe Chrétienne [AELAC], que é responsável por estes e outros projetos no campo.)

27. Apocalipses não canônicos e obras proféticas

"Apocalipse" (do grego *apokalypsis,* "revelação") é o termo usado para descrever um tipo de literatura antiga judaica e cristã. No uso popular moderno se tornou significado de "fim do mundo", mas neste ensaio será utilizado exclusivamente para um gênero de literatura. Uma definição deste gênero que poderia ser amplamente aceita é: um trabalho com uma moldura narrativa na qual o conhecimento de outra maneira inacessível é revelado por um agente revelador de outro mundo (como um anjo ou Jesus Cristo ou Deus) a um recipiente humano (cf. J. J. Collins, 1979, p. 9). A maior parte dos apocalipses usa pseudônimos, atribuídos a uma figura bíblica de autoridade, em cujo nome o texto é escrito. (Poucos, incluindo o Livro do Apocalipse ou da Revelação de João no Novo Testamento, são atribuídos a seu autor real, mas aqui estamos ocupados apenas de trabalhos pseudoepigráficos.) Muitos textos deste tipo foram chamados "apocalipses" no período antigo, mas muitos outros não traziam esta palavra em seus títulos, enquanto a palavra era usada ocasionalmente para textos que não atendem à definição que apenas forneci. Já que o conteúdo de apocalipses era costumeiramente profético, não é surpreendente que autores antigos algumas vezes utilizavam o termo "apocalipse" para textos que seriam mais precisamente chamados proféticos, embora algumas vezes distinguissem os dois. Neste ensaio restringirei o termo "apocalipse" a textos que preenchem a definição que forneci e os distinguirei de "textos proféticos". Os últimos diferem de apocalipses no que o profeta diz ou em seu/sua própria pessoa com autoridade profética (como as Sibilas o fazem nos *Oráculos sibilinos*) ou citam pronunciamentos proféticos atribuídos diretamente a Deus, da mesma maneira que os profetas bíblicos. Novamente confinaremos nossa discussão a exemplos de pseudônimos, com atribuição de autoria a figuras proféticas da Bíblia ou (no caso das Sibilas) Antiguidade pagã. Claro, todos os gêneros têm casos de linhas de fronteira e alguns escritos têm as características de mais de um gênero. Não devemos ser excessivamente rígidos sobre definições de gêneros, mas a distinção que fiz entre apocalipses e textos proféticos é útil para nossos propósitos atuais.

Apocalipses e textos proféticos diferem de outros gêneros de apócrifos cristãos antigos uma vez que constituem tradições literárias já muito bem estabelecidas pelo uso judaico antes que autores cristãos os adotassem. No caso destes gêneros há uma continuidade direta entre as tradições judaica e cristã. Não somente o Livro de Daniel (o único apocalipse na Bíblia hebraica), mas também os apocalipses judaicos não canônicos eram lidos e valorizados pelos primeiros cristãos, que algumas vezes produziam versões escritas dos mesmos, bem como redigiam textos similares dos próprios punhos, algumas vezes dependendo de material dos apocalipses judeus. Supreendentemente, o apocalipse do Novo Testamento, o Livro da Revelação [N.T.: no Brasil é o próprio Apocalipse de João, assim referido na maior parte das denominações de edições do Novo Testamento. Mantenho aqui o termo inglês traduzido ao pé da letra em favor da compreensão do texto de Bauckham, mas em geral a opção será sempre por "Apocalipse", embora o original seja sempre "Revelação", no que se refere ao livro canônico em si.], exercia pouca influência sobre estes apocalipses cristãos. O discurso revelatório sobre o futuro por Jesus (Mt 24; Mc 13; Lc 21) era bastante mais influente, mas os apocalipses do cristianismo primitivo eram muito mais devedores da tradição judaica que do Novo Testamento. Já que textos proféticos são mais raros que apocalipses, tanto na literatura não canônica judaica quanto dentre os apócrifos cristãos mais antigos, não podemos generalizar tão facilmente sobre estes, mas devemos notar o caso especial dos *Oráculos sibilinos*, originalmente uma forma de profecia greco-romana, tomada e adaptada por judeus e posteriormente por cristãos.

Para classificar os bastante diversificados e muitos apócrifos cristãos antigos destes tipos, distinguirei três tipos diferentes de apocalipse e dois tipos diferentes de profecia. Primeiro, há apocalipses que revelam o destino da história e o futuro escatológico da história. Eles trabalham em um eixo predominantemente temporal. Segundo, há apocalipses que revelam os conteúdos do outro mundo, o mundo não visto que pode apenas ser visitado, nesta vida, por videntes levados deste mundo para que possam viajar pelos vários paraísos e seus variados conteúdos. Este tipo de apocalipse pode portanto ser descrito como operando num eixo predominantemente espacial. Os conteúdos podem incluir fenômenos metereológicos e astronômicos nos paraísos mais baixos, bem como, no paraíso mais elevado, o trono de Deus e os anjos que cultuam diante dele. Os locais dos mortos, paraíso e inferno, são algumas vezes localizados nos céus, outras vezes em outros locais. Portanto o interesse deste tipo de trabalho pode ser bastante variado. O destino de pessoas após a morte é algumas vezes a única ou mais importante preocupação, mas outros mistérios celestes também têm seu lugar. Estudiosos do judaísmo primitivo e do Novo Testamento tendem a ser muito familiarizados com o primeiro destes dois tipos de apocalipses, mas o segundo tipo também é muito antigo, como o "Livro dos Observadores" (*1 Enoque* 1-36) ilustra, e era popular tanto entre judeus quanto cristãos do período do Segundo Templo em diante. Estes dois tipos podem se sobrepor. P. ex., um passeio pelo outro mundo pode incluir alguma profecia escatológica.

Um terceiro tipo de apocalipse eu classifico como "Perguntas" (um termo usado nos títulos de muitos destes trabalhos). Eles tomam a forma de perguntas feitas pela figura bíblica a quem o texto é atribuído e as respostas dadas pelo revelador celeste. O assunto de interesse pode variar amplamente dentro dos mesmos tipos de tópicos que os outros dois tipos de apocalipse contemplam. Este terceiro tipo de apocalipse parece ser um desenvolvimento puramente cristão, sem precedentes judeus até o que sabemos. Os dois tipos de textos proféticos que distinguirei são, primeiro, aqueles que adotam o estilo de livros proféticos da Bíblia Hebraica/Antigo Testamento e, em segundo lugar, aqueles que pertencem à tradição dos oráculos proféticos sibilinos.

Discutirei sobre estas cinco categorias de literatura em geral e então darei atenção mais detalhada a alguns grandes exemplos: a *Ascensão de Isaías*, e os apocalipses de *Pedro, Paulo* e *Tomé*. Com relação às cinco categorias de literatura me referirei a exemplos judaicos que foram lidos e preservados por cristãos. É importante perceber que a maior parte destes trabalhos eventualmente perderam sua boa apreciação em ambientes cris-

761

tãos helenófonos, e assim foram preservados até nós em traduções em latim, copta, siríaco, gueês, armênio, antigo eslavo eclesiástico e outros idiomas, dependendo do ramo de cristianismo no qual sobreviveram. A História da recepção cristã destes textos judaicos carece ser estudada em conexão com a literatura similar escrita por autores cristãos. Algumas vezes escribas cristãos preservaram estes textos judeus muito fielmente, mas por vezes os abreviavam ou expandiam, costumeiramente com adições cristãs bastante extensas.

Apocalipses tipo 1: Revelações do futuro histórico-escatológico

O Livro de Daniel do Antigo Testamento (comumente chamado de profeta por judeus e cristãos posteriores) é o exemplo mais antigo deste gênero de literatura judaica, enquanto o Livro do Apocalipse do Novo Testamento é também um apocalipse deste tipo. Ele inclui o eixo espacial de revelação no qual o profeta João é tomado numa visão da sala do trono divino no paraíso, mas o propósito de sua visão do culto a Deus no paraíso é o capacitar e receber a revelação do futuro, a vinda do Reino de Deus na terra em que o restante da visão compreende. Segundo estes limites ele lembra o quase contemporâneo *Apocalipse de Abraão* (Charlesworth, 1983, p. 689-695), preservado somente em eslavônico antigo mas originalmente um texto judaico de *circa* 100 d.C. (Harlow, 2003). Aqui também o vidente ascende à sala do trono celeste, do qual ele olha para a terra e vê todo o curso da história divina, de Adão e Eva até o fim do mundo.

O *Apocalipse de Abraão* foi preservado por cristãos, embora o fato de que tenha sobrevivido somente em eslavônico antigo sugere que não tenha sido extensivamente utilizado. O mesmo é verdade sobre a *Escada de Jacó*, um texto que similarmente sobrevive somente em eslavônico antigo (Charlesworth, 1985, p. 401-411), embora um fragmento em hebraico seja conhecido. Também é um texto judaico de provavelmente 100 d.C., ao qual adições cristãs posteriores foram adicionadas em eslavônico. De certa forma mais bem atestado na tradição cristã é o *Apocalipse de Baruc (2 Baruc)* (Charlesworth, 1983, p. 615-652), um texto judaico do final do primeiro século d.C.

e preservado em siríaco, enquanto o *Apocalipse de Esdras (4 Esdras)* (Charlesworth, 1983, p. 517-559; Stone, 1990; e em edições de *Apocrypha* em inglês como *2 Esdras* 3-14), teologicamente o mais penetrante dos apocalipses judeus, foi evidentemente valorizado amplamente por cristãos e influenciou a escrita de apocalipses cristãos, como veremos. É digno de nota que todos estes apocalipses eram lidos e valorizados por cristãos, muito embora tenham sido escritos por volta do fim do primeiro século d.C., bem depois do começo do movimento cristão. Presumivelmente sua origem tardia não era conhecida por seus leitores cristãos, que provavelmente valorizavam suas profecias sobre o Messias dentre outros aspectos de seu conteúdo. Também particularmente popular entre cristãos eram os vários textos atribuídos a Enoque e incluídos na coletânea que conhecemos como *1 Enoque*, muitas partes da qual são apocalipses do tipo histórico-escatológico.

O *Apocalipse de Pedro*, um dos primeiros apocalipses cristãos, representa Jesus, após a ressurreição, expandindo o discurso escatológico que Ele proferiu a seus discípulos antes de sua morte (Mt 24). Será discutido em maiores detalhes abaixo. Um texto menos bem conhecido no qual Cristo Ressuscitado similarmente expande, atendendo pedidos dos discípulos, seus ensinamentos prévios, forma a primeira parte do *Testamento de Nosso Senhor* em siríaco (1,2-14; Cooper & Maclean, 1902, p. 49-59), o restante dele é um manual de ordenação da Igreja do quinto século. O apocalipse certamente é mais antigo do que o restante do texto, e também é conhecido em uma forma ligeiramente diferente em uma versão em gueês (*O Testamento de Nosso Senhor na Galileia*) prefaciando a *Epístola dos Apóstolos*. Sua narrativa dos sinais precedendo a *parusia* depende de Mt 24 e outras parte do Novo Testamento, mas também inclui material, como a descrição física do anticristo, que tem paralelos em outros textos em apocalipses e textos proféticos cristãos. Seu tema geral, o aumento de males de todo tipo à medida que o fim da história se aproxima, culminando no reinado do anticristo, a perdição causada por este ao mundo e a perseguição aos eleitos, é comum na literatura apocalíptica. Este apocalipse pode ser bastante antigo, mas não foi realmente bem estudado (veja Yarbro Collins, 1979, p. 77-78) e não aparece em nenhuma coletânea de literatura cristã apócrifa.

O *Apocalipse de Tomé* é conhecido em duas versões. A mais curta e provavelmente mais antiga, seguindo uma breve descrição geral dos males dos últimos dias, enfoca nos últimos oito dias da história deste mundo, descrevendo os sinais nos céus que serão vistos em cada um dos sete dias e a salvação dos eleitos no oitavo dia. Será discutida em mais detalhes abaixo. A versão mais longa posiciona antes do relato sobre os últimos oito dias uma revisão narrativa da história levando até o fim. Seguindo o relato de apostasia na Igreja, a narrativa toma a forma de uma sucessão de reis (imperadores romanos), bons e maus, com sumários dos eventos em seus reinados. Surpreendentemente esta narrativa termina antes do aparecimento do anticristo. Deve ter sido um texto independente antes de ser ajuntado ao relato dos últimos oito dias.

O modelo para narrativas apocalípticas deste tipo, recontando os reinados de uma sucessão de reis levando aos últimos eventos da história, são os capítulos 10-12 do Livro de Daniel. Em tais narrativas, muitos dos reis já eram figuras conhecidas do passado quando o texto foi escrito, embora pertencessem ao futuro do ponto de vista do vidente a quem a profecia era atribuída ficticiamente. Tais textos podem ser habitualmente datados, ao menos de maneira aproximada, pela determinação do ponto da narrativa no qual uma transição ocorre de eventos do passado real do autor, eventos que podemos identificar historicamente, à parte da narrativa que seria futuro do ponto pretenso do autor e que não correspondem à história. Habitualmente mas não sempre, o autor real se coloca, e a seus leitores, não muito distantes do clímax escatológico da história. Entretanto, identificar este ponto de transição não é sempre uma dedução simples, tanto porque as descrições de governantes e eventos podem ser vagas ou crípticas quanto porque os textos eram algumas vezes atualizados por interpolações no curto da transição (cf. DiTommaso, 2005, p. 104-107). Mas no caso da versão longa do *Apocalipse de Tomé*, as indicações textuais sugerem uma data em torno de meados do quinto século.

O propósito de tais revisões da história, apresentadas como profecias e prelúdio de eventos dos últimos dias ainda por vir, não eram meramente para autenticar o texto por meio de profecias que parecessem já terem sido cumpridas, mas, mais importante, para fornecer uma percepção de que a história segue um plano divino preestabelecido. Quando o mal parece fora de controle, na realidade está sujeito ao propósito muito mais amplo de Deus, e a redenção final dos fiéis está garantida, conquanto estes permaneçam fiéis ao longo de todas as provações dos dias finais.

A longa versão do *Apocalipse de Tomé* é provavelmente o primeiro apocalipse cristão deste tipo que temos, embora uma passagem nos sibilinos cristãos forneçam uma narrativa curta sobre imperadores romanos (*Or. Sib.* 8.50-72). Mas um dos apocalipses cristãos de Daniel, talvez o mais antigo, a *Sétima Visão de Daniel*, é um apocalipse deste tipo escrito não muito mais tarde (*circa* 484-491) (La Porta, 2013, 414-415). (Sobre possivelmente mais antigos, embora fragmentários apocalipses cristãos de Daniel, veja DiTommaso, 2005, 97-100). Enquanto a versão longa do *Apocalipse de Tomé* tem origem no oeste do Império e foi provavelmente composta em latim, a *Sétima Visão de Daniel* foi escrita no leste em grego, embora tenha chegado até nós somente em armênio. Pretende relatar uma sétima visão adicional às seis do Livro de Daniel canônico. Uma característica significativa é que parece prever uma sequência de muitas gerações subsequentes ao tempo real do autor e anterior aos eventos finais da história do mundo. A iminência escatológica não é essencial a este tipo de apocalipse.

Um grande número de outros apocalipses cristãos de Daniel foram escritos, no leste cristão, do quinto até no mínimo décimo séculos, e há mesmo exemplos islâmicos deste subgênero popular, escritos em árabe, e um exemplo judaico escrito em hebraico (DiTommaso, 2005, capítulo 3, descreve e discute vinte e quatro apocalipses de Daniel; veja também Henze, 2001). A maior parte deles tem em comum uma revisão narrativa da história como uma série de soberanos, ao lado de um agrupamento de motivos do fim-do-mundo, como o último imperador cristão, a figura do anticristo, Gog e Magog, e o retorno de Enoque e Elias A profusão de tais textos deve ter relação com os tempos turbulentos nos quais foram escritos, inclusive a conquista muçulmana de amplas porções do Império Bizantino. Um texto proximamente relacionado é o *Apocalipse de (Pseudo-)Metódio,* atribuído ao bispo Metódio de Olimpo († 311). Composto em siríaco, *c.* 692, e bem conhecido tanto na versão grega quanto latina, provou-se enormemente influente, não apenas no leste quanto, ao contrário dos apocalipses de Daniel, no oeste latino (Garstad, 2012; Himmelfarb, 2010, p. 129-135; Reinink, 2005, capítulos 5-10).

Sibila Tiburtina Grega, que é conhecido em uma versão do sexto século do original de fins do século IV (Alexander, 1967; Buitenwerf, 2013), é mais parecido com um apocalipse do que os outros livros sibilinos em grego (não é parte da coleção padronizada discutida abaixo). Enquanto esta é constituída de oráculos proféticos dados pela Sibila em verso hexâmetro, este texto é uma prosa relatando a interpretação pela Sibila de uma visão ou sonho que cem juízes na cidade de Roma têm e a solicitam que inteprete. Seu papel é mais parecido com o de Daniel em relação ao sonho de Nabucodonosor em Dn 2. A visão e a intepretação pela Sibila apresentam um esquema da história do mundo da criação ao fim, comparável de algumas maneiras com o conteúdo de alguns Oráculos sibilinos, mas também lembrando os apocalipses de Daniel.

Apocalipses tipo 2: Revelações do outro mundo

O termo "outro mundo" aqui refere-se a partes do cosmos que não são normalmente acessíveis a pessoas vivas mas que se pensava que pudessem ser visitadas no tipo de visões que são descritas nesta categoria de apocalipses antigos. Enquanto os primeiros apocalipses judaicos deste tipo incluem visitas aos lugares dos mortos (quando eles presentemente estão lá ou para lá irão após o julgamento final), mas também representam amplos interesses em outros segredos do cosmos, como as trajetórias dos corpos celestes, as fontes de vários fenômenos metereológicos, e os vários habitantes angelicais dos céus, bem como o trono divino e aqueles que prestam culto em torno do mesmo no mais alto dos céus. Em contraste, a maior parte dos apocalipses cristãos deste tipo – e certamente os mais populares dentre eles – enfocam exclusivamente o destino dos mortos (Bauckham, 1998, p. 81-96). Era este importante assunto que eles valorizavam como adição de conteúdo à relativamente escassa informação do tipo disponível no Novo Testamento. O pensamento, a imaginação e a arte cristãos se alimentaram, ao longo dos séculos (embora especialmente em períodos pré-modernos) desta tradição de visões apocalípticas.

O mais antigo apocalipse judaico em que um vidente faz uma rota de turismo no "outro mundo" por meio de visões é o "Livro dos Vigias" de Enoque (*1 Enoque* 1-36), (terceiro ou início do segundo século a.c.), mas por volta do início do primeiro século d.C. uma grande mudança ocorreu no tipo de cosmologia que informava judeus – e, mais tarde, cristãos – e seus apocalipses. Além do trono divino no paraíso acima da terra, as visões de Enoque, incluindo as fontes do clima e as moradias dos mortos, foram localizadas nas extremidades mais longínquas da terra, mas apocalipses posteriores vislumbram uma série de sete céus ou paraísos sobre a terra, cada qual muito mais alto que o imediatamente abaixo, culminando no trono de Deus no ou acima do sétimo céu, inimaginavelmente alto em relação à terra. Assim em 2 Enoque (Charlesworth, 1983, p. 91-213), provavelmente originalmente um texto judaico de um período por volta do primeiro século d.C., o tipo de visões que no "Livro dos Vigias" Enoque viu nos confins da terra são realocados nos céus mais baixos. (*2 Enoque* sobreviveu por inteiro somente em antigo eslavônico, mas recentemente fragmentos coptas do quinto século vieram à luz, o que demonstra que era lido pelos cristãos egípcios daquele período e era provavelmente traduzido de um original em grego, plausivelmente judeu.)

O caso de *3 Baruc* (Charlesworth, 1983, p. 653-679) é particularmente instrutivo para nossos propósitos. Em um trabalho originalmente judaico de *circa* 100 d.C., Baruc ascende através de cinco dos sete céus e vê tão interessantes elementos como a fonte dos rios, os caminhos do sol e da lua através dos céus, o jardim do Éden, aves paradisíacas que continuamente louvam a Deus, e o caminho pelo qual os anjos apresentam as preces dos humanos a Deus. Ele não vê os mortos exceto no caso especial daqueles que construíram a torre de Babel (3,2-7; 4,3-8). Mas temos *3 Baruc* somente em duas versões cristãs, em grego e antigo eslavônico, e adições cristãs ao texto podem ser distinguíveis pelo fato de que cada adição aparece somente em uma das duas versões. Ambas se preocupam em introduzir as almas dos mortos nas visões de Baruc mas de maneiras diferentes (Bauckham, 2001, p. 183). P. ex., a versão grega identifica as aves paradisíacas como as almas dos virtuosos ocupadas em cantar louvor a Deus (10,5). A versão eslavônica, seguindo um padrão encontrado em alguns outros apocalipses, adiciona ao fim do texto visitas de Baruc aos locais onde os virtuosos se deleitam e os mortos perversos são punidos, locais localizados evidentemente fora dos sete céus (16,4-8). Estas adaptações cristãs do texto judeu ilustram como cristãos se interessavam neste tipo de apocalipse e como tal interesse era especialmente a respeito do destino dos mortos.

Outro desenvolvimento histórico do qual precisamos fazer menção está nas visões do estado intermediário, a condição dos mortos entre suas mortes e sua ressurreição corporal no fim da história (que se espera em todos os apocalipses dos quais nos ocupamos). Na visão antiga, os mortos estão no Sheol ou Hades, esperando sua ressurreição e o último julgamento, que os destinará ou ao inferno ou os admitirá ao paraíso. Isto não necessariamente significa que eles estão presentemente em uma condição neutra: os perversos podem ser compreendidos como que esperando amedrontados pela sua punição futura, os virtuosos em alegre repouso em vista de sua recompensa vindoura. (*4 Esdras* 7,75-101; *2 Enoque* 40,13 J). Esta percepção mais antiga sobrevive talvez somente em dois apocalipses cristãos, um dos quais é o *Apocalipse da Virgem* (um dos quatro diferentes apocalipses atribuídos à Virgem Maria) que forma a parte final da versão em siríaco de *Transitus Mariae* (Bauckham, 1998, p. 346-360). Quando a Virgem vê o inferno, com a fumaça e o fedor de enxofre e o rugir das labaredas saindo de dentro do mesmo, ela também percebe os perversos observando o mesmo a distância, sabendo que esta é a punição que os aguarda no dia do julgamento. Quando ela vê o paraíso, ela percebe os virtuosos similarmente assistindo a distância, deleitados pela perspectiva de suas recompensas futuras. É interessante que este apocalipse, enquanto dá espaço aos locais dos mortos, também inclui visões de alguns dos outros mistérios que podem ser vistos nos vários paraísos, como os armazéns dos diferentes eventos climáticos e os anjos ocupados de incessante louvor a Deus, bem como a Jerusalém celeste na qual Deus habita. Todas estas ocorrências sugerem que, embora a presente forma do texto provavelmente date do quinto século, ele dependa de material muito mais antigo, talvez um apocalipse judeu atribuído a uma figura do Antigo Testamento. O outro apocalipse no qual a antiga visão sobre o estado dos mortos sobrevive é um muito tardio (não anterior ao século oitavo) apocalipse grego chamado no manuscrito de "Perguntas e Respostas postas a São João o Divino por Tiago o irmão do Senhor" (Court, 2000, p. 104-131: ele chama o mesmo de *Terceiro Apocalipse de João*), embora, como em *4 Esdras* 7,75-101, não há visões, somente um relato.

A maioria dos apocalipses cristãos que lidam com o destino dos mortos têm uma visão diferente do estado intermediário. Nesta concepção os mortos já estão, anteriormente ao juízo final, ou no inferno ou no paraíso, sofrendo punição no inferno ou gozando as delícias do paraíso. Este desenvolvimento provavelmente apareceu por primeiro em apocalipses judeus pré-cristãos, em especial em um *Apocalipse de Elias,* do qual somente citações sobreviveram (Stone & Strugnell, 1979, p. 5-85), que provavelmente data do primeiro século d.C. Foi um desenvolvimento dentro da tradição apocalíptica judaicam mas pode muito bem ter sido influenciado por relatos greco-romanos de descidas ao Hades, nos quais os diferentes destinos dos mortos podiam ser observados (Bauckham, 1998, p. 19-32). Certamente, os apocalipses cristãos e judeus tomaram emprestados de tais relatos alguns dos castigos específicos que os condenados no inferno são ditos de sofrerem. O que a nova concepção das condições presentes dos mortos tornou possível, em apocalipses judeus ou cristãos, foram rotas de turismo pelas estações de punição, nas quais o vidente pode observar em cada caso que tipo de pecador estava sofrendo que tipo de punição. Este subgênero de visão apocalíptica em particular tornou-se muito popular (Himmelfarb, 1983; Bauckham, 1998, p. 49-80), ao lado de visitas aos virtuosos no paraíso que tendiam a ser menos detalhadas que os relatos sobre o inferno. Claramente o potencial parenético de um relato de uma visão do inferno era muito mais valorizado quando o vidente podia descrever diferentes punições de maneira bastante exata. Adúlteros, p. ex., poderiam ser alertados exatamente de que destino terrível estava esperando por eles na morte, e cada tipo de pecador, similarmente. Ao lado deste desenvolvimento formaram-se os apocalipses preocupados exclusivamente do destino dos mortos.

O mais antigo destes que conhecemos pode ser o *Apocalipse de Sofonias*, que sobrevive em copta em uma condição bastante fragmentária (Charlesworth, 1983, p. 497-515). Estudiosos se dividem se seria de origem cristã ou judia, embora estivesse certamente em uso entre cristãos egípcios. Neste texto o Profeta Sofonias segue o caminho da alma de um morto pelo outro mundo. Assim como em algumas das descidas greco-romanas ao Hades (Bauckham, 1998, p. 23-26), ele aparentemente cai em um transe cataléptico, que possibilita sua alma de deixar seu corpo e ser conduzida por um anjo através das experiências de uma alma após a morte, mas então retornar a seu corpo e recontar o que viu. (Este tipo de relato sugere comparação com experiências contemporâneas de "quase-morte": veja Zaleski, 1987, embora o interesse desta seja principalmente em visões medievais do outro mundo.) O anjo protege Sofonias dos anjos punitivos que perseguem as almas dos perversos após a morte e o conduz primeiro ao Hades, onde seus pecados e feitos virtuosos são enumerados e ele é julgado virtuoso, e então ao paraíso, onde ele encontra os patriarcas. A partir do paraíso ele é capaz de olhar para baixo dentro do abismo onde os perversos são punidos e vê os vários castigos pelos quais passam as diversas categorias de pecadores. Ele também vê como as multidões de virtuosos no paraíso, igualmente olhando para baixo os sofrimentos dos perversos, clamam pela misericórdia de Deus a favor destes. Nesse texto não está claro se esta intercessão pelos condenados surte qualquer efeito. O mesmo motivo de oração solicitando misericórdia pelos condenados, quer pelos virtuosos no paraíso ou pelo vidente quando ele vê as punições, é encontrado em muitas das visitas ao inferno nos apocalipses cristãos. Algumas vezes é meramente desacreditada, algumas vezes ganha algum tipo de concessão de Deus, como o descanso para os condenados no *Sabbath* ou domingo, um dia de alívio a cada semana de dores do inferno. Estes apocalipses, ao lado de um desejo de ver a justiça sendo feita e uma estratégia de evocar arrependimento naqueles que poderiam de outra forma ir para o inferno, também dão voz a um impulso compassivo diante dos terríveis quadros do inferno que pintam (Bauckham, 1998, p. 132-148).

O mais longo e influente dos apocalipses que lidam exclusivamente com o destino dos mortos é o *Apocalipse de Paulo*, que se originou em fins do século IV (Piovanelli, 1993, 2007). O mesmo será discutido detalhadamente abaixo. Sua popularidade, em uma variedade de formas posteriores, por muitos séculos e na maior parte das mais diversas tradições cristãs, é sem dúvida devida ao fato que fornece uma imagem muito detalhada do pós-morte. Era um assunto sobre o qual pessoas naturalmente queriam saber e o *Apocalipse de Paulo*, aparentemente com boa autoridade, oferecia uma riqueza de informações sem rivais. Surpreendentemente, a forma grega original do texto não sobreviveu, sem dúvida porque, nas Igrejas helenófonas (e mais tarde nas eslavófonas) foi suplantada pelo *Apocalipse Grego da Virgem*, que preenchia a mesma função. Nas outras Igrejas do leste – copta, siríaca, armênia – o *Apocalipse de Paulo* era bem conhecido, em formas textuais bastante fluidas, enquanto na Etiópia o *Apocalipse Etíope da Virgem* não era nada mais do que uma versão do *Apocalipse de Paulo*, com o protagonista alterado (Bauckham, 1998, p. 338-340). Mas foi na versão do oeste em latim que o *Apocalipse de Paulo* alcançou seu maior sucesso, não somente em uma versão latina próxima de seu original grego putativa, mas também transmutada em toda uma série de formas abreviadas ou adaptadas de outras maneiras em latim, e traduzidas aos vernaculares europeus. Concepções cristãs medievais ocidentais do outro mundo, como o destino dos mortos, paraíso e inferno, não eram atribuídas a figuras bíblicas mas a pessoas do período medieval (e.g. as visões de Wetti, Tnugdale [Tundale], Adaman, o Monge de Evesham, Thurkill, e o Purgatório de São Patrício) (sobre alguns destes, veja Gardiner, 1989). Estas visões medievais são, com efeito, um novo gênero de revelações do destino dos mortos no outro mundo, gradualmente incorporando a noção de purgatório que ia se desenvolvendo. Finalmente e como clímax, a *Divina Comédia* de Dante, sem dúvida devedora do *Apocalipse de Paulo*, é uma forma impressionantemente nova e criativa de apocalipses deste tipo.

Como já mencionado, o *Apocalipse Grego da Virgem* (Bauckham, 1998, 333-338), um texto de data incerta, suplantou o *Apocalipse de Paulo* no cristianismo helenófono. Era dependente e inspirado pelo *Apocalipse de Paulo*, mas preocupado exclusivamente com as punições do inferno, como seu título costumeiro nos manuscritos ("O Apocalipse da Totalmente-Santa Mãe de Deus sobre as Punições") indica. O mesmo é verdadeiro sobre a Redação IV do *Apocalipse de Paulo*, a mais popular das redações medievais em latim do mesmo. Mas o *Apocalipse Grego da Virgem*, bem como seu longo relato dos vários castigos esperando os culpados dos pecados correspondentes, também traz a compaixão da Virgem pelos condenados. Junto com Miguel e vários santos, ela ora por misericórdia por eles, e obtém um descanso para os mesmos de 50 dias a cada ano. Pode ter havido uma crença segundo a qual sua intercessão seria ainda mais eficiente que a de Paulo, o que permitiu que seu apocalipse tomasse o lugar do de Paulo em termos de popularidade. Um bastante diverso *Apocalipse da Virgem* (também distinto dos apocalipses da Virgem siríaco e etíope já mencionados) é encontrado naquela forma de extensiva literatura sobre a dormição e assunção da Virgem que é conhecida como *Obséquios da Virgem Maria,* sobrevivente em muitas traduções de sua forma grega original, perdida (Bauckham, p. 340-346). Há uma relação literária entre este apocalipse e o *Apocalipse de Paulo*, mas não está claro qual texto é dependente do outro. Pode muito bem ser que este *Apocalipse da Virgem* fosse uma das fontes do *Apocalipse de Paulo*, e neste caso dataria do século IV.

Outro apocalipse deste tipo foi atribuído a Esdras. Ele sobrevive em duas formas mais tardias: o *Apocalipse Grego de Esdras* (Charlesworth, 1983, p. 561-579) e a *Visão Latina de Esdras* (Bauckham, 2013). Embora o original tenha sido escrito em grego, é a *Visão Latina* que preserva o conteúdo do texto mais fidedignamente, enquanto o *Apocalipse Grego* foi que reorganizou o material de maneira drástica. Um terceiro apocalipse de Esdras, o *Apocalipse de Sedrac* (onde o nome Sedrac é uma corruptela de Esdras) (Charlesworth, 1983, 605-613), também é baseado no mesmo original grego perdido, mas somente na sua última porção. Uma vez que lhe faltem revelações dos locais dos mortos, não é exatamente um exemplo deste tipo de apocalipse.

Na *Visão Latina*, Esdras, descrito como um profeta, é conduzido por anjos em um roteiro pelo inferno e paraíso. Sua reação ao ver cada um dos diferentes castigos aos quais os perversos são sujeitos é na maior parte orar a Deus para que tenha misericórdia dos mesmos. A morada dos virtuosos é muito mais brevemente descrita. Então, levado ao sétimo céu, ele clama pelos pecadores, não apenas pedindo a Deus que os poupe dos castigos do inferno, mas também discutindo com Deus se a condenação ao inferno está em consonância com a retidão e misericórdia divinas. Esta parte da obra é especialmente inspirada em *4 Esdras* (capítulos 5-8) e diz respeito da escolha de Esdras como vidente de seu apocalipse. Mas se em *4 Esdras*, Esdras clama por misericórdia pelos pecadores e seu debate com o anjo sobre a teodiceia não fornece resposta positiva da parte de Deus, que permanece implacavelmente severo, na *Visão Latina de Esdras* ele eventualmente consegue uma considerável pausa dos sofrimentos dos condenados: duas noites e um dia a cada semana. Esta é a resposta de Deus à última cartada que Esdras dá na discussão: ele oferece sua própria vida em troca das dos perversos. Neste ponto o modelo não é o Esdras de *4 Esdras*, mas Moisés (Ex 32,30-32), embora a apresentação de Esdras como um novo Moisés esteja implícita em *4 Esdras* 14.

A parte final da *Visão Latina* narra a morte de Esdras, uma pouco usual mas não inapropriada conclusão para um apocalipse (cf. o fim de *4 Esdras* 14 na maior parte das versões, embora não a latina, onde a mesma foi reduzida). Quando o Senhor envia o Arcanjo Miguel para recolher a alma de Esdras, ele se recusa a entregá-la. Cada parte do corpo pela qual a alma pode ser extraída é descrita por Esdras como inapropriada pela forma especial em que esteja relacionada a Deus. Quando Miguel falha em recolher a alma de Esdras, o Senhor mesmo desce à terra para a recolher. Este relato é baseado em um relato da morte de Moisés e é parte do retrato deste apocalipse de Esdras como segundo Moisés (Bauckham, 2013, p. 511-512).

Se o texto grego por trás da *Visão Latina de Esdras* era um apocalipse cristão, o mesmo provavelmente é datado da segunda metade do século IV, mas uma boa alternativa, baseada especialmente nas categorias de pecados que são especificadas em seu roteiro pelo inferno, pode ser tomar este apocalipse como um texto judeu não cristão escrito em alguma época entre o segundo e quarto séculos (Bauckham, 2013, p. 505-510). Provavelmente este influenciou o *Apocalipse Grego da Virgem*, já que somente a Virgem Maria naquele apocalipse ora pelos condenados tão consistentemente e persistentemente quanto Esdras na *Visão Latina*, e ela é a única vidente apocalíptica que, como Esdras, oferece-se para sofrer no lugar dos condenados. Em sua versão latina este apocalipse influenciou algumas das visões medievais, embora não tenha sido tão influente quanto o *Apocalipse de Paulo*. O mesmo merece ser recuperado da negligência que tem sofrido e ser reconhecido como um texto significativo na história das ideias cristãs sobre o destino dos mortos no outro mundo.

O *Apocalipse Gnóstico Copta de Paulo* (não se confunda com a versão cóptica do *Apocalipse de Paulo* discutida acima), um dos textos na biblioteca Nag Hammadi (CG V,2) (Hennecke & Schneemelcher, 1992, 2:695-700), pertence à tradição de revelações de locais dos mortos, mas a forma foi adaptada para expressar uma teologia especificamente gnóstica. Em seu caminho desde Damasco até Jerusalém após sua conversão, Paulo recebe uma experiência visionária na qual ascende pelos céus, segundo o caminho de uma alma após a morte enquanto é carregada pelos anjos até o quarto céu. Aí a alma é julgada e condenada (cf. o levantamento de dados e absolvição no *Apocalipse de Sofonias*). No sétimo céu, onde o trono de Deus está localizado em apocalipses judeus e cristãos, Paulo vê um ancião em um trono, que é na verdade um deus judeu, o criador do mundo, mas retratado como a figura gnóstica do Demiurgo. O Demiurgo não é capaz de impedir Paulo de ascender mais alto até "o lugar do qual eu vim". Na cosmologia dos apocalipses judeus e cristãos, o sétimo é o mais alto dos céus, mas Paulo veio e retorna de e a um céu ainda mais elevado, transcendente aos domínios do deus inferior dos judeus. No oitavo céu ele cumprimenta os doze apóstolos, no nono aqueles que evidentemente estão acima dos doze em natureza espiritual, e, finalmente, no décimo céu, "eu cumprimentei espíritos semelhantes a mim".

Devemos notar uma exceção marcante à norma segundo a qual os apocalipses cristãos deste tipo estão extremamente preocupados com o destino dos mortos. O *Mistérios de João* copta (Court, 2000, p. 132-163) está muito pouco preocupado com isto (embora ele abranja o tópico pouco habitual do destino *post-mortem* de animais). Constitui uma rota pelos sete céus na qual, como em apocalipses judeus como *2 Enoque* e *3 Baruc*, todos os tipos de segredos cosmológicos são revelados, desde meteorologia até a criação e a queda. Suas fontes e origens são obscuras e assim permanecerão a não ser que tenhamos uma edição do texto e uma tradução confiável.

O que é provavelmente outra obra em uma tradição de escritos apocalípticos especificamente copta é um *Apócrifo de Enoque* que é preservado somente em um estado muito fragmentário (Pearson, 1972). Embora este texto refira-se aos mistérios revelados a Enoque quando foi levado ao céu, este pode ter a intenção somente de referir-se ao conteúdo de apocalipses de Enoque mais antigos (mais provavelmente *2 Enoque* em particular). O que é revelado a Enoque, enquanto ele se põe "na montanha", neste texto é o conjunto dos três "nomes invisíveis" da Trindade. Mais tarde a Sibila, aqui descrita como irmã de Enoque, comunica revelações escatológicas a ele, com um enfoque no julgamento final. Este texto tem sido datado no quinto século.

Apocalipses tipo 3: Perguntas

Muitos, talvez a maioria, dos apocalipses incluem questões postas pelo vidente e respostas dadas pelo agente celeste ou paradisíaco da revelação. Algumas vezes as questões são sobre o significado das visões que o vidente vê e formam uma parte integral do gênero de visão revelatória já no Antigo Testamento (e.g. Zc 1-7). Esta característica comum de apocalipses foi presumivelmente a base para a emergência de um subgênero no qual toda a revelação de mistérios é dado pelo agente celeste em resposta a questões postas pelo vidente. O resultado mais marcante deste desenvolvimento é um tipo de apocalipse no qual a iniciativa na revelação recai inteiramente no vidente humano, não em Deus. Deus não escolhe revelar o que sabe que as pessoas precisam de saber; mas Ele (ou Cristo ou um anjo) satisfaz a curiosidade humana. A premissa parece ser que qualquer questão sobre mistérios divinos ou cósmicos será respondida se for posta por uma pessoa suficientemente favorecida. O assunto deste tipo de apocalipse varia amplamente, costumeiramente sobrepõe o assunto central de dois outros tipos, mas pode mesmo acomodar assuntos de disciplina eclesiástica, liturgia e prática (como no *Apocalipse de São João Crisóstomo*: Court, 2000, p. 67-107).

Questões de Bartolomeu (Hennecke & Schneemelcher, 1991, 1:539-553; Kaestli & Cherix, 1993) é algumas vezes classificado conjuntamente com evangelhos apócrifos, em parte pelo seu conteúdo e em parte porque teria supostamente alguma conexão com um *Evangelho de Bartolomeu* perdido, mas em termos de gênero é um apocalipse deste tipo, datando talvez do final do século IV ou início do V. (Kaestli & Cherix, 1993, p. 94). Como *4 Esdras* e como os livros gnósticos de revelação, mas diferente da maior parte dos apocalipses cristãos, *Questões de Bartolomeu* apresenta a si mesmo como um texto esotérico, que deve ser divulgado somente a aqueles que são merecedores. Parece-se com um compêndio de revelações sobre assuntos que o autor pensou não terem sido adequadamente tratados na literatura apocalíptica ou evangelhos existente. Bartolomeu, representado como o apóstolo que tem a coragem de perguntar a Jesus ressuscitado sobre estes assuntos enquanto os outros apóstolos hesitam em fazê-lo, pergunta sobre tais assuntos como a descida de Jesus ao Hades (este relato é talvez o mais antigo conhecido), o número de almas que deixam o mundo todos os dias e o número que é admitido ao paraíso (as respostas são 30.000 e 3), que pecados são os mais hodiendos e o que é o pecado contra o Espírito Santo. Ele também pergunta à Virgem Maria sobre sua experiência quando da concepção de Jesus e recebe uma resposta de que toda a criação poderia ser consumida se Maria não parasse de falar. Mas a maior parte do texto é a de uma aparição de belial ou satã, a quem Bartolomeu pede para ver e que responde questões sobre si mesmo e se voluntaria para contar sobre sua queda do paraíso.

Dois textos gnósticos chamados *As Grandes Questões de Maria* e *As Pequenas Questões de Maria* foram provavelmente apocalipses deste tipo, com o Cristo ressuscitado como revelador, mas sabemos dos mesmos somente por Epifânio (Hennecke & Schneemelcher, 1991, 1:390-391). Também deste tipo é o apócrifo grego *Apocalipse de João*, hoje conhecido alternativamente como o *Segundo Apocalipse de João* (Court, 2000, p. 23-65) ou o *Primeiro Apocalipse Apócrifo de João* (Kaestli, 2005), datado provavelmente do quinto ou sexto séculos. Essa obra é apresentada como a revelação do conteúdo de um livro, selado com sete selos, que é evidentemente um tipo de suplemento ao pergaminho selado no Livro do Apocalipse (Ap 5,1-7). O conteúdo do pergaminho é conhecido através das respostas que Cristo dá a uma longa série de perguntas que João lhe apresenta sobre os eventos dos últimos dias, a ressurreição e o julgamento final. Uma característica proeminente deste texto é a abundância de citações da escritura que aparecem como embasando as informações escatológicas das respostas de Cristo. Apocalipses anteriores dificilmente trazem qualquer citação da escritura, mas os mais tardios tanto na tradição judia quanto cristã frequentemente as trazem, talvez por uma percepção de que, a despeito de sua presunção de serem revelação direta, seu conteúdo poderia não ser levado a sério sem sustentação pela escritura. Presumivelmente seguindo o precedente deste *Apocalipse de João* apócrifo mais antigo, apocalipses em grego posteriores atribuídos a João também tomam a forma de perguntas e respostas, embora no caso da obra que Court chama de *Terceiro Apocalipse de João* é João mesmo quem responde às questões postas a ele por Tiago irmão do Senhor (Court, 2000, p. 104-131). Também há um *Apocalipse de João* que consiste de questões postas por João e respostas dadas a ele por Abraão (Kaestli, 2005, p. 989). Finalmente, o que pode ser o último texto desta tradição, intimamente relacionado ao *Primeiro Apocalipse Apócrifo de João,* deve ser mencionado: o texto bogomilista e cátaro, sobrevivente em latim como o *Livro de João* ou *Interrogatio Iohannis* (i.e., Perguntas de João) (James, 1924, p. 187-193).

As *Questões de Esdras* (Charlesworth 1983, 591-599; Stone 2006) subsistem em armênio e consistem numa série de perguntas sobre o destino da morte, feitas por Esdras e respondidas por um anjo. Assim como a *Versão Latina de Esdras*, a obra se inspira em *4 Esdras* e reflete, embora em forma muito atenuada, o debate de Esdras com o anjo nessa obra. Não se sabe se a versão armênia é uma tradução de um original grego ou latino, embora a semelhança formal da obra com outros exemplos do subgênero apocalíptico possa apontar nesta direção.

Uma nota sobre discursos/diálogos revelatórios pós-ressurreição

Alguns dos apocalipses que já discutimos (o *Apocalipse de Pedro*, o *Testamento de Nosso Senhor,* o *Questões de Bartolomeu*) são revelações dadas por Jesus Cristo a seus discípulos no contexto de conversas com os mesmos após sua ressurreição. Esta era a escolha natural de ambiência para escritores que desejavam suplementar o ensinamento de Jesus contido nos evangelhos com revelações adicionais feitas por Ele sobre escatologia, ou outros tópicos. Outro texto que utiliza-se da mesma ambiência para este propósito é *Epístola dos Apóstolos*, embora, por conta de seu conteúdo, seja habitualmente associado com evangelhos apócrifos ao invés de apocalipses. Devemos ter em mente que distinções entre gêneros não são rígidas mas algumas vezes porosas. Outras revelações deste tipo, em ambiência pós-ressurreição, são encontradas dentre as obras convencionalmente conhecidas por "gnósticas". Os códices de Nag Hammadi, em adição ao *Apocalipse Gnóstico Copta de Paulo*, que já discutimos, também contém dois textos com o título de *Apocalipse de Tiago* e um *Apocalipse de Pedro*. Os dois apocalipses atribuídos a Tiago contam de revelações secretas dadas por Jesus a seu irmão Tiago em diálogos após a ressurreição. Eles são indistinguíveis em gênero do texto, também entre os de Nag Hammadi, conhecido como *Apócrifo de Tiago*, exceto por este último ser concluído com uma ascensão visionária aos céus. Outros diálogos pós-ressurreição deste tipo são o *Livro de Tomé*, o *Sofia de Jesus Cristo*, o *Diálogo do Salvador*, a *Carta de Pedro a Filipe* e (em parte) o *Evangelho de Maria*. O *Apocalipse de Pedro*, gnóstico, tem o mesmo tipo de ambiência, mas de maneira pouco usual toma a forma de interpretações por Jesus de três visões que Pedro lhe reporta. Todos estes três textos poderiam ser chamados de apocalipses, embora sejam proeminentes dentre os textos popularmente conhecidos como "os evangelhos gnósticos". Embora os gnósticos não tenham inventado o diálogo revelatório pós-ressurreição, foi uma forma que muitos grupos gnósticos adotaram como especialmente útil para sua proposta de propor revelações esotéricas que o Cristo exaltado teria dado secretamente a seus discípulos, diferentes do ensino público que deu antes de sua morte.

Obras proféticas tipo 1: Estilo bíblico

Os textos que elenco nesta categoria tomam a forma de oráculos proféticos emitidos por um profeta, representado como discurso direto de Deus, e seguindo modelos veterotestamentários de discurso profético. Dois dos textos da Caverna 4 de Qumran (o *Apócrifo de Jeremias* e *Pseudo-Ezequiel*) são exemplos judaicos deste tipo de obra pseudoepigráfica.

Dois textos cristãos muito antigos deste tipo sobreviveram por terem sido anexados ao apocalipse judaico conhecido como *4 Esdras* em sua versão em latim. Estes três textos combinados eram costumeiramente tomados como quase-canônicos no Ocidente medieval e se tornaram parte dos Apócrifos Ingleses sob o nome de 2 Esdras. A obra cristã que constitui os capítulos 1-2 de 2 Esdras é hoje conhecida como 5 Esdras, enquanto os capítulos 15-16 são conhecidos como 6 Esdras. Em 5 Esdras o profeta (chamado inexplicavelmente de "Esdras, o filho de Chusi") denuncia o povo de Israel e prediz sua perda de proeminência pelo advento de um novo povo de Deus. 6 Esdras profetiza o julgamento de nações específicas como parte de provações escatológicas que se aproximam, enquanto convida pecadores ao arrependimento e os eleitos à perseverança. Como uma tentativa de escrever algo próximo do estilo da profecia bíblica, 6 Esdras é a mais bem-sucedida das tentativas que conheço. Ambos textos parecem datar do segundo ou terceiro séculos. 5 Esdras influenciou liturgias medievais latinas, e é a fonte da ainda popular prece pelos mortos: "Que brilhe sobre eles sua perpétua luz" (2,35). (Sobre 5 e 6 Esdras, veja Bergren, 1990, 1998, 2013A, 2013B.)

O Apocalipse Copta de Elias (Charlesworth, 1983, p. 721-753; Frankfurter, 1993) não é nem um apocalipse (segundo nossa definição), embora tenha este título no manuscrito acmímico, nem um texto judeu pré-cristão (como foi algumas vezes argumentado antes de Frankfurter, 1993). Esta atribuição a Elias pode ser secundária, já que 1,5-6 refere-se à encarnação como um evento passado, e 4,7-19; 5,32-34 refere-se a Elias na terceira pessoa. Talvez tenha sido um texto originalmente autoral de um profeta cristão em seu próprio nome. Começa com uma introdução modelada segundo Ezequiel: "A palavra do Senhor veio a mim, dizendo, 'Filho de homem, diz a este povo'" (cf. Ez 33,1). Após oráculos introdutórios que incluem exortações para que se jejue, a maior parte do texto é uma narrativa profética predizendo uma sucessão de reinados de vários soberanos e aquele do anticristo antes da vinda de Cristo, à maneira dos apocalipses cristãos do tipo histórico-escatológico. O estudo de Frankfurter distingue dependência a tradições egípcias nativas bem como a apocalipses judeus e cristãos. Ele contextualiza a obra em círculos cristãos no Egito do terceiro século, e, algo incomum em estudos dos apócrifos cristãos, produz um modelo sociológico do milenarismo.

Obras proféticas tipo 2: Oráculos sibilinos

As Sibilas eram profetisas legendárias, bem conhecidas no mundo greco-romano, a quem foram atribuídos livros de oráculos escritos em versos hexâmeros em grego. A mais famosa coletânea de oráculos sibilinos era guardada no templo de Júpiter em Roma e consultada sob solicitação do Senado para que calamidades pudessem ser antecipadas. Mas já no terceiro século a.C. escritores judeus adotaram a forma tradicional e a utilizaram amplamente como um veículo para revisões da história mundial, oráculos de julgamento contra as nações, e profecias de eventos escatológicos, e exortações contra a idolatria e práticas imorais acompanhavam as predições, presumivelmente para o benefício de leitores não judeus que supusessem que derivavam das famosas e prestigiosas Sibilas da Antiguidade pagã. O conteúdo destes sibilinos judaicos lembra aqueles dos apocalipses que revelam o futuro histórico e escatológico (tipo 2), mas o gênero literário e estilo são distintos e parte do conteúdo (como oráculos prevendo desastres para locais muito específicos) é relativamente distintiva e provavelmente herdada de precedentes greco-romanos.

Escritores cristãos, do século II em diante, adotaram a mesma prática. Estes livros judeus e cristãos de oráculos sibilinos chegaram até nós principalmente na forma de duas coletâneas feitas por editores cristãos, a primeira contendo os livros numerados de 1 a 8, e a segunda livros de 9 a 14 (dos quais os livros 9 e 10 meramente repetem material da primeira coletânea). (Para traduções e introduções de todos os livros exceto 9 e 10, bem como alguns fragmentos adicionais, veja Charlesworth, 1983, p. 318-474; para os livros 1-2, veja Lightfoot, 2007.) Os livros 3-5 e 11-14 são judaicos, com somente muito discretas adições cristãs, enquanto os livros 1-2, 6-8 são cristãos. Deve ser notado que empréstimos de livros sibilinos anteriores não são incomuns nos livros mais tardios, e assim pode haver algum empréstimo de oráculos sibilinos judeus não mais disponíveis nos livros cristãos. Mas estes empréstimos certamente são menores do que foi postulado por alguns estudiosos (especialmente aqueles que não notaram o amplo empréstimo de *Apocalipse de Pedro* no livro 2).

Os livros 1-2 (na verdade uma unidade) são dependentes do *Apocalipse de Pedro* e das linhas 217-478 do livro 8. Enquanto os livros 1-2 formam um todo coerente, recontando a história do mundo desde a criação até o fim, o livro 8 tem muito menos coerência. Se os livros 1-2 datam do final do segundo século, como é costumeiramente suposto, então as linhas 217-478 do livro 8 devem vir de um período mais antigo daquele século. As linhas 1-216 do livro são uma coletânea frouxa de oráculos que datam do fim do segundo século e que estava talvez naquele estágio combinado então com as linhas 217-478 e mais tarde com o material heterogêneo nas linhas 479-500. Os livros 6 (um oráculo único) e 7 (outra coletânea bastante solta) provavelmente datam do segundo ou terceiro séculos.

A característica mais distintiva destes sibilinos cristãos, em comparação com a tradição judia que eles em muitos aspectos continuam, são seus detalhados sumários da história de Jesus nos evangelhos, da encarnação à ascensão, posta na forma de profecia pela Sibila (1.324-382; 6.1-28 [todo o livro 6]; 7.64-70; 8.251-336). (8.456-479 é o relato da concepção e nascimento de Cristo no pretérito, diferente de qualquer outro trecho dos sibilinos.) Estes autores cristãos certamente esperavam encontrar entre as profecias das Sibilas o que encontravam nos profetas do Antigo Testamento – predições de eventos da primeira vinda de Cristo (bem como da segunda) – e eram capazes neste contexto de escreverem profecias deste tipo mais explícitas do que as dadas pelos profetas de Israel.

A Sibila, a quem a maior parte destes livros de oráculos parece ser atribuída, foi posta na história bíblica pela identificação da mesma como uma nora de Noé (3.827; 1.288), bem como sendo a Sibila chamada de eritreia pelos pagãos (3.814). Além de dar a suas profecias o prestígio de grande antiguidade (sendo quase tão antigas quanto as de Enoque), isto também tornava plausível que ela reconhecesse o único Deus verdadeiro e fosse genuinamente inspirada por Ele. Os oráculos sibilinos (de origem judaica e cristã) eram altamente estimados por muitos autores cristãos nos primeiros séculos, já que tinham grande valor apologético como testemunhas de ensinamentos cristãos de fora das Escrituras cristãs e de uma fonte já reconhecida e muito benquista em fontes pagãs. (Algumas vezes, como em 8.324-336, elas podem também ter apelo entre judeus não cristãos.) No Ocidente latino, a obra de Lactâncio, que citava oráculos sibilinos extensivamente em tradução latina, ajudou a aumentar seu prestígio, e as profecias da Sibila Tiburtina foram frequentemente revisadas em versões latinas ao longo do período medieval (Holdenried, 2006). Um trabalho chamado *Prophetia Sibyllae Magae* parece ter sido uma composição original em latim do início do período medieval (Hennecke & Schneemelcher, 1965, p. 741-745).

Ascensão de Isaías

A *Ascensão de Isaías* é o mais antigo apócrifo cristão atribuído a uma figura do Antigo Testamento e pode ser o mais antigo apocalipse cristão (datado do final do primeiro século por Bauckham, 1998, 381-390; na primeira metade do segundo século pela maior parte dos outros estudiosos). Pela maior parte do século XX, o estudo do mesmo foi impedido por tentativas de escavar fontes pré-cristãs no mesmo (ainda refletido em Charlesworth, 1985, p. 143-176; Hennecke & Schneemelcher, 1992, 2: 603-620), uma tentativa que hoje foi universalmente abandonada. Os capítulos 1-5 fazem uso de uma tradição judia sobre o martírio de Isaías, mas não há razão para supor que uma obra judia não cristã tenha sido incorporada nestes capítulos, ainda menos para os intitular "O Martírio de Isaías" (um título que não é encontrado em nenhuma outra parte na Antiguidade). No uso antigo, o título *Ascensão de Isaías* sempre se refere a todos os onze capítulos, embora os capítulos 6-11 tenham circulado como um texto separado conhecido por *Visão de Isaías* em versões em latim e antigo eslavônico. *Ascensão de Isaías* certamente consiste em duas partes distintas, mas estudos recentes concordam que eles são ambos de origem cristã e são ao menos muito bem conectados. Enrico Norelli, que contribuiu com a maior parte dos estudos recentes desta obra, argumenta que os capítulos 6 a 11 foram escritos primeiro, e depois outro autor adicionou os capítulos 1 a 5 aos mesmos (Norelli, 1994, 1995). Eu defendo, por outro lado, que as duas partes foram pensadas como complementares em um único texto, e as comparei com as duas partes do Livro de Daniel (narrativas nos capítulos 1-6, visões nos capítulos 7-12), que o autor de *Ascensão de Isaías* provavelmente tomou como um modelo genérico para sua obra (Bauckham, 1998). A semelhança a Daniel e outros apocalipses que combinam uma seção narrativa substancial com revelações visionárias ("Livro dos Vigias" [*1 Enoque* 1-36], *Apocalipse de Abraão*), também deixa claro que a *Ascensão de Isaías* realmente é um apocalipse, embora um pouco usual que não pode ser atribuído exclusivamente nem ao tipo 1 nem ao 2 da classificação utilizada em minha discussão acima.

Os capítulos 1-5 contam a história da perseguição a Isaías e martírio nas mãos do Rei Manassés, mas eles também contêm um relato de uma visão profética que Isaías teve durante o reinado de Ezequias (3,13–4,22). Um relato complementar e mais longo da mesma visão constitui a maior parte dos capítulos 6-11, em um arranjo narrativo ambientado no reinado de Ezequias. O primeiro relato da visão começa com a vinda à terra do "Amado" (um título para Cristo distintivo desta obra), sumariza a história terrena de Jesus, e segue na descrição da corrupção da Igreja e outros eventos dos últimos dias até o fim. No segundo relato Isaías ascende pelos céus até o sétimo céu, de cuja perspectiva lhe é dada uma visão profética da futura descida do Amado pelos céus até a terra, sua história terrena e sua reascensão pelos céus para ser entronizado ao lado de Deus no sétimo. Enquanto ambos relatos da visão contam a história de Jesus, o primeiro opera em um eixo predominantemente temporal, o segundo num especialmente espacial (cosmológico).

Já argumentei (Bauckham, 2014) que o principal objetivo do autor era criar uma leitura cosmológica da história do Evangelho. Para este propósito o autor adotou uma versão particular da cosmologia dos sete céus. Segundo uma concepção marcadamente dualista do cosmos, os céus (habitados exclusivamente por anjos ocupados do louvor de Deus) são caracterizados por glória, que aumenta à medida que se ascende até a Grande Glória (Deus) no sétimo. O espaço abaixo é escuridão, dominado pelos poderes do mal que habitam o firmamento. Para trazer os santos até a glória no sétimo céu, o Amado deve descer até a terra e, além ao Hades, tudo enquanto mantém sua identidade em segredo para que não seja percebido pelos poderes maus.

Assim em cada céu Ele adota a forma dos anjos daquele céu, em graus decrescentes de glória, então na terra toma a forma humana. Somente após sua ressurreição Ele recupera sua forma gloriosa e ascende nesta forma de volta ao sétimo céu. Para criar esta versão da história do Evangelho o autor desenvolveu aspectos de passagens cosmológicas da literatura paulina (Fl 2,6-11; 1Cor 2,6-7; 2Cor 3,18; Ef 1,20-21; 2,6; 6,12. A visão resultante da descida oculta e ascensão gloriosa de Cristo foi muitíssimo influente na literatura do segundo século (Bauckham, 2014).

A atribuição desta revelação da dimensão cosmológica da história do evangelho ao profeta Isaías era muito apropriada, já que foi especialmente nas profecias de Isaías que os primeiros cristãos encontraram os eventos da história do evangelho antecipadas em considerável nível de detalhes. Mas segundo a *Ascensão de Isaías*, estas coisas foram contadas "no livro no qual profetizei abertamente" somente "por parábolas" (4,20). Na visão posterior relatada na *Ascensão de Isaías* elas foram muito mais claramente reveladas.

Apocalipse de Pedro

Originalmente escrito em grego, o *Apocalipse de Pedro* é hoje conhecido somente por uma tradução em gueês, que representa fidedignamente o conteúdo do apocalipse antigo, embora infelizmente, nos dois únicos manuscritos conhecidos, o texto está corrompido costumeiramente em alguns detalhes. Do original grego temos somente dois pequenos fragmentos e poucas citações em autores patrísticos. Estes confirmam a fidelidade ao original geral da versão etíope, enquanto ainda demonstram que o texto grego em um códex de Akhmim é costumeiramente referenciado como *Apocalipse de Pedro* (Kraus & Nicklas, 2004, p. 101-120) é na verdade uma versão bastante reescrita do material daquele apocalipse e pode muito bem ter sido parte de uma obra bastante diferente (talvez o *Evangelho de Pedro*, uma seção do qual está incluída no mesmo códex). (Para traduções da versão etíope, veja Buchholz, 1988; Hennecke & Schneemelcher, 1992, p. 620-638; Marrassini & Bauckham, 1997; para os fragmentos gregos, com traduções em inglês, veja Kraus & Nicklas, 2004, p. 121-128; para as citações patrísticas, veja Kraus & Nicklas, 2004, p. 89-99.)

O apocalipse assume a forma de uma revelação por Jesus Cristo a seus discípulos após sua ressurreição. De fato, ele se apresenta como a última revelação antes da ascensão de Jesus ao céu, que os discípulos testemunham no fim do texto. No início do mesmo, Jesus e seus discípulos estão sentados no Monte das Oliveiras, e assim lhe perguntam o que será o sinal de sua vinda, como em Mt 24,3. A primeira parte das respostas de Jesus ecoa outras partes de Mt 24. A proposta do texto é suplementar as revelações escatológicas que Jesus faz no Evangelho de Mateus com um detalhe muito mais detalhado, especialmente sobre o julgamento e os respectivos destinos dos perversos e dos eleitos. Jesus profetiza sobre a vinda de um falso Messias e os muitos mártires que morrem por suas mãos, a ressurreição dos mortos, a conflagração cósmica, e sua própria vinda como juiz, e o rio de fogo pelo qual todos devem passar. Há uma extensa descrição dos castigos no inferno, cada qual infligido devido a um determinado tipo de pecado. Após esta revelação sobre o julgamento a cena muda: Jesus leva os discípulos para "as montanhas sagradas", onde lhes é dada a visão do paraíso celeste que é o destino dos eleitos após o julgamento, e do qual Jesus ascende ao céu.

Muito do material é devido a tradição apocalíptica judaica, embora fontes específicas não podem ser identificadas (com a provável exceção de *4 Esdras*). O relato dos vinte e um castigos do inferno é provavelmente o exemplo mais antigo do que Himmelfarb, 1983, chama de "rotas de turismo infernais" (Himmelfarb, 1983, com a exceção de um fragmento do *Apocalipse de Elias* perdido (Stone & Strugnell, 1979, p. 14-26). Na maior parte destas "rotas de turismo" o vidente é na verdade levado para ver as punições que os perversos já estão sofrendo, imediatamente após a morte, mas o *Apocalipse de Pedro* adaptou este subgênero de forma a descrever o destino futuro dos maus após o último julgamento. Por volta da metade dos castigos são punições do tipo "olho por olho", no qual os mesmos são engendrados para corresponder ao pecado (p. ex., adúlteros são pendurados por seus genitais, mulheres infanticidas são atacadas por animais produzidos a partir de seu próprio leite), enquanto outros são versões do outro mundo de punições aplicadas neste mundo. Há ênfase considerável na justiça estritamente retributiva dos castigos, que são tomados como conhecidos (Bauckham, 1998, p. 205-232). Mas, em um exemplo interessante do motivo da compaixão pelos condenados que por vezes aparece em tais apocalipses, o *Apocalipse de Pedro* diz que, no tempo do julgamento, os eleitos poderão pedir em favor de quaisquer pecadores que queiram salvar do inferno e seus pedidos serão atendidos. A ideia deve derivar da tradição segundo a qual mártires cristãos pediam pelo perdão de seus perseguidores. Esta possibilidade de misericórdia pelos condenados, a pedido dos santos quando do julgamento final, ocorre em alguns outros poucos textos dependentes de *Apocalipse de Pedro* (e.g. *Coptic. Ap. El.* 5,27-29) (Bauckham, 1998, p. 142-148), mas foi refutado por Agostinho de Hipona (*Civ. Dei* 21.18, 24) (Bauckham, 1998, p. 149-159).

Já defendi que o *Apocalipse de Pedro* é um texto palestinense judeu cristão da época da revolta de Bar Kokhba (132-135 d.C.), parcialmente pela identificação do falso Messias no capítulo 2 como sendo Bar Kokhba, embora haja uma variedade de outras nuanças pelas quais este apocalipse serve bem em tal contexto (Bauckham, 1998, p. 176-194; cf. tb. Buchholz, 1988). Neste caso seria um raro exemplo de um texto de círculos palestinenses judeu-cristãos sobrevivente do período imediatamente posterior aos escritos do Novo Testamento. Alguns outros estudiosos, contudo, desafiaram a identificação de Bar Kokhba, sem necessariamente negar uma origem palestinense da obra (especialmente Tigchelaar, 2003).

O *Apocalipse de Pedro* era popular nos primeiros séculos da Igreja (evidencia especialmente em Jakab, 2003), sem dúvida porque seus relatos do julgamento e especialmente do inferno e paraíso eram muito mais detalhados que quaisquer outros disponíveis em outras literaturas cristãs, mas parece que mais tarde caiu em desfavor, em parte porque as ainda mais detalhadas visões do outro mundo em *Apocalipse de Paulo* se tornaram favoritas, e talvez também por sua expectativa da salvação de alguns dos condenados após o juízo final.

Apocalipse de Paulo

Em face da ausência do original grego, a versão em latim longa (tradução: Hennecke & Schneemelcher, 1992, 2:712-748) é a que representa melhor o apocalipse original e será discutida aqui. (Para versões posteriores e descendentes do *Apocalipse de Paulo*, veja acima sob "Apocalipses: tipo 2.") O trabalho tem um prólogo que narra a descoberta miraculosa do texto nas fundações da casa em Tarso na qual Paulo viveu. Esta descoberta é dita ter ocorrido no ano 388, durante o reinado do Imperador Teodósio I. Este é um artifício literário simplesmente utilizado para justificar plausivelmente o aparecimento pelo Apóstolo Paulo que não era previamente conhecido (cf. 2Rs 22,8–23,24). Embora tenha sido argumentado que a forma original do apocalipse seria mais antiga que este prólogo, parece mais provável que o prólogo seja original e que a obra date do fim do quarto século (Piovanelli, 1993, 2007). Parece refletir uma ambiência de origem monacal. É devedor dos apocalipses de *Pedro* e *Sofonias*, talvez da *Visão de Esdras em latim* e provavelmente a fontes apocalípticas judias não identificáveis. É algo como um compêndio de materiais sobre o além-morte recolhidos de várias fontes, mas combina tais materiais em uma visão bastante coerente do destino dos mortos.

Propõe-se a relatar a visão a qual Paulo refere-se em 2Cor 12,1-5, texto citado na abertura da obra. Em concordância com esse texto, Paulo ascende ao terceiro céu, onde vê o que acontece com as almas quando saem do corpo na morte. Ele vê as almas dos perversos e dos virtuosos levadas sob as custódias de diferentes categorias de anjos que as levam diante de Deus para serem julgadas e então as direcionam a seus locais de punição ou recompensa. Novamente em concordância com 2Cor 12,1-5, Paulo é levado ao paraíso, mas é proibido de revelar as outras coisas reveladas a ele aí. Somente seu encontro com Enoque e Elias é mencionado. Não é evidentemente o local da borda da terra, onde ele vê a "terra da promessa", o local no qual o reino milenarista de Cristo e dos santos será localizado. A descrição do local que ele visita em seguida, a Nova Jerusalém do Apocalipse e o jardim do Éden. Categorias específicas de mortos têm seus próprios locais de habitação na cidade.

Paulo agora viaja ao local de punição dos perversos, também localizado na borda da terra. (Esta é a sobrevivência da antiga cosmologia encontrada no "Livro dos Vigilantes" [*1 Enoque* 1-36], onde os locais dos mortos podem ser vistos ao redor das bordas da terra, mas o *Apocalipse de Paulo* combina esta antiga noção judia com a antiga noção grega de um grande rio chamado Oceano que circunda a terra [Copeland, 2007]). Como outros videntes, Paulo observa uma grande variedade de castigos, cada um relacionado com um tipo particular de pecado. Ao contrário do *Apocalipse de Pedro* (onde pecados relacionados a situação de perseguição e martírio são proeminentes) e a *Visão de Esdras em latim* (que apresenta pecados relacionados a lei de Moisés), o *Apocalipse de Paulo* dá destaque a pecados eclesiásticos, isto é, cometidos durante ou após a liturgia da Igreja ou cometidos por eclesiásticos (bispos, presbíteros, outras categorias de clero), revelando seu contexto cristão pós-constantiniano. Como outros videntes que visitam o inferno, Paulo é movido para se juntar a Miguel e os próprios mortos perversos para implorar a misericórdia de Deus, com o resultado de que Deus lhes concede alívio dos castigos por vinte e quatro horas a cada semana.

Uma característica muito significativa deste apocalipse é que, não somente está ele exclusivamente preocupado com o destino dos mortos, mas é quase exclusivamente preocupado com o estado dos mortos no tempo presente, antes do juízo final. A *parousia* mal é mencionada exceto em conexão com o reino de mil anos. Poderíamos pensar que cristãos influenciados pelo mesmo não teriam interesse em um futuro para além de seus próprios destinos após a morte, mas este não era o caso, como podemos dizer de outros apocalipses influentes, como o *Apocalipse de Tomé*.

Apocalipse de Tomé (versão breve)

Como já indicado acima ("Apocalipses tipo 1"), em sua versão mais curta, que é provavelmente sua forma original, o *Apocalipse de Tomé* consiste principalmente de um relato dos últimos oito dias da história deste mundo. O narrador se apresenta como "o Filho de Deus", dialogando com Tomé e anunciando que ele irá revelar "os sinais que deverão acontecer no fim do mundo." O relato dos sinais dos sete dias tem uma forma literária consistente: em cada dia ouve-se primeiro um altíssimo barulho (e.g. "uma voz no céu"), então um sinal visível nos céus, e finalmente a reação dos habitantes da terra (e.g. medo). Os sinais não são apenas portentos que anunciam o fim do mundo, eles marcam a progressiva desintegração do cosmos, que é finalmente, no oitavo dia, consumido pelo fogo eterno que circunda o paraíso. Distintamente do esperado por algumas tradições apocalípticas de que o mundo será uma renovação dos céus e da terra, aqui não há dúvidas de que mundo será destruído e que os eleitos serão levados do mesmo para viver eternamente no paraíso com Deus e Cristo e os anjos. Os sete dias dos "sinais" presumivelmente correspondem aos sete dias da criação em Gn 1,1–2,4, embora a correspondência seja comprometida pelo fato que somente no oitavo dia, no tempo da *parousia*, seja o cosmos finalmente destruído. A voz criativa de Deus no início de cada um dos seis dias da criação em Gênesis é, nestes últimos dias de decriação, substituída por vozes cósmicas incoerentes e não identificadas; a aparição das criaturas em cada dia da criação é substituída por uma espécie de desintegração em cada um dos últimos dias; o refrão "Deus viu que tudo era bom" é substituído pelas reações de medo e constrangimento dos humanos; e a fórmula conclusiva em Gênesis, "A noite e a manhã foram o nono dia" é substituído pela fórmula "Estes são os sinais do nono dia". Todo o esquema pode refletir *4 Esdras* 7,30-31, quando o mundo retorna por um período de sete dias ao caos primordial que precedeu a criação, a partir do qual o novo incorruptível mundo então surge. Implicitamente, esta nova criação, junto com a ressurreição dos mortos, ocorre no oitavo dia, como explicitamente em *Barn.* 15,8 (Stone, 1990, p. 217). O esquema no *Apocalipse de Tomé* difere ao preencher os sete dias como uma sequência de sinais e vislumbrar, não uma nova criação, mas a ascensão dos eleitos, em seus corpos agora ressurretos e transformados, à habitação do próprio Deus no mais elevado dos céus.

A versão curta de *Apocalipse de Tomé* não pode ser mais tardia que o final do quinto século, mas poderia ser consideravelmente mais antiga. Já que não há traço de uma versão grega e parece nunca ter ocorrido fora do Ocidente latino (onde foi traduzido para o irlandês e inglês antigos), pode ter sido composto em latim, o que provavelmente fornece um *terminus post quem* no fim do segundo século, quando a literatura cristã em latim apareceu em primeiro lugar. O conceito de "sinais" do fim é encontrado nos evangelhos (Lc 21,11.25; cf. Mt 24,3; Mc 13,4) e em apocalipses judeus como *4 Esdras*

(5,1-12; 6,20-24). Há muitos apocalipses medievais preocupados com a descrição dos "dez sinais" que precederão o fim (Reeves, 2005, p. 106-132), mas eles não são colocados em uma única sucessão de dias e não se preocupam com a destruição do cosmos. Mais próximo do arranjo de *Apocalipse de Tomé* está um texto conhecido como *Quinze sinais antes do julgamento*, que sobreviveu em latim, hebraico (traduzido do latim) e armênio (Stone, 1981). Os quinze sinais ocorrem em quinze dias e eles estão relacionados com a destruição cósmica. O céu e a terra são finalmente consumidos pelo fogo no décimo quarto dia e o novo céu e nova terra aparecem no décimo quinto. Heist (1952) argumentou em favor de uma origem irlandesa medieval para este texto e identificou o *Apocalipse de Tomé* como uma de suas fontes, mas semelhanças em nível de detalhes são escassas, e é possível que os *Quinze sinais* seja um texto muito mais antigo. Seus quinze sinais representam duas semanas de desintegração cósmica, comparáveis com a única semana de *Apocalipse de Tomé*, seguidos por um dia de nova criação, que é mais como o oitavo dia implícito em *4 Esdras* que o oitavo dia de *Apocalipse de Tomé*. Este último é um desenvolvimento mais sofisticado e detalhado do mesmo conceito básico.

Bibliografia

Geral

Paul Julius Alexander, *The Oracle of Baalbek: The Tiburtine Sibyl in Greek Dress* (Dumbarton Oaks Studies 10). Washington, D.C.: Dumbarton Oaks Center for Byzantine Studies, 1967.

_____. *The Byzantine Apocalyptic Tradition*. Los Angeles: University of California Press, 1985.

Richard Bauckham, *The Fate of the Dead: Studies on the Jewish and Christian Apocalypses* (NovTSup 93). Leiden: Brill, 1998; reimpresso Atlanta: SBL.

_____. "Apocalypses". In: Don A. Carson, Peter T. O'Brien & Mark A. Seifrid (eds.). *Justification and Variegated Nomism* v. 1: *The Complexities of Second Temple Judaism*. Tubinga: Mohr [Siebeck], 2001, p. 135-187.

_____. "The Latin Vision of Ezra". In: Richard Bauckham, James R. Davila & Alexander Panayotov (eds.), *Old Testament Pseudepigrapha: More Noncanonical Scriptures*, v. 1. Grand Rapids: Eerdmans, 2013, p. 498-528.

Richard Bauckham, James R. Davila & Alexander Panayotov (eds.), *Old Testament Pseudepigrapha: More Noncanonical Scriptures*, v. 1. Grand Rapids: Eerdmans, 2013.

Theodore A. Bergren, *Fifth Ezra: The Text, Origin and Early History* (SBLSCS 25). Atlanta: SBL, 1990.

_____. *Sixth Ezra: The Text and Origin*. Nova York: Oxford University Press, 1998.

_____. "Fifth Ezra". In: Richard Bauckham, James R. Davila & Alexander Panayotov (eds.), *Old Testament Pseudepigrapha: More Noncanonical Scriptures*, v. 1. Grand Rapids: Eerdmans, 2013, p. 467-482 (2013A).

_____. "Sixth Ezra". In: Richard Bauckham, James R. Davila & Alexander Panayotov (eds.), *Old Testament Pseudepigrapha: More Noncanonical Scriptures*, v. 1. Grand Rapids: Eerdmans, 2013, p. 483-497. (2013B).

Rieuwerd Buitenwerf, "The Tiburtine Sibyl (Greek)". In: Richard Bauckham, James R. Davila & Alexander Panayotov (eds.), *Old Testament Pseudepigrapha: More Noncanonical Scriptures*, v. 1. Grand Rapids: Eerdmans, 2013, p. 176-188.

James H. Charlesworth (ed.), *The Old Testament Pseudepigrapha*, 2 volumes. Londres: Darton, Longmann & Todd, 1983, 1985.

John J. Collins, "Introduction: Towards the Morphology of a Genre". In: John J. Collins (ed.), *Apocalypse: The Morphology of a Genre* (Semeia 14). Missoula: SBL, 1979, p. 1-20.

James Cooper & Arthur John Maclean, *The Testament of Our Lord*. Edimburgo: T. & T. Clark, 1902.

John M. Court, *The Book of Revelation and the Johannine Apocalyptic Tradition* (JSNTSup 190). Sheffield: Sheffield Academic Press, 2000.

Lorenzo DiTommaso, *The Book of Daniel and the Apocryphal Daniel Literature* (SVTP 20). Leiden: Brill, 2005.

J. Keith Elliott, *The Apocryphal New Testament*. Oxford: Clarendon, 1993.

David Frankfurter, *Elijah in Upper Egypt: The Apocalypse of Elijah and Early Egyptian Christianity* (Studies in Antiquity and Christianity). Mineápolis: Fortress Press, 1993.

Eileen Gardiner (ed.), *Visions of Heaven and Hell before Dante*. Nova York: Italica Press, 1989.

Benjamin Garstad, *Apocalypse of Pseudo-Methodius: An Alexandrian World Chronicle*. (coletânea Dumbarton Oaks Medieval Library) Cambridge: Harvard University Press, 2012.

Daniel C. Harlow, *The Greek* Apocalypse of Baruch (3 Baruch) *in Hellenistic Judaism and Early Christianity* (SVTP 12). Leiden: Brill, 1996.

_____. "The Christianization of Early Jewish Pseudepigrapha: The Case of *3 Baruch*" (*JSJ* 32), 2001, p. 416-444.

_____. "Anti-Christian Polemic in the *Apocalypse of Abraham:* Jesus as a Pseudo-Messiah in *Apoc. Abr.* 29:3-14" (*JSP* 22), 2013, p. 167-183.

William Watts Heist, *The Fifteen Signs before Doomsday.* East Lansing: Michigan State College, 1952.

Edgar Hennecke & Wilhelm Schneemelcher, *New Testament Apocrypha.* (tradução de Robert McL. Wilson) v. 2. Londres: Lutterwork, 1965. 2ª edição revisada. 2 volumes. Cambridge: James Clarke; Louisville: Westminster John Knox, 1991, 1992.

Matthias Henze, *The Syriac Apocalypse of Daniel* (STAC 11). Tubinga: Mohr Siebeck, 2001.

Martha Himmelfarb, *Tours of Hell: An Apocalyptic Form in Jewish and Christian Literature.* Filadélfia: University of Pennsylvania Press, 1983.

_____. *Ascent to Heaven in Jewish and Christian Apocalypses.* Nova York: Oxford University Press, 1993.

_____. *The Apocalypse: A Brief History.* Chichester: Wiley-Blackwell, 2010.

Anke Holdenried. *The Sibyl and Her Scribes: Manuscripts and Interpretation of the Latin Sibylla Tiburtina c. 1050-1500.* Aldershot: Ashgate, 2006.

Montague Rhodes James, *The Apocryphal New Testament.* Oxford: Clarendon Press, 1924.

Jean-Daniel Kaestli & Pierre Cherix, *L'Évangile de Barthélemy d'après Deux Écrits Apocryphes.* Turnhout: Brepols, 1993.

Sergio La Porta, "The Seventh Vision of Daniel". In: Richard Bauckham, James R. Davila & Alexander Panayotov (eds.), *Old Testament Pseudepigrapha: More Noncanonical Scriptures,* v. 1. Grand Rapids: Eerdmans, 2013, p. 410-434.

Jane L. Lightfoot, *The Sybilline Oracles: With Introduction, Translation, and Commentary on the First and Second Books.* Oxford: Oxford University Press, 2007.

Birger A. Pearson, "The Pierpont Morgan Fragments of a Coptic Enoch Apocryphon". In: George W. E. Nickelsburg (ed.), *Studies on the Testament of Abraham.* (SBLSCS 6). Missoula: Scholars Press, 1972, p. 227-282.

John C. Reeves, *Trajectories in Near Eastern Apocalyptic: A Postrabbinic Jewish Apocalypse Reader* (SBLRBS 43). Atlanta: SBL, 2005.

Gerrit J. Reinink, *Syriac Christianity under Late Sasanian and Early Islamic Rule.* (Variorum Collected Studies Series). Aldershot: Ashgate, 2005.

Michael Edward Stone, *The Armenian Version of IV Ezra*. Atlanta: Scholars Press, 1979.

_____. *Signs of the Judgement, Onomastica Sacra and The Generations from Adam.* (University of Pennsylvania Armenian Texts and Studies 3). Chicho: Scholars Press, 1981.

_____. *Fourth Ezra*. Hermeneia. Mineápolis: Fortress, 1990.

_____. "A New Edition and Translation of the *Questions of Ezra*." In: Michael Edward Stone, *Apocrypha, Pseudepigrapha and Armenian Studies*, Collected Papers, V. 1 (OLA 144). Lovaina: Peeters, 2006. 375-398.

Michael Edward Stone & John Strugnell, *The Books of Elijah: Parts 1-2* (SBLTT 18) Missoula: Scholars Press, 1979.

Adela Yarbro Collins, "The Early Christian Apocalypses". In: John J. Collins (ed.), *Apocalypse: The Morphology of a Genre* (Semeia 14). Missoula: SBL, 1979, p. 61-121.

Carol Zaleski, *Otherworld Journeys: Accounts of Near-Death Experience in Medieval and Modern Times*. Nova York: Oxford University Press, 1987.

Ascensão de Isaías

Richard Bauckham, "The Ascension of Isaiah: Genre, Unity and Date". In: Richard Bauckham, *The Fate of the Dead: Studies on the Jewish and Christian Apocalypses* (NovTSup 93). Leiden: Brill, 1998, p. 363-390.

_____. "How the Author of the Ascension of Isaiah Created its Cosmological Version of the Story of Jesus". In: Jan N. Bremmer & Tobias Nicklas (eds.), *The Ascension of Isaiah*. Lovaina: Peeters, 2014, p. 23-43.

Paolo Bettiolo, Alda Giambelluca Kossova, Claudio Leonardi, Enrico Norelli & Lorenzo Perrone, *Ascensio Isaiae: Textus* (CCSA 7). Turnhout: Brepols, 1995.

Apocalipse de Pedro

Richard Bauckham, *The Fate of the Dead: Studies on the Jewish and Christian Apocalypses* (NovTSup 93). Leiden: Brill, 1998; reimpressão Atlanta: SBL. capítulos 3, 6-9, 11.

Jan N. Bremmer & István Czachesz (eds.), *The Apocalypse of Peter* (Studies on Early Christian Apocrypha 7). Lovaina: Peeters, 2003.

Dennis D. Buchholz, *Your Eyes Will Be Opened: A Study of the Greek (Ethiopic) Apocalypse of Peter* (SBLDS 97). Atlanta: SBL, 1988.

Attila Jakab, "The Reception of the *Apocalypse of Peter* in Ancient Christianity". In: Jan N. Bremmer & István Czachesz (eds.), *The Apocalypse of Peter* (Studies on Early Christian Apocrypha 7). Lovaina: Peeters, 2003, p. 174-186.

Thomas J. Kraus & Tobias Nicklas (eds.), *Das Petrusevangelium und die Petrusapokalypse: Die griechischen Fragmente mit deutscher und englischer Übersetzung* (GCS NF 11). Berlim & Nova York: de Gruyter, 2004.

Paolo Marrassini & Richard Bauckham, "Apocalypse de Pierre". In: François Bovon & Pierre Geoltrain (eds.), *Écrits Apocryphes Chrétiens*, v. 1. Paris: Gallimard, 1997, p. 747-774.

Eibert Tigchelaar, "Is the Liar Bar Kokhba? Considering the Date and Provenance of the Greek (Ethiopic) *Apocalypse of Peter*". In: Jan N. Bremmer & István Czachesz (eds.), *The Apocalypse of Peter* (Studies on Early Christian Apocrypha 7). Lovaina: Peeters, 2003.

Apocalipse de Paulo

Jan N. Bremmer & Itsván Czachesz (eds.), *The Visio Pauli and the Gnostic Apocalypse of Paul* (Studies on Early Christian Apocrypha 9). Lovaina: Peeters, 2007.

Kirsti Barrett Copeland, "Thinking with Oceans: Muthos, Revelation and the *Apocalypse of Paul*". In: Jan N. Bremmer & Itsván Czachesz (eds.), *The Visio Pauli and the Gnostic Apocalypse of Paul* (Studies on Early Christian Apocrypha 9). Lovaina: Peeters, 2007, p. 77-104.

Pierluigi Piovanelli, "Les Origines de l'*Apocalypse de Paul* reconsidérées", (*Apocrypha* 4) 1993, p. 25-64.

Pierluigi Piovanelli, "The Miraculous Discovery of the Hidden Manuscript, or the Paratextual Function of the Prologue in the *Apocalypse of Paul*". In: Jan N. Bremmer & Itsván Czachesz (eds.), *The Visio Pauli and the Gnostic Apocalypse of Paul* (Studies on Early Christian Apocrypha 9). Lovaina: Peeters, 2007, p. 23-49.

Apocalipse de Tomé

J. Keith Elliott, *The Apocryphal New Testament*. Oxford: Clarendon, 1993, p. 645-651.

Robert Faerber, "L'Apocalypse de Thomas". In: Pierre Geoltrain & Jean-Daniel Kaestli (eds.), *Écrits Apocryphes Chrétiens*, v. 2. Paris: Gallimard, 2005, p. 1019-1043. (Inclui uma tradução em francês do texto completo da versão longa, bastante truncada, por Elliott. À luz deste texto completo da versão longa, Faerber, corretamente, reorganiza a ordem do texto da versão curta.)

28. Inferno na *Visão de Esdras* em latim

Introdução

A *Visão de Esdras em latim* pertence à tradição de apocalipses judeus e cristãos nos quais um vidente (uma figura autoritativa do Antigo ou Novo testamentos) é levado para ver as punições dos perversos no inferno e as recompensas dos virtuosos no paraíso.[1] Como muitos destes trabalhos, a *Visão de Esdras em latim* enfoca as punições e fornece somente uma pequena olhadela do paraíso. Como alguns outros apocalipses deste tipo, a *Visão de Esdras em latim* tem uma passagem na qual o vidente ora por misericórdia dos condenados e recebe de Deus algum grau de remissão de seus castigos.[2]

Dois destes apocalipses foram traduzidos do grego ao latim e eram lidos no Ocidente medieval, onde eram valorizados evidentemente pelo tipo de informação sobre a vida após a morte que forneciam. Alguns dos mais populares destes eram o *Apocalipse de Paulo*, em suas várias redações latinas (bem como versões vernaculares), conhecidas como a *Visão de Paulo*.[3] Outro muito popular era a *Visão de Esdras em latim*, que, como o *Apocalipse de Paulo*, foi redigido no período medieval e sobreviveu em quatro versões de

---

1. Veja especialmente Martha Himmelfarb, *Tours of Hell: An Apocalyptic Form in Jewish and Christian Literature*. Filadélfia: University of Pennsylvania Press, 1983); Richard Bauckham, *The Fate of the Dead: Studies on the Jewish and Christian Apocalypses* (NovTSup 93). Leiden: Brill, 1998, capítulos 2, 3, 8, 12, 13.

2. Veja especialmente Bauckham, *The Fate of the Dead*, capítulo 6.

3. Herman Brandes, "Über die Quellen der mittelenglischen Versionen der Paulus-Vision", *Englische Studien* 7 (1884), p. 34-65; Theodore Silverstein, *Visio Sancti Pauli* (SD 4). Londres: Christophers, 1936; Clause Carozzi, *Eschatologie et Au-delà: Recherches sur l'*Apocalypse de Paul. Aix--en-Provence: Publications de l'Université de Provence, 1994; Theodore Silverstein and Anthony Hilhorst, *Apocalypse of Paul: A New Critical Edition of Three Long Latin Versions* (Cahier d'Orientalisme 21). Gênova: Cramer, 1997.

extensões variadas (veja abaixo). Ambos textos – especialmente o *Apocalipse de Paulo* mas também a *Visão de Esdras*[4] – influenciaram as descrições do outro mundo que aparecem em muitas visões medievais atribuídas a pessoas medievais bem conhecidas.[5] De muitas maneiras, estes textos são uma continuação do mesmo gênero de literatura visionária, mas os medievais, embora lessem e redigissem as visões de Paulo e Esdras, não escreveram novos apocalipses sob pseudônimos bíblicos. Na maior parte das vezes, as visões medievais tinham uma base na experiência das pessoas a quem eram atribuídas. Outra diferença é que não se apropriaram do tema da oração do vidente pelos condenados.

A *Visão de Esdras em latim* é um de três apocalipses de Esdras com relações estreitas entre si, dos quais os outros são o *Apocalipse de Esdras em grego* e o (em grego) *Apocalipse de Sedrac* (no qual o nome Sedrac é provavelmente uma corruptela de Esdras[6]). A *Visão de Esdras em latim* e o *Apocalipse de Esdras em grego* contêm rotas de turismo pelo inferno, muito parecidas entre si, enquanto todos os três apocalipses apresentam a intercessão do vidente pelos condenados e o esforço do mesmo para evitar entregar sua alma a Deus na morte (estas duas características são encontradas somente na versão longa da *Visão de Esdras em latim*).[7] Todos os três apocalipses refletem em alguma extensão o debate entre Esdras e Deus ou seu anjo em *4 Esdras*, enquanto a

---

4. Peter Dinzelbacher, "Die Vision Alberichs und die Esdras-Apokryphe", *Studien und Mitteilungen zur Geshichte der Bayerischen Benediktinerakademie 87.* (1976) p. 433-442, demonstra que a *Visão de Alberico* do século XII é dependente da *Visão de Esdras em latim*. Para outros possíveis sinais de influência da *Visão de Esdras* em visões medievais, veja as notas 26 e 32 abaixo.

5. Em ordenação quase cronológica, as mais conhecidas são as visões de Furseu, o monge de Wenlock, Drythelm, Barontus, Wetti, Adamnán, Alberico, o cavaleiro Owen (Purgatório de São Patrício), Tnugdal, Gunthelm, Gottschalk, o monge de Evesham e Thurkill. Há traduções de oito destes em Eileen Gardiner (ed.), *Visions of Heaven and Hell before Dante*. Nova York: Italica Press, 1989. Claude Carozzi, *Le Voyage de l'Âme dans l'Au-delà d'après la Littérature Latine (V^e - XIIe siècle)* (Collection de l'École Française de Rome 189). Roma: École Française de Rome, 1994, é um estudo bem amarrado desta literatura. Veja também Alison Morgan, *Dante and the Medieval Other World*. Cambridge: Cambridge University Press, 1990.

6. Michael E. Stone, "The Metamorphosis of Ezra: Jewish Apocalypse and Medieval Vision", *JTS* 33 (1982), p. 1-18, aqui 6; Danielle Ellul, "Apocalypse de Sedrach". In: *Écrits apocryphes chrétiens* (ed. François Bovon & Pierre Geoltrain; 2 volumes. Paris: Gallimard, 1997, 2005. 1:575-591, aqui 579.

7. Também comum à *Visão de Esdras em latim* (versão longa) e ao *Apocalipse de Esdras em grego* é uma descrição do anticristo.

ideia de atribuir uma rota de turismo pelo inferno a Esdras pode derivar de *4 Esdras* 4,8 ("Eu ainda não desci ao inferno").[8]

A *Visão de Esdras em latim* sobreviveu em nove manuscritos, cujos textos podem ser classificados em quatro versões:

> *longa* (B: ms Vaticano, Barberinus lat. 2318, fol. 106^r-110^r, fim do século XV),
> *intermediária* (L: ms Linz, Bibliothek des Priesterseminars, A I/6, fol 14^r-17^v, séculos X-XI),
> *curta* (Cet: 6mss, séculos XII-XV),
> *muito curta* (V: ms Vaticano, lat. 3838, fol 59^r-61^r, século XII).[9]

Em 1977 Otto Wahl publicou uma edição sinóptica apresentando a versão L ao lado de um texto baseado em manuscritos das versões V e Cet (ms Heiligenkreuz, Stiftsbibliothek, 11, fol. 272^v-273^r).[10] No *Old Testament Pseudepigrapha* (1983) de James H. Charlesworth, James R. Mueller e Gregory A. Robbins basearam sua tradução no texto mais curto (V), julgando este como o mais original[11], como o fez R. J. H. Shutt, cuja tradução em língua inglesa apareceu em *Apocryphal Old Testament* (1984) de H. F. D. Sparks.[12] A versão longa (B) não era conhecida até que Pierre-Maurice Bogaert publicasse a *editio princeps* em 1984.[13] Tem o dobro da extensão das outras, e, como Bogaert defendeu, sem dúvida representa uma versão mais original do escopo do texto (muito embora detalhes do texto estejam costumeiramente corrompidos).

---

8. Michael E. Stone, *4 Esdras*. Hermeneia. Mineápolis: Fortress, 1990, p. 85.

9. Esta classificação de manuscritos em quatro versões é dada por Flavio Nuvolone, "Vision d'Esdras". In: *Écrits apocryphes...* 1:595-632, aqui 601.

10. Otto Wahl, ed, *Apocalypsis Esdrae; Apocalypsis Sedrach; Visio Beati Esdrae* (PVTG 4). Leiden: Brill, 1977, p. 49-61. Esta edição é suplementada por Otto Wahl, "Vier neue Testzeugen der Visio beati Esdrae", *Salesianum* 40 (1978) p. 583-589.

11. James R. Mueller & Gregory Allen Robbins, "Vision of Ezra". In: *The Old Testament Pseudepigrapha* (ed. James H. Charlesworth; 2 volumes. Londres: Darton, Longman & Todd, 1983. 1: 581-590).

12. R. J. H. Shutt, "The Vision of Esdras". In: Hedley F. D. Sparks (ed.), *The Apocryphal Old Testament*. Oxford: Clarendon, 1984, p. 943-951.

13. Pierre-Maurice Bogaert, "Une version longue inédite de la 'Visio Beati Esdrae' dans le légendier de Teano (Barberini Lat. 2318)". *RBén* 94 (1984), p. 50-70.

É a base para a tradução francófona por Flavio Nuvolone na coletânea *Écrits apocryphes* (1997).[14] Nuvolone também preparou a edição crítica do texto para o "Corpus Christianorum Series Apocryphorum", ainda não publicado. Citações da *Visão de Esdras em latim* no restante deste ensaio são de minha própria tradução inglesa, feita a partir da versão longa (ms B) corrigida somente quando o texto de outros manuscritos são claramente superiores.[15]

A relação entre a *Visão de Esdras em latim*, de um lado, e o *Apocalipse de Esdras em grego* e o *Apocalipse de Sedrac*, de outro, demonstra que a versão longa era a forma mais original. Agora que está disponível, podemos ver que a relação entre as versões representa uma abreviação passo a passo do texto, ao invés de, como estudos de 1984 e antes supuseram, uma expansão progressiva do texto. Isto requer um reexame de consideráveis conclusões de estudiosos anteriores sobre a *Visão de Esdras em latim* (inclusive a discussão de Martha Himmelfarb de seu lugar entre as rotas de turismo infernais[16]). Uma versão grega do *Urtext* abarcando os traços principais da *Visão de Esdras em latim*, o *Apocalipse de Esdras em grego* e o *Apocalipse de Sedrac* deveria provavelmente ser postulada e datada em algum ponto do segundo, terceiro ou quarto séculos d.C. Algumas das evidências em favor de tal datação é apresentada no decurso da discussão que aqui se segue.

A rota de turismo do inferno

Na primeira seção da *Visão de Esdras* (§§ 1-59), Esdras é conduzido por anjos em uma rota pelos castigos no inferno (Tártaro), além de apenas uma breve olhadela no paraíso. A rota se parece com outras em tais apocalipses como o *Apocalipse de Paulo* e o *Apocalipse da Virgem Maria em grego* no qual Esdras vê uma série de castigos discretos, cada um sendo infligido naqueles culpados de certos tipos de pecados. De tempos em temos, entre um castigo

---

14. Nuvolone: "Vision d'Esdras".

15. Minha tradução: Richard Bauckham, "The Latin Vision of Ezra". In: *Old Testament Pseudepigrapha: More Noncanonical Scriptures,* v. 1 (editado por Richard Bauckham, James R Davila & Alexander Panayotov). Grand Rapids: Eerdmans, 2013, p. 498-528.

16. Himmelfarb, *Tours*, especialmente p. 160-167.

e outro, os anjos levam Esdras mais fundo (§§ 2, 12, 23, 58) ou mais adiante (§ 19) no inferno, ou Esdras mesmo caminha adiante de um castigo a outro (§§ 34, 36a, 37, 40, 45, 48, 57a, 59f).

As descrições dos castigos seguem um estilo padronizado (veja a tabela entre os apêndices deste ensaio). A cada vez que vê um novo grupo de pessoas sofrendo castigos, Esdras pergunta a seu guia angelical quem eles são e lhe é contado que são culpados de tal e tal pecado(s). As perguntas e as respostas são formuladas na forma que Martha Himmelfarb chamou de "explicações demonstrativas."[17] O vidente pergunta, "Quem são estes?", e o anjo responde, "Estes são aqueles que..." A forma é usada em quase todas as rotas pelo inferno[18], e serve para posicionar a *Visão de Esdras* firmemente em sua tradição de gênero literário. Na *Visão de Esdras* é completamente ausente somente no caso de um tipo de punição (n. 12 na lista de 17, §§ 50-50a), onde provavelmente poderíamos supor que foi abandonado durante a transmissão do texto. Em somente uma ocasião, a pergunta está ausente (n. 10, §§ 45-47), embora a explicação ocorra. Novamente, podemos assumir que há uma omissão na tradição manuscrita. Também há uma variação do padrão (n. 11, §§ 48-49) na qual a pergunta está ausente e a explicação é dada, não pelo anjo, mas pelas vítimas dos pecadores sendo punidos, que usam a forma como uma maneira de identificar o crime daqueles que acusam perante Deus. Finalmente, assim como as identificações demonstrativas dos pecadores, a forma é usada por duas vezes para identificar pessoas virtuosas que passam pelas punições sem que sofram de qualquer modo. Retornaremos a este traço pouco usual.

Além das perguntas e respostas demonstrativas, há outro traço padronizado no relato de cada julgamento. Após aprender quem os pecadores são em cada caso, Esdras pede a Deus: "Deus, poupe os pecadores" (na primeira ocasião a frase é "Deus, tenha misericórdia dos pecadores"). Esta prece ocorre após o relato de oito dos castigos, e devemos provavelmente pretender que estivesse originalmente presente em outras cinco ocasiões das quais foi

---

17. Id., ibid., capítulo 2. A autora argumenta que as rotas de turismo do inferno herdaram esta forma de Ezequiel, de Zacarias e do "Livro dos Vigias" de Enoque, onde é usado mais genericamente para explicar o que os videntes veem em suas visões.

18. Id., ibid., 46, onde uma tabela mostra que somente no caso de *Gedulat Moshe* esta característica está ausente. Tal não é encontrada nas visões medievais em latim.

retirada por erro ou pelo desejo do escriba de abreviar e evitar muita repetição. Somente numa ocasião há uma variação claramente intencional. No caso do Rei Herodes, o único indivíduo que Esdras vê sendo punido, ele não pede por misericórdia mas ao contrário expressa sua aprovação pela punição (§ 39: "Senhor, julgaste um julgamento reto").[19] Herodes é, ao que parecia, o Adolf Hitler deste inferno, o homem tão perverso que sua punição não causa comoção sequer a Esdras, que é de outro modo representado neste texto como o mais empático e misericordioso dos turistas no inferno. Após ter visto todos os castigos, a prece-padrão de Esdras por misericórdia aparece novamente em uma cena na qual ele apresenta a mesma no céu em favor de todos os pecadores (§ 61).

A característica mais diferente desta rota de turismo pelo inferno é que, além das punições que são simplesmente impostas aos perversos, Esdras vê quatro ordálias, que ferem os pecadores que tentam passar por elas, mas através das quais as almas dos virtuosos passam sem nenhum dano (n. 1, 4, 5, 16). A primeira destas é a entrada para o inferno, através da qual, aparentemente, os virtuosos devem passar, bem como os perversos. A última é a saída do inferno e entrada no paraíso, através da qual os virtuosos passam para sua herança bendita. Neste último caso, os perversos não são mencionados, embora presumivelmente devamos compreender que se tentassem passar assim do inferno ao paraíso iriam ser feridos e impedidos. É no caso das primeiras duas ordálias que a explicação demonstrativa é utilizada para explicar quem os virtuosos são, bem como quem os pecadores são. Ordálias deste tipo são muito raras nos apocalipses e deveremos retornar à questão de sua função nesta rota infernal. Mas em primeiro lugar faremos alguns comentários sobre as formas que as punições (ao invés das ordálias) tomam.

As punições

Seguindo a ordália que é a entrada no Tártaro, os dois primeiros castigos (n. 2 e 3) são castigos por suspensão, uma categoria de castigo que é tanto

---

19. No *Apocalipse de Esdras em grego* 4,12, as palavras de Esdras são "Amaldiçoada seja sua alma!"

antiga quanto padronizada nas rotas de turismo do inferno.[20] Cada punição consiste em ser suspenso por uma parte do corpo. É uma forma de punição olho por olho na qual é pela parte do corpo com a qual um pecado em particular foi cometido que o pecador é suspenso.

O primeiro exemplo na *Visão de Esdras* é a primeira vista problemático a este respeito. Esdras vê pessoas penduradas de ponta-cabeça amarrados por suas mãos (§ 12), uma situação complicada de se imaginar. O anjo lhe diz primeiro que estes são homens adúlteros (§ 16). Uma segunda explicação é que são mulheres que desejaram o adultério ao se enfeitarem para atraírem outros homens que não seus maridos (§ 17). Em nenhum dos casos está claro porque deveria ser pelas mãos que fossem suspensos e suspensas. A explicação provavelmente deve ser encontrada no *Apocalipse de Pedro*, onde há dois castigos: homens adúlteros são suspensos por suas coxas, enquanto as mulheres que se enfeitaram para atiçarem homens que não fossem seus maridos são suspensas pelos pescoços e cabelos (*Apoc. Pet.* 7,5-8).[21] As coxas dos homens são sem dúvida um eufemismo para seus órgãos genitais[22], pelo que as mãos na *Visão de Esdras* são um outro eufemismo. Isto também explica como pessoas suspensas pelas suas "mãos" poderiam estar de ponta-cabeça. Em nosso texto da *Visão de Esdras*, a punição específica para as mulheres, suspensas pelos cabelos, desapareceu e somente a explicação do anjo sobre tal permaneceu. (Uma relação próxima com *Apocalipse de Pedro* também poderia ser indicada pelo fato de que neste último os castigos por suspensão são os primeiros a serem descritos e estes dois são o segundo [mulheres] e terceiro [homens], pela ordem.)

O próximo castigo por suspensão não é problemático: homens e mulheres suspensos pelas pálpebras são descritos como culpados de incesto com pais e mães, "desejando com um desejo mau" (§§ 19-21).[23] Já que é com os

---

20. Veja Himmelfarb, *Tours,* capítulo 2; Bauckham, *The Fate...*, p. 215-217.

21. Mulheres são punidas por adultério por suspensão pelos cabelos em *Apoc. de Paulo* 39.

22. Suspensão pelo órgão genital é explicitamente a punição de adúlteros e pederastas no fragmento de Elias citado na epístola apócrifa de Tito (Michael E. Stone & John Strugnell (eds.), *The Books of Elijah Parts 1-2* [SBLTT 18]. Missoula: Scholars, 1979, p. 14-15).

23. Que o pecado seja o incesto é confirmado pelo paralelo em *Apoc. de Esdras em grego* 4,22.

olhos que as pessoas desejam, suspensão pelos olhos, pálpebras ou sobrancelhas são uma punição por pecados de luxúria em muitas descrições dos castigos por suspensão do inferno.[24] Mas uma característica única da *Visão de Esdras* em sua descrição destes dois primeiros castigos por suspensão (à parte do paralelo em *Apocalipse de Esdras em grego* 4,22) é que, em adição a serem suspensos, os pecadores são espancados por anjos do Tártaro[25] com bastões de fogo.[26]

Há um terceiro castigo por suspensão em *Visão de Esdras*, mais tarde na série dos mesmos (n. 14). Esdras vê mulheres suspensas pelos cabelos, enquanto serpentes em torno de seus pescoços sugam seus seios, e lhe é dito que são mulheres que não ofereceram seus seios a criancinhas e órfãos (§§ 53a-54; cf. o paralelo em *Apoc. Esdras greg.* 5,2-3). A segunda parte do castigo é claramente um castigo olho por olho e ocorre também em outras partes (*Apoc. Pedro* 8,5-10), onde é a punição para infanticidas, num paralelo próximo[27]), mas não em conexão com suspensão. Talvez novamente tenhamos a confluência de punições e pecadores, embora haja uma que corre por trás de nosso texto do *Apocalipse de Esdras em grego*, bem como *Visão de Esdras*. Certamente suspensão pelos cabelos não faz sentido em relação a este pecado em particular.

---

24. Himmelfarb, *Tours*, p. 86-89.

25. O manuscrito B traz *dyaboli* (§ 13) e *dyaboli tartaruti* (§ 19), mas estas duas redações adequam o texto à visão medieval de que os torturadores do interno são demônios. Na literatura apocalíptica mais antiga os torturadores não são seres maus mas anjos de Deus, encarregados do inferno e seus juízos por Deus, administrando sua justiça em obediência a Ele. Outros manuscritos trazem *angeli*. Sobre o grego *tartarouchos*, latim *tartarucus*, como um adjetivo descrevendo anjos encarregados do Tártaro, veja Bauckham, *The Fate...*, p. 223-224; 321-322.

26. Flagelação dos condenados no inferno ocorre em *Apoc. Pedro* 9,2; *Thom. Cont.* 142:39-143:2 (também no Hades greco-romano: Luciano, *Men.* 14; *Ver. hist.* 2.29; Virgílio, *Aen.* 6.556-557), embora não em conexão com castigos por suspensão, mas não conheço outros exemplos de pauladas. Na visita do cavaleiro Owen ao Purgatório de São Patrício (1153 ou 1154 d.C.) aqueles que sofrem a suspensão são ao mesmo tempo flagelados por demônios (Gardiner, *Visions*, p. 140). Isto poderia se dever à influência da *Visão de Esdras em latim*. Note também que, como em *Vis. Esdras* §§ 8, 28, 36e, as pessoas que estão sendo punidas clamam por misericórdia, "embora não houvesse ninguém ali que pudesse ter delas misericórdia ou as poupar" (Gardiner, *Visions*, p. 139).

27. Veja também *Acta Sebastiani* 4,12 (*PL* 17.1026), citado por Jacqueline Amat, *Songes et Visions: L'au-delà dans la littérature latine tardive*. Paris: Études Augustiniennes, 1985, p. 389. Mas os pecadores aqui são descritos apenas como "descrentes".

Entre outras punições há uma de interesse particular: aquela do Rei Herodes (*Vis. Esd.* 37-39; cf. o paralelo em *Apoc. Esdr. greg.* 4,9-12). Este é o único exemplo, dentre os roteiros pelo inferno nos apocalipses, de um indivíduo famoso nomeado sendo punido no inferno[28], e o mais antigo exemplo deste fenômeno que iria mais tarde se tornar uma característica importante do *Inferno* de Dante. Mesmo entre as visões medievais não há muitos exemplos,[29] sendo Judas o mais comum.[30] É mais comum para visitantes do outro mundo conhecerem habitantes bem conhecidos do paraíso, como os patriarcas ou profetas. Dentre outros que Paulo encontra no *Apocalipse de Paulo*, são "todos os infantes que o Rei Herodes assassinou pelo nome de Cristo" (*Apoc. Paulo* 26), que nos ajuda a compreender a aparição de Herodes no inferno de Esdras. As crianças são consideradas as primeiras pessoas cristãs martirizadas e portanto Herodes é o primeiro rei responsável por condenar mártires cristãos à morte. O anjo identifica o mesmo a Esdras como "Rei Herodes que matou muitas crianças *por causa do Senhor*" (§ 38).[31] Ele poderia ser visto como o representante de muitos governantes posteriores que condenaram cristãos à morte, e poderia ser de especial significância se o *Ur-text* destes apocalipses de Esdras tivesse se originado antes de Constantino. A punição particular de Herodes – sentar-se em um trono de fogo[32], cercado pelos seus

28. Nos roteiros judeus medievais há um fenômeno diferente: um pecador notório preside sobre os perversos, ou uma categoria dos mesmos, que estão passando por sofrimentos, enquanto ele mesmo está isento de sofrer: Moses Gaster, "Hebrew Visions of Hell and Paradise". In: Gaster, *Studies and Texts in Folklore, Magic, Medieval Romance, Hebrew Apocrypha and Samaritan Archaeology.* (3 volumes) Londres: Maggs, 1925-1928. 1:148-9, p. 157, 158-160.

29. E.g. dois bispos nomeados na Visão de Baronto (Carozzi, *Le Voyage*, p. 165); Charlemagne em *Visão de Wettin* (Gardiner, *Visions*, p. 70-71), embora este seja um castigo purgativo; o Rei Cormach em *Visão de Tundale* (Gardiner, *Visions*, p. 183-185).

30. E.g. a *Visão de Gunthelm* (Douglas David Roy Owen, *The Visions of Hell: Infernal Journeys in Medieval French Literature.* Edimburgo: Scottish Academic Press, 1970, p. 17) e a *Viagem de São Brandão* (Gardiner, *Visions*, p. 117-120; Owen, *The Visions*, p. 23-25, 59-62).

31. Itálicos meus. *Apoc. Esd. greg.* 4,11 ("Herodes, que foi rei por um tempo e ordenou que se matasse crianças de dois anos ou menos")não traz a indicação de que as crianças tenham morrido como mártires ("por causa do Senhor").

32. Sobre este castigo no Apocalipse de Maria em grego, o Apocalipse de Maria em gueês e o Apocalipse de Baruc em gueês, veja Himmelfarb, *Tours*, p. 125. Ele também aparece na Visão de Gunthelm (Owen, *The Vision*, p. 16) e na Visão de Thurkill (Gardiner, *Visions*, p. 226-228), talvez em dependência da *Visão de Esdras em latim*.

conselheiros (§ 37) – é um castigo do tipo olho por olho: ele é punido por meio do trono que simboliza a autoridade com a qual ele decretou o massacre das crianças.

As ordálias

Como já mencionei, além de punições do tipo comumente encontradas em rotas pelo inferno, *Visão de Esdras* também inclui quatro ordálias.[33] Primeiro, há o portão do inferno, que esguicha labaredas e é guardado por dragões, leões e cães pretos que também lançam chamas. Os virtuosos passam sem problemas, mas os perversos são mordidos pelas bestas e queimados pelas chamas (§§ 3-8).

Em segundo lugar, há um grande caldeirão incandescente do qual o fogo se ergue como ondas no mar. Pecadores são lançados ao fogo por anjos com tridentes incandescentes, mas os virtuosos "andam pelo meio das ondas de fogo, louvando o Senhor, como se estivessem andando sobre orvalho e água congelada" (§§ 23-27). (Há provavelmente alusões bíblicas aqui a Is 43,2; Dn 3,25; Pr Azar 1,26-28.) [N.T.: Pr Azar é a abreviação para "Prece de Azarias", ou em inglês "Prayer of Azariah", nas versões King James das bíblias utilizadas em muitas comunidades e ambientes teológicos anglicanos tradicionais e *low-to-broad-church* do Reino Unido e Comunhão Anglicana. Equivale, na maior parte das edições de bíblias brasileiras católicas, em uso inclusive na Província Anglicana do Brasil (IEAB), a Dn 3,49-51. Não está claro porque Bauckham cita esta porção deuterocanônica de Daniel em estilo inglês tradicional, no entanto seguindo a simbologia de separação de capítulos e versículos latina (X,Y ao invés de X.Y).]

Em terceiro lugar, há uma ponte por sobre um rio de fogo. Sua largura é tal que quarenta pares de touros poderiam a atravessar lado a lado, e os virtuosos a cruzam com alegria. Mas quando os pecadores chegam ao meio da mesma, ela se reduz a um pequeno cordão e eles caem no rio onde cobras e escorpiões os aguardam (§§ 36a-36d). Notavelmente, este é o único dos cas-

---

33. Nenhuma delas aparece no *Apocalipse de Esdras em grego*.

tigos no inferno de Esdras, inclusive as primeiras duas ordálias, para os quais nenhuma explicação demonstrativa é feita, identificando os virtuosos como tendo virtudes específicas ou os perversos como praticantes de pecados específicos. Neste caso, eles são apenas os virtuosos e os pecadores. A *Visão de Esdras* aqui preserva a noção de uma ordália através da qual todos os mortos devem passar, algo que os testa como pecadores ou virtuosos.

Finalmente, a entrada para o paraíso, como a entrada para o inferno, é guardada por leões e cães e protegida por chamas. Os virtuosos passam por isso e adentram o paraíso (§ 58). Assim o quadro que a rota pelo inferno apresenta é aparentemente que os virtuosos devem passar pelo Tártaro a caminho do paraíso. Talvez leitores devessem entender que os virtuosos passam ilesos por todos os castigos descritos, não somente aqueles pelos quais sua passagem é mencionada. Uma característica incomum de todo o esquema é que o paraíso parece localizado no nível mais baixo do Tártaro ao qual Esdras desce (§ 58).

Ordálias não são comuns em contos ou visões do outro mundo. Havia uma tradição, aparentemente derivada de fontes iranianas e bastante difundida nos primeiros séculos cristãos, de um rio de fogo que servia para separar os virtuosos dos perversos, quer no dia do julgamento[34] quer quando da morte.[35] Os virtuosos passam por ele ilesos, mas os perversos são queimados. O melhor exemplo de uma série de ordálias está no Apocalipse (ou Apócrifo) dos Sete Céus (ou Sete Paraísos), que descreve a ascensão de almas após a morte através dos vários céus ao trono de Deus no sétimo paraíso. Em cada um dos céus há uma ordália, como uma fornalha ardente, um rio de fogo e uma roda incandescente. As almas dos virtuosos passam rapidamente por cada ordália, mas os pecadores são detidos e devem passar doze anos sofrendo cada um dos castigos. Quando as almas dos perversos eventualmente

---

34. *Apoc. Ped.* 6,2-5; *Or. Sib.* 2.252-255; 8.411; Lactâncio, *Inst.* 7.21; cf. *Did.* 16:5.

35. *Terceiro Apocalipse de João* 5,13 (In: John M. Court, *The Book of Revelation and the Johannine Apocalyptic Tradition* [JSNTSup 190; Sheffield: Sheffield Academic Press, 2000], p. 109-119); *T. Isaac* 5,24-25; e outros textos apócrifos em copta listado em Bauckham, *The Fate of the Dead*, p. 320. Veja também Montague Rhodes James, *The Lost Apocrypha of the Old Testament*. Londres: SPCK, 1920, p. 90-91.

chegam ao sétimo céu, Deus os julga e o anjo do Tártaro as lança aos eternos castigos do inferno.[36]

Este é um esquema muito mais coerente do que a sequência de ordálias e punições no Tártaro dada pela *Visão de Esdras*. Neste último, as ordálias estão localizadas no próprio Tártaro, e, quando tanto pecadores quanto virtuosos aparentemente precisam passar pelas ordálias, estas são colocadas entre os castigos do tipo que tipicamente são apresentados como o destino eterno dos perversos. A função probatória de ordálias realmente não se encaixam bem neste contexto. Podemos imaginar porque elas foram incluídas. A resposta pode muito bem ser que elas promovem contrastes vívidos possíveis entre virtuosos e pecadores. Nos casos da segunda ordália, a explanação demonstrativa de virtuosos e perversos fornece um contraste excelente: os virtuosos dão esmolas e ajudas caritativas aos necessitados, enquanto os perversos são gananciosos e não oferecem hospitalidade aos entrangeiros e pobres. No caso da última ordália, na entrada para o paraíso, somente os virtuosos são descritos, mas isto pode ser porque a rota turística de Esdras não termina com seu vislumbre do paraíso mas continua até o local de somente um castigo extra (§ 59f). Isto fornece outro contraste entre os virtuosos que adentram o paraíso – descritos como os que dão esmola e fazem caridade (§ 59b) – e os pecadores no último castigo, o poço de piche, que praticaram usura e não tiveram misericórdia de seus devedores (§ 59f).

A mais interessante das ordálias, porque reaparece em uma variedade de outras visões do outro mundo, é a ponte. Em fontes cristãs que chegaram a nós que podem ser datadas com precisão ela aparece primeiro em visões do outro mundo recontadas na *Historia Francorum* (577 d.C.) de Gregório de Tours e por Gregório Magno (*Dial.* 4.36; 593-594 d.C.); então no relato da visão do monge de Wenlock, recontado por Bonifácio em 716 d.C.; novamente no texto irlandês do século XI Visão de Adamnán (*Fis Adamnáin*). Enquanto outras versões do *Apocalipse de Paulo* não trazem a ponte, ela aparece na

---

36. Richard Bauckham, "The Apocalypse of the Seven Heavens: The Latin Version". In: Bauckham, *The Fate...* p. 304-331, principalmente p. 315-316 (texto e tradução), p. 318-320. Há um esquema similar em *Questões de Esdras* A19-21.

redação latina IV, a mais influente das quatro redações latinas curtas, que originou-se não mais tarde que no século duodécimo. A aparição da ponte na Visão de Alberico (1127), como um número de outras características deste texto, é sem dúvida derivada da *Visão de Esdras em latim*.[37] Do século XII em diante torna-se uma característica comum de visões do outro mundo na tradição europeia ocidental.[38]

A *Visão de Esdras em latim* foi, para mim, a fonte para a história sobre a ponte na Visão de Adamnán, bem como na Visão de Alberico, mas não podemos traçar sua influência com confiança para antes do século undécimo (que é também a data de nosso manuscrito mais antigo, L[39]). Gregório de Tours e o monge de Wenlock transmitem um relato da ponte que difere da *Visão de Esdras*, enquanto a redação IV do *Apocalipse de Paulo* parece combinar as duas tradições. É interessante notar que, enquanto na *Visão de Esdras*, *Visão de Adamnán* e redação IV aqueles que caem da ponte no rio de fogo são aqueles condenados ao castigo eterno no inferno, em Gregório Magno, Gregório de Tours, o monge de Wenlock, a *Visão de Alberico*, *Visão de Tnugdal*, a *Visão do Purgatório de Patrício* de Owen, a *Visão de Thurkill* e outros escritos medivais posteriores, a experiência é purgativa. A *Visão de Alberico*, sem dúvida diretamente dependente da *Visão de Esdras*, torna o último relato numa experiência purgativa para pecadores ao solicitar àqueles que caem da ponte no rio de fogo que tentem a atravessar de novo e de novo até que tenham sido suficientemente purificados e possam atravessar a ponte sem caírem. Alberico mesmo ouve de São Pedro que esta ordália é chamada purgatório.[40] Assim a ponte participa na crescente proeminência de punições purgativas após a morte nas visões medievais do outro mundo. Que ela não funcione assim na *Visão de Esdras,* mas retenha sua função original de uma

---

37. Dinzelbacher, "Die Vision Alberichs".

38. E.g. a Visão de Tundale (Tnugdal) (1147), o Purgatório de Patrício (1153-1154), a Visão de Thurkill (1206). (Gardiner, *Visions*, p. 158, 162, 142-143, 222-223.) Para outras ocorrências medievais, veja Ioan P. Culianu, "'Pons subtilis': Storia e Significato di un Simbolo", *Aev* 2 (1979): p. 301-312. Aqui, p. 307-308.

39. Wahl, *Apocalypsis Esdrae*, 15 (séculos X ou XI).

40. Carozzi, *Le Voyage*, p. 591-592.

ordália que separa virtuosos de perversos, testemunha em favor de uma relativa antiguidade da *Visão de Esdras.*

Imaginou-se habitualmente que a ponte se originou na tradição iraniana uma vez que, como a ponte Cinvat, ela surge o mais tardar no quarto século d.C. no Avesta.[41] Mas se a *Visão de Esdras*, na forma aproximada que a temos na versão latina longa, for mais antiga que isto, é possível que a ponte tenha migrado na outra direção – das tradições judaicas e/ou cristãs para o Irã.[42] Há certamente fortes indícios em favor da percepção de que é a *Visão de Esdras em latim*, ao invés do *Apocalipse de Esdras em grego,* que melhor preserva o conteúdo do Ur-texto do qual ambos derivam.[43] As ordálias, inclusive a ponte, estão marcadamente ausentes no apocalipse grego, mas é ao menos provável que o editor da última forma pensou serem estas incongruentes em um relato do inferno e que fossem adições posteriores. Mas que elas seriam parte de um texto original datado de antes do quarto século ainda permanece incerto.

Pecados

Na rota pelo inferno de Esdras, ele vê quinze categorias de pecadores sendo punidos por meio de castigos apropriados, embora haja alguns casos nos quais uma categoria parece cobrir mais de um pecado (talvez por adição de pecados ao texto ou omissão de algumas punições) e há um caso no qual os pecadores são culpados de "todo tipo de mal" (talvez uma substituição por um escriba para uma parte ininteligível do texto). As duas mais antigas rotas turísticas pelo inferno com as quais poderíamos comparar a de Esdras são aquelas no *Apocalipse de Pedro*, que tem vinte e uma categorias de pecadores em castigos apropriados, e o *Apocalipse de Paulo,* que tem vinte e três.

---

41. Culianu, op. cit., p. 309-310. A mesma ocorre mais tarde em Arda Viraz Namag (séc. VI), mas esta obra pode ser dependente de apocalipses judeus ou cristãos. A aparição da ponte na tradição islâmica a partir do séc VIII (Culianu, op. cit., p. 307) pode derivar de fontes iranianas ou de fontes judias ou cristãs.

42. Assim id., ibid., p. 305-306 n. 35, p. 311 n. 54. Ele levanta a possibilidade, dependente da datação de Wahl da versão original da *Visão de Esdras em latim* no primeiro quarto do século II, embora Culianu prefira "para o momento" permanecer com a outra visão.

43. Wahl, *Apocalypsis Esdrae*, 8; Nuvolone, "Vision", p. 599.

A extensão da variação pode ser medida inicialmente pelo fato de que somente em dois casos o mesmo pecado recebe a mesma punição tanto na *Visão de Esdras* quanto no *Apocalipse de Pedro* (e mesmo nestes casos a punição tem aspectos em um que não tem paralelos no outro)[44], embora não haja tal caso em comum entre *Visão de Esdras* e *Apocalipse de Paulo*. Mas se tomarmos os pecados sem as punições há mais correspondências. Permitindo certa flexibilidade na definição precisa do pecado há sete categorias de pecados comuns à *Visão de Esdras* e *Apocalipse de Pedro*, e seis comuns à *Visão de Esdras* e *Apocalipse de Paulo*. Cinco destas são comuns a todas as três rotas: adultério (masculino e feminino), perder a virgindade antes do casamento (feminino), desprezar os mandamentos de Deus, infanticídio (por mulheres abandonando crianças para que morram), e usúria.

Se fizermos comparações mais amplas, podemos observar que o *Apocalipse de Pedro* dá proeminência especial a pecados que se relacionam com uma situação de perseguição e martírio: apostasia, traição, dar falso testemunho que leva à morte de mártires, perseguição. A *Visão de Esdras* não tem nada disso exceto o caso de Herodes. Também o *Apocalipse de Pedro* inclui fazerem-se ídolos e culto idolátrico, enquanto a *Visão de Esdras* não faz tais referências a práticas religiosas alternativas. Mas a comparação entre o *Apocalipse de Paulo* e a *Visão de Esdras* revela diferenças ainda mais marcantes. A primeira dá proeminência ao que poderíamos chamar de pecados eclesiásticos (pecados que são mais graves porque são cometidos nos cultos das igrejas ou após os mesmos [*Apoc. Paulo* 31]) e pecados cometidos por ministros eclesiásticos (bispos, presbíteros, diáconos, leitores). Como o *Apocalipse de Pedro*, está preocupado com falsa religião, mas o foco se alterou da idolatria para a heresia (*Apoc. Paulo* 41-42). Nenhum destes pecados aparece na *Visão de Esdras*, com a exceção da primeira categoria de pecadores, que Esdras vê entrando no Tártaro: "aqueles que negaram o Senhor e ficaram com mulheres no Dia do Senhor" (§ 10). O significado

---

44. Estes são suspensão pelos órgãos genitais (provavelmente) para adúlteros. (*Vis. Esd.* 12-18; *Apoc. Ped.* 7,7) e um castigo envolvendo o leite e seios de mulheres que deixaram que seus filhos infantes morressem [N.T.: por falta de amamentação, é o que o fraseado em inglês parece implicar.] (*Vis. Esd.* 53a-55; *Apoc. Ped.* 8,6-7.9).

do segundo pecado aqui é que a relação sexual entre esposos que seria de outro modo legal é ilegal no Dia do Senhor.[45] Além desta categoria, não há pecados relacionados a práticas religiosas na *Visão de Esdras*, e quaisquer referências a pessoas ligadas a Igrejas. Isto distingue a *Visão* fortemente não somente do *Apocalipse de Paulo*, mas também do *Apocalipse da Virgem Maria em grego*, que se tornou a mais popular versão de uma rota turística pelo inferno nas Igrejas helenófonas do leste, e de toda a tradição de visões do outro mundo do oeste medieval, nas quais pecados relacionados à prática religiosa e os pecados do clero e monges eram rotineiramente proeminentes.[46] Este é um dos indicadores mais robustos de que a *Visão de Esdras* se originou num período anterior ao *Apocalipse de Paulo* (que em sua forma presente data, no mínimo, de *c.* 400).

Outra característica distintiva das categorias de pecados na *Visão de Esdras* é a extensão à qual eles são baseados nas leis do Pentateuco. Claro, este é o caso dos pecados que aparecem também em uma ou outra das duas outras rotas: adultério, rebelião contra os pais, usura, perda da virgindade por uma mulher antes do casamento. Outros não explicitamente especificados na lei de Moisés eram tomados como proibidos por judeus e cristãos por implicação: aborto, infanticídio, falta de hospitalidade com estrangeiros. Mas é notável que vários pecados únicos na *Visão de Esdras* dentre estas três rotas turísticas infernais são tomados de leis mosaicas: incesto (§ 21), dar direções erradas de propósito a viajantes (§ 41), enganar servos sobre seus próprios direitos (§ 50) e adulterar limites de terrenos (§ 57b). Destes, o primeiro é raro nas rotas infernais em geral[47], enquanto os outros três são únicos à *Visão de Esdras* (além do paralelo do último com *Ap. Esd. grego* 5,25).

---

45. Isto torna-se claro a partir do paralelo na *Visão de Alberico* (capítulo 5), que aqui é dependente da *Visão de Esdras* (texto em Antonio Mirra [Mauro Inguanez], "La Visione de Alberico", *Miscellanea Cassinese* 11 [1932]: p. 32-103, aqui 88).

46. A *Visão de Tnugdal* é incomum neste ponto, embora mesmo aqui haja uma categoria especial de fornicação por pessoas ligadas a Igrejas (capítulo 9). Para a classificação medieval de pecados em geral, veja Morgan, *Dante*, capítulo 4.

47. Himmelfarb, *Tours*, p. 70, lista, além da *Visão de Esdras* e o *Apocalipse de Esdras em grego*, somente o *Apocalipse de Maria* etíope, o *Apocalipse de Baruc* etíope e o *Gedulat Moshe*.

A *Visão de Esdras* condena incesto, não em geral, mas especificamente com os pais[48], e referindo-se aparentemente não a abuso sexual de crianças por seus pais, já que são as crianças que são condenadas. A razão é talvez que o incesto com pai e mãe encabeça a lista de relações sexuais proibidas em Lv 18 (Lv 18,7). Como tal, esta forma mais hodienda de incesto deve, na *Visão de Esdras*, destacar-se representando todas as outras formas listadas naquele capítulo da lei. Enganar servos sobre seus direitos (§ 50a) pode muito bem refletir Dt 24,14-15 (ordenando que trabalhadores pobres sejam pagos diariamente antes do pôr do sol). Alterar a marca de limites de terrenos (§ 57b) certamente reflete Dt 27,17: "Maldito seja aquele que move a cerca de seu vizinho" (cf. tb. Dt 19,14; Pr 23,10-11).[49]

O mais interessante destes casos é o sobre dirigir viajantes a caminhos errados (§ 41). Isto é baseado em Dt 27,18: "Maldito seja qualquer um que guia erradamente uma pessoa cega por uma estrada". A aplicação foi estendida de pessoas cegas a qualquer um que precise de ajuda para encontrar o caminho.[50] Acontece que exatamente uma ampliação do escopo do mandamento é encontrada em Targum de Pseudo-Jônatas ao Deuteronômio, onde esta maldição em 27,18 ganha a forma: "Maldito seja aquele que dirige de propósito equivocadamente um viajante estrangeiro na estrada, que é como um homem cego!"[51] A mesma interpretação é encontrada em *Sipre Deut.* 223. Além disso, tal extensão do mandamento já é atestada por Josefo, que, ao sumarizar o requerido pela lei de Moisés, escreve: "As pessoas devem mostrar as estradas àqueles que não as conhecem, e não, procurando por algo pelo que rir, zombar da necessidade de outra pessoa de propósito" (*Ant.* 4.276; cf., mais brevemente, *C. Ap.* 2.219), também um sumário dos mandamentos

---

48. O escriba pode não ter percebido que o pecado é incesto, mas isto é claro a partir do paralelo em *Apoc. Esd. em grego* 4,22-24.

49. Como Himmelfarb, *Tours*, p. 162, nota, o grego do *Apocalipse de Esdras em grego* 5,25 é próximo do de LXX de Dt 27,18.

50. Não estou convencido por Nuvolone, "Vision", p. 614, que a referência é a aqueles que são cegos em sentido figurado, isto é, ignoram a religiosidade.

51. A mesma referência a um estrangeiro, que é como um homem cego, é encontrado no *Targum Fragmentário* em relação a Lv 19,14.

de Moisés).[52] Esta correspondência entre a *Visão de Esdras* e a halacá judia torna muito provável que a rota infernal de Esdras seja baseada em um relato originalmente judeu.

Sob esta percepção devemos ter um novo olhar sobre § 46 no ms B: "Estes são aqueles que zombaram da lei e a corromperam (ou: destruíram)" (*Isti sunt derisores et corructores* [i.e. *corruptores*] *legis*). Em outros manuscritos tal foi expandido: "Estes são mestres da lei (*legis doctores*) que confundiram o batismo e a lei do Senhor, porque eles costumavam ensinar com palavras e não dar sentido [às suas palavras] com atitudes" (VH, cf. L). Esta expansão criou uma referência a mestres religiosos, alinhados com a tendência medieval de referir-se à presença de pessoas ligadas a Igrejas em rotas infernais, e adicionaram uma alusão a Mt 23,3. A probabilidade de que B preserve a versão mais original é suportada por *Apocalipse de Pedro* 9,7, que se refere a pessoas que negligenciaram a caridade aos necessitados "e assim desviaram--se do mandamento de Deus", e por *Apocalipse de Paulo* 37: "Estes são os que insultaram (*detractant*) a Palavra de Deus na igreja, não prestando atenção à mesma, mas contando Deus e seus anjos como se não fossem nada (*quasi pro nihilo facientes*)". Este último texto é evidentemente uma versão mais cristianizada da categoria de pecadores em *Visão de Esdras* 46, e sugere que devamos talvez tomar *corruptores* em *Vis. Esd.* 46 segundo o significado de "destruidores", significando que estas pessoas tomam a lei como nada ao não a observarem.[53] De todo modo, o texto B de *Vis. Esd.* 46 refere-se à Torá e assim é bastante coerente com a extensão às quais as categorias de pecadores nesta rota de turismo infernal reflete os mandamentos da Torá, com uma ênfase particular nas maldições deuteronomistas de Dt 17,15-26. Isto é, afinal, o que deveríamos esperar em um apocalipse atribuído a Esdras, especialmente quando o mesmo toma Esdras como um segundo Moisés.[54]

---

52. Veja especialmente a discussão em Luis H. Feldman, *Flavius Josephus: Judean Antiquities 1-4* (Leiden: Brill, 2004), p. 445-446. Ele argumenta que a afirmação de Josefo sobre esta lei "pareceria ser uma refutação direta da acusação de um satirista tão ácido quanto seu contemporâneo, Juvenal, que declara (*Sat.* 14.103) que judeus não apontam o caminho em uma estrada a não ser àqueles que praticam os mesmos ritos que eles".

53. Cf. Nuvolone, "Vision", p. 615, referindo-se a *4 Esdras* 7,20-24; *2 Bar* 51,4-6.

54. Cf. Nuvolone, "Vision", p. 598.

Misericórdia para os condenados

Nas rotas turísticas do inferno, do *Apocalipse de Pedro* em diante[55], um motivo importante é a oração do vidente por misericórdia em favor dos condenados (*Apoc. Ped.* 3,3-4; *Apoc. Paul.* 33, 40, 42, 43; *3 Bar.* [Eslavônico] 16,7-8; *Apoc. Maria em greg.* 25-28), um motivo encontrado também em dois apocalipses de Esdras nos quais Esdras na verdade não percorre a rota de castigos no inferno mas intercede pelos condenados (*Ques. Esdr.* A7; *Apoc. Sedr.* 5,7; 8,10; 16,2).[56] Parece, na verdade, ser o mais apropriado da figura de Esdras para apocalipses nos quais este tema é proeminente: o *Apocalipse de Esdras em grego*, a *Visão de Esdras em latim,* o *Apocalipse de Sedrac* (no qual o nome é provavelmente uma corruptela de Esdras) e as *Questões de Esdras em armênio.* Todos estes são dependentes de *4 Esdras*, onde o debate de Esdras com Deus ou o Anjo Uriel frequentemente recorre ao prospecto da condenação da maior parte da humanidade, inclusive a maior parte dos judeus. Esdras pensa que tal é inaceitável, apela para a misericórdia de Deus, e discute com robustez o problema com Deus. Claro, ele perde a discussão no fim, bem como (na maior parte) seus xarás e sucessores nos apocalipses cristãos, mas ele parece ter conquistado, por assim dizer, a simpatia e admiração por pecadores condenados ao inferno que os videntes nestes textos expressam. Em maior ou menor medida estes textos exploram a tensão entre a misericórdia divina pelos pecadores e a justiça divina que demanda castigos ou punições, algumas vezes, como na Visão em latim, chegando a uma forma de resolução por meio da concessão aos condenados de um dia de descanso semanal, que é em parte a resposta de Deus às orações do vidente.

A *Visão de Esdras em latim* distingue-se pela maneira com que a intercessão de Esdras pelos condenados torna-se o tema dominante ao longo do trabalho. Somente no caso de Herodes ele reconhece a justiça de tal condenação. Ao longo do restante de sua rota ele consistentemente clama por misericórdia por cada categoria de pecadores (§ 11 etc.), tomando sobre si os clamores por misericórdia dos próprios pecadores para os quais eles próprios

---

55. O único exemplo que pode ser mais antigo seria *Apoc. Sof.* 2,8-9.

56. Sobre o tema nestas e noutras obras, veja Bauckham, *The Fate of the Dead*, p. 136-142.

não encontram resposta (§§ 8, 28, 36). Quando a rota chega ao fim ele é levado pelos céus até o trono de Deus, e pelo caminho pede aos anjos e profetas[57] para se ajoelharem e orarem pelos pecadores (§ 60). A Deus mesmo (cujo apenas as costas Esdras pode ver, tal e qual Moisés) ele repete sua oração, *verbatim* ("Senhor, poupe os pecadores") mas pela última e mais destacada vez, apresenta todas as suas orações do próprio Tártaro.

Daí segue-se algum debate com Deus, derivado de *4 Esdras*. Comparando, não somente com o (sem paralelo em termos de profundidade teológica) debate em *4 Esdras* por si mesmo, mas também com o próprio debate, mais extensivamente dependente de *4 Esdras*, no *Apocalipse de Esdras em grego* e no *Apocalipse de Sedrac*, o debate de Esdras com Deus na Visão em latim é mais curta e claramente sofreu abreviação e corrupção. De todo modo, Esdras levanta o argumento por misericórdia que é mais costumeiramente erguido nos apocalipses de Esdras: "Os animais, que pastam, os fez melhores que os humanos, já que não lhe erguem louvores, morrem e não têm pecado, enquanto nós somos miseravelmente tristes enquanto vivos e torturados quando morremos" (§ 62; cf. *4 Esdras* 7,65-69; *Apoc. Esd. greg.* 1,22; *Apoc. Sedr.* 4,2; *Ques. Esd.* A5; B3). Em seu desejo de se envolver em discussões legalistas com Deus, Esdras parece ecoar Jó (§§ 81-87; cf. *Apoc. Esd. greg.* 2,4-7), mas em sua última discussão ele certamente ecoa a intercessão de Moisés (Ex 32,32), o que é consistente com o retrato da obra dele como um segundo Moisés. Assim como Moisés pediu para ser julgado em lugar de seu povo, Esdras diz: "Se criaste tanto pecadores e a mim , então seria melhor a mim que eu perecesse, antes que todo o mundo pereça" (§ 89). Aqui Esdras recusa-se a ser silenciado pela certeza de que apenas ele pertence aos eleitos. Neste ponto a *Visão de Esdras* é única dentre os apocalipses de Esdras, e o resultado deste extremo cuidado para com os condenados é uma concessão por Deus que não tem paralelos nos apocalipses de Esdras, embora ocorra em outros tipos de texto. Esta concessão finalmente satisfaz o vidente: "Seja como queres" (§ 91).

---

57. B. chama os mesmos de "profetas das igrejas" (*prophetae ecclesiarum),* talvez uma corruptela.

A concessão é que os pecadores no inferno sejam poupados dos castigos uma vez por semana: "Os pecadores desde a nona hora do *Sabbath* até o segundo dia da semana descansam, mas nos outros dias são punidos por causa de seus pecados" (§ 90). Esta é a mesma concessão que é obtida pela intercessão de Paulo, a quem se ajuntam Miguel e os demais anjos, no *Apocalipse de Paulo* (§ 44), mas nos manuscritos sobreviventes da versão latina longa o período é especificado como um dia e uma noite no dia que Jesus ressurgiu dentre os mortos.[58] Em muitas das redações posteriores, entretanto, o período é especificado da mesma maneira que na *Visão de Esdras*: "da nona hora do *Sabbath* ate a primeira hora do segundo dia" (Redações III, IV, VIII).[59] Não parece plausível que a pausa de castigos por si mesma seja uma adição ao texto da *Visão de Esdras*, tomada de uma das redações do *Apocalipse de Paulo*, já que constitui a conclusão necessária para todo o tema do trabalho. Como já vimos razão para datar a forma original da *Visão de Esdras* mais cedo no *Apocalipse de Paulo*, pode muito bem ser que este tenha sido o primeiro texto cristão a empregar este motivo, que teria sido retomado no *Apocalipse de Paulo*.[60]

---

58. Silverstein, *Visio*, p. 79, argumenta que tal seria originalmente uma referência ao dia da Páscoa, embora redações posteriores o tomaram como sendo o Dia do Senhor semanal.

59. Redações III e VIII em Silverstein, op. cit., p. 190-191, 212; Redação IV em Brandes, "Über die Quellen", p. 47. "A primeira hora" pode ter sido retirada do texto da *Visão de Esdras em latim*.

60. Sobre o motivo como originalmente judaico, seja Israel Lévi, "Le repos sabbatique des âmes damnées", *REJ* 25 (1892): 1-23; e também Silverstein, op. cit., p. 124 n. 126; Himmelfarb, *Tours*, p. 17 n. 31.

Tabela: A rota dos julgamentos de Esdras
(*Visão de Esdras* latina §§ 1-59)

Punições e *Recompensas*				Pecados e *Virtudes*
(1) **Ordália**	§§ 3-11	D*		*Tementes a Deus e o sagrado + dar esmolas, caridade aos necessitados*
		D S E[1]	Portões ardentes e bestas	Negaram ao Senhor + com mulheres no Dia do Senhor
(2)	§§ 12-18	D E	Suspensão e espancamento	Adultério
(3)	§§ 19-22	D E	Suspensão e espancamento	Incesto com os pais
(4) **Ordália**	§§ 23-33	D*		*Dar esmolas, caridade aos necessitados*
		D S E	Caldeirão ardente	Sovinas, ladrões, alcoviteiros, inóspitos aos pobres e estrangeiros
(5)	§§ 34-36	D	Verme imortal	Todo tipo de mal
(6) **Ordália**	§ 36a-36e	S	Ponte	
(7)	§§ 37-39	D[1] E[2]	Trono ardente	Assassinato das crianças por Herodes
(8)	§§ 40-42	D E	Perfuração de olhos	Guiar erradamente os viajores
(9)	§§ 43-44	D	Colares ardentes	Garotas que fizeram sexo antes do casamento
(10)	§§ 45-47	D[2] E	Queimar com ferro e chumbo	Zombar e corromper a lei
(11)	§§ 48-49	D[3] V	Fornalha ardente	Governantes que oprimiram os pobres
(12)	§§ 50-50a		Fornalha ardente	Revolta contra pais + negaram o mestre, fraudar servos (ou empregados)
(13)	§§ 51-53	D V	Fornalha	Abortar crianças concebidas em adultério
(14)	§§ 53a-55	D E	Suspensão e aleitamento	Negar o próprio leite a infantes e órfãos
[Interlúdio]	§§ 56-57			
(15)	§§ 57a-57c	D E	Estraçalhamento por feras	Alterar marca de limites entre terrenos + dar falso testemunho
(16) **Ordália**	§ 58		Feras e labaredas	
Paraíso	§§ 59-59e		*Luz, alegria, maná*	*dar esmolas + caridade + se sem meios, palavras consoladoras*
(17)	§ 59f	D	Poço de piche de comida ardente	Usura, falta de compaixão
[No céu]	§ 60-61	E		

D = Demonstração por meio de pergunta e resposta, geralmente sobre pecadores e punições ("Quem são estes que...?" "Estes são aqueles que...")

D* = Demonstração por meio de pergunta e resposta sobre virtuosos não atormentados pelos castigos

D^1 = "Quem é este? Este é o Rei Herodes que..."

D^2 = Resposta demonstrativa, pergunta ausente

D^3 = Vítimas dizem, "Senhor, estes são os que..."

S = Aqueles punidos clamam a Deus por misericórdia mas não a recebem

V = Vítimas estão presentes acusando aqueles que lhes causaram mal

E = Esdras ora: "Senhor, poupe os pecadores"

E^1 = Esdras ora: "Senhor, tem misericórdia dos pecadores"

E^2 = Esdras ora: "Senhor, fizeste um justo juízo"

29. Apócrifos cristãos primitivos como literatura imaginativa

Introdução aos Apócrifos cristãos primitivos como literatura imaginativa

A maior parte da literatura cristã antiga era didática, devocional ou teológica. Mas também houve literatura imaginativa, alguns exemplos dos quais devemos considerar neste capítulo. Tais textos, claro, tinham objetivos religiosos, mas que se buscava alcançar mediante o uso de histórias imaginativas. Textos de narrativa imaginativa são encontrados especialmente dentre alguns dos assim chamados textos apócrifos produzidos a partir do segundo século. Nestas circunstâncias o termo "apócrifo" não deve ser tomado com muito peso. Estes não foram necessariamente textos que poderiam ter sido incluídos no cânon do Novo Testamento mas foram excluídos. A maior parte nunca foi candidata à canonicidade. Eles não foram necessariamente textos condenados como heréticos pela emergente ortodoxia da Igreja Católica, embora alguns dos quais o sejam. Muitos eram amplamente lidos em muitos círculos ortodoxos e considerados literatura para edificação e entretenimento e alguns, mesmo quando condenados por concílios e teólogos, eram tomados muito bons para serem perdidos por estudiosos e monges que os preservaram, e muito interessantes para serem abandonados por leitores ordinários para os quais permaneceram populares. As traduções inglesas dos textos cristãos apócrifos discutidos aqui podem ser encontradas em Elliott (1993) e Schneemelcher (1991-1992).

Poderíamos esperar que evangelhos apócrifos fossem proeminentes dentre textos narrativos imaginativos cristãos, mas de fato nenhum evange-

818

lho não canônico do tipo que narra a história de Jesus, como os evangelhos canônicos fazem, sobrevive em mais que fragmentos. Evangelhos apócrifos sobreviventes (a maior parte gnósticos) são coletâneas de ditos de Jesus ou diálogos entre Jesus ressuscitado e seus discípulos, não narrativas. Para as histórias de Jesus devemos nos voltar a ramificações mais especializadas do gênero evangélico: "protoevangelhos" e evangelhos da Paixão e Ressurreição. O último tipo (incluindo especialmente o ciclo de narrativas conhecido ou como *Evangelho de Nicodemos* ou como *Atos de Pilatos*), embora importante devido a sua influência medieval, se desenvolveu somente no fim do período patrístico e não será estudado aqui. Mas "protoevangelhos" (por vezes chamados de evangelhos do nascimento e infância) que narram sobre a ambientação de Jesus (desde antes do nascimento de sua mãe), nascimento e infância começaram a serem escritos no segundo século. Comentaremos sobre os textos do segundo século deste tipo a partir dos quais todos os textos posteriores se desenvolveram: o *Protoevangelho de Tiago* e o *Evangelho da Infância de Tomé*.

Estes textos ilustram como a narrativa imaginativa cristã floresceu, especialmente nas lacunas deixadas pela história cristã como o Novo Testamento a contou. Isto também aconteceu no caso de histórias sobre os apóstolos. Os Atos dos Apóstolos canônicos, a única narrativa canônica sobre o início da Igreja, deixa muito sem contar. Mesmo a história de Paulo é interrompida em um ponto pouco claro antes de sua morte. O outro apóstolo muito famoso, Pedro, sai da narrativa de Atos no meio do livro, e não é mencionada sequer sua presença posterior em Roma, bem conhecida de cristãos posteriores. Sobre os ministérios da maior parte dos 12 apóstolos, todos os quais comissionados por Jesus no início de Atos para levarem o evangelho aos confins da terra, Atos praticamente não tem nada a dizer. Por esta razão – e outras razões que se tornarão aparentes –, narrativas apócrifas sobre os feitos e mortes dos apóstolos individualmente floresceram a partir do século II. Estudaremos os cinco mais antigos destes atos apócrifos dos apóstolos.

O *Protoevangelho de Tiago*

O *Protoevangelho de Tiago* é um dos mais atraentes dos textos apócrifos cristãos antigos, bem como um dos mais influentes (veja Cothenet, 1988; Vorster, 1988). Ele conta uma história prazenteira com considerável habilidade narrativa. O título *Protoevangelho* não é antigo, mas é razoavelmente adequado na medida em que descreve o texto como o início da história do evangelho. Ele se inicia de fato em um ponto cronológico anterior mesmo àquele do Evangelho de Lucas, com uma história sobre os pais de Maria que leva até seu nascimento, e termina pouco antes do nascimento de Jesus. Mas a atribuição do texto a Tiago é provavelmente original. Este é Tiago irmão de Jesus, aqui compreendido (como em outras literaturas dos séculos II e III) como um dos filhos de José em seu primeiro casamento. Já adulto à época do nascimento de Jesus, Tiago é uma testemunha ocular das partes finais da narrativa, embora somente na conclusão ele revele sua autoria. O uso de pseudônimo presumivelmente sustenta um propósito do trabalho, que é, como veremos, apologética em contrário a histórias derrogatórias do nascimento de Jesus e sua ambientação. O *Protoevangelho* foi escrito no segundo século.

A narrativa

Como os dois primeiros capítulos do Evangelho de Lucas, a narrativa evoca fortemente um contexto judeu palestinense, com ênfase no Templo de Jerusalém, embora, ao contrário do Evangelho de Lucas, muitos dos detalhes judaicos sejam criativos ao invés de historicamente bem-informados. No início do texto, os pais de Maria, Joaquim e Ana, um casal rico residente em Jerusalém, não têm filhos. Seu sofrimento a respeito de tal é pungentemente descrito. Joaquim se isola em meio à natureza, aparentemente com seus rebanhos (*Protoevangelho de Tiago*, 1,2 e 4,2).

Em resposta a suas orações, um anjo os informa que serão pais de uma criança que se tornará famosa em todo o mundo. Como seu protótipo veterotestamentário homônimo, Ana faz um voto de entregar a criança a Deus, e assim uma Maria de três anos de idade deixa seus pais para viver no Templo, onde é miraculosamente alimentada por um anjo. Esta parte da história, chamada de "apresentação de Maria ao Templo", inspirou numerosas obras artísticas.

Aos 12, se aproximando da puberdade, Maria não pode ficar no Templo sem o profanar, e assim um anjo instrui o sumo sacerdote Zacarias (evidentemente o Zacarias de Lc 1, o pai de João Batista) a reunir todos os viúvos da Judeia, para que através de um sinal milagroso um deles seja selecionado para tomar Maria como esposa. Viúvos são especificados porque se pretende que Maria permaneça virgem e seu esposo lhe seja na verdade um guardião. A escolha cai sobre José.

Aos 16, Maria recebe a visita de um anjo, como na anunciação de Lucas, e visita sua parenta Isabel, como no Evangelho de Lucas. Quando retorna para casa, a reação de José à evidente gravidez e a explanação pelo anjo a ele em um sonho são expansões do relato mateano. Quando a gravidez de Maria se torna conhecida por alguém de fora de sua casa, José é acusado perante o sumo sacerdote de haver violado a virgem sob sua guarda. Maria e José protestam juntos por sua inocência e são vindicados quando o sumo sacerdote os faz passar por uma ordália de beberem água que os faria mal se fossem culpados.

José e Maria parecem estar vivendo em Jerusalém, de onde saem para Belém quando o censo é decretado. Em uma de suas contribuições permanentes para a imaginação cristã, o *Protoevangelho* traz José assentando Maria em gravidez avançada em um jumento para a viagem. Outra contribuição do tipo é a localização do nascimento de Jesus em uma caverna (um detalhe também encontrado em Justino Mártir, escrevendo mais ou menos na mesma época). Eles estão a apenas metade do caminho até Belém quando Maria está para dar à luz. José a deixa com seus filhos na caverna, único abrigo disponível nesta região desértica, enquanto vai procurar uma parteira. Rápido encontra uma que, entrando na caverna, testemunha o nascimento milagroso de Jesus. A caverna é obnubilada; então uma luz que brilha sem igual aparece na caverna; a criança aparece à medida que a luz se retira. A parteira, profundamente impressionada, encontra Salomé do lado de fora da caverna, e lhe conta que testemunhou uma virgem dando à luz. (Salomé é presumivelmente filha de José, embora em versões posteriores se torne uma segunda parteira.) A cética Salomé recusa-se a acreditar nisto a não ser que possa colocar um dedo seu na carne intacta de Maria. (Há um claro eco da história do Quarto Evangelho sobre Tomé recusando-se a acreditar sem ter tocado o Cristo ressuscitado.) Porque tentou Deus a este respeito, a mão de Salomé é consumida, mas é curada quando ela ora e toca a criança recém-nascida.

A história da visita dos magos é então contada, seguindo o relato de Mateus. Quando Herodes decreta a matança das crianças, Maria esconde Jesus enrolando-o em roupas e deitando-o em uma manjedoura. Isabel sai de sua casa em grande pavor com seu filho João, e uma montanha se abre para os receber e esconder. Quando os oficiais de Herodes não conseguem obter informações de Zacarias sobre o paradeiro de seu filho, Herodes ordena sua morte. Ele é assassinado no Templo, onde os sacerdotes mais tarde encontram seu sangue petrificado, embora seu corpo tenha desaparecido.

Caráter literário

A tradição literária à qual o *Protoevangelho* mais obviamente pertence é aquela dos textos narrativos judeus (algumas vezes chamados "Bíblia reescrita" ou, menos precisamente, "midraxe") que recontam as histórias bíblicas, expandindo as versões bíblicas para explicar problemas deixados pelos textos bíblicos, para preencher lacunas, para satisfazer curiosidade, para promover determinado viés teológico ou ideológico nas histórias, e equipar leitores imaginativamente para entrarem no mundo das histórias e personagens bíblicas mais profundamente (veja Cothenet, 1988). Tais textos por vezes criam novas histórias inspirados por – embora deliberadamente também divergindo de – aquelas contadas na Bíblia sobre outras personagens. Isto é o que acontece no *Protoevangelho* quando a história da concepção e nascimento de Maria ecoa aquelas de Isaac, Sansão e especialmente Samuel, ou quando a história do ceticismo de Salomé sobre o nascimento virginal demonstra paralelismo com a história do Quarto Evangelho sobre o ceticismo de Tomé sobre a ressurreição. O relato imaginativo do nascimento de Maria e sua infância satisfaz a percepção de que alguém de tanta significância quanto

Maria na história da salvação devesse ter sido marcada e preparada para tal papel desde antes do nascimento, da mesma maneira que a literatura judaica contava histórias extrabíblicas sobre os nascimentos de Noé (*1 Enoque* 106), Melquisedec (*2 Enoque* 71) e Moisés (Pseudo-Filo, *Antiguidades bíblicas* 9). A porção posterior do *Protoevangelho* constitui a primeira tentativa literária de reconciliar as duas narrativas canônicas sobre o nascimento de Jesus nos evangelhos de Mateus e Lucas. A liberdade com a qual por vezes trata estes últimos (especialmente em termos geográficos) é surpreendente, mas não inteiramente sem paralelos nos textos judaicos da "Bíblia reescrita". Típico do método exegético judeu é a maneira que o *Protoevangelho* cria histórias que explicam alguns pontos do texto da escritura. P. ex., a afirmação de Lucas de que Maria deitou a criança em uma manjedoura (Lc 2,7) é explicada como uma maneira de esconder Jesus dos soldados de Herodes. A referência dos evangelhos ao assassinato de Zacarias no templo (Mt 23,35; Lc 11,51) parecia implicar que este era um evento recente (ao invés do evento narrado em 2Cr 24,19-22) e assim requisitava uma história para a explicar. O *Protoevangelho*, seguindo a técnica exegética comum de tomar personagens com o mesmo nome como se fossem idênticas, portanto conta a história do assassinato de Zacarias, o pai de João Batista, em consequência da tentativa de Herodes de destruir a criança messiânica.

Apologética e polêmica

Muitas características da narrativa sugerem que ela foi ao menos em parte composta para defletir acusações feitas sobre a ambientação de Jesus e se origina em polêmicas de judeus contra cristãos, as quais sabemos terem sido correntes no segundo século, principalmente a partir da citação das mesmas na obra do escritor pagão anticristão Celso. Uma vez que tanto judeus quanto pagãos zombavam das origens humildes de Jesus, o *Protoevangelho* começa por apontar que seu avô Joaquim era muito rico, enquanto o trabalho de José é apontado como de um mestre construtor. O fato de que nenhuma menção seja feita a Nazaré é provavelmente devido a preocupação de negar que as origens de Jesus fossem obscuras. Maria não era uma garota forçada a ganhar a vida como fiandeira, como a polêmica afirmava; ela de fato fiava, mas o que ela fazia, segundo o *Protoevangelho*, eram as cortinas para o Templo. Contra a difamação de que Jesus teria sido concebido em uma união extramarital, o *Protoevangelho* se esforça bastante para contar como a virgindade de Maria foi atestada e sua inocência demonstrada de uma maneira tal que as próprias autoridades do Templo a aceitaram. Pode não ser acidental que a fuga para o Egito não seja mencionada, já que polemistas judeus retratavam Jesus como um mágico que aprendeu sua magia no Egito.

Ao lado destas respostas a polêmicas judias se desenvolve uma contra-polêmica cristã contra os judeus. A caminho de Belém, José se surpreen-de com Maria, que parece estar se lamentando e rindo ao mesmo tempo. Ela explica: "Vejo com meus olhos dois povos, um chorando e lamentando e outro festejando em exultação". Enquanto a passagem ecoa Gn 25,23, ela evidentemente significa que o filho de Maria será ocasião para a tristeza dos judeus, bem como a alegria dos cristãos. Desse modo a maneira com que o *Protoevangelho* termina, com a história do assassinato de Zacarias, por ve-zes imaginado como uma adição posterior, é apropriada e efetiva. Quando o sangue de Zacarias é encontrado no Templo, uma voz declara que ele não será dali lavado até que seu vindicador venha, uma referência sem dúvida à destruição do Templo em 70 d.C.

Mariologia

A maneira com que o *Protoevangelho* discorre sobre o tema da virgin-dade de Maria é um grande passo em direção às doutrinas mariológicas de um período posterior. À afirmação dos evangelhos canônicos de que Maria era virgem quando concebeu Jesus, o *Protoevangelho* adiciona que o nasci-mento de Jesus foi miraculoso, de modo que a virgindade de Maria foi pre-servada por este (o *virginitas in partu*), enquanto também implica que Maria permaneceu uma virgem daí em diante, na medida em que retrata os filhos de José como de sua primeira esposa, não Maria. Estas ideias são encontradas em outros textos do segundo século e não são portanto originais do *Protoe-vangelho*, mas este sem dúvida as promoveu. Não está claro se elas constituem uma idealização da virgindade como tal. A ideia do nascimento miraculoso provavelmente tem origem na escritura (Is 66,7), enquanto a ênfase na virgindade de Maria parece relacionada à sua consagração a um papel único. Que ela tenha permanecido virgem por toda sua vida pode refletir uma percepção de que o ventre do qual nasceu o Filho de Deus não deveria ser subsequentemente usado para outros e ordinários nascimentos (cf. 1Sm 6,7). A consagração especial de Maria para seu papel extraordinário nos propósitos de Deus é o foco dessa obra, ao invés de sua virgindade por toda a vida como um exemplo a ser imitado. Por outro lado, o ascetismo sexual certamente já era corrente como um ideal em alguns círculos cristãos no fim do segundo século, como os atos apócrifos atestam (veja abaixo, p. 842-845, na seção *Ascetismo e dualismo*), e assim o *Protoevangelho* pode dever algo a este contexto.

É digno de nota que o interesse do *Protoevangelho* em Maria não é propriamente biográfico (em contraste com vidas medievais da Virgem). Ele não continua sua história para além de seu papel na história da salvação, que não se estende para além do nascimento de Jesus. Seu interesse é apenas na maneira pela qual Maria foi preparada e pôde cumprir sua vocação única de ser a virgem mãe do Salvador.

O *Evangelho da Infância de Tomé*

Tanto curiosidade quanto convenção requeriam histórias apropriadas, não somente sobre a ambientação e nascimento de um grande homem, mas também sobre sua infância. Tais histórias, como a única que os evangelhos canônicos contam sobre o Menino Jesus (Lc 2,41-51) ou uma que a tradição judaica contava sobre o jovem Abraão (*Jub.* 11,18-24), deveriam prefigurar o papel que o adulto desempenharia na história. O *Evangelho da Infância de Tomé*, também do segundo século, complementa o *Protoevangelho de Tiago* ao contar histórias sobre os milagres operados por Jesus entre as idades de cinco e doze anos, concluindo com a reprodução da história de Lucas sobre Jesus aos doze anos no Templo, assim se vinculando à história do Evangelho canônico (veja Gero, 1971).

O fato de que uma personagem não bíblica, Anás o escriba, aparece tanto no *Protoevangelho de Tiago* quanto no *Evangelho da Infância de Tomé* sugere que o autor deste último conhecia o primeiro e deliberadamente preenche a lacuna cronológica deixada entre o *Protoevangelho* e a história do Evangelho canônico. O título *Evangelho da Infância* é moderno, mas a atribuição ao Apóstolo Tomé é antiga, e provavelmente indica que o texto deriva da tradição cristã da região do leste siríaco, que se conecta especialmente com Tomé (cf. *Atos de Tomé*, discutido em breve). Entretanto, ele não traz nenhuma das características teológicas específicas daquela tradição.

Esse texto não tem a sofisticação literária do *Protoevangelho de Tiago*. A habilidade literária que demonstra consiste em contar histórias concisa e vividamente. Os milagres que o Menino Jesus opera antecipam, contidos no mundo da infância de Jesus em Nazaré, os tipos de milagres que Ele operará em seu ministério como adulto. Milagres de maldições e destruições acontecem com frequência desproporcional, mas há p. ex., um milagre de reerguer um morto e um milagre de multiplicação de trigo. O efeito que estes milagres têm nas histórias corresponde à maneira que os milagres do Evangelho eram compreendidos costumeiramente no período patrístico: eles demonstram ao povo que Jesus não é meramente humano. Uma das mais sofisticadas e atraentes é a primeira história, na qual Jesus aos cinco anos, brincando na vau de um córrego, "ajuntou em poças a água que ali corria, e a tornou pura, e ordenou que assim se fizesse apenas com sua palavra". Então "Ele fez barro e modelou dele doze pardais", que mais tarde, a seu comando, voaram. Jesus assim imita o trabalho de seu Pai na criação, ajuntando águas e criando coisas vivas. O fato de que estes milagres ocorrem em um *Sabbath* indicam que ele afirma ser sua a prerrogativa de seu Pai de dar a vida no *Sabbath*, como o adulto Jesus faz em Jo 5.

Escritos posteriores na tradição do *Protoevangelho de Tiago* e o *Evangelho da Infância de Tomé,* especialmente o apócrifo em latim *Evangelho de Mateus* (comumente chamado Pseudo-Mateus), que foram muito influentes no Ocidente medieval, beberam dos dois textos, tomando a maior parte de seus conteúdos e suplementando os mesmos de maneira a contar uma história contínua deste o nascimento de Maria por toda a infância de Jesus.

Assim, mesmo quando os textos do segundo século não eram conhecidos, as histórias que os mesmos contavam continuaram a serem contadas, bem como ilustradas na arte, por todo o período medieval e além.

Atos dos Apóstolos apócrifos

O gênero literário pelo qual a imaginação narrativa do início do cristianismo encontrou maior extensão para se expressar foi o de atos apostólicos (veja Findlay, 1923; Bovon, 1981). O mais antigo destes data do meio do segundo século ou mesmo um pouco antes, e tais textos continuaram a serem escritos por séculos em uma tradição continuada também em alguma extensão nas vidas dos santos pós-apostólicos. Aqui devemos focar nos cinco mais antigos destes atos, escritos entre o início do segundo e o início do terceiro séculos: *Atos de João* (Bremmer, 1995), *André* (Prieur, 1989; Pao, 1995; Bremmer, 1988b), *Pedro* (Perkins, 1994; Bremmer, 1998a), *Paulo* (Brock, 1994; Bremmer, 1996), e *Tomé* (Germond, 1996; Tissot, 1988). (Esta pode ser a orgem cronológica, mas, embora haja indubitáveis conexões literárias entre alguns destes textos e influências de uns sobre outros, as direções de dependência e influência não são acordes, e a sequência cronológica portanto bastante discutível.) Somente no caso de *Atos de Tomé* o texto completo sobreviveu (provavelmente melhor na versão em grego, embora o texto tenha sido provavelmente composto em siríaco). Nos outros quatro casos, o texto tem de ser reconstruído – com mais ou menos confiança e com lacunas maiores ou menores – a partir de fragmentos e adaptações posteriores de partes do texto, de forma que em nenhum caso temos um texto completo, embora na maior paste destes casos uma grande proporção é razoavelmente segura. Estes cinco textos foram arranjados conjuntamente em um *corpus* somente no quarto século pelos maniqueístas, mas eles têm afinidades evidentes.

Estes vários atos são similares em que cada um narra a parte final do ministério apostólico do apóstolo em questão, terminando com sua morte (martírio exceto no caso de João, que morre pacificamente). *Atos de Tomé* inicia-se com uma cena em Jerusalém, na qual as nações do mundo são divididas entre os apóstolos e a Índia cabe a Tomé. Tomé, a despeito de sua pouca vontade inicial de aceitar tal destinação, viaja por mar à Índia, onde o resto do texto é ambientado. *Atos de André* provavelmente começava com a mesma cena inicial em Jerusalém, com André recebendo a Acaia como campo missionário dedicado, e desenvolve-se com a descrição das viagens de André no norte da Ásia Menor e Grécia, especialmente Filipos, Corinto e Patras, onde sofre martírio. A forma original de *Atos de Pedro* evidentemente também começava em Jerusalém, onde é dito que Pedro permaneceu por 12 anos após a ressurreição; no texto que sobreviveu é contado somente de sua viagem a Roma e seu ministério aí. *Atos de Paulo* relata as viagens do mesmo em muitas das mesmas áreas que as que figuram no relato sobre Paulo em Atos canônicos, terminando com uma viagem de Corinto à Itália e o martírio de Paulo em Roma. Isto tem sido costumeiramente compreendido como um relato alternativo da carreira missionária de Paulo, paralela à de Atos canônicos, mas também pode ser vista plausivelmente como uma sequência a Atos, narrando viagens que Paulo teria feito entre o fim da narrativa de Lucas e seu retorno posterior a Roma (veja Bauckham, 1993 = capítulo 24 deste volume). Finalmente, *Atos de João* conta o ministério do apóstolo em Éfeso e outras cidades da província da Ásia, concluindo com sua morte em Éfeso. O início da narrativa foi perdido, mas o fato de que João seja descrito como um homem mais velho implica que somente o período final de sua vida foi coberto.

Atos apócrifos e Atos dos Apóstolos canônico

Estas cinco obras são cada uma distinta em estrutura, estilística, conteúdo e ideologia, mas também têm muito em comum e claramente constituem um gênero de literatura talvez não tal e qual outros, embora tenham sido e possam ser proveitosamente comparados com muitos outros tipos de literaturas antigas. Eles são certamente modelados em diversos graus segundo Atos dos Apóstolos canônico. Foi o texto de Lucas, especialmente quando lido como um texto distinto do Evangelho de Lucas, que estruturou a história da salvação de tal modo que tornou a atividade apostólica de um apóstolo, começando em algum ponto após a ressurreição, prontamente adequada como unidade narrativa. Nenhum dos Atos apócrifos narra – exceto em *flashbacks* durante discursos – nem as lidas dos apóstolos quando jovens nem seu tempo de convivência com Jesus terreno. Por esta razão, eles não podem ser classificados simplesmente como biografias. São bibliográficos somente em um sentido especial determinado pela conceituação cristã do papel de um apóstolo na história da salvação. Por outro lado, são mais biográficos do que Atos canônico o é. Mesmo embora a narrativa de Lucas enfoque quase exclusivamente Paulo na segunda metade de Atos, o fato que termine no ponto em que o faz demonstra que o interesse em Paulo é subordinado a uma concepção não biográfica do texto como um todo. O fato de que cada um dos Atos apócrifos conte a história de um apóstolo e termine com sua morte demonstra um interesse mais bibliográfico, que está alinhado com a crescente popularidade de obras biográficas no período em que os Atos apócrifos foram escritos. Para cristãos do segundo século Atos canônico parecia não terminado na medida em que não continua sua história até a morte de Paulo, enquanto Pedro e João desaparecem de sua narrativa em estádios iniciais do mesmo sem explicação. É fácil demonstrar como, no caso de um interesse biográfico maior que o de Lucas, seu Atos parecia precisar de compleição e suplementação.

Uma característica marcante que distingue *Atos de Paulo* em particular da narrativa de Lucas sobre Paulo, e alinha este com a biografia greco-romana de maneira não contígua a Atos é a inclusão de uma descrição física de Paulo. Tais descrições eram características padronizadas das biografias gregas e romanas. Elas são por vezes convencionais em algum grau, refletindo as teorias fisionômicas, que eram populares no segundo século e compreendiam características físicas como reveladoras da personalidade e aptidão (veja Malherbe, 1986; Malina & Neyrey, 1996: p. 100-152). O historiador romano Suetônio em suas descrições físicas dos imperadores, p. ex., as elabora tanto segundo a teoria fisionômica quanto pelas reais aparências dos imperadores, mesmo quando estas já estavam disponíveis na forma de estátuas e efígies em moedas. A descrição de Paulo em *Atos de Paulo* – baixo, calvo, genivaro, com sobrancelhas que se encontram e um nariz levemente adunco – é em grande parte convencional, e certamente não era depreciativa, como parece a leitores modernos. Pernas genuvaras e sobrancelhas unidas eram admiradas, o nariz adunco era sinal de magnanimidade, e uma estatura levemente baixa indicava rapidez de inteligência (já que o sangue fluía mais rapidamente por uma área menor e mais rapidamente chegava ao coração, sede da inteligência). A única característica surpreendente é a calvície, que pode portanto refletir uma reminiscência histórica.

A despeito do caráter mais biográfico dos Atos apócrifos, foi Atos lucano que proveu aos mesmos o modelo de uma narrativa episódica de viagens, incluindo os feitos, especialmente milagres, e as palavras de um apóstolo, que todos os Atos apócrifos seguem em alguma medida, os de Paulo e André mais completamente. Não é surpreendente que *Atos de Paulo* lembre Atos canônico mais do que qualquer outro dos Atos apócrifos, mas em um ponto *Atos de João* lhe é mais similar. Enquanto sua narrativa é na maior parte contada na terceira pessoa, há passagens na primeira pessoa plural, que se iniciam e terminam inadvertidamente em meio à narrativa em terceira pessoa. Este fenômeno não é facilmente explicável exceto como uma imitação deliberada das "passagens sobre nós" de Atos. Ao contrário de Atos, *Atos de João* também usa a primeira pessoa singular, embora somente em duas ou três ocasiões (61; 73; 86?). O autor implícito é evidentemente um dos companheiros mais íntimos de João que viajam com ele, bastante semelhante ao papel de Lucas em Atos canônico segundo a compreensão tradicional das "passagens sobre nós". O início de *Atos de João*, que pode ter identificado o pseudônimo a quem os relatos em primeira pessoa são atribuídos, não sobreviveu, mas este suposto discípulo de João pode muito bem ser Lêucio, a quem todos os outros cinco Atos apócrifos são atribuídos, mas que também é atestado como particularmente relacionado a João. (Foi sugerido que o nome foi escolhido por sua similaridade com o nome Lucas, sugerindo um papel semelhante ao de Lucas em seu Atos.) *Atos de Pedro* também contém ocorrências muito breves da primeira pessoa plural durante narrativas da terceira pessoa, que são provavelmente reminiscências de um uso mais amplo no texto original. Enquanto *Atos de Pedro* difere tanto de Atos canônico quanto de outros Atos apócrifos na medida em que parece ter contido apenas uma viagem do apóstolo – de Jerusalém a Roma –, ele está relacionado a Atos canônico de modo diferente: o conflito de Pedro com Simão Mago (At 8) é continuado e levado a um clímax dramático em Roma. O texto termina com a crucifixão de Pedro – mas de ponta-cabeça por um pedido seu, uma cena rememorada em muitas pinturas europeias.

Ao lado destas formas de dependência de Atos lucano, os Atos apócrifos também partilham diferenças significativas com Atos canônicos. Seu caráter mais biográfico já foi notado. Os milagres que os apóstolos operam são, em geral, mais dramáticos e impressionantes do que aqueles de Atos canônico. Milagres de ressurreição são especialmente recorrentes, e parecem estar relacionados a uma compreensão da conversão como erguer-se a uma nova vida, que não pode ser encontrada em Atos canônico. A predominância de personagens de classe alta, tanto como conversos ou oponentes dos apóstolos, não tem paralelo nos Atos de Lucas, nem o têm as histórias, recorrentes nos Atos apócrifos, de pessoas casadas ou prometidas em casamento, especialmente mulheres, que praticam a abstinência sexual como parte de seu novo estilo de vida cristão (veja *Ascetismo e dualismo*, adiante neste capítulo e subitem). Enquanto Atos canônico contém episódios de emoção e aventura, como a escapada de Pedro da prisão ou a viagem marítima e naufrágio de Paulo, com a função de entreter ao passo de também instruir os leitores, as histórias nos Atos apócrifos têm elementos muito mais sensacionais e fantásticos: assassinato, parricídio, autocastração, necrofilia, suicídio, demônios assassinos, animais falantes (e até mesmo convertidos), um mágico que voa, uma visita ao inferno, encontros próximos com animais selvagens no anfiteatro, escape miraculoso da execução na fogueira. O prazer da leitura é saciado tanto por episódios melodramáticos e cômicos, algumas vezes deliberadamente alternados. Dentre as histórias leves estão o conto dos percevejos no *Atos de João*, no qual o apóstolo providencia para si uma noite ininterrupta de sono em um albergue pelo banimento temporário dos percevejos da cama; e a história de *Atos de André*, empregando um motivo divertido, conta de uma esposa que se absteve de relações sexuais com seu marido pela substituição de si mesma pela criada na cama conjugal.

Atos apócrifos e novela grega

Os elementos de viagem, ambientação na classe alta, personagens femininas proeminentes, aventura e empolgação ensejaram comparação com a novela grega (ou romance.) A novela propriamente dita, isto é, a novela erótica (como *Chaereas e Callirhoe* de Caritão ou *Efesíaca* de Xenofonte), cuja popularidade parece ter estado em seu mais elevado nível quando do período em que os Atos apócrifos foram escritos, contam a história de dois amantes que se mantêm fiéis um ao outro entremeados de separações, dificuldades e aventuras perigosas, antes de chegarem a uma reunião feliz no fim. Em algum grau estas novelas carregam uma história moral, bem como são compostas visando o máximo entretenimento. Neste sentido, a combinação de entretenimento e edificação que os Atos apócrifos parecem almejar os traz para perto da novela erótica. Além disso, as histórias – a serem encontradas em todos os Atos apócrifos – de mulheres da alta sociedade que deixam seus maridos ou se negam a ter relações conjugais com os mesmos para seguirem o ensinamento dos apóstolos, empregam um motivo erótico que pode ser visto como traçando paralelo e subvertendo os temas do amor fiel e consumação sexual em torno dos quais os enredos das novelas se desenrolam. Mas estas semelhanças não são suficientes para colocar os Atos apócrifos no gênero de novelas. A viagem, p. ex., que nos enredos das novelas funciona para separar os amantes, serve a um propósito bastante distinto nos Atos apócrifos, onde as viagens são aquelas de um apóstolo cristão encarregado de uma missão de evangelismo e cuidado de igrejas. Mais genericamente, as novelas dizem respeito a indivíduos no uso de suas capacidades privadas, e seus enredos são limitados às vidas pessoais e emoções destes indivíduos, enquanto os Atos apócrifos retratam os apóstolos como figuras públicas, cuja missão pertence ao propósito de Deus para o mundo e afeta populações inteiras e regiões. Entretanto, muitas vezes as emoções e aspirações de indivíduos são reforçadas das histórias que estes Atos contam, especialmente de conversões, nas quais tais assuntos privados têm espaço em uma história geral de significado coletivo.

O que podemos concluir, a partir das características que elas compartilham com as novelas gregas, é que os Atos apócrifos podem muito bem terem apelado – e sido compostos para apelarem – a um público leitor similar àquele das novelas. Infelizmente, a natureza de tal público leitor é debatível. A visão segundo a qual as novelas eram uma literatura relativamente popular, circulando mais amplamente do que outras obras literárias, e atraindo especialmente um público feminino, tem sido desafiada pela evidência de fragmentos de papiros que sobreviveram, cujos números relativos não suportam a hipótese de ampla circulação, e pela observação de que a sofisticação literária das novelas pressupõe não somente um público letrado, mas educado. Por outro lado, é provável que as novelas que sobreviveram são aquelas de qualidade literária mais elevada e maior sofisticação, enquanto os relativamente pouco sofisticados Atos apócrifos (com exceção de *Atos de Tomé*) lembrem, neste aspecto, um nível de escrita de novelas de algum modo mais popular. A proeminência de personagens da alta sociedade, inclusive mulheres que exercem considerável iniciativa e independência, não pode provar que ou as novelas ou os Atos apócrifos tinham a intenção de apelar somente a leitores da mesma classe e gênero. Literatura popular por vezes retrata personagens da elite social. (Marcelo, o senador cristão que aparece proeminentemente em *Atos de Pedro*, provavelmente não corresponde a quaisquer cristãos históricos que fossem membros do Senado Romano à época de tal escrita.) Mas é razoável assumir que o público-alvo incluía mulheres, que encontrariam uma boa variedade de personagens femininas fortes para se autoidentificarem, e que, em casas ricas o suficiente para terem escravos educados, teriam escravos para ler-lhes como forma de entretenimento.

Se pretendermos que os Atos apócrifos fossem primariamente direcionados a atraírem não batizados à fé, e somente secundariamente edificar os crentes, podemos facilmente compreender as similaridades com as novelas. Se o público-alvo era preferencialmente a elite letrada, isto não significa que os Atos apócrifos agradasse os preconceitos aristocráticos. Ao contrário, tais temas frequentes, como a desobediência de esposas cristãs de classe alta a seus maridos e o conflito do apóstolo com autoridades civis e religiosas, geralmente terminando em martírio, visavam desafiar a ordem estabelecida, enquanto alguns outros Atos, especialmente o volume deste relativo a Pedro, encorajavam um tipo de solidariedade com os pobres e marginais que era tanto estranho à elite do mundo greco-romano quanto uma das principais preocupações socioeconômicas, características do cristianismo primitivo. Ao contrário do *Protoevangelho de Tiago* (confira acima), *Atos de Pedro* não fornece nenhuma refutação à descrição socialmente preconceituosa de Jesus e põe nos lábios de Simão Mago: "Jesus o Nazareno, o filho de um carpinteiro e Ele mesmo um carpinteiro".

Antes de deixarmos o tópico das semelhanças entre os Atos apócrifos e a novela grega, devemos observar que uma seção destes Atos tem uma semelhança muito mais próxima. A história de Tecla em *Atos de Paulo* (que mais tarde circulou como uma obra narrativa independente, *Atos de Thecla e Paulo,* sem dúvida devido aos interesses do culto a Tecla) deve ser tomada como um equivalente deliberado em pequena escala a uma novela erótica. Tecla, como as heroínas das novelas, é uma bela jovem de berço aristocrático que preserva sua castidade e permanece fiel a seu amado através de provas e perigos nos quais chega próxima à morte mas experimenta livramentos divinos. Ela escapa de dois pretendentes malevolentes e malquistos, Thamyris e Alexandre, como as heroínas das novelas. Ao contrário de tais heroínas, sua castidade não é, claro, temporária mas permanente, e representa sua total devoção a Deus. Mas sua devoção a Deus também é devoção a seu Apóstolo Paulo, que prega a abstinência sexual como essencial no caminho cristão. Esta devoção a Paulo é retratada em termos que certamente não devem ser lidos como sexuais, mas certamente são paralelos à paixão erótica. Como no caso dos heróis e heroínas das novelas, o enredo gira parcialmente em torno da separação de Tecla e Paulo, sua procura pelo mesmo e a reunião de ambos. Quando ela oferece-se para cortar seus cabelos bem curtos para o poder seguir a toda parte, e quando ela adota roupas masculinas para viajar à procura de Paulo, tais podem não ser primariamente sinais de sua liberação das estruturas patriarcais, embora não haja dúvida de que ela seja assim liberada, mas ecoa o tema novelístico de uma mulher viajando em disfarce masculino para escapar de detecção. Parece claro que a história de Tecla foi modelada segundo a novela grega, tanto para entreter um grupo de leitores similar àquele que gostava de novelas, mas também para expressar a mensagem de continência sexual devida à devoção a Deus de modo simbolicamente atraente.

Os Atos apócrifos e a biografia novelística

As novelas gregas eram pura ficção, mesmo quando se originavam como imitações de historiografia e podiam usar algumas das convenções de historiografia (Morgan & Stoneman, 1994; Holzberg, 1995). Ao passo que seja difícil acreditar que as frequentemente inventivas histórias dos Atos apócrifos fossem tomadas como totalmente literais por, ao menos, seu público leitor mais sofisticado, parece improvável que seus autores ficariam felizes de os mesmos serem tomados como totalmente fictícios. Pelo menos os apóstolos eram figuras históricas reais. Isto sugere que, à procura das afinidades literárias dos Atos apócrifos, deveríamos retornar à categoria de biografias que apresentamos quando observávamos que estes Atos eram mais biográficos em forma do que o Atos canônico.

Momigliano faz este importante comentário sobre a biografia antiga:

> A linha divisória entre ficção e realidade era mais fina na biografia do que na historiografia comum. O que leitores esperavam de biografias era provavelmente diferente do que esperavam de história política. Eles queriam informação sobre a educação, os envolvimentos amorosos, e a personalidade de seus heróis. Mas estas coisas são menos facilmente documentáveis do que guerras e reformas políticas. Se biógrafos desejassem manter seu público cativo, eles precisariam recorrer à ficção (Momigliano, 1971: p. 56-57).

Este comentário carece de qualificação no sentido que algumas biografias eram tão historicamente escrupulosas quanto a melhor historiografia antiga. De fato, alguém poderia talvez dizer da emergência, pela época da escrita dos Atos apócrifos, de dois gêneros de biografia: a histórica, que permanecia próxima do bom método histórico, e a (por falta de uma palavra melhor) novelística, que, embora usasse fontes, permitia maior ou menor liberdade à imaginação criativa. É instrutivo comparar as obras de um contemporâneo de alguns dos autores dos Atos apócrifos: Flávio Filóstrato. Sua *Vidas dos*

Sofistas, dependente de fontes orais, sem dúvida compartilha das limitações das fontes, mas Filóstrato não se permite invenções livres. Bastante diferente é sua *Vida de Apolônio de Tiana*. Aqui o ponto no qual a criatividade novelística toma o espaço da história é impossível de determinar, e estudiosos discordam até mesmo se a suposta fonte de Filóstrato, Damis, é ou não uma invenção novelística. Um exemplo um tanto diferente do mesmo tipo de contraste é aquele entre as histórias de Alexandre Magno e os romances amplamente imaginativos sobre Alexandre.

Não há dúvidas de que se pretendemos associar os Atos apócrifos com a biografia antiga, então o devemos fazer com a biografia semificcional, novelística. Esta é uma categoria que reivindicava até certo ponto ser historiografia, mas que se permitia um amplo escopo para várias modalidades de imaginação histórica. Leitores que põem os Atos apócrifos nesta categoria esperariam que os mesmos fossem biografias de pessoas reais, mas também esperariam uma considerável e indeterminada mistura com ficção. Já que dispunham somente de detalhes históricos escassos com os quais trabalhar, autores deste tipo de textos sofreriam a expectativa de tirar o máximo de tais detalhes, mas ao mesmo tempo não serem aprisionados pelos mesmos em sua escassez. Entretenimento e edificação requeriam uma aproximação muito mais flexível que os métodos dos tipos mais escrupulosos de historiografia.

Estudiosos encontraram dificuldades em classificar a *Vida de Apolônio* de Filostrato em termos de gênero textual. Parece ser uma combinação de biografia e novela. Mas, ao invés de confundir seu gênero com o de novela propriamente dita, seria mais apropriado dizer que este exemplo de biografia novelística toma emprestados temas da novela propriamente dita, como *Atos de Paulo* também o faz. A maneira pela qual subenredos eróticos foram incluídos na história do filósofo asceta Apolônio, presumivelmente para apelar ao mesmo tipo de público leitor que gostava de novelas, é paralela, embora não da mesma maneira, àquela em que temas eróticos são incluídos nos Atos apócrifos. A biografia semificcional ou novelística podia ser influenciada pela novela propriamente dita, mas não é esta influência que a tornava semificcional. De todo modo, é um gênero semificcional, novelístico à sua própria maneira. O que a influência da novela neste caso ilustra é a maneira pela qual a biografia novelística era um gênero particularmente hospitaleiro à influência de outros gêneros. Tal hospitalidade nos ajuda a compreender a variedade de elementos literários que compõem os vários Atos apócrifos (e.g. *Atos de Paulo* contém cartas trocadas entre Paulo e a Igreja de Corinto; *Atos de João* contém virtualmente um evangelho curto; *Atos de Tomé* contém poemas e hinos; *Atos de André* demonstra afinidades particulares com as biografias de filósofos; motivos de contos folclóricos são evidentes em algumas das histórias dos vários Atos).

A *Vida de Apolônio*, escrita no início do terceiro século, conta a história de um filósofo do primeiro século de tal modo que é baseada em história mas também amplamente imaginativa. Outro exemplo é a *Vida de Secundus o Filósofo* (Perry, 1964). Secundus, condenado à morte por Adriano por guardar um voto de silêncio em desafio à ordem do imperador para que falasse, também viveu aproximadamente na mesma lacuna cronológica em relação à sua própria biografia que os apóstolos em relação a seus Atos apócrifos. A história totalmente novelística que sua *Vida* conta para explicar seu voto de silêncio pode ser plausivelmente compreendida como uma história sensacional tecida ao redor do fato histórico do silêncio do filósofo, que sem dúvida estaria conectado com o ascetismo pitagórico. Que Secundus seja retratado, assim como os apóstolos, como um mártir também ilustra como neste período histórias sobre mortes heroicas devidas a princípios filosóficos ou religiosos apelavam tanto a pagãos quanto a cristãos. Os martírios dos apóstolos nas conclusões dos Atos apócrifos poderiam servir a objetivos propagandísticos destes Atos, da mesma maneira que martírios históricos nos anfiteatros e em outras partes serviam.

Os Atos apócrifos são melhor descritos, portanto, como obras de caráter biográfico novelísticos (não estritamente biografias) destinadas a contar a história de um apóstolo cristão e definidos como narrativas semificcionais da atividade missionária de um apóstolo subsequentemente à ressurreição de Jesus e terminando com a morte do apóstolo. Embora modelados em parte segundo Atos canônico, eles são por sua parte mais biográficos e mais ficcionais que este. Eles partilham de muitos modos das correntes literárias do período em que se originaram, um período no qual biografias em geral e a biografia novelística em particular eram populares, como a novela erótica e a martiriologia (quer como um elemento na biografia quer como gênero distinto).

Atos apócrifos e textos Judaicos da Bíblia "reescrita"

Uma outra categoria de literaturas pertence ao contexto literário e partilha características com os Atos apócrifos. Na discussão sobre o *Protoevangelho de Tiago* já nos encontramos com a tradição de obras narrativas judaicas que recontam as histórias bíblicas, explicando e expandindo o texto bíblico com o desenvolvimento imaginativo de histórias sobre as personagens bíblicas. Tais obras incluem tanto aquelas que recontam a história bíblica com expansões criativas (e.g. *Jubileus, Antiguidades bíblicas* de Pseudo-Filo, Artapano) e aquelas que contam histórias totalmente extrabíblicas sobre personagens bíblicas (e.g. *José e Aseneth, Janes e Jambres*). Este tipo de literatura judaica era amplamente lido por cristãos nos primeiros séculos do cristianismo. (Na verdade, a maior parte deles foi preservada somente através de canais cristãos de transmissão.) A maior parte dos cristãos que liam, gostavam e eram instruídos por tais textos não os consideravam escritura canônica, como faziam em relação ao Antigo Testamento. Tais obras judaicas poderiam muito bem ter sugerido como os escritos do emergente cânon do Novo Testamento poderiam ser expandidos (como pelos *Atos de Paulo* e *Atos de Pedro*) ou suplementados (como pelos *Atos de João* e *Atos de André*) por histórias extracanônicas sobre os apóstolos. Algumas destas obras judaicas usam várias formas de exegese do texto bíblico como o ponto de partida e estímulo para exercícios de imaginação histórica, enquanto outras são criações ficcionais mais escancaradas.

Podemos observar ambos tipos dentre os Atos apócrifos. Quando sua relação com os Atos canônicos e o *corpus* de cartas paulinas (inclusive as pastorais) é cuidadosamente estudada, se torna evidente que os *Atos de Paulo* utiliza muitas das práticas exegéticas judaicas para explicar e expandir a informação disponível sobre o período da atividade missionária de Paulo que o autor acreditava ter ocorrido entre o fim de Atos dos Apóstolos e o martírio de Paulo em Roma (veja Bauckham, 1993). (Deve também ser notado que algumas destas técnicas também eram usadas por biógrafos helenísticos sobre autores, diante da necessidade de lidar com os dados históricos mínimos disponíveis a eles para desenvolverem histórias capazes de entreter sobre seus sujeitos-objetos: veja Lefkowitz, 1981.) Os mesmos tipos de métodos que observamos no caso do *Protoevangelho de Tiago* também podem ser identificados em *Atos de Paulo*. Referências a pessoas e eventos nas epístolas pastorais, p. ex., são a base para a criação de histórias que as explicam. Pessoas com o mesmo nome são identificadas entre si. Referências metafóricas, como as de Paulo a lutar com animais selvagens em Éfeso (1Cor 15,32) e ser livrado da boca do leão (2Tm 4,17), são tomadas literalmente e uma história apropriada criada para as explicar (Paulo é jogado aos animais selvagens no anfiteatro de Éfeso e escapa da morte quando o leão se revela como um com quem já havia feito amizade anteriormente). Novas histórias são formadas segundo o modelo de outras previamente existentes, similares mas também deliberadamente diferentes: p. ex., a história de Lucas sobre Êutico (At 20,7-12) inspira outra história sobre o copeiro servente imperial Pátroclo em *Atos de Paulo*. Esta última não é, como alguns argumentaram, uma variante da mesma tradição oral que Lucas conhecia, mas um exemplo da muito bem documentada prática de modelar novas histórias em antigas, especialmente novas histórias sobre personagens bíblicas em histórias bíblicas sobre o mesmo ou outras personagens. Enquanto esta prática é rara em outros Atos apócrifos, a prática comparável de modelar uma nova história sobre um apóstolo em uma história sobre outro apóstolo em seu Atos é comum, e justifica os vários motivos narrativos que, desconhecidos noutras partes, recorrem nestes textos. (Claro, a repetição de motivos narrativos era comum em todas as formas narrativas literárias da Antiguidade, e, quando utilizada na historiografia, não tinham credibilidade histórica como pareceria a leitores modernos.) Em comparação com *Atos de Paulo*, os outros Atos apócrifos claramente tinham menos dados biográficos sobre seus respectivos apóstolos já disponíveis para embasar seu enredo, mas há alguns poucos exemplos de imaginação exegética. O famoso "*Quo Vadis?*" de *Atos de Pedro* é provavelmente inspirado em Jo 13,36-37. Na maior parte dos Atos apócrifos não paulinos recorreu-se a narrativas inventivas não relacionadas a textos neotestamentários.

Evangelismo ou edificação

Já levantamos a questão sobre se os Atos apócrifos são trabalhos evangelísticos direcionados a leitores pagãos e procurando sua conversão, ou se são obras edificadoras para crentes bem-estabelecidos. Há várias indicações do primeiro. A natureza de entretenimento destes textos como literatura narrativa pode muito bem ter sido calculada como apelativa aos "de fora da fé" que gostavam de literaturas narrativas de entretenimento de outros tipos, embora não haja razão para pensar que leitores cristãos não apreciariam esta característica de Atos. Muitas das histórias nos Atos são histórias da conversão de indivíduos ou um grupo de indivíduos relacionados à fé. Há mais de trinta destas histórias nos cinco Atos apócrifos (inclusive a restauração de crentes apóstatas em *Atos de Pedro*), bem como referências gerais às conversões de grande número de pessoas pelos milagres e ensino dos apóstolos. Em muitos casos, as histórias sobre milagres, que são tão abundantes nos Atos apócrifos, funcionam como demonstrações do poder do Deus cristão para livrar, curar, levantar os mortos, dissuadir seus oponentes humanos ou demoníacos, de tal maneira que levam à conversão das pessoas que experimentam ou testemunham tais milagres.

Esta é provavelmente a principal razão pela qual milagres de ressurreição são tão comuns nos Atos apócrifos (ao menos doze destes milagres em história de conversões). Não é simplesmente que são uma forma particularmente impressionante de milagre, mas que demonstram o poder do Deus cristão sobre a vida e morte, e apontam para a vida eterna que Ele concede àqueles que acreditam em Jesus. Como o reerguimento de Lázaro em Jo 11, os milagres de ressurreição apontam para além da mera restituição da vida mortal que constituem seu efeito físico, e funcionam como sinais da ressurreição à vida eterna, produzida por Deus em favor do convertido. Como em Jo 11 (que provavelmente influenciou *Atos de João*), isto é coerente com a ênfase, em *Atos de João* e *Atos de Tomé*, sobre a vida eterna como experiência cristã no tempo presente. *Atos de João* em particular interpreta suas histórias de ressurreição com uma compreensão teológica da conversão como ressurreição de um estado de morte no qual o pecador e não convertido está. São parábolas sobre a necessidade de morrer para poder viver. Como as personagens reconhecem, deveríamos esperar que o leitor implícito deveria também compreender e experimentar conversão.

Contudo, enquanto muitas das histórias de conversões parecem compostas para não crentes, não está claro se podemos generalizar sobre os objetivos dos Atos apócrifos. Histórias de conversão são menos proeminentes em *Atos de Paulo,* que costumeiramente retrata Paulo ministrando em igrejas estabelecidas. *Atos de Tomé* é um texto de considerável sofisticação literária e profundidade teológica, cujas narrativas aparentemente simples estão recheadas de significância simbólica e tipológica. Pode muito bem ser um texto pensado para ser lido em mais de um nível ou em um processo de penetração progressiva através da superficialidade de entretenimento em direção à mensagem mais profunda. Lalleman (1998) argumenta que, enquanto as histórias de milagres e pregações missionárias em *Atos de João* miram a conversão de "forasteiros" da fé, a seção gnóstica, que não é original no texto (capítulos 97-102) visa ensinar a leitores iniciados, que poderiam muito bem serem cristãos não gnósticos, uma compreensão gnóstica sobre Cristo e a salvação.

Esta seção gnóstica de *Atos de João* é polêmica no sentido em que expressa desdém pelos cristãos não gnósticos que não compreendem – e, na verdade, não conseguem compreender – o verdadeiro mistério. Somente uma outra seção de algum dos Atos apócrifos parece ter sido escrita como propaganda sobre uma forma de cristianismo contra outra. É a correspondência entre Paulo e a Igreja de Corinto em *Atos de Paulo,* cuja polêmica corre exatamente na direção oposta daquela de *Atos de João.* Os coríntios estão sob pressão de mestres da heresia gnóstica que Paulo rejeita e refuta. Mas esta polêmica contra o gnosticismo está confinada a esta seção de *Atos de Paulo,* e não pode ser compreendida como o objetivo geral do texto. *Atos de Pedro* dá muita atenção à restauração de cristãos que foram levados à apostasia por Simão Mago, mas já que não há virtualmente nenhuma referência aos ensinamentos de Simão o texto pode somente parcialmente ser compreendido como polêmica contra a heresia. Em geral os Atos apócrifos não parecem desejar converter cristãos de uma diferente vertente à sua própria ramificação do cristianismo. Sua polêmica está confinada ao paganismo, e seus objetivos parecem ser a conversão de pagãos para a fé ou a (não polêmica) edificação de crentes em sua fé. O equilíbrio entre estes dois elementos evidentemente varia entre uma obra e outra.

Ascetismo e dualismo

A via cristã compreende a renúncia às coisas deste mundo. Este tema é comum a todos os Atos apócrifos, bem como a maior parte do cristianismo do período no qual foram escritos. Tal renúncia inclui desdém pela riqueza, luxo e honra mundanos, e também pode incluir frugalidade dietária (é uma peculiaridade de celebrações Eucarísticas nos Atos apócrifos que o vinho não seja utilizado), mas sua caracterização mais recorrente nos Atos apócrifos é a abstinência sexual. A maior parte dos apóstolos nos mesmos prega o ideal de completo celibato, e muitas histórias ilustram esta pregação e seus efeitos sociais disruptivos.

Uma história que sobrevive somente como um fragmento, mas que provavelmente pertenceu à parte perdida do *Atos de Pedro* original, conta sobre a filha do apóstolo. Para salvá-la de um pretendente indesejado que a raptara, ela é miraculosamente paralisada em um dos lados de seu corpo dos pés à cabeça. Ela assim permanece até que alguém pergunta a Pedro, que cura todos os outros trazidos a ele, porque não cura a própria filha. Pedro então a cura para demonstrar que Deus pode assim o fazer, mas em seguida restaura sua paralisia. A razão é que a garota é belíssima e para seu próprio bem precisa da paralisia para ser protegida. Extrema como esta história é, deve ser lembrada como contraevidência à tese que afirma ser a abstinência de funções sexuais nos Atos apócrifos uma forma de autonomia feminina e libertação das mesmas de seus dominadores masculinos.

Mais típicas são histórias de mulheres que, sob influência da pregação do apóstolo, abandonam as relações sexuais com seus maridos. Algumas vezes o marido é convencido sobre a necessidade do mesmo procedimento, mas em três casos (André, Pedro, Tomé) é uma história deste tipo que leva ao martírio do apóstolo. Tecla é o exemplo mais proeminente de uma mulher não casada que, contra todas as pressões da família e sociedade, consegue permanecer não casada, como o ensinamento do apóstolo requer dela. A extensão à qual os Atos têm tal abstinência sexual como necessária é debatível, e provavelmente varia em alguma medida entre as obras. *Atos de Tomé* parece o mais enfático ao considerar a atividade sexual totalmente incompatível com a fé cristã e a salvação, e assim reflete o encratismo (de *enkrateia*, continência) cristão e seu contexto de origem, a tradição cristã do segundo século da região do leste siríaco. Em outros Atos há casais não casados que não parecem ser obrigados a se abster de relações maritais normais, mas não há dúvida que celibato é um ideal expressando a absoluta devoção do cristão a Deus.

É importante notar, entretanto, que o contexto teológico no qual este ascetismo sexual é compreendido como diferente em cada caso. As histórias de abstinência sexual são um exemplo primoroso da maneira que motivos narrativos passam de um a outro destes textos, mas podem servir sutilmente ou mesmo obviamente a diferentes agendas teológicas em cada caso. Em *Atos de Paulo* o contexto teológico é um tipo de radicalismo escatológico baseado especialmente em 1Cor 7 ("Benditos são aqueles que têm esposas como se não as tivessem..."). O dualismo envolvido é o dualismo escatológico entre este mundo e o próximo, nem tanto um dualismo do tipo matéria-espírito. Abstinência sexual não implica depreciação do corpo. Ao contrário, mantém o corpo puro ("Benditos sejam aqueles que mantiveram sua carne pura, pois se tornarão um templo de Deus"). Não o corpo mas as paixões que profanam o corpo são más. Assim não há contradição envolvida quando o Paulo de *Atos de Paulo* também, em correspondência com os coríntios, decididamente condena o dualismo gnóstico que nega que Deus tenha criado o corpo humano, que Cristo tenha vindo na carne e que haverá uma ressurreição da carne.

A muito mais desenvolvida teologia de *Atos de Tomé* não é diferente. Sexualidade está ligada não com o corpo, mas com a morte (já que é a morte que torna a procriação necessária), doenças e outros males da carne que se tornaram parte da condição humana a partir da queda. A continência sexual é a restauração à condição de Adão e Eva no paraíso, e é associada com a imortalidade. Enorme importância é dada a *enkrateia* porque é um ponto-chave na vida humana no qual as forças do mal, que empesteiam a vida humana, podem ser resistidas e derrotadas. O dualismo aqui é entre o transitório e o eterno, mas não entre o material e o espiritual. Em *Atos de André*, por outro lado, há clara influência do dualismo matéria-espírito com o qual o dualismo transitório-eterno foi associado nas tradições filosóficas gregas: platonismo e neopitagorianismo. Salvação é a libertação da alma, que tem origem divina, da prisão do corpo, e sua reunião com Deus. Somente pelas afinidades comuns com o platonismo *Atos de André* se parece com o gnosticismo, mas seu sabor filosófico grego, distintivo dentre os Atos apócrifos, difere marcadamente do idioma mitológico do gnosticismo.

Gnosticismo propriamente dito é encontrado somente na seção de *Atos de João* que provavelmente deve ser tomada como adição ao texto original: capítulos 97-102. Aqui o cosmos não é criação do altíssimo e bom Deus, mas de um demiurgo mau, que é identificado com o Deus do Antigo Testamento, enquanto o espírito humano do gnóstico é estranho ao corpo e mundo material, descobrindo na gnose seu verdadeiro lar no mundo acima do atual. Este dualismo cósmico radical, que caracteriza o gnosticismo segundo o sentido útil de tal termo, é confinado, dentre os Atos apócrifos, a esta seção de *Atos de João*. Enquanto o restante de *Atos de João* demonstra uma tendência espiritualizante, reforçando a nova vida do espírito ao invés da carne, e assim agradável a um editor gnóstico, não corresponde exatamente ao dualismo cósmico radical da seção gnóstica. Por outro lado, não há alusões ao Antigo Testamento em todo *Atos de João*, e a ampla rejeição ao Antigo Testamento era distintiva do gnosticismo. A aparência gnóstica da forma de *Atos de João* que temos pode não ter sido inteiramente confinada na seção claramente gnóstica.

Com estas várias formas de dualismo estão associadas uma variedade de cristologias nos vários Atos. Em *Atos de André*, até onde o texto pode ser reconstruído, não há nenhuma referência à vida, morte e ressurreição de Jesus. Cristo é indistinguível de Deus, e é o Apóstolo André quem é tanto o revelador quanto a corporificação da salvação. Em *Atos de João* e (provavelmente em forma derivada) *Atos de Pedro*, além de alguns traços também em *Atos de Tomé*, é encontrada uma cristologia distintamente polimórfica, que não atribui a Cristo alguma forma de aparência terrena, mas uma forma que muda conforme sua vontade, de modo que Ele é visto, mesmo em sua vida terrena e mesmo ao mesmo tempo, em diferentes formas por diferentes pessoas. A função disso nos *Atos de João* é claramente remover o Cristo divino de qualquer encarnação real. Esta é uma cristologia totalmente docética, cujo Cristo é explicitamente não realmente humano. Entretanto, o mesmo motivo é interpretado diferentemente no bastante mais "ortodoxo", mas muito eclético, *Atos de Pedro*. Aqui um docetismo sutil que também é encontrado nos Padres Alexandrinos – um Jesus que não precisava comer ou beber mas assim o fazia em nosso favor – compreende o polimorfismo como a acomodação de Cristo de si mesmo às capacidades das pessoas com quem encontrou. Outra vez vemos um motivo literário passado de um livro de Atos apócrifo a outro, mas sua significância se altera segundo a visão teológica geral do texto em questão.

Mulheres nos Atos apócrifos

Já notamos a proeminência de mulheres, especialmente aristocratas, entre conversos à fé cristã em todos os Atos apócrifos, e a adoção de continência sexual por muitas delas. Alguns estudos recentes (veja Davies, 1980; MacDonald, 1983; Burrus, 1987) deram a esta característica dos Atos uma interpretação fortemente feminista, compreendendo o celibato como uma forma de libertação para mulheres das estruturas patriarcais de casamento e família. Era a única maneira pela qual uma mulher poderia exercer autonomia e independência. Os Atos são então compreendidos como se refletissem círculos de mulheres ascetas do cristianismo do segundo século, cuja forma de vida cristã corria deliberadamente contrária tanto às estruturas patriarcais da sociedade em geral quanto das formas de cristianismo controladas por homens. A autoria feminina de alguns dos Atos, notadamente de *Atos de Paulo*, ou contação de histórias em círculos de mulheres cristãs como uma fonte de tais histórias sobre homens nos Atos apócrifos foram postuladas (Kaestli, 1990). Estas últimas hipóteses são particularmente frágeis, já que não há boas razões para duvidar da evidência de Tertuliano (veja abaixo) segundo a qual o autor de *Atos de Paulo* era um homem, enquanto nossas observações acima sobre a modelagem literária de histórias em outras histórias nos Atos apócrifos e a dificuldade de detectar formas orais por trás das versões literárias das histórias tornam palpites sobre tradições por trás das mesmas perigosas.

O tratamento geral da questão do matrimônio pelos Atos apócrifos não parece, na verdade, ser uma oposição à estrutura patriarcal de casamento como tal mas às relações sexuais no casamento. Certamente esposas cristãs com a intenção de manter-se em continência sexual estão desafiando a autoridade de seus maridos de uma maneira que as narrativas aprovam. Não podemos nos esquecer que ser uma esposa cristã de um marido não cristão era por si mesmo um desafio à estrutura patriarcal do casamento, um desafio com o qual todas as formas de cristianismo estavam comprometidas. Nas histórias dos Atos apócrifos, esta afirmação sobre o direito de ser cristã por uma esposa de um esposo não convertido é intensificada e dramatizada (de uma maneira que as tornam narrativas envolventes) na forma da recusa de relações sexuais. Que mulheres membros da elite social convertiam-se mais rapidamente que seus maridos (para os quais os impedimentos sociais eram um obstáculo maior) é verdade para as realidades sociais do cristianismo da época, e as narrativas dos Atos apócrifos sem dúvida encorajam tais mulheres a perseverarem bravamente e terem esperança na conversão de seus maridos. Mas também deve ser percebido que nos Atos apócrifos o casamento não é mais um problema quando ambos parceiros são cristãos e concordam em viverem juntos sem terem relações sexuais. Isto demonstra que a estrutura de autoridade do casamento é vista como problemática somente quando a profissão e prática fiel do modo de viver cristão por parte da esposa encontra oposição em seu marido.

Entretanto, no caso de Tecla encontramos alguma verdade na interpretação feminista. Esta história exemplifica a preferência pelo estado celibatário em prol do evangelho e os iguais direitos de homens e mulheres de permanecerem em tal estado que Paulo, e seu momento social mais radical, expressa em 1Cor 7. (A influência deste texto na história de Tecla não foi suficientemente apreciada.) Como uma mulher independente, celibatária, ela não está mais subordinada à autoridade de Paulo do que seus discípulos homens, e ela rapidamente se move para seu próprio campo missionário vivendo e "iluminando muitos com a Palavra de Deus". Era a este aspecto de *Atos de Paulo* que Tertuliano se opunha, reclamando de mulheres que apelavam ao exemplo de Tecla para defender o direito de mulheres ensinarem e batizarem (*De baptismo* 17). Se de fato esta foi a razão pela qual, ele relata, o presbítero que escreveu o texto foi condenado e deposto, não está claro. Certamente isto não impediu *Atos de Paulo* de permanecer como uma obra popular entre cristãos em geral por bastante tempo após o que foi escrito por Tertuliano.

Bibliografia

Baars, W. & Helderman, Jan (1993-1994). "Neue Materialen zum Text und zur Interpretation des Kindheitsevangelium des Pseudo-Thomas", *Oriens Christianus* 77: 191-226; 78: 1-32.

Bauckham, Richard (1993). "The Acts of Paul as a Sequel to Acts". In: B. C. Winter & A. D. Clarke (eds.), *The Book of Acts in its Ancient Literary Setting*. Grand Rapids: Eerdmans; Carlisle: Paternoster Press, p. 105-152 = acima, capítulo 24.

Beyers, Rita & Gijsel, Jan (1997). *Libri de natiuitate Mariae*, 2 volumes. CCSA 9-10. Turnhout: Brepols.

Bovon, François (ed.) (1981). *Les Actes apocryphes des Apôtres*. Genebra: Labor et Fides.

_____ (1991). "The Suspension of Time in Chapter 18 of *Protoevangelium Jacobi*." In: B. A. Pearson (ed.). *The Future of Early Christianity: Essays in Honor of Helmut Koester*. Mineápolis: Fortress, p. 393-405.

Bremmer, Jan N. (ed.) (1995). *The Apocryphal Acts of John*. Studies on the Apocryphal Acts of the Apostles 1. Kampen: Kok Pharos.

_____ (1996). *The Apocryphal Acts of John*. Studies on the Apocryphal Acts of the Apostles 2. Kampen: Kok Pharos.

_____ (1998a). *The Apocryphal Acts of John*. Studies on the Apocryphal Acts of the Apostles 3. Lovaina: Peeters.

_____ (1998b). *The Apocryphal Acts of John*. Studies on the Apocryphal Acts of the Apostles 5. Lovaina: Peeters.

Brock, Ann G. (1994). "Genre of the *Acts of Paul*: One Tradition Enhancing Another", *Apocrypha* 5: 119-136

Burrus, Virginia (1987). *Chastity as Autonomy: Women in the Stories of the Apocryphal Acts*. Nova York & Queenston: Mellen.

Cothenet, Édouard (1988). "Le Protévangile de Jacques: Origine, genre et significationd'un premier midrash Chrétien sur la Nativité de Marie". In: W. Haase (ed.), *Aufstieg un Niedergand der Römischen Welt,* v. 2.25.6. Berlim & Nova York: de Gruyter, 4252-69.

Davies, Stevan L . (1980). *The Revolt of the Widows: The Social World of the Apocryphal Acts.* Nova York: Seabury.

Dunn, Peter W. (1993). "Women's Liberation, the *Acts of Paul,* and Other Apocryphal Acts of the Apostles", *Apocrypha* 4: 245-61.

Elliott, J. Keith (1993). *The Apocryphal New Testament.* Oxford: Clarendon Press.

Findlay, Adam Fyfe (1923). *Byways in Early Christian Literature: Studies in the Uncanonical Gospels and Acts.* Edimburgo: T. & T. Clark.

Gallagher, Eugene V. (1991). "Conversion and Salvation in the Apocryphal Acts of the Apostles". *Second Century* 8: 13-29.

Germond, Paul (1996). "A Rhetoric of Gender in Early Christianity: Sex and Salvation in the *Acts of Thomas*". In: S. R. Porter & T. H. Olbricht (eds.). *Rhetoric, Scripture and Theology: Essays from the 1994 Pretoria Conference* JSNTSup 131. Sheffield: Sheffield Academic Press, 350-368.

Gero, Stephen (1971). "The Infancy Gospel of Thomas: A Study of the Textual and Literary Problems", *NovT* 13:46-84.

Holzberg, Niklas (1995). *The Ancient Novel.* Londres & Nova York: Routledge.

Junod, Éric & Kaestli, Jean-Daniel (1982). *L'Histoire des Actes apocryphes des apôtres du IIIe au IXe siècles.* Chahiers de la Revue de théologie et de philosophie 7. Lausanne: Labor et Fides.

_____ (1984). *Acta Johannis,* 2 volumes. CCSA 1-2. Turnhout: Brepols.

Kaestli, Jean-Daniel (1990). "Fiction littéraire et réalité sociale: Que peut-on savoir de la place des femmes dans le milieu de production des Actes apocryphes des Apôtres?" *Apocrypha* 1:279-302.

Lalleman, Pieter J. (1998). *The Acts of John: A Two-stage Initiation into Johannine Gnosticism.* Studies on the Apocryphal Acts of the Apostles 4. Lovaina: Peeters.

Lefkowtiz, Mary R. (1981). *The Lives of the Greek Poets.* Londres: Duckworth.

MacDonald, Dennis Ronald (1983). *The Legend and the Apostle: The Battle for Paul in Story and Canon.* Filadélfia: Westminster Press.

Malherbe, Abraham J. (1986). "A Physical Description of Paul", *HTR* 79: 170-175.

Malina, Bruce J. & Neyrey, Jerome H. (1996). *Portraits of Paul: An Archaelogy of Ancient Personality.* Louisville, Ky: Westminster/John Knox.

Momigliano, Arnaldo (1971). *The Development of Greek Biography.* Cambridge: Harvard University Press.

Morgan, John R. & Stoneman, Richard (eds.) (1994). *Greek Ficction: The Greek Novel in Context.* Londres & Nova York: Routledge.

Pao, David W. (1995). "The Genre of the *Acts of Andrew*", *Apocrypha* 6: 179-202.

Perkins, Judith (1994). "The Social World of the *Acts of Peter*". In: J. Tatum (ed.). *The Search for the Ancient Novel*. Baltimore: Johns Hopkins University Press, 296-307.

Perry, Ben Edwin (1964). *Secundus the Silent Philosopher*. Philological Monographs 23. Ithaca: Cornell University Press for the American Philological Association.

Phillimore, Catherine M. (1881). *Fra Angelico*. Londres: Sampson Low, Marston, Searle & Rivington.

Prieur, Jean-Marc (1989). *Acta Andreae*. 2 volumes. CCSA 5-6. Turnhout: Brepols.

Quilter, Harry (1880). *Giotto*. Londres: Sampson Low, Marston, Searle & Rivington.

Schneemelcher, Wilhelm (ed.) (1991-1992). *New Testament Apocrypha*. 2 volumes. ET ed R. McL. Wilson. Louisville: Westminster/John Knox Press; Cambridge: James Clarke.

Tissot, Yves (1988). "L'encratisme des Actes de Thomas". In: W. Haase (ed.). *Aufstieg und Niedergang der Römischen Welt*, v. 2.25.6. Berlim & Nova York: de Gruyter, 4415-30.

Vorster, Willem S. (1988). "The Protevangelium of James and Intertextuality". In: T. Baarda, A. Hillhorst, G. P. Luttikhuizen & A. S. van der Woude (eds.). *Text and Testimony: Essays in Honour of F. J. Klijn*. Kampen: K. H. Kok, 262-275.

PATRÍSTICA PRIMITIVA

30. A grande tribulação no *Pastor de Hermas*

I.

Estudos recentes sobre Hermas demonstram uma notável lacuna na Visão IV: desde o comentário de M. Dibelius[1] somente duas contribuições significativas para a compreensão desta parte do texto apareceram: artigos por E. Peterson[2] e A. P. O'Hagan.[3] A intenção do presente estudo é estabelecer pela primeira vez o lugar correto da Visão no contexto da apocalíptica do primeiro século.

Não estamos aqui preocupados com as principais e mais complexas dificuldades de interpretar Hermas, mas somente seu uso de material apocalíptico na Visão IV. Certas questões preliminares mais amplas, entretanto, devem ser mencionadas: a percepção dos estudiosos varia tão amplamente que dificilmente será possível fazer algo além da indicação de nossa opinião sobre aqueles que tocam nosso problema. Tem sido ocasionalmente negado que Hermas escreva como um profeta[4], mas se suas visões são ou não mais que artefatos literários, sua reivindicação de estar promulgando revelações divinas são de fato as de um profeta. Isso coloca Hermas em uma classe de escritores do cristianismo primitivo que de outro modo são representados entre nós somente por João autor do Apocalipse e Elkasai, e o demarca para além da muito mais

---

1. M. Dibelius, *Der Hirt des Hermas*. Tubinga, 1923.

2. E. Peterson, "Die Begegnung mit dem Ungeheuer: Hermas, visio 4". *VC* 8 (1954), p. 52-71.

3. A. P. O'Hagan, "The Great Tribulation to Come in the Pastor of Hermas". In: *Studia Patristica*, v. 4 (TU 79). Berlim: 1961, p. 305-311. O'Hagan depende consideravelmente de Peterson, mas modifica suas percepções na direção que este artigo procura defender adiante.

4. G. F. Snyder, *The Shepherd of Hermas*. Camdem: 1968, p. 10.

ampla classe de escritores que sentiam a necessidade de emprestar suas revelações à autoridade do pseudônimo de um patriarca ou apóstolo.[5] Estudos recentes[6] demonstraram claramente que o pano de fundo judeu-cristão da teologia de Hermas (embora sua intimidade com a cultura helenística e romana seja suficiente para fornecer nuanças literárias)[7]: mas mesmo dentre os escritos judeu-cristãos conhecidos por nós Hermas permanece idiossincrático. Embora algo de sua doutrina esteja gritantemente próximo do pensamento da seita de Qumran, também há muitas diferenças que fornecem embasamento à possibilidade da tese segundo a qual Hermas na verdade era um essênio convertido. Ele pode muito bem ter sido um teólogo com mais criatividade que geralmente lhe é creditada, mas também pode ser verdade que ele reflita uma faceta teológica sobre a qual não teríamos de outro modo pouquíssima informação.[8]

G. F. Snyder tentou explicar a origem de tal texto no contexto da Igreja romana do início do segundo século postulando muitas igrejas em Roma, de várias origens nacionais[9], o que se esfacela em viii.3, que pressupõe uma Igreja romana unificada. Hermas dificilmente poderia ser um representante de sua Igreja (ele mesmo reconhece que na questão do arrependimento ele se situa entre os mestres ultrarrigoristas de xxxi.1 e os falsos mestres laxistas aos dúbios em mentalidade no capítulo xliii), mas algumas dificuldades desaparecem se postularmos uma data mais antiga.[10] Trabalhando com

---

5. H. Chadwick, "The New Edition of Hermas". *JTS* N.S. 8 (1957) p. 277, pensa que Hermas seja uma pseudepígrafe, mas o Hermas de Rm 16,14 é muito obscuro para ter sido escolhido como um pseudônimo apostólico, cf. R. Joly, *Hermas: Le Pasteur.* Paris: 1958, p. 55. S. Giet, *Hermas et les Pasteurs.* Paris: 1963, p. 273.

6. J. P. Audet, "Affinités littéraires et doctrinales du Manuel de Discipline", *RB* 60 (1953), p. 41-82; J. Daniélou, *The Theology of Jewish Christianity.* Londres: 1964, p. 37-39; L. W. Barnard, "Hermas and Judaism". In: *Studia Patristica.* v. 8 (TU 93). Berlim: 1966, p. 3-9; P. Lluis-Font, "Sources de la doctrine d'Hermas sur les deux esprits", *Revue d'ascétique et de mystique* 39 (1963) p. 83-98.

7. Veja (mais recentemente) J. Schwartz. "Survivances littéraires païennes dans le "Pasteur" d'Hermas", *RB* 72 (1965) p. 240-247.

8. Note que o fato que a única referência na outra obra é ao *Livro de Eldad e Modad* (vii.4), que não sobreviveu.

9. Snyder, *Shepherd of Hermas,* p. 19-20.

10. "Pensamos ser impossível acreditar que um documento escrito para a "Igreja romana" entre 110 e 140 poderia ser totalmente ignorante a respeito do que veio antes de si e que era transpirado naquele momento. Onde há alguma pista de outros documentos endereçados a e de Roma: a carta

a probabilidade de mais de uma edição do texto[11], sugerimos que ao menos a seção mais antiga (Visões I-IV), na qual a ameaça de uma perseguição que ocorrerá muito em breve é evidente, date de imediatamente antes da perseguição de Domiciano em Roma.[12] x.1 portanto refere-se naturalmente aos mártires da perseguição por Nero e viii.3 pode ser compreendido como uma referência ao bem conhecido Clemente.[13] A ausência de referências a outros documentos "romanos" não é um problema peculiar: o impacto da carta de Paulo a Roma dificilmente é mais aparente em *1 Clemente*. Podemos argumentar que a Visão IV, enquanto não demonstrando conhecimento de 1 Pedro, preserva uma tradição apocalíptica que 1 Pedro também utilizou e refletiu mais fielmente do que qualquer outro escrito do Novo Testamento. A data mais antiga não pode ser comprovada, mas pouco pode ser dito contrariamente a tal (exceto a evidência tendenciosa do Cânon muratoriano)[14] e torna outros aspectos do texto mais facilmente inteligíveis (a liberdade de Hermas para promulgar a revelação em seu próprio nome, sua proximidade com a teologia essênia, sua aparente ignorância de todos os escritos do Novo Testamento[15] e ampla seletividade mesmo do cânon

---

de Paulo a Roma, a carta de Inácio a Roma, Marcos, 1 Pedro, 1 Clemente? Onde está a influência de mestres persuasivos em Roma: Justino, Marcião, Valentino?" (ibid., 19).

11. Além da teoria da tripla autoria de Giet (sobre a qual a evidência pode muito bem indicar um mesmo autor escrevendo toda a obra em estágios distintos), a evidência do papiro de Michigan indica fortemente que a obra foi escrita em duas partes.

12. Isto foi sugerido por Le Nourry (citado em Giet, *Hermas*, 283 n. 4). A maior parte dos escritores concede a possibilidade de uma data no fim do século I, ao menos para as Visões I-IV (e.g. ibid. p. 294-296; E. J. Goodspeed & R. M. Grant, *A History of Early Christian Literature* [Chicago, 1966, p. 32]). Daniélou, *Jewish Christianity*, p. 39, pensa em uma data por volta de 90 como provável para a primeira edição da obra.

13. Opiniões sobre a probabilidade desta identificação diferem entre si: embora o nome fosse comum, a posição na Igreja romana que Hermas atribui a Clemente é comparável àquela do autor de *1 Clemente*. Daniélou, *Jewish Christianity*, p. 39, não duvida da identificação, e H. von Campenhausen, *Ecclesiastical Authority and Spiritual Power in the Church of the First Three Centuries* (tradução de J. A. Baker) Londres: 1969, p. 95, pensa que Clemente de Hermas é "certamente" o autor de *1 Clemente*.

14. Cf. Chadwick, "The New Edition of Hermas", p. 277-278; ele toma o Cânon muratoriano como "testemunho relutante e indireto da existência prévia em Roma da crença" de uma data apostólica para Hermas.

15. Tem sido por vezes sugerido que Hermas era familiarizado com muitos escritos do Novo Testamento, mas a evidência é bastante inconclusiva: veja a lista de possíveis alusões em Snyder, *Shepherd of Hermas*, p. 162-164. Enlaces com Tiago e o Apocalipse provavelmente refletem somente uma ambiência comum.

normal do Antigo Testamento, a ampla aceitação e alta consideração que *O Pastor* adquiriu no fim do segundo século).

Com Joly[16], Giet[17], e Pernveden[18] sustentamos que o pensamento de Hermas tenha uma orientação fortemente escatológica, embora o comentário de Joly que "toute la doctrine d'Hermas est commandée par l'imminence de la Parousie" é exagerado.[19] A cristologia de Hermas é muito maldesenvolvida no tema da parusia para dominar sua escatologia: ele pensa na verdade na conclusão da construção da Igreja (xvi.9; lxxxvii.2). Mas é essa iminência que dá a medida da urgência e função a sua mensagem de conversão e penitência. "É esta situação escatológica que causa a metanoia, no que diz respeito aos que já são crentes, para serem representados como algo completamente único. Metanoia é a última chance de alcançar a participação na Igreja".[20] Hermas não tem nada a ver com o crescimento da disciplina penitencial na Igreja[21], nem (como veremos) sua escatologia é mais individualizada do que a de Paulo.

II.

Hermas tem sido classificado como "pseudoapocalipse" com base na observação de que nem sua parenesis nem sua alegoria ou nem mesmo seu

---

16. Joly associa a proximidade do *eschaton* com a teoria de que Hermas anuncia um "jubileu" de penitência: mas esta não é uma associação necessária. Outros advogados da teoria do "jubileu" são listado em B. Poschmann, *Paenitentia secunda* (Bonn, 1940), p. 134 n. 1, e B. Poschmann, *Penance and the Anointing of the Sick* (traduzido e revisto por F. Courtney) Nova York: 1964, p. 26 n. 30: mas a teoria foi eficientemente refutada em Poschmann, *Paenitentia secunda*, p. 134-205 (cf. B. Altaner, *Patrology*. Friburgo: 1960, p. 86. A escatologia de Hermas o leva a proclamar uma oportunidade final, mas não a primeira, de arrependimento: "o fator especificamente digno de nota é sua mensagem de metanoia não no sentido de que se deveria proclamar uma possibilidade de metanoia que era desconhecida anteriormente, mas que toda possibilidade de metanoia em breve estará extinta" (L. Pernveden, *The Concept of the Church in the Shepherd of Hermas*. Lund, 1966, p. 270.

17. Giet acredita que a perspectiva escatológica seja a mais evidente nas Visões I-IV e discerne "une atténuation progressive de l'idée eschatologique" (*Hermas,* 190), nas porções finais da obra.

18. Pernveden, *Concept...* p. 265ss., 297.

19. Joly, *Hermas*, p. 236.

20. Pernveden, *Concept...* p. 271.

21. Id., ibid., p. 298; Campenhausen, *Ecclesiastical Authority*, p. 124. Em contrário, e.g. W. Telfer, *The Forgiveness of Sins*. Londres: 1959, p. 38-42; Daniélou, *Jewish Christianity*, p. 38, que vê um reflexo da disciplina essênia.

uso de imaginário apocalíptico tradicional segue alguma orientação escatológica.[22] Este viés interpretativo é falso, mas é entretanto verdadeiro que Hermas se satisfaça bastante em assumir ao invés de descrever o *eschaton*. Se esta última opção for percebida como uma característica necessária da apocalíptica não há justificativa para chamar este texto de apocalipse. Em contrário, entretanto, a asserção comum à Visão IV ("a única seção do livro na qual Hermas trabalha com material apolíptico")[23] não somente utiliza material apocalíptico mas o faz com intenção apocalíptica.[24] A sugestão de que Hermas "individualizou" a ameaça apocalíptica de tribulação[25] é uma má compreensão do texto: sua própria experiência com o monstro não é real mas visionária, funcionando como protótipo figurativo da experiência do fiel na tribulação escatológica dos fiéis.

Hermas, como a maioria dos escritores apocalípticos, reelabora material tradicional, mas seu uso dos mesmos não é de nenhum modo desajustado como tem sido suposto. Os seguintes pontos darão uma indicação preliminar de sua dependência de material anterior:

1. A figura do monstro marinho (embora não precisemos procurar além de Dn 7 para sua fonte): o encontro de Hermas com um monstro marinho, aparecendo em uma nuvem de poeira na estrada da Campânia, é de alguma forma incongruente, mesmo se permitirmos o significado simbólico que Peterson sugeriu para a topografia.[26]

---

22. P. Vielhauer in E. Hennecke & W. Schneemelcher, *New Testament Apocrypha* (editor R. McL. Wilson). v. 2. Londres; 1965, p. 638.

23. Ibid., 636.

24. A insistência de Snyder (*Shepherd of Hermas*, p. 9-10) de que as Visões são "apocalípticas somente em forma" é baseada em um padrão excessivamente estereotipado: se um convite à conversão antes do fim é impossível na apocalíptica, então o apocalipse joanino não é apocalíptico.

25. Dibelius, *Hirt des Hermas*, p. 485-486; cf. Joly, *Hermas*, p. 133 (embora Joly admita que "le monstre conserve donc quelque chose de sa signification escatologique"). Peterson se aproxima de tal percepção: "In sehr unbeholfener Weise werden die beiden Gedankenreihen, die der individuellen und die allgemeinen Eschatologie mit einander verbunden" ("Die Begegnung mit dem Ungeheuer", p. 70): mas esperamos demonstrar que Hermas não é descuidado a este ponto.

26. Peterson, "Die Begegnung..."

2. Os gafanhotos de fogo. Estes são deixados de lado na interpretação, mas eles não são inteiramente redundantes, já que o poder destrutivo do monstro é sua característica primária e requer ilustração.

3. O anjo Thegri (desconhecido de outras fontes).[27]

4. Duas citações claras do Antigo Testamento ocorrem no espaço de dois versos, um fenômeno muito raro em Hermas. (Dn 6,22 é citado em xxiii.4; Sl 55[54],22 é citado em xxiii.4 e xxiii.5.)

Hermas faz uso consistente e inteligível deste material? A maior parte dos comentaristas lhe recusou o direito de fornecer a própria interpretação. Desse modo se as bestas apocalípticas são costumeiramente simbólicas de poderes políticos, disso não decorre necessariamente que o monstro de Hermas represente o poder de Roma.[28] Há ainda menos evidência para tomá-lo como a Geena.[29] A fera é explicada em xxiii.5 como uma figura (τύπος) da iminente grande tribulação. À ameaça desta tribulação os cristãos podem reagir de duas maneiras diferentes: sua fé pode se desestabilizar (mentalidade dúbia) (xxiii.4) ou eles podem se arrepender e prepararem-se para a enfrentar (xxiii.5). Os de mentalidade dúbia serão "feridos" (xxiii.4) pela grande tribulação e assim experimentar a ira de Deus (xxiii.6). Os arrependidos, por outro lado, porão sua completa confiança no Senhor (xxiii.4-5), encaram a tribulação com coragem (xxiii.8), e "escapam" (xxiii.4).

Deve ser notado que tal resultado é precisamente o oposto do que deveria ocorrer se a grande tribulação fosse *simplesmente* um período de perseguição. Neste caso, os dúbios, que cometem apostasia, escapariam, enquanto os fiéis sofreriam. Hermas não tem ilusões sobre a realidade da persegui-

---

27. Para as soluções sugeridas a este enigma, veja Dibelius, *Hirt des Hermas*, 488, e (mais inventivamente) J. R. Kreuger, "A Possible Turco-Mongolian Source for Θεγρί in Hermas" *The Pastor, AJP* 84 (1963), p. 295-299.

28. Snyder, *Shepherd of Hermas*, p. 56-57: embora sem dúvida Hermas tivesse Roma em mente como agente da perseguição.

29. Peterson, "Die Begegnung...", p. 60-64; cf. O'Hagan, "The Great Tribulation to Come", p. 307. Novamente a imagem da Geena pode ter contribuído de alguma forma para o pensamento de Hermas, especialmente já que escritos apocalípticos por vezes não fazem boa distinção entre o fogo do julgamento (histórico) no fim e o fogo da punição (eterna) na vida após a morte.

ção (x.1). Se os dúbios sofrem a ira de Deus na grande tribulação, é claro que tal deve ser compreendida como um conceito mais amplo do que uma perseguição à Igreja. De modo similar, a "escapada" dos fiéis não pode ser compreendida literalmente.[30] A comparação com vi.7-8 (onde a ideia é por primeiro introduzida, no contexto do chamado ao arrependimento revelado) demonstra que ἐκφεύγειν é equivalente a ὑπομένειν: os féis "escapam" da tribulação por resistirem e não negarem o Senhor. Ὑπομονή é a virtude apocalíptica neotestamentária característica do sofrimento paciente sob perseguição (Rm 5,3-4; Lc 21,19; 1Pd 2,20; Ap 1,9, etc.): "quem perseverar até o fim será salvo" (Mc 13,13). A bênção de vi.7 e a exortação de xxiv.6 (na qual "escapar" torna-se Ἐὰν δὲ ὑμεῖς θελήσητε, οὐδὲν ἔσται) deve ser comparado com a recorrente "chamada para a perseverança dos santos" feita por João (Ap 13,10; 14,12) no contexto de outra visão de sofrimento pelas mãos de um monstro apocalíptico. Daniel no covil dos leões (a fonte do imaginário de xxiii.4) portanto prefigura a segurança espiritual, não física, dos cristãos na grande tribulação.[31]

Hermas não está primariamente preocupado com a estabilidade dos cristãos para resistirem a uma perseguição iminente que ele compreende como parte de um evento escatológico mais amplo, "a grande tribulação por vir". Deve ser notado que na Visão IV δίψυχος está mais próximo de seu significado em Tg 1,8 e no ditado profético citado em *1 Clem.* 23.2 e *2 Clem.* 11.2 do que é usual em Hermas: o perigo é se tornar dúbio, i.e. de vacilar na fé sob a ameaça de perseguição.[32] Já que, contudo, a alternativa é o arrependi-

---

30. O'Hagan, "The Great Tribulation to Come", p. 307-309; em contrário Joly, *Hermas*, p. 137, Snyder, *Shepherd of Hermas*, p. 58.

31. O'Hagan ("The Great Tribulation to Come", p. 308) também compara Lc 21,36, onde novamente ἐκφεύγειν em um contexto apocalíptico não pode significar uma escapada física. Dn 12,1 (uma passagem evidentemente na mente de Hermas ou sua fonte) também pode ser relevante: especialmente diante da interpretação de Dn 12,10 que veremos estar por trás da visão de Hermas, é provável que "livrado" aqui possa ser compreendido como "livrado através" ao invés de "da" provação. Cf. tb. Hermas lxix.7: "Aqueles que foram perseguidos por conta da lei, mas não sofreram (παθόντες), ou renegaram a lei".

32. Em contrário O. J. F. Seitz ("Relationship of the Shepherd of Hermas to the Epistle of James", *JBL* 63 [1944], p. 131-140; e "Antedecents and Signification of the Term ΔΙΨΥΧΟΣ", *JBL* 67 [1967], p. 211-219); Snyder (*Shepherd of Hermas*, p. 82-83) argumenta que o uso de δίψυχος em Hermas é distinto daquele em outros exemplos de literatura judeu-cristã. Mas tanto esta passagem quanto o capítulo xxxix sugerem que Hermas estende ao invés de abandonar o sentido costumeiro.

mento, o significado usual deve estar no pensamento de Hermas não em suas palavras: arrepender-se é "deixar de lado a dubiedade" (vi.4).[33] O homem dúbio já está se comprometendo com o mundo; sua lealdade está dividida em duas; sob perseguição ele tende a sucumbir à tentação de apostatar (cf. xiv.5; xcviii.3). Daí decorre a urgência do chamado ao arrependimento – para retornar à lealdade sem dubiedade ante a perseguição iminente (cf. xiii.5).

O conceito de grande tribulação é mais bem-explicado adiante pelo artifício das quatro cores na cabeça do monstro. A primeira e última cores representam os dois éons: "este mundo no qual vocês vivem" e "o tempo por vir, no qual os eleitos de Deus viverão" (xxiv.2,5). Preta é a cor apropriada para este mundo porque (xcii.1-4) ela caracteriza os vícios que são atributos do espírito mau. Pernveden discutiu o uso simbólico de Hermas da cor branca[34] e pensa que, como em Apocalipse, representa a pureza escatológica da Igreja. A grande tribulação é portanto constituída dos modos de transição desta para a próxima era (e nesta extensão sua função é exatamente paralela àquela do período de tribulação, levante cósmico, ou "aflições messiânicas" frequentemente descritas na apocalíptica judaica). A função das duas cores intermediárias é de explicar como tal transição se processa. Vermelho simboliza o efeito da grande tribulação "neste mundo": "a cor do fogo e do sangue significa que é necessário a este mundo ser destruído por sangue e fogo" (xxiv.3). Dourado representa seu efeito na Igreja, um efeito purificador pelo qual cristãos são tornados "úteis na construção da torre", i.e., servem para se tornarem partes da Igreja escatológica no próximo mundo (xxiv.4).

Embora não seja este último aspecto da tribulação que Hermas mais enfatiza, ele não negligencia seu aspecto destrutivo, a respeito "deste mundo." A referência a fogo *e sangue*[35] sugere que ele pensa "neste mundo" primariamente segundo seus (perversos) habitantes: e tal é suportado pela provável leitura ἐν αὐτοῖς em xxiv.4. Provavelmente portanto o fogo não é tanto aquele

---

33. Citações em língua inglesa de Hermas são dadas segundo a tradução de Snyder.

34. Pernveden, *Concept...* p. 101-102.

35. O paralelo mais próximo é *Or. Sib.* 3.287, onde a expressão descreve o julgamento de Deus sobre os homens, provavelmente pelo agenciamento de Ciro.

da conflagração cósmica em 2Pd 3 como o fogo do juízo divino consumindo os perversos, como em 2Ts 1,7-8. Hermas reconhece que a vinda da nova era requer não somente a purificação dos virtuosos mas também a destruição dos perversos: sua grande tribulação desempenha ambas funções e novamente segue-se que seu significado não pode estar confinado à perseguição.

A perseguição entretanto é o aspecto mais interessante. Segundo a metáfora de Hermas sobre o refinamento do ouro, a escória que deve ser "lançada fora" é "toda dor e aflição" (xxiv.4), qualidades que para Hermas têm o mesmo *status* de um vício e são as inevitáveis companheiras dos dúbios de mentalidade (xix.3; xxi.2; xl.1-2; xli.6; xlii.1-4; xcii.3). Aqui o enlace é claramente estabelecido com a outra figura da visão, a jovem que representa a Igreja em xxiii.1 e tem as características escatológicas de estar vestida de branco como se para um casamento (cf. Ap 19,7-8; 21,2). A transição na Visão III da idosa preocupada para a alegre juventude da mulher que aqui representa a Igreja é explicada como consequência de lançar fora dor e dubiedade em resposta às "boas notícias" do chamado ao arrependimento (capítulos xix-xxi, especialmente xix.2-3; xxi.2, 4). No léxico de Hermas lançar fora dor e aflição significa arrepender-se. Mas já que ele tornou claro que o arrependimento é a necessária *preparação* para a tribulação (xxiii.5), como pode ele aqui dizer (aparentemente) que arrependimento é o *efeito* da tribulação na Igreja? Neste ponto é tentador supor que afinal Hermas personalizou sua apocalíptica e está interessado na tribulação apenas como "uma perseguição *provável* que [ele] usa como estimulante para o arrependimento e renovação da Igreja."[36]

Uma aproximação mais frutuosa seria examinar sua associação de μετάνοια e θλῖψις noutras partes.[37] Há ocorrências de θλῖψις e θλίβειν nas quais a tradução deve ser de "perseguição": no contexto tanto dos dúbios cometendo apostasia (vii.4; xiv.5; xcviii.3) ou dos fiéis perseverando em meio à perseguição (x.1; lxix.7). São estas referências que nos justificam em supor que na Visão IV a preocupação principal de Hermas seja com

---

36. Snyder, *Shepherd of Hermas*, p. 58: grifo meu.

37. Em contrário à teoria de Giet da tripla autoria, aqui pressupomos uma unidade de pensamento ao menos por trás das duas maiores seções da obra (Visões I-IV e Visão V-Similitude VIII, X).

o estado espiritual (dúbio ou penitente) no qual o cristão entra na grande tribulação. Mas θλῖψις pode também significar "tribulação" em um sentido muito geral: em xxvii.5; xxxviii.10; 1.8 Hermas está pensando nas dificuldades dos membros mais pobres de sua Igreja. Nos capítulos lxiii e lxvi e em lxxvi.4-5 "tribulação" é posta em uma relação diferente com o arrependimento: aqui significa sofrimentos infligidos pelo anjo do arrependimento, primariamente (ao que parece) para propósitos didáticos, embora Hermas introduza um elemento retributivo ou expiatório (lxiv; lxxvi.5). A referência não é à autodisciplina ou à disciplina promovida pela Igreja, mas a vários problemas da vida (lxiii.4: "Os tormentos caem sobre alguém durante sua vida terrena, pois alguns são punidos com perdas, outros com privações, alguns com muitas doenças, alguns com total perturbação, alguns são explorados por pessoas indignas e sofrem muitas outras coisas"). Nem é o propósito destes trazer os dúbios à conversão; ao contrário eles sucedem e se tornam parte do processo de arrependimento, como lxvi.4-5 torna claro (conforme também lxxvi.4-5).

Evidentemente, Hermas pensa que o processo de limpeza do penitente advindo da dubiedade e tribulação envolve o sofrimento de muitos θλῖψεις:[38] esta pode assim ser a função da grande θλῖψις na Visão IV para aqueles (mas somente aqueles) que entram em um estado de arrependimento. Na perspectiva individual dos capítulos lxiii e lxvi esta função é cumprida pelas várias provações sofridas pelos indivíduos; na perspectiva apocalíptica da Visão IV a purificação da Igreja para seu estádio escatológico requer uma tribulação universal. Somente esta interpretação "purgatorial" da metáfora do refino de ouro pelo fogo pode trazer o sentido de xxiv.4b, mas é uma peculiaridade da teologia de Hermas sobre o arrependimento, e, já que a mesma ideia de "testar" sob tribulação pode ter um valor positivo em outras abordagens[39], devemos supor, quando nos pomos a considerar a tradição apocalíptica que Hermas está usando, que a interpretação "purgatorial" é uma con-

---

38. Poschmann, *Penance,* reconhece a importância deste aspecto da teologia do arrependimento de Hermas, mas conjuga a mesma com uma injustificada ênfase sobre o lugar da disciplina eclesiástica em Hermas (p. 31).

39. 1Pd 1,7; Ap 2,10; Tg 1,3; Hb 12,3-11; 1Cor 3,13.

tribuição sua. Mas aqui concluímos ao notar que tal contribuição não é inconsistente com uma intenção propriamente apocalíptica na Visão IV e é cabível no contexto do ensinamento da Visão como um todo.

III.

Devemos agora retornar nosso olhar ao pano de fundo tradicional da apocalíptica de Hermas. Não há muita evidência que o termo ἡ θλῖψις ἡ μεγάλη seja uma expressão estereotipada.[40] Fora de Hermas é conhecida somente em Ap 7,14. *Or. Sib.* 3.187 usa a expressão indefinida θλῖψις ἐν ἀνθρώποις μεγάλη, mas ao menos em seu contexto histórico é uma referência a Dn 12,1, não em um sentido escatológico mas como descrição histórica da perseguição sob Antíoco. No apocalipse sinótico, Mc 13,19 traz somente θλῖψις, Mt 24,31 adiciona μεγάλη.[41] O "tempo que cria tribulações" em *2 Bar.* 48,31 provavelmente também é uma referência à θλῖψις de Dn 12,1, embora aí, como em Ap 2,22 (θλῖψις μεγάλη), a referência não seja à tribulação dos virtuosos. Sem dúvida θλῖψις μεγάλη era uma maneira natural para se referir a Dn 12,1, mas o uso aparentemente técnico em Hermas e Ap 7,14 (e talvez Mt 24,21) pode refletir uma tradição cristã bem primitiva.

O conceito, entretanto, é em parte paralelo a escritos judeus apocalípticos como já notamos anteriormente: muitas referências poderiam ser devidas a um período de tribulação mundial que deveria ocorrer na transição entre os dois éons. Também é fácil traçar paralelo à metáfora de Hermas do fogo sobre a destruição "deste mundo" na grande tribulação. O fogo é uma imagem familiar do Antigo Testamento para o juízo divino.[42] Os apocalipsistas referem-se tanto à destruição de todo o universo físico pelo fogo[43] quanto

---

40. O'Hagan, "The Great Tribulation to Come", p. 309.

41. Lc 21,23 traz ἀνάγκη, presumivelmente porque Lucas aqui segue uma fonte diferente (não para diminuir o significado apocalíptico, pois ἀνάγκη pode ser igualmente apocalíptico, como em Sf 1,15 [LXX] e 1Cor 7,26).

42. Cf. Dn 7,10; Is 66,15; Ml 4,1.

43. *Vida de Adão e Eva* 49.3; *Or. Sib.* 4.173-178.

ao fogo como um instrumento de julgamento dos pecadores[44], ou a ambos ao mesmo tempo.[45]

A ênfase de Hermas, entretanto, é mais sobre a experiência dos virtuosos durante a grande tribulação. Contrariamente à asserção comum, a ideia de um período final de sofrimento e perseguição para o povo de Deus[46] é difícil de encontrar na literatura apocalíptica judaica: descrições dos "sofrimentos messiânicos" estão preocupadas com a desestruturação social e natural e com o julgamento dos pecadores, não com os sofrimentos dos virtuosos.[47] (A única exceção significativa é a *Assunção de Moisés,* que nos capítulos 8-9 parece tomar Dn 12 como base para esperar a ocorrência de uma perseguição apocalíptica comparável com aquela sobre Antíoco.[48]) Escritos apocalípticos são frequentemente ambientados em um contexto de sofrimento presente, e na literatura macabeana o judaísmo tardio expressou uma clara noção de sofrimento dos virtuosos, mas isto não justifica a suposição de que a perseguição fosse "parte da crença *escatológica* do judaísmo de devoção deste período."[49] A ideia parece ocasionalmente ter tido uma posição subalterna (como talvez em Qumran), mas o significado escatológico dado aos sofrimentos da Igreja no apocalipse sinótico, em Paulo, no Apocalipse não tem precedentes e representa uma tradição apocalíptica essencialmente cristã. Em 1 Pedro a atenção está focada em tal a ponto da quase exclusão (veja 1Pd 2,12; 4,17) da ideia de que a tribulação se estenderia aos descrentes em Deus; e nesta ênfase 1 Pedro encontra paralelo talvez somente em Hermas.

---

44. *2 Br* 44,15; 48,39; 59,2; 64,7; 85,13; *Salmos de Salomão* 15,16-17; *Or. Sib.* 3.54, 689-691.

45. *Or. Sib.* 3.63-92; provavelmente 1QH 3.29ss.

46. Esta ideia deve ser distinguida daquela de um último ataque pelas nações, no qual o inimigo é destruído e Israel é livrado antes que qualquer sofrimento ocorra (Ez 38–39; *1 En* 56,5-8; 90,13-19; *4 Esdras* 13,5-11; *Or. Sib.* 3.663-673; cf. Ap 20,8).

47. E.g. Selwyn, *The First Epistle of St Peter*. Londres: 1946, p. 301, diz respeito à perseguição pela fé como "uma adição distintamente cristã" às características da esperança escatológica judia": a única possível exceção que ele nota (*Jub.* 23,13) é um tanto precária.

48. Esta exceção seria eliminada se aceitássemos a transposição de R. H. Charles para o texto (*Apocrypha and Pseudepigrapha* [Oxford, 1913], p. 420), mas a interpretação de F. C. Burkitt (In: J. Hastings [ed.], *Dictionary of the Bible*, v. 3. Edimburgo: 1900, p. 449) parece mais plausível.

49. A. R. C. Leaney, *The Rule of Qumran and its Meaning*. Londres, 1966, p. 213. Grifo meu.

Que a concepção de Hermas da grande tribulação como uma época primariamente de provação para a Igreja é herdada de uma tradição apocalíptica cristã primitiva é demonstrado pelo fato que ele dá a ela um significado de punho próprio e resiste a desenvolver a mesma nas mesmas direções que encontramos nos escritos neotestamentários. Ele não relaciona os sofrimentos da Igreja aos sofrimentos de Cristo, como 1 Pedro, Paulo e Apocalipse o fazem. Nem desenvolve a ideia de um anticristo: seu monstro, como vimos, representa a tribulação em si mesma e não, como em Ap 13, se torna o símbolo de um poder anticristão persecutório. Os escritos do Novo Testamento atribuem vários tipos de valor à perseguição[50], mas a ideia de "teste" é encontrada em muitas ramificações da tradição do Novo Testamento.[51] Hermas concede a ele a qualidade "purgatorial" que sua teologia do arrependimento própria requer, mas podemos supor razoavelmente que a ideia em si mesma estivesse presente na tradição que ele herdou, ao lado da metáfora que a expressa: o refino do ouro em uma fornalha ardente.

É esta metáfora do fogo que permite a Hermas sustentar as ideias da destruição do mundo e a purificação da Igreja como efeito duplo da grande tribulação. Sua frequência no Novo Testamento sugere uma tradição primitiva que Hermas representa em uma forma coerente, mas à qual os escritores do Novo Testamento referem-se ao contrário somente casualmente. O uso de Paulo sugere uma versão ligeiramente diferente, talvez mais antiga, na qual tanto o fogo do julgamento sobre os descrentes em Deus (1Ts 1,7-8; 2,8) e o refino pelo fogo que testa os cristãos (1Cor 3,13) estariam mais intimamente conectados com a parusia em si mesmo e não utilizados metaforicamente para as tribulações que a precedem.[52] João o apocalipsista, ao menos nas sete cartas, divisa a iminente θλῖψις como principalmente um período de provação (Ap 2,10) – embora interessantemente ele estenda a ideia a um período

---

50. E.g. testemunhas (Mt 10,18 e paralelos; Apocalipse), compartilhar os sofrimentos de Cristo (1 Pedro) e o modelo da entrada de Cristo na glória através do sofrimento (Rm 8,17).

51. Veja acima, p. 862 nota 39, acima.

52. É difícil, embora não impossível, supor que 1Cor 3,13 e 7,26 refiram-se ao mesmo evento apocalíptico.

de "provação" dos perversos (Ap 3,10)[53] e de julgamento daqueles cristãos relapsos que resistem em se converterem (Ap 2,22, onde os seguidores de Jezebel são análogos aos dúbios de Hermas; cf. Hermas xxiii.6). 1 Pedro fornece a analogia mais próxima a Hermas: a metáfora de provar (δοκιμάζειν, como em Hermas xxiv.4 e 1Cor 3,13) ouro pelo fogo é usada para a perseguição em 1Pd 1,6-7; e em 1Pd 4,13 a perseguição é chamada πύρωσις, uma palavra rara cujo uso bíblico parece estar novamente no contexto do refino de metais (Pr 27,21). O verbo πυροῦν é desta forma utilizado em Hermas xxiv.4 e em Ap 3,18 (onde a combinação de ouro refinado no fogo e roupas brancas sugere que este verso também pode refletir a mesma tradição que a visão de Hermas). Uma indicação adicional de que 1 Pedro depende do mesmo material tradicional que Hermas é fornecida pelo fato de que o mesmo versículo do Antigo Testamento (Sl 55[54],22) que Hermas cita três vezes (xix.3; xxiii.4-5) como o lema dos cristãos fiéis sofrendo provações é citado de maneira similar em 1Pd 5,7.

A apocalíptica cristã posterior ao Novo Testamento também utiliza a ideia de prova pelo fogo em uma maneira que parece pressupor uma tradição mais forte que derivada de referências do Novo Testamento somente. *Did.* 16.5 refere-se a provação universal como em Ap 3.10, mas a expressão (εἰς τὴν πύρωσιν τῆς δοκιμασίας) é uma reminiscência do material que examinamos. *Or. Sib.* 2.252ss. refere-se ao escatológico rio de fogo através do qual todas as pessoas passam, as perversas perecendo mas as virtuosas sobrevivendo. Mais significantemente, *6 Esd.*16.68-73 descreve em detalhes o julgamento escatológico dos fiéis assim: "Chamas terríveis estão sendo alimentadas para queimar-lhes ... em lugar após lugar e em toda a vizinhança haverá um violento ataque sobre aqueles que temem o Senhor ... então será visto que meu povo escolhido passou pelo teste como ouro pelo fogo do certificador."

Finalmente devemos considerar os possíveis precedentes pré-cristãos para aquele aspecto de Hermas referente à grande tribulação (a prova de fogo dos crentes) que, como já notamos, não é proeminente na apocalíptica cristã

---

53. Veja a interpretação de S. Brown deste versículo, em "The Hour of Trial (Rev. 3:10)", *JBL* 85 (1966), p. 308-314.

mais habitual. A metáfora do fogo do certificador é de utilização bastante comum no Antigo Testamento, embora com várias conotações diferentes: S. Brown convenientemente listou-as, com referências.[54] Embora frequentemente implicando purificação ou testagem, a metáfora pode referir-se simplesmente a sofrimentos ou a julgamentos. Três textos do Antigo Testamento são especialmente relevantes para nossa proposta: Dn 12,10; Zc 13,9; Ml 3,1-3. Estes eram compreendidos claramente de forma escatológica[55] e os últimos dois ocorrem em contextos que a Igreja primitiva tomou como messiânicos. Os escritos apocalípticos judeus dão algumas poucas referências sobre um fogo escatológico de "testagem": em 2 Br 48,39; *Or. Sib.* 3.618; *Test. Abr.* 13 (cf. tb. *Or. Sib.* 8.411) sua função é testar as obras das pessoas e consumir as que praticam o mal. Se os virtuosos são trazidos ao quadro (como em *Test. Abr.* 13), eles são representados como simplesmente sendo aprovados no teste.[56] Isto está bastante distante da percepção de Hermas de um período de tribulação que testa a fé (ao invés das obras) de crentes e os purifica para participarem da membresia da Igreja escatológica, mas tal pode ter contribuído de algum modo para a imagem: Hermas (como Ap 3,10, *Did* 16,5) divisa um julgamento *universal* com diferentes efeitos sobre o mundo e os eleitos.

Mais significante é Dn 12,10 (cf. tb. 11,35), onde na versão de Teodocião os virtuosos que passam pela grande θλῖψις são retratados como tornados brancos (ἐκλευκανθῶσιν, cf. τὸ λευκὸν μέρος em Hermas xxiv.5) e refinados no fogo (πυρωθῶσιν, cf. πυρωθέντες em Hermas xxiv.4). Esta evidentemente é a fonte direta da tradição de Hermas, que parece em todo caso depender fortemente de Daniel: não somente a grande tribulação em si mesma é encontrada em Dn 12,1, mas também o monstro marinho é mais obviamente derivado de Dn 7, a história da cova dos leões é refletida em citação direta em Hermas xxiii.4, e provavelmente a fornalha ardente de Dn 3 também está

---

54. S. Brown, "Deliverance from the Crucible: Some Further Reflections on 1QH iii.1-18", *NTS* 14. (1967-1968), p. 258.

55. Uma interpretação rabínica tomou Zc 13,9 como uma referência a fogos purificadores após a morte: veja G. H. Box, *The Testament of Abraham*. Londres: 1927, p. xxvi.

56. C. W. Fishburne ("1 Cor. iii. 10-15 and the Testament of Abraham". *NTS* 17 [1970-71], p. 109-115) defende que Paulo em 1Cor 3 é diretamente dependente do *Testamento de Abraão*, mas reconhece (p. 114-115) que alterou significativamente sua teologia.

em mente. Outra possível alusão é à imagem de Deus como refinador em Ml 3,1-3, mas referências diretas na literatura cristã primitiva estão confinadas ao v. 1, com referência a João Batista. D. Flusser argumentou que esta passagem está por trás tanto do ensinamento qumrânico sobre o julgamento pelo fato quanto o ensinamento do Batista sobre o batismo messiânico, mas a evidência é demasiado esbelta.[57]

O ensinamento dos pergaminhos sobre provação pelo refino pelo fogo é de peculiar interesse diante das outras afinidades de Hermas com Qumran. Por outro lado, esta escatologia total é claramente diferente (ela não tem espaço em uma guerra contra os filhos da escuridão) e além disso parece que o ensinamento dos pergaminhos aqui não é de nenhuma maneira tão claro como muitas vezes foi imaginado. A passagem costumeiramente citada de 1QM (xvi.9-xvii.9) que utiliza a metáfora de refinar ouro em uma fornalha não parece ser muito próxima do significado em Hermas. O contexto é o de derrota temporária em batalha, que é explicado por meio de "testagem" do exército dos Filhos da Luz (xvi.9); que devem enfrentar essa experiência sendo o "cadinho forte de Deus" (xvii.9). Mas o significado, como Yadin aponta[58], é o da história de Acã e o incidente em 2Mc 12,39ss.: o exército está sendo purificado para a batalhão purgar a escória que neste contexto são os seus membros não merecedores, aqueles que foram justamente mortos na derrota (vi. 13; xvii.1). A purificação de indivíduos não está em questão.[59]

Mais relacionadas ao ponto são as referências em 1QS viii.4 à "duração da provação (*maṣreph*) da aflição" e 1QS i.17 à possível "provação" (*maṣreph*) que deve ser suportada "durante o domínio de Belial". A provação aqui é o "cadinho" de Pr 27,21, mas a relação destas passagens com a purificação escatológica "com espírito santo" em 1QS iv.21 parece na melhor das opções não

---

57. O argumento de Flusser está sumarizado em Leaney, *Rule of Qumran*, p. 126: contrário a tal, veja C. H. H. Scobie, "John the Baptist". In: W. F. Albright *et al., The Scrolls and Christianity: Historical and Theological Significance*. Londres: 1969, p. 59-61.

58. Y. Yadin, *The Scroll of the War of the Sons of Light against the Sons of Darkness*. Oxford: 1962, p. 221.

59. Em contrário a Brown, "Deliverance from the Crucible", p. 258, n. 7. Um sentido similar deve ser dado à metáfora como utilizada em CD xx.27.

comprovada.[60] Estas passagens demonstram que a comunidade interpretou seus sofrimentos durante a presente era má como necessária e purificadora, mas há pouca evidência de que tenham dado a tais um lugar proeminente em suas expectativas escatológicas[61], e nenhum enlace é estabelecido entre este fogo de "testagem" e o fogo escatológico do julgamento (1QH iii.29ss.; 1QS ii.8). O mesmo é verdadeiro sobre o marcante uso da metáfora do cadinho em 1QH v.16, onde a alusão do Antigo Testamento (Sl 12,6) foi totalmente retrabalhada para referir-se às aflições dos tementes a Deus. O paralelo mais impressionante aos conceitos de Hermas é 1QH iii.7-18 se desejarmos aceitar a interpretação de S. Brown.[62] Brown vê aqui uma combinação das metáforas da gravidez e do fogo do refinador e divide a passagem (na linha 10) em um par de "relatos de gravidez", descrevendo respectivamente o destino da comunidade e de seus inimigos e a *mesma* perturbação cosmológica nos últimos dias. Aqui estamos muito próximos do efeito duplo da grande tribulação de Hermas[63], já que aparentemente o salmista de Qumran divisa adiante um período de dificuldade cósmica que irá tanto destruir os perversos quanto produzir a comunidade escatológica dos justos.[64] Infelizmente a passagem é muito obscura para permitir conclusões confiáveis sobre os antecedentes da tradição de Hermas, mas podemos ao menos notar que mesmo aqui, no paralelo judaico mais próximo, a ênfase recai fortemente sobre o aspecto destrutivo da tribulação como julgamento dos descrentes. O papel central e positivo dado aos sofrimentos da Igreja é a mudança de perspectiva distintiva da ênfase que caracteriza a apocalíptica cristã primitiva e que Hermas representa fidedignamente.

---

60. Veja Leaney, *Rule of Qumran*, p. 126, seguindo Flusser.

61. Em contrário veja Leaney, *Rule of Qumran*, p. 213.

62. Brown, "Deliverance..."

63. O paralelo entre 1QH iii.1-18 e Ap 13,10, que é a única comparação que Brown fornece ("Deliverance...", p. 257-259), é válido mas mais remoto.

64. Brown pensa somente no livramento dos virtuosos, mas a ênfase no nascimento da criança nas linhas 9-10 sugere que a ideia da tribulação trazendo para o plano frontal a comunidade escatológica deve permanecer em mente. Por outro lado, somente se estivermos preparados para importar a ideia de 1QH v.16 para esta passagem podemos seguir Brown e pensar na tribulação como um período de purificação.

31. A queda dos anjos como a fonte filosófica em Hérmias e Clemente de Alexandria

I. Introdução

A obra *Irrisio Gentilium Philosophorum* (Διασυρμὸς τῶν ἔξω φιλοσόφων) de Hérmias "o filósofo"[1] há muito tempo tem sido um enigma para estudiosos da patrística, não somente porque nem o autor nem sua obra são mencionados em qualquer volume da literatura antiga, enquanto a obra por si mesma fornece poucas evidências internas que facilitem sua datação. Enquanto a maior parte dos autores posiciona a obra no segundo ou terceiro séculos[2], e a associa com a literatura apologética cristã daquele período, outros argumentam em favor de uma data no quarto, quinto ou mesmo sexto séculos para a mesma.[3]

Uma pista para a data do texto de *Irrisio* pode ser encontrada no capítulo I, onde Hérmias explica a inutilidade da filosofia grega, demonstrada

1. Um seminário, sob a liderança de Prof. R. P. C. Hanson, na Universidade de Manchester, vem preparando uma nova edição de e introdução ao *Irrisio* de Hérmias, a ser publicada na série "Sources Chrétiennes". Este presente artigo foi originalmente preparado para este seminário, e sou agradecido ao Prof. Hanson e outros membros do seminário pelo estímulo e encorajamento.

2. Defensores modernos desta datação bastante antiga são A. di Pauli, *Die Irrisio des Hermias*, Forschungen zur christlichen Literatur- und Dogmengeschichte 7/2 (Paderborn, 1907); L. Alfonsi, *Ermia filosofo*. Bréscia: 1947; e J. F. Kindstrand, "The Date and Character of Hermias' *Irrisio*", *VC* 34 (1980), p. 341-357. Uma discussão completa em favor desta data será apresentada na edição da "Sources Chrétiennes" (veja a nota 1 acima).

3. H. Diels, *Doxographi Graeci*. Berlim: 1879, p. 259-262; A. Harnack, *Geschichte der altchristlichen Litteratur bis Eusebius*, v. 1: *Die Überlieferung und der Bestand der altchristlichen Litteratur bis Eusebius*. Leipzig: 1893, p. 782-83; v. II: *Die Chronologie der altchristlichen Litteratur bis Eusebius*. v. 2. Leipzig: 1904, p. 196-197; F. W. M. Hitchcock, "A Skit on Greek Philosophy: By One Hermias Probably on the Reign of Julian, A.D. 362-363", *Theology* 32 (1936), p. 104.

pelo fato de que os filósofos se contradizem em todos os assuntos, dizendo que "se iniciou com a apostasia dos anjos" (τὴν ἀρχὴν εἰληφέναι ἀπὸ τῆς τῶν ἀγγέλων ἀποστασίας). Já em sua edição de 1742 de *Irrisio*, Maran sugeriu que tal percepção somente seria possível com uma data relativamente antiga[4], e alguns outros estudiosos concordaram com esta sugestão.[5] O propósito deste artigo é desenvolver e refinar esta sugestão por meio de uma detalhada investigação sobre o pano de fundo e paralelos da ideia de Hérmias de que a filosofia derive de anjos decaídos, para demonstrar que ela fornece uma indicação forte e relativamente precisa para a datação. Também se tornará claro que a *Irrisio* fornece uma interessante mirada sobre o contexto de Clemente de Alexandria e sua discussão sobre as origens da filosofia grega.

II. O ensinamento sobre os anjos decaídos no "Livro dos Sentinelas"

Por de trás da afirmação Hérmias está a antiga tradição judaica sobre a queda dos Sentinelas, uma interpretação de Gn 6,1-4 que é por primeiro encontrada no "Livro dos Sentinelas" (*1 Enoque* 1-36). Já que um dos manuscritos de Qumran desta parte de *1 Enoque* é datada, com base paleográfica, no princípio do segundo século a.C. , o "Livro dos Sentinelas" deve ter sido escrito por volta do ano 200 a.C. no máximo.[6] A seção do livro que nos concerne (capítulos 6-19) de acordo com alguns seria de uma fonte mais antiga, incorporada ao texto, enquanto alguns poucos outros seguiriam Milik e o datariam como tão antigo quanto no quinto século.[7] De todo modo a história dos Sentinelas é uma parte muito antiga da tradição de Enoque, e suas fontes são provavelmente encontradas na antiga mitologia do Oriente Próximo, ao invés de na mitologia grega.[8]

---

4. P. Maran (ed.), *S. P. N. Justini philosophi et martyris opera quae exstant omnia...* Paris, 1742, p. 401.

5. di Pauli, *Irrisio*, p. 32-37; O. Bardenhewer, *Geschichte der altkirchlichen Literatur*, v. 1 (2ª edição) Friburgo: 1913, p. 328.

6. J. T. Milik, *The Books of Enoch*. Oxford: 1976, p. 22-25; veja também M. E. Stone, "The Book of Enoch and Judaism in the Third Century B.C.E.". *CBQ* 40 (1978), p. 484.

7. Milik, op. cit., p. 31.

8. Sobre origens canaanitas, veja M. Delcor, "Le mythe de la chute des anges, et de l'origine des géants comme explication du mal dans le monde dans l'apocalyptique juive: Histoire des tradi-

A história do "Livro dos Sentinelas" interpreta os "filhos de Deus" (Gn 6,2.4) como sendo anjos. Ela conta como nos dias de Jared, pai de Enoque, duzentos anjos (da classe de anjos chamados de "Sentinelas"), sob a liderança de 'Áśa'el e Šemiḥazah, se sentiram atraídos pelas filhas dos homens e desceram dos céus sobre o Monte Hermon. Eles tomaram esposas humanas, que lhes deram filhos, os gigantes (Gn 6,4). Os anjos decaídos e os gigantes foram responsáveis pela corrupção do mundo no período que precedeu o Dilúvio. Enoque tem a tarefa de proferir a sentença divina a respeito dos Sentinelas de que serão aprisionados até o Dia do Julgamento, enquanto os filhos dos gigantes são condenados à aniquilação mútua em batalha. O Dilúvio foi enviado para limpar a terra da corrupção causada pelos Sentinelas, mas os espíritos dos gigantes mortos permaneceram na terra como os demônios que são a causa dos males do mundo até o Dia do Julgamento. Assim, o "Livro dos Sentinelas" usa a história da queda dos Sentinelas como um mito sobre a origem do mal (cf. especialmente 10:8).

O aspecto da história que mais nos concerne é o *ensinamento* dos Sentinelas. Eles trouxeram dos céus conhecimento de "segredos" que eram até então desconhecidos da humanidade. (8:3 aramaico e Sincelo; 9:6; 10:7; 16:13), e revelaram estes a suas esposas e descendentes. Foi este ensinamento que causou o aumento da perversão humana no período que antecedeu o Dilúvio

---

tions", *RHR* 190 (1976), p. 3-53; e note especialmente a aparição do herói canaanita Dan'el na lista dos anjos decaídos (*1 Enoque* 6,7). P. D. Hanson, "Rebellion in Heaven, Azazel, and Euhemeristic Heroes in 1 Enoch 6-11." *JBL* 96 (1977), p. 195-233, argumenta genericamente por origens comuns nos mitos do Oriente Próximo. P. Grelot, "La légende d'Hénoch dans les Apocryphes et dans la Bible", *RSR* 46 (1958), p. 5-26, 181-210, favorece origens babilônicas para a lenda de Enoque, e em seu "La géographie mytique d'Hénoch et ses sources orientales", *RB* 65 (1958) p. 33-69, argumenta por uma origem babilônica, ou talvez fenícia ou síria, pelas características geográficas do "Livro dos Sentinelas", mas Grelot não discute as origens da história da queda dos Sentinelas. Veja também Milik, *Books of Enoch*, p. 29-41. Em favor de uma origem grega para a queda dos Sentinelas se posicionam T. F. Glasson, *Greek Influence in Jewish Eschatology*. Londres: 1961, p. 62ss.; M. Hengel, *Judaism and Hellenism*. (2 volumes) Londres: 1974. 1:190, p. 233-234 (embora não exclusivamente); e G. W. E. Nickelsburg, "Apocalyptic and Myth on 1 Enoch 6-11", *JBL* 96 (1977), p. 383-405. O debate entre Hanson e Nickelsburg sobre este assunto é discutido e continuado em J. J. Collins, "Methodological Issues in the Study of 1 Enoch, and the Responses by Hanson and Nickelsburg". In: *SBL 1978 Seminar Papers,* ed. P. J. Achtemeier (Missoula 1978). 1:307-322.

(cf. 10:8). O conteúdo do ensinamento é descrito em 7:1; 8:1-3[9], e pode ser dividido em três categorias: (a) as artes mágicas, incluindo medicina mágica (7:1: "encantamentos e palavras mágicas e o corte de raízes [...] plantas"; 8:3: "...o livramento de encantamentos, mágica, feitiçaria e demais habilidades"); (b) conhecimento técnico para o uso de metais e minerais, tanto para a feitura de armas de guerra quanto para o adorno de mulheres – braceletes, maquiagem para os olhos, pedras preciosas e gemas (8:1)[10]; e (c) o conhecimento de astronomia ou astrologia, meteorologia e cosmografia, sem dúvida todos para propósitos divinatórios (8:3). O "Livro dos Sentinelas" não elabora sobre a pecaminosidade de (a) e (c) (cf. 9:7), mas claramente a toma (b) como a causa da belicosidade e promiscuidade sexual (8:2, 4; 9:1).

Deve ser também notado que segundo 16:3, "Vocês [os Sentinelas] estavam no céu, mas (seus) segredos não lhes foram ainda revelados e um mistério sem valor vocês conheciam. Isto lhes tornou conhecidos pelas mulheres na dureza de seus corações, e por este mistério as mulheres e os homens causam o aumento do mal na terra."[11] Os segredos celestes revelados pelos Sentinelas não constituíam a realmente valiosa sabedoria do céu. Isto é importante, porque os círculos que desenvolveram as tradições de Enoque evidentemente acreditavam que a verdadeira sabedoria fora revelada por (não decaídos) anjos a Enoque, e preservada, p. ex., no Livro Astronômico de Enoque (1 Enoque 72-82), que revela conhecimento astronômico genuíno em contraste com a astrologia dos anjos decaídos que fornecem mau direcionamento.[12]

Finalmente, um verso do "Livro dos Sentinelas" diz respeito aos anjos decaídos como a fonte do culto pagão idolátrico: "seus espíritos ao assumi-

---

9. Para o texto destes versos temos duas versões em grego (C e Sincelo), a versão etíope, e hoje muitos fragmentos em aramaico de Qumran (4QEnᵃ 1:3:13-15; 1:4:1-5; 4QEnᵇ 1:2:18-19, 26-28; 1:3:1-5). Meu reconto é baseado na comparação de todas as quatro versões.

10. Não há referência à alquimia aqui, como Hengel, *Judaism and Hellenism,* 1:243, sugere.

11. Etíope [N.T.: gueês?] traduzido em M. A. Knibb, *The Ethiopic Book of Enoch,* v. II. Oxford: 1978. O grego difere: veja nota 64 abaixo.

12. A correspondência entre o ensinamento dos Sentinelas e a sabedoria de Enoque é enfatizada por C. A. Newsom, "The Development of *1 Enoch* 6-19: Cosmology and Judgement", *CBQ* 42 (1980), p. 310-329.

rem muitas formas estão corrompendo os homens e lhes guiarão na direção do sacrifício aos demônios" (19:1). O que está implícito aqui por "espíritos" dos anjos é obscuro, já que o "Livro dos Sentinelas" toma os próprios anjos decaídos como aprisionados desde antes do Dilúvio e não mais ativos na terra. A referência deve ser aos espíritos de seus filhos: os gigantes.

A ideia de que o ensinamento dos anjos decaídos derivasse da "tradição mitológica era bem difundida na cultura do antigo horizonte próximo, que mais tarde espalhou-se também pelos mundos grego e helenístico, a tradição de heróis culturais antediluvianos que introduziram os implementos e técnicas civilizatórias."[13] Esta tradição existia não somente em formas positivas, nas quais os benefícios da civilização eram atribuídos ao herói cultural, mas também em formas negativas, nas quais os males da civilização eram traçados retroativamente a um estádio no qual o conhecimento maléfico foi introduzido (assim, já na tradição judaica, Gn 4,22-24). Os heróis mesmos eram ou (como os sábios antediluvianos da Mesopotâmia) pessoas a quem os segredos do conhecimento foram revelados pelos deuses ou (em versões evemerísticas) pessoas que foram mais tarde deificadas por aqueles que lhes eram gratos pelos benefícios de seus ensinamentos.

A queda dos Sentinelas é uma versão peculiarmente judaica do mito do herói cultural. Ela aceita a crença corrente de que os segredos da civilização vieram do céu (e portanto é mais mitológica do que a versão canônica em Gn 4,20-24), mas dá uma forma agudamente negativa à tradição ao colocar os anjos decaídos na função de heróis culturais. Isto é provavelmente mais do que uma reflexão sobre outras formas negativas da tradição. É um movimento polêmico intencionado a traçar toda a cultura pagã retroativamente a uma origem má. Assim, enquanto os heróis culturais pagãos são identificados no papel de anjos decaídos, Enoque é exaltado como o verdadeiro herói cultural, que recebeu a verdadeira sabedoria do céu e é a fonte da desejada por Deus, cultura "judia". As características dos sábios babilônicos foram transferidas para Eno-

---

13. Hanson, "Rebellion in Heaven", p. 226; ele apresenta (227-229) um útil esquema sobre as tradições de heróis culturais, com referências à literatura.

que[14] para o tornar contraparte daqueles. Assim, embora os círculos que produziram a literatura primitiva relacionada a Enoque sem dúvida tenham tomado emprestado muito de fontes pagãs, seus mitos lhes permitiram traçar uma clara distinção entre a cultura pagã e a sabedoria que eles mesmos cultivaram.

A história da queda dos Sentinelas permaneceu popular no judaísmo, como interpretação-padrão de Gn 6,1-4[15], até o segundo século da era cristã, quando foi substituída pela visão de que os "filhos de Deus" (Gn 6,2.4) eram homens, não anjos.[16] A antiga visão encontra apenas menção ocasional na literatura judaica mais tardia. Mas a partir do judaísmo e especialmente do "Livro dos Sentinelas", de tradição enoquiana, a história da queda dos Sentinelas entrou no cristianismo primitivo, onde era extremamente popular[17], especialmente no segundo e terceiro séculos. Que tenha permanecido popular no cristianismo por muito mais tempo do que no judaísmo foi devido sem dúvida à popularidade e autoridade bem difundidas do Livro de Enoque no segundo e terceiro séculos do cristianismo.[18] No período até o ano 300 ape-

---

14. Veja Grelot, *Légende*; R. Borger, "Die Beschwörungsserie *bēt mēseri* und die Himmelfahrt Henochs", *JNES* 33 (1974), p. 183-196; H. L. Jansen, *Die Henochgestalt*. Skrifter utgitt av det Norske Videnskaps-Akademi i Oslo, 1939, II. Historisk-Filosofisk Klasse 1. Oslo: 1939.

15. Veja *1 Enoque* 86:1-88:3; 106; *Jub.* 4:15, 22; 5:1; Sir. 16:7; Sb 14:6; 4Q180 1:7-8; 1QApGen 2:1; CD 2:17-19; *Testamento de Rubem* 5:6-7; *Testamento de Neftali* 3:5; 2; *2 Baruc* 56:10-14; *2 Enoque* 18:3-8; 7:3; *Targum Pseudo-Jônatas* Gn 6:1; Filo, *Gig.* 6.

16. Sobre isso veja especialmente P. S. Alexander, "The Targumin and Early Exegesis of 'Sons of God' in Genesis 6", *JJS* 23 (1972), p. 60-71.

17. Além dos textos discutidos na seção V, que se referem ao ensinamento dos anjos decaídos, os seguintes textos se referem à história da queda dos Sentinelas sem referência a seus ensinamentos: 1Pd 3,19-20; 2Pd 2,4; Judas 6; Pápias, *ap.* Andr. Caes., *In Apoc.* 34.12; Justino, *Dial.* 79; Bardesanes, *O Livro das Leis das Nações* (ed. Drijvers, p. 14); Taciano, *Oratio* 20; Inireu, *Haer.* 1.10.1; 4.16.2; 4.36.4; Atenágoras, *Apol.* 24-25; Tertuliano, *Marc.* 5.18; *Or.* 22,5; *Virg.* 7-8; Metódio, *Ressurr.* 7 (*PG* 18,294); *Atos de Tomé* 32; Clemente de Alexandria, *Paed.* 3.2.14; *Strom.* 3.vii.59; Orígenes, *Cels.* 5.52-55; *Comm. in Jo.* 6.25; Heraclião, *ap.* Orígenes, *Comm. in Jo.* 13.60; *Uma Exposição Valentiniana* (CG XI,2) 38:34-37; Hegemônio, *Acta disputationis Archelai et Manetis* 32; Epifânio, *Pan.* 39.3.1 (sobre os setianistas). Veja também F. Dexinger, *Sturz der Göttersöhne oder Engel vor der Sinflut?.* Wiener Beiträge zur Theologie 13. Viena: 1966, p. 97-101; V. Zangara, "Interpretazioni Origeniane di *Gen* 6,2", *Aug* 22 (1982) p. 239-250.

18. Veja especialmente H. J. Lawlor, "Early Citations from the Book of Enoch", *Journal of Philology* 25 (1897), p. 164-225; W. Adler, "Enoch in Early Christian Literature", *SBL 1978 Seminar Papers,* ed. P. J. Achtemeier. Missoula: 1978. 1:271-275; R. H. Charles, *The Book of Enoch.* 2ª edição. Oxford: 1912. lxxxi-xcv; J. Ruwet, "Les 'Antilegomena' dans les œuvres d'Origène", *Bib* 23 (1943), p. 48-50; J. Ruwet, "Clément d'Alexandrie: Canon des Écritures et Apocryphes", *Bib* 29 (1948), p. 242-243; D. R. Schultz, "The Origin of Sin in Irenaeus and Jewish Pseudepigraphal

nas um escritor cristão, Júlio Africano (*PG* 10.66), argumentou que os "filhos de Deus" em Gn 6 eram homens, não anjos. No quarto século dúvidas começaram a ser postas sobre a ideia de anjos tendo filhos com esposas humanas, e alguns escritores (Dídimo, *In Gen.* 6:2; Alexandre de Licópolis, *De plac. Manich.* 25) se refugiaram em uma forma alegórica de interpretação que remonta a Filo.[19] Somente no final do quarto e início do quinto séculos que autores cristãos influentes – Crisóstomo (*Hom. in Gen.* 22:2: *PG* 53.2), Jerônimo (*Brev. in Ps.* 132:3: *PL* 26.1293), Agostinho (*De civ. Dei* 15.23) e Cirilo de Alexandria[20] rejeitaram a interpretação de "filhos de Deus" como anjos, em favor da visão que o judaísmo já havia adotado e que seria dali em diante a visão tradicional cristã: que Gn 6,1-4 é uma história sobre homens virtuosos, não anjos.[21] Esta mudança na exegese de Gn 6,1-4 coincidiu com um descrédito geral da autoridade do Livro de Enoque. Do quinto século em diante referências à queda dos Sentinelas na literatura cristã tornaram-se muito raras.

III. Referências judias adicionais sobre o ensinamento dos anjos decaídos

O Livro dos *Jubileus* (4,15) conta que os Sentinelas desceram para "instruírem os filhos dos homens". Esta é uma interessante sobrevivência da ideia, não encontrada em 1 Enoque, que o propósito original da descida dos Sentinelas, *antes* de pecarem, era comunicar conhecimentos às pessoas, i.e., Deus lhes enviou (cf. *Jub* 5,6) para serem heróis culturais em um sentido *positivo*.[22] No decorrer do evento, já que os anjos cometem apostasia, *Jubileus*

Literature", *VC* 32 (1978), p. 161-190; A.-M. Denis, *Introduction aux pseudépigraphes grecs d'Ancient Testament,* SVTP 1 (Leiden, 1970) p. 20-24.

19. Hilário, *Tract. super Ps.* 132:3 (*PL* 9.748-49) cuidadosamente recusou comprometer-se em acreditar na história da queda dos Sentinelas, já que a mesma pousava somente sobre a autoridade do Livro de *Enoque.*

20. Veja a discussão de vários textos de Cirilo em L. R. Wickham, "The Sons of God and the Daughters of Men: Genesis vi 2 in Early Christian Exegesis", *OtSt* 19 (1974), p. 135-138. Veja também Diodoro, *Fragmenta in Gen.* (*PG* 33.1570); Teodoreto, *Quaestiones in Gen.* 6 (*PG* 80.148ss.).

21. Sobre o desenvolvimento desta interpretação nos Padres, veja também Dexinger, *Sturz der Göttersöhne,* p. 106-122; A. F. J. Klijn, *Seth in Jewish, Christian and Gnostic Literature,* NovTSup 46. Leiden: 1977, p. 60-79.

22. Sobre esta diferença em relação ao "Livro dos Sentinelas", veja J. C. VanderKam, "Enoch Traditions in Jubilees and Other Second-Century Sources". In: *SBL 1978 Seminar Papers,* editado por

delega esta função a Enoque (4,17.21).[23] Uma referência ao ensino real dos Sentinelas é encontrada em 8,3, segundo a qual seu ensinamento astrológico foi encontrado, após o Dilúvio, gravado em uma rocha. Provavelmente esta história tem a função de demonstrar que a astrologia caldeia derivava do ensinamento pecaminoso dos Sentinelas.[24]

As Parábolas de Enoque (*1 Enoque* 37-71), que um crescente consenso acadêmico percebe como obra judia do primeiro século d.C.[25], têm suas próprias tradições sobre os ensinamentos dos Sentinelas (64,2; 65,6-11; 69,6-12)[26], que pode, como Suter propõe[27], ser essencialmente independente do "Livro dos Sentinelas", um desenvolvimento paralelo do mesmo tema. O conceito geral é o mesmo (cf. 64,2). Das três categorias de conhecimento mencionadas em *1 Enoque* 7-8, (a) e (b) recorrem: (a) às artes mágicas (65, 6.10), com uma ênfase mais forte nos poderes destrutivos da magia obscura (69,12); e (b) os segredos dos metais (65,7-8), utilizados para fazerem-se armas de guerra (69, 6-7), mas também (um tema não encontrado no "Livro dos Sentinelas") "o poder daqueles que produzem imagens de metal fundido para toda a terra"

P. J. Achtemeier. Missoula: 1978, p. 232, 242-245. VanderKam explica por que *Jubileus* prefere esta razão para a descida dos anjos àquela encontrada em *1 Enoque* 6,2, mas não dá conta portanto da *origem* do tema que, penso, deve anteceder *Jubileus*. VanderKam admite por completo (241) que o autor de *Jubileus* utilizou fontes enóquicas não mais disponíveis, bem como *1 Enoque*. Cf. Hanson, "Rebellion in Heaven", p. 229.

23. Sobre 4,17, veja VanderKam, "Enoch Traditions in Jubilees and Other Second-Century Sources", p. 232-234. Cf. tb. *Jub.* 10,10-14, onde os (bons) anjos ensinam a Noé o uso de ervas medicinais: esta é uma contraparte genuína à revelação dos Sentinelas sobre o uso mágico de raízes e plantas (*1 Enoque* 7,1). Sobre esta passagem veja M. E. Stone, *Scriptures, Sects and Visions.* Oxford: 1982, p. 83-84.

24. Hengel, *Judaism and Hellenism*, 1:242.

25. Mais recentemente: J. C. Greenfield & M. E. Stone, "The Enochic Pentateuch and the Date of the Similitudes", *HTR* 70 (1977), p. 51-65; J. H. Charlesworth, "The SNTS Pseudepigrapha Seminar at Tübingen and Paris on the Books of Enoch", *NTS* 25 (1979), p. 315-32; M. A. Knibb, "The Date of the Parables of Enoch: A Critical Review", *NTS* 25 (1979), p. 345-359; D. W. Suter, *Tradition and Composition in the Parables of Enoch.* Missoula: 1979, p. 23-32. Para posições em dissenção, veja C. L. Mearns, "The Parables of Enoch – Origin and Date", *ExpTim* 89 (1977-1978), p. 119-20; C. L. Mearns, "Dating the Similitudes of Enoch", *NTS* 25 (1979), p. 360-369; Milik, *Books of Enoch*, p. 89-98.

26. Muitos estudiosos tomaram estas passagens como pertencentes a um "Livro de Noé" mais antigo, partes do qual foram incorporadas nas parábolas, mas em contrário a esta percepção, veja Suter, *Parables of Enoch*, p. 32-33, 102, 154-155.

27. Suter, *Parables of Enoch,* especialmente o capítulo 4.

(65,6). Outros temas novos ocorrem no ensinamento do Anjo Penemue, que "mostrou aos filhos dos homens o amargo e o doce, e mostrou a eles todos os segredos de sua sabedoria. Ele ensinou aos homens a arte de escreverem com tinta e papel, e por isso muitos se desviaram" (69,8-9).[28] A referência geral a "todos os segredos de sua sabedoria" poderia *talvez* incluir a filosofia pagã se o autor das parábolas tivesse qualquer interesse nesta área da cultura pagã.

Uma referência adicional da literatura judia antiga aparece no *Apocalipse de Abraão* 14,4. A literatura de midraxe judia medieval reteve a memória da história dos anjos que introduziram encantamentos e ensinaram mulheres a se pintarem e usarem joias.[29]

IV. Tradições judias de heróis culturais: Positivas e negativas

Como já vimos, a literatura de Enoque e *Jubileus* combinam formas positivas e negativas do mito do herói cultural para estabelecer uma distinção bem demarcada entre a cultura e sabedoria judias e aquelas do mundo pagão em torno de si.[30] Enoque recebeu a verdadeira sabedoria do céu, mas a cultura pagã deriva de anjos decaídos. A astrologia pagã falsa foi ensinada pelos Sentinelas, mas a verdadeira astrologia foi revelada a Enoque. De forma semelhante, o uso mágico pelos pagãos de raízes e plantas foi herdado dos Sentinelas (*1 Enoque* 7,1), mas o uso medicinal adequado de ervas foi revelado a Noé (*Jub* 10,10-14). A despeito das similaridades que as versões pagãs e judias parecem ter para efeitos práticos, o mito de uma origem dual da cultura as possibilitou serem muito distintas em teoria. Embora o fato de

---

28. Tradução por Knibb ("The Date of the Parables of Enoch: A Critical Review"). Cf. *Jub.* 4,17, onde Enoque é o inventor da escrita.

29. *3 Enoque* 5,9, e outras referências em Milik, *Books of Enoch*, p. 327-328, 332; L. Ginzberg, *The Legends of the Jews*. Filadélfia: 1909-1938. 5:169-171; B. J. Bamberger, *Fallen Angels*. Filadélfia: 1952, p. 129-131. A história também sobreviveu na forma islâmica dos dois anjos decaídos Harut e Marut que ensinaram feitiçaria: Alcorão 2: 102-103; e sobre tradição islâmica posterior, veja Bamberger, op. cit., p. 114-117.

30. Rejeito a percepção de M. Barker, *"Some Reflections upon the Enoch Myth"*, JSOT 15 (1980), p. 7-29, de que estas duas formas derivam de dois grupos com posições positivas e negativas sobre o conhecimento respectivamente. É uma questão não de posicionamento a respeito do conhecimento em si, mas em diferenciar conhecimento válido de inválido.

que a cultura judia inevitavelmente tinha muito em comum com a cultura pagã, era possível a grupos que dispunham deste mito se diferenciarem em sua cultura do ambiente pagão segundo termos o mais forte possível.

Não é portanto surpreendente que os grupos que valorizaram e continuaram a tradição enóquica de maneira especial fossem aqueles que defendiam a pureza da cultura judia em contrário à influência do helenismo: os chassidim do período macabeu e mais tarde os essênios. Uma forma judia alternativa do mito do herói cultural, contudo, foi desenvolvida por escritores judeus mais amigáveis à cultura helenística. Em lugar do mito negativo do herói cultural dos Sentinelas, eles estenderam a tradição positiva do herói cultural para incluir aspectos bons e válidos de culturas tanto não judias quanto a própria judia. Enoque, Abraão e Moisés foram tomados como fonte da cultura pagã, bem como da judia.[31] Em um sentido esta era uma defesa apologética da tradição bíblica como a sabedoria mais verdadeira e antiga, da qual tudo o que era valioso na cultura pagã derivou. Mas ela também expressa uma percepção relativamente positiva da cultura não judia, uma boa vontade para reconhecer que a cultura judia e a pagã têm muito em comum.

Um exemplo muito pouco usual de um mito positivo de herói cultural no judaísmo helenístico ocorre em *Oráculo Sibilino* 1.87-103. Em um esquema (modelado segundo Hesíodo, *Os Trabalhos e os Dias* 109-74) de cinco gerações anteriores ao Dilúvio, o autor encaixa os Sentinelas, que são demitologizados como a segunda geração de seres humanos. A eles é creditada a invenção da aragem, carpintaria, navegação, astronomia, divinação pelos pássaros, poções (φαρμακίη) e mágica, e embora o relato seja baseado em *1 Enoque* 7-8 e concorde os Sentinelas terminem na Geena (linhas 101-103), suas invenções parecem ser aprovadas (linhas 89-91). Este é o único texto

---

31. Enoque descobriu a astrologia (Pseudo-Eupólemo, *ap.* Eusébio, *Praep. ev.* 9.17.8-9). Abraão redescobriu a astrologia e "a arte caldeia" e ensinou aos fenícios e egípcios (Pseudo-Eupólemo, *ap.* Eusébio, ibid., 9.17.3-4 + 8); ele ensinou astrologia ao Faraó (Artapano, *ap.* Eusébio, ibid., 9.18.1); ele instruiu os filósofos egípcios em filosofia, aritmética e astrologia (Josefo, *Ant.* 1.167-168). Moisés inventou navios, máquinas de guerra, irrigação artificial e filosofia, e foi o mestre de Orfeu (Artapano, *ap.* Eusébio, *Praep. ev.* 9.27.4); ele inventou a escrita alfabética, que passou via fenícios aos gregos (Eupólemo, *ap.* Eusébio, *ibis,* 9.26.1; *ap* Clemente Alexandrino, *Strom.* l.xxiii.153.4); os filósofos gregos derivaram suas percepções sobre a natureza de Deus e a criação a partir de Moisés (Josefo, *C. Ap.* 2.168; Aristóbulo, *ap.* Eusébio, *Praep. ev.* 13.11.4).

sobrevivente de antes de Clemente de Alexandria (veja seção VI abaixo) no qual os Sentinelas em pessoa se tornam heróis culturais positivos.

É importante, portanto, perceber que a literatura judia forneceu aos escritores cristãos primitivos dois relatos alternativos sobre a origem da cultura pagã: um relato negativo (o ensinamento dos anjos decaídos) e um relato mais ou menos positivo (aspectos válidos da cultura pagã derivam em última análise de Enoque, Abraão, Moisés e os profetas). Ambos estavam disponíveis para uso pelos cristãos, segundo a postura amigável ou antipática de cada escritor em particular em relação à cultura pagã. Alguns escritores cristãos, como Justino e Taciano, usaram ambos, distinguindo alguns aspectos da cultura pagã que devem ser de origem demoníaca e alguns outros aspectos que, mesmo se distorcidos na cultura pagã, devem em última análise terem origem divina.

Deve também ser notado que muito embora alguns escritores judeus helenísticos tenham adotado o relato positivo e compreendiam a filosofia grega como portadora de verdade que deriva em última análise de fontes bíblicas, a filosofia não figura de forma alguma no ensinamento dos Sentinelas na literatura judia que sobreviveu. O único texto que talvez pudesse ser lido como referente à filosofia é *1 Enoque* 69,8, mas indicações de que as "Parábolas de Enoque" fossem conhecidas pela Igreja primitiva são escassas.[32]

V. Referências cristãs ao ensinamento dos anjos decaídos

Esta seção pretende fornecer o mais facilmente possível uma boa revisão de referências ao *ensinamento* dos anjos decaídos na literatura cristã primitiva, tanto para demonstrar a muito difundida popularidade da ideia no segundo e terceiro séculos quanto para delimitar que tipos de assuntos ou

---

32. Provavelmente as passagens cristãs primitivas mais próximas às passagens nas Parábolas de Enoque são Mt 25,31-46 (veja D. R. Catchpole, "The Poor on Earth and the Son of Man in Heaven: A Re-Appraisal of Matthew xxv.31-46", *BJRL* 61 [1979], p. 378-383; *Apocalipse de Pedro* 4 (veja G. W. E. Nickelsburg, "Enoch, Levi, and Peter: Recipients of Revelation in Upper Galilee", *JBL* 100 [1981], p. 600 n. 113; cf. tb. Tertuliano, *Res.* 32); e Orígenes, *Cels.* 5.52 + 54-55. Mas em nenhum destes casos podemos ter certeza de que a dependência é do texto das "Parábolas de Enoque" ao invés da tradição por trás do mesmo.

objetos eram atribuídos a tal ensinamento. Referências no *Stromateis* de Clemente de Alexandria são omitidas nesta revisão e reservadas para a discussão especial na seção VI.

Justino Mártir (*2 Apol.* 5) conta como os anjos decaídos e seus filhos os gigantes, que se tornaram os demônios, "subjugaram a raça humana a si mesmos, parcialmente por meio de escritos mágicos[33], e parcialmente pelo medo e castigos que proporcionavam, e parcialmente ao lhes ensinarem a oferecer sacrifícios, e incenso, e libações, coisas das quais se tornaram dependentes após terem sido escravizados pelas paixões luxuriosas; e entre os homens semearam assassinatos, guerras, adultérios, feitos sem temperança, e todo tipo de perversão."[34] Os anjos decaídos e os demônios eram conhecidos pelos gregos pelos nomes dos deuses gregos (cf. tb. *1 Apol.* 5,2). Este relato deriva de *1 Enoque* 7-8, e especialmente (para os demônios como a fonte da religião pagã) *1 Enoque* 19,1. Atenágoras (*Apol.* 26-27) também conta de como os espíritos dos gigantes inspiraram e foram cultuados em religião idolátrica, enquanto Taciano (*Oratio* 8-9) atribui a introdução da astrologia aos anjos decaídos.

Irineu (*Haer.* 1.15.6) cita a partir do "ancião" um poema contra Marcos Gnóstico, que é descrito como escultor de ídolos e adivinho, especialista em astrologia e artes mágicas, e que as utiliza para fazer sinais em favor da autenticação de seus ensinamentos. O ancião atribui estes sinais ao Anjo Azazel. A passagem provavelmente depende em última análise de *1 Enoque* 7-8, mas a adição da escultura de ídolos às habilidades ensinadas pelos anjos (como em *1 Enoque* 65,6) deve ser sublinhada. Outra passagem em Irineu (*Epid.* 18) é intimamente dependente de *1 Enoque* 7-8, embora novamente com a adição de idolatria: "os anjos trouxeram como presentes a suas esposas ensinamentos de perversão, contendo as virtudes de raízes e ervas, o tingimento e os cosméticos, a descoberta de substâncias preciosas, poções do amor, aversões, amores secretos, concupiscência, amarrações de amor, encantamentos de

---

33. Sobre a associação de Justino da mágica com demônios, veja também *Dial.* 78:9-10.

34. Tradução por M. Dods na "Ante-Nicene Christian Library".

bruxaria, e toda feitiçaria e idolatria detestável a Deus."[35] Clemente de Alexandria (*Eclog. proph.* 53:4) cita Enoque explicitamente: "Enoque diz que os anjos transgressores ensinaram aos homens astronomia e divinação e outras artes (τέκνας)".

Tertuliano traz várias referências ao ensinamento dos anjos decaídos, algumas intimamente dependentes de *1 Enoque* 7-8[36], como em *Cult. fem.* 1:2; 2:10, onde os detalhes de artes mágicas, metalurgia e especialmente as artes dos adornos femininos são recortados da versão grega de *1 Enoque* 7-8. Astrologia também é mencionada em *Cult. fem.* 1:2; *Idol.* 9. Mas, como Irineu, Tertuliano também atribui a idolatria aos anjos decaídos, revelando sua dependência de *1 Enoque* 19,1, aos "demônios e espíritos dos apóstatas angélicos" (*Idol.* 4; cf. 3; e também cf. *Apol.* 22 sobre a descendência demoníaca dos anjos decaídos como a fonte tanto das doenças quanto das curas religiosas pagãs).

Cipriano (*Hab. virg.* 14) toma e expande a lista de artes dos adornos das mulheres em *1 Enoque* 8,3 e atribui as mesmas aos anjos decaídos. Comodiano [N.T.: lt. *Commodianus*] (*Instructiones* 3) parece tomar os gigantes, ao invés dos anjos decaídos propriamente, como mestres das *artes* e o tingimento de lã e tecidos. Após suas mortes os gigantes se tornaram os deuses das religiões idolátricas. Similarmente, segundo Minúcio Félix (*Octavius* 26), os demônios são os inspiradores da falsa religião. Segundo a história dos Sentinelas como Júlio Africano a conta (*Chronographia*: *PG* 10.65), embora sem se comprometer com a veracidade da mesma, os anjos decaídos ensinaram a suas esposas sobre mágica e feitiçaria, os movimentos das estrelas, e fenômenos naturais (τῶν μετεώρων).

Alguns textos gnósticos utilizam a história dos Sentinelas.[37] A história é adaptada a um contexto mitológico gnóstico, mas o ensinamento dos Sentinelas cobre os tópicos tradicionais: mágica, astrologia e divinação, segundo

---

35. Tradução por J. A. Robinson, *St Irenaeus: The Demonstration of the Apostolic Preaching.* Londres: 1920.

36. Sobre o uso de Tertuliano de *1 Enoque,* veja Milik, *Books of Enoch,* p. 78-80.

37. Veja, em linhas gerais, Y. Janssens, "Le thème de la fornication des anges". In: U. Bianchi (ed.), *Le Origini dello Gnosticismo,* SHR 12. Leiden: 1967, p. 488-495.

a *Pistis Sophia*;[38] mágica (μαγεία), poções (φαρμακεία), idolatria, o derramamento de sangue, e práticas religiosas pagãs, segundo o tratado *Sobre a Origem do Mundo* (CG II,5) 123:8-12. No *Apócrifo de João* 29,30-34 o tema do ensinamento é substituído pelo presente dos materiais: "eles trouxeram ouro e prata e um presente e ferro e metal e todos os tipos de coisas."[39]

Toda a literatura até aqui discutida data do segundo e terceiro séculos d.C. Os escritos pseudoclementinos[40], que chegaram à sua forma final no quarto século (embora incorporando material mais antigo), reportam que os anjos decaídos ensinaram à humanidade a invocação mágica de demônios (*Rec.* 4, 26), e que eles ensinaram às suas esposas mágica, astronomia, os poderes de raízes, tinturaria, as artes do adorno das mulheres, e "tudo o mais que era impossível à mente humana descobrir" (*Hom.* 8:14). Lactâncio (*Inst.* 2.15-18; cf. *Epit.* 27) é interessante por preservar a ideia (cf. *Jub.* 4:15) de que Deus enviou por primeiro os anjos para terra a fim de instruírem a humanidade. Mas como Comodiano, ele atribui os ensinamentos pecaminosos à descendência, os demônios, que se tornaram os deuses da religião pagã. Eles foram também os inventores da astrologia, predição, divinação, oráculos, necromancia e mágica. Uma referência do final do quarto século ao tema está em Epifânio, *Pan.* 1.3: "Agora no tempo de Jared e mais tarde (havia) feitiçaria (φαρμακεία), mágica, licenciosidade, adultério e injustiça". A menção de Jaré (*1 Enoque* 6,6) demonstra que esta é uma referência à tradição do ensinamento dos Sentinelas, mas já que eles não são explicitamente mencionados é possível que Epifânio pretendesse uma versão demitologizada da tradição, como a sugerida por Cassiano (veja abaixo).

No início do quinto século, João Cassiano (*Collatio* 8.20-21) rejeita a ideia de que anjos pudessem copular com mulheres, e ao contrário adota a exegese de Gn 6,1-4 que se estava tornando comum em sua época e segundo

---

38. Editado por C. Schmidt, p. 16, capítulo 18; p. 17, capítulo 20.

39. Tradução por F. Wisse em J. M. Robinson (ed.), *The Nag Hammadi Library in English*. Leiden: 1977. Esta passagem é estudada por M. Scopello, "Le mythe de la 'chute' des anges dans l'Apocryphon de Jean (II.I) de Nag Hammadi", *RSR* 54 (1980), p. 220-230.

40. Sobre a interpretação de Gn 6,1-4 nos Pseudo-Clementinos, veja Dexinger, *Sturz der Göttersöhne*, p. 116-119.

a qual os "filhos de Deus" seriam os filhos de Set. Mas ele segue adiante na reinterpretação também da tradição dos ensinamentos dos anjos. Conhecimento verdadeiro da natureza, ele diz, foi dado desde Adão na linhagem de Set, mas quando os setitas se misturaram aos cainitas (Gn 6,2), eles perverteram tal conhecimento, sob a influência de demônios, para utilizações mágicas e idolátricas. O mesmo tipo de interpretação demitologizada é encontrado no *Livro de Adão e Eva* etíope (2,20), que Malan pensa ter sido escrito por primeiro no Egito no quinto ou sexto séculos.[41]

Referências cristãs posteriores ao ensinamento dos anjos decaídos parecem ser encontradas somente nos cronistas, que incorporam materiais anteriores: Sulpício Severo (*circa* 420), que reposta vagamente que os anjos difundiram *mores noxios* (*Chron.* 1:2); Jorge Sincelo (c. 800), que fornece longos extratos de *1 Enoque*; Cedreno, que diz que os filhos dos Sentinelas, os gigantes, inventaram armas de guerra, mágica, a tintura de coisas, e instrumentos musicais, "como ensinado por Azael, um de seus chefes"[42]; e Miguel o Sírio (século XII), que menciona o anjo Kokab'el inventor da astrologia (*Chron.* 1.4; cf. *1 Enoque* 8:3).[43]

Finalmente, em favor da compleição devemos mencionar três obras não cristãs que evidentemente emprestaram a ideia de anjos ensinando coisas de fontes cristãs ou judias: Os tratados herméticos *Asclepius*[44] e *Isis a Profetisa a seu filho Hórus*[45], e o alquimista Zósimo de Panópolis (século IV?), que parecem ter conhecido *1 Enoque*.[46]

Assim, a tradição do ensinamento dos anjos decaídos floresceu nos séculos II e III do cristianismo, mas já estava provavelmente decadente no

---

41. S. C. Malan (ed.), *The Book of Adam and Eve: Also called The Conflict of Adam and Eve with Satan.* Londres & Edimburgo: 1882, p. v.

42. Citado em id., ibid., p. 230. Sobre os instrumentos musicais, veja Gn 4,21.

43. Veja S. P. Brock, "A Fragment of Enoch in Syriac", *STJ* 19 (1968), p. 626-631.

44. Capítulo 25 do texto em latim = CG VI,8, 73:5-11. Sobre este texto, veja M. Philonenko, "Une allusion de l'*Asclépius* au livre d'*Hénoch*". In: J. Neusner (ed.), *Christianity, Judaism and Other Greco-Roman Cults,* Festschrift M. Smith, Part II. Leiden: 1975, p. 161-163.

45. R. P. Festugière, *Le Révélation d'Hermès Trismégiste,* v. 1. 2ª edição. Paris: 1950, p. 253-260.

46. Extrato em Jorge Sincelo, citado em Lawlor, "Early Citations from the Book of Enoch", p. 205.

quarto século, enquanto a nova exegese de Gn 6,1-4 e o descrédito de *1 Enoque* na maior parte dos círculos cristãos acabou por o "extinguir" do século V em diante. Ao longo de todo este período relatos dos ensinamentos se mantiveram mais ou menos próximos da amplitude dos mesmos já em *1 Enoque* 7-8, e frequentemente demonstram dependência bastante profunda destes capítulos. As artes mágicas, astrologia, e as artes dos adornos femininos são frequentemente mencionadas, a feitura de armas de guerra é surpreendentemente raramente mencionada.[47] O único desenvolvimento significativo a partir de *1 Enoque* é que, seguindo a indicação dada por *1 Enoque* 19,1, muitos escritores derivam práticas religiosas pagãs de todos tipos dos anjos decaídos ou sua descendência demoníaca. Para muitos escritores cristãos parece que a real utilidade da história dos Sentinelas como um mito negativo de herói cultural fosse explicar a origem da religião pagã. Dos itens do ensinamento que as Parábolas de Enoque adicionam ao relato no "Livro dos Sentinelas", somente fazer ídolos ocorre em escritores cristãos (Irineu, *Haer.* 1.15.6; Tertuliano, *Idol.* 3), e portanto não é muito provável que as "Parábolas de Enoque" tenham influenciado a tradição.[48] Muitos escritores referem-se em geral às "artes" (τέχναι, *artes*) ensinadas pelos anjos (Clemente, Comodiano, Cassiano), revelando que a categoria geral de conhecimento que eles consideravam atribuível aos anjos decaídos eram, como no "Livro dos Sentinelas", conhecimento técnico ao invés de sabedoria especulativa.

Parece, portanto, que a derivação de Hérmias da *filosofia* grega a partir do ensinamento dos anjos decaídos é muito pouco usual. Não somente ela não tem predecentes nas fontes judias da tradição, como também não foi desenvolvida como tema na tradição de escritores cristãos. Claro, muitos dos escritores discutidos acima valorizavam a filosofia grega (ao contrário da religião grega) e não desejariam derivar a mesma dos anjos decaídos. Para eles, as versões positivas do mito do herói cultural que escritores judeus helenistas aplicaram à cultura pagã pareceriam mais adequadas às ex-

---

47. Somente no *Livro de Adão e Eva*, Cedreno e implicitamente em Justino e na *Pistis Sophia*.

48. Nem o relato de *Or. Sib.* 1.87-103 parece ter tido qualquer influência sobre os escritores da Patrística.

planações da filosofia. Mas é digno de nota que Lactâncio, tendo utilizado a tradição do ensinamento dos anjos decaídos em *Inst.* 2, onde se ocupa em refutar a religião pagã, refuta a filosofia pagã no Livro 3, sem referência aos anjos decaídos. Similarmente Taciano, que a respeito de outros pontos fornece talvez a analogia mais próxima à atitude de Hérmias sobre a filosofia, não deriva a mesma dos anjos decaídos, mas toma a ideia de que os gregos a emprestaram de Moisés, embora a distorcendo fortemente (*Oratio* 40). Isto sugere que a ideia da derivação da filosofia a partir dos anjos decaídos não estava disponível mesmo em escritores que desejavam, como Hérmias, desacreditar a filosofia. Ao adaptar a tradição do ensinamento dos anjos decaídos para explicar a origem da filosofia grega, Hérmias deu um passo muito incomum.

Entretanto, a ideia pode ser encontrada em um outro escritor da patrística que não Hérmias: em algumas passagens, que ainda não discutimos, de Clemente de Alexandria.

VI. Os anjos decaídos como uma fonte da filosofia grega em Clemente de Alexandria

Em *Stromateis* Clemente traz quatro explicações para a origem da filosofia grega, que também serve para justificar a filosofia grega como contenedora de uma boa parcela de verdade. Elas são (a) que a razão humana comum habilitou os filósofos a discernirem alguma verdade[49]; (b) que a inspiração divina, mediada pelos anjos das nações, deu conhecimento da verdade a alguns sábios bárbaros, dos quais os gregos derivaram sua sabedoria, e aos filósofos gregos[50]; (c) que os filósofos gregos "roubaram" conhecimento de Moisés e

---

49. S. R. C. Lilla, *Clement of Alexandria: A Study in Christian Platonism and Gnosticism.* Oxford: 1971, p. 13-16.

50. Sobre este tema em Clemente, veja Lilla, *Clement of Alexandria*, 16-18; J. Daniélou, *Gospel Message and Hellenistic Culture.* Londres & Filadélfia, 1973, p. 52-62 (e, para seu enlace com [c], p. 65). E. Molland, "Clement of Alexandria on the Origin of Greek Philosophy", *Symbolae Osloenses* 15-16 (1936), p. 57-85, reimpresso em E. Molland, *Opuscula Patristica,* Bibliotheca Theologica Norvegica 2. Oslo, Bergen & Tromsö, 1970, p. 117-140, discute material relacionado a (a) e (b) em Clemente, mas analisou bastante diferentemente, seguindo *Strom.* l.xciv.1-7.

profetas hebreus;[51] (d) que os anjos decaídos[52] roubaram a filosofia do céu e a ensinaram à humanidade. As três primeiras explicações tinham já uma longa tradição de uso por escritores judeus e cristãos: (a) e (b) são encontrados em escritores judeus helenistas, especialmente Filo[53], enquanto (a) era a explicação favorita de Justino Mártir para a verdade presente na filosofia grega.[54] Já notamos (na seção IV acima) os precedentes judeus para (c) como a forma positiva do herói cultural adotada por escritores judeus amigáveis à cultura pagã. Como um relato da origem da filosofia grega, havia sido utilizado por Aristóbulo[55], Artapano[56], Josefo[57], Filo[58], Justino Mártir[59], Teófilo[60], e Taciano.[61] À primeira vista parece estranho que Clemente use *ambos* (c) e (d), porque estes eram até então teorias *alternativas* sobre a derivação da cultura pagã. Ou a cultura pagã continha elementos válidos e verdadeiros porque os mesmos derivavam de Moisés e os profetas, ou a cultura pagã era sabedoria falsa derivada dos anjos decaídos. De fato, Clemente deriva somente as explicações (a), (b) e (c) o suficiente, fazendo apenas uma breve menção de (d). A razão pela qual ele usa (d) é que ele está evidentemente argumentando com oponentes cristãos que traçaram a filosofia até os anjos decaídos como maneira de a desacreditar. Contra estes oponentes Clemente argumenta que

---

51. Sobre este tema em Clemente, veja Daniélou, *Gospel Message and Hellenistic Culture*, p. 65-67; Molland, *Opuscula Patristica*, p. 122-123; R. Mortley, "The Past in Clement of Alexandria". In: E. P. Sanders (ed.), *Jewish and Christian Self-Definition*, v. 1. Londres: 1980, p. 186-200; Lilla, *Clement of Alexandria*, p. 31-41.

52. Para as visões de Clemente sobre anjos decaídos e demônios em geral, veja W. E. G. Floyd, *Clement of Alexandria's Treatment of the Problem of Evil*. Oxford: 1971, capítulo 4.

53. Lilla, op. cit., p. 18-21.

54. Veja id., ibid., p. 21-27; Daniélou, *Gospel Message and Hellenistic Culture*, p. 40-45, e sobre (b) em Justino, p. 47-48.

55. *ap.* Eusébio, *Praep. ev.* 13.2.4.

56. *ap.* Eusébio, *Praep. ev.* 9.27.4.

57. *C. Ap.* 2.168.

58. Lilla, op. cit., p. 28.

59. Id., ibid., p. 28-29; Daniélou, *Gospel Message* ..., p. 45.

60. Daniélou, *Gospel Message...*, p. 46.

61. Id., ibid., p. 45-46; cf. tb. Tertuliano, *Apol.* 47:2.

Deus em sua providência permitiu aos anjos decaídos que roubassem sabedoria *verdadeira* do céu.

Muitas vezes Clemente menciona cristãos que veem a filosofia como derivada do demônio e argumenta em contrário a eles (*Strom.* 6.viii.66.1; 6.xvii.159.1). Em l.xvi, ele escreve: "A filosofia helênica, como alguns dizem, apreendeu a verdade em certa medida, por aproximação, mas de modo obscuro e parcial; como outros perceberão, como planejado pelo diabo. Enquanto outros supuseram que certos poderes descenderam e inspiraram toda a filosofia" (l.xvi.80.5).[62] Aparentemente estas pessoas citaram Jo 10,8: "Todos os que vieram antes de mim são ladrões e assaltantes" (cf. l.xvii.81.1): qualquer verdade que possa haver na filosofia pagã não foi revelada por Deus, mas roubada pelos anjos decaídos que a revelaram ilicitamente à humanidade.[63] "A Filosofia, eles dizem, não foi enviada pelo Senhor, mas veio roubada, ou dada por um ladrão. Assim um poder ou anjo que tenha aprendido alguma coisa da verdade mas não permaneceu nela, inspirou tais coisas e, tendo a roubado, as ensinou" (l.xvii.81.4). Sem dúvida os oponentes de Clemente, seguindo *1 Enoque* 16,3, queriam descartar esta sabedoria sem valor que os anjos decaídos revelaram[64], mas Clemente mesmo explora a implicação de que, embora roubada, era sabedoria *verdadeira*. Deus em sua providência permitiu este roubo porque o conhecimento assim obtido pela humanidade era benéfico, não maléfico (l.xvii.83.2). Este roubo da verdade do céu pelos anjos decaídos Clemente desta forma torna paralelo ao "roubo" da verdade pelos filósofos dos profetas hebreus. Muito apropriadamente ele recorre a uma versão grega do mito do herói cultural: o roubo do fogo do céu por Prometeu (l.xvii.87.1).[65]

---

62. A última expressão pode, como pensado por Daniélou em *Gospel Message...*, p. 49, referir-se à inspiração por anjos bons.

63. Cf. a explicação de Tertuliano (in *Apol.* 22) sobre o fato de que oráculos pagãos por vezes fazem predições corretas: os demônios que os inspiram roubaram estas profecias da Escritura.

64. Seguindo a versão etíope de 16,3. Esta versão faz melhor sentido do que a grega e é provavelmente mais original, mas é interessante que a grega (C) ("todo mistério que não foi revelado a você e um mistério que era da parte de Deus que você conheceu") poderia ser tomado como o ensinamento da visão de Clemente sobre a matéria. Seria nosso texto grego uma alteração deliberada do texto segundo os interesses interpretativos de Clemente para a história dos Sentinelas?

65. Nickelsburg, "Apocalyptic and Myth" (n. 8), p. 399-400, está em tamanho choque com os paralelos entre a história de Prometeu e aquela de 'Ása'el em *1 Enoque* que ele postula a derivação do

Clemente somente numa ocasião[66] retorna ao tema dos anjos decaídos e seu roubo da filosofia, mas esta discussão adicional é importante porque torna bastante claro que são os Sentinelas de *1 Enoque* que são os ladrões que ele tem em mente: "Demonstramos no primeiro *stromateus* que os filósofos dos gregos são chamados ladrões na medida em que formam suas principais opiniões sem a permissão de Moisés ou os profetas. A tal devemos adicionar, que aqueles anjos que obtiveram a herança acima, tendo escorregado para os prazeres, disseram às mulheres os segredos que haviam sido dados a conhecer a eles, enquanto outros anjos os ocultaram, ou melhor o guardaram até a vinda do Senhor. Desse modo derivaram a doutrina da providência e da revelação a partir de fenômenos naturais (ἡ τῶν μετεώρων ἀποκάλυψις)" (5.i.10.1-2). A última expressão (cf. Júlio Africano, citado na seção V acima) estabelece uma conexão com as descrições mais usuais do conteúdo dos ensinamentos dos anjos decaídos.

VII. Conclusões

A evidência na seção V demonstra que o período no qual a noção geral sobre o ensinamento dos anjos decaídos era mais popular no cristianismo foi o compreendido pelos séculos II e III.[67] Hérmias portanto mais provavelmente pode ser datado neste período. Segundo tal evidência, uma datação no quarto século ainda é possível, mas uma data do século V é pouco provável.

Contudo, uma determinação ainda mais precisa da datação de Hérmias é possível, já que a ideia em particular dos anjos decaídos como a fonte da filosofia grega era muito mais rara do que a derivação de outros aspectos da cultura pagã dos mesmos anjos. A única evidência dela além de Hérmias

---

último a partir do primeiro (cf. tb. Hengel, *Judaism and Hellenism,* 1:190). Derivação comum de um mito do Oriente Próximo antigo é mais plausível.

66. Lilla, op. cit., p. 29 fornece *Strom,* 7.ii.6.4, como referência sobre o mesmo tema, mas esta passagem se refere melhor aos (não decaídos) anjos como instrumentos por meio dos quais Deus inspirou as mentes dos filósofos pagãos.

67. O uso de Hérmias do tempo ἀποστασία para a revolta dos anjos tem paralelo facilmente examinável em escritores do segundo e terceiro séculos. e.g. Irineu, *Haer.* 1.10.1; Taciano, *Oratio* 8; *Uma Exposição Valentiniana* (CG XI, 2) 38:28-29.

está em Clemente de Alexandria, cujas referências a ela demonstram que em sua época era sustentada por certos cristãos que se opunham à filosofia grega. Há portanto considerável probabilidade de Hérmias ser um predecessor ou contemporâneo de Clemente. Ele pode muito bem ter sido na verdade um destes oponentes cristãos contra os quais Clemente construiu sua argumentação em favor do valor da filosofia grega.[68]

---

68. Que Hérmias fosse um destes opositores cristãos à filosofia grega contra os quais Clemente de Alexandria construiu um argumento foi sugerido por A. Neander, *General History of the Christian Religion and Church,* v. II. 2ª edição. Londres: 1851, p. 429; G. Bareille, "Hermias, philosophe chrétien". In: *Dictionnaire de Théologie Catholique,* v. VI. Paris: 1947, p. 2304.

Particulares das primeiras publicações e permissões

Todos os ensaios são tradução de reimpressões, com a permissão dos publicadores originais, exceto quando anotado abaixo.

1. *Para quem os evangelhos foram escritos?*
For Whom Were Gospels Written?
Richard Bauckham (ed.), *The Gospels for All Christians: Rethinking the Gospel Audiences.* Grand Rapids: Eerdmans/Edimburgo: T. & T. Clark, 1997, p. 9-48.

2. *Há contraevidência patrística? Uma resposta a Margaret Mitchell*
Is There Patristic Counter-Evidence? A Response to Margaret Michell
Edward W. Klink III (ed.), *The Audience of the Gospels: The Origin and Function of the Gospels in Early Christianity* (LNTS 353). Londres: T. & T, Clark (Continuum), 2010, p. 68-110.
Usado com permissão de Bloomsbury Publishing Plc.

3. *A transmissão das tradições do Evangelho*
The Transmission of the Gospel Traditions
Revista Catalana de Teología 33 (2008), p. 377-394.

4. *Werner Kelber e Tradição oral: Uma Crítica*
Werner Kelber on Oral Tradition: A Critique
Não publicado anteriormente.

5. *O Evangelho de Marcos: Origens e testemunhas oculares – Uma discussão sobre a obra de Martin Hengel.*

The Gospel of Mark: Origins and Eyewitnesses – A Discussion of the Work of Martin Hengel
Michael F. Bird & Jason Maston (eds.), *Earliest Christian History: Essays from the Tyndale Fellowship in Honor of Martin Hengel*. Tubinga: Mohr Siebeck, 2012, p. 145-169.

6. A narrativa da infância em Lucas como história oral em forma escriturística
Luke's Infancy Narrative as Oral History in Scriptural Form
Bernardo Estrada, Ermenegildo Manicardi & Armand Puig i Tàrrech (eds.), *The Gospels: History and Christology. The Search of Joseph Ratzinger – Benedict XVI.* V. 1. Cidade do Vaticano: Libreria Editrice Vaticana, 2013, p. 399-417.
Reimpresso com a permissão de © Libreria Editrice Vaticana.

7. Pápias escreveu história ou exegese?
Did Papias Write History of Exegesis?
Journal of Theological Studies 65 (2014), p. 463-488.

8. O Evangelho de João e o problema sinótico
The Gospel of John and The Synoptic Problem
Paul Foster, Andrew Gregory, John S. Kloppenborg & Joseph Verheyden (eds.), *New Studies in the Synoptic Problem: Oxford Conference, April 2008. Essays in Honour of Christopher M. Tuckett* (Bibliotheca Ephemeridum Theologicarum Lovaniensium 239). Lovaina: Peeters, 2011, p. 657-688.

9. Resenha de artigo: A escrita de evangelhos por Francis Watson
Review Article: Gospel Writing by Francis Watson
Journal for the Study of the New Testament 37 (2014), p. 185-200.

10. Resenha de artigo: À procura da identidade de Jesus
Review Article: Seeking the Identity of Jesus
Journal for the Study of the New Testament 32 (2010), p. 337-346.

11. *A canonicidade dos Quatro Evangelhos*
The Canonicity of the Four Gospels
Não publicado anteriormente.

12. *2 Coríntios 4,6: A visão de Paulo da face de Jesus Cristo como a face de Deus*
2 Corinthians 4:6: Paul's Vision of the Face of Jesus Christ as the Face of God
"2 Corintios 4,6: Visión de Pablo del Rostro de Dios en el Rostro de JesuCristo". In: Carmen Bernabé (ed.), *Los Rostros de Dios: Imágines y experiencias de lo Divino en la Biblia* (Asociación Bíblica Española 62). Estella: Editorial Verbo Divino, 2013, p. 231-244.
Reimpresso com a permissão de Editorial Verbo Divino.

13. *Barnabé em Gálatas*
Barnabas in Galatians
Journal for the Study of the New Testament 2 (1979), p. 61-70.

14. *O martírio de Pedro na literatura cristã primitiva*
The Martyrdom of Peter in Early Christian Literature
Wolfgang Haase & Hildegard Temporini (eds.), *Aufstieg und Niedergang der römischen Welt,* Parte II. V. 26/1. Berlim/Nova York: de Gruyter, 1992, p. 539-595.

15. *Tiago no centro*
James at the Centre
EPTA Bulletin: The Journal of the European Pentecostal Theological Association 14 (1995), p. 23-33; também na *Newsletter* 39 da Society for the Study of Early Christianity, Universidade de Macquarie. Fevereiro de 2001, p. 3-7.
Reimpresso com permissão de Taylor and Francis Publishing (website da revista: www.tandfonline.com).

16. *A propriedade de Públio em Malta (At 28,7)*
The Estate of Publius on Malta (Acts 28:7)

Sang-Won (Aaron) Son (ed.), *History and Exegesis: New Testament Essays in Honor of Dr. E. Earle Ellis for His Eightieth Birthday.* Nova York/Londres: T. & T. Clark International, 2006, p. 73-87.
Usado com permissão de Bloombsury Publishing Plc.

17. *O dia do Senhor*
The Lord's Day
Donald A. Carson, *From Sabbath to Lord's Day: A Biblical, Historical, and Theological Investigation* (Grand Rapids: Zondervan/Exeter: Paternoster, 1982) capítulo 8. (Este volume está agora disponível em Wipf ans Stock Publishers.) Reimpresso com permissão de Donald Carson e Paternoster Press.

18. *Sabbath e domingo na Igreja Pós-apostólica*
Sabbath and Sunday in the Post-Apostolic Church
Donald A. Carson, *From Sabbath to Lord's Day: A Biblical, Historical, and Theological Investigation.* Capítulo 9. Grand Rapids: Zondervan/Exeter: Paternoster, 1982. (Este volume agora está disponibilizado por Wipf and Stock Publishers.)
Reimpresso com as permissões de Donald Carson e Paternoster Press.

19. *Sumários querigmáticos nos discursos de Atos*
Kerygmatic Summaries in the Speeches of Acts
Ben Witherington III (ed.), *History Literature and Society in the Book of Acts.* Cambridge: Cambridge University Press, 1996, p. 185-217.

20. *Reino e Igreja segundo Jesus e Paulo*
Kingdom and Church according to Jesus and Paul
Horizons in Biblical Theology 18 (1996), p. 1-26.

21. *As duas parábolas da figueira no Apocalipse de Pedro*
The Two Fig Trees Parables in the Apocalypse of Peter
Journal of Biblical Literature 104 (1985), p. 269-287.

22. *Literatura paulina apócrifa*
Apocryphal Pauline Literature
Gerald F. Hawthorne, Ralph P. Martin & Daniel G. Reid (eds.), *Dictionary of Paul and His Letters.* Downers Grove, Illinois: InterVarsity Press, 1993, p. 35-37.
Copyright © 1993 InterVarsity Christian Fellowship/EUA. Usado com permissão de InterVarsity Press, P.O. Box 1400, Downers Grove, II, 30515, EUA. www.ivpress.com

23. *Evangelhos apócrifos*
Apocryphal Gospels
Joel B. Green, Scot McKnight & I. Howard Marshall (eds.), *Dictionary of Jesus and the Gospels.* Downers Grove, Illinois/Leicester: InterVarsity Press, 1992, p. 286-291.
Copyright © 1992 InterVarsity Christian Fellowship/EUA. Usado com permissão de InterVarsity Press, P.O. Box 1400, Downers Grove, II, 30515, EUA. www.ivpress.com

24. *Os Atos de Paulo como uma sequência a Atos*
The Acts of Paul as a Sequel to Acts
Bruce C. Winter & Andrew D. Clarke (eds.), *The Book of Acts in Its Ancient Literary Setting.* Grand Rapids: Eerdmans/Carlisle: Paternoster Press, 1993, p. 105-152.

25. *Os Atos de Paulo: Substituição ou sequência a Atos?*
The Acts of Paul: Replacement of Acts or Sequel to Acts?
Semeia 80 (1997), p. 159-168.

26. *Escritos apócrifos e pseudoepígrafos*
Apocryphal and Pseudepigraphal Literature
Ralph P. Martin & Peter H. Davids (eds.), *Dictionary of the Later New Testament and Its Developments.* Downers Grove, Illinois: InterVarsity Press, 1997, p. 68-73.

Copyright © 1997 InterVarsity Christian Fellowship/EUA. Usado com permissão de InterVarsity Press, P.O. Box 1400, Downers Grove, II, 30515, EUA. www.ivpress.com

27. *Apocalipses não canônicos e obras proféticas*
Non-canonical Apocalypses and Prophetic Works
Andrew Gregory & Christopher Tuckett (eds.), *The Oxford Handbook of Early Christian Apocrypha*. Oxford: Oxford University Press, 2015, p. 115-137. Reimpresso com a permissão de Oxford University Press.

28. *Inferno na Visão de Esdras em latim*
Hell in Latin Vision of Ezra
Tobias Nicklas, Joseph Verheyden, Erik M. M. Eynikel & Florentino García Martínez (eds.), *Other Worlds and Their Relation to This World: Early Jewish and Ancient Christian Traditions* (Journal for the Study of Judaism Supplement 143). Leiden: Brill, 2010, p. 323-342.

29. *Apócrifos cristãos primitivos como literatura imaginativa*
Early Christian Apocrypha as Imaginative Literature
Philip F. Esler (ed.), *The Early Christian World*. Londres/Nova York: Routledge, 2000, p. 791-812.

30. *A grande tribulação no Pastor de Hermas*
The Great Tribulation in the Shepherd of Hermas
Journal of Theological Studies 25 (1974), p. 27-40.

31. *A queda dos anjos como a fonte da filosofia em Hérmias e Clemente de Alexandria*
The Fall of Angels as the Source of Philosophy in Hermias and Clement of Alexandria
Vigiliae Christianae 39 (1985), p. 313-330.

Índice de personalidades antigas

Aarão 203, 384s
Abel 384s
Abércio 55
Abiram 384
Abraão 92, 103s, 110, 115, 326, 452, 620, 706, 712-714, 777, 825, 879s
Acã 868
Acab 268
Acteon 707
Adão 104, 113, 219s, 327, 383, 682, 762, 843, 884
Adriano 207, 213, 495, 549, 730, 837
Afraates 569
Ágabo 53
Agostinho 498, 576, 876
Agripa: - Castor 213; - Prefeito 417
Agripina 401
Alexandre: chefe em Antioquia 698, 717, 834; - de Éfeso 745; - filho de Simão de Cirene 43, 73, 148, 178; - o latoeiro 698, 702, 710; - Magno 719, 724, 729, 836
Alfeu 178
Aline 704
Ambrósio 108s, 576
Ambrosiáster 576
Amiano Marcelino 225
Ammia 741
Amós: profeta 715; - filho de Isaías 715
Amplíato 54
Ananias 742
Ana: mãe de Maria 680s, 820; - mãe de Samuel 196, 820; - profetisa 200
Anás 256, 826

André 85, 87, 151, 173, 222, 237, 264, 269, 708, 754, 828, 830, 843s
Androcles 706s, 714
Andrônico 43, 53
Antíclides de Atenas 213
Antíoco 683s
Apolo 53, 745
Apolófanes 695
Apolônio: de Éfeso 418; - de Tiana 186, 730s, 836
Apsines de Gadara 102
Áquila 53s, 466, 690, 693, 697, 699, 745
Aristarco 745
Aristeias o Exegeta 715
Aristião 207, 217, 222, 230
Aristides 544
Aristo de Pela 661
Aristóbulo 212, 558, 560, 569, 879, 887
Aristóteles 89, 574
Arquelau 601
Arquitas 700
Artapano 720, 728, 838, 879, 887
Artemila 715-717
Atanásio 479, 568, 576
Ateneu 213
Atenágoras 881
Augusto 187, 444, 467
Autóclides 213

Balaão 529, 713
Balac 763
Bar Coph 213
Bar Kokhba 407s, 412, 528, 656, 660-662, 750, 786

Barnabé 53s, 183, 351-361
Barsabás o Justo 690
Bartimeu 147s, 178, 185
Bartolomeu 150, 185, 776
Baruc 378, 767
Basílides 56, 268, 213
Blandina 708
Brutus 89, 181
Burrus 60

Caifás 147, 256
Caim 384s, 884
Cedreno 884
Celso 561, 565, 594, 823
Cerinto 85-87, 522, 531
Cevas 745
Cícero 89s, 114, 181
Cipião: Aemilianus 465: - Africano 196
Cipriano 882
Cirilo de Alexandria 876
Ciro 860
Cláudio 54, 718
Clemente: de Alexandria 32, 75-83, 88, 103, 114, 118, 120, 213, 214s, 396, 425, 479, 482-484, 517, 519, 523, 543, 555, 558-561, 564s, 568, 574, 660s, 663, 679, 713, 715, 737, 870s, 880s, 885-889; - de Roma 59, 383-395, 413, 415, 694, 757, 855
Cleóbio 664, 690
Cléofas 148, 501
Cléon 704
Comodiano 882s, 885
Constantino 566s, 569, 575, 788, 803
Cornélio 560
Crescente 702
Crisa 704
Criso 101
Crisófora 57
Crispo 466, 745

Damis 729, 836
Dan'el 872
Daniel 339, 714, 716, 766, 859

Datã 384
Davi 92, 103s, 108, 115, 196, 384s, 599-601, 608s, 622, 695
Débora 196
Demas 665, 694, 697, 702, 708, 710s
Demétrio 609, 746
Demócrito de Abdera 101
Diofantes 694
Diógenes Laércio 700
Dionísio: bispo de Corinto 57, 401, 418, 423, 425, 428, 430, 481, 484, 491, 556s, 562; de Halicarnasso 226s
Domiciano 86, 171, 496, 497, 515, 855
Dositeu: de Ascalon 212, 214; - de Samaria 53, 690
Drácon 102

Ebion 85s, 530
Efrém o Sírio 577s
Elaphus 101
Eli 204
Elias 190, 641, 643s, 646, 657, 659, 711, 765, 774, 787, 801
Elkesai 531, 853
Enoque 340, 452, 641, 643s, 646, 657, 659, 748, 763, 765s, 774, 781, 787, 872-875
Epêneto 55
Epicteto 214, 273
Epifânio 519, 576, 678, 776, 883
Erasístrato 78
Erasto 745
Eratóstenes 444
Esaú 384s
Esdras 217, 748, 751, 772s, 777, 779, 796, 799-801, 803, 805s, 808s, 812-814, 816s
Estáquis 54
Estéfanas 699
Estêvão 391
Estrabão 444, 574
Estrateias 698
Estratonice 695

Eubula 715, 717
Eubulo 698
Eunice 698
Eupólemo 879
Eurípides 707
Eusébio de Cesareia 57, 75, 82, 90, 95, 207s, 210, 213, 217s, 220s, 226, 229, 231, 234s, 295, 430, 494s, 498, 504, 549, 567, 570-574, 661
Êutico 689s, 692, 716, 745, 839
Eva 219s, 762, 843
Ezequias 587, 783
Ezequiel 337, 340

Febe 51
Félix 466
Figelo 710
Filêmon 634
Fileto 702, 710s
Filipe: discípulo 218, 222, 261, 269, 319, 496, 557, 757; - evangelizador 53s, 58; - de Side 207, 218, 228
Filo de Alexandria 536, 558, 565, 570, 574, 618, 876, 887
Filóstrato: Flávio 729s, 836; - Filóstrato I 102
Fineias 711
Frontão de Emesa 102
Frontina 102

Gaio: nomeado em Atos 466, 745; - nomeado em Romanos 48; - escritor romano 53, 363, 423
Galeno 78-81, 83s, 88, 114, 164, 231s
Galião 466, 745
Gamaliel (o Velho) 446
Gamaliel II 544
Gog 765
Górgias de Lentinos 101
Grapte 61
Gregório: Nazianzeno 97-99, 576; - de Nissa 576; - de Tours 806s; - Magno 806s

Hananiyah 522
Hanina 528
Arã 714
Hegesipo 56, 390, 421, 451, 530, 645, 660, 690, 757
Helena de Diabene 447
Heliodoro 727
Heraclião 875
Heráclides: nomeado na *Suda 101;* - Pôntico 211, 214
Hermas 62, 853-869
Hérmias 870s, 885s, 889
Hermógenes 665, 694, 697, 702, 708, 710
Herodes: Agripa 401; - Antipas 253, 588, 599, 601, 674; - Arquelau 601; - o Grande 197, 800, 803, 809, 813, 816, 822s
Heródico de Selímbria 101
Heródoto 227
Hesíodo 707
Hesíquio de Jerusalém 440
Hierão 77
Hilário 108s, 116
Hillel 205
Himeneu 702, 710s
Hipócrates de Cós 101
Hipólito 522, 653, 671
Homero 101, 211s, 214, 462

Ifidama 715
Inácio de Antioquia 59, 62, 293, 395-400, 416, 490, 493, 495s, 526s, 530-533, 537, 539, 549, 553, 574, 598, 600-603, 608, 610, 758
Irineu de Lião 74, 76, 86, 91, 97, 120-125, 208s, 214, 218s, 291, 294, 319, 323-325, 329, 424-426, 428, 430, 483s, 494, 552, 525, 542, 546s, 604s, 739, 747, 881
Isaac 196s, 280, 822
Isabel 821s
Isaías 213, 402, 587s, 596-598, 714, 750, 781s

899

Isidoro: discípulo de Basílides 213; - de Sevilha 566

Jacó 340, 384s

Jairo 147, 178, 185, 187

Jambres 711

Janes 711

Jerônimo 106, 108s, 112, 116, 210, 430, 510, 576, 678, 876

Jesus 32, 38s, 44, 53, 58, 67, 73, 90s, 94, 103s, 110, 113, 116, 129, 133-135, 138, 140-145, 147-151, 160, 163, 169s, 172, 179, 185-192, 196s, 199-201, 207-210, 217-222, 225, 228, 230, 233, 235, 253, 256s, 261-271, 274, 277-280, 284-287, 291, 293, 295-297, 300-311, 315-332, 335-339, 341, 343s, 346, 350, 368-377, 394, 396s, 402s, 407s, 417, 419-421, 442, 445s, 448-450, 452-455, 490s, 498, 501s, 505s, 510-512, 514-516, 518-520, 524, 527, 529, 532s, 535, 537, 539, 542-547, 549, 551s, 568, 580s, 584, 587, 591, 605, 607-636, 642-644, 646s, 649, 656, 660, 670-683, 716, 721, 737, 742, 748-750, 752, 755s, 760, 763, 775-777, 781, 784s, 819s, 822-827, 829, 834, 837s, 841, 844s

Jó 715

Joana 153

João: autor do Apocalipse 53, 99, 487, 496, 510-516, 762, 853, 857, 859, 865; - Cassiano 883-885; - Crisóstomo 88, 103-116, 561, 577, 876; - discípulo 85s, 106, 120, 187, 218, 222, 228, 270, 401, 450, 494s, 551, 648, 735, 752, 754s, 777, 827-830; - evangelista 21s, 27s, 37s, 41-43, 58, 63, 65, 67, 73, 76, 82-88, 90, 92, 95, 97, 99s, 103, 108, 111-117, 120, 123, 132, 148s, 153s, 163, 207, 220, 234, 237s, 245-275, 278, 288-292, 305, 318, 323s, 326, 368, 372, 374, 377, 453, 497, 499, 501, 612, 627, 630, 676s, 679, 683; - João Marcos 54, 120, 163, 167-169, 177, 183s, 352, 361,

468; - de Damasco 578; - o Batista 92, 149, 197, 256, 326, 580, 599, 602, 609s, 680, 821s, 868; - o Ancião 171, 207, 217, 222, 230, 235

Joaquim 680, 820, 823

Jobab 715

Joel: profeta 715; - filho de Samuel 715

Jorge Sincelo 844

José: chamado Justo Barsabás 690; - pai de Jesus 200, 205s, 673, 680, 820-822, 824: - de Arimateia 178; - filho de Jacó 384s

Josefo 214s, 221, 226, 241, 268, 270, 811, 887

Joset 150

Josué: ben Hananyah 522; - filho de Nun 268, 546

Judas: irmão de Jesus 690, 715, 741s, 744; - Iscariotes 148, 150, 218, 220, 228, 402s, 545, 690, 803; - nomeado em Atos 690, 715, 742, 744

Júlio: Africano 199, 876, 882, 889: - Cassiano 213

Júnia 43, 53

Justino Mártir 56, 209, 215s, 293, 495, 508s, 518, 552, 525, 527, 541s, 544, 546s, 549, 552, 604s, 660, 674, 821, 855, 880s, 885, 887

Juvenal 812

Lactâncio 411, 787, 883, 886

Lázaro 269, 679, 840

Lectra 704

Lemma 741

Lêucio 428, 830

Levi: fariseu 675; - filho de Alfeu 178, 673

Lídia 745

Lívio 196

Loide 698

Longino 102

Lucas 21, 27, 30-32, 34, 37, 39, 41, 43, 45, 58, 62, 65s, 68, 84, 96-100, 102-105,

108s, 113-115, 117, 120, 123, 132, 148-154, 166s, 172-174, 178, 185, 191-194, 196-202, 204-206, 226, 228, 242, 246-252, 257-263, 267, 272-275, 278-285, 288-290, 292, 295, 297, 301, 418s, 323s, 326, 330, 351, 396, 420, 427, 442, 444s, 448, 466, 501, 580-585, 597, 697-609, 613, 630, 642, 644, 654s, 665, 672, 678, 680, 687, 689-693, 698-700, 702, 711, 716, 719s, 723-728, 732,s, 735-747, 753, 820s, 823, 835, 828-831, 839, 863

Luciano 214, 221, 223s, 226, 229, 707

Lúcio: Castricius Prudens 467; - de Cirene 466

Magog 765

Malco 112

Manaém 218

Manassés 783

Mani 417, 827

Marcelo 833

Marcião 56, 166, 319s, 452, 544, 546s, 550, 663, 739, 747, 855

Marco: Agripa 443s; - Aurélio (Marcus Aurelius) 181; - Júlio Alexandre 182; - Antônio 181

Marcos: gnóstico 881; - cooperador de Paulo 182s, 365s;

Marcos evangelista 21, 29-32, 35, 37-39, 44, 48, 53, 63, 65, 72-76, 79-84, 88, 90, 95-100, 102s, 107, 114s, 118, 120, 123, 131s, 146-148, 150-155, 163-190, 207-210, 218, 224, 234, 238, 242, 246-249, 251-275, 277s, 280-284, 287s, 290-292, 302, 309, 311, 318, 323s, 326, 365s, 396, 420s, 24-426, 500s, 583, 604, 606, 619, 642, 675s, 678s, 855

Maria: - Madalena 147, 150, 153, 318s, 325; - mãe de Jesus 85, 132, 194, 198, 200s, 588-590, 599-601, 680, 768, 774, 726; - mãe de Tiago e Joset 150; - irmã de Marta 269, 274

Marta 269, 274

Mateus 21, 28, 30, 33s, 37, 39, 44-46, 49s, 55, 58, 63. 65, 67, 71s, 88, 90-93, 95-100, 103-106, 108-112, 120, 123, 132, 150, 154, 167, 171, 173s, 191s, 207, 209s, 218, 222, 234, 238, 242, 246, 248, 251, 257-261, 263, 265, 272-275, 278-284, 287-290, 297, 304, 311, 318, 323, 326, 330, 408, 424, 502, 520, 527, 529, 597, 602, 604, 612, 619s, 642, 644, 646s, 655s, 659, 672, 675, 678, 680, 785, 821, 823, 826

Matias 148

Maximila 715

Megécio 166

Melitão de Sardes 56, 481, 491, 674

Melquisedec 823

Metódio de Olimpo 765

Minúcio Félix 882

Miqueias 268

Miriam 196, 384

Moisés 196s, 202, 212, 214, 268, 280, 293, 338, 340, 372, 378, 384s, 453, 524s, 532, 542s, 545s, 569, 571, 573s, 614, 711, 720, 773, 788, 810-812, 814, 823, 879s, 886-889

Montano 480, 739

Nabal 695

Nabucodonosor 766

Natanael 269

Nero 362, 367, 392-394, 404s, 409-410, 418, 427-430, 659, 665, 689s, 705, 732, 855

Nicodemos 38, 269, 682

Noé 193, 452, 781, 823, 877s

Onesíforo 665, 697, 702, 704

Onésimo 51, 634

Orfeu 879

Orígenes 91-96, 104-106, 108, 116, 396, 417, 517, 523, 547, 555, 558, 561-568, 570, 574, 673

Paládio 577

Panteno 231

Pápias de Hierápolis 32, 53, 58, 74, 76,
80, 82s, 91, 112, 120, 132, 154,
170-172, 177s, 207-236, 271, 282, 293,
366, 424, 429, 481, 483s, 486, 690, 875

Parchor, profeta 213

Pátroclo 689, 692, 694,716, 745, 839

Paulo 45-47, 52-55, 61s, 68, 95s, 98,
102, 106, 111, 120, 123, 126, 141,
143s, 169, 183s, 186, 199, 242, 289,
309, 335-347, 349s, 351-361, 363,
382, 386s, 391-393, 397-399, 401s,
411-416, 418, 424, 426-428, 430,
441-443, 445-453, 455-460, 464s,
468-471, 474, 479, 484-487, 494, 497,
505, 523, 526, 531, 544, 549, 561, 579,
581-583, 585, 597, 600, 605s, 610s,
613, 628-636, 663-668, 685-734,
736-739, 771-747, 753, 755, 757,
771s, 774, 784, 786-788, 803, 815,
819, 828-830, 834, 836-89, 841, 843,
845, 855, 864s

Pedro: de Alexandria 556, 562, 578; -
Simão Pedro 32s, 50, 53, 75-77,
80-83, 88, 95s, 106s, 112, 114, 123,
132, 147s, 150-154, 163, 169-179,
183, 187, 208s, 222, 234, 256s, 271,
274, 323, 355-357, 359, 362-384, 386,
389-405, 407-414, 416-430, 440-442,
448, 450s, 456, 491, 579, 583, 612,
645-648, 650, 659, 673, 690, 699, 716,
719, 724, 734, 749, 752, 755-757,
777s, 807, 819, 828-830, 843

Pérdicas 101

Pérside 54

Píndaro 706

Piônio 698

Pitágoras 559, 574, 731, 837, 844

Platão 106, 231, 700, 844

Plínio o Jovem 231, 508, 556

Plutarco 195, 266, 728

Políbio 216, 221, 225-227, 233, 457, 466

Policarpo de Esmirna 55, 60s, 287, 415

Polícrates 53, 64, 496, 551

Pôncio Pilatos 147, 190, 256, 589,
519-601

Pórcio Festo 466

Priscila 53s,690, 693, 697, 699, 704, 745

Pródico 101

Pseudo-Barnabé 525, 535-539, 545, 547,
549, 553s

Pseudo-Calístenes 719, 724

Pseudo-Eupólemo 879

Pseudo-Filo 196s, 555, 728

Pseudo-Heródoto 214

Pseudo-Jerônimo 530

Pseudo-Macário 541s

Ptolomeu Gnóstico 541, 545-547, 560

Ptolomeu VI Filométor 212

Públio 457s, 466-474

Quadrato 207

Quintiliano 231

Quirino 197

Rufino 210, 463, 530

Rufo 43, 54, 73, 148, 178, 416

Salomão 758

Salomé 150, 287, 679s, 821s

Samuel 196s, 204, 280, 715, 822

Sansão 196s, 280, 822

Saul 384s

Sedrac 772, 796

Segundo/Secundus: nomeado em Atos
466; - filósofo 730s, 837

Sêneca o Jovem 1231, 664

Serapião de Antioquia 674

Sérgio Paulo 361, 466

Serug 197

Set 884

Severo 102

Shammai 205s

Shimʿon b. Gamliel 528

Silas/Silvano 53, 183, 358, 360, 365s,
745, 757

Simão: Mago 87, 664, 690, 755, 757, 830, 834, 841; - de Cirene 43, 73, 148, 150, 178; - Pedro, cf. Pedro (Simão); - o Cananeu 186; - o leproso 178; - o Fariseu 148

Simeão: de Jerusalém 200; - o Justo 452

Sísera 712

Sofonias 770

Sóstenes 745

Sotero de Roma 491

Susana 153

Suetônio 195, 721, 824

Sulpício Severo 884

Taciano 56, 310, 705, 880s, 886s

Tácito 392, 394

Tecla 665s, 694, 698, 701s, 708s, 717-719, 723, 727, 834, 843, 846s

Terá 714

Tertuliano 418, 428, 430, 493s, 522, 524, 543, 545, 547, 556, 575, 664 666, 701, 845, 847, 882, 887

Teodocião 867

Teodósio I 787

Teódoto 481

Teófilo: dedicatário de Atos 32, 84, 293, 690s; - de Antioquia 887

Téssalo 102

Teutras 78

Thamyris 694, 708, 717, 834

Tiago 144, 150, 187, 199, 218, 222, 228, 319, 355, 391, 401, 419-421, 440-456, 672, 677, 680, 757, 777, 820

Tomé 96, 147, 222, 253, 269, 285s, 319, 325, 555, 671s, 751, 755s, 788, 822, 826s, 843

Timeu 221, 225

Timóstenes 213

Timóteo 52, 358, 360, 698, 703, 745

Tíquico 52

Tício Justo 466, 745

Tirano 745

Tito 52, 665, 668, 693, 696-698, 704, 711

Trasímaco 704

Trebácio 89

Trifena 718s

Tucídides 221, 224, 226s, 305

Urbano 54

Valentino 56, 85, 480, 492, 541, 545, 555, 558-560, 669, 755, 855

Vítor de Roma 551

Xantipa 715

Zacarias 680, 821s, 824

Zaqueu 148, 175, 178

Zebedeu 86, 150, 185, 270, 391, 408s, 420, 450

Zenão de Eleia 1211s

Zósimo: nomeado em Policarpo, *Filipenses* 410; - de Panópolis 884

Índice de autores citados

Abel, F.-M. 529
Acerbi, A. 403, 431, 585s, 591, 596, 598
Acworth, A. 458
Adler, W. 875
Agourides, S. 375
Aland, K. 362, 431
Alexander, L. 21, 77, 226s, 230-232
Alexander, P. J. 766, 790
Alexander, P. S. 42, 528, 875
Allberry, C. R. C. 417, 431
Allen, T. W. 711
Allison, D. C. 23, 34, 301-305, 308
Amann, E. 640
Amat, J. 802
Ameling, W. 182
Anderson, G. 311, 714, 729s
Anderson, P. N. 245-250, 268
Annand, R. 230
Askwith, E. H. 351
Attridge, H. W. 644
Audet, J.-P. 488, 854
Aune, D. E. 193, 220, 226, 719s, 722, 725
Avenarius, G. 224, 226

Baars, W. 847
Bacchiocchi, S. 488, 490, 493-496, 500, 503-509, 544, 548-552
Bacon, B. W. 33, 370, 431
Bailey, K. E. 162, 192
Baker, A. 541
Balch, D. L. 140
Bamberger, B. J. 878
Barber, K. 159, 240
Barclay, J. M. G. 48
Bardenhewer, O. 871

Bareille, G. 890
Barkay, G. 348
Barker, M. 878
Barnard, L. W. 499, 854
Barnett, P. 174
Barrett, C. K. 255, 263, 354, 371, 431, 463, 532, 535
Barton, S. C. 21, 23, 621
Bauckham, R. 23, 42, 53, 58, 70-75, 85, 87, 90, 92s, 103, 117-119, 126, 133, 140s, 144, 146-148, 150, 153-155, 158, 177, 179, 192-194, 199s, 202, 207, 219s, 234, 239, 254, 256, 250, 268s, 271, 280, 288, 291, 297s, 329, 336, 347, 365, 367, 378-381, 397, 401, 407-409, 412, 426, 431, 440, 578, 602, 614, 617, 620, 627, 640s, 646, 714-716, 734, 742, 747, 766-773, 782-784, 786, 790s, 793, 795, 798, 801s, 805s, 813, 828, 839, 847
Bauer, W. 373s, 431, 593
Baum, A. D. 207, 211, 214, 223, 230
Beare, F. W. 363s, 471
Beasley-Murray, G. R. 371, 373, 431
Beaujeu, J. 391s, 432
Beckwith, R. T. 488, 498, 517, 546, 553-558, 562s, 565, 569, 571, 573, 575, 577
Behm, G. 486
Benoit, P. 238
Berger, K. 420, 432, 641, 646
Bergren, T. A. 779, 791
Bernard, J. H. 372, 432
Bernier, J. 23
Best, E. 43, 360
Bettiolo, P. 793
Beyers, R. 847

Beyschlag, K. 399
Bianchi, U. 510, 882
Bigg, C. 426, 432
Billerbeck, P. 234
Bird, M. F. 23
Black, C. C. 120, 123, 166, 168, 177, 180
Bligh, J. 351, 359
Blinzler, J. 237
Block, D.L. 608
Bloedhorn, H. 182
Blomberg. C. L. 24
Blue, B. 49
Blunt, A. W. F. 351
Bock, D. 198, 608
Bockmuehl, M. 307-309, 335
Bogaert, P.-M. 197, 797
Boismard, M.-É. 238, 246
Boman, T. 136
Bonnet, M. 481
Borg, M. J. 618
Borger, R. 875
Bori, P. C. 585
Boring, M. E. 176
Bosse, A. 405, 432
Botha, P. J. J. 230
Boughton, L. C. 701, 718
Bouriant, U. 639
Bousset, W. 409, 432
Bovon, F. 203, 205, 504, 669, 685, 728, 827, 847
Bowe, B. E. 383, 385, 432
Bowen, C. R. 707
Bowersock, G.W. 660
Bowie, E. L. 729
Box, G. H. 867
Brain, P. 78
Brandes, H. 795, 815
Bratke, E. 641
Bremmer, J. N. 793s, 827, 847
Broadhead, E. 270
Brock, A. G. 827, 847
Brock, S. P. 884
Brodie, T. L. 38, 272

Broneer, O. 486
Brown, D. 315
Brown, R. E. 192, 197s, 200, 204, 259, 269, 280, 373, 393, 414, 432, 501, 508, 683
Brown, S. 866-969
Bruce, F. F. 351s, 442, 466
Buchholz, D. D. 406s, 412, 432, 784, 786, 793
Buck, C. H. 356
Buitenwerf, R. 766, 791
Bultmann, R. 36s, 120, 133, 157, 160s, 187, 201, 368, 371, 373, 432
Burkitt, F. C. 864
Burridge, R. A. 21, 24, 46, 145, 193s, 295, 298
Burridge, W. 461
Burrus, V. 685, 700, 845, 847
Burton, E. de W. 357, 359
Busse, U. 254
Byrskog, S. 145s, 179, 197

Cadbury, H. J. 467
Calvino, J. 309
Cameron, R. 422, 432, 683
Campenhausen, H. von 855s
Carcopino, J. 363, 432
Carmignac, J. 612
Carozzi, C. 795s, 803, 807
Carrez, M. 707
Carroll, J. 202
Carson, D. A. 27, 508, 525
Casey, R. P. 481
Casson, L. 50
Catchpole, D. R. 880
Chadwick, H. 254s
Charles, R. H. 400, 404, 410, 432, 587s, 864, 875
Charlesworth, J. H. 683, 762s, 767, 769, 772, 777, 779s, 782, 791, 797, 877
Chase, F. H. 411, 432, 661
Cherix, P. 775, 792
Chester, A. 335

Chilton, B. D. 615, 622
Chow, J. K. 632
Ciprotti, P. 647
Cirafesi, W. V. 22, 24
Clarke, A. D. 633
Clemen, C. 401, 432
Clines, D. J. A. 204
Coakley, S. 308, 310
Collins, J. J. 410, 432, 759, 791, 872
Comstock, S. T. 644
Conybeare, F. C. 653
Conzelmann, H. 705s
Cooper, J. 647s, 763, 791
Copeland, K. B. 788, 794
Cothenet, É. 820, 822, 848
Cotton, P. 507
Court, J. M. 769, 774, 775, 791, 805
Cowan, W. 461
Cowley, R. W. 640
Cox, P. 721, 731
Cranfield, C. E. B. 189
Creed, J. L. 411, 432
Cribbs, E. L. 251
Crossan, J. D. 586, 618, 623, 625s, 671, 683
Crossley, J. G. 165, 169
Culianu, I. P. 807s
Cullmann, O. 362, 383, 387-390, 393s, 397-399, 403, 408, 429, 433, 501
Czachesz, I. 793s

Dabrowa, E. 200
Dalman, G. 616, 619s
Daniélou, J. 492, 518, 553s, 557, 562, 566, 571, 574, 576, 596, 854-856, 886-888
Dassmann, E. 669
Davids, P. H. 364, 433
Davies, S. L. 666, 669, 685, 700s, 845, 848
Davies, W. D. 34
Davila, J. R. 791
Dehandschutter, B. 420, 422, 433

Deissmann, A. 480
Delcor, M. 871
Denis, A.-M. 876
Derrenbacker, R. 241, 282, 298
Derrett, J. D. M. 652
Dexinger, F. 875, 883
Di Segni, L. 200
Dibelius, M. 36, 129, 133, 520, 579, 580s, 583s, 605, 705s, 853, 857s
Diehl, J. A. 193
Diels, H. 870
Dinzelbacher, P. 796, 807
DiTommaso, L. 764, 791
Dix, G. 481
Dobschütz, E. von 396, 433, 594, 603
Dockx. S. 279, 430, 433
Dodd, C. H. 264, 268, 582-5885, 604, 606
Dods, M. 887
Donahue, J. R. 36, 177
Donfried, K. P. 432, 613
Dorandi, T. 242s
Dormeyer, D. 169
Doutreleau, L. 604
Downing. F. G. 240-242, 282, 298
Drane, J. W. 351
Du Plessis, I. J. 24
Dubois, J.-D. 758
Duensing, H. 389, 433, 640
Duff, T. E. 194
Dugmore, C.W. 488s, 491, 493, 495, 545, 563
Duke, P. D. 368, 371, 433
Dumaine, H. 553, 555, 557, 567-569, 577s
Duncan, G. S. 352, 707, 719
Dunn, J. D. G. 54, 138, 158, 197, 239, 244, 335, 337, 345, 356, 636
Dunn, P. W. 848
Dupont, J. 652

Easton, B. S. 201
Eck, E. van 26

907

Eco, U. 68s
Edmundson, G. 417, 430, 433
Edwards, R. B. 624
Elliott, J. H. 414, 433
Elliott, J. K. 748, 758, 791, 794, 818, 848
Ellul, D. 796
Emmet, C. W. 351s, 359
Eskola, T. 335, 338
Esler, P. F. 24, 39
Evans, C. A. 198
Evans, C. F. 27, 201, 525
Evans, E. C. 720s
Eye, E. 158

Faerber, R. 794
Fairweather, J. A. 195, 729
Fallon, F. T. 683
Farrer, A. 278
Feldman, L. H. 812
Feldmeier, R. 171 173
Festugière, R. P. 884
Feuillet, A. 363, 433
Findlay, A. F. 827, 848
Fink, J. 363, 433
Finnegan, R. 136s, 140, 156-160
Fishbane, M. 342
Fishburne, W 867
Fitzmyer, J. A. 34, 198, 200s, 203s, 341, 348, 461, 520, 540, 660
Floyd, W. E. 887
Flusser, D. 868s
Focant, C. 176
Foerster, W. 484, 492, 521
Forkman, G. 620
Foster, P. 240, 298
France, R. T. 165, 176, 189
Frankfurter, D. 779, 791
Fraser, P. M. 181
Freedman, D. N. 540s
Frey, J. 237, 254, 259
Fuellenbach, I. 395, 434
Fuks, A. 182
Furnish, V. P. 335

Gallagher, B. V. 848
Gamble, H. Y. 27s, 165, 232
Gardiner, E. 771, 791, 796, 803, 807
Garofalo, S. 388, 434
Garstad, B. 766, 791
Gäertner, B. 520s, 541
Gaster, M. 659, 803
Garzetti, A. 391, 434
Gaston, L. 647, 652, 655
Gathercole, S. 285, 298
Gaventa, B. R. 301
Geerard, M. 568
Gempf, C. 580
Georgiadou, A. 224, 226
Germond, P. 827, 848
Gero, S. 683, 823, 848
Giambelluca Kossova, A. 585, 793
Gibson, E. 480
Giet, S. 393, 434, 854, 856, 861
Gijsel, J. 847
Gilchrist, M. 459, 461-465, 470
Ginzberg, L. 878
Glasson, T. F. 872
Glasswell, M. E. 258
Godet, F. 198
Goggin, T. A. 97, 112
Goguel, M. 600s
Goldingay, I. 342
Goodacre, M. 278s, 281, 285, 298
Goodspeed, E. J. 604, 645, 660, 855
Gorman, M. J. 335
Goudoever, J. van 493
Goulet, R. 7341
Graham, H. H. 390, 434
Grant, R. M. 92, 94, 122, 124, 390, 434, 490, 540s, 545, 721, 855
Grébaut, S. 639
Green, M. 426, 434
Greenfield, J. C. 877
Gregory, A. 240, 243, 252, 298
Grelot, P. 508, 872, 875
Grieb, K. 308
Grudem, W. 363, 365, 434

Guarducci, M. 404, 434
Guelich, R. 584s
Guerrier, L. 648
Guignard, C. 199
Gundry, R. H. 165, 173, 177, 187
Gunther, J. J. 351
Guthrie, D. 357, 639
Guy, F. 490

Haacker, K. 584
Haenchen, E. 356, 361, 371, 373, 376, 434
Hafemann, S. J. 335
Hägerland, T. 24
Hägg, T. 717, 722, 725, 733
Hagner, D. A. 34
Halkin, F. 688
Hall, D. R. 359, 404, 434
Hall, R. G. 586
Halton, T. 85
Hamel, G. 625
Hanson, P. D. 872, 874, 877
Hanson, R. P. C. 870
Harlow, D. C. 762, 792
Harmer, J. R. 222
Harnack, A. von 56s, 277, 401, 434, 870
Harrington, D. J. 177
Harris, J. R. 653
Harrison, P. N. 415s, 434
Hartman, L. 349
Harvey, A. E. 378, 434, 595
Hatch, W. H. P. 480
Havelock, E. 156
Hays, R. B. 301, 308s
Hayward, R. 711
Heckel, T. K. 234
Hedrick, C. W. 422, 434
Heine, R. E. 92
Heist, W. W. 790, 792
Heldermann, J. 847
Helmbold, A. K. 593
Hemer, C. J. 351, 457s, 467
Hengel, M. 24, 131, 134, 145, 147, 151,

164-178, 184, 187, 414, 425, 435, 457, 711, 872s, 887, 889
Hennecke, E. 480s, 492, 521, 541, 544, 639, 669, 683, 774, 776, 782, 784, 786, 792
Henze, M. 765, 792
Herford, R. T. 528s
Hermans, A. 535-537
Hessey, J. A. 576
Heussi, K. 362, 390. 435
Heutger, N. 461
Higgins, A. J. B. 643
Hilhorst, A. 706s, 795
Hill, C. E. 211, 213
Hill, D. 527
Hills, J. 408, 435, 606, 736, 747
Himmelfarb, M. 669, 766, 769, 785, 792, 795, 798s, 803, 810s, 815
Hitchcock, F. W. M. 870
Holdenried, A. 782, 792
Holladay, C. R. 212
Holmes, M. W. 208, 219, 222
Holzberg, N. 835, 848
Hooker, M. 168, 180
Horbury, W. 42, 182
Hort, F. J. A. 442
Horton, F. L. 187
Howard, G. 683
Hubbell, H. M. 89
Hunzinger, C.-H. 366, 435
Hurtado, L. W. 337

Ilan, T. 182
Incigneri, B. J. 24, 184
Instone Brewer, D. 712

Jacoby, F. 213
Jakab, A. 786, 794
James, M. R. 406s, 428, 435, 481, 492, 540, 639s, 643, 645, 669, 681, 777, 792, 805
Jansen, H. L. 875
Janssens, Y. 420, 435, 882

909

Janzen, J. G. 344
Jensen, A. S. 24
Jenson, R. 308
Jeremias, J. 520, 524-526, 541, 616, 619, 626, 651, 655, 676
Jewett, P. K. 501
Jewett, R. 356
Johnston, R. M. 615
Joly, R. 854, 856s, 859
Jonge, M. de 378, 435
Judge, E. A. 467
Junod, É. 417, 435, 685, 720, 723, 731s, 848

Kaestli, J.-D. 685, 701, 708, 718-720, 727, 722s, 731, 775-777, 792, 845, 848
Kane, J. P. 528
Kappler, C. 669
Karpp, H. 230
Kasser, R. 688
Katz, S. T. 42
Kazen, T. 24
Kearsley, R. A. 58
Kee, H. 36s, 39
Keener, C. S. 268
Kelber, W. H. 131, 138, 156-162, 239s
Kelhoffer, J. A. 166
Kelly, J. N. D. 364, 366, 435, 706
Keresztes, P. 391, 394, 435
Kieffer, R. 259
Kilpatrick, G. D. 34s
Kim, S. 335-338, 340, 345
Kimelman, R. 41
Kindstrand, J. F. 870
King, K. 29
Klauck, H.-J. 24
Klijn, A. F. J. 86, 530s, 677s, 683, 693, 876
Klink, E. W. 21s, 24s
Kloppenborg, J. S. 240-242, 244, 298
Klostermann, E. 639
Knibb, M. A. 404, 435, 586, 588s, 873, 877s

Knight III, G. W. 706
Knopf, R. 383
Knox, W. L. 351
Koester, H. 28, 165s, 420, 4522, 436, 602, 683
Konings, J. 263, 269
Körtner, U. H. J. 209
Kraft, R. A. 490, 534s
Kraus, T. J. 784, 794
Kreuger, J. R. 858
Krüger, G. 661
Kuhn, K. A. 194
Kuhn, T. 37
Kürzinger, J. 209, 211s, 223s
Kysar, R. 22, 25

La Porta, S. 765, 792
Lagrange, M.-J. 198, 203, 205, 526
Lake, K. 351s, 467
Lalleman, P. J. 841, 848
Lamb, D. A. 25
Lamouille, A. 238
Lampe, G. W. E. 483s
Lange, N. R. M. de 534, 566
Larmour, D. H. J. 224, 226
Last, R. 25
Lattke, M. 615
Laurentin, R. 197
Lawlor, H. J. 209, 214-217, 423, 436, 875, 884
Layton, B. 208, 213
Le Déaut, R. 652
Le Nourry, N. 855
Leaney, A. R. C. 864, 869
Lee, F. N. 499
Leclercq, J. 718
Lefkowitz, M. R. 101, 195, 706s, 713, 839
Légasse, S. 176, 180
Leonardi, C. 585
Lévi, I. 815
Lewis, A. S. 653
Lewis, C. S. 108

910

Lewis, H. 467, 469s
Lewis, R. B. 490
Liébaert, J. 490
Lietzmann, H. 436
Lightfoot, J. B. 222, 381, 415, 436, 490
Lightfoot, J. L. 780, 792
Lilla, S. R. C. 886, 889
Lincoln, A. T. 195, 272, 518, 554
Lincoln, B. 29
Lindars, B. 371s, 376, 436, 501, 593, 595
Lipsius, R. A. 481, 703
Litfin, D. 632
Llewelyn, G. R. 58
Lluis-Font, P. 854
Lo Cascio, F. 730s
Lofthouse, W. F. 357
Lohfink, G. 626, 631
Lohse, E. 524, 527, 531, 540
Loisy, A. 611s, 628, 647, 660s
Lord, A. B. 137, 156, 158, 161, 240
Löw, I. 652
Lowe, J. 363, 398, 436
Lüdemann, G. 580, 584
Lüderitz, G. 182
Lührmann, D. 180, 204
Lundberg, M. J. 348
Luther, M. 453 561
Luz, U. 34

Maccarrone, M. 410, 417, 428, 463
MacCulloch, J. A. 409, 436
MacDonald, D. R. 219, 225, 664s, 669, 685, 690, 698, 701-707, 710, 714, 718, 845, 848
Mack, B. L. 618
Mackay, I. D. 237, 248, 260, 263
MacKay, T. W. 701
Maclean, A. J. 647s, 763, 791
MacMullen, R. 732
Malan, S. C. 884
Malherbe, A. J. 52, 669, 721, 829, 848
Malina, B. J. 829, 848
Manor, T. S. 207

Mansfeld, J. 209, 222, 231s
Manson, T. W. 351
Maran, P. 871
Marchesi, G. 335
Marco, A. A. de 363, 436
Marcus, J. 25, 73, 166, 169, 172-175, 180, 184, 187, 191, 309
Mariani, B. 380, 436
Marincola, J. 224, 227
Marrassini, P. 784, 794
Marshall, I. H. 198, 201s, 654
Martini, C. M. 336, 345
Martyn, J. L. 37s, 41s
Massaux, É. 642-645, 65
Matson, M. A. 251-253, 258, 272
Matthews, E. 181
Maurer, C. 640, 660s
Mayor, J. B. 417, 426, 436
McArthur, A. A. 494
McArthur, H. K. 615
McHugh, J. 195s
McLuhan, M. 156
McNeil, B. 373, 436
Mearns, C. L. 877
Meeks, W. A. 39
Mees, M. 417, 436
Meier, J. P. 187, 189, 201, 266, 268, 393, 414, 432, 615, 618
Meinardus, O. F. A. 458
Meyer, B. F. 198
Michaelis, W. 640, 661
Michaels, J. R. 362, 364s, 367, 375, 377, 380, 390, 436
Milgrom, J. 205
Milik, J. T. 871s, 877s, 882
Minear, P. 370, 436
Mirra, A. 810
Mitchell, M. M. 22, 25, 70, 72-75, 81, 87, 93, 07, 100s, 103-108, 111, 113, 118s, 121s, 124s
Moberly, W. 311
Moessner, D. 282, 299
Molland, E. 886s

911

Moloney, F. J. 168, 180
Momigliano, A. 725, 728s, 835, 848
Morgan, A. 796, 810
Morgan, J. R. 716, 727, 835, 848
Morgan, R. 251
Mortley, R. 887
Mosna, C. S. 494, 500, 526, 534, 575
Moule, C. F. D. 27
Mournet, T. C. 239, 244
Mueller, J. R. 622, 683, 797
Müller, C. D. G. 586
Munck, J. 351, 363, 436
Murphy-O'Connor, J. 49, 335
Musgrave, G. H. 461
Mussner, F. 381, 436

Nau, F. 647
Neander, A. 890
Neirynck, F. 237s, 248, 260, 272
Neusner, J. 204, 569
Newman, C. C. 335
Newsom, C. A. 873
Neyrey, J. H. 829, 848
Nickelsburg, G. W. E. 339, 349, 872, 880, 888
Nicklas, T. 784, 794
Nickle, K. F. 356
Niederwimmer, K. 168
Nineham, D. E. 180s, 187, 584
Nolland, J. 202s, 524
Norelli, E. 207-209, 211, 214, 219, 223s, 585s, 589, 591, 597
North, W. E. S. 25
Noy, D. 182
Nuvolone, F. 797s, 808, 811s

O'Connell, J. H. 207
O'Connor, D. W. 363, 437
O'Hagan, A. P. 853, 858s, 863
Okpewho, I. 137, 161
Okure, T. 437
Olson, K. 241
Ong, W. 156

Orbe, A. 219
Orchard, B. 76, 80, 85, 91, 95, 99, 102, 351s
Orlov, A. 340
Osborne, G. R. 371s, 437
Oulton, J. E. L. 423, 435
Overman, J. A. 40, 49s, 52
Owen, D. D. R. 803,807

Pahl, M. W. 250
Panayotov, A. 182, 791
Pao, D. W. 827, 849
Parry, A. 137
Parry, M. 137, 156, 158, 239s
Patterson, S. J. 39
Pauli, A. di 870s
Paulsen, H. 599
Pearson, B. A. 774, 792
Peel, M. L. 521
Pelling, C. 242s, 267, 729
Perez Fernandez, M. 652
Perkins, J. 827, 849
Perkins, P. 422, 437, 683
Pernveden, L. 856, 860
Perrot, C. 652
Perry, B. E. 727, 730s, 837, 849
Pervo, R. I. 685, 719, 722-725, 728, 735-741, 744-746
Pesce, M. 437, 584s
Peterson, D. N. 25
Peterson, E. 403, 412, 437, 853, 857s
Phillimore, C. M. 849
Philonenko, M. 884
Pietersma, A. 644
Piovanelli, P. 770, 787, 794
Pixley, G. 628
Placher, W. 305s
Plummer, A. 32, 205
Pogoloff, S. M. 632
Porter, S. E. 200
Poschmann, B. 856, 862
Poupon, G. 418, 437, 734
Preuschen, E. 639

912

Prieur, J.-M. 685, 719, 722, 827, 849
Prigent, P. 535
Pritz, R. A. 42, 413, 437
Prümm, K. 639s
Puig i Tàrrech, A. 193

Quast, K. 375s, 437
Quilter, H. 849
Quinn, J. D. 694
Quispel, G. 542

Radicke, J. 192
Ramsay, W. M. 351s, 357s, 362, 367, 437, 466, 687, 718
Randon, R. F. 460, 469, 474
Randon, S. F. 460, 469, 474
Rapske, B. M. 458
Reardon, B. P. 726, 729s, 733
Reeves, J. C. 790, 792
Regul, J. 99
Reicke, B. 356, 404s, 437
Reimarus, H. S. 277
Reinhartz, A. 25
Reinink, G. J. 86, 530s, 766, 692
Reitzenstein, R. 772
Reploh, K. G. 85
Repo, E. 658
Reumann, J. 432
Rhoads, J. H. 200
Ricoeur, P. 308
Riesenfeld, H. 507, 548
Riesner, R. 335
Riley, H. 76, 85, 91, 95, 99, 102
Rimoldi, A. 362, 438
Robbins, G. A. 797
Robbins, V. K. 158, 239
Robinson, D. R. 30-, 438
Robinson, J. A. 882
Robinson, J. A. T. 268, 378, 395, 401, 404s, 417, 438, 494
Robinson, J. M. 758, 888s
Rohde, J. 703
Rohrbaugh, R. 44

Ropes, J. H. 351
Rordorf, W. 485, 487-494, 500-502, 505-507, 517, 519, 522, 524,-526, 534s, 537, 542, 545, 553-557, 561s, 566-568, 571, 575-578, 665, 669, 685-688, 692, 701s, 705, 707, 718
Rosenberg, B. A. 138
Rosenstiehl, J.-M. 644
Roskam, H. N. 25, 169, 177, 180
Rouleau, D. 422, 438
Round, D. 352
Rousseau, A. 604
Rowland, C. 337, 340
Ruckstuhl, E. 263
Rüger, H. P. 185
Russell, D. A. 101
Ruwet, J. 875

Sanders, L. 386, 394, 438
Schäfer, P. 41, 660
Schaff, P. 578
Schepens, G. 221
Schmaltz, W. M. 390, 438
Schmidt, C. 481, 688, 695, 708, 723, 883
Schmidt, D. H. 642, 644s, 649, 653s, 600
Schmidt, K. L. 224
Schmithals, W. 351s, 354, 356
Schneemelcher, W. 396, 416, 427, 438, 480s, 521, 541, 544, 549, 639, 669, 686, 688, 691, 693, 695s, 722s, 725, 741, 747-748, 758, 774, 776, 782, 784, 786, 792, 818, 849
Schoedel, W. R. 395-397, 438, 599, 602
Schultz, D. R. 875
Schürer, E. 660
Schütz, R. 652,
Schwartz, D. R. 683
Schwartz, J. 854
Schwemer, A. M. 165s, 172, 179
Scobie, C. H. H. 808
Scopello, M. 883
Segal, A. F. 337
Segelberg, E. 507

Seitz, O. J. F. 859
Sellew, P. 82
Selwyn, E. G. 363, 438, 864
Shea, W. H. 535, 538
Shellard, B. 251, 272
Shepherd, M. H. 499
Shotwell, W. A. 518
Shutt, R. J. H. 797
Silverstein, T. 795, 815
Sim, D. C. 25
Sim, G. A. 461
Simon, M. 534s, 544, 569
Simonetti, M. 404, 438
Singer, P. N. 77
Skarsaune, O. 109
Smallwood, E. M. 394, 438, 660
Smit Sibinga, J. 602
Smith, D. M. 37, 237, 251, 255, 258, 268
Smith, J. 458, 460-462
Smith, J. M. 25
Smith, M. 76, 82, 390, 438, 679, 684
Smith, T. V. 378, 380, 408, 413, 421, 418
Snyder, G. F. 853-855, 857, 859, 861
Söder, R. 718, 722
Solages, B. de 258, 269-272
Sonderegger, K. 309
Sparks, H. F. D. 797
Sproston North, W. E. 255
Staats, R. 492
Stanton, G. N. 45, 48, 63, 166, 580, 584, 594, 608, 656
Stegmann, T. 335
Sterling, G. E. 719, 722
Stern, D. 615
Stockhausen, C. K. 335, 344
Stone, M. E. 658s, 763, 769, 777, 785, 789s, 793, 796s, 801, 871, 877
Stoneman, R. 835, 848
Stott, W. 479, 483, 488, 491, 498, 510, 517, 546, 553-558, 562s, 565, 569, 571, 573, 575-577
Stowers, S. K. 25
Strack, H. 204

Strand, K. A. 490, 493-495, 534s, 544, 548, 550s
Streeter, B. H. 32s, 72, 238, 274, 283
Strobel, A. 493
Strugnell, J. 658s, 769, 793, 801
Suhl, A. 467s
Suter, D. W. 877
Swain, S. 729
Swete, H. B. 32, 73s, 520

Talbert, C. H. 195, 596
Taylor, C. 540
Taylor, N. 606
Taylor, V. 143, 189
Tcherikover, V. A. 162
Telfer, W. 656
Telford, W. R. 177, 654s, 658
Testa, E. 393, 439
Testuz, M. 693
Teuma, E. P. 459s, 462, 465, 469-474
Thackeray, H. St. J. 216
Thatcher, T. 158-160, 239
Theissen, G. 169, 177, 187, 633
Thibaut, J. B. 488
Thiede, C. P. 367, 393, 414, 426, 439
Thiselton, A. C. 344
Thomas, J. C. 624
Thompson, M. B. 21, 26
Thrall, M. E. 335s
Thyen, H, 254
Tigchelaar, E. 786, 794
Tischendorf, K. von 442
Tisserant, E. 404, 439
Tissot, Y. 418, 439, 704, 827, 849
Tolbert, M. A. 27, 36
Trafton, J. L. 586
Trobisch, D. 53
Trocmé, É. 254
Tuckett, C. M. 26, 180, 270, 684
Turner, C. H. 363, 439
Turner, M. M. B. 508

Ulrich, D. W. 26

914

Unnik, W. C. van 420, 596
Untersteiner, M. 212
Uytfanghe, M. van 726, 730s

Vaillant, A. 587
Vander Kam, J. C. 339, 349, 876s
Vansina, J. 136-139, 141, 162
Vaughn, A. G. 348
Verheyden, J. 237, 240, 298, 586, 592
Vermes, G. 714
Vielhauer, P. 519s, 660-662, 857
Vine, C. E. W. 26
Vögtle, A. 379, 439
Vorster, W. 820, 849
Vouaux, L. 418

Wahl, O. 793, 807s
Wansbrough, H. 192
Warnecke, H. 458, 463
Watson, F. 21, 26, 276-299, 306s
Wedderburn, A. J. M. 486
Weeden, T. 35, 378s
Weima, A. D. 346
Weinel, H. 640, 660s
Weiser, A. 584
Weitzman, S. 196
Wenham, J. 241, 684
Wessely, C. 480, 639
West, M. L. 102, 211
Westcott, B. F. 374, 439, 442
White, H. G. E. 520, 540
Whittaker, M. 705
Wiarda, T. 175
Wickham, L. R. 876
Wilckens, U. 594
Wilcox, M. 592
Wilhelm-Hooijbergh, A. E. 395, 415, 439
Williams, F. E. 419, 421, 439
Williams, G. H. 598
Wilson, R. McL. 540, 586, 669
Windisch, H. 215
Winn, A. 169

Winston, D. 618
Wisse, F. 883
Witherington III, B. 165, 189, 463, 633
Wolff, C. 4632
Wright, D. F. 480, 684
Wright, N. T. 335

Yadin, Y. 417, 439, 868
Yarbro Collins, A. 26, 164, 168s, 178, 187, 190, 410, 439, 660s, 763, 793

Zahn, T. 417, 662
Zaleski, C. 770, 793
Zangara, V. 875
Zeller, E. 401, 439
Zuckerman, B. 348

Índice de nomes de lugares

Acaia 97-100,103, 115, 828
Adiabene 447
Akhmim 640, 673s, 779, 784
Alexandria 53, 56, 81, 517, 523, 535,
    537, 539, 547, 558, 562, 565, 568, 570,
    573, 663, 679, 757, 845
Antioquia da Pisídia 583, 665, 687, 689,
    696, 698, 702, 713
Antioquia da Síria 33, 53-55, 59-61, 102,
    352s, 355-360, 398, 400, 414, 448, 582,
    675, 687
Arábia 743
Armênia 468
Ásia (província) 48, 85, 97, 99s, 103,
    120, 230, 487, 495, 497, 527, 551, 664,
    697, 754, 828
Ásia Menor 54, 57, 59, 364, 414, 480,
    487, 493, 495, 551, 534, 664, 666, 696,
    719, 754, 824
Atenas 98, 102, 213, 221

Babel 767
Babilônia (cidades da Mesopotâmia e
    do Egito) 365-369, 528
Babilônia (império) 446, 528, 636, 872,
    874
Baía de Mellieha 460-462
Baía de Mistra 461, 464, 474
Baía de Salinas 465
Baía de São Paulo 459, 461s, 464,
    469-471, 473-475
Baía de Selmun 461s, 404
Baía de Xemxija 460
Beócia 102
Belém 200, 821, 824

Bereia: da Macedônia 53; - da Síria
    (Alepo) 678
Betânia 178, 256, 271, 274, 679
Bitínia 508, 556
Bugibba 470
Burmarrad 470

Cafarnaum 178, 185, 528s
Cairo 365
Caldeia 714, 877, 879
Campânia 857
Canaã 871
Capadócia 576
Cefalônia 458
Cencreia 51
Cesareia Marítima 33, 53s, 688, 594
Chipre 53s, 361
Cilícia 531
Cirenaica 181s
Cítia 633
Colinas de Bajda 472
Colossos 51, 53, 531
Corinto 46s, 49, 53s, 56s, 62, 64, 67s, 98,
    111, 126, 383-385, 401, 423-425, 486,
    581, 610, 632, 663, 665, 686s, 690s,
    693, 696, 698s, 723, 745, 828, 837,
    841-843
Creta 688, 696

Dalmácia 697, 702, 711s
Damasco 335-338, 343, 345, 554, 360,
    447, 582, 688-690, 695, 715, 741-744,
    774
Decápole 188

917

Éden 767, 787
Edessa 447, 671
Edfu 182
Éfeso 33, 39, 51, 53, 56, 58-60, 86, 97,
103, 120, 126, 398s, 665, 687-690,
693-700, 702, 705-707, 713s, 719-721,
741, 745, 755, 828, 839
Egito 103, 182, 208, 213, 317, 365s, 480,
493, 504, 519, 560, 661, 671, 677s,
767, 779, 824, 879, 884
Emaús 148, 253, 501
Esmirna 55, 57, 59s, 120, 532, 687s,
696-698
Espanha 427s, 430, 444, 724, 734, 755
Etiópia 683, 771
Eufrates 56. 443

Fenícia 741, 743, 872, 879
Filadélfia 60s, 532
Filipos 57, 60s, 406, 687, 689, 694-696,
699, 721, 745, 828
Filomélio 57
Frígia 57

Galácia 551, 533-557, 360, 468, 702
Gália 66, 697, 702, 711
Galileia 152, 167-169, 256, 258, 328, 529
Getsêmani 112, 185, 257
Gillieru 460
Gólgota 185
Gozo/Gaulus 467
Grécia 496, 754, 828, 886

Hermon (monte) 872
Hierápolis 53-55, 58, 207, 221, 324
Hinnom (vale) 185

Icônio 665, 687, 689, 693s, 695s, 699,
702, 713
Il-Menqa 473
Ilha de São Paulo/Selmun 459, 461, 465
Índia 756, 827
Irã 805, 808

Itália 59s, 98-100, 103, 115, 403, 693,
709, 721, 628

Jabne 41
Jericó 178, 544, 568, 665, 741, 743s
Jerusalém 38, 53s, 100, 112, 120, 149,
167, 183, 199, 201s, 205, 269, 271,
341, 351-356, 359s, 366s, 414, 417s,
440-451, 497, 501s, 505s, 514, 580,
582s, 588, 594, 603, 608, 648, 668,
688s, 694-696, 719, 734, 743, 755, 757,
782, 820s, 828, 830
Jônia 78, 181
Jope 53
Jordão 743
Judeia 52, 96, 99s, 114, 256, 355, 445,
594, 821

Laodiceia 58, 535, 663
Larissa 102
Lião 120, 426
Lida 53
Listra 353, 696s, 702, 713

Macedônia 104, 468, 663, 687, 696, 699
Magnésia 59s, 531s
Malta/Melita 457-460, 467s, 472, 475
Manikata 422
Mar de Tiberíades 501
Mar Morto 449
Mdina 469
Média 447
Mesopotâmia 365s, 446, 448, 874
Mileto 616s
Mistra 472
Mljet 457
Mira 687
Monte das Oliveiras 642, 647, 785

Nag Hammadi 286, 291, 294, 296, 317,
667 669s, 679, 752, 756s, 774, 778
Nazaré 192, 588, 595, 823, 826, 834
Neápolis 59

Nicópolis 697
Nísibe 447

Palestina 36s, 53s, 56, 108s, 111, 142,
  150, 167s, 177, 183s, 190, 199, 268,
  284, 328, 332, 366, 407, 413, 443, 445,
  451, 497, 503-506, 519, 524s,
  527-529, 534, 548, 577, 614, 618, 631,
  655, 661s, 743, 750, 757, 786, 820
Panfília 53-55, 693, 698
Patmos 48, 99, 401
Patras 754, 828
Perge 183, 693
Pérsia 560, 636
Pisídia 693
Ponto 54, 56, 718
Ponto Qawra 461, 464, 473

Qumran 449-451, 506, 620, 758, 854,
  864, 868s, 871, 972

Rabat 469
Ramla tal-Pawles 460
Ras il Mignuna 464
Rhossus 294, 674
Roma 33, 43, 51, 53-56, 59s, 72-75, 81,
  99, 102s, 107, 118, 120, 123, 163, 178,
  183, 362s, 366-368, 381, 383, 388,
  391-394, 398-400, 403s, 407s,
  411-416, 418, 423-426, 428s, 443s,
  447s, 457, 504, 529, 544, 549-552, 626,
  635, 687, 689, 694, 696-698, 702, 711s,
  716, 719s, 734, 737, 745, 755, 766,
  780, 819, 828, 830s, 854s, 858

Samaria 53, 56, 690
Sardes 56
Selêucia na Isáuria 665, 718
Sidônia 687
Sinai 535
Síria 55, 59, 102, 447, 487, 493-495, 519,
  525, 527-529, 534, 672-674, 678, 681,
  683, 712, 755, 758, 826, 843, 872

Tarso 668, 787
Tebas 74, 120
Tessalônica 360, 692
Tiro 687s, 697
Trales 59s, 399
Trôade 59-61, 689, 690, 745

Ur 714

Vienne 426

Wardija 473s

Xemxija 471s, 474

Conecte-se conosco:

f facebook.com/editoravozes

◉ @editoravozes

🐦 @editora_vozes

▶ youtube.com/editoravozes

🟢 +55 24 99267-9864

www.vozes.com.br

Conheça nossas lojas:
www.livrariavozes.com.br

Belo Horizonte – Brasília – Campinas – Cuiabá – Curitiba
Fortaleza – Juiz de Fora – Petrópolis – Recife – São Paulo

  Vozes de Bolso

EDITORA VOZES LTDA.
Rua Frei Luís, 100 – Centro – Cep 25689-900 – Petrópolis, RJ
Tel.: (24) 2233-9000 – E-mail: vendas@vozes.com.br